中國國家圖書館編

國家圖書館藏敦煌遺書

第一百二十四冊 北敦一四二三二號——北敦一四二八五號

北京圖書館出版社

圖書在版編目(CIP)數據

國家圖書館藏敦煌遺書·第一百二十四冊/中國國家圖書館編;任繼愈主編.—北京:北京圖書館出版社,2010.3

ISBN 978-7-5013-3686-9

Ⅰ.國… Ⅱ.①中…②任… Ⅲ.敦煌學-文獻 Ⅳ.K870.6

中國版本圖書館CIP數據核字(2009)第225921號

書　　名	國家圖書館藏敦煌遺書·第一百二十四冊
著　　者	中國國家圖書館編　任繼愈主編
責任編輯	徐　蜀　孫　彥
封面設計	李　璀

出　　版	北京圖書館出版社　　(100034　北京西城區文津街7號)
發　　行	010-66139745　66151313　66175620　66126153
	66174391(傳真)　66126156(門市部)
E-mail	btsfxb@nlc.gov.cn(郵購)
Website	www.nlcpress.com → 投稿中心
經　　銷	新華書店
印　　刷	北京文津閣印務有限責任公司

開　　本	八開
印　　張	57.5
版　　次	2010年3月第1版第1次印刷
印　　數	1-250冊(套)

書　　號	ISBN 978-7-5013-3686-9/K·1649
定　　價	990.00圓

編輯委員會

主　　編　任繼愈

常務副主編　方廣錩

副　主　編　李際寧　張志清

編委（按姓氏筆畫排列）　王克芬　王姿怡　吳玉梅　周春華　陳穎　黃霞（常務）　黃建　程佳羽　劉玉芬

出版委員會

主　　任　詹福瑞

副　主　任　陳力

委員（按姓氏筆畫排列）　李健　姜紅　郭又陵　徐蜀　孫彥

攝製人員（按姓氏筆畫排列）

于向洋　王富生　王遂新　谷韶軍　張軍　張紅兵　張陽　曹宏　郭春紅　楊勇　嚴平

原件修整人員（按姓氏筆畫排列）

朱振彬　杜偉生　李英　胡玉清　胡秀菊　張平　劉建明

目錄

北敦一四二二二號 大般涅槃經（北本 宮本）卷二六 ……… 一

北敦一四二二三號 藏文（無量壽宗要經甲本）……… 一五

北敦一四二二四號 藏文（無量壽宗要經甲本）……… 一八

北敦一四二二五號 藏文（無量壽宗要經甲本）……… 二一

北敦一四二二六號 藏文（無量壽宗要經甲本）……… 二四

北敦一四二二七號 藏文（無量壽宗要經乙本）……… 二七

北敦一四二二八號 藏文（無量壽宗要經乙本）……… 三〇

北敦一四二二九號 藏文（無量壽宗要經乙本）……… 三三

北敦一四二三〇號 藏文（無量壽宗要經乙本）……… 三六

北敦一四二三一號一 藏文（無量壽宗要經甲本）……… 三九

北敦一四二三一號二 藏文（無量壽宗要經甲本）……… 四二

北敦一四二三一號三 藏文（無量壽宗要經甲本）……… 四五

北敦一四二三一號四 藏文（無量壽宗要經甲本）……… 四八

北敦一四二一一號五 藏文（無量壽宗要經甲本）……五一
北敦一四二二二號 藏文（無量壽宗要經甲本）……五四
北敦一四二三一號 藏文（無量壽宗要經甲本）……五七
北敦一四二三二號 藏文（無量壽宗要經甲本）……六〇
北敦一四二三三號 藏文（無量壽宗要經甲本）……六三
北敦一四二三四號 藏文（無量壽宗要經甲本）……六六
北敦一四二三五號 藏文（無量壽宗要經甲本）……六九
北敦一四二四一號 藏文（無量壽宗要經甲本）……七二
北敦一四二四二號 藏文（無量壽宗要經甲本）……七五
北敦一四二四三號 藏文（無量壽宗要經甲本）……七八
北敦一四二四四號 藏文（無量壽宗要經甲本）……八一
北敦一四二四五號 藏文（無量壽宗要經甲本）……八四
北敦一四二四六號 藏文（無量壽宗要經甲本）……八七
北敦一四二五一號 藏文（無量壽宗要經甲本）……九〇
北敦一四二五二號 藏文（無量壽宗要經甲本）……九三
北敦一四二五三號 藏文（無量壽宗要經甲本）……九六
北敦一四二五四號 藏文（無量壽宗要經甲本）……九九
北敦一四二五五號 藏文（無量壽宗要經甲本）……一〇二
北敦一四二五六號 藏文（無量壽宗要經甲本）……一〇五
北敦一四二六號 藏文（無量壽宗要經乙本）……一〇八

北敦一四二二七號　藏文（無量壽宗要經乙本）……………………一一一
北敦一四二二八號一　藏文（無量壽宗要經甲本）……………………一一五
北敦一四二二八號二　藏文（無量壽宗要經甲本）……………………一一八
北敦一四二二八號三　藏文（無量壽宗要經甲本）……………………一二一
北敦一四二二九號一　藏文（無量壽宗要經甲本）……………………一二四
北敦一四二二九號二　藏文（無量壽宗要經甲本）……………………一二七
北敦一四二二九號三　藏文（無量壽宗要經甲本）……………………一三〇
北敦一四二三〇號　　藏文（無量壽宗要經乙本）……………………一三三
北敦一四二三一號一　藏文（無量壽宗要經甲本）……………………一三六
北敦一四二三一號二　藏文（無量壽宗要經甲本）……………………一三九
北敦一四二三二號　　藏文（無量壽宗要經甲本）……………………一四二
北敦一四二三三號一　藏文（無量壽宗要經甲本）……………………一四五
北敦一四二三三號二　藏文（無量壽宗要經甲本）……………………一四八
北敦一四二三四號　　藏文（無量壽宗要經甲本）……………………一五一
北敦一四二三五號一　藏文（無量壽宗要經甲本）……………………一五四
北敦一四二三五號二　藏文（無量壽宗要經甲本）……………………一五七
北敦一四二三五號三　藏文（無量壽宗要經甲本）……………………一六〇
北敦一四二三五號四　藏文（無量壽宗要經甲本）……………………一六三
北敦一四二三五號五　藏文（無量壽宗要經甲本）……………………一六六
北敦一四二三五號六　藏文（無量壽宗要經甲本）……………………一六九

北敦一四二三六號	藏文（無量壽宗要經甲本）	一七二
北敦一四二三七號一	藏文（無量壽宗要經甲本）	一七五
北敦一四二三七號二	藏文（無量壽宗要經甲本）	一七八
北敦一四二三七號三	藏文（無量壽宗要經甲本）	一八一
北敦一四二三七號四	藏文（無量壽宗要經甲本）	一八四
北敦一四二三七號五	藏文（無量壽宗要經甲本）	一八七
北敦一四二三八號一	藏文（無量壽宗要經甲本）	一九〇
北敦一四二三八號二	藏文（無量壽宗要經甲本）	一九三
北敦一四二三八號三	藏文（無量壽宗要經甲本）	一九六
北敦一四二三九號	藏文（無量壽宗要經甲本）	一九九
北敦一四二四〇號	藏文（無量壽宗要經乙本）	二〇二
北敦一四二四一號	藏文（無量壽宗要經甲本）	二〇五
北敦一四二四二號一	藏文（無量壽宗要經甲本）	二〇八
北敦一四二四二號二	藏文（無量壽宗要經甲本）	二一一
北敦一四二四三號	藏文（無量壽宗要經甲本）	二一四
北敦一四二四四號一	藏文（無量壽宗要經甲本）	二一七
北敦一四二四四號二	藏文（無量壽宗要經甲本）	二二〇
北敦一四二四五號一	藏文（無量壽宗要經甲本）	二二三
北敦一四二四五號二	藏文（無量壽宗要經甲本）	二二六
北敦一四二四五號三	藏文（無量壽宗要經甲本）	二二九

北敦一四二四五號四 藏文（無量壽宗要經甲本）	…………	二三二
北敦一四二四五號五 藏文（無量壽宗要經甲本）	…………	二三五
北敦一四二四六號 藏文（無量壽宗要經甲本）	…………	二三八
北敦一四二四七號 藏文（無量壽宗要經甲本）	…………	二四一
北敦一四二四八號一 藏文（無量壽宗要經甲本）	…………	二四四
北敦一四二四八號二 藏文（無量壽宗要經甲本）	…………	二四七
北敦一四二四八號三 藏文（無量壽宗要經甲本）	…………	二五○
北敦一四二四九號 藏文（無量壽宗要經甲本）	…………	二五二
北敦一四二五○號 藏文（無量壽宗要經甲本）	…………	二五五
北敦一四二五一號一 藏文（無量壽宗要經甲本）	…………	二五八
北敦一四二五一號二 藏文（無量壽宗要經甲本）	…………	二六一
北敦一四二五一號三 藏文（無量壽宗要經甲本）	…………	二六四
北敦一四二五二號 藏文（無量壽宗要經甲本）	…………	二六七
北敦一四二五三號 藏文（無量壽宗要經甲本）	…………	二七○
北敦一四二五四號一 藏文（無量壽宗要經甲本）	…………	二七三
北敦一四二五四號二 藏文（無量壽宗要經甲本）	…………	二七六
北敦一四二五五號 藏文（無量壽宗要經乙本）	…………	二七九
北敦一四二五六號 藏文（無量壽宗要經乙本）	…………	二八二
北敦一四二五七號 藏文（無量壽宗要經乙本）	…………	二八五
北敦一四二五八號 藏文（無量壽宗要經乙本）	…………	二八九

北敦一四二五九號一 藏文（無量壽宗要經甲本）	……	二九三
北敦一四二五九號二 藏文（無量壽宗要經甲本）	……	二九六
北敦一四二六〇號一 藏文（無量壽宗要經甲本）	……	二九九
北敦一四二六〇號二 藏文（無量壽宗要經甲本）	……	三〇二
北敦一四二六〇號三 藏文（無量壽宗要經甲本）	……	三〇五
北敦一四二六〇號四 藏文（無量壽宗要經甲本）	……	三〇八
北敦一四二六〇號五 藏文（無量壽宗要經甲本）	……	三一一
北敦一四二六一號 藏文（無量壽宗要經甲本）	……	三一四
北敦一四二六二號 藏文（無量壽宗要經甲本）	……	三一七
北敦一四二六三號 藏文（無量壽宗要經乙本）	……	三二〇
北敦一四二六四號 藏文（無量壽宗要經乙本）	……	三二四
北敦一四二六五號 藏文（無量壽宗要經甲本）	……	三二七
北敦一四二六六號 藏文（無量壽宗要經甲本）	……	三三〇
北敦一四二六七號 藏文（無量壽宗要經甲本）	……	三三三
北敦一四二六八號 藏文（無量壽宗要經乙本）	……	三三六
北敦一四二六九號 藏文（無量壽宗要經甲本）	……	三三九
北敦一四二七〇號一 藏文（無量壽宗要經甲本）	……	三四二
北敦一四二七〇號二 藏文（無量壽宗要經甲本）	……	三四五
北敦一四二七〇號三 藏文（無量壽宗要經甲本）	……	三四八
北敦一四二七〇號四 藏文（無量壽宗要經甲本）	……	三五一

北敦一四二七〇號五	藏文（無量壽宗要經甲本）	三五四
北敦一四二七一號	藏文（無量壽宗要經甲本）	三五七
北敦一四二七二號一	藏文（無量壽宗要經甲本）	三六一
北敦一四二七二號二	藏文（無量壽宗要經甲本）	三六四
北敦一四二七三號	藏文（無量壽宗要經甲本）	三六七
北敦一四二七四號	藏文（無量壽宗要經乙本）	三七一
北敦一四二七五號	藏文（無量壽宗要經乙本）	三七四
北敦一四二七六號一	藏文（無量壽宗要經乙本）	三七七
北敦一四二七六號二	藏文（無量壽宗要經乙本）	三八〇
北敦一四二七六號三	藏文（無量壽宗要經乙本）	三八三
北敦一四二七七號	藏文（無量壽宗要經乙本）	三八六
北敦一四二七八號	藏文（無量壽宗要經乙本）	三九〇
北敦一四二七九號	藏文（無量壽宗要經乙本）	三九三
北敦一四二八〇號	藏文（無量壽宗要經乙本）	三九七
北敦一四二八一號	藏文（無量壽宗要經乙本）	四〇〇
北敦一四二八二號	藏文（無量壽宗要經乙本）	四〇三
北敦一四二八三號	藏文（無量壽宗要經乙本）	四〇六
北敦一四二八四號	藏文（無量壽宗要經乙本）	四〇九
北敦一四二八五號	藏文（無量壽宗要經乙本）	四一二

著錄凡例 …… 一

條記目錄 …… 三

新舊編號對照表 …… 三一

BD14212號　護首

大般涅槃經高貴德王菩薩品之六
尒時世尊告光明遍照高貴德王菩薩摩
訶薩言善哉善哉善男子心亦不為貪結所

BD14212號　大般涅槃經（北本　宮本）卷二六

大般涅槃經高貴德王菩薩品之六

爾時世尊告光明遍照高貴德王菩薩摩訶薩言善哉善哉善男子一切諸菩薩言善哉菩薩共善男子心亦不為貪結所繫亦不繫非是解脫非有非無非現在非過去非未來何以故善男子一切諸法無自性故善男子有諸外道作如是言因緣和合則有果生若眾緣中本無生性而能生者虛空不生亦應生果是故虛空中本無果性故以眾緣和合而得生果所以者何如揑婆達欲造牆壁則取泥土不取綵色欲造畫像則取綵色不取綟線以取綟不取泥木作舍則取泥木不取綟色故當知是中各能生果以生果故故先有性若無性者一物之中應當出生一切諸物若是可取可作當知是中必先有果若無果者人則不取不住唯有虛空無取無作故能出生一切万物以有因故空無果故不能出生當知唯有因故如尼拘陀子佳尼拘陀樹乳有醍醐縷有疊布泥中有瓶善男子一切凡夫無明所盲故定說色有貪心有貪性亦有貪是定說色有著義心有貪性有貪心則生貪因緣心則解脫亦解脫性遇貪因緣解脫心則解脫雖作此說是義不然何以故復作是言一切因中悉無有果因者微細二者麁大細因轉成麁因麁則無常從微細至麁是故果亦無常善男子有諸凡夫復作是言

有貪性亦解脫性遇貪因緣心則生貪若遇解脫心則解脫雖作此說是義不然何以故復作是言一切因中悉無有果因者微細二者麁大細因轉成麁麁因轉成麁果麁果無常故果亦無因以無因故則無常善男子有諸凡夫復作是言心亦無因貪亦無因以時節故而受生死善男子一切凡夫雖知心因不能知心因緣故輪迴六趣具受生死如被繫柱終日燋達善男子譬如有人病苦得離已而復還得住值空曠處既得過已而復還入如人涉路值空曠處既得過已而復還來又如淨洗還塗泥土一切凡夫亦復如是已得解脫無所有處唯觀於果不觀因緣如大逐塊不逐於人凡夫亦爾唯觀於果不觀因緣以不觀故從三惡趣還三惡趣善男子諸佛菩薩終不定說因中有果及有無果定非有果非無果若言因中先定有果及定無果定非有非無是人如是善男子諸佛菩薩顯示中道何以故雖說諸法非有非無而不決定

果不縛於魔界昂是愛人如是永斷生死繫

於魔界是愛人如是愛人不能永斷生死繫縛不知心相及以貪相善男子諸佛菩薩顯示中道何以故雖說諸法非有非無而不決定所以者何因眼因色因明因心因念識則得生是識決定不在眼中明中色中心中念中亦非中間非有非無從緣生故名之為有無自性故非有是故無住處故名之為無非無善男子諸佛菩薩終不定說心有淨性及不淨性淨不淨心無住處故從緣生故說心則生貪從貪因緣解脫非有善故說心則生貪從貪因緣得解脫緣故有二一者隨於生死二者隨大涅槃善男子有因緣故心共貪生共貪俱滅有共貪生不共貪滅有不共貪生共貪滅有不共貪生不共貪滅善男子云何心共貪生共貪俱滅善男子若有凡夫未斷貪心修習貪心以心共貪生心共貪滅如是之人心共貪生心共貪滅何以故以貪心共貪生心共貪滅一切凡夫皆有如是初地味禪若不修當得成就遇因緣者便得不修如所謂火災也一切凡夫若不斷貪故心共貪生心共貪滅是名心共貪故生心共貪故滅如聲聞人未證四果有因緣故生於貪心共貪生不共貪滅如聲聞人未證四果復有因緣故生於

不斷貪故云何心共貪生不共貪滅聲聞弟子有因緣故生於貪心共貪滅復有因緣故修白骨觀聲聞弟子共貪生不共貪滅復有因緣修習若菩薩是名心共貪生不共貪滅共貪滅證四果時貪心已為眾生故現頂地受善法是共貪滅謂阿羅漢緣覺諸佛菩薩徐不動地共貪滅以是義故不共貪生共貪俱滅以是義故諸佛菩薩不決定說心性本淨不淨男子是心不興貪結和合亦不興瞋恚和合善男子譬如日月雖為煙塵雲霧及羅睺羅之所覆蔽以是因緣令諸眾生不能得見雖不可見日月之性終不與彼五翳和合亦如是以因緣故心與貪結和合而說心性實不與貪合若心性與貪合者云何能令貪心不貪性若是不貪即不貪性不能污心諸佛菩薩永破貪結是故說言心得解脫心諸眾生從因緣故心得解脫之義人興猴猿俱不能行是復有

是名貪滅如聲聞人未證四果有因緣故生於

之結不能污心諸佛菩薩永破貪結是故說言心得解脫一切眾生從因緣故生於會結從因緣故心得解脫善男子譬如雪山懸峻之處人與獼猴二俱不能善男子人與獼猴俱不能行處有處獼猴能行之處人不能行或復有處人與獼猴二俱能行人與獼猴俱不能行處者如諸獼猴純以行處人與獼猴俱能行處者如彼獵師純以糠膠置之草上用捕獼猴癡猴見已便以手觸之觸已粘著復以脚蹹之脚復隨著欲脫手故以脚蹹之脚復粘著故以口嚙之口復隨著糠膠脚故以口嚙之口復粘著獵師者喻諸魔王波旬糠膠者喻貪欲結獼猴者喻凡夫魔王波旬以貪欲結繫縛凡夫不得涉道有智慧者行處人不能者喻諸凡夫魔王波旬俱不能者喻諸凡夫及魔波旬常處生死不能自在獼猴能行人不能者喻諸外道有智慧者諸惡魔等雖以五欲不能繫縛人與獼猴俱能行者凡夫及魔波旬自在將終行者凡夫之人五欲所縛令魔波旬自在如彼獵師擔負歸家善男子譬如國王安住己界身心安樂若至他界則遇眾苦一切眾生亦復如是若能自住於已境界則得安樂若至他界則遇惡魔受諸苦惱自境界者謂四念處他境界者謂五欲也云何名為繫屬於魔有諸眾生無常常見苦樂見無我我見不淨淨見解脫橫見

界則得安樂若至他界則遇惡魔受諸苦惱自境界者謂四念處他境界者謂五欲也云何名為繫屬魔者謂於諸法真實是有惣定相當知是人名繫屬魔非我弟子善男子若見色時便住色相見者若見色中有我我中有色見色是我見者名繫屬魔繫屬於魔者心不清淨受陰識陰亦如是識中有我我中有識識屬於我乃至識亦如是善男子聲聞弟子遠離如來十二部經修習種種外道典籍不修出家寂滅之業能營世俗在家之事何等名為在家之事也受畜一切不淨之物奴婢田宅為馬車乘驅馳難大猴猩羊種種麥麪親附白衣違受畜種不為涅槃但為利養親食噉如自己有慳惜提僧物及僧鬘物衣菜飲食如自己有慳惜他家及以稱譽親近國王及諸王子卜筮吉

種不淨之物是名修習在家之事有諸弟子
不為涅槃但為利養親近聽受十二部經抑
提僧物及以僧鬘物衣著飲敢如自己有慳惜
他家及以稱譽親近國王及諸王子十噬吉
凶推步盈虛圖棊六博樗蒲投壺親比丘尼
及諸處女喜畜二沙彌常遊屠獵估酒之家及
旃陀羅所住之處種種販賣手自作食受使
鄰國通致信命如是之人當知即是魔之眷
屬非我弟子以是因緣心共貪心共生滅亦復如是善男子以是
乃至癡心共生滅亦復如是善男子以是
因緣心性非淨亦非不淨是故我說心得解
脫若有不受不富一切不淨之物為大涅槃
受持讀誦書寫解說當知是等真
我弟子不行惡魔波旬境界即是修習三十
七品以修習故不共貪生不共貪滅是名菩
薩修大涅槃微妙經典具足戒就第八功德
復次善男子云何菩薩摩訶薩修大涅槃微
妙經典具足成就第九功德善男子菩薩摩
訶薩修大涅槃微妙經典初發五事悉得成
就何等為五一者信二者直心三者戒四者
親近善友五者多聞云何為信菩薩摩訶薩
信於三寶施有果報信於二諦一乘之道更
無異趣為諸眾生速得解脫諸佛菩薩分別
為三信第一義諦信善方便是名為信如是
信者若諸沙門若婆羅門若天魔梵一切眾

信於三寶施有果報信於二諦一乘之道更
無異趣為諸眾生速得解脫諸佛菩薩分別
為三信第一義諦信善方便是名為信如是
信者若諸沙門若婆羅門若天魔梵雖有是事
聞智慧亦復如是是故得近於大般涅槃成就
生若少悲得近是信故得近人性悄行布施
不見是為菩薩修大涅槃成初事一切眾
心菩薩摩訶薩於諸眾生雖不同事一切眾
生若遇因緣故生謗曲菩薩摩訶薩不餘於何
解諸法慧因緣故菩薩摩訶薩不餘見眾生有少善
惡遇終不說之何以故恐生煩惱若生煩
惱則墮惡趣如是菩薩若見眾生有少善事
則讚歎之云何為善所謂佛性讚佛性故令
諸眾生發阿耨多羅三藐三菩提心
余時世尊如佛所說高貴德王菩薩摩訶薩白佛
言世尊如佛所說高貴德王菩薩摩訶薩讚歎佛性令
無量眾生發阿耨多羅三藐三菩提心是義
不然何以故如來初開涅槃經時說有三種
病人得良藥及瞻病者病則易差
一者若其不得則不得差不差者得不差不
可念二者若得若不得悉皆可差一切眾生亦
復如是若遇善友諸佛菩薩聞說妙法則得
發於阿耨多羅三藐三菩提心如其不遇則
不能發所謂阿羅漢辟支佛斯陀含阿那含阿羅漢

可善三者若得不得悲皆可善一切眾生亦
復於是若過善又諸佛菩薩聞說妙法則得
發於阿耨多羅三藐三菩提心如其不過則
不能發所謂須陀洹斯陀含阿那含阿羅漢
辟支佛二者雖遇善又諸佛菩薩聞說妙法
亦不能發若其不過亦不能發所謂一闡提
三若過不過亦不能發阿耨多羅三藐三菩
提心所謂一闡提菩薩若言過與不過興不過
菩提心者如其令若云何說阿耨
多羅三藐三菩提心者如來今者云何說言
因諸佛性令諸眾生發阿耨多羅三藐三菩
提心世尊若過善又諸佛菩薩聞說妙法及
以不過悉不能發阿耨多羅三藐三菩提心
當知是義亦復不然何以故如是之人當得
阿耨多羅三藐三菩提何等名為一闡提謂
故若聞不聞悉亦當得阿耨多羅三藐三菩
提善根如是之義亦復云何以故一闡提謂
斷善根如是之人當何以故以佛性理
根如佛往昔說十二部經善有二種一者常
二者無常常者不斷無常者可斷故非一
闡提地獄常住不可斷何故作如是說佛性
因佛性發阿耨多羅三藐三菩提若如來何
闡提為眾生說十二部經世尊如四河從阿
那婆踰多池出若有天人諸佛世尊說言是

闡提如來何故作如是說言一闡提世尊若
因佛性發阿耨多羅三藐三菩提世尊若
廣為眾生說十二部經世尊如四河從阿
那婆踰多池出若有天人諸佛世尊說言是
多羅三藐三菩提世尊如優陀延山日從中
出至于正南日沒我不至西還東方者
不卻不得阿耨多羅三藐三菩提者無有是
無有是處世尊諸佛如來說如其因果非有
施非施若終不終若智非智悲皆應得阿耨
多羅三藐三菩提世尊如其乳中無酪性者
則無有酪尼拘陀子無有五丈若無五丈
之義豪尊諸佛如來說因果非有非無如是
樹者云何能生阿耨多羅三藐三菩提以何
是義故所說因果非有非無如是之人何
丈之質若佛性中無阿耨多羅三藐三菩提
者云何能生阿耨多羅三藐三菩提
相應

余時世尊讚言善哉善哉善男子世有二人
甚為希有如優曇花一者不行惡法二者有
罪能悔如是之人甚為希有復有二人一者
作思二者念恩復有二人一者諮受新法二
者慍故不忘復有二人一者造新二者修故
者問難二能善答善問難者汝身是也善能
善答難二人一樂聞法二樂說法復有二人
廣為眾生說十二部經若有天人諸佛世尊說言是

住恩二者念恩復有二人一者諧受新法二者慚愧故不忘復有二者修故復有二人一者樂聞法二者造新復有二人一者能問難二者能答者謂如來也善男子因是善能問難者汝是善能答者若善菩薩問難善答者善菩薩因是得轉于無上法輪能折伏一切外道所立死大海能與魔王波旬共戰能摧波旬所立膧幢善男子如我嚼單曰人壽命千年有種種病瞻病好藥及以瞻養若不遇者所以不得差中俻三種病謂上中下以俻三種病世上中下以俻三種善得不謂定壽命如我所說三種病人得定壽命雖是已於無量得不謂定壽命如我所說若有病者若得良藥好藥瞻病及以瞻養所以不得差何以故得定壽命故善男子如我所說若有病人得遇良藥好藥瞻病得除差若不遇者則不得差何以善男子如是之人壽命不定雖未盡有九因緣能夭其壽命何等為九一者知食不安而反食二者多食三者宿食未消而復更食四者大小便利不隨時五者強耐不吐八者夜行故惡鬼打勅七者強耐不吐八者夜行故惡鬼打之九者房室過差以是緣故我說病人若遇良藥好藥瞻病則可差若不遇者即不可差何以故良醫好藥瞻病則可差若不遇悲不可善何以人命盡若我先說不遇悲不可善何以

義七者強耐而不可吐八者夜行於山險不吉思男子之九者房室過差以是緣故我說病人若遇良藥好藥瞻病則可差若不遇悲不可差若不遇俱不可差何以義故我說病人若遇若不遇俱可善男子如我先說不遇悲不可差不遇俱不差何以義故以其能發菩提心故如嚼單曰人得定壽命則中夭如彼病人值遇善友諸佛菩薩諸受湛法隨逼星辟支佛諸佛菩薩所說深法則發阿耨多羅三藐三菩提心若不值遇諸佛菩薩聞說深法則不能發阿耨多羅三藐三菩提心若不能發阿耨多羅三藐三菩提心則不能斷善根故善男子以我所說得差若不遇者病則不差是故我說病人若不值遇俱不得差一闡提輩亦爾雖遇諸佛菩薩聞說深法及以不提輩亦能離一闡提也何若能發於菩提心則不復名一闡提也何以緣故說一闡提輩實不得阿耨多羅三藐三菩提如命盡者雖遇良藥好藥瞻病不能得差何以故以命盡故善男子一闡名信提

何若能發於菩提之心用不復名一闡提也
善男子以何緣故說一闡提得阿耨多羅三
藐三菩提一闡提實不得阿耨多羅三藐
三菩提如令盡者雖過良醫好藥瞻病不能
得三菩提何以故以命盡故善男子一闡提
者去何以不具信故立名一闡提佛性非信眾生
非是具以不具故立名一闡提佛性非信眾生
名不具何以故立名一闡提佛性非信眾生
斷一闡提名何可斷一闡提佛性
非是修善方便眾生非具方便以不具故可
佛性非進善方便不具故立名一闡提
闡名念善提何以故以不具念不具故立
性非念眾生非具以不具故立名一闡提佛
定提名不具以不具故立名一闡提佛性
眾生佛性非慧眾生非具慧以不具故可
名不具以不具故立名一闡提佛性非慧
名不具以不具故立名一闡提佛性
是名不善非不善何以故立名一闡提
得而是佛性非善方便得善果故非善昂是
非生已得是故非善以何故立名一闡
羅三藐三菩提又善法者生已得諸善法故
一闡提何以斷生已得故而是佛性
者去何不遠地獄之罪善男子譬如有王聞箜篌音其聲清
有弗生善男子譬如有王聞箜篌音其聲清

妙即勑著慧愛念情無捨離即告大臣
如是妙音從何處出大臣答王是箜篌
聲王語箜篌出聲來余時大王即持
箜篌置於王前而住是言大王當知此是
箜篌出王復語言是聲來余時大王
大臣立何乃住如是妄語大臣白王夫箜
者法不如是應以眾緣善巧方便聲乃得
出聲不見有住處以善方便聲故
得可見以可見故得阿耨多羅三藐三菩
心一闡提輩不見佛性云何能遮三惡道罪
善男子若一闡提信有佛性當知是人不至
三惡是亦不名一闡提也以不自信有佛性
故即墮三惡墮三惡故名一闡提善男子如
汝所說若乳中有酪性不應復假眾緣
是說智者終不發如是言何以故以無住故
五丈性則不發若無酪性亦無略尼拘陀子無
力也善男子如其乳中有酪性者不應復假眾緣
善男子如水乳雜卧至一月終不成略

汝所說若乳無酪性不應出酪尼拘陀子無
五丈性則不應有五丈之質恩廳之人住如
是說智者終不應復假廳緣
善男子如其乳中有酪性亦不應復以無性故
力也善男子如水離乳雖卧至一月終不成略若
是以一沸頻求樹汁枝之於中昂便成略
若本有略何故待緣眾生佛性亦復如是假眾
緣故則便可見假眾緣者昂是無性
猿三菩提若待眾緣然後成者阿耨多羅三
以是義故菩薩摩訶薩贊人善不說彼缺
以無性故能得阿耨多羅三藐三菩提
名貲直心復次善男子云何菩薩摩訶薩貲直心
菩薩摩訶薩常不扼惡說有過失昂時懺悔
於師同學終不覆藏慚愧自責不敢復住於
輕罪中生重想若人詰問答言實犯復問
不善答言不善復問是罪果耶不善果
是罪答言不好復問是罪為善
不善答言不善復問是善果耶不善果
乎答言是罪實非善果非善果又問是誰之所
將非諸佛法僧之所攝集以直心故信我所住
佛性故煩惱之所攝集以直心故信佛
弟子若受眾生衣服飲食卧具醫藥種種
乃不是為多是菩薩摩訶薩貲直心故立何菩薩
萬不是為多是菩薩摩訶薩受持菩薩戒
終持於是菩薩摩訶薩眼飲食卧具醫藥種
不為怨怖乃至不住假眾生雜眾難眾不住

万不是為多是菩薩摩訶薩受持菩薩戒
終持於是菩薩摩訶薩受持菩薩戒不為
不為怨怖乃至不住假眾生不生天
住破戒眾不住假眾生雜眾難眾不生天
聲聞眾不受持菩薩摩訶薩尸羅波羅蜜具
得具足具不生憍慢是名菩薩摩訶薩修大涅槃具
第三戒云何菩薩親近善友菩薩摩訶薩常
果報眾歸富伽羅婆羅門所有生地獄因緣
是故能近我者雖有生於色天畔有見我故
為眾生說於善道不說不善道說眾生真善知識
目連心因緣故善男子我昔住於波羅柰國
闡提心因緣故善男子我昔住於波羅柰國
時舍利弗教二弟子一觀白骨一令數息經
歷多年各不得定以是因緣我於彼時見是比丘
涅槃無漏之法說其有者我於爾時即呵責之
我都善持所受戒故我於爾時見是比丘而呵責
此邪心嗟歎舍利弗而呵責汝於二弟子其性何
果一是浣衣一是金師金師之子應教數息
浣衣之人應教觀骨以汝錯教令是二人生
閭提心因緣故善男子我當住於波羅柰國
目連心因緣故善男子我普住於波羅柰國
聞已得阿羅漢果是故我為一切眾生真善
智識非舍利弗目連等若使眾生有整重

浣衣之人應教骨觀以汝錯教令是二人生
於惡邪我於尒時為是二人如應說法二人
聞已得阿羅漢果是故我為一切眾生真善
智識非舍利弗目捷連等若使眾之如我弟難
結得遇我者我以方便昂為斷之如我弟難
隨有撅重欲我以種種善巧方便而為除斷
鴦掘魔羅有重頓惠昂滅昂息阿
闍世王有重恩癡以見我故癡心昂滅如婆
見我故昂便鱑滅誤有弊惡斯下之人親近
於我作弟子者以是因緣一切人天壽命如
念尸利趜多耶見熾盛因見我故邪昂見
羅命終時因見我故還得本心如瘦瞿曇如
狂心錯亂因見我故還得本心如瘦瞿曇彌
屠家之子常修惡業以見我故寧捨身命不
闡提比丘因見我故斷地獄因住天緣如氣噓猶隨
草繫比丘以是義故阿難說半梵行云何
菩薩具足多聞菩薩摩訶薩為大涅槃具足
故善知識我言不尒具足是梵行乃名善知識是
部經書寫讀誦分別解說是名菩薩具足多
聞除十二部唯毗佛略受持讀誦書寫解說
亦名菩薩具足多聞除是經典若能受
持是大涅槃微妙經典若別解說是名菩薩具足多聞除是經典具足全體能

部經書寫讀誦分別解說是名菩薩具足多
聞除十二部唯毗佛略受持讀誦書寫解說
亦名菩薩具足多聞除是經典若能受
持是大涅槃微妙經典若別解說是名菩薩具足多聞除是經典具足全體能
說是名菩薩修大涅槃成就第五具足多聞
受持一四句偈復除是偈若能受如來常
住性無變易是名菩薩若男子善女人為
善男子若有善男子善女人有信是語故乃至
說云何事若如來常不說法亦難成就第一
何以故如來常不說法亦難成就一切諸法常無所
得阿耨多羅三藐三菩提能作難者有人食一胡麻一米
無量阿僧祗劫常食一麻若聞眾火得阿
多羅三藐三菩提能作難能作難云何菩薩難作能作
熾火聚是名菩薩難作能作云何菩薩難忍能忍
能忍若聞受苦手叉刀石所打因緣得大涅
槃見於無量阿僧祗劫身具受之不以為苦
是名菩薩難忍能忍云何菩薩難施能施
聞多羅三藐三菩提者於無量阿僧祗劫
稱多羅三藐三菩提者於無量阿僧祗劫
以其所有國城妻子頭目髓腦惠施於人得
名菩薩難施能施菩薩難復難如是善男子
念言是我所作難施赤復如是善男子
聲如父母唯有一字愛之甚重以好衣裳上

耨多羅三藐三菩提者昂於無量阿僧祇劫
以其所有國城妻子頭目髓腦惠施於人是
名菩薩難施能施菩薩雖復難作能作終不
念言是我所作難忍難受之惡重以好衣裳上
妙甘饍隨時將養令無所乏其子若於父
母亦復如是若子遇病父母亦爲是見衣服飲食猶如一子若子過病
父母亦念言我爲是見醫藥勤而療治病苦菩薩摩訶
薩遇煩惱時將養衆生猶如一子若子過病
恨不念言我與是見蠶藥勤而療治病已終
不生念言我爲是見衣服飲食故菩薩摩訶
薩遇煩惱病爲求療治病苦菩薩摩訶薩
衆生無瞋無喜何以故修空故空者如林木巖
火所焚若人所伐代爲水漸而是於諸
者當於誰所生瞋若善男子群如是於諸
以所生瞋若善男子群如林木猛
斷煩惱若斷煩惱終不得戒云何稱多羅三
藐三菩提唯修是念無一衆生我爲衆生
故諸煩惱斷已終不念言我爲衆生
斷諸煩惱斷煩惱終不念言我爲衆生
明遍照高貴德王菩薩摩訶薩白佛言世尊
衆生無瞋無喜何以故修空故空
一切諸法性自不空耶空空若性以修空而
見空也若性自空何以故修空不能令善
男子一切諸法性自本空何以故一切法性

明遍照高貴德王菩薩摩訶薩白佛言世尊
一切諸法性自不空耶空空若性自空者
不應修空然後見空立何如來言以修空
見空也若性自空何以故修空不能令
男子一切諸法性自不空雖復修空不能
見空菩薩摩訶薩具足五事是故見諸法性空
者非地水火風不離地水火風非青黃赤白
不離青黃赤白非有非無已說諸法性
性以性不可得故說諸法性不可得故若
性不可得者當知是人非是沙門非婆羅門不
得見修習般若波羅蜜不得入於大般涅槃
不得現見諸佛菩薩是魔眷屬善男子
法性本自空亦因菩薩修習空故見諸法空
善男子若一切法性無常故滅能生滅能
無常滅相故不能滅有爲之法有生相故生能生
之有滅相故滅能滅之一切諸法有苦相故
苦能苦苦男子如鹽性鹹能鹹異物醯性酢
能酢異物蜜性甘能甘異物薑本性辛
能辛異物阿梨勒苦能苦異物菴羅菓酸
能酸異物毒性能害能殺異物甘露之藥
人不死若合興物亦能令不死菩薩修空亦復
如是以修空故見一切法性皆空寂先明遍
照高貴德王菩薩復作是言世尊若鹽能令

能辛異物呵梨勒等能苦黑物蒼羅菓酢人不苦若合異物亦能令異物不死若菩薩修空亦復如是非鹹真性能令非鹹住鹹修空三昧唯見空者當知是空照高貴德王菩薩復作是言世尊若空明遍善非鹹真性菩薩修空三昧亦復作如是非無法性如顛倒修空三昧若空非法是能令空無然非顛倒如鹽非鹹住鹹非昧亦復如是不空住空化空唯是非故修空三昧善男子會是有性生貪以生貪故當知色性非是顛倒也善男子生貪以生貪故當知色性非是顛倒也善男子色性是有何等是性所謂顛倒者以顛倒故眾生地獄若顛地獄去何貪性當知色性非是是空性若是空耶善男子若色是空何能令眾生女相以不相會則不生不貪以顛倒故非顛是女人身生女相以不生故非顛倒見男人身生女相以不生故非顛倒若見男時說言是女則是顛倒以我為闇提說言汝婆羅門若以晝為夜是亦顛倒夜為晝是亦顛倒畫為夜相去何以以晝夜相故我說言一切善薩住九地者顛倒善男子一切善薩住九地者見法有性以是見故不見佛性若見佛性則不復見一切法性以修空故不見法性以修空故見一切法性以見法故則不見佛性諸佛菩薩有二種說一者有

顛倒善男子一切菩薩住九地者見法有性以是見故不見佛性若見佛性則不復見一切法性以修空故不見法性以修空故見一切法性以見故則見佛性諸佛菩薩所說有法性為眾生故說有法性為諸賢聖性二者無性為眾生故說有法性為諸賢聖說無法性為不空者見法空故修空三昧得見空故見法性空故修空三昧空見空者善男子汝言見空是義不然何以故若見無所見者即無所有無所有者即一切法空菩薩摩訶薩修大涅槃見一切法所見若有見者不見空是故菩薩見一切法空不得見者若有見者不但因是三昧而見一切菩薩摩訶薩修行如是大涅槃是故見空而不見不空若見空不見不空則不得入於大般涅槃所以者何波羅蜜空空波羅蜜羼提波羅蜜毘梨耶波羅蜜空禪波羅蜜空尸波羅蜜波羅蜜空大般若波羅蜜空色亦空空檀波羅蜜亦空眼亦空識亦空如來亦空大般涅槃亦空是故菩薩見一切法皆悉是空善男子我在迦毘羅城告阿難言汝莫愁惱悲泣啼哭阿難即言如來世尊今甘悲是空故何當得不愁啼也如來又言眷屬皆悉死喪更顯善男子我復告言若當有我俱生此城眷屬親戚焉當去獨不愁種悉是親戚我今云何汝見迦毘真實顯現善男子我見空故悲無所有目連女上迷上迦葉等容須益更光顯諸佛菩

我俱生此城俱同釋種義座著儒若安來
獨不愁惱光顏更顯善男子我復告言阿難
汝見迦毗真實而有我見空癡無所有汝
見釋種悲是親戚我修空故不生愁惱以是
因緣汝生愁苦我身容顏益更光顯諸佛菩
薩修習如是空三昧我不生愁惱是名菩薩
修大涅槃微妙經典成就具足第九功德
善男子云何菩薩修大涅槃微妙經典是
最後第十功德善男子菩薩修習三十七品
入大涅槃顯示佛性若酒陀斯陀含阿那含
阿羅漢辟支佛菩薩信是語者悲得入於大
涅槃經永樂我淨為諸眾生分別解說大
般涅槃若不信者輪迴生死爾時光明遍照
高貴德王菩薩白佛言世尊何菩薩生於
是經中不生恭敬善男子我涅槃後有聲聞弟
子愚癡破戒喜生鬪諍捨十二部經讀誦種
種外道典籍文頌手筆受畜一切不淨之物
言是佛聽如是之人以好栴檀貿易凡木以
金易鍮石銀易白鑞絹以甘露味易凡木以
於惡象玄何栴檀貿易凡木以諸弟子為供
養故向諸白衣情逸不喜聽
聞白衣慶高比丘在下薰以種種餚饌飲食
而供給之猶不肯聽是名栴檀貿易凡木云
何以金貿易鍮石鍮石色聲香味觸以凡木云
於我諸弟子為色因緣破所受戒是名以
金貿易鍮石云何以銀易自鑞銀喻十善

階旨衰慶高比丘在下薰以種種餚饌飲食
而供給之猶不肯聽是名栴檀貿易凡木云
何以金貿易鍮石鍮石色聲香味觸以凡木云
於我諸弟子為色因緣破所受戒是名以
金貿易鍮石云何以銀易白鑞銀喻十善
喻於十惡我諸弟子放捨十善行十惡法是
名以銀貿易白鑞云何以絹貿易毾㲪以諸
無漏法我諸弟子為利養故向諸白衣苦自
稱讚言得無漏法是名白露喻於諸
等惡比丘故是大涅槃微妙經典廣流布
於閻浮提當是時也有諸比丘受持讀誦書
寫是經演說流布為如是輩之所毀制若有受
持大涅槃經書寫讀誦分別廣說諸惡比丘
共住共坐談論語言何以故諸涅槃經者非佛
所說邪見所造邪見之人是六師等六師經
典非佛經典所以者何一切諸佛悲說諸法
無常無我無樂無淨若言諸法常樂我淨云
何當是佛所說諸弟子聽諸比丘畜種
種物六師所說諸佛菩薩聽諸弟子畜一切
物云何當是佛之所說諸佛菩薩不聽弟子食
肉五味及以食肉六師不聽食五種牛味
斷牛五味及以脂血若斷是者云何當是佛之

種物六師所說不聽弟子畜一切物如是
義云何當是佛之所說諸佛菩薩不制弟子
斷牛五味及以食肉六師不聽食五種牛味
及以脂血若斷是者云何當是佛之正典諸
涅槃菩薩如此之言云何當是佛之正典諸
涅槃如此之言云何當是佛之正典諸佛甲
竟入於涅槃是經言佛常樂我淨不入涅槃
是經不在十二部數昻是魔說非是佛說善
男子如是之人雖我弟子不能信此是涅槃
經善男子當余之時若有眾生信此經典乃
至半句當知是人真我弟子因如是信即見
佛性入於涅槃余時光明遍照高貴德王菩
薩白佛言世尊善哉善哉我如來今日善能開
示大涅槃經世尊我因是事昂得悟解大涅
槃經一句半句以解一句至半句故見少佛
性如佛所說我亦當得入大涅槃是名菩薩
終大涅槃微妙經典具足成就第十功德

大般涅槃經卷第卅六

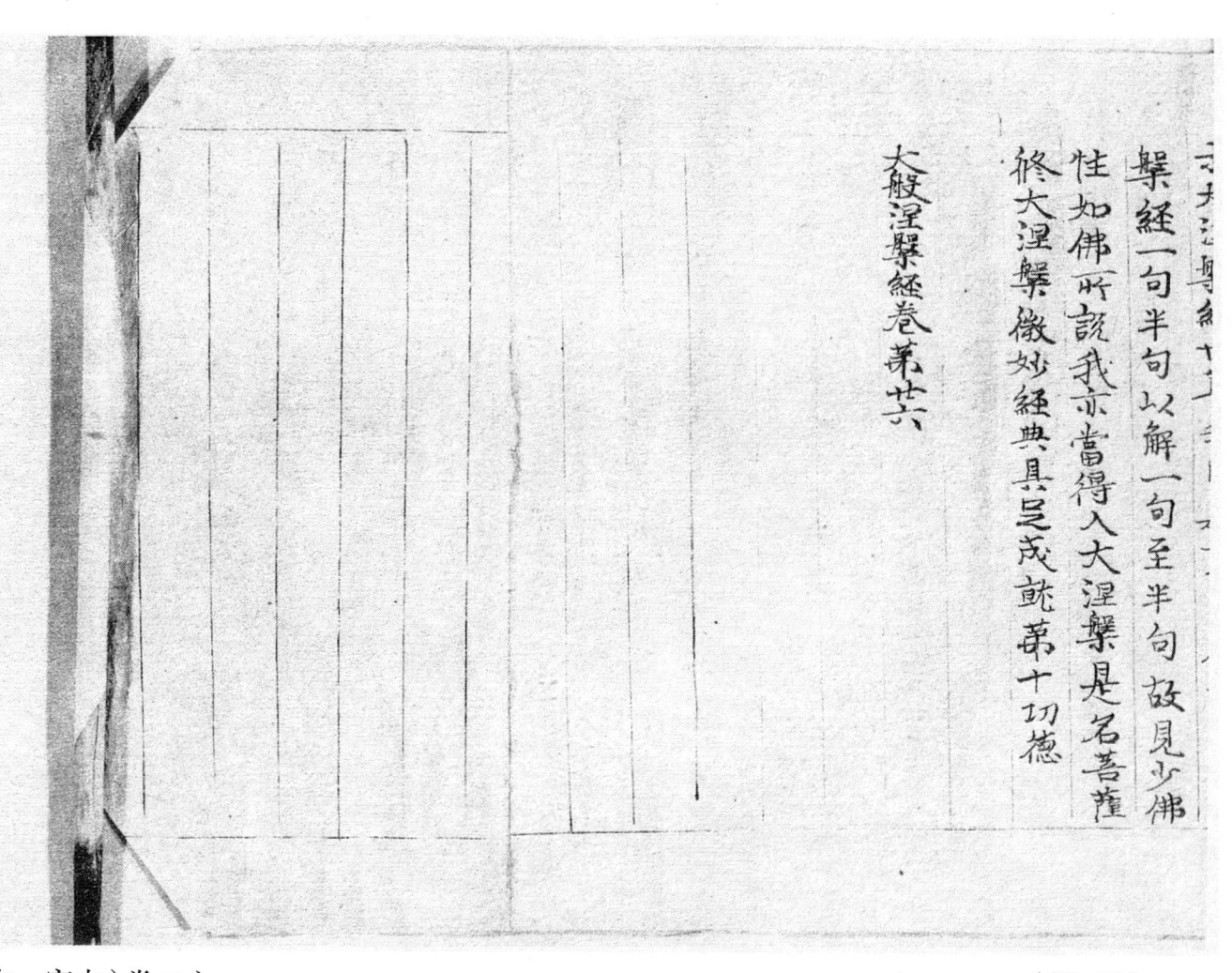

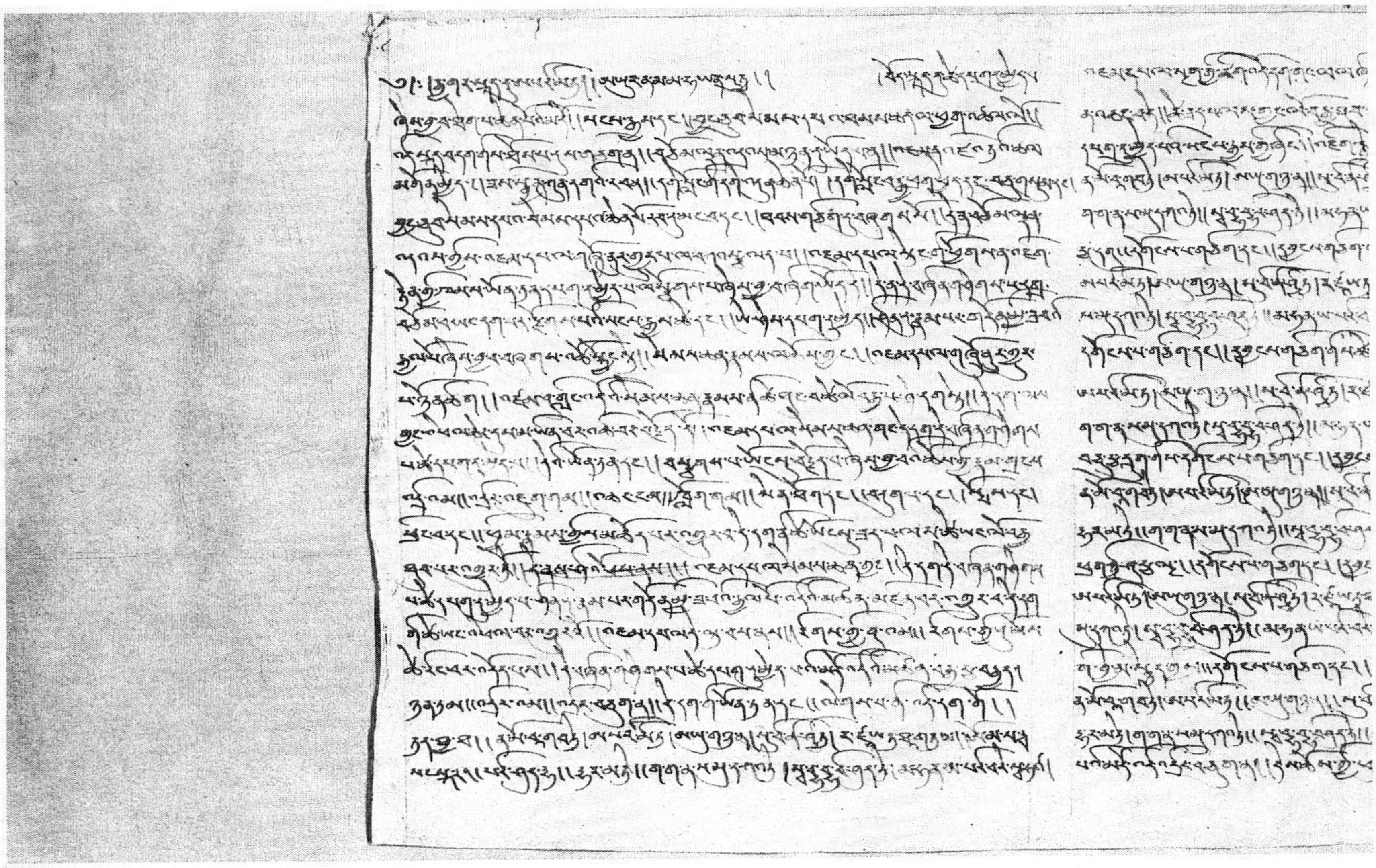

BD14213 號　藏文（無量壽宗要經甲本）　　（6–1）

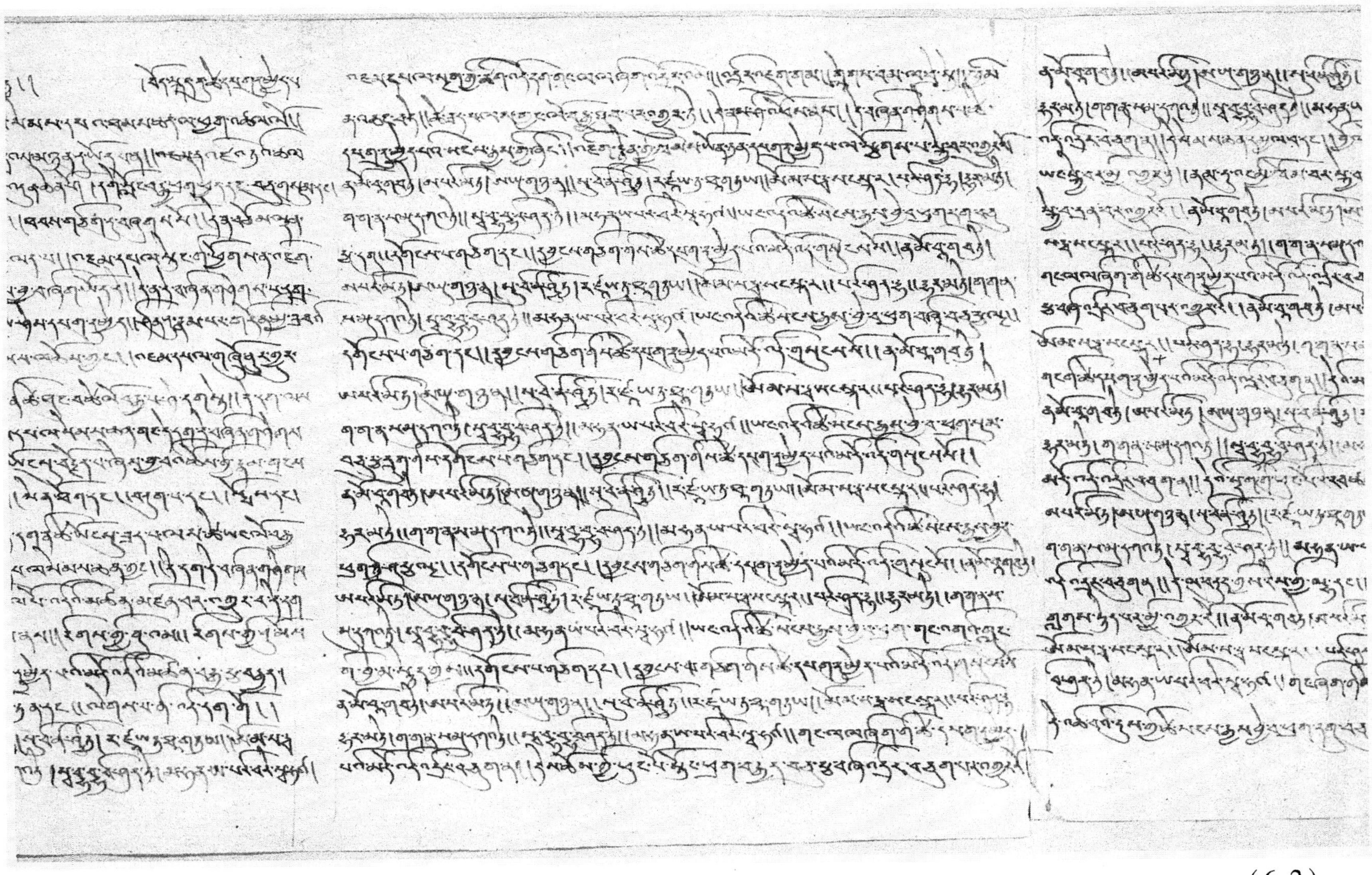

BD14213 號　藏文（無量壽宗要經甲本）　　（6–2）

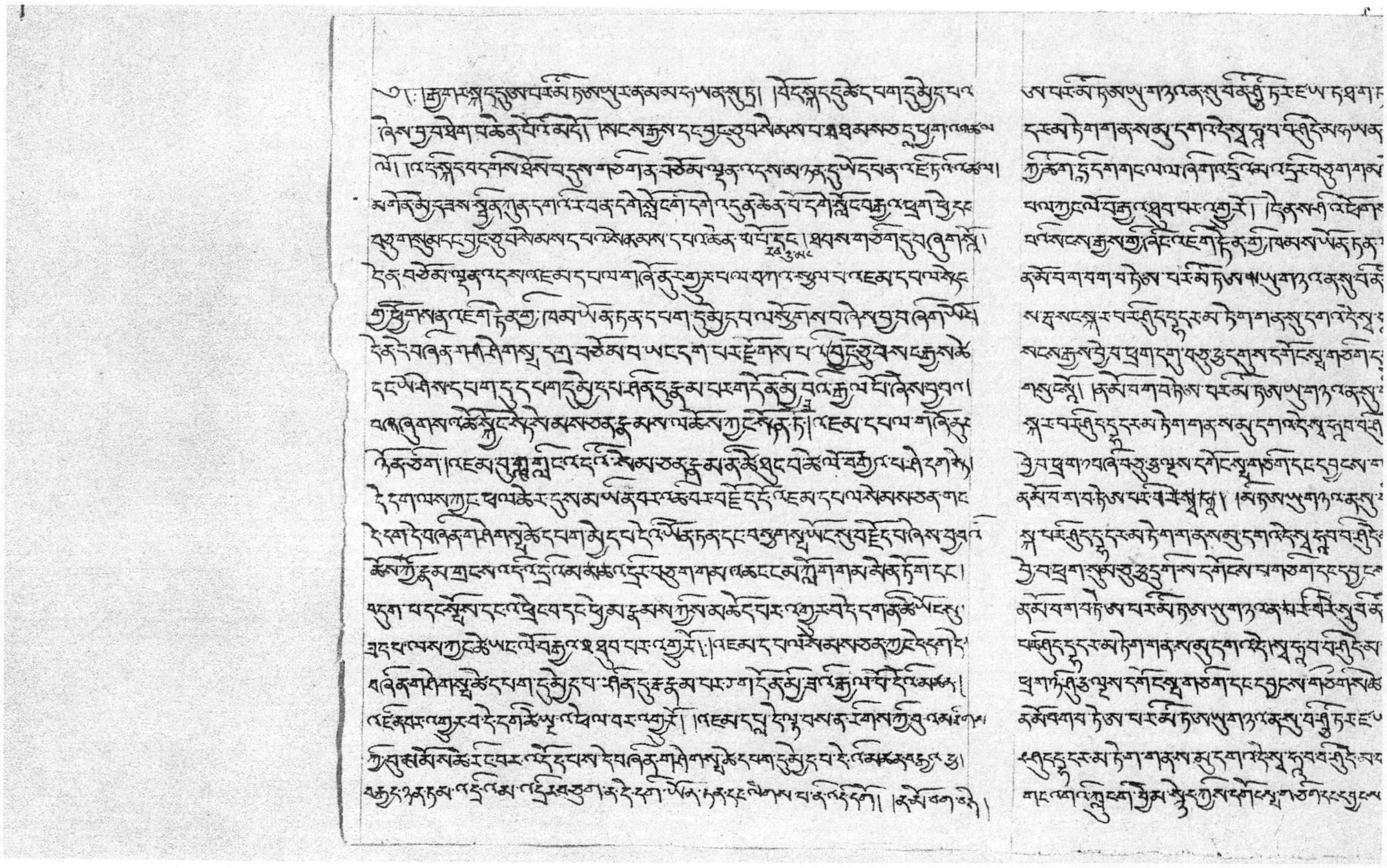

BD14214 號　藏文（無量壽宗要經甲本）　　（6–1）

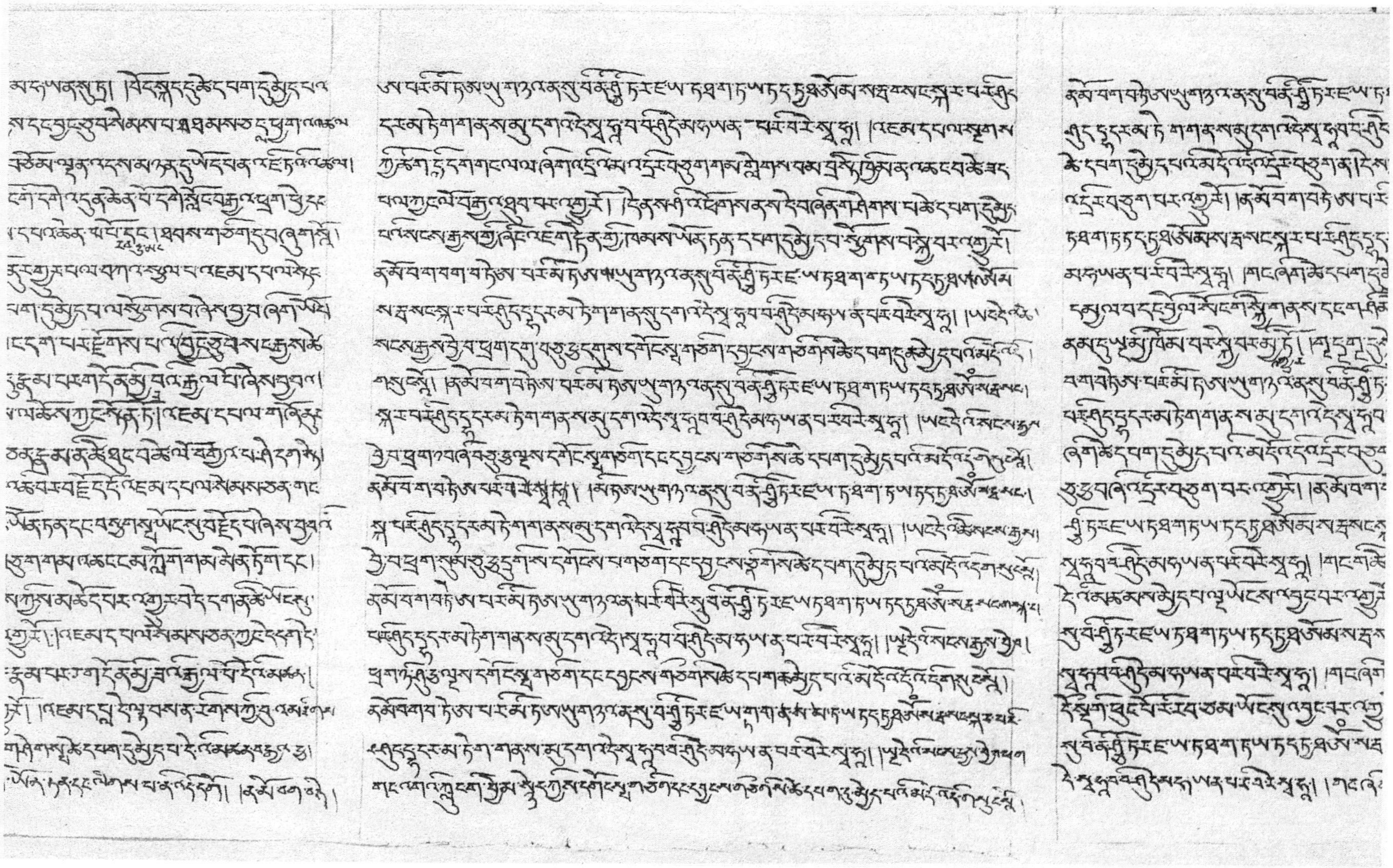

BD14214 號　藏文（無量壽宗要經甲本）　　（6–2）

BD14214號　藏文（無量壽宗要經甲本）　　　　　　　　　　　　　　　　　　　　　　　　　　　　　　　　（6-3）

BD14214號　藏文（無量壽宗要經甲本）　　　　　　　　　　　　　　　　　　　　　　　　　　　　　　　　（6-4）

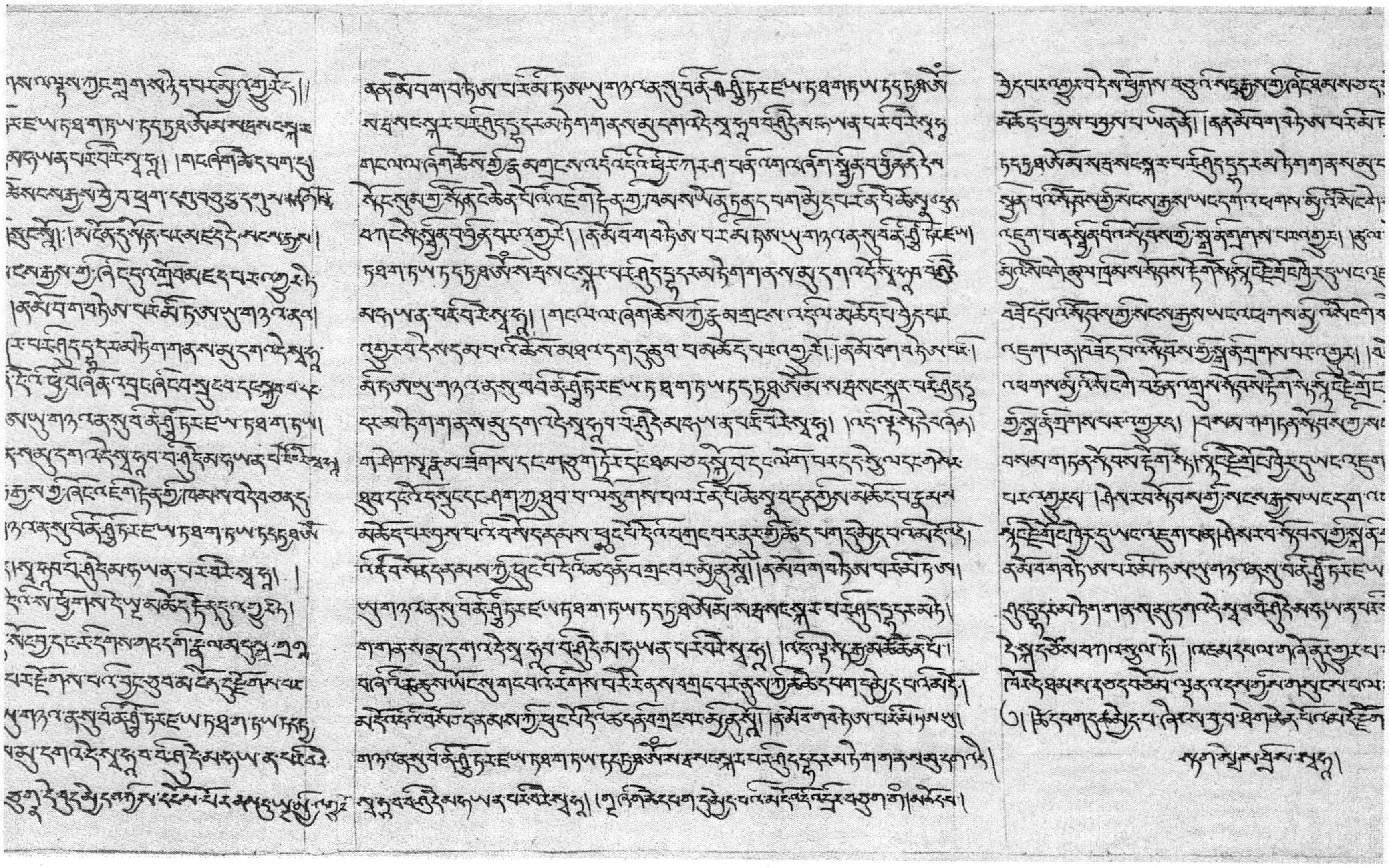

BD14214 號　藏文（無量壽宗要經甲本）　（6–5）

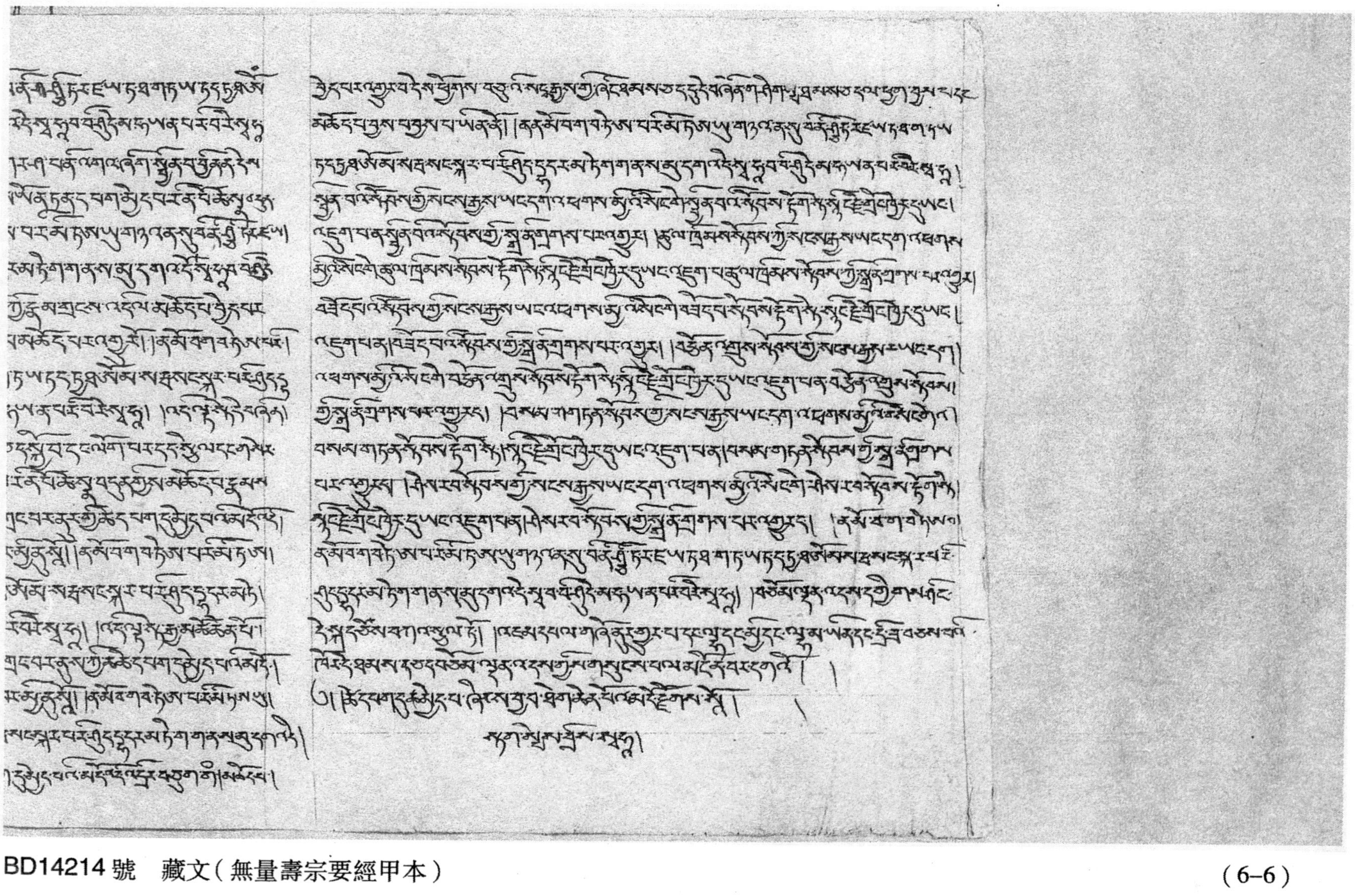

BD14214 號　藏文（無量壽宗要經甲本）　（6–6）

BD14215號　藏文（無量壽宗要經甲本）

BD14215號　藏文（無量壽宗要經甲本）

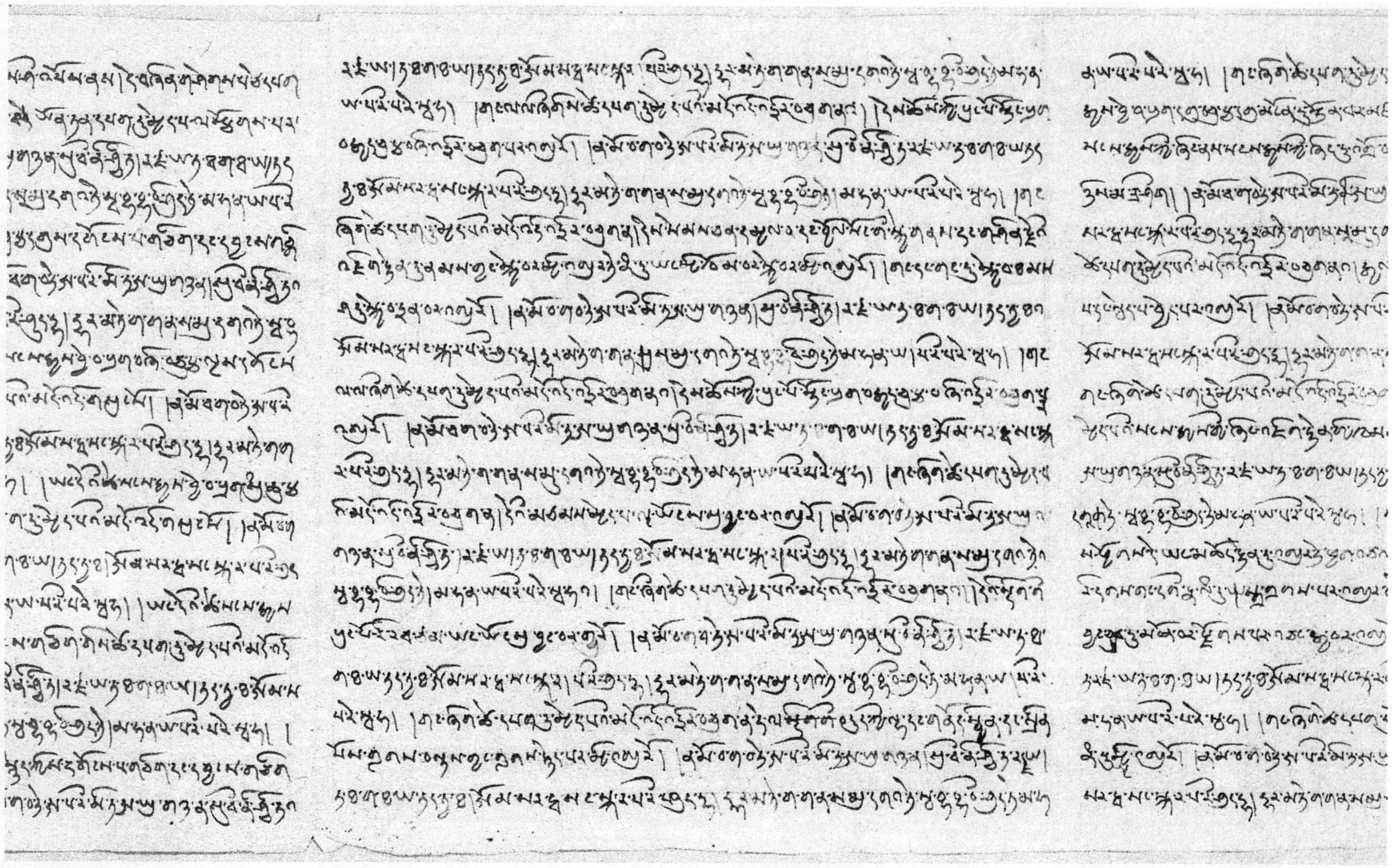

BD14215 號　藏文（無量壽宗要經甲本）　　（6–3）

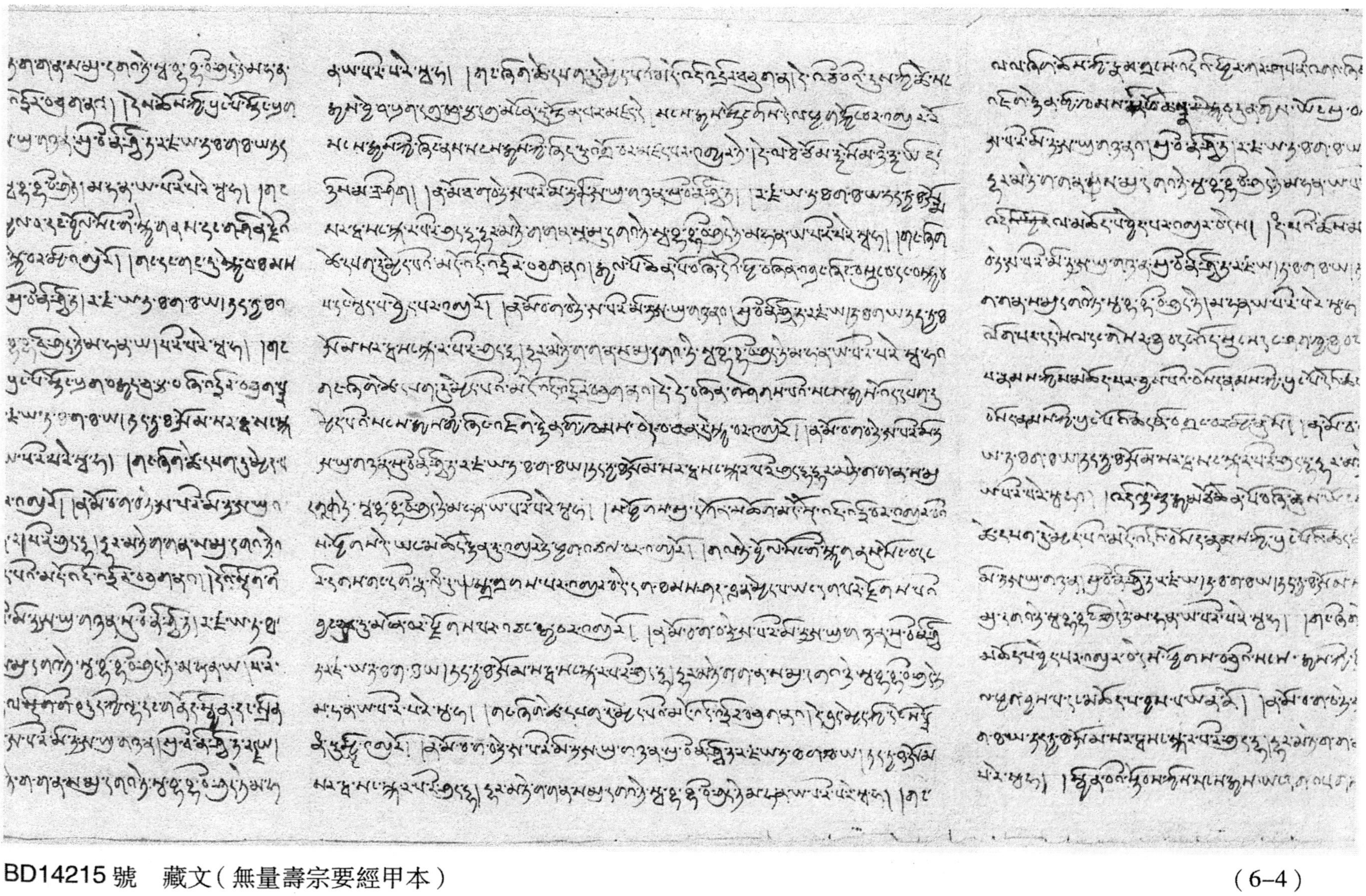

BD14215 號　藏文（無量壽宗要經甲本）　　（6–4）

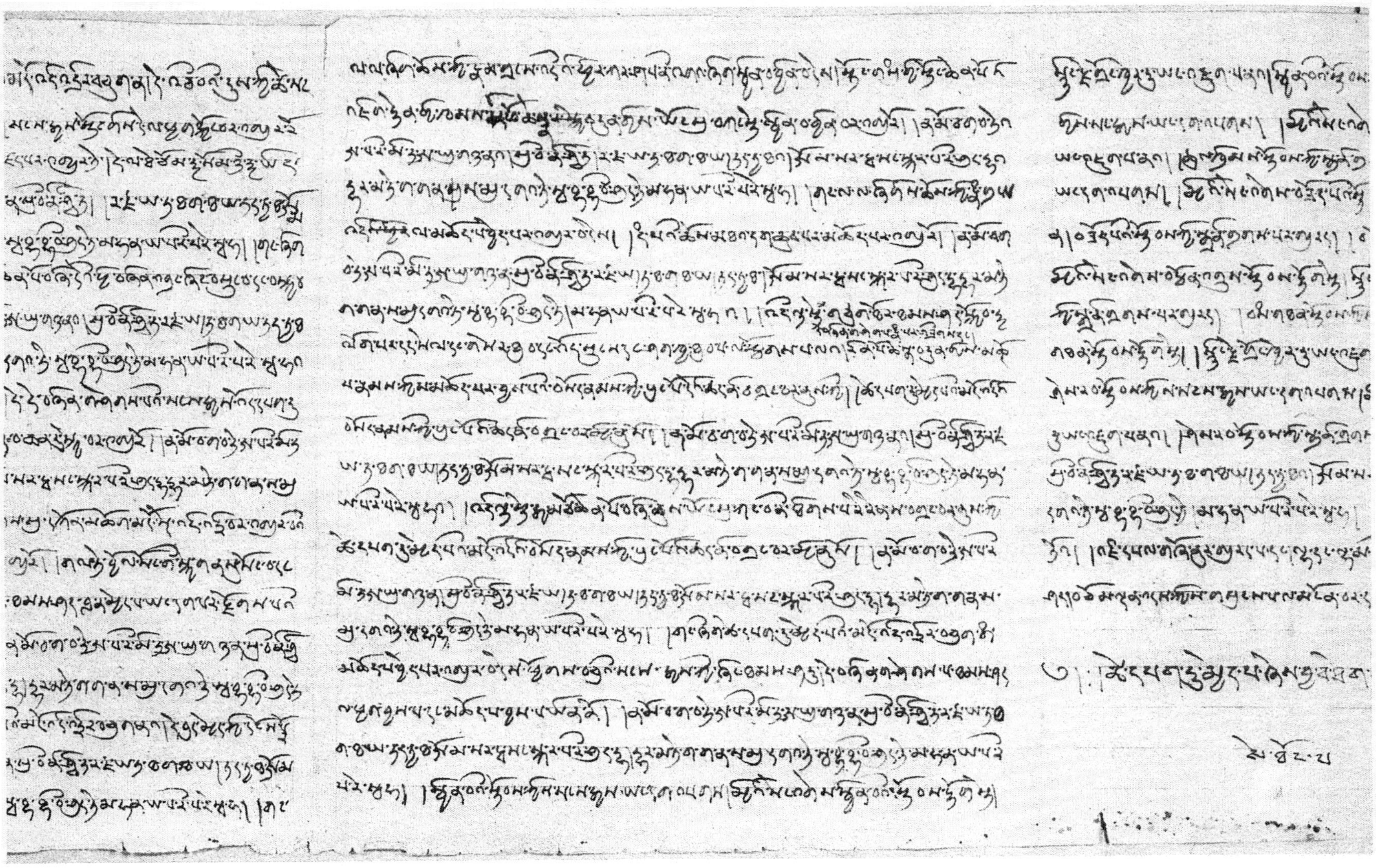

BD14215 號　藏文（無量壽宗要經甲本）　（6–5）

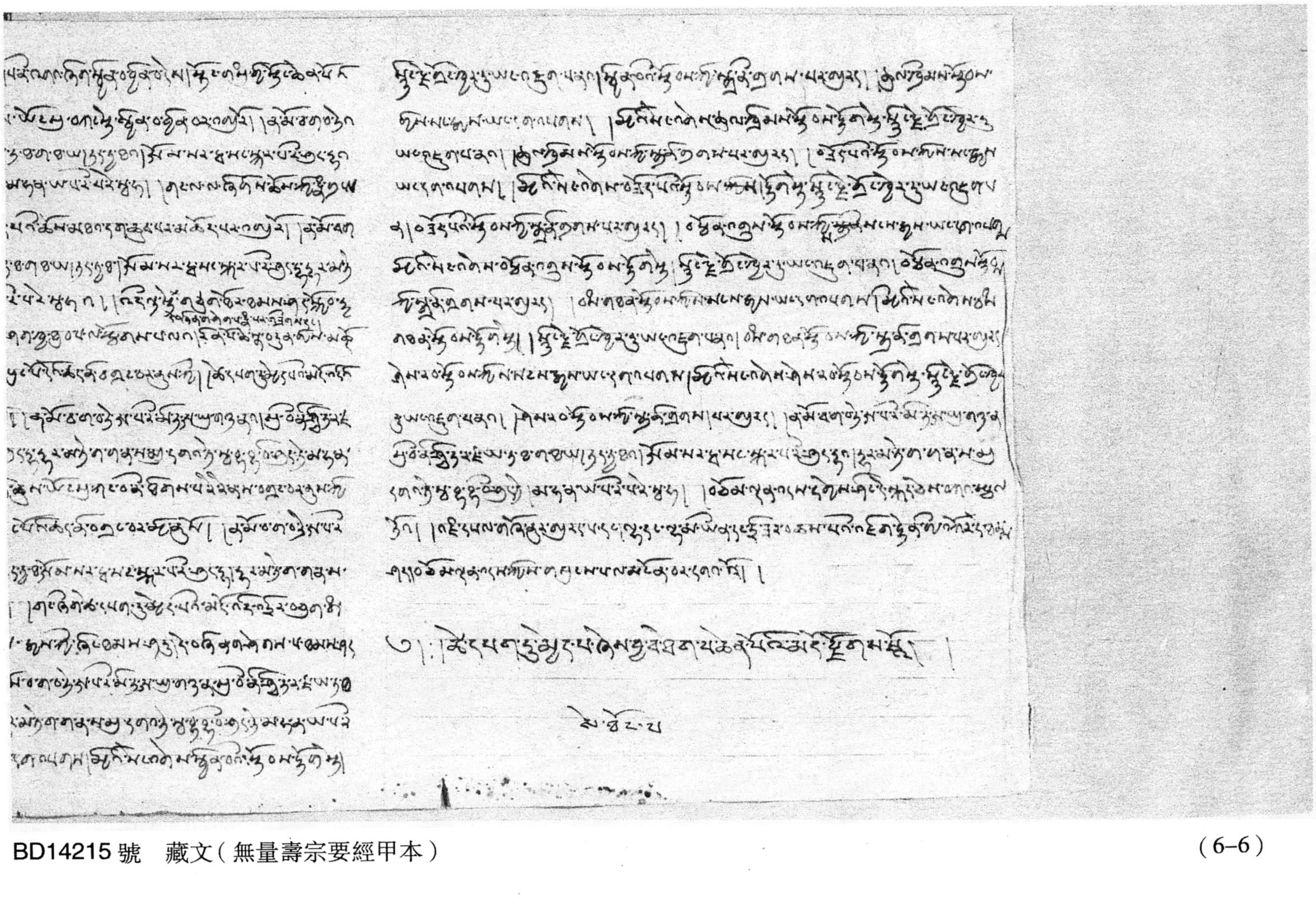

BD14215 號　藏文（無量壽宗要經甲本）　（6–6）

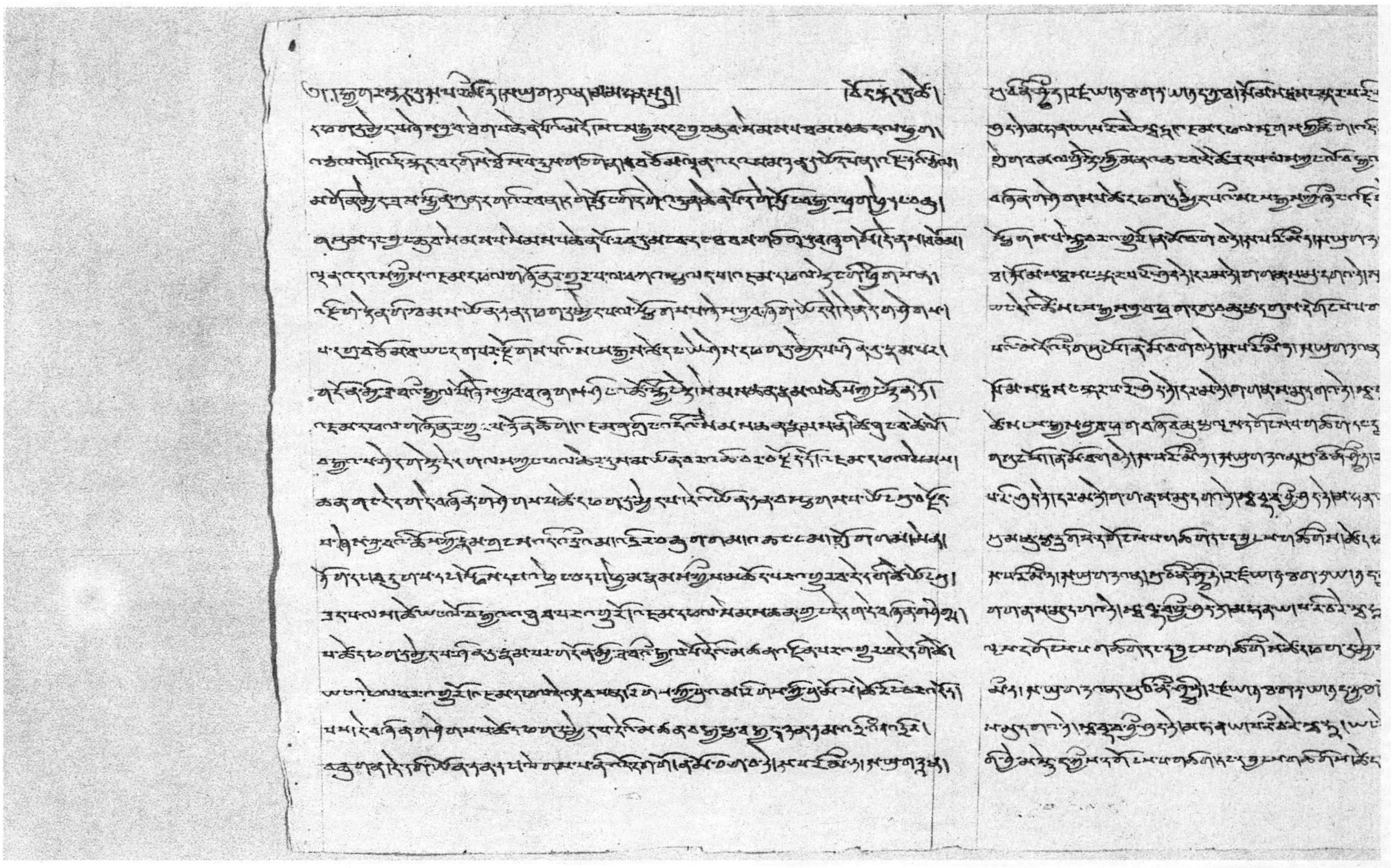

BD14216 號　藏文（無量壽宗要經甲本）　（6–1）

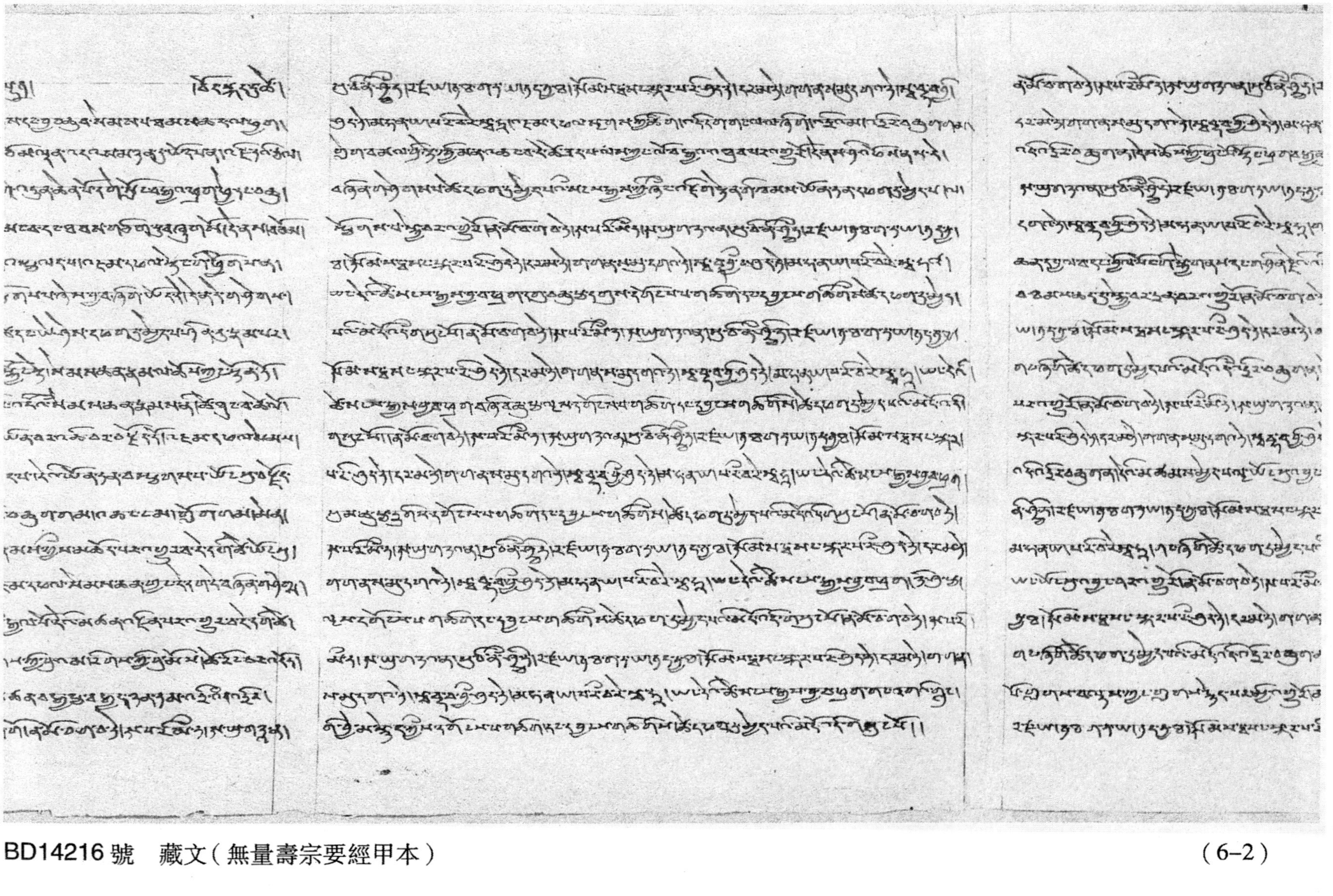

BD14216 號　藏文（無量壽宗要經甲本）　（6–2）

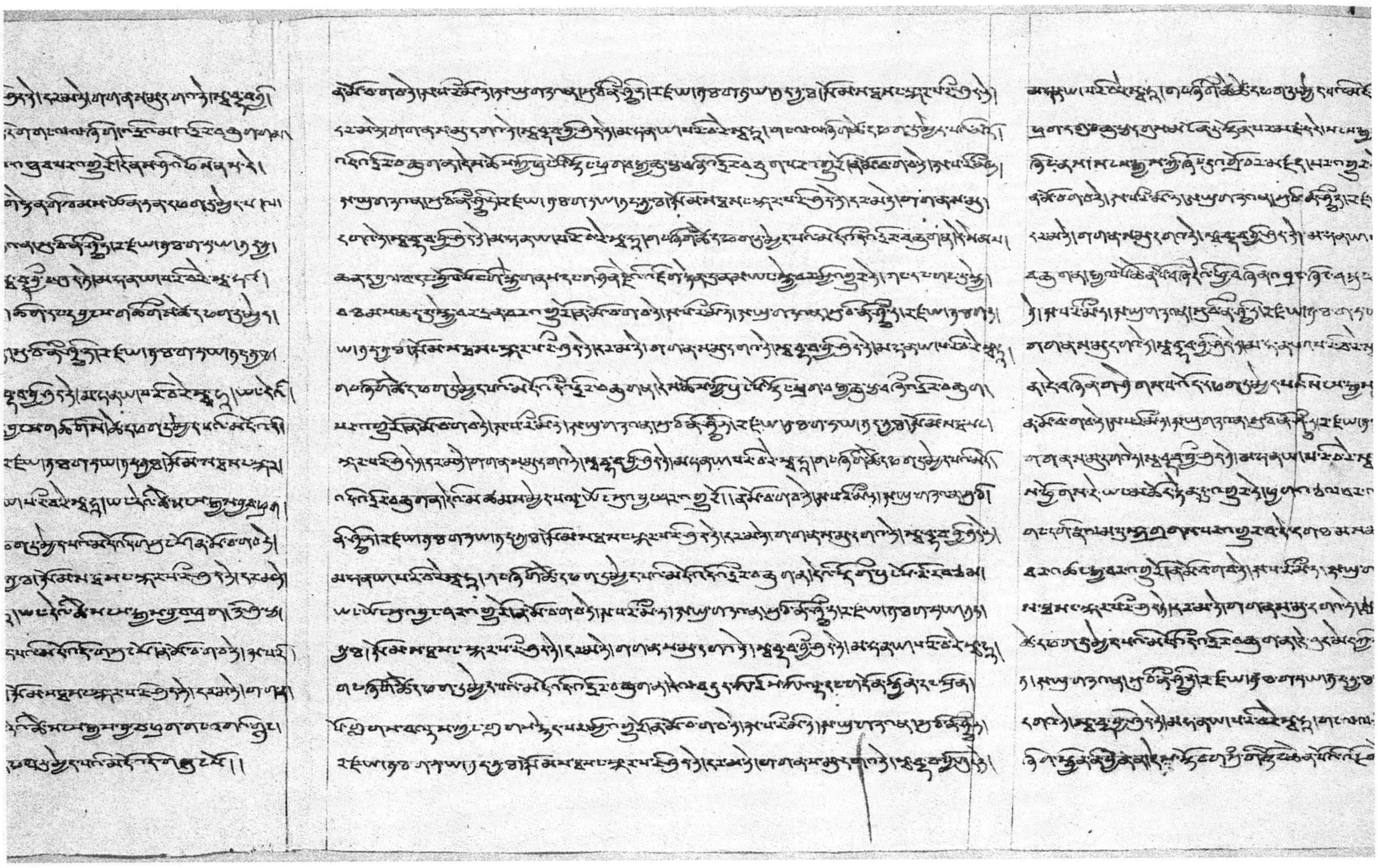

BD14216 號　藏文（無量壽宗要經甲本）　（6–3）

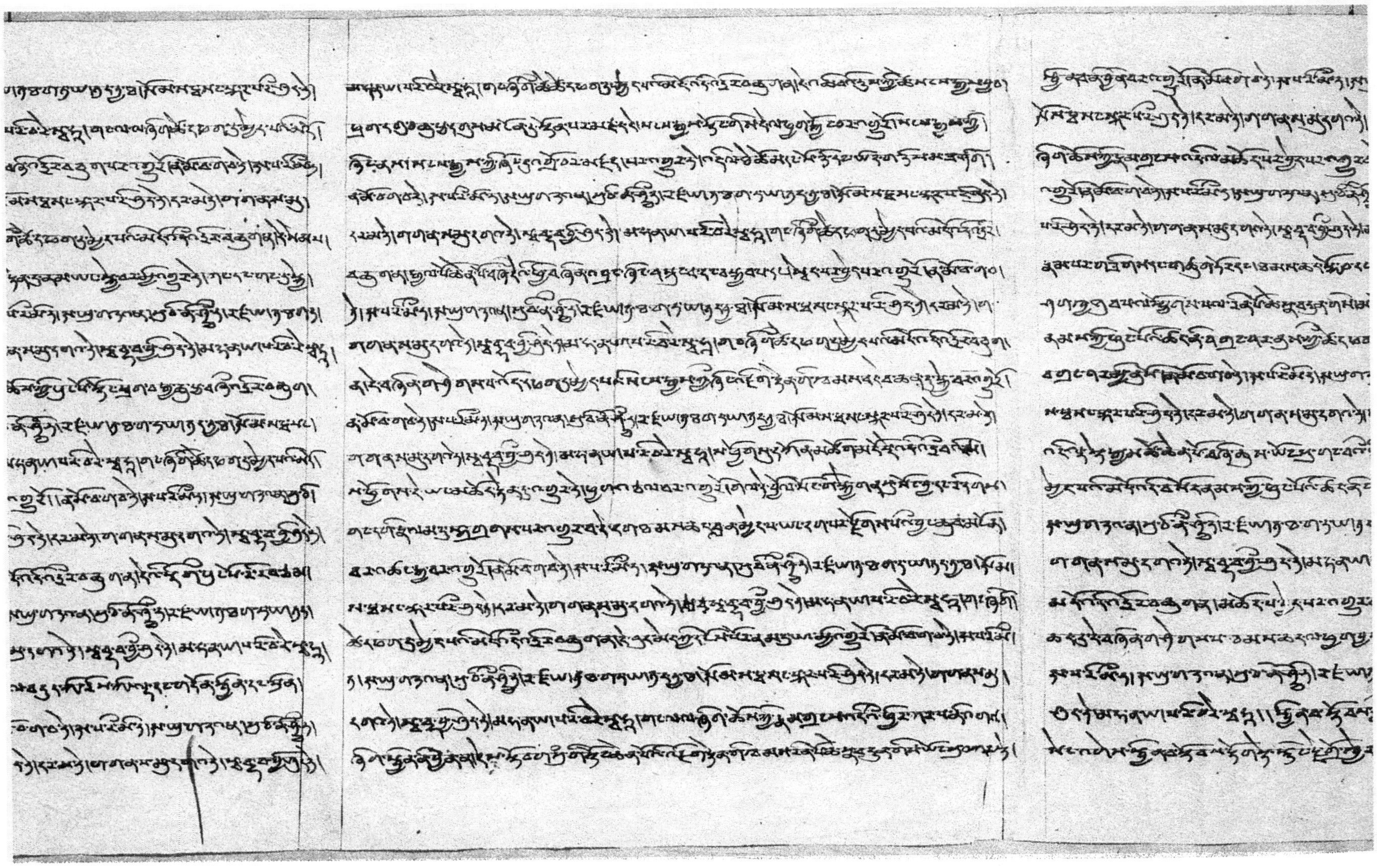

BD14216 號　藏文（無量壽宗要經甲本）　（6–4）

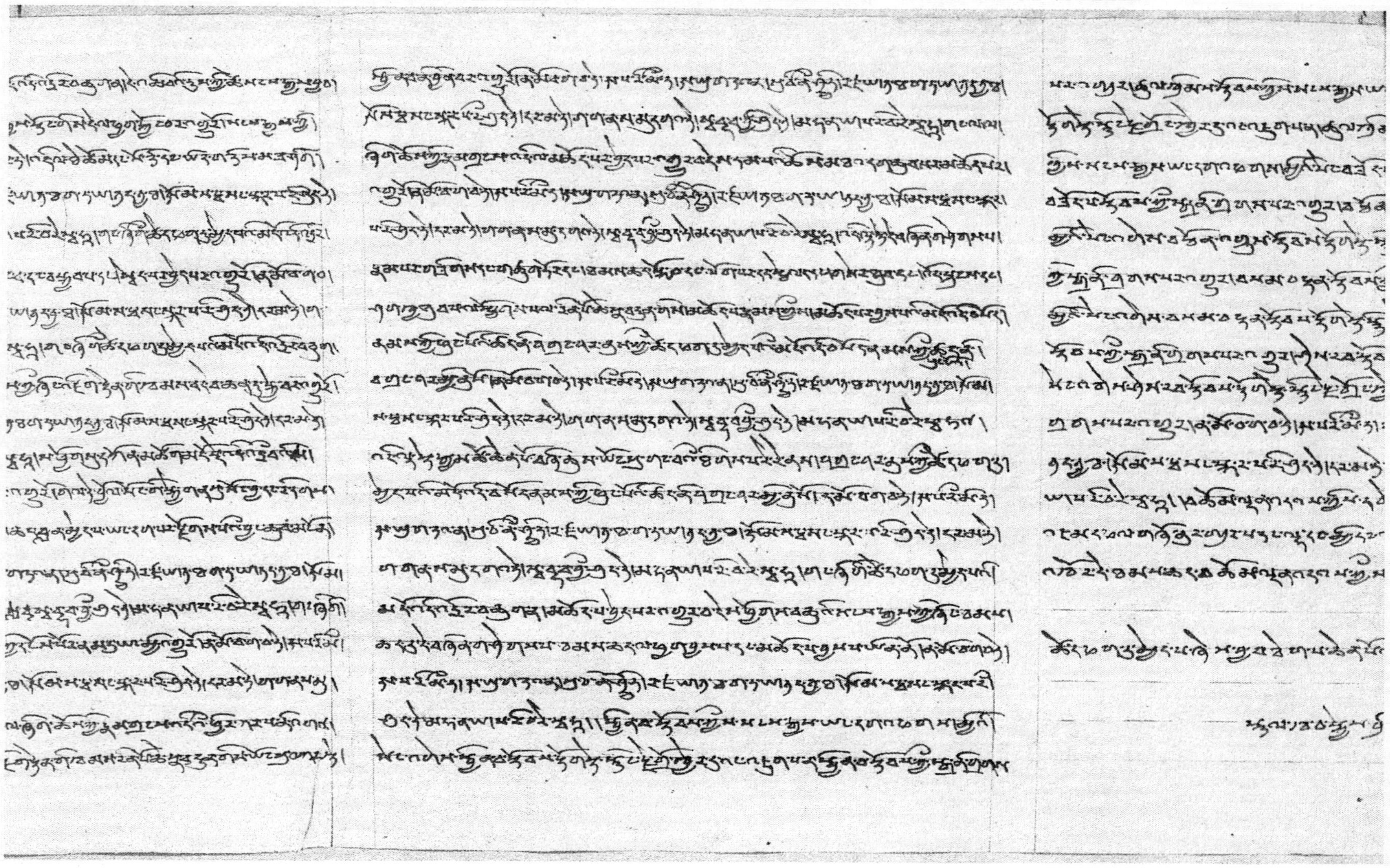

BD14216 號　藏文（無量壽宗要經甲本）　（6–5）

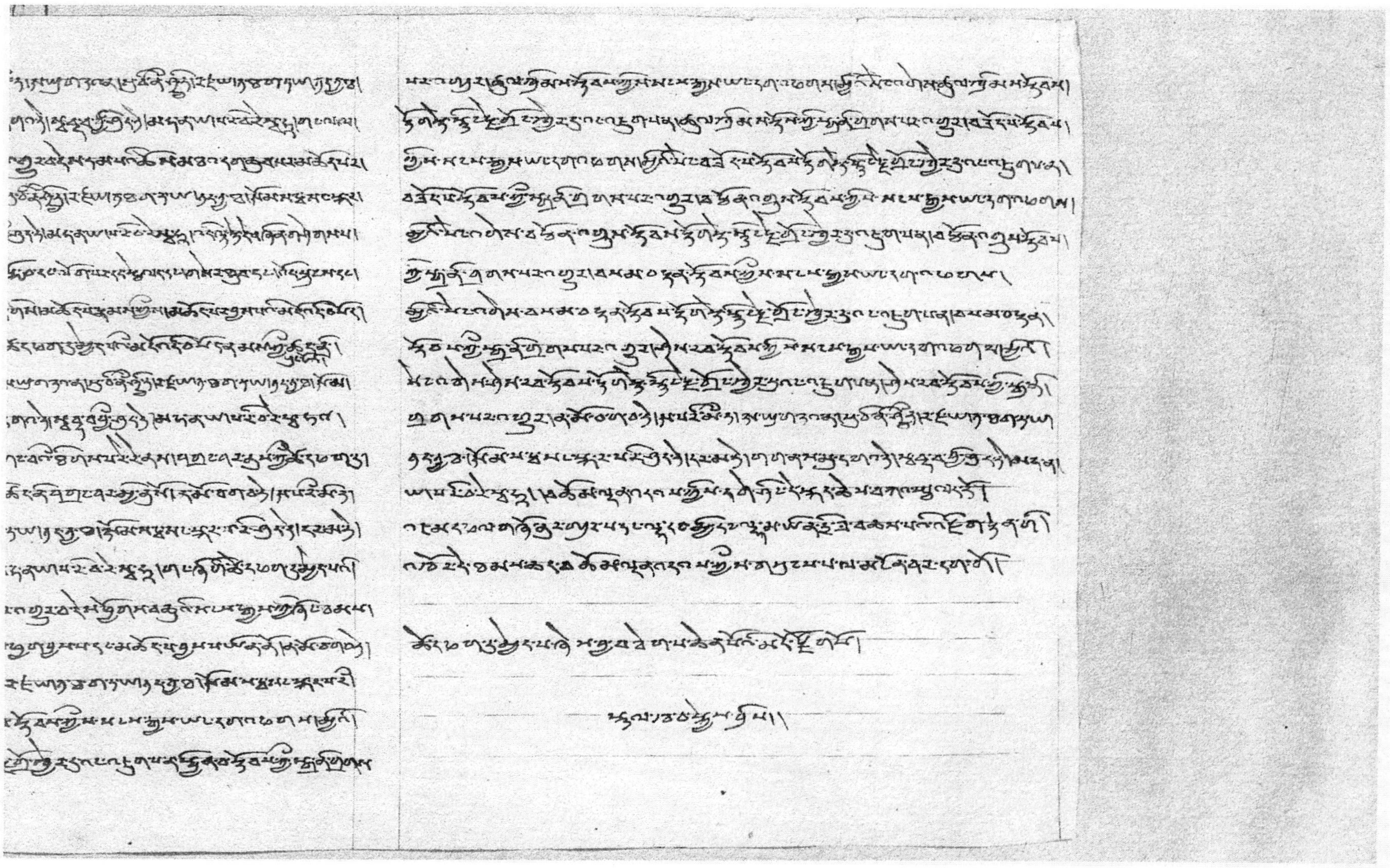

BD14216 號　藏文（無量壽宗要經甲本）　（6–6）

BD14217號 藏文（無量壽宗要經甲本）

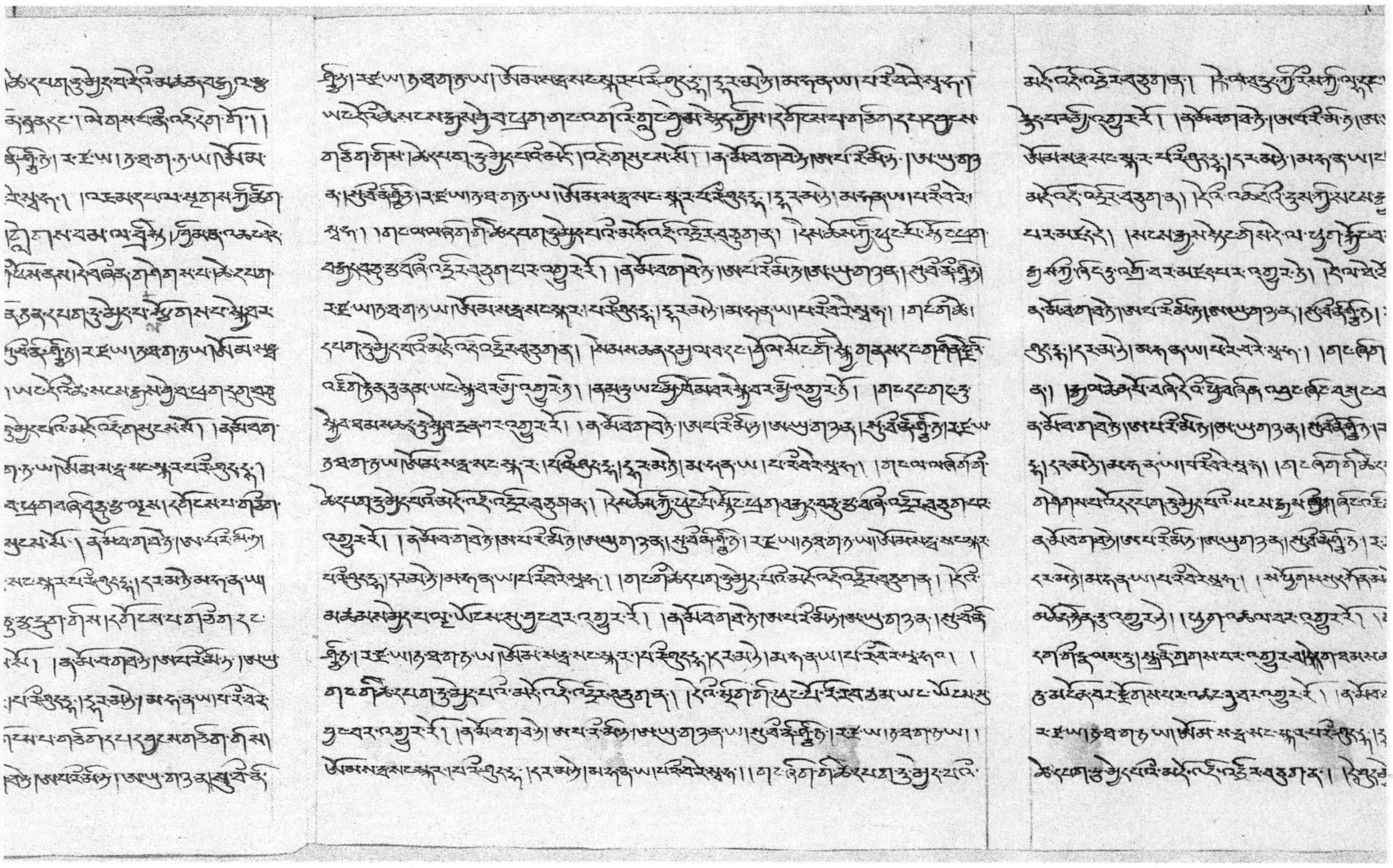

BD14217 號　藏文（無量壽宗要經甲本）　　（6–3）

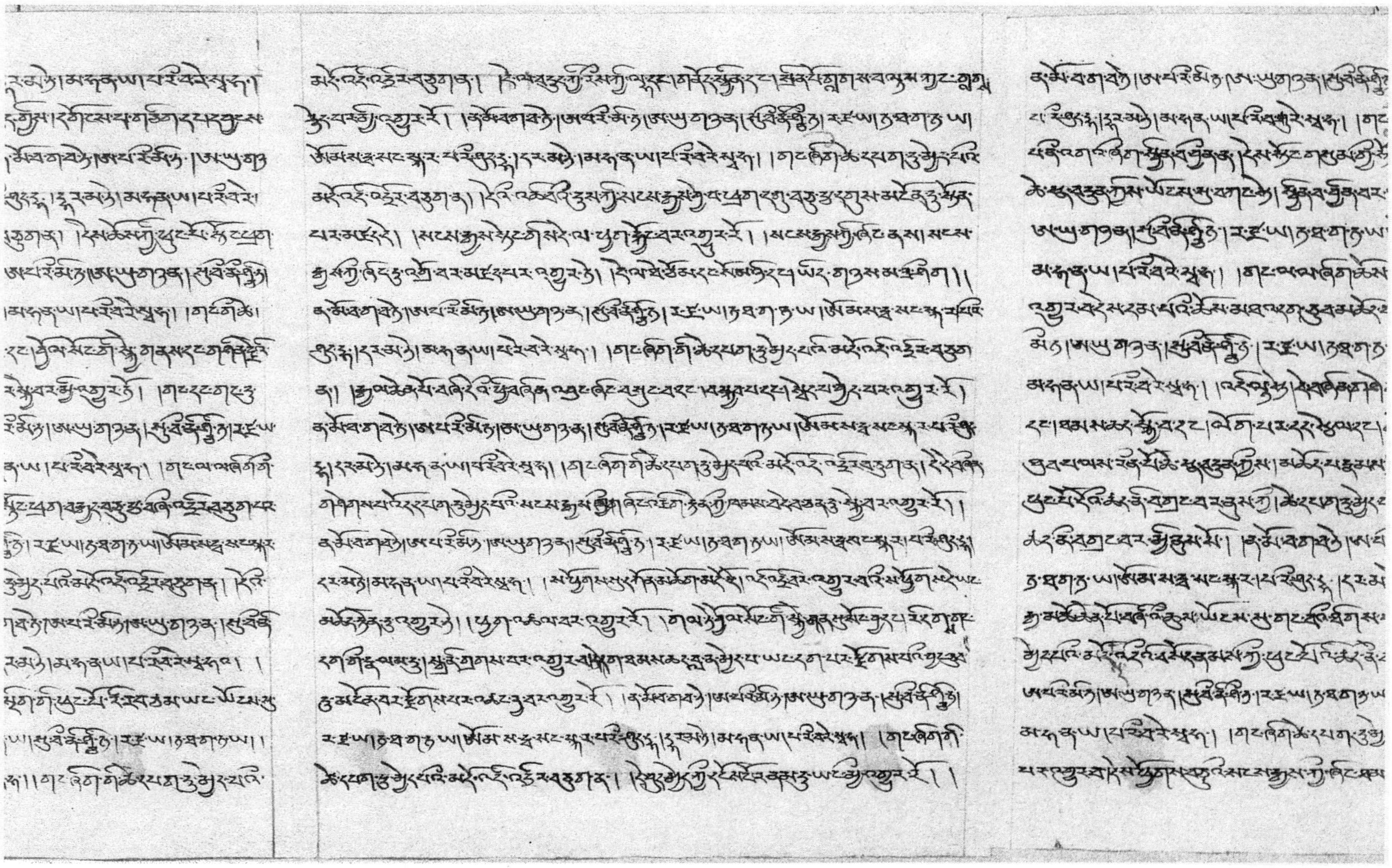

BD14217 號　藏文（無量壽宗要經甲本）　　（6–4）

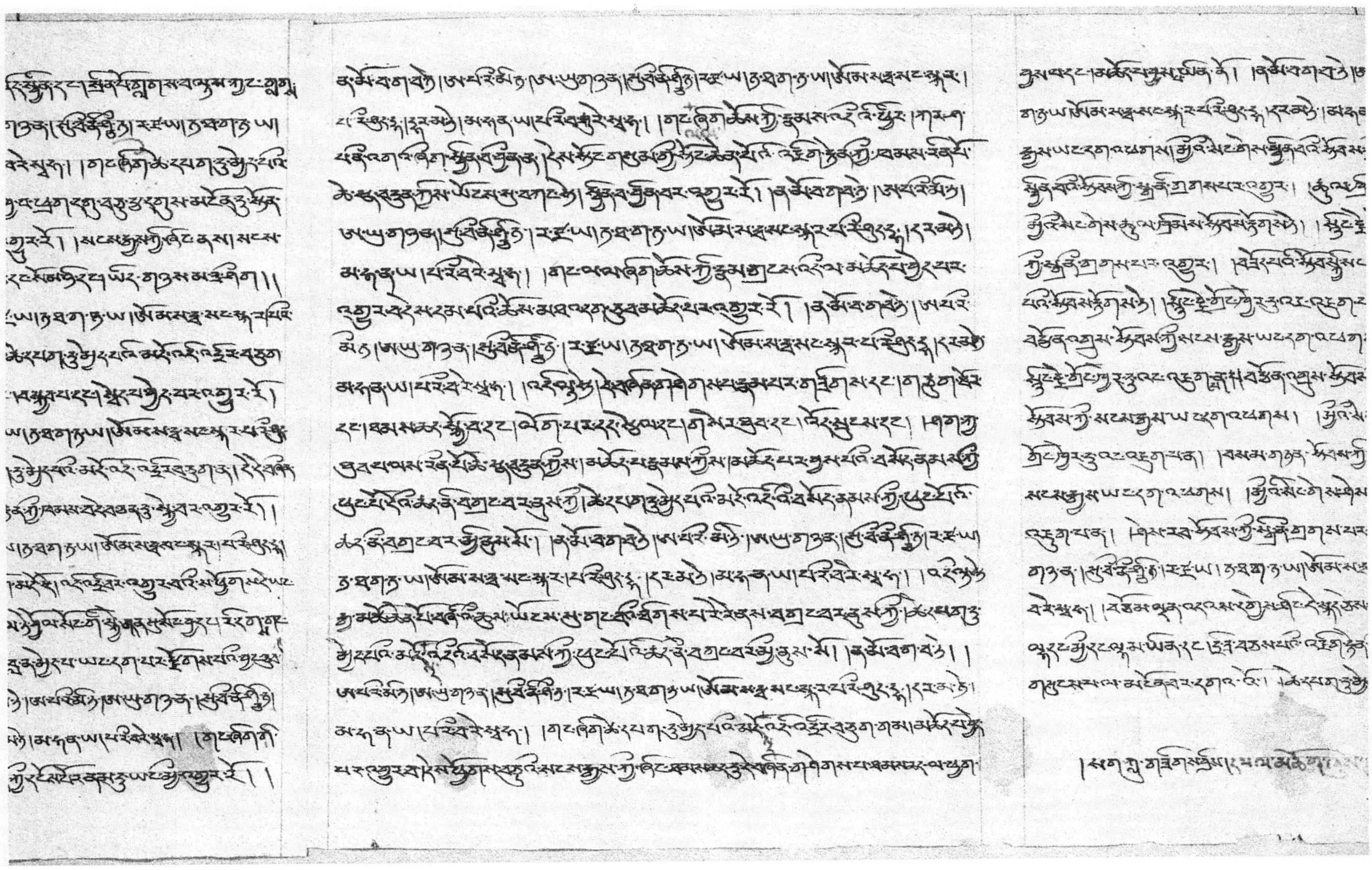

BD14217號　藏文（無量壽宗要經甲本）　　（6–5）

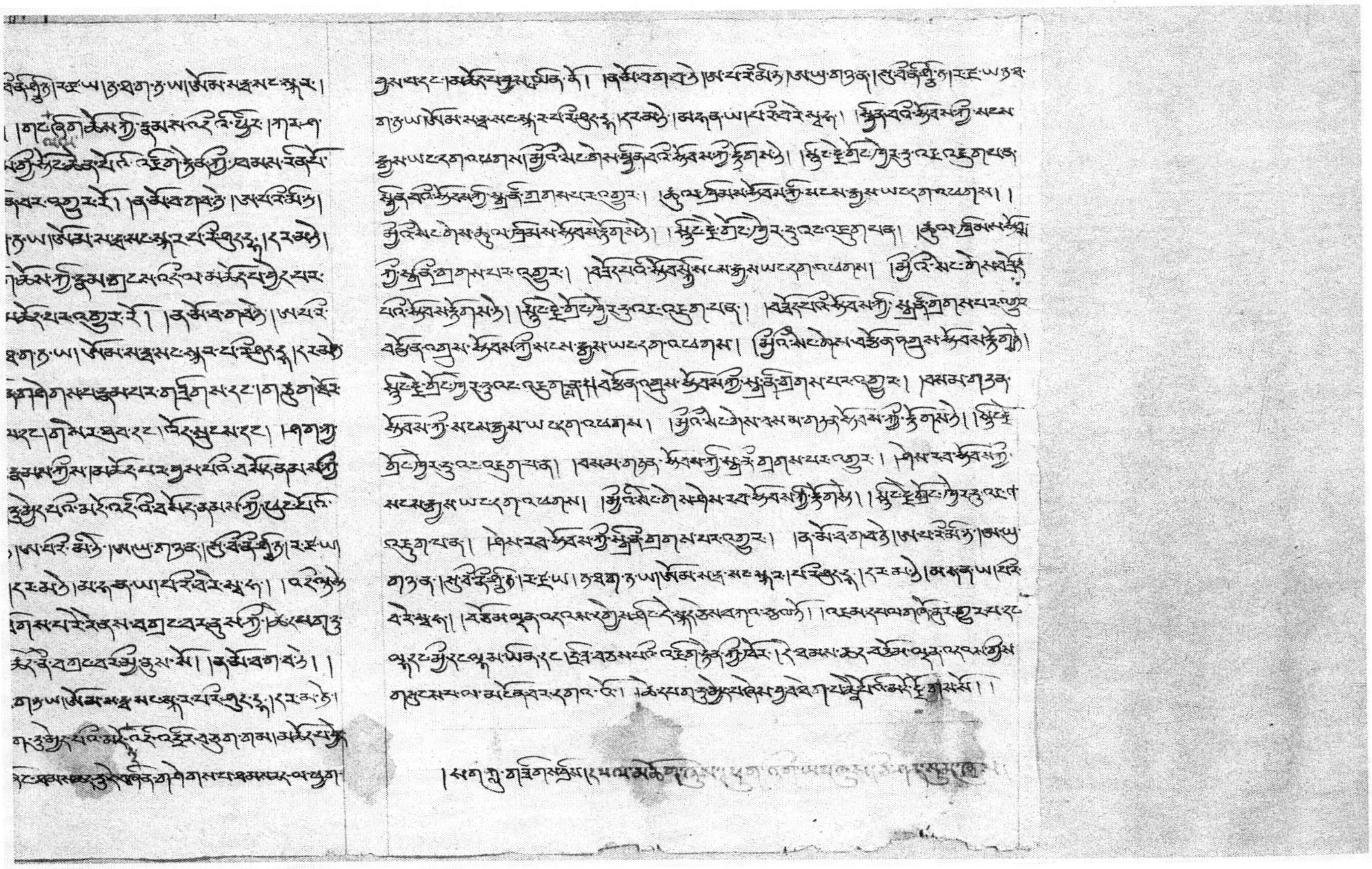

BD14217號　藏文（無量壽宗要經甲本）　　（6–6）

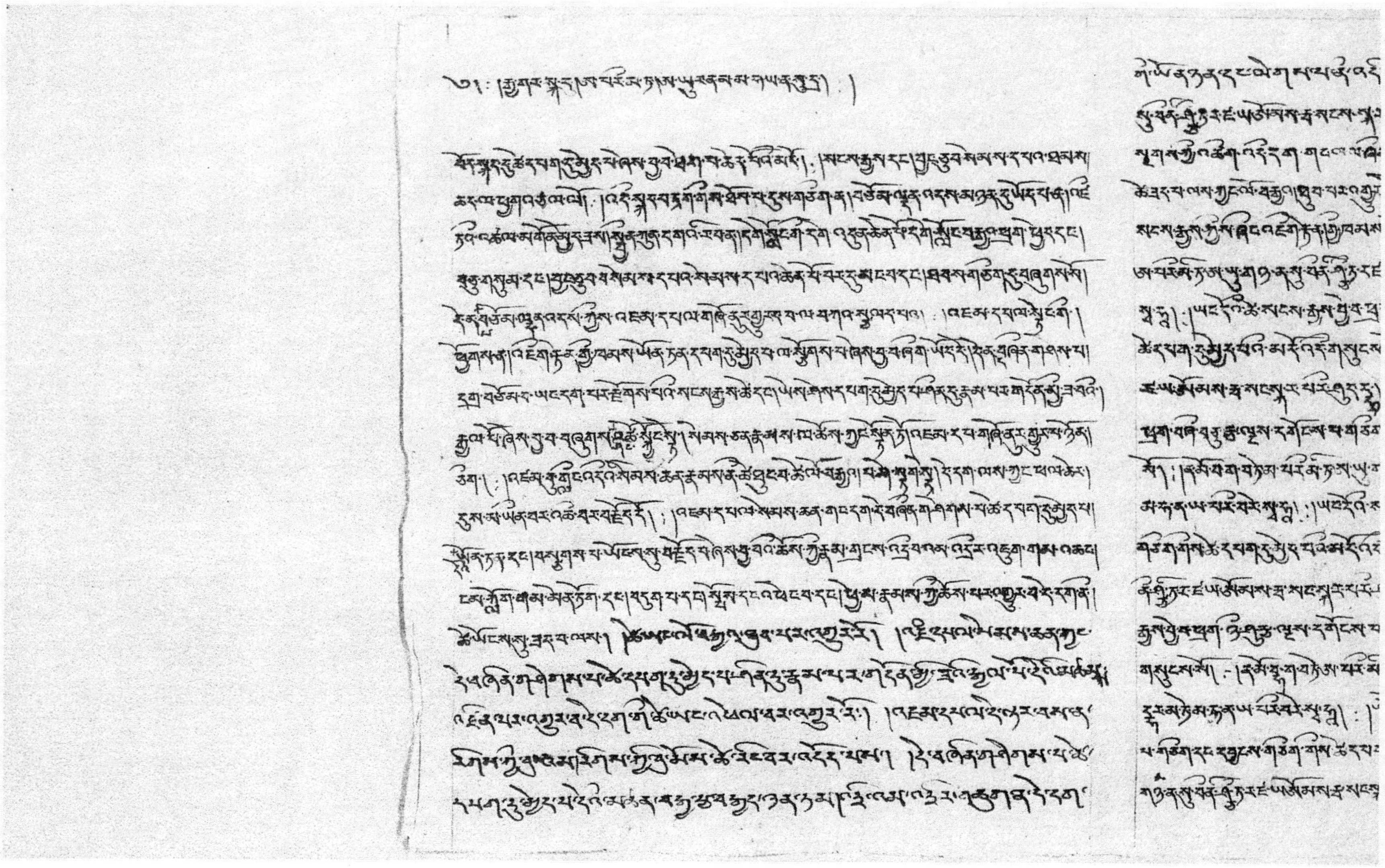

BD14218 號　藏文（無量壽宗要經乙本）　（6–1）

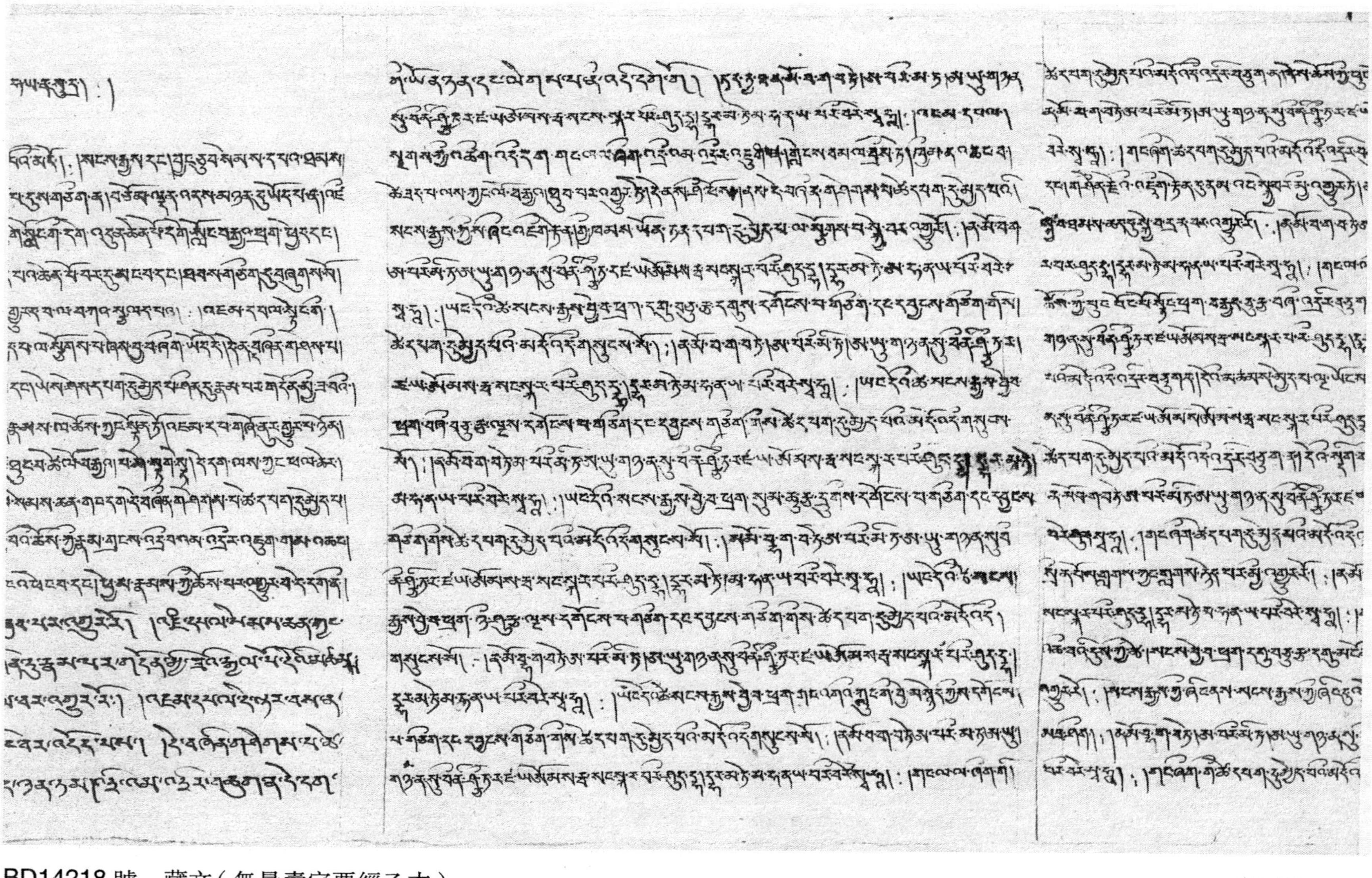

BD14218 號　藏文（無量壽宗要經乙本）　（6–2）

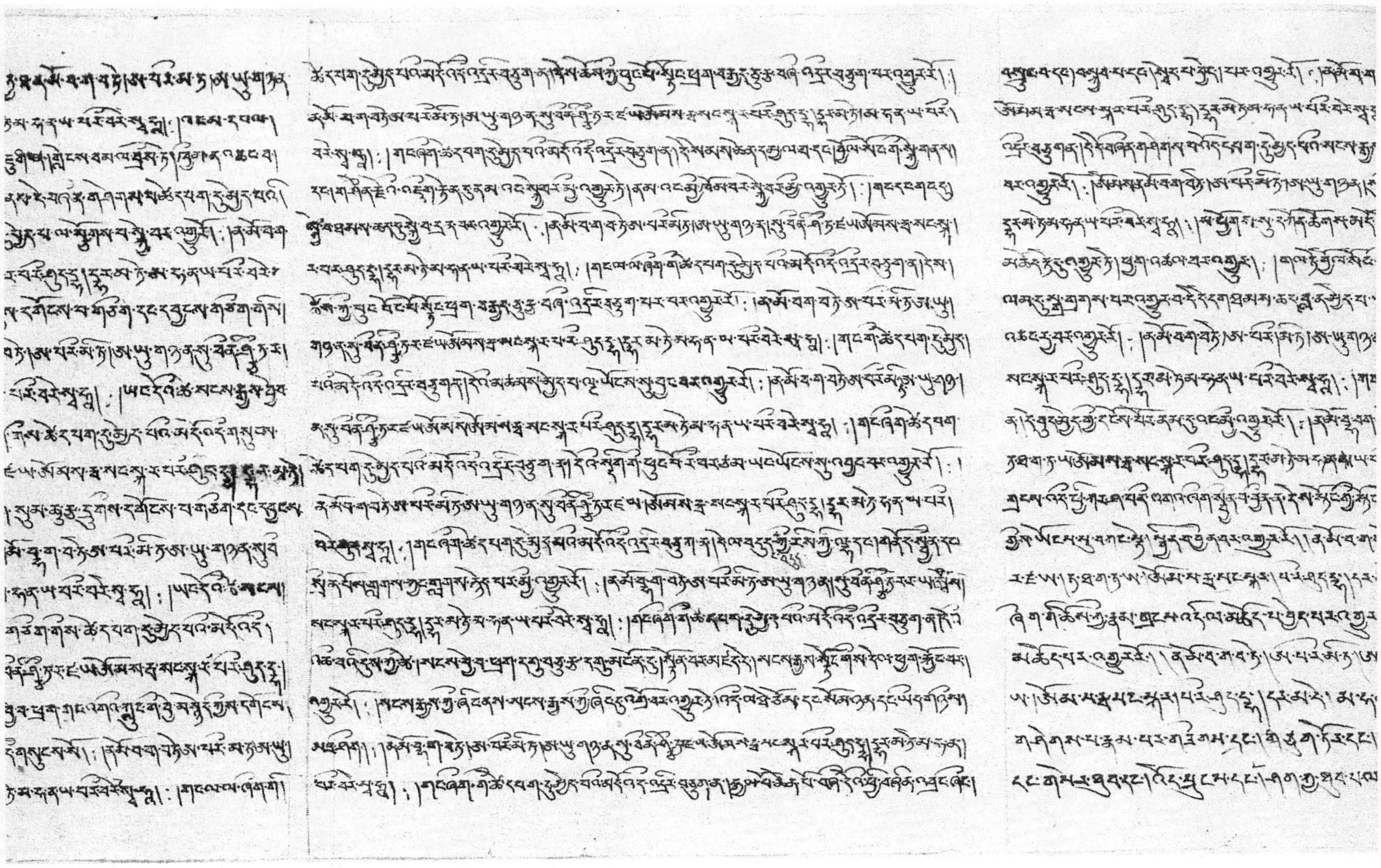

BD14218 號　藏文（無量壽宗要經乙本）　　（6–3）

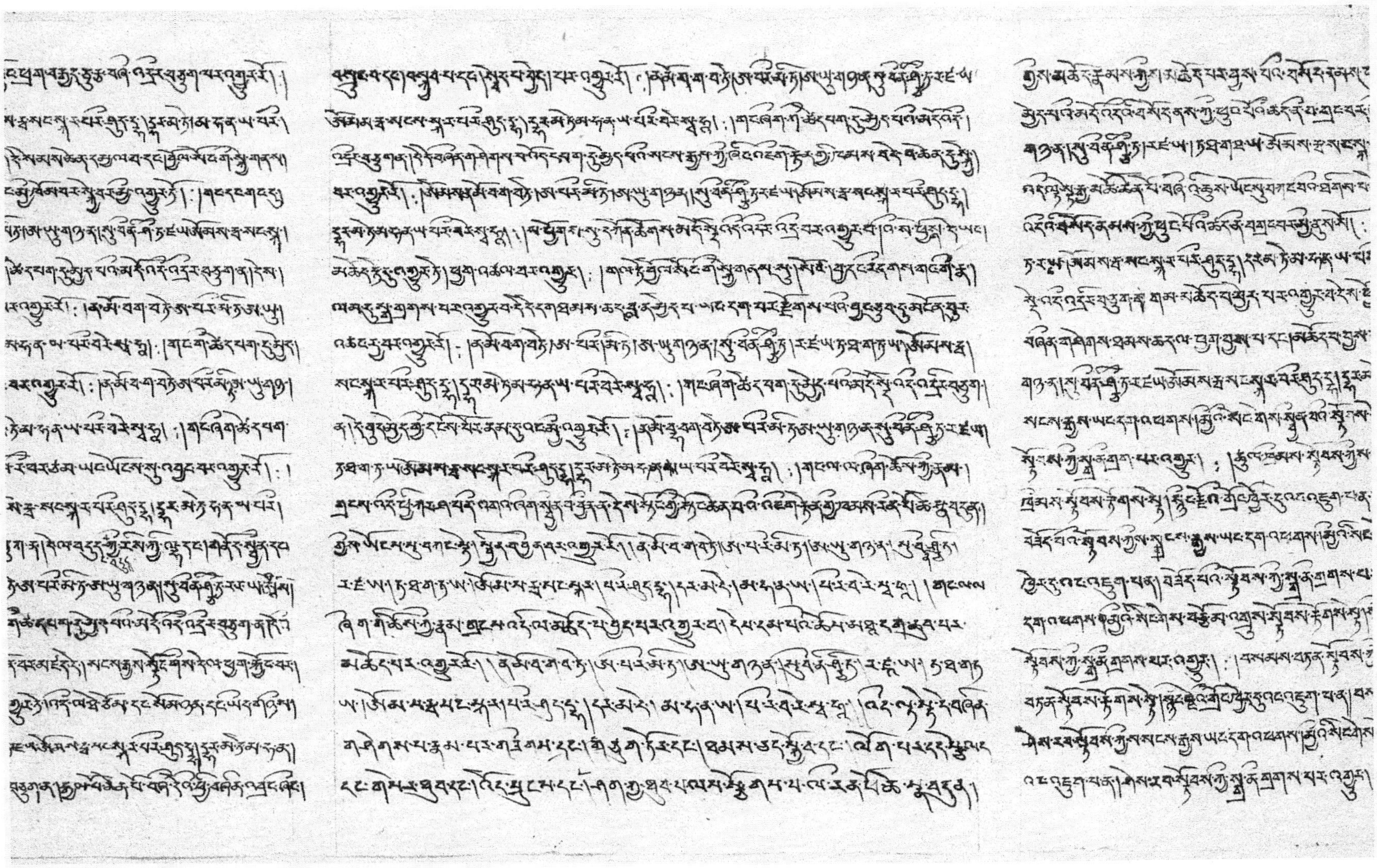

BD14218 號　藏文（無量壽宗要經乙本）　　（6–4）

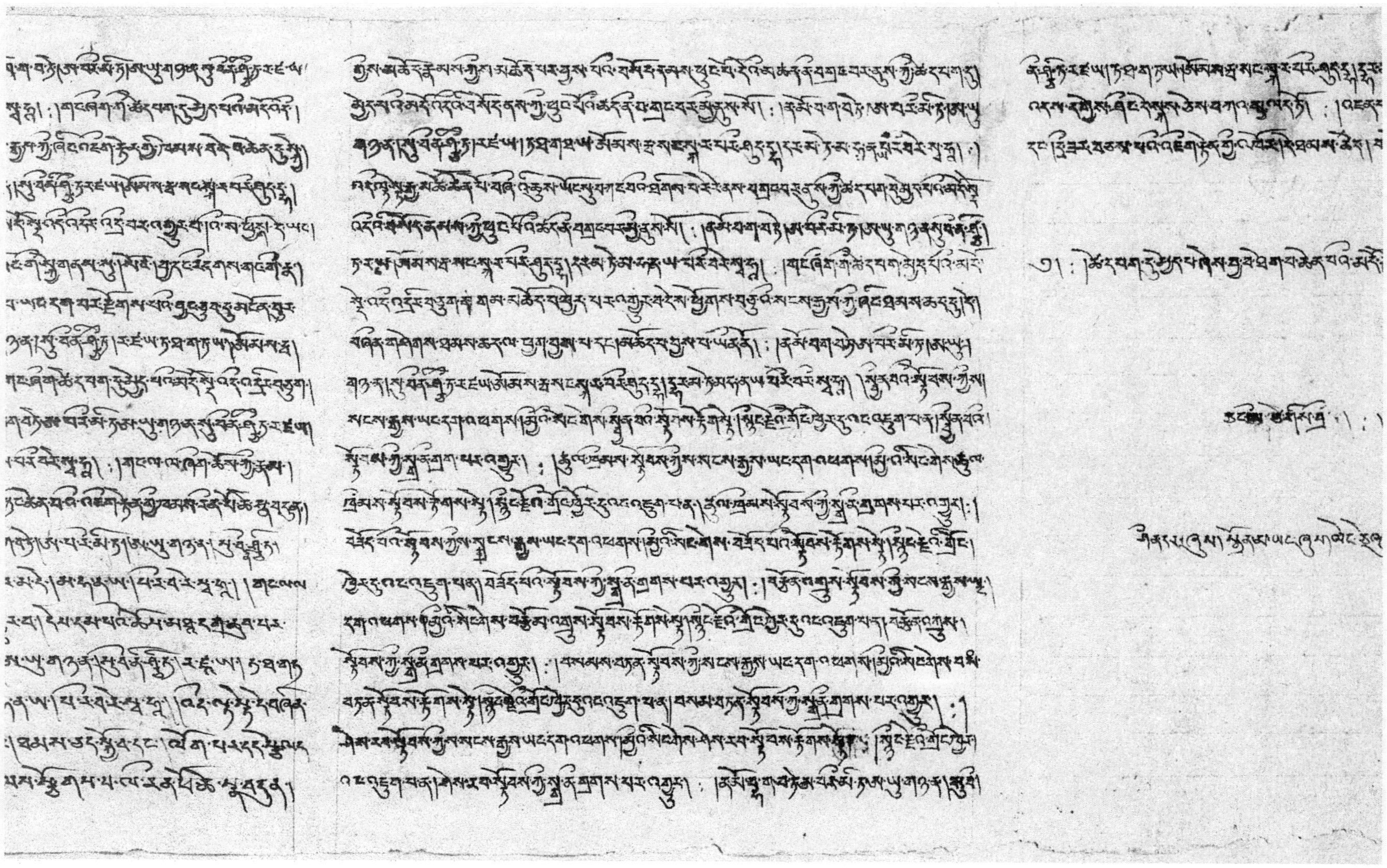

BD14218 號　藏文（無量壽宗要經乙本）　（6–5）

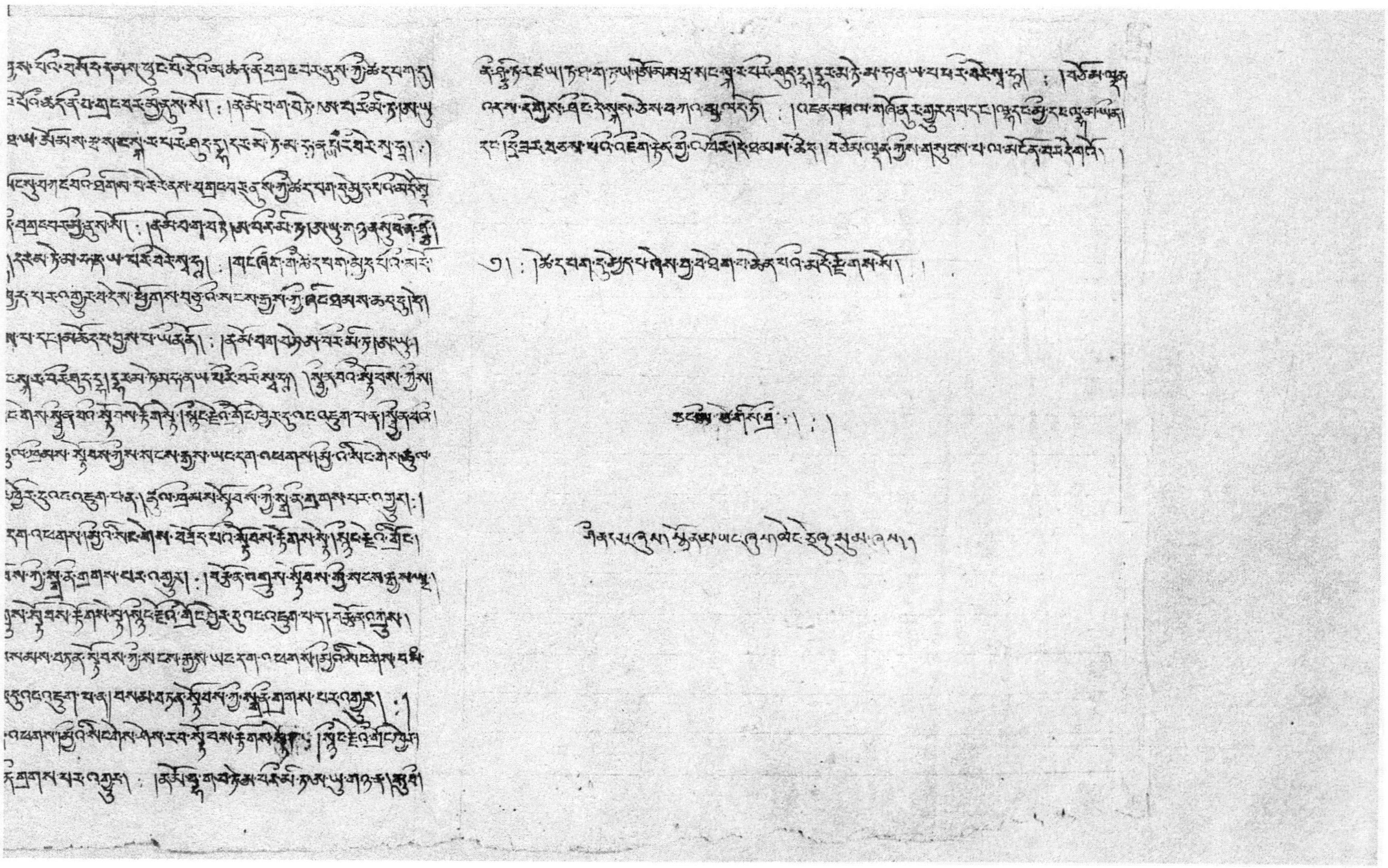

BD14218 號　藏文（無量壽宗要經乙本）　（6–6）

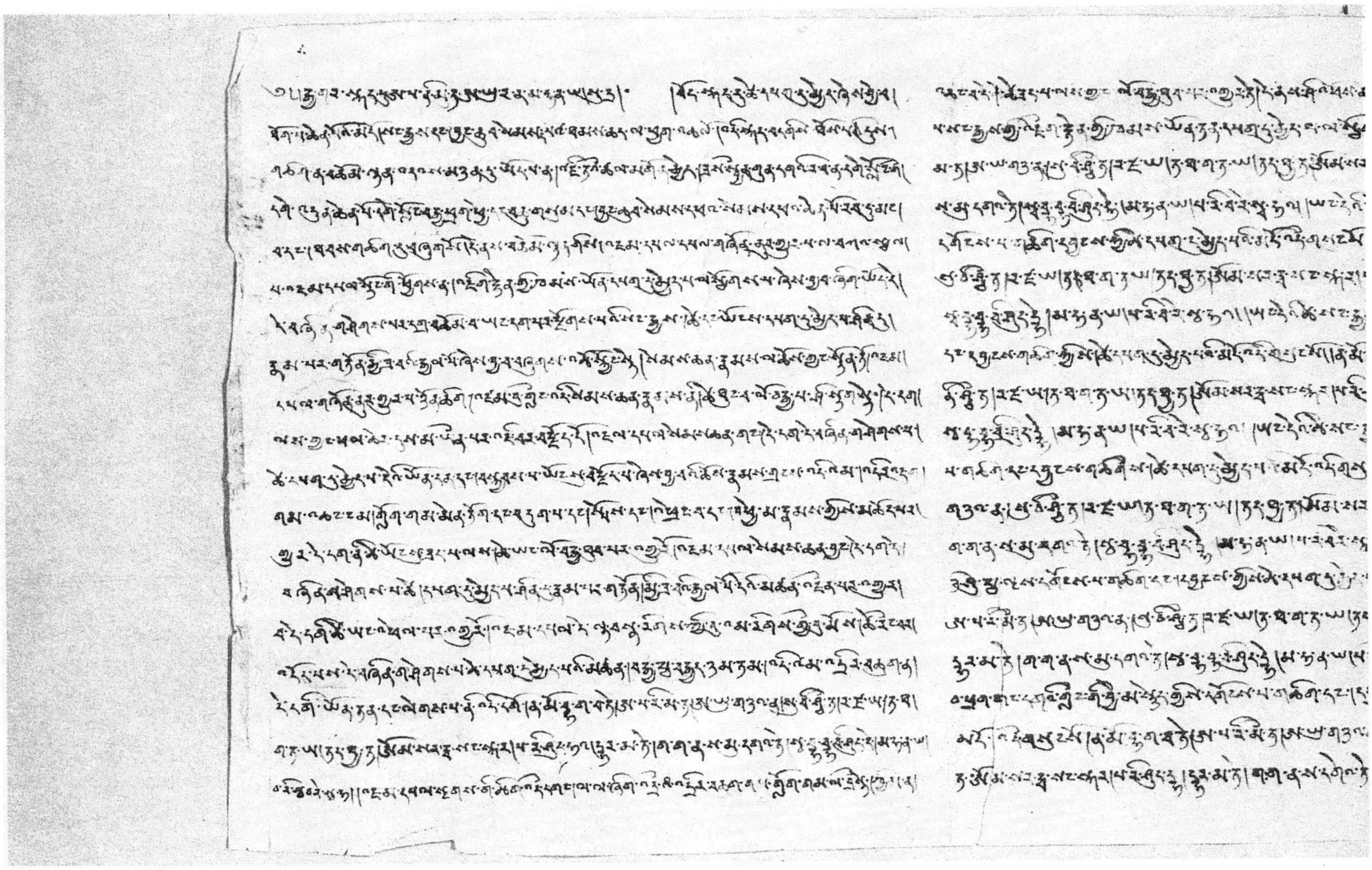

BD14219 號　藏文（無量壽宗要經乙本）　　（6–1）

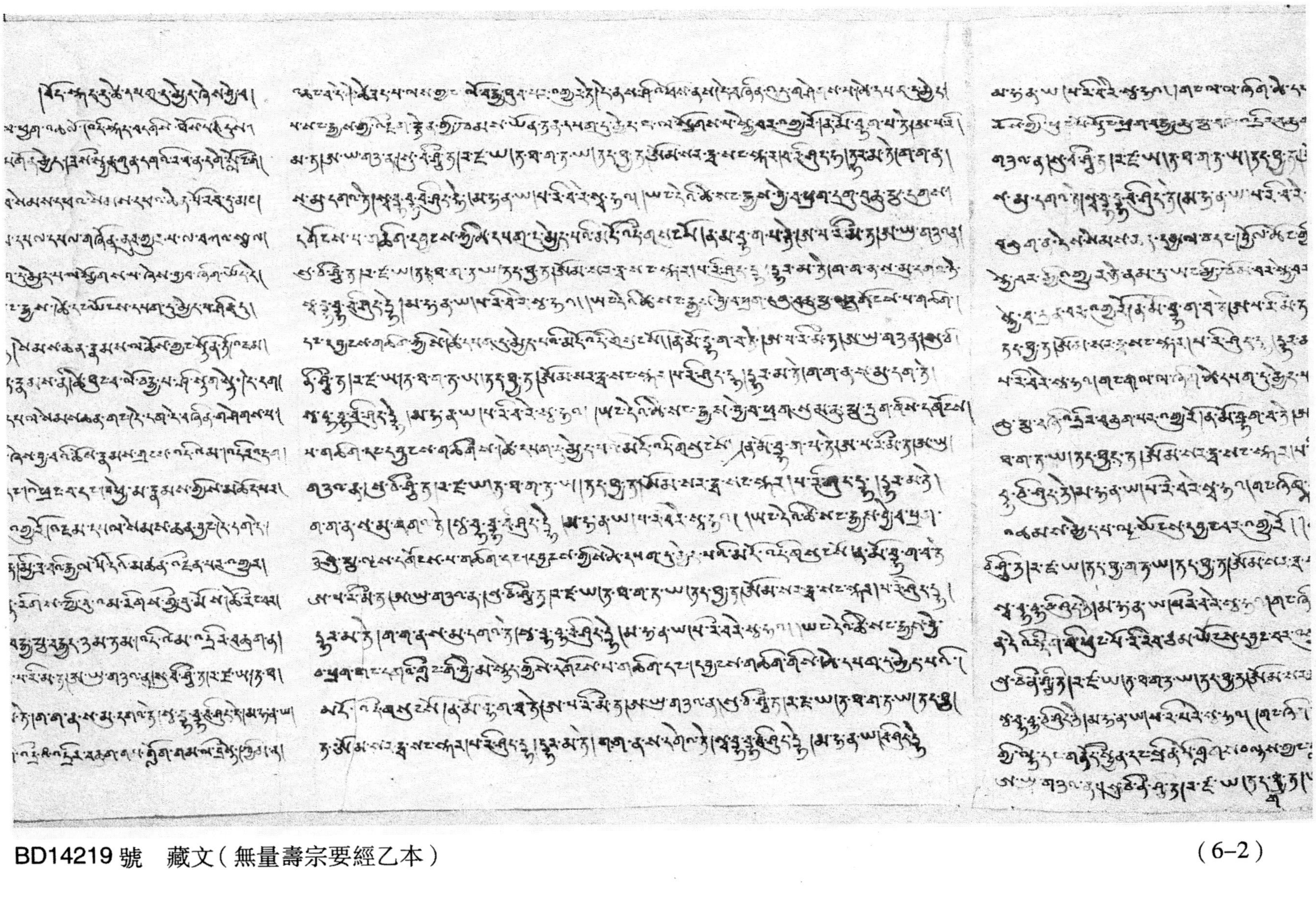

BD14219 號　藏文（無量壽宗要經乙本）　　（6–2）

BD14219號 藏文（無量壽宗要經乙本） (6-3)

BD14219號 藏文（無量壽宗要經乙本） (6-4)

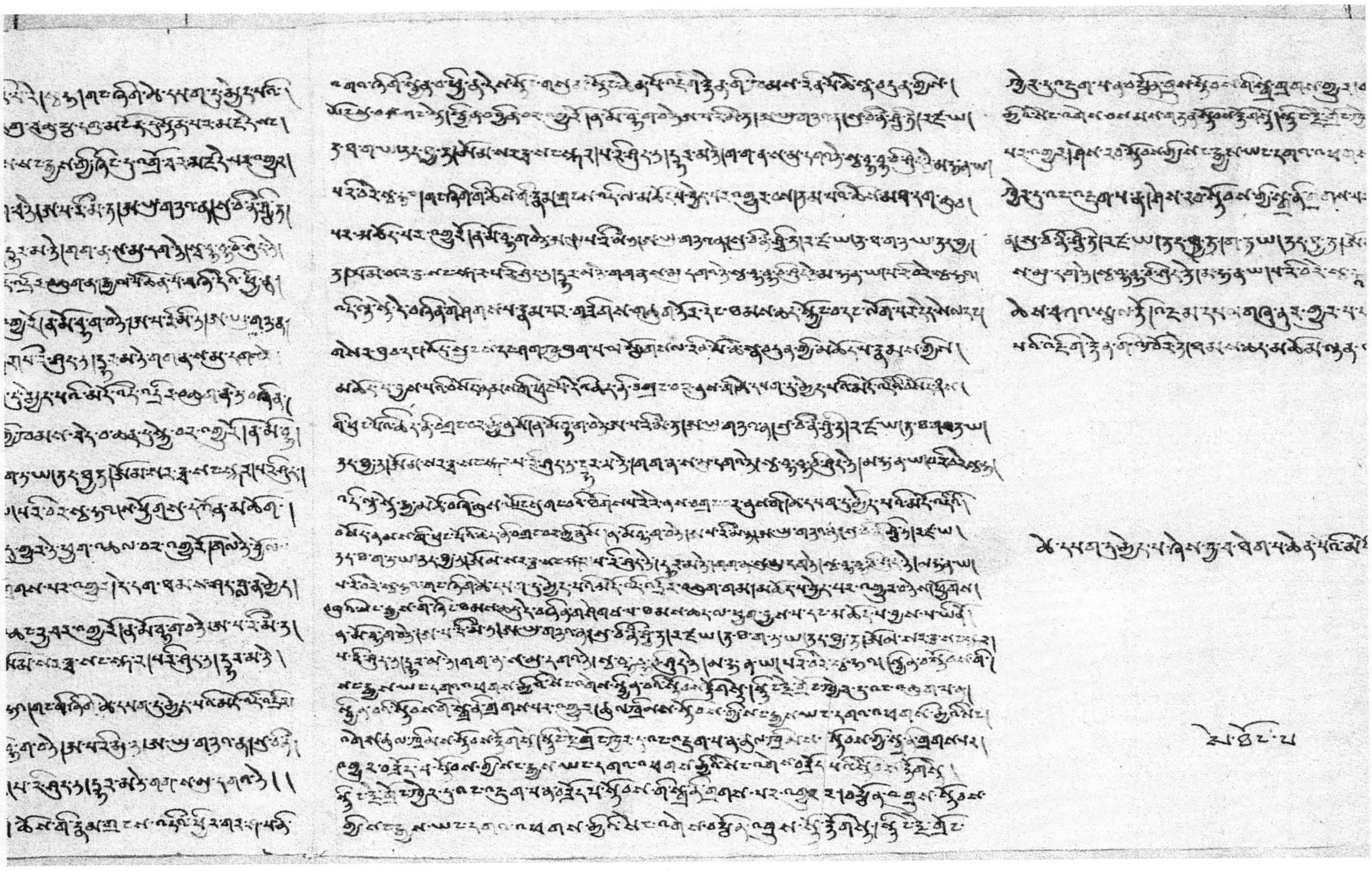

BD14219 號　藏文（無量壽宗要經乙本）　　（6–5）

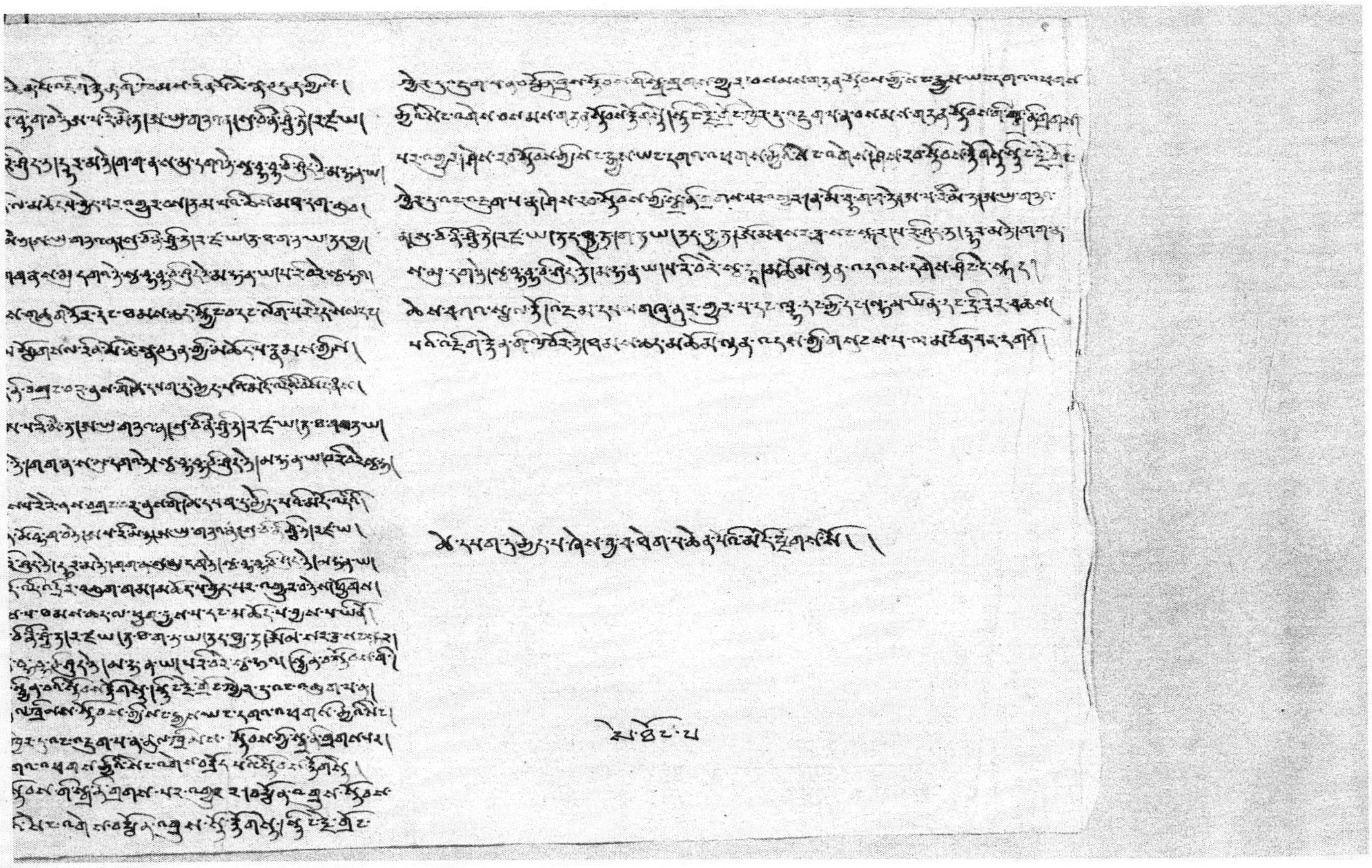

BD14219 號　藏文（無量壽宗要經乙本）　　（6–6）

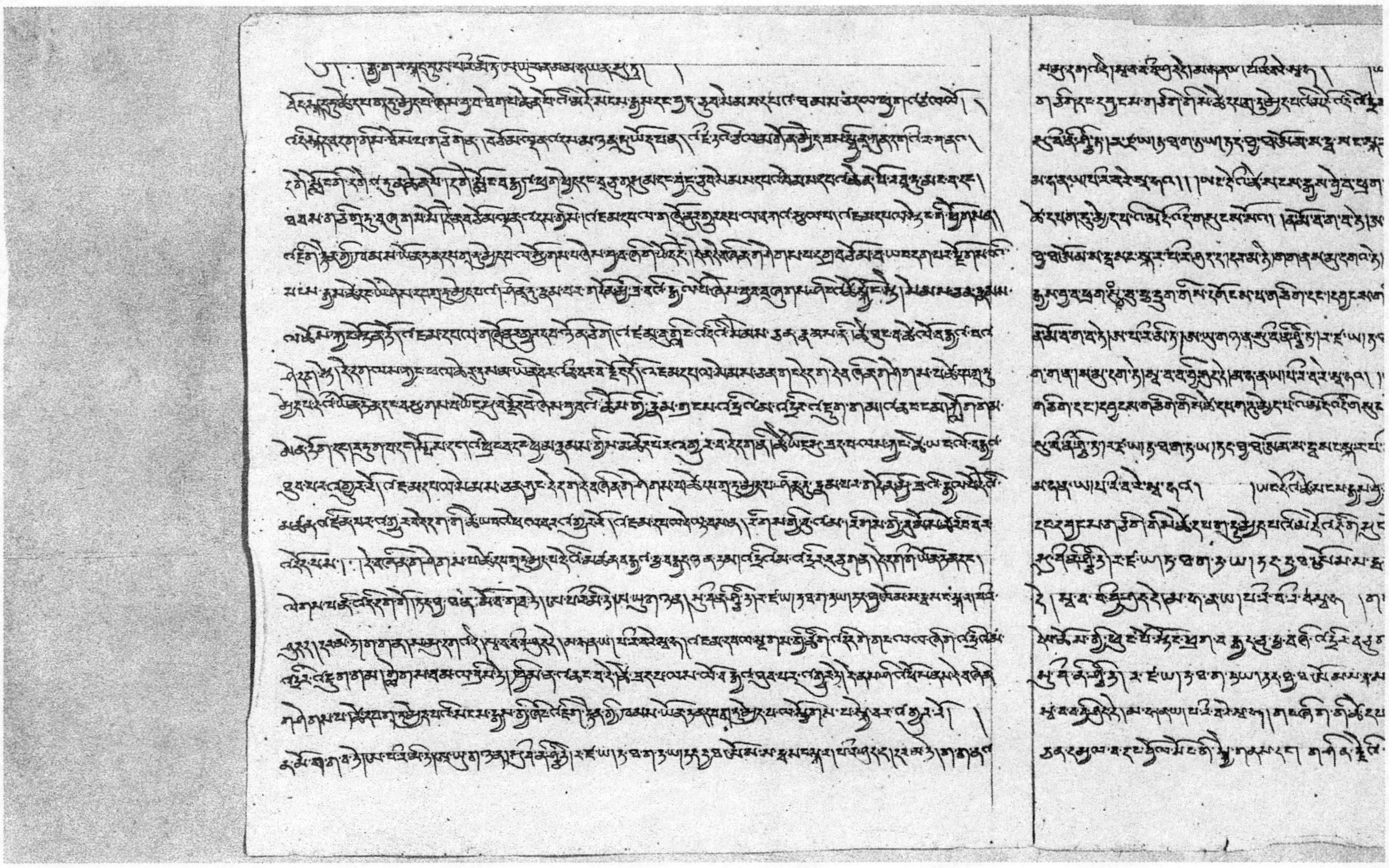

BD14220 號　藏文（無量壽宗要經乙本）　　（6–1）

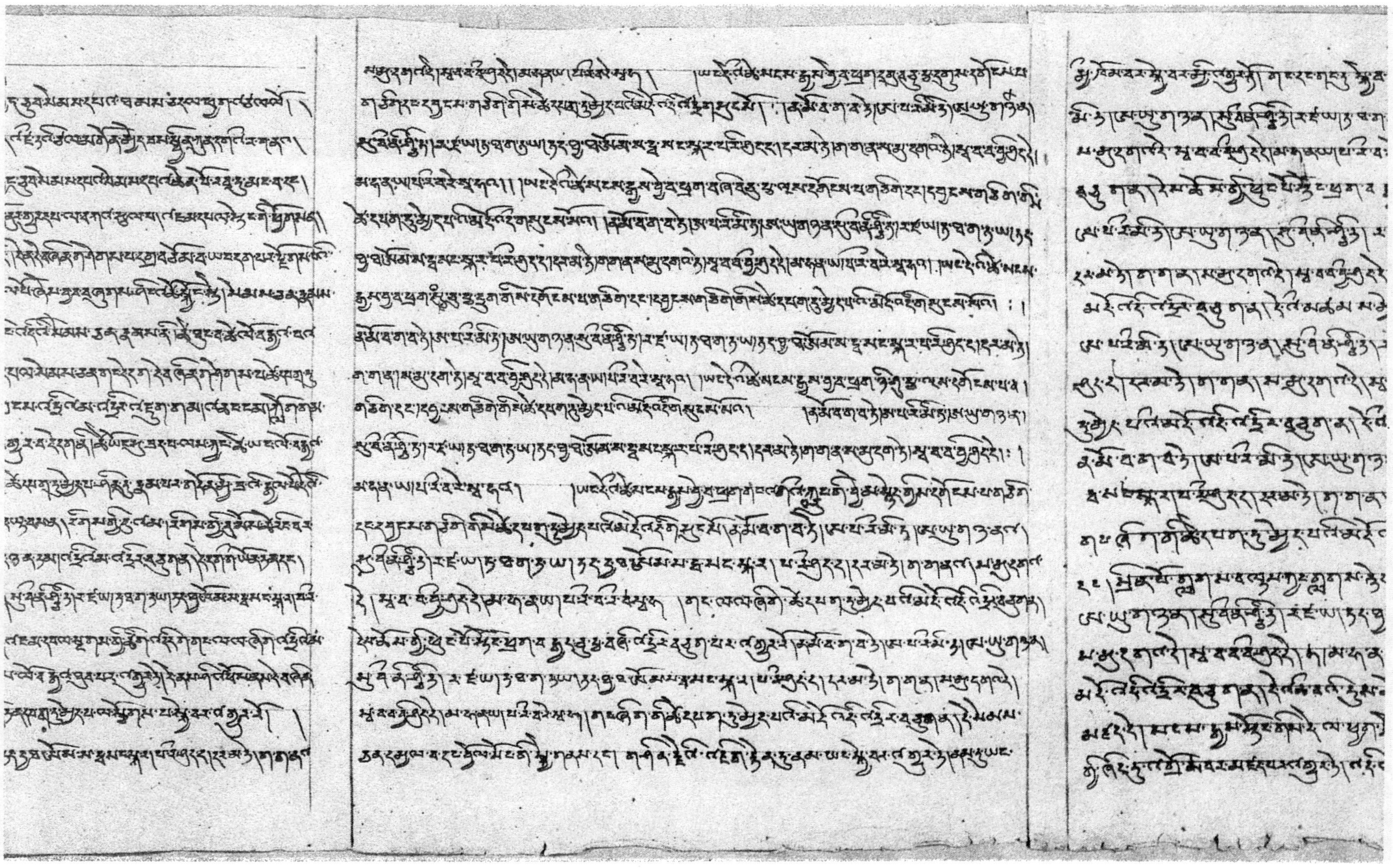

BD14220 號　藏文（無量壽宗要經乙本）　　（6–2）

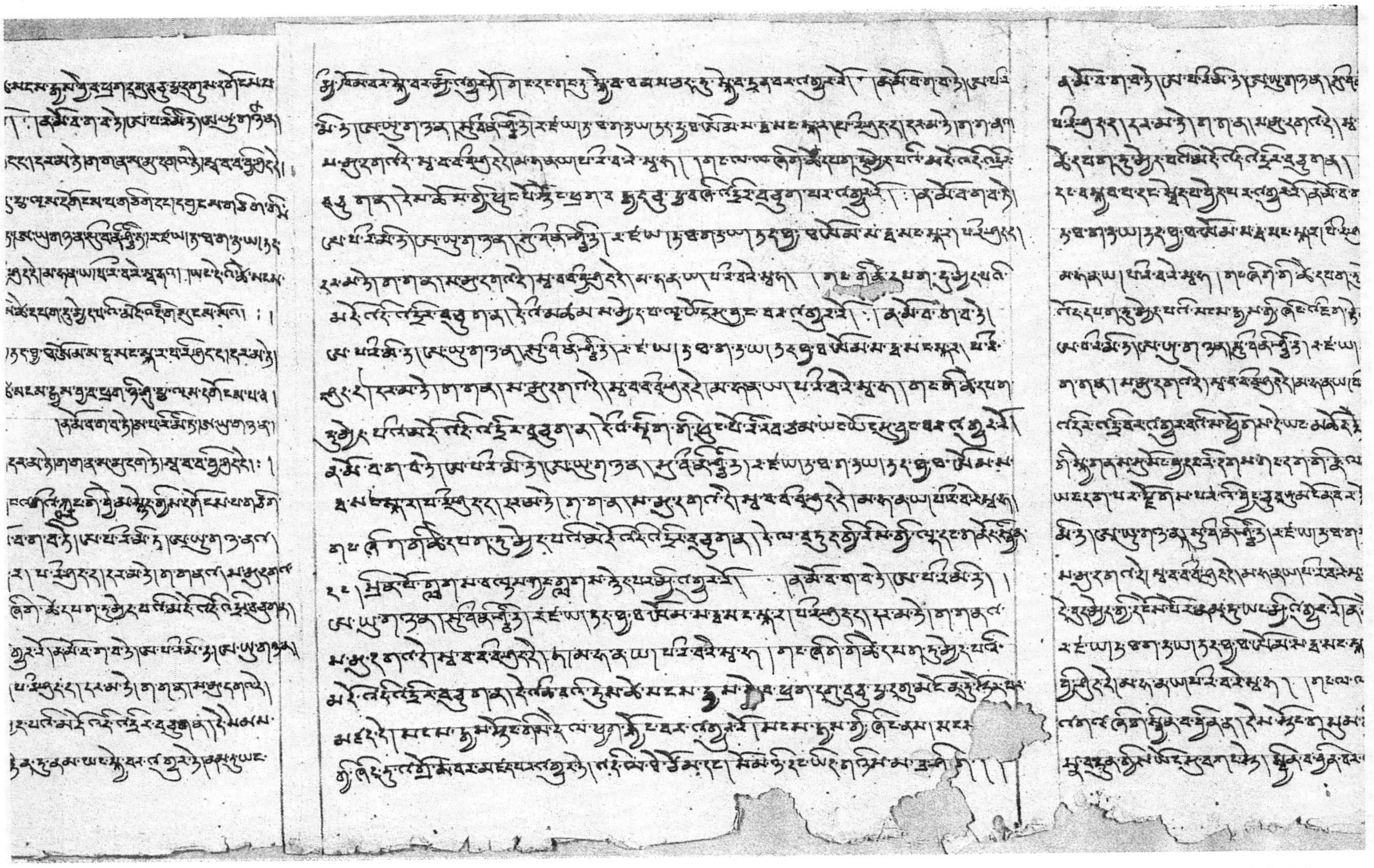

BD14220號　藏文（無量壽宗要經乙本）　（6–3）

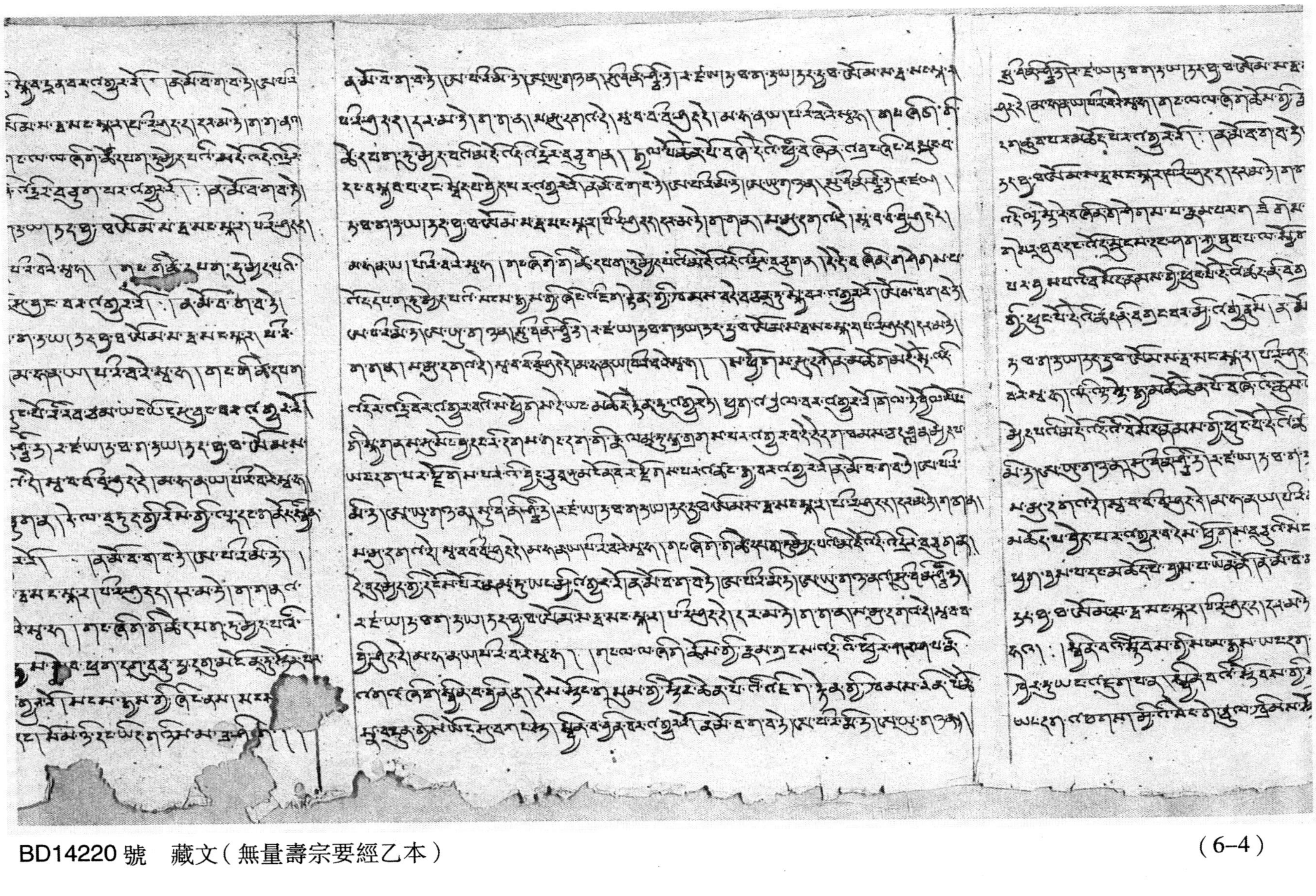

BD14220號　藏文（無量壽宗要經乙本）　（6–4）

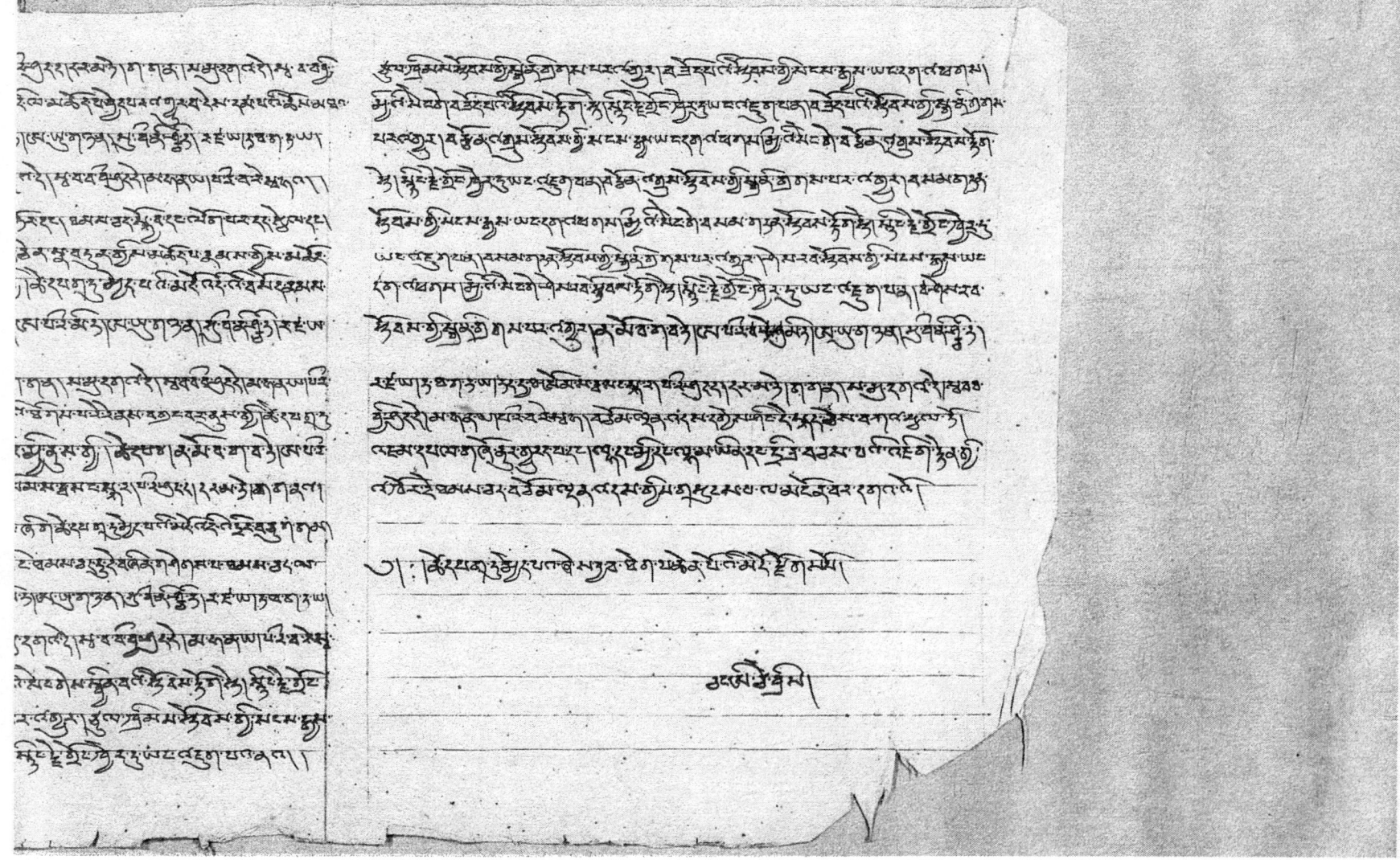

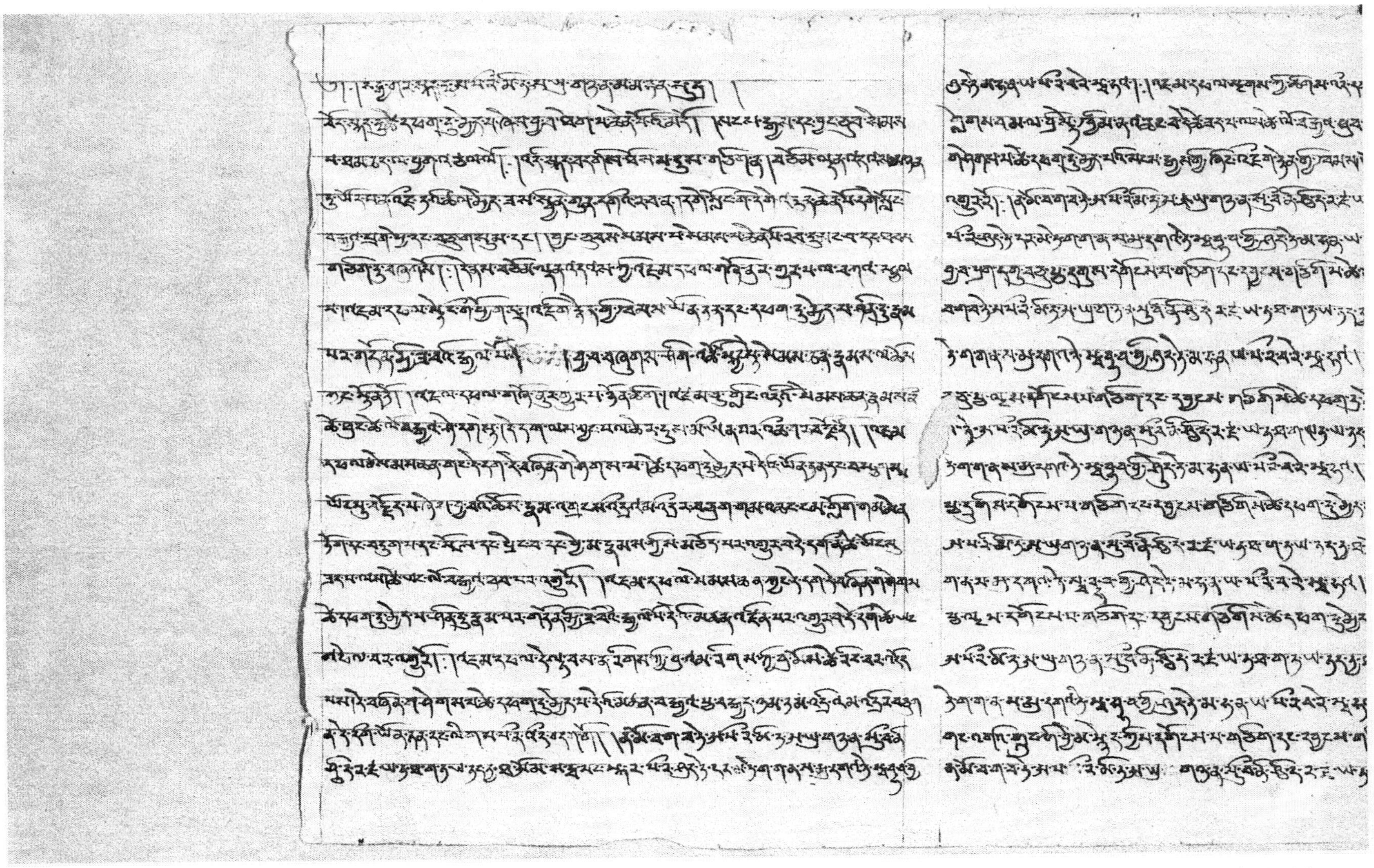

BD14221 號 1　藏文（無量壽宗要經甲本）　　（30–1）

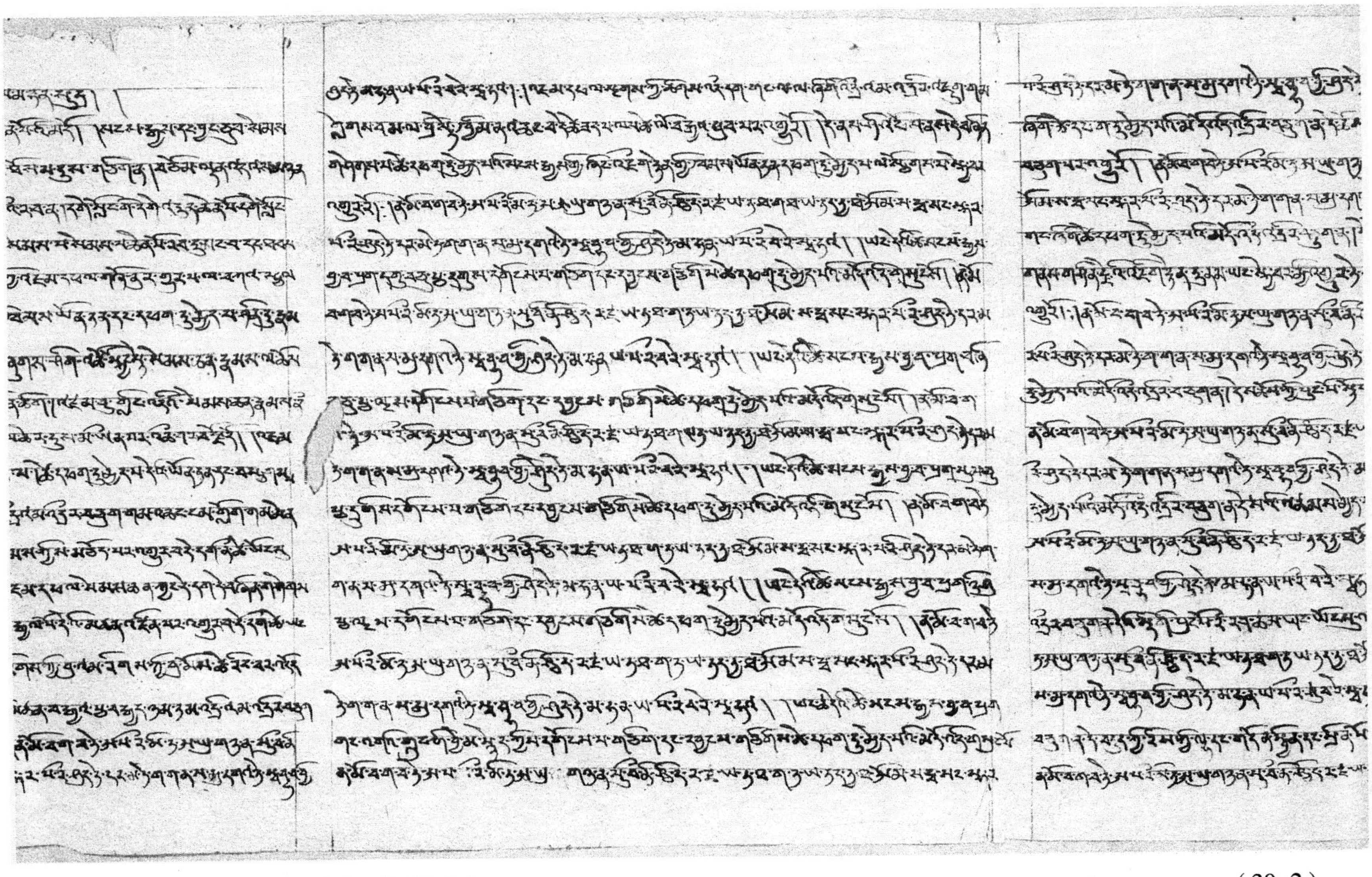

BD14221 號 1　藏文（無量壽宗要經甲本）　　（30–2）

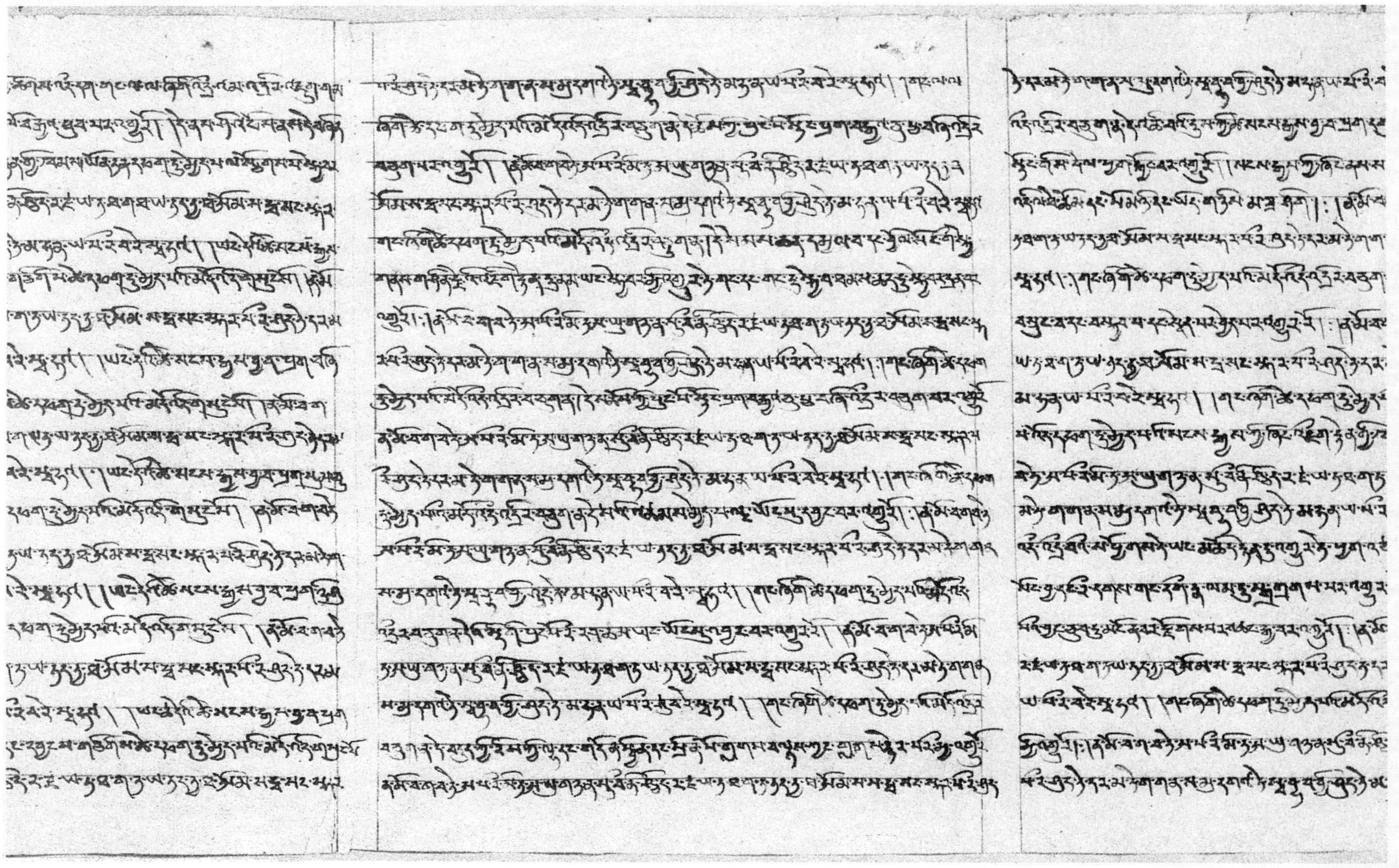

BD14221 號 1　藏文（無量壽宗要經甲本）　　（30–3）

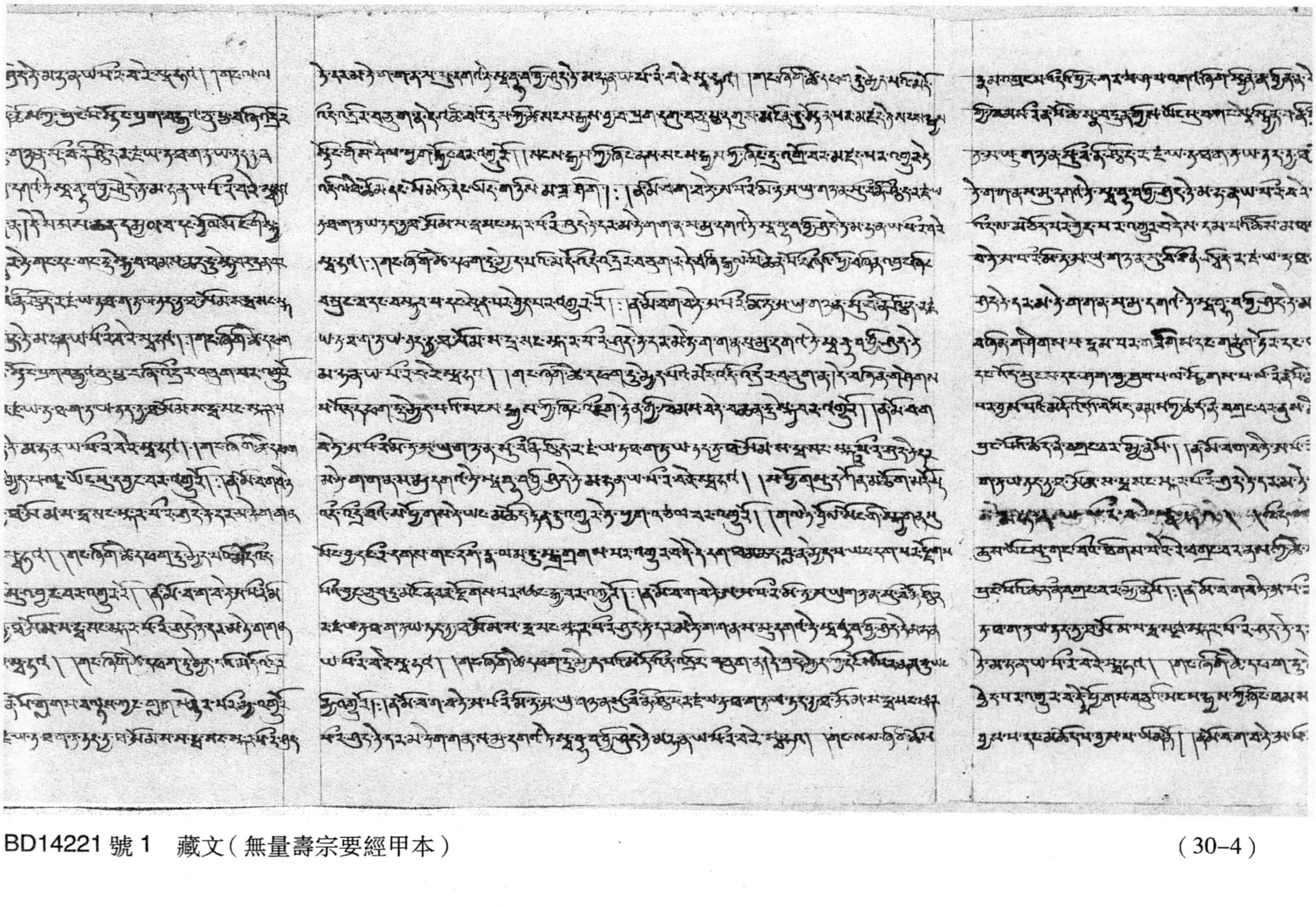

BD14221 號 1　藏文（無量壽宗要經甲本）　　（30–4）

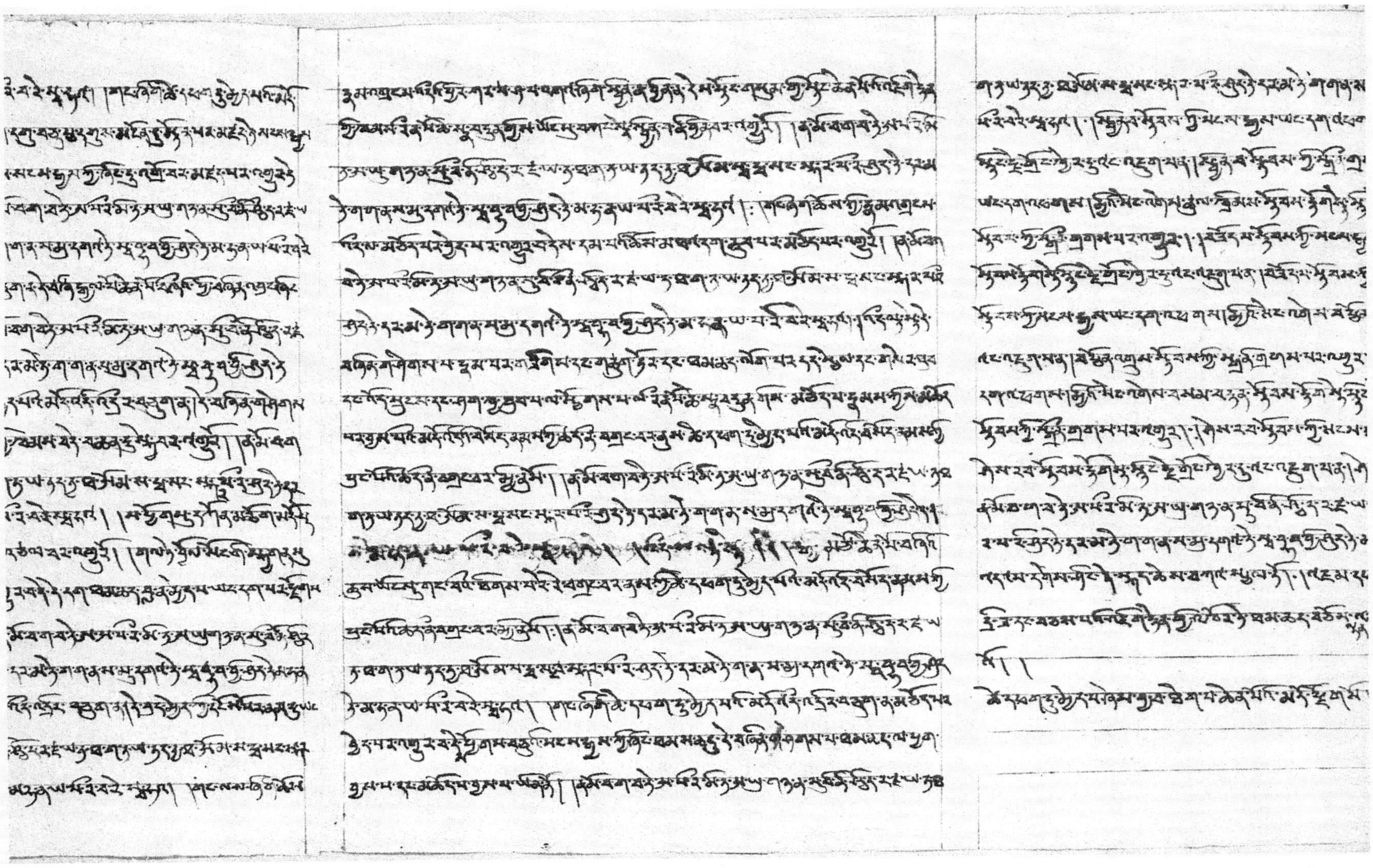

BD14221 號 1　藏文（無量壽宗要經甲本）　（30–5）

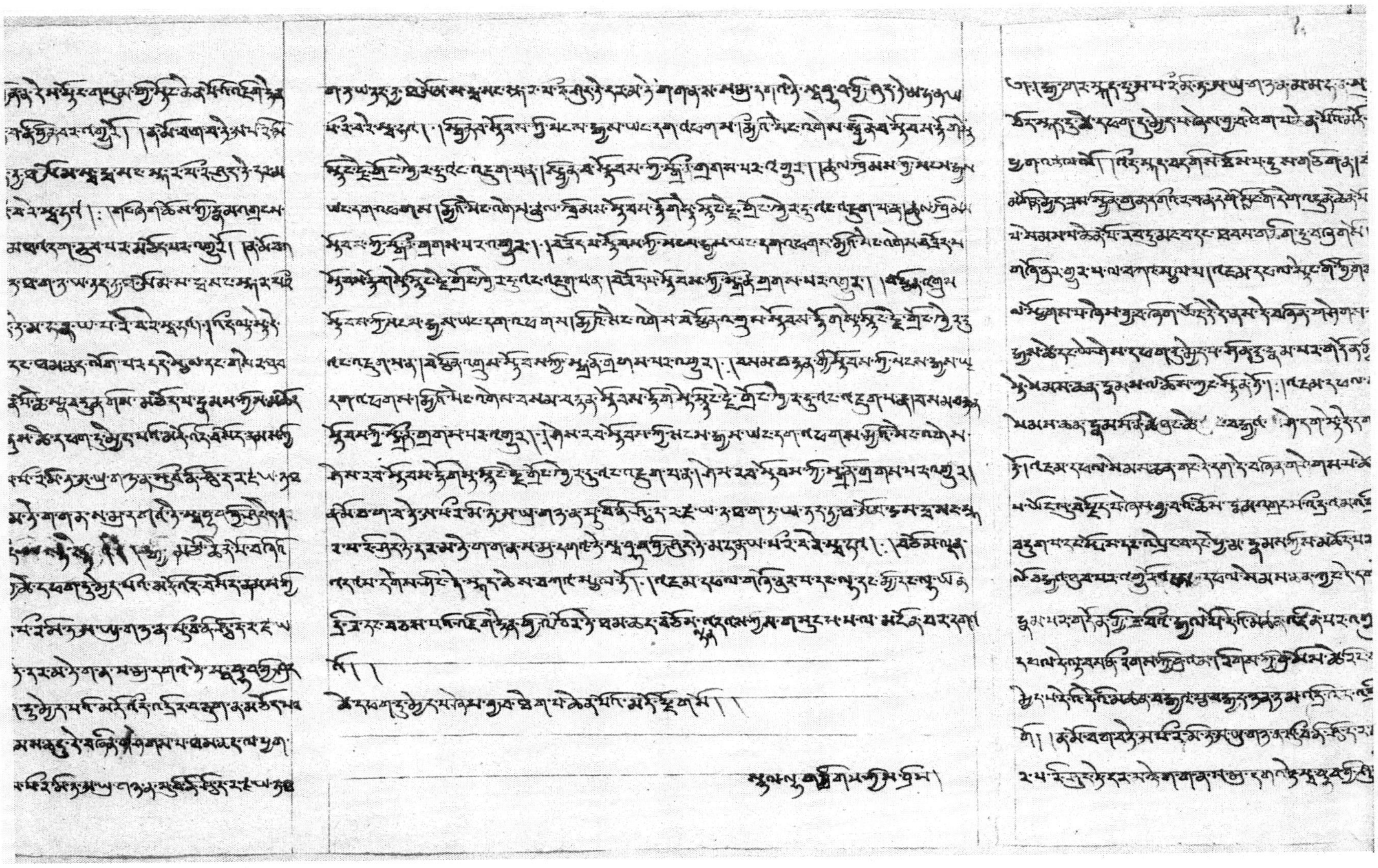

BD14221 號 1　藏文（無量壽宗要經甲本）　（30–6）

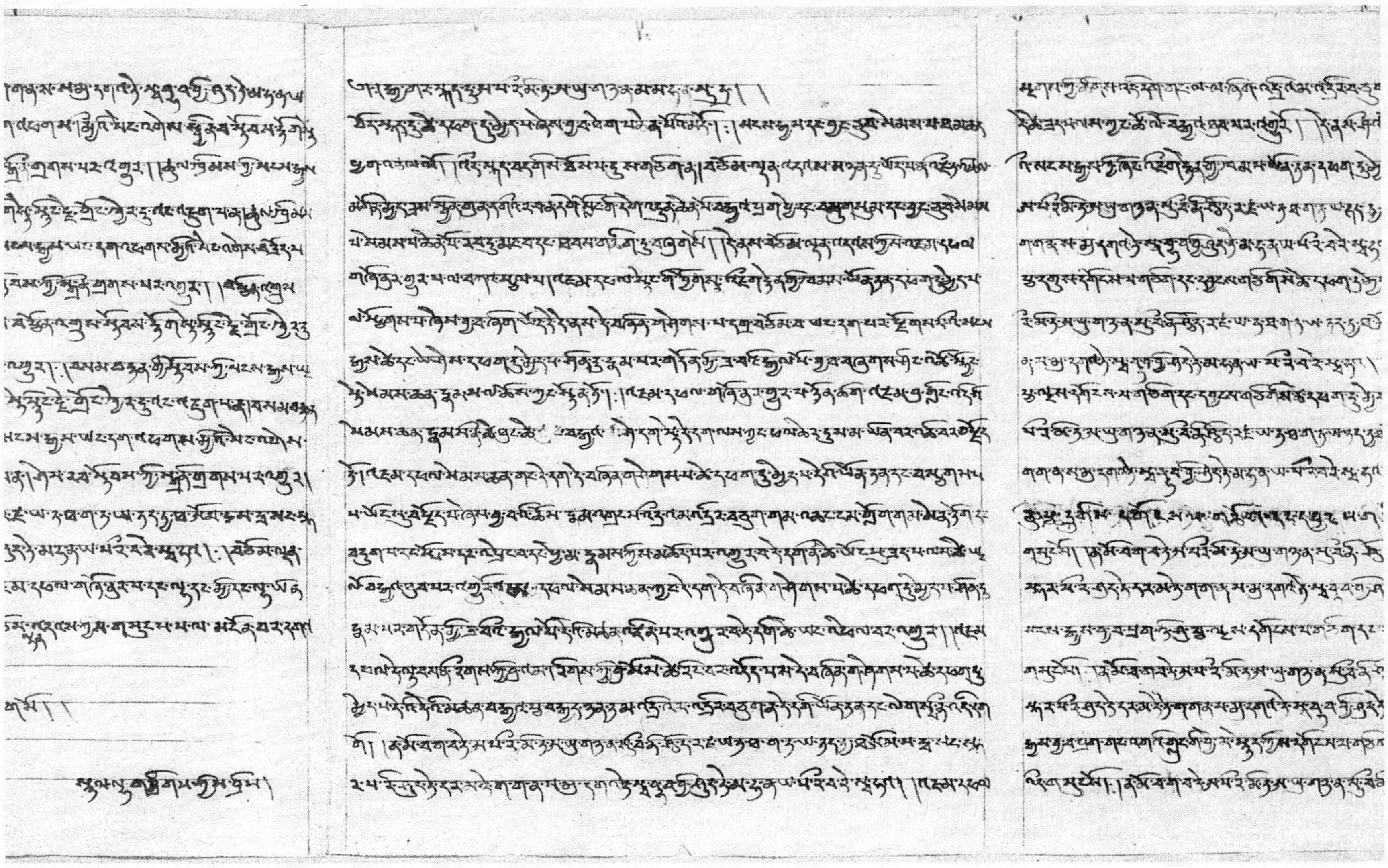

BD14221號2　藏文（無量壽宗要經甲本）　（30–7）

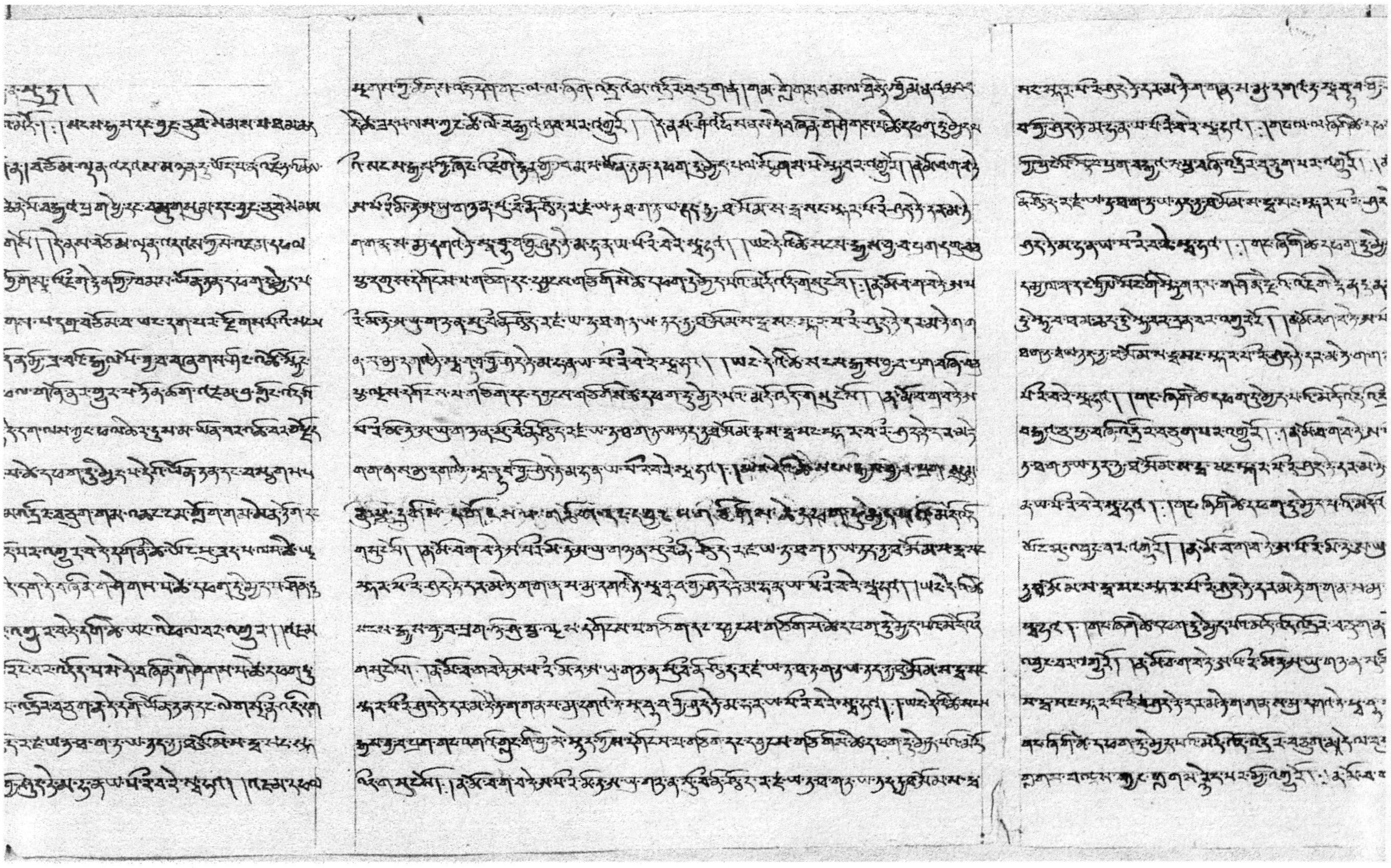

BD14221號2　藏文（無量壽宗要經甲本）　（30–8）

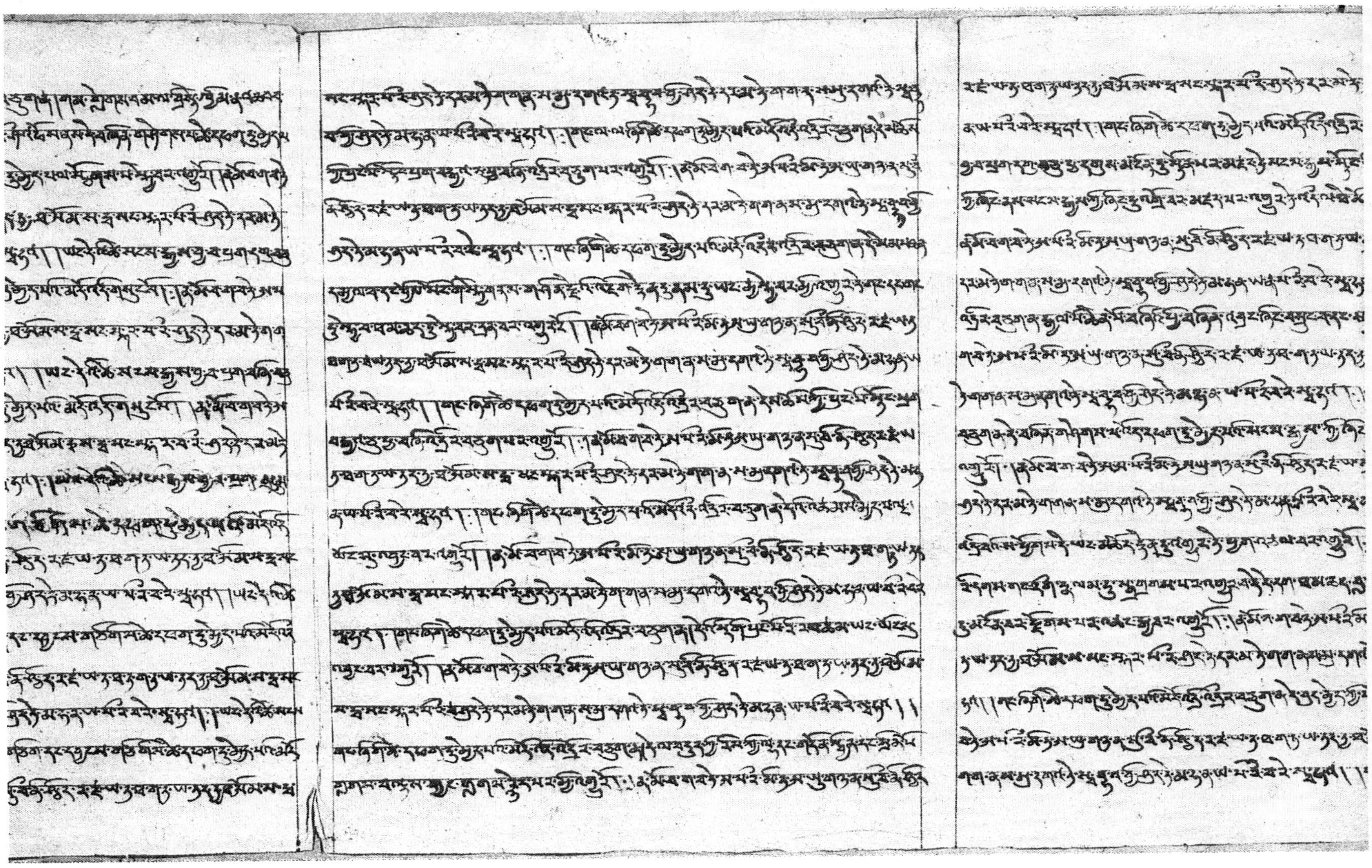

BD14221 號 2　藏文（無量壽宗要經甲本）　　（30–9）

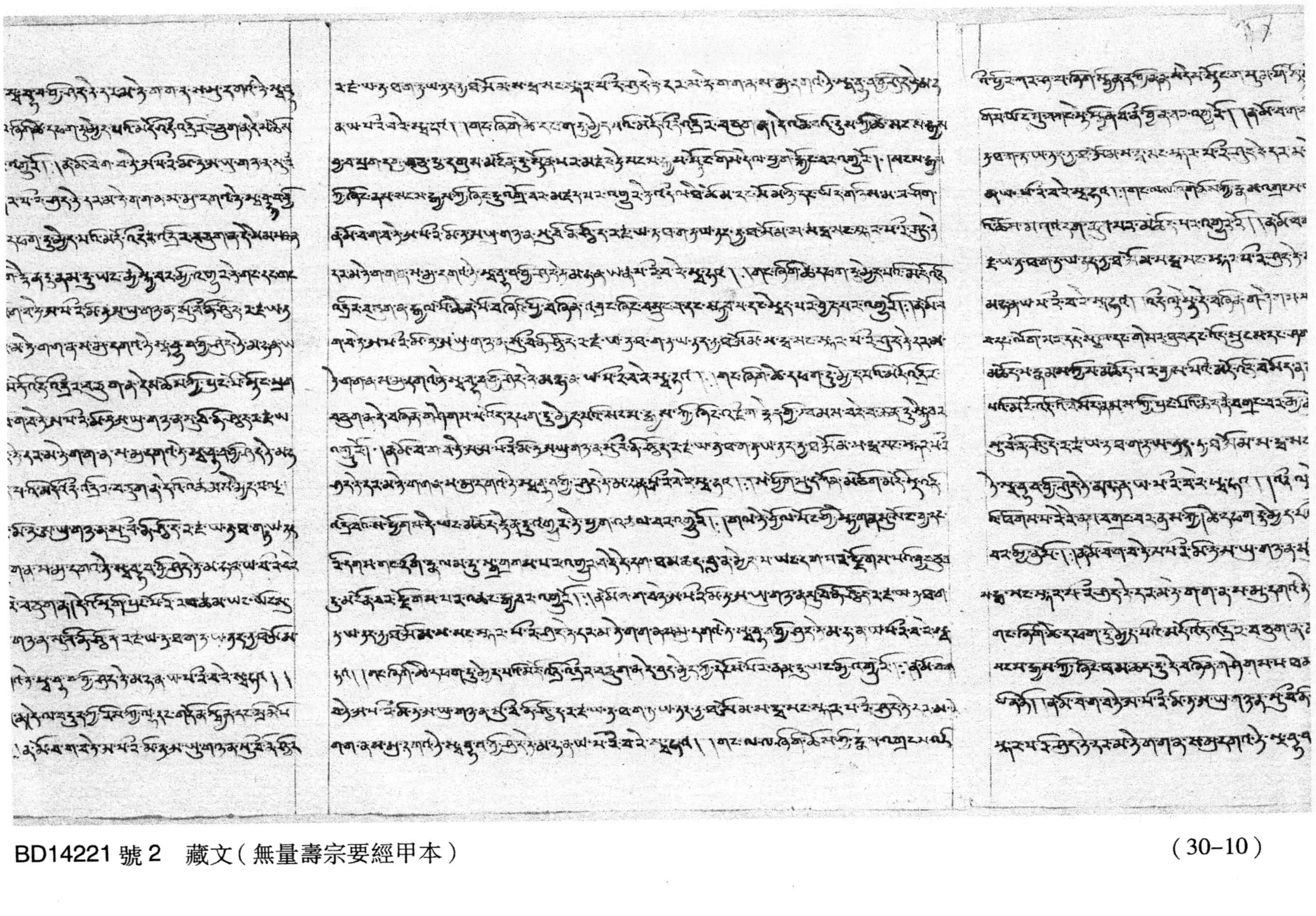

BD14221 號 2　藏文（無量壽宗要經甲本）　　（30–10）

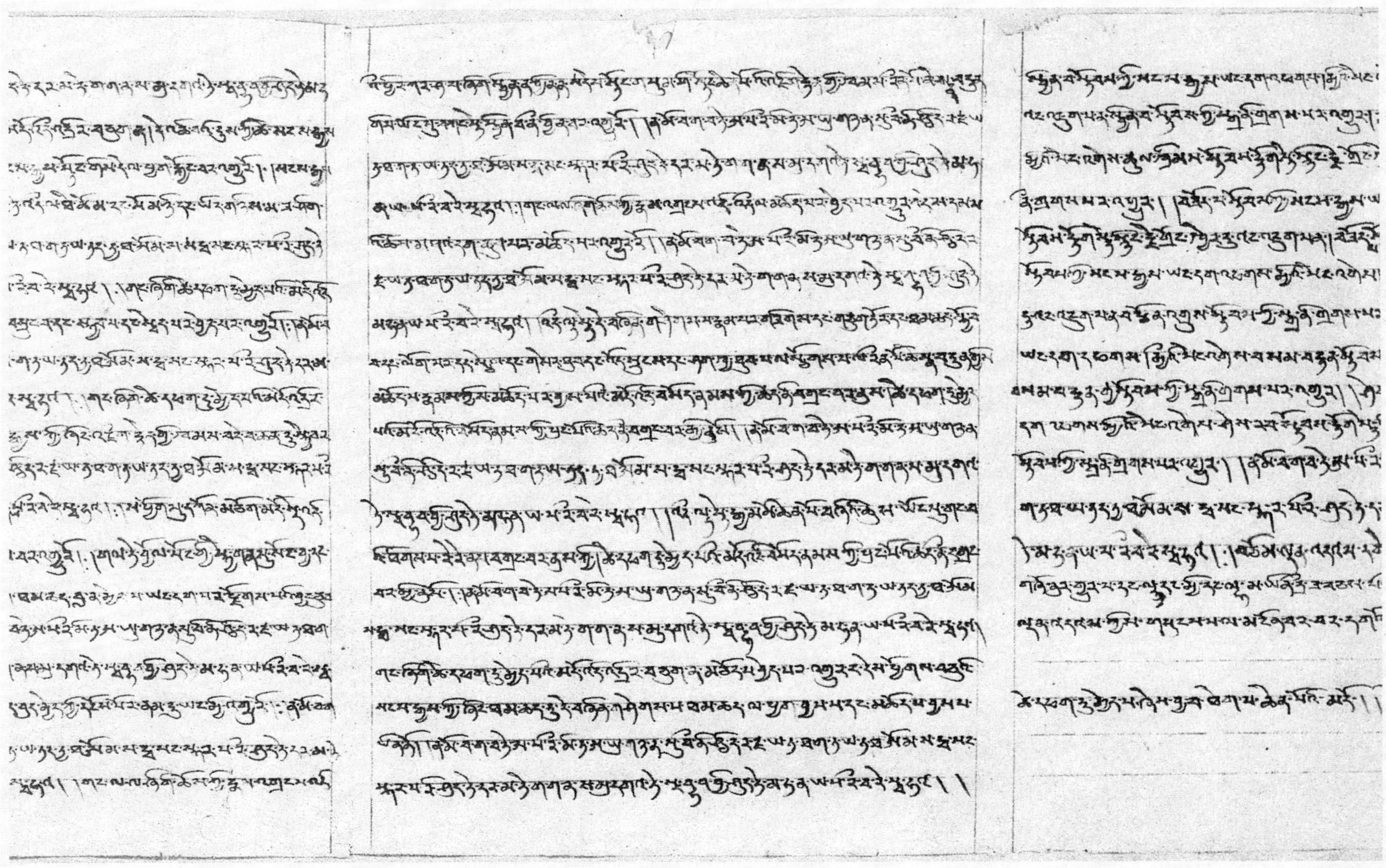

BD14221 號 2　藏文（無量壽宗要經甲本）　（30–11）

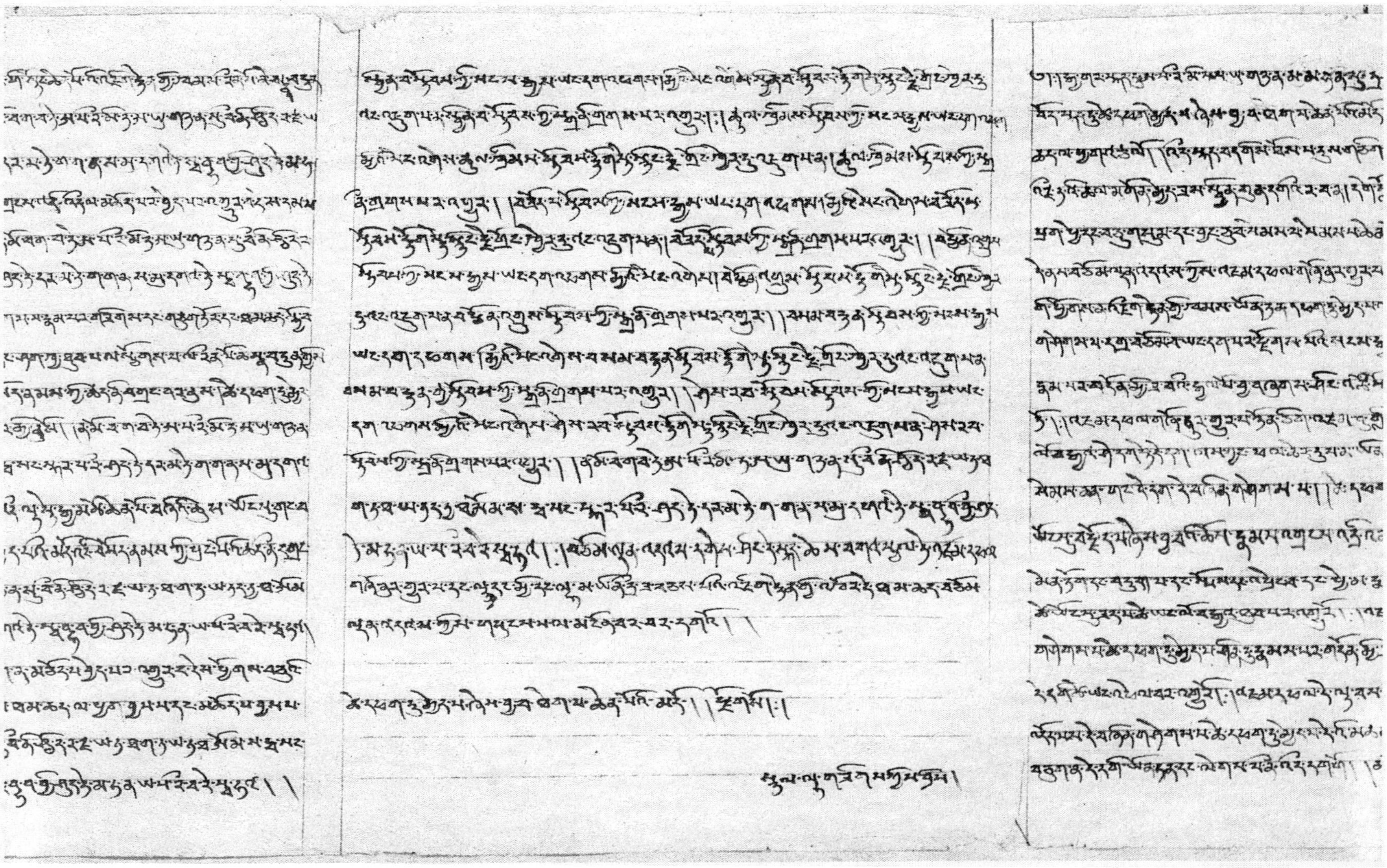

BD14221 號 2　藏文（無量壽宗要經甲本）　（30–12）

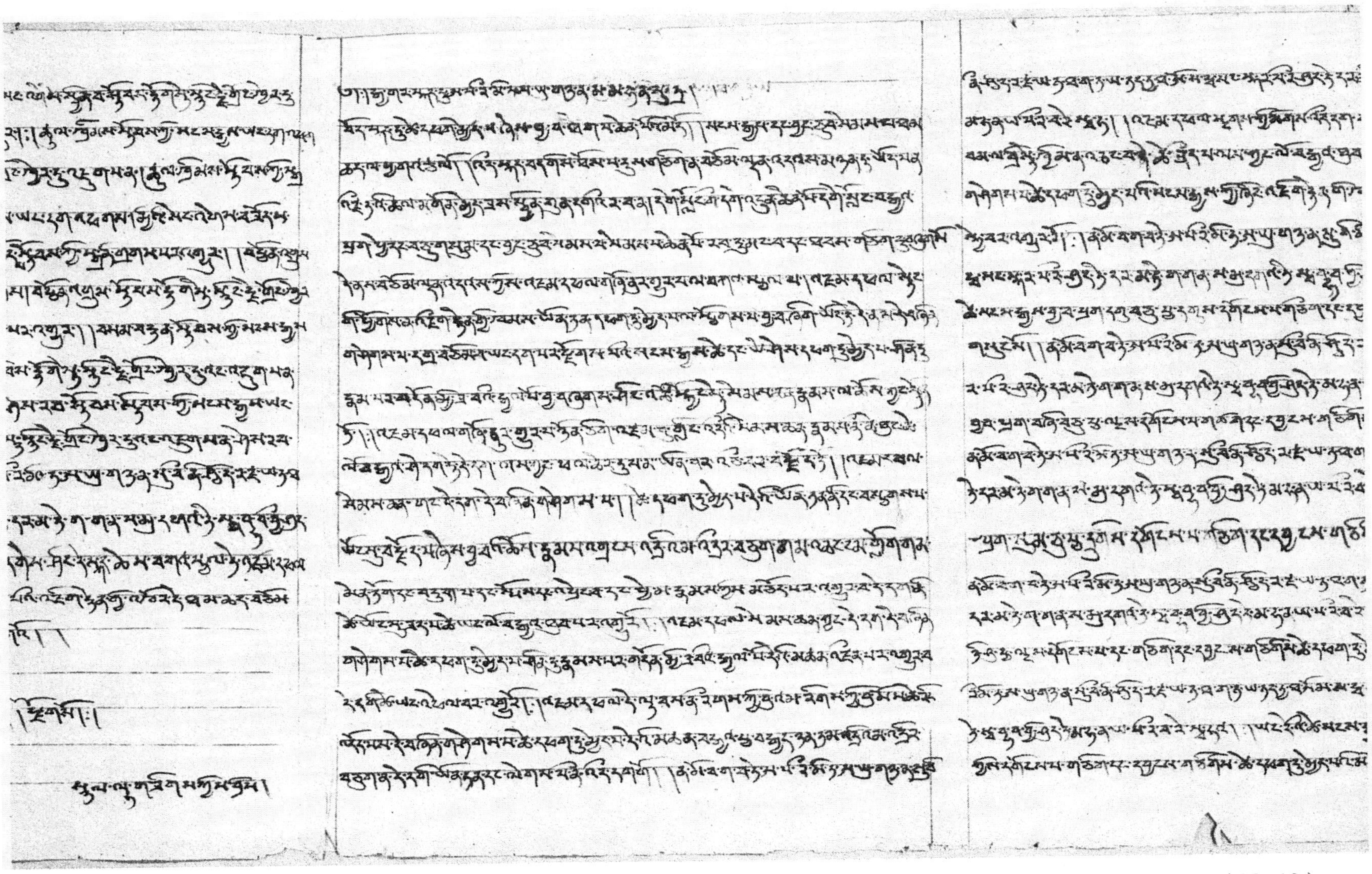

BD14221 號 3　藏文（無量壽宗要經甲本）　（30–13）

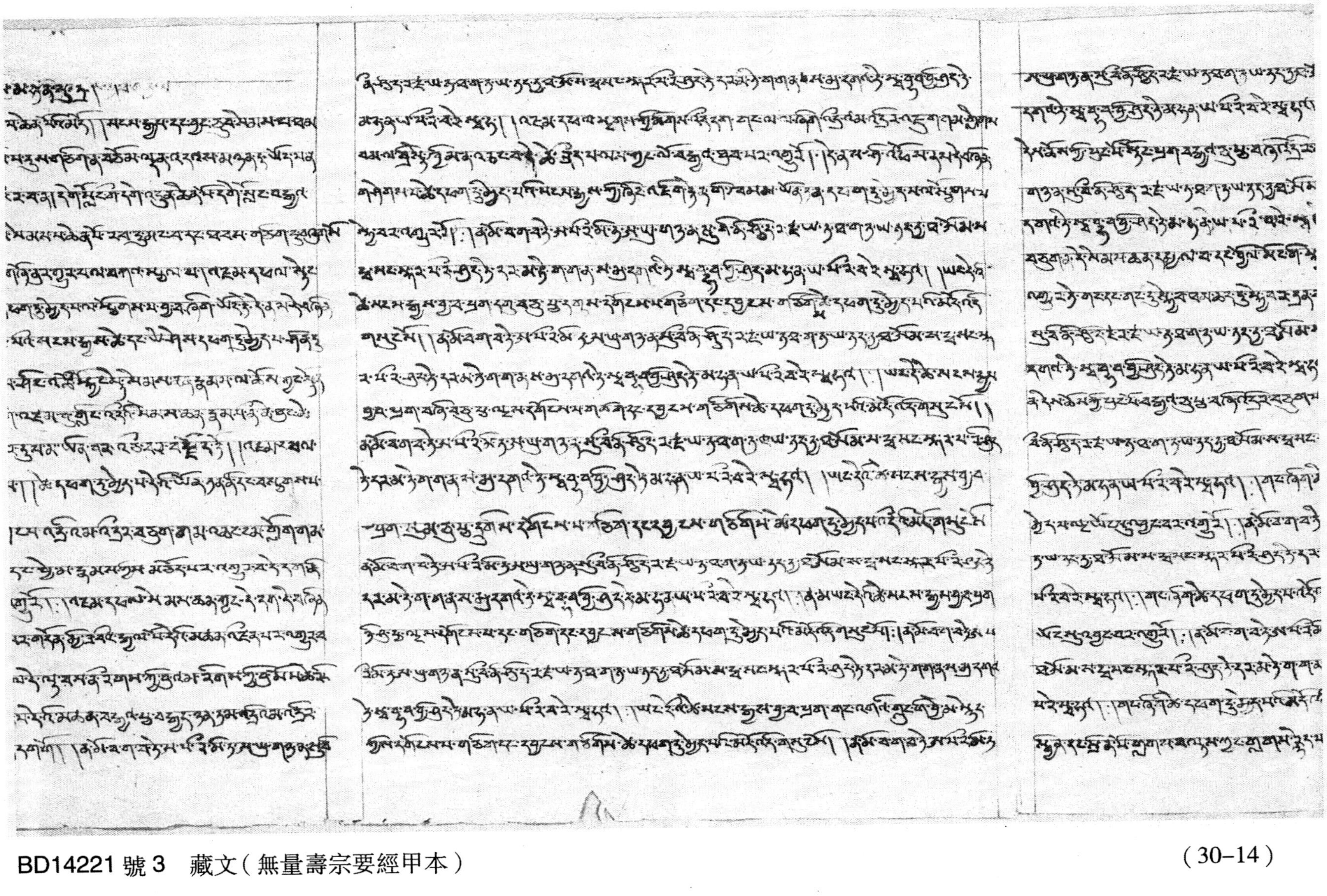

BD14221 號 3　藏文（無量壽宗要經甲本）　（30–14）

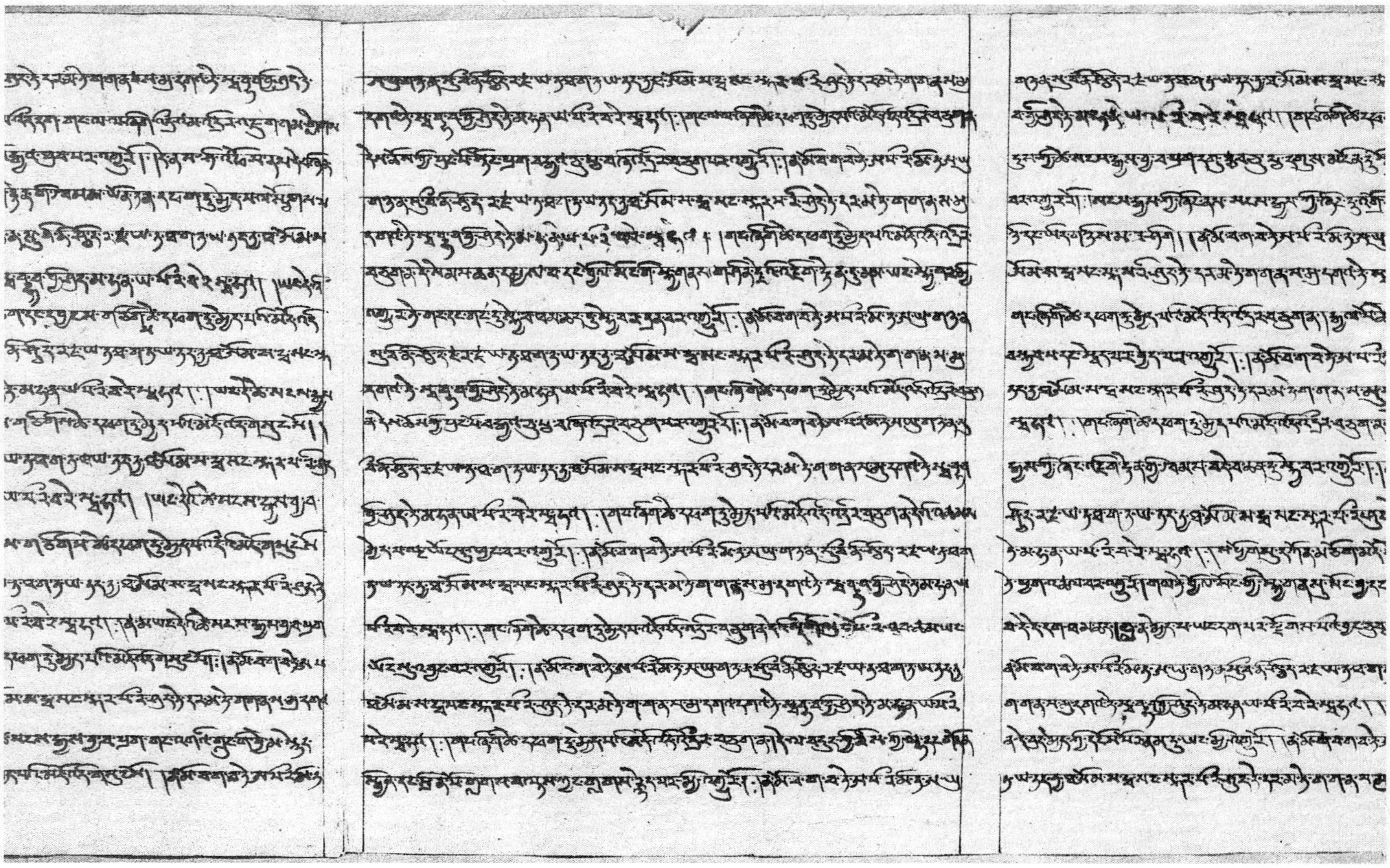

BD14221 號 3　藏文（無量壽宗要經甲本）　　（30–15）

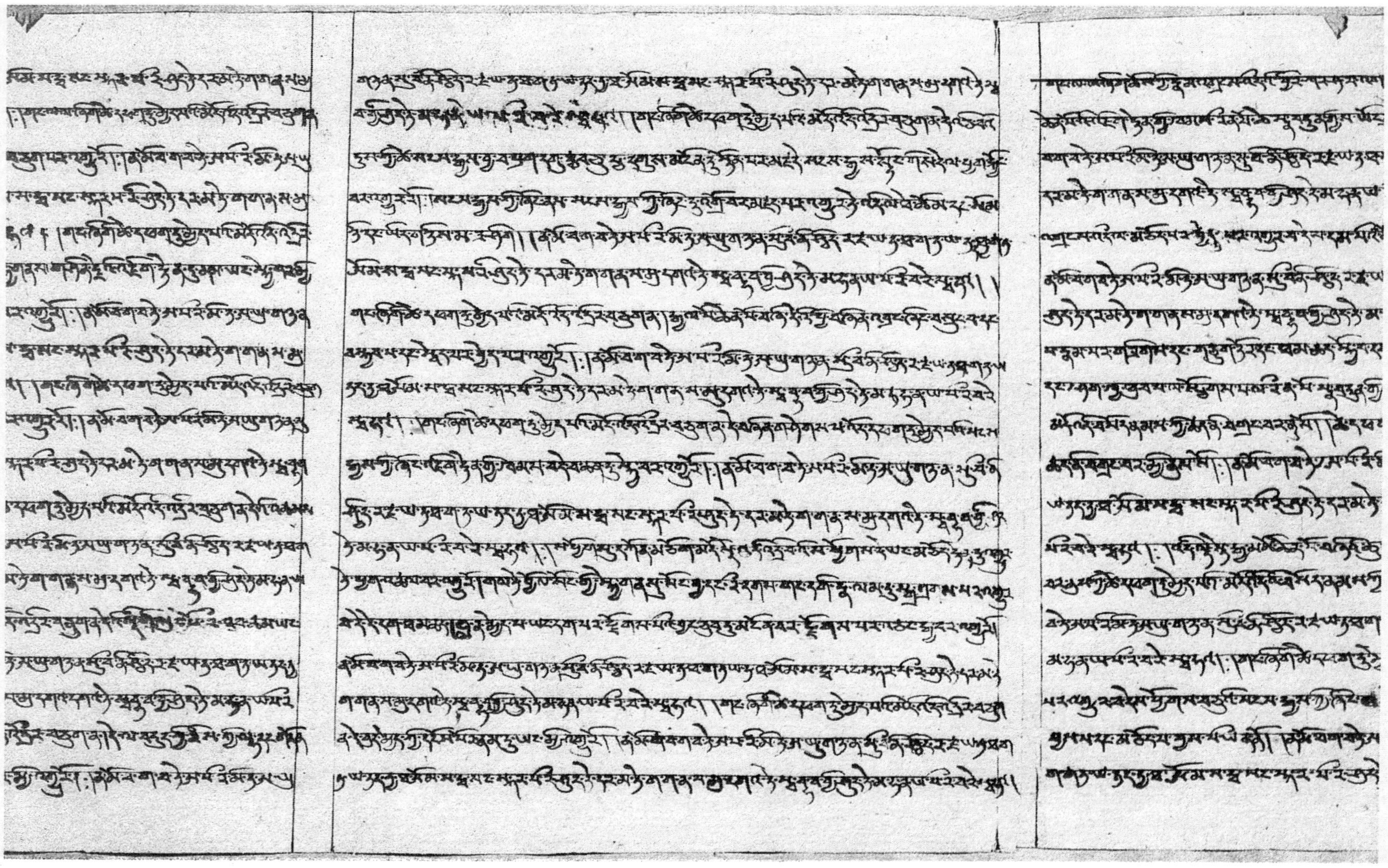

BD14221 號 3　藏文（無量壽宗要經甲本）　　（30–16）

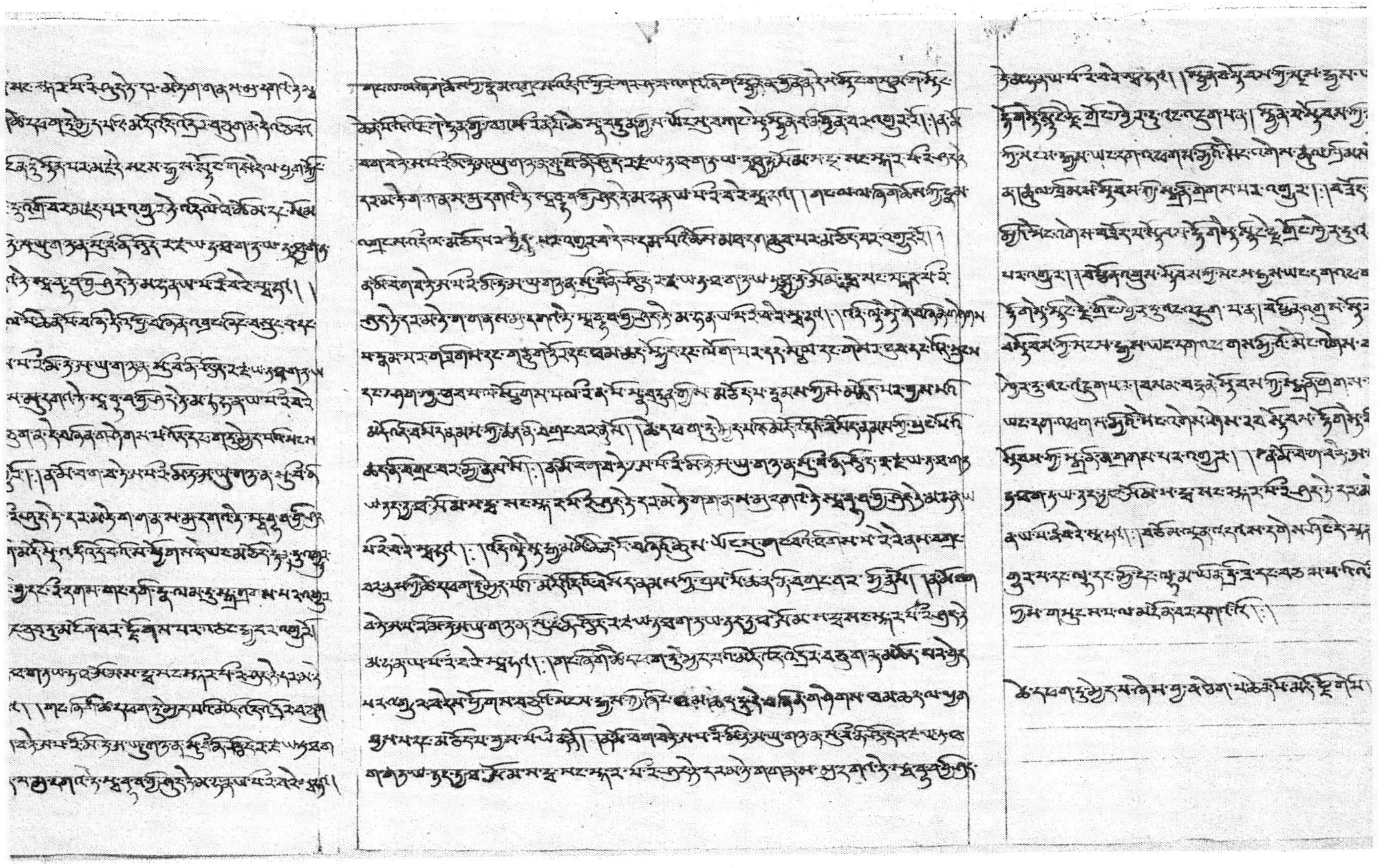

BD14221 號 3　藏文（無量壽宗要經甲本）　（30–17）

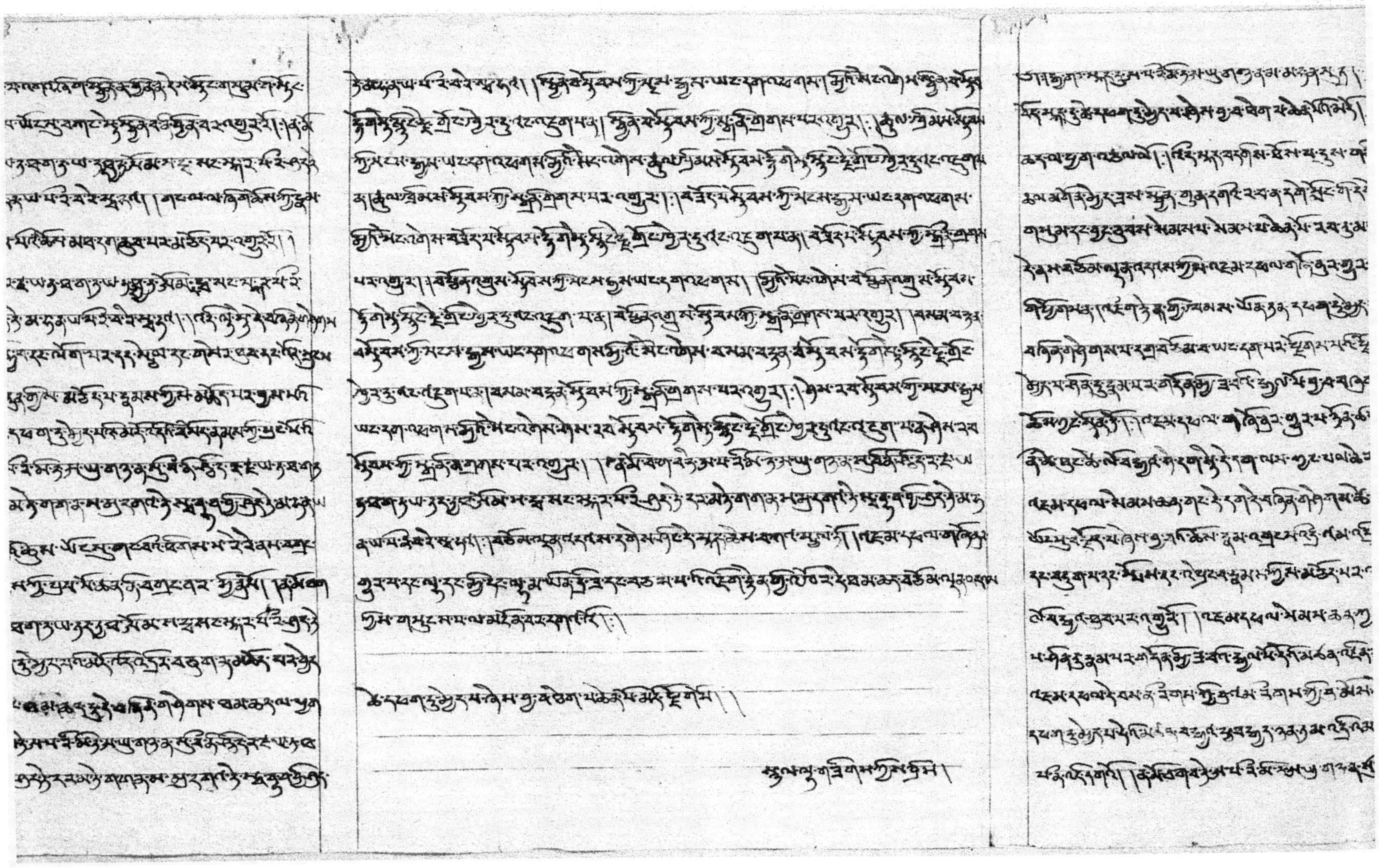

BD14221 號 3　藏文（無量壽宗要經甲本）　（30–18）

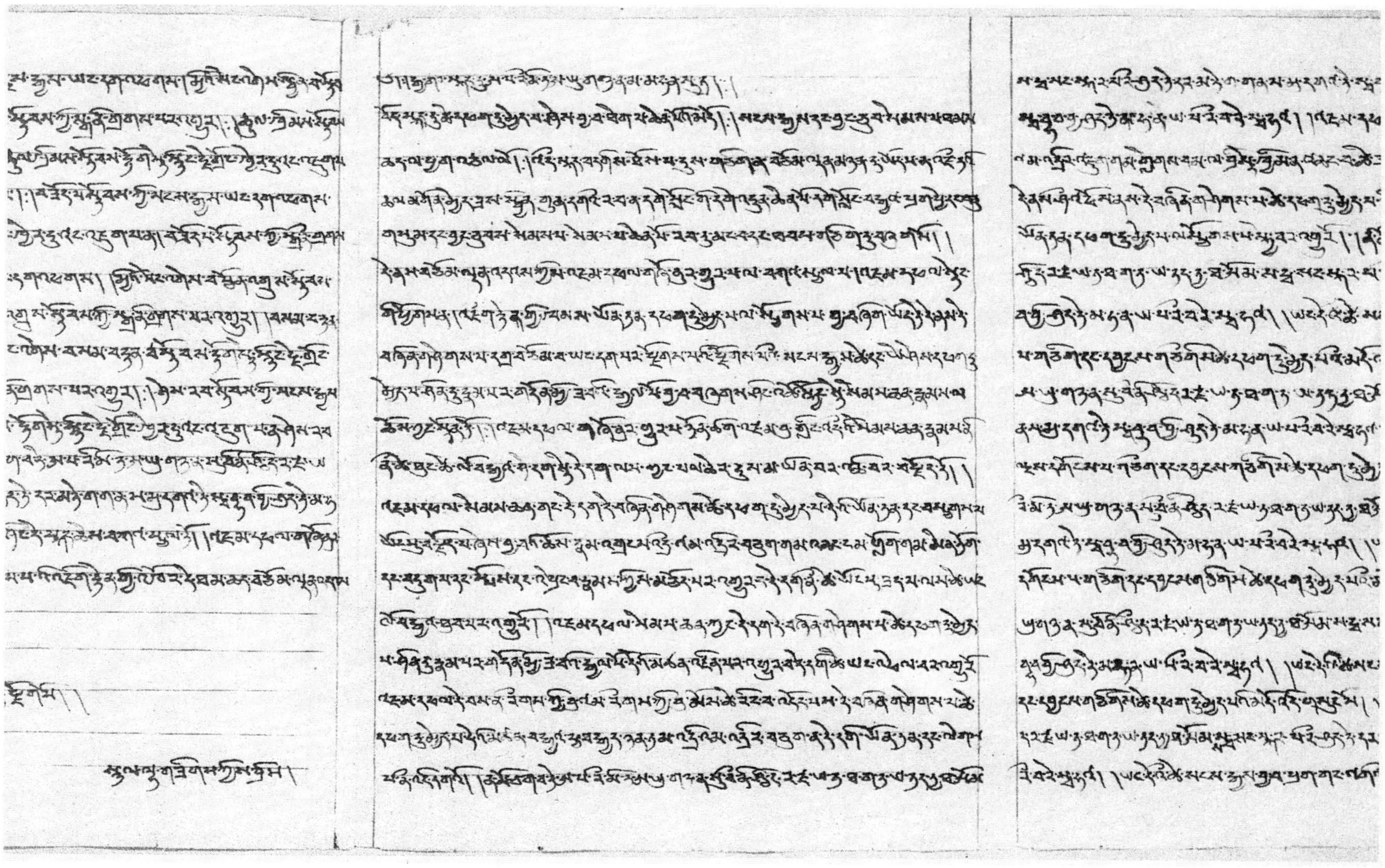

BD14221 號 4　藏文（無量壽宗要經甲本）　　（30–19）

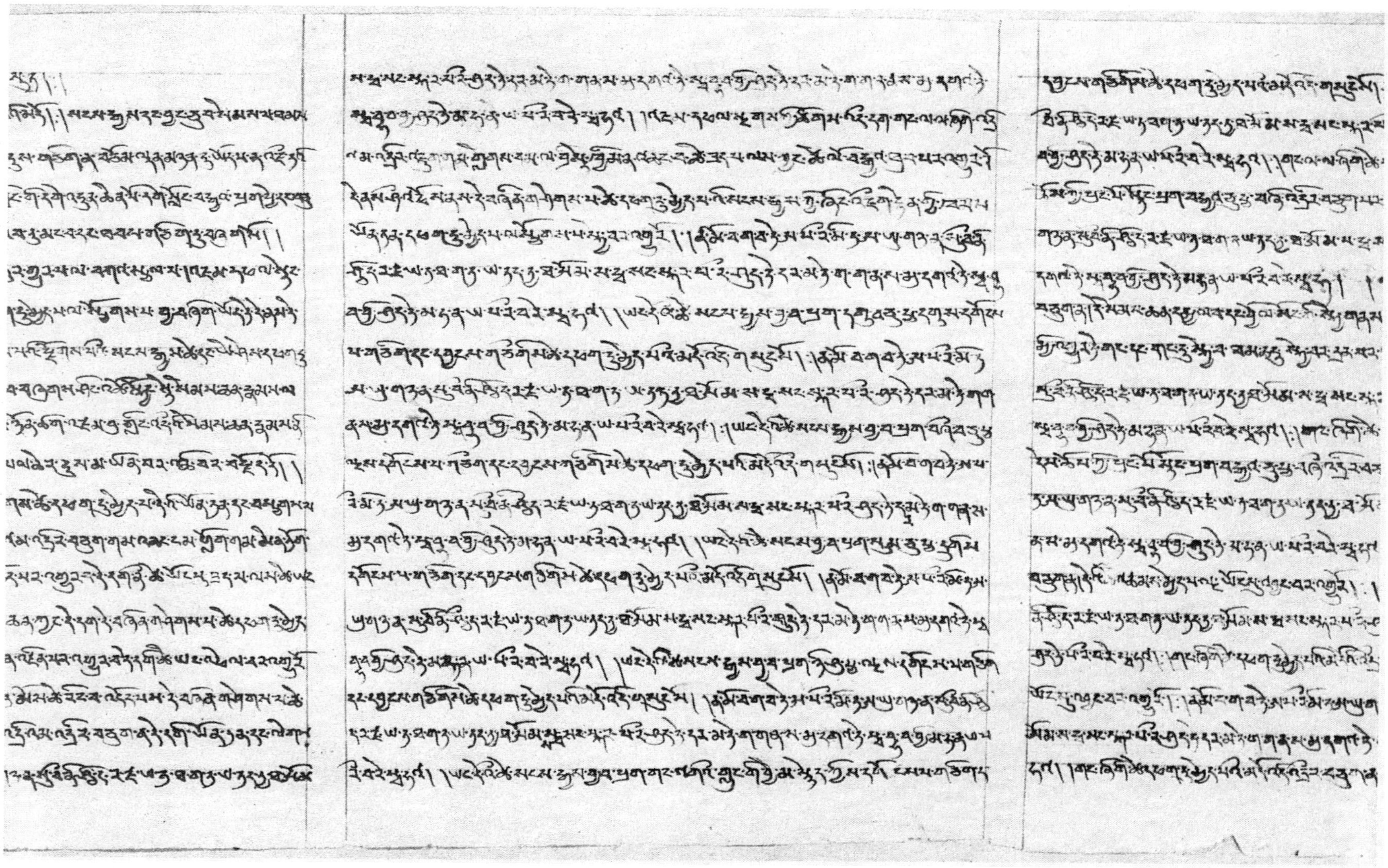

BD14221 號 4　藏文（無量壽宗要經甲本）　　（30–20）

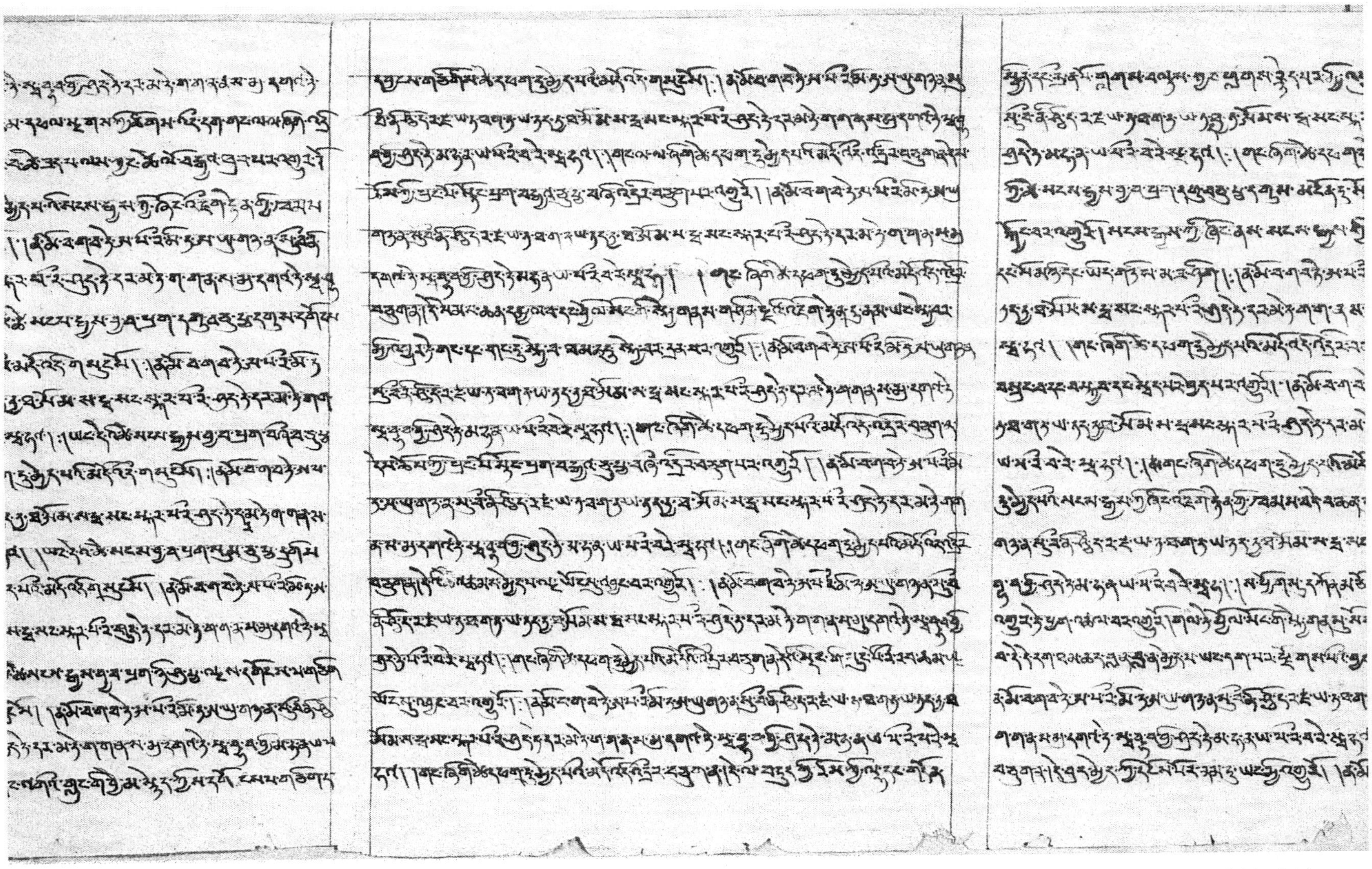

BD14221 號 4　藏文（無量壽宗要經甲本）　　（30–21）

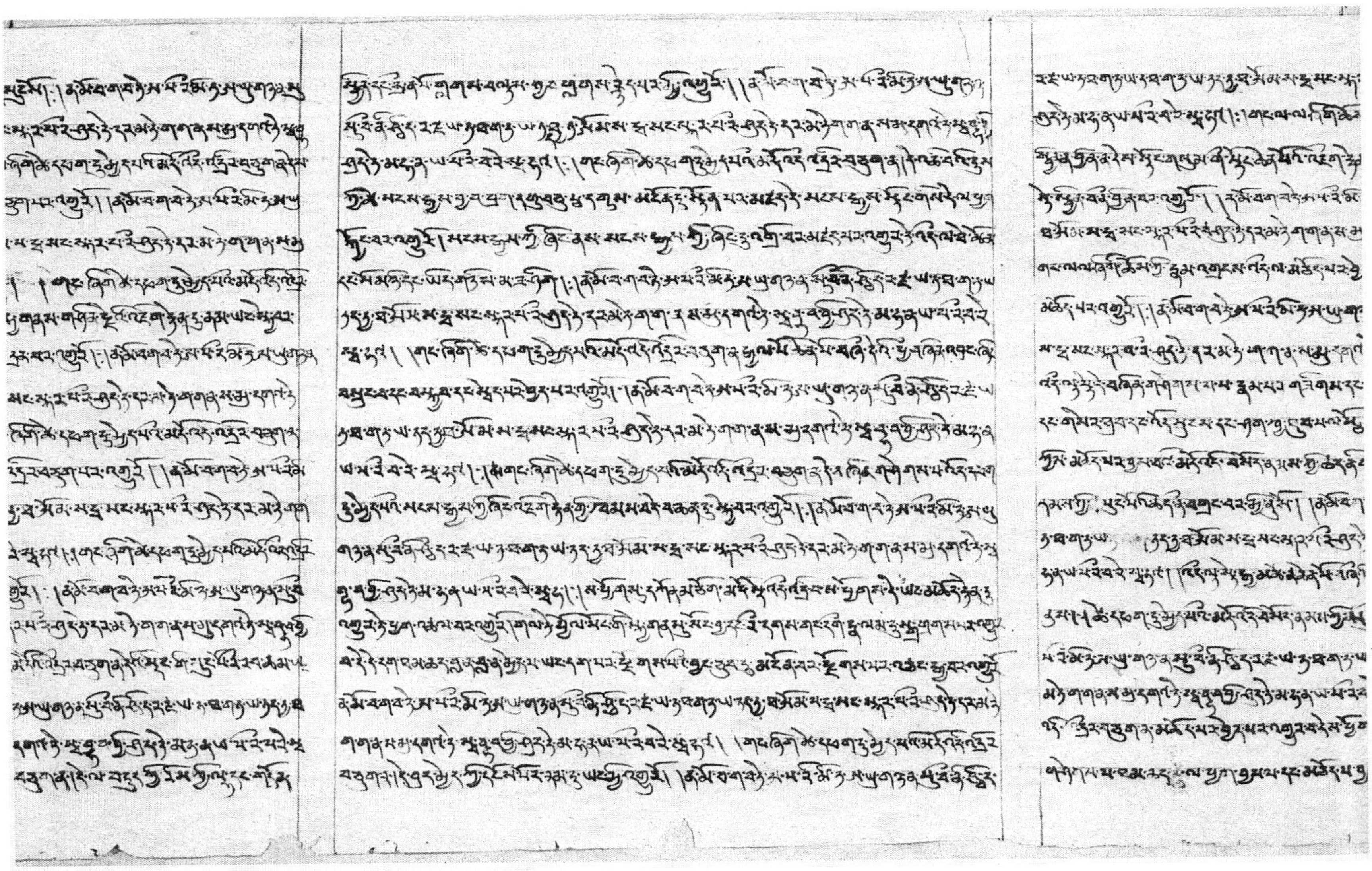

BD14221 號 4　藏文（無量壽宗要經甲本）　　（30–22）

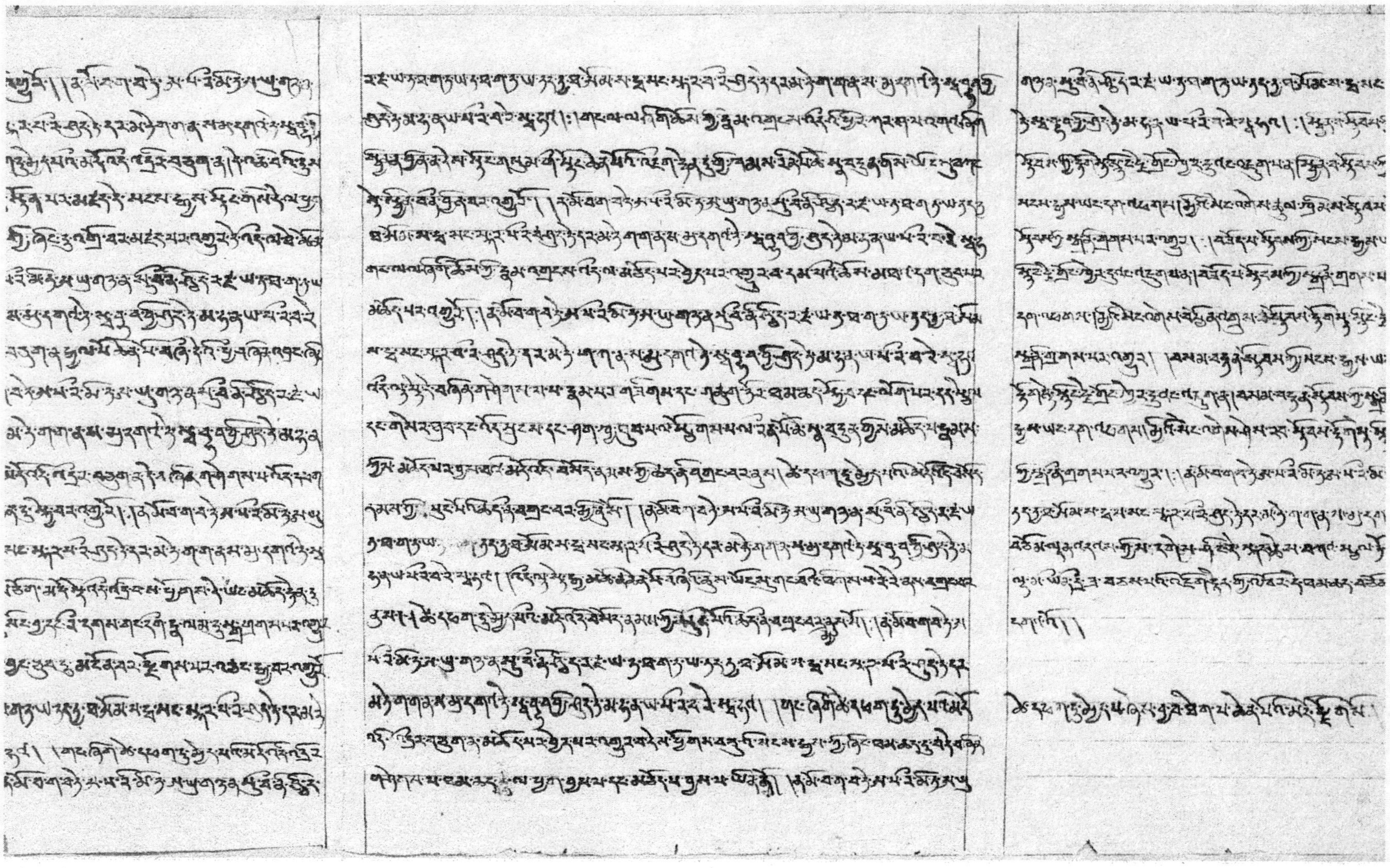

BD14221 號 4　藏文（無量壽宗要經甲本）　　（30–23）

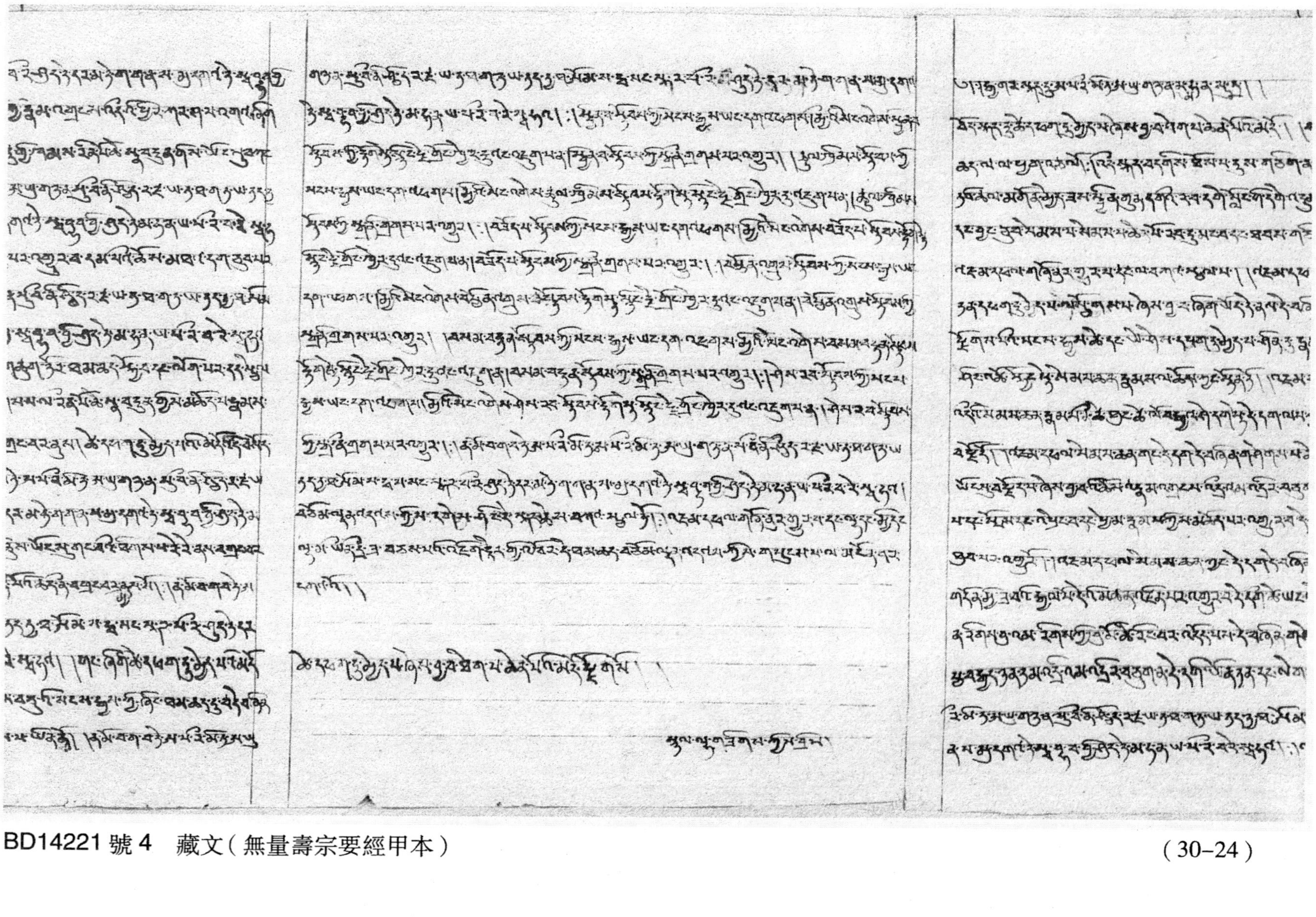

BD14221 號 4　藏文（無量壽宗要經甲本）　　（30–24）

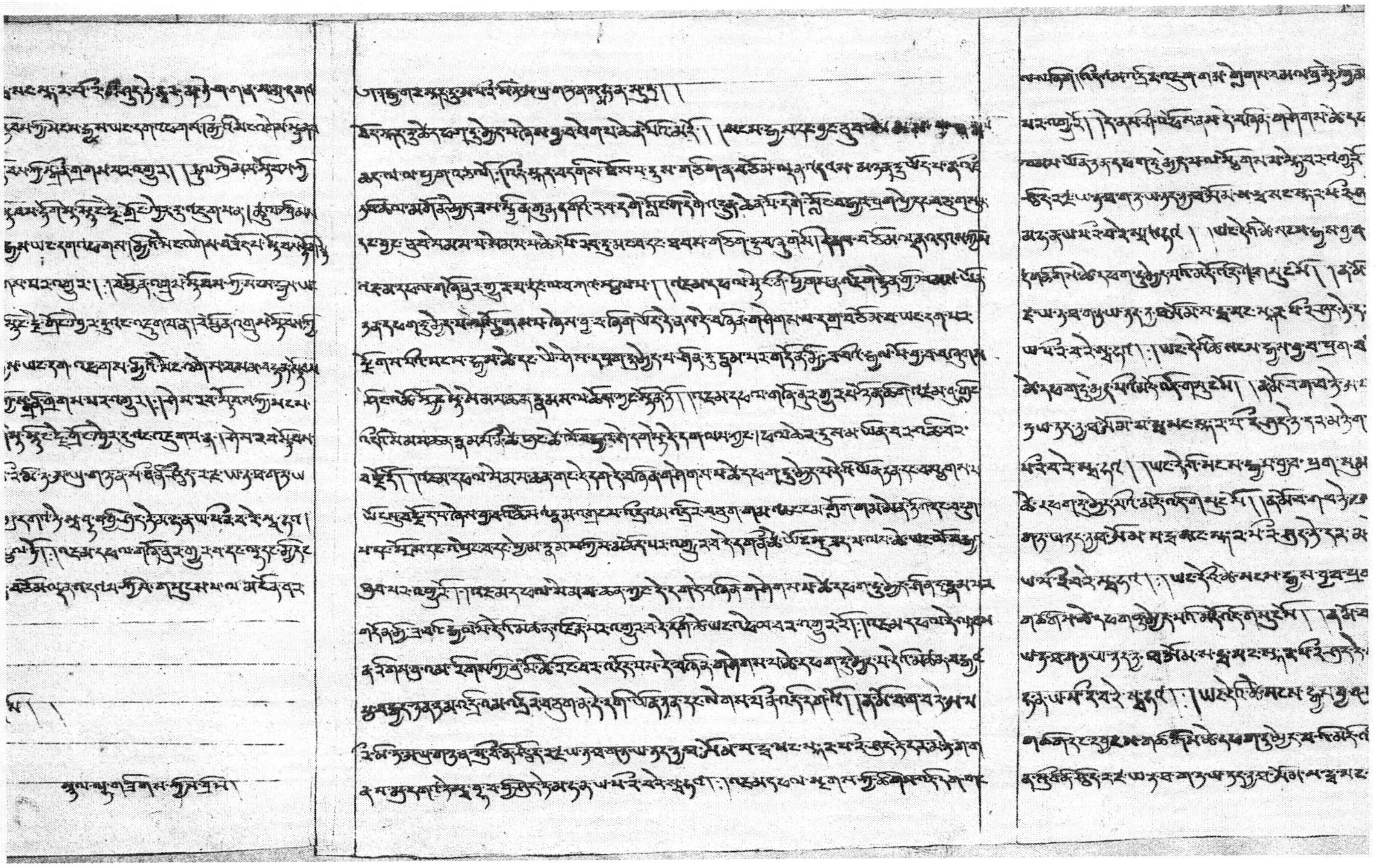

BD14221 號 5　藏文（無量壽宗要經甲本）　　（30–25）

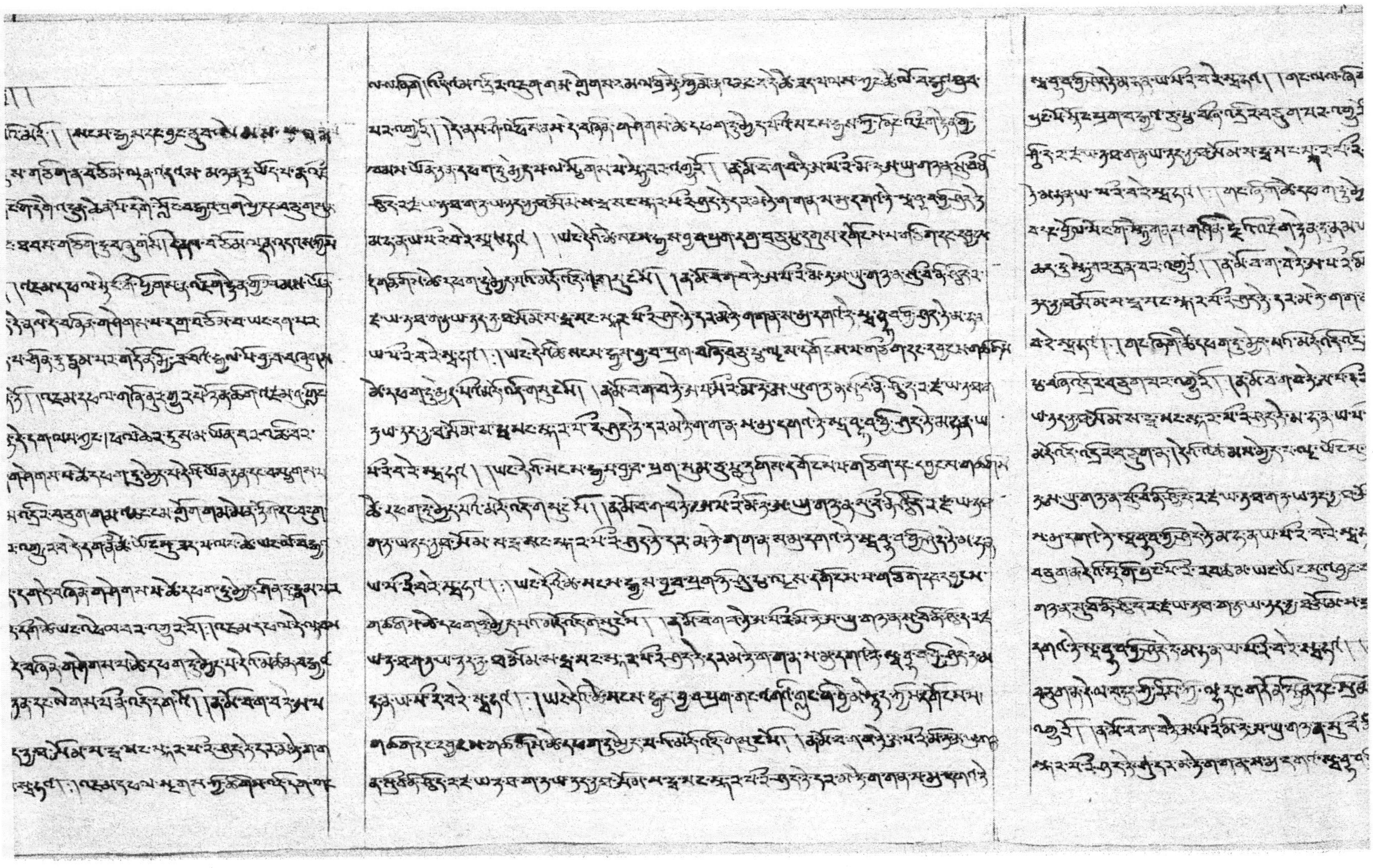

BD14221 號 5　藏文（無量壽宗要經甲本）　　（30–26）

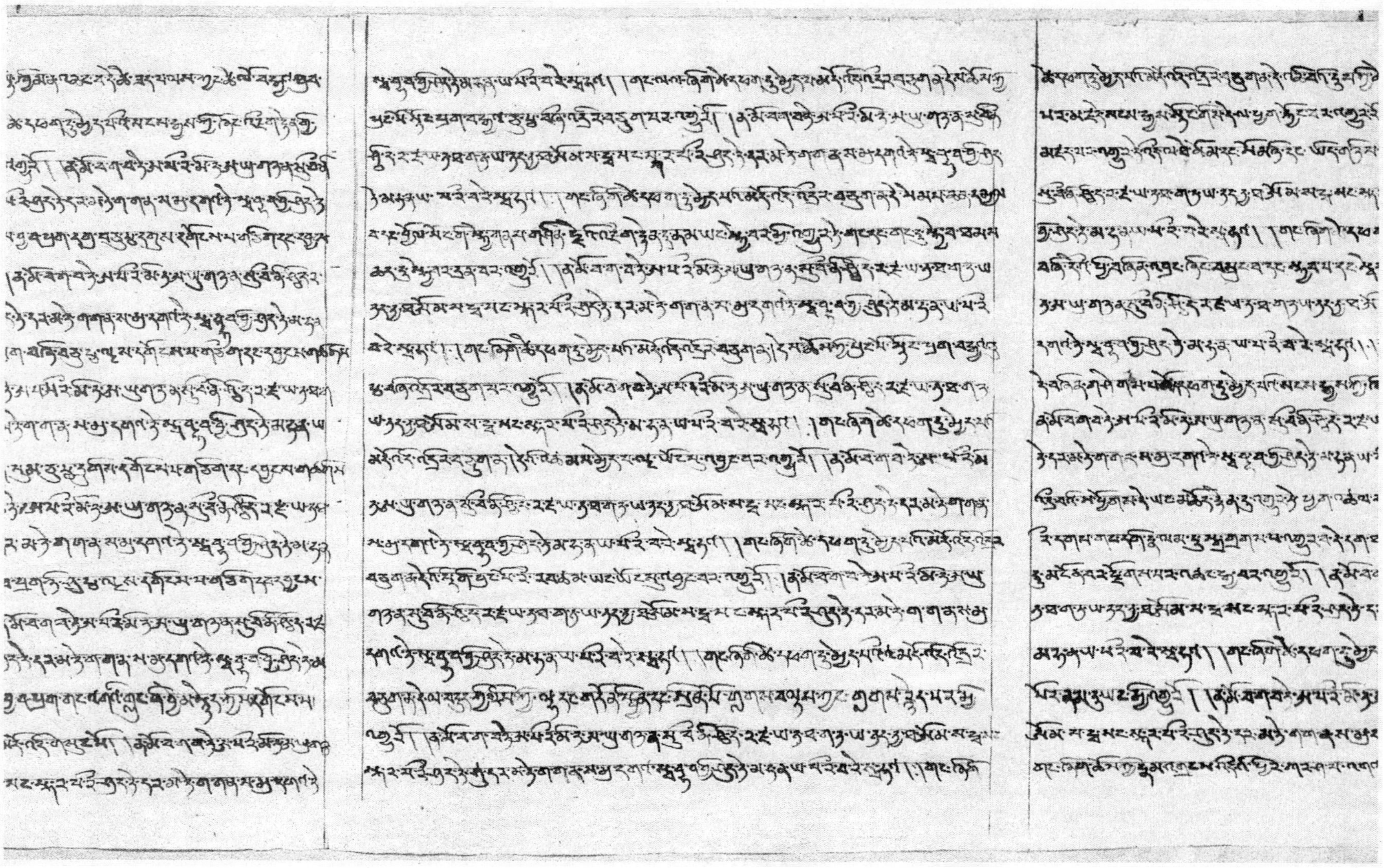

BD14221 號 5　藏文（無量壽宗要經甲本）　　（30–27）

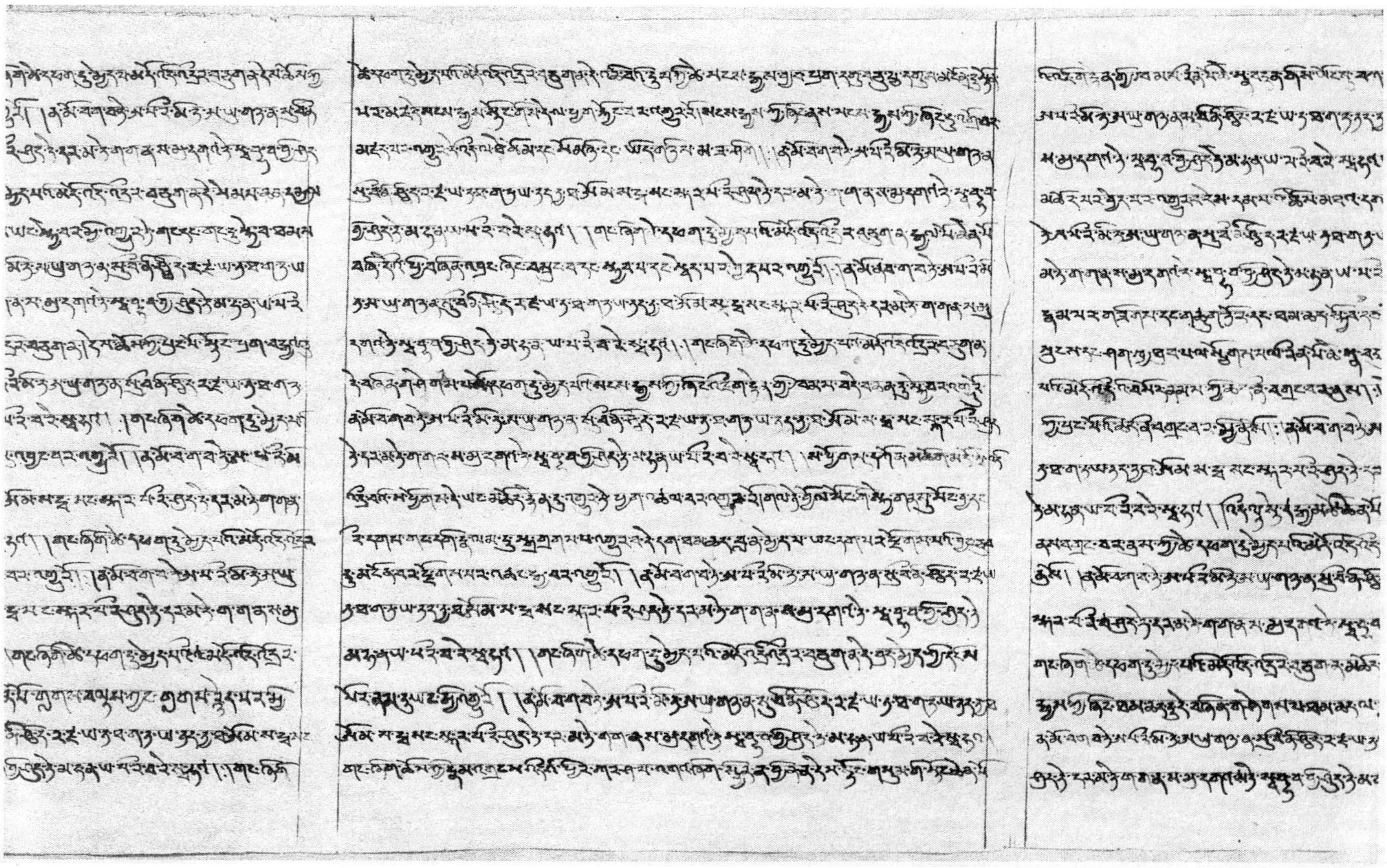

BD14221 號 5　藏文（無量壽宗要經甲本）　　（30–28）

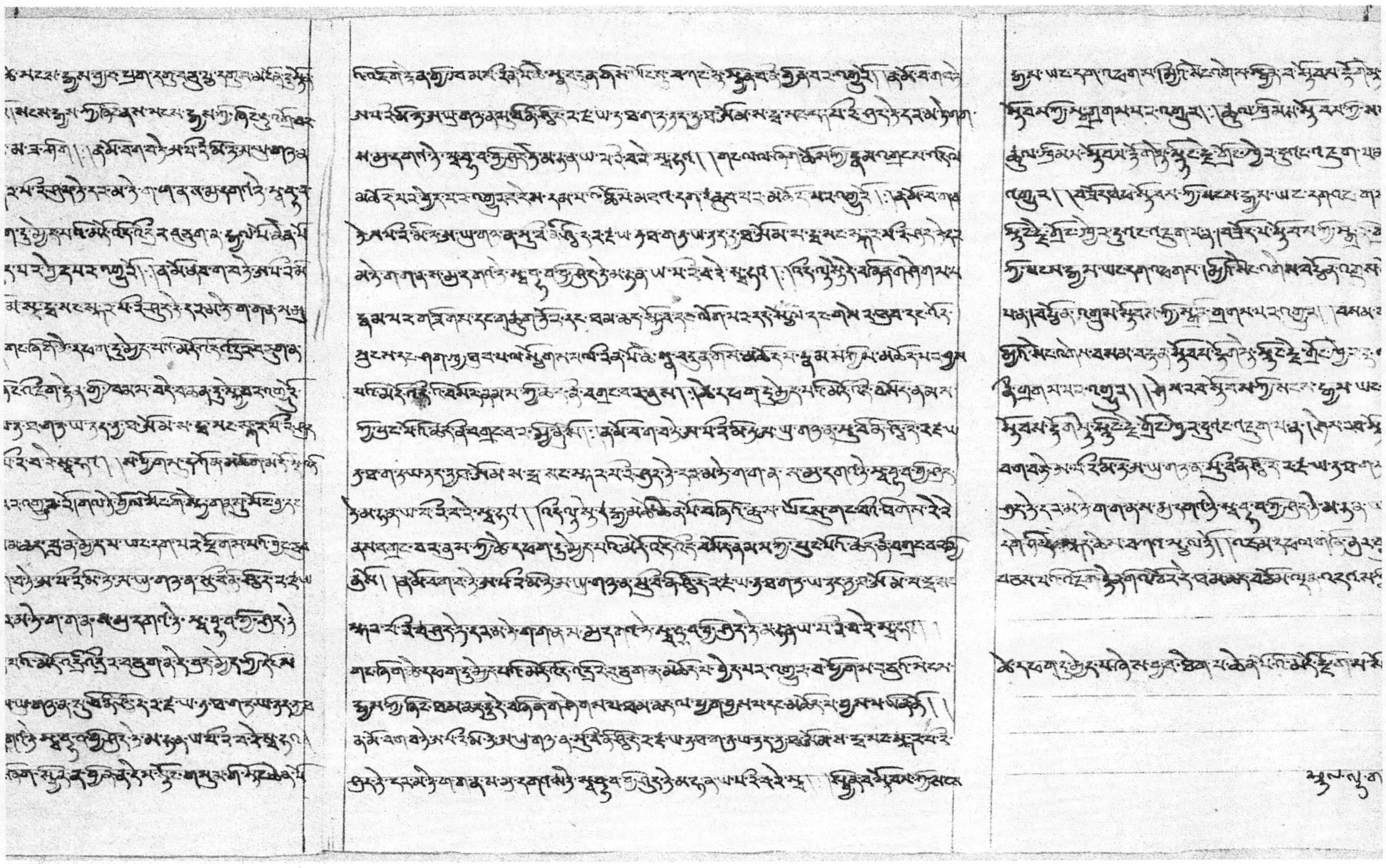

BD14221 號 5　藏文（無量壽宗要經甲本）　　（30–29）

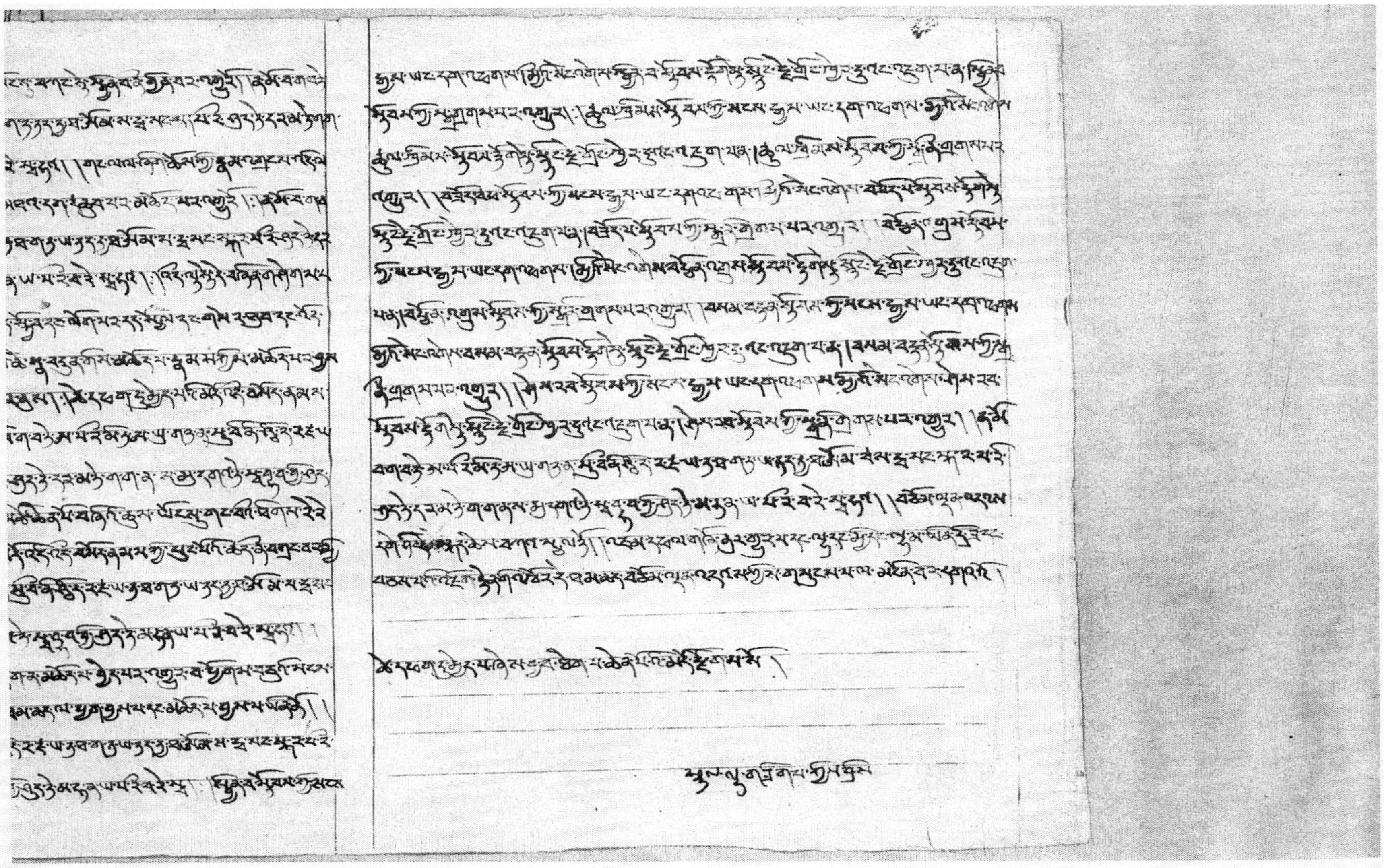

BD14221 號 5　藏文（無量壽宗要經甲本）　　（30–30）

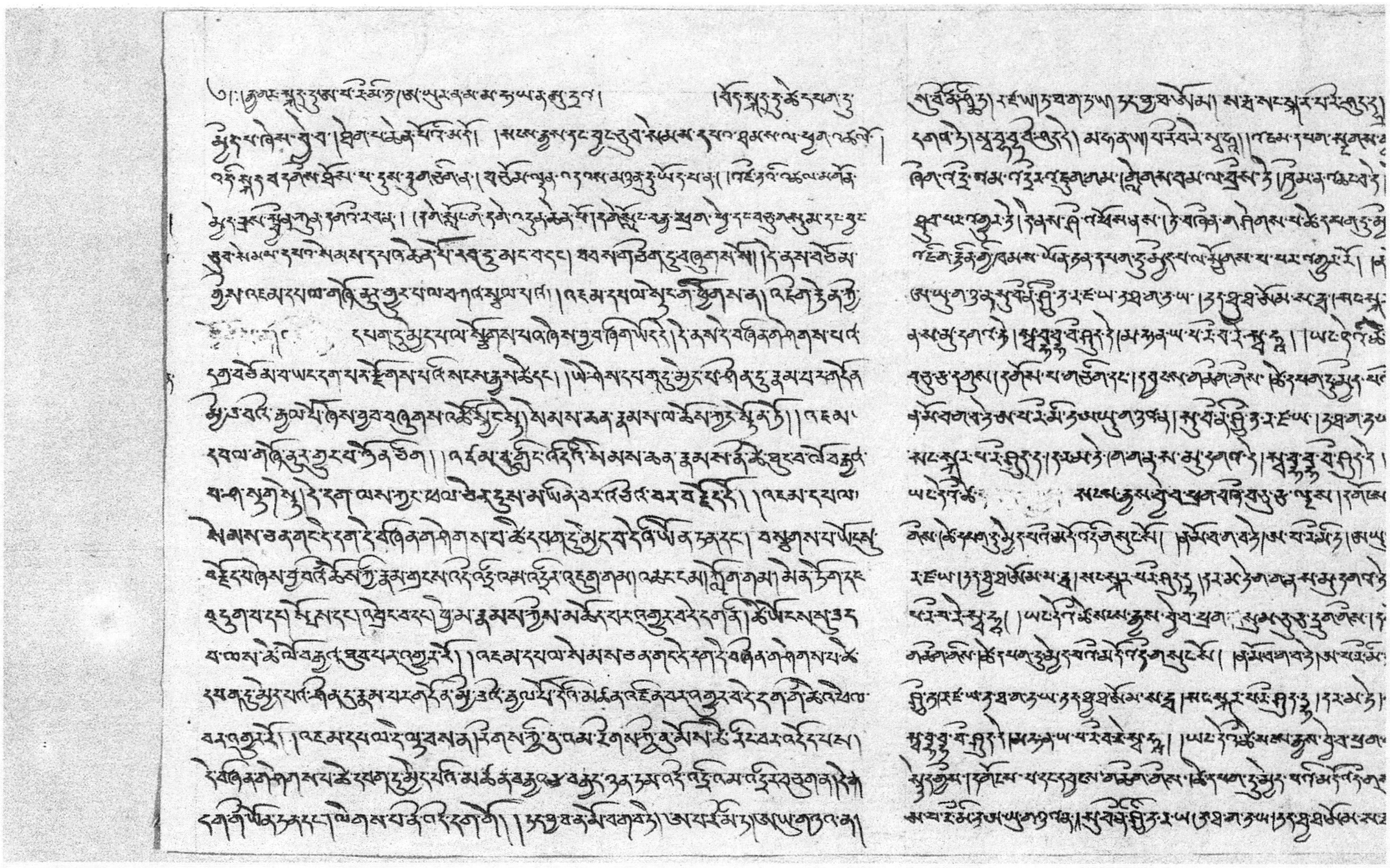

BD14222 號　藏文（無量壽宗要經甲本）　　（6–1）

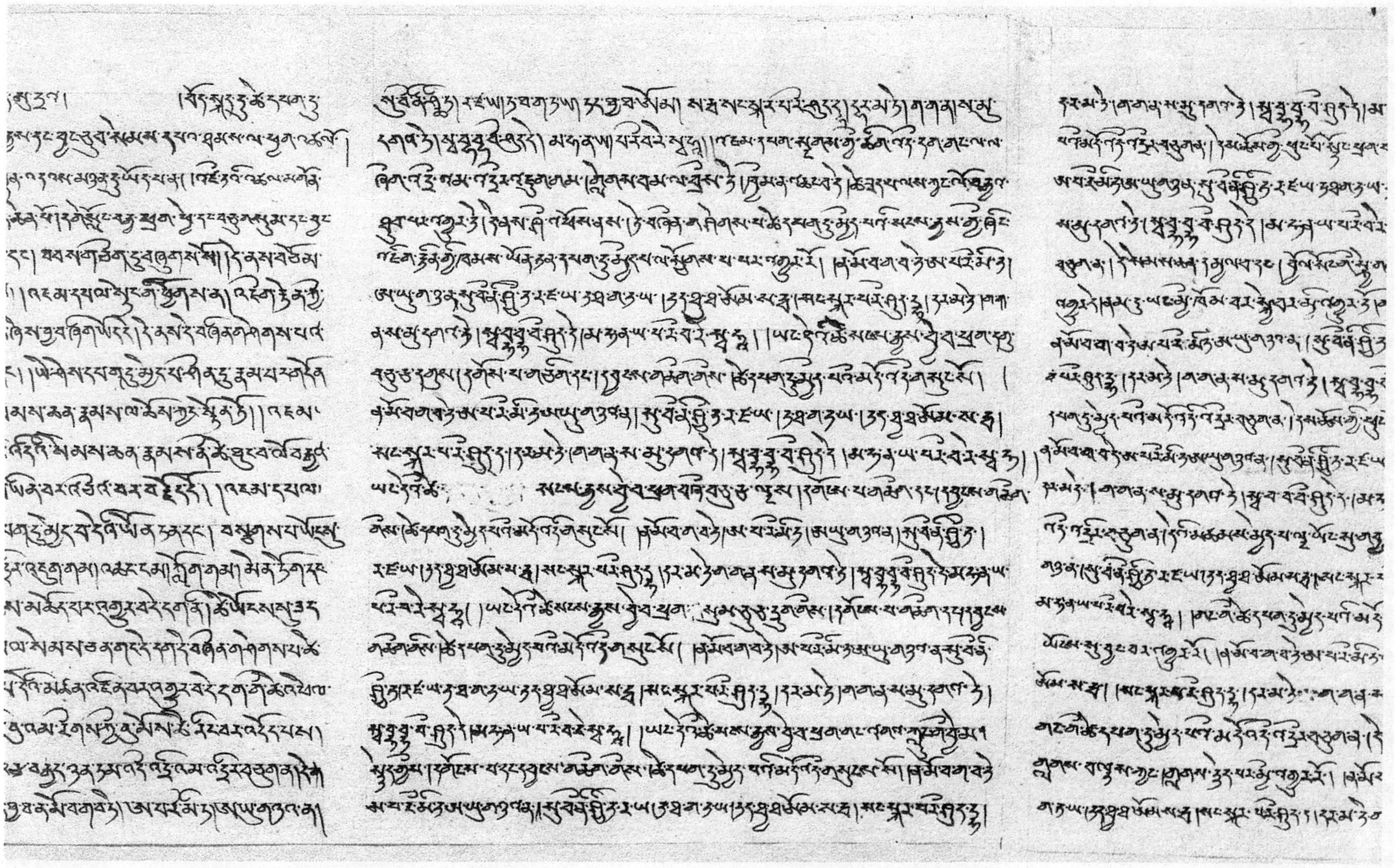

BD14222 號　藏文（無量壽宗要經甲本）　　（6–2）

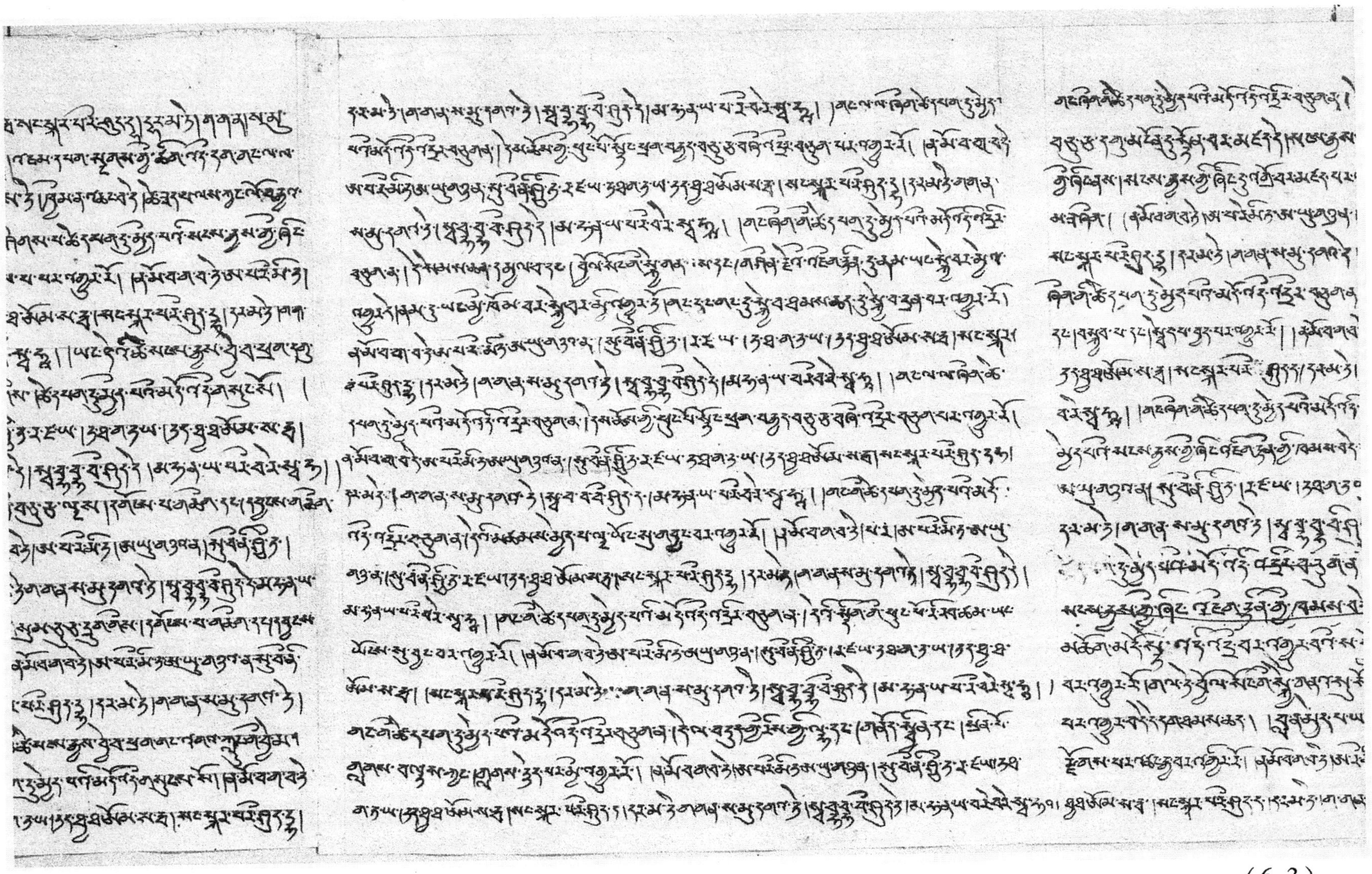

BD14222 號　藏文（無量壽宗要經甲本）　（6–3）

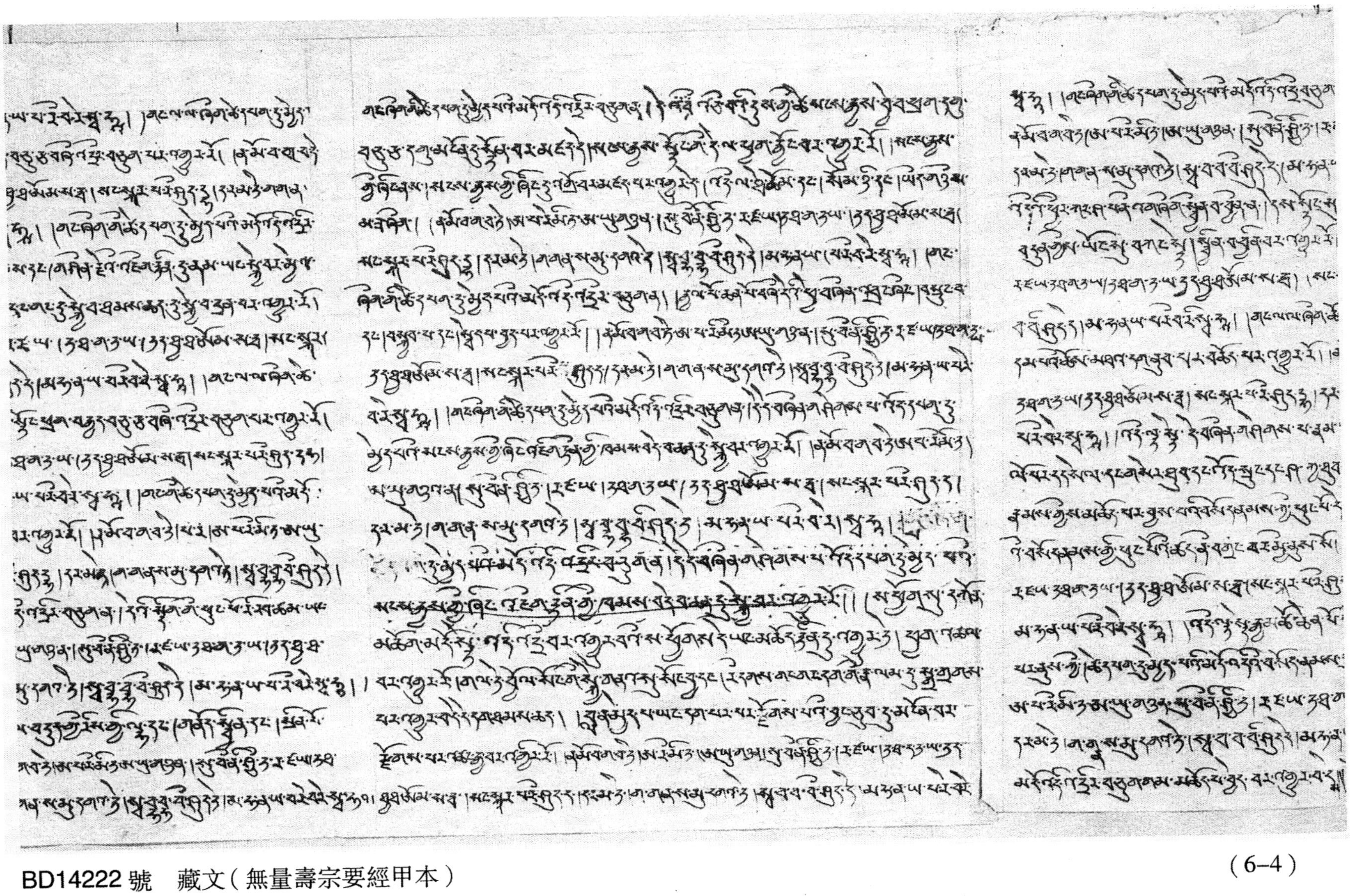

BD14222 號　藏文（無量壽宗要經甲本）　（6–4）

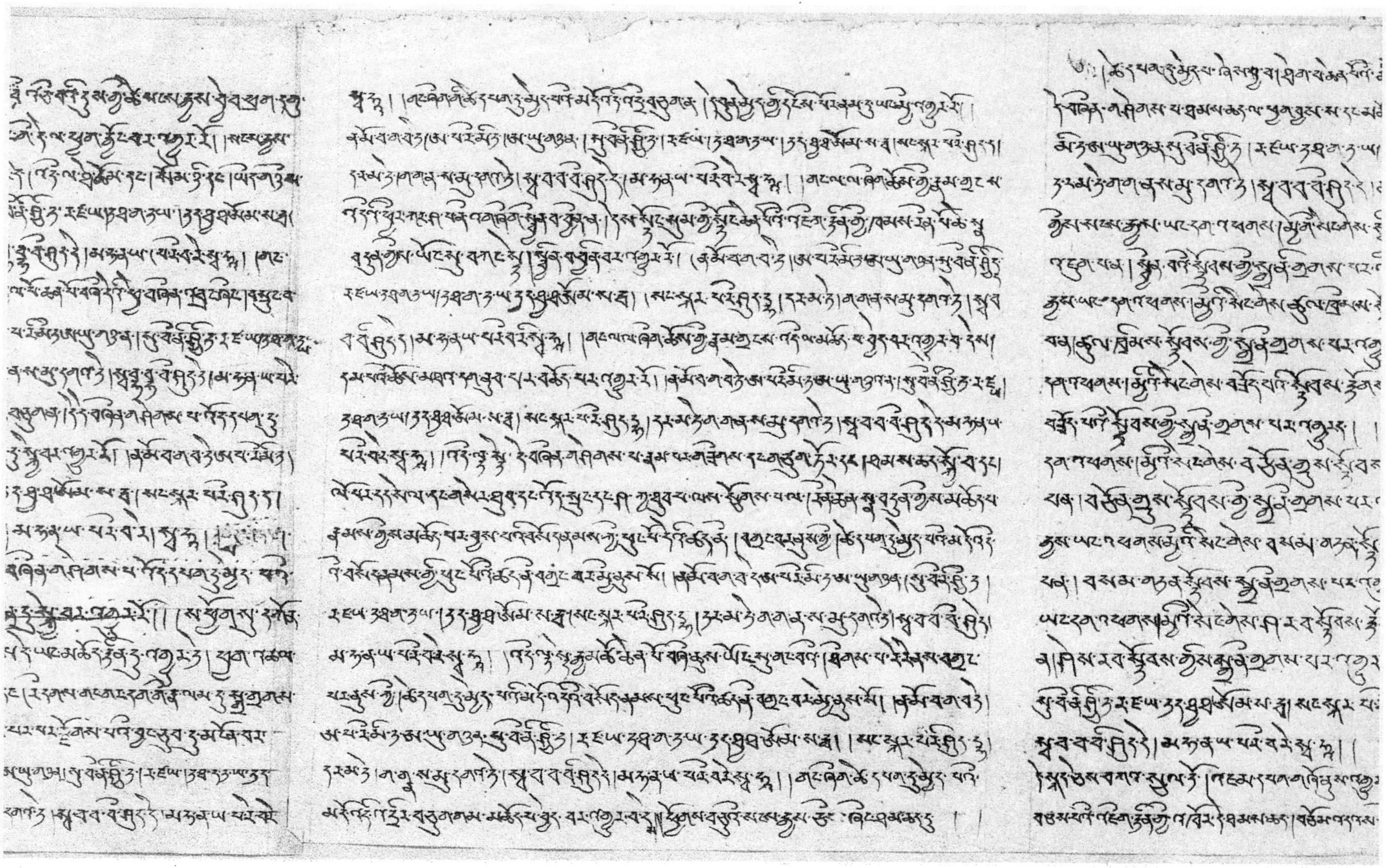

BD14222 號　藏文（無量壽宗要經甲本）　　（6–5）

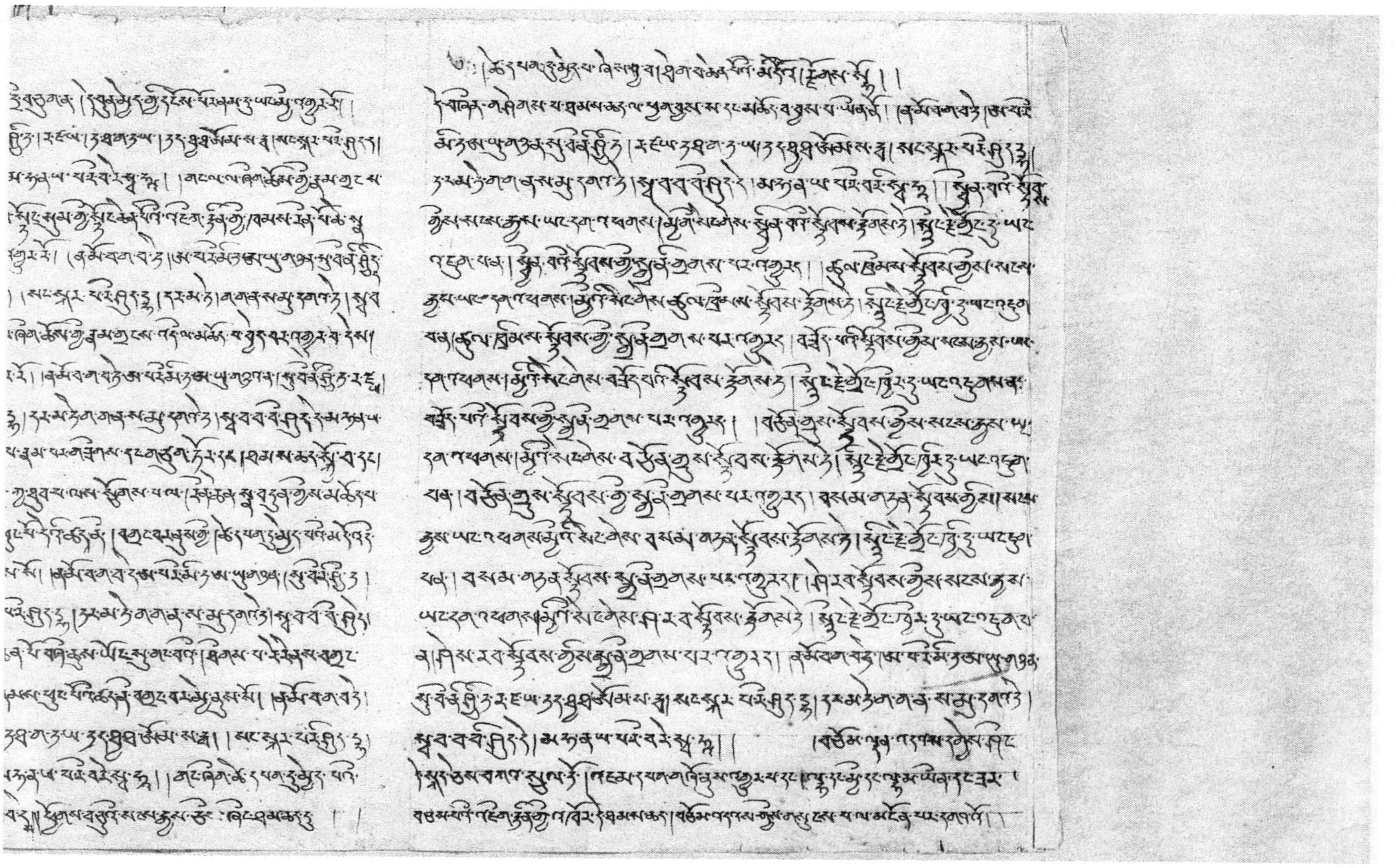

BD14222 號　藏文（無量壽宗要經甲本）　　（6–6）

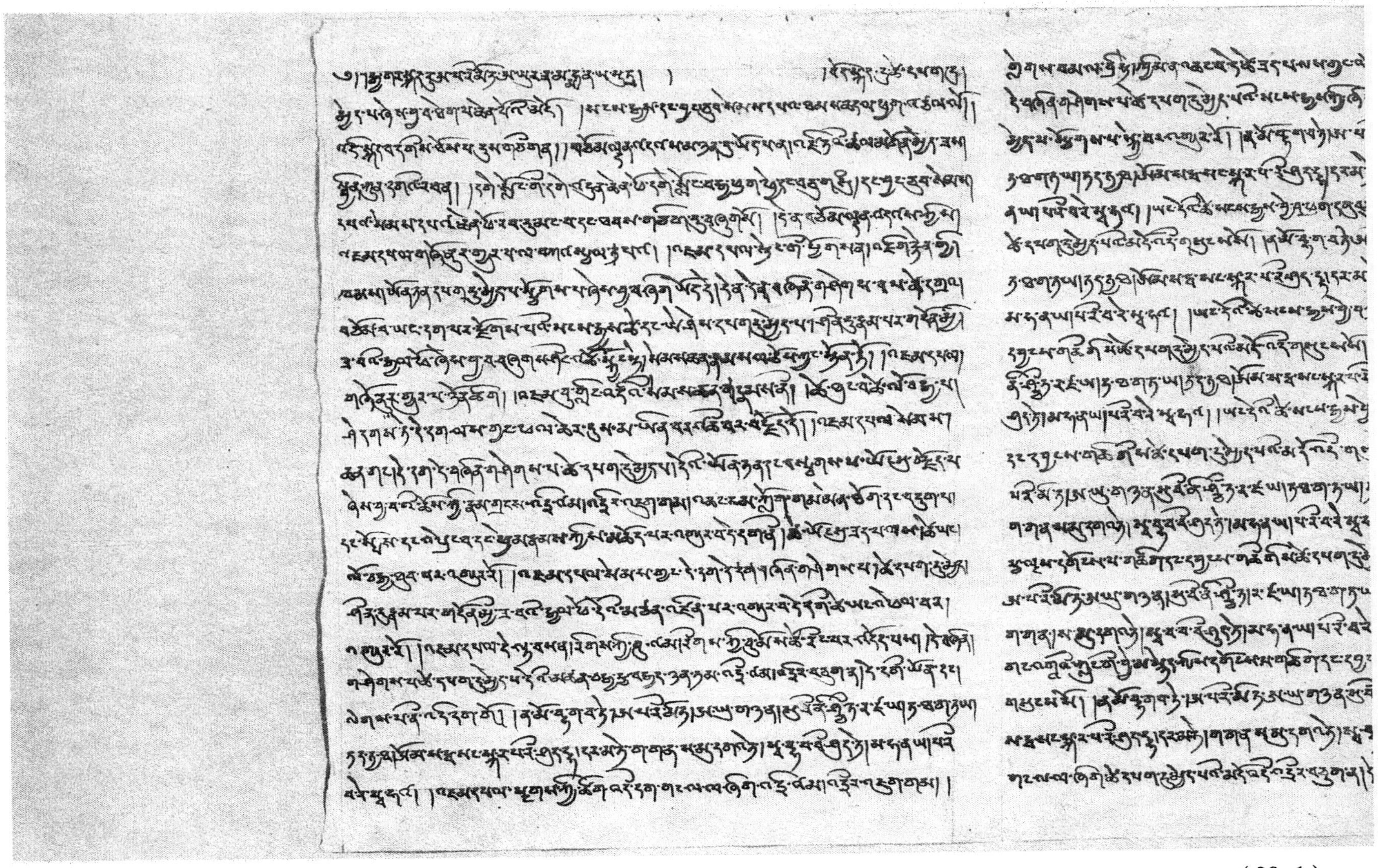

BD14223 號 1　藏文（無量壽宗要經甲本）　　（30–1）

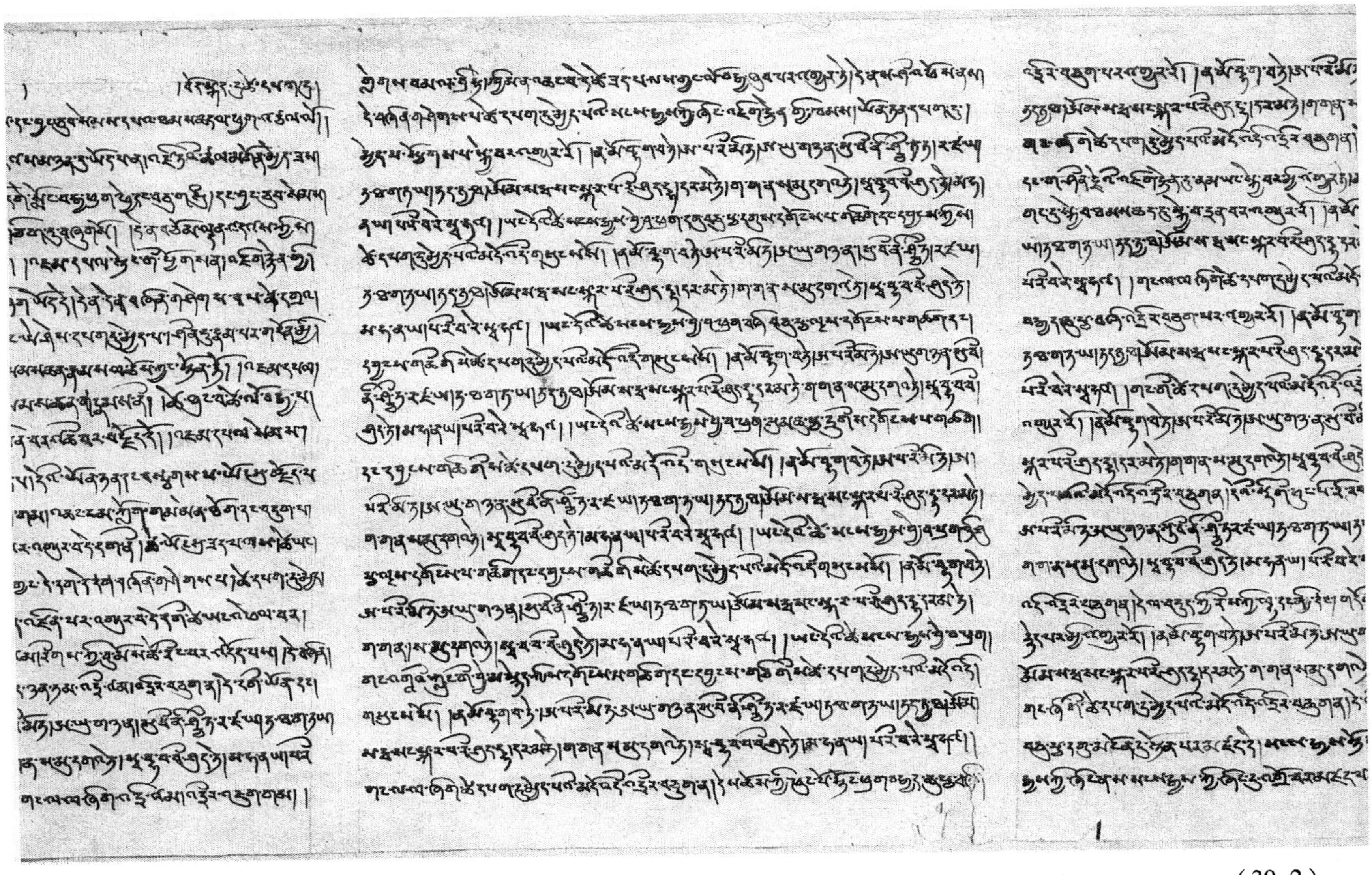

BD14223 號 1　藏文（無量壽宗要經甲本）　　（30–2）

BD14223號1 藏文（無量壽宗要經甲本） (30-3)

BD14223號1 藏文（無量壽宗要經甲本） (30-4)

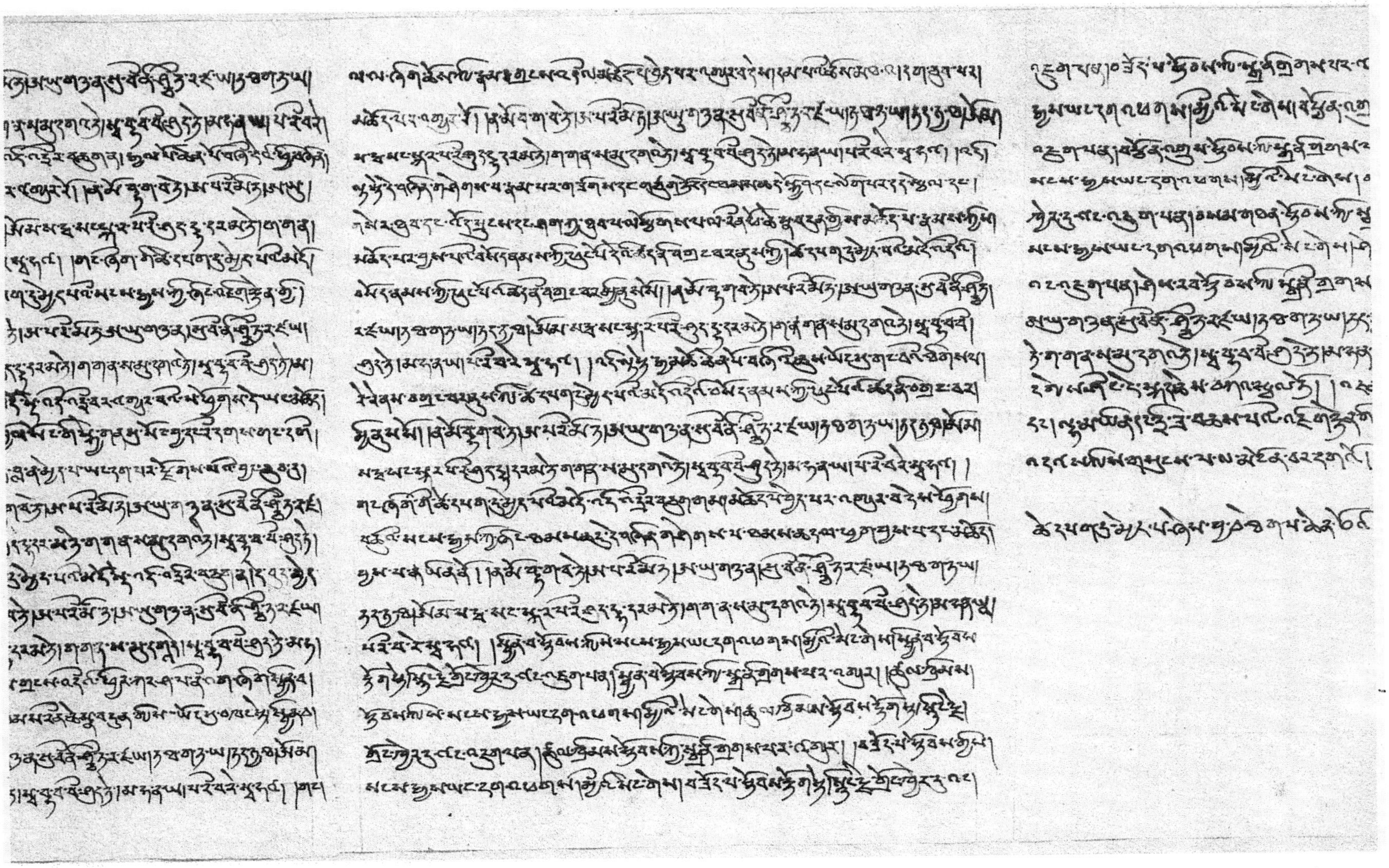

BD14223 號 1　藏文（無量壽宗要經甲本）　（30–5）

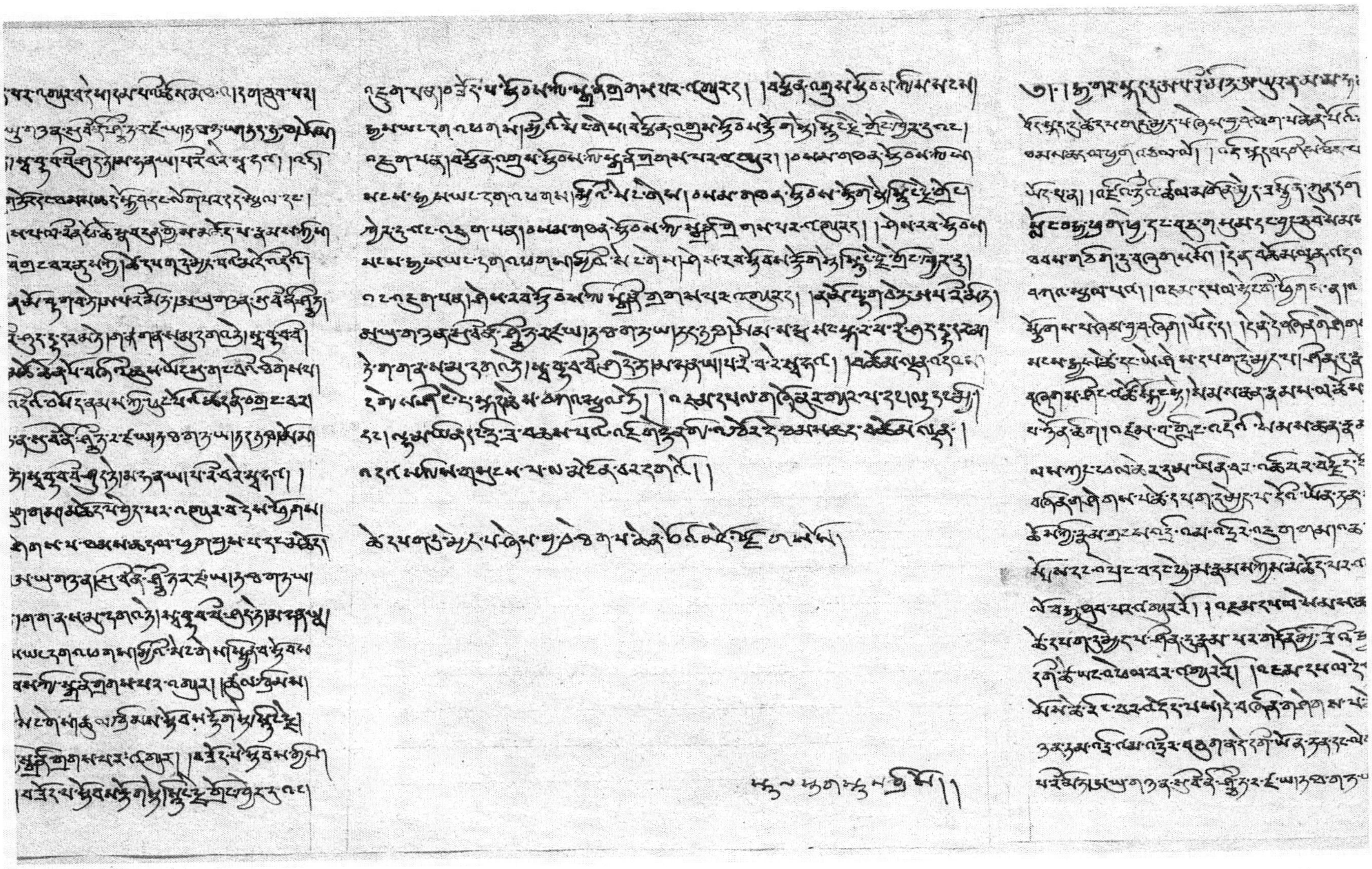

BD14223 號 1　藏文（無量壽宗要經甲本）　（30–6）

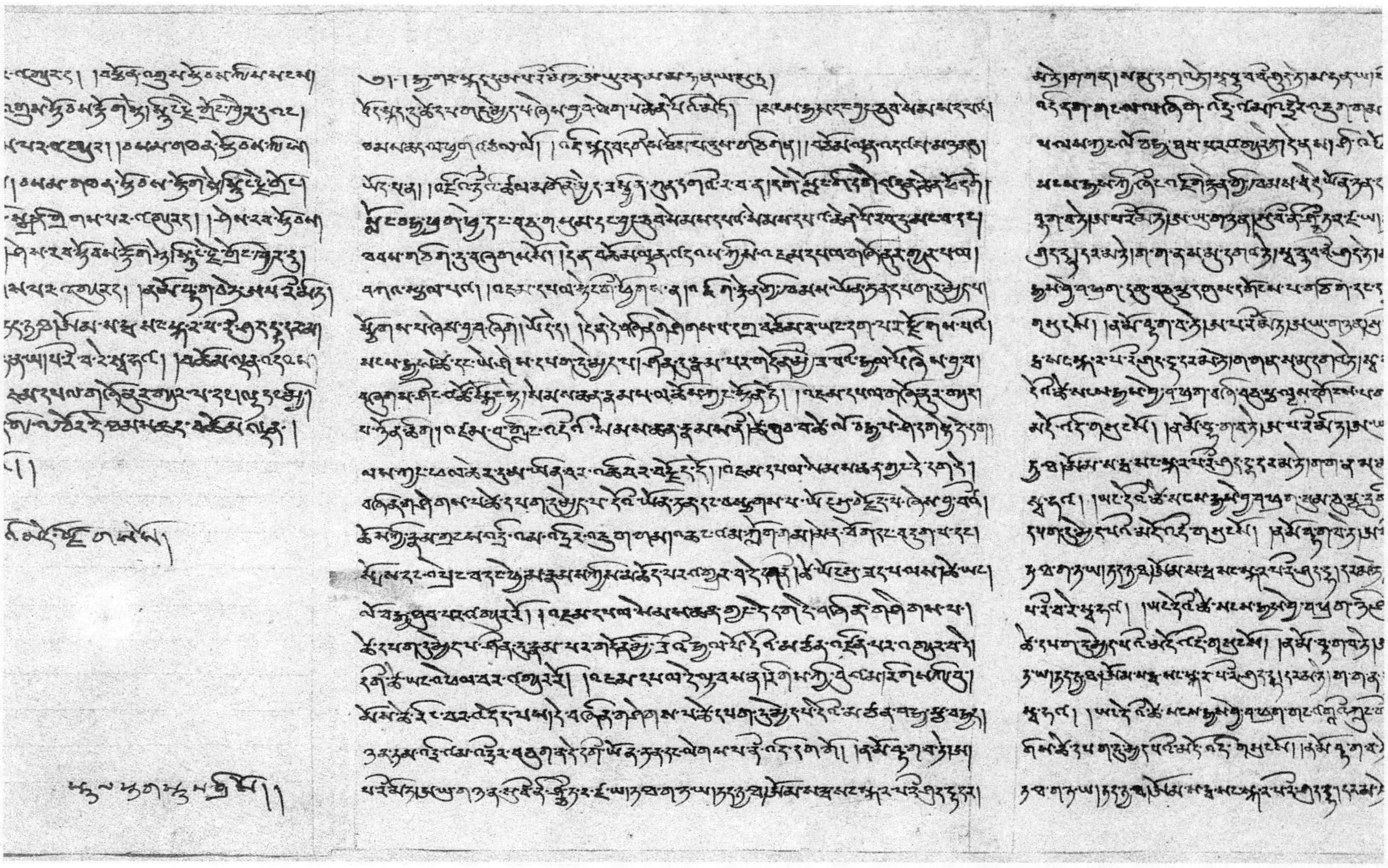

BD14223 號 2　藏文（無量壽宗要經甲本）　　（30–7）

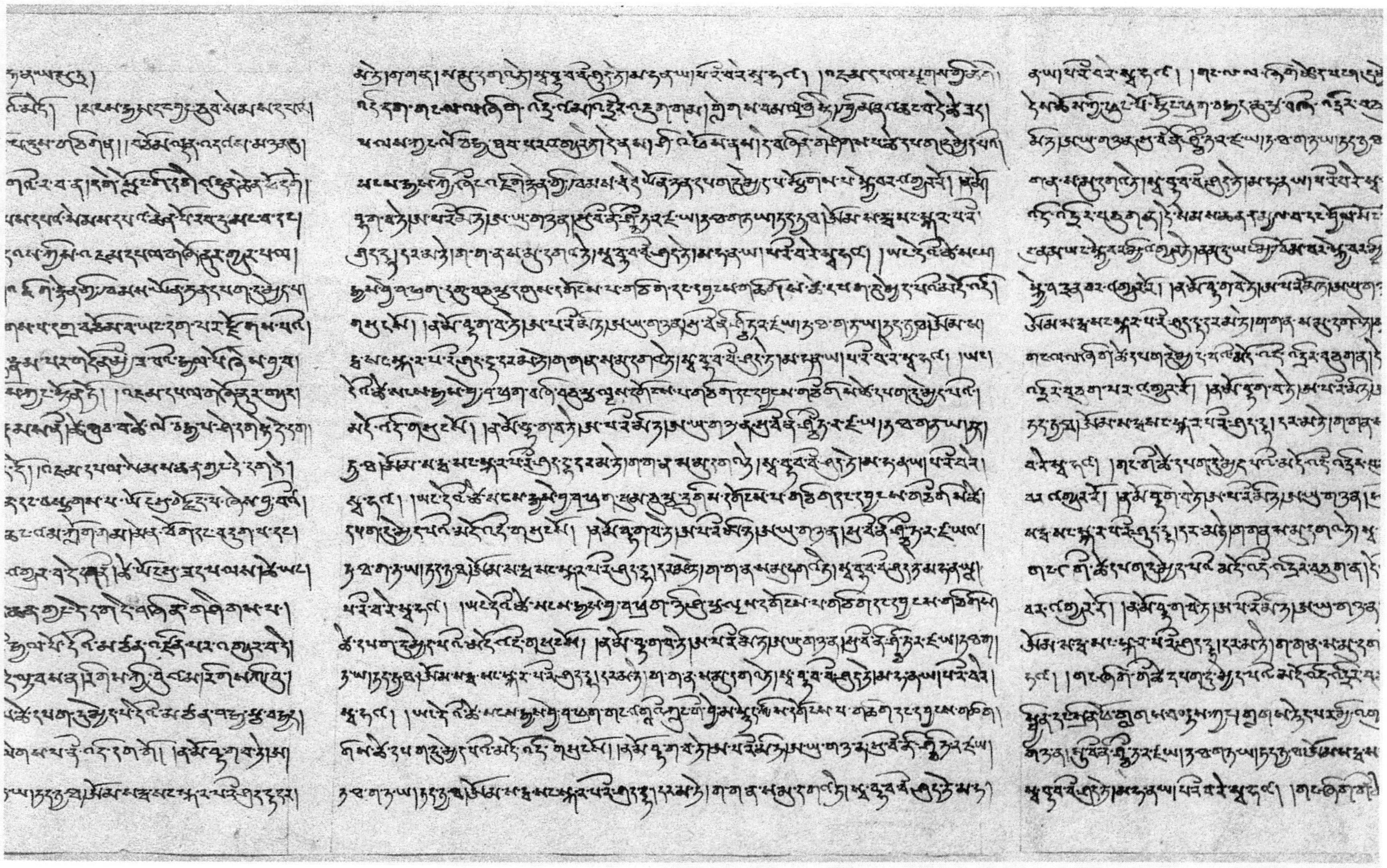

BD14223 號 2　藏文（無量壽宗要經甲本）　　（30–8）

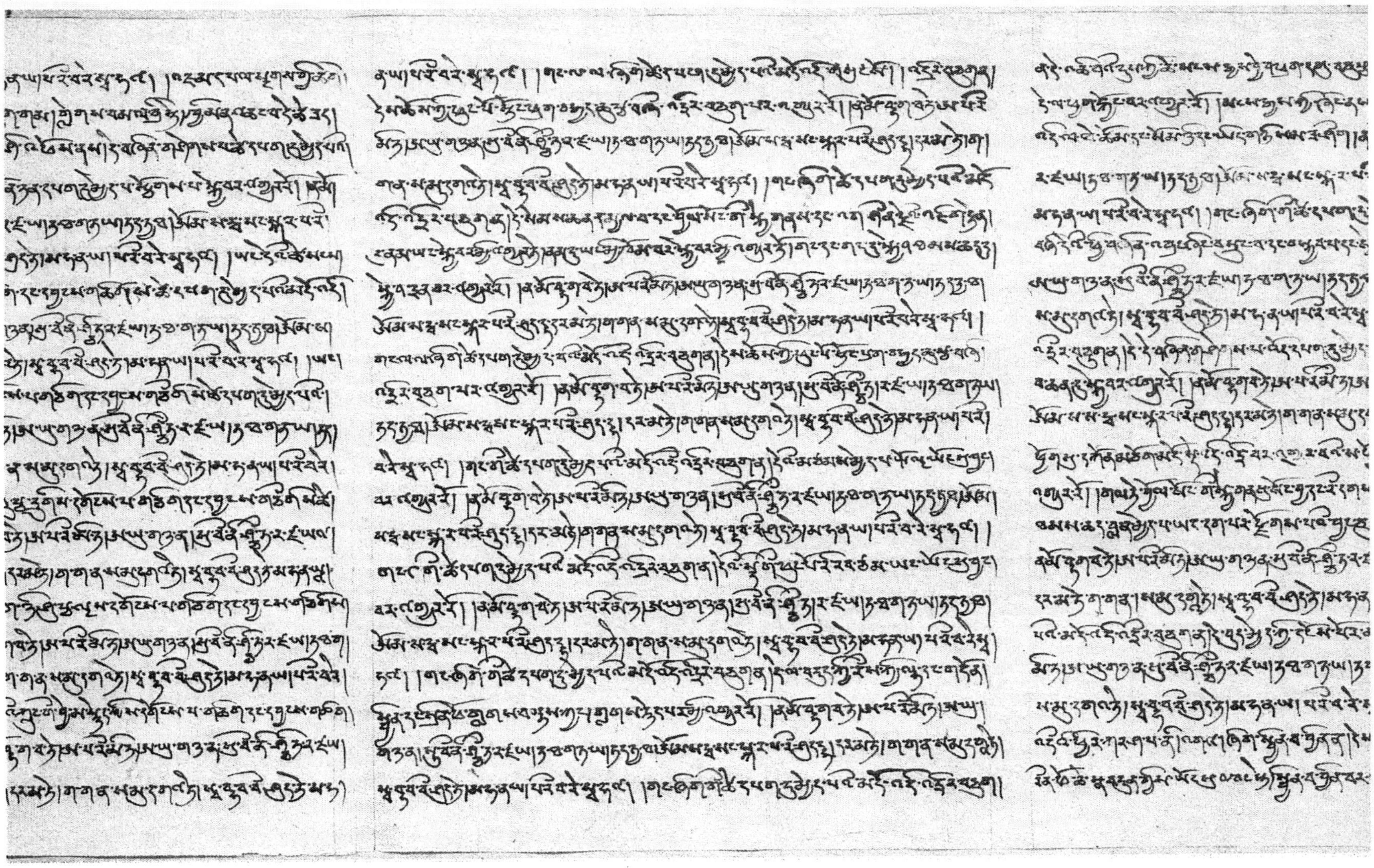

BD14223 號 2　藏文（無量壽宗要經甲本）　（30–9）

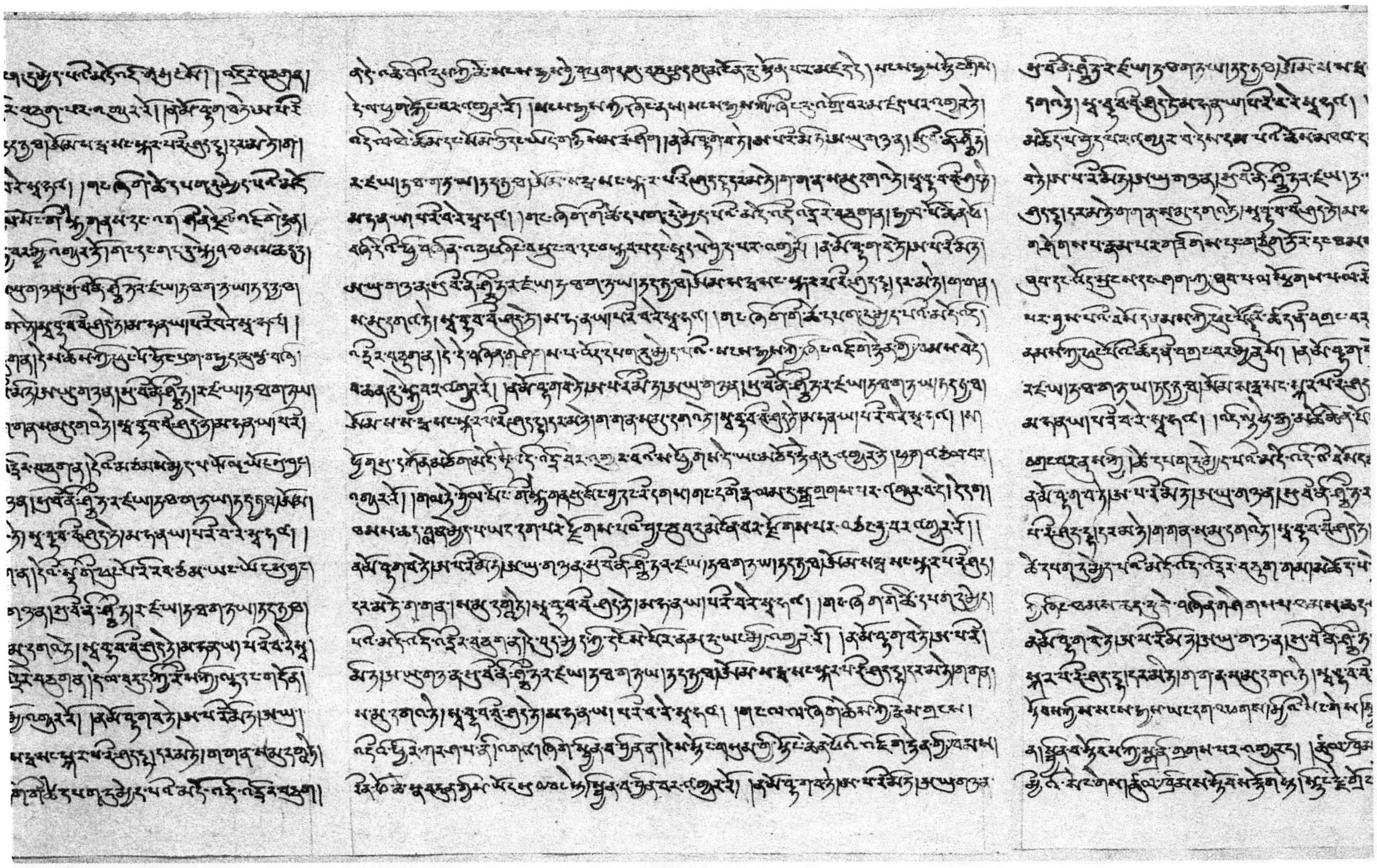

BD14223 號 2　藏文（無量壽宗要經甲本）　（30–10）

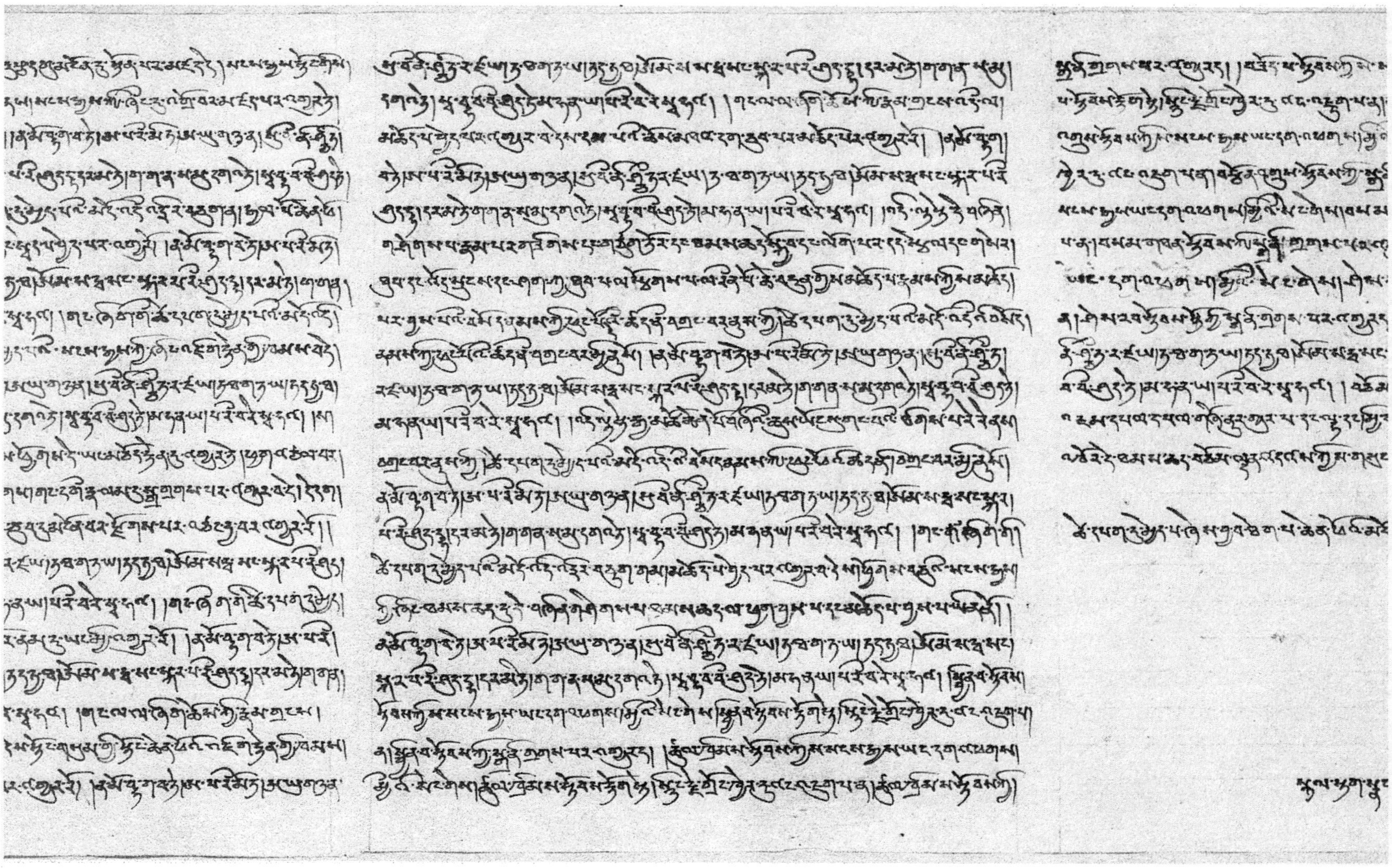

BD14223 號 2　藏文（無量壽宗要經甲本）　　（30–11）

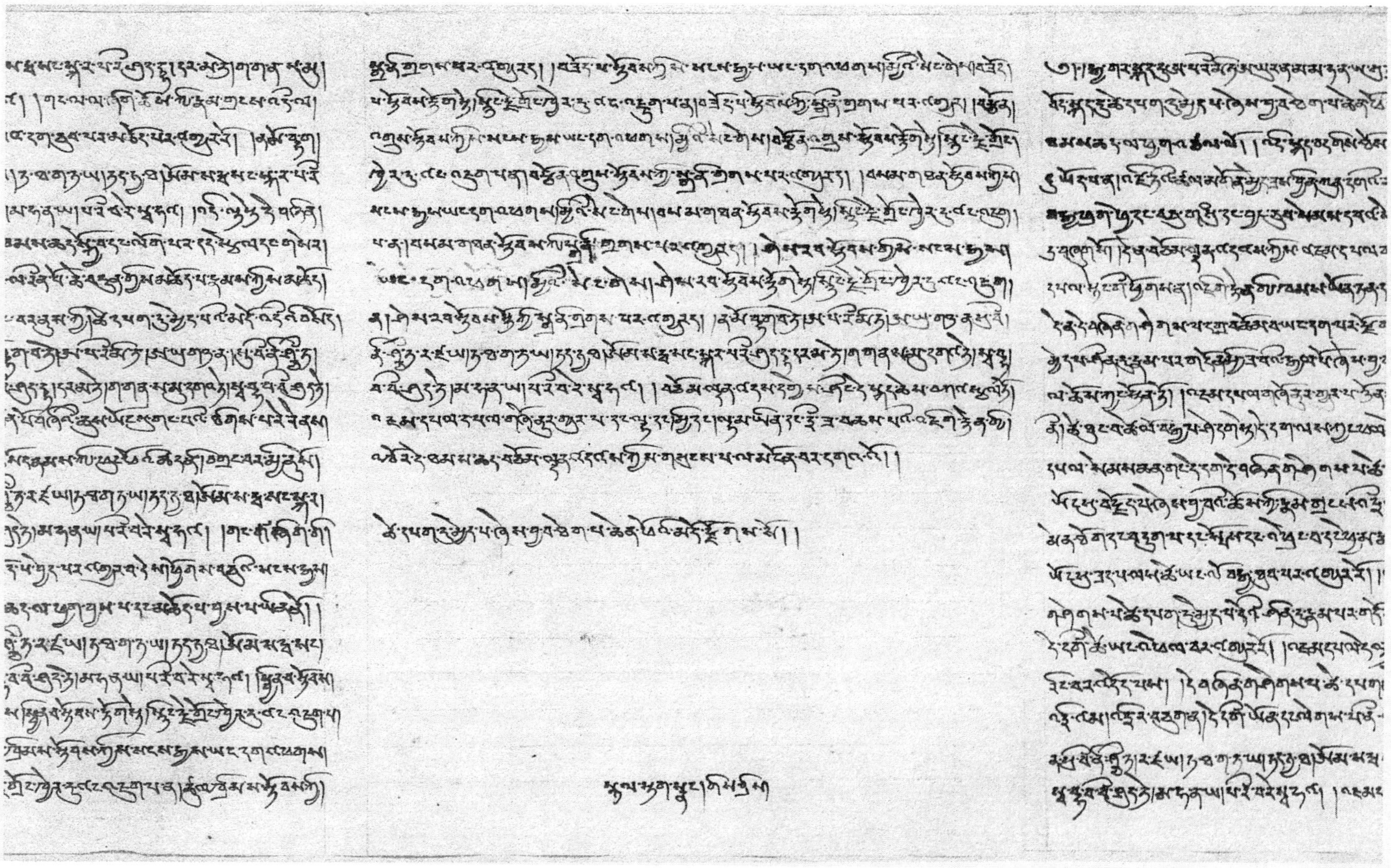

BD14223 號 2　藏文（無量壽宗要經甲本）　　（30–12）

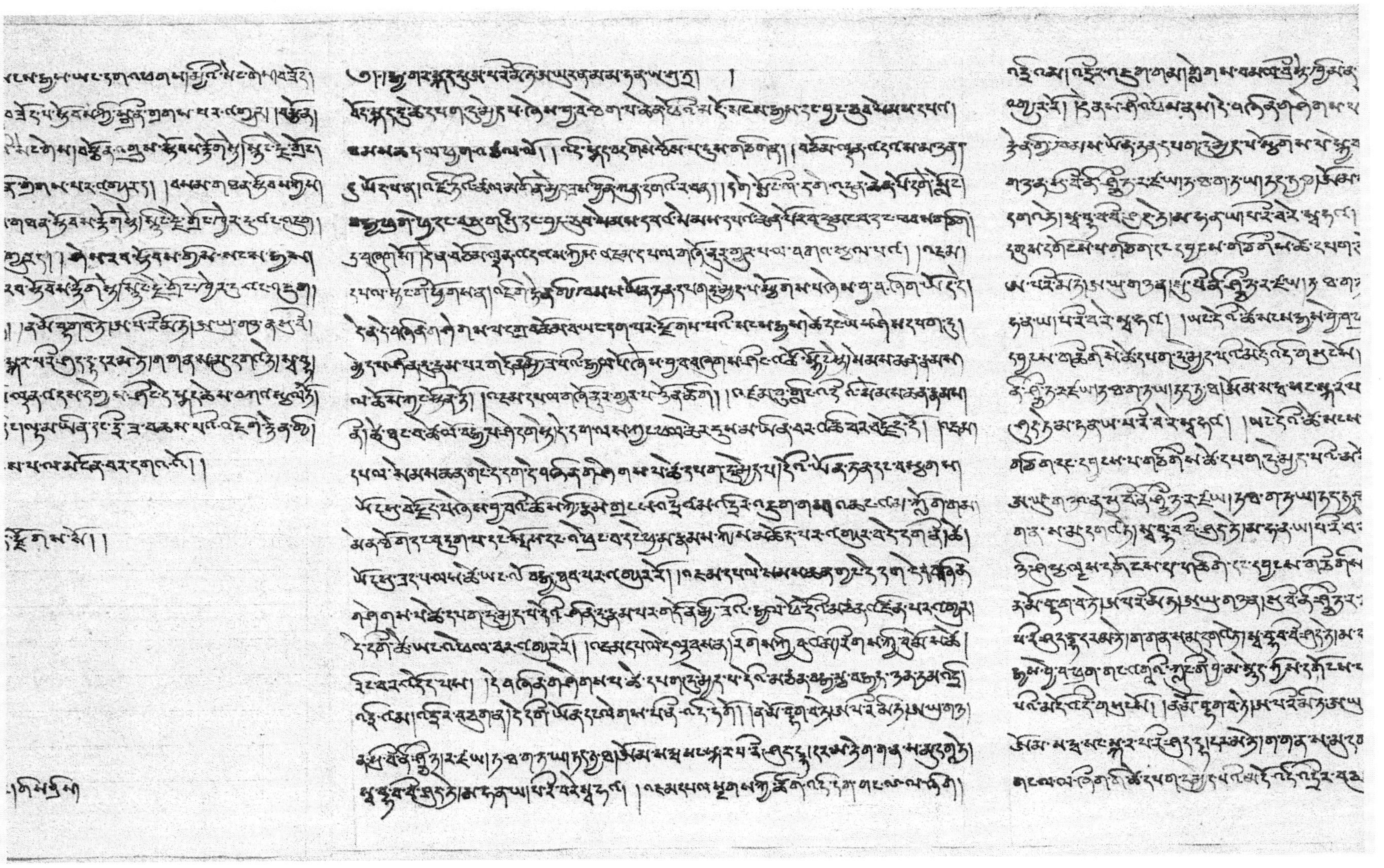

BD14223 號 3　藏文（無量壽宗要經甲本）　　（30–13）

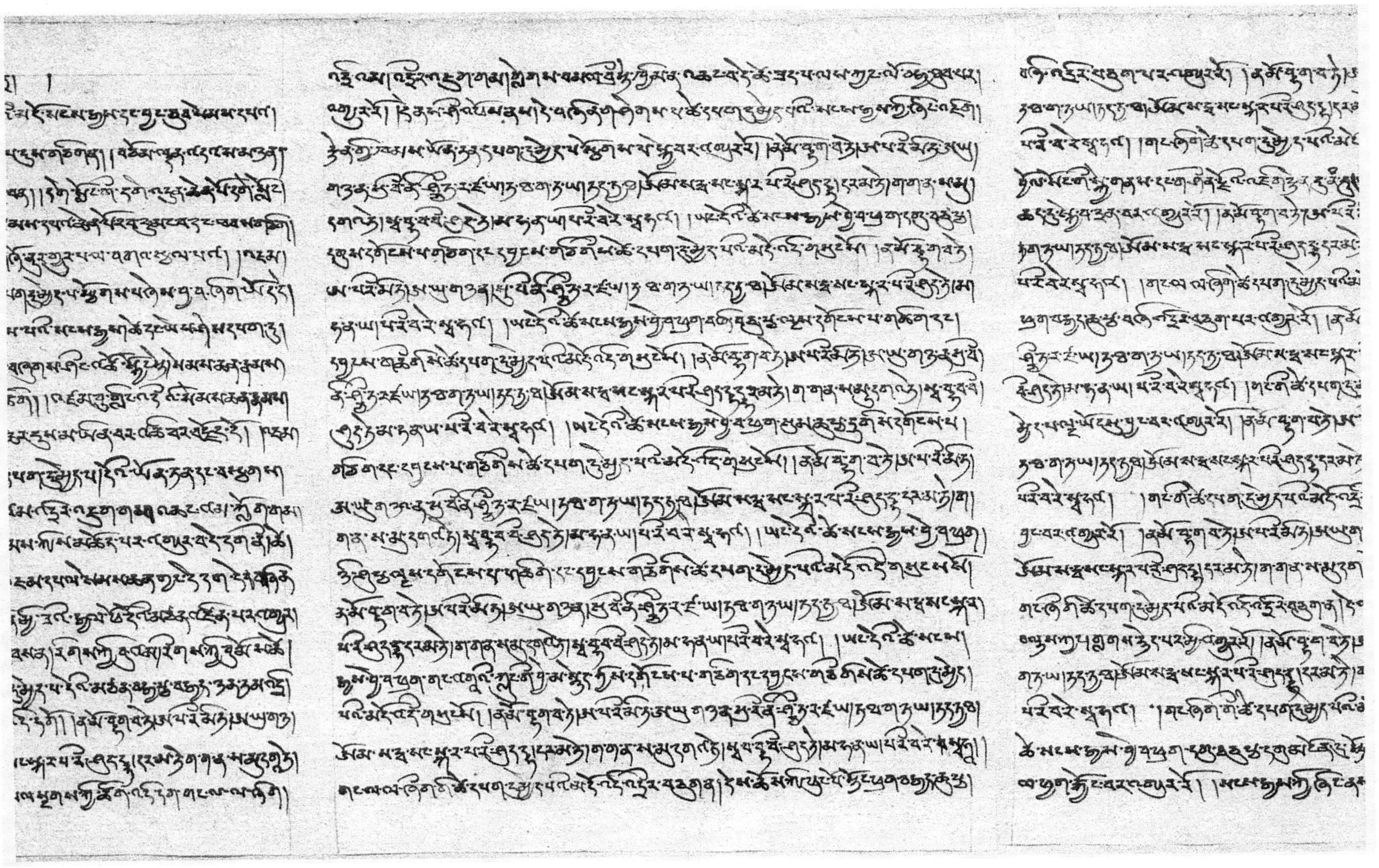

BD14223 號 3　藏文（無量壽宗要經甲本）　　（30–14）

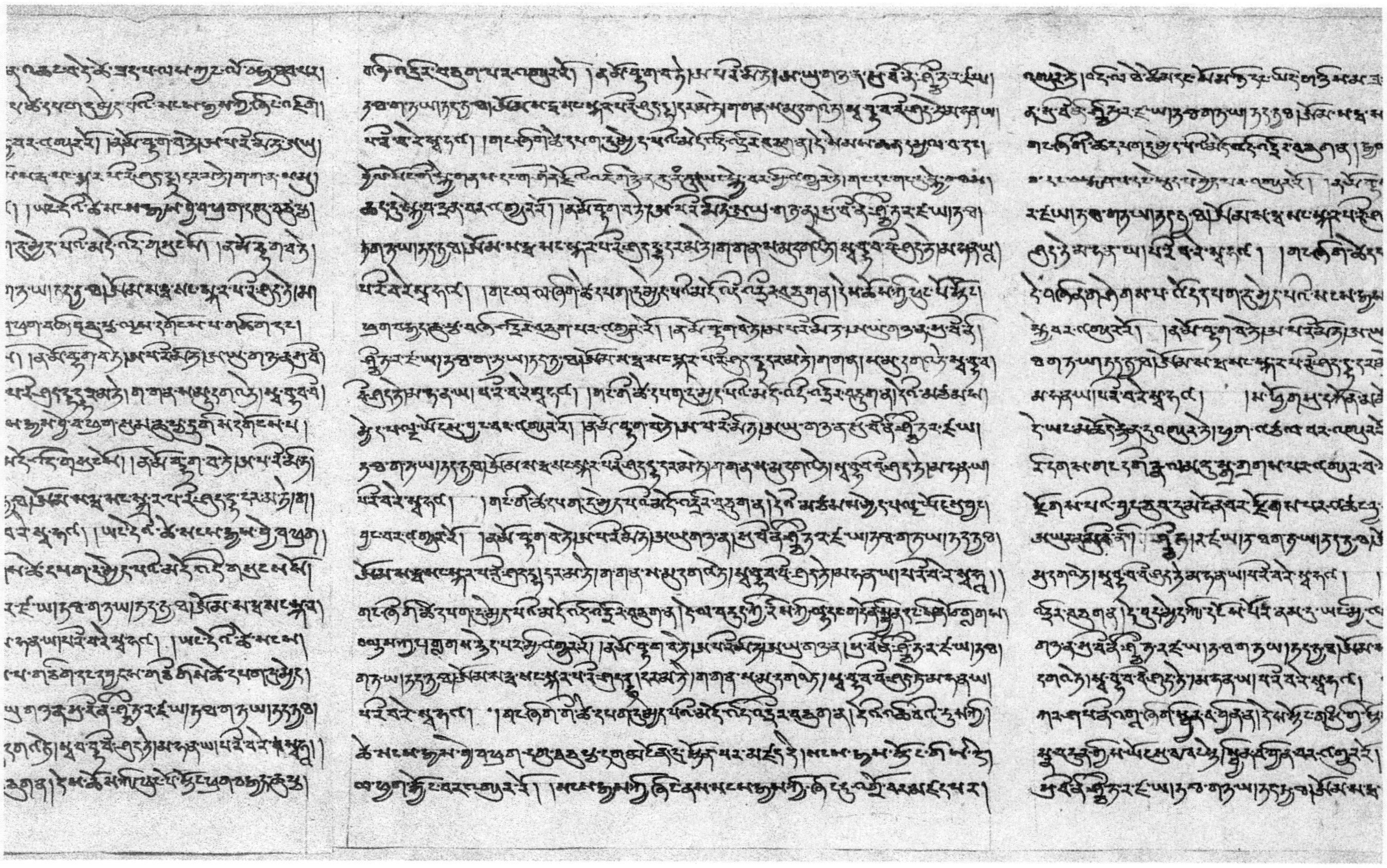

BD14223 號 3　藏文（無量壽宗要經甲本）　　（30–15）

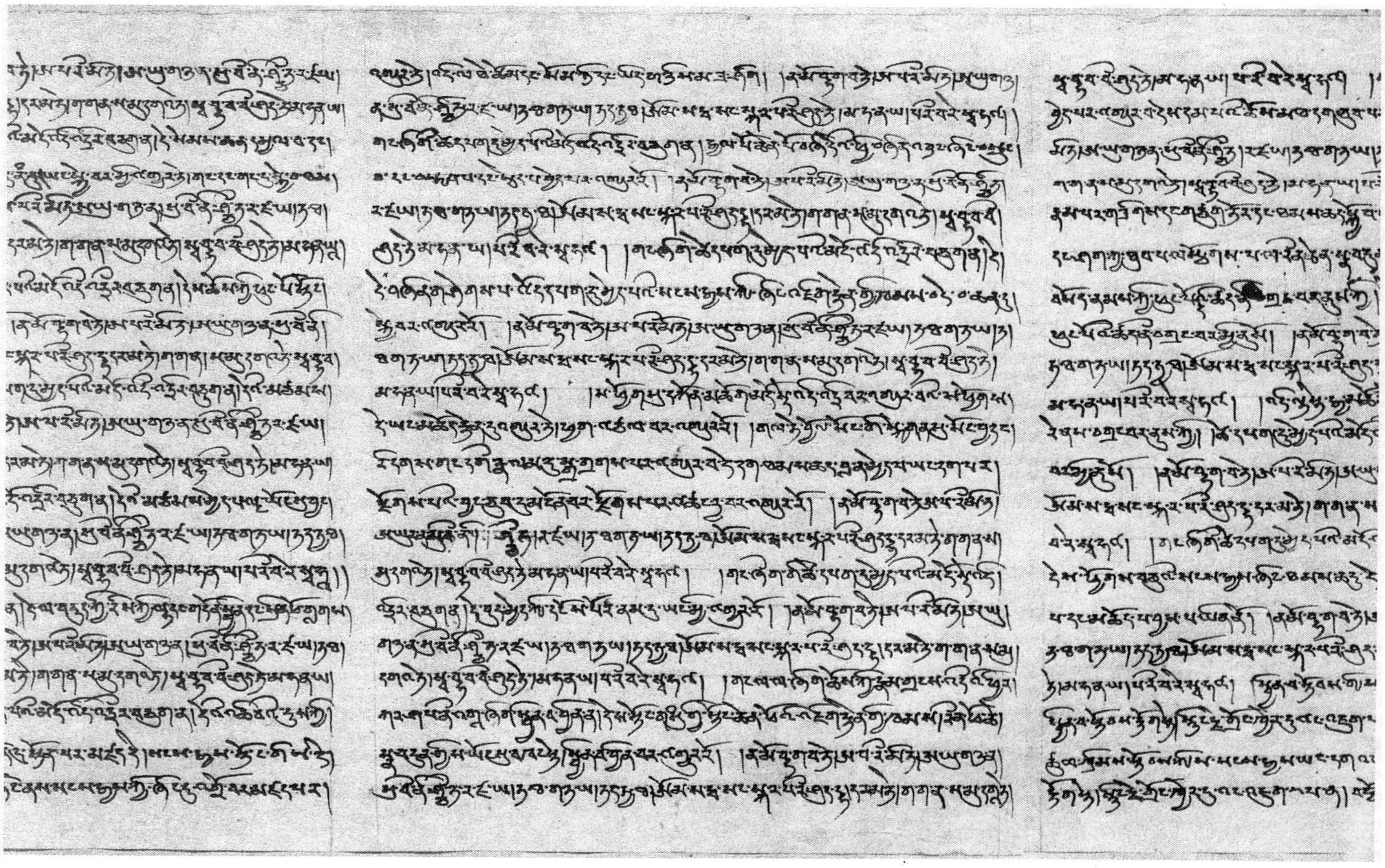

BD14223 號 3　藏文（無量壽宗要經甲本）　　（30–16）

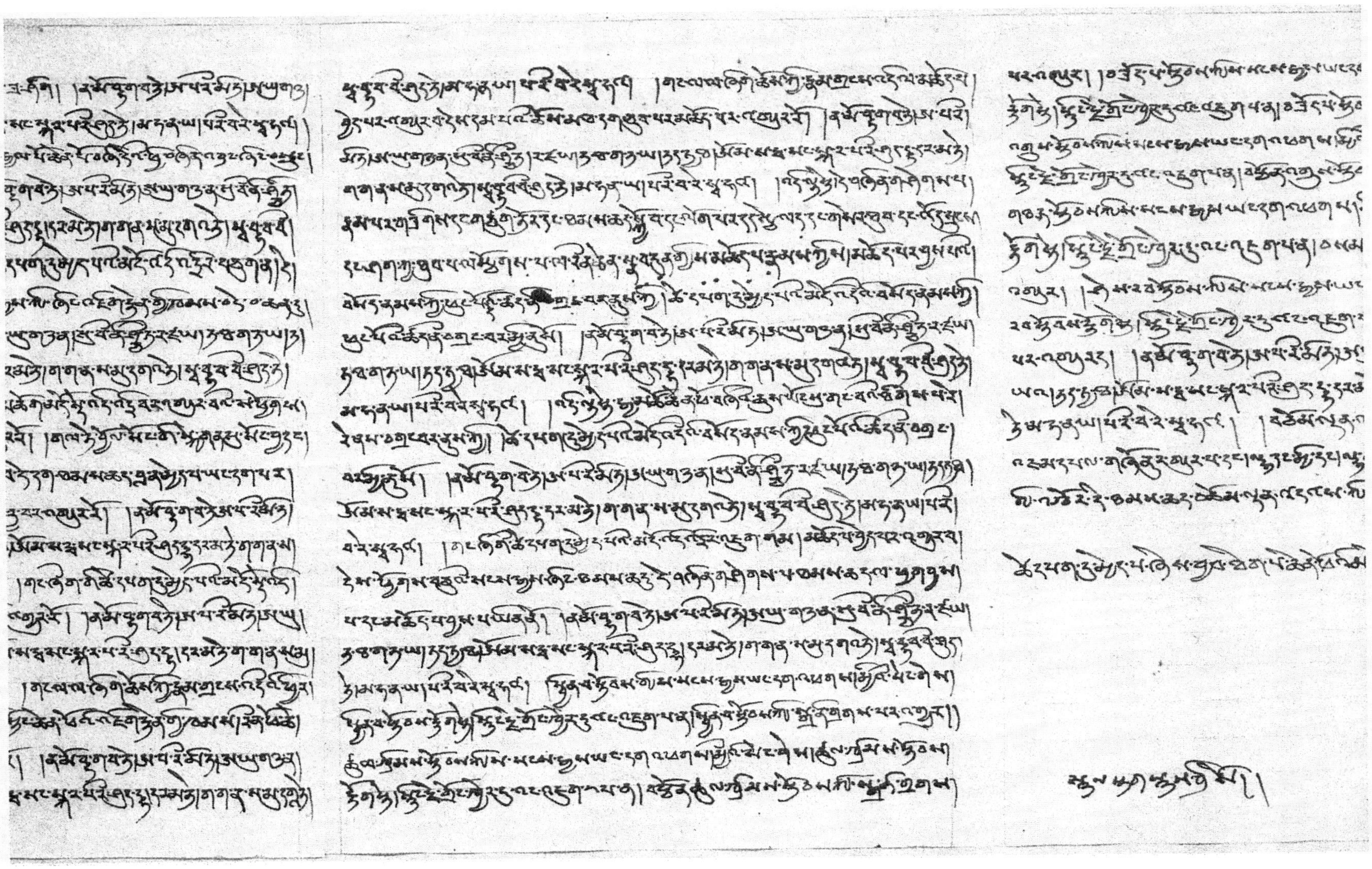

BD14223 號 3　藏文（無量壽宗要經甲本）　（30–17）

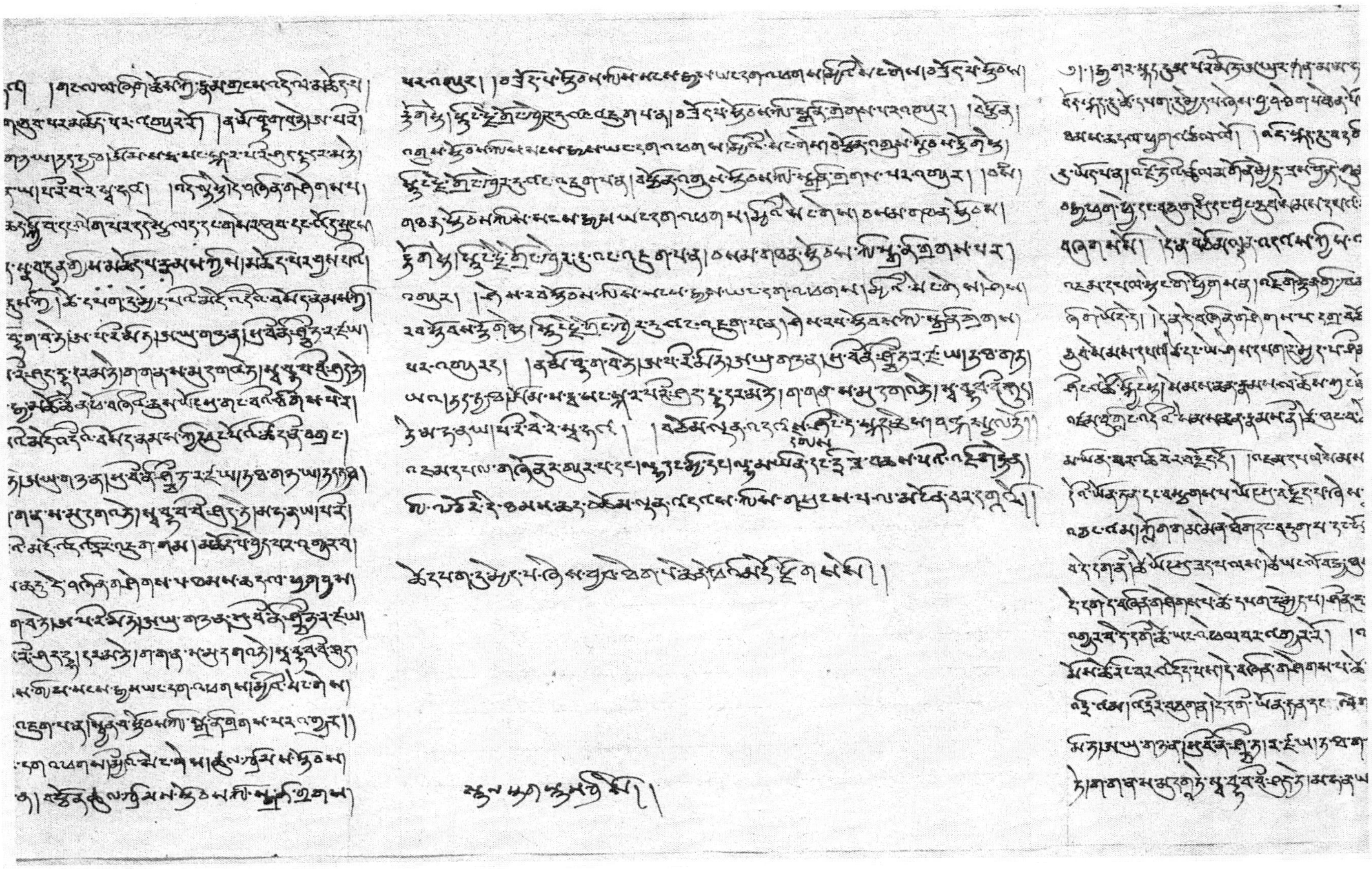

BD14223 號 3　藏文（無量壽宗要經甲本）　（30–18）

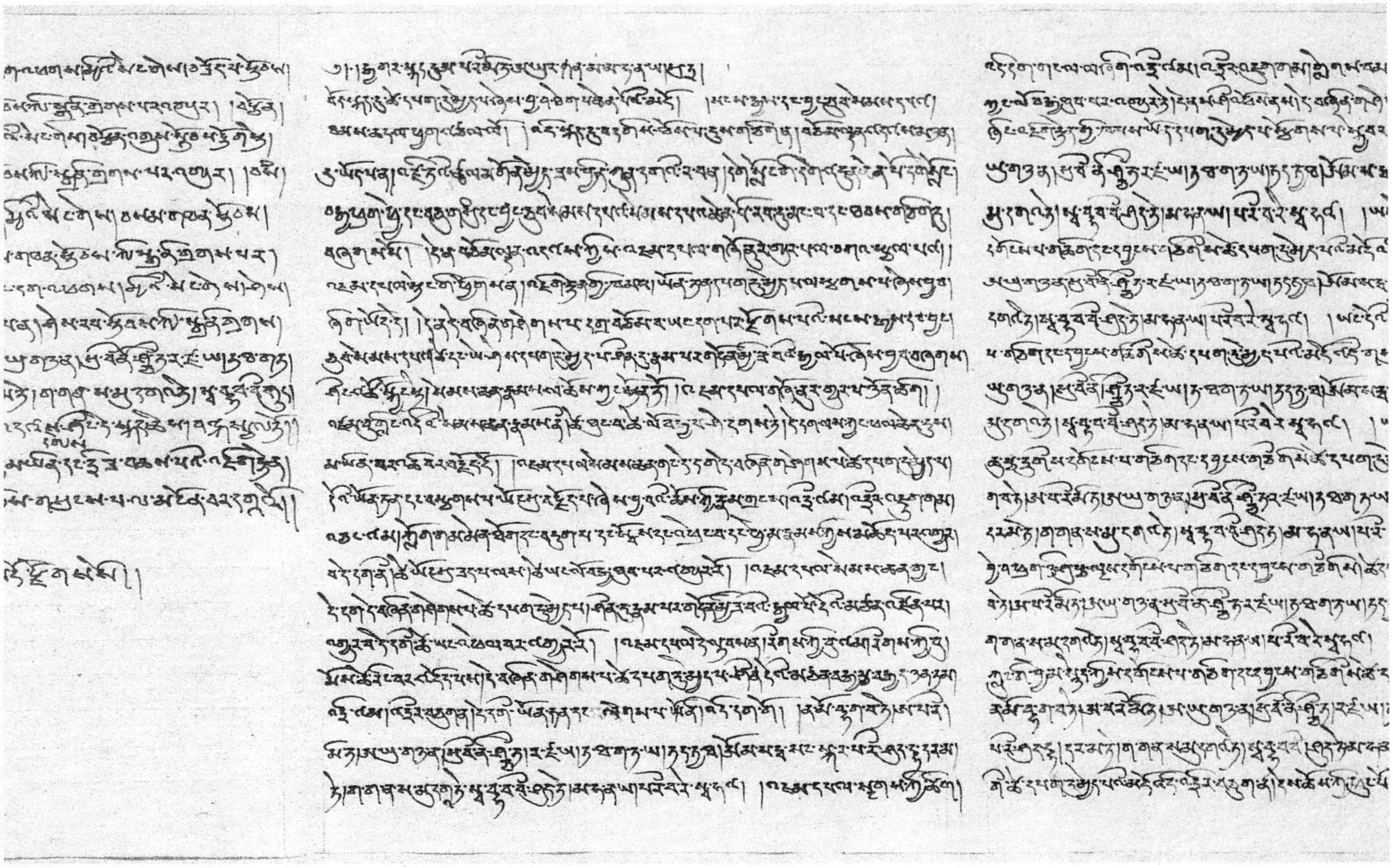

BD14223 號 4　藏文（無量壽宗要經甲本）　（30–19）

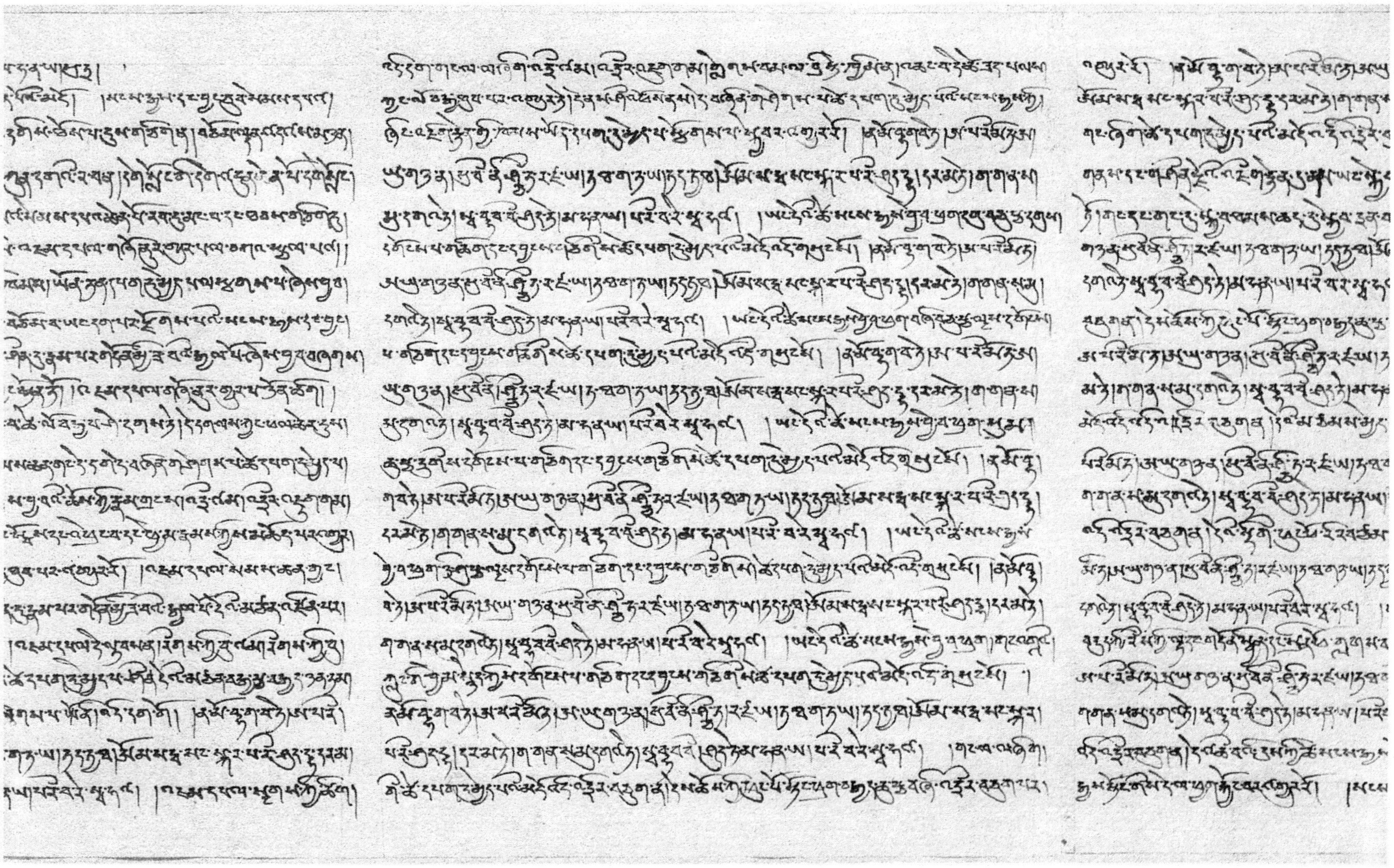

BD14223 號 4　藏文（無量壽宗要經甲本）　（30–20）

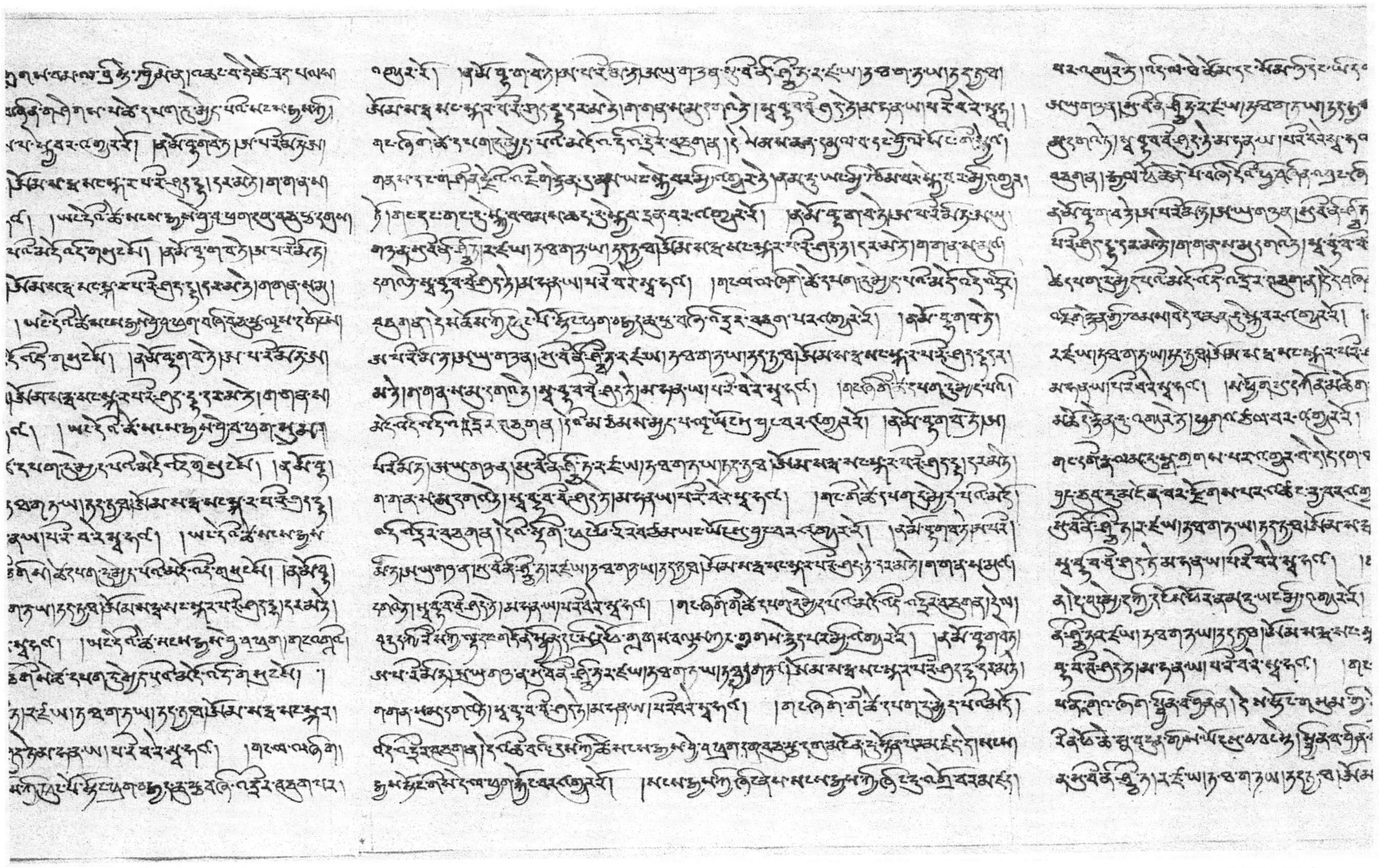

BD14223 號 4　藏文（無量壽宗要經甲本）　　（30–21）

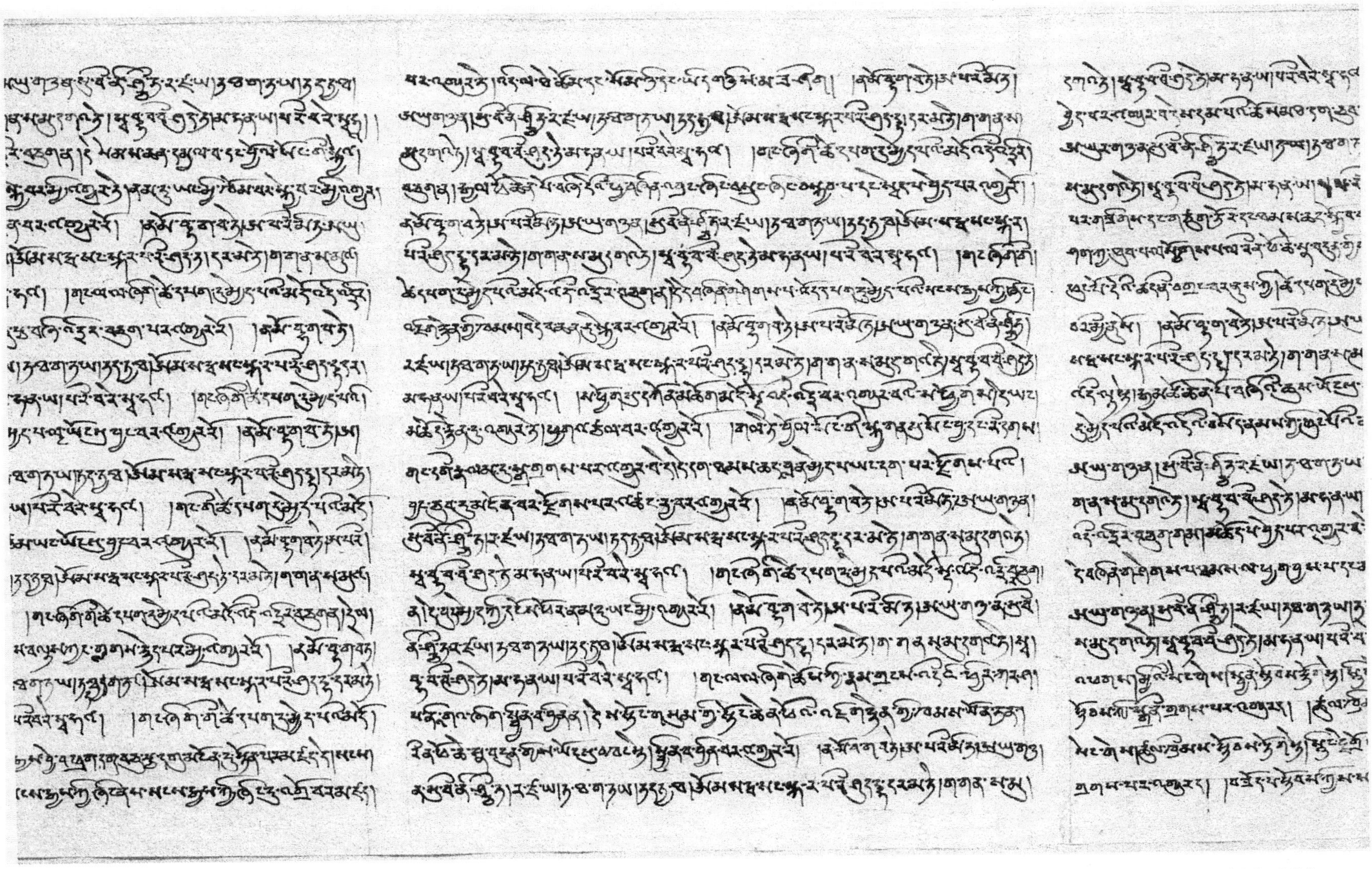

BD14223 號 4　藏文（無量壽宗要經甲本）　　（30–22）

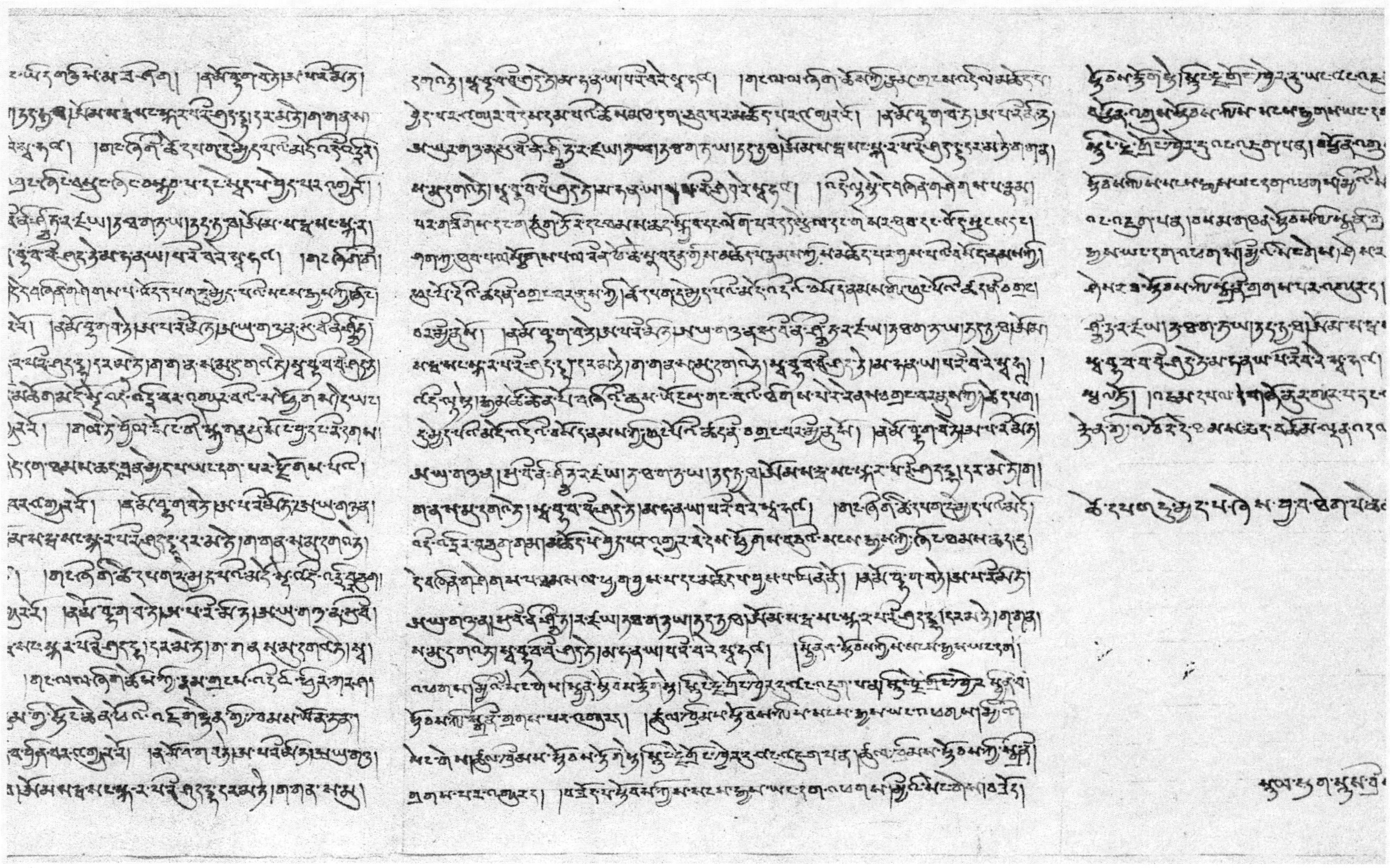

BD14223 號 4　藏文（無量壽宗要經甲本）　　（30–23）

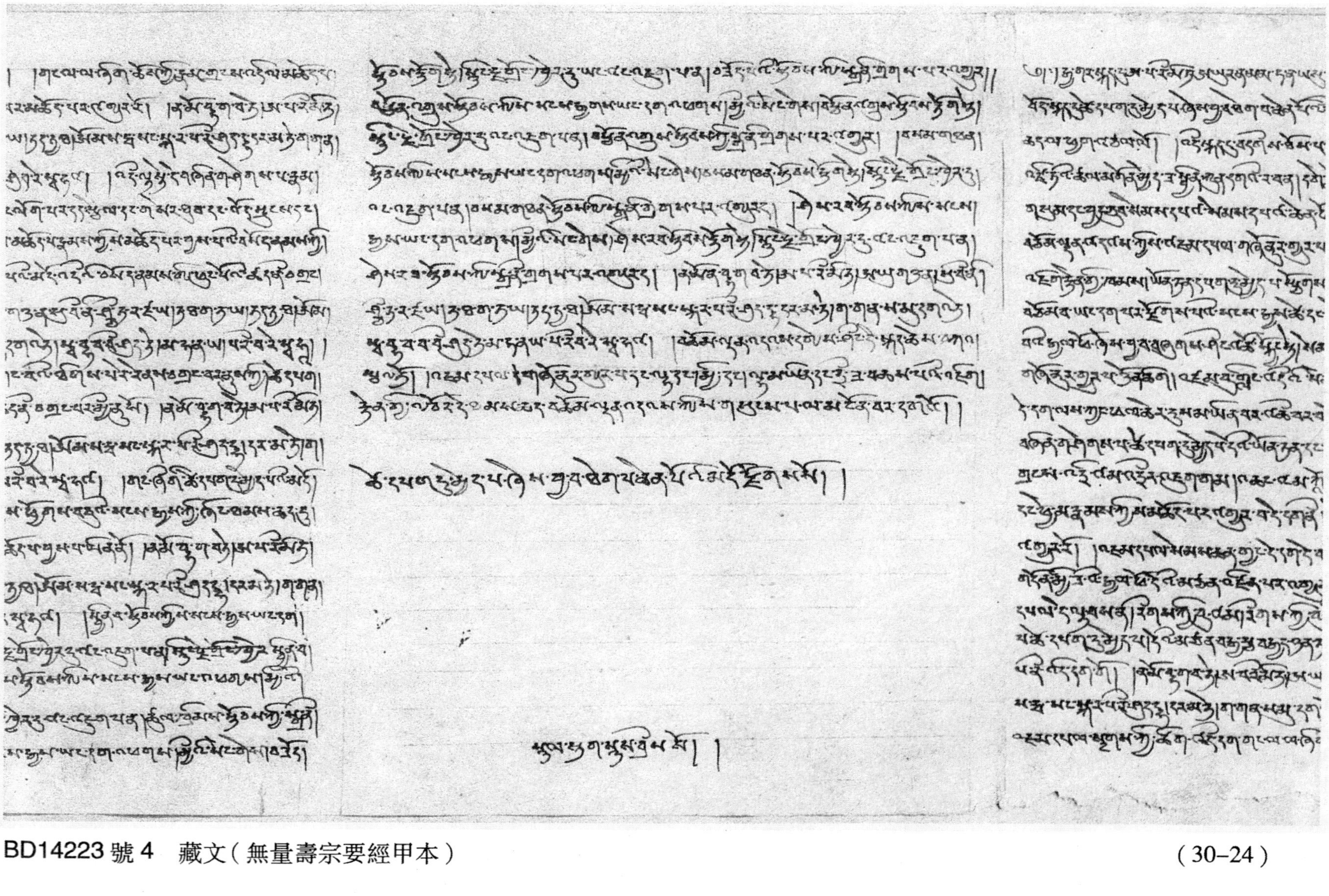

BD14223 號 4　藏文（無量壽宗要經甲本）　　（30–24）

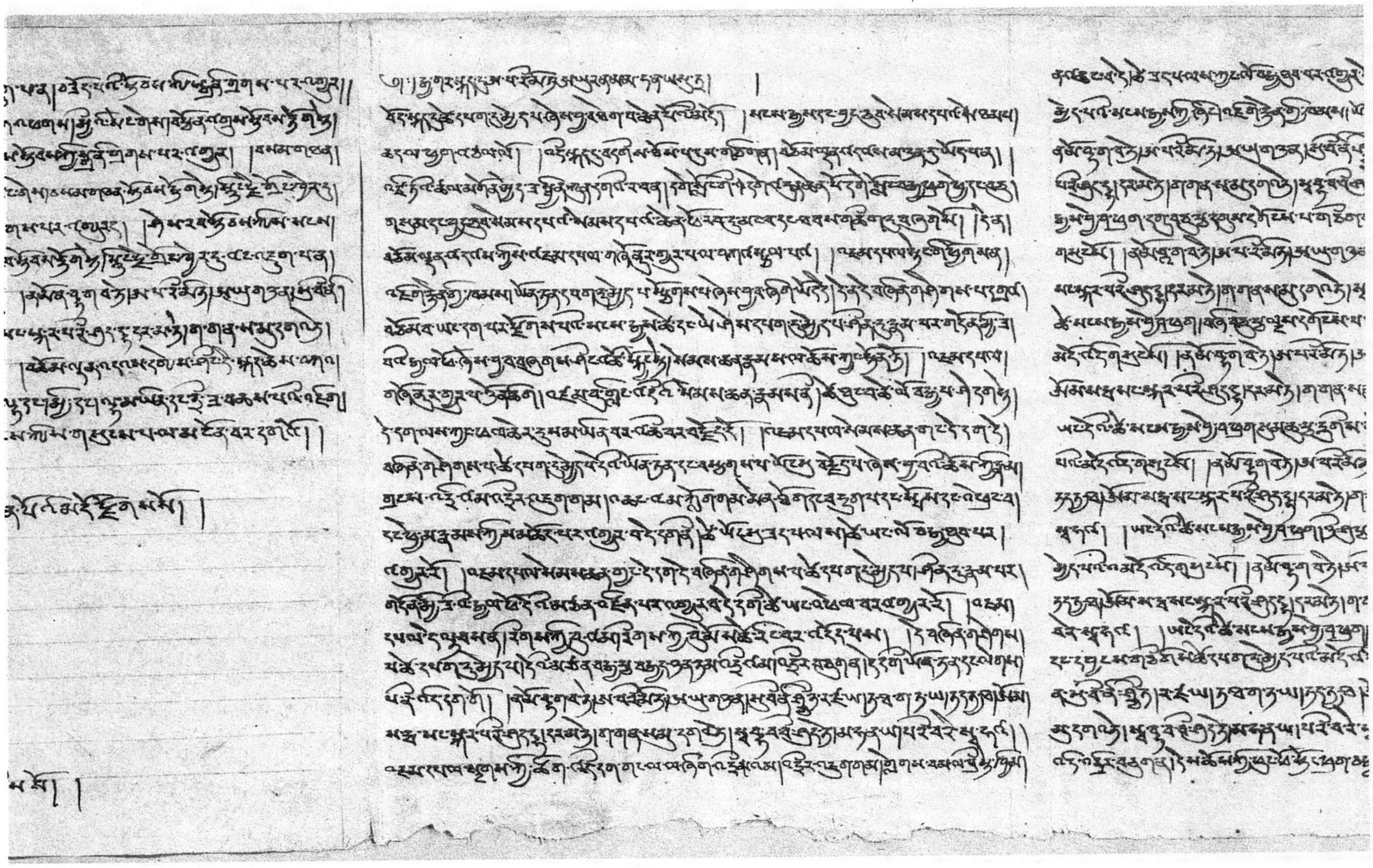

BD14223 號 5　藏文（無量壽宗要經甲本）　　（30–25）

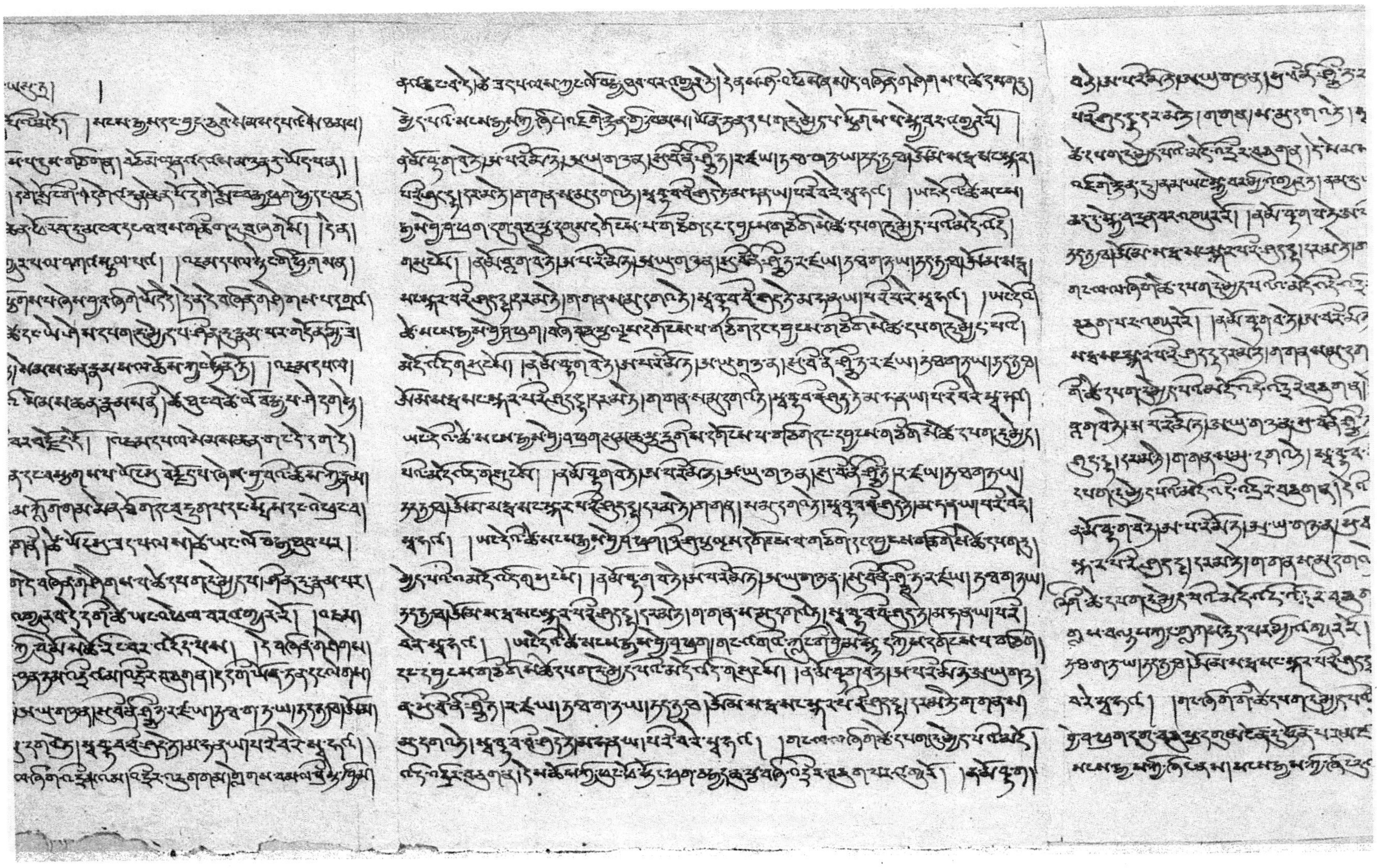

BD14223 號 5　藏文（無量壽宗要經甲本）　　（30–26）

BD14223號 5　藏文（無量壽宗要經甲本）

BD14223號 5　藏文（無量壽宗要經甲本）

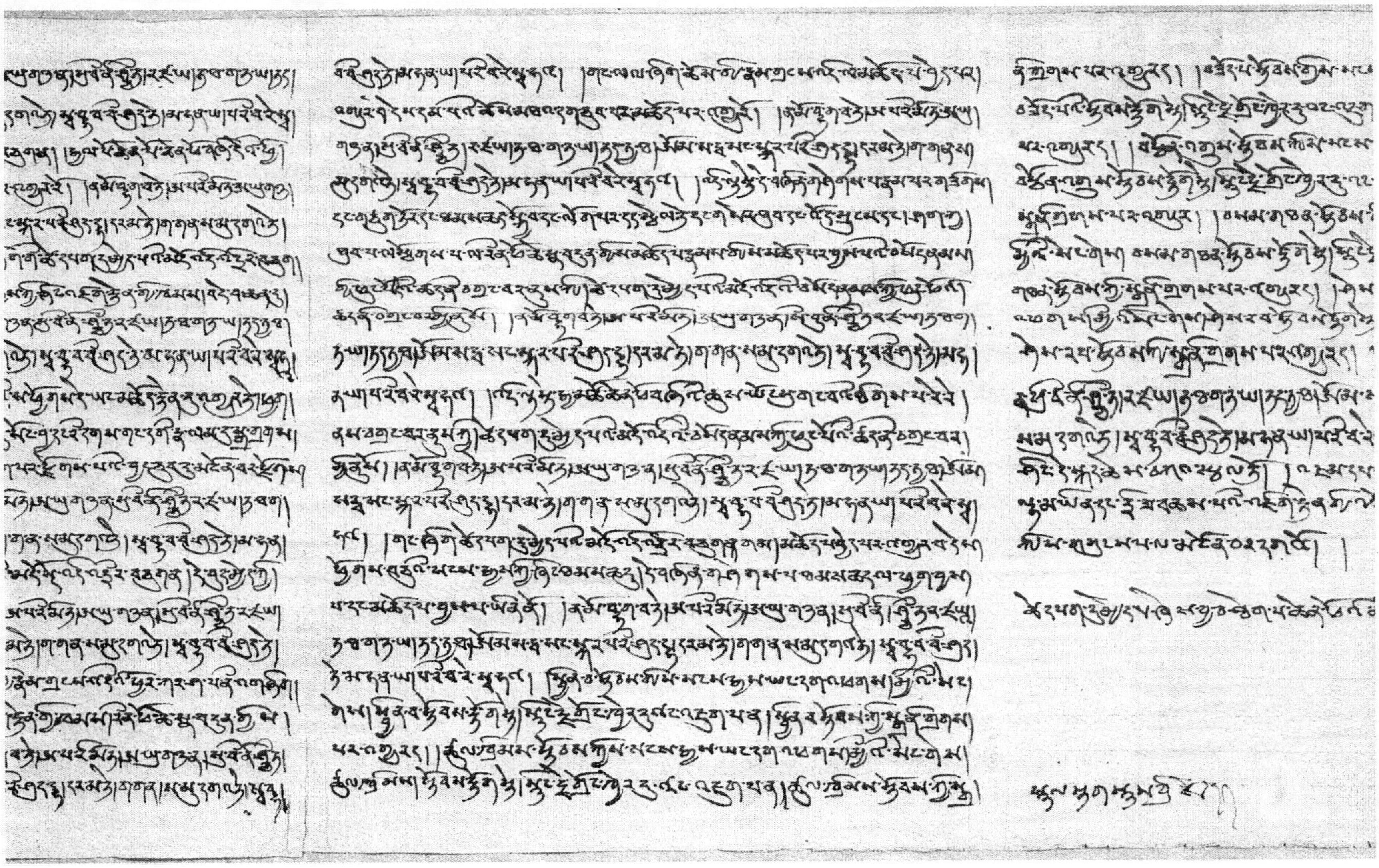

BD14223 號 5　藏文（無量壽宗要經甲本）　　　　（30–29）

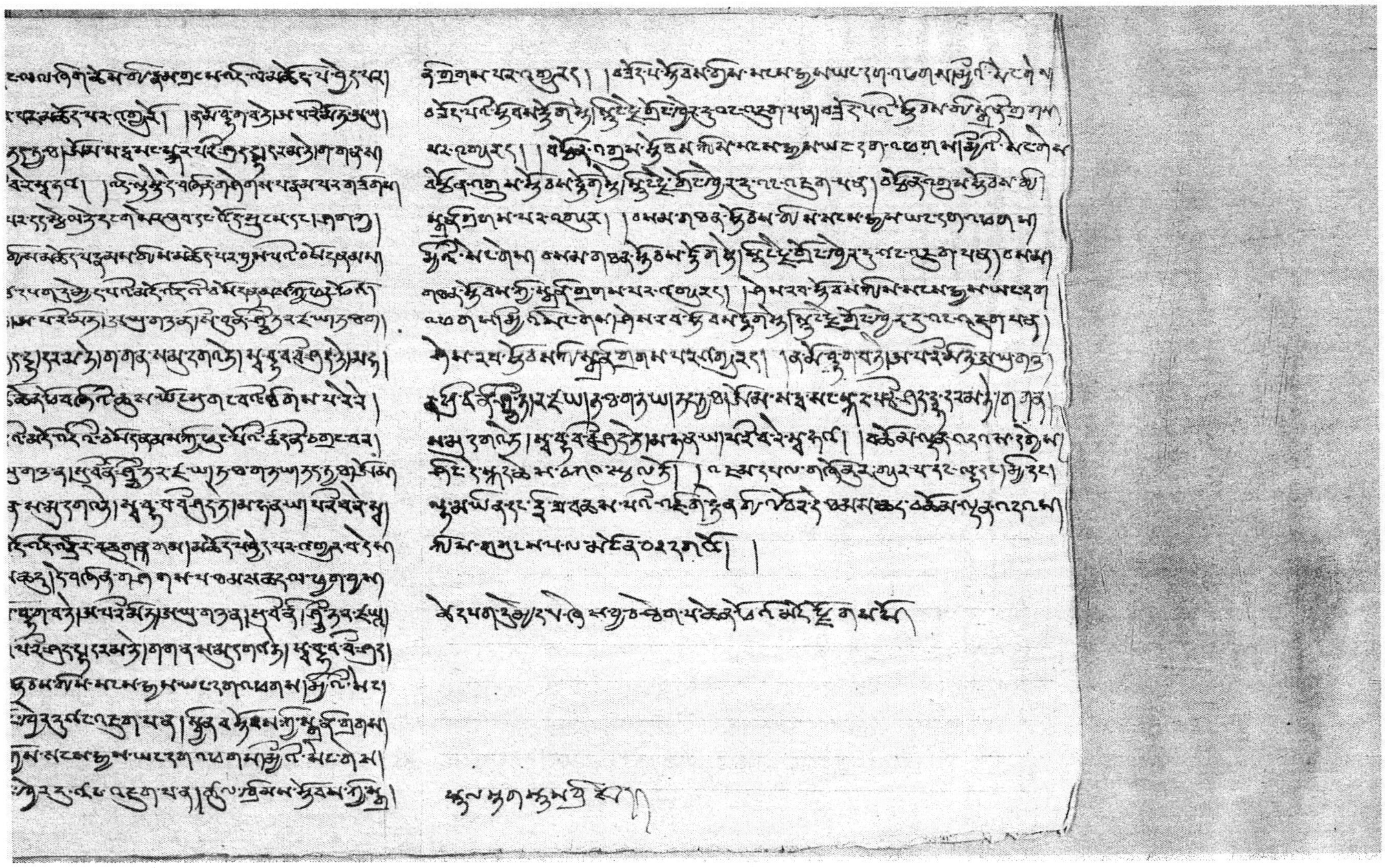

BD14223 號 5　藏文（無量壽宗要經甲本）　　　　（30–30）

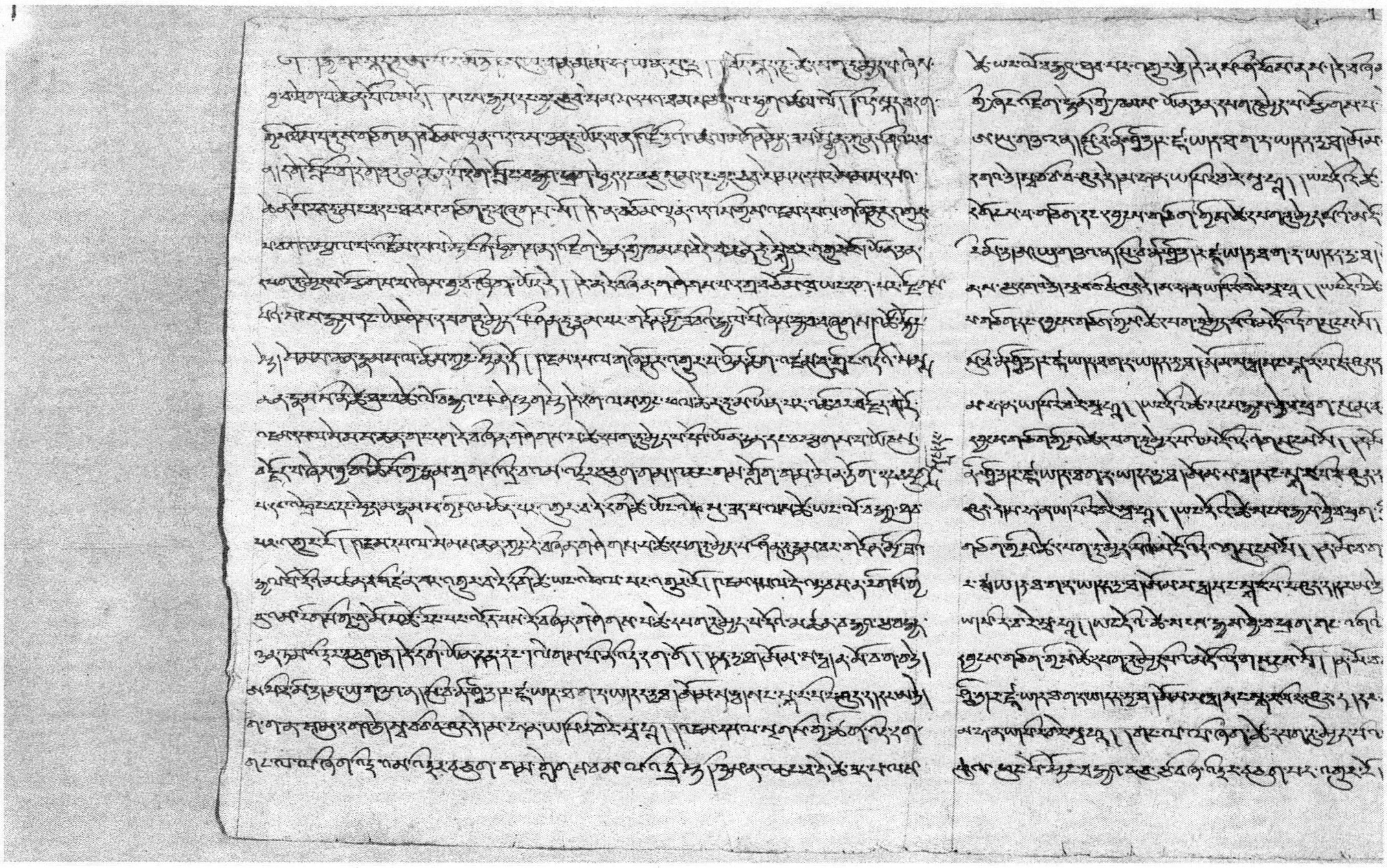

BD14224 號 1　藏文（無量壽宗要經甲本）　　（36–1）

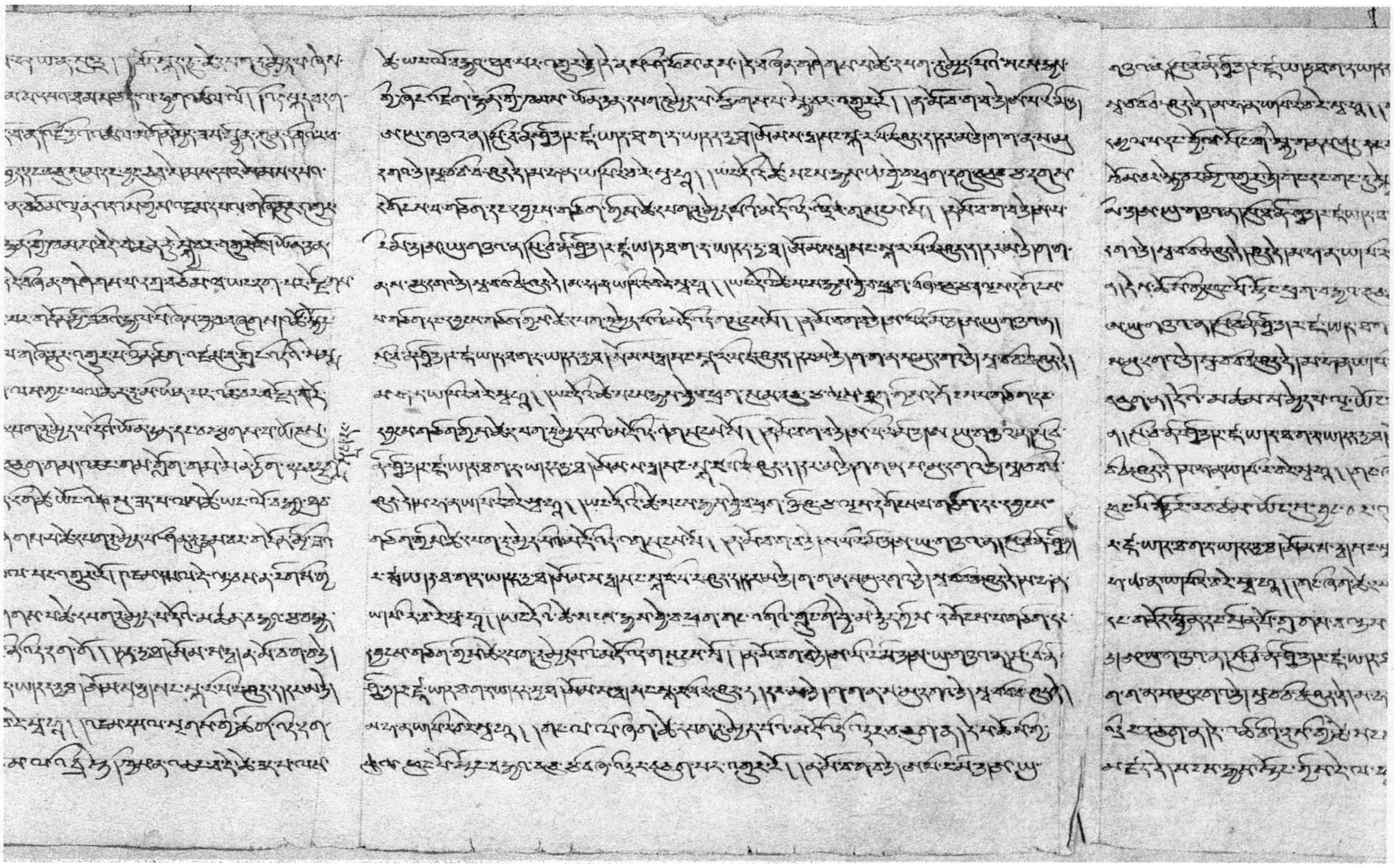

BD14224 號 1　藏文（無量壽宗要經甲本）　　（36–2）

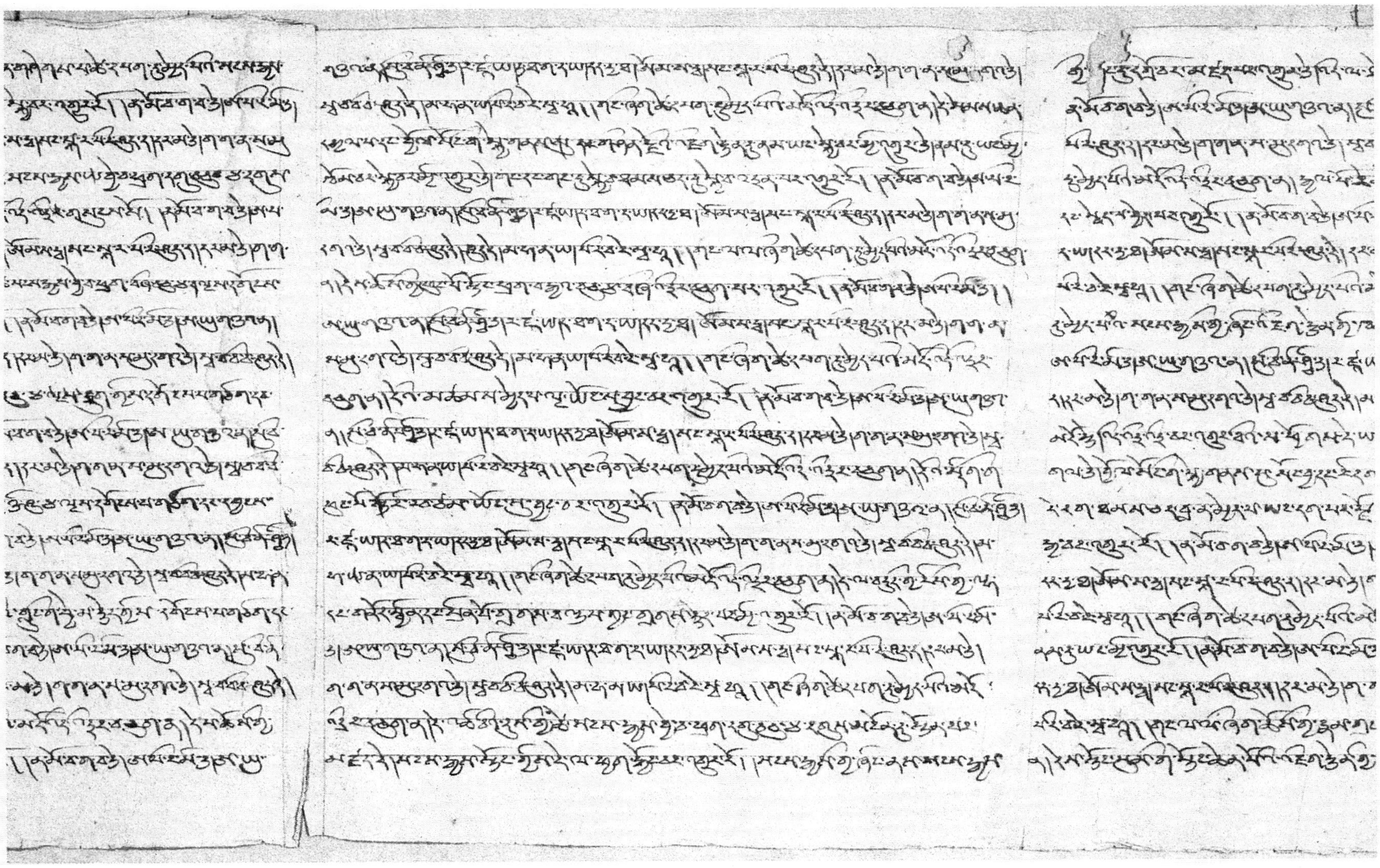

BD14224 號 1　藏文（無量壽宗要經甲本）　　（36–3）

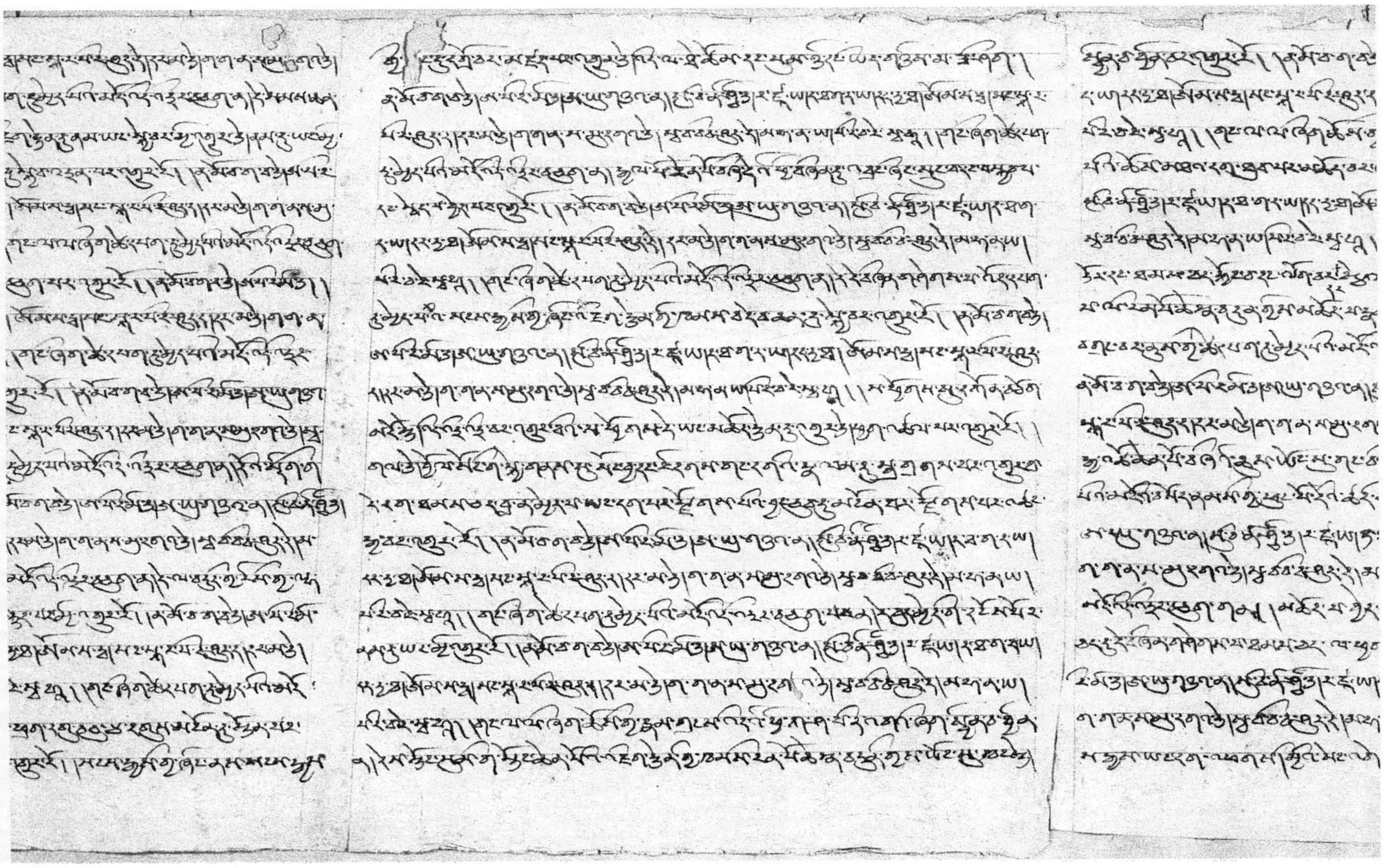

BD14224 號 1　藏文（無量壽宗要經甲本）　　（36–4）

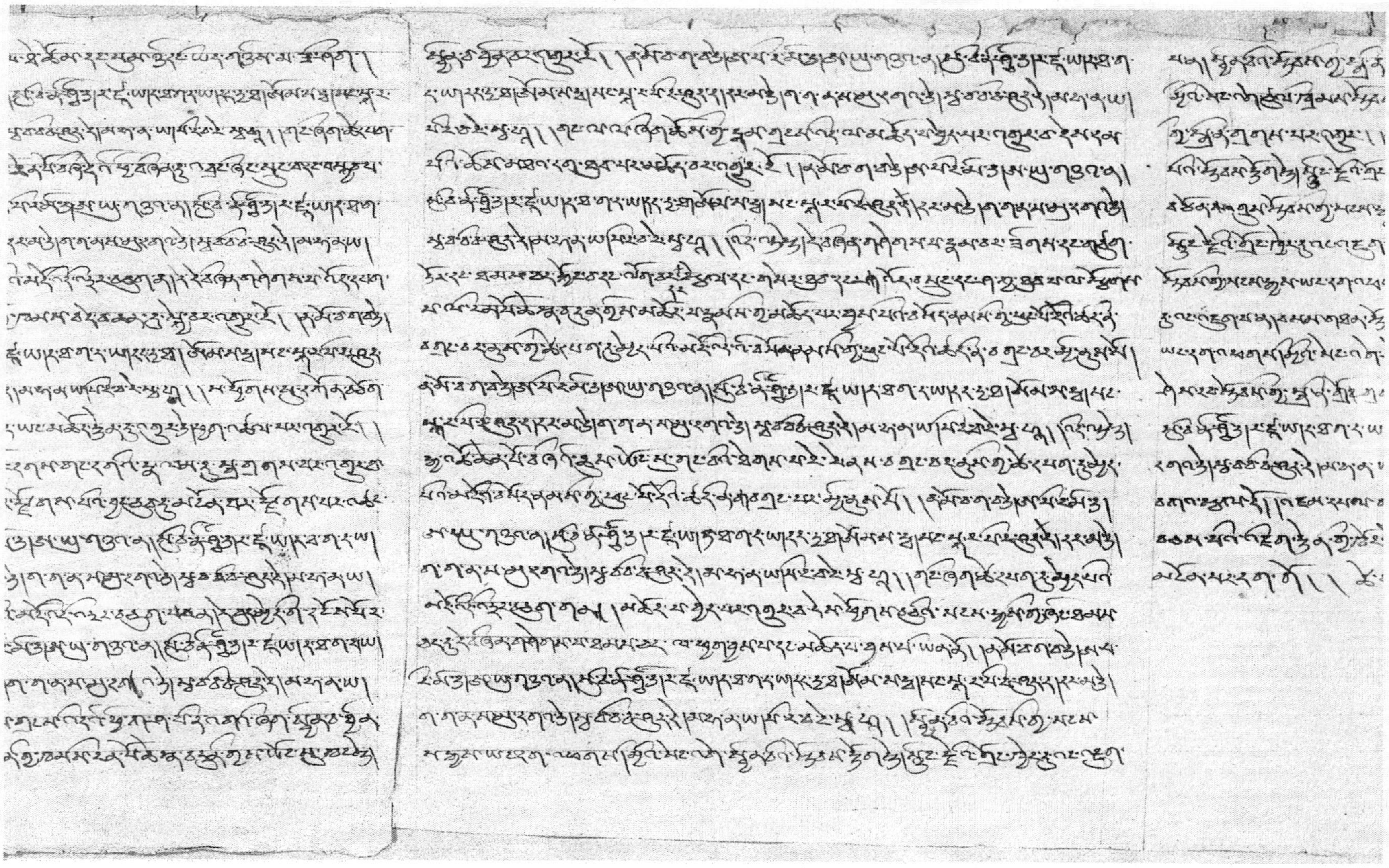

BD14224 號 1　藏文（無量壽宗要經甲本）　（36–5）

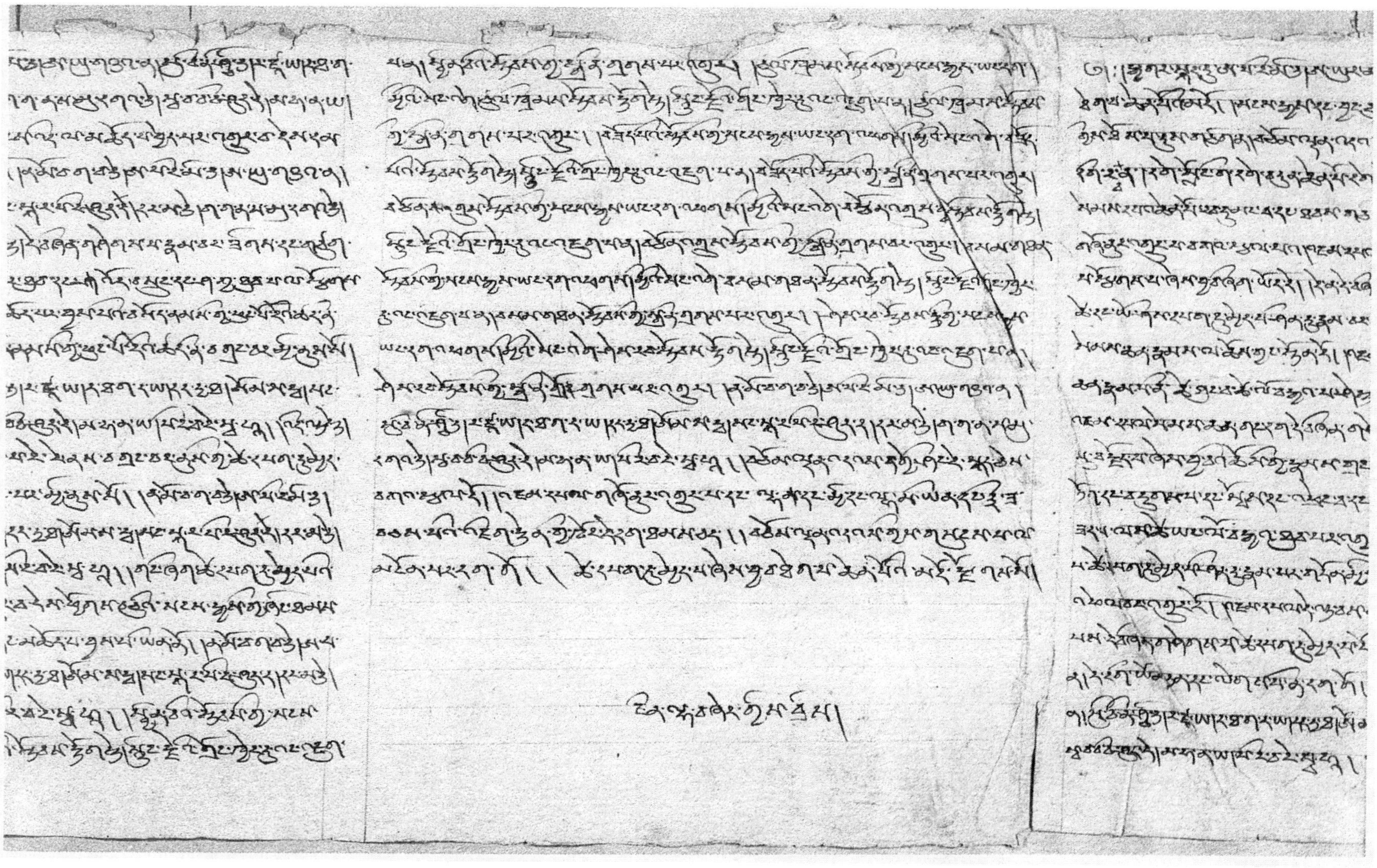

BD14224 號 1　藏文（無量壽宗要經甲本）　（36–6）

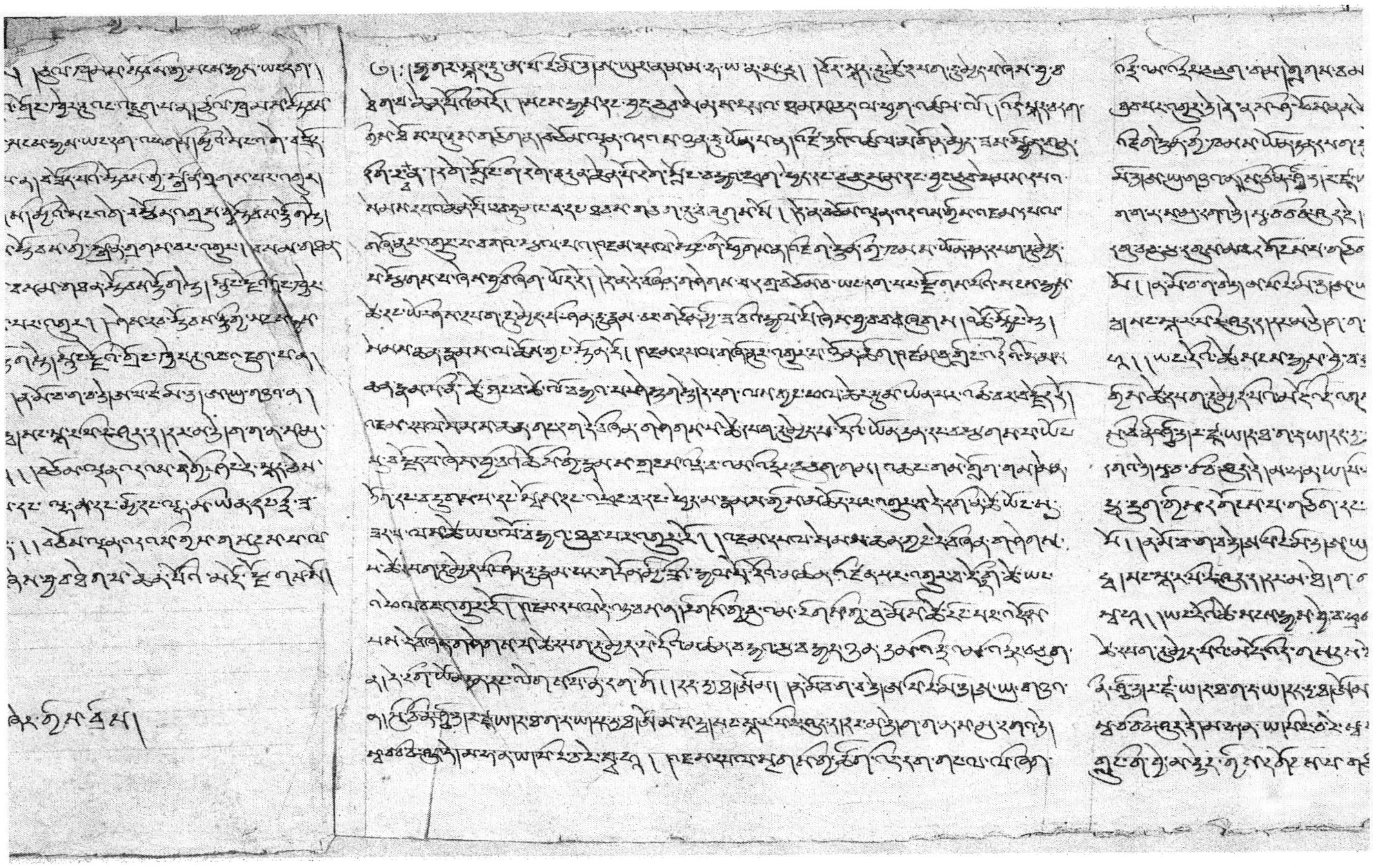

BD14224 號 2　藏文（無量壽宗要經甲本）　　（36–7）

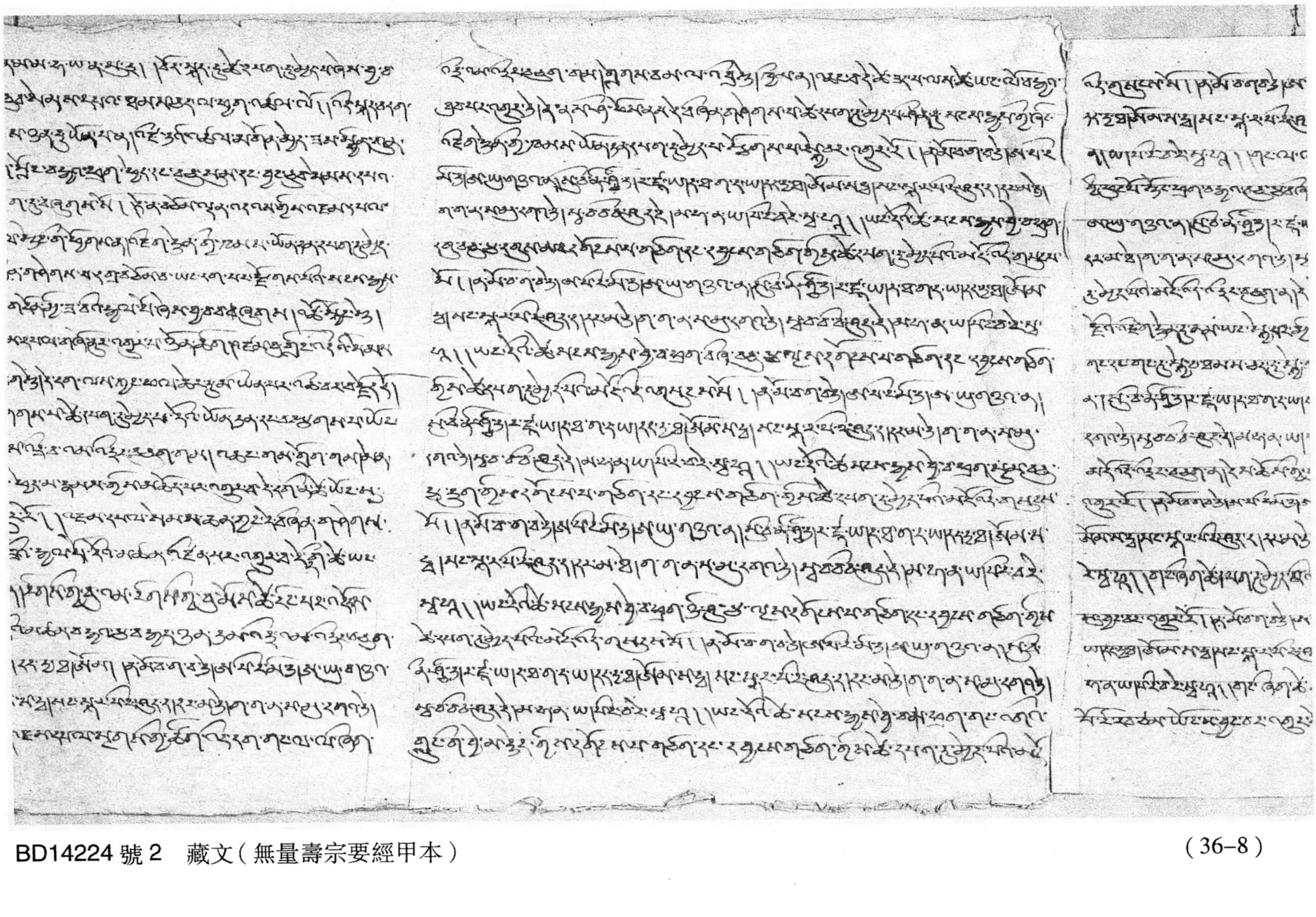

BD14224 號 2　藏文（無量壽宗要經甲本）　　（36–8）

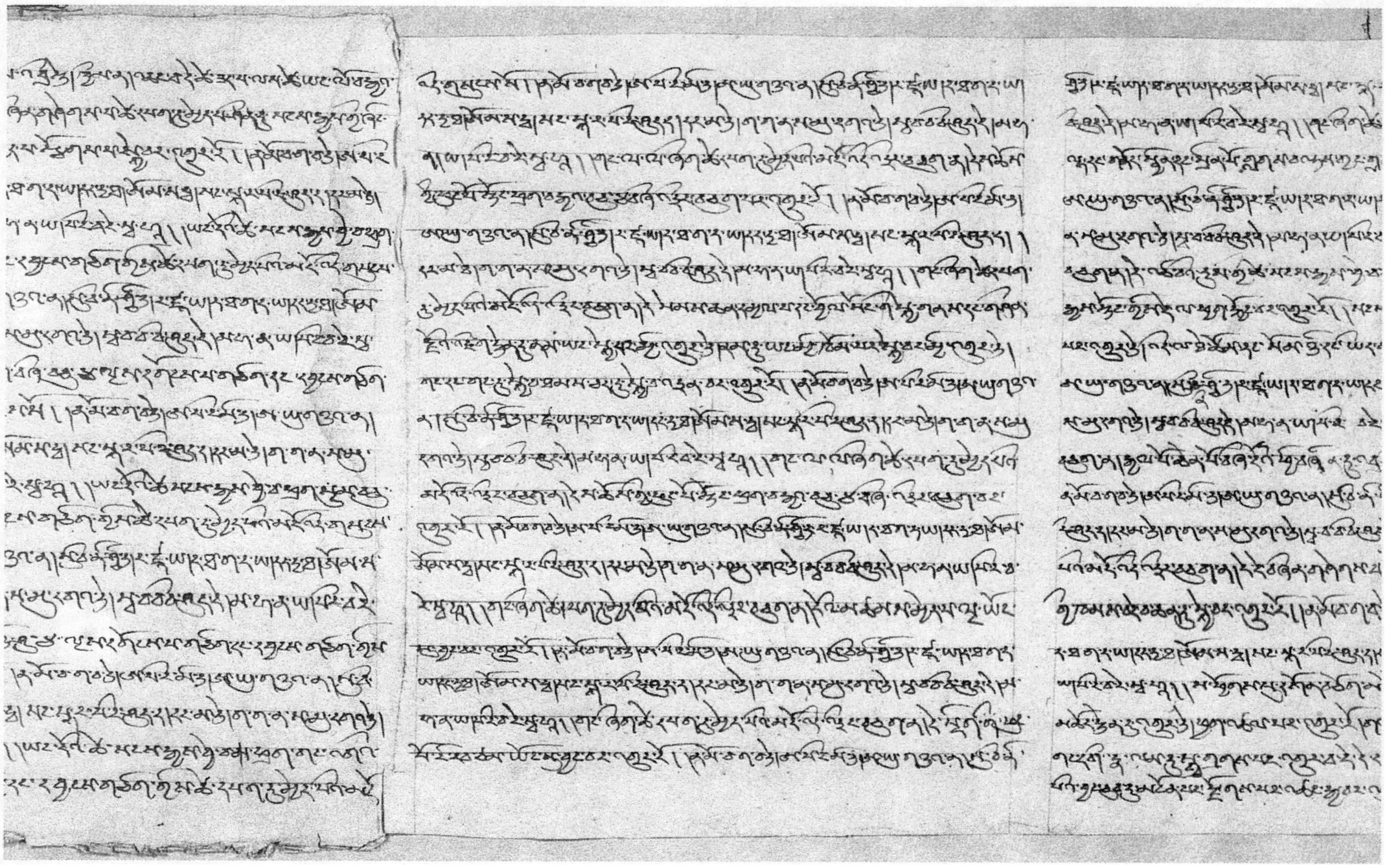

BD14224 號 2　藏文（無量壽宗要經甲本）　　（36–9）

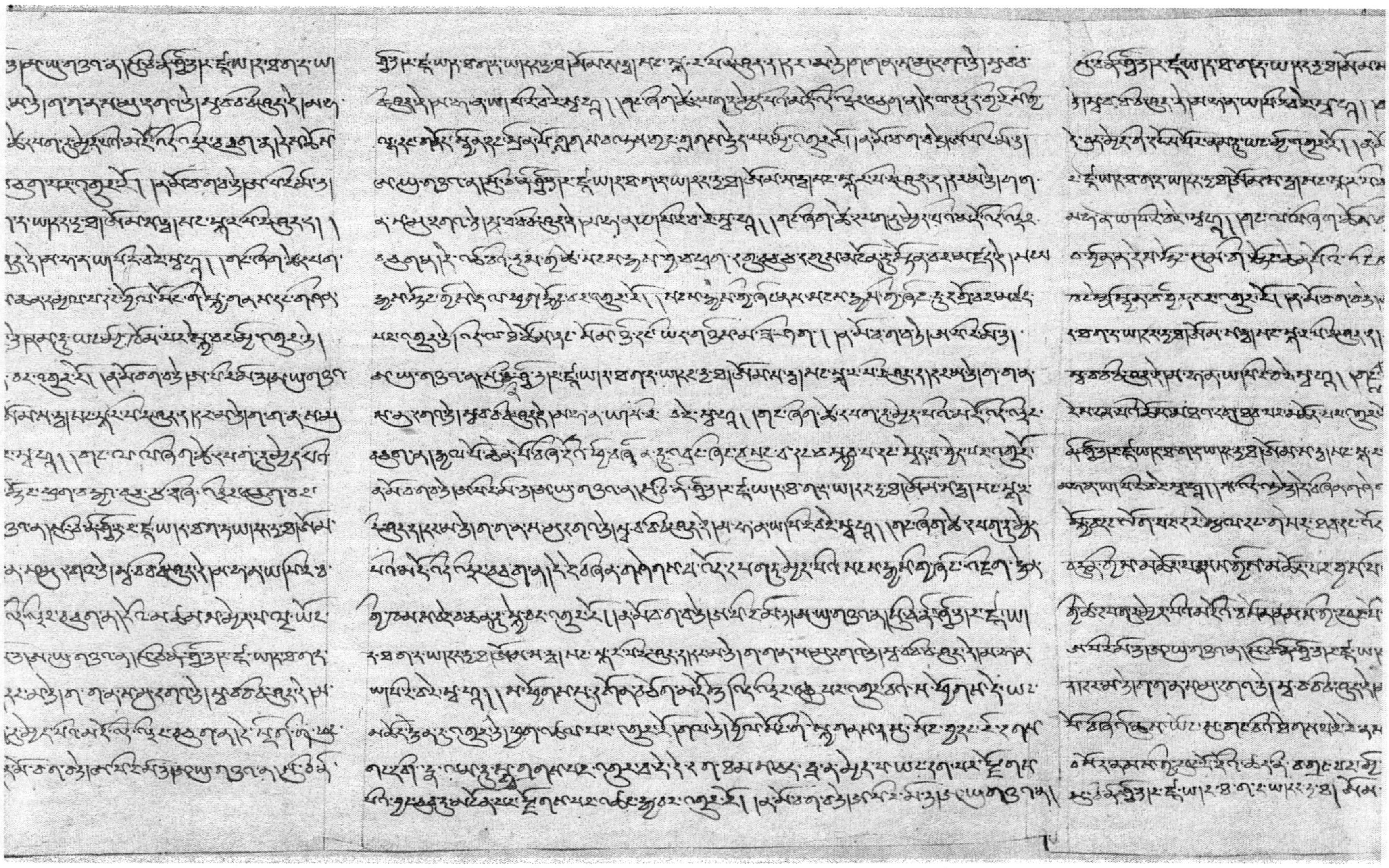

BD14224 號 2　藏文（無量壽宗要經甲本）　　（36–10）

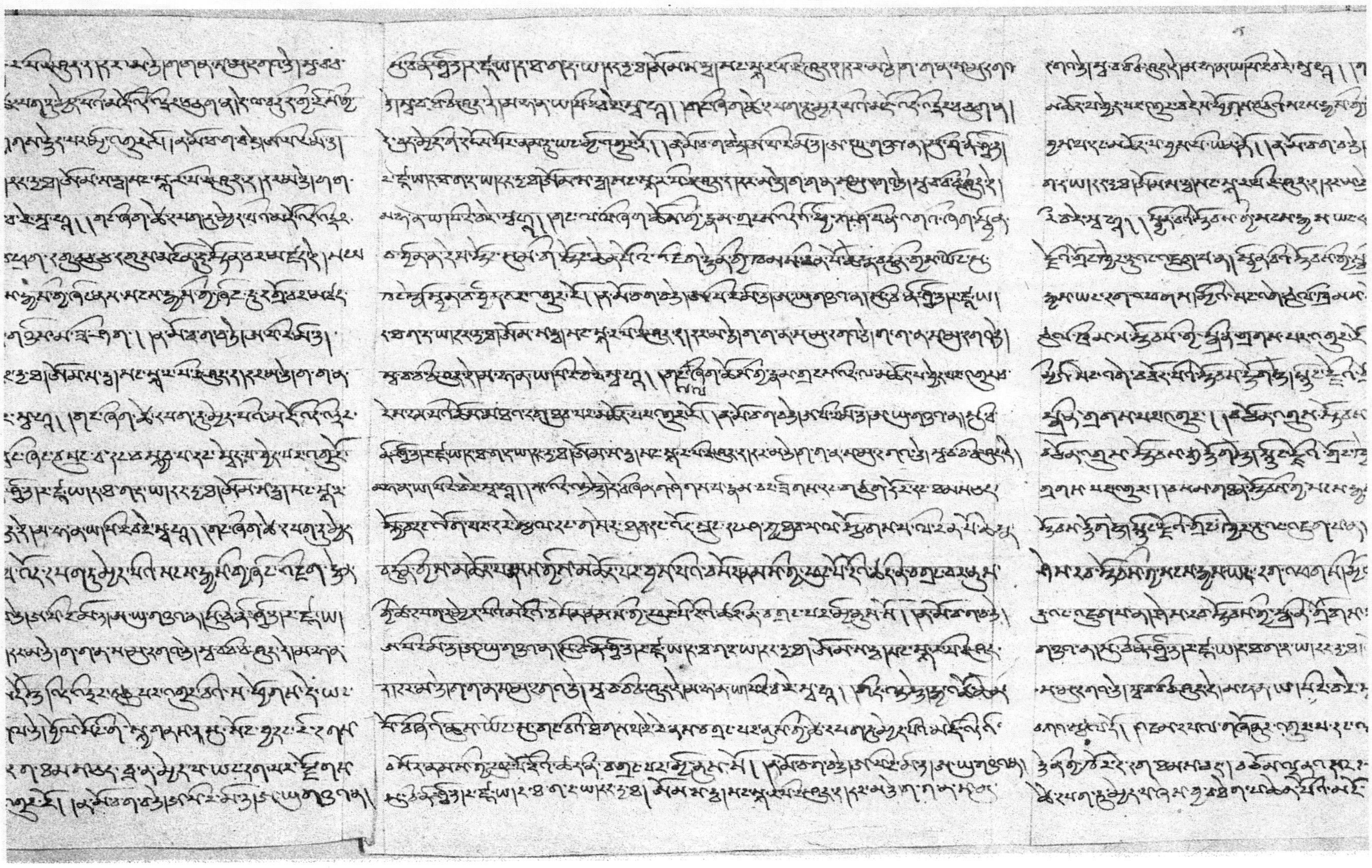

BD14224 號 2　藏文（無量壽宗要經甲本）　　（36–11）

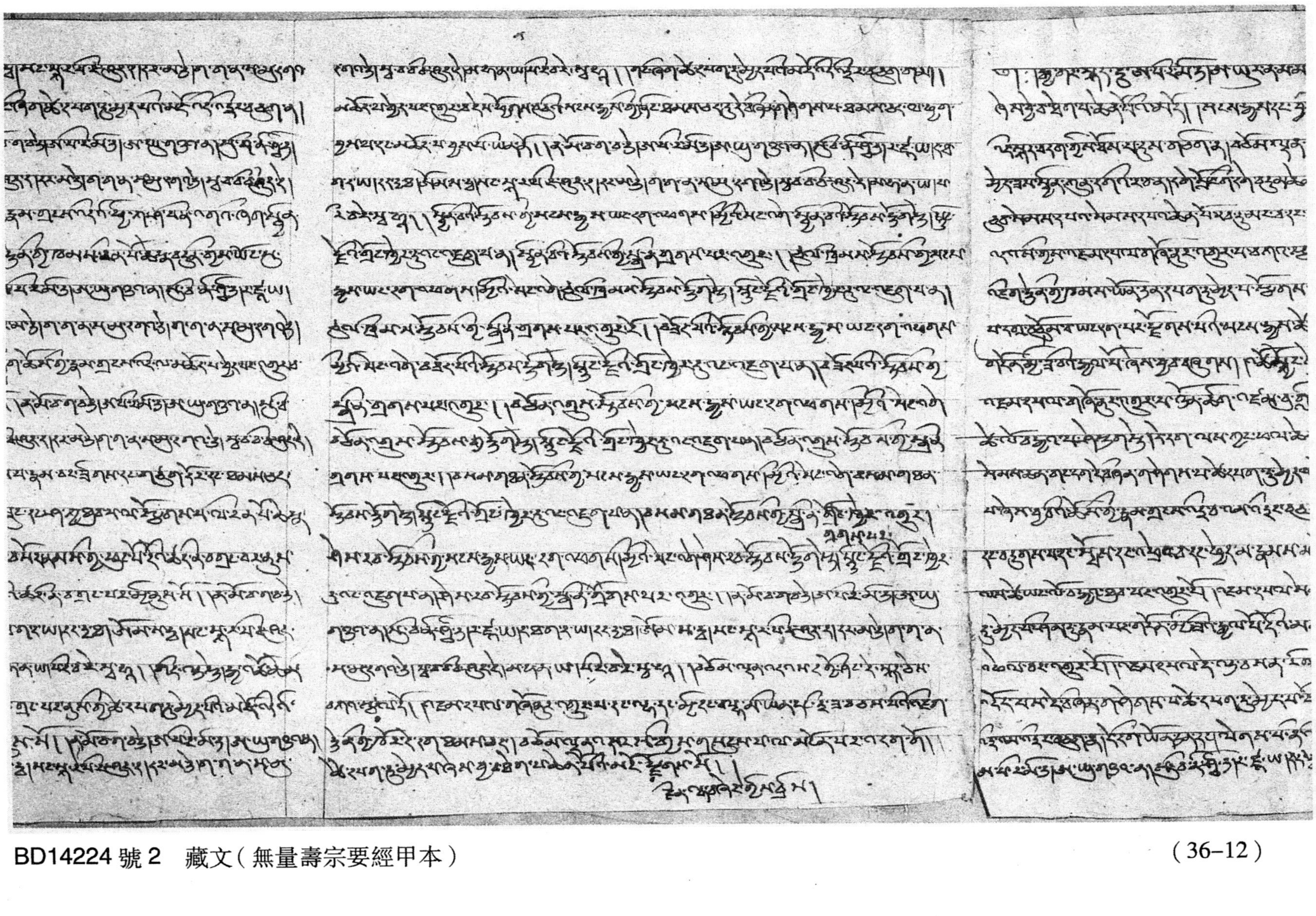

BD14224 號 2　藏文（無量壽宗要經甲本）　　（36–12）

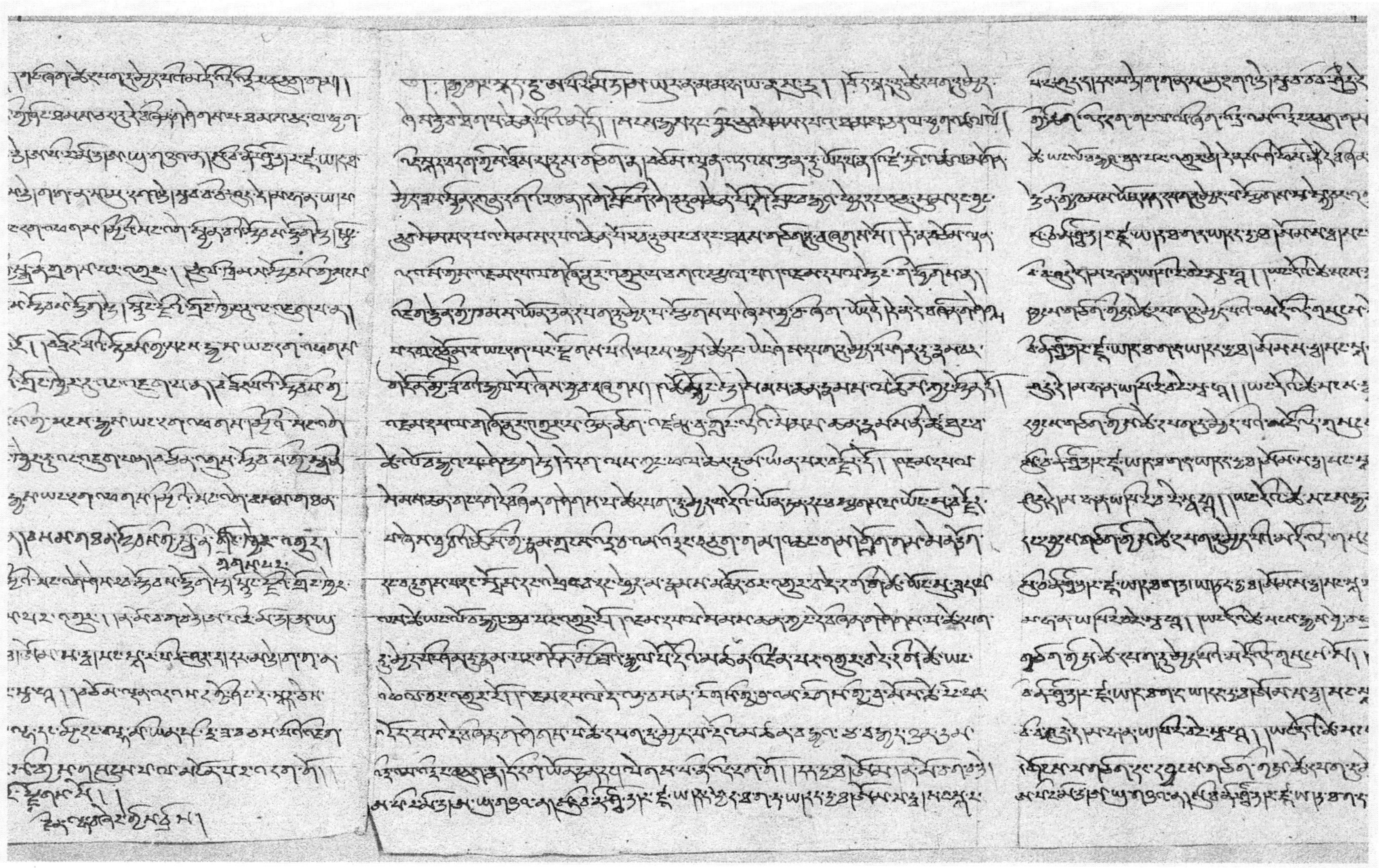

BD14224 號 3　藏文（無量壽宗要經甲本）　（36–13）

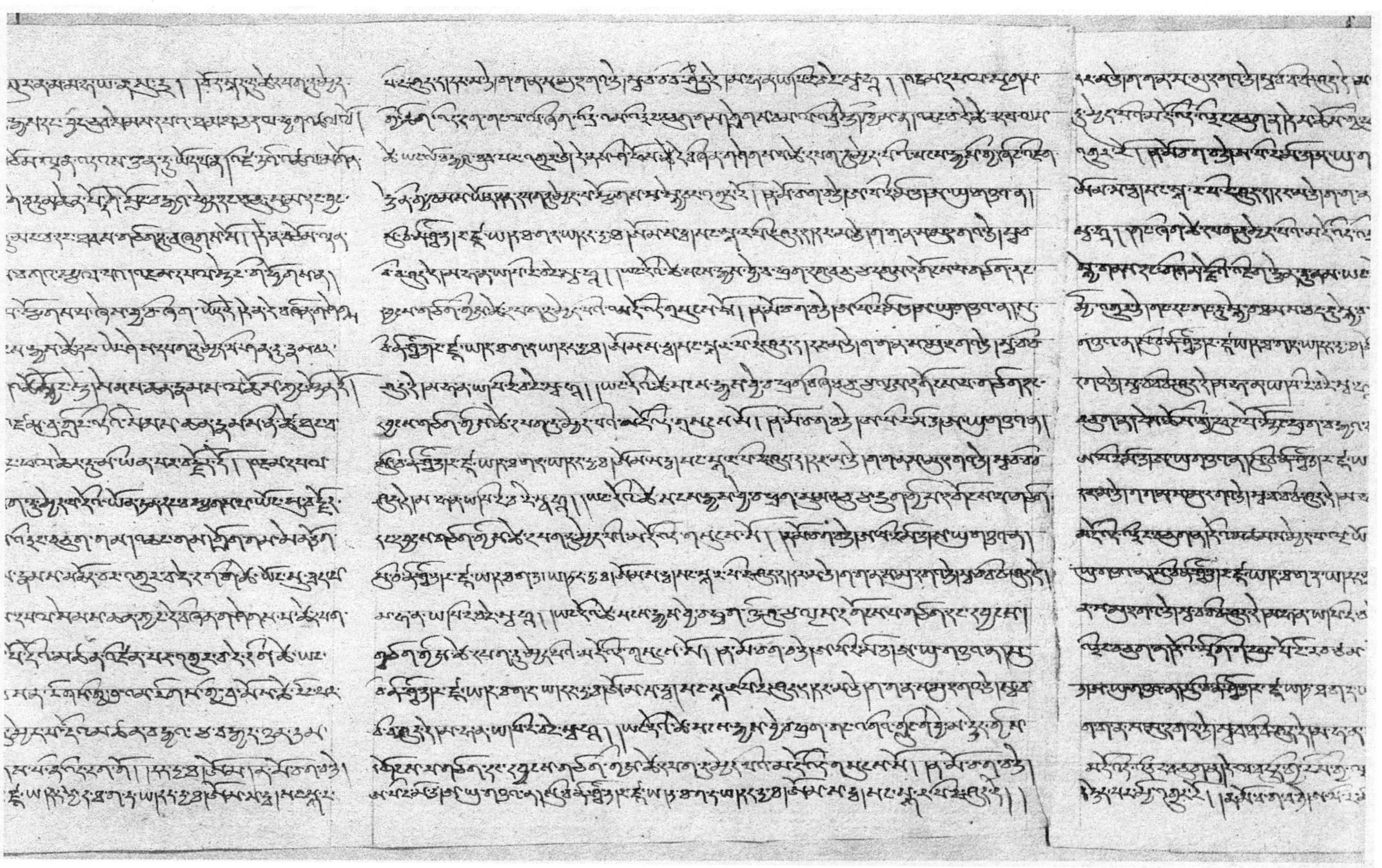

BD14224 號 3　藏文（無量壽宗要經甲本）　（36–14）

BD14224 號 3　藏文（無量壽宗要經甲本）

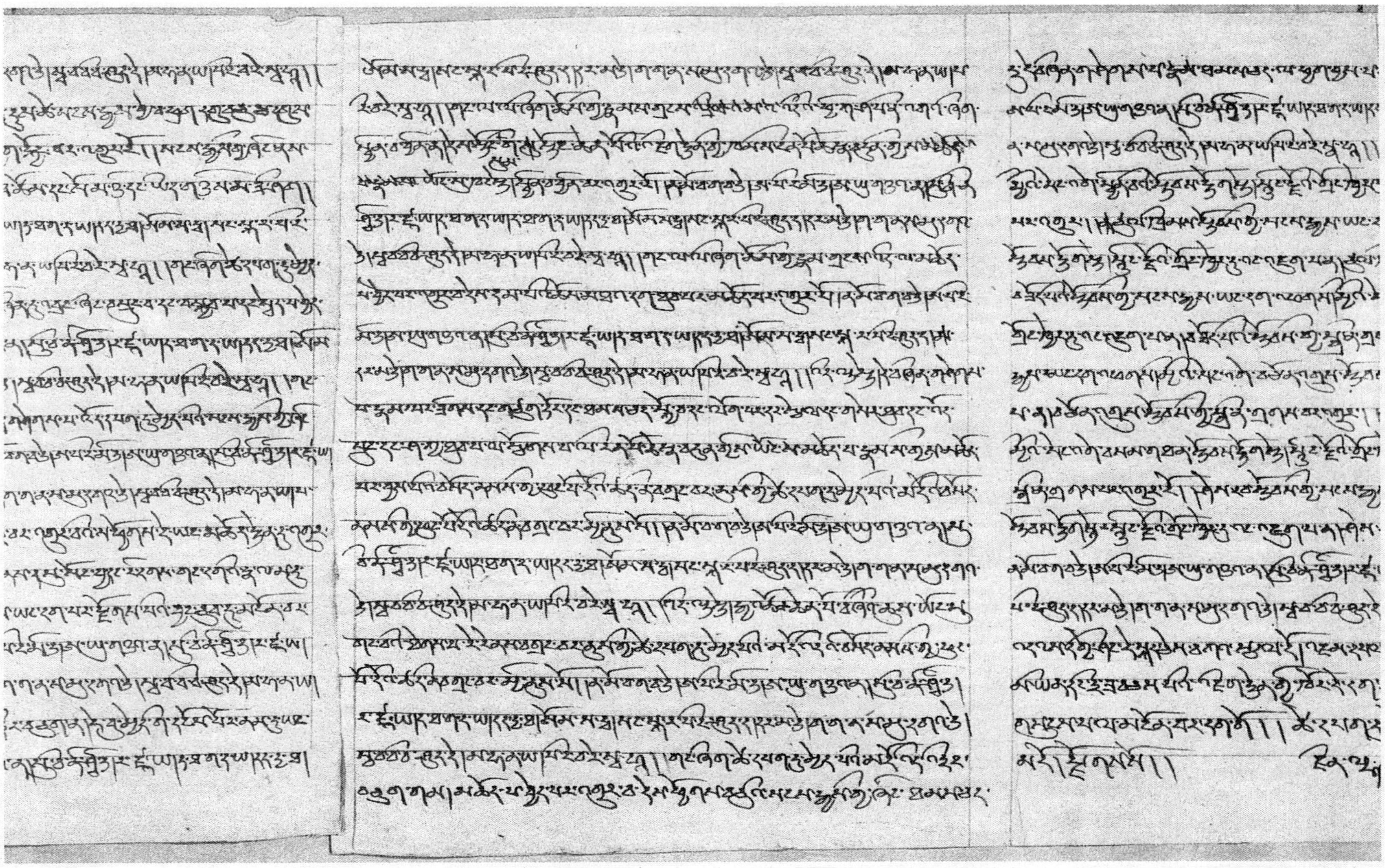

BD14224 號 3　藏文（無量壽宗要經甲本）　　（36–17）

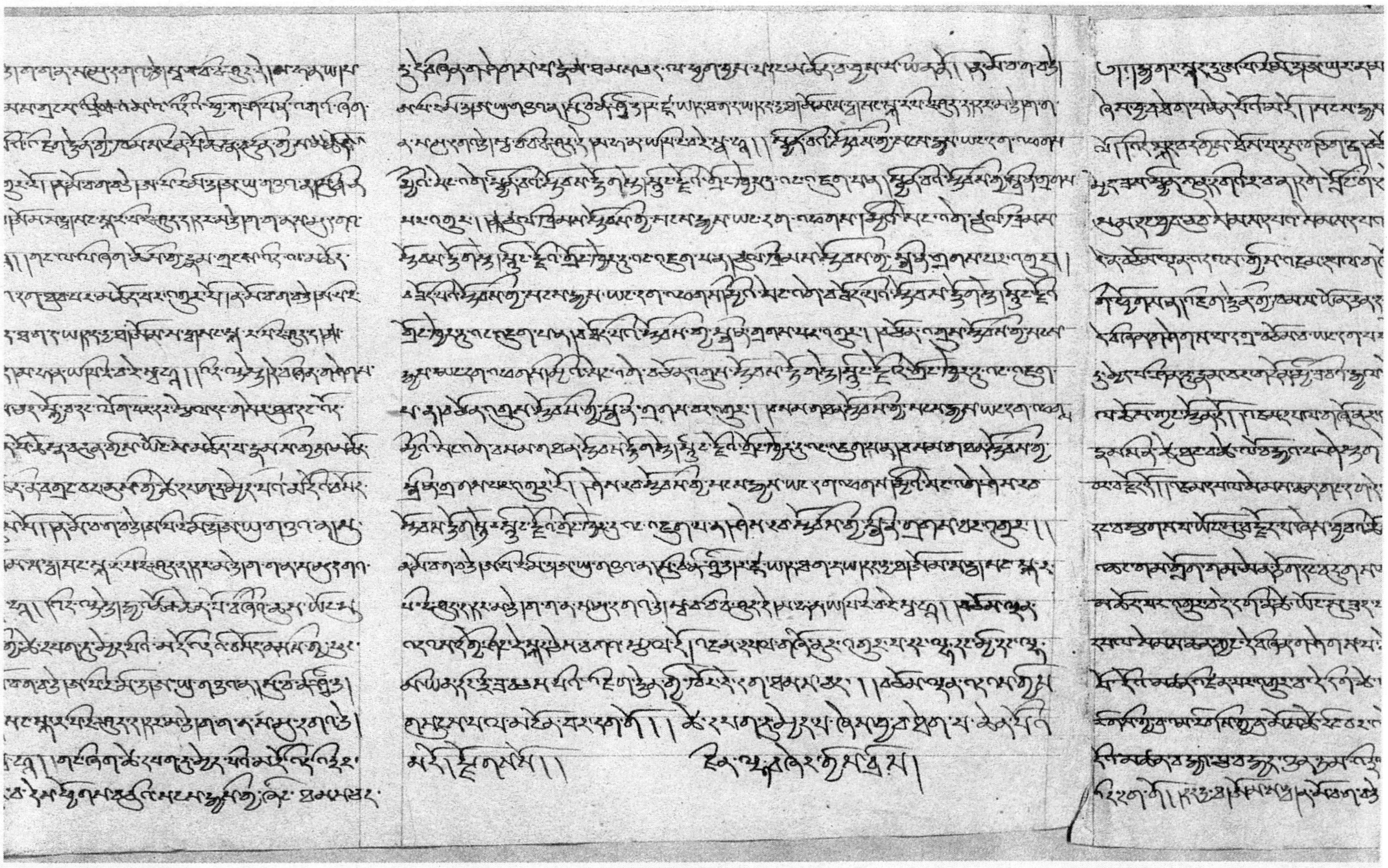

BD14224 號 3　藏文（無量壽宗要經甲本）　　（36–18）

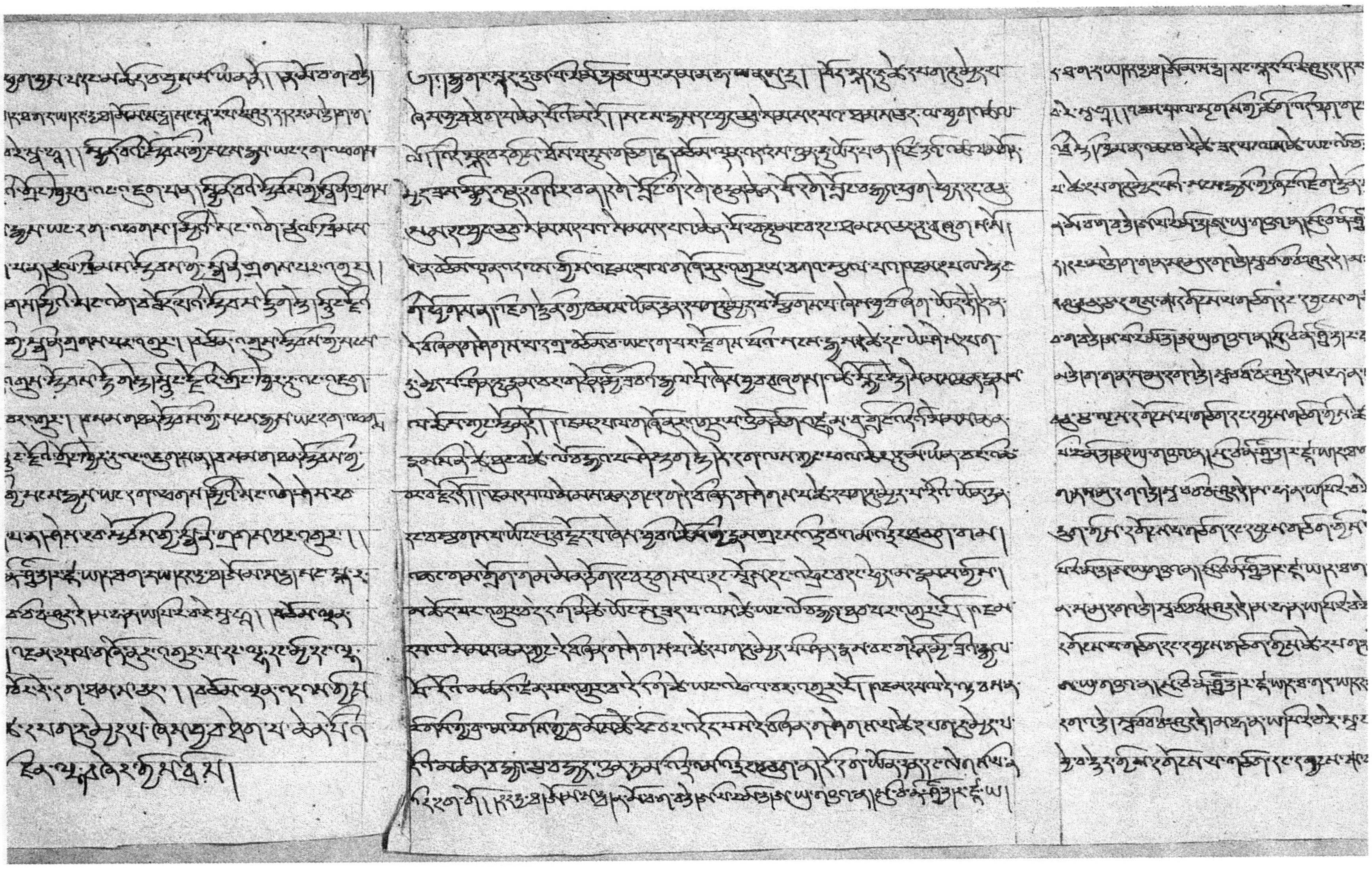

BD14224 號 4　藏文（無量壽宗要經甲本） （36–19）

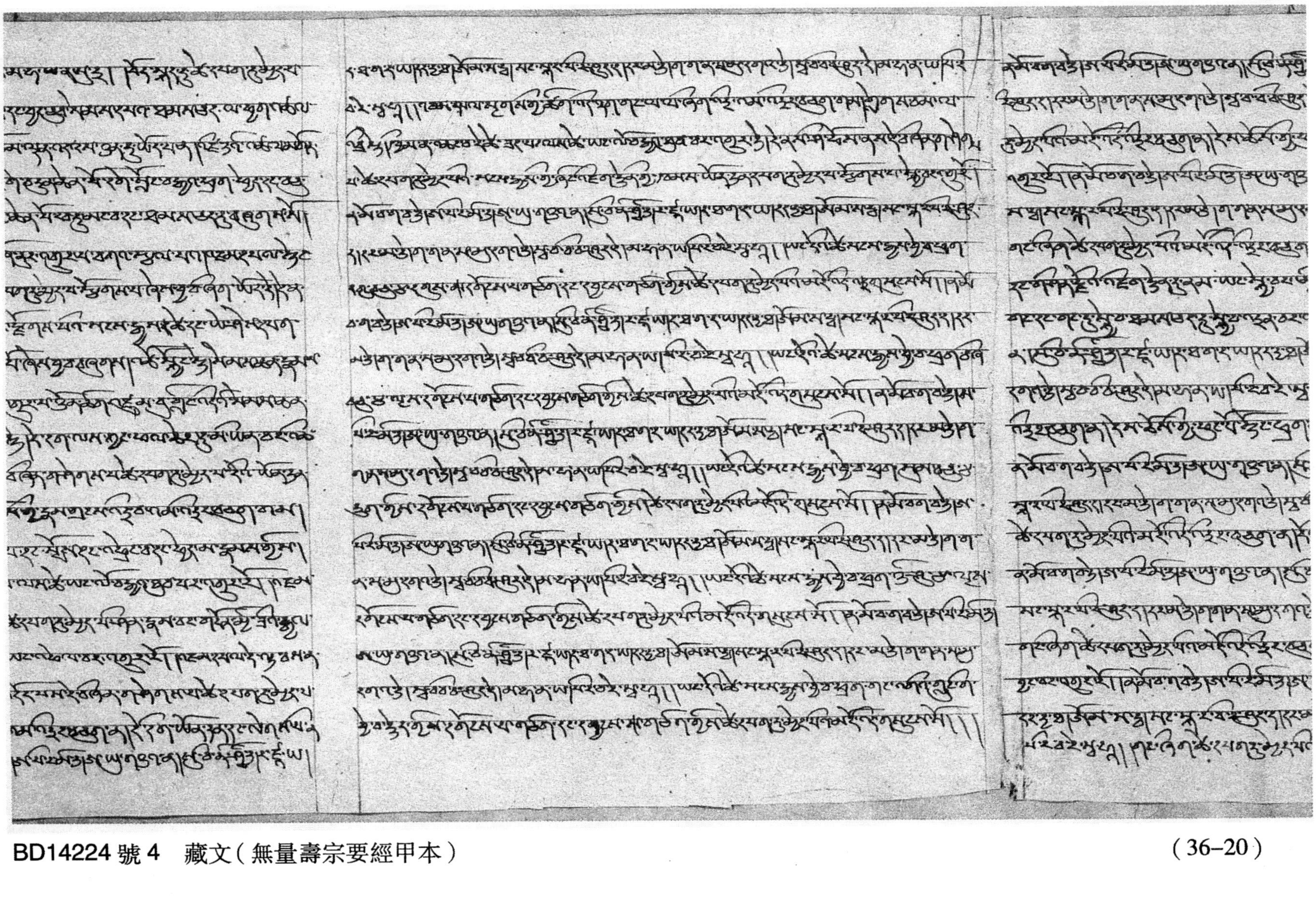

BD14224 號 4　藏文（無量壽宗要經甲本） （36–20）

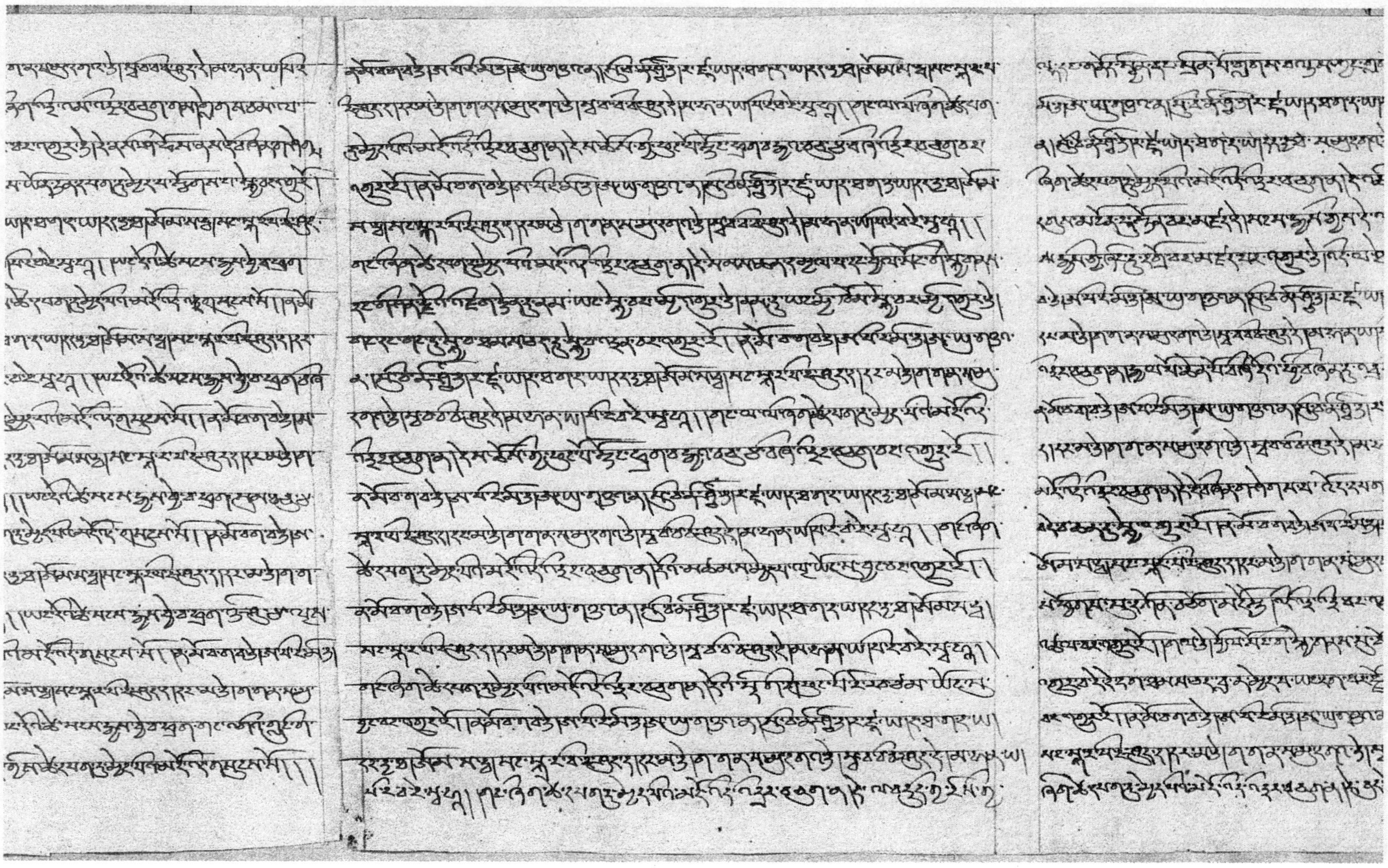

BD14224 號 4　藏文（無量壽宗要經甲本）　　（36–21）

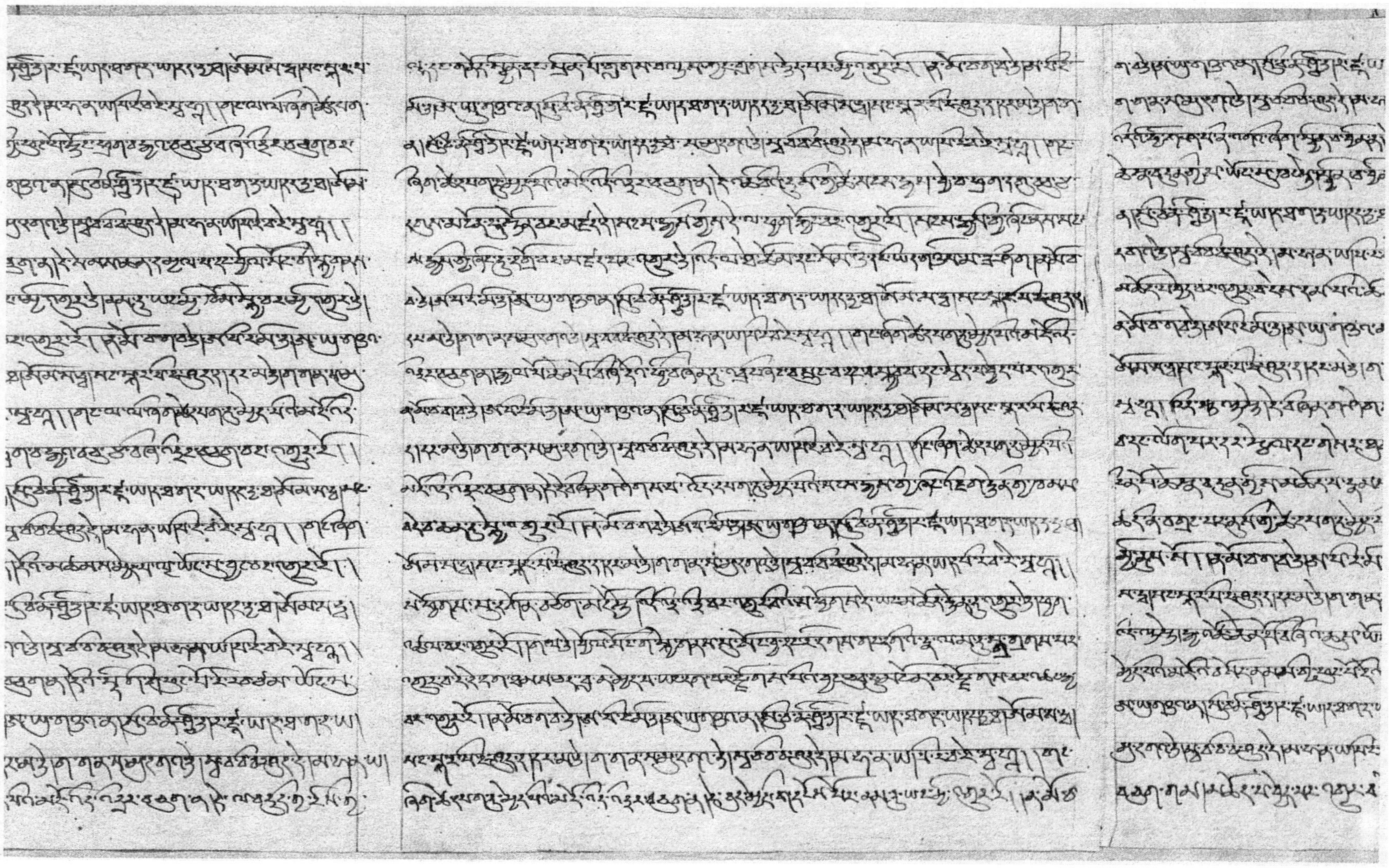

BD14224 號 4　藏文（無量壽宗要經甲本）　　（36–22）

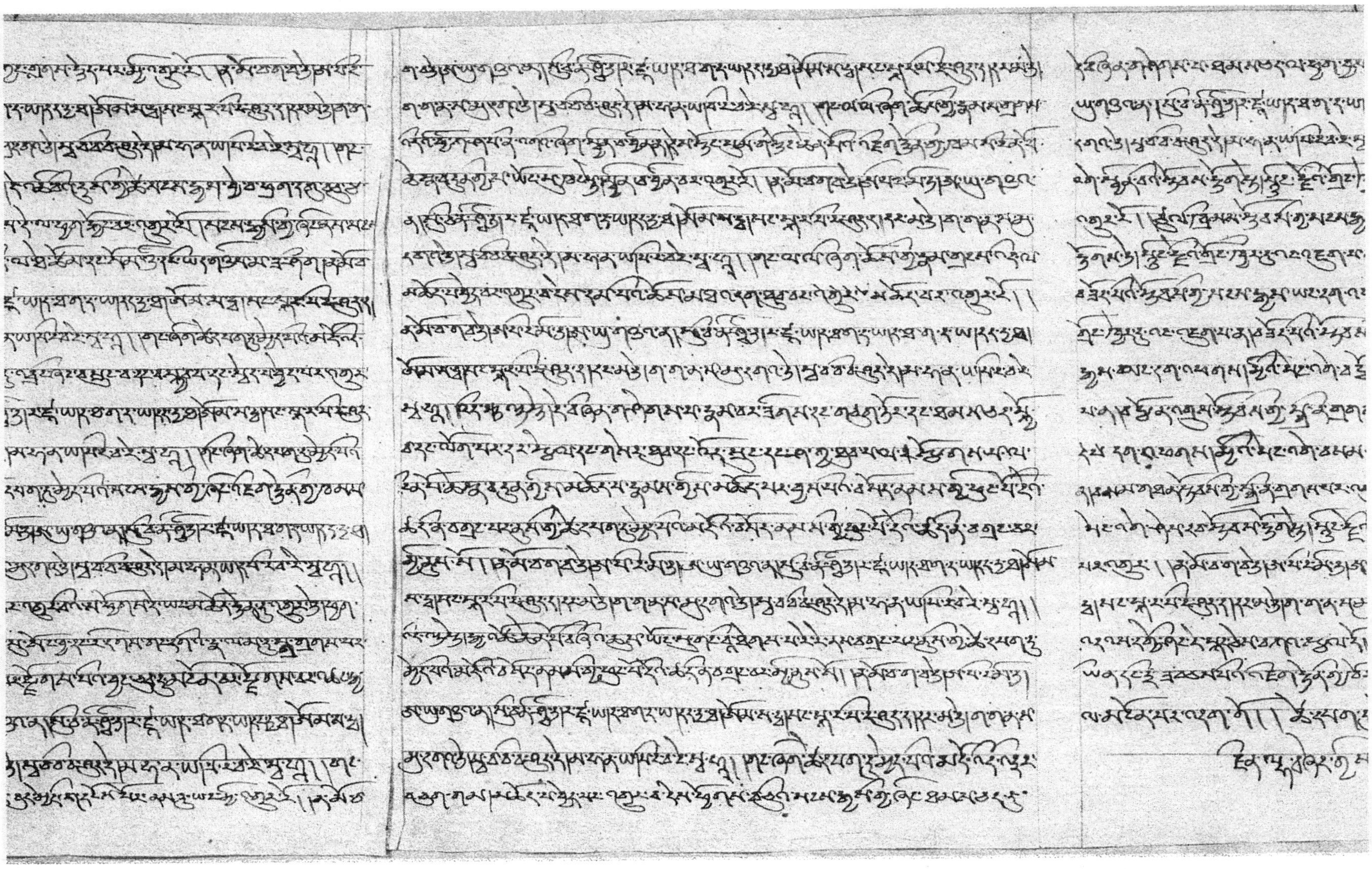

BD14224 號 4　藏文（無量壽宗要經甲本）　　（36–23）

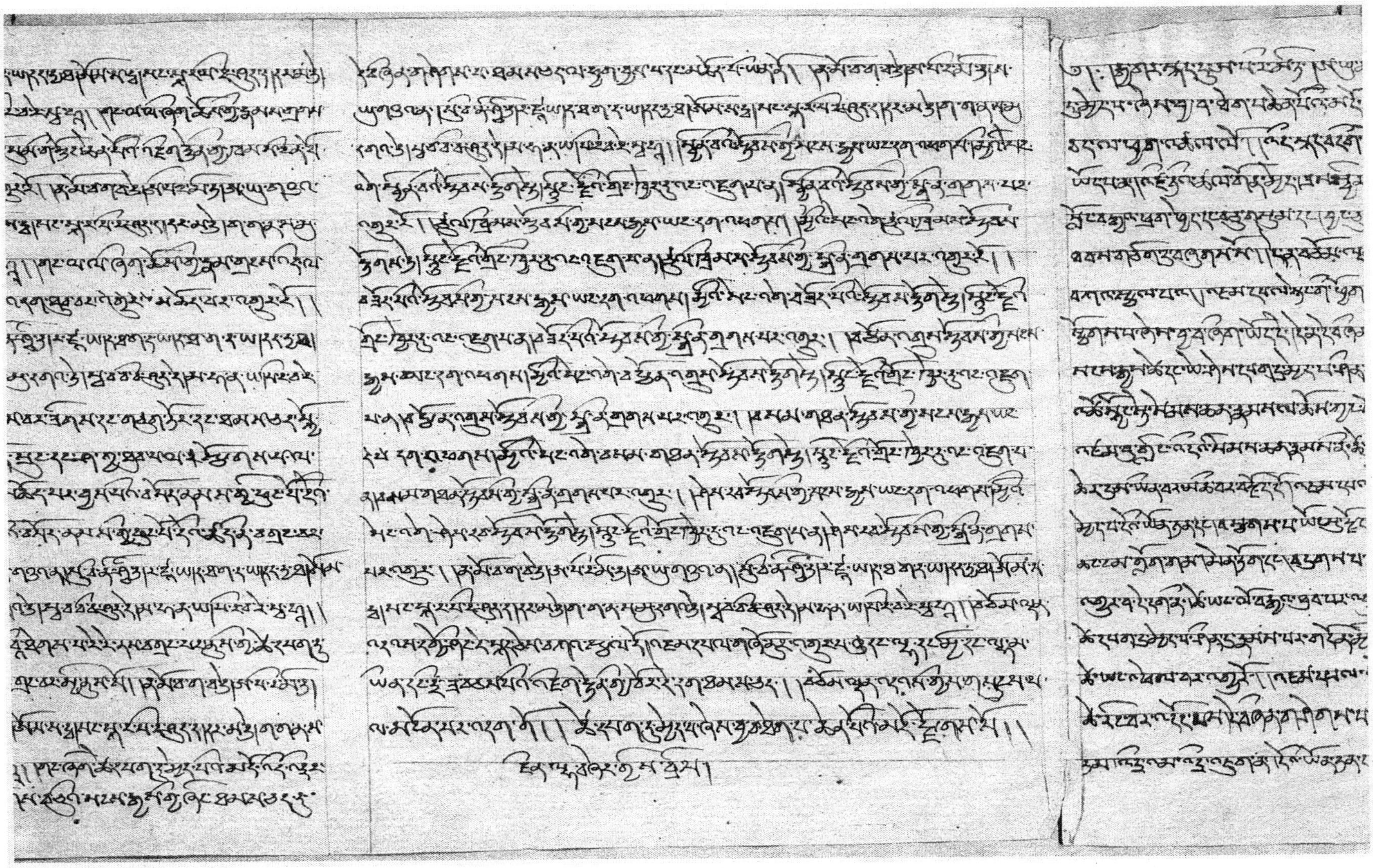

BD14224 號 4　藏文（無量壽宗要經甲本）　　（36–24）

BD14224號 5　藏文（無量壽宗要經甲本）

BD14224號 5　藏文（無量壽宗要經甲本）

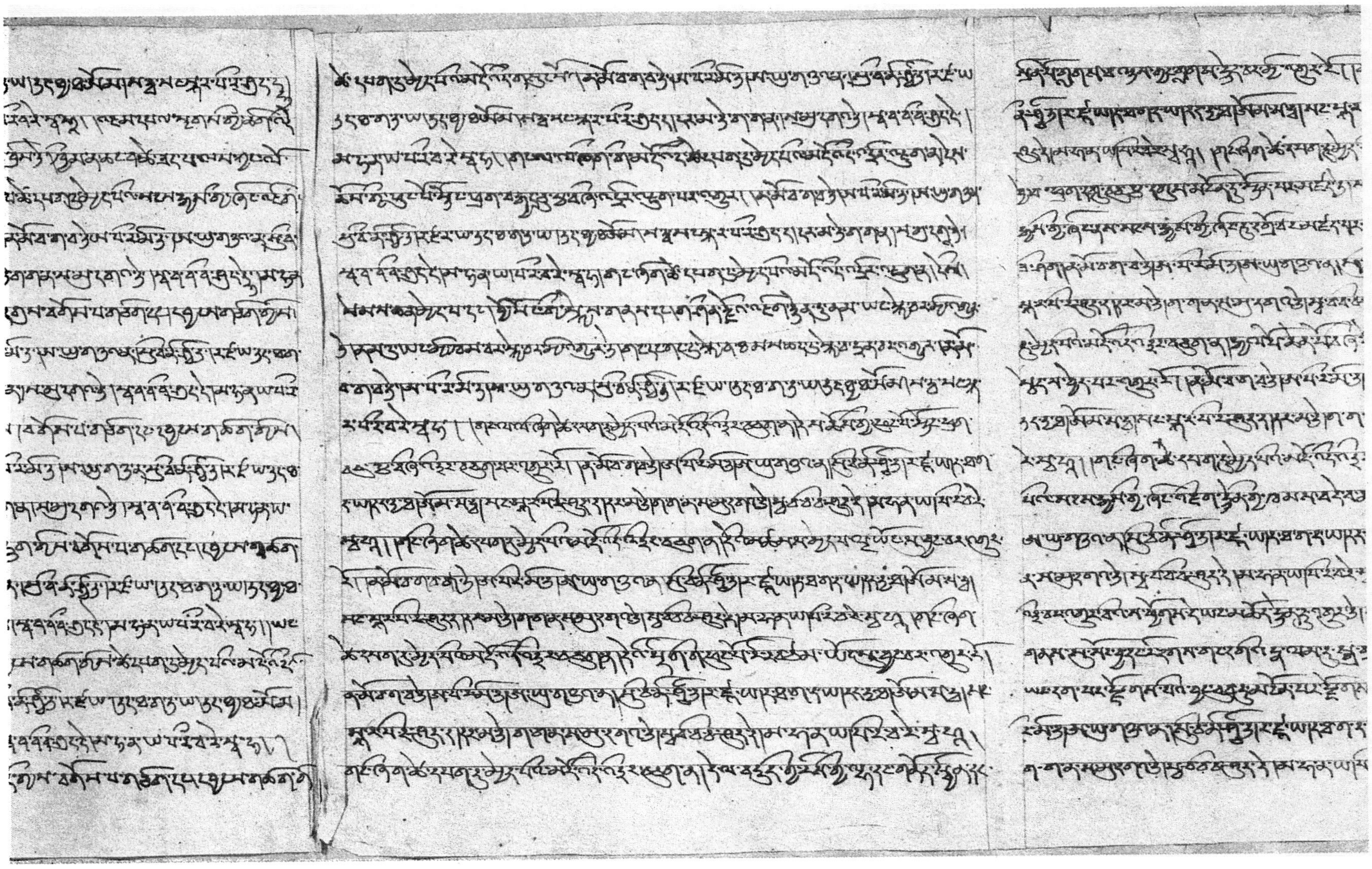

BD14224 號 5　藏文（無量壽宗要經甲本）　　（36–27）

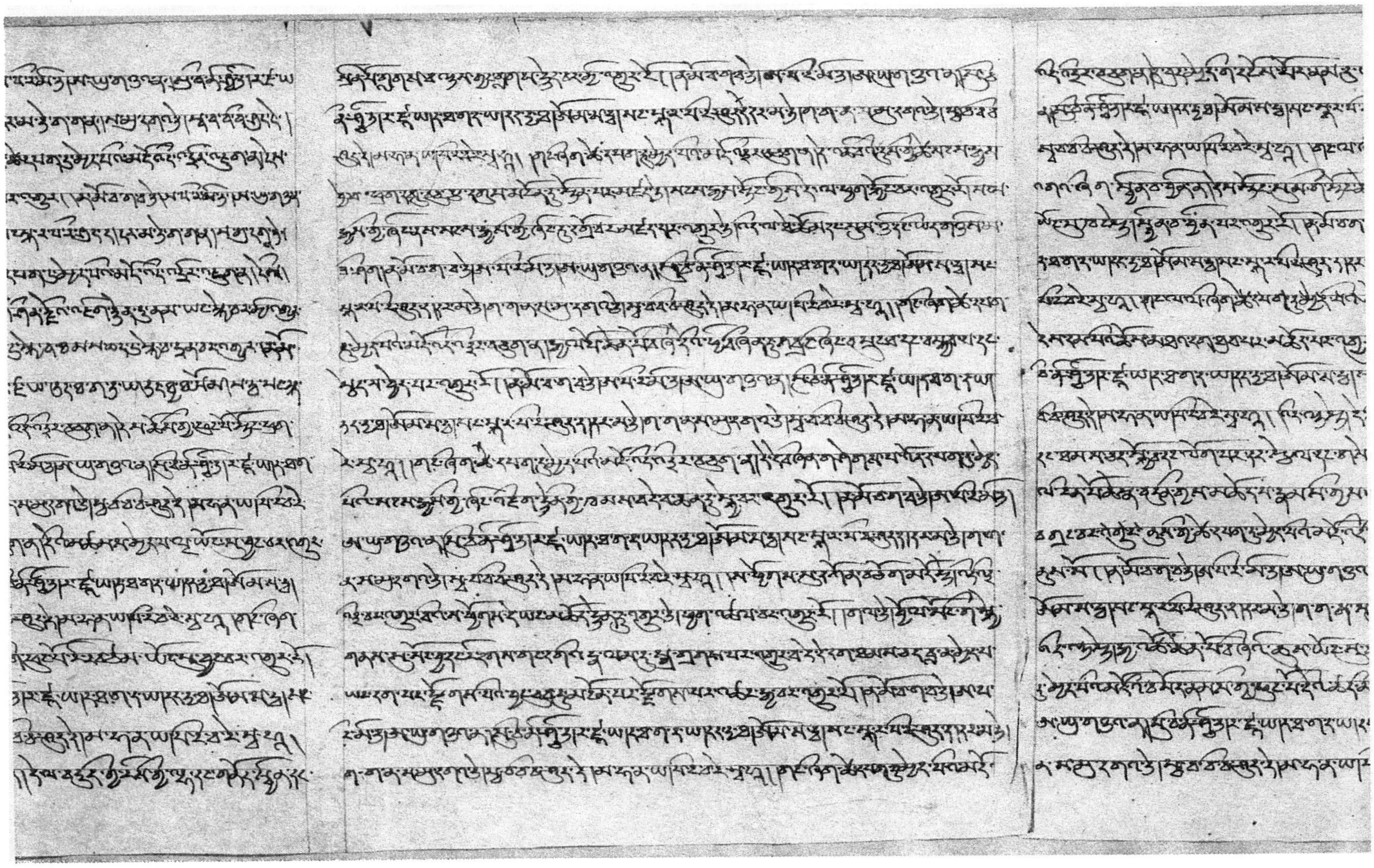

BD14224 號 5　藏文（無量壽宗要經甲本）　　（36–28）

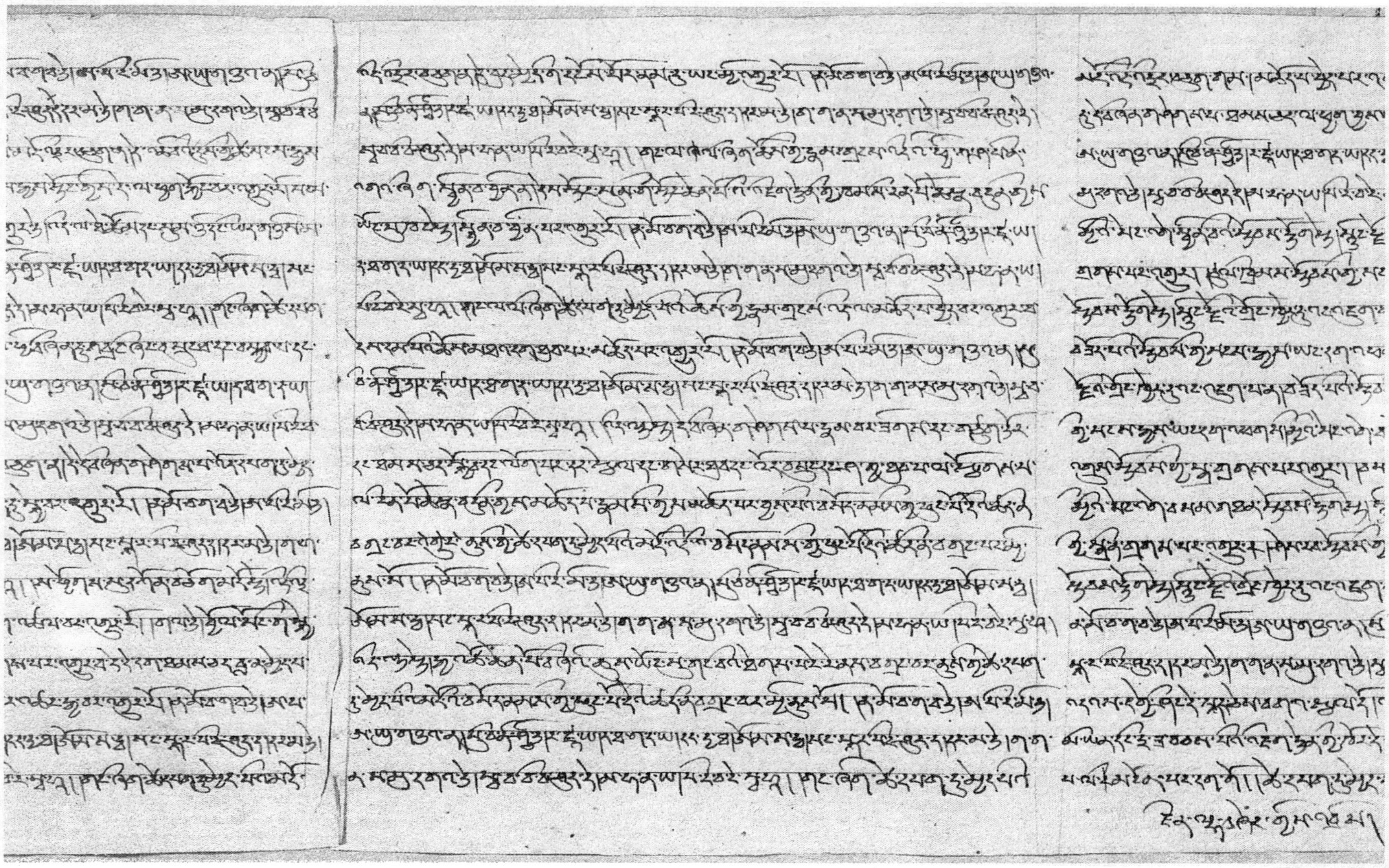

BD14224 號 5　藏文（無量壽宗要經甲本）　（36–29）

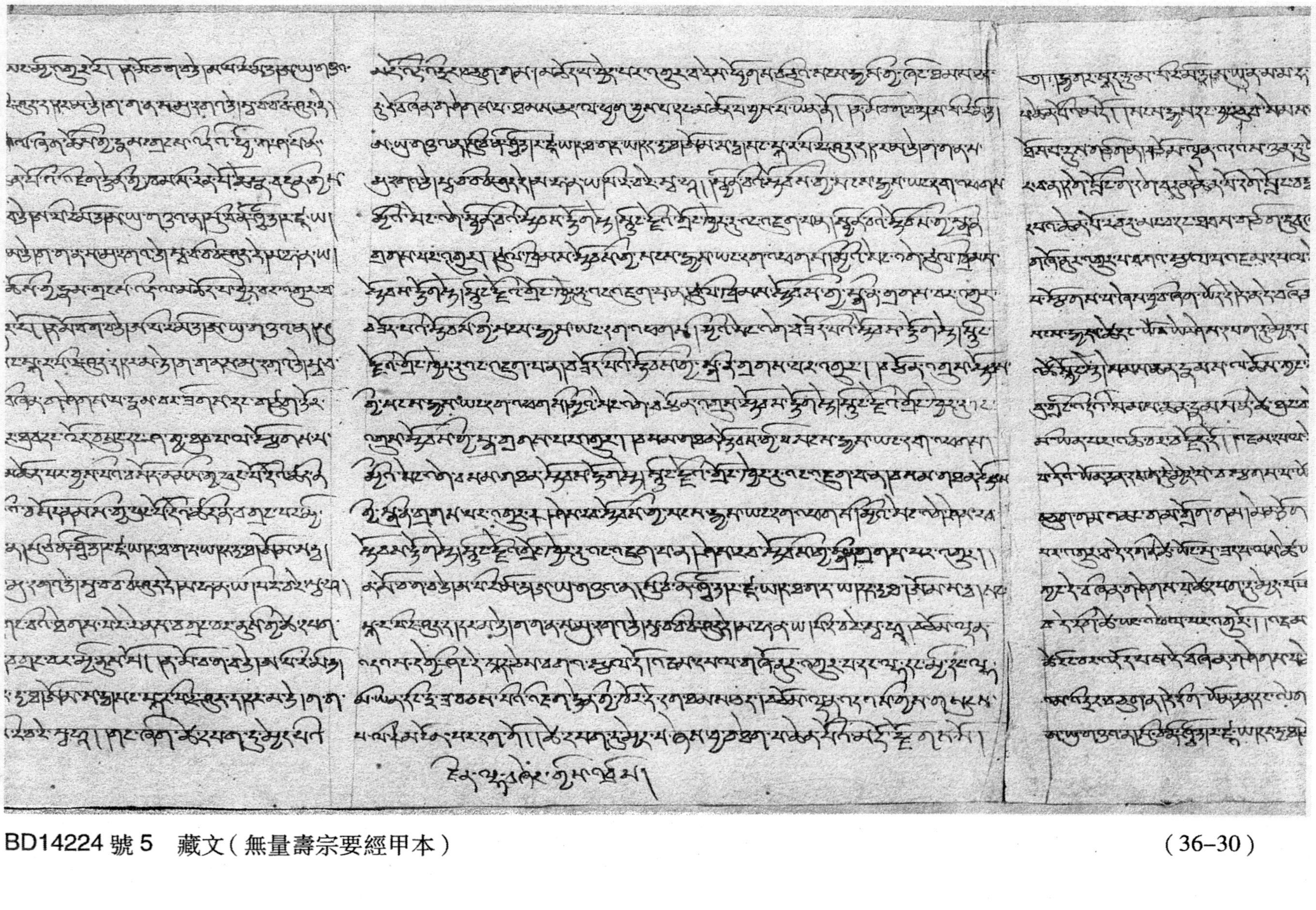

BD14224 號 5　藏文（無量壽宗要經甲本）　（36–30）

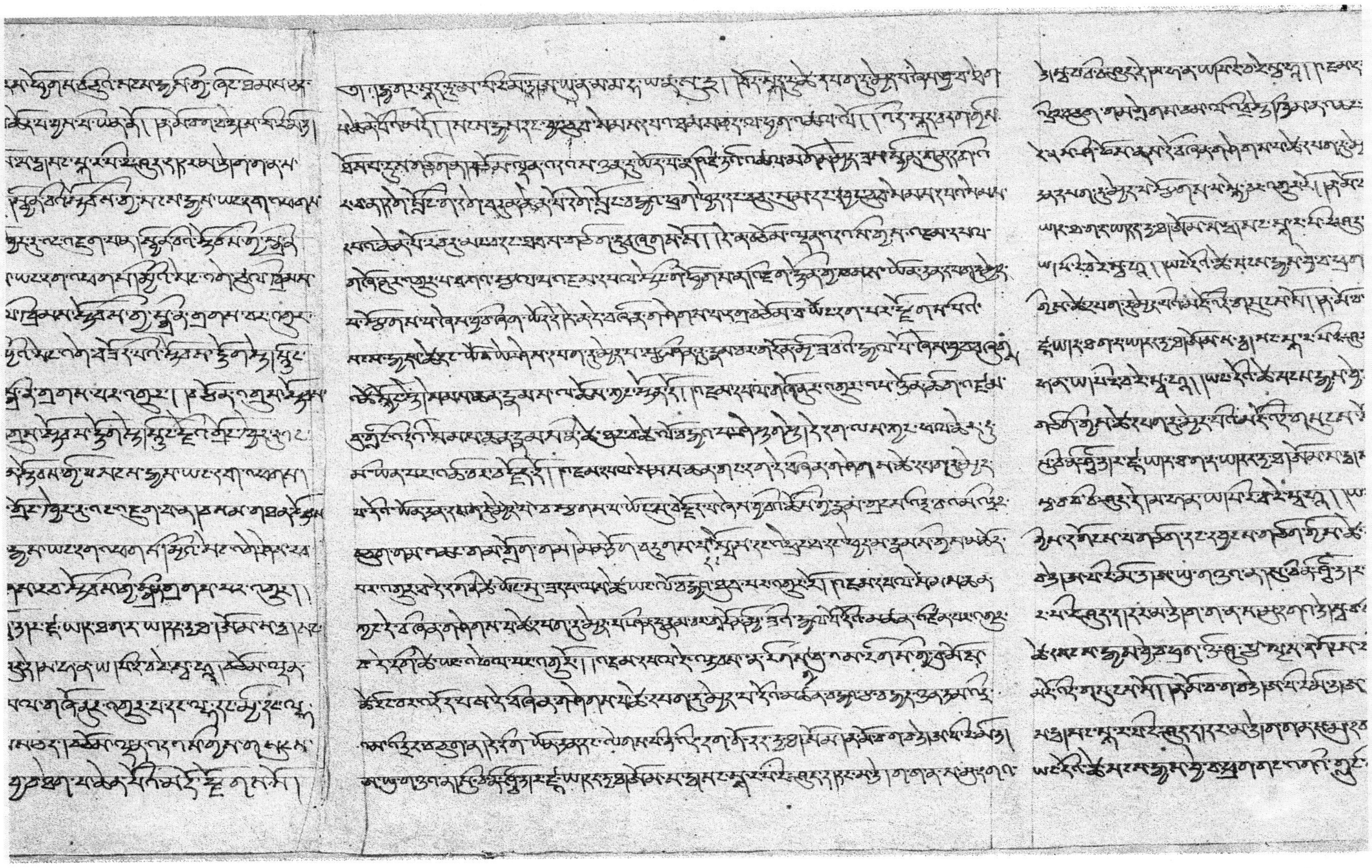

BD14224 號 6　藏文（無量壽宗要經甲本）　　（36–31）

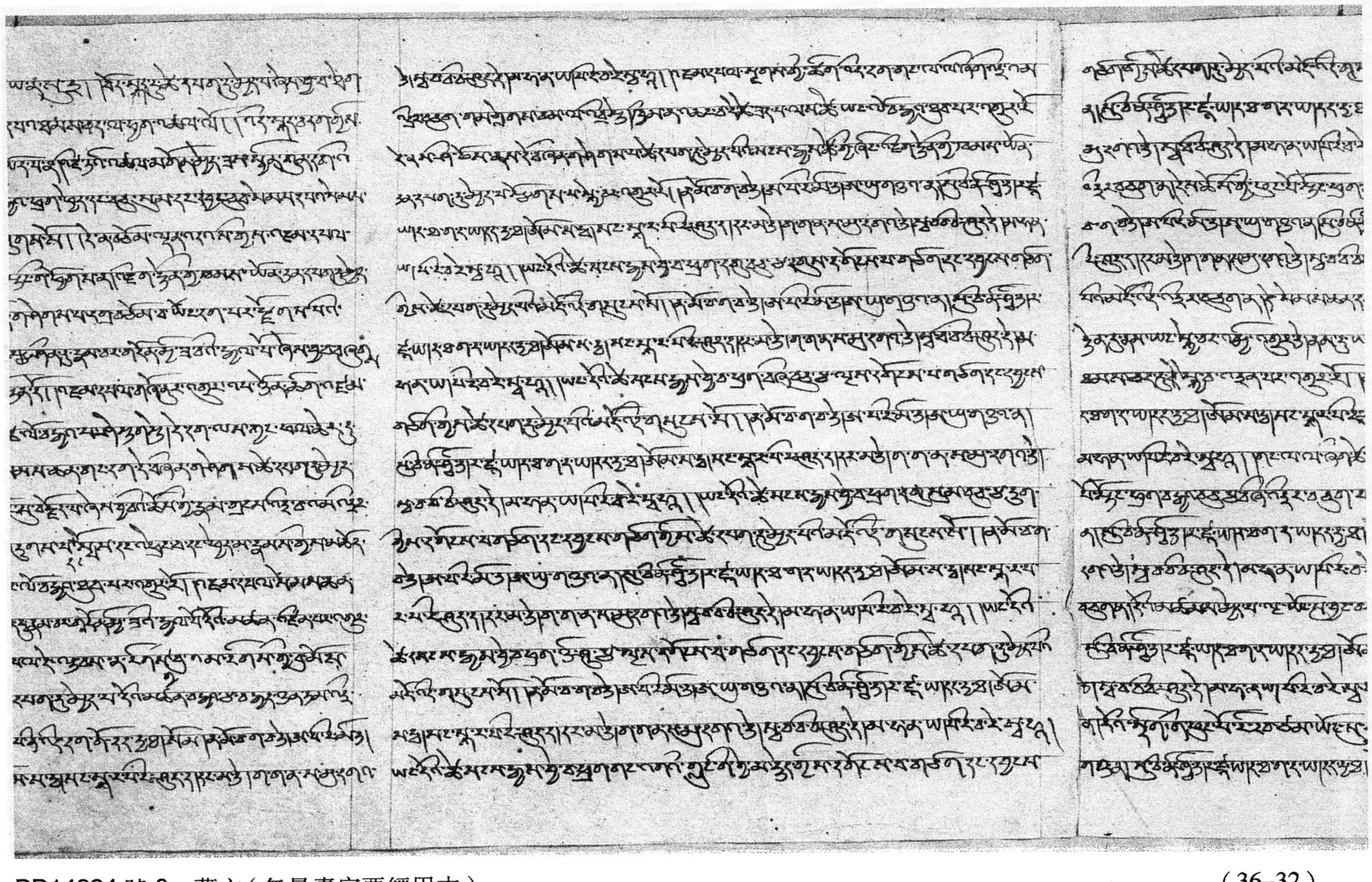

BD14224 號 6　藏文（無量壽宗要經甲本）　　（36–32）

BD14224 號 6　藏文（無量壽宗要經甲本）　　　　　　　　　　　　　　　　　　　　　　　　　　　　（36–33）

BD14224 號 6　藏文（無量壽宗要經甲本）　　　　　　　　　　　　　　　　　　　　　　　　　　　　（36–34）

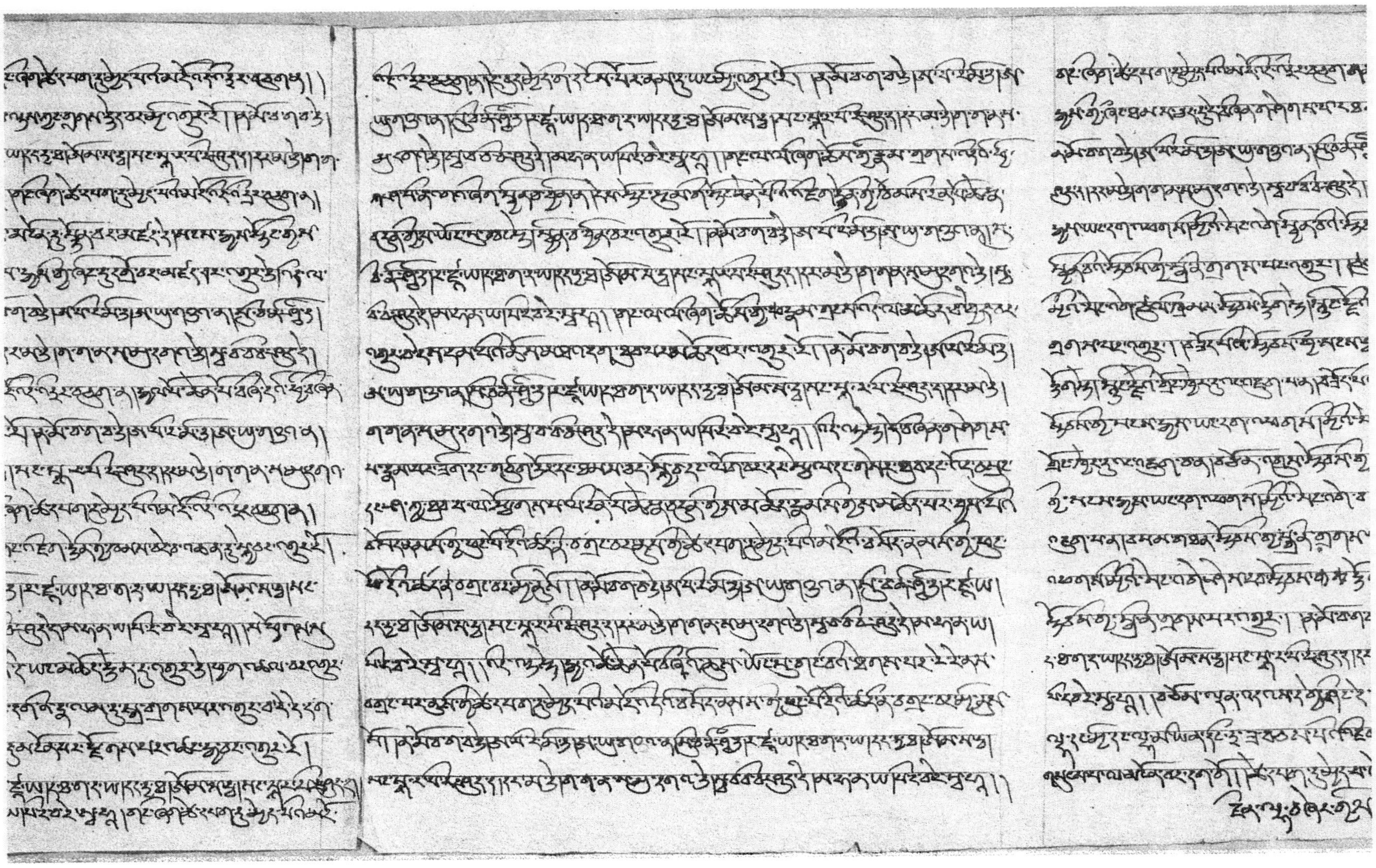

BD14224 號 6　藏文（無量壽宗要經甲本）　（36–35）

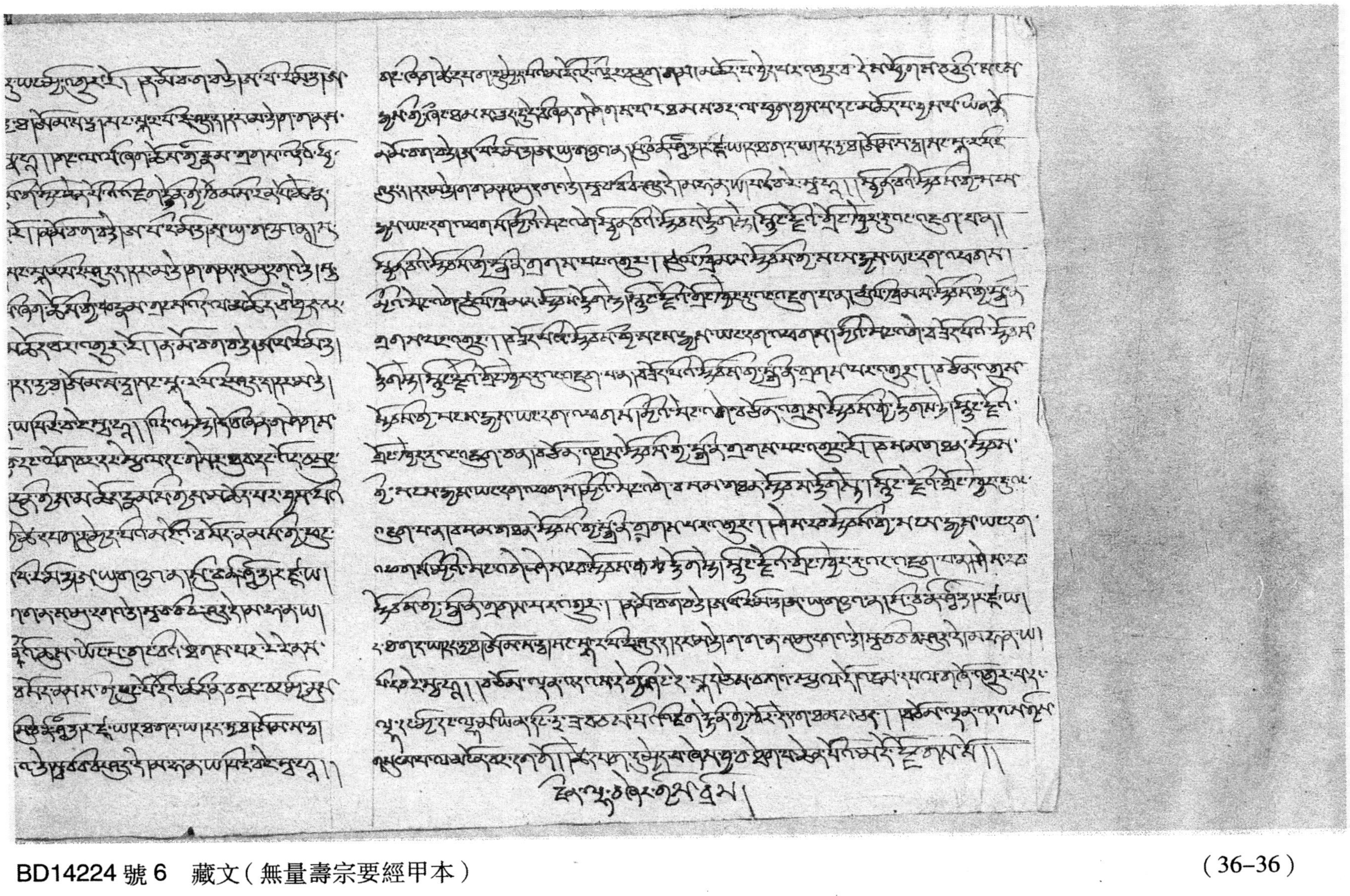

BD14224 號 6　藏文（無量壽宗要經甲本）　（36–36）

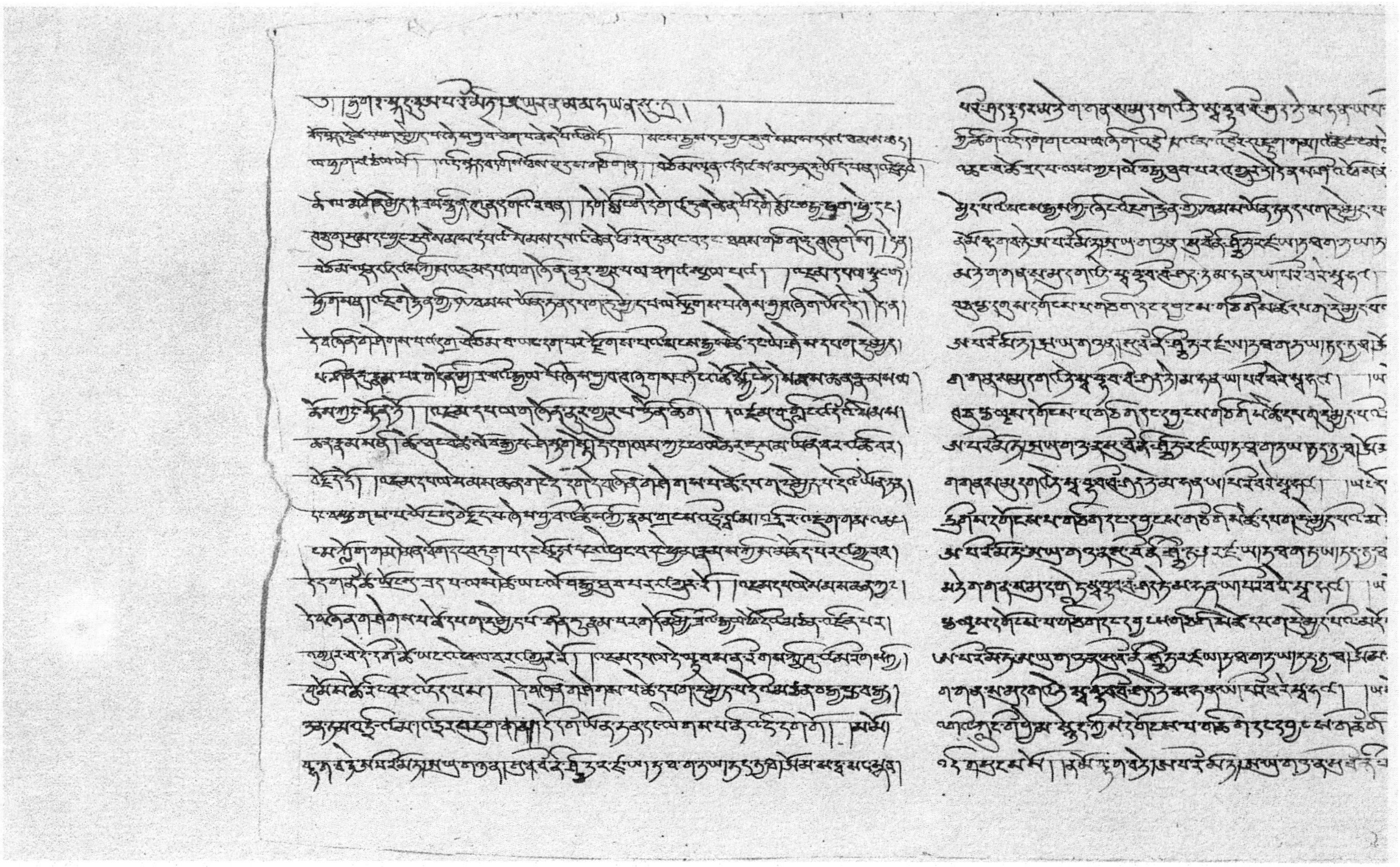

BD14225 號 1　藏文（無量壽宗要經甲本）　（36–1）

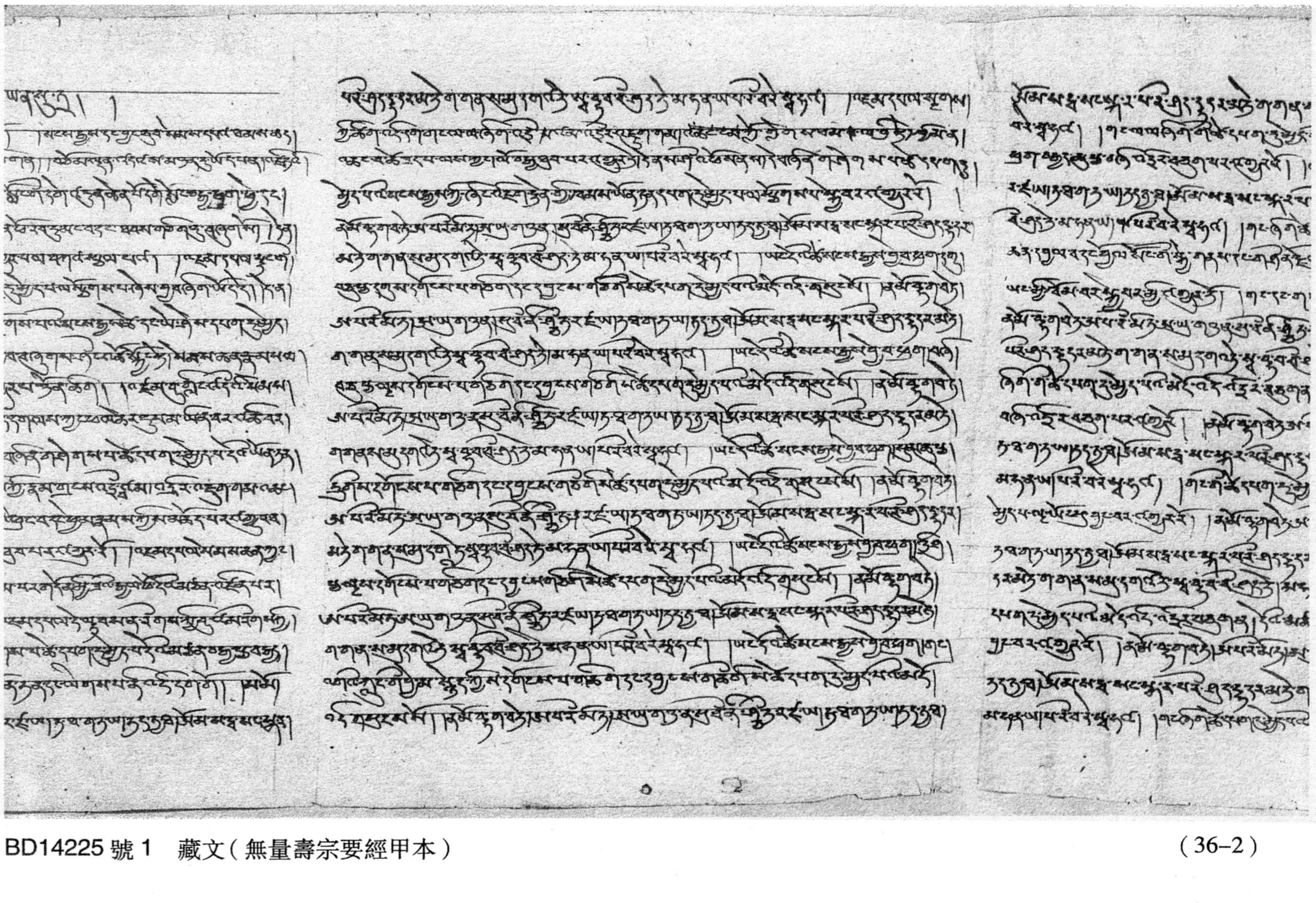

BD14225 號 1　藏文（無量壽宗要經甲本）　（36–2）

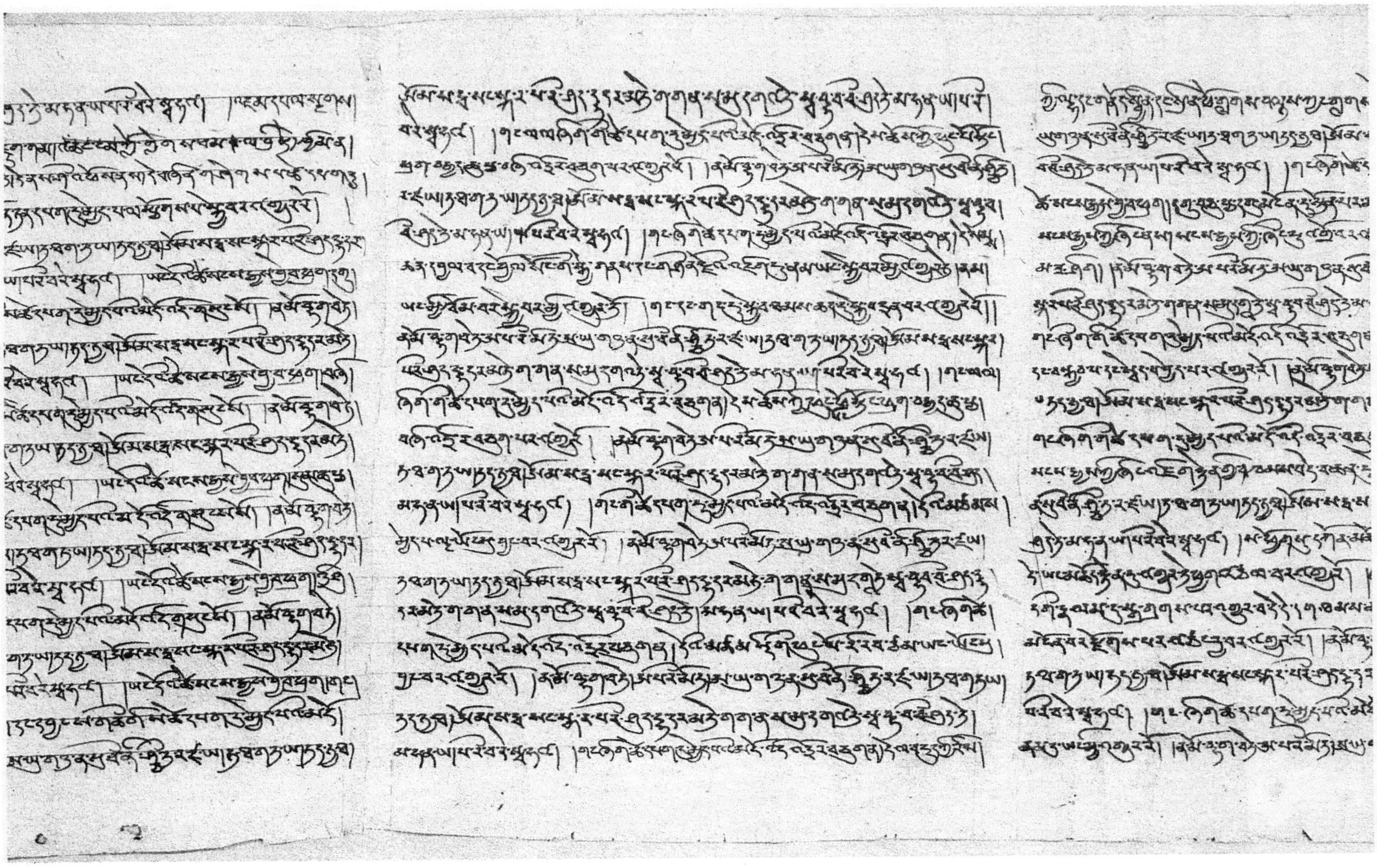

BD14225 號 1　藏文（無量壽宗要經甲本）　　（36–3）

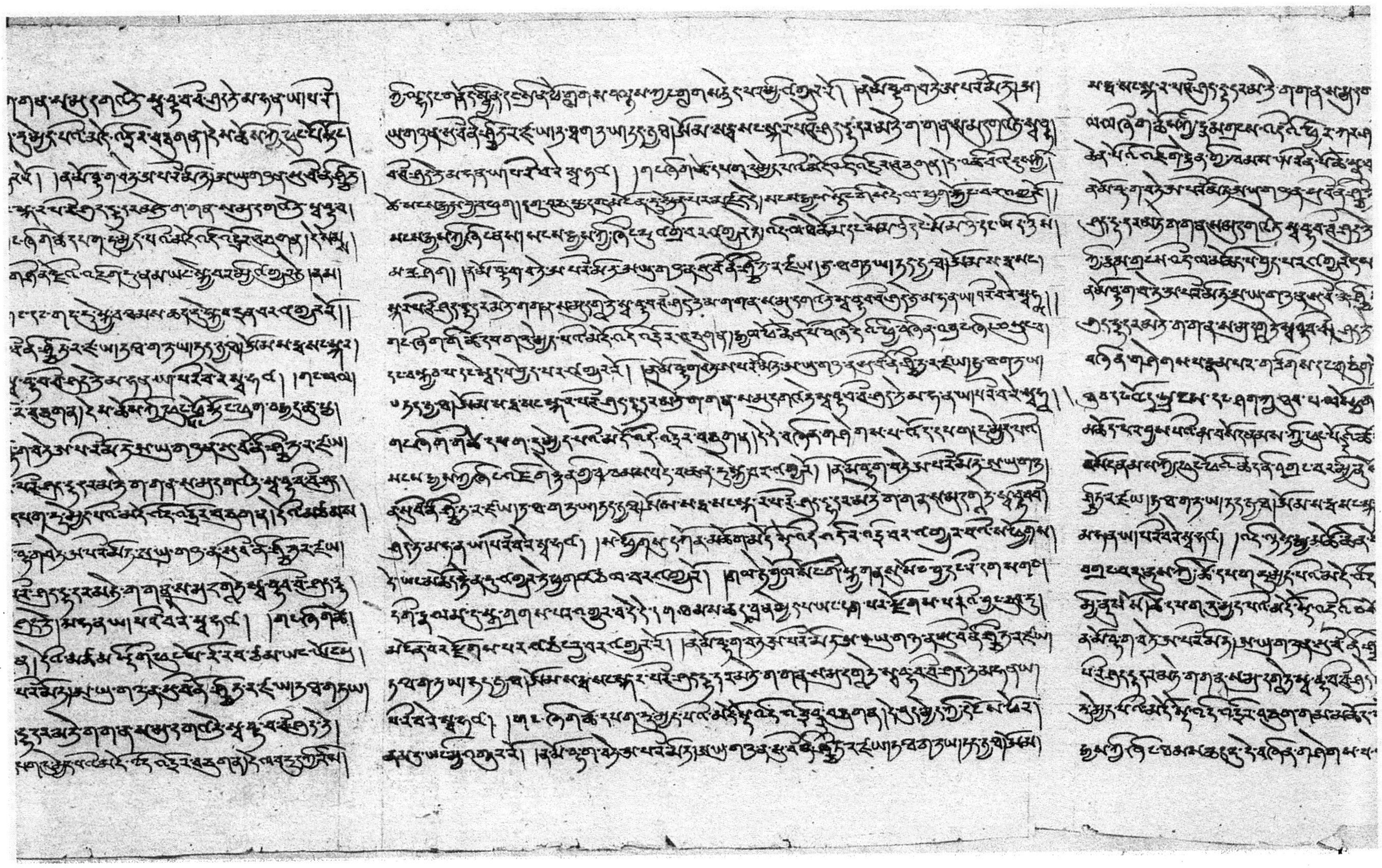

BD14225 號 1　藏文（無量壽宗要經甲本）　　（36–4）

BD14225號1 藏文（無量壽宗要經甲本） (36-5)

BD14225號1 藏文（無量壽宗要經甲本） (36-6)

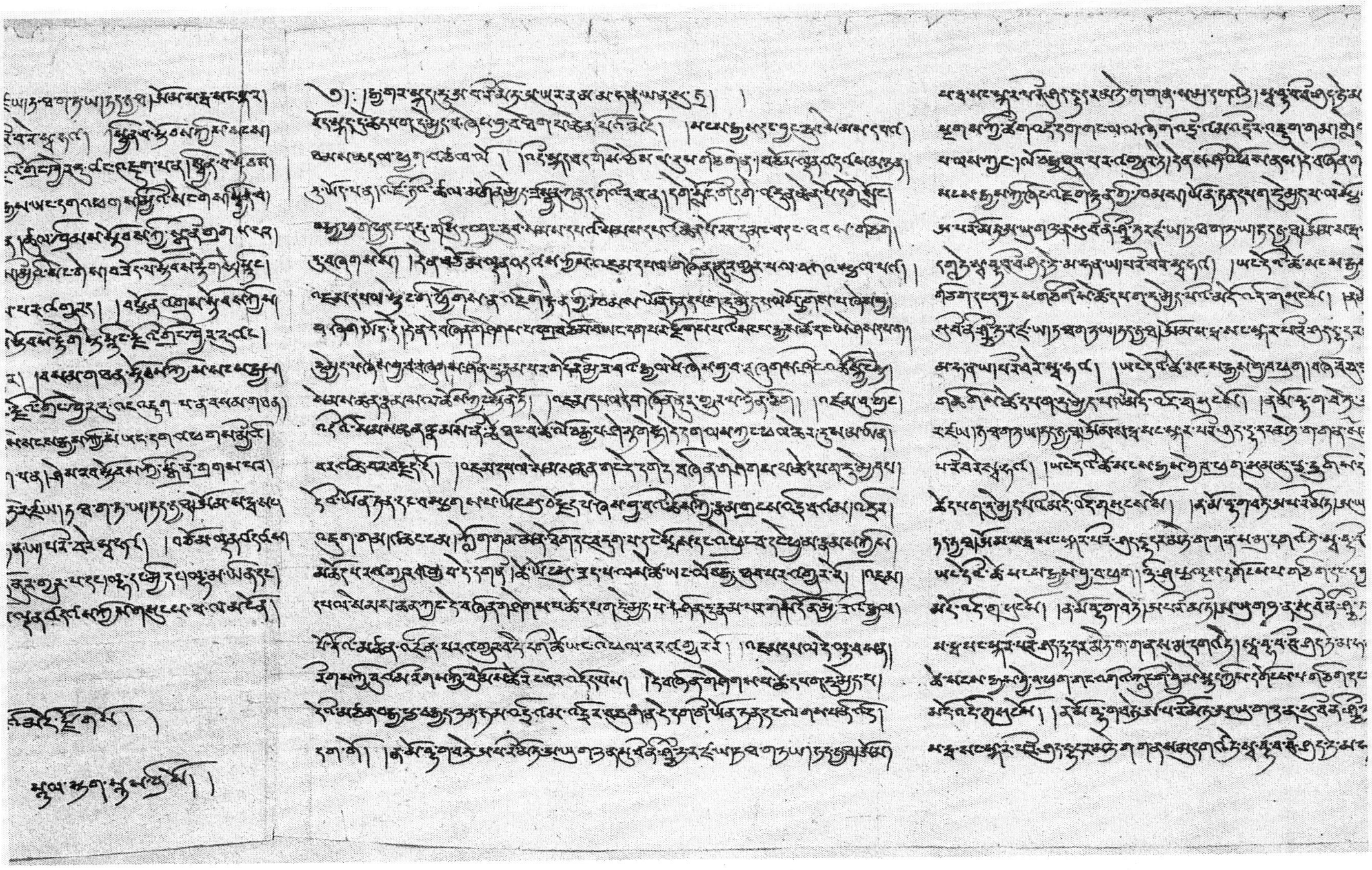

BD14225 號 2　藏文（無量壽宗要經甲本）　　（36–7）

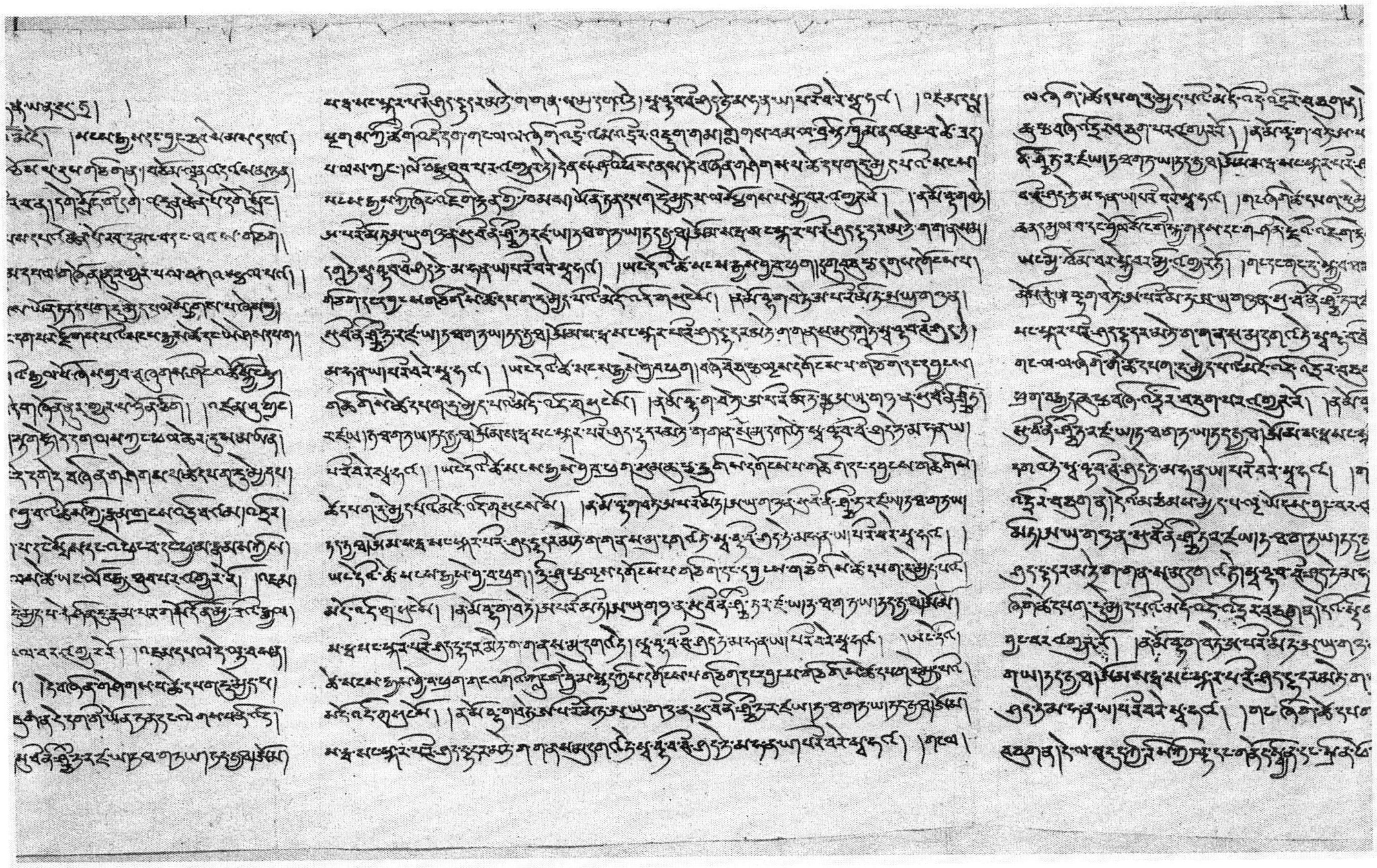

BD14225 號 2　藏文（無量壽宗要經甲本）　　（36–8）

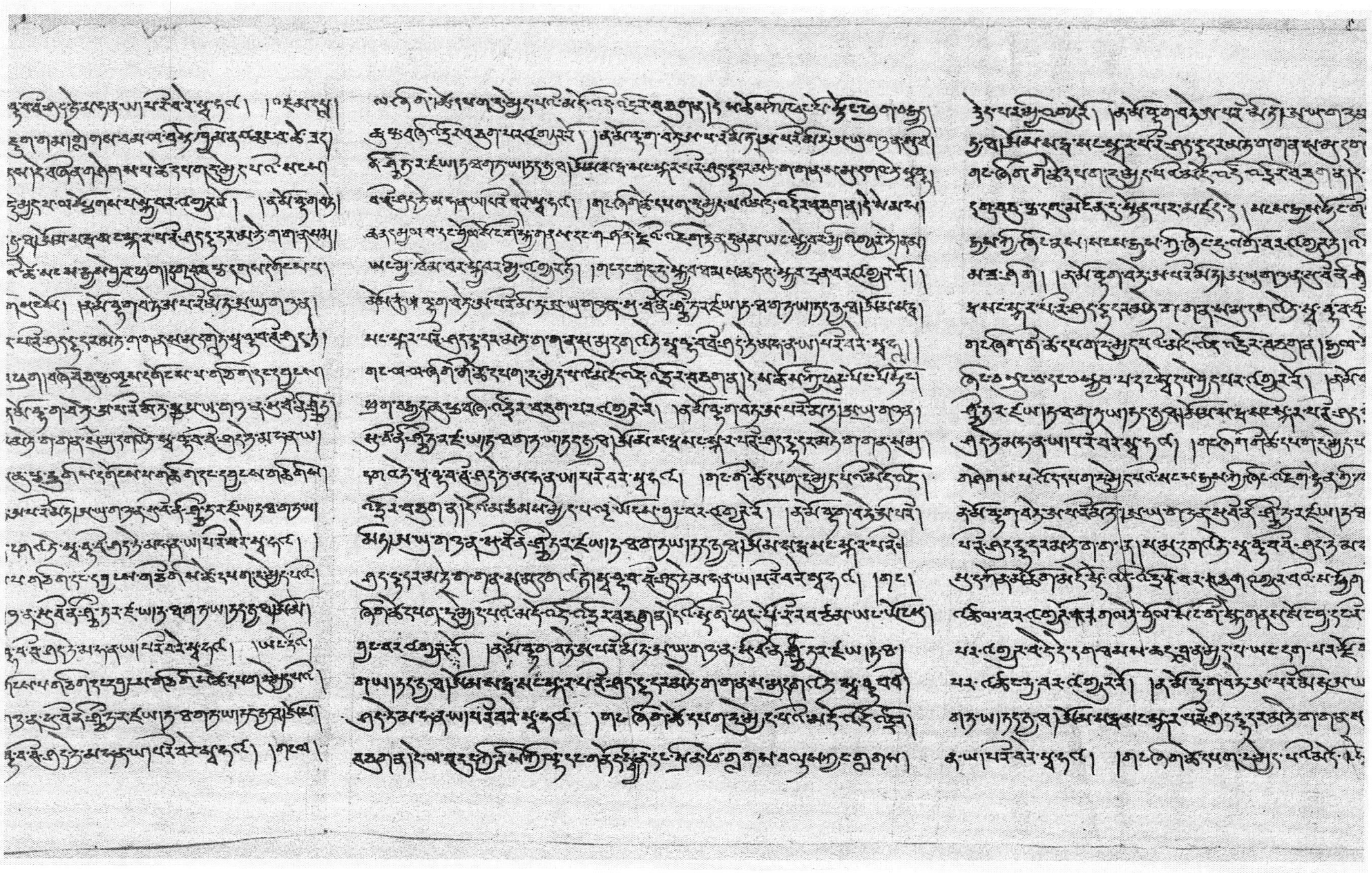

BD14225 號 2　藏文（無量壽宗要經甲本）　　（36–9）

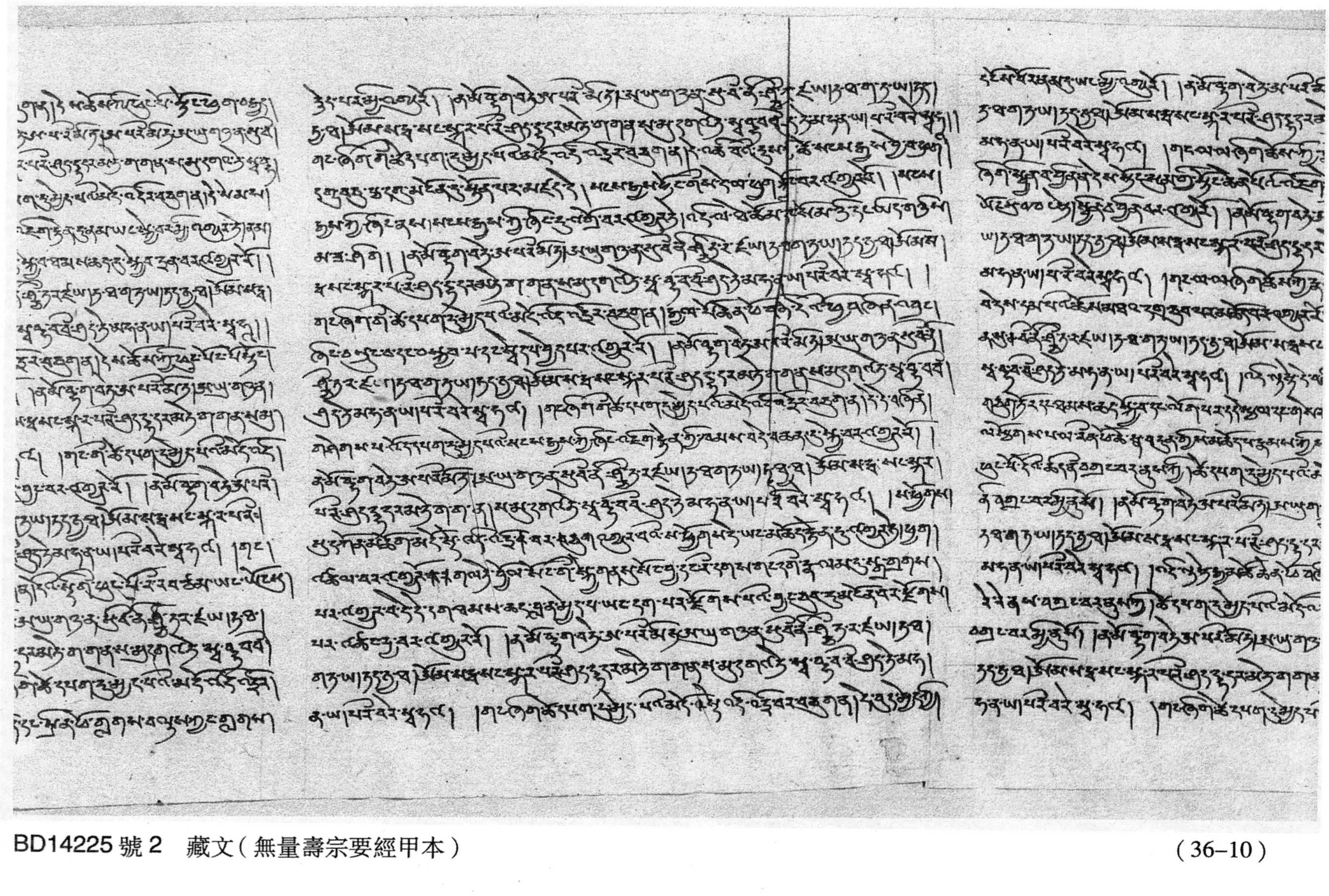

BD14225 號 2　藏文（無量壽宗要經甲本）　　（36–10）

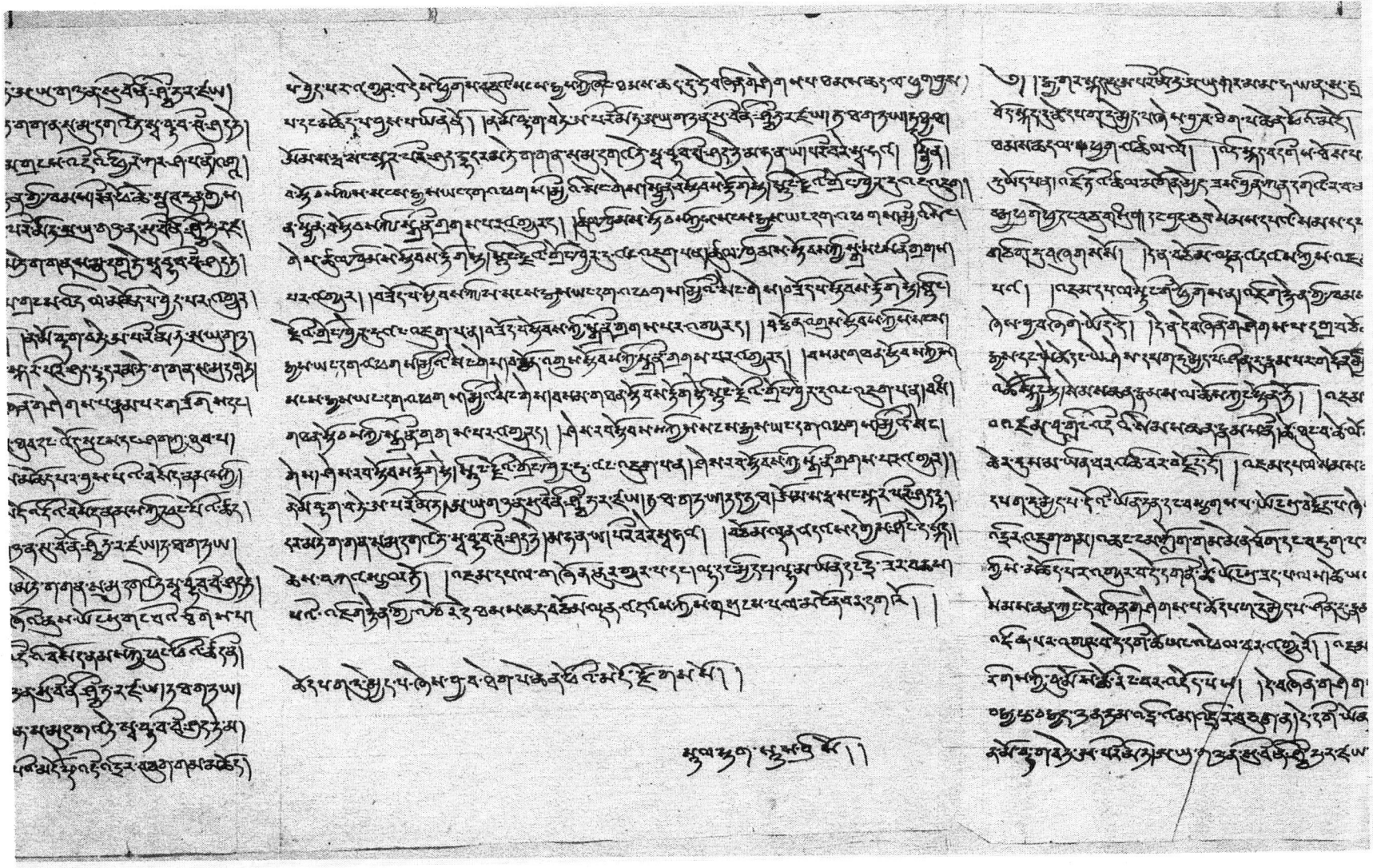

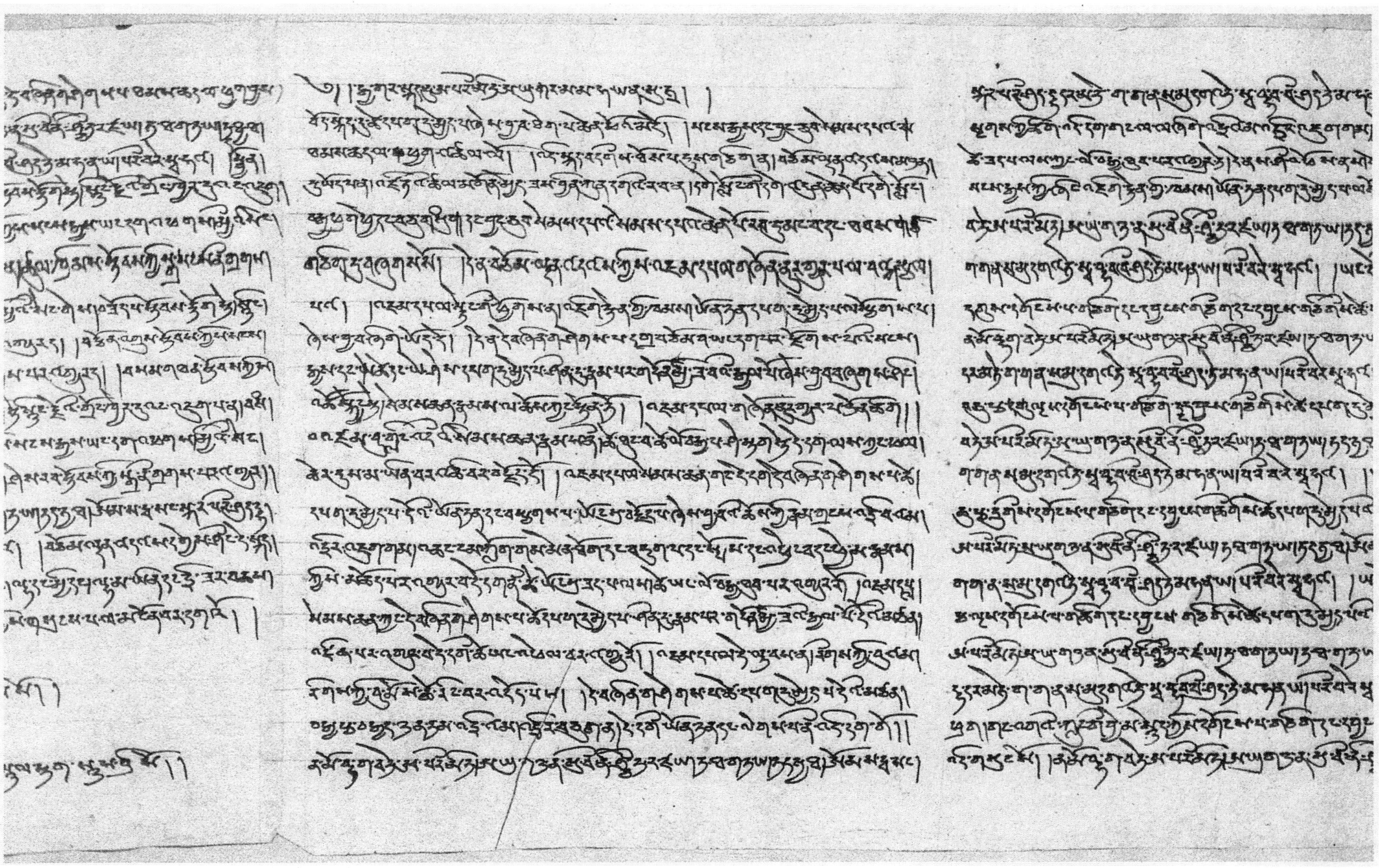

BD14225 號 3　藏文（無量壽宗要經甲本）　（36–13）

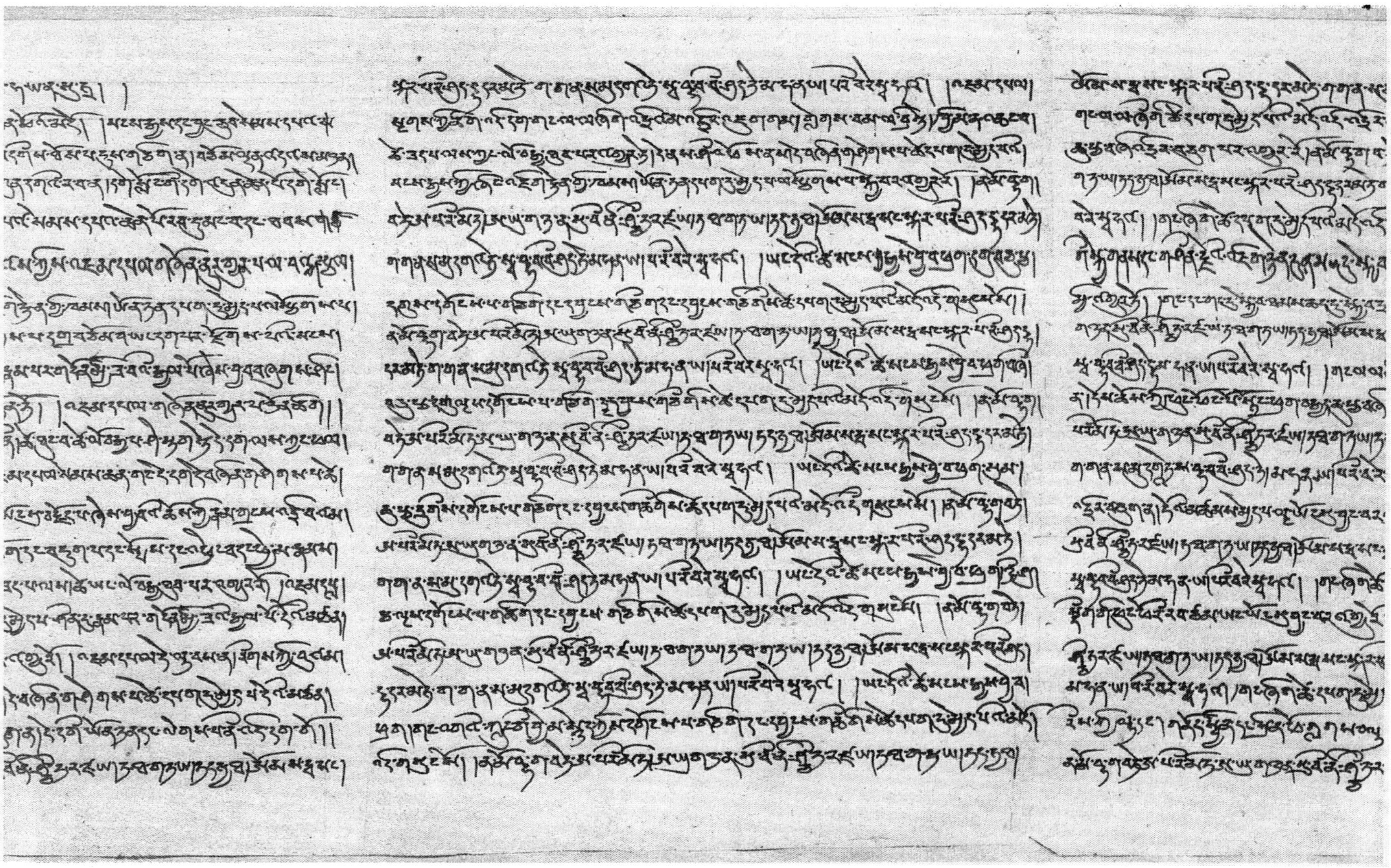

BD14225 號 3　藏文（無量壽宗要經甲本）　（36–14）

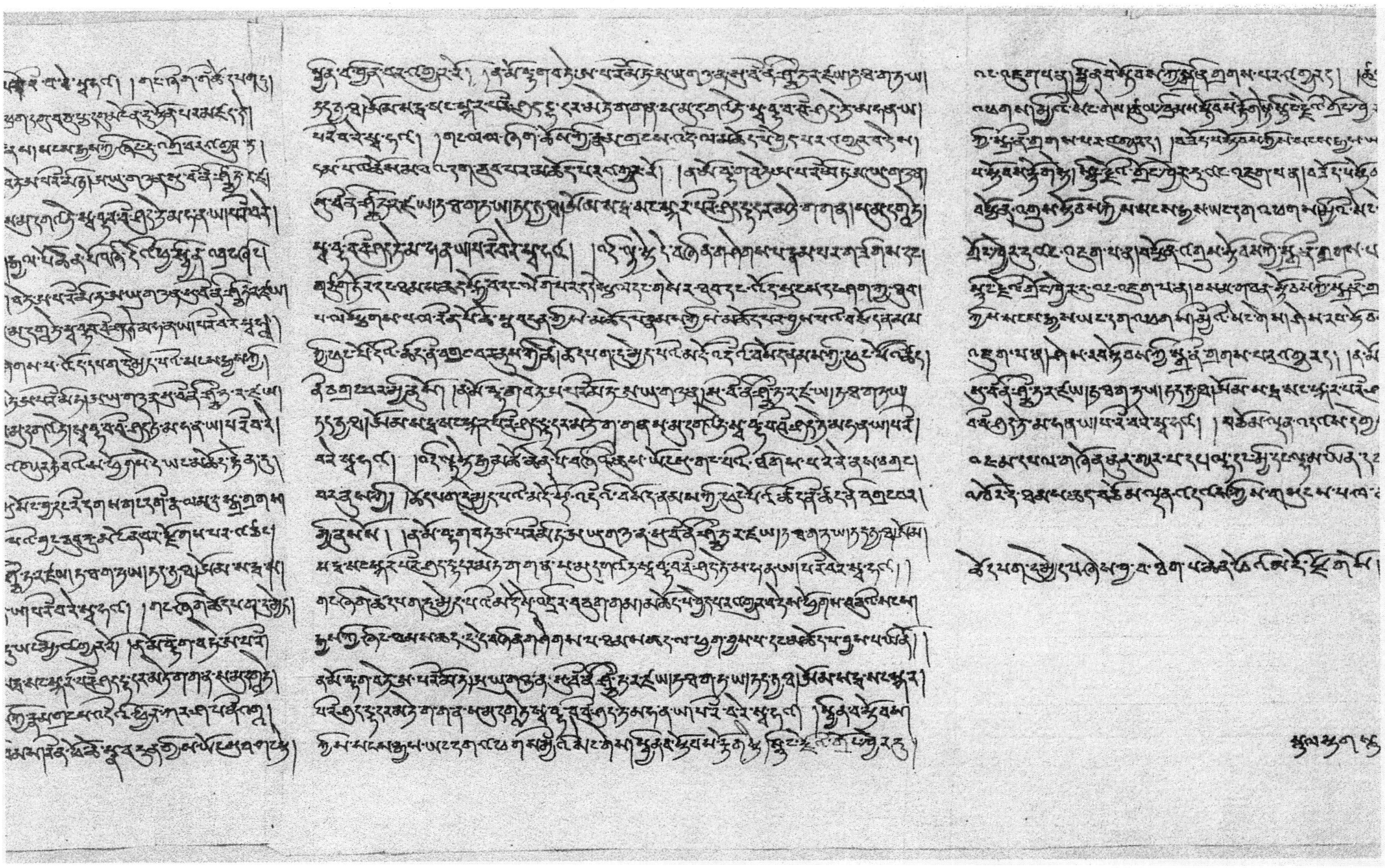

BD14225號3　藏文(無量壽宗要經甲本)　(36–17)

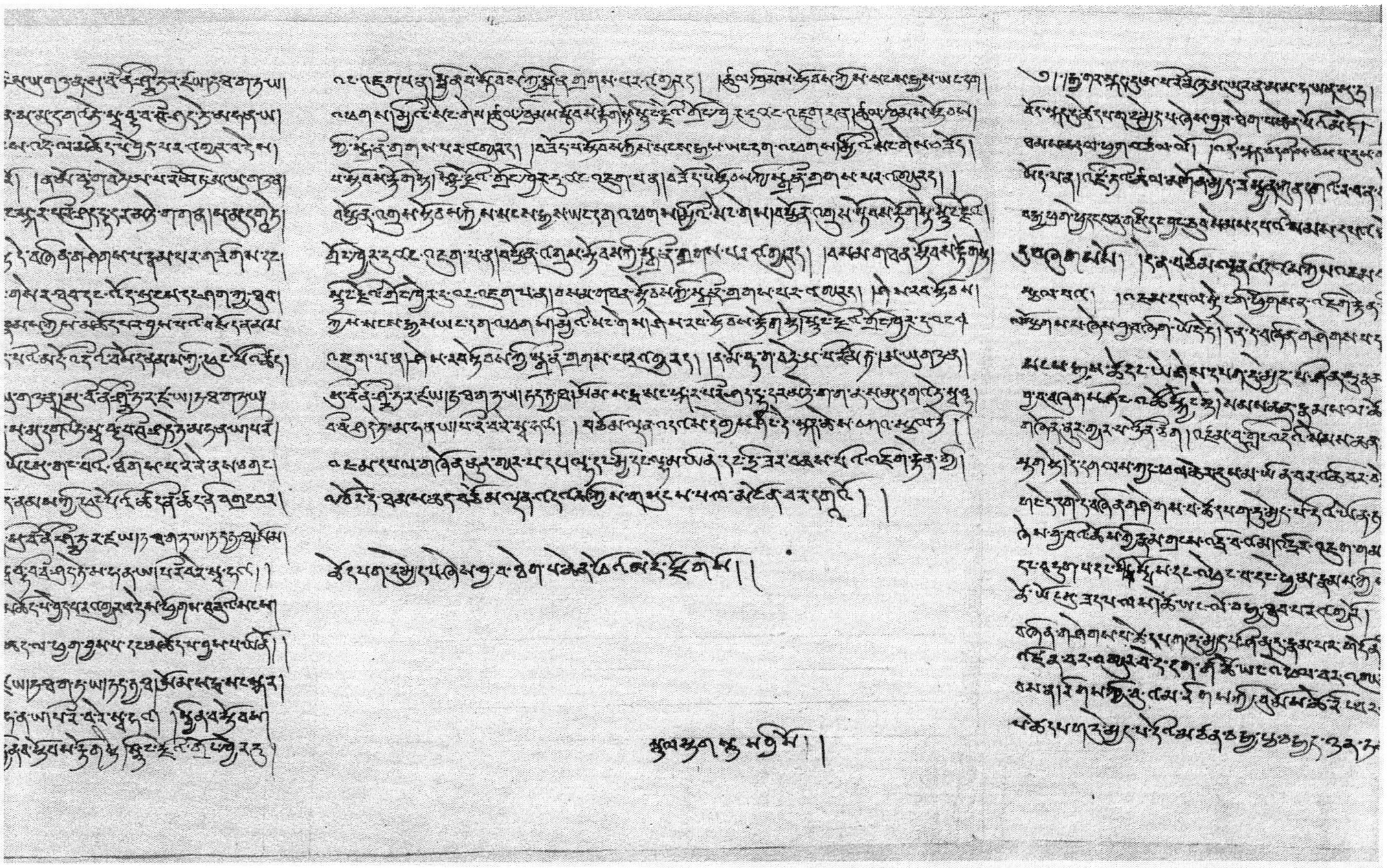

BD14225號3　藏文(無量壽宗要經甲本)　(36–18)

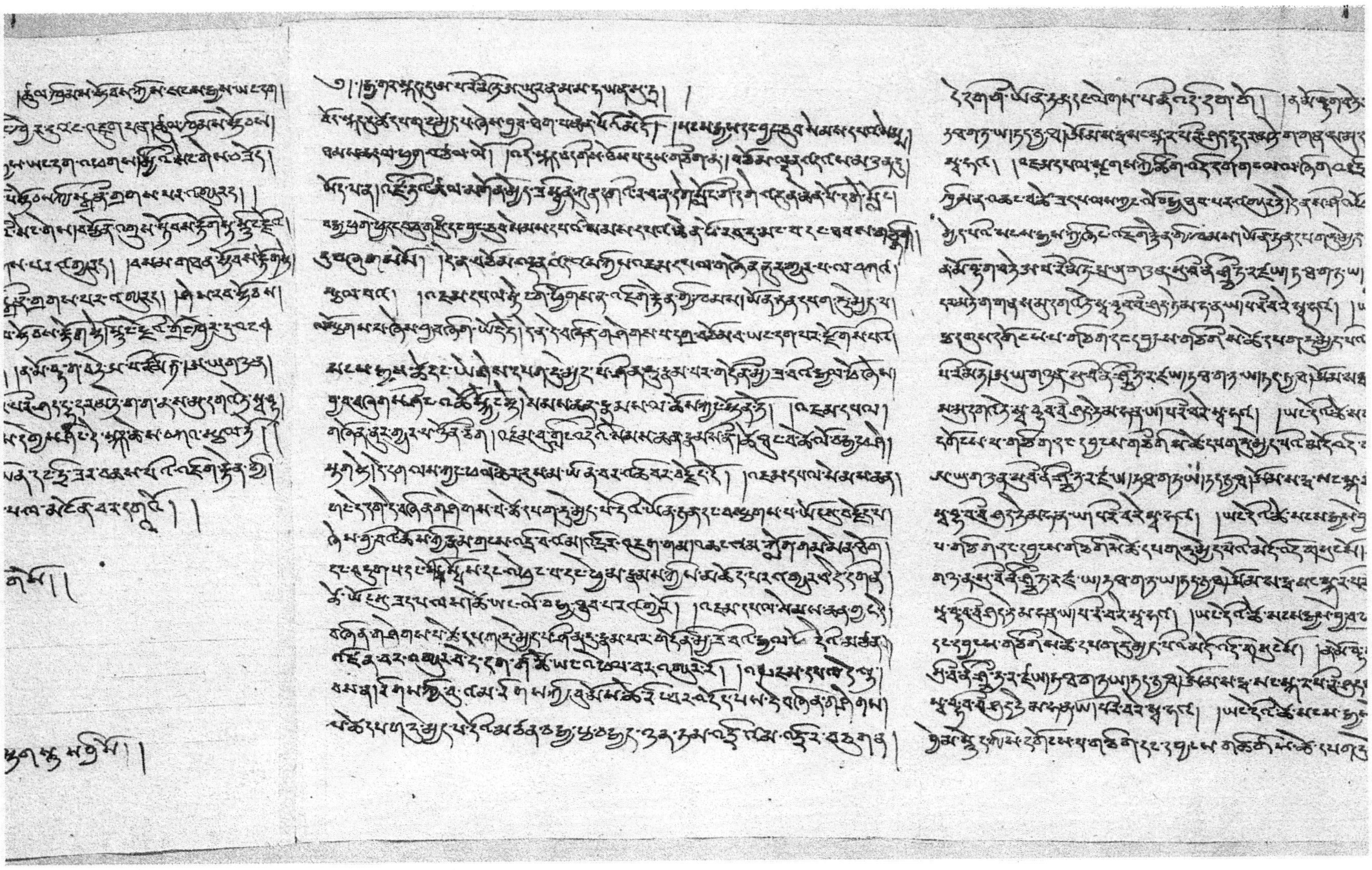

BD14225 號 4　藏文（無量壽宗要經甲本）　　（36–19）

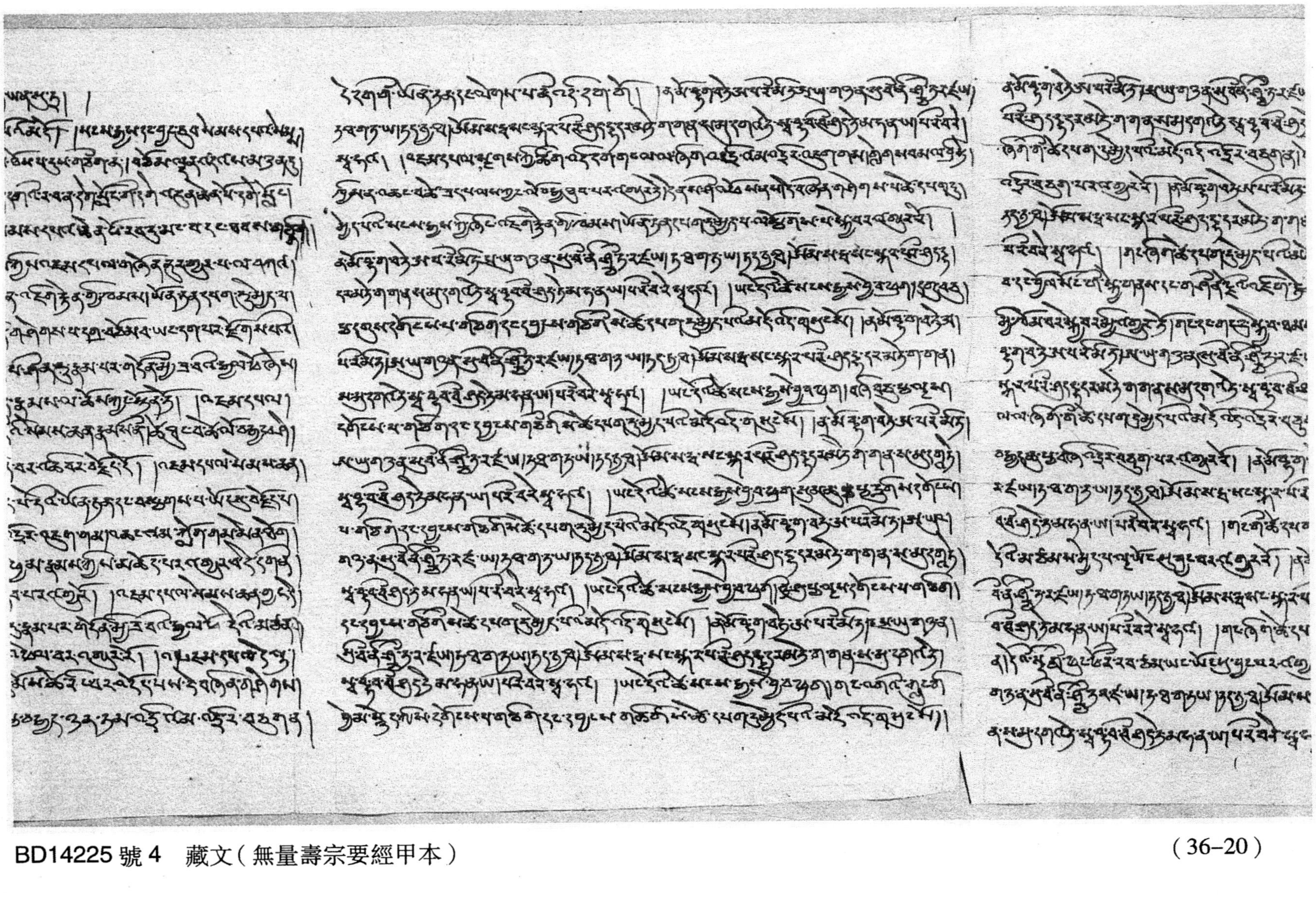

BD14225 號 4　藏文（無量壽宗要經甲本）　　（36–20）

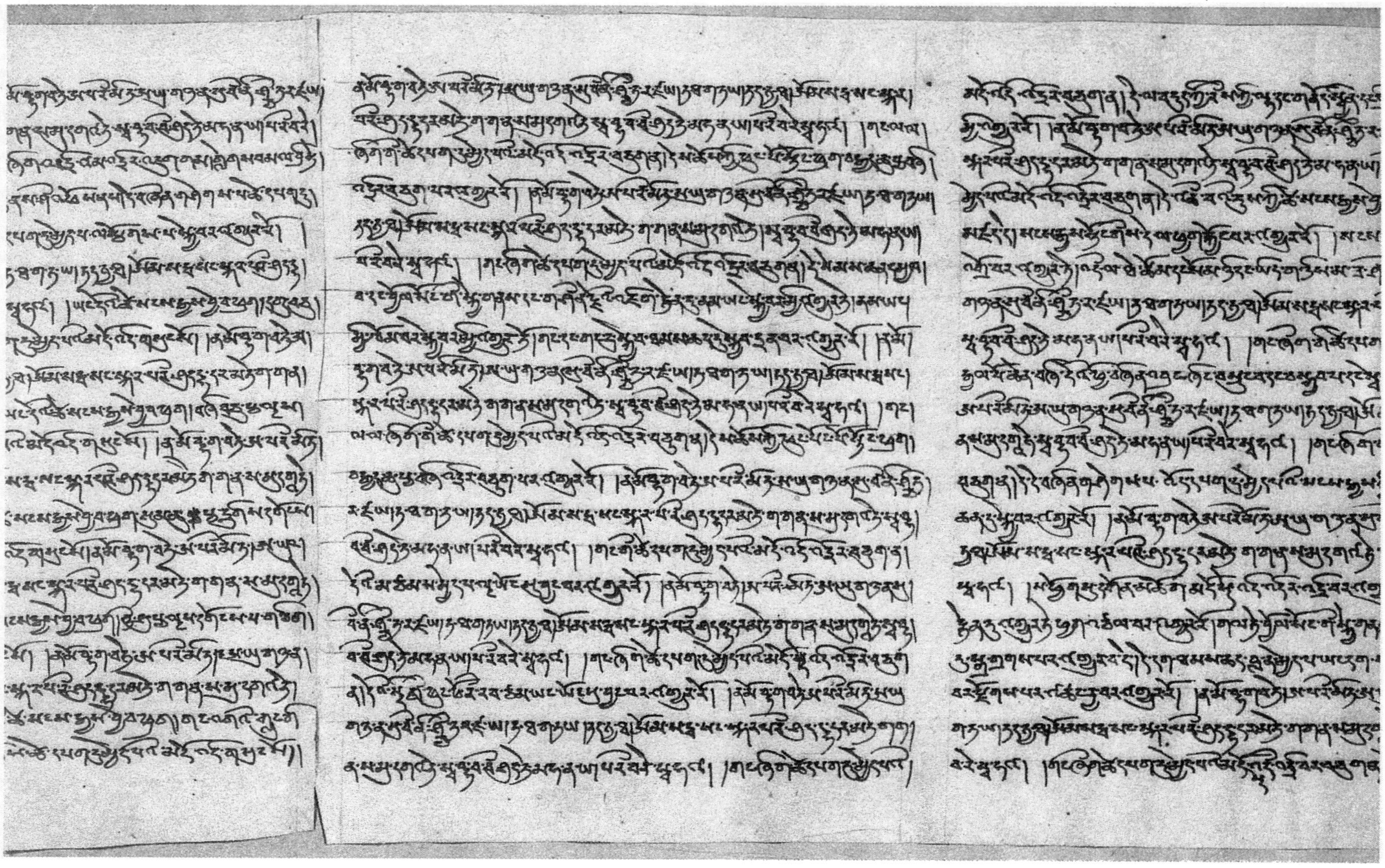

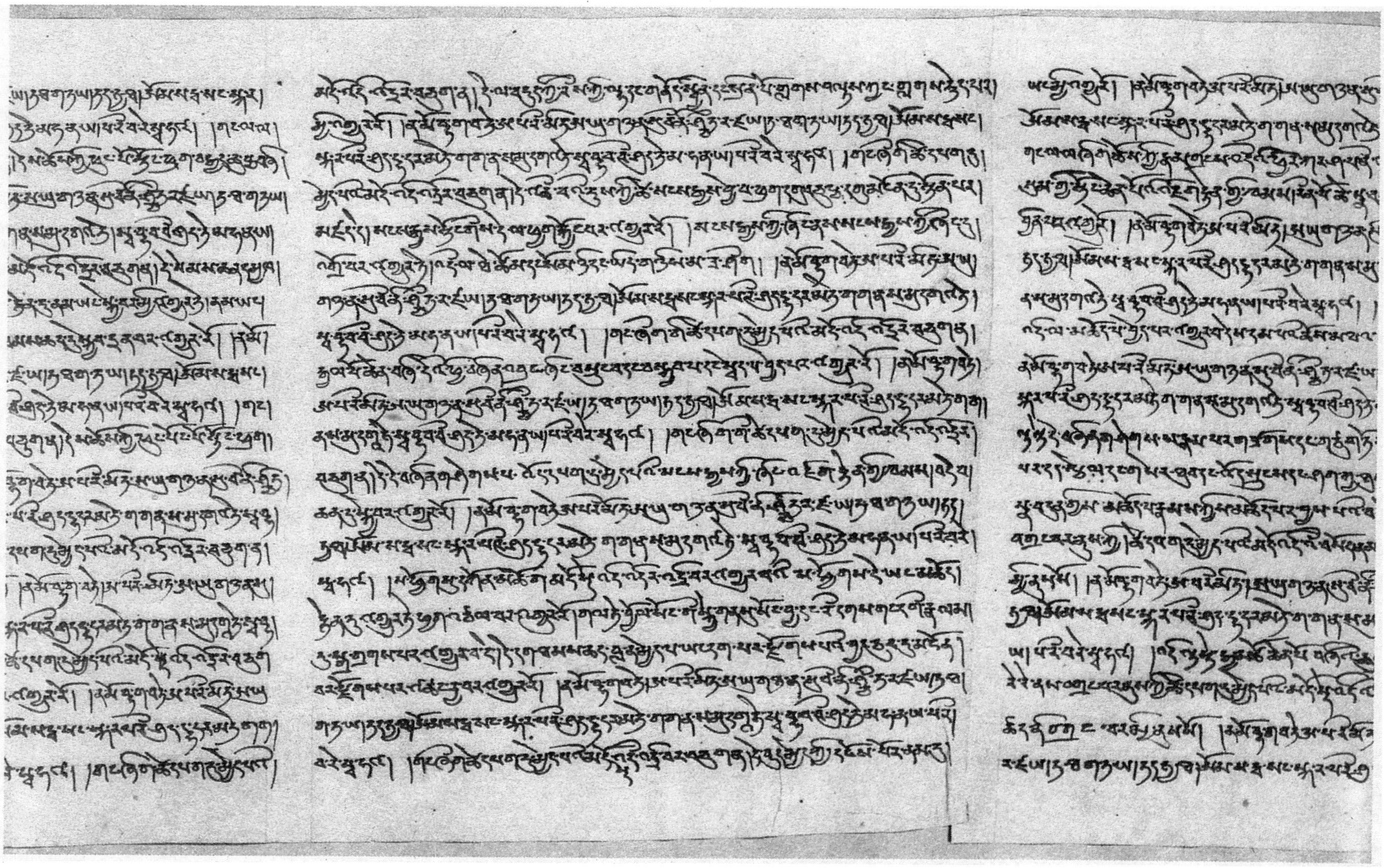

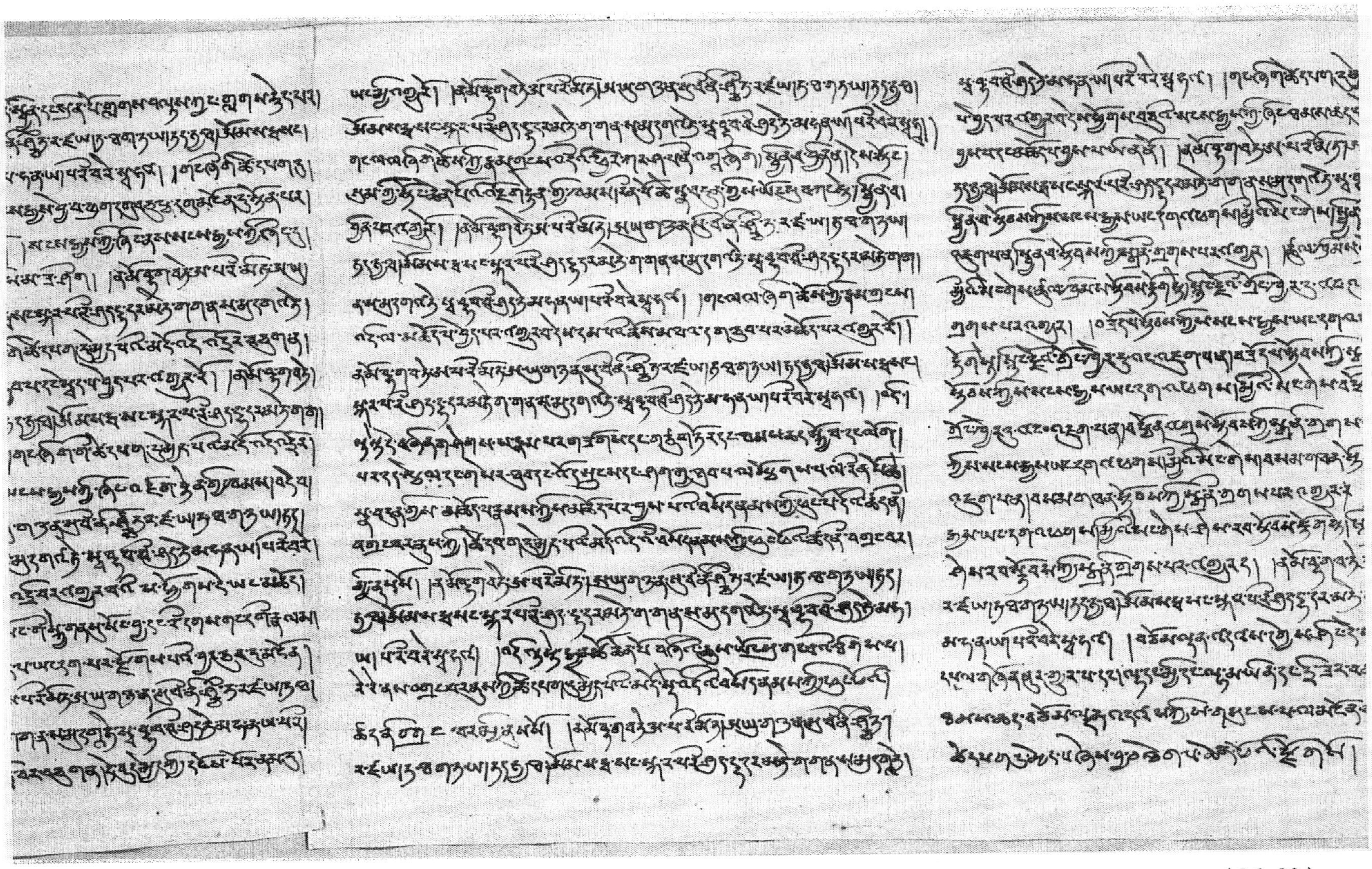

BD14225 號 4　藏文（無量壽宗要經甲本）

（36–23）

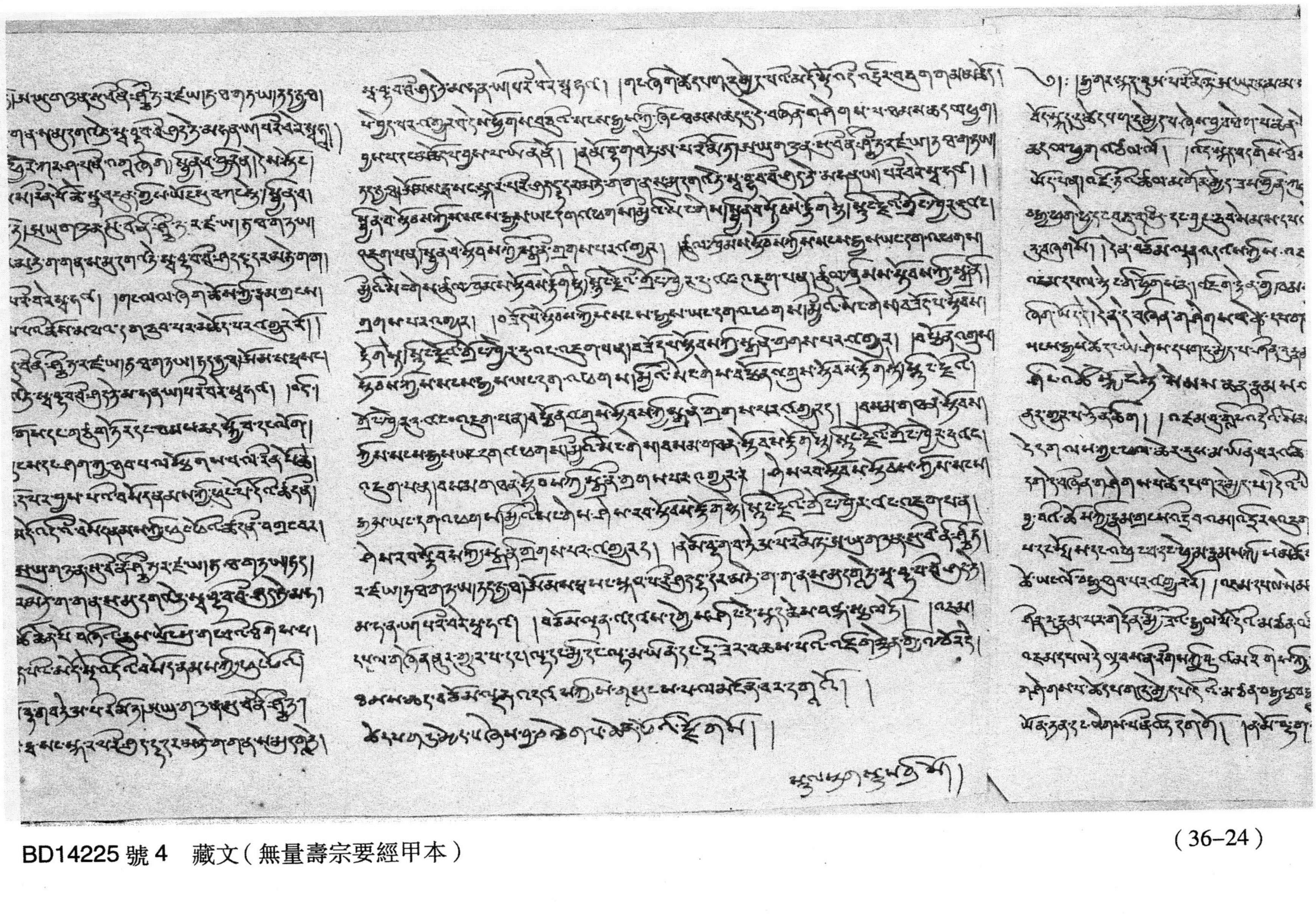

BD14225 號 4　藏文（無量壽宗要經甲本）

（36–24）

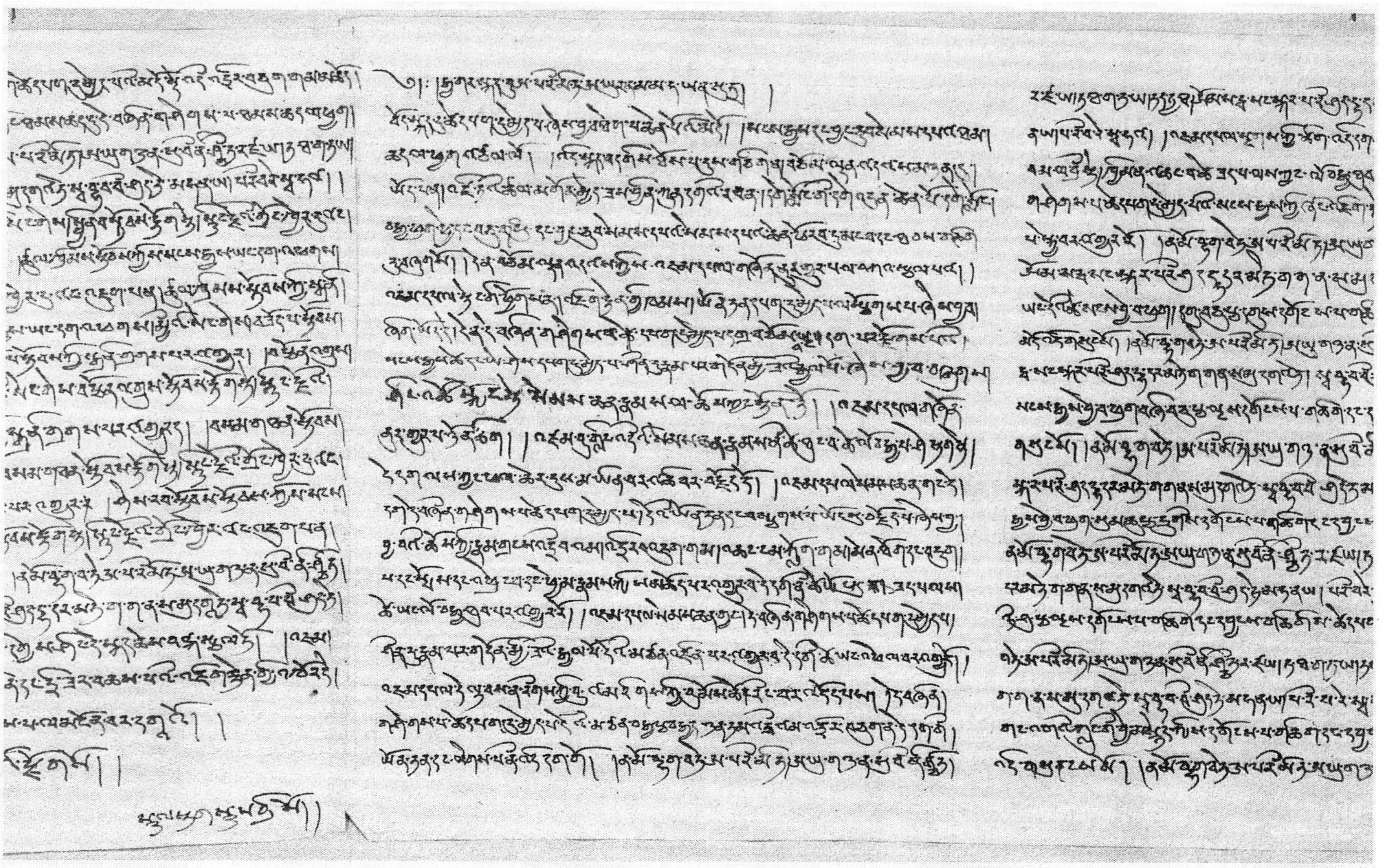

BD14225 號 5　藏文（無量壽宗要經甲本）　（36–25）

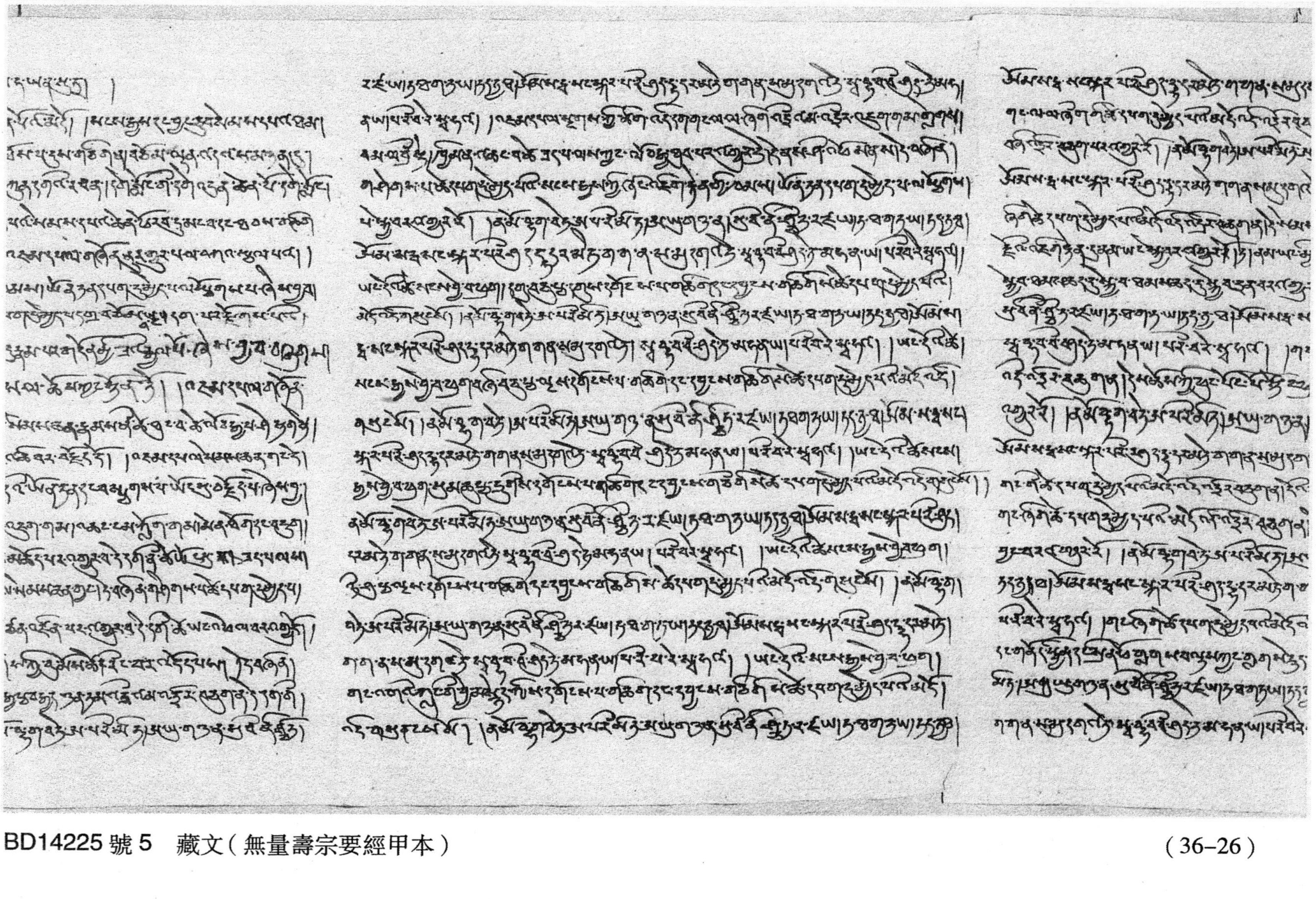

BD14225 號 5　藏文（無量壽宗要經甲本）　（36–26）

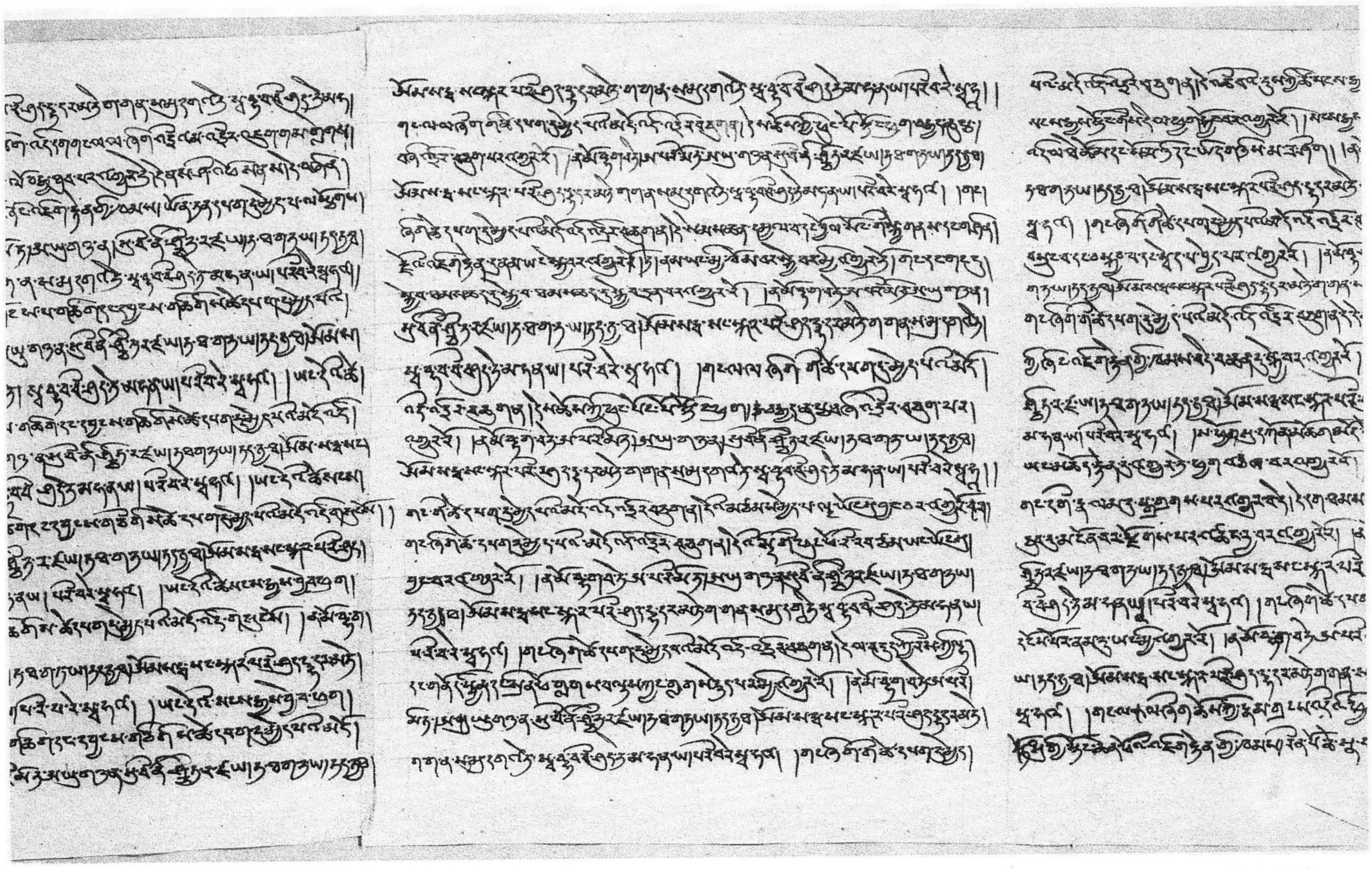

BD14225號 5　藏文（無量壽宗要經甲本）　（36–27）

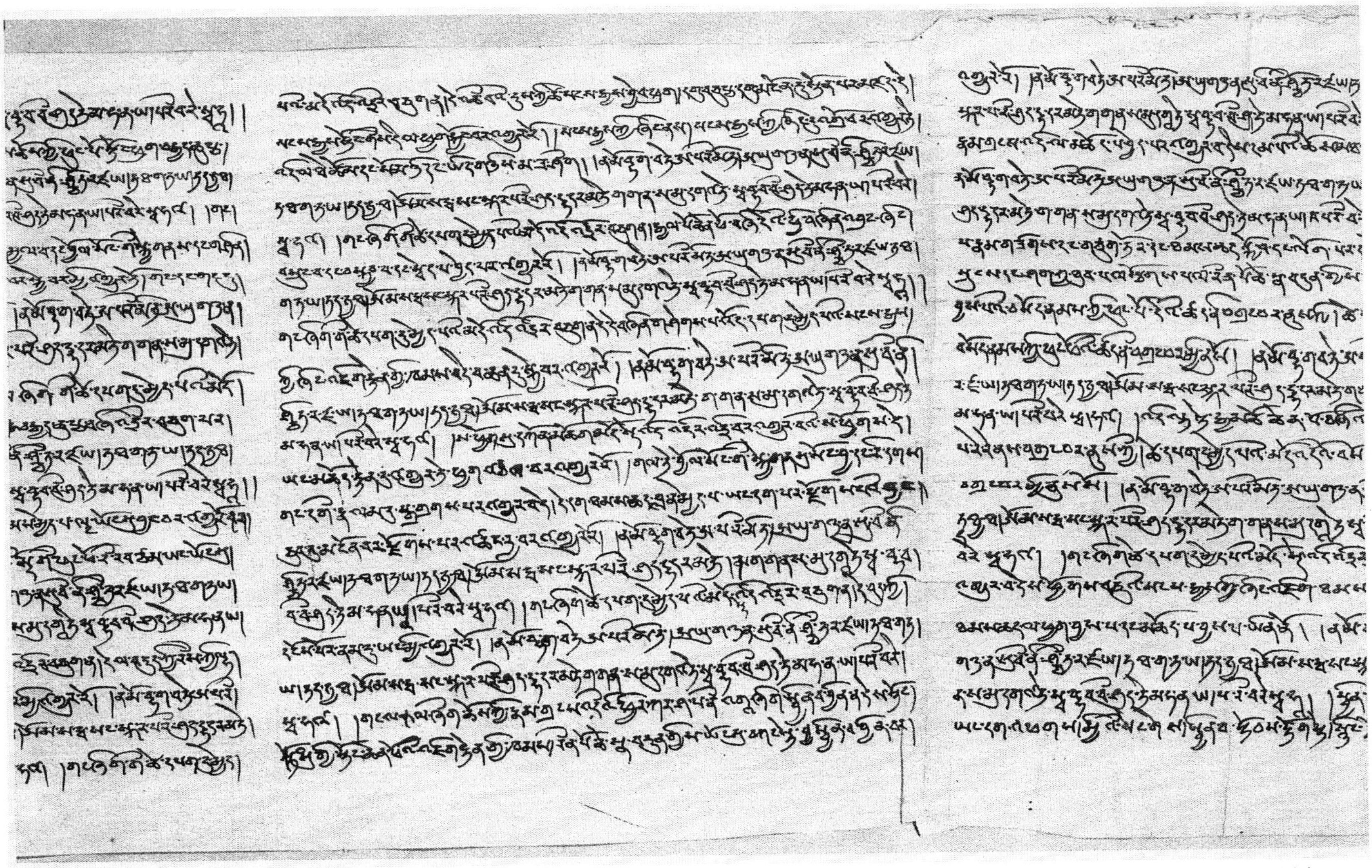

BD14225號 5　藏文（無量壽宗要經甲本）　（36–28）

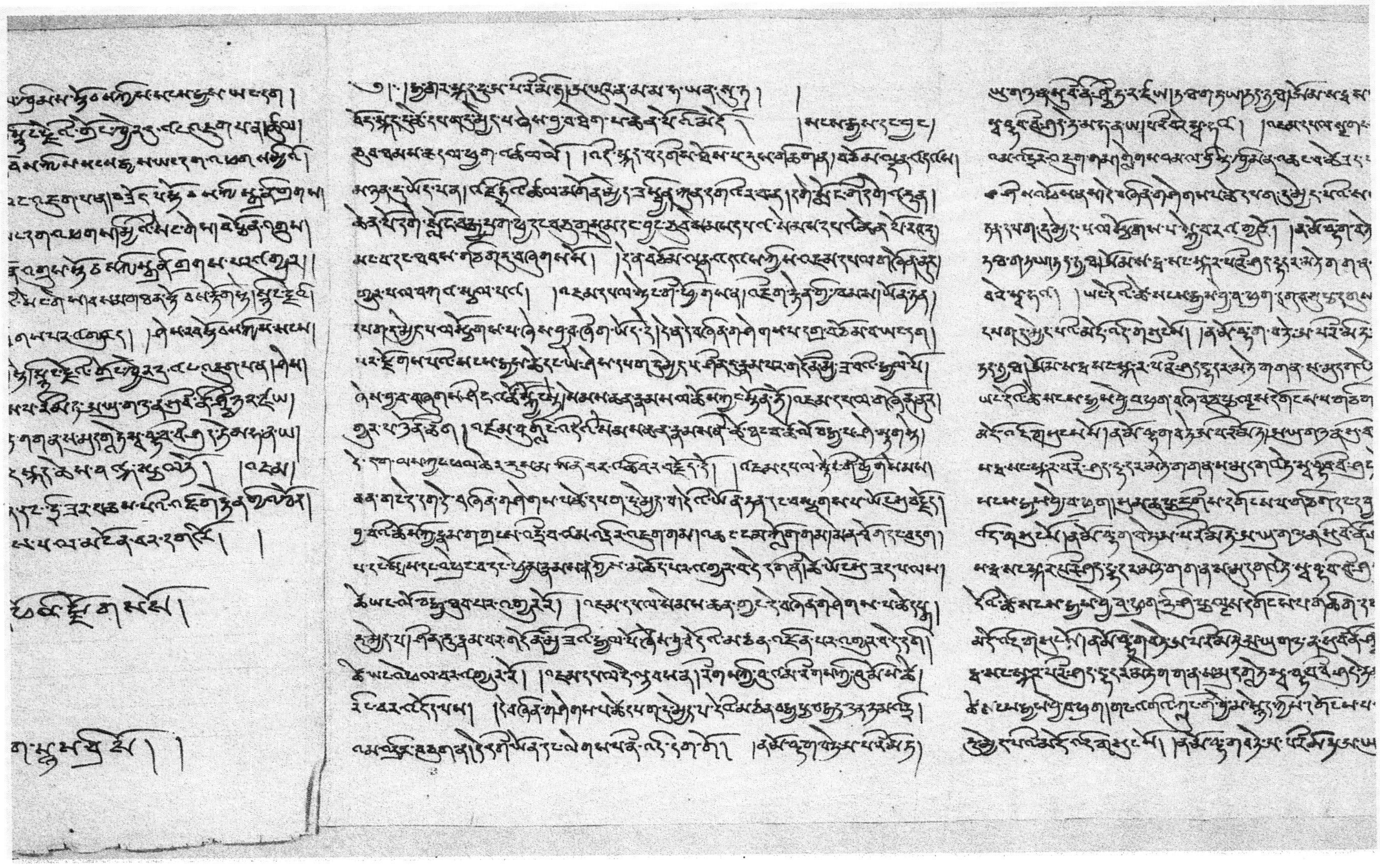

BD14225 號 6　藏文（無量壽宗要經甲本）　（36–31）

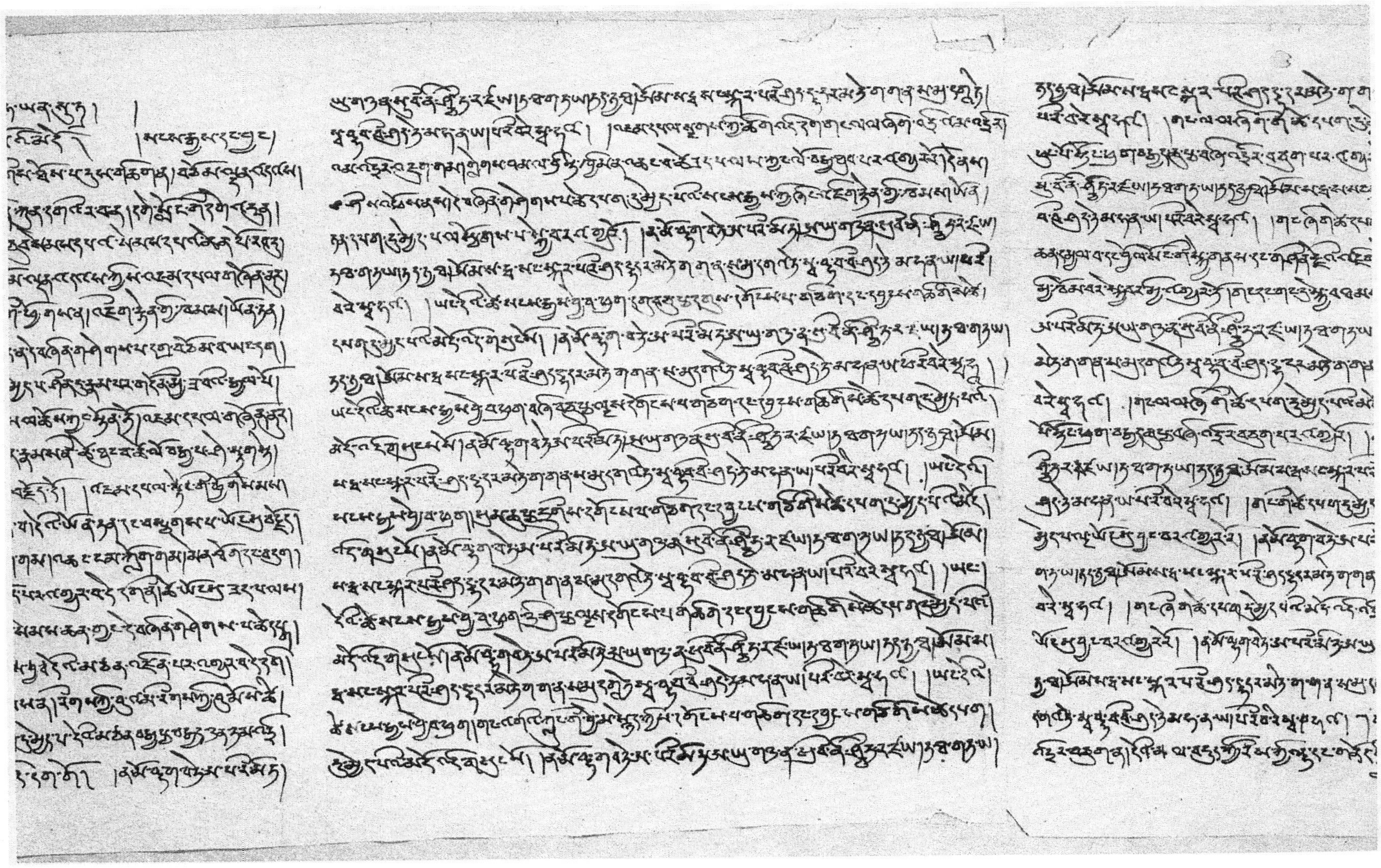

BD14225 號 6　藏文（無量壽宗要經甲本）　（36–32）

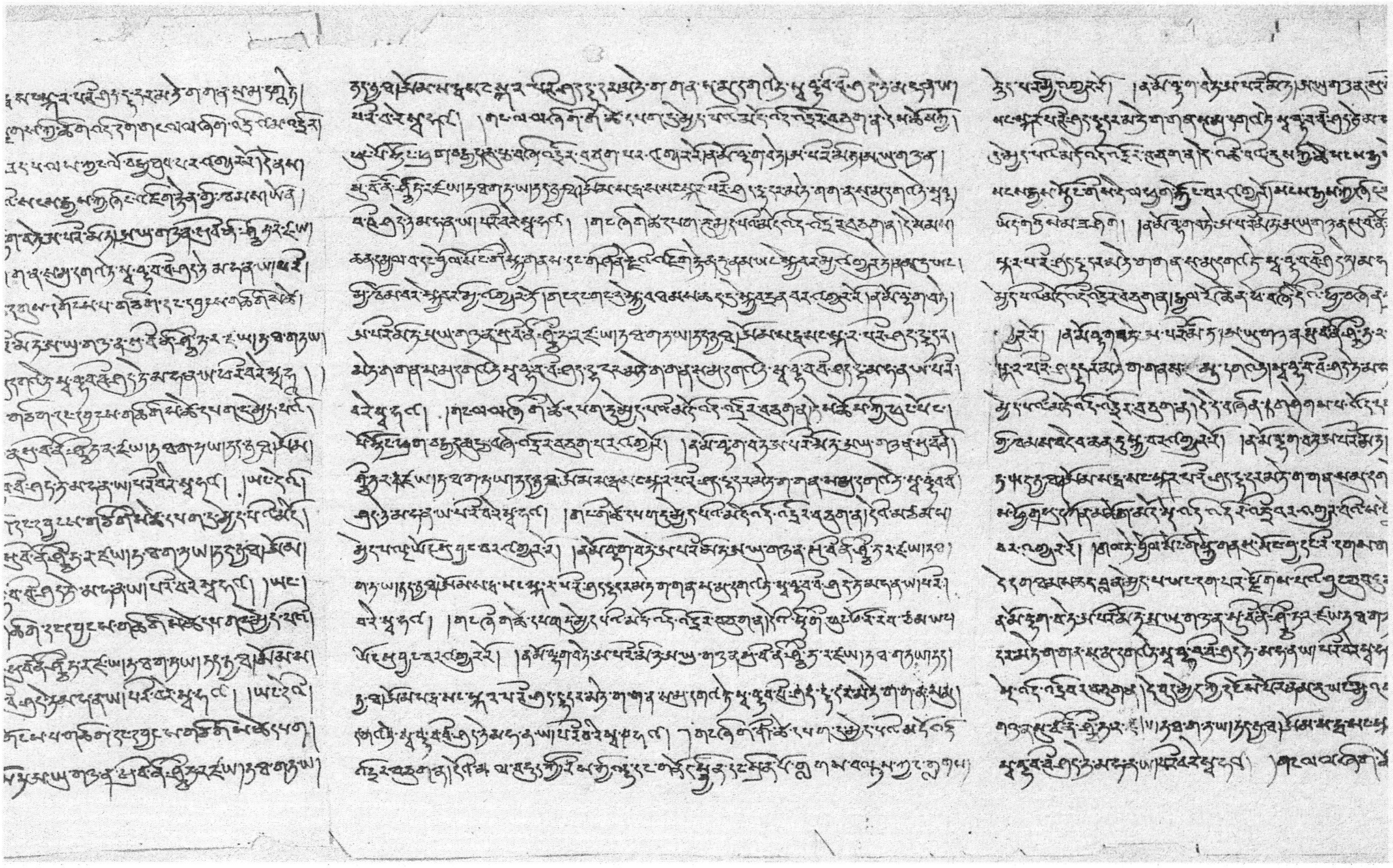

BD14225 號 6　藏文（無量壽宗要經甲本）　（36–33）

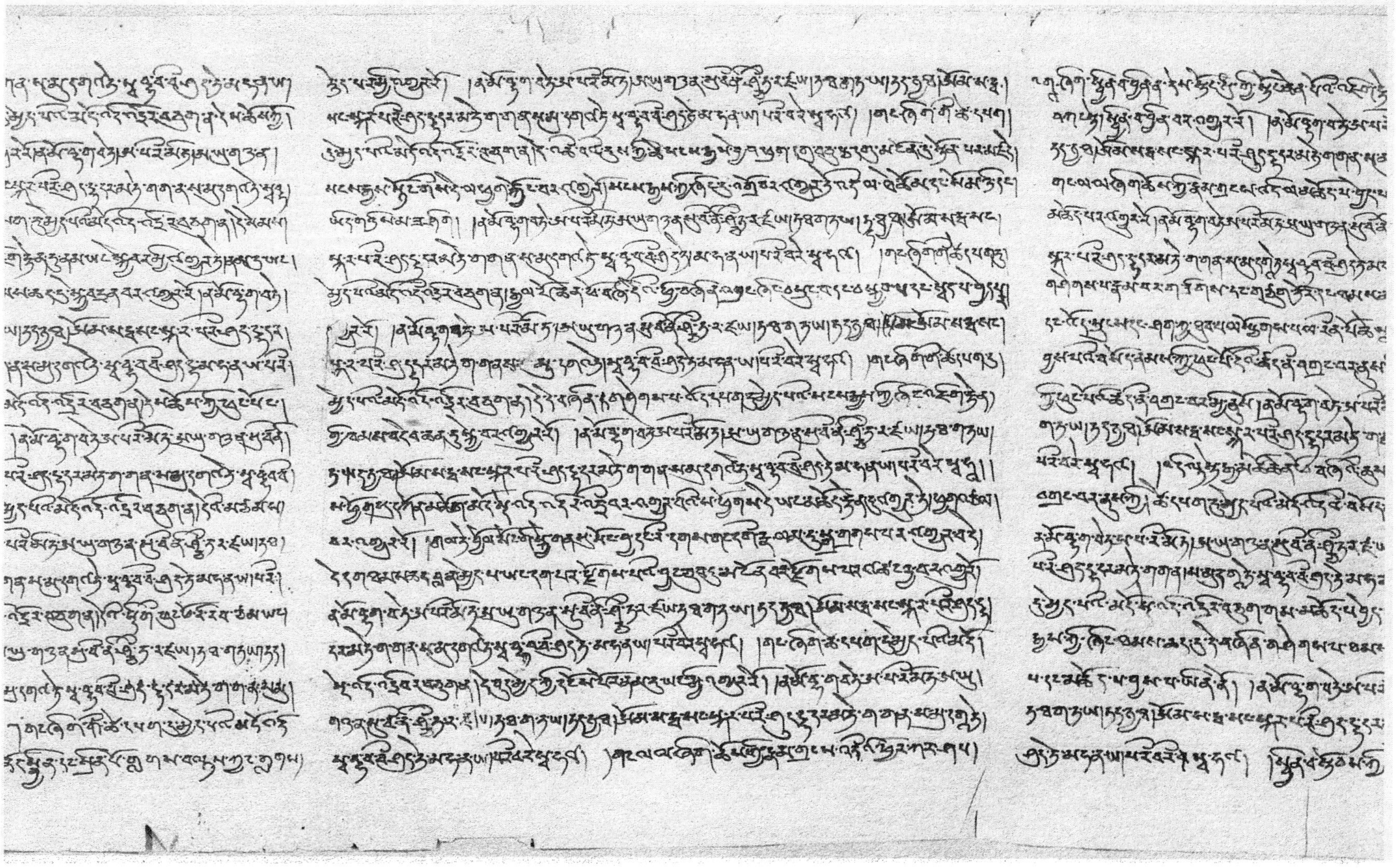

BD14225 號 6　藏文（無量壽宗要經甲本）　（36–34）

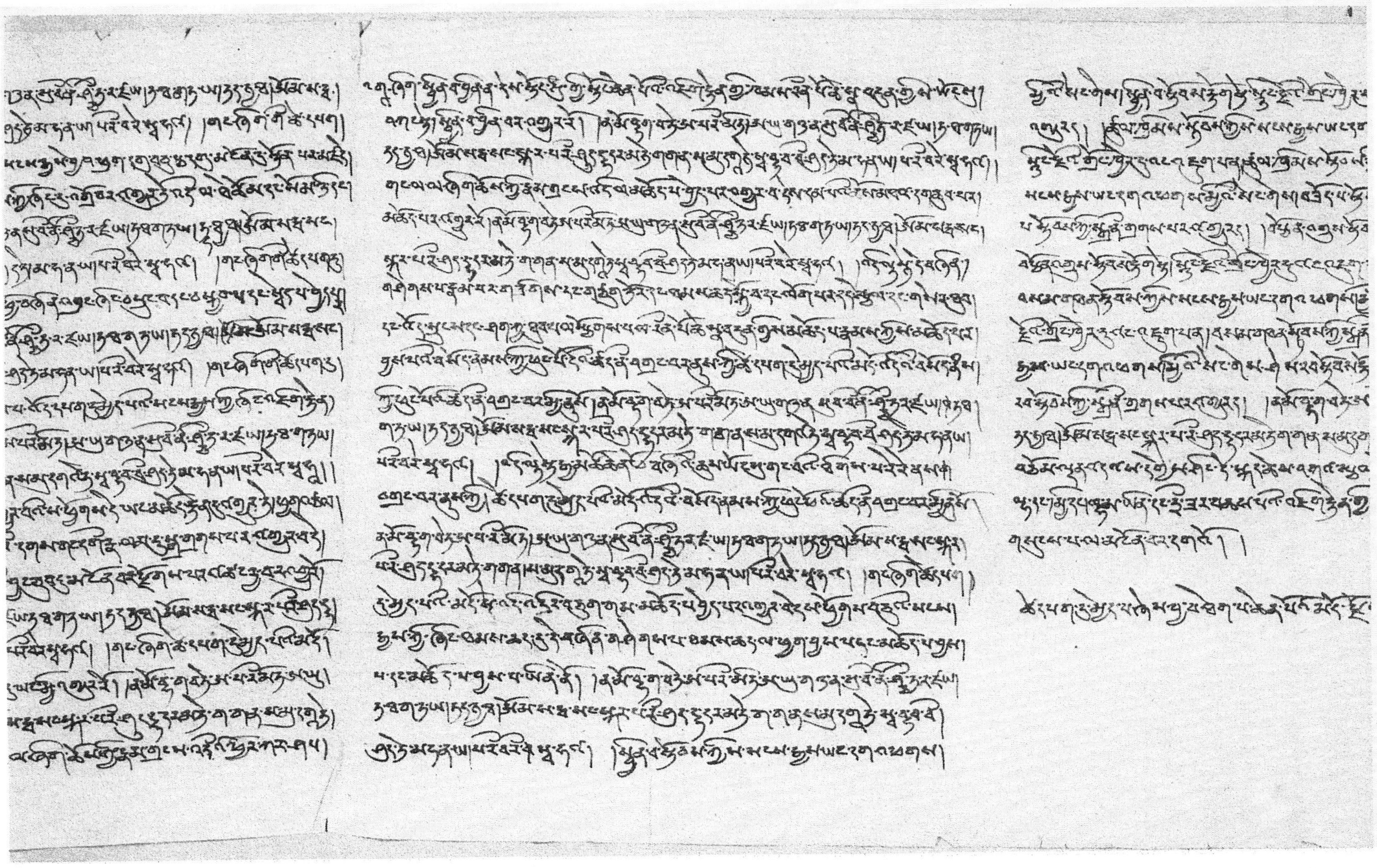

BD14225 號 6　藏文（無量壽宗要經甲本）　　（36–35）

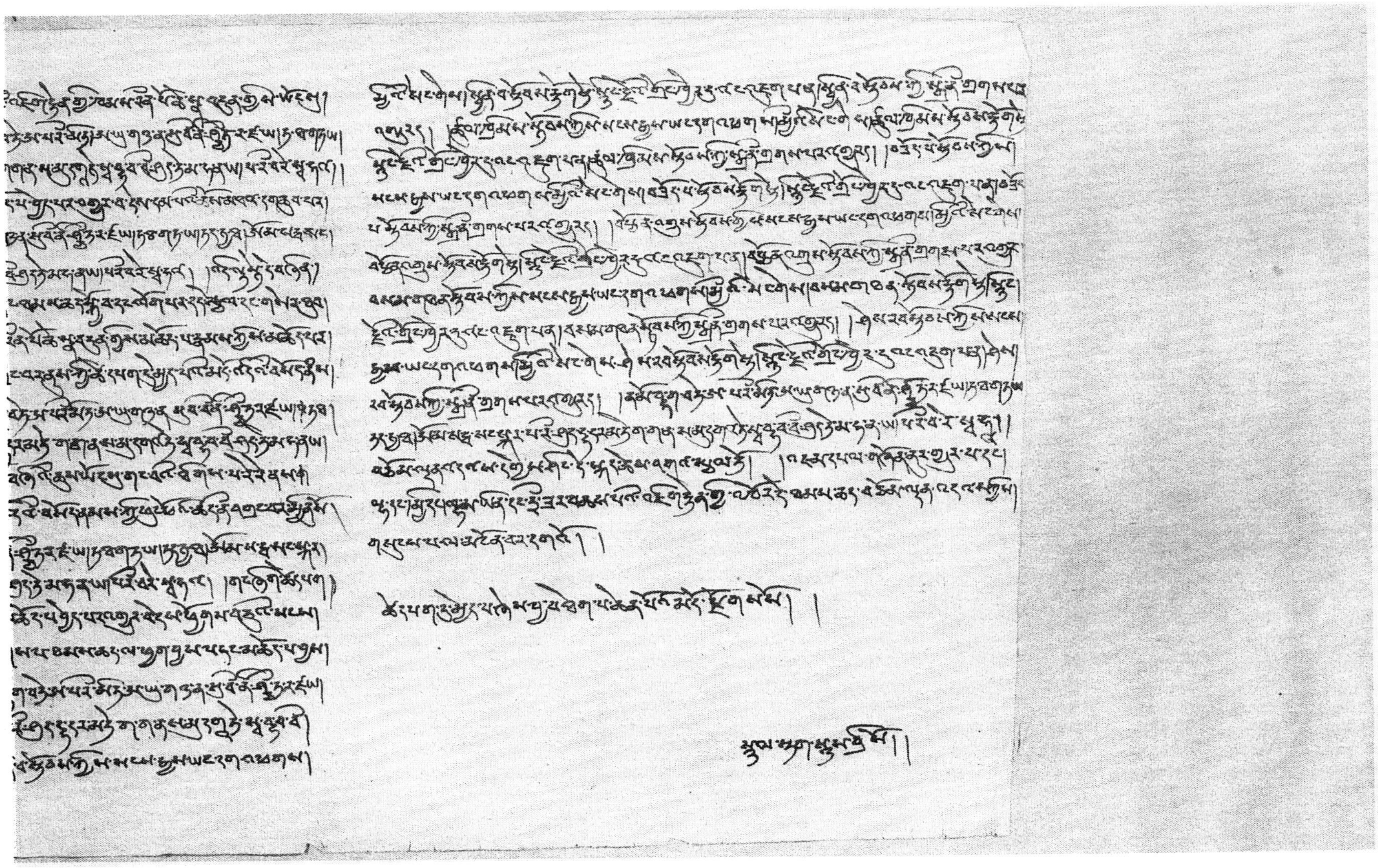

BD14225 號 6　藏文（無量壽宗要經甲本）　　（36–36）

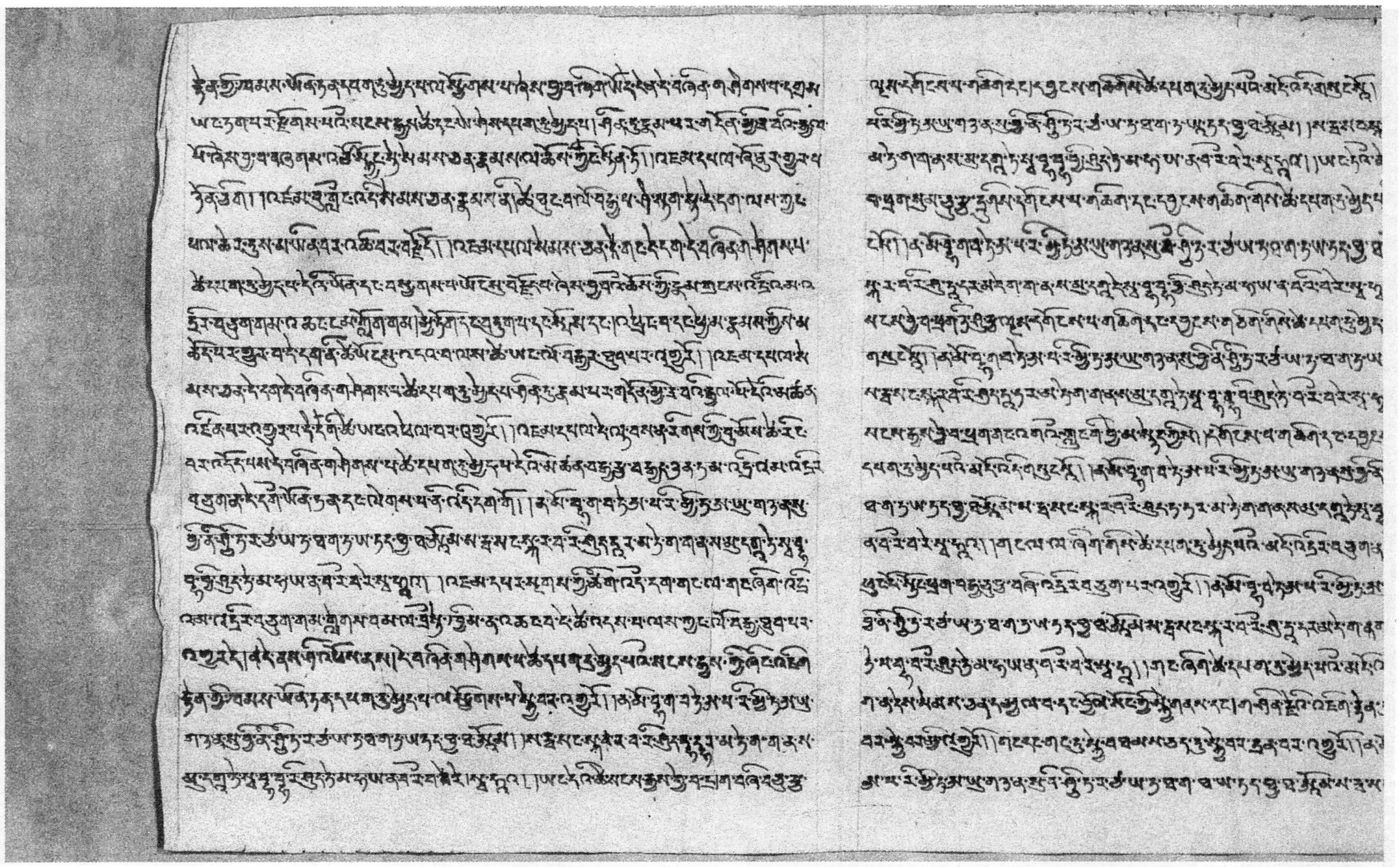

BD14226 號　藏文（無量壽宗要經乙本）　　（6–1）

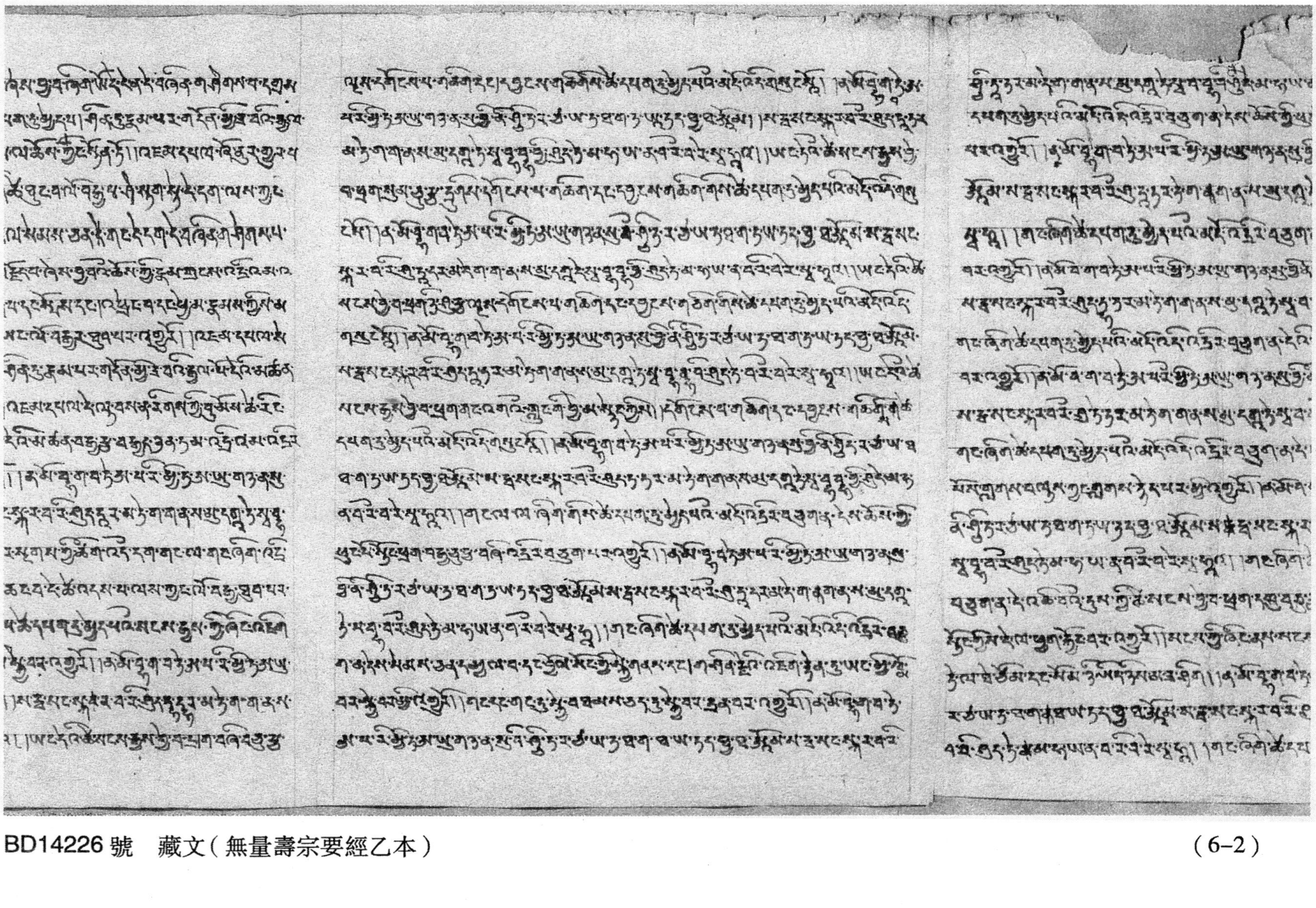

BD14226 號　藏文（無量壽宗要經乙本）　　（6–2）

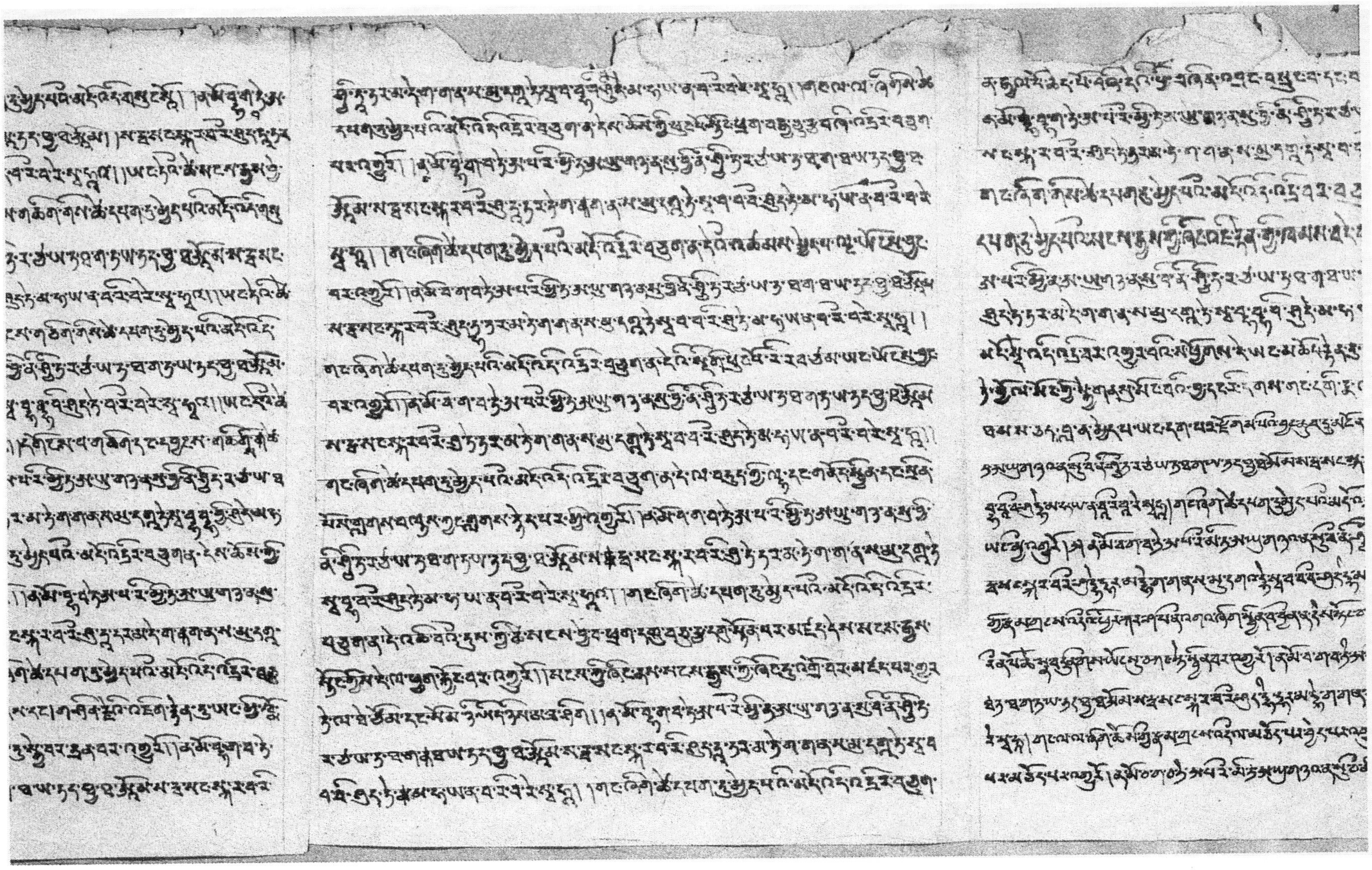

BD14226 號　藏文（無量壽宗要經乙本）　（6–3）

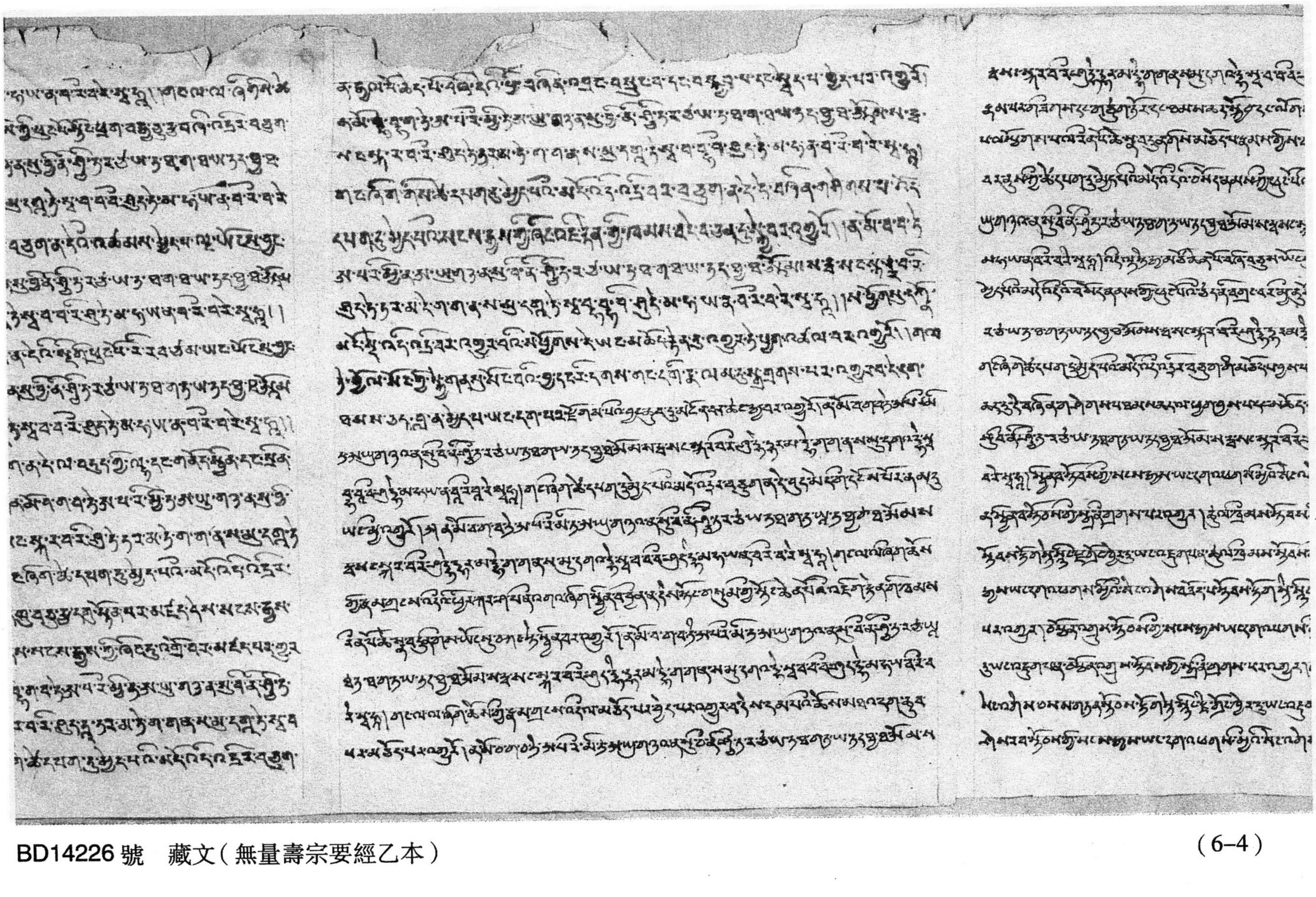

BD14226 號　藏文（無量壽宗要經乙本）　（6–4）

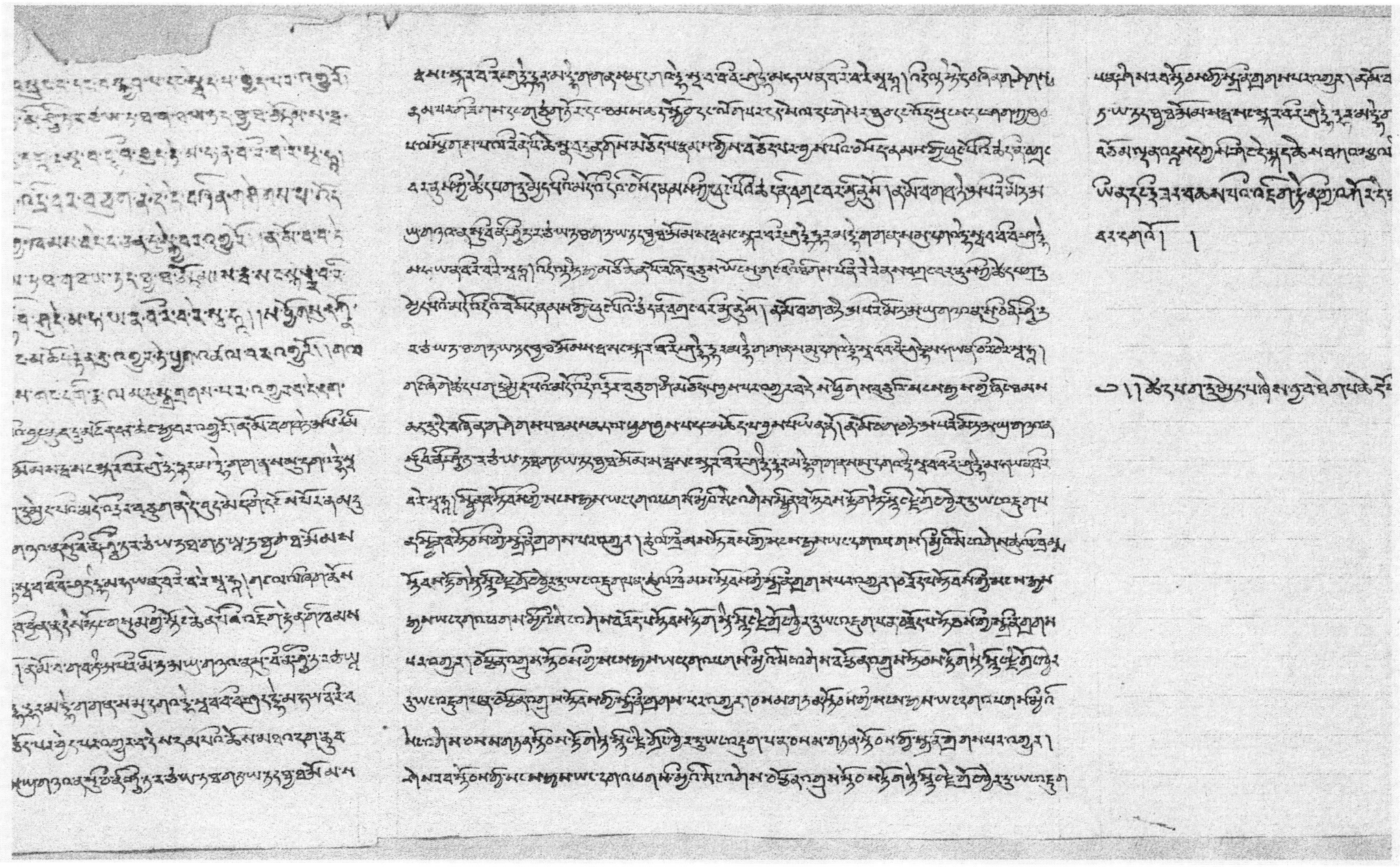

BD14226號　藏文（無量壽宗要經乙本）　　（6–5）

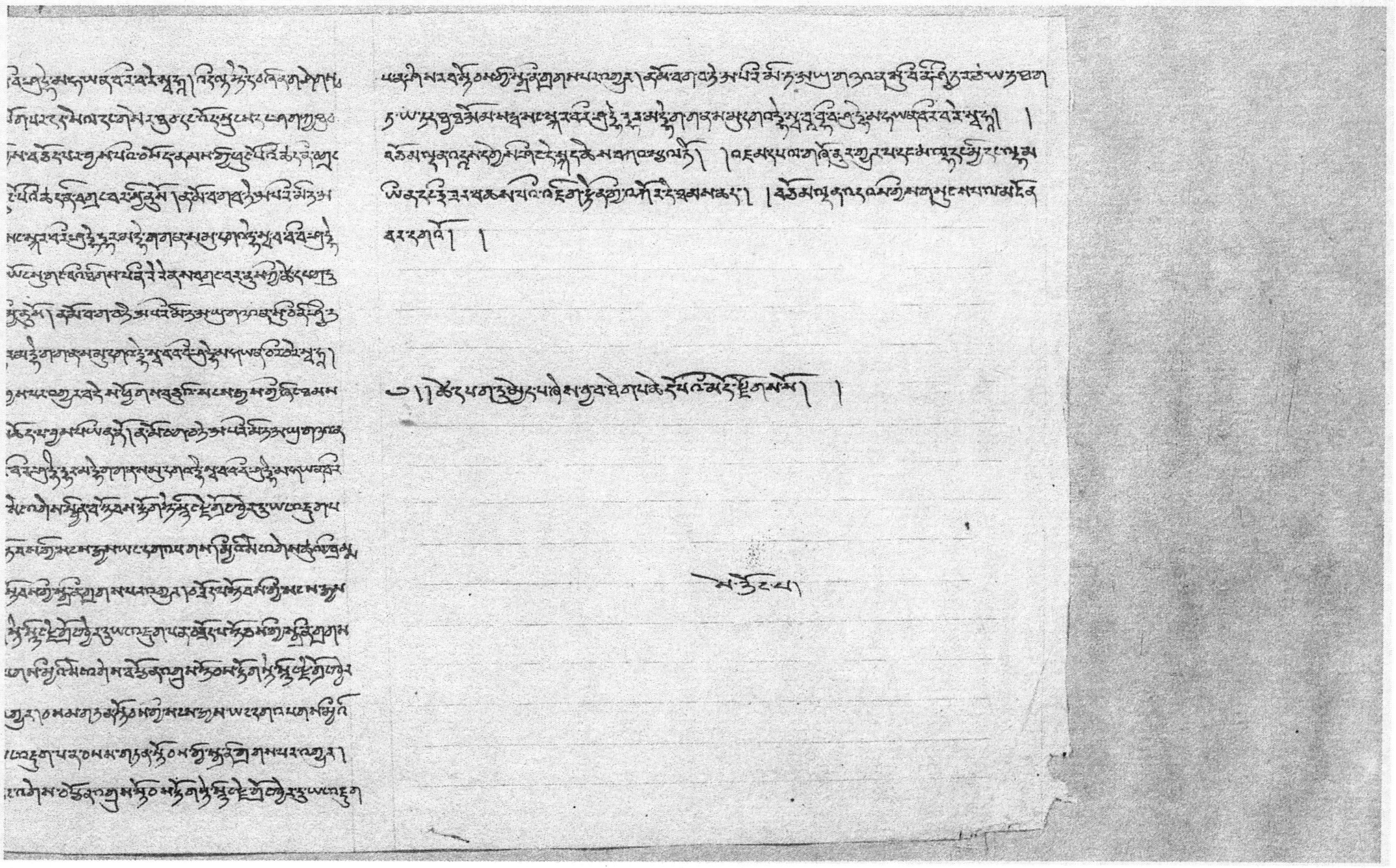

BD14226號　藏文（無量壽宗要經乙本）　　（6–6）

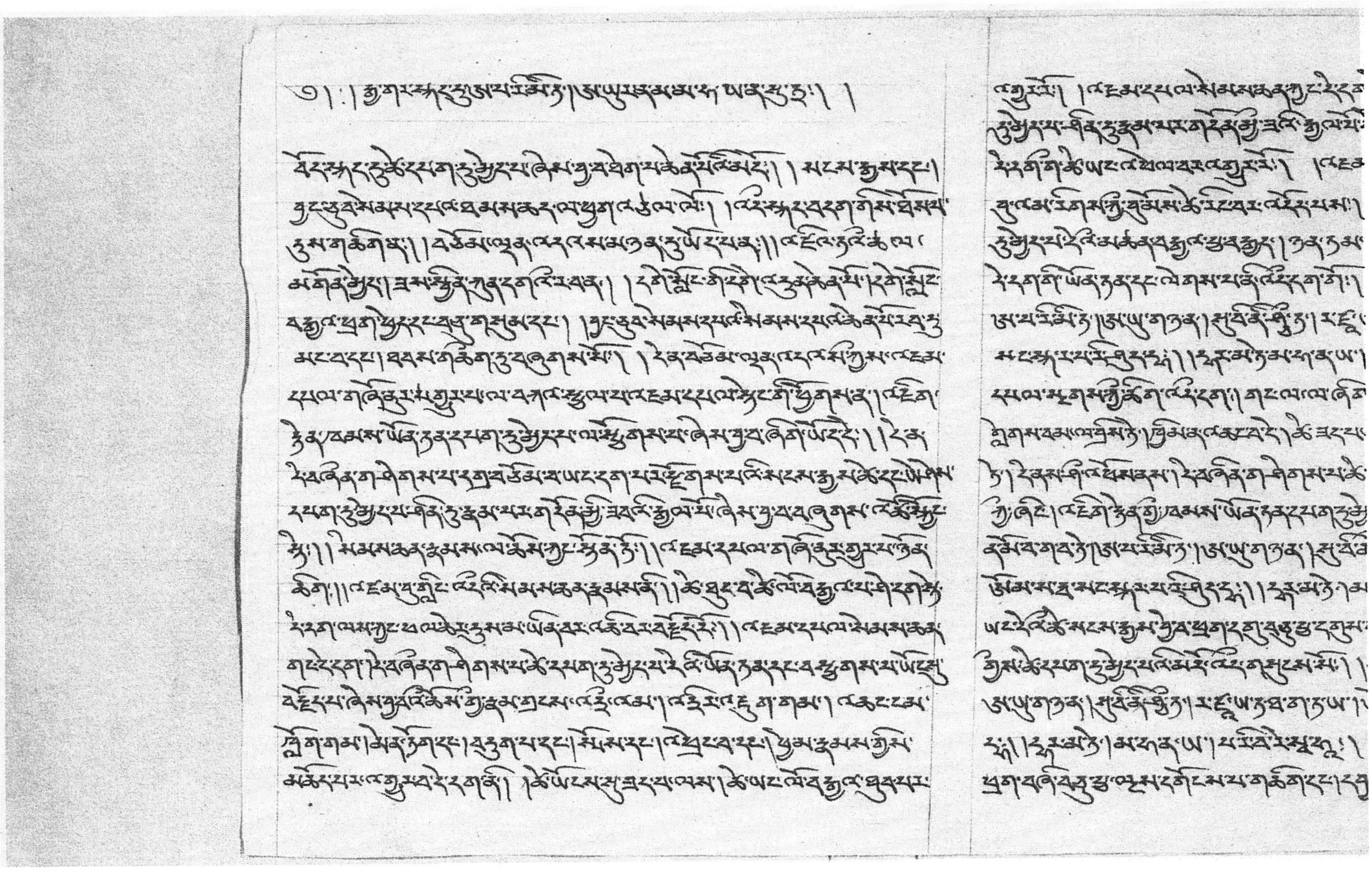

BD14227 號　藏文（無量壽宗要經乙本）　　（8–1）

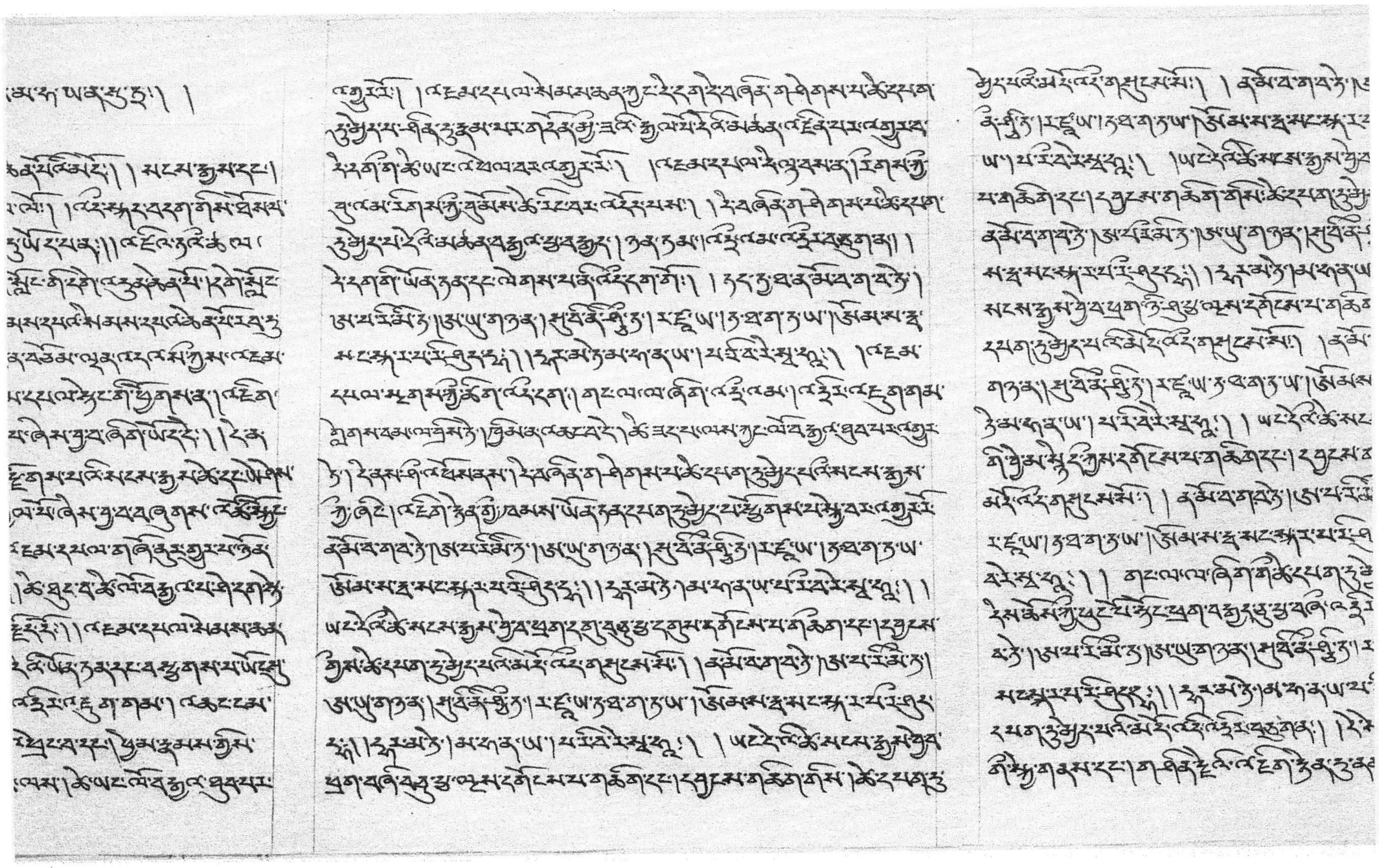

BD14227 號　藏文（無量壽宗要經乙本）　　（8–2）

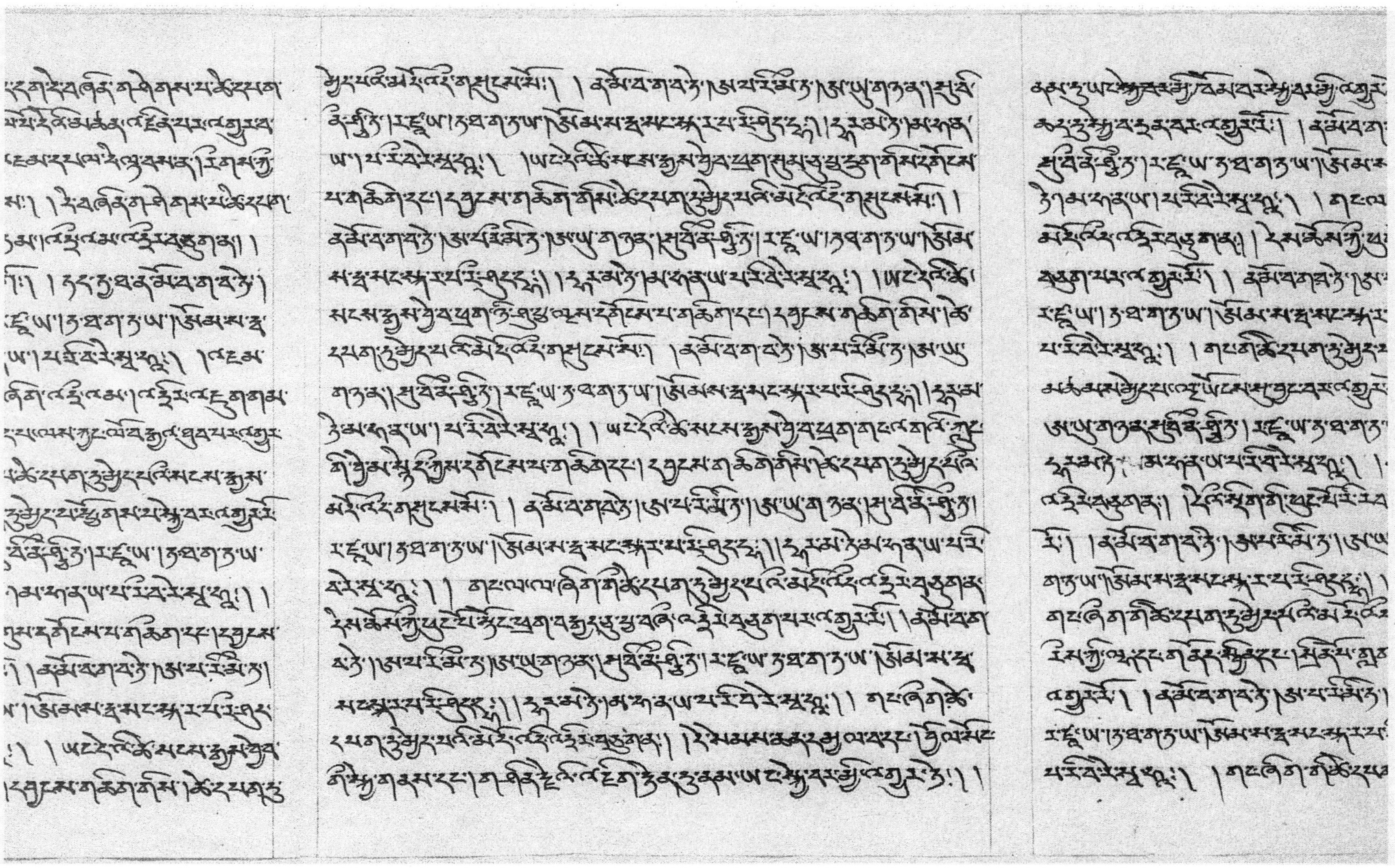

BD14227 號　藏文（無量壽宗要經乙本）　　（8–3）

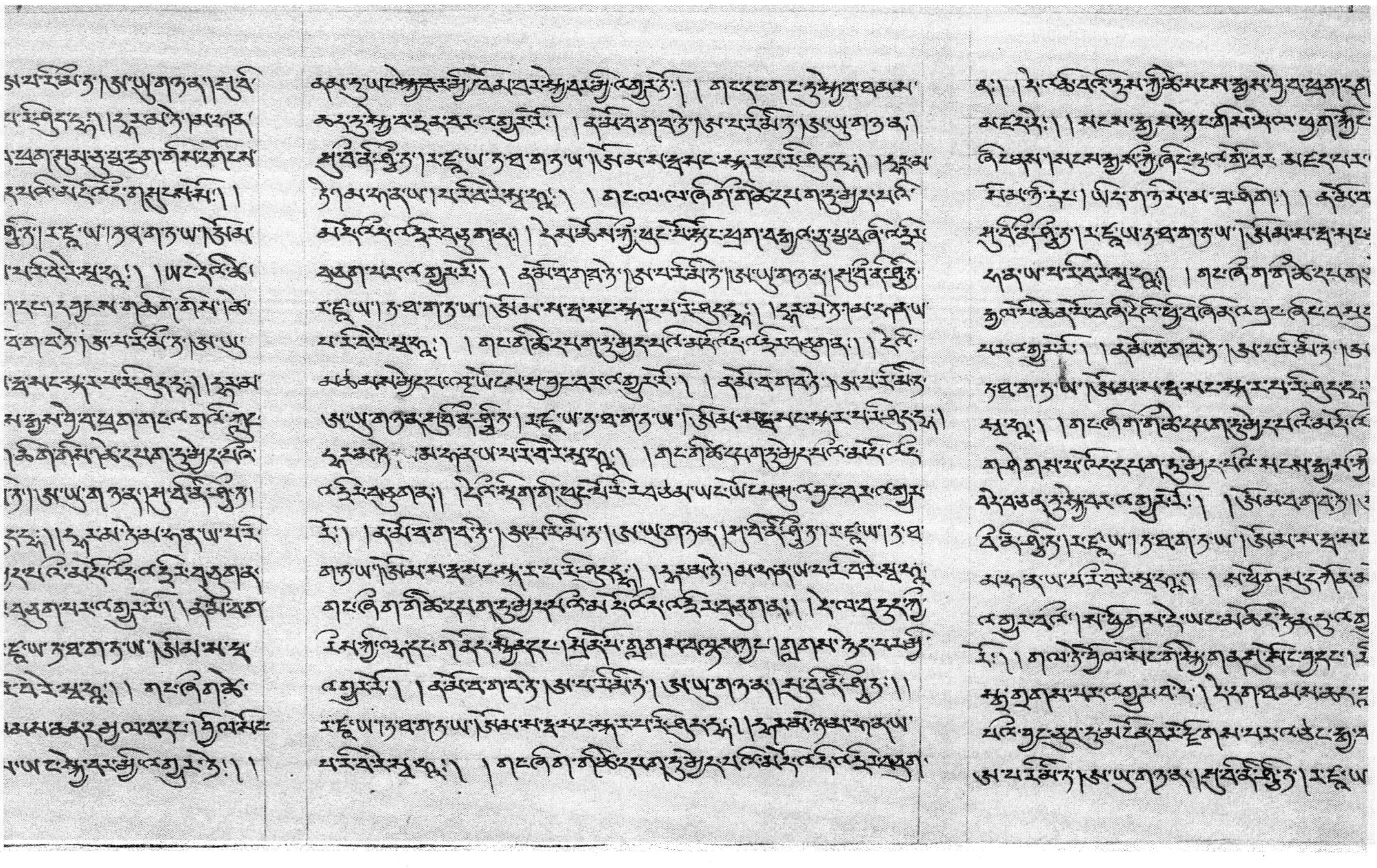

BD14227 號　藏文（無量壽宗要經乙本）　　（8–4）

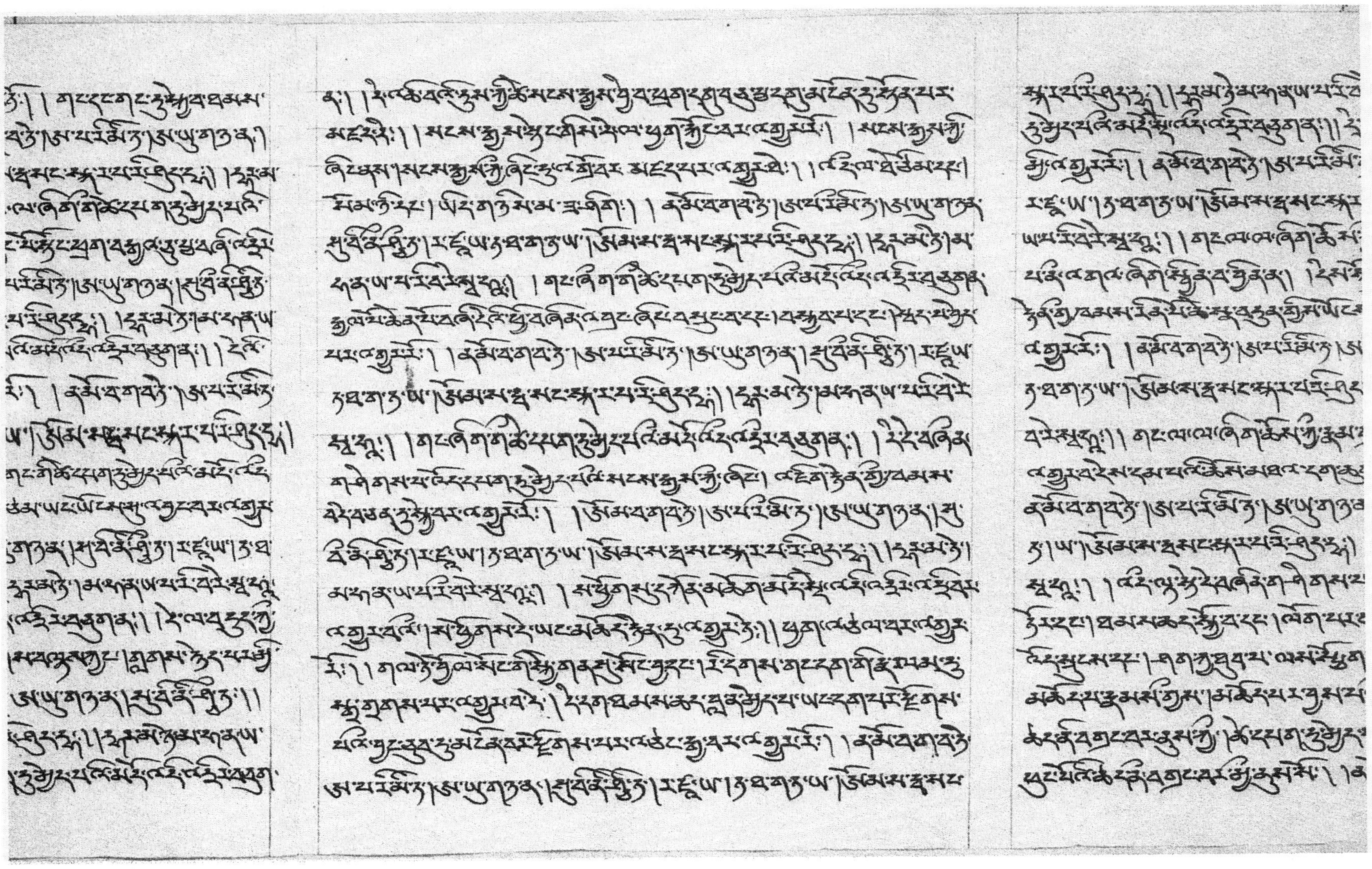

BD14227 號　藏文（無量壽宗要經乙本）　　（8–5）

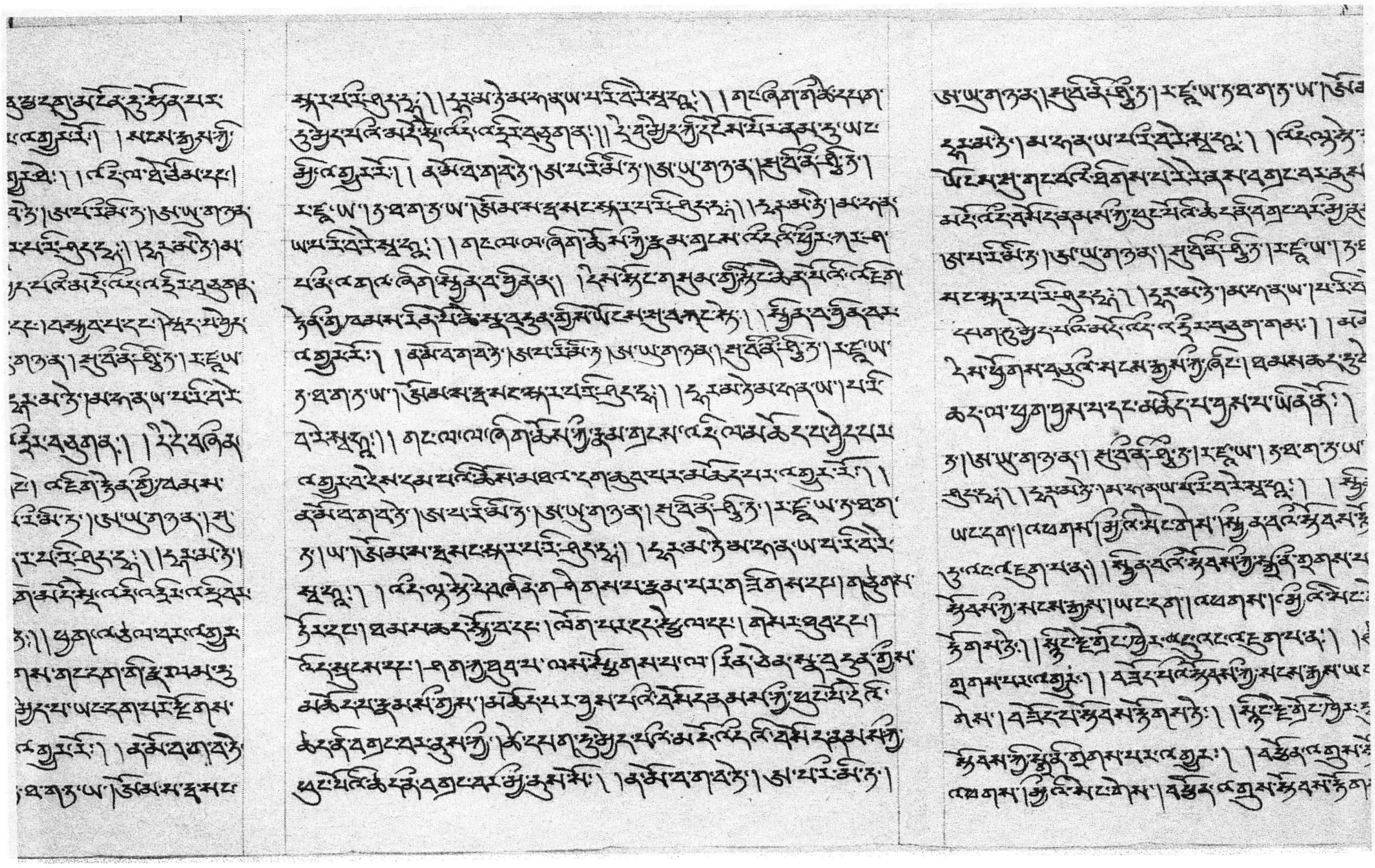

BD14227 號　藏文（無量壽宗要經乙本）　　（8–6）

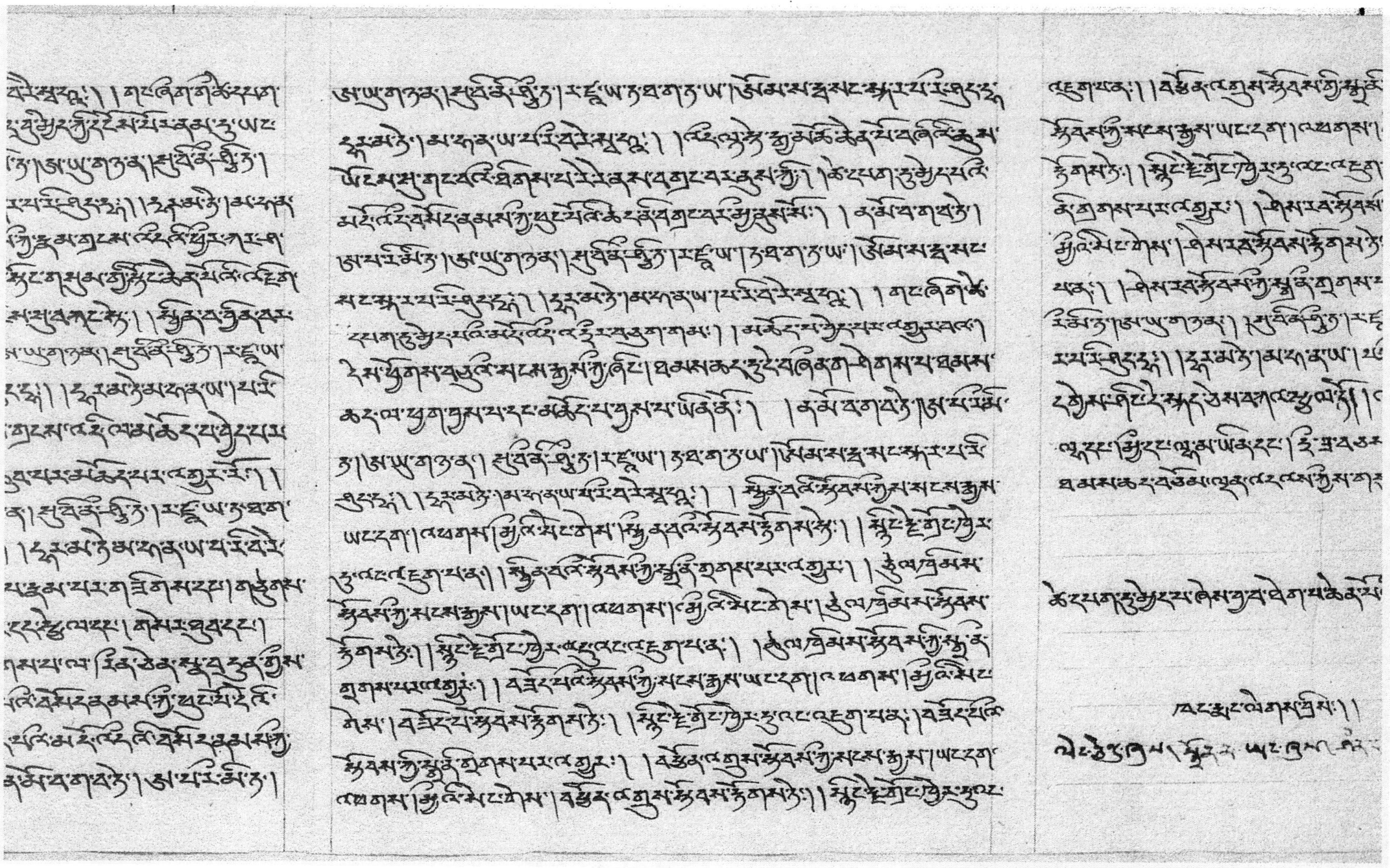

BD14227 號　藏文（無量壽宗要經乙本）　　　　（8–7）

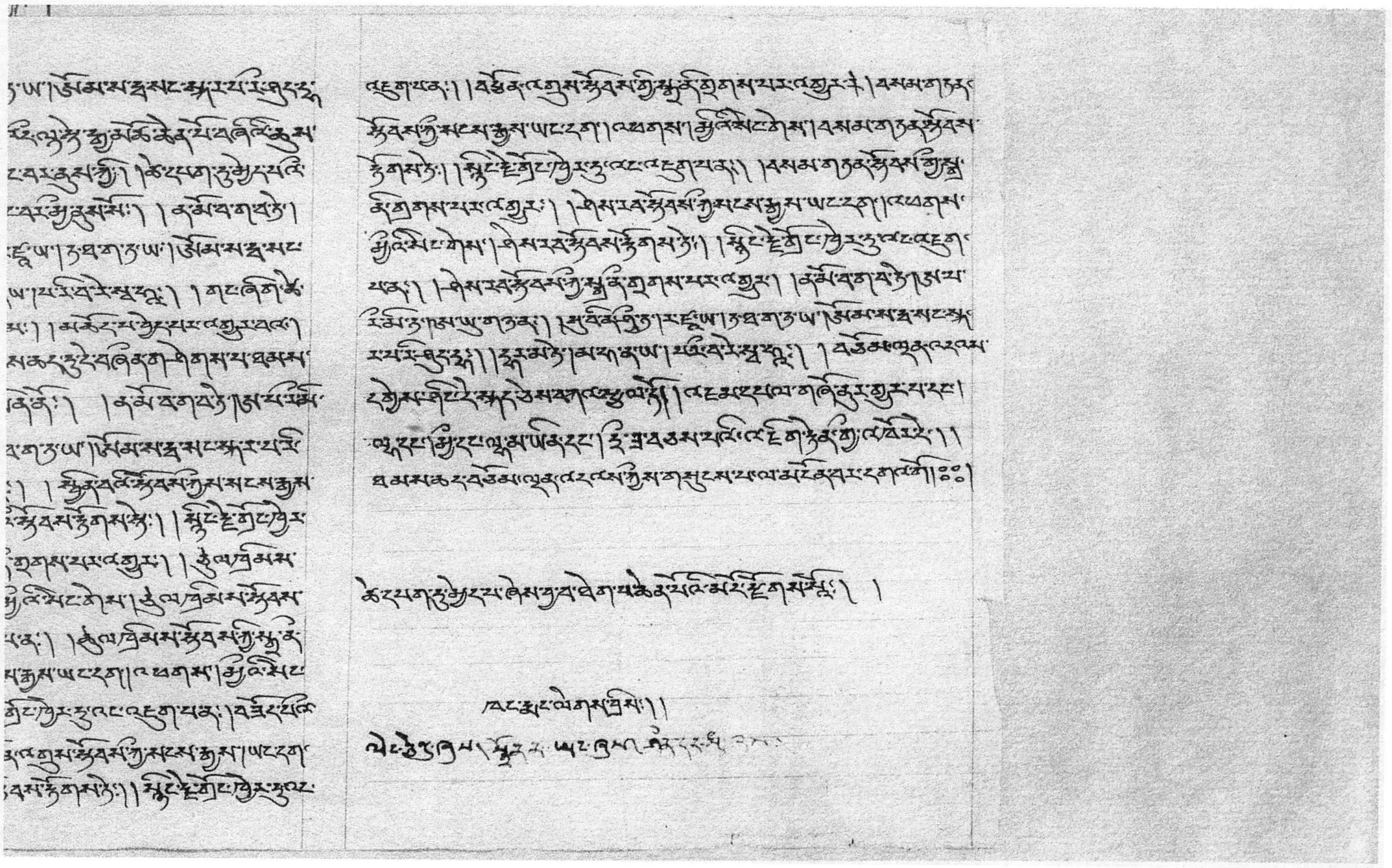

BD14227 號　藏文（無量壽宗要經乙本）　　　　（8–8）

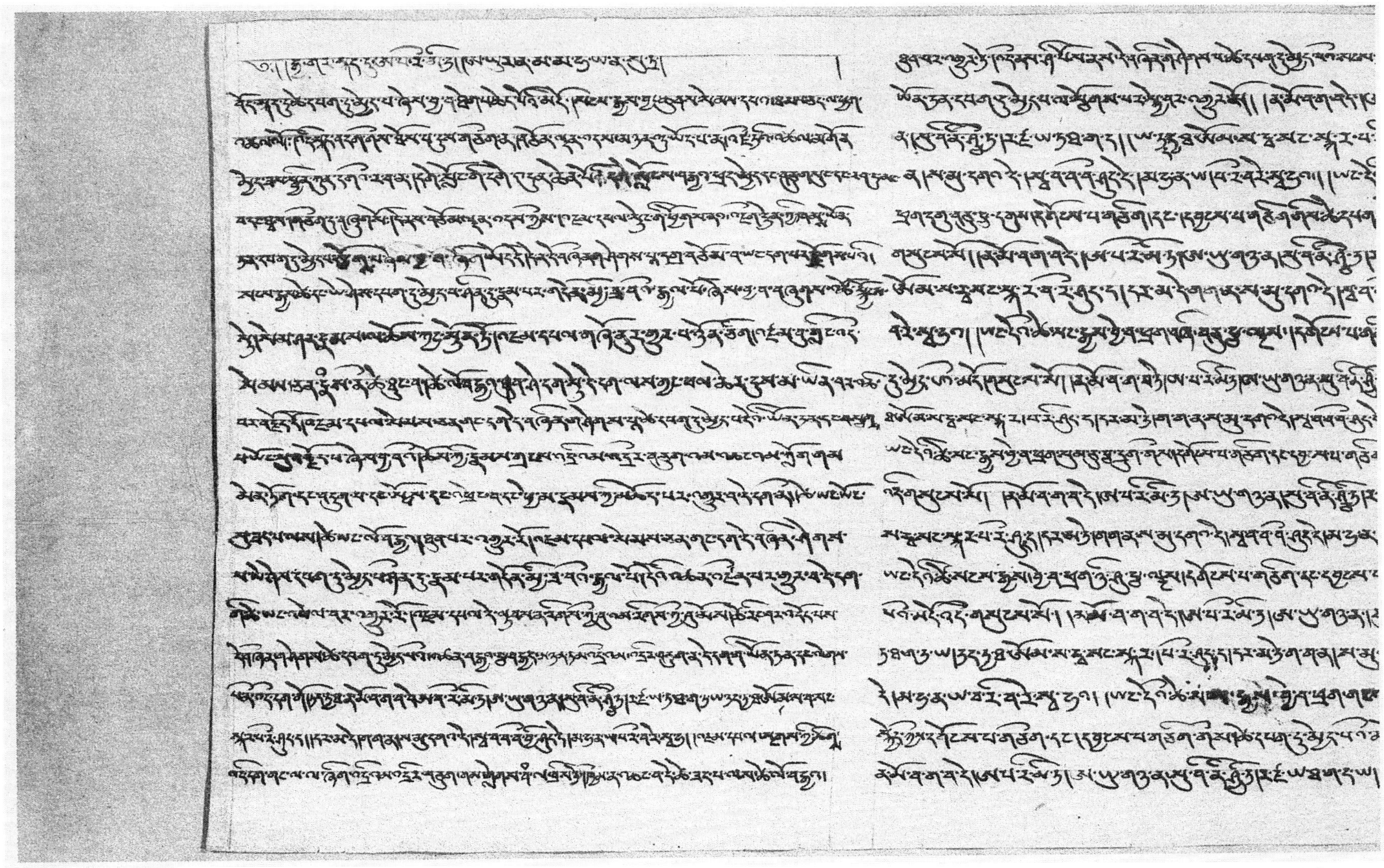

BD14228 號 1　藏文（無量壽宗要經甲本）　（18–1）

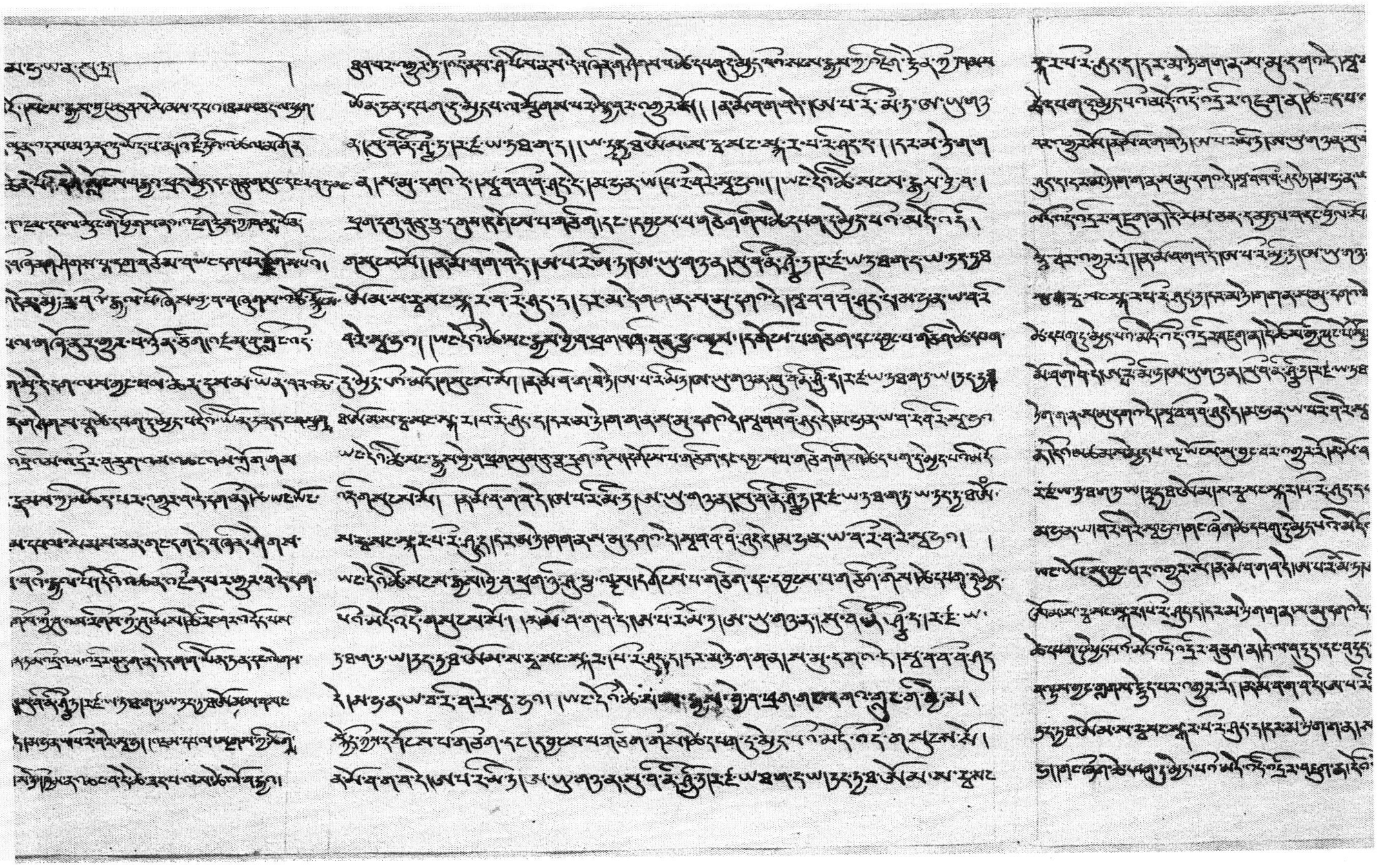

BD14228 號 1　藏文（無量壽宗要經甲本）　（18–2）

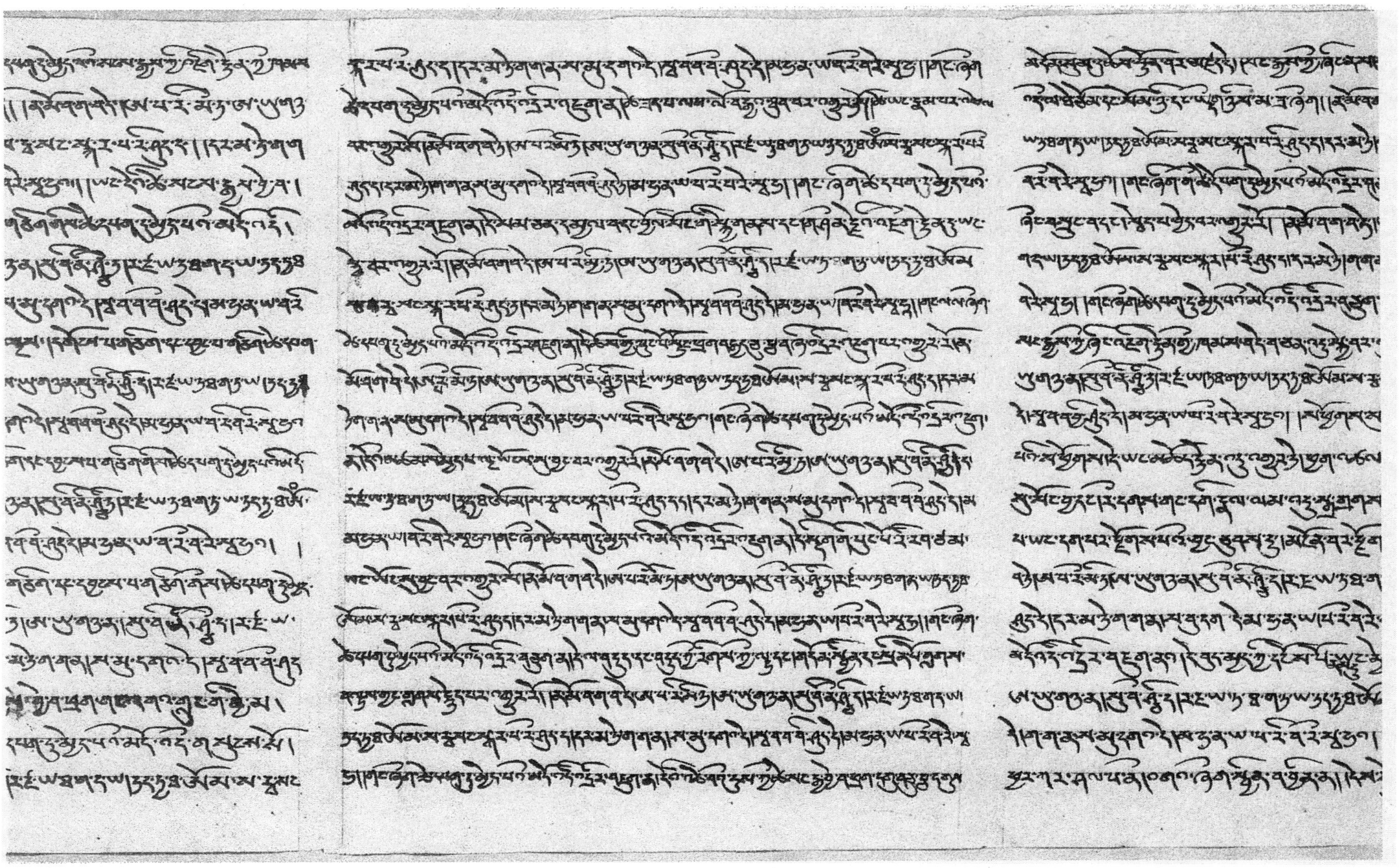

BD14228 號 1　藏文（無量壽宗要經甲本）　（18–3）

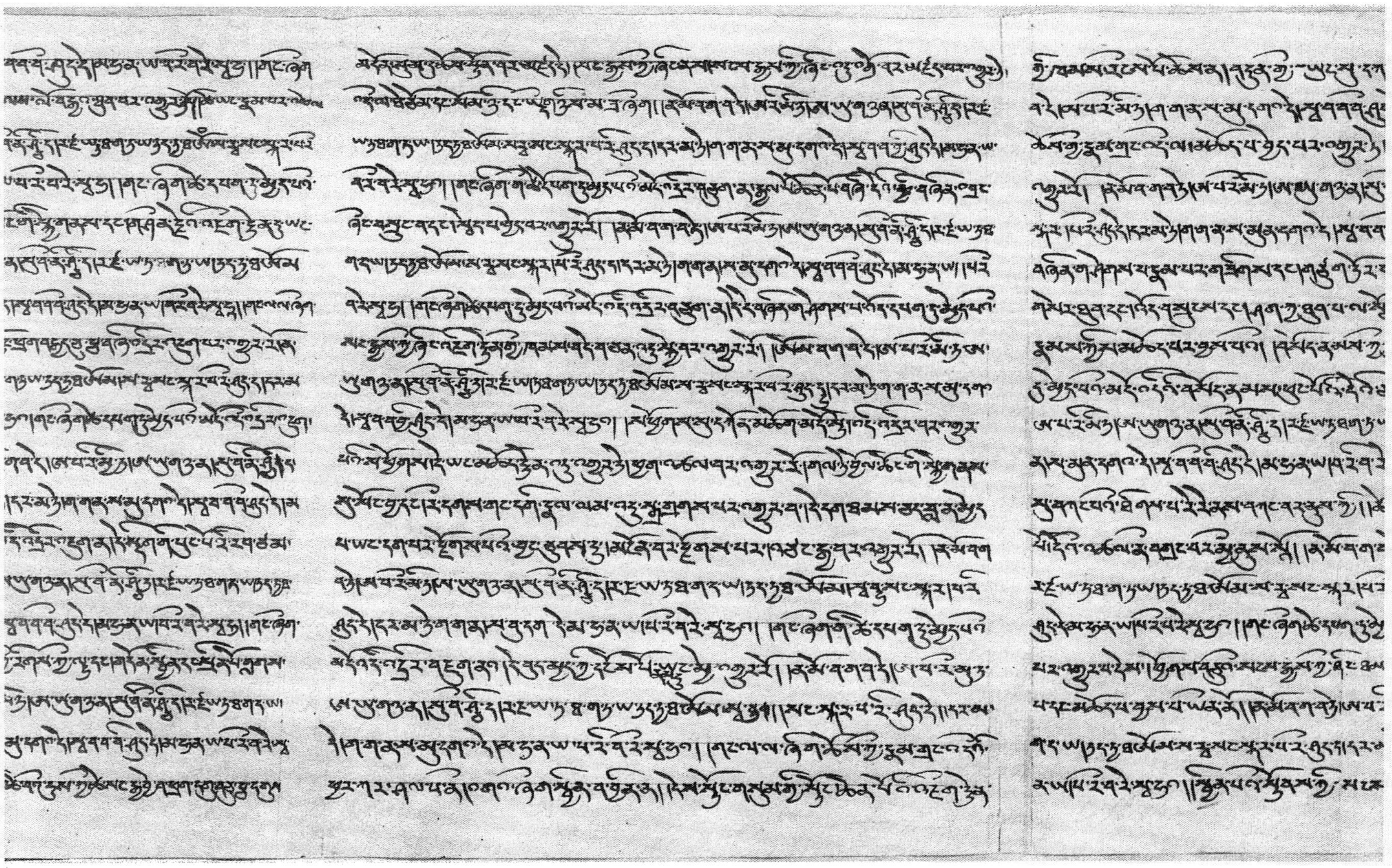

BD14228 號 1　藏文（無量壽宗要經甲本）　（18–4）

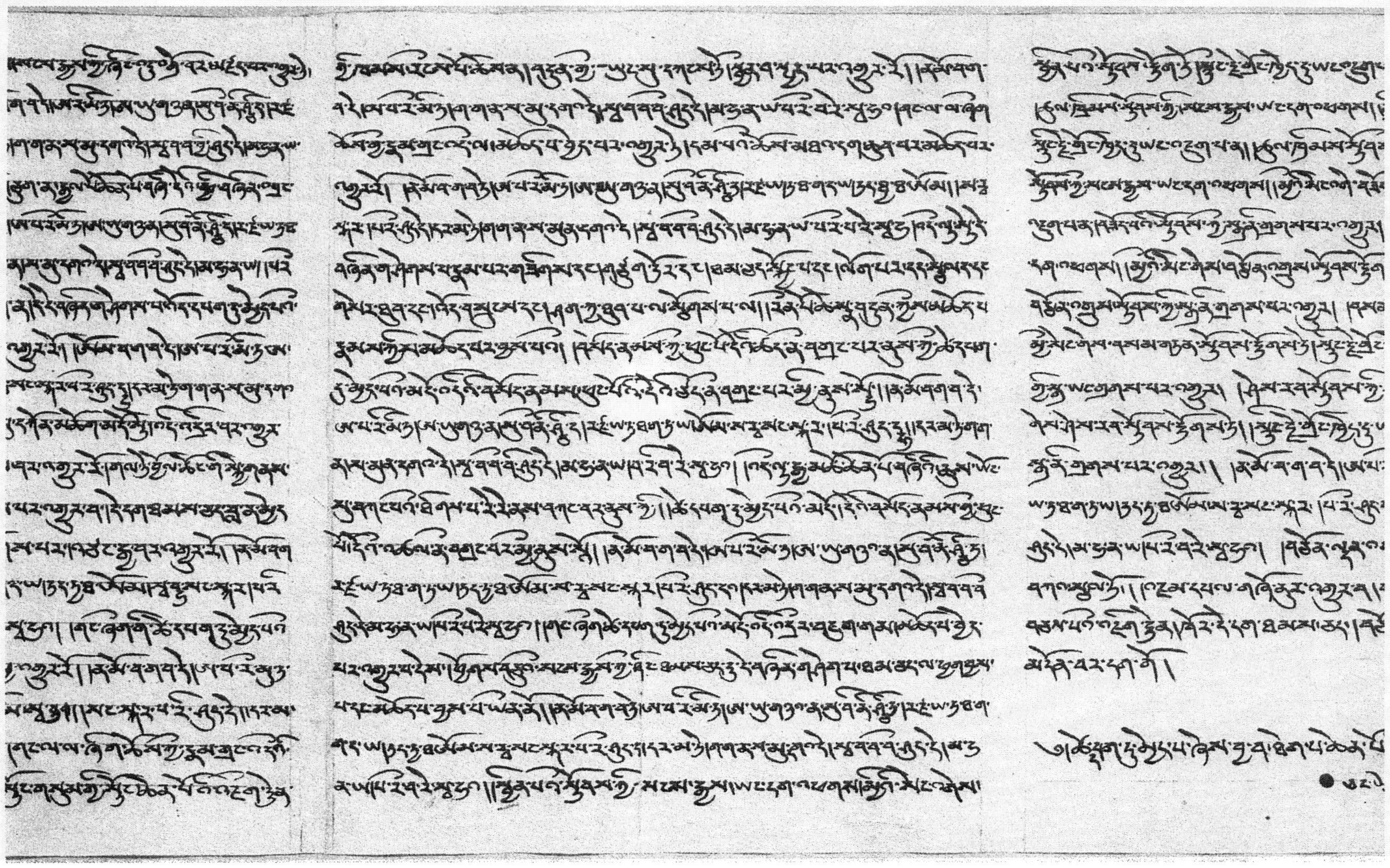

BD14228 號 1　藏文（無量壽宗要經甲本）　　（18–5）

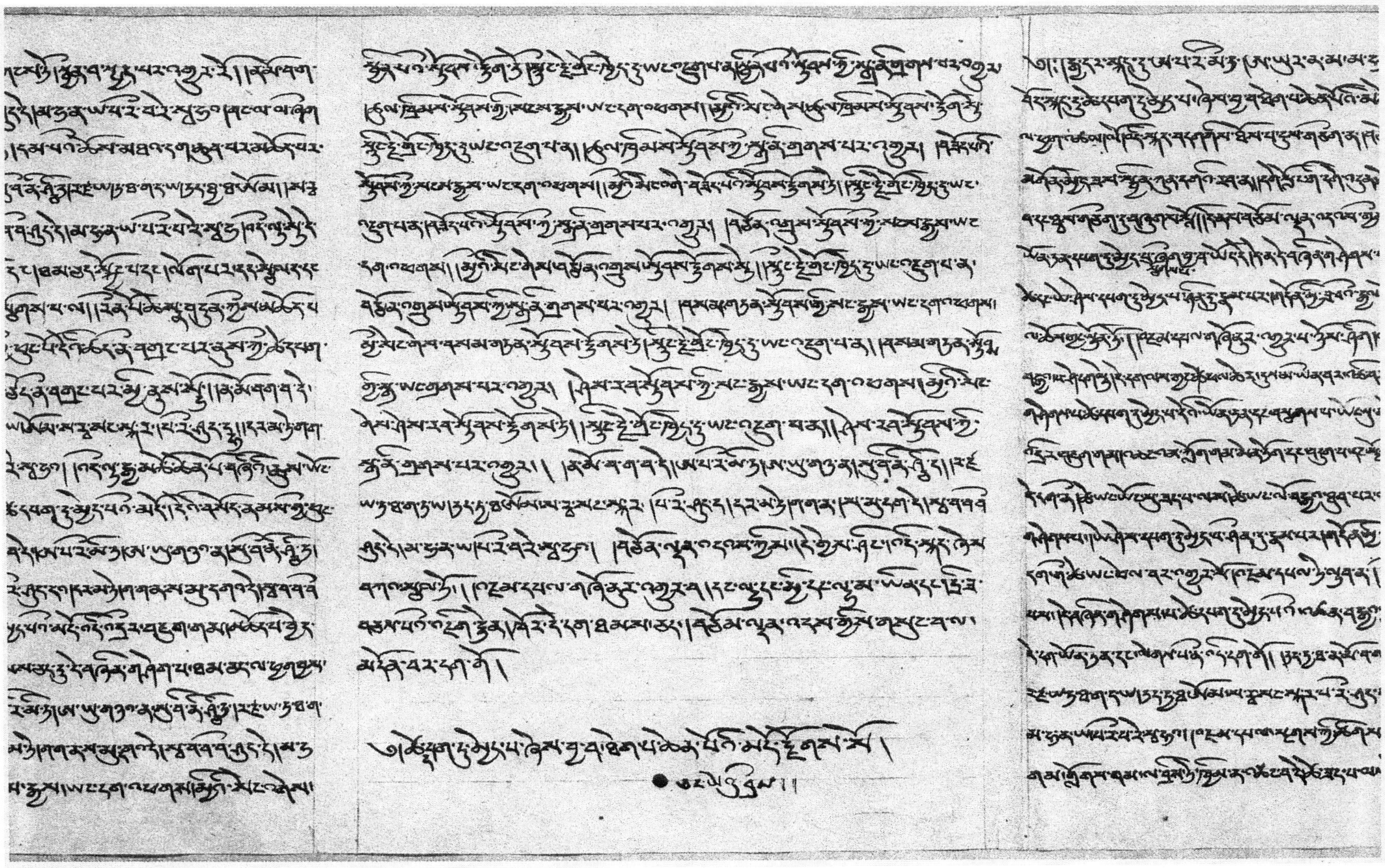

BD14228 號 1　藏文（無量壽宗要經甲本）　　（18–6）

BD14228號2 藏文（無量壽宗要經甲本） (18-7)

BD14228號2 藏文（無量壽宗要經甲本） (18-8)

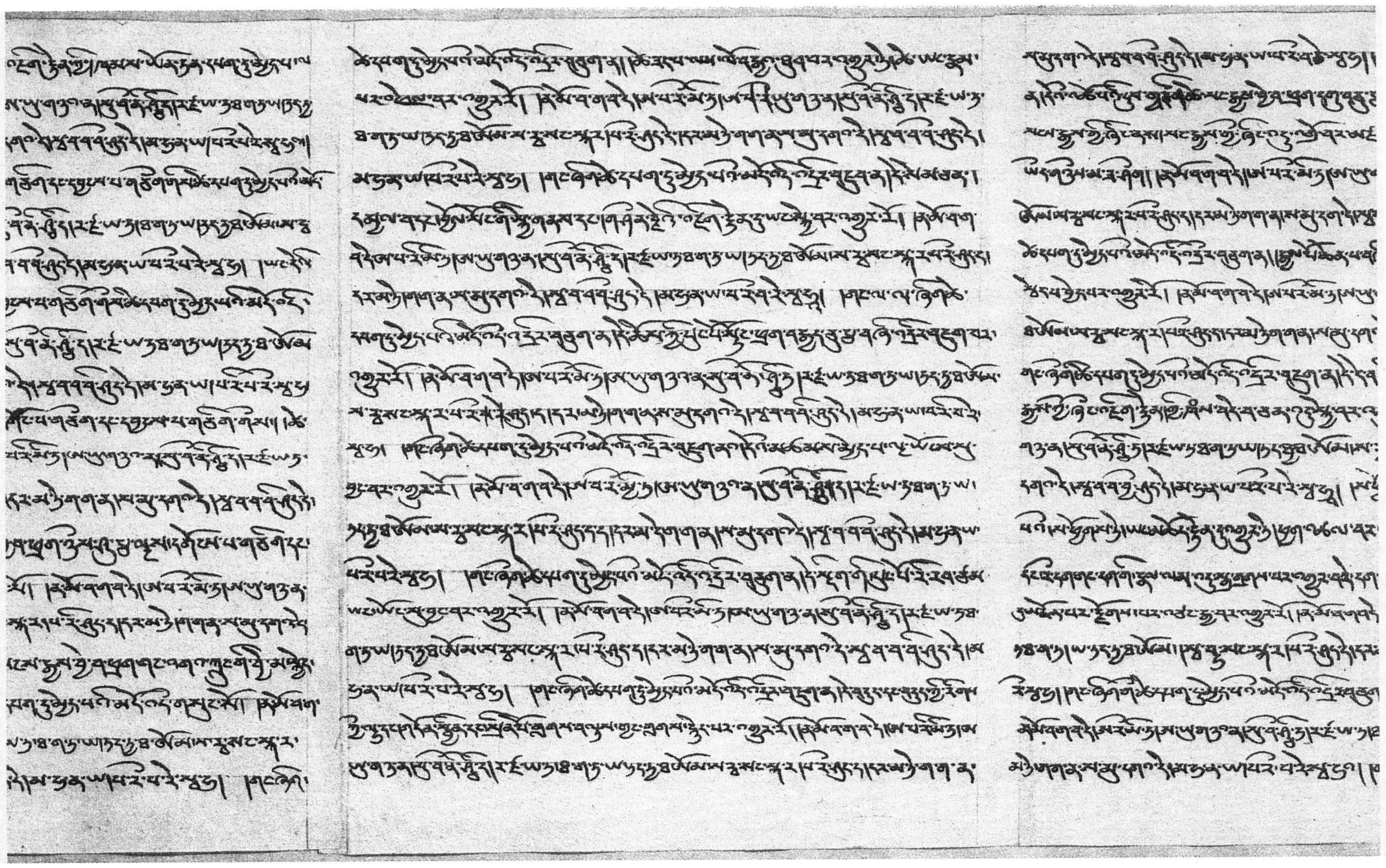

BD14228 號 2　藏文（無量壽宗要經甲本）　　（18–9）

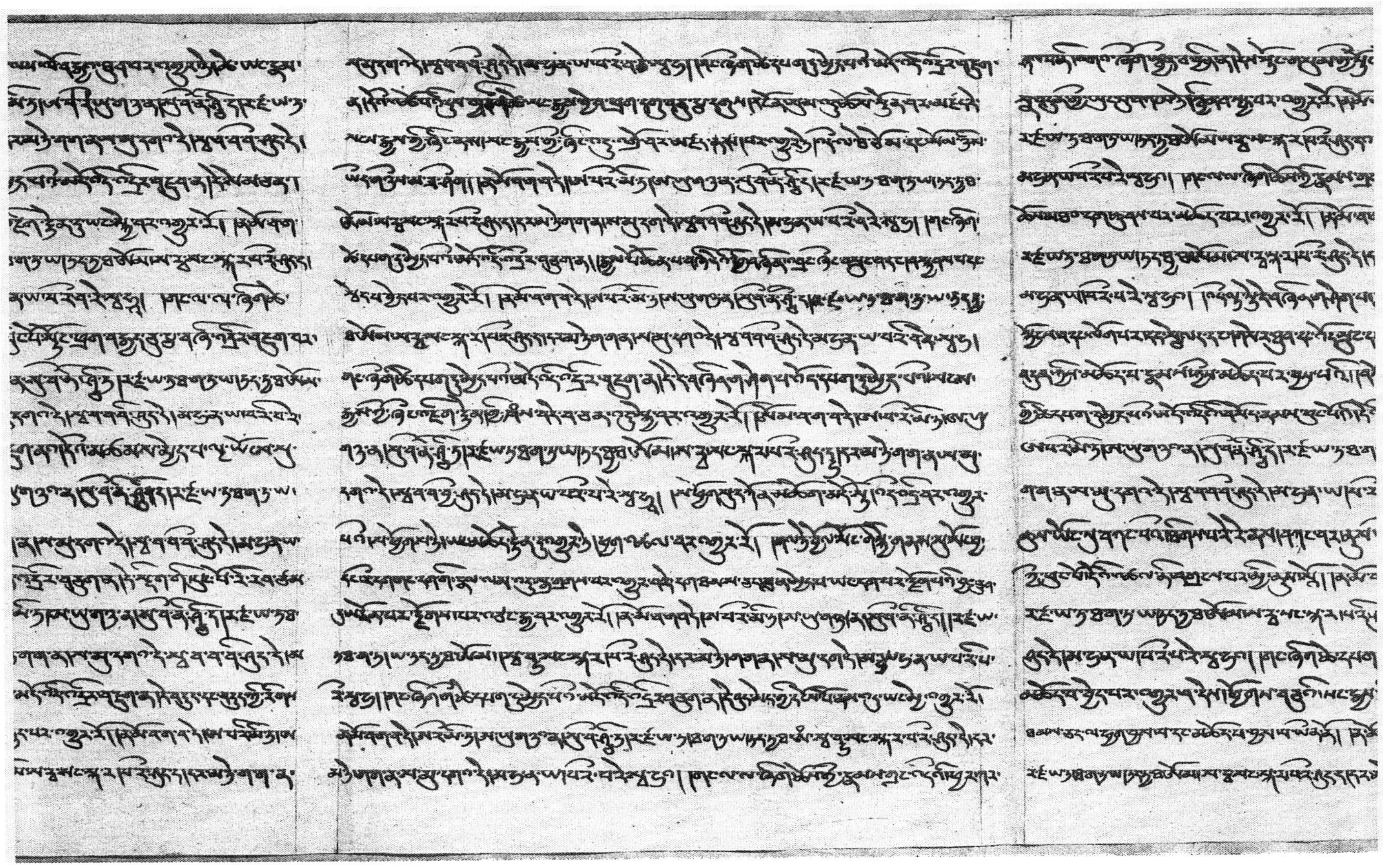

BD14228 號 2　藏文（無量壽宗要經甲本）　　（18–10）

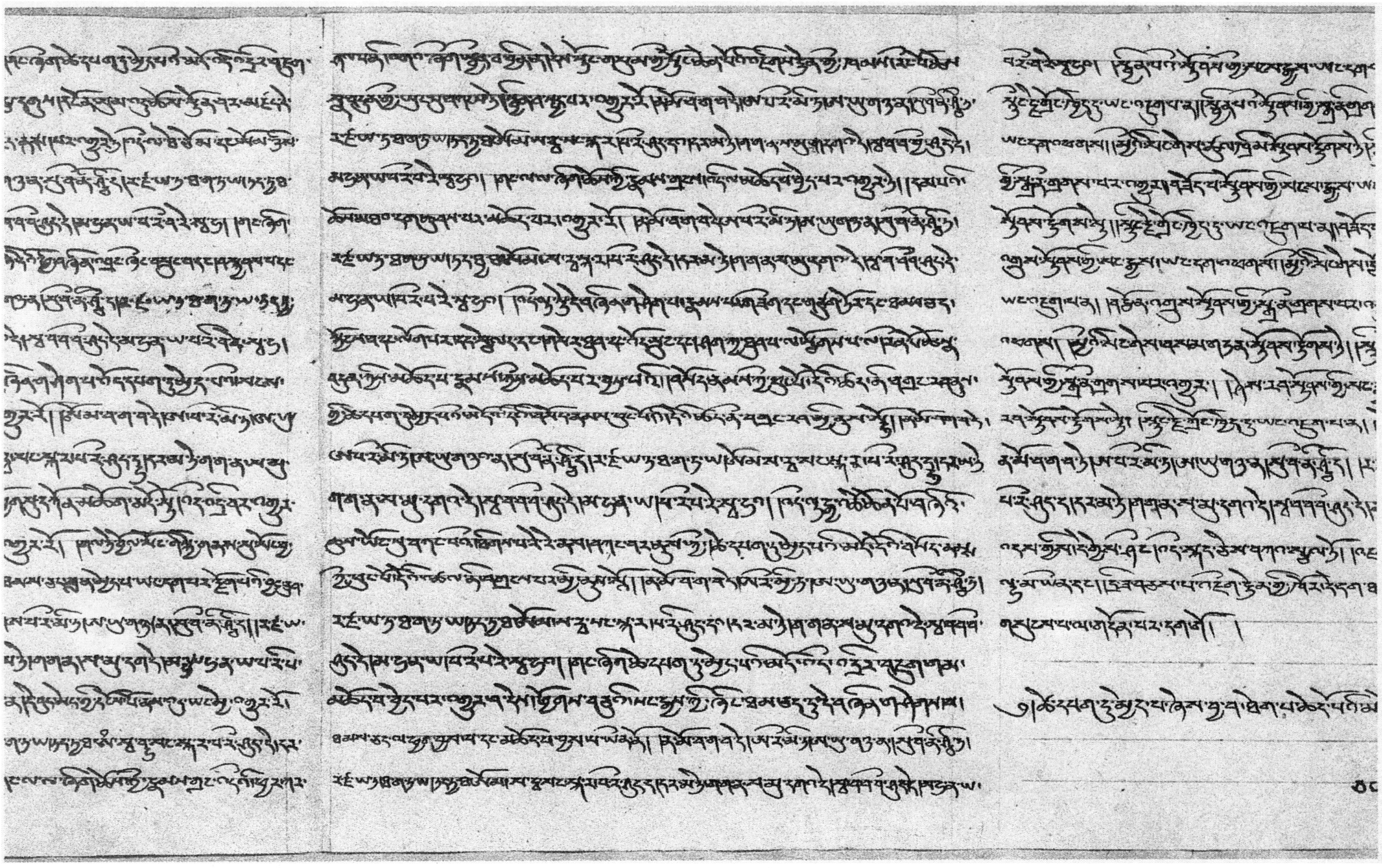

BD14228 號 2　藏文（無量壽宗要經甲本）　　（18–11）

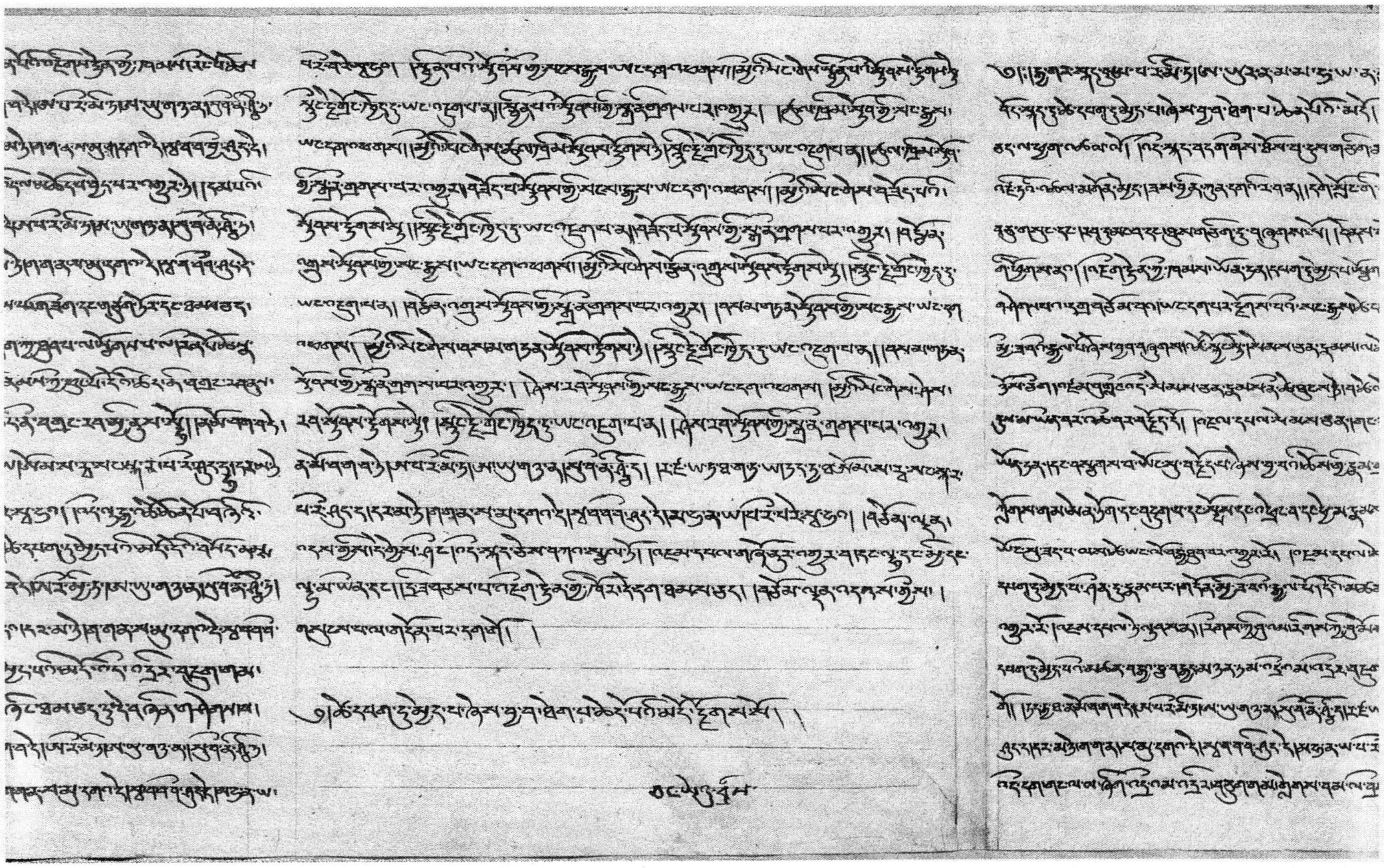

BD14228 號 2　藏文（無量壽宗要經甲本）　　（18–12）

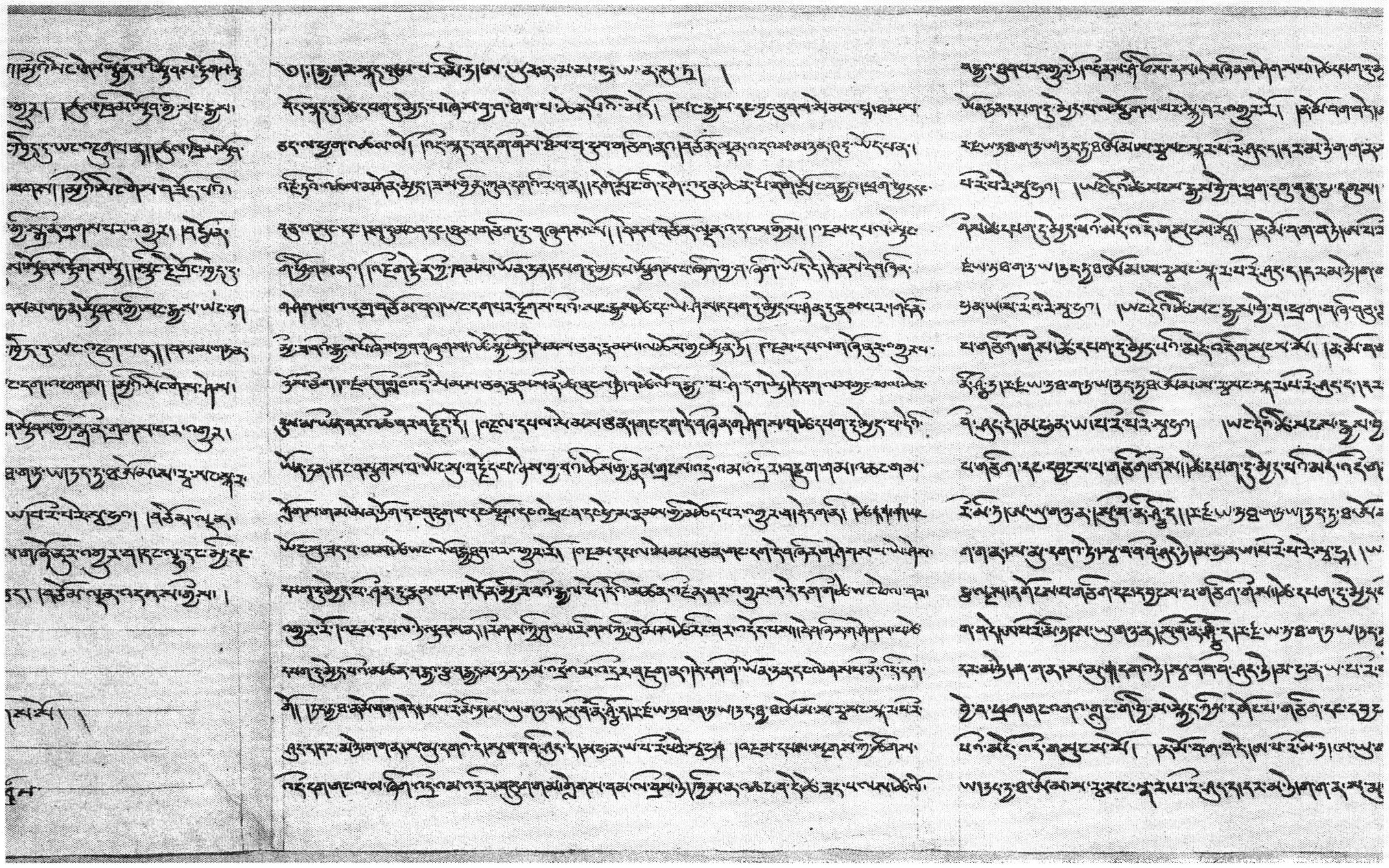

BD14228 號 3　藏文（無量壽宗要經甲本）　　（18–13）

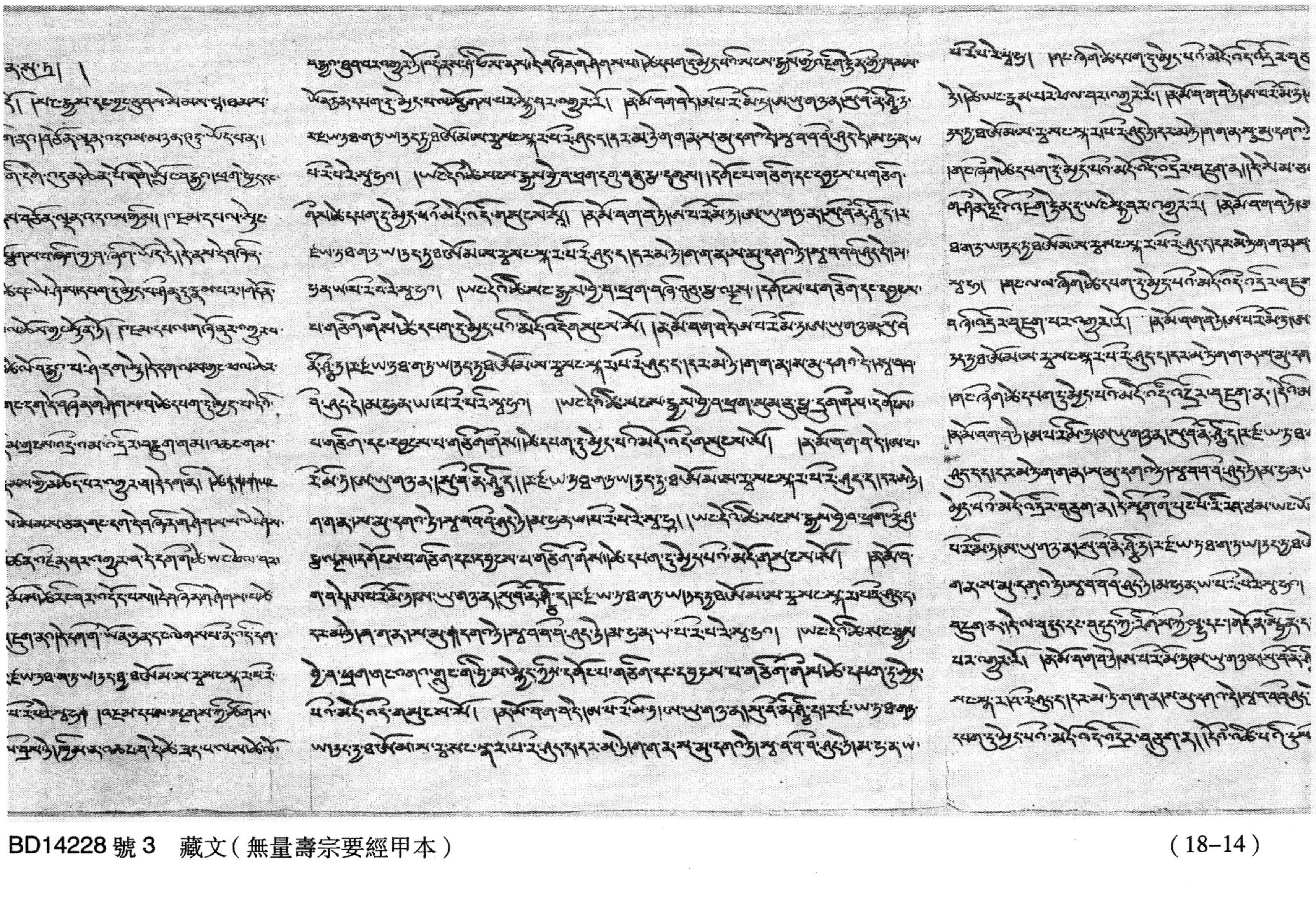

BD14228 號 3　藏文（無量壽宗要經甲本）　　（18–14）

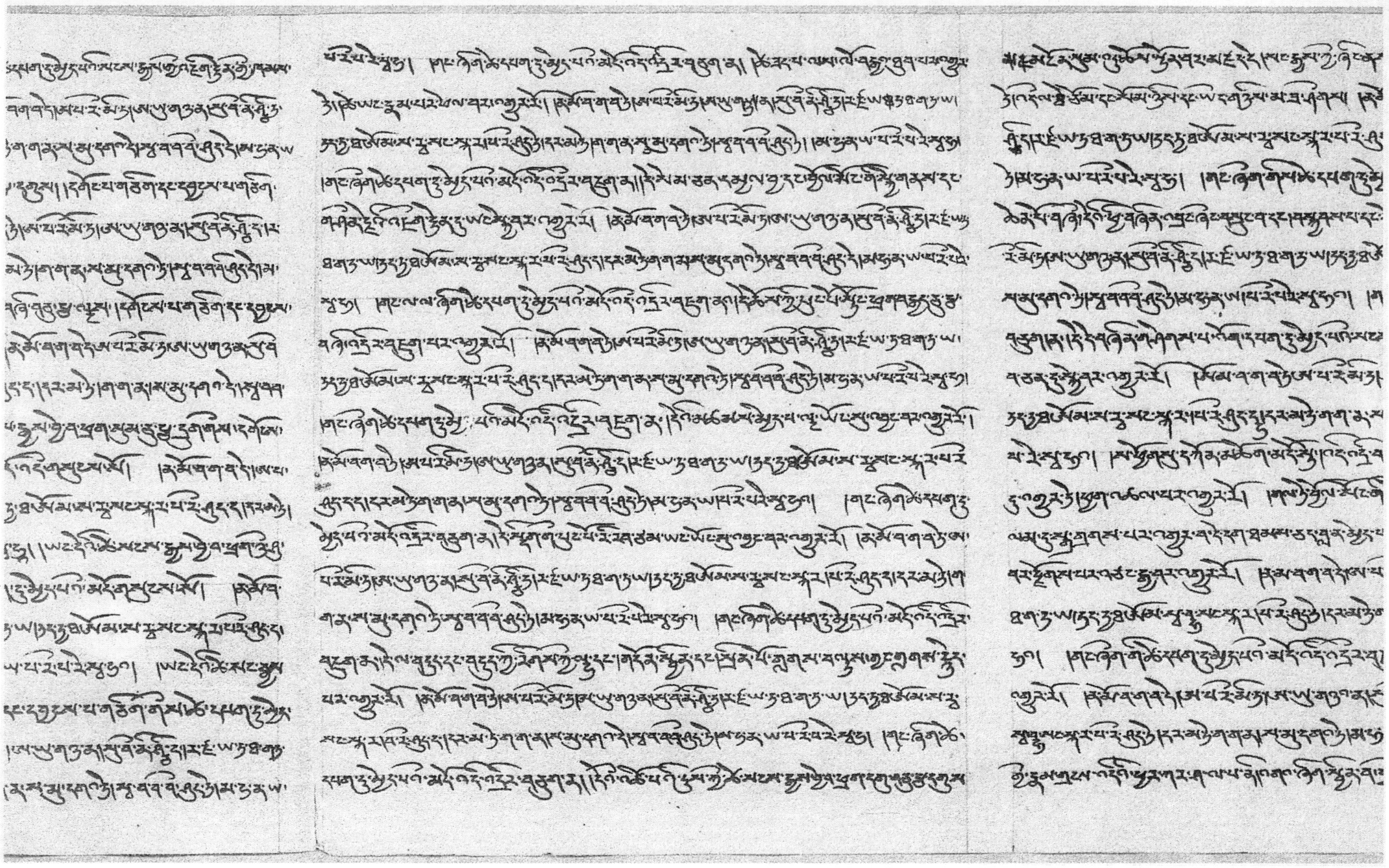

BD14228 號 3　藏文（無量壽宗要經甲本）　（18–15）

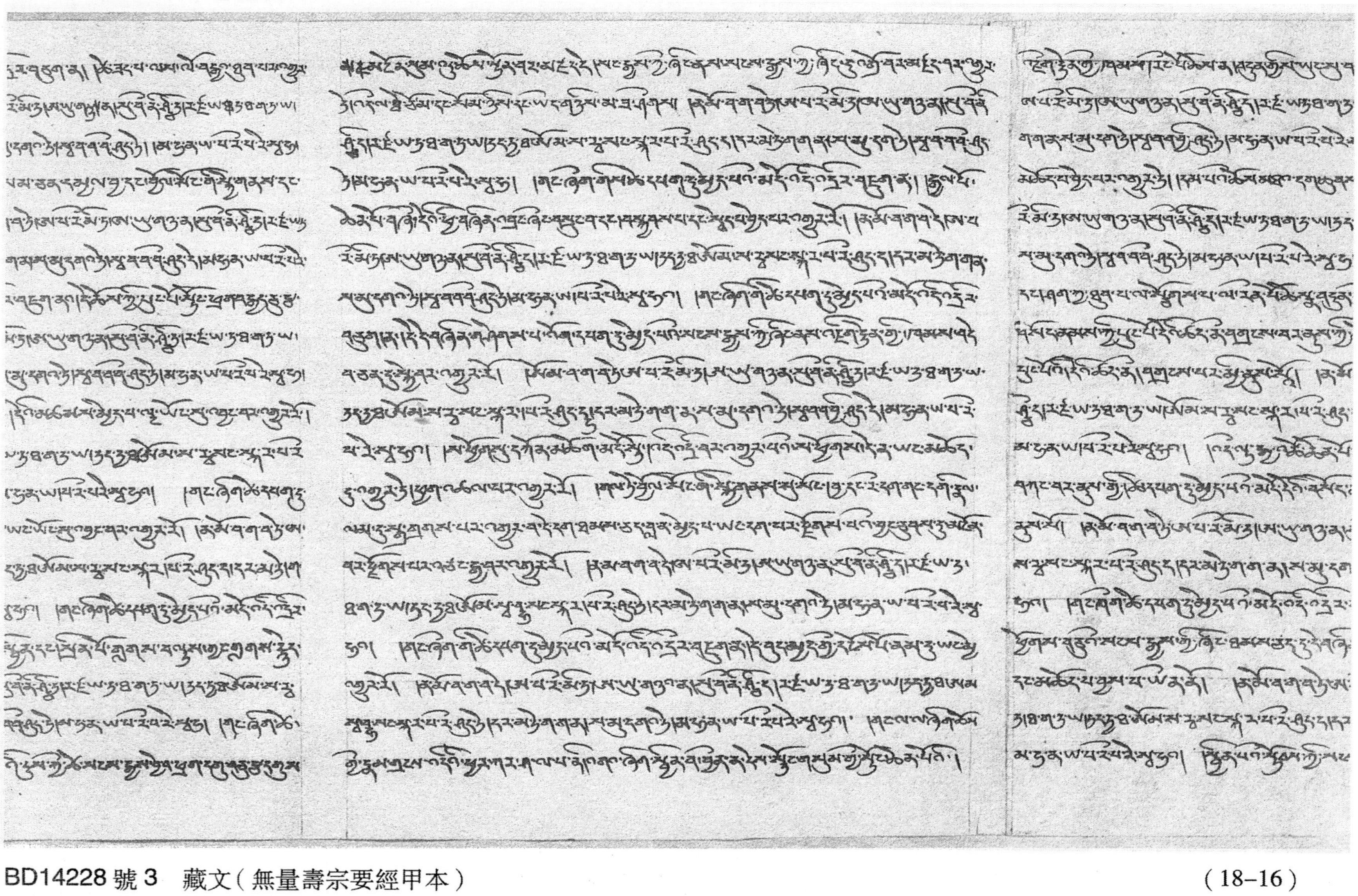

BD14228 號 3　藏文（無量壽宗要經甲本）　（18–16）

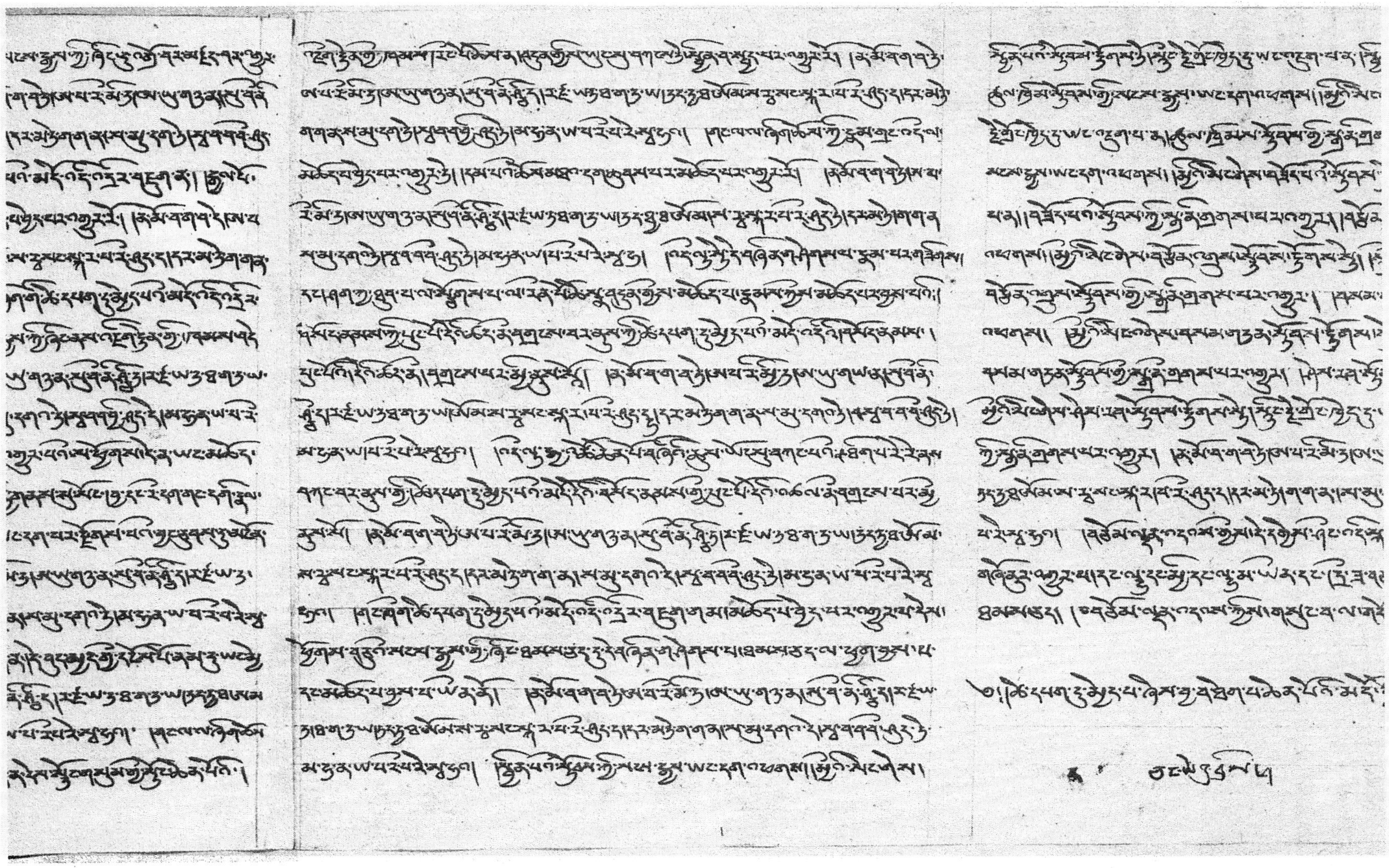

BD14228 號 3　藏文（無量壽宗要經甲本）　（18–17）

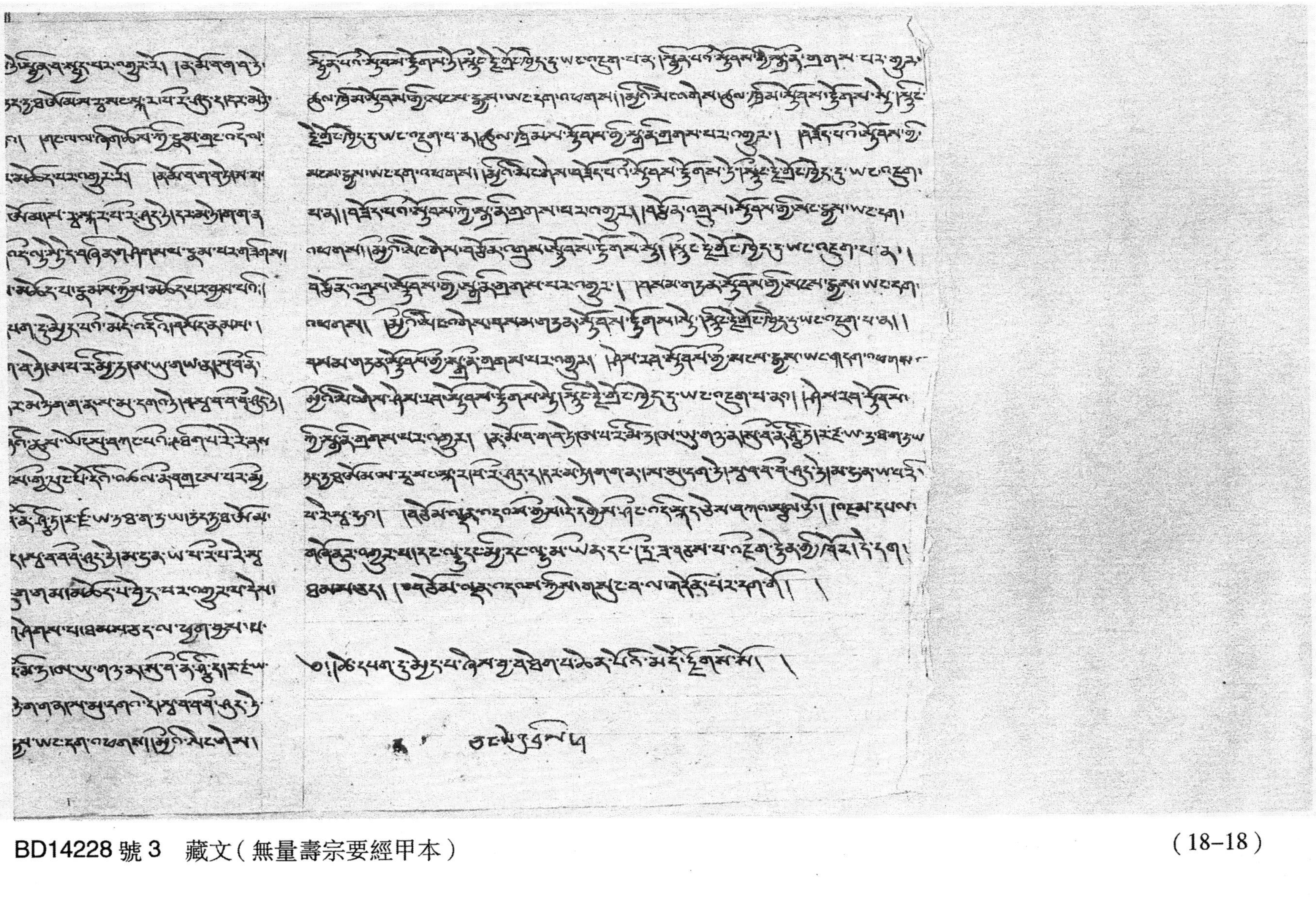

BD14228 號 3　藏文（無量壽宗要經甲本）　（18–18）

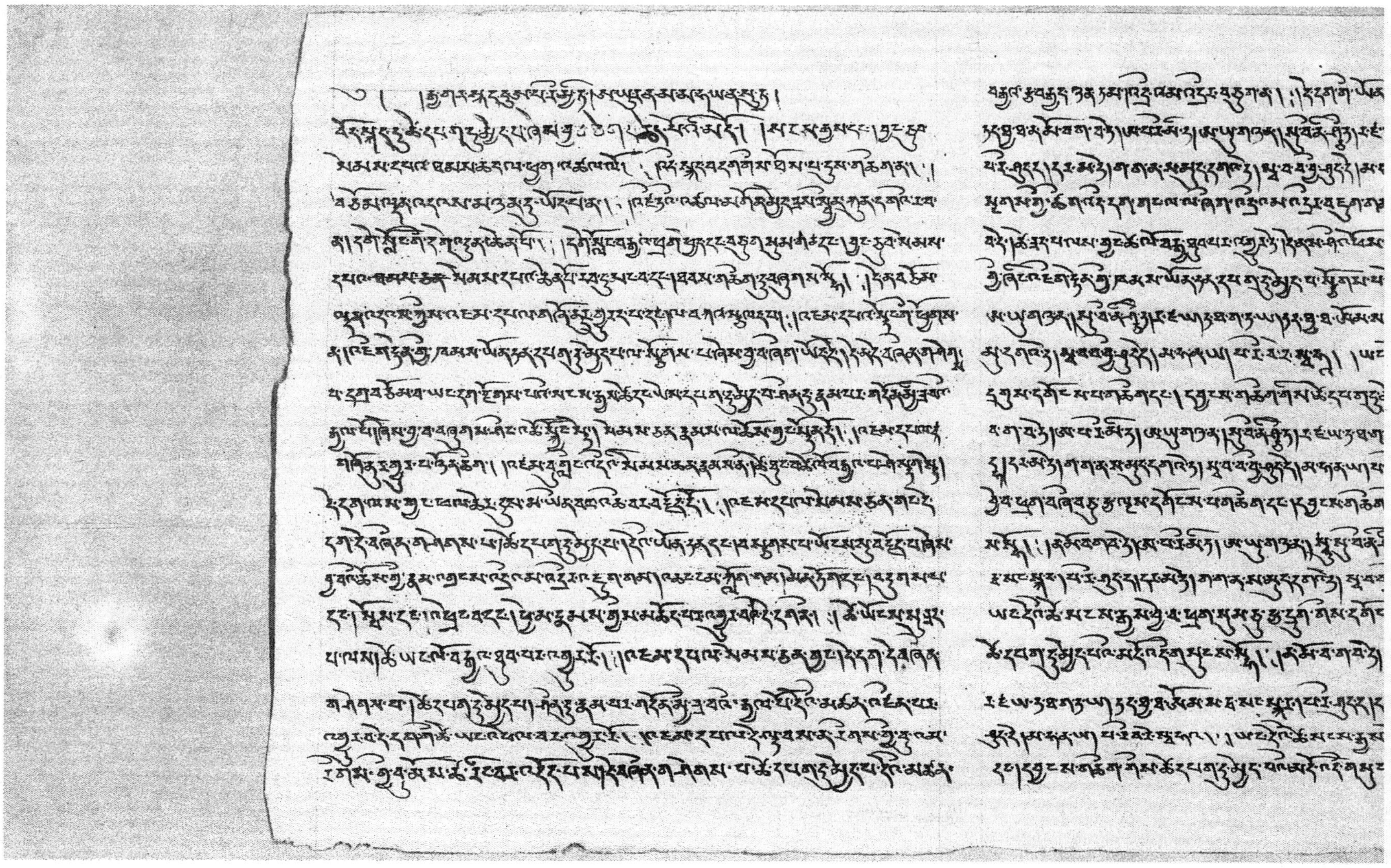

BD14229 號 1　藏文（無量壽宗要經甲本）　（18–1）

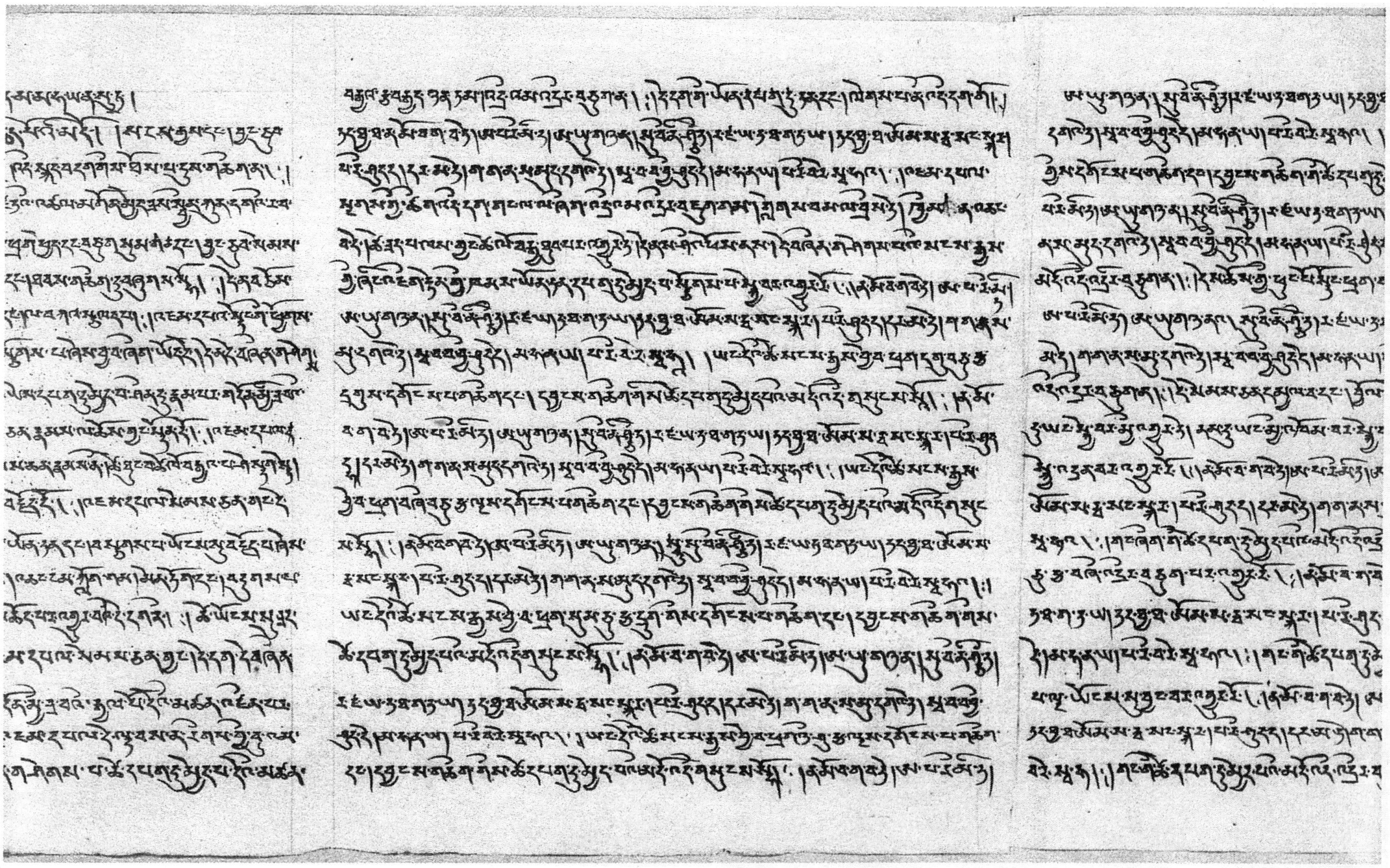

BD14229 號 1　藏文（無量壽宗要經甲本）　（18–2）

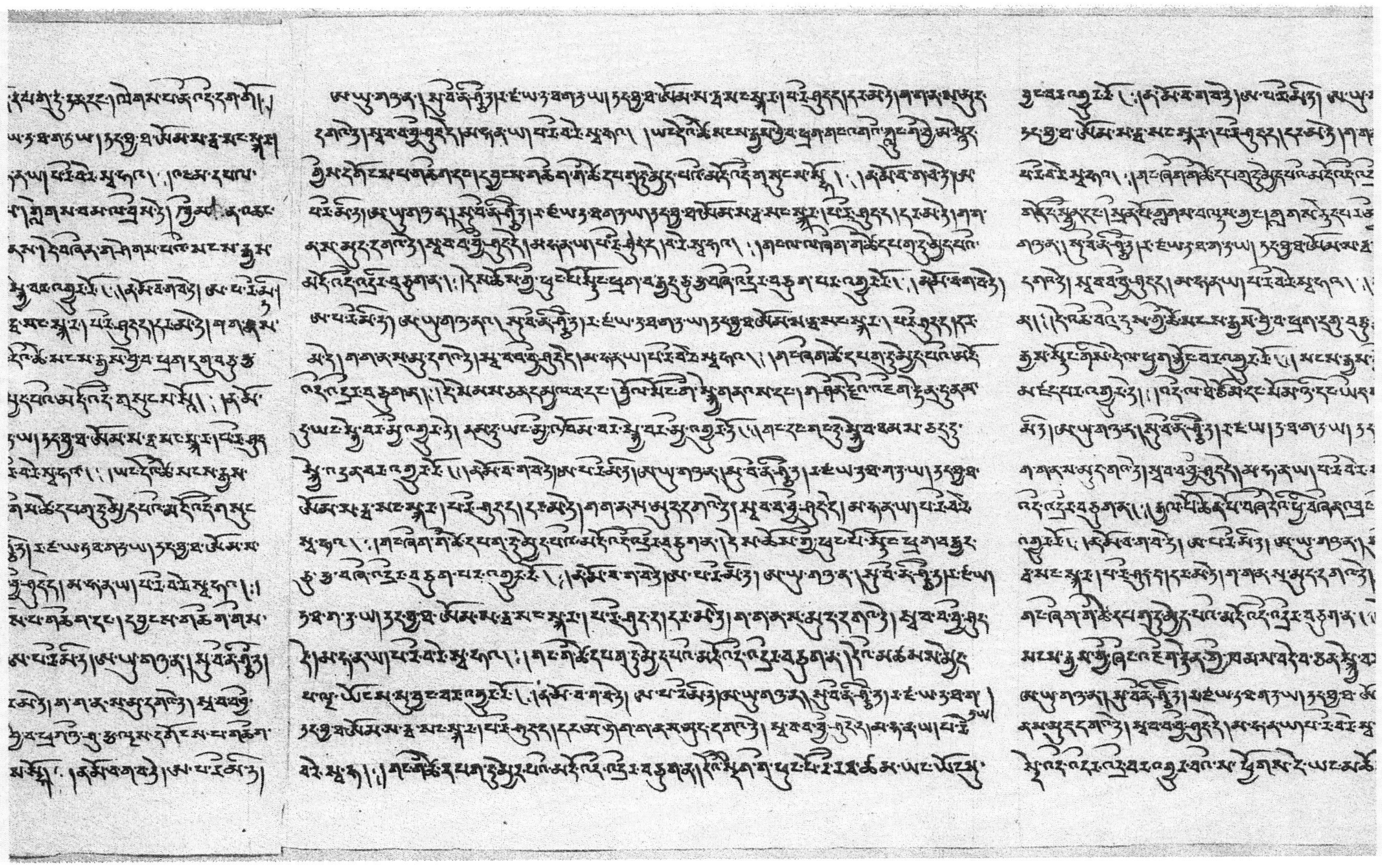

BD14229 號 1　藏文（無量壽宗要經甲本）　　（18–3）

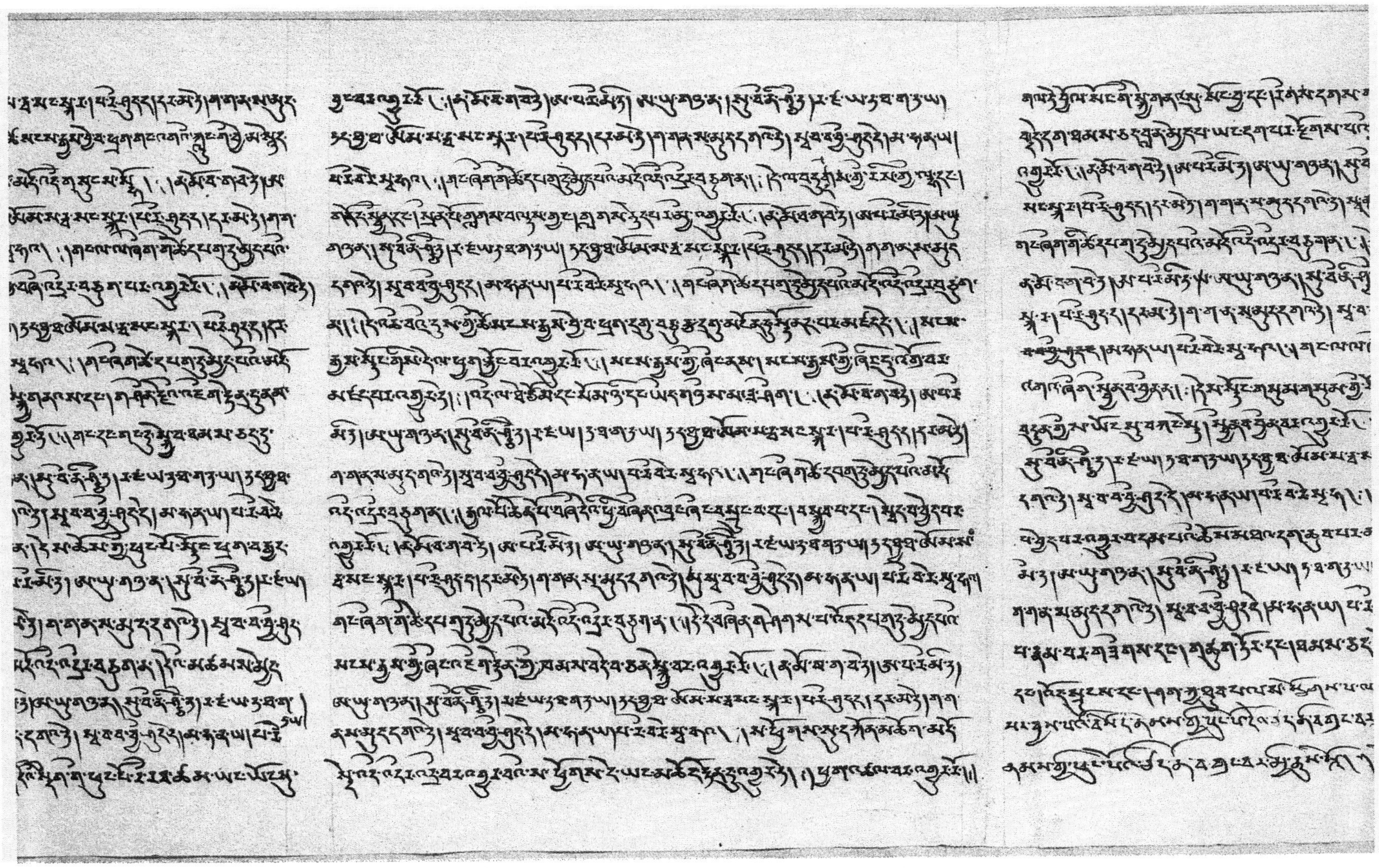

BD14229 號 1　藏文（無量壽宗要經甲本）　　（18–4）

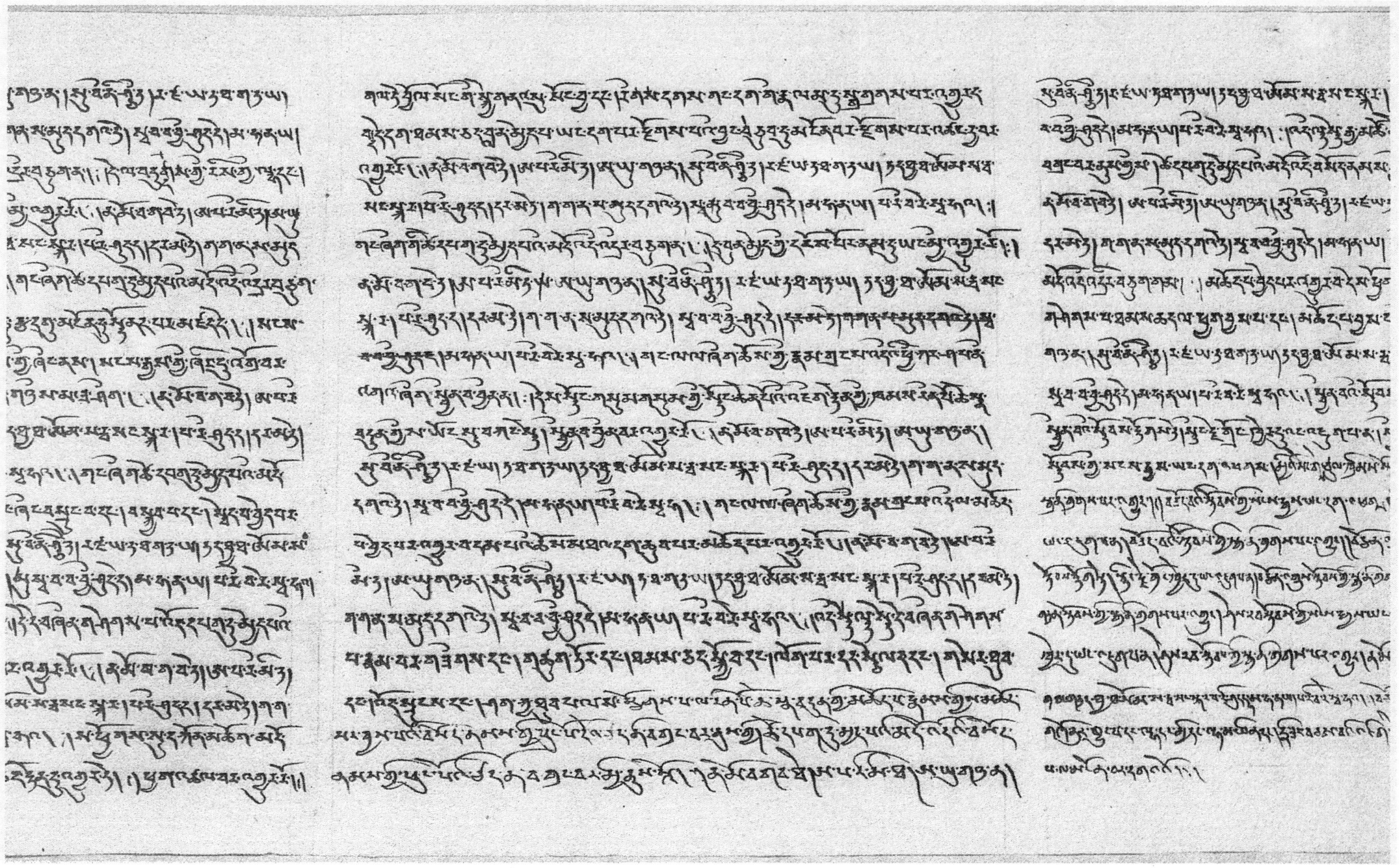

BD14229 號 1　藏文（無量壽宗要經甲本）　（18–5）

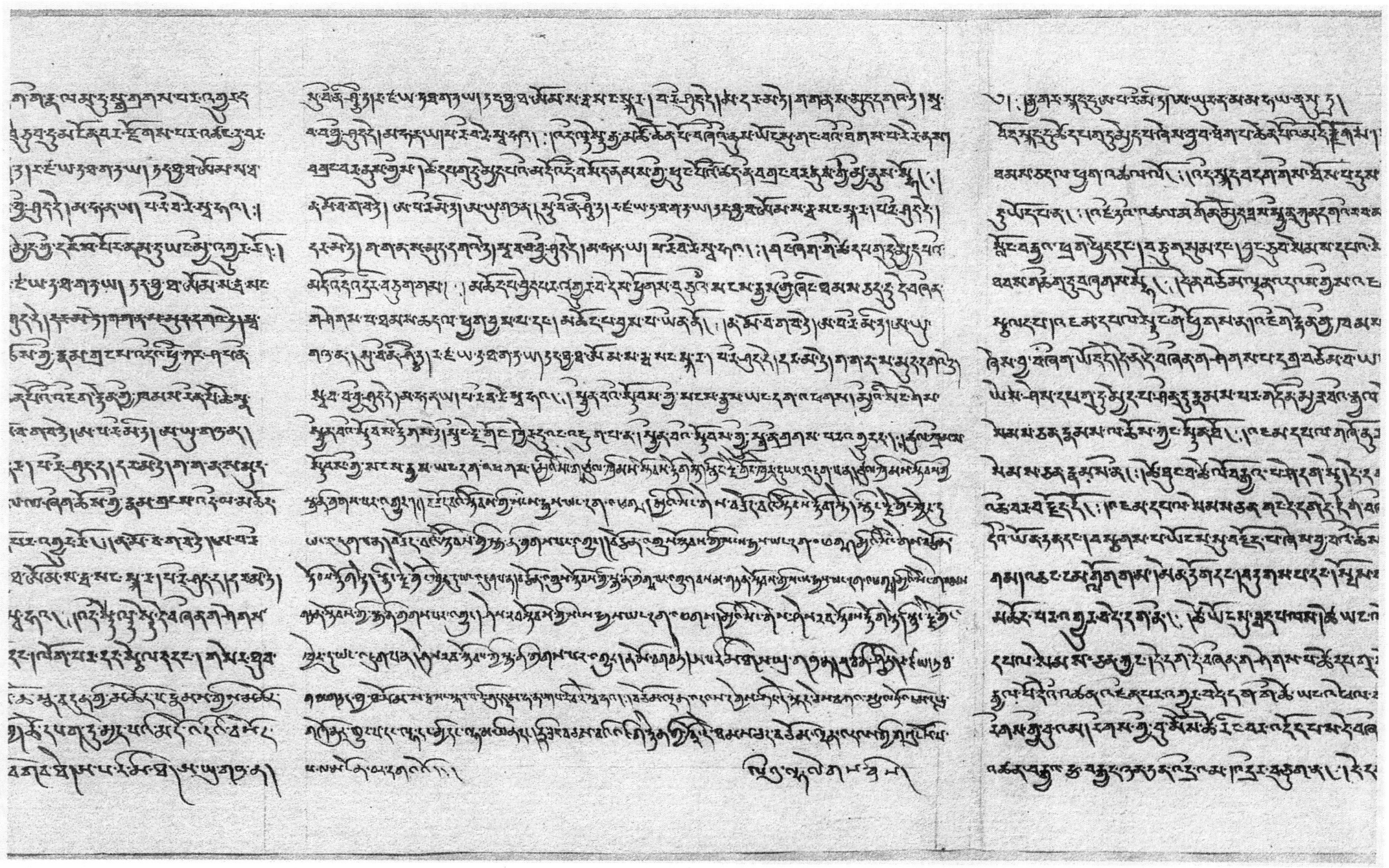

BD14229 號 1　藏文（無量壽宗要經甲本）　（18–6）

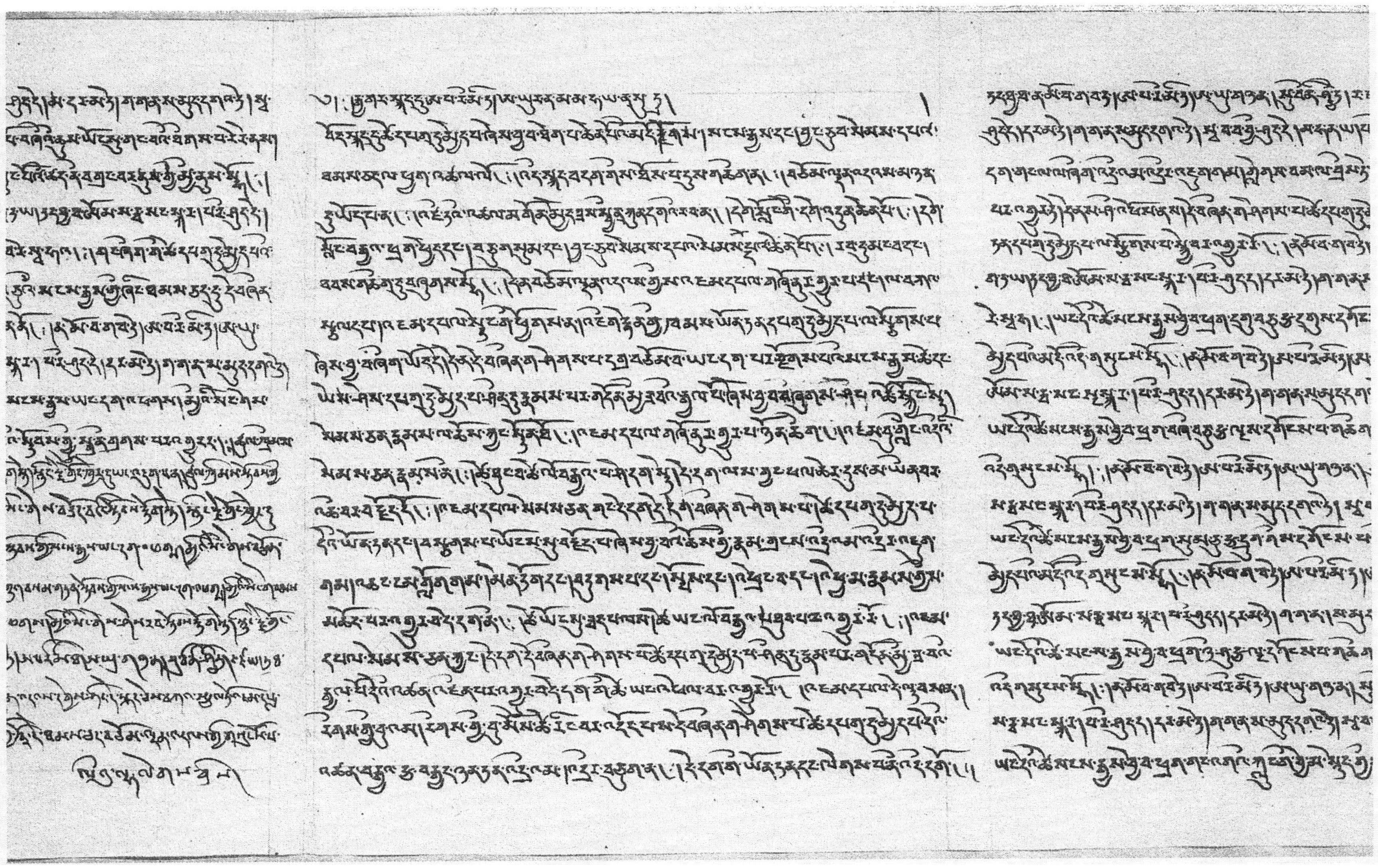

BD14229 號 2　藏文（無量壽宗要經甲本）　（18–7）

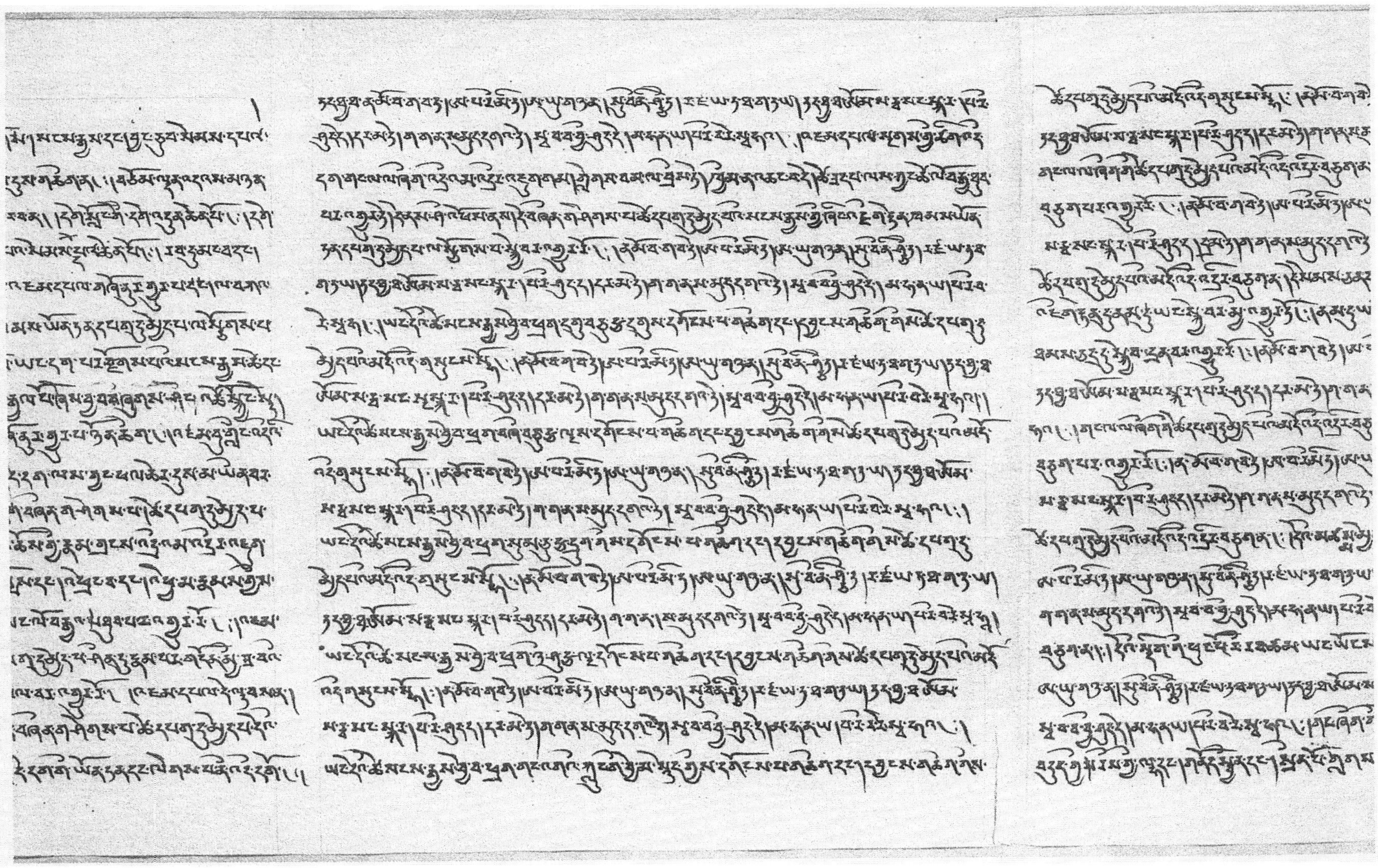

BD14229 號 2　藏文（無量壽宗要經甲本）　（18–8）

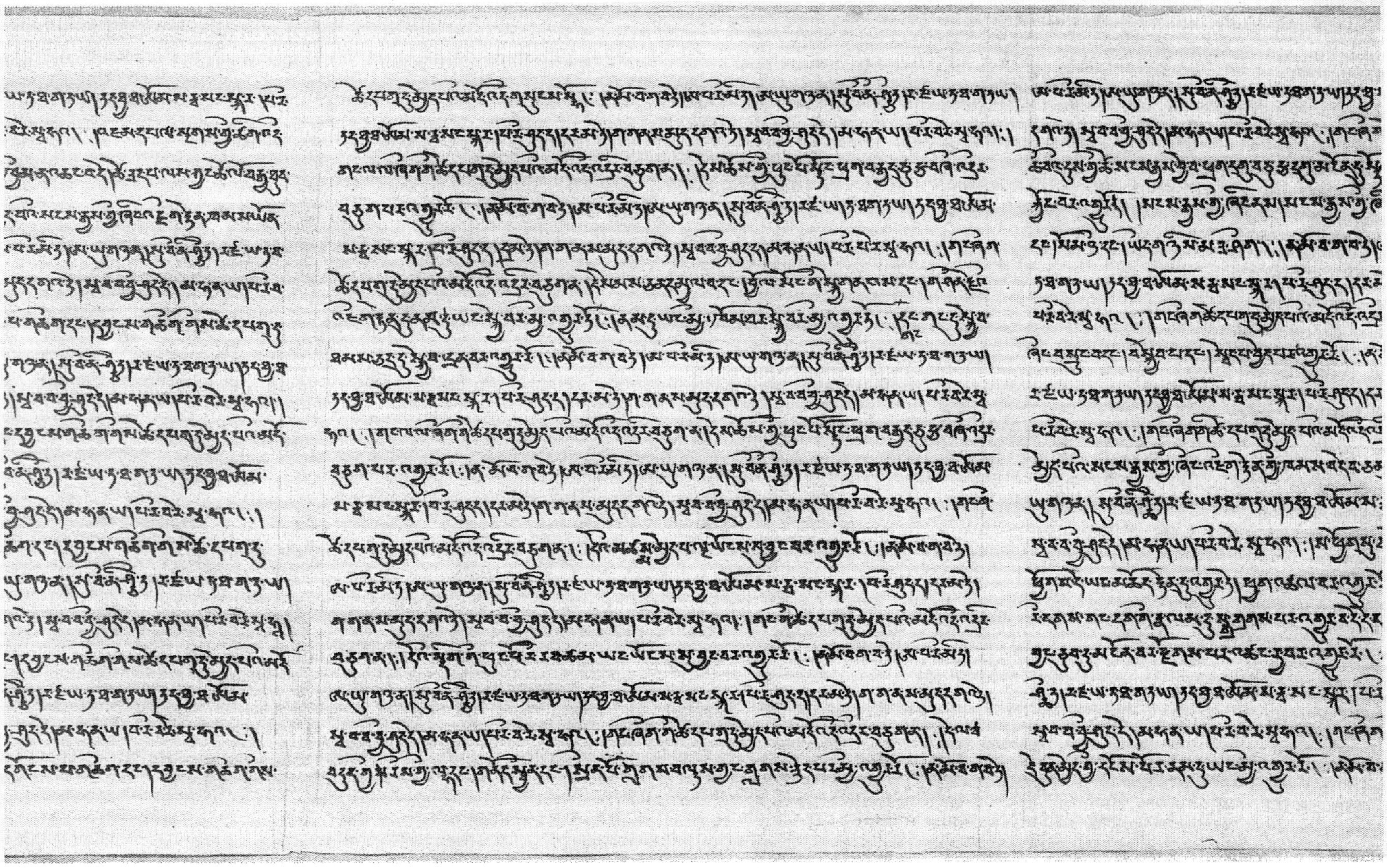

BD14229 號 2　藏文（無量壽宗要經甲本）　（18–9）

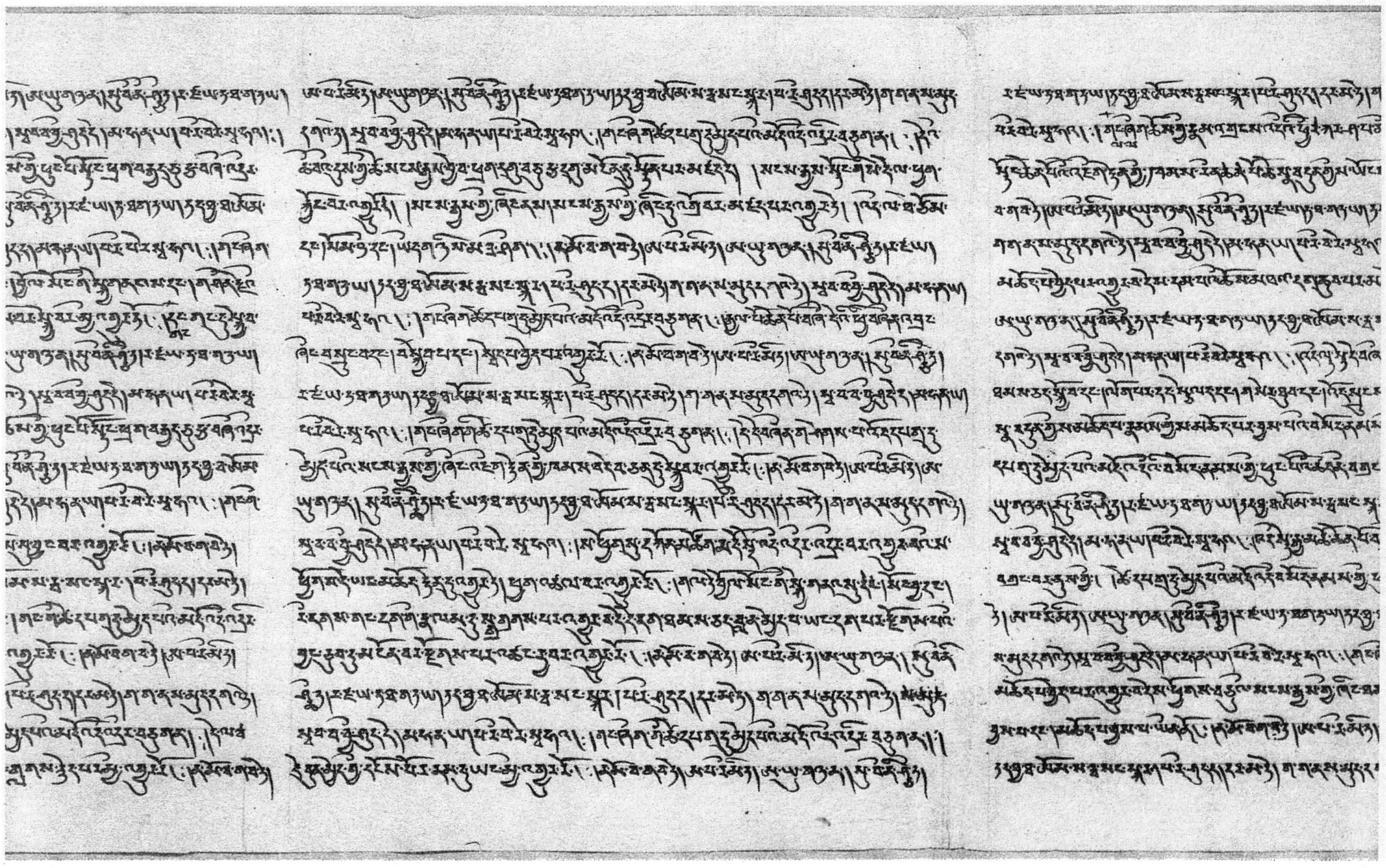

BD14229 號 2　藏文（無量壽宗要經甲本）　（18–10）

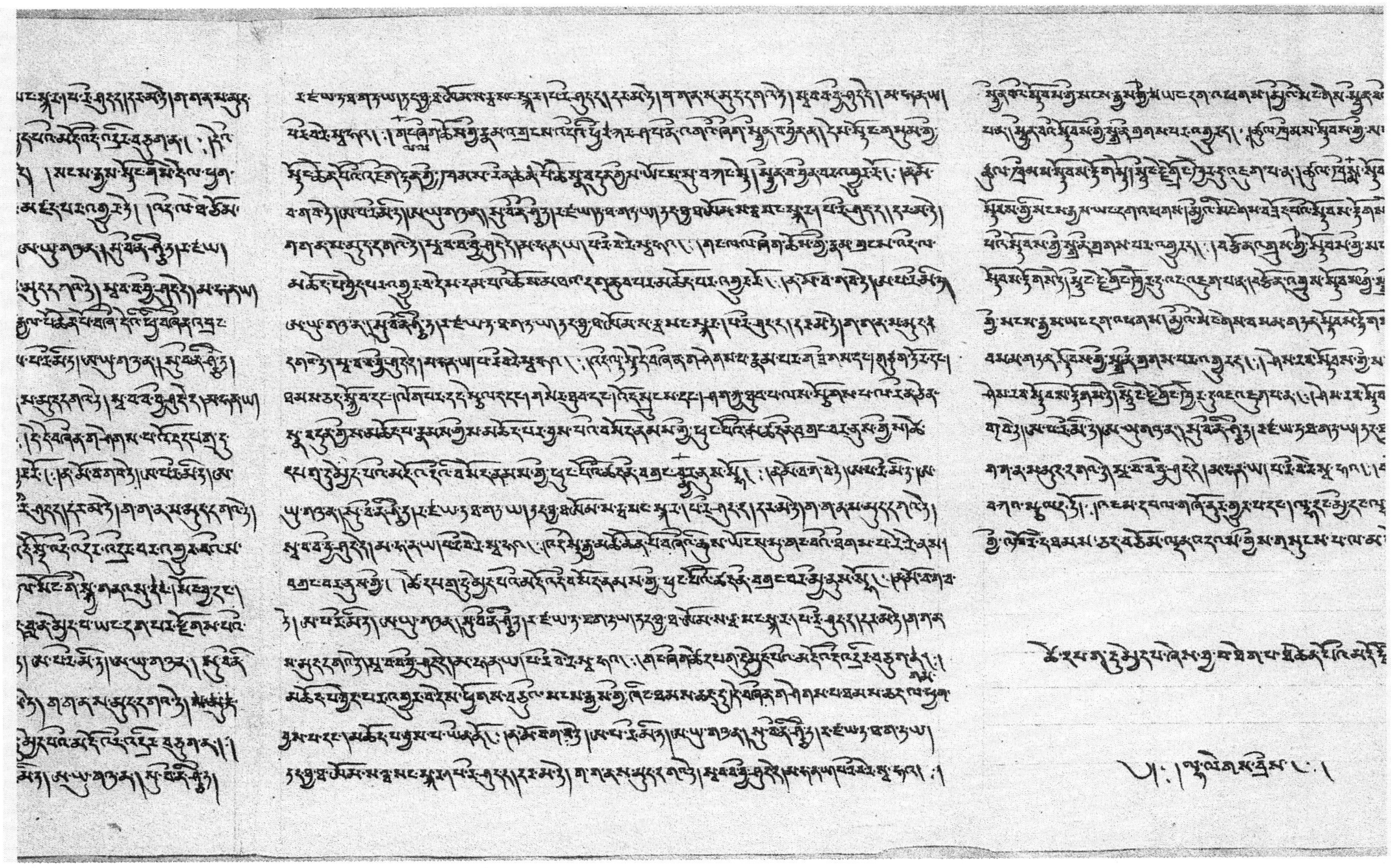

BD14229 號 2　藏文（無量壽宗要經甲本）　（18–11）

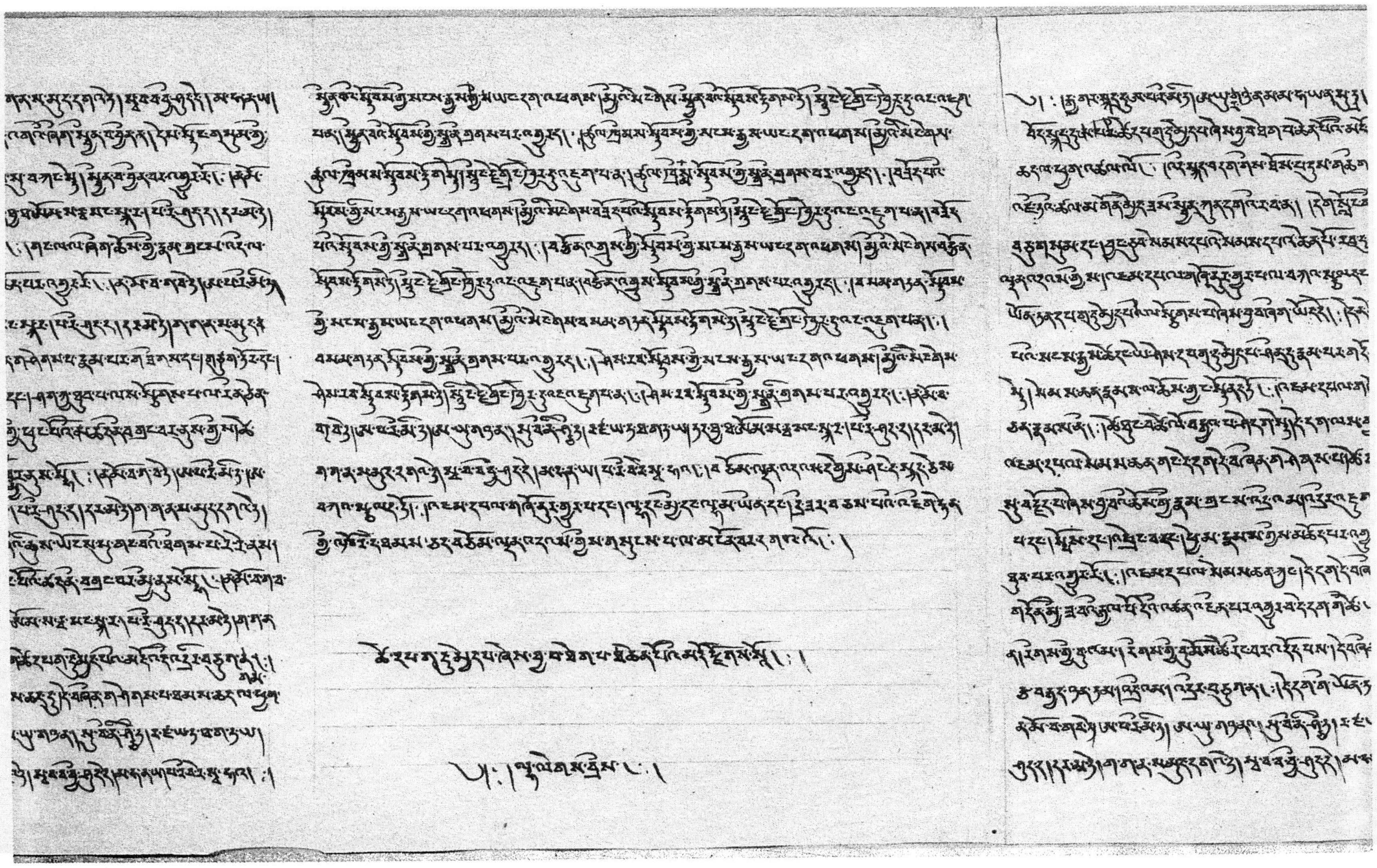

BD14229 號 2　藏文（無量壽宗要經甲本）　（18–12）

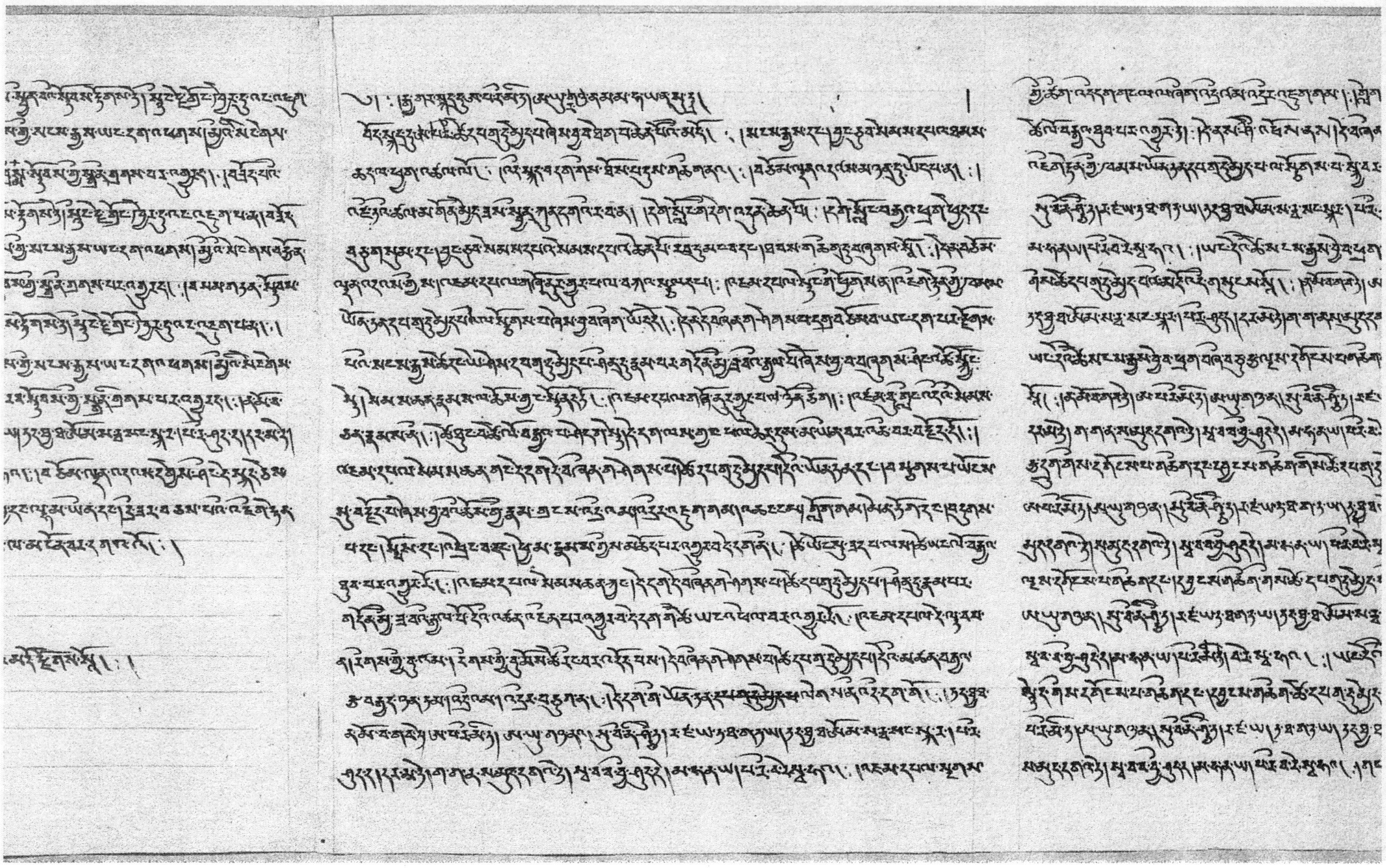

BD14229 號 3　藏文（無量壽宗要經甲本）　（18–13）

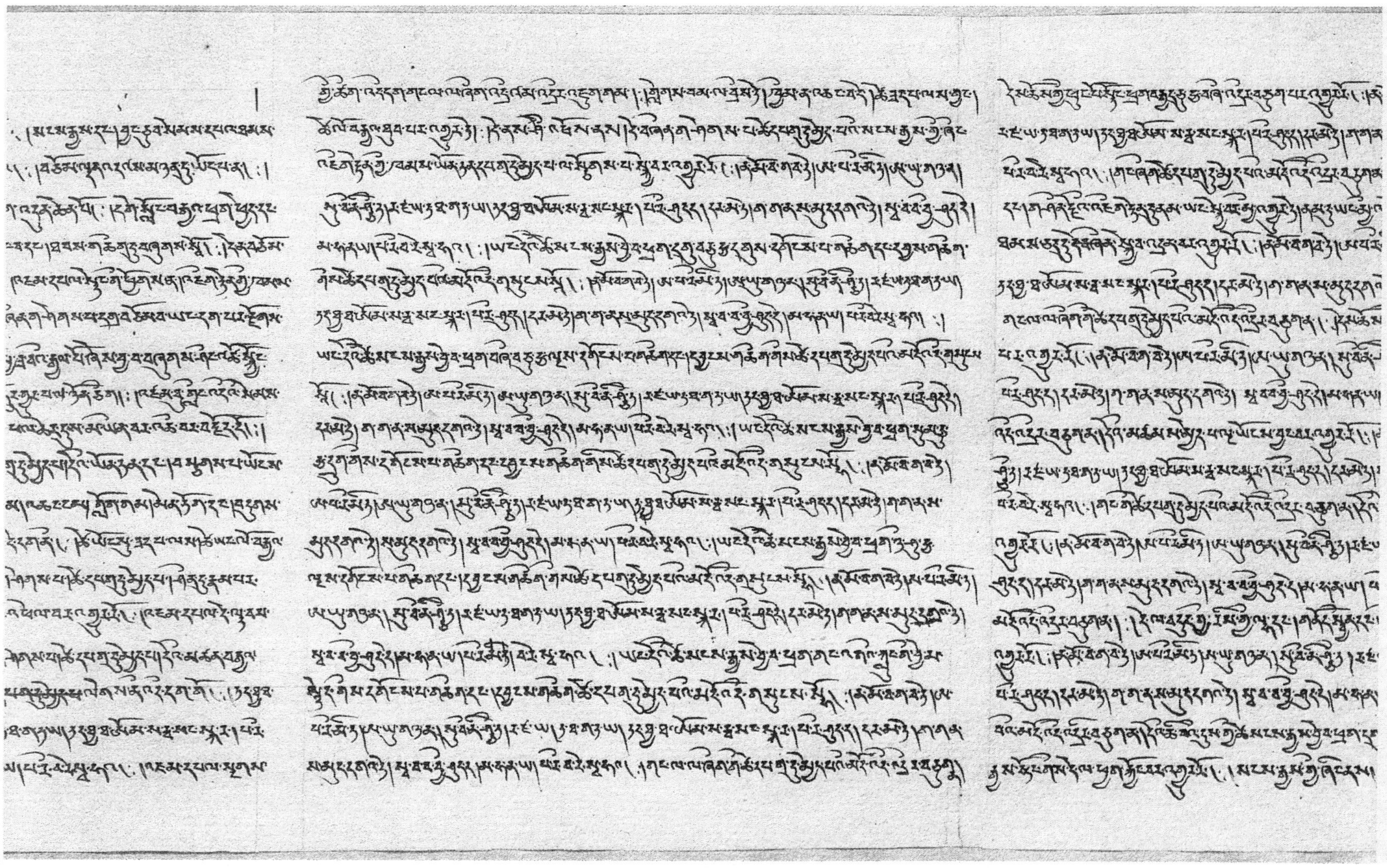

BD14229 號 3　藏文（無量壽宗要經甲本）　（18–14）

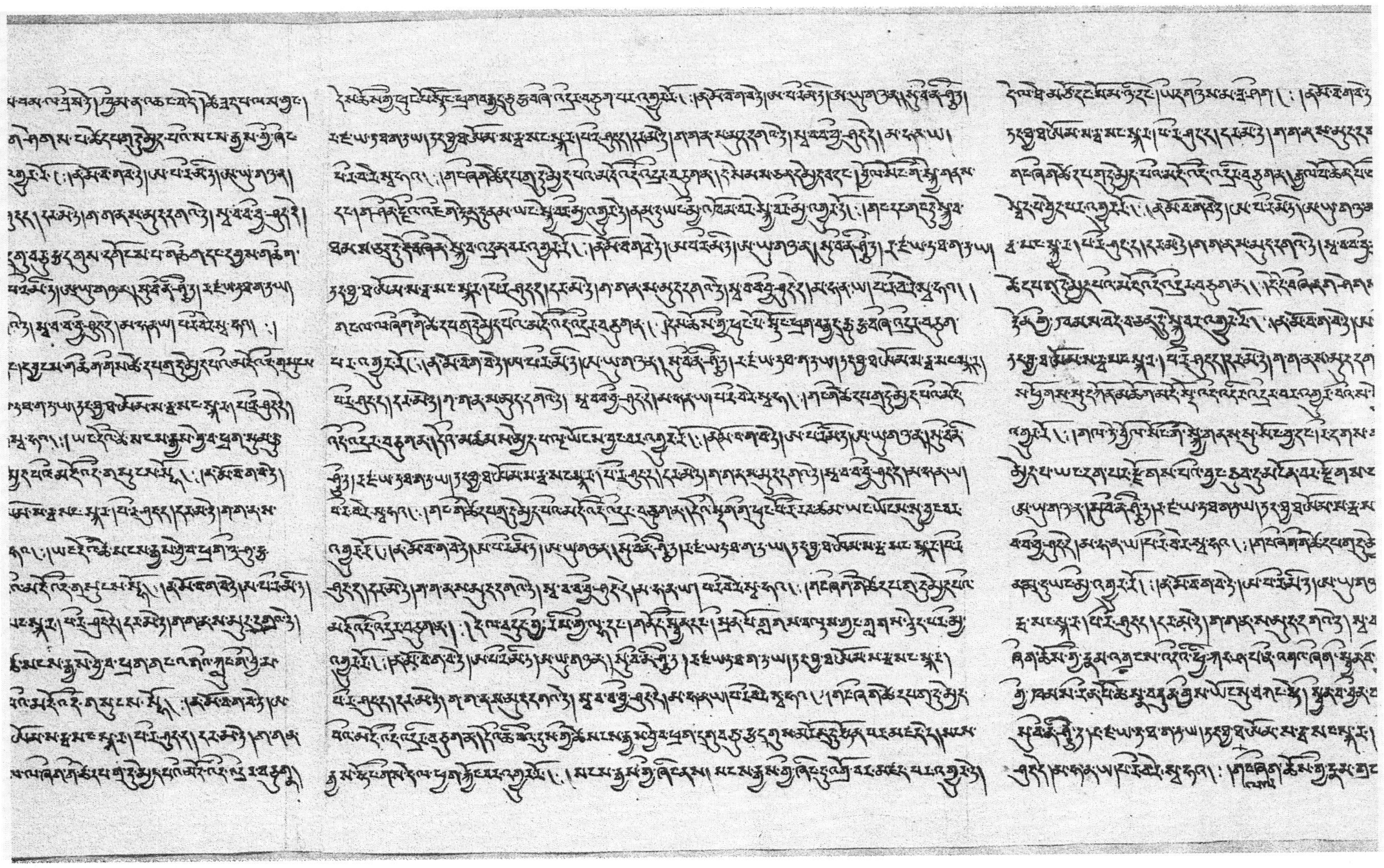

BD14229 號 3　藏文（無量壽宗要經甲本）　　（18–15）

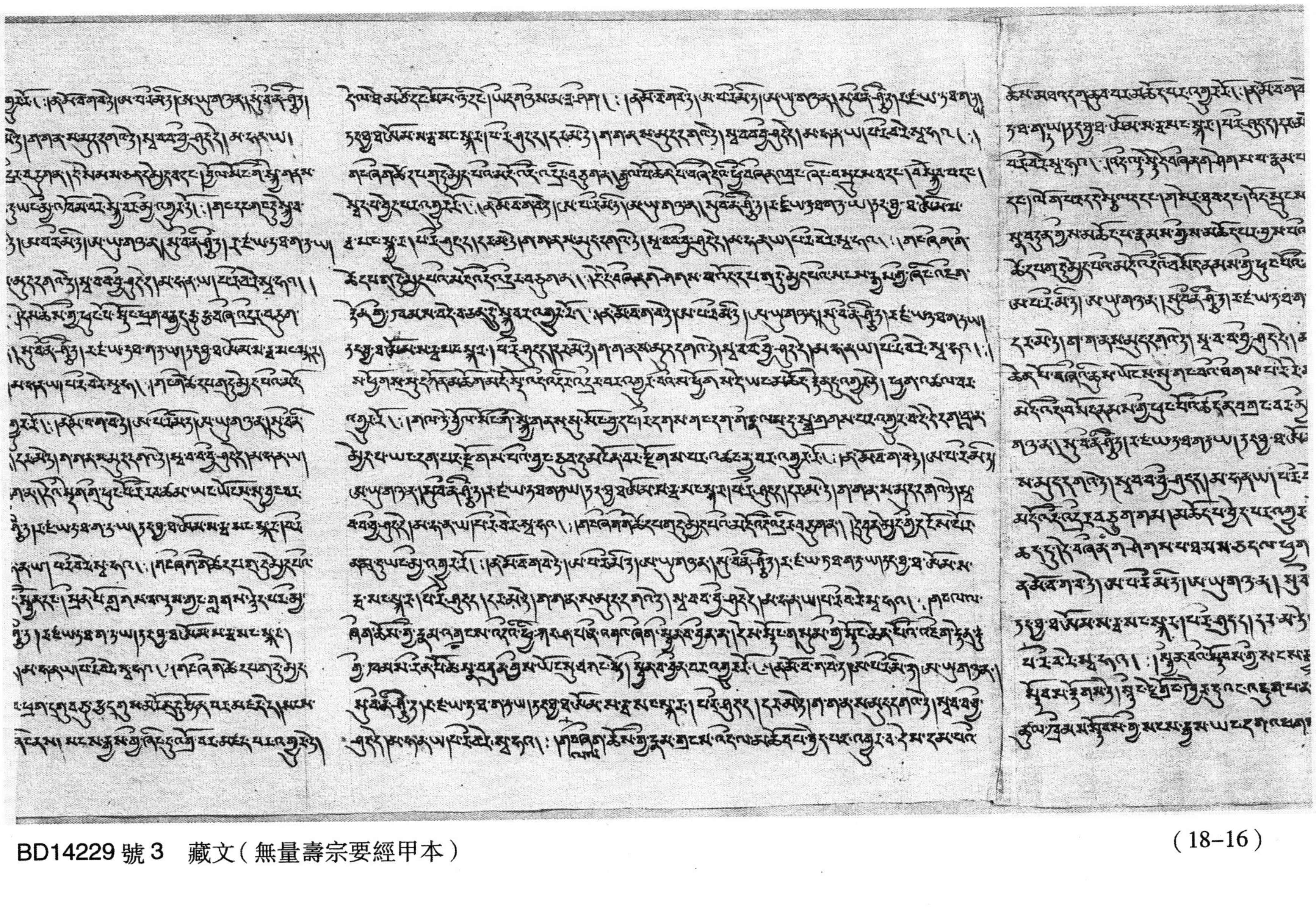

BD14229 號 3　藏文（無量壽宗要經甲本）　　（18–16）

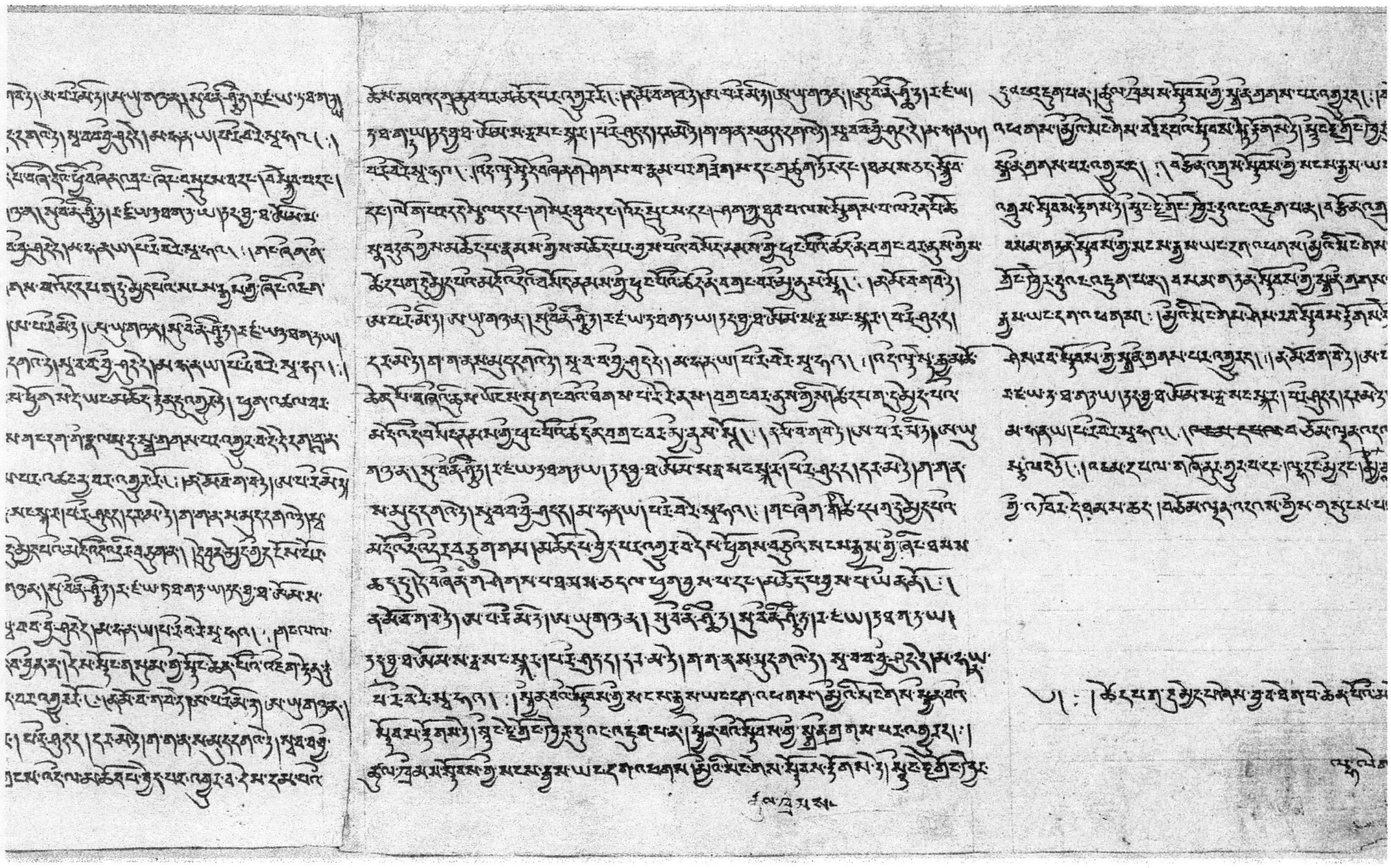

BD14229 號 3　藏文（無量壽宗要經甲本）　　（18–17）

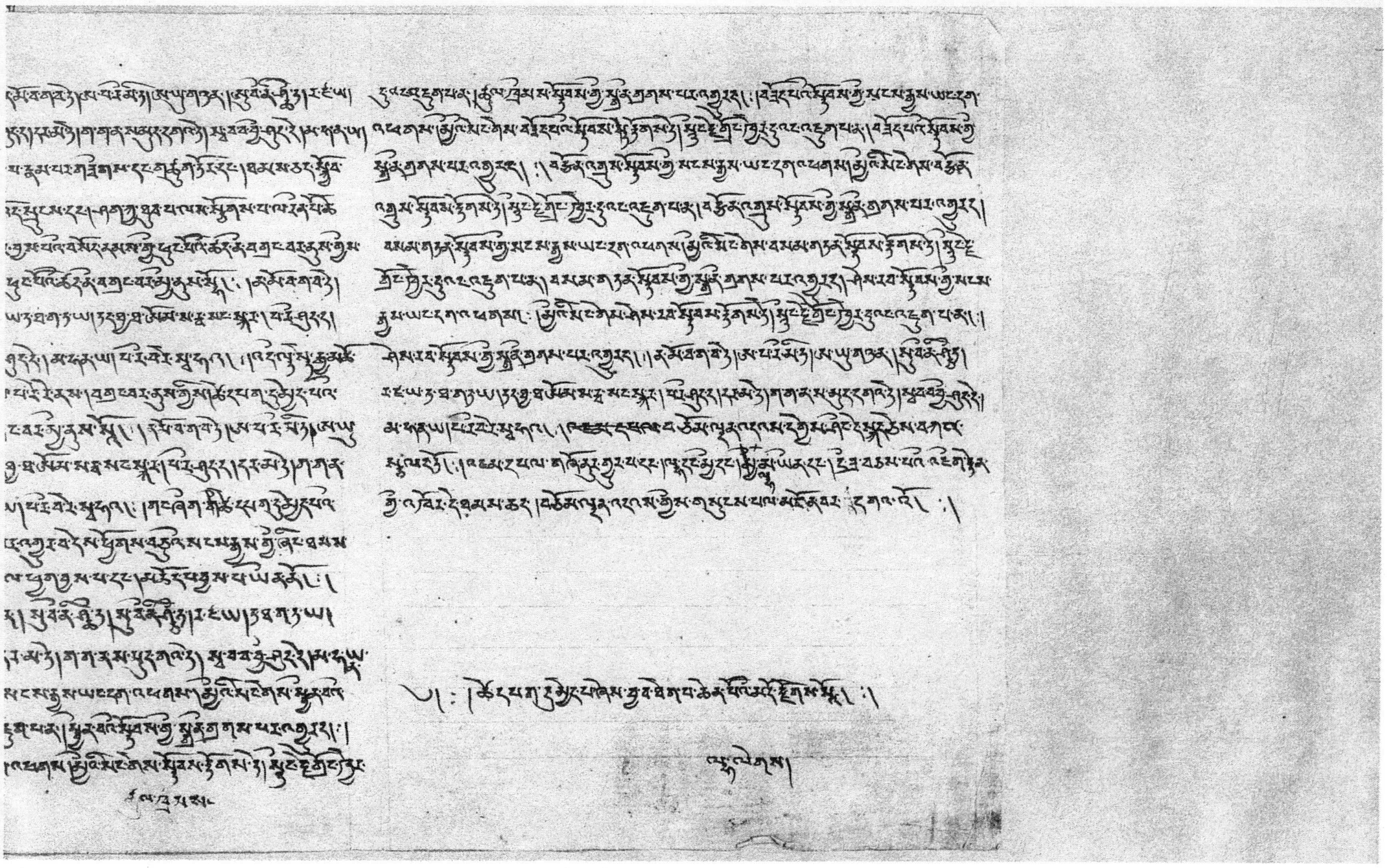

BD14229 號 3　藏文（無量壽宗要經甲本）　　（18–18）

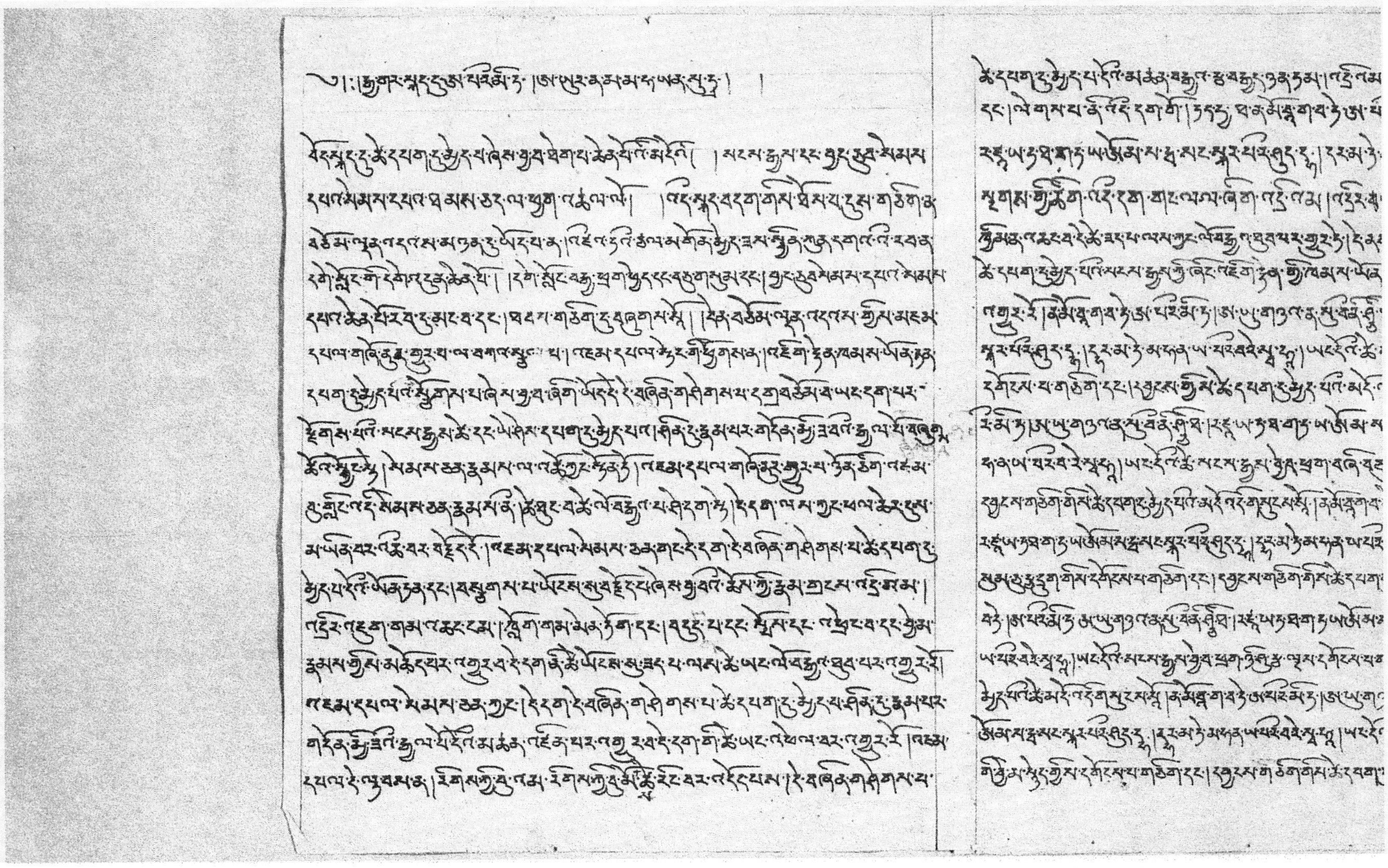

BD14230 號　藏文（無量壽宗要經乙本）　　（6–1）

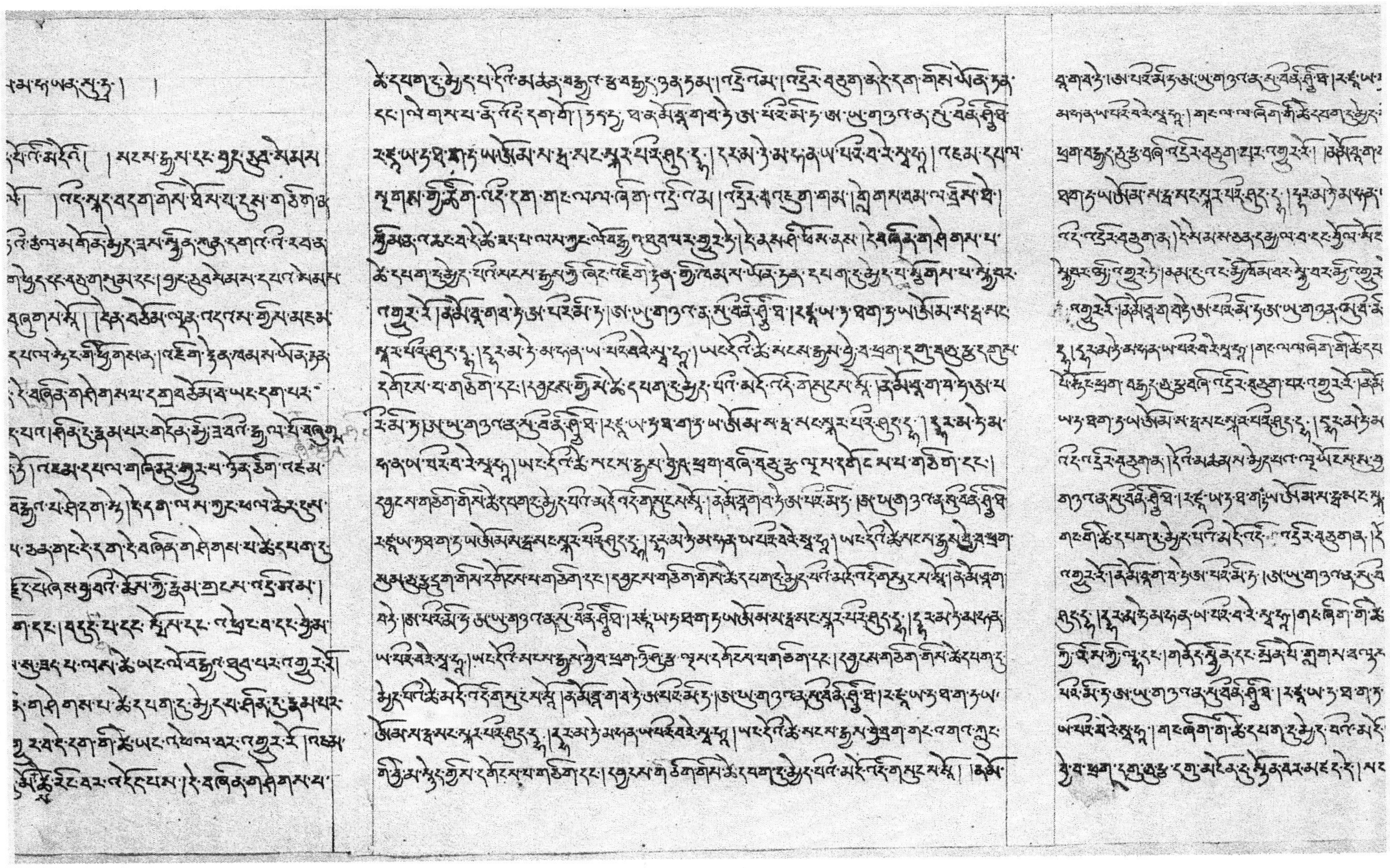

BD14230 號　藏文（無量壽宗要經乙本）　　（6–2）

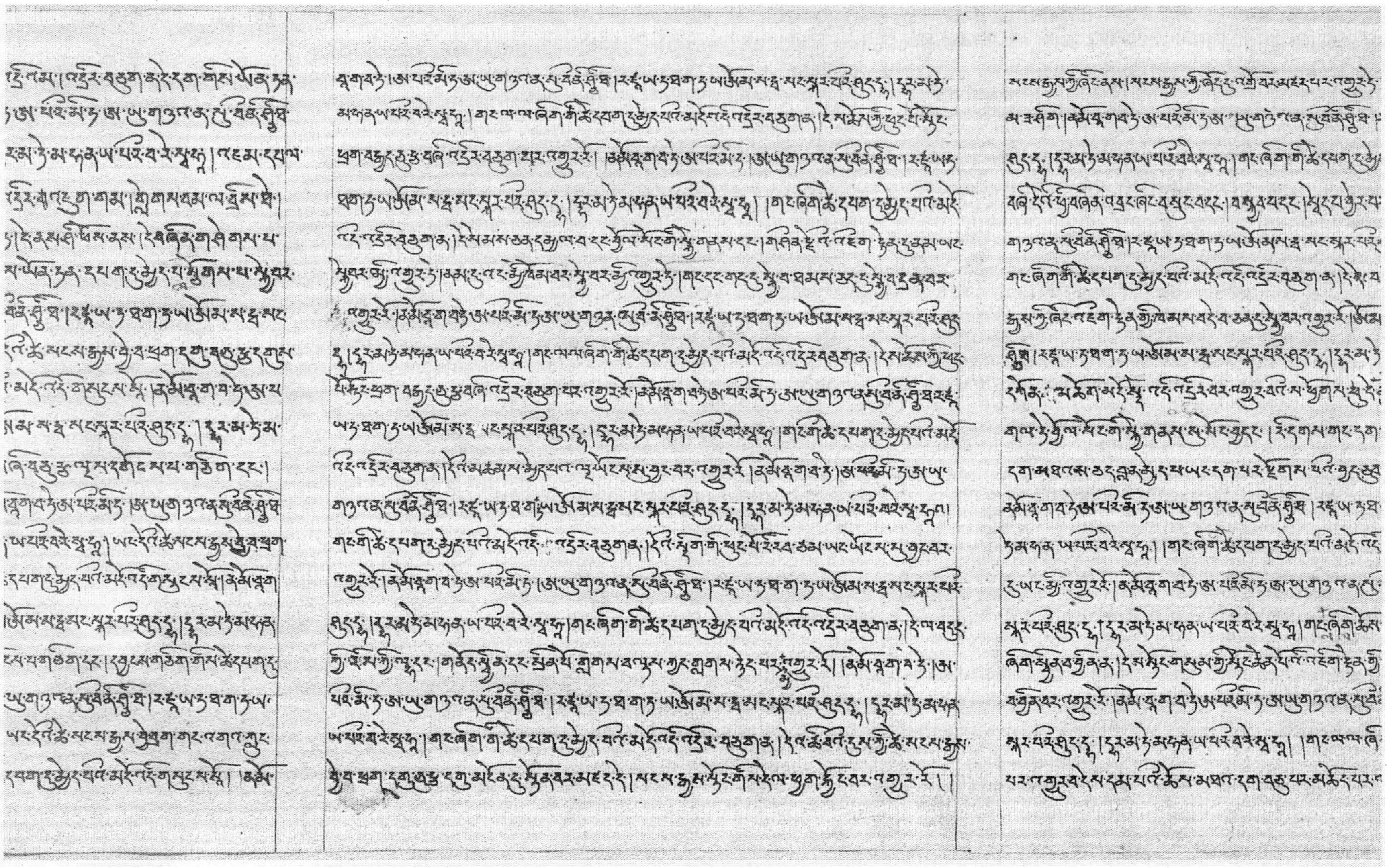

BD14230 號　藏文（無量壽宗要經乙本）　　（6–3）

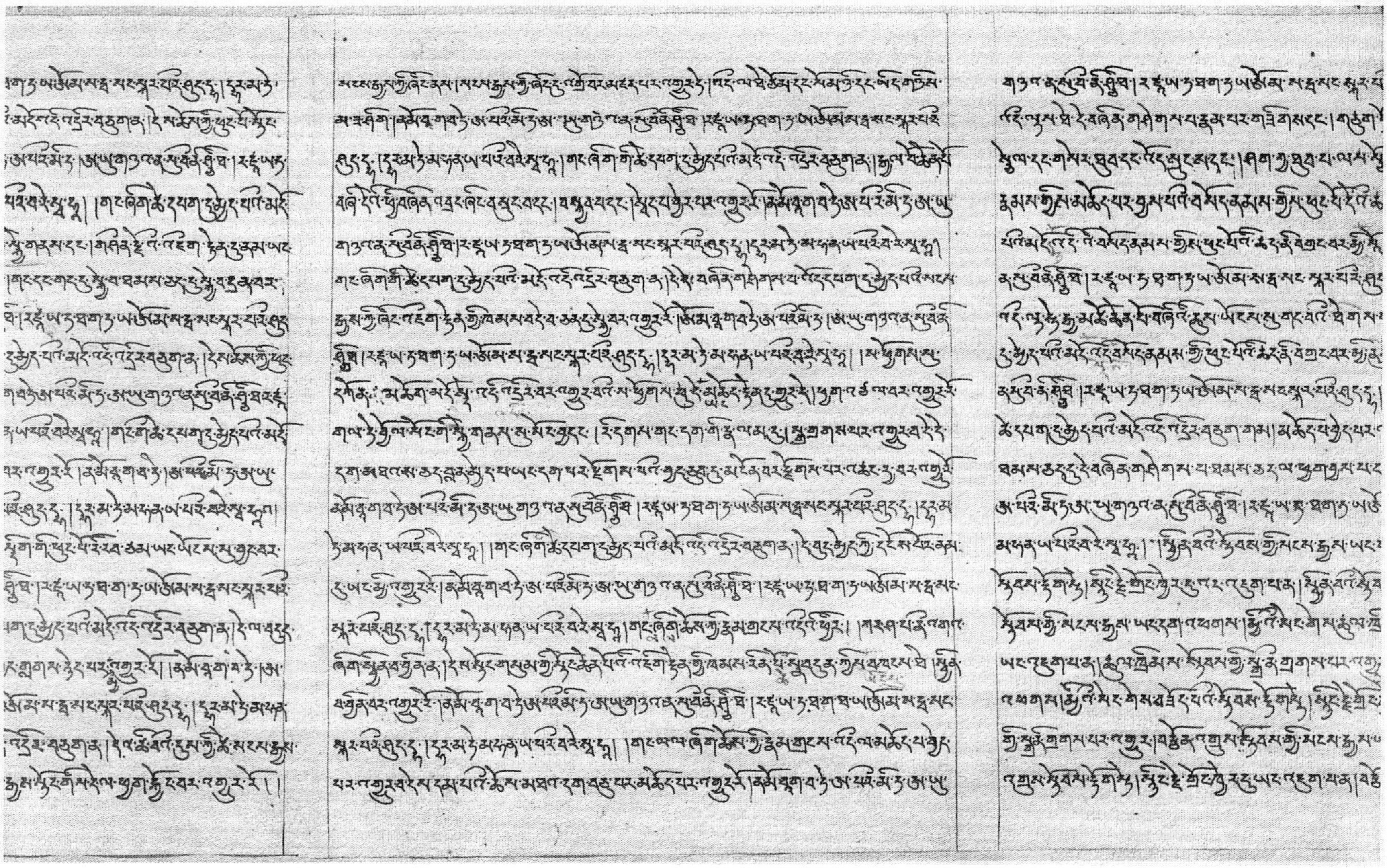

BD14230 號　藏文（無量壽宗要經乙本）　　（6–4）

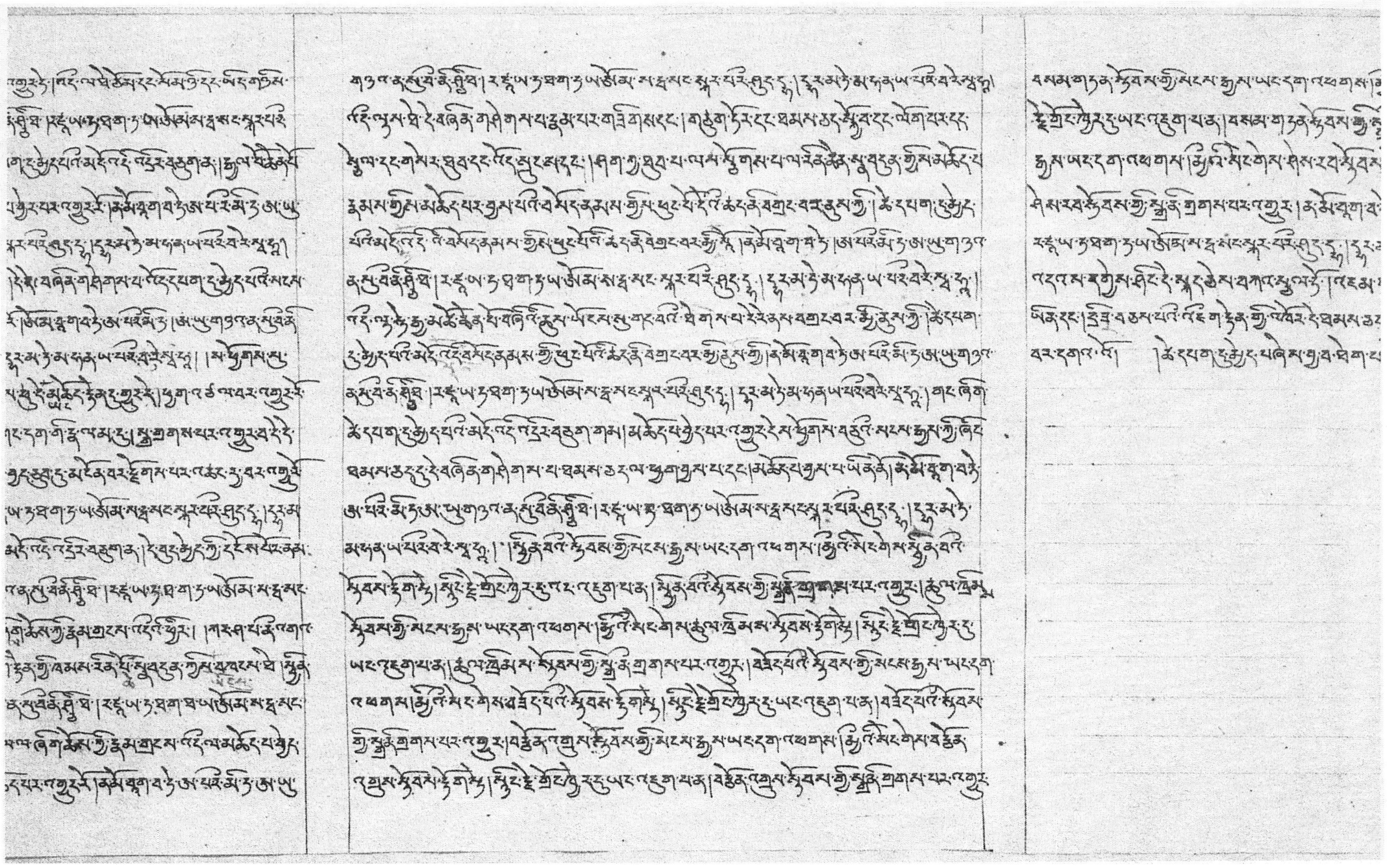

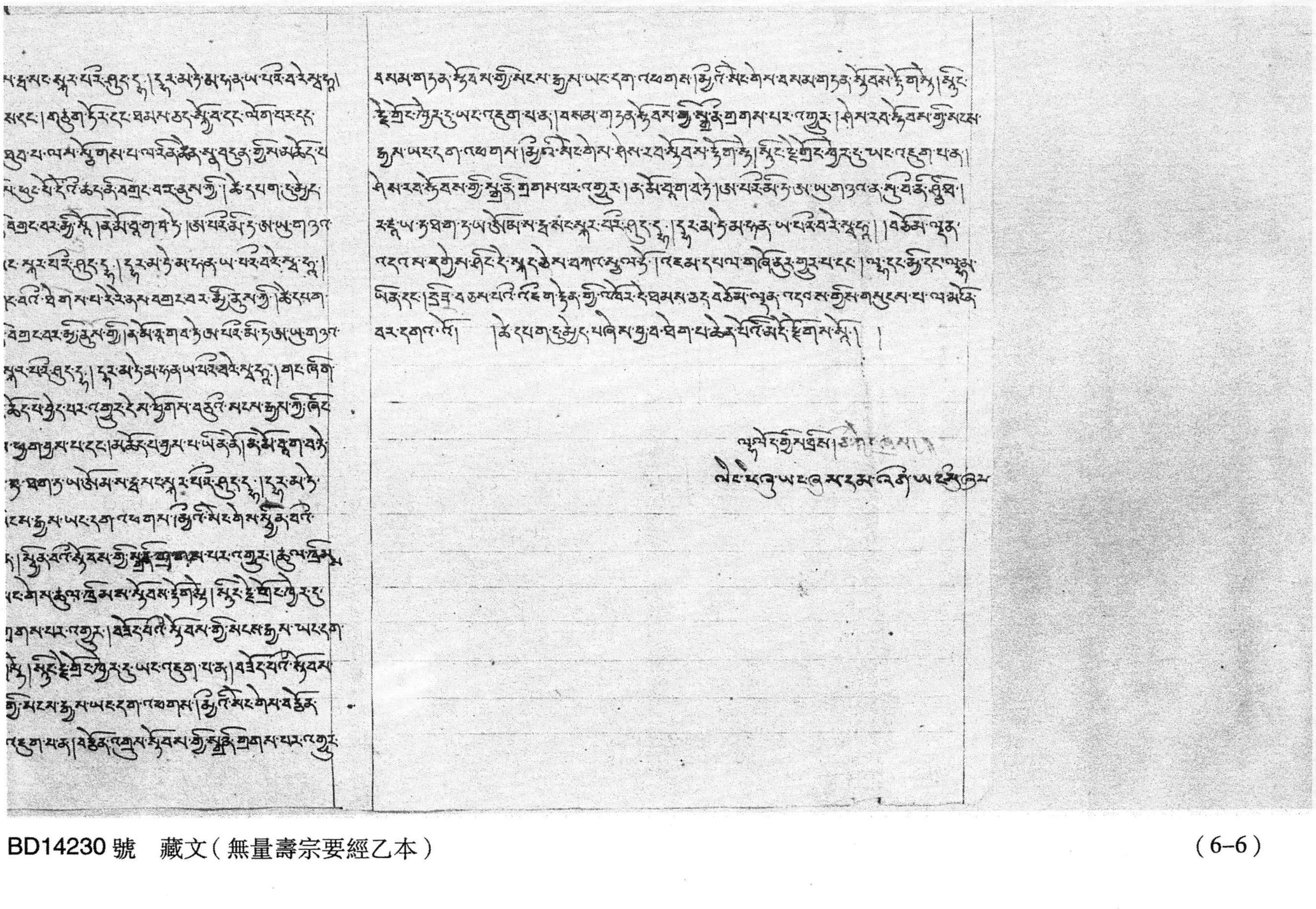

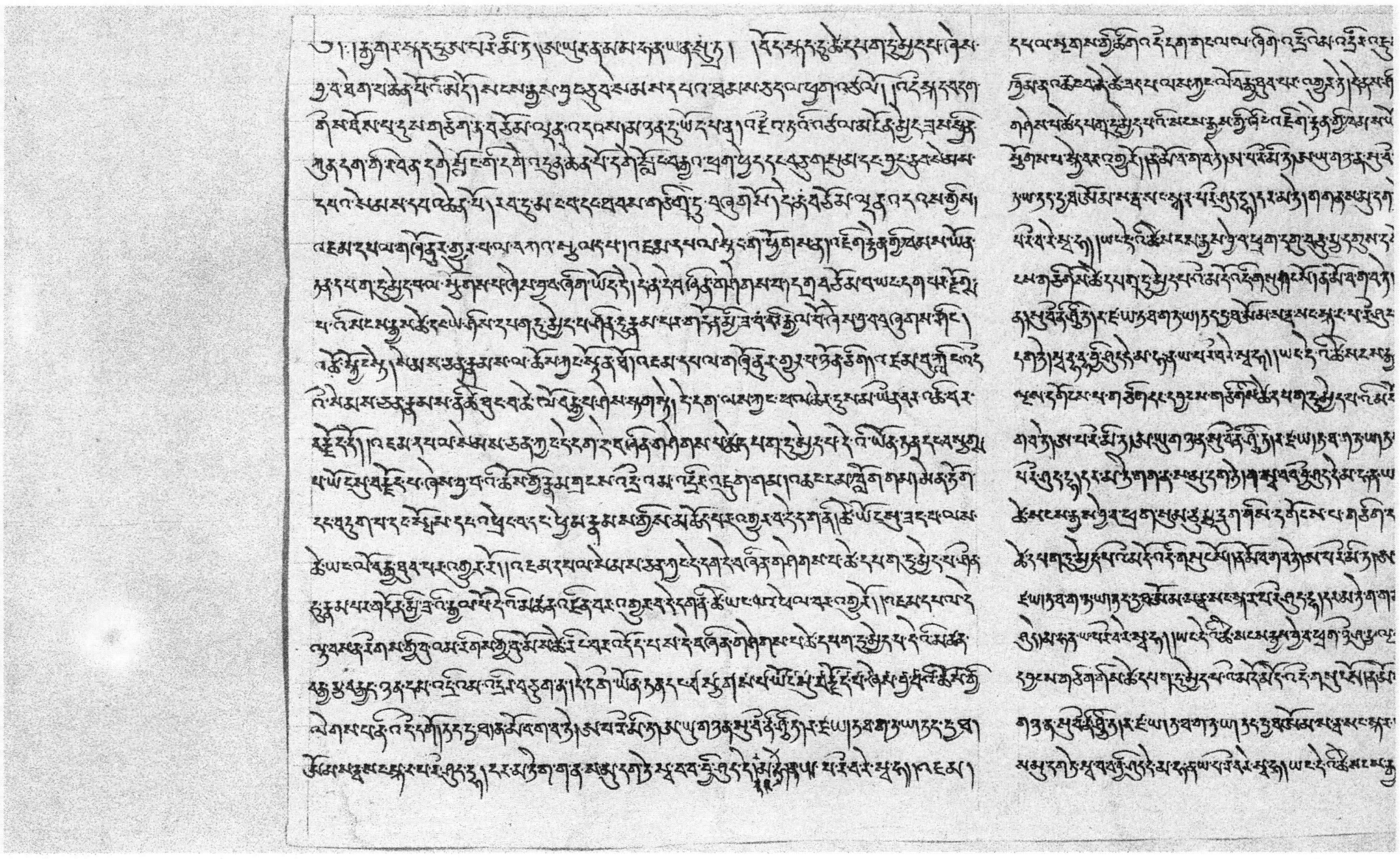

BD14231 號 1　藏文（無量壽宗要經甲本）　　（12–1）

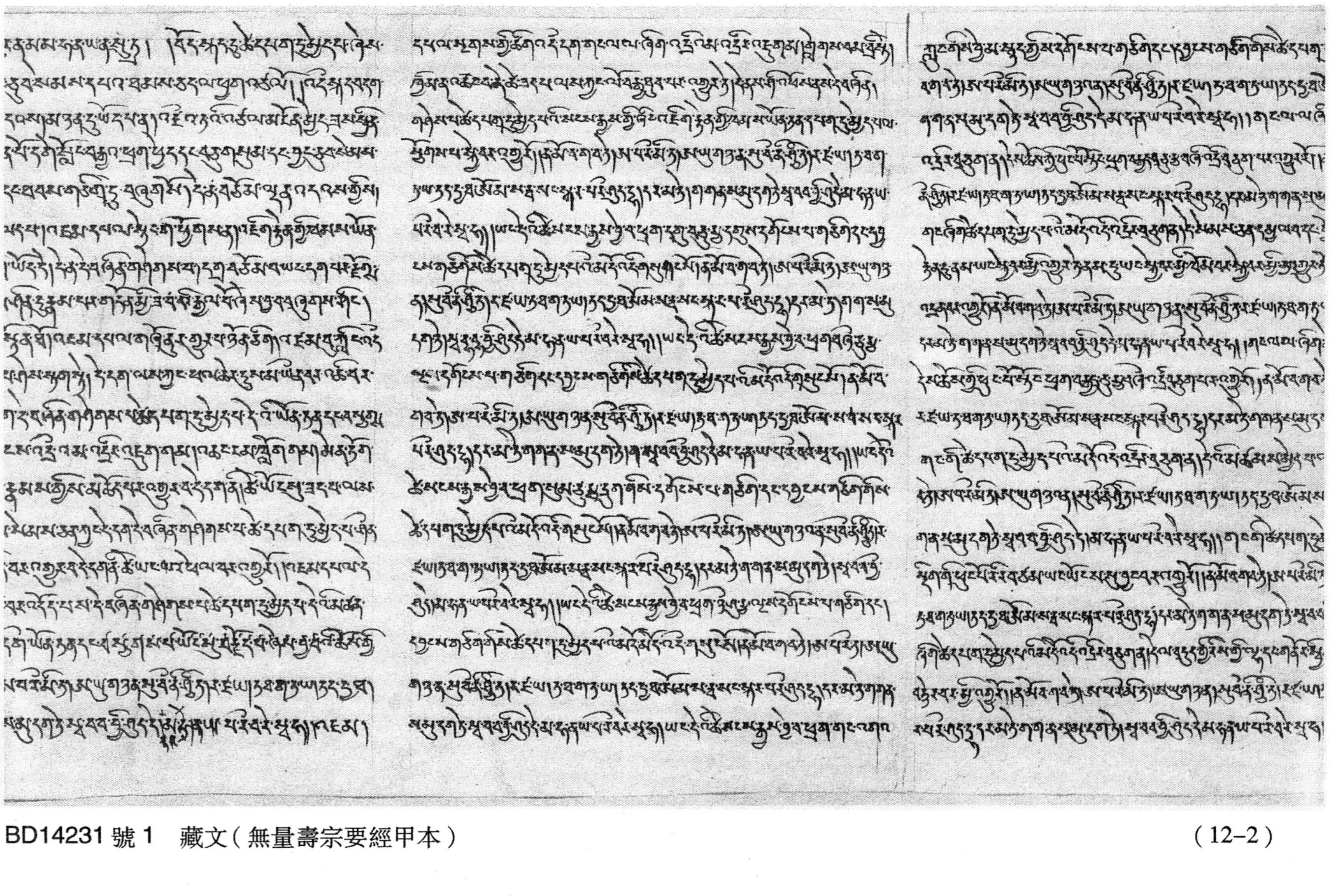

BD14231 號 1　藏文（無量壽宗要經甲本）　　（12–2）

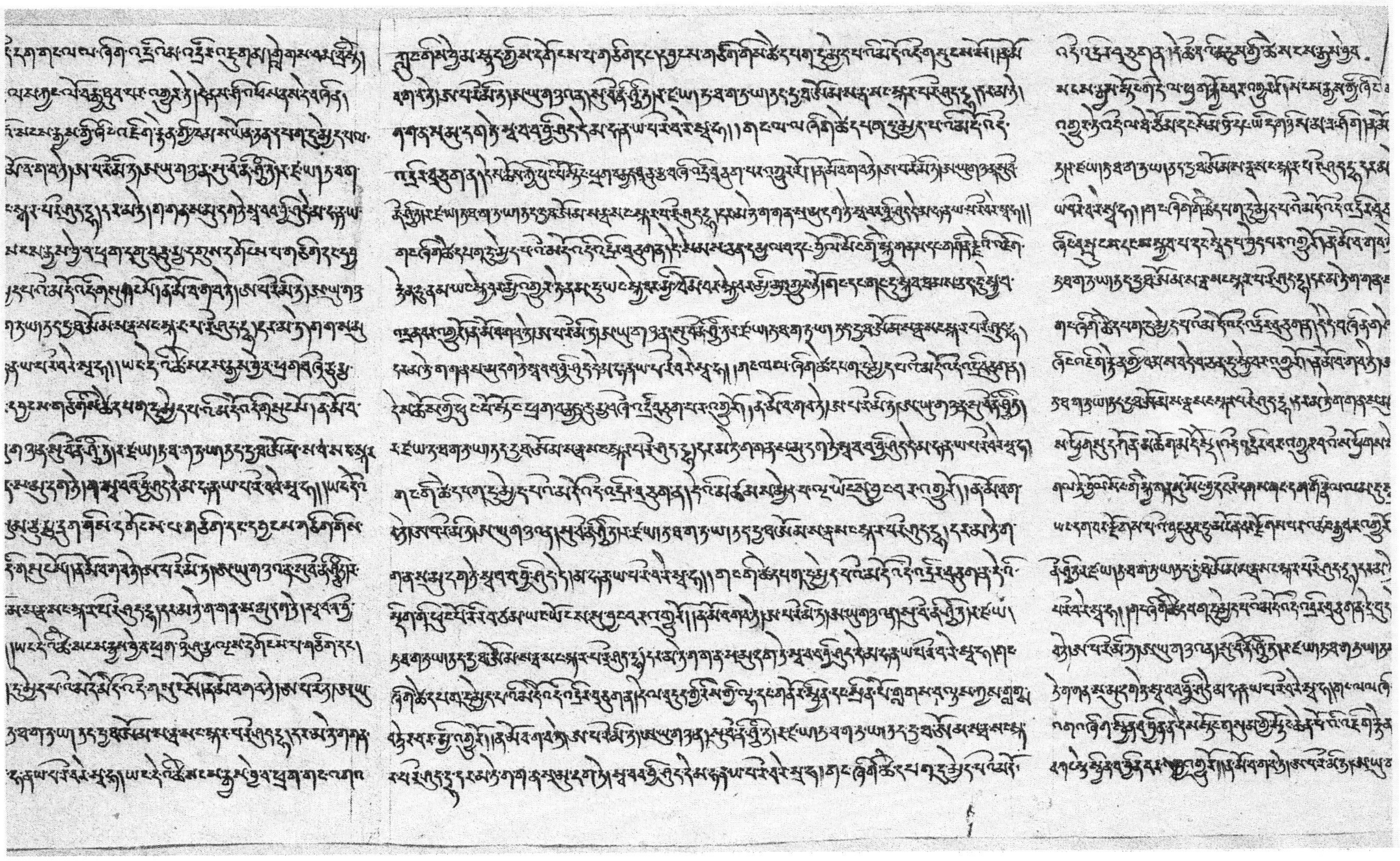

BD14231 號 1　藏文（無量壽宗要經甲本）　　（12–3）

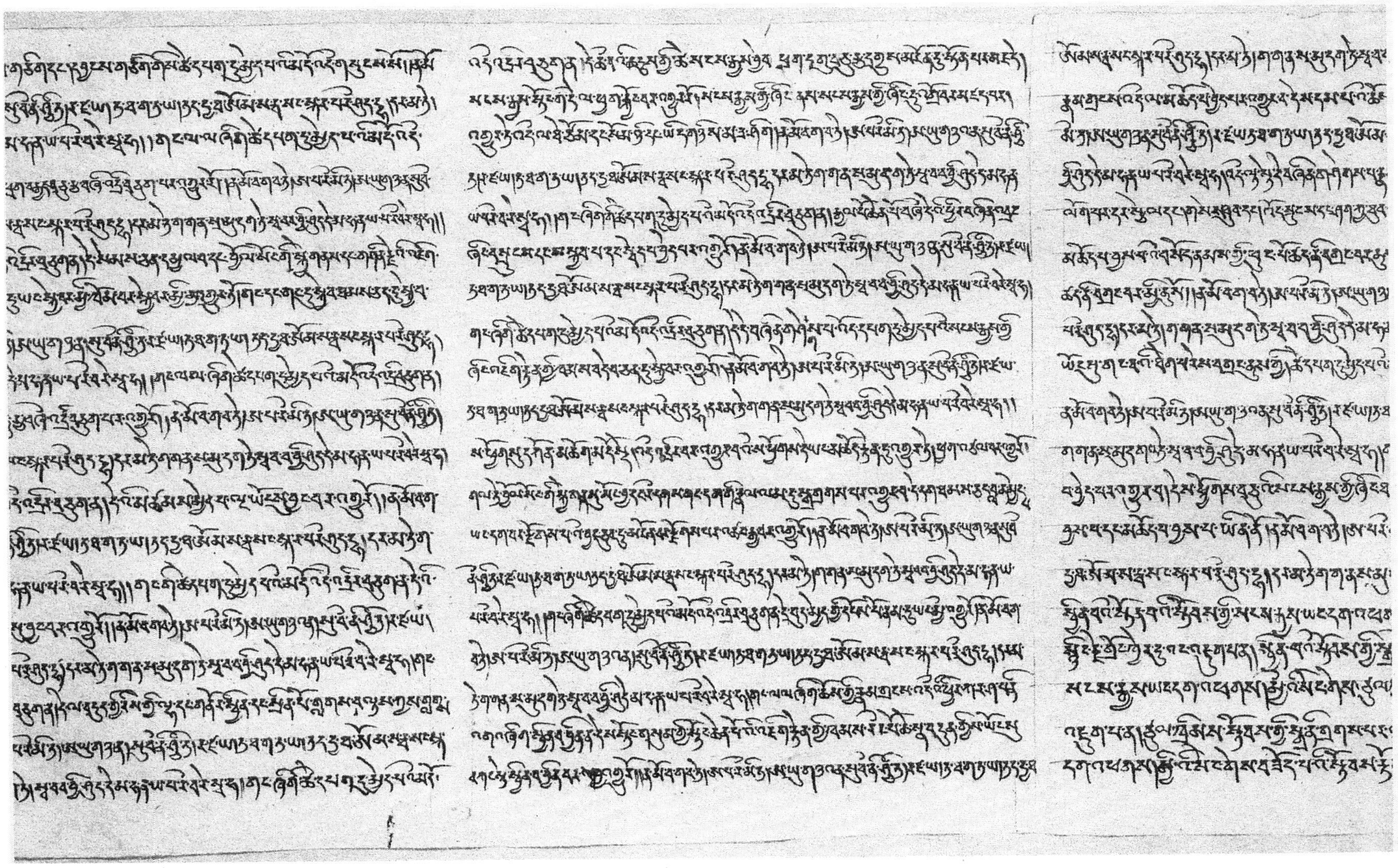

BD14231 號 1　藏文（無量壽宗要經甲本）　　（12–4）

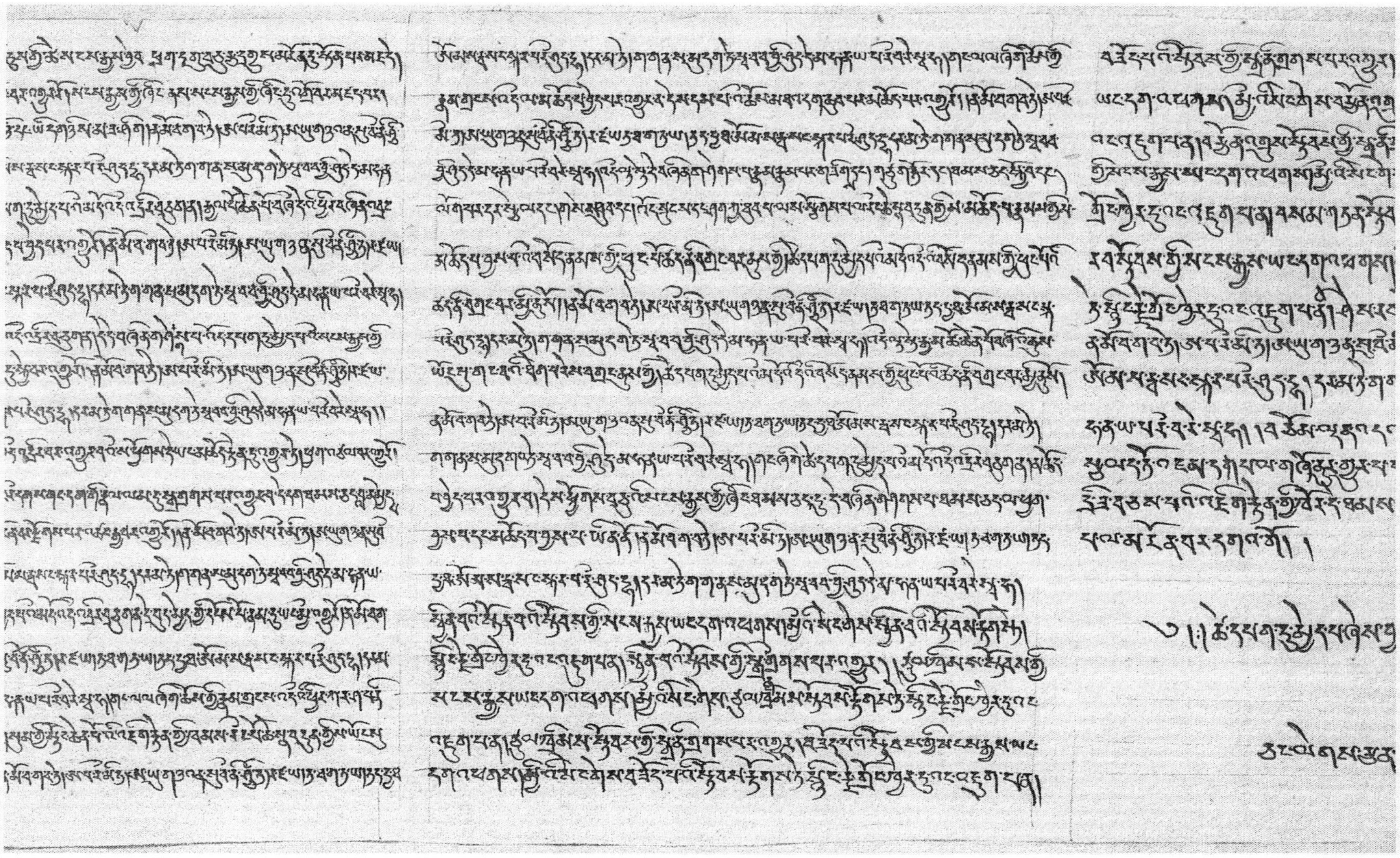

BD14231 號 1　藏文（無量壽宗要經甲本）　　（12–5）

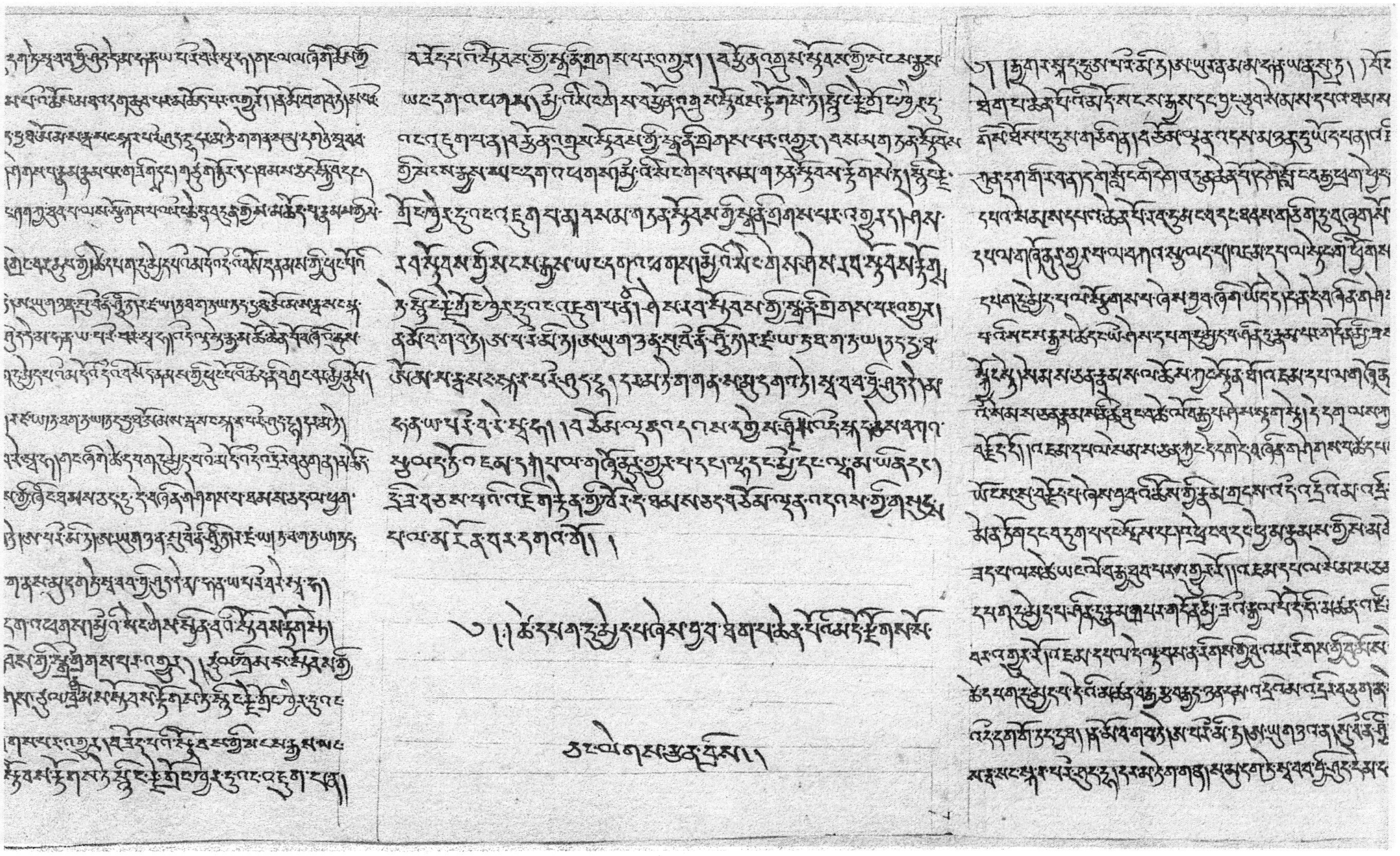

BD14231 號 1　藏文（無量壽宗要經甲本）　　（12–6）

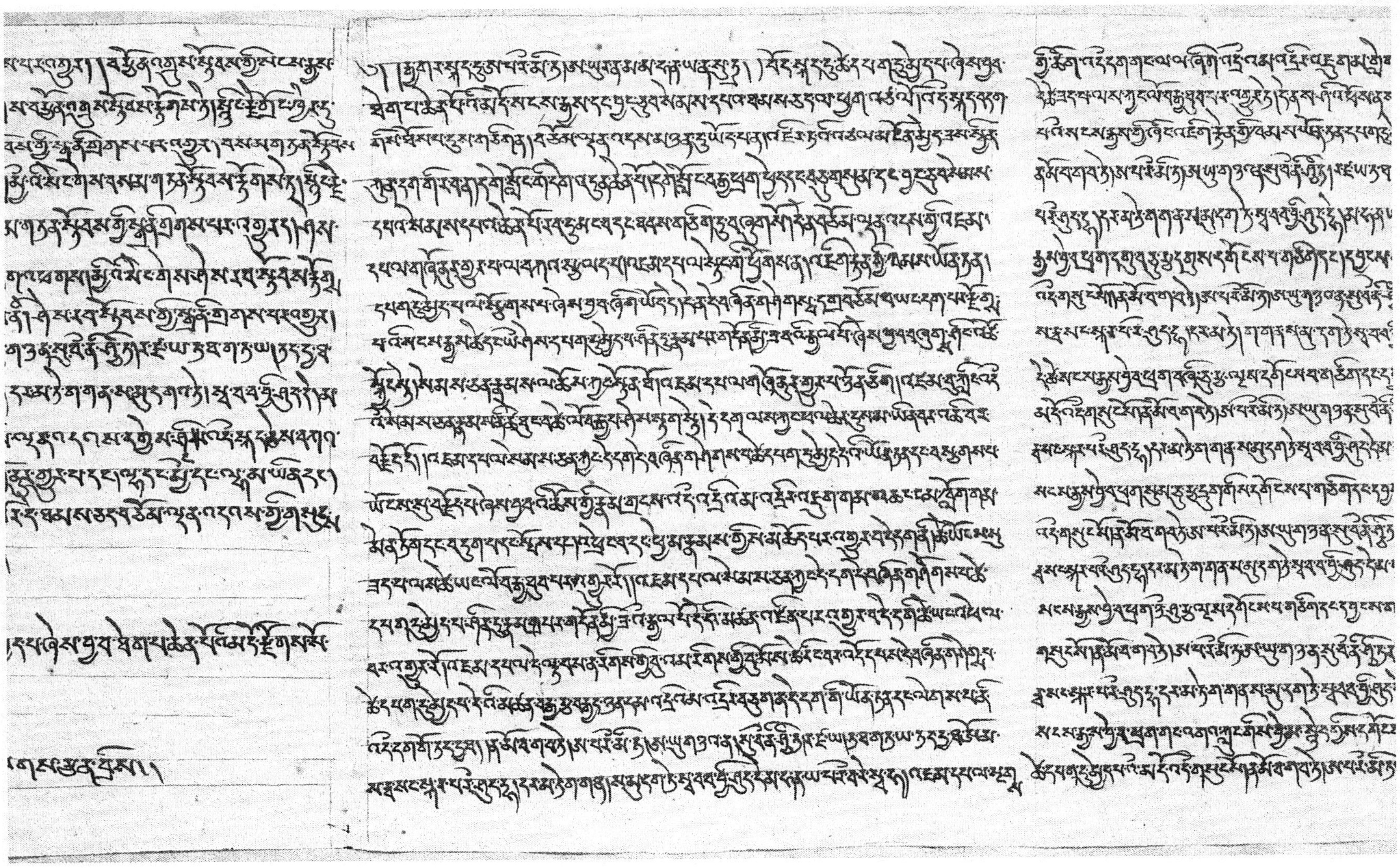

BD14231 號 2　藏文（無量壽宗要經甲本）　　（12–7）

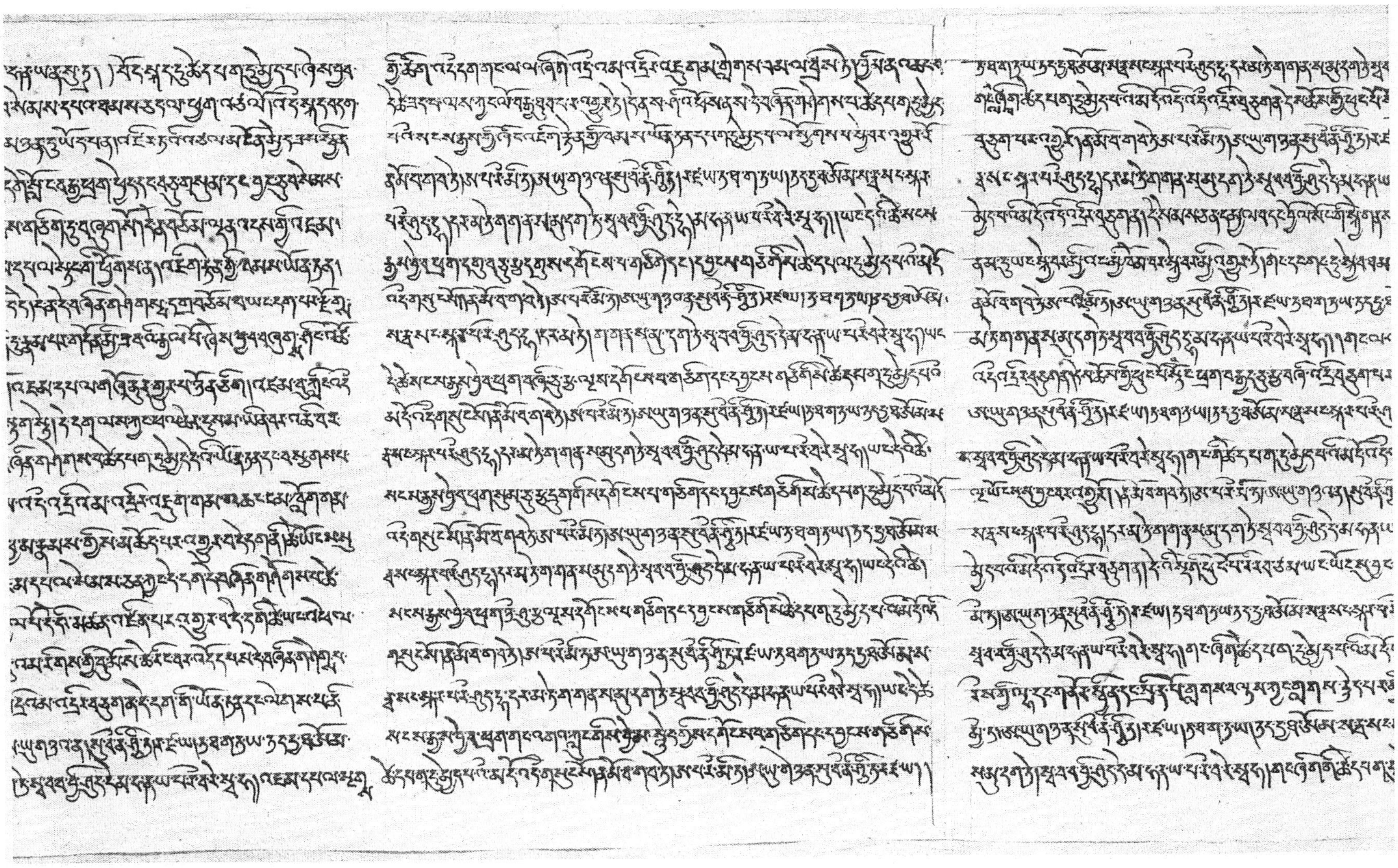

BD14231 號 2　藏文（無量壽宗要經甲本）　　（12–8）

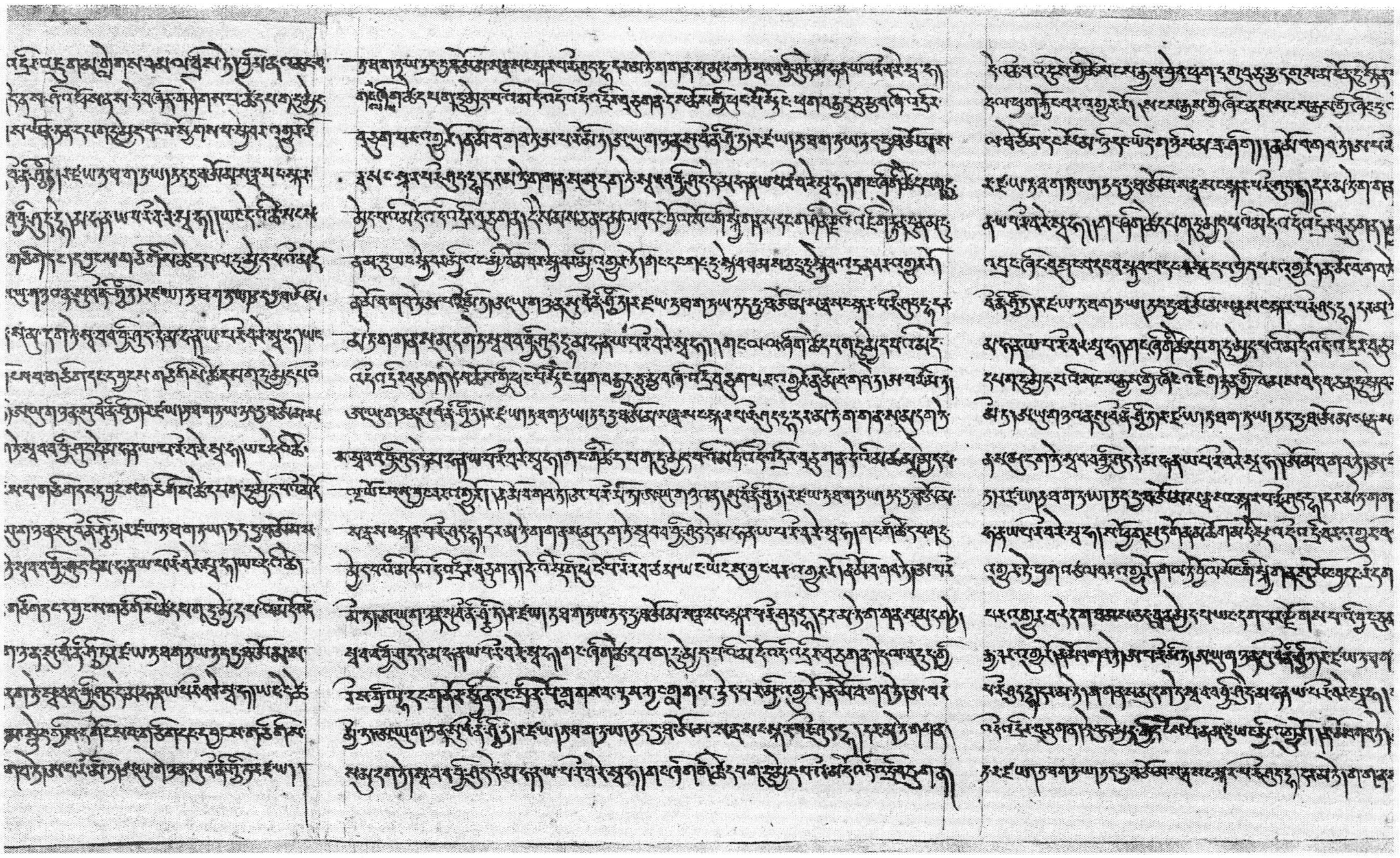

BD14231 號 2　藏文（無量壽宗要經甲本）　　（12–9）

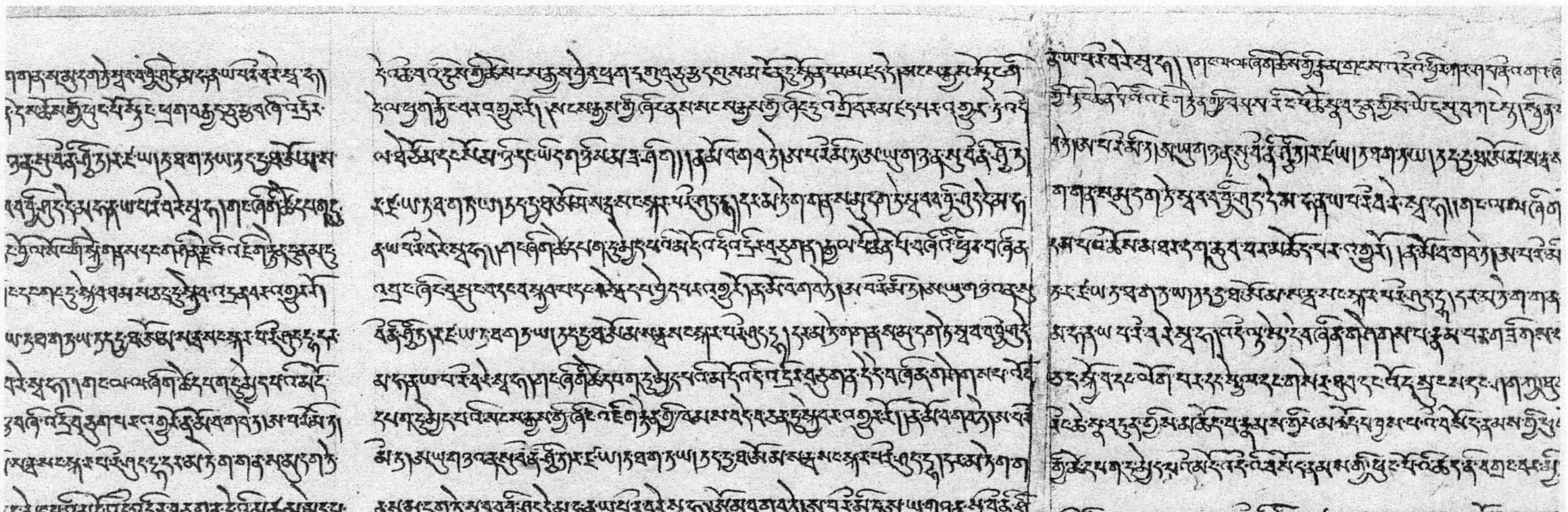

BD14231 號 2　藏文（無量壽宗要經甲本）　　（12–10）

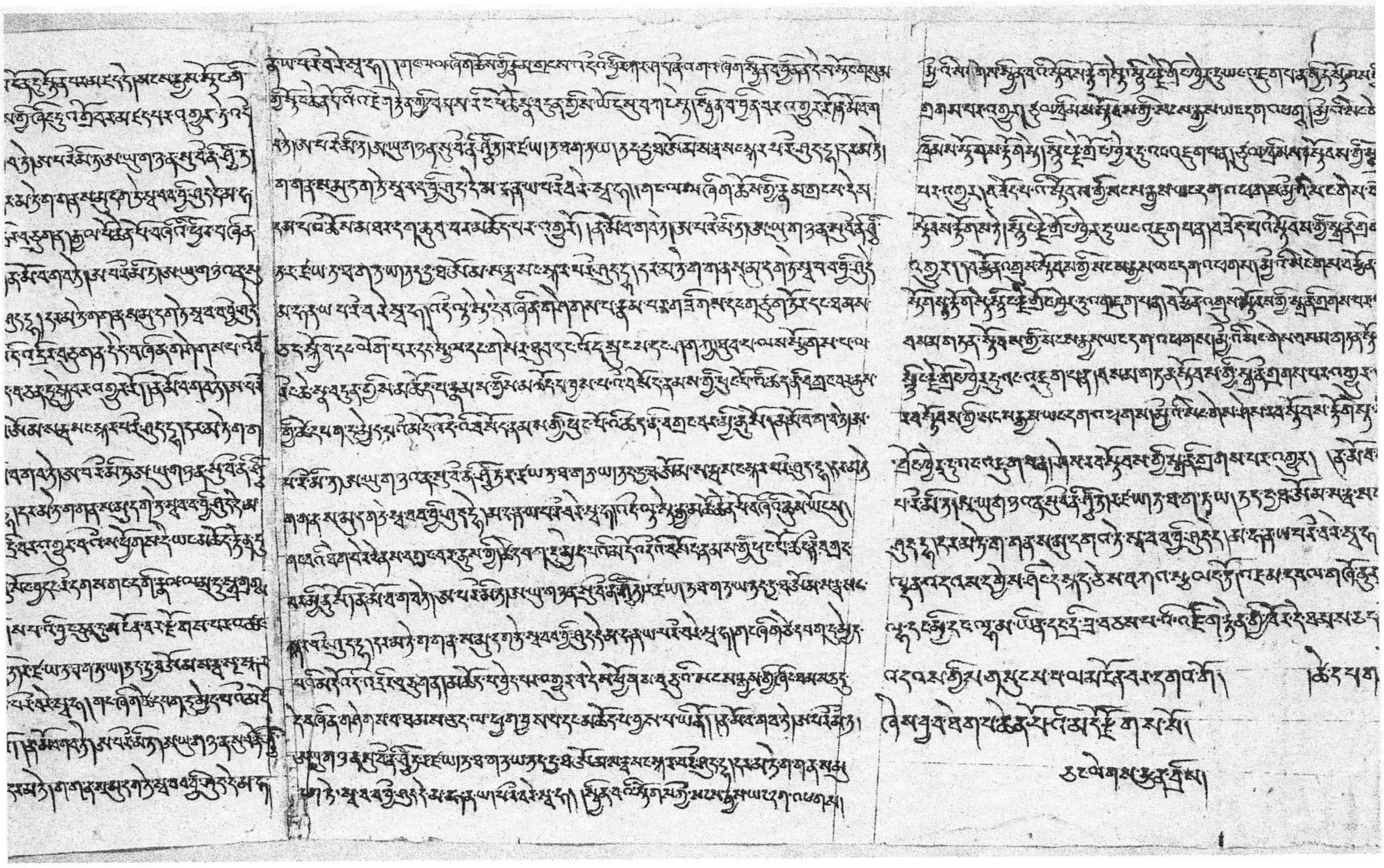

BD14231 號 2　藏文（無量壽宗要經甲本）　（12–11）

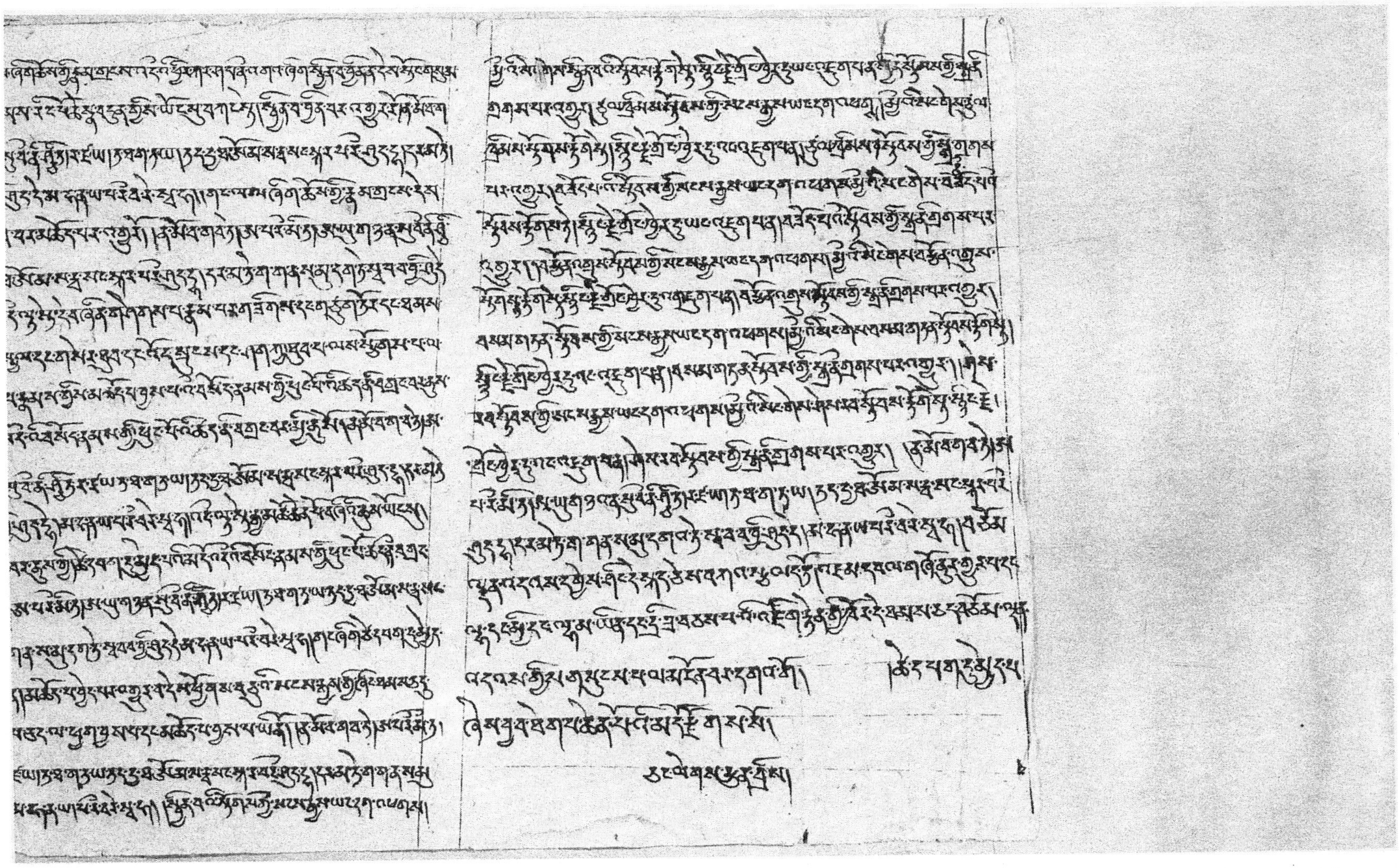

BD14231 號 2　藏文（無量壽宗要經甲本）　（12–12）

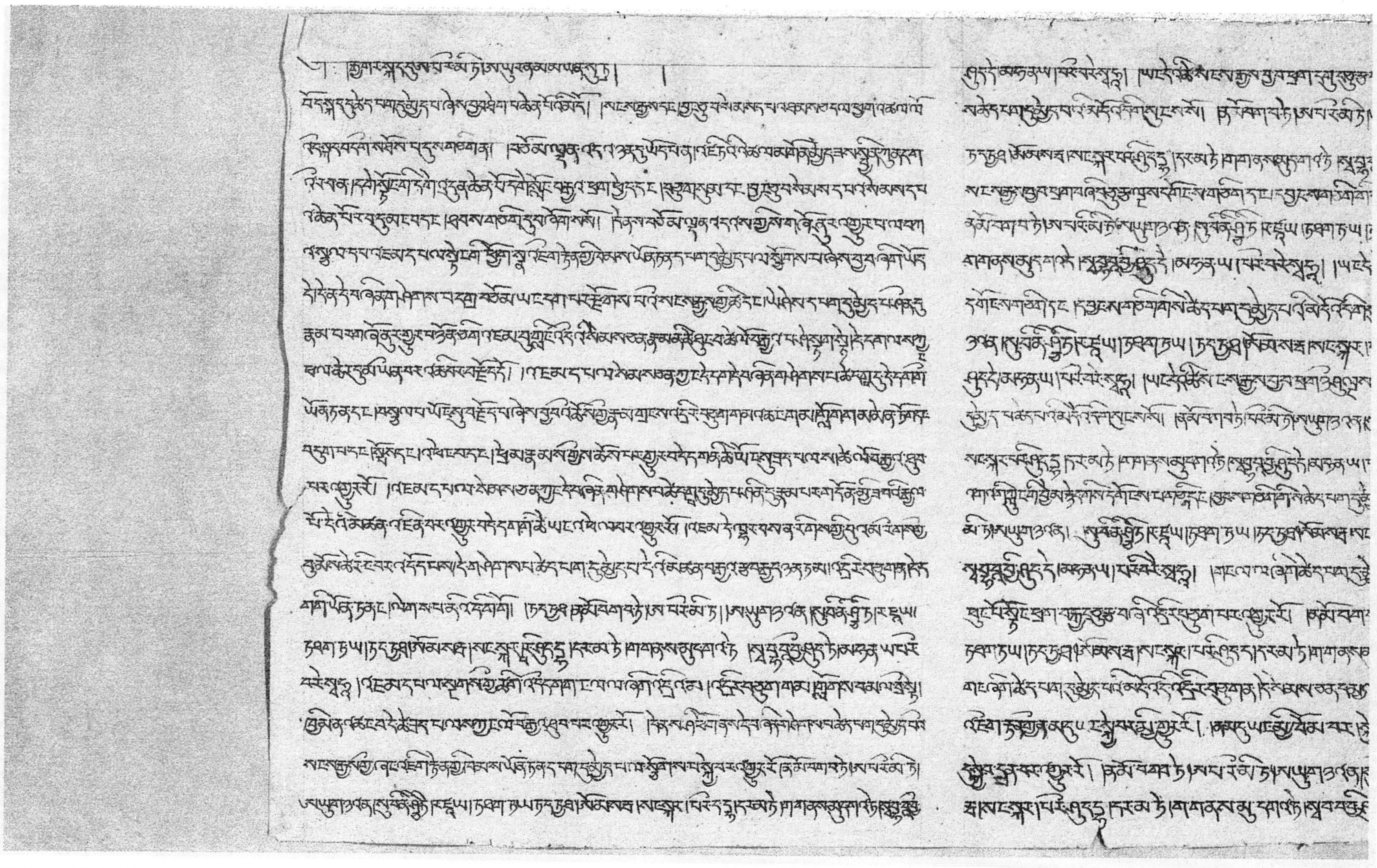

BD14232 號　藏文（無量壽宗要經甲本）　　（6–1）

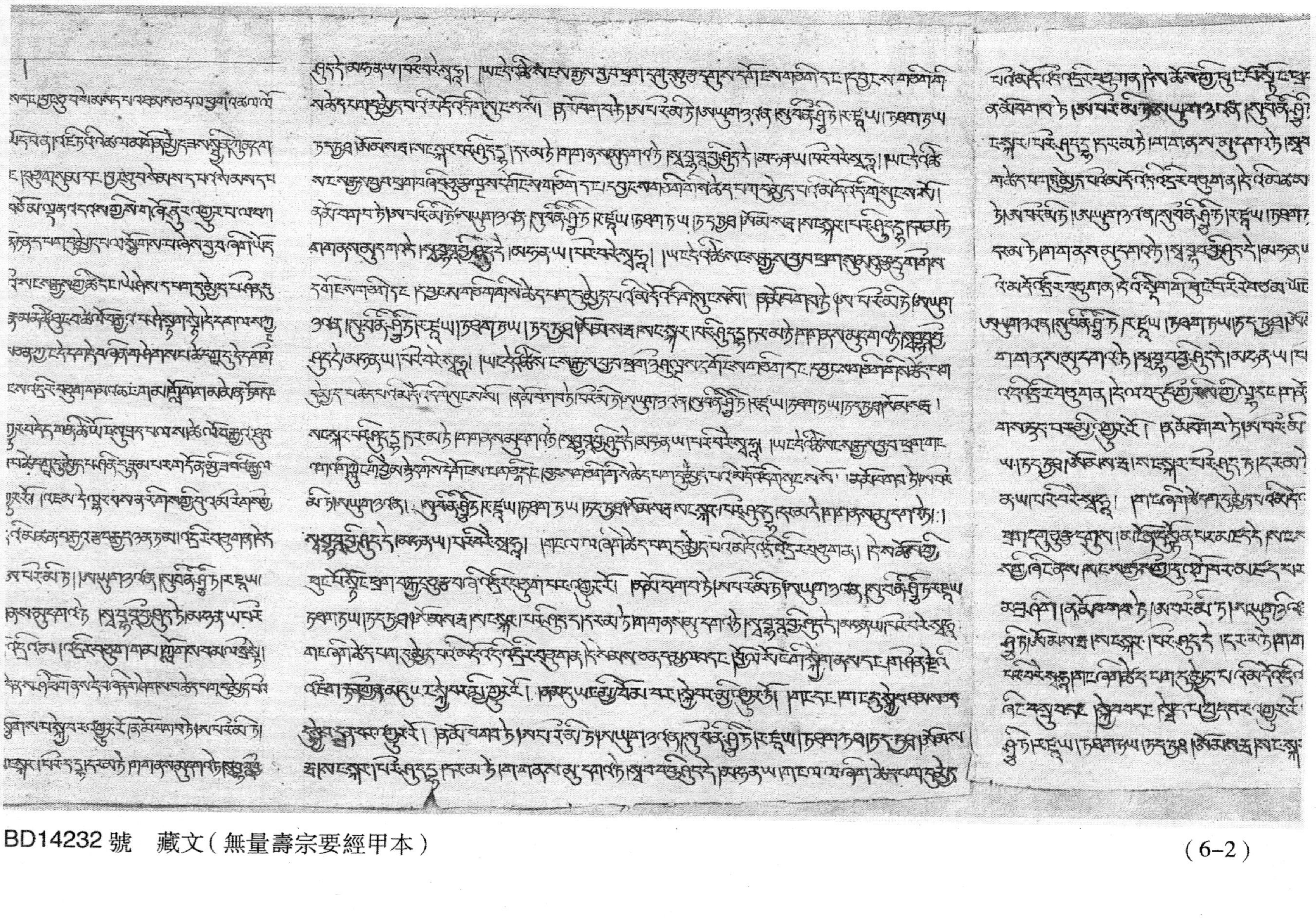

BD14232 號　藏文（無量壽宗要經甲本）　　（6–2）

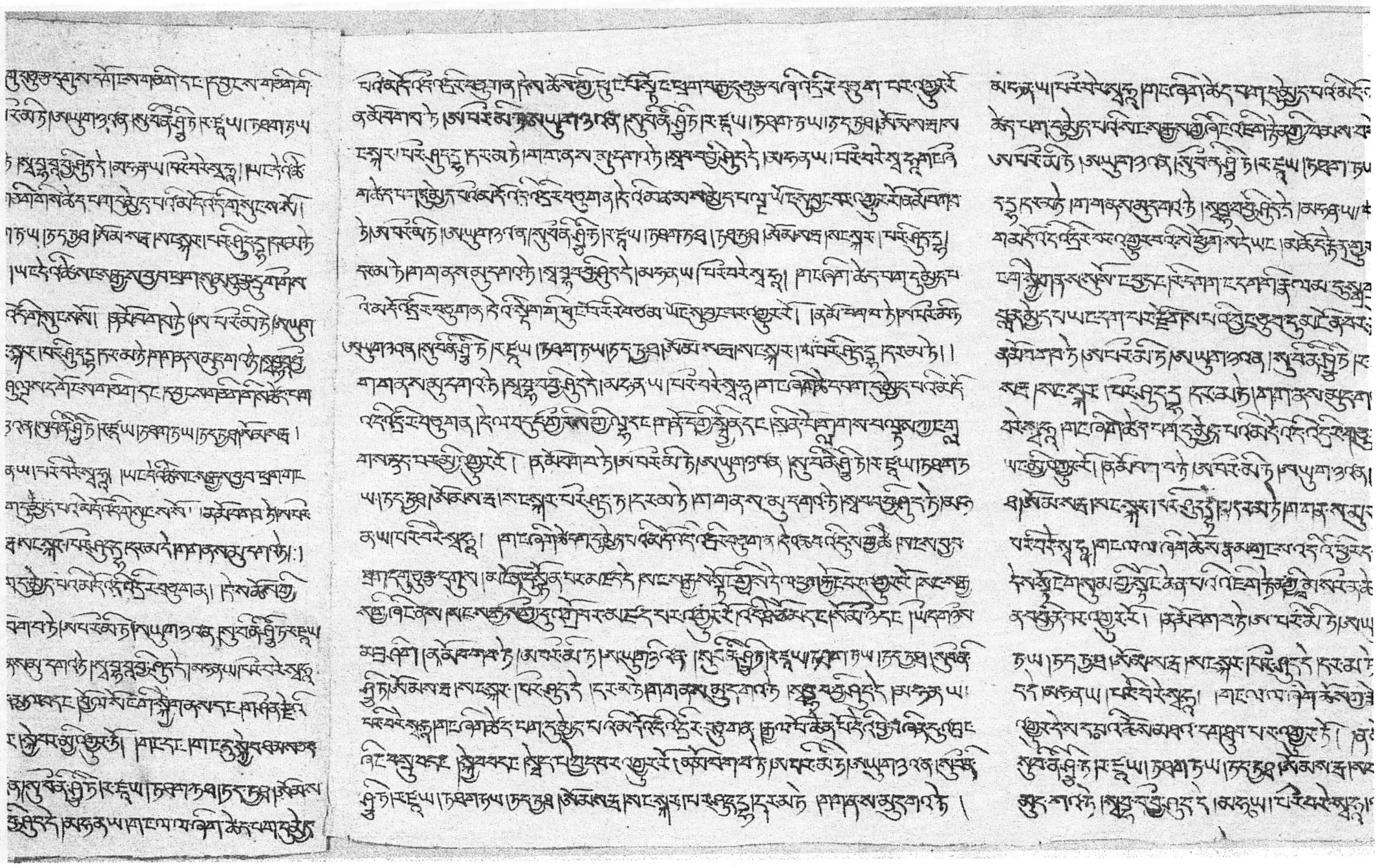

BD14232 號　藏文（無量壽宗要經甲本）　（6–3）

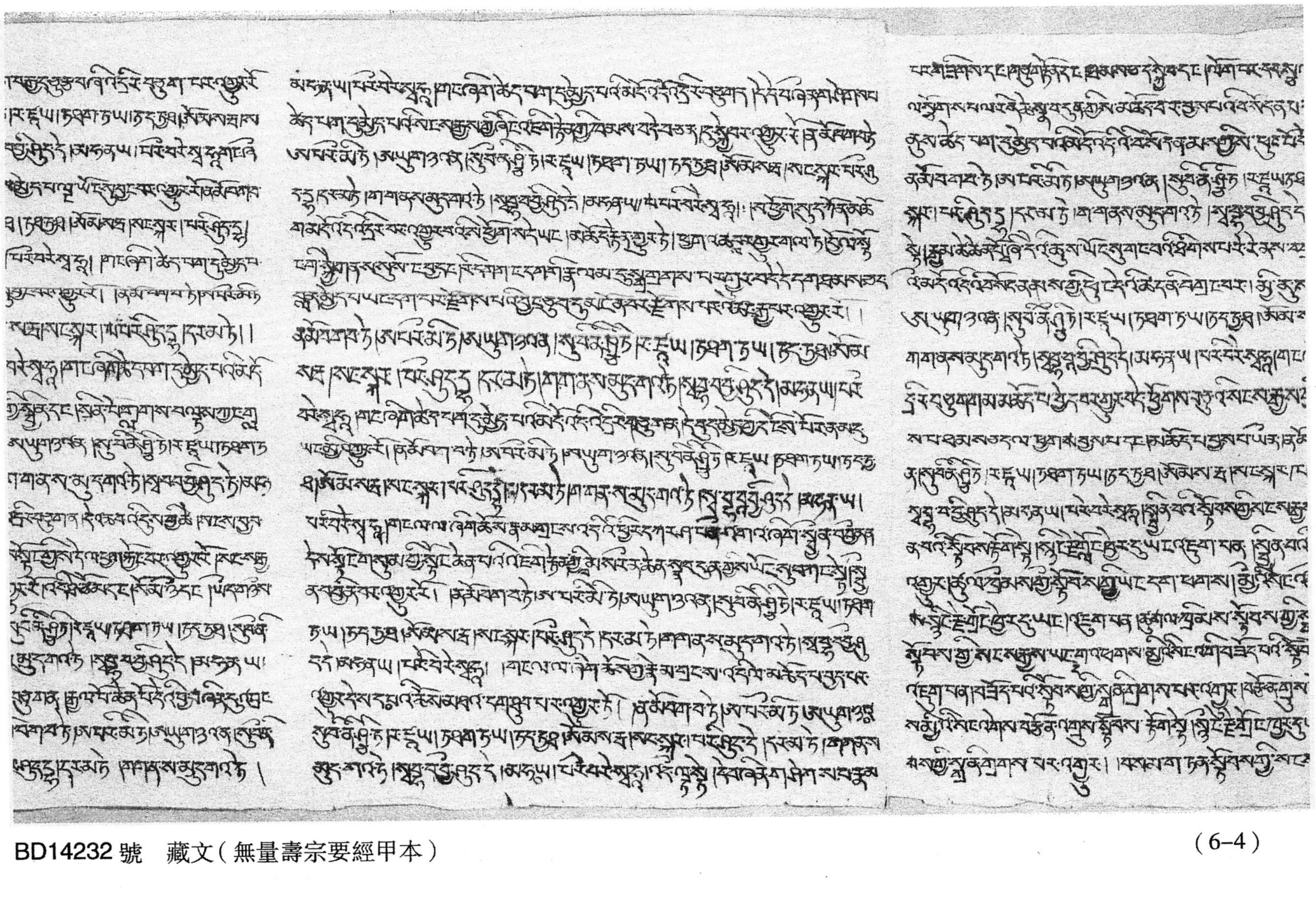

BD14232 號　藏文（無量壽宗要經甲本）　（6–4）

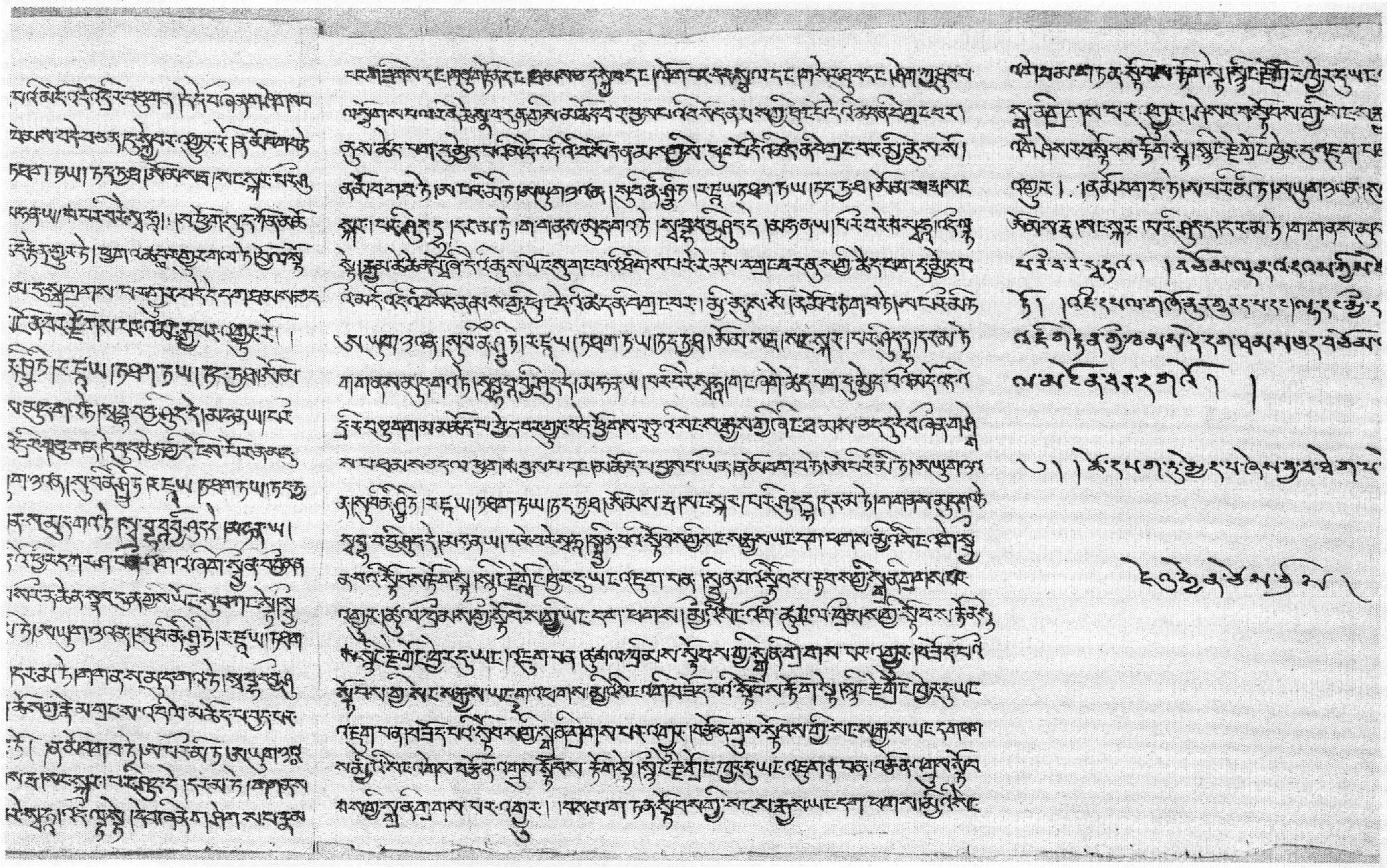

BD14232 號　藏文（無量壽宗要經甲本）　　（6–5）

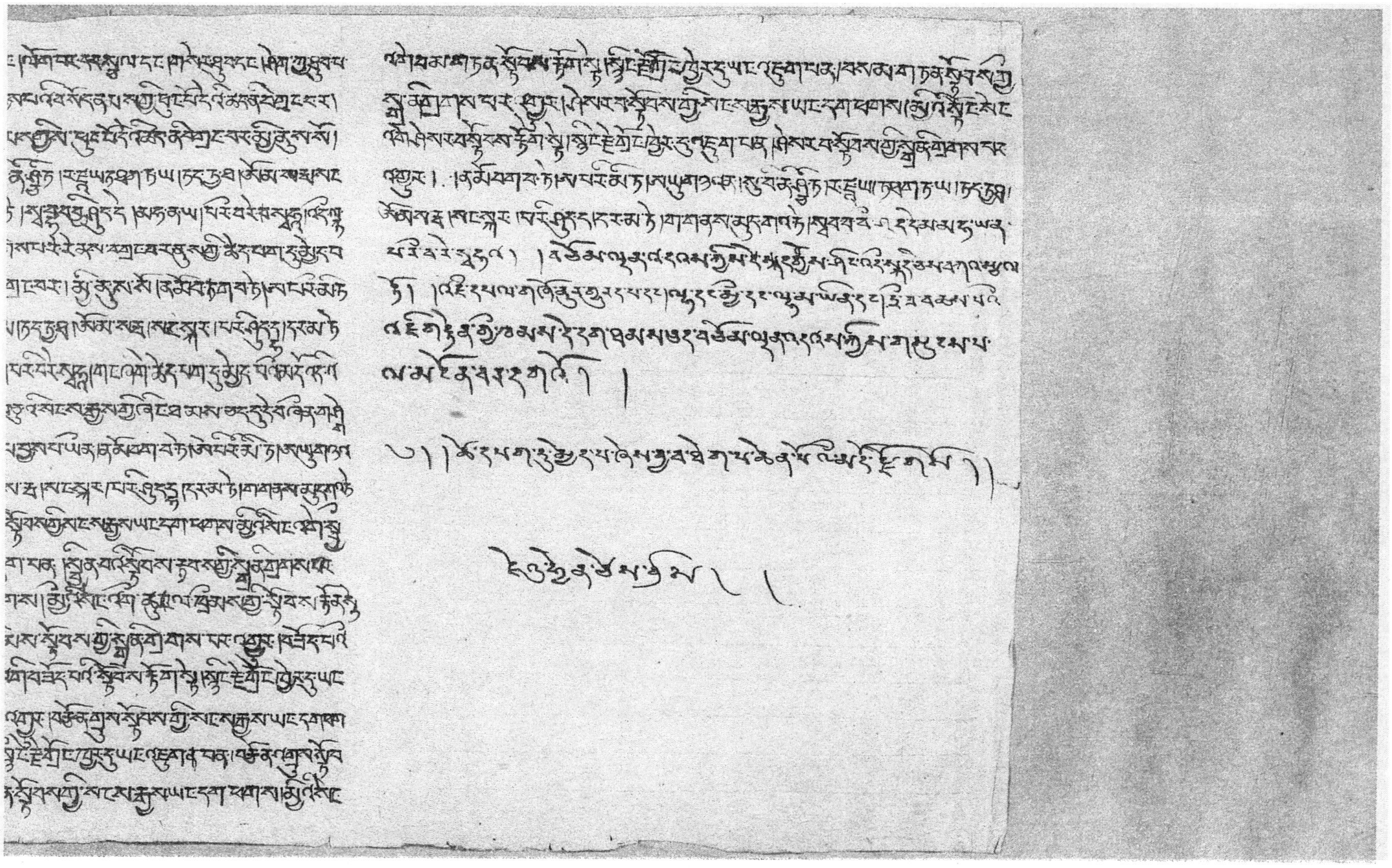

BD14232 號　藏文（無量壽宗要經甲本）　　（6–6）

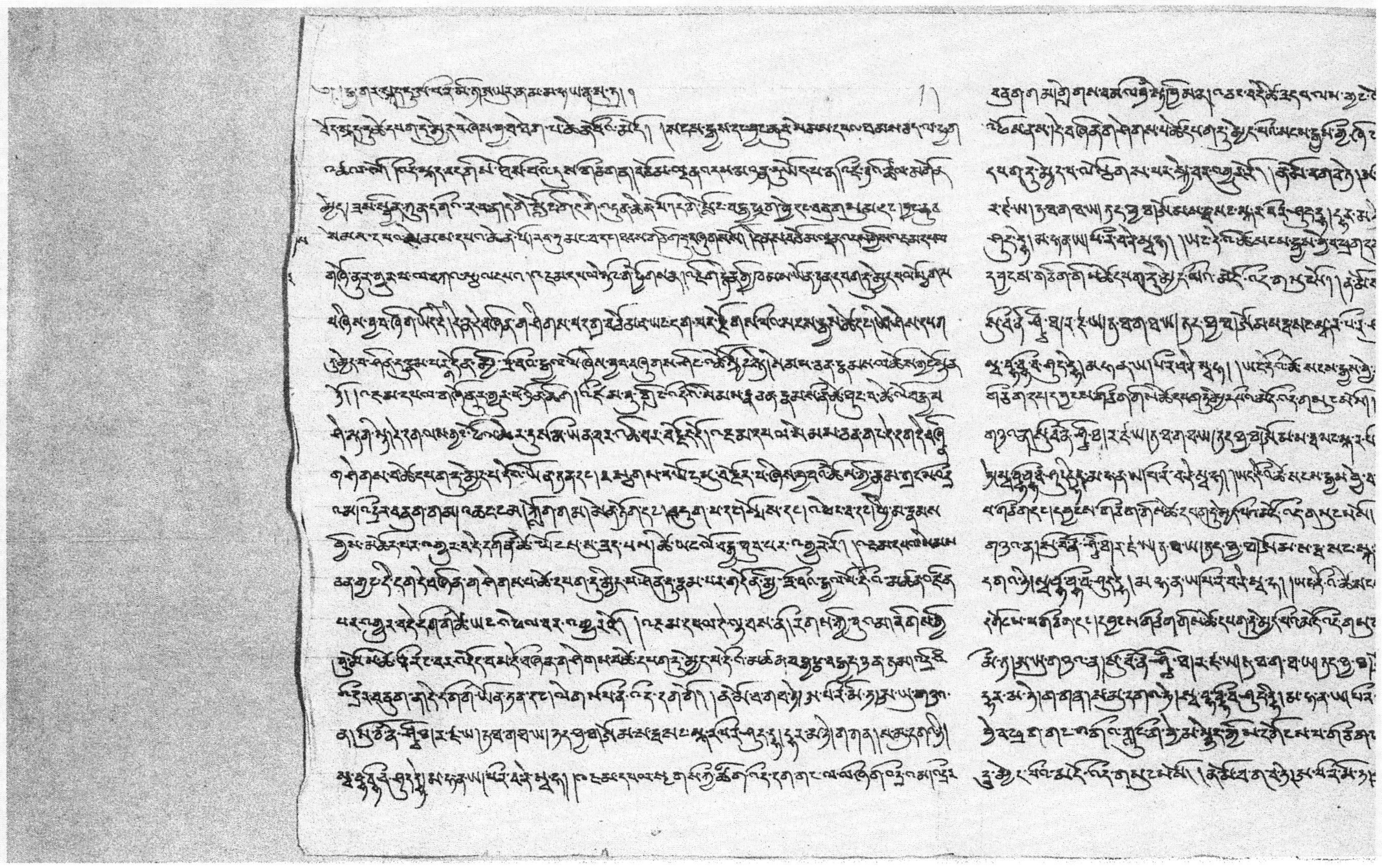

BD14233 號 1　藏文（無量壽宗要經甲本）　　（12–1）

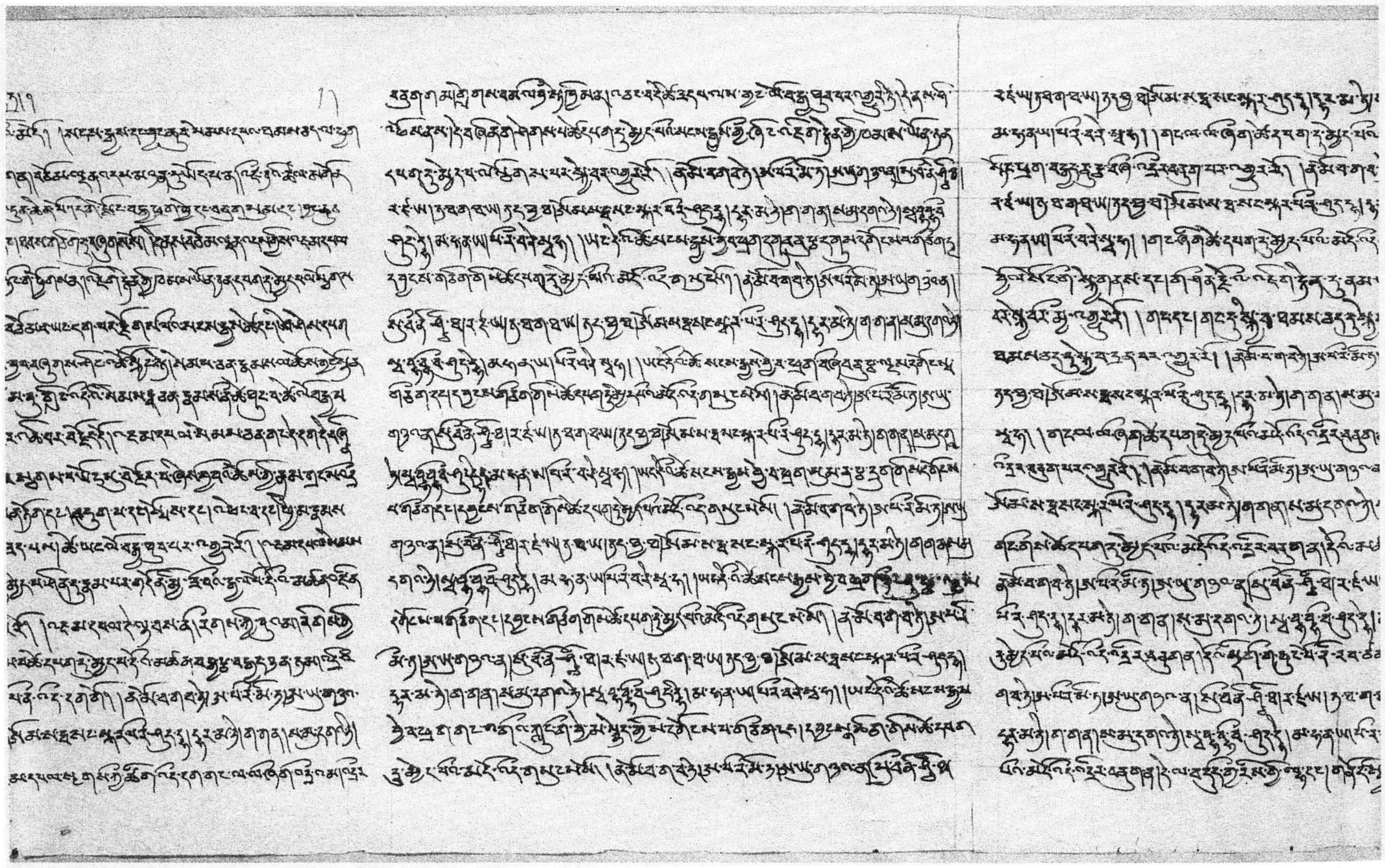

BD14233 號 1　藏文（無量壽宗要經甲本）　　（12–2）

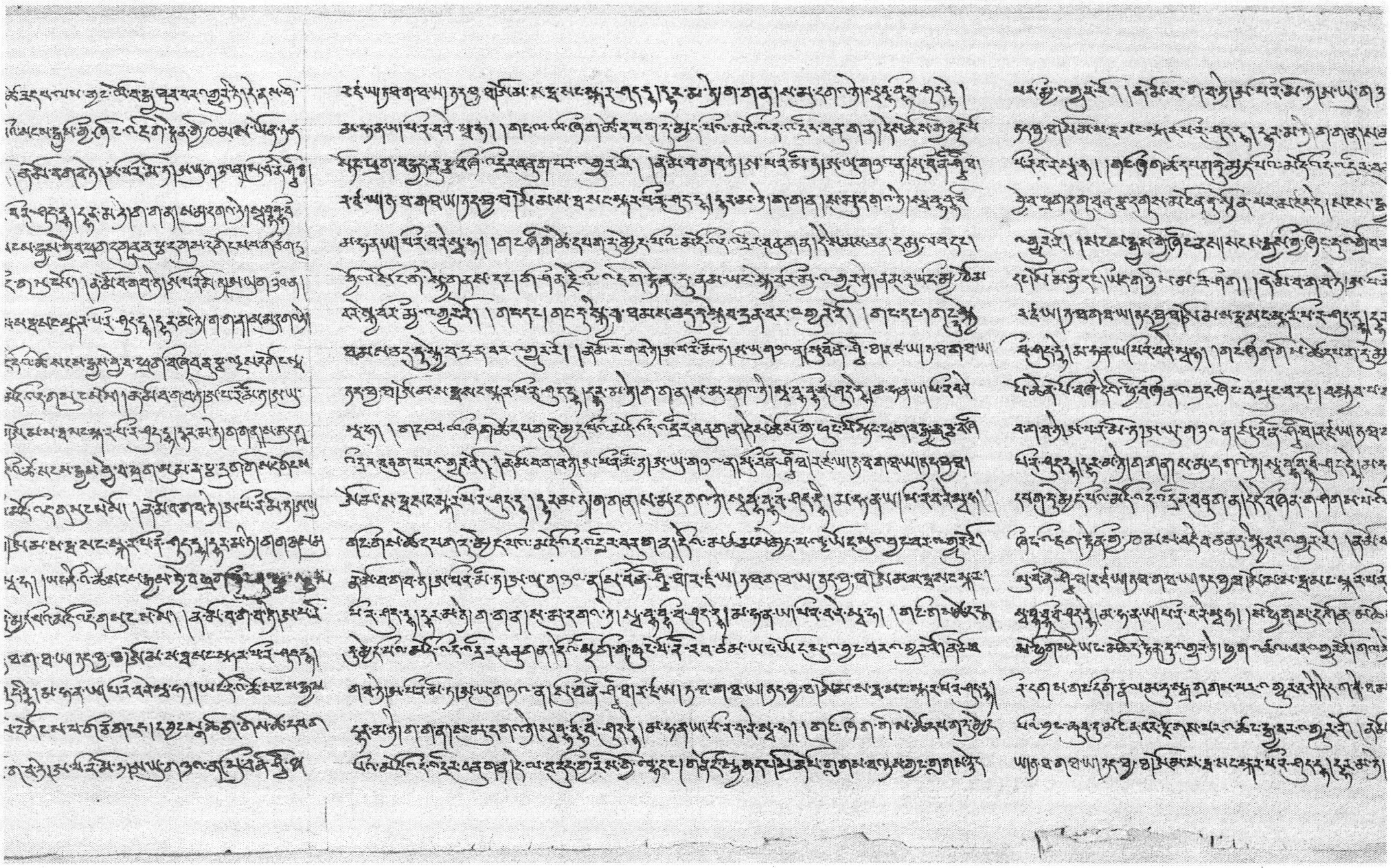

BD14233 號 1　藏文（無量壽宗要經甲本）　　（12–3）

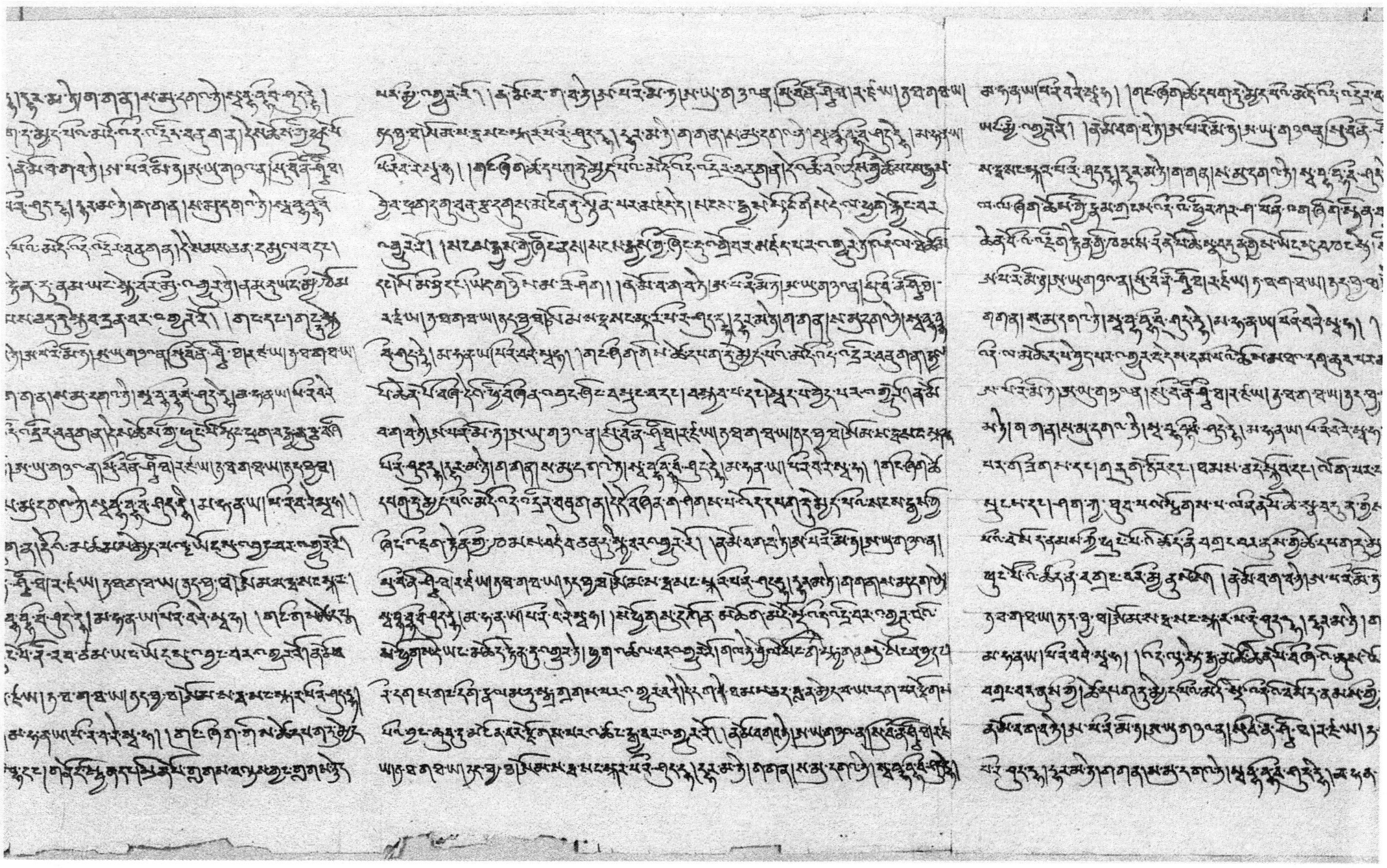

BD14233 號 1　藏文（無量壽宗要經甲本）　　（12–4）

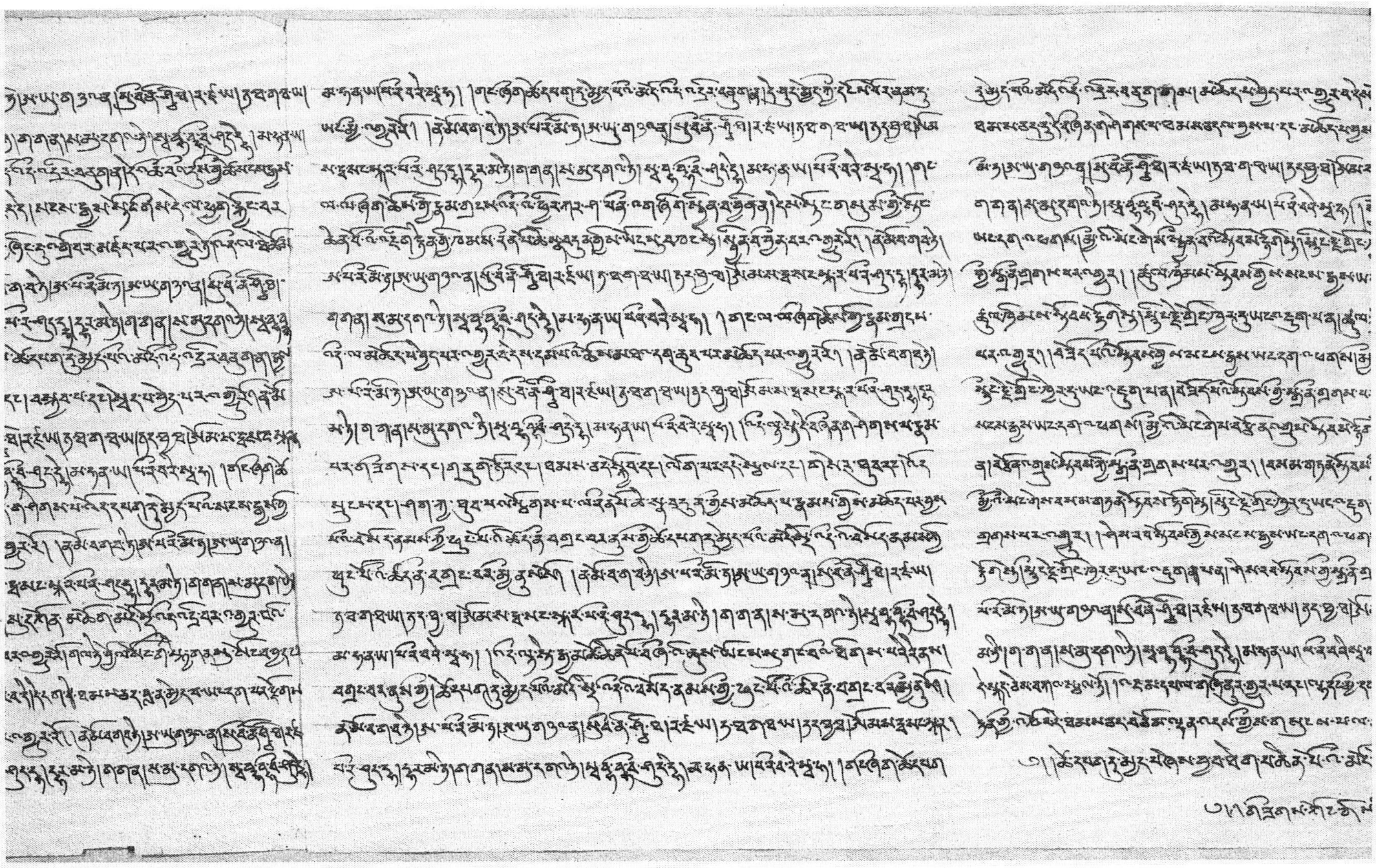

BD14233 號 1　藏文（無量壽宗要經甲本）　（12–5）

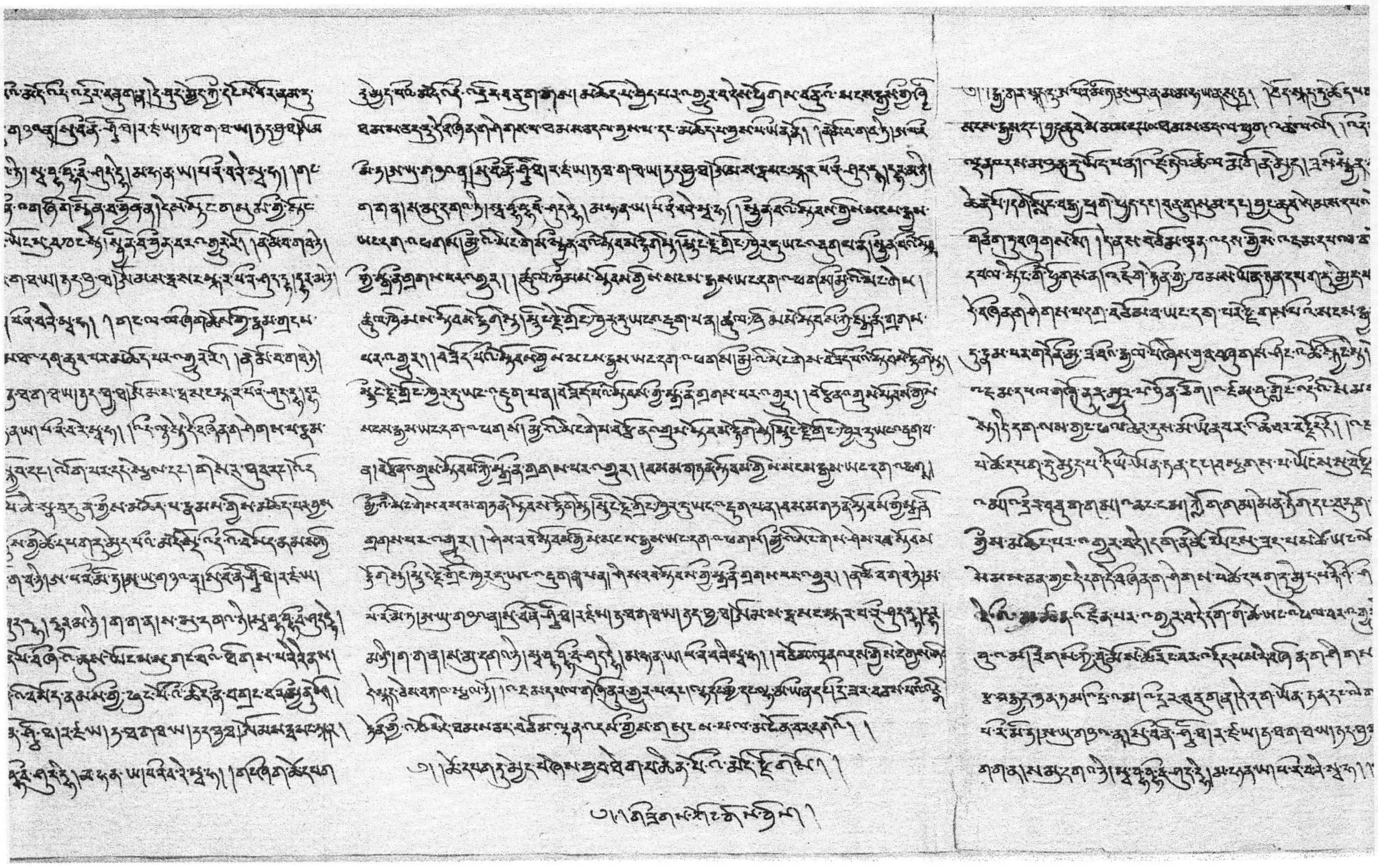

BD14233 號 1　藏文（無量壽宗要經甲本）　（12–6）

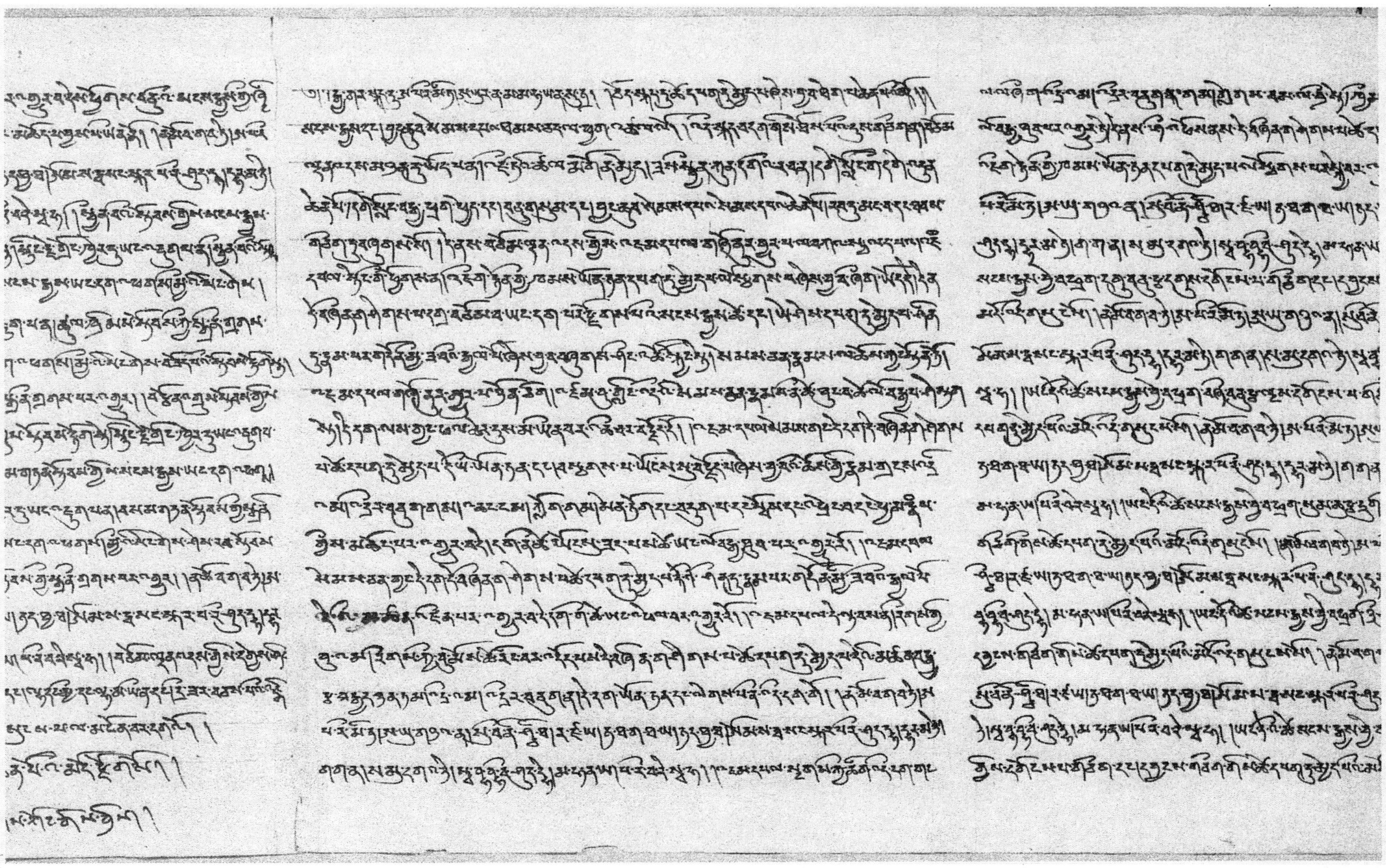

BD14233 號 2　藏文（無量壽宗要經甲本）　（12–7）

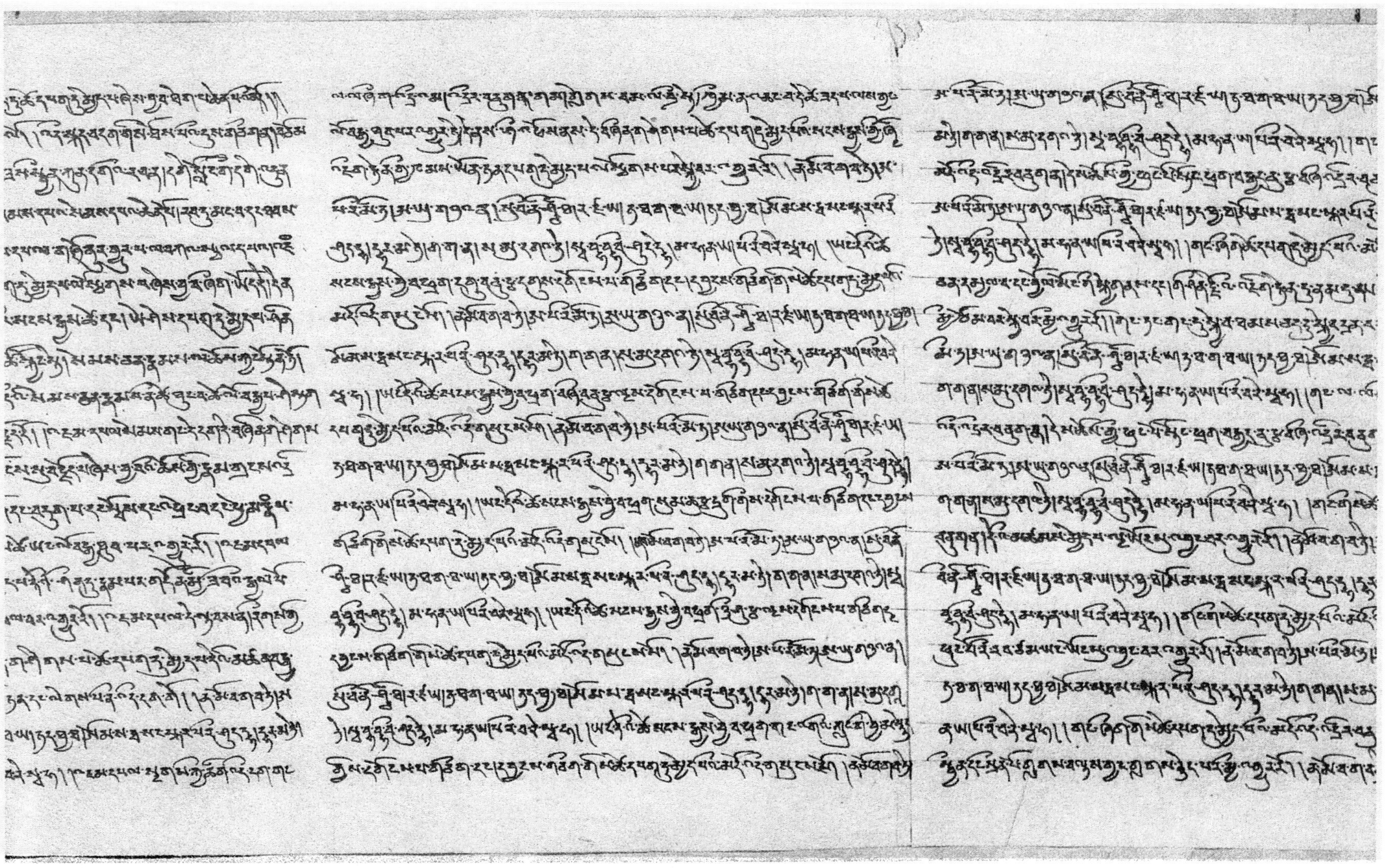

BD14233 號 2　藏文（無量壽宗要經甲本）　（12–8）

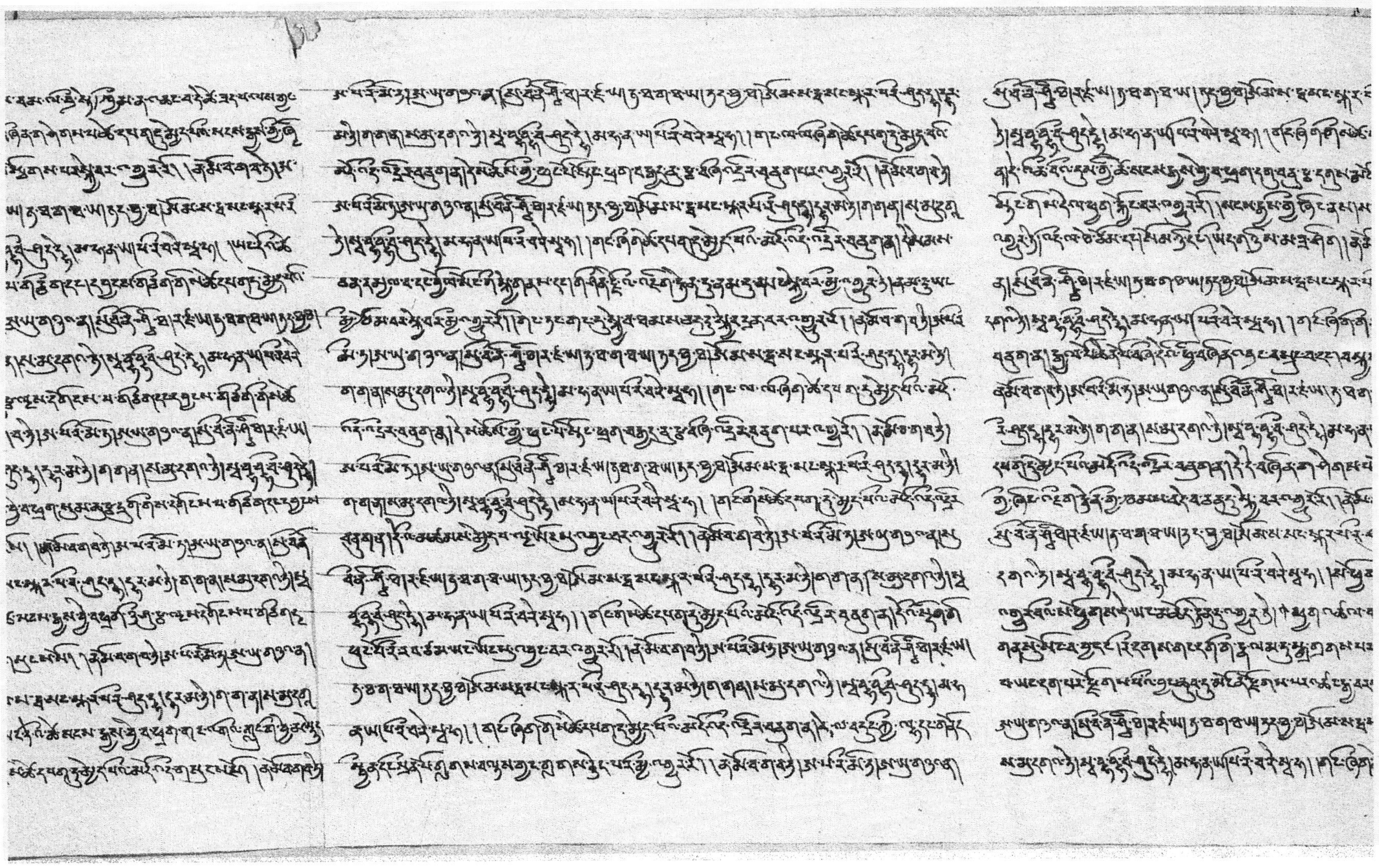

BD14233 號 2　藏文（無量壽宗要經甲本）　　（12–9）

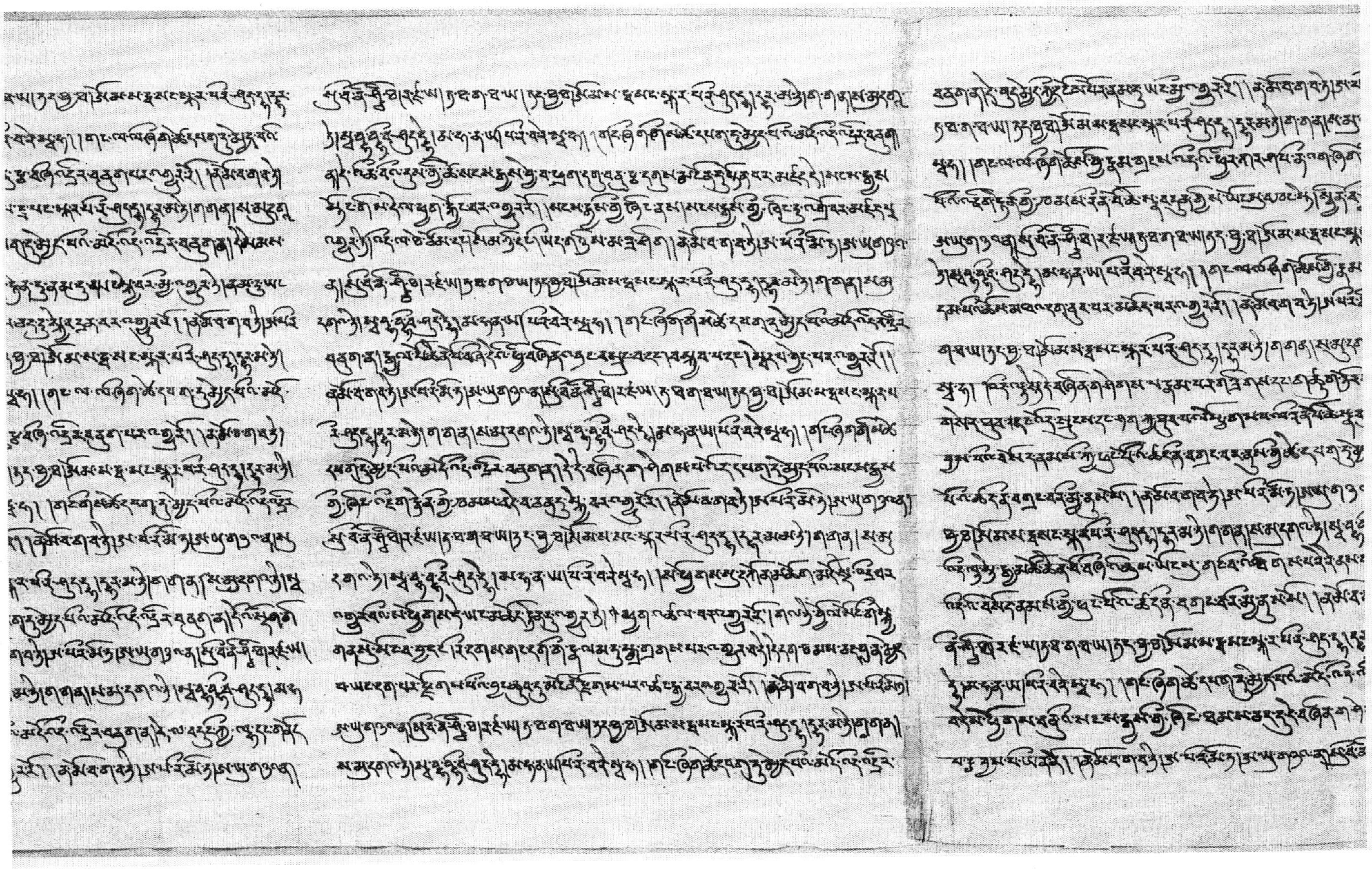

BD14233 號 2　藏文（無量壽宗要經甲本）　　（12–10）

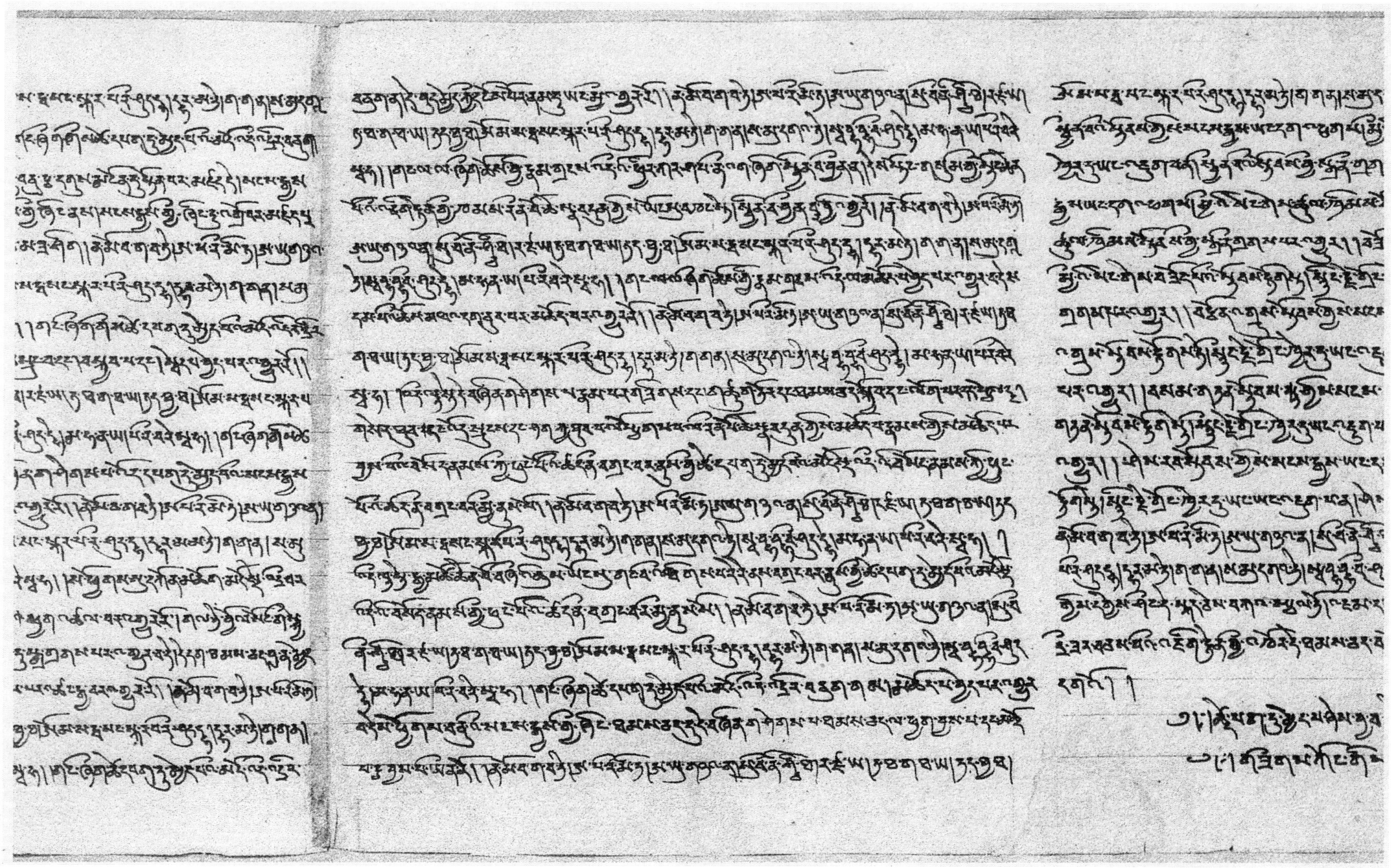

BD14233 號 2　藏文（無量壽宗要經甲本）　　　　（12–11）

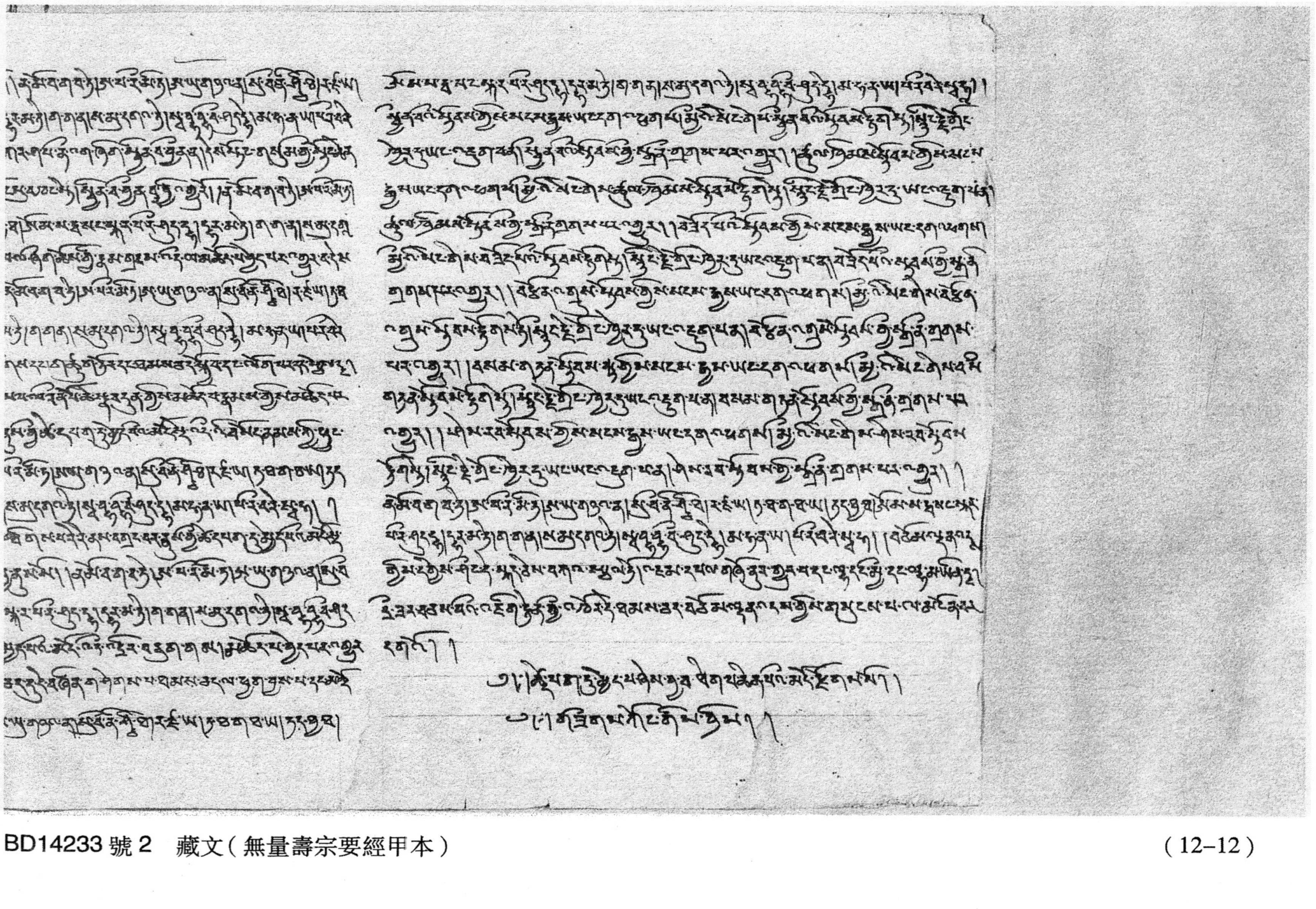

BD14233 號 2　藏文（無量壽宗要經甲本）　　　　（12–12）

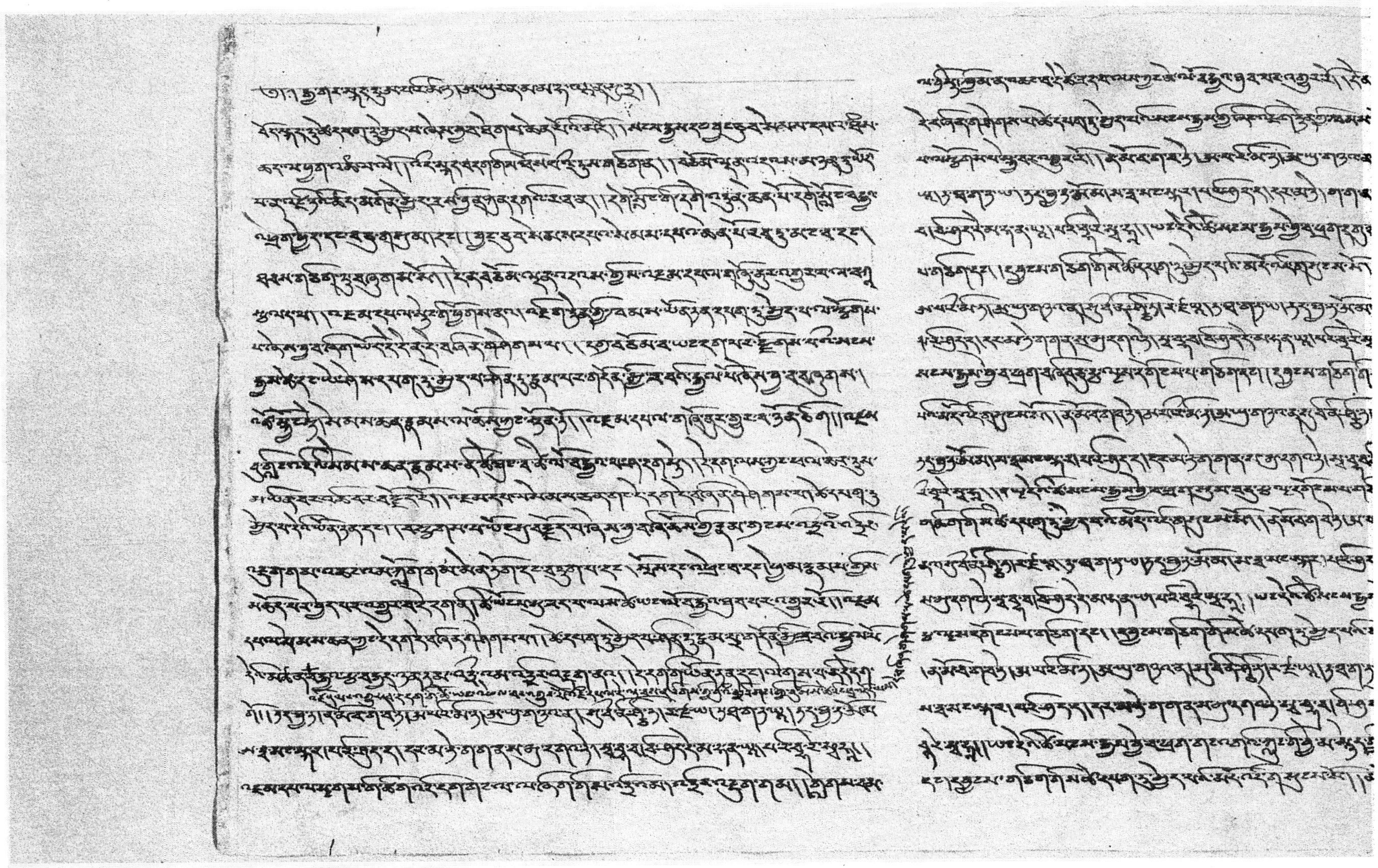

BD14234 號　藏文（無量壽宗要經甲本）　　（6–1）

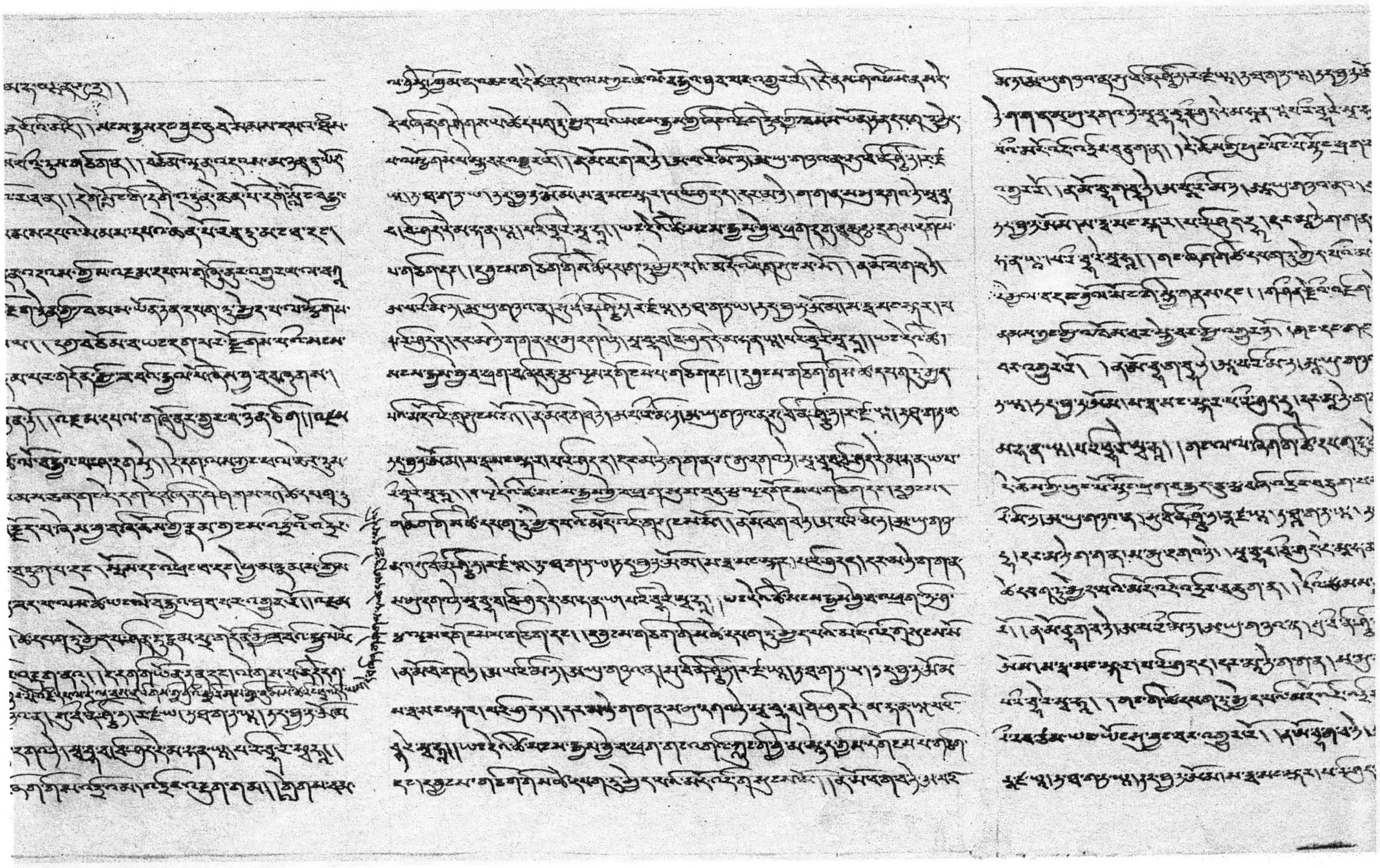

BD14234 號　藏文（無量壽宗要經甲本）　　（6–2）

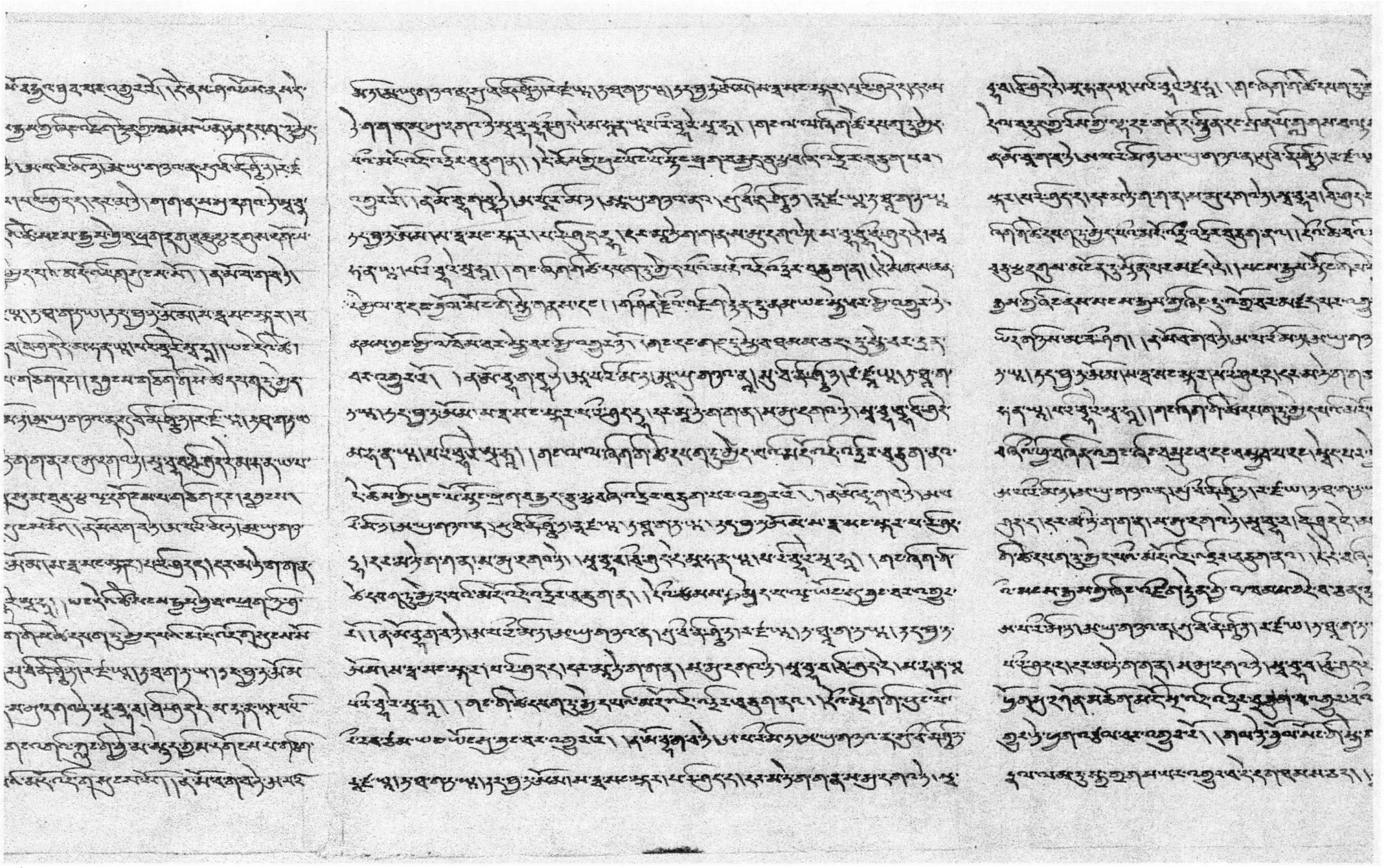

BD14234 號　藏文（無量壽宗要經甲本）　　　　（6–3）

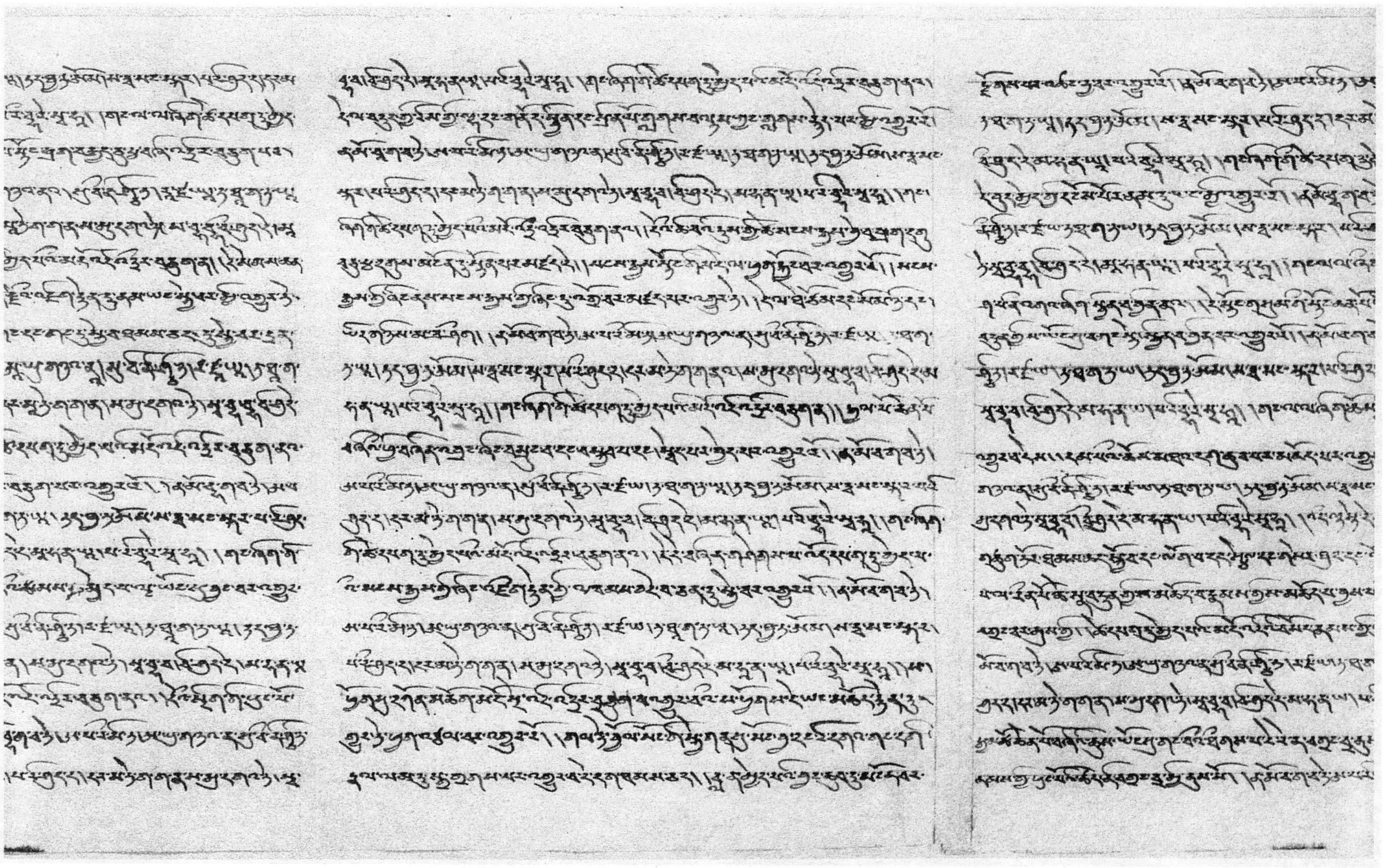

BD14234 號　藏文（無量壽宗要經甲本）　　　　（6–4）

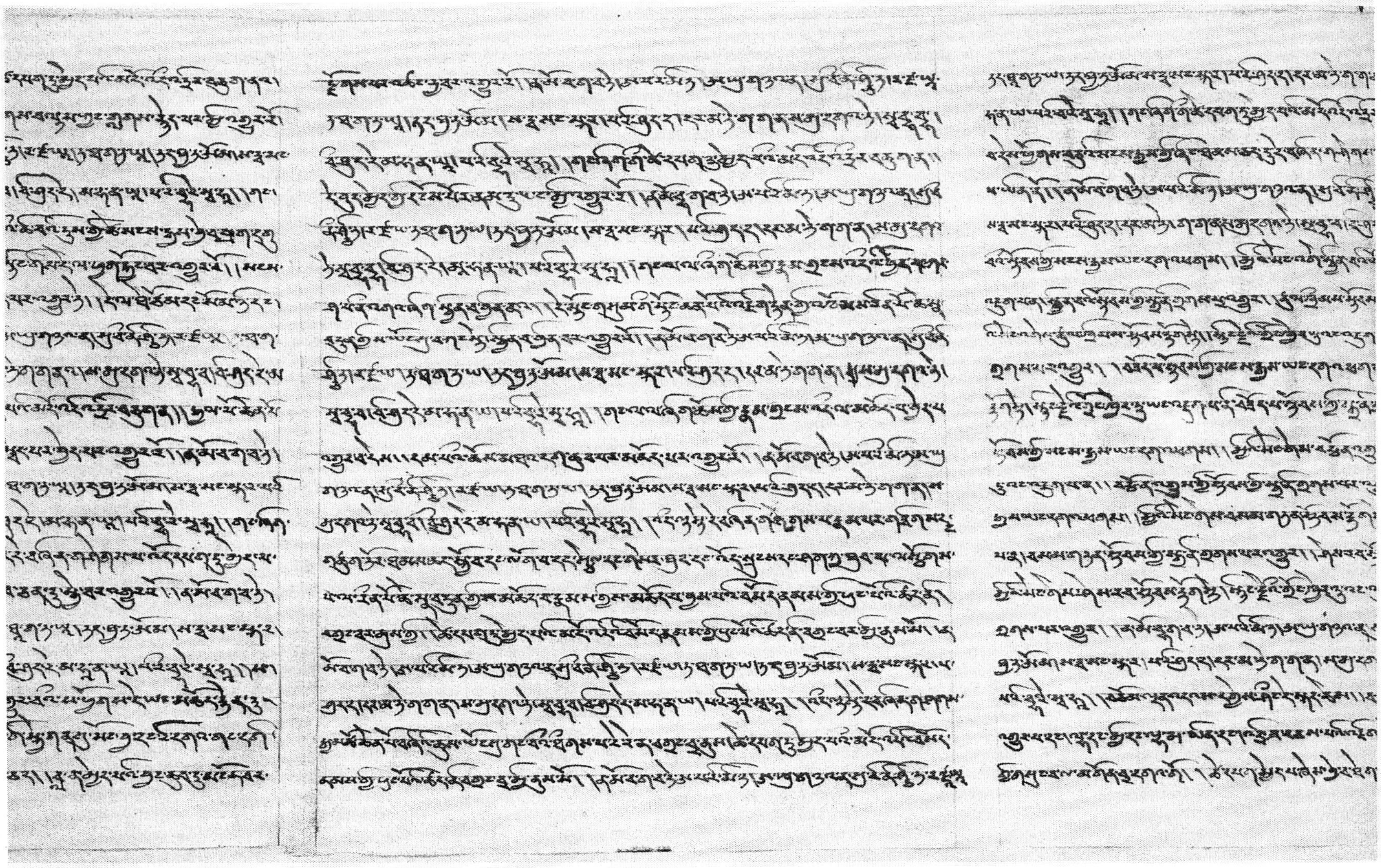

BD14234 號　藏文（無量壽宗要經甲本）　　（6–5）

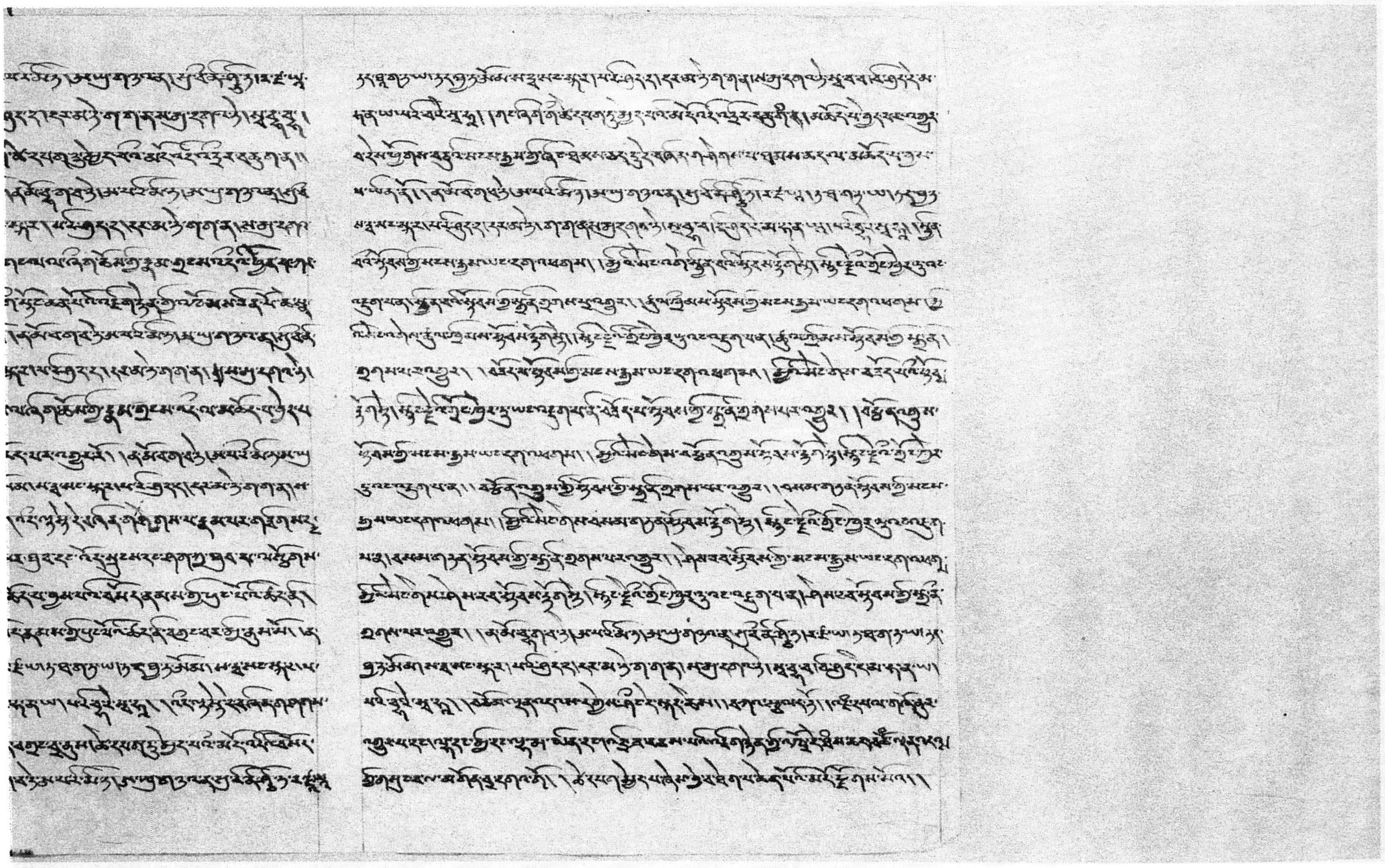

BD14234 號　藏文（無量壽宗要經甲本）　　（6–6）

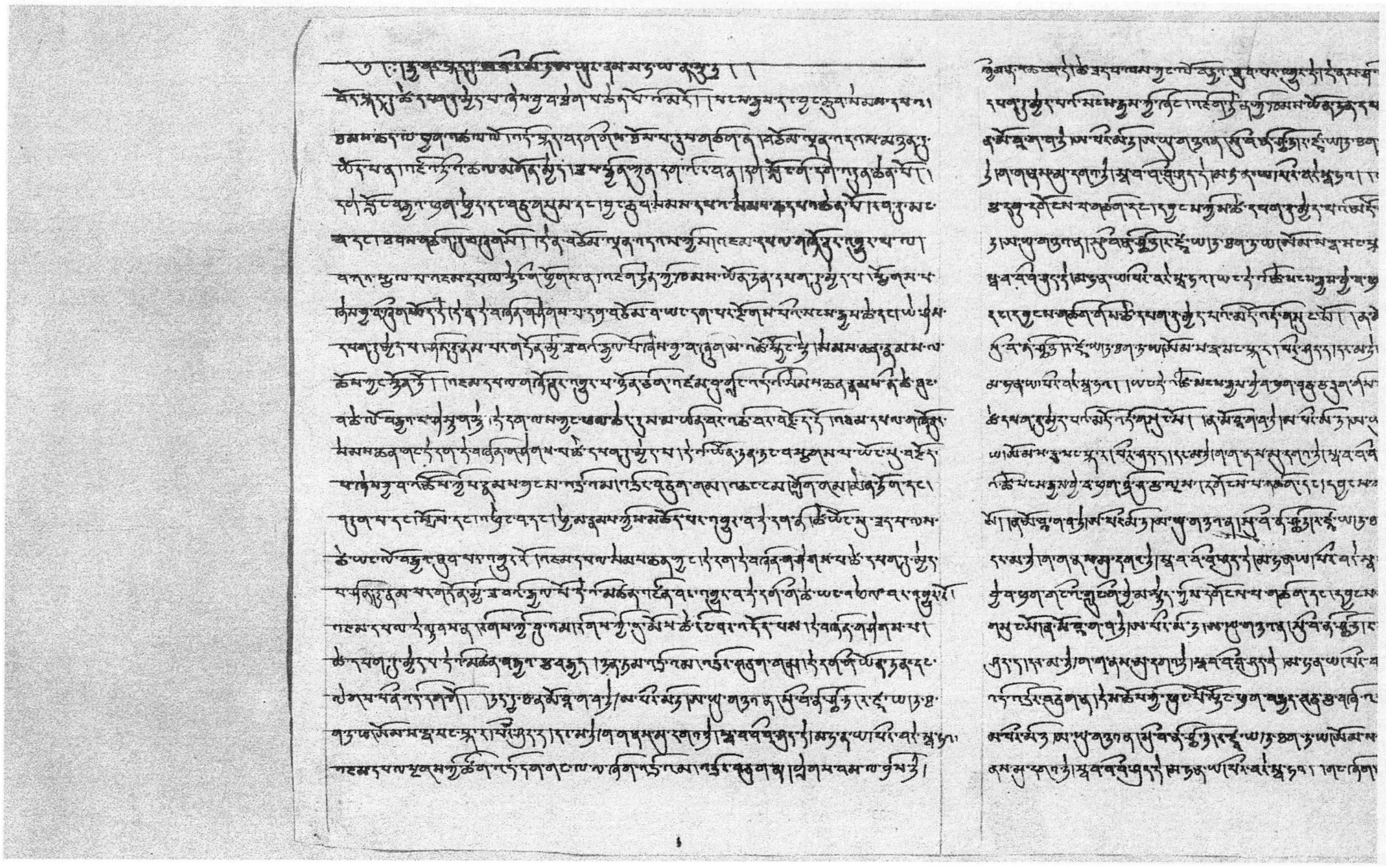

BD14235 號 1　藏文（無量壽宗要經甲本）　　（36–1）

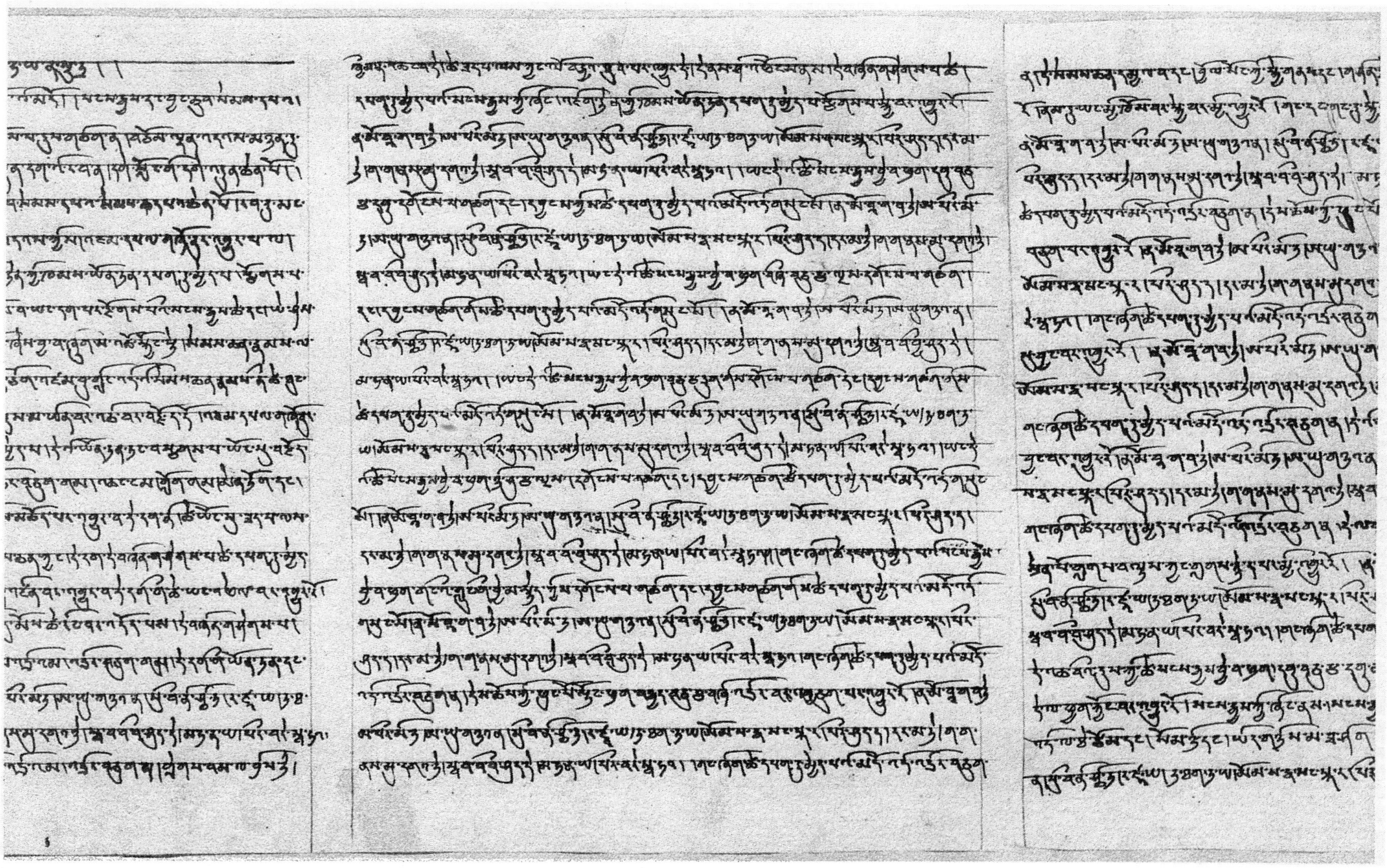

BD14235 號 1　藏文（無量壽宗要經甲本）　　（36–2）

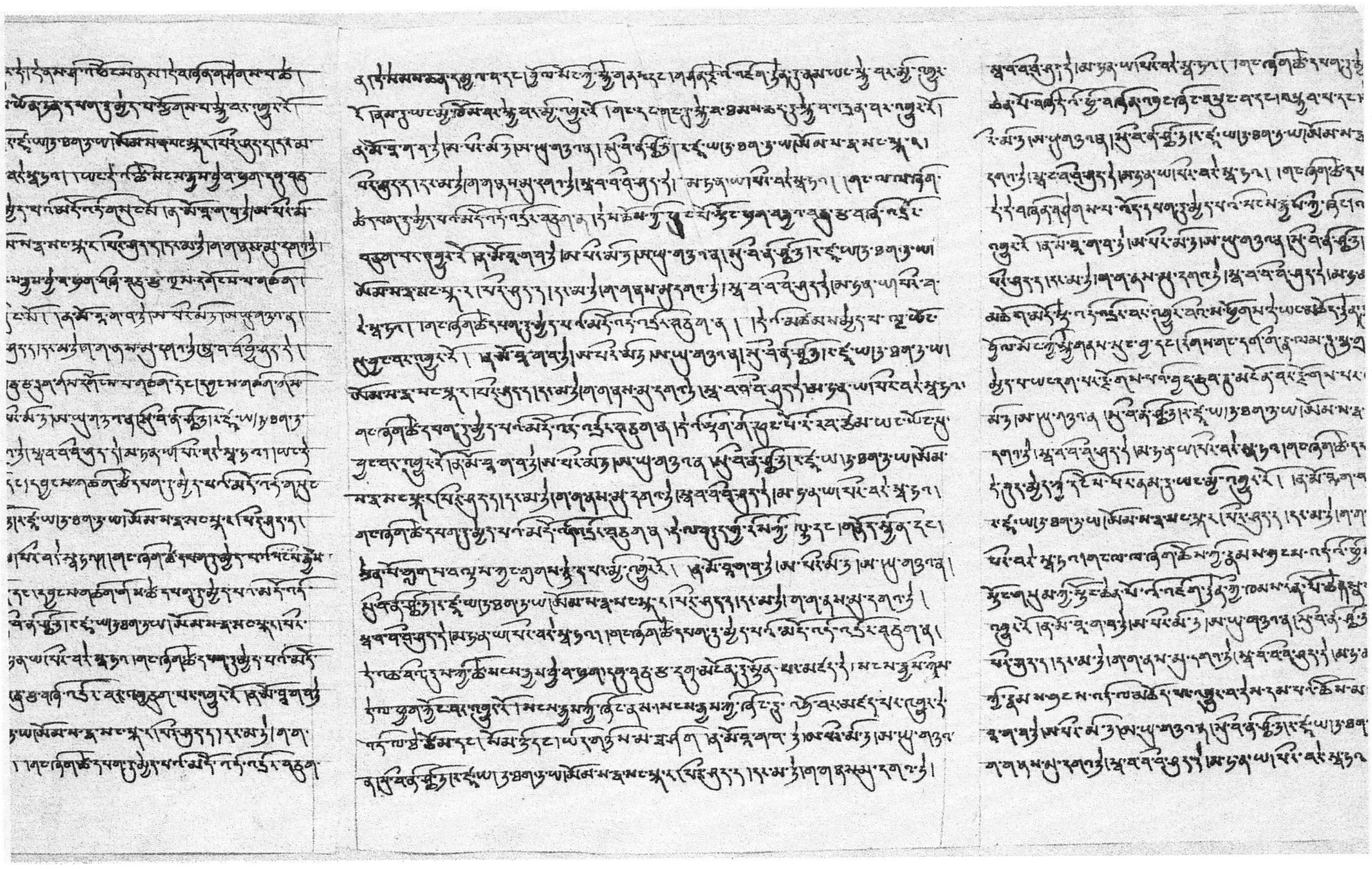

BD14235 號 1　藏文（無量壽宗要經甲本）　　（36–3）

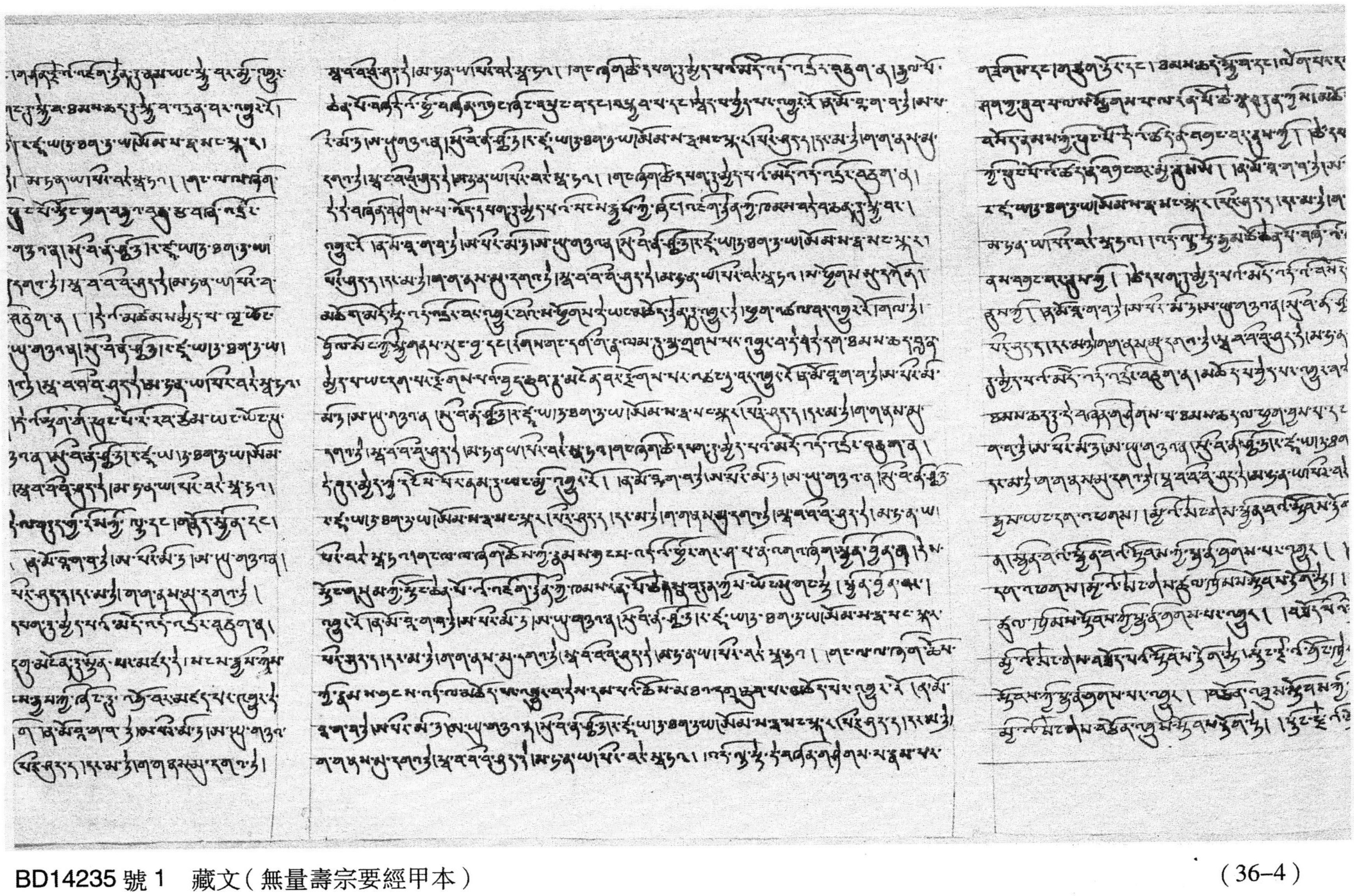

BD14235 號 1　藏文（無量壽宗要經甲本）　　（36–4）

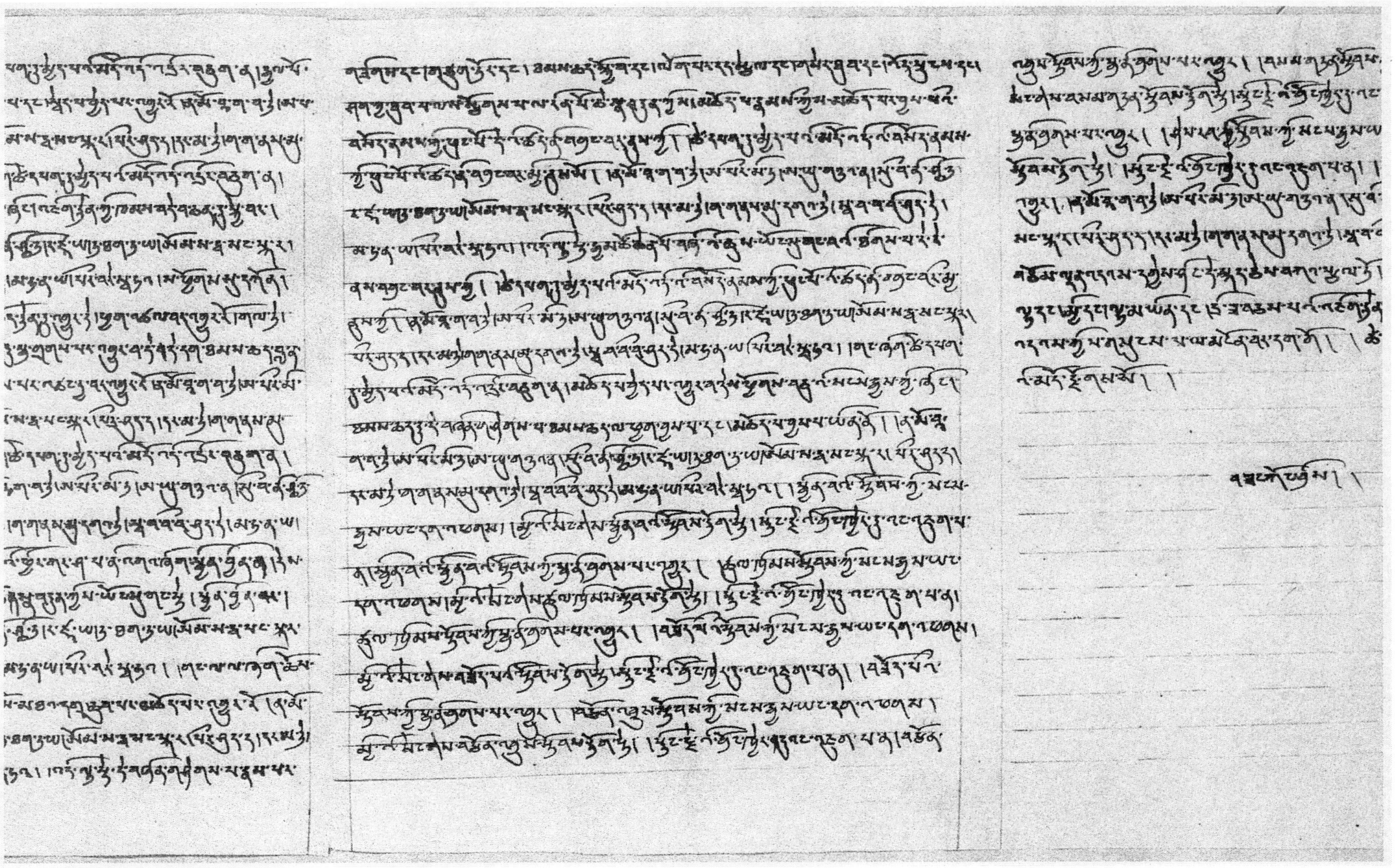

BD14235 號 1　藏文（無量壽宗要經甲本）　（36–5）

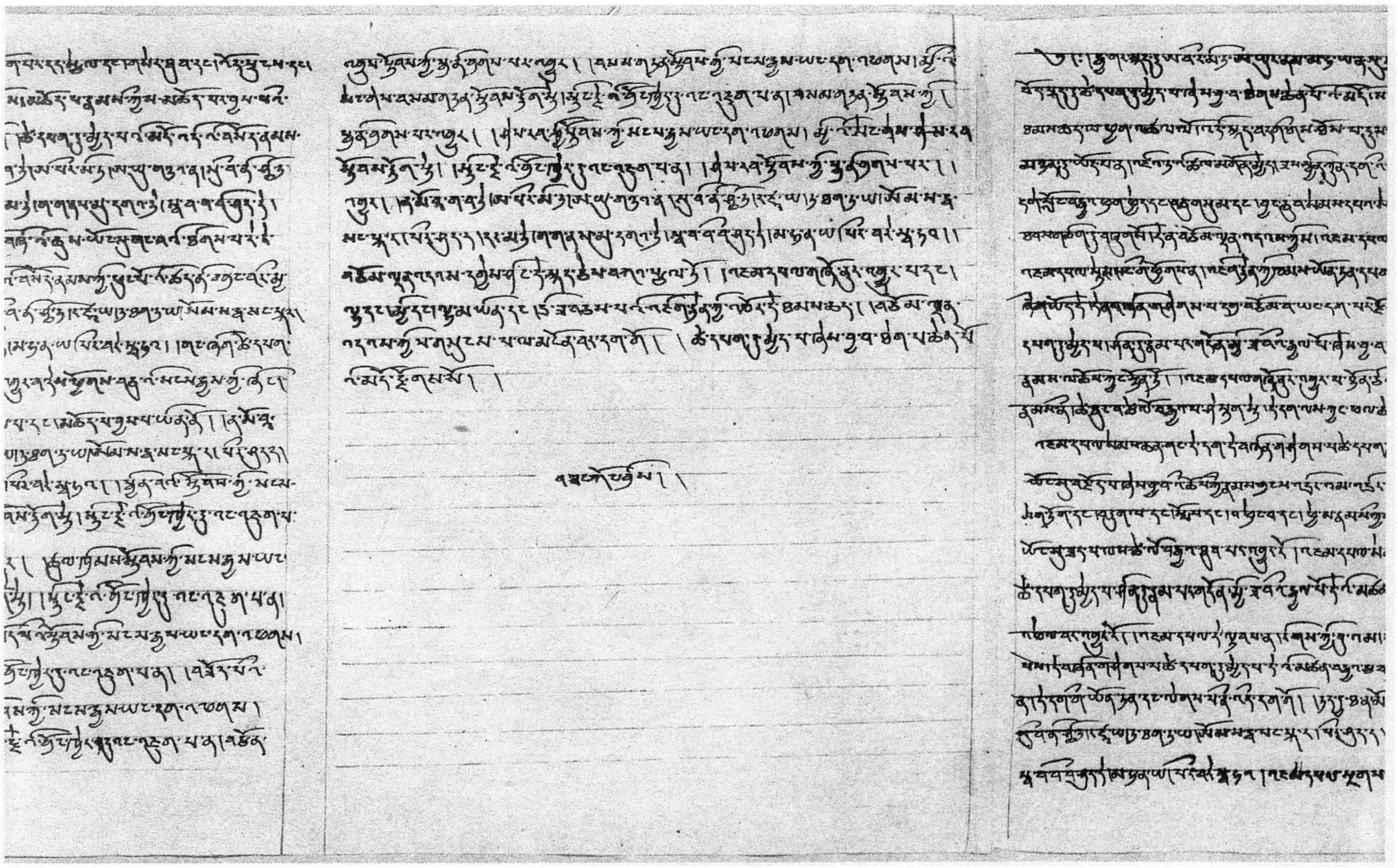

BD14235 號 1　藏文（無量壽宗要經甲本）　（36–6）

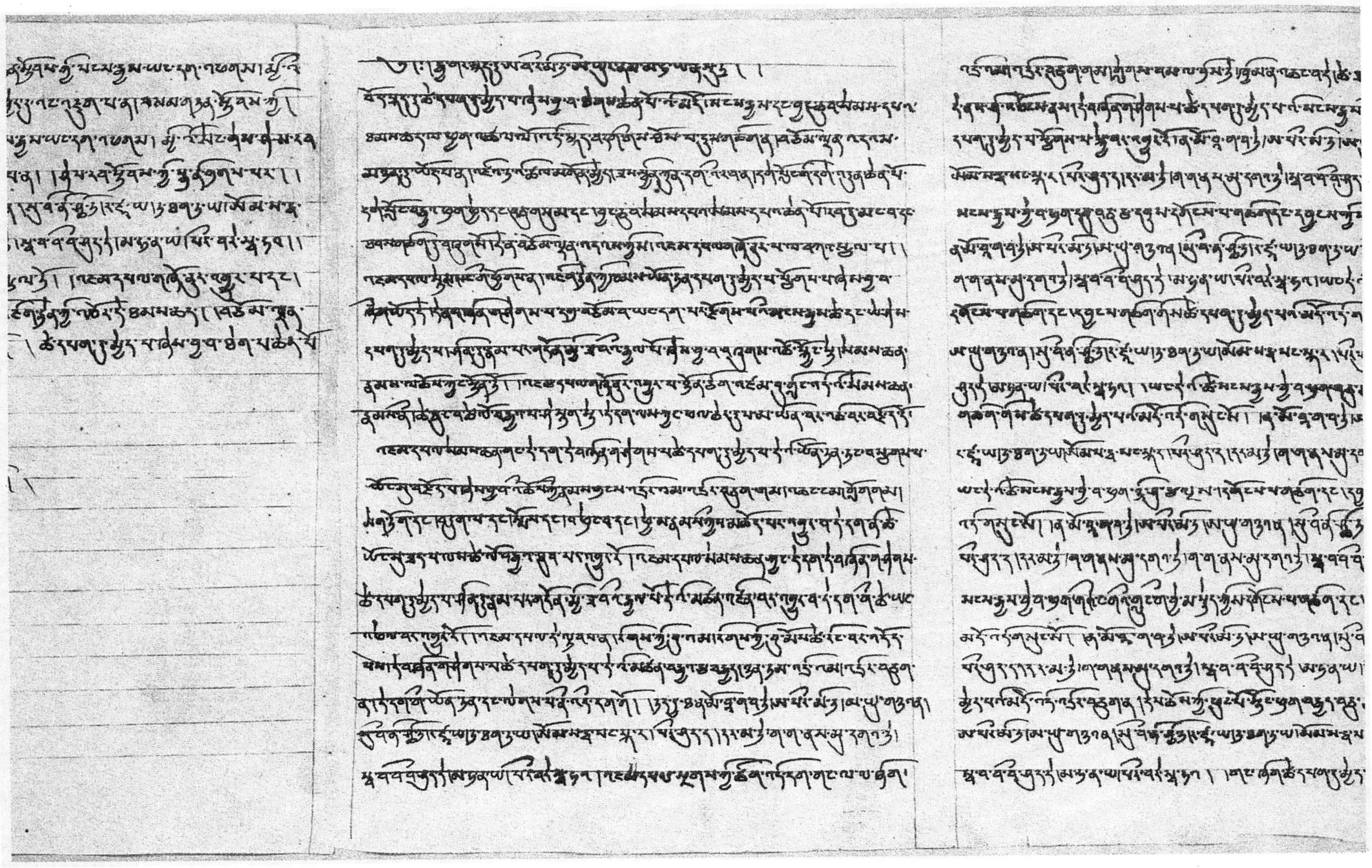

BD14235 號 2　藏文（無量壽宗要經甲本）　　（36–7）

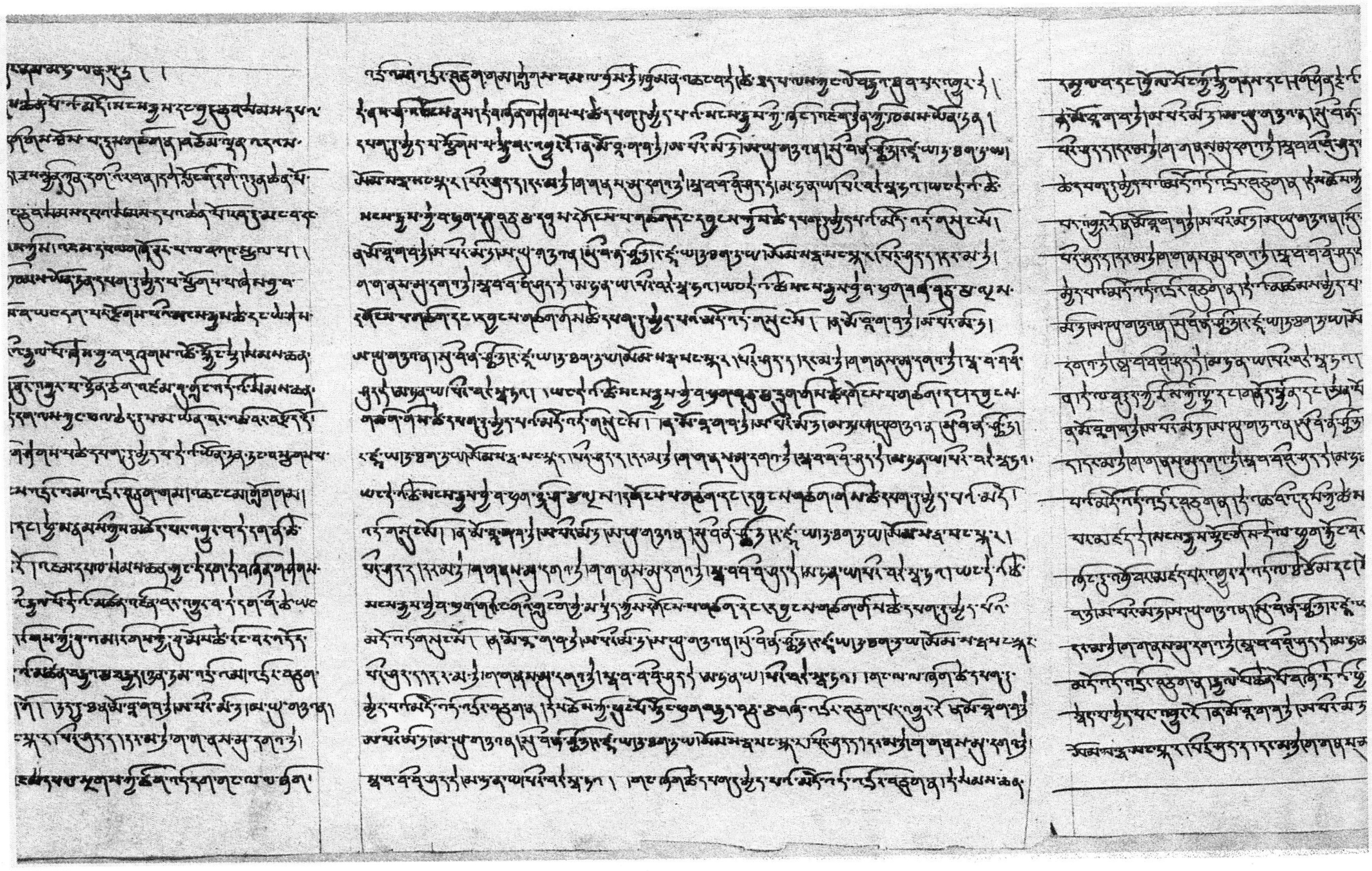

BD14235 號 2　藏文（無量壽宗要經甲本）　　（36–8）

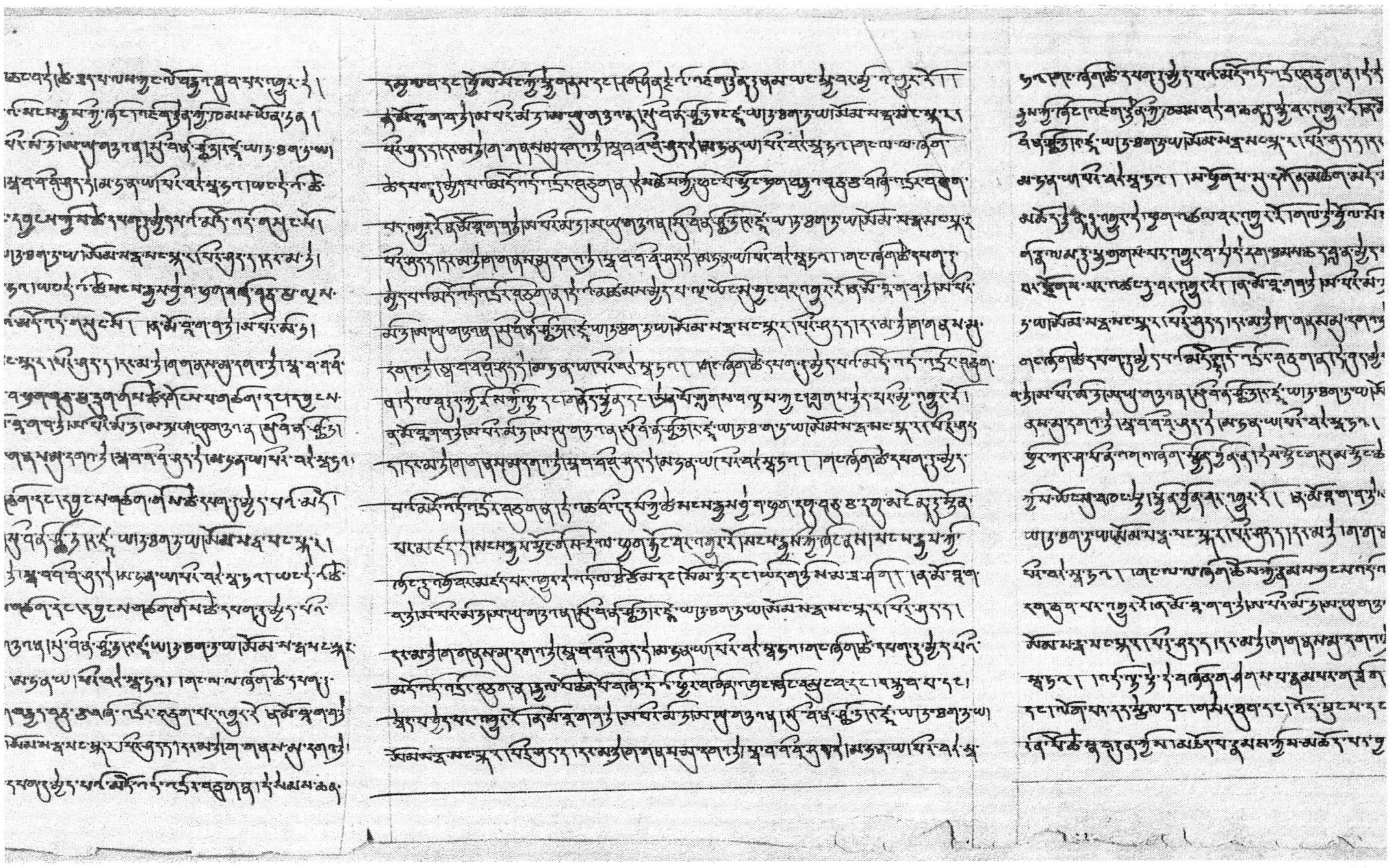

BD14235 號 2　藏文（無量壽宗要經甲本）　（36–9）

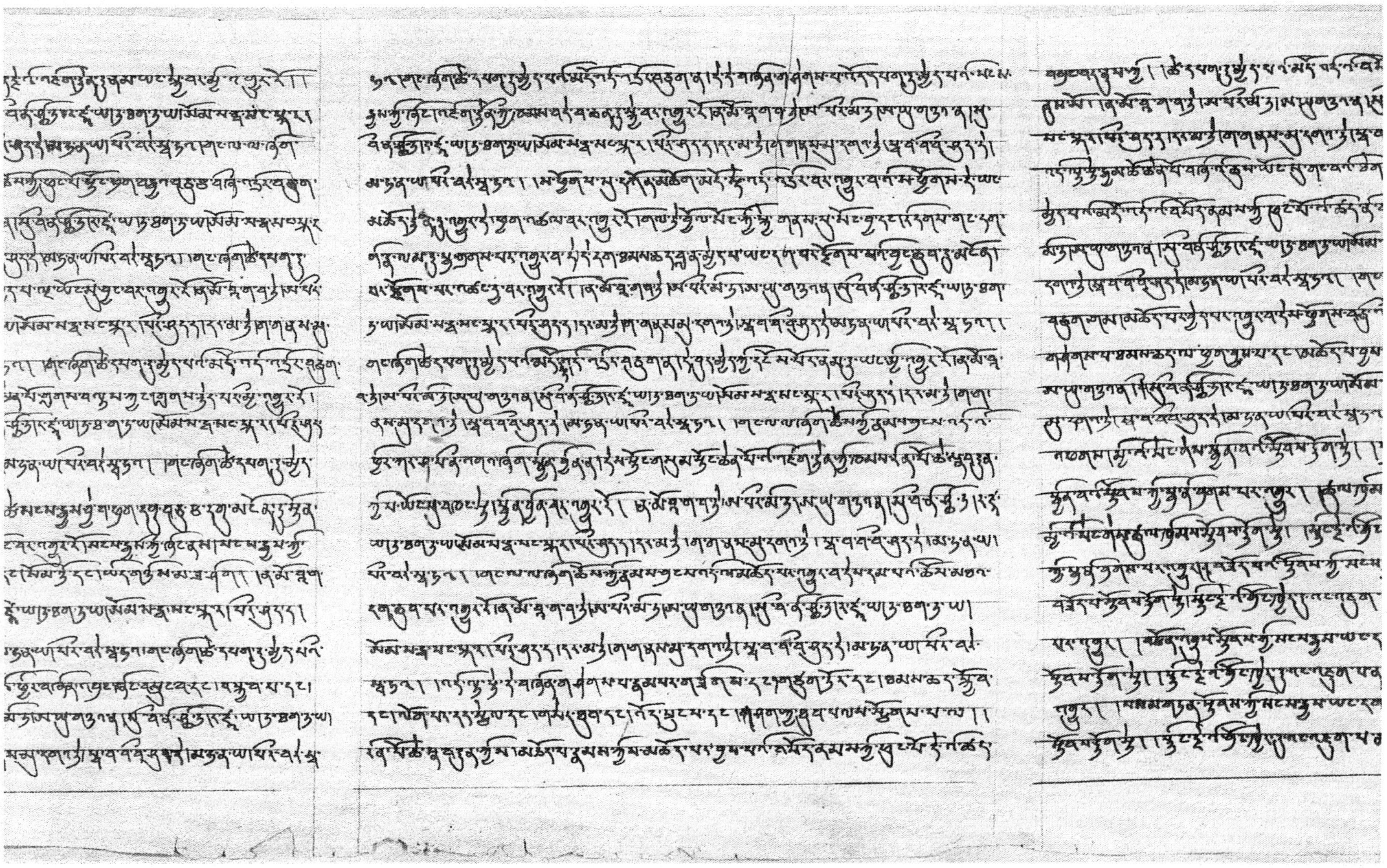

BD14235 號 2　藏文（無量壽宗要經甲本）　（36–10）

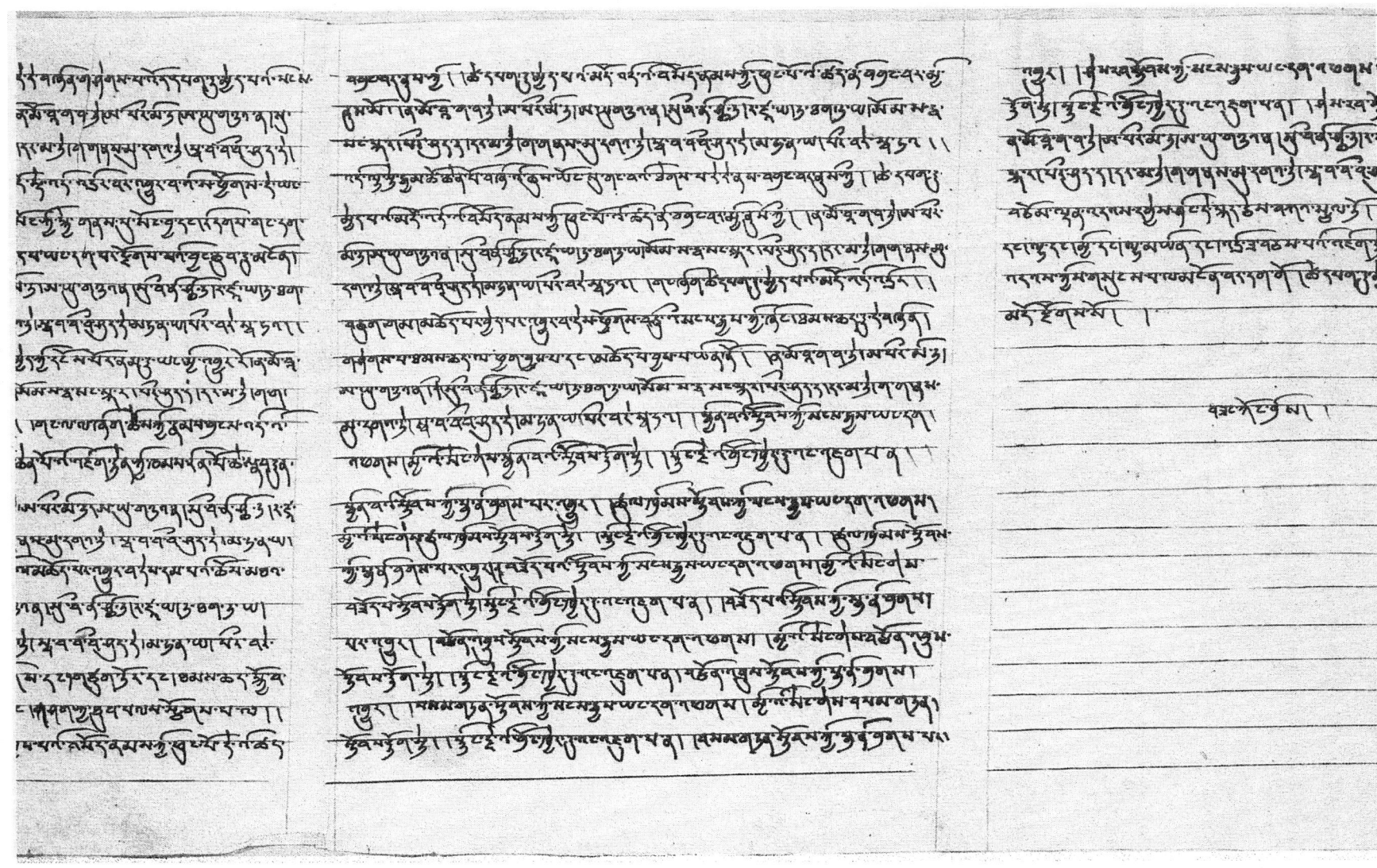

BD14235 號 3　藏文（無量壽宗要經甲本）

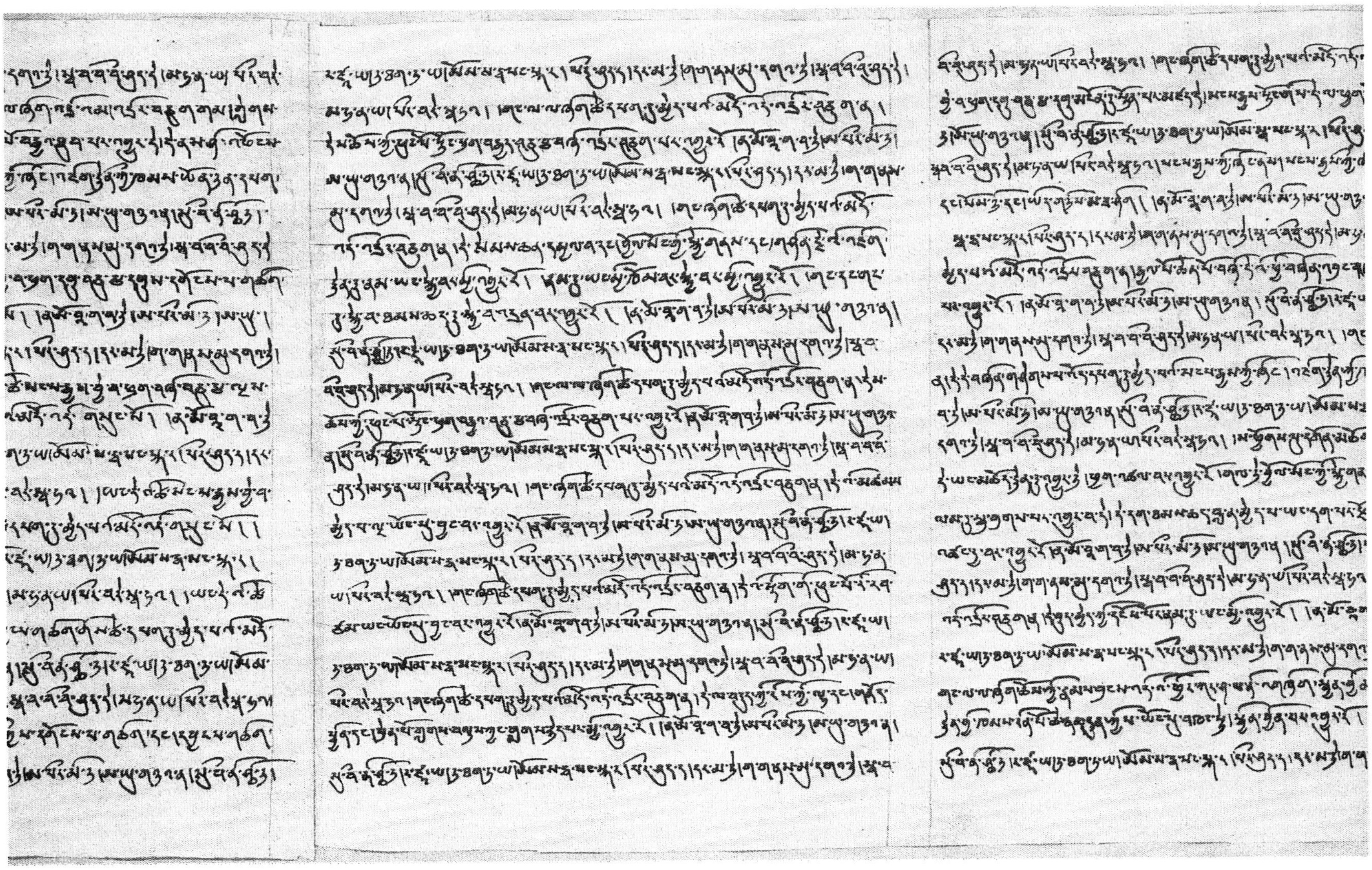

BD14235 號 3　藏文（無量壽宗要經甲本）　（36–15）

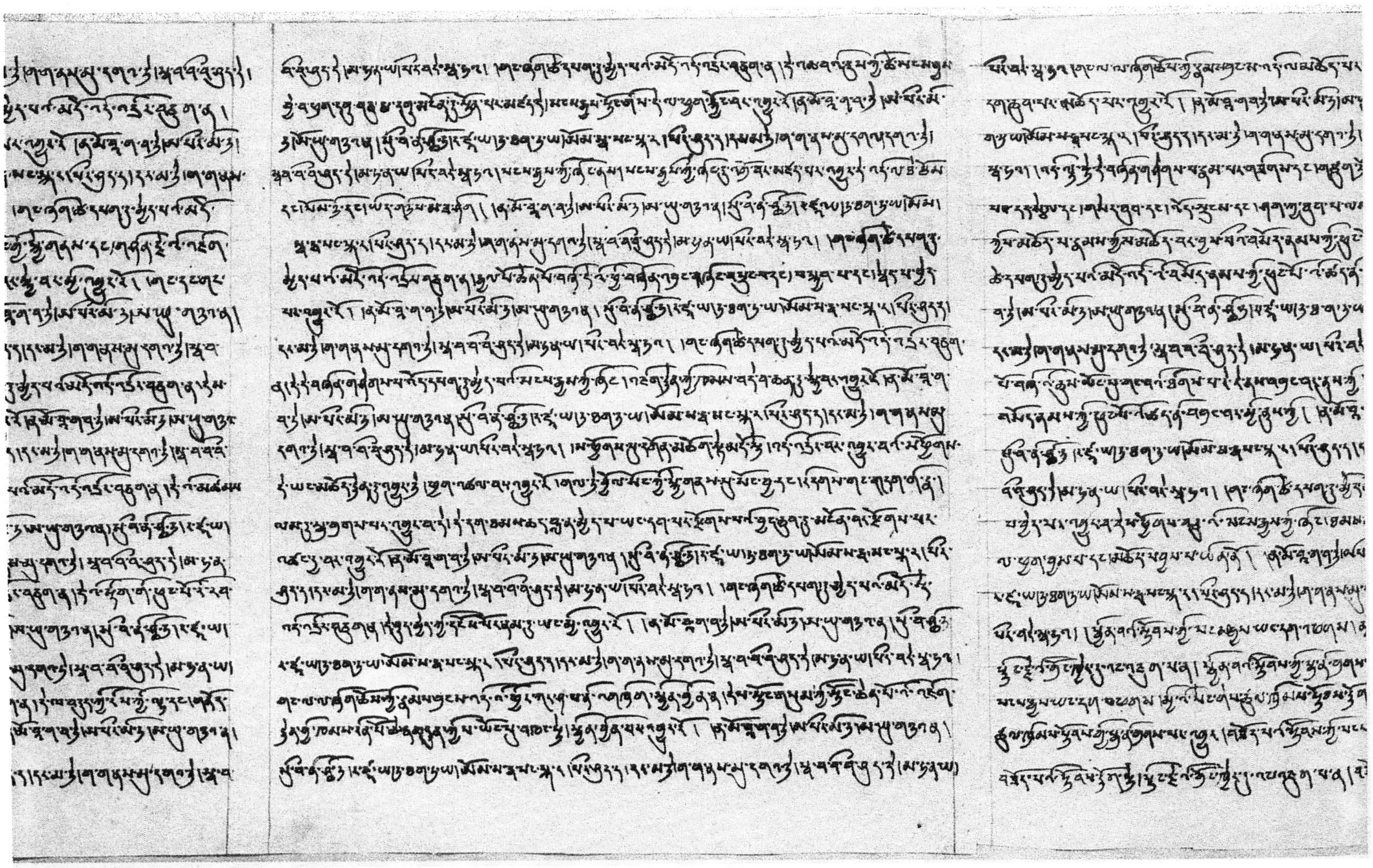

BD14235 號 3　藏文（無量壽宗要經甲本）　（36–16）

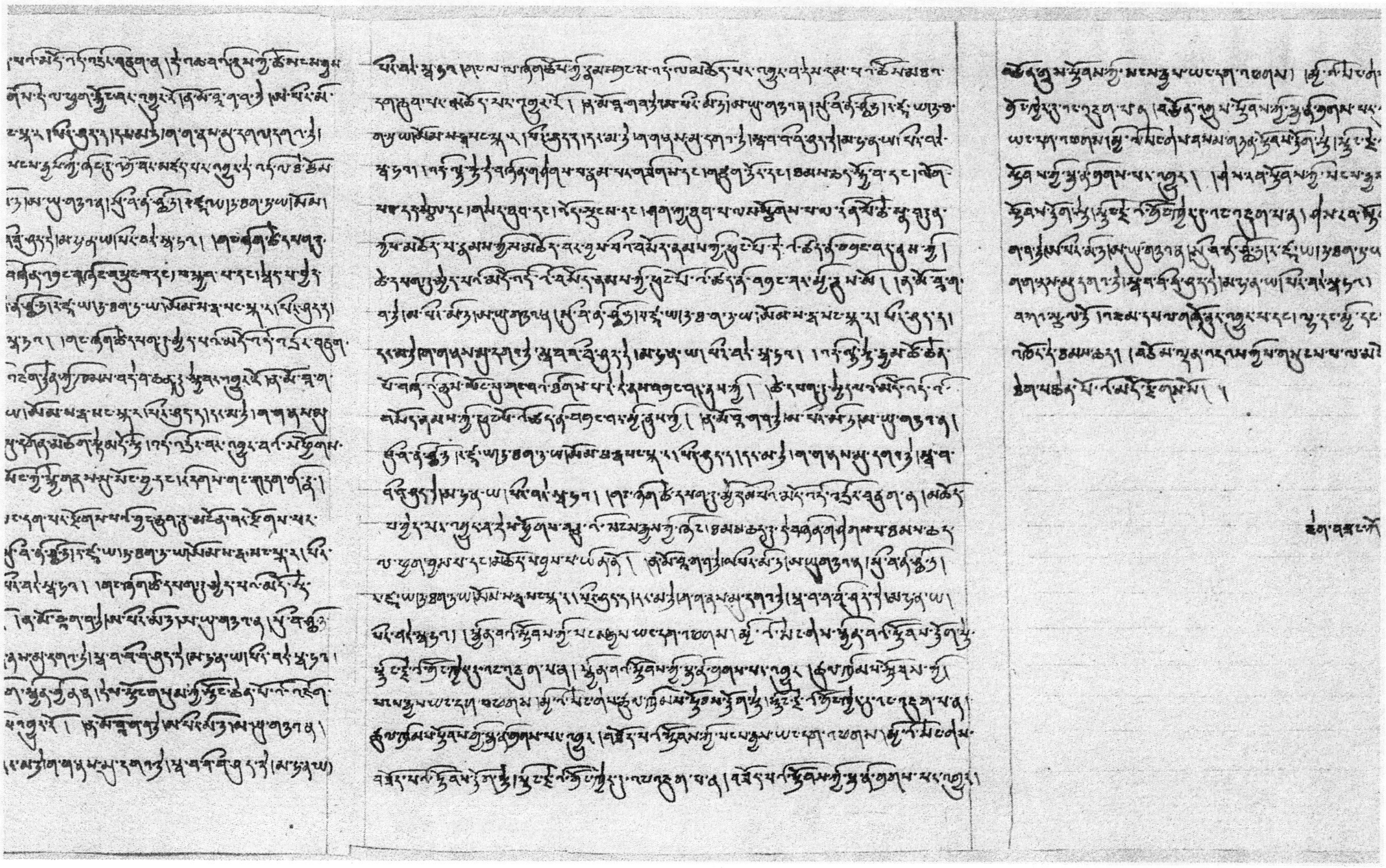

BD14235 號 3　藏文（無量壽宗要經甲本）　（36–17）

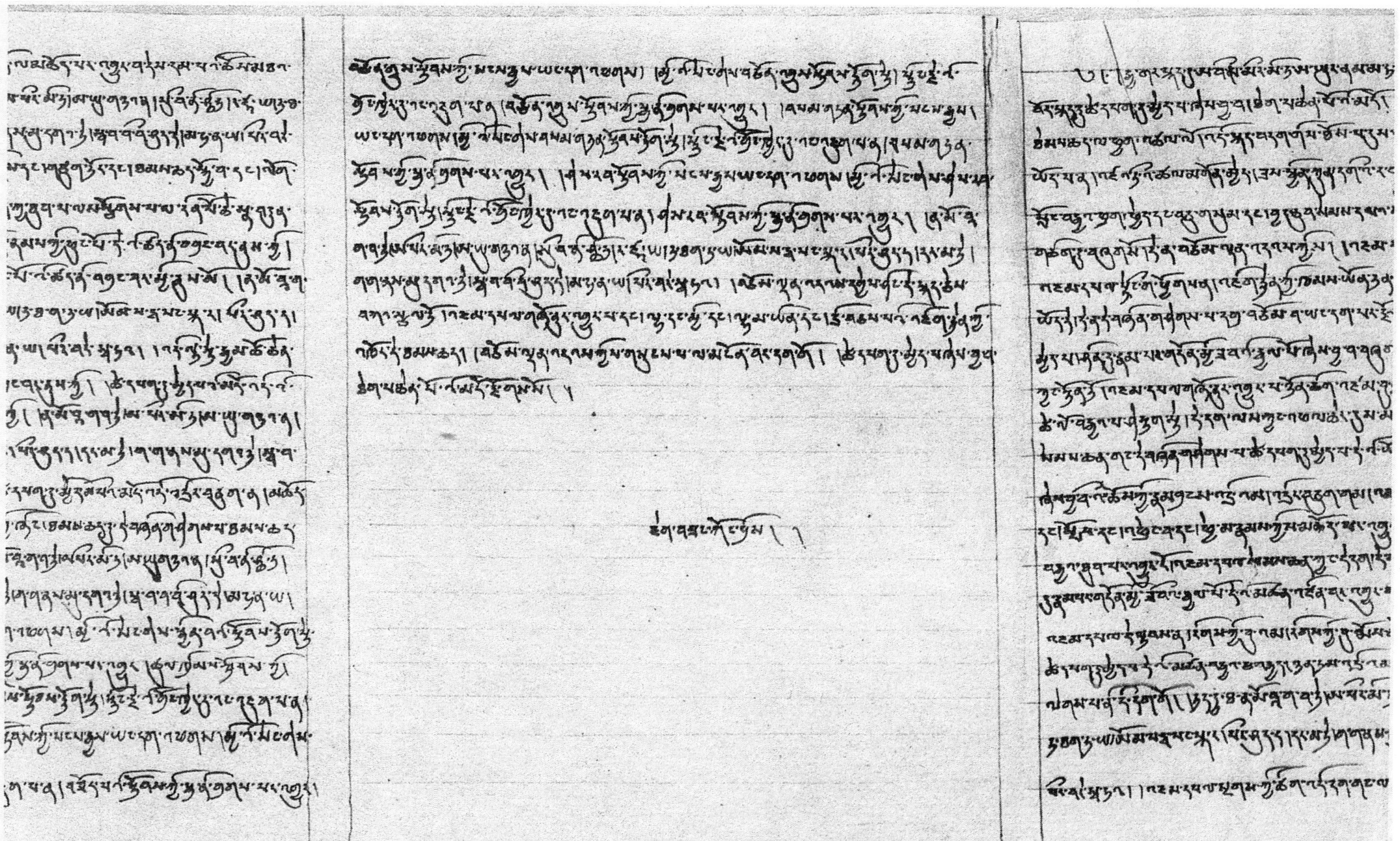

BD14235 號 3　藏文（無量壽宗要經甲本）　（36–18）

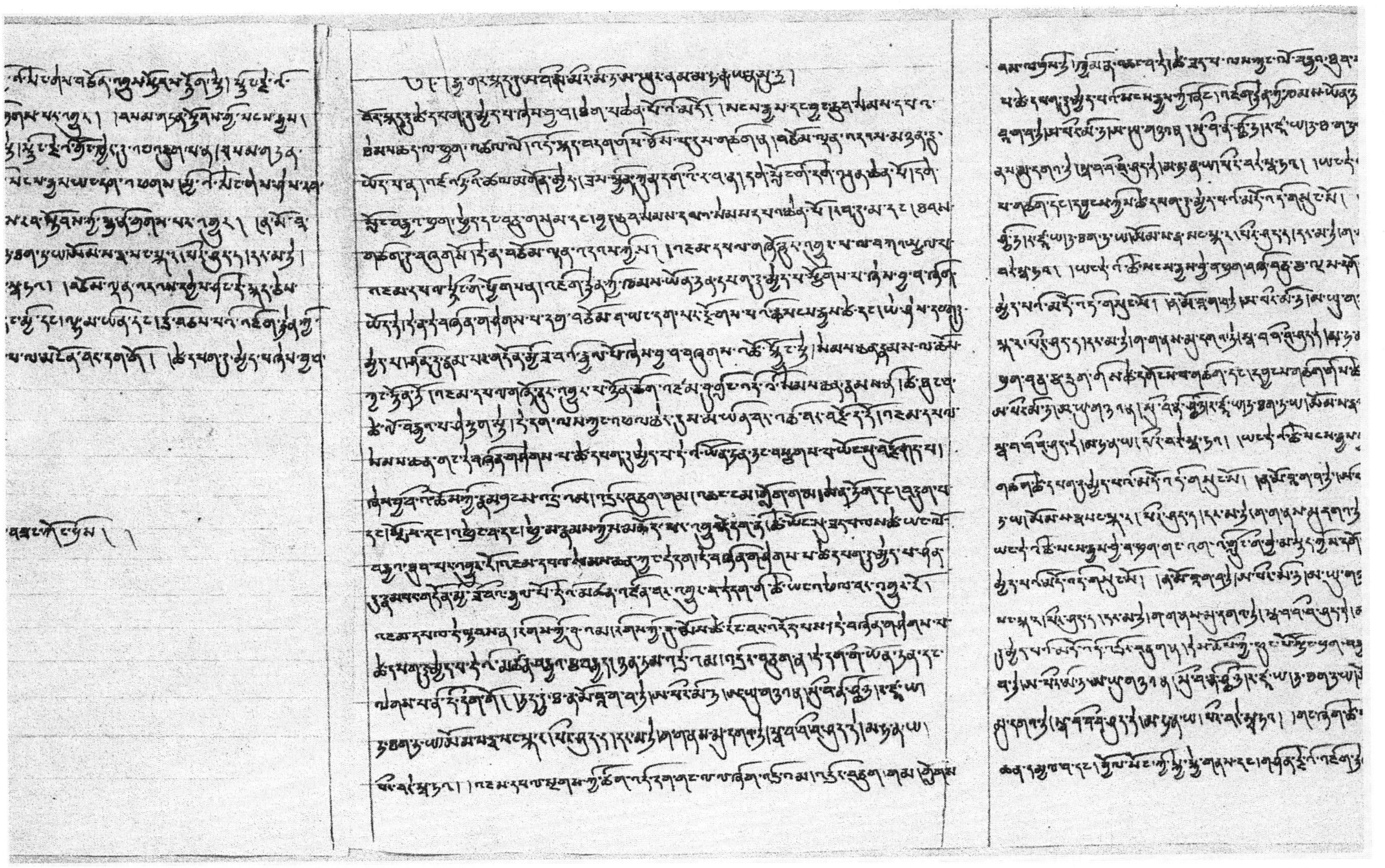

BD14235 號 4　藏文（無量壽宗要經甲本）　　（36–19）

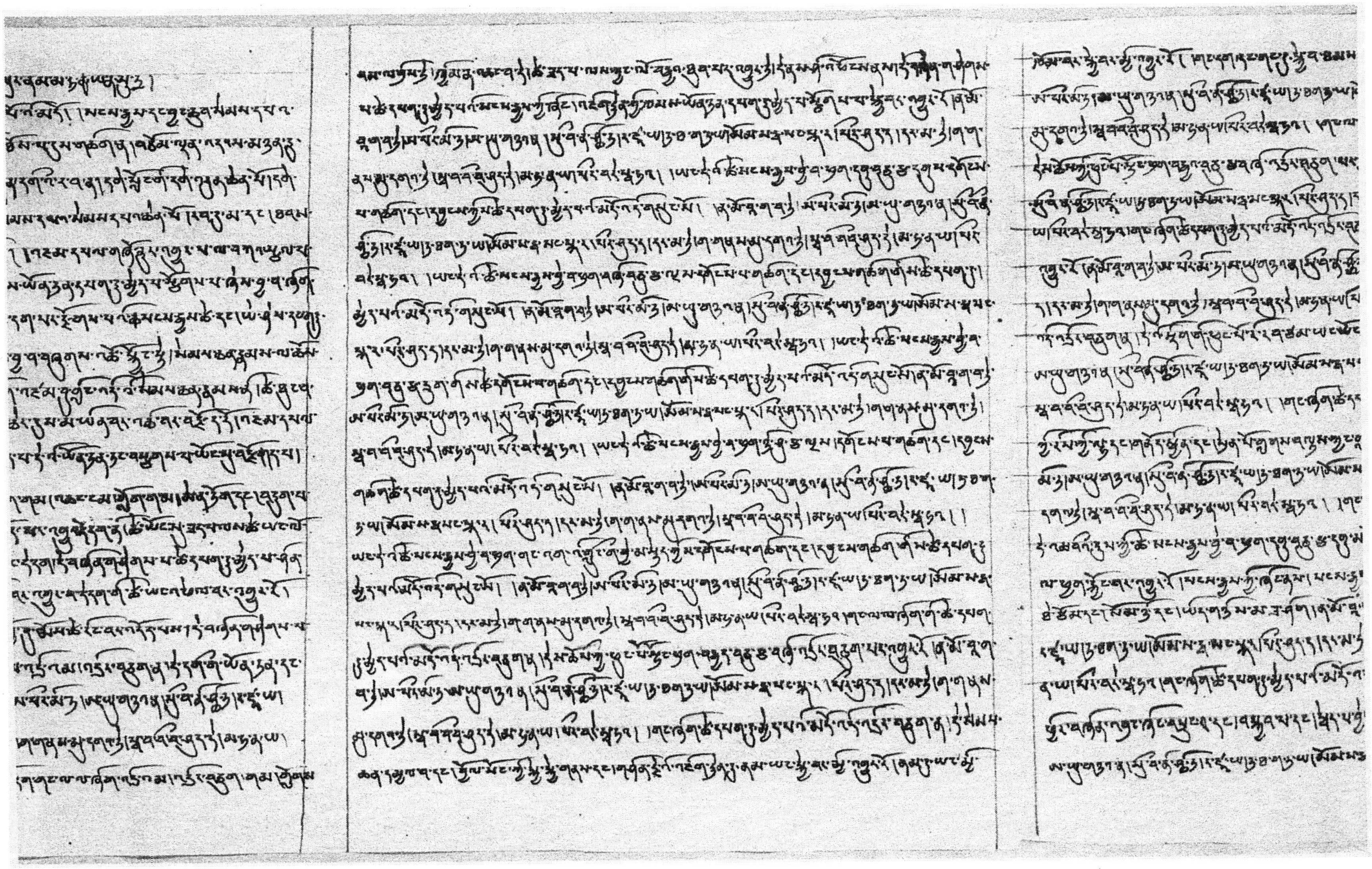

BD14235 號 4　藏文（無量壽宗要經甲本）　　（36–20）

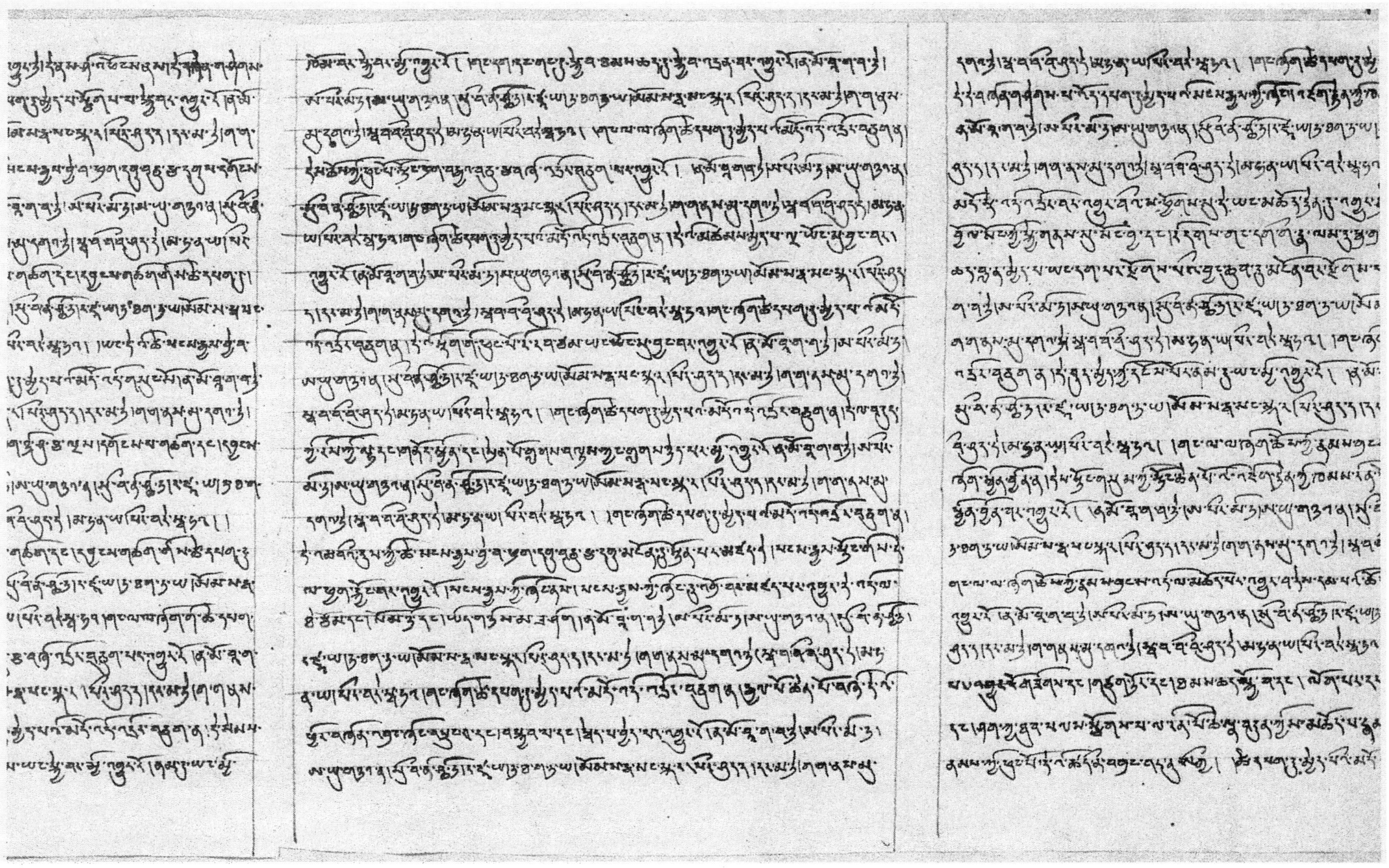

BD14235 號 4　藏文（無量壽宗要經甲本）　（36–21）

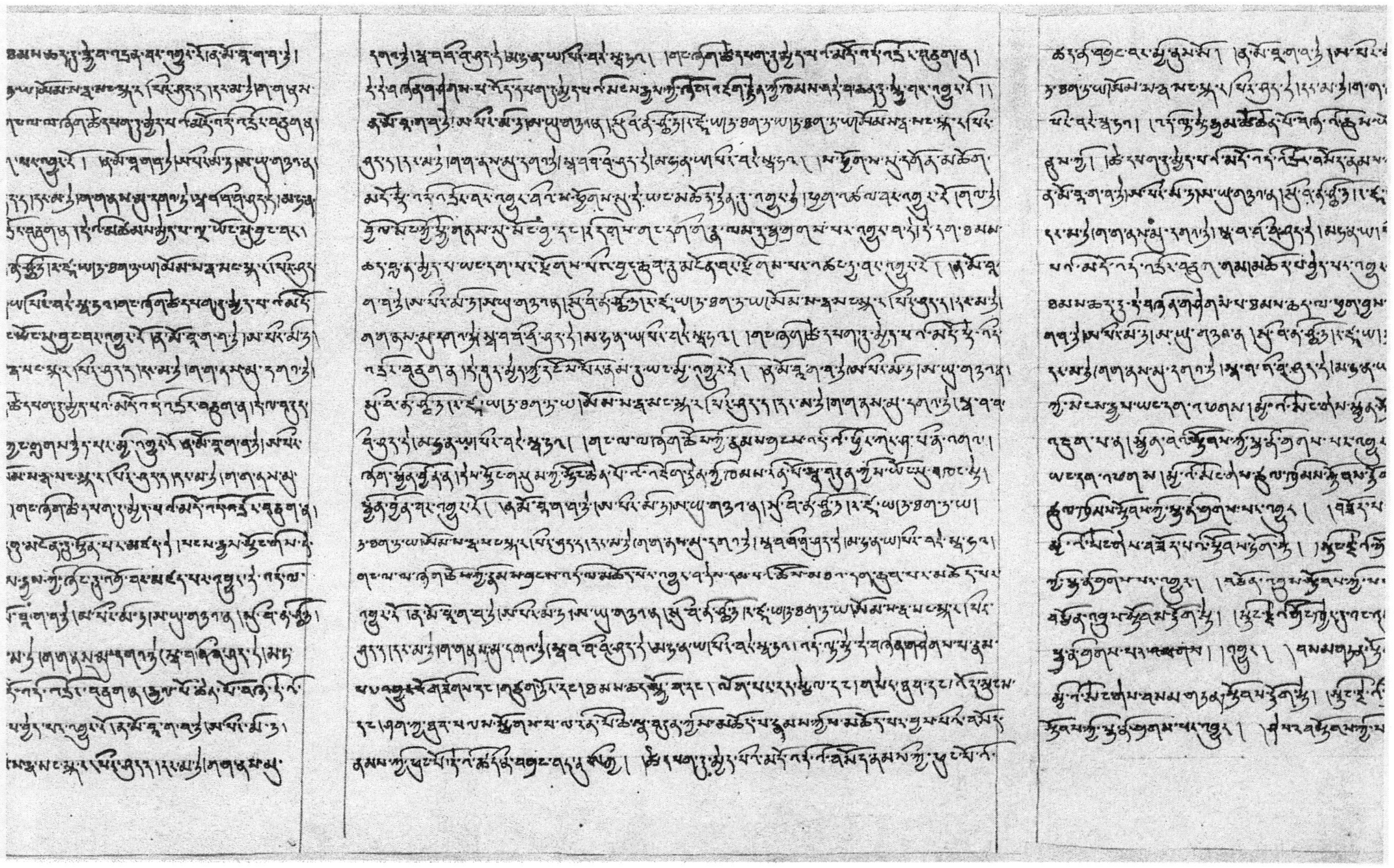

BD14235 號 4　藏文（無量壽宗要經甲本）　（36–22）

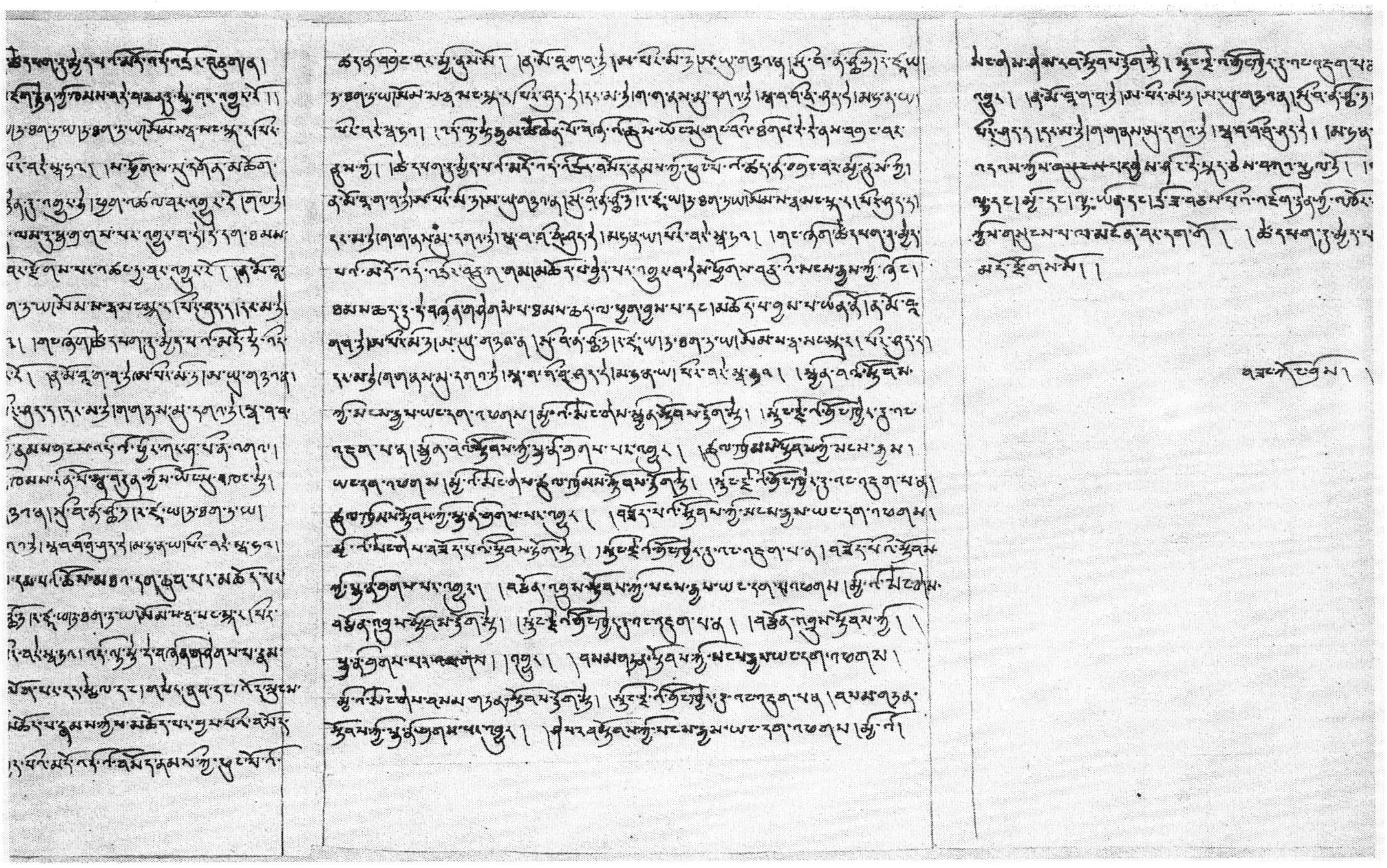

BD14235 號 4　藏文（無量壽宗要經甲本）　　（36–23）

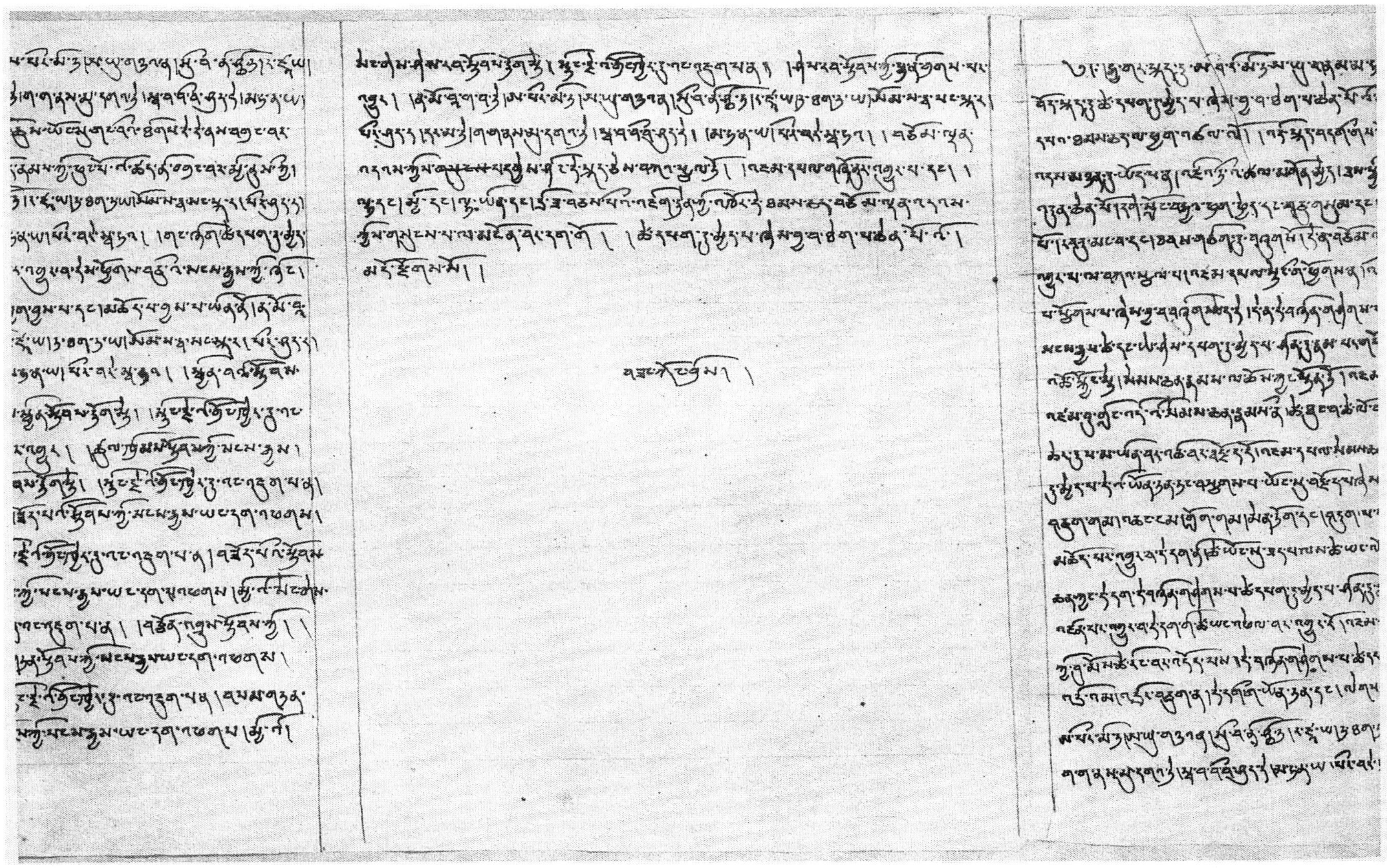

BD14235 號 4　藏文（無量壽宗要經甲本）　　（36–24）

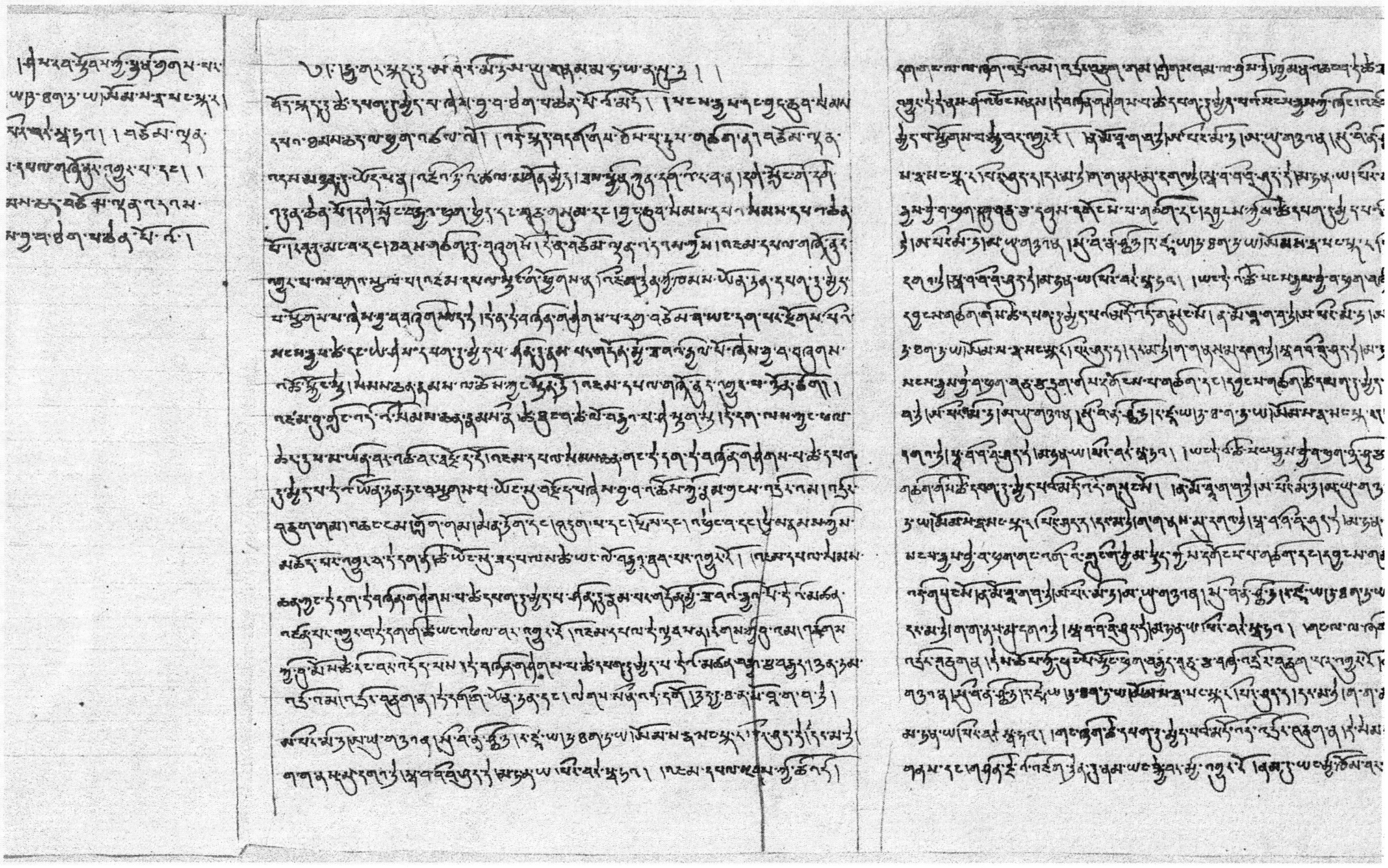

BD14235 號 5　藏文（無量壽宗要經甲本）　　（36–25）

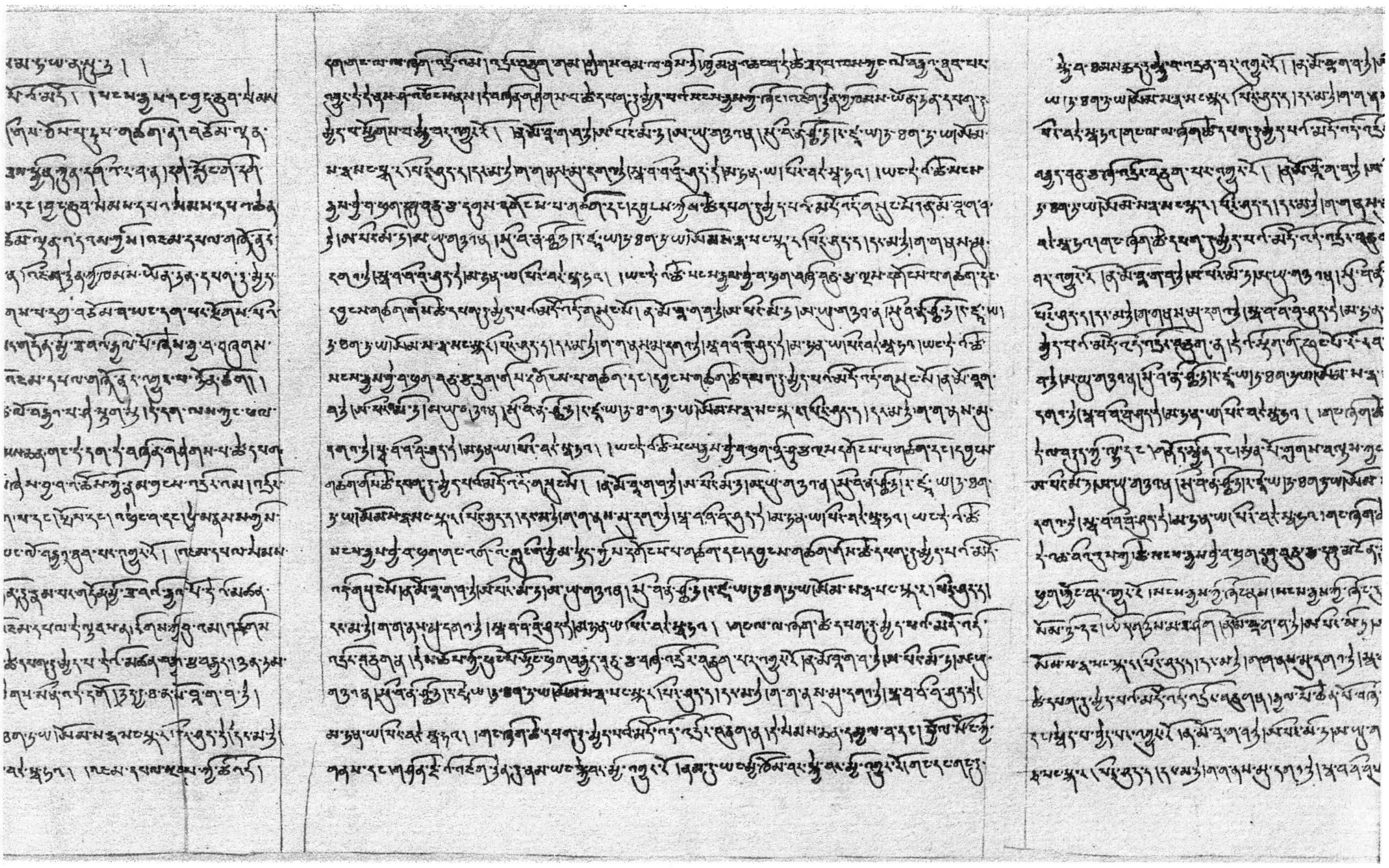

BD14235 號 5　藏文（無量壽宗要經甲本）　　（36–26）

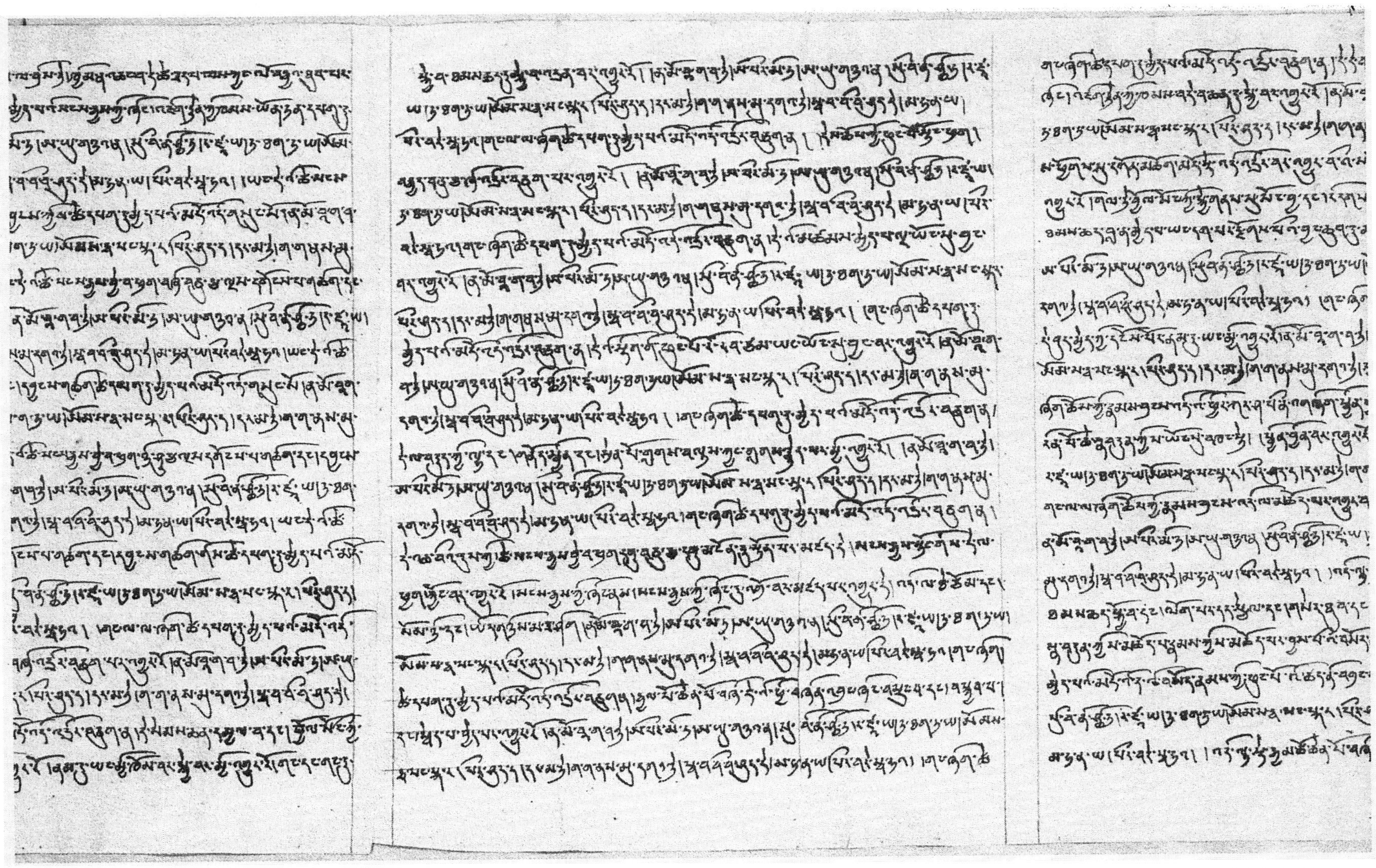

BD14235 號 5　藏文（無量壽宗要經甲本）　　（36–27）

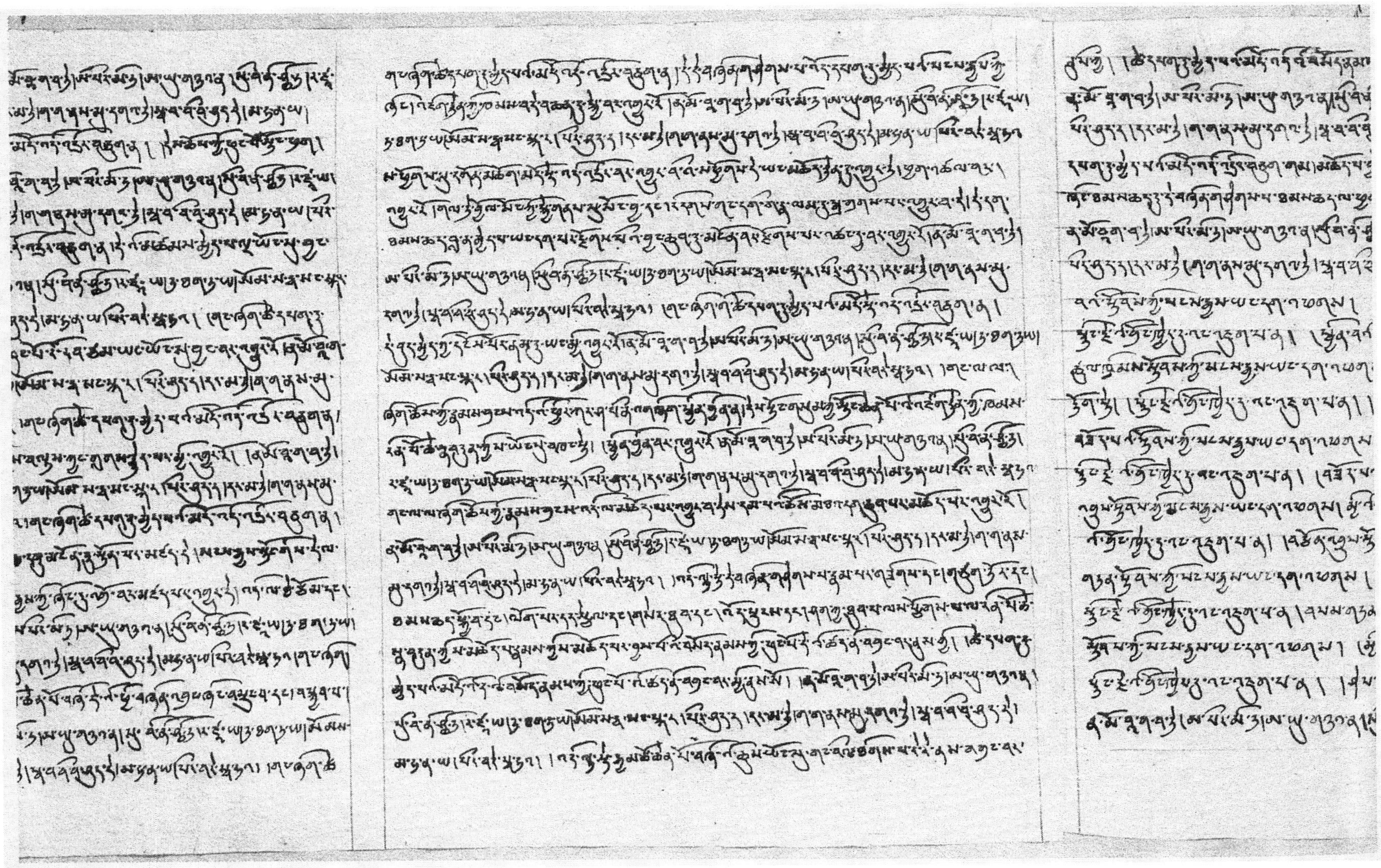

BD14235 號 5　藏文（無量壽宗要經甲本）　　（36–28）

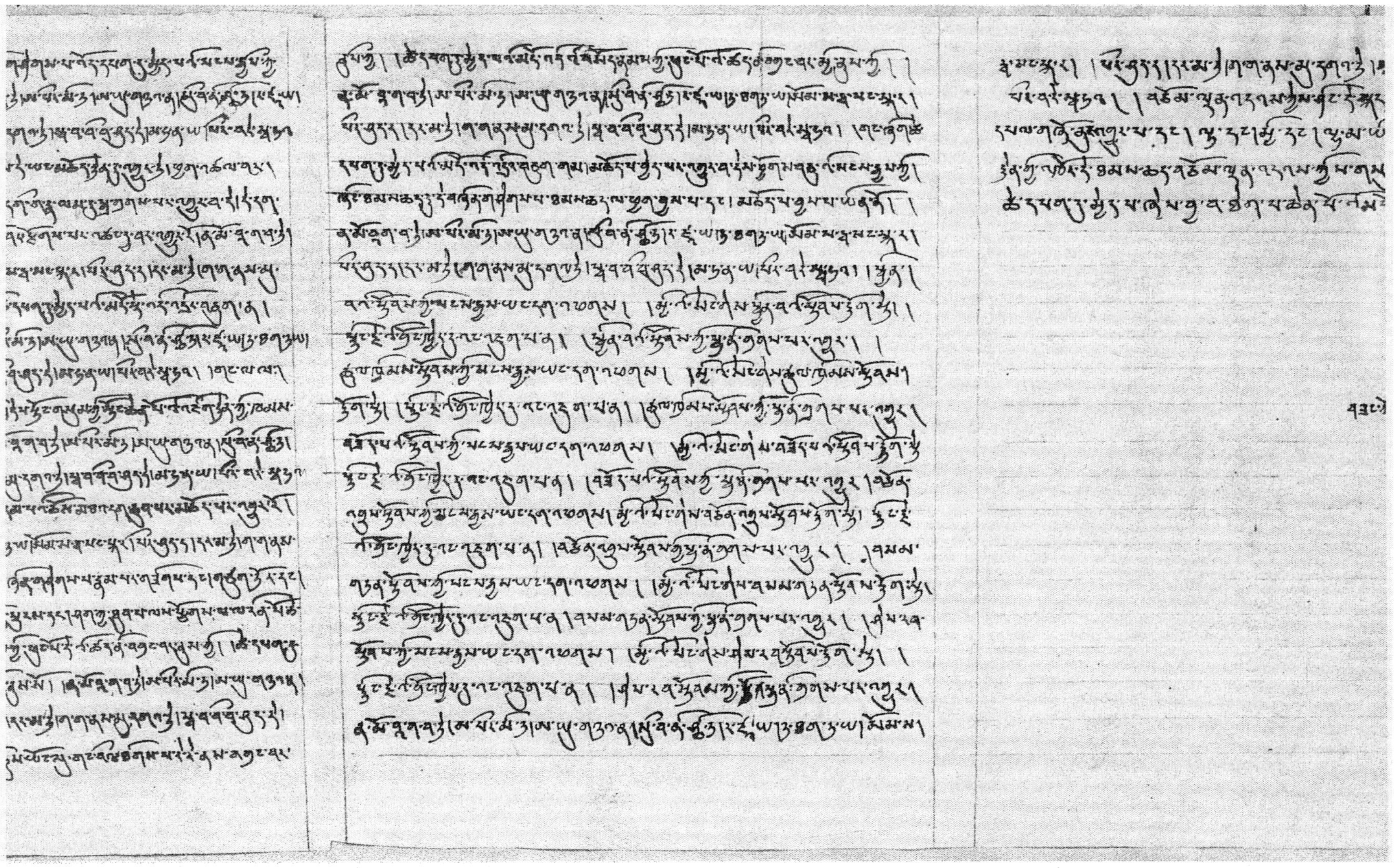

BD14235 號 5　藏文（無量壽宗要經甲本）　　（36–29）

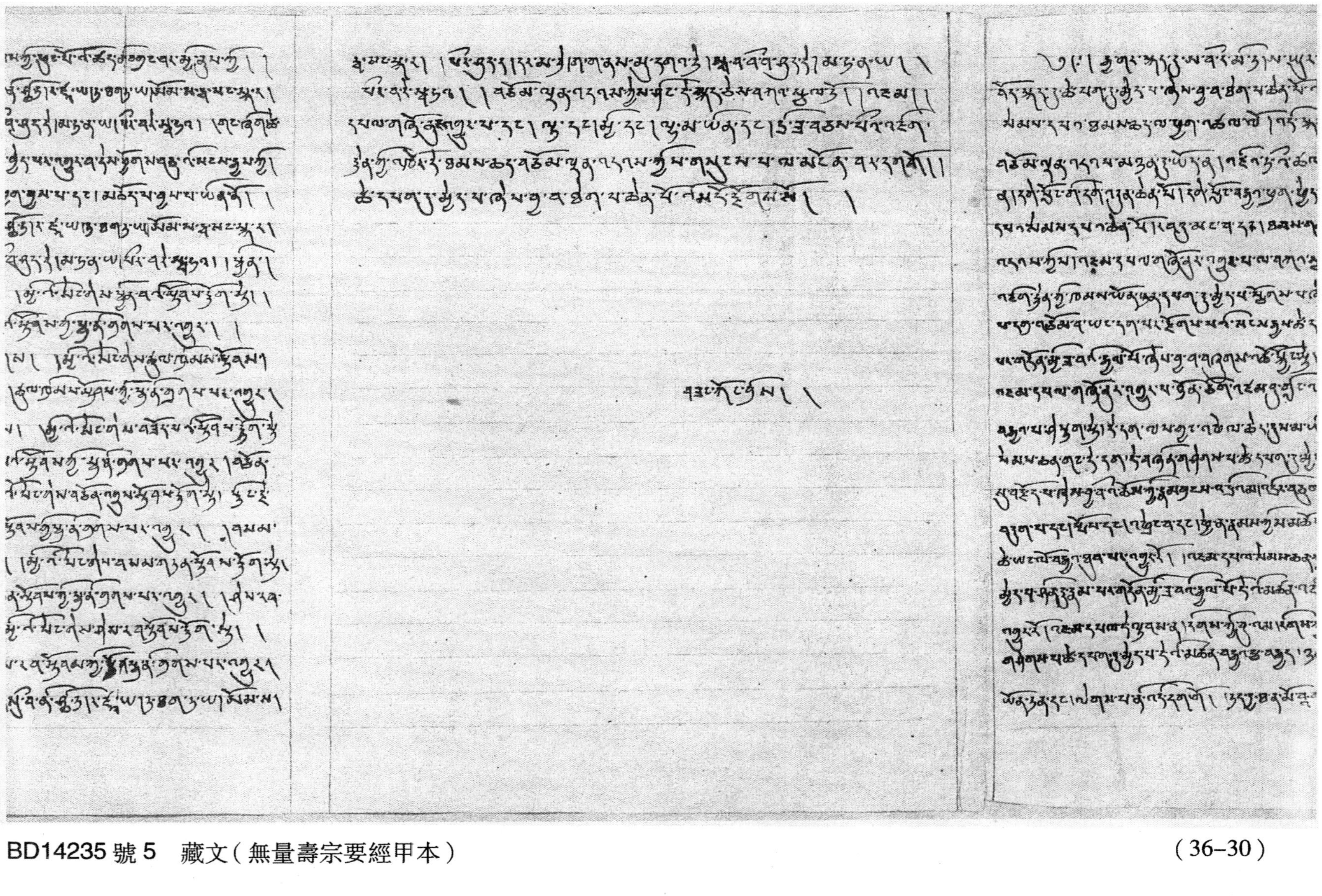

BD14235 號 5　藏文（無量壽宗要經甲本）　　（36–30）

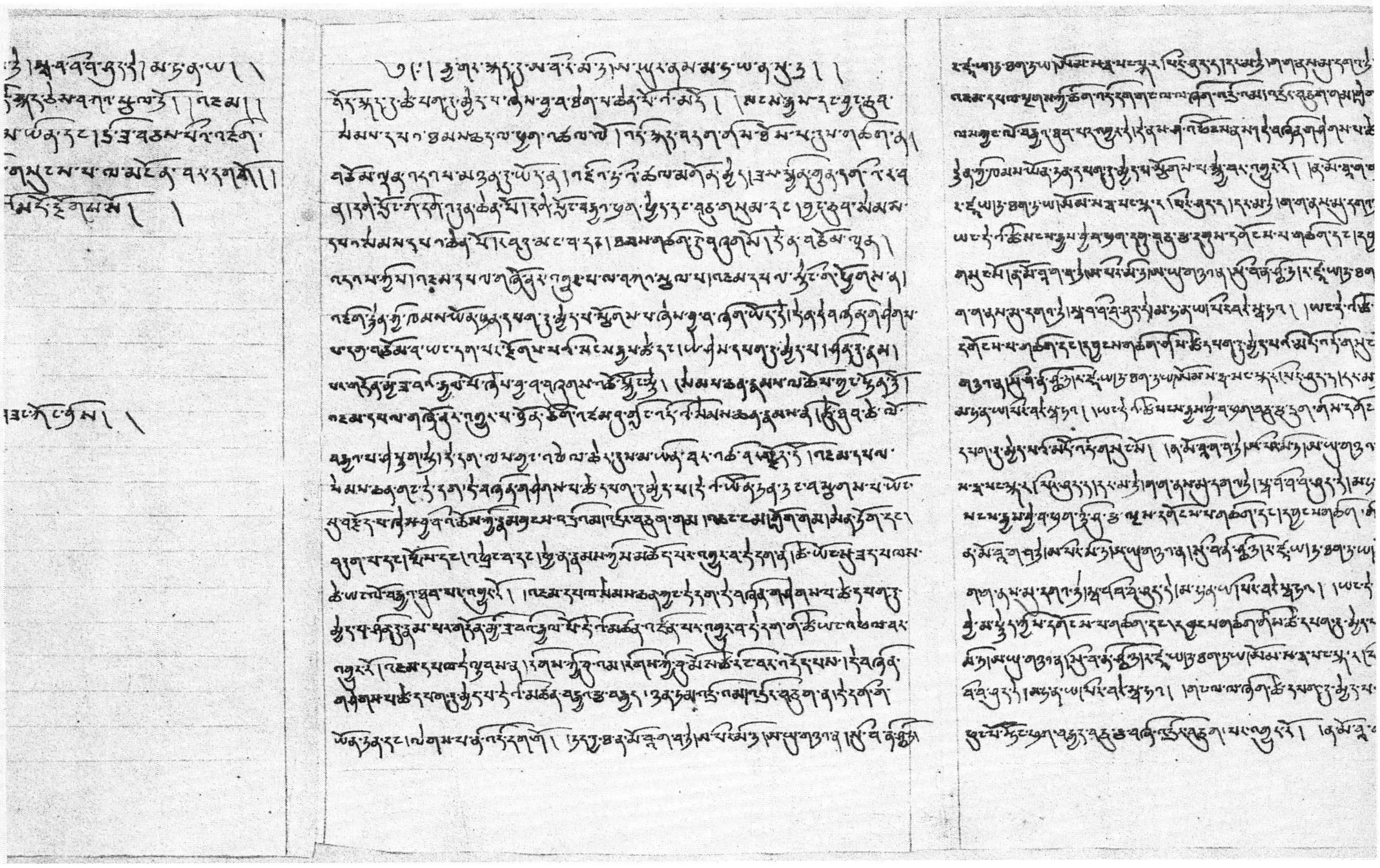

BD14235 號 6　藏文（無量壽宗要經甲本）　　（36–31）

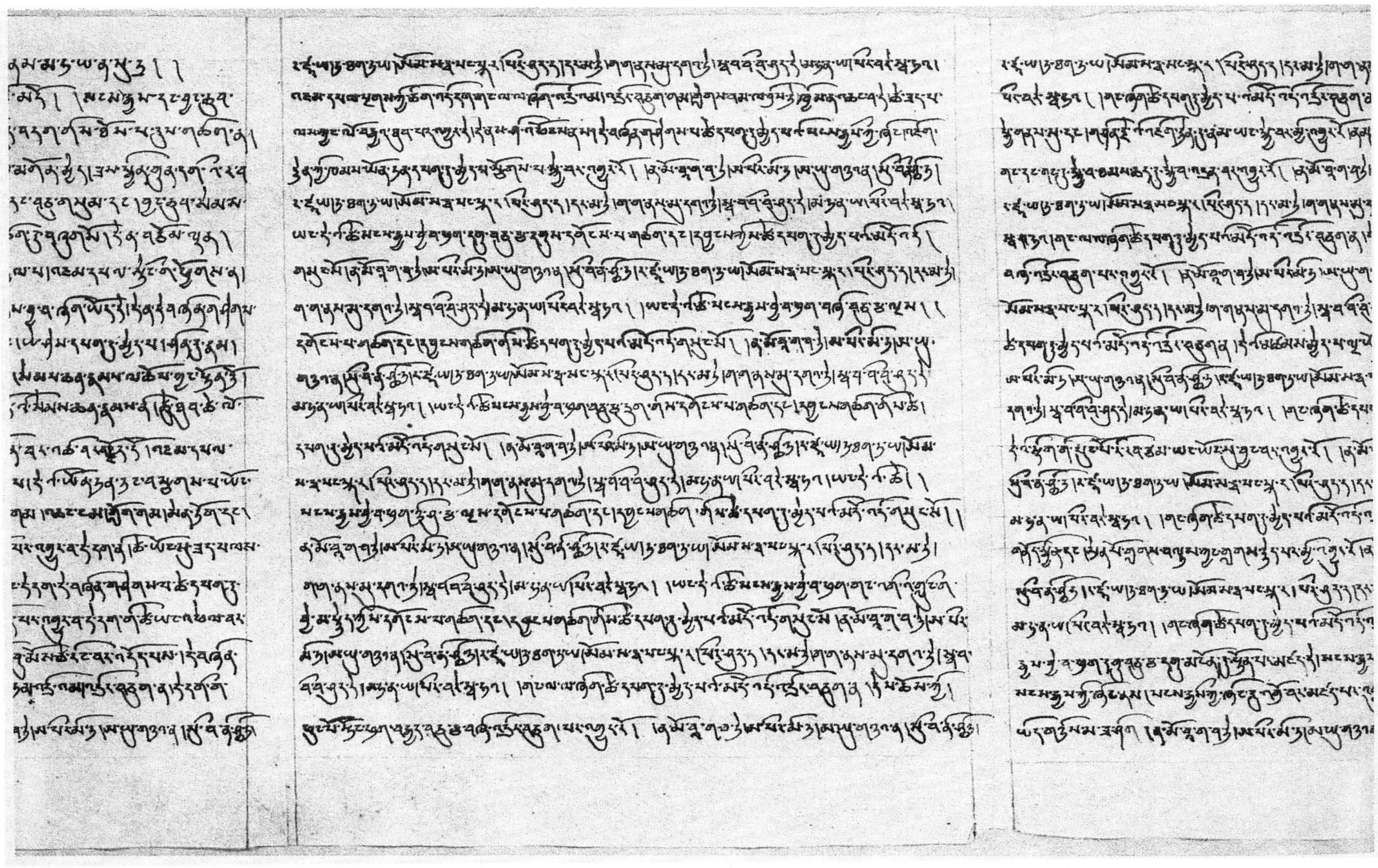

BD14235 號 6　藏文（無量壽宗要經甲本）　　（36–32）

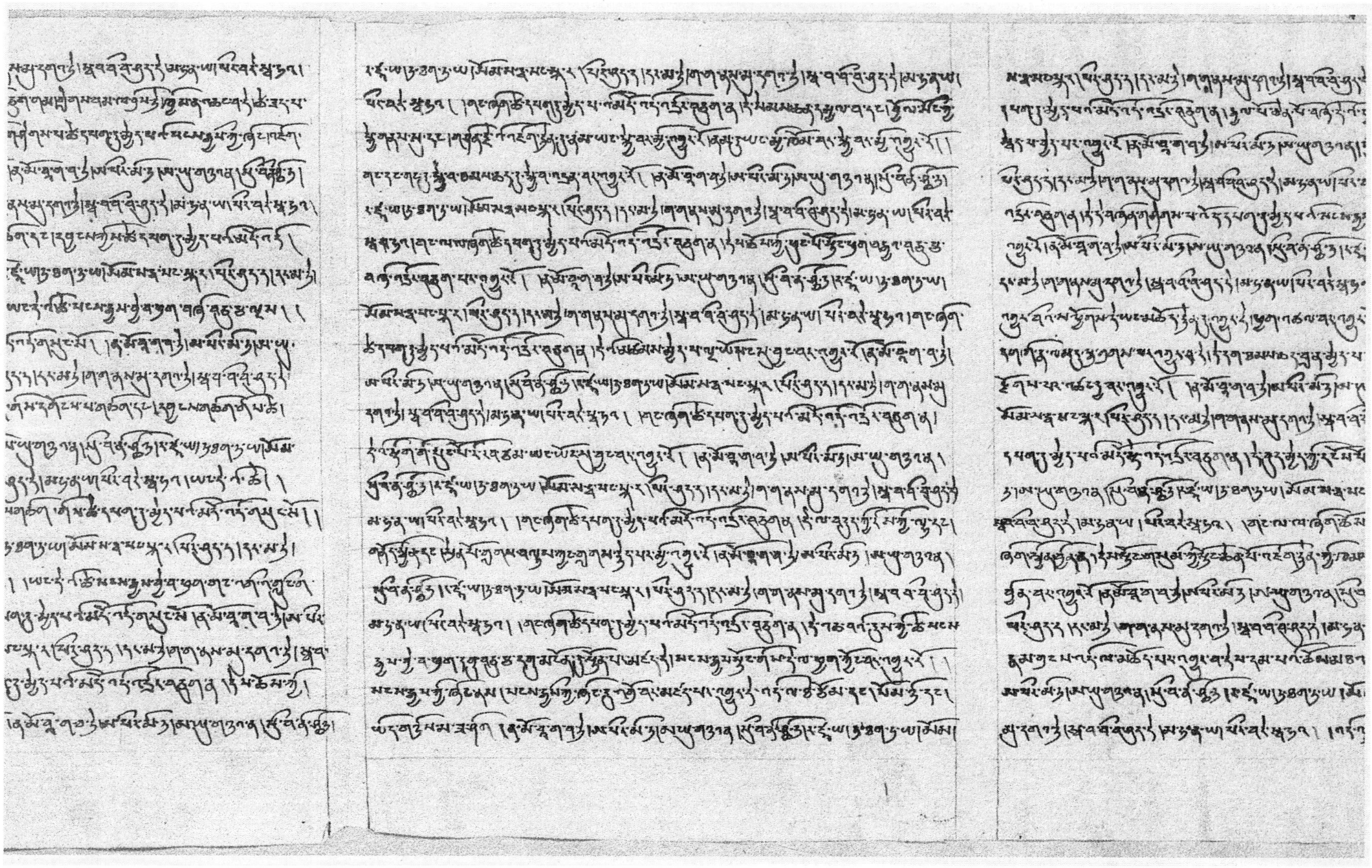

BD14235 號 6　藏文（無量壽宗要經甲本）　　（36–33）

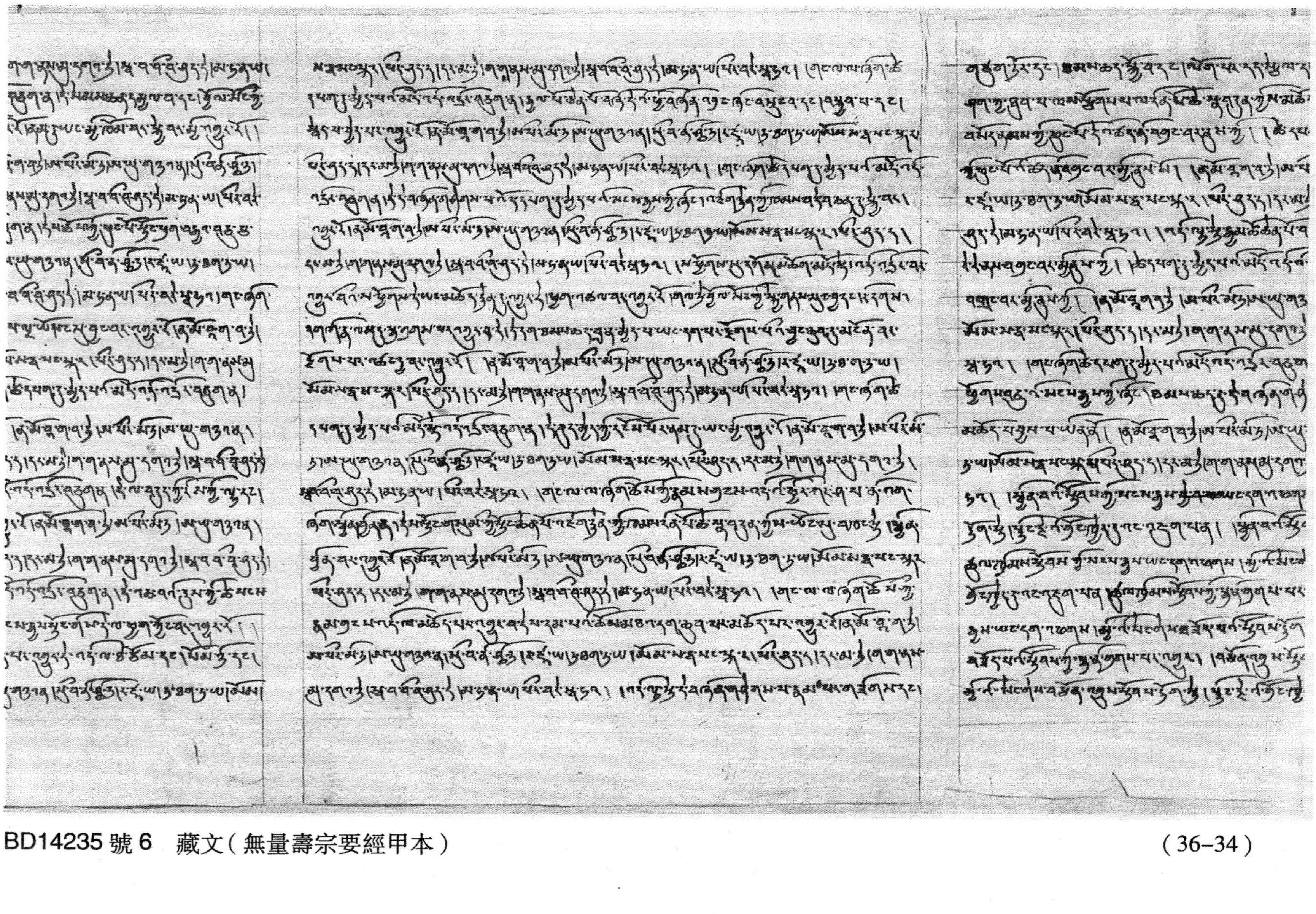

BD14235 號 6　藏文（無量壽宗要經甲本）　　（36–34）

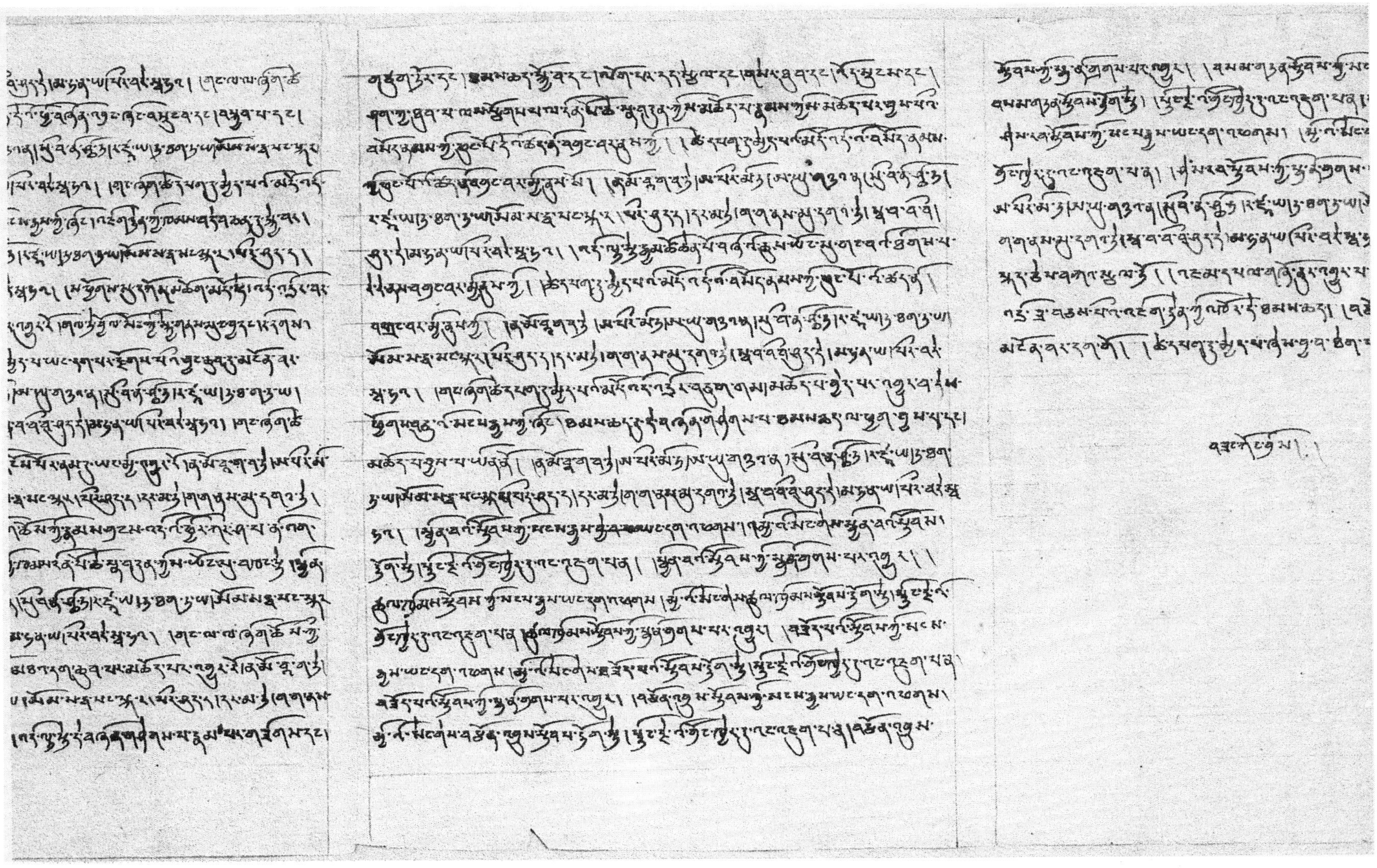

BD14235 號 6　藏文（無量壽宗要經甲本）　　（36–35）

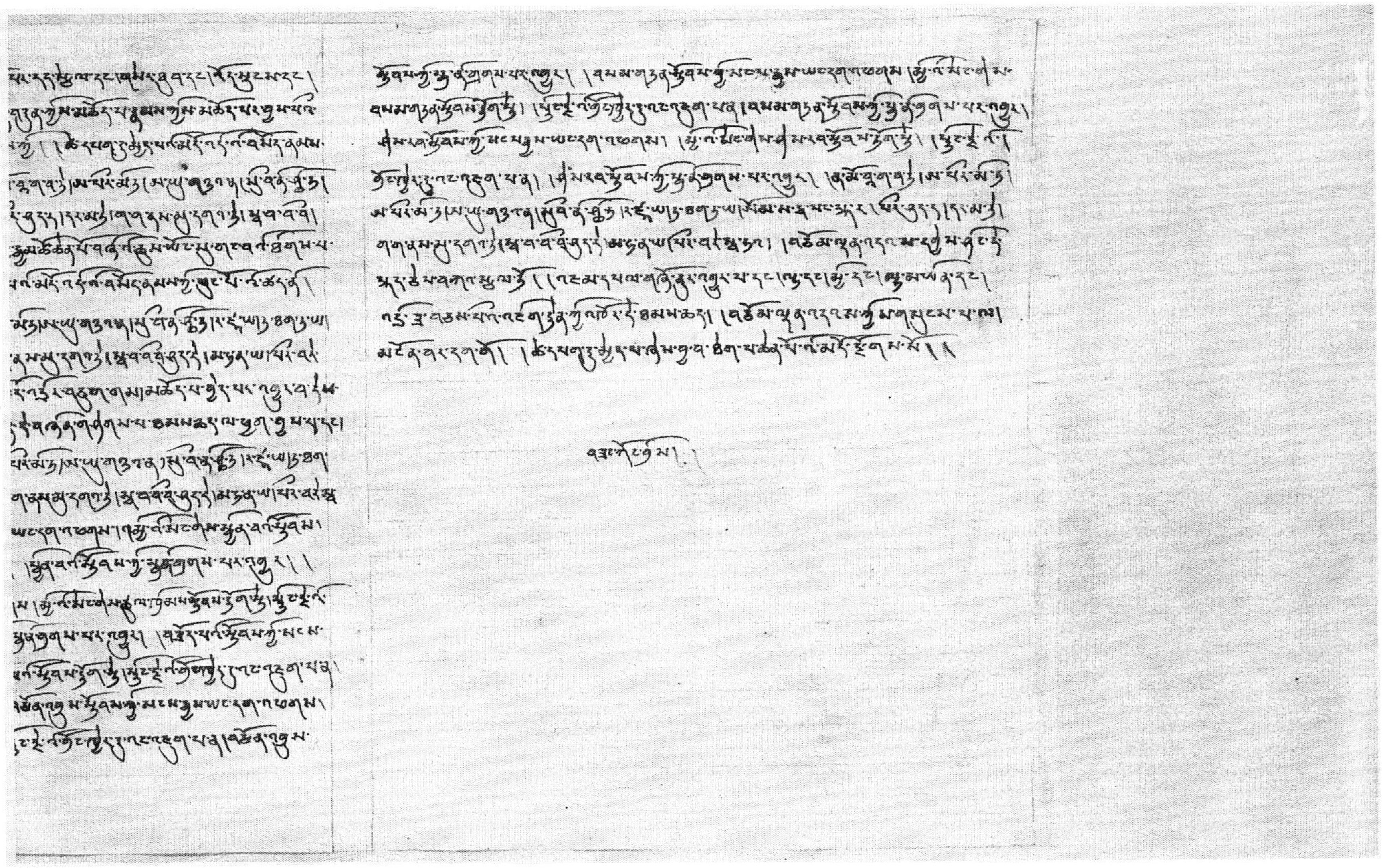

BD14235 號 6　藏文（無量壽宗要經甲本）　　（36–36）

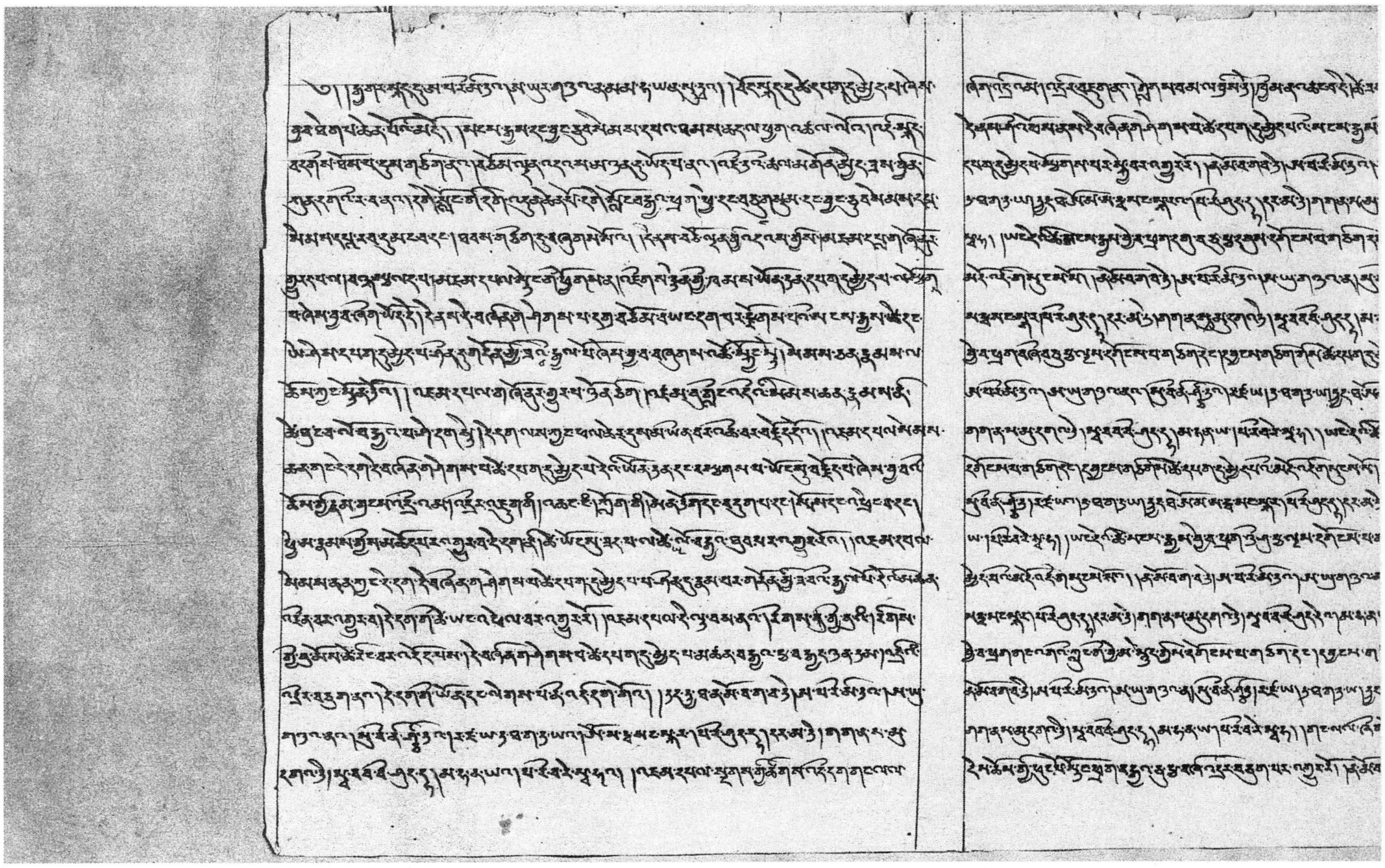

BD14236號　藏文（無量壽宗要經甲本）　（6–1）

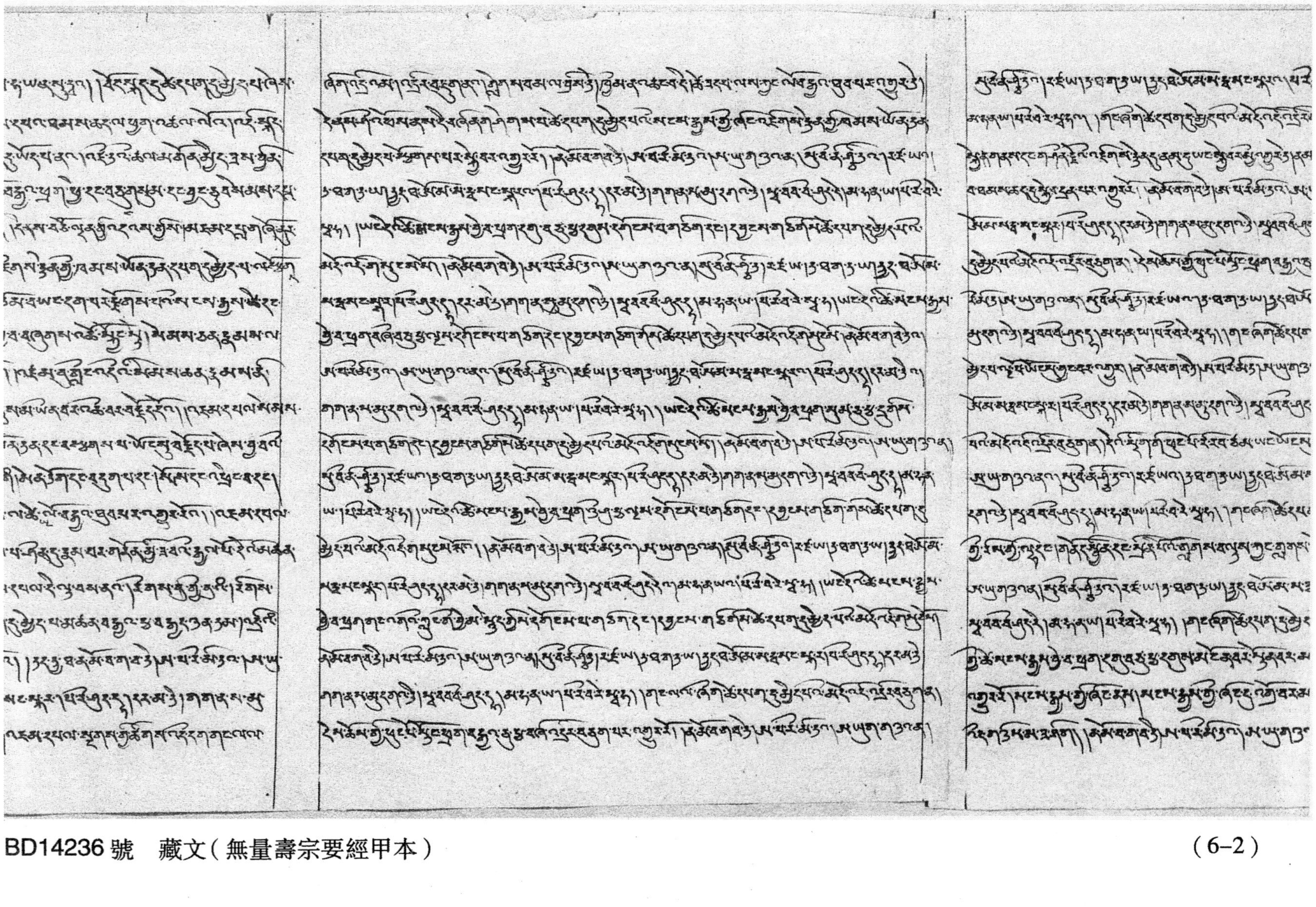

BD14236號　藏文（無量壽宗要經甲本）　（6–2）

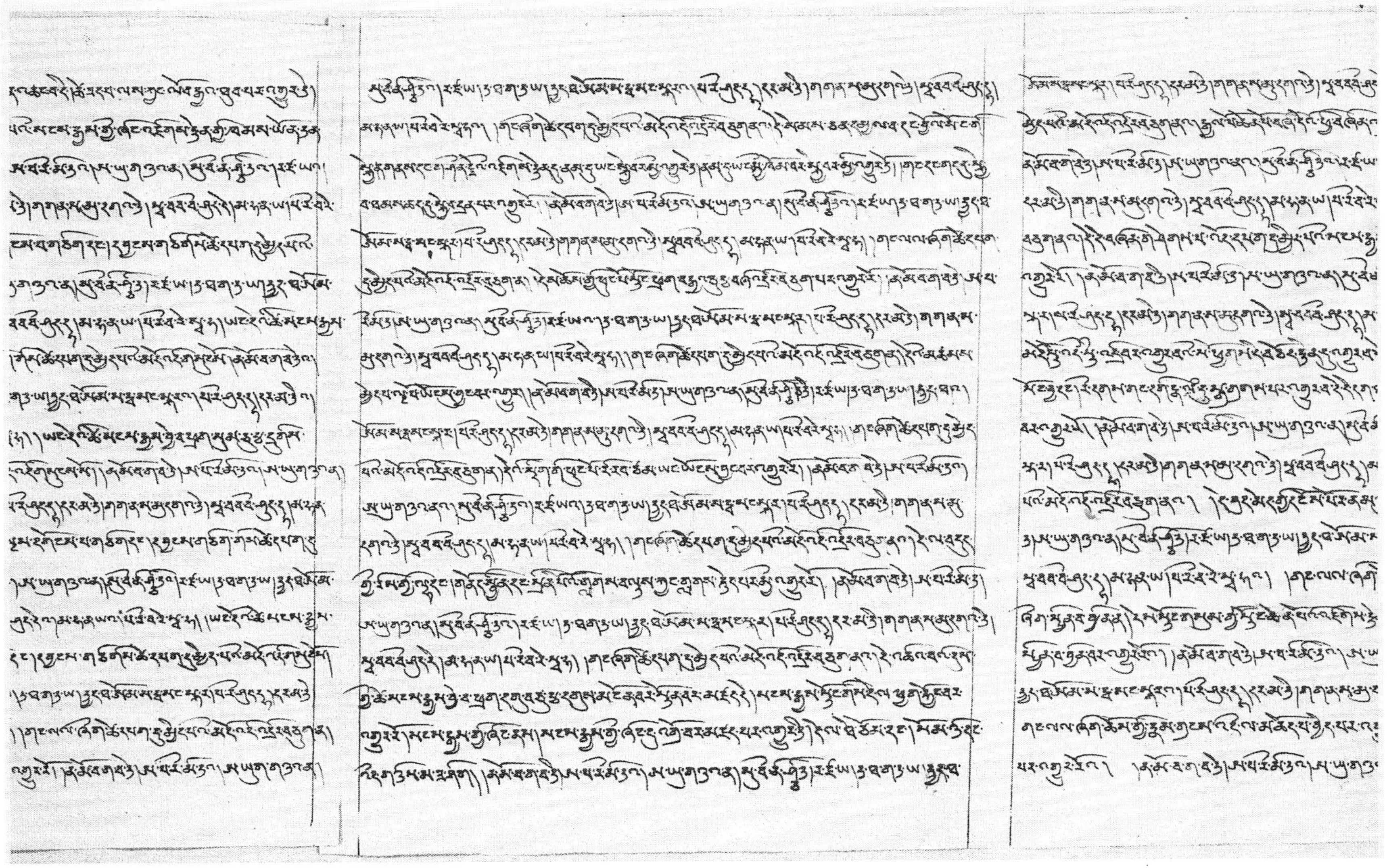

BD14236 號　藏文（無量壽宗要經甲本）　　（6–3）

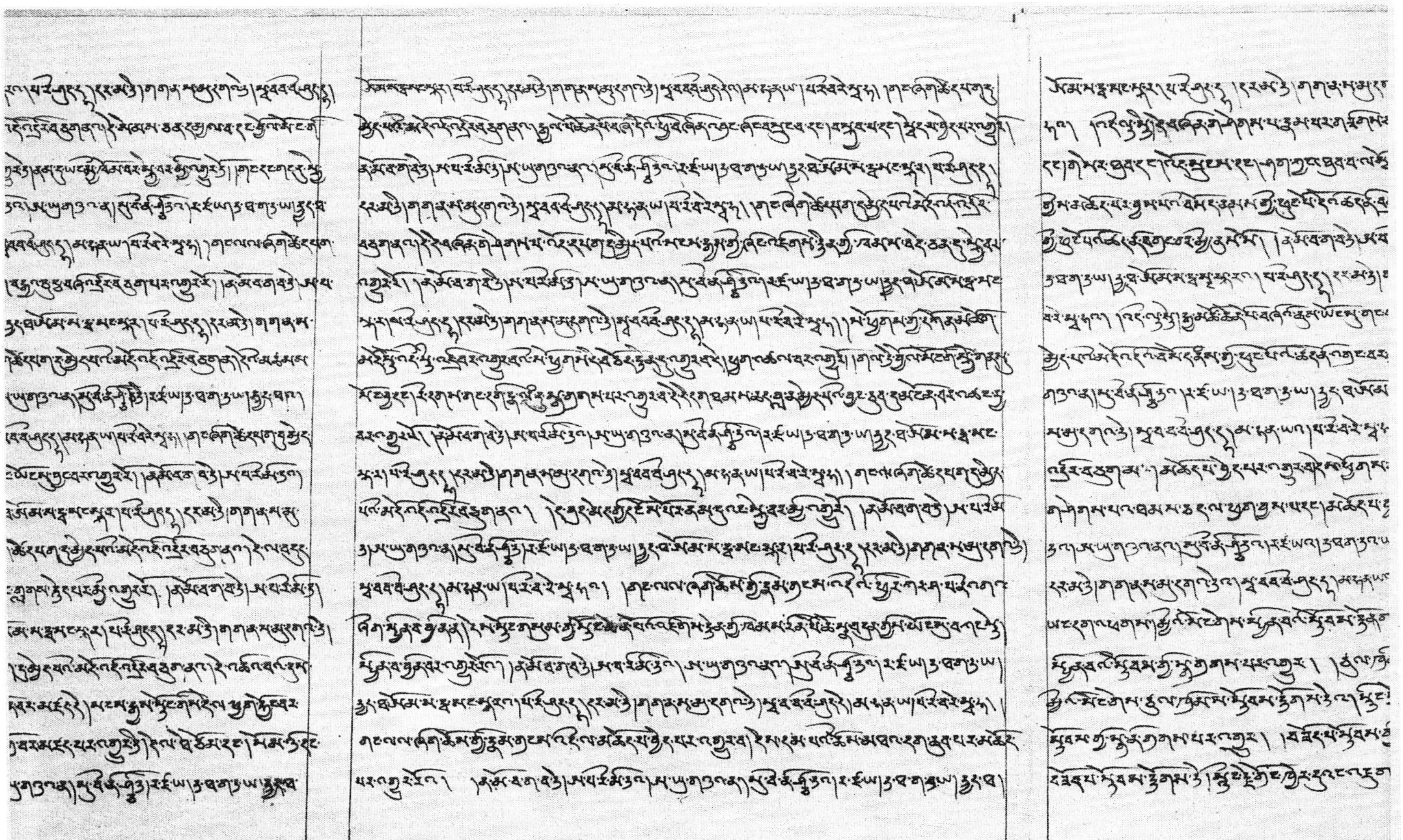

BD14236 號　藏文（無量壽宗要經甲本）　　（6–4）

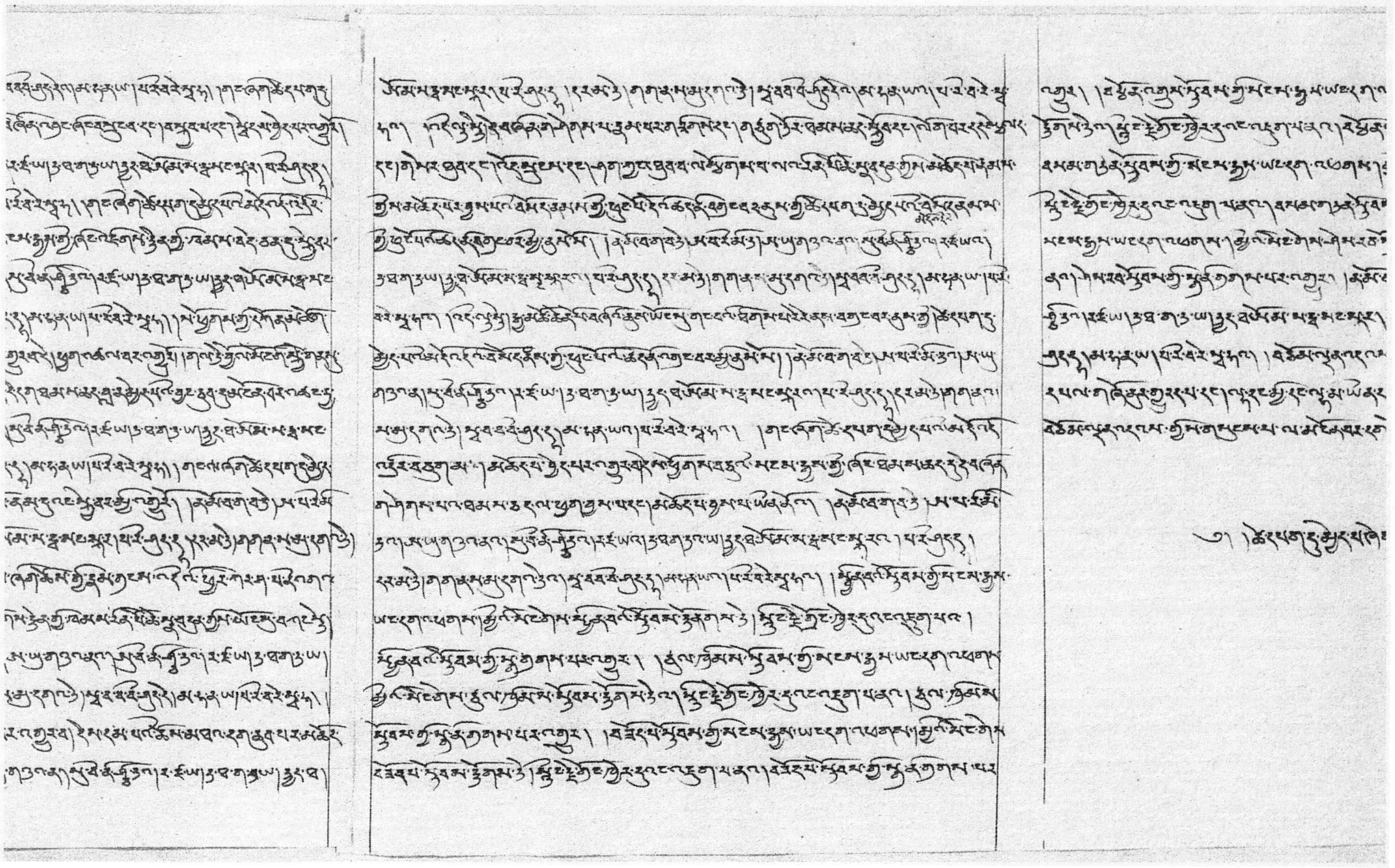

BD14236 號　藏文（無量壽宗要經甲本）　（6–5）

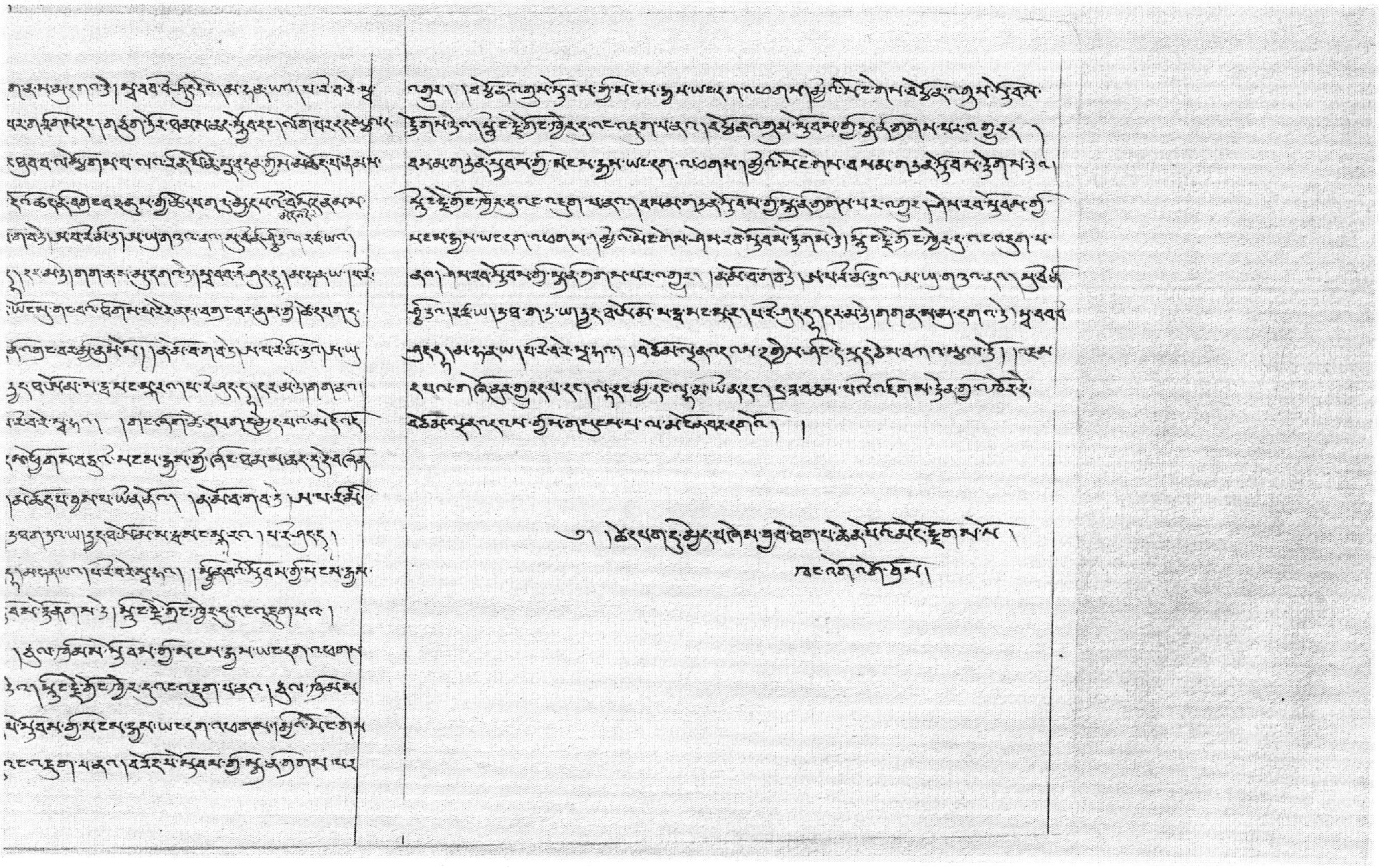

BD14236 號　藏文（無量壽宗要經甲本）　（6–6）

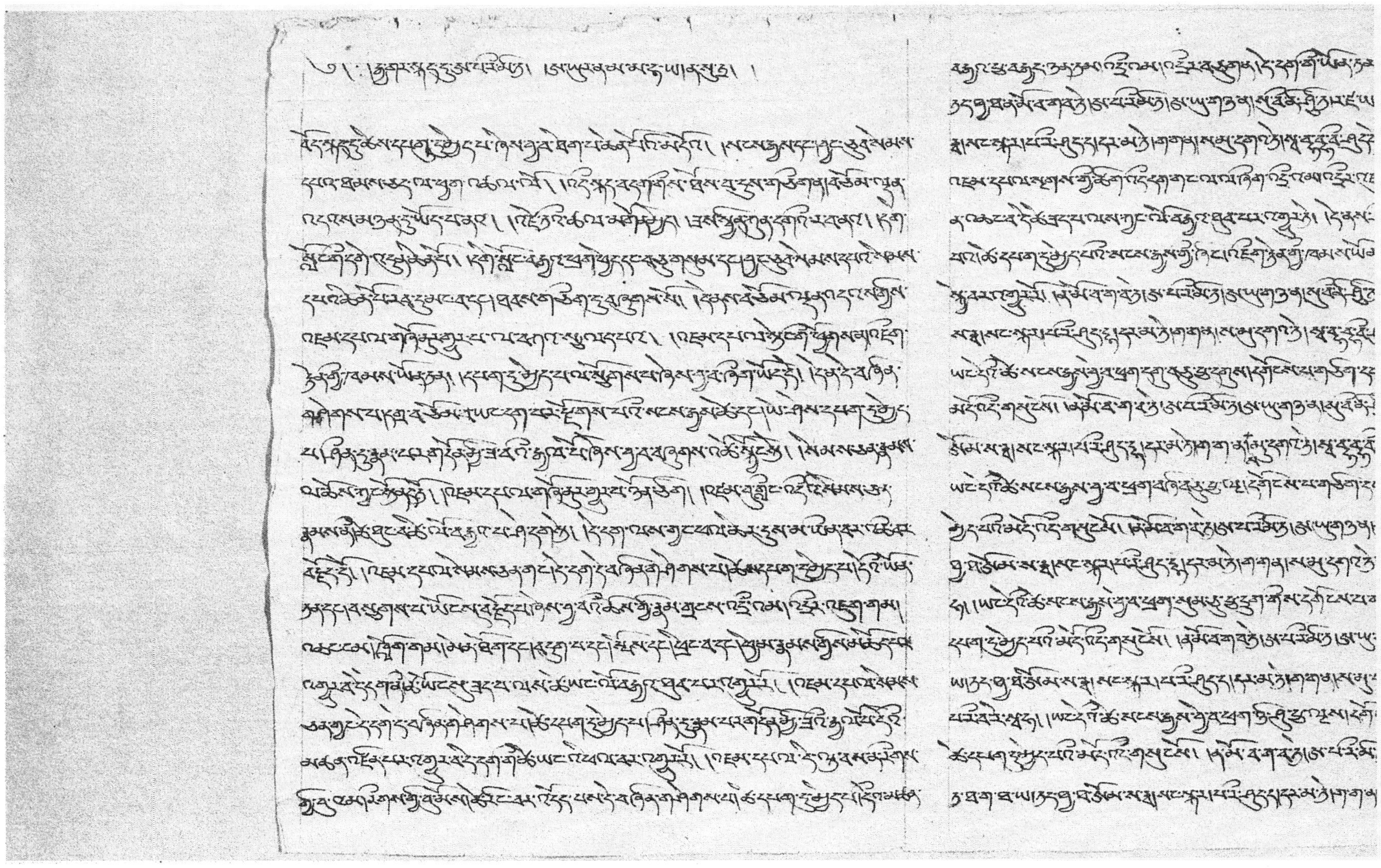

BD14237 號 1　藏文（無量壽宗要經甲本）　（30–1）

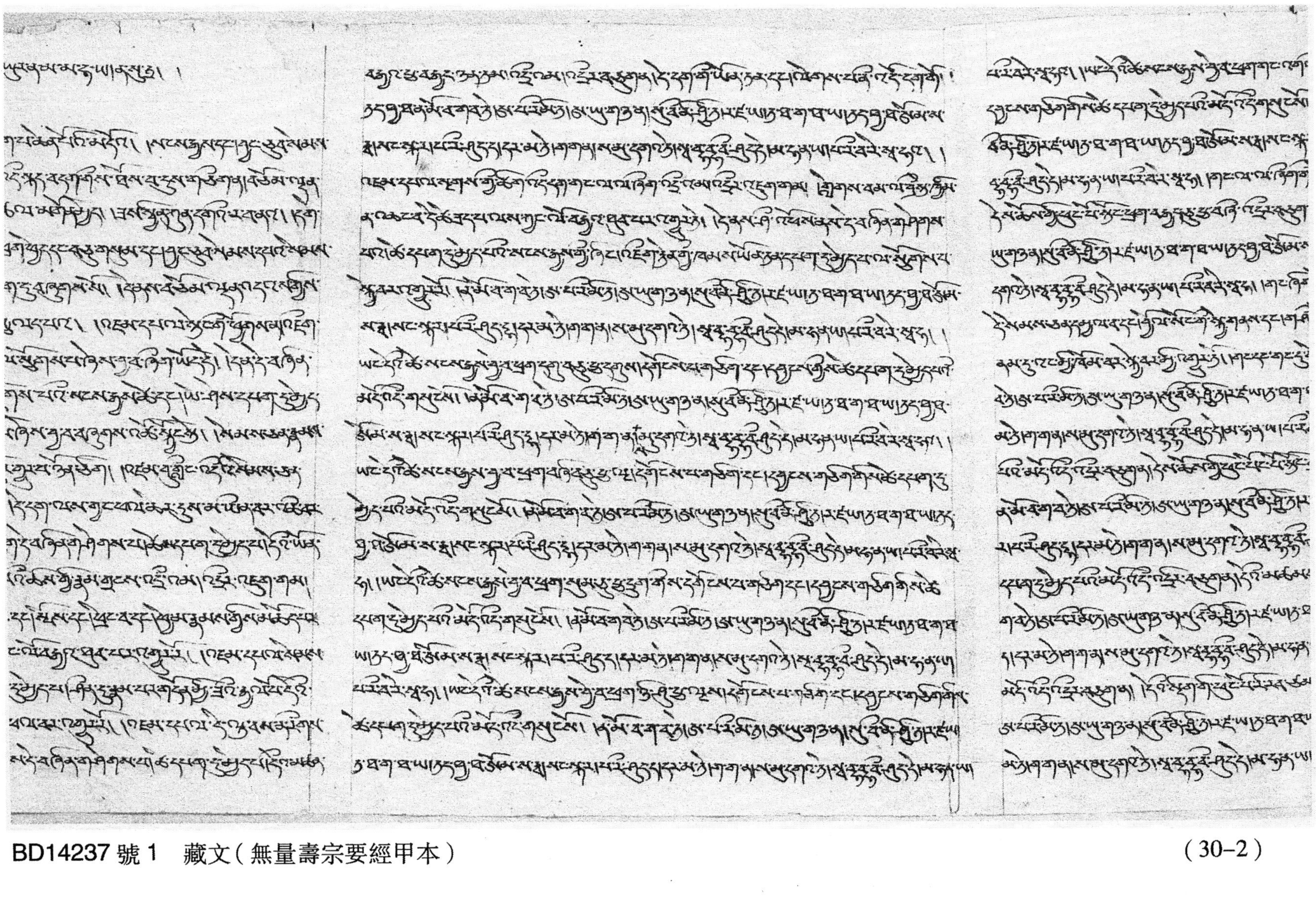

BD14237 號 1　藏文（無量壽宗要經甲本）　（30–2）

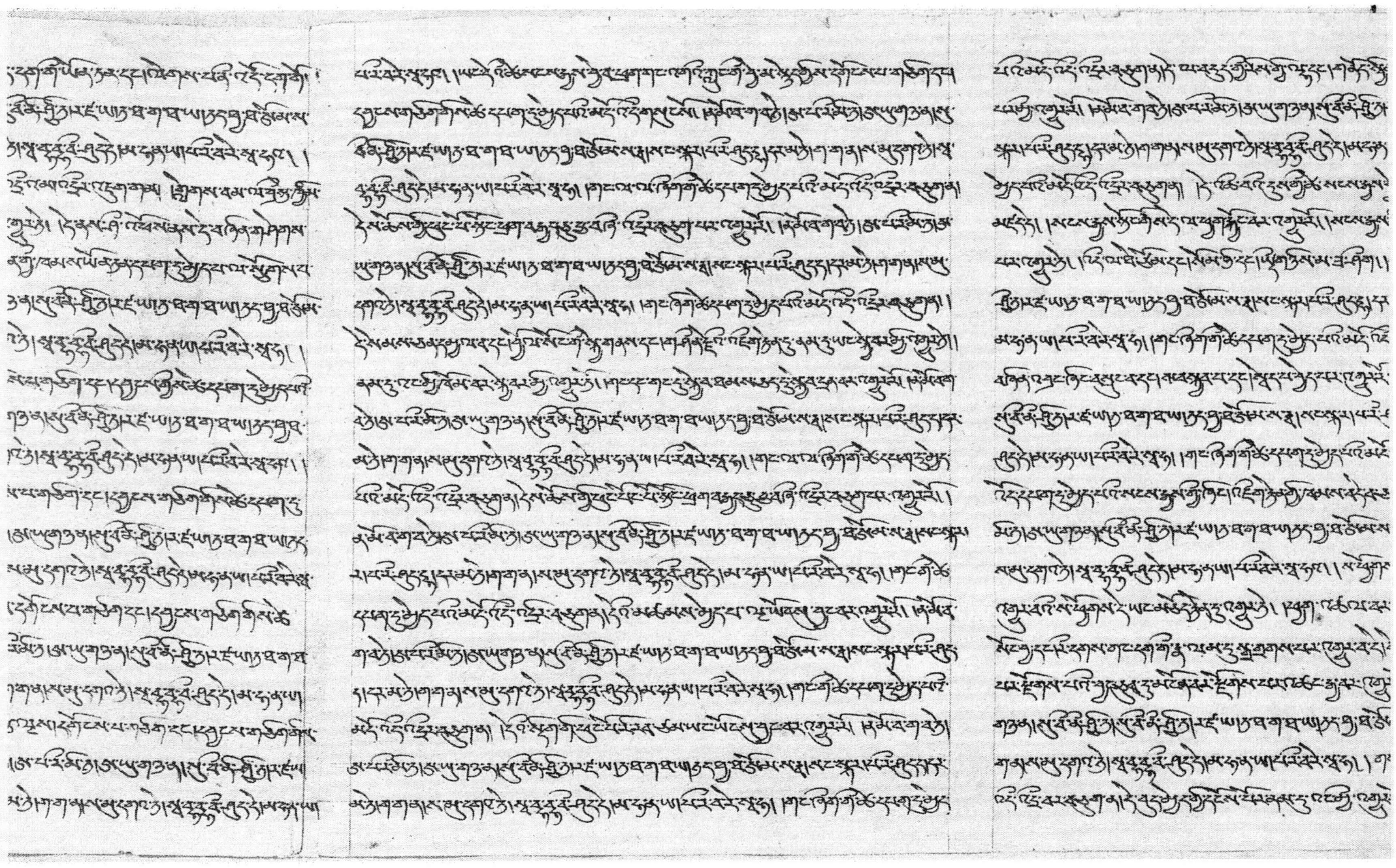

BD14237 號 1　藏文（無量壽宗要經甲本）　　（30–3）

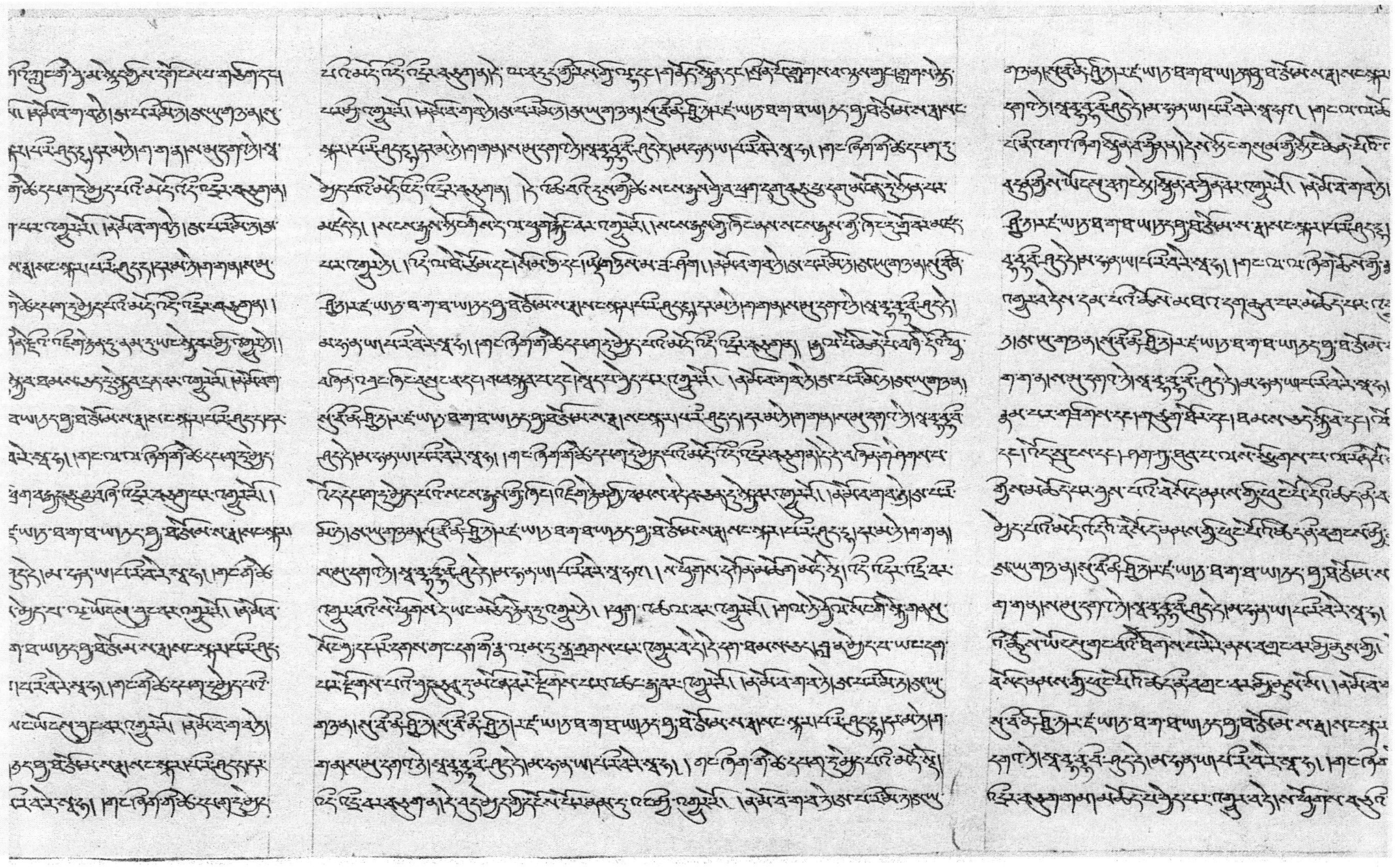

BD14237 號 1　藏文（無量壽宗要經甲本）　　（30–4）

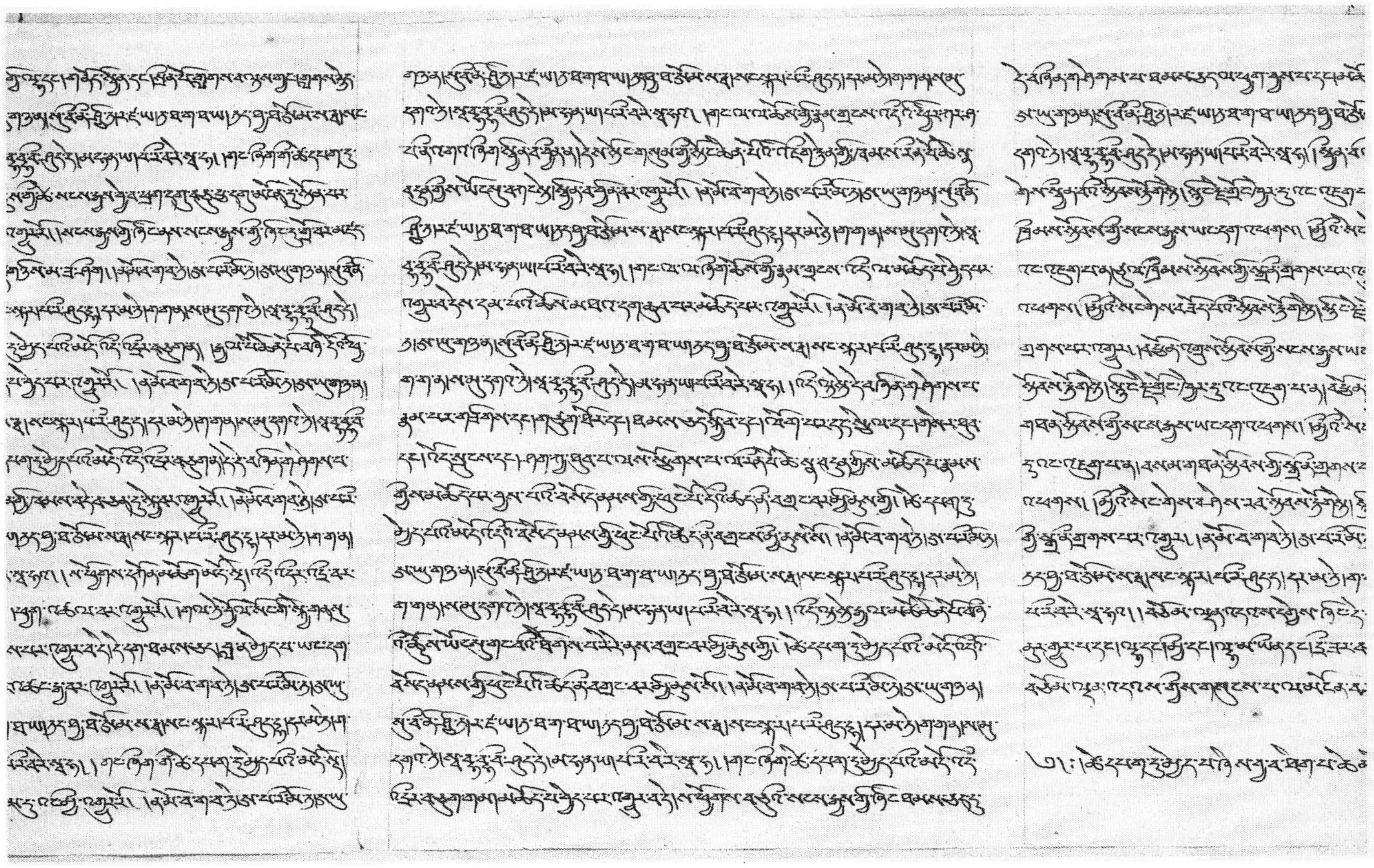

BD14237 號 1　藏文（無量壽宗要經甲本）　　（30–5）

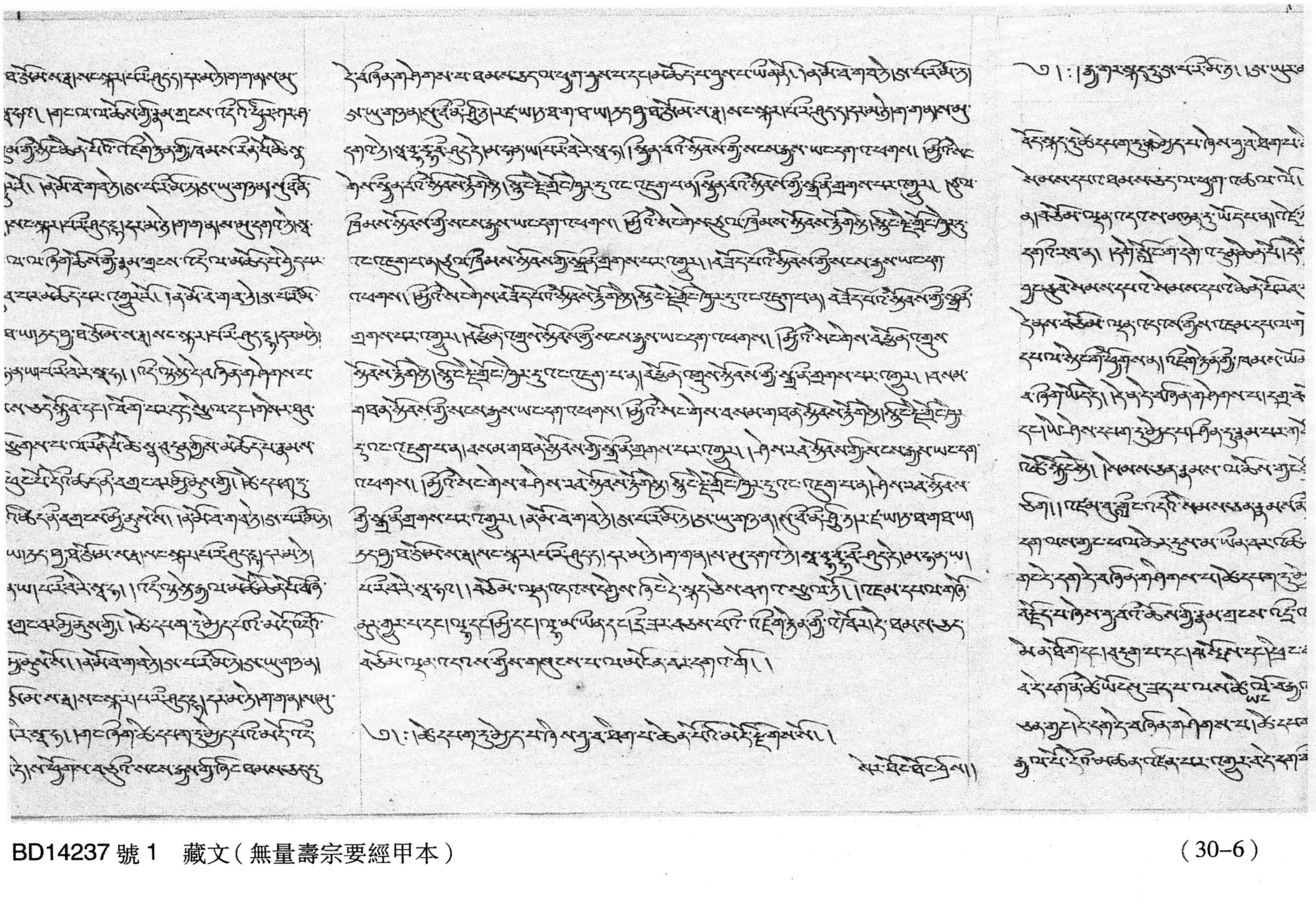

BD14237 號 1　藏文（無量壽宗要經甲本）　　（30–6）

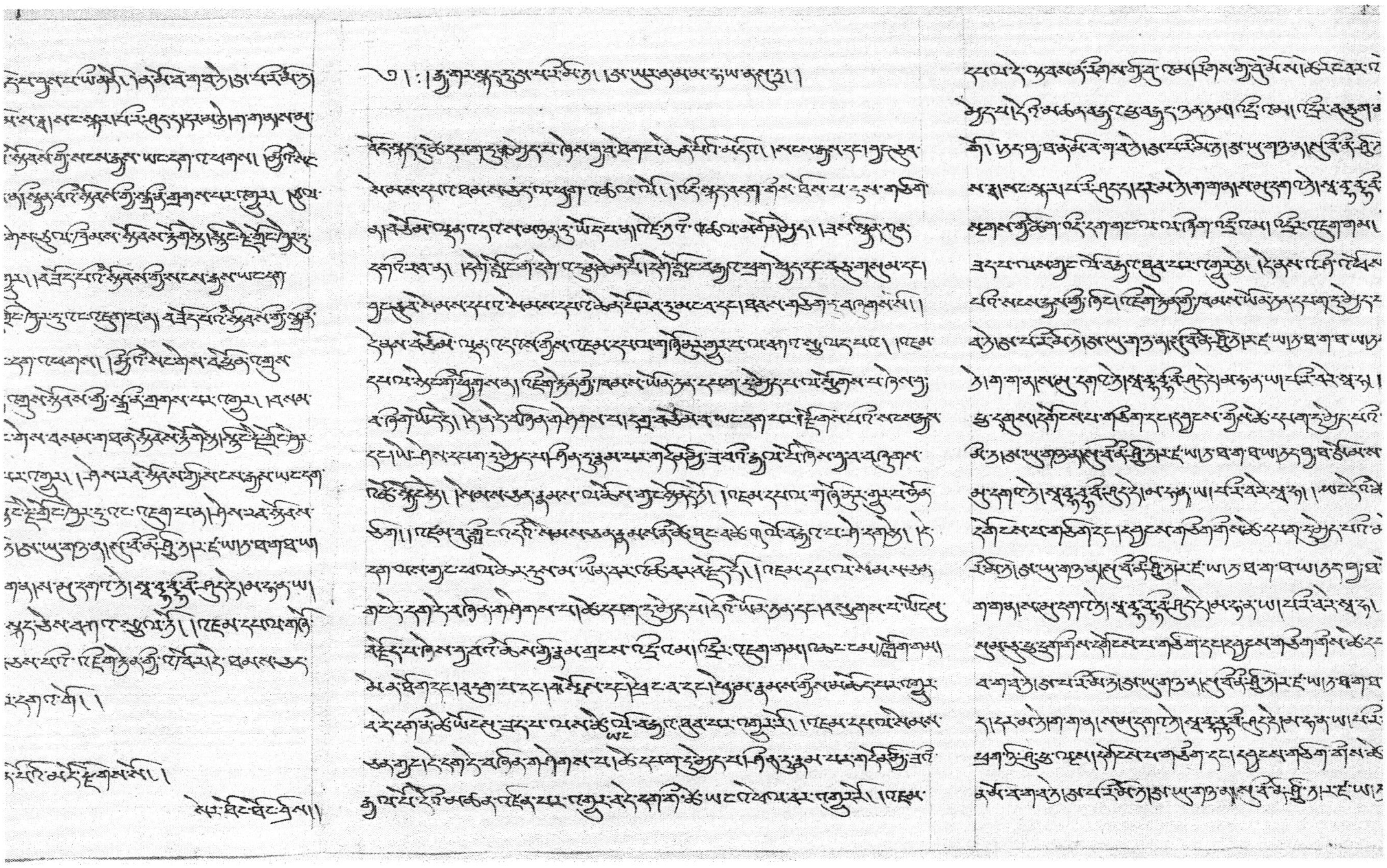

BD14237 號 2　藏文（無量壽宗要經甲本）　　（30–7）

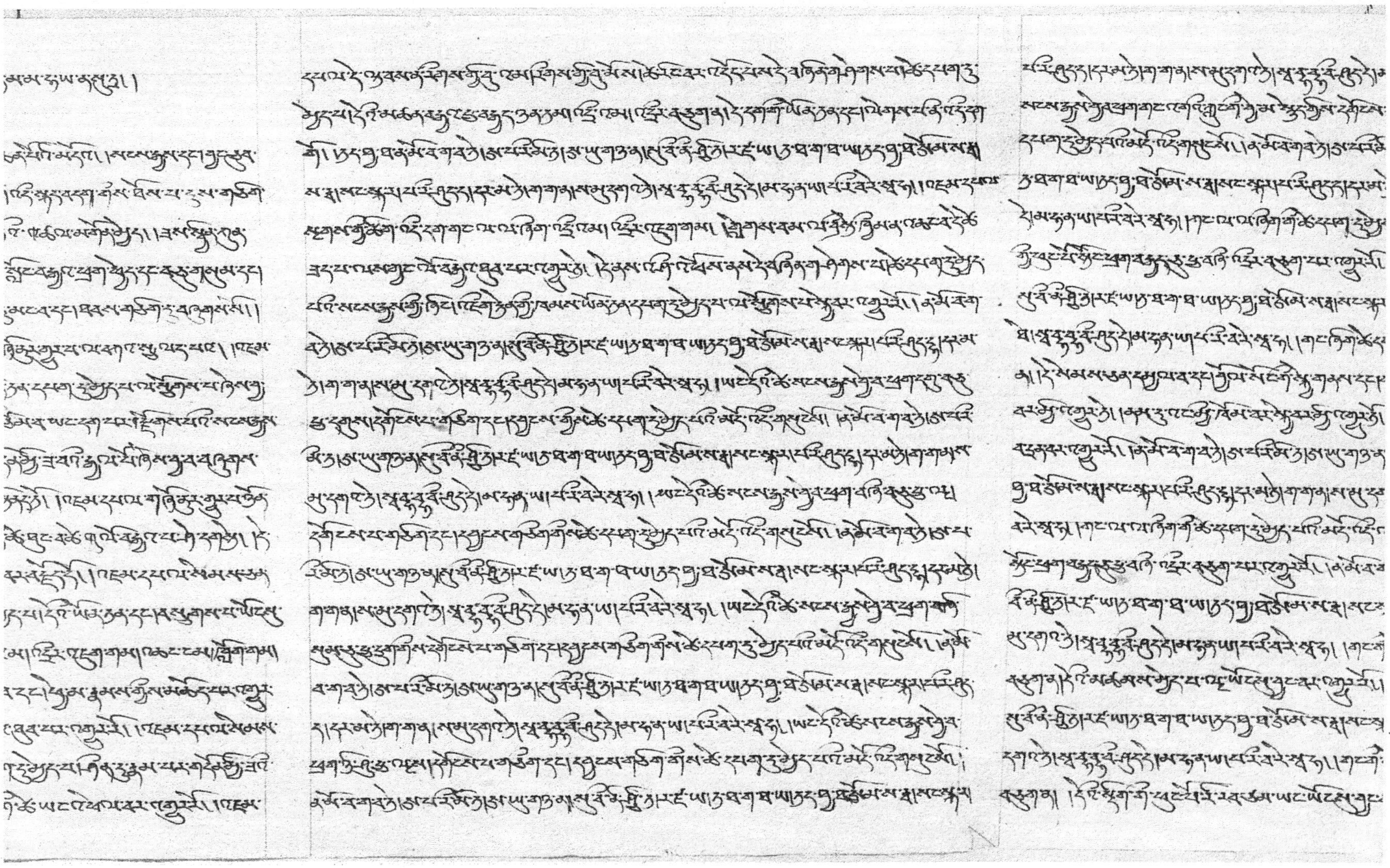

BD14237 號 2　藏文（無量壽宗要經甲本）　　（30–8）

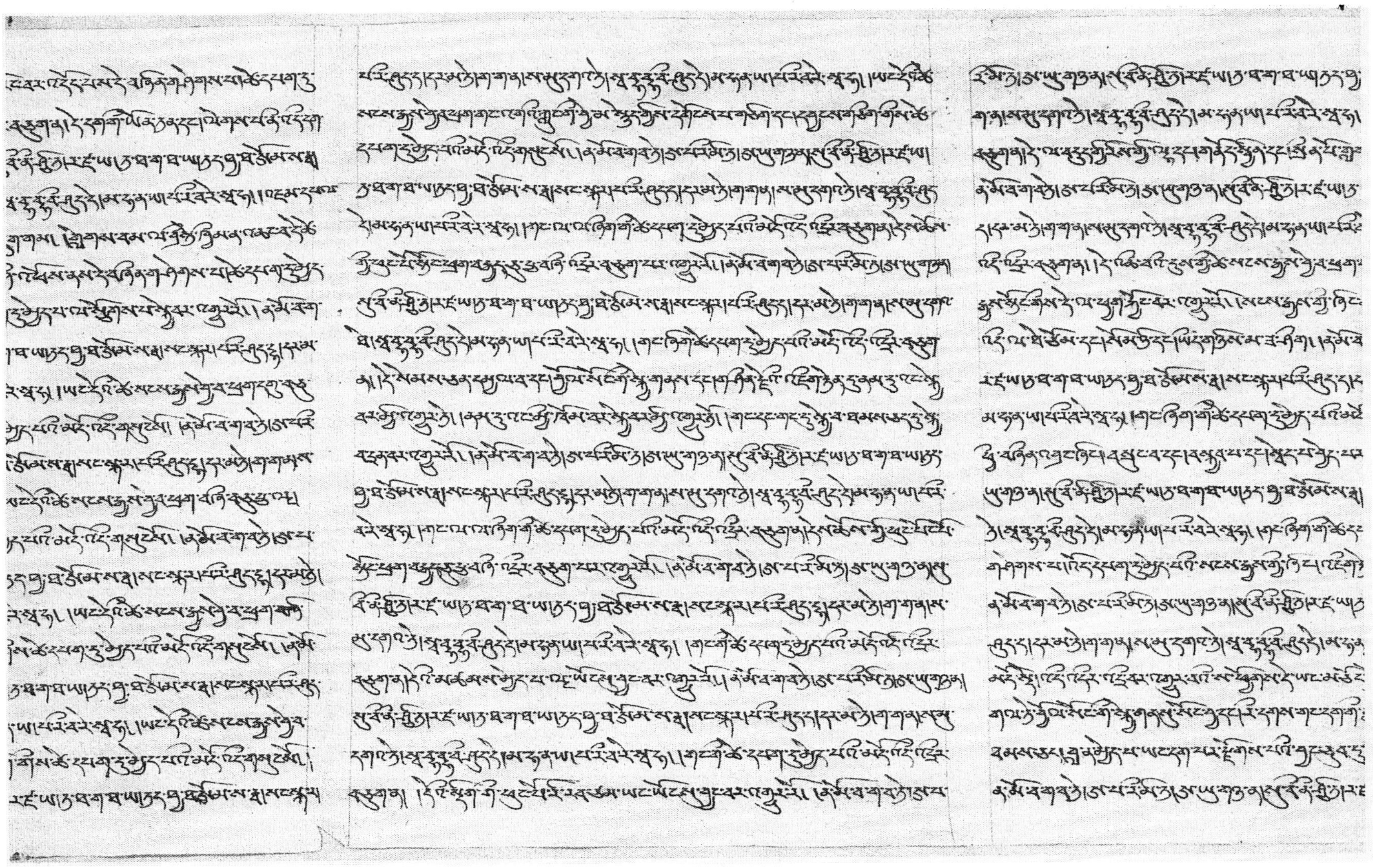

BD14237 號 2　藏文（無量壽宗要經甲本）　　（30–9）

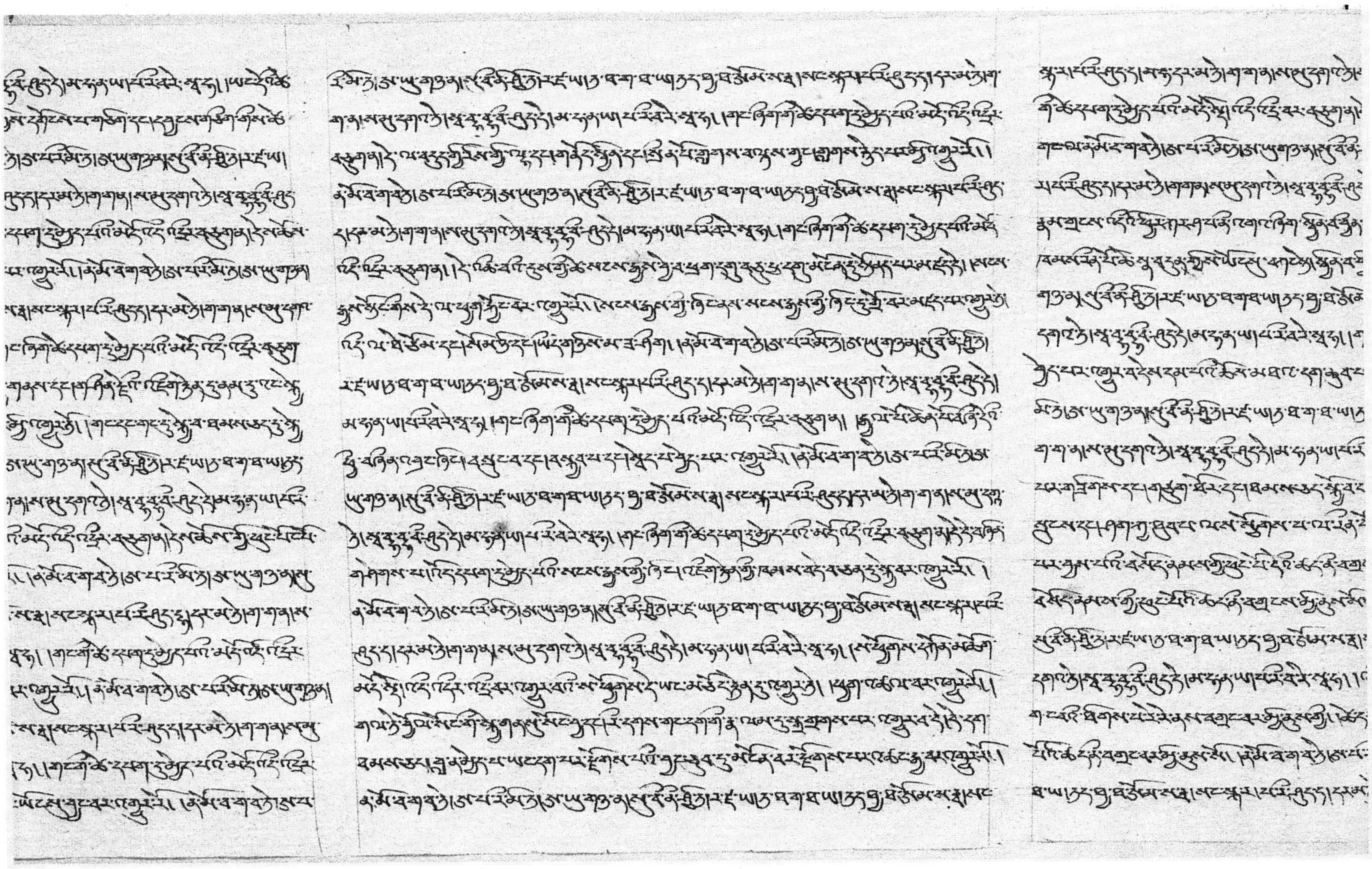

BD14237 號 2　藏文（無量壽宗要經甲本）　　（30–10）

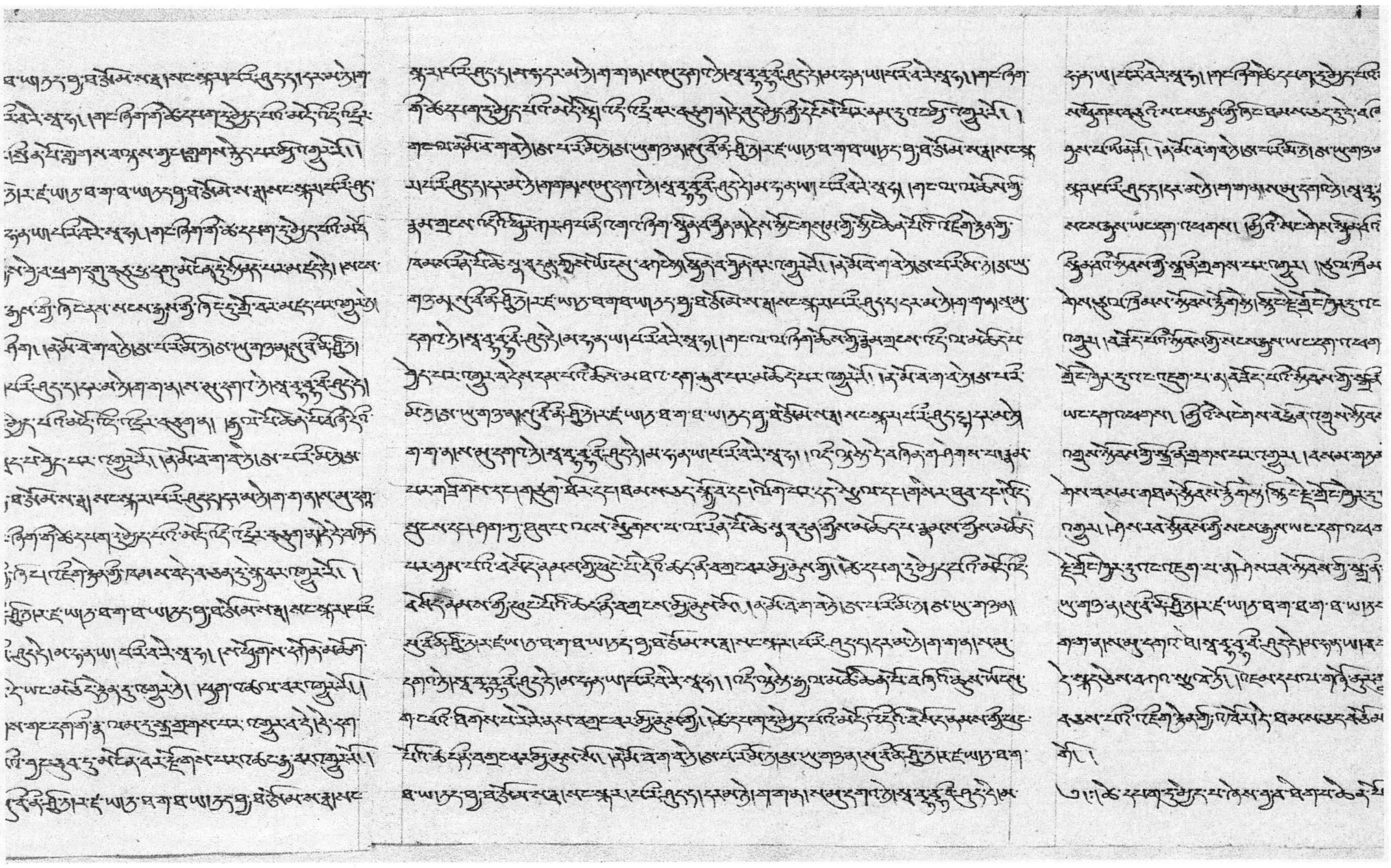

BD14237 號 2　藏文（無量壽宗要經甲本）　　（30–11）

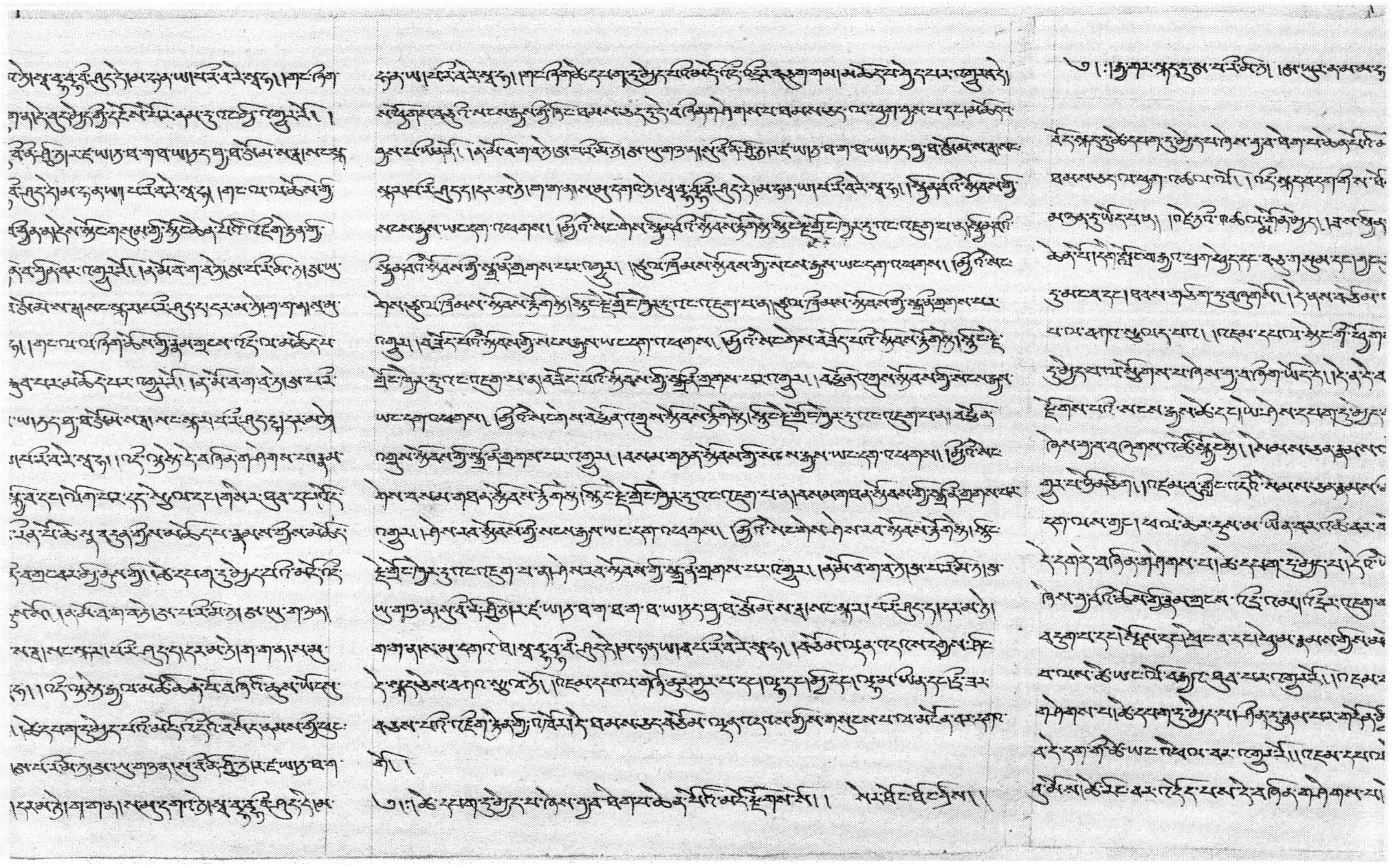

BD14237 號 2　藏文（無量壽宗要經甲本）　　（30–12）

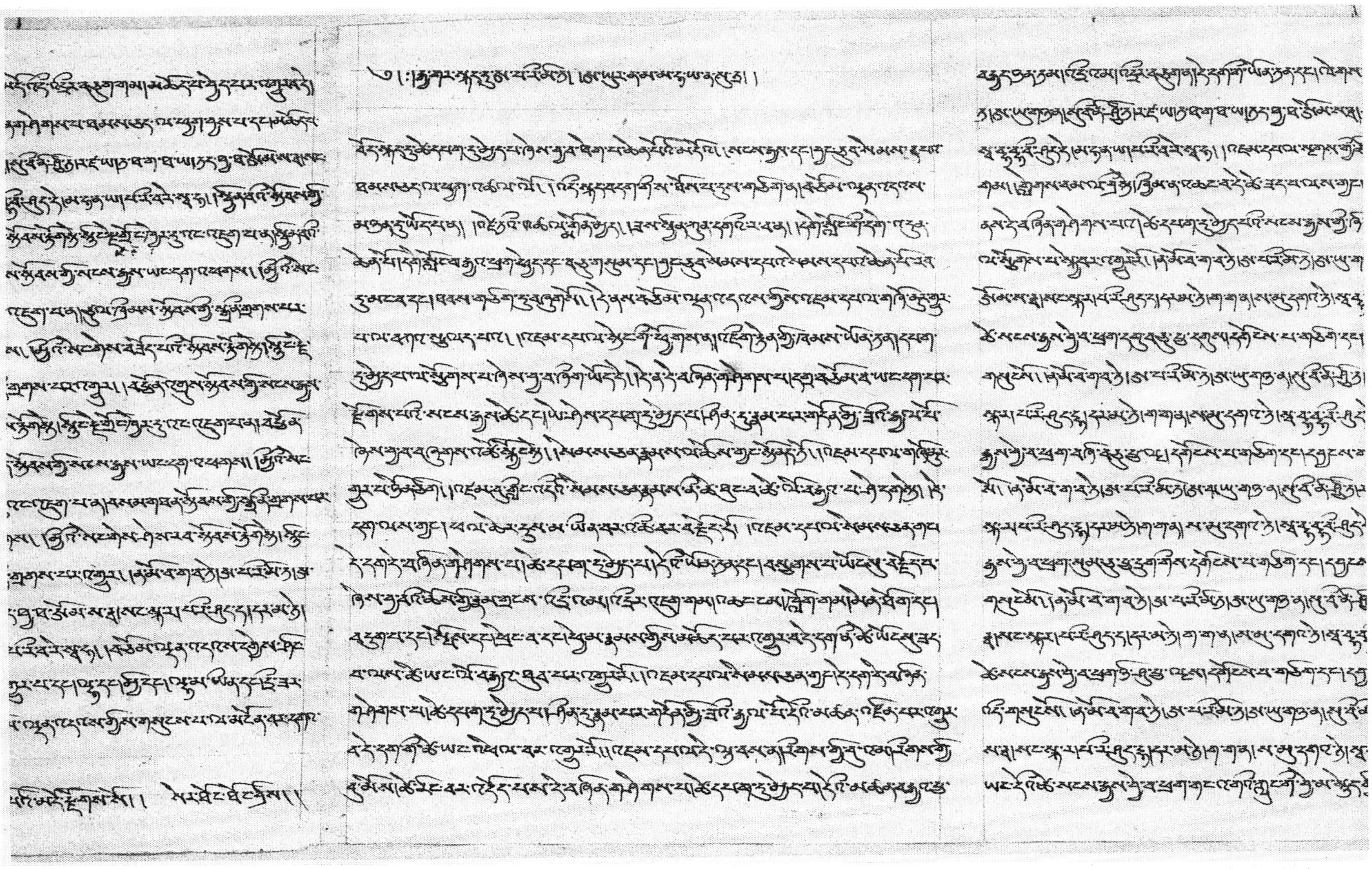

BD14237 號 3　藏文（無量壽宗要經甲本）　（30–13）

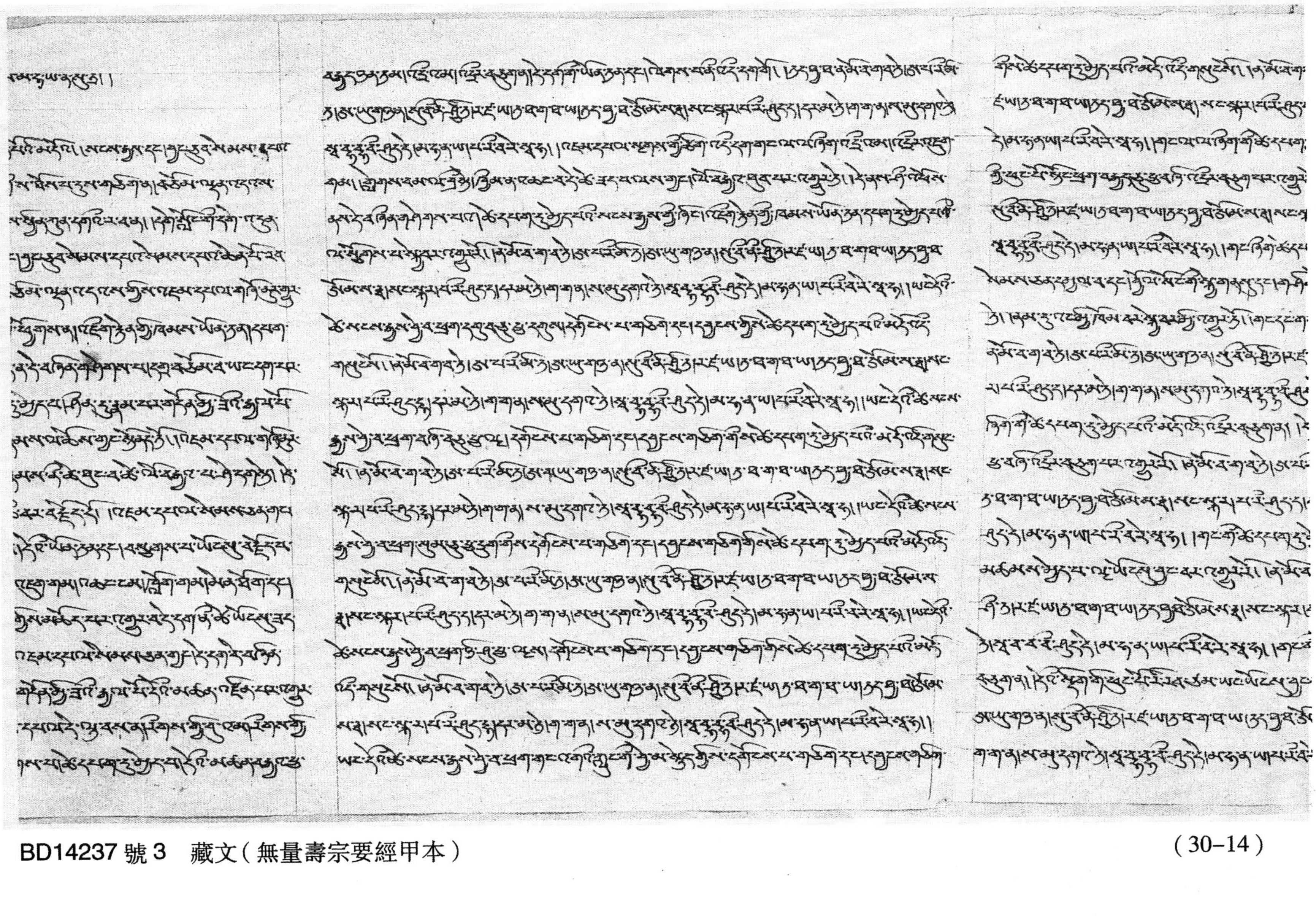

BD14237 號 3　藏文（無量壽宗要經甲本）　（30–14）

BD14237 號 3　藏文（無量壽宗要經甲本）

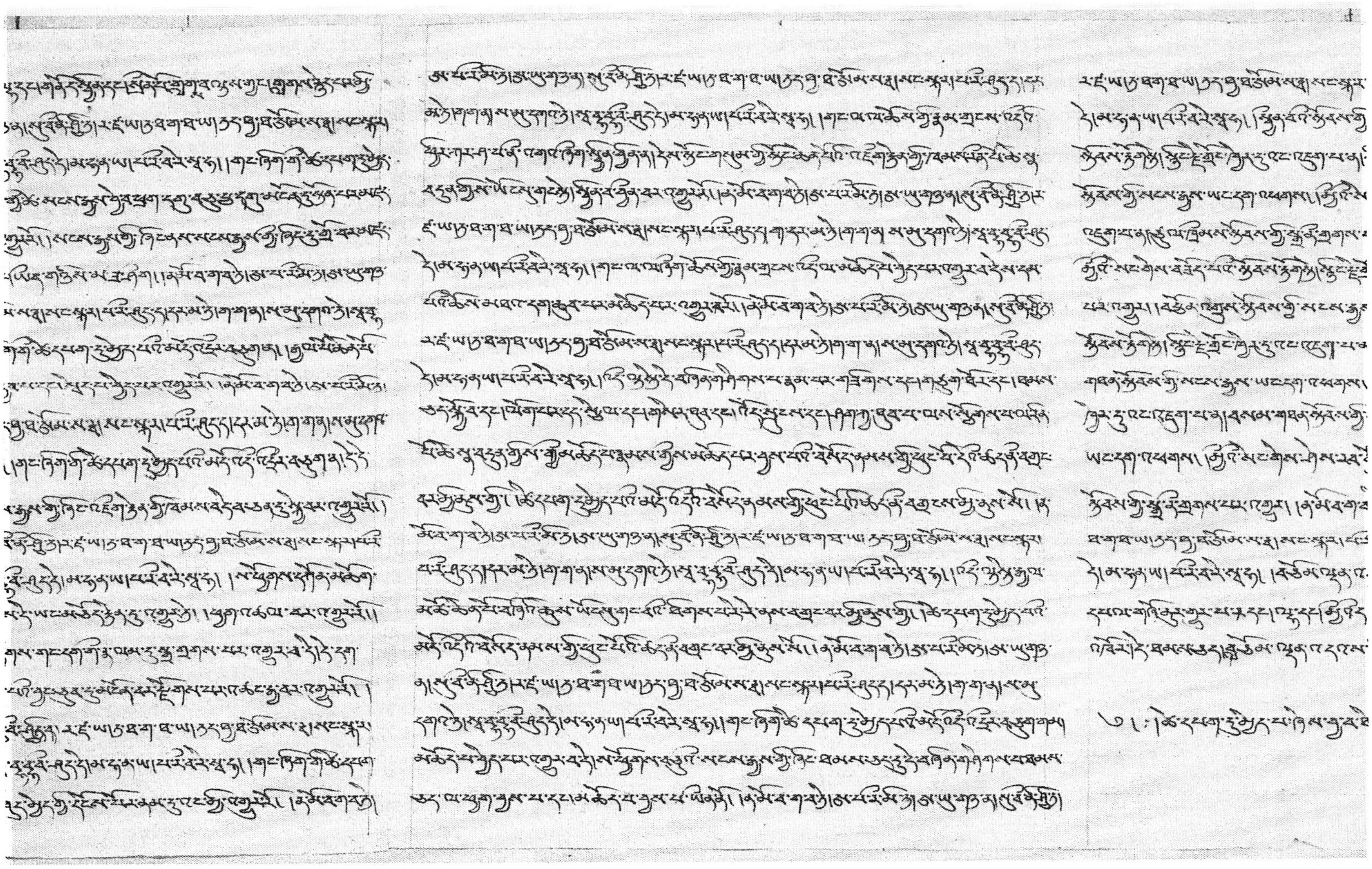

BD14237 號 3　藏文（無量壽宗要經甲本）　（30–17）

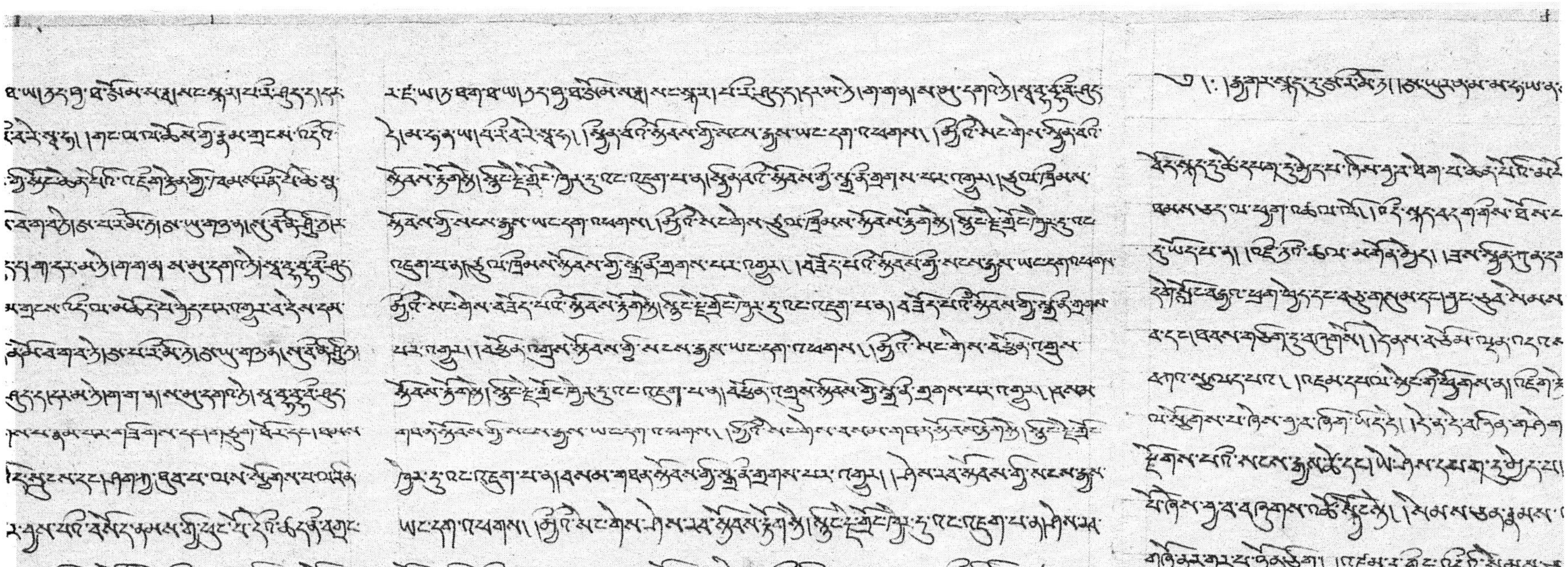

BD14237 號 3　藏文（無量壽宗要經甲本）　（30–18）

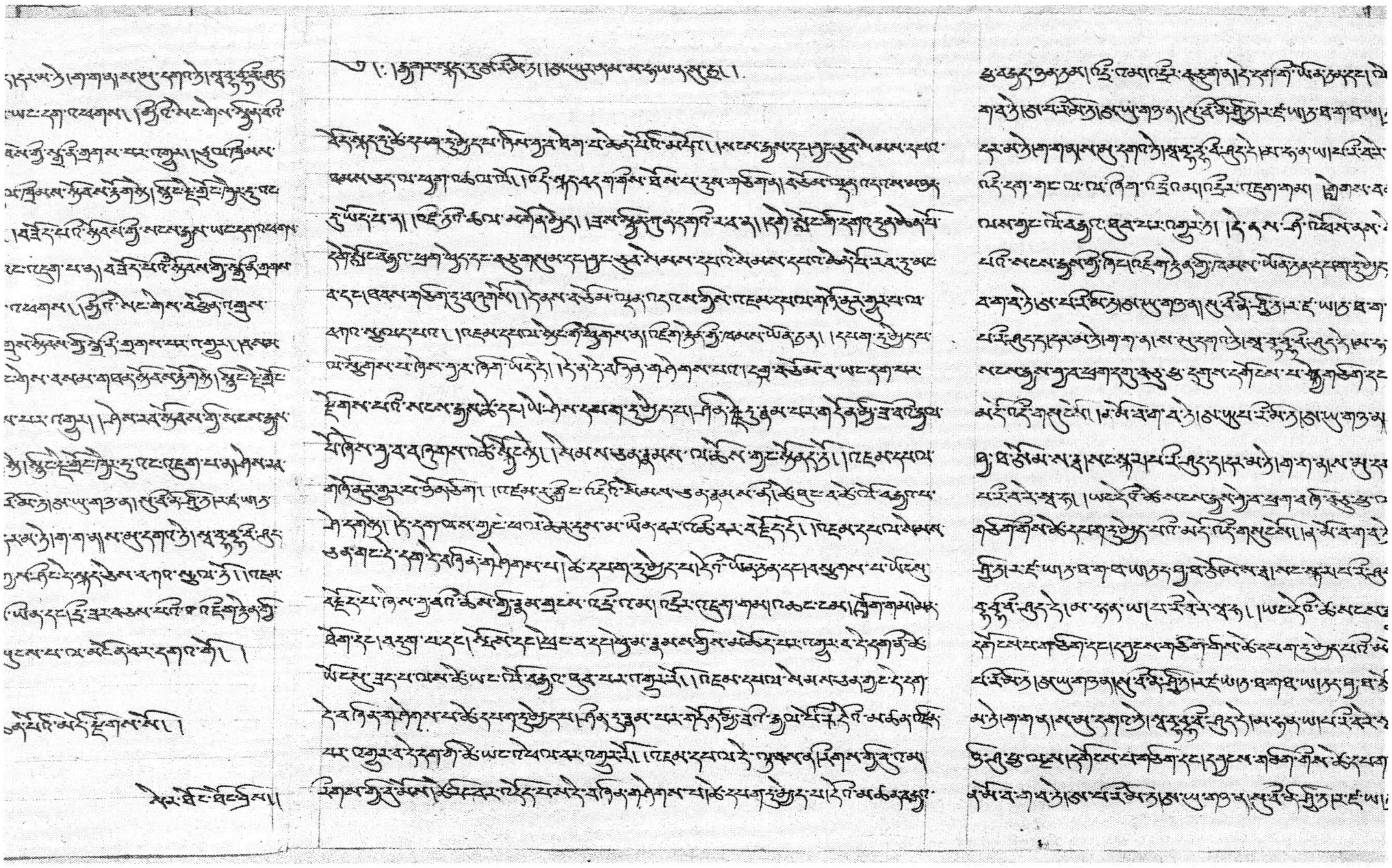

BD14237 號 4　藏文（無量壽宗要經甲本）　　（30–19）

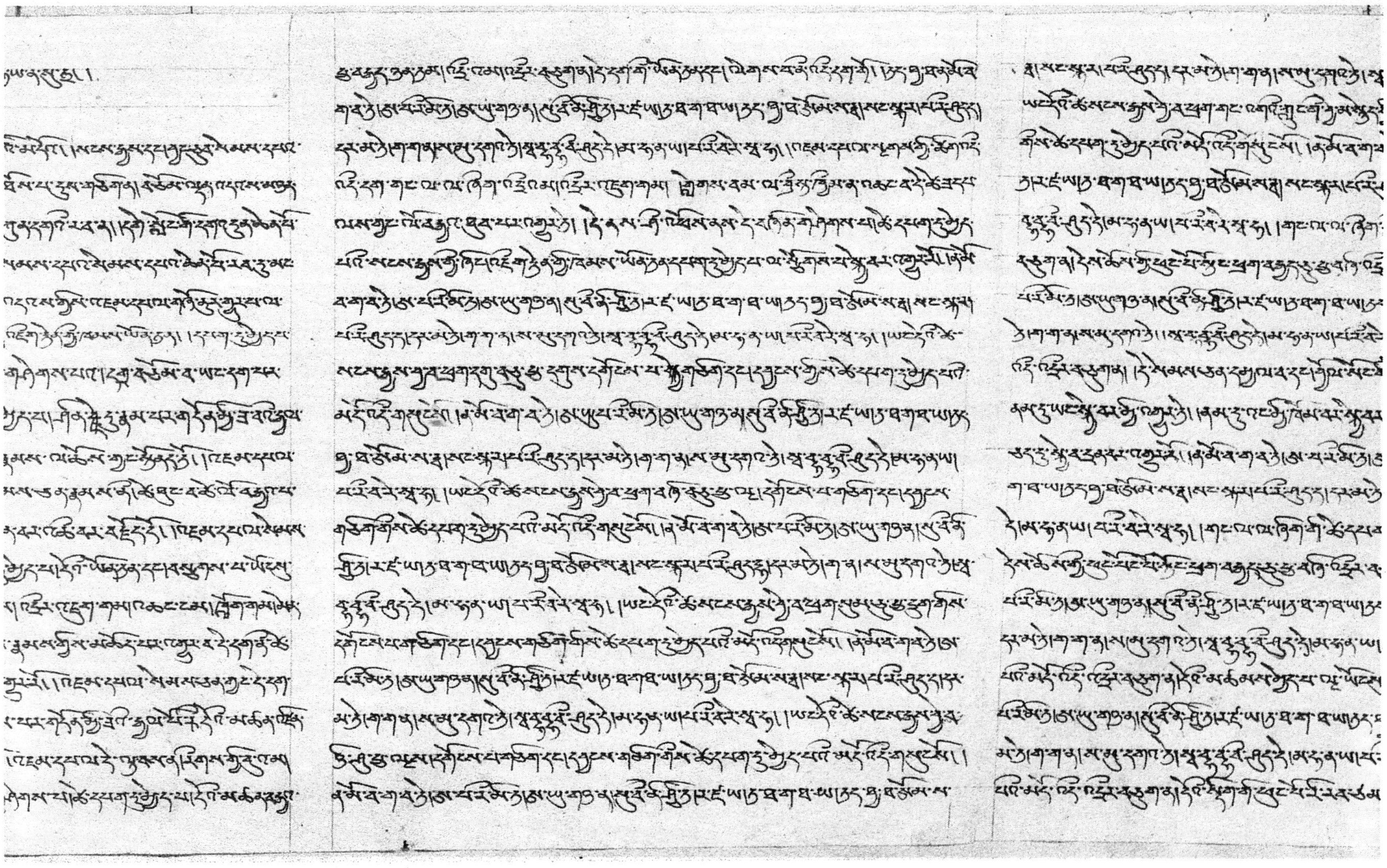

BD14237 號 4　藏文（無量壽宗要經甲本）　　（30–20）

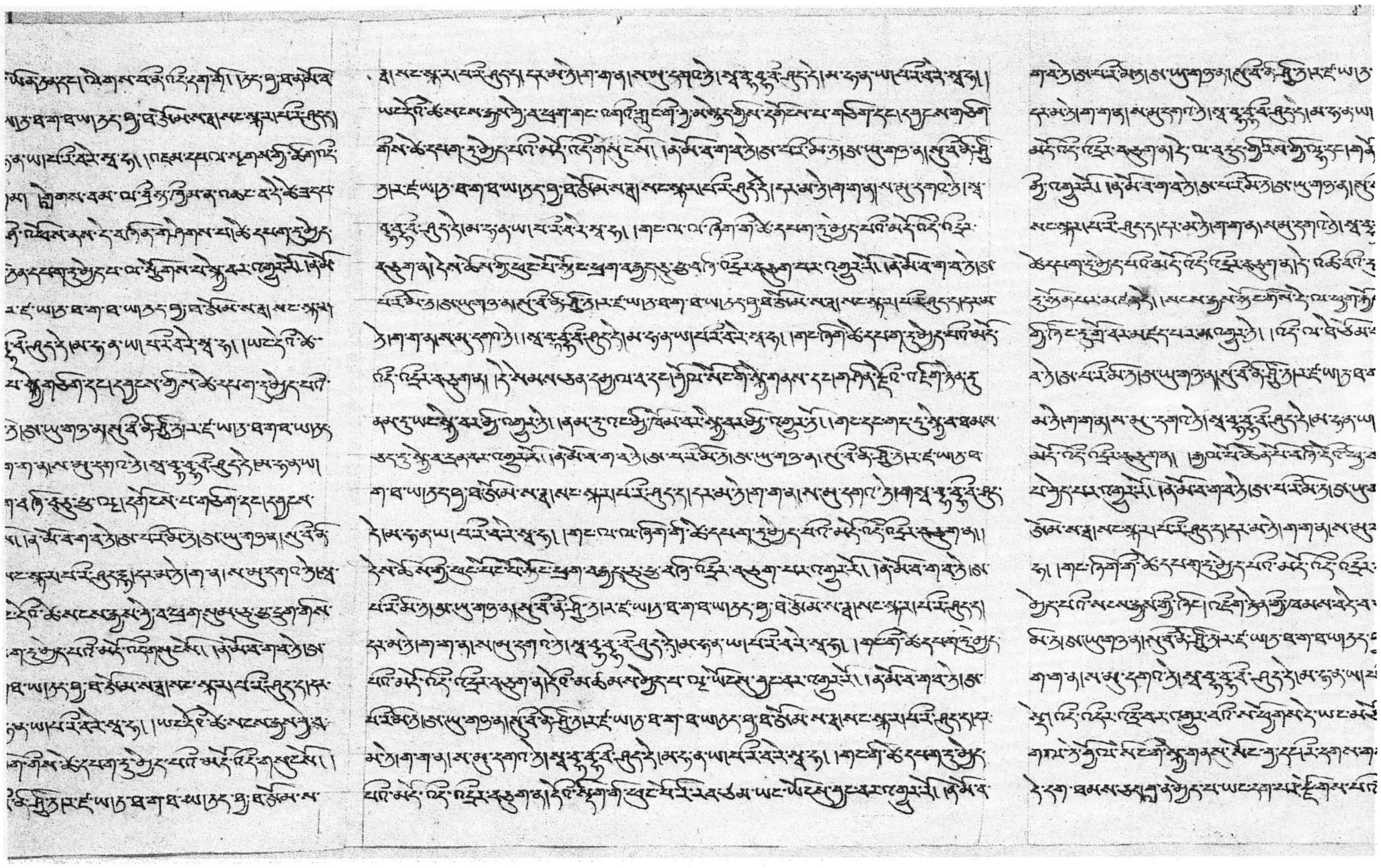

BD14237 號 4　藏文（無量壽宗要經甲本）　　（30–21）

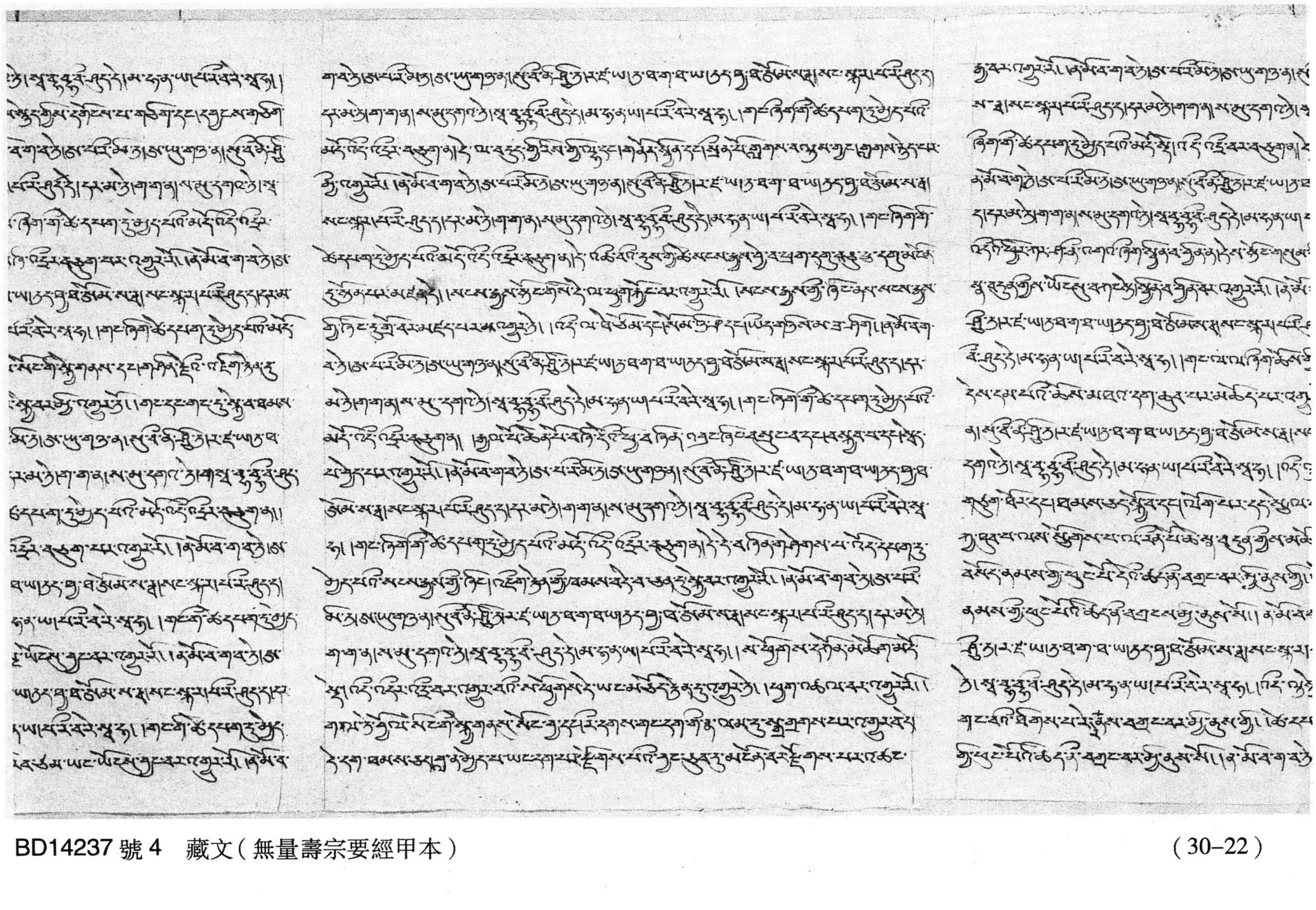

BD14237 號 4　藏文（無量壽宗要經甲本）　　（30–22）

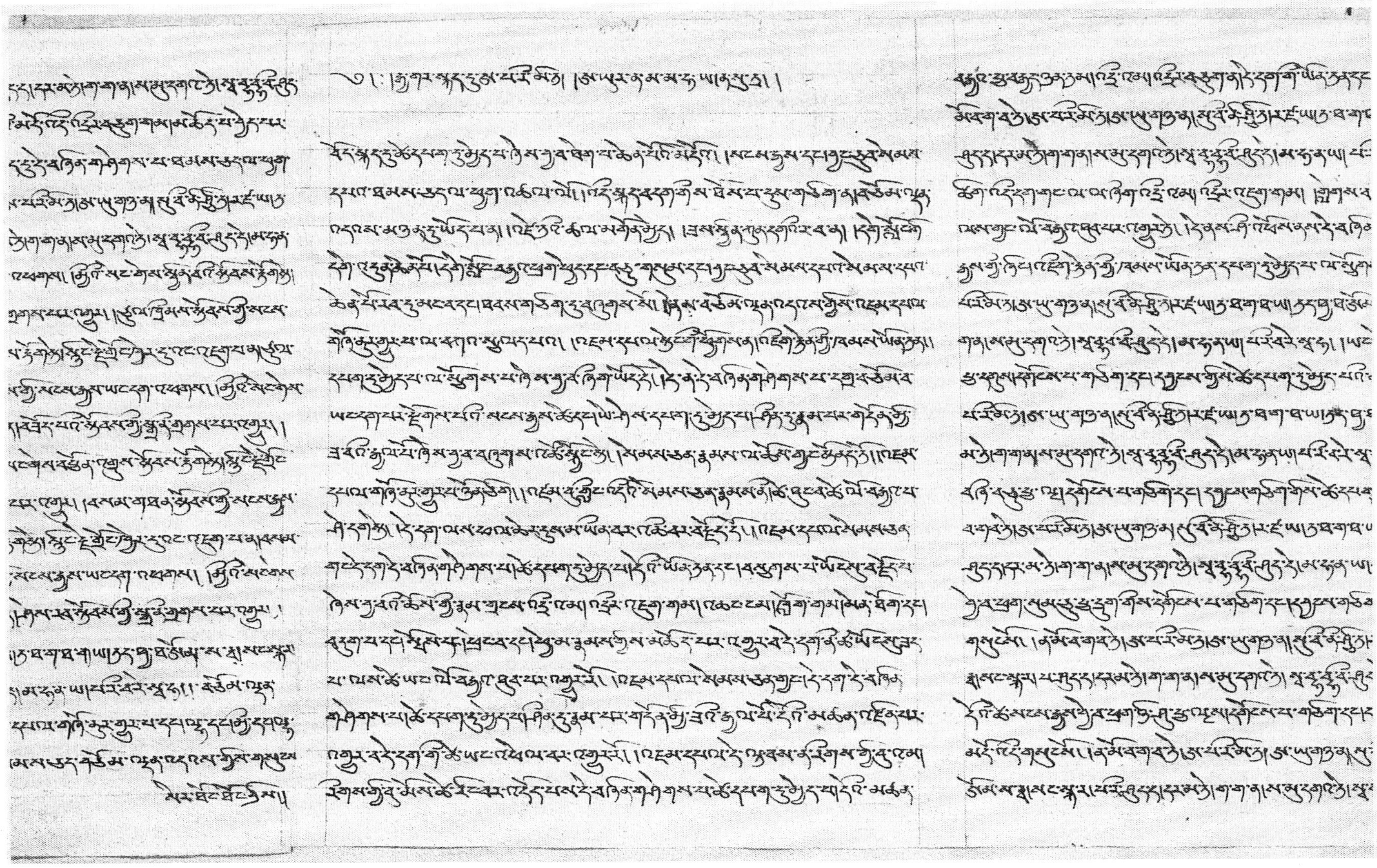

BD14237 號 5　藏文（無量壽宗要經甲本）　（30–25）

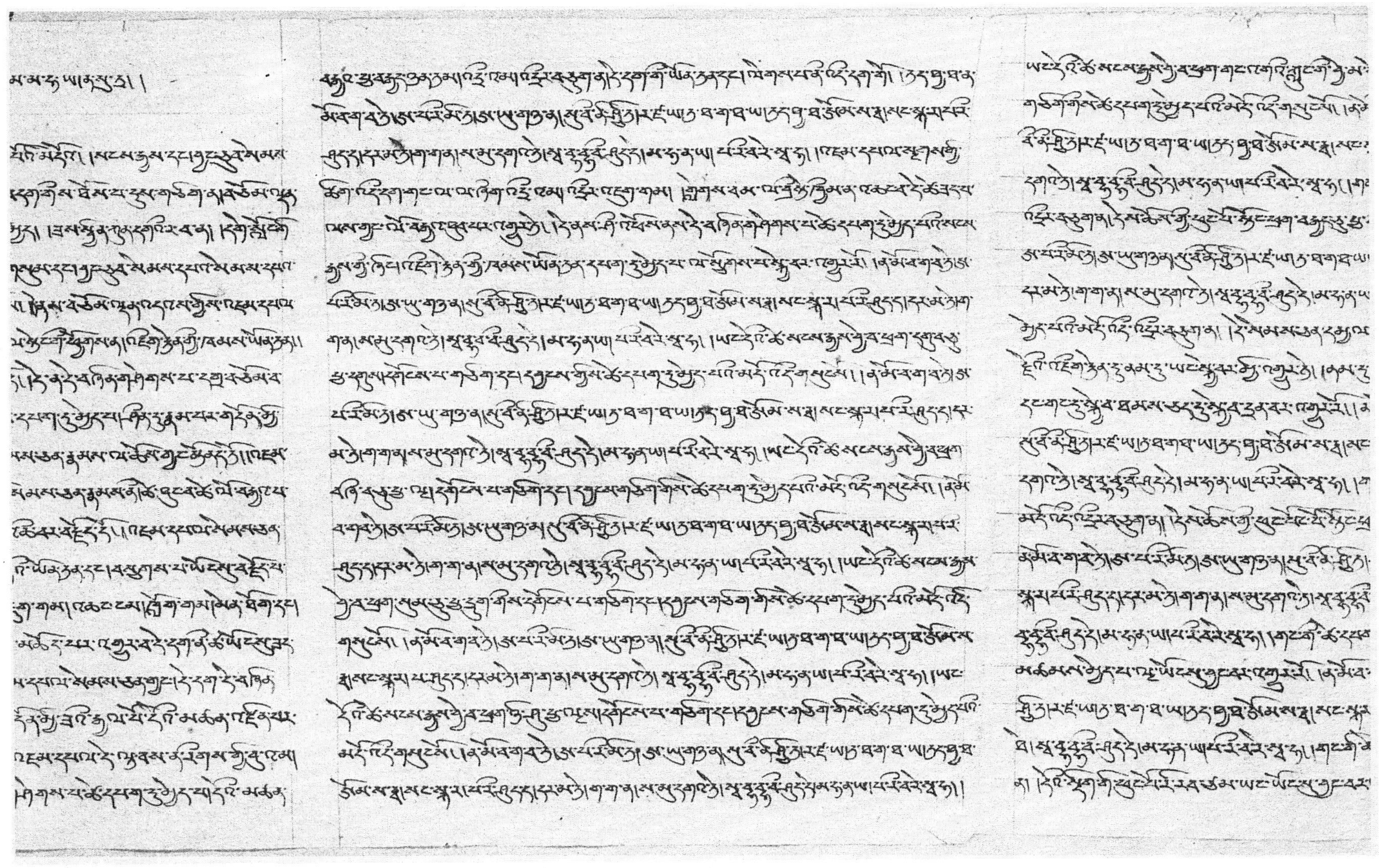

BD14237 號 5　藏文（無量壽宗要經甲本）　（30–26）

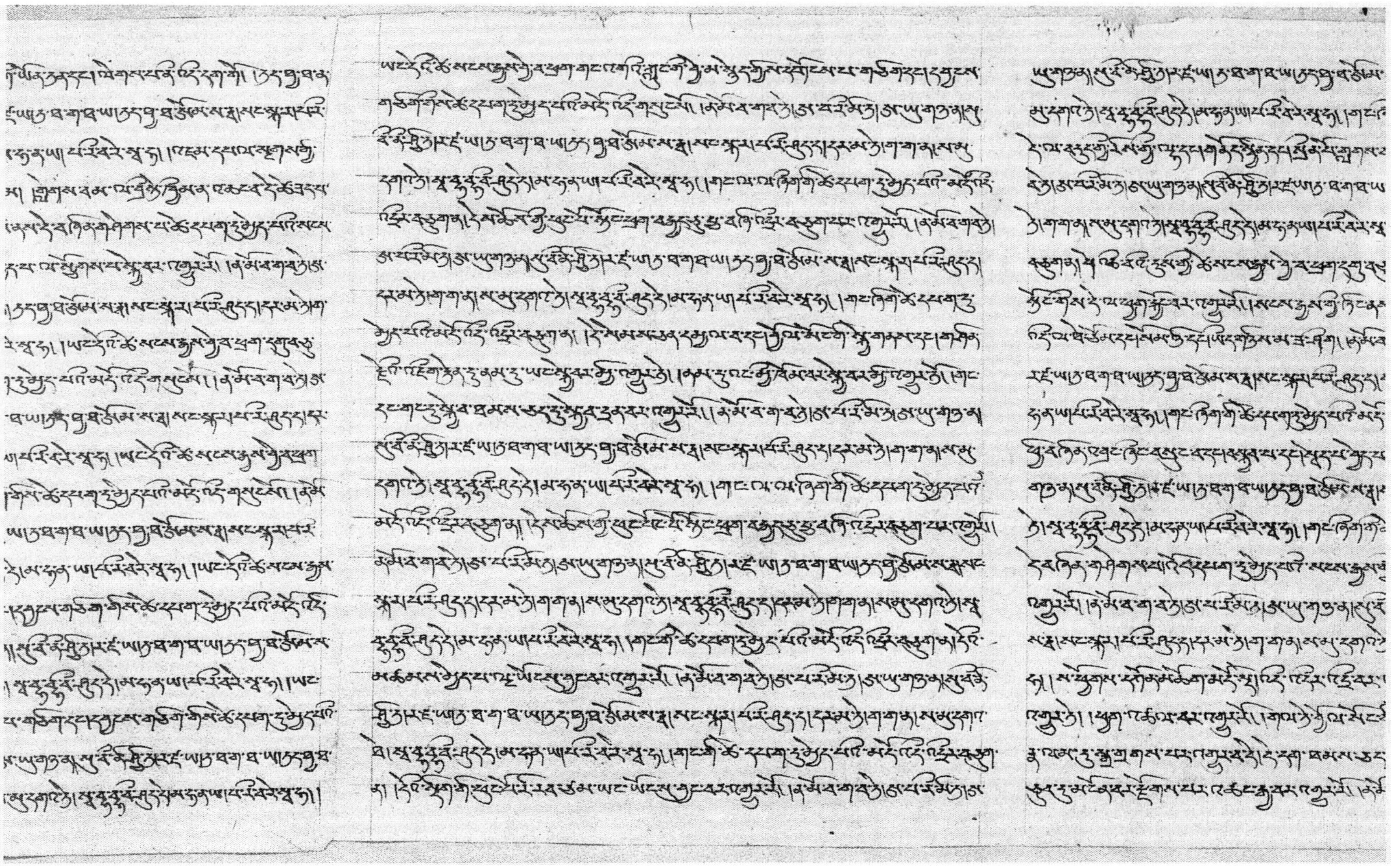

BD14237 號 5　藏文（無量壽宗要經甲本）　　（30–27）

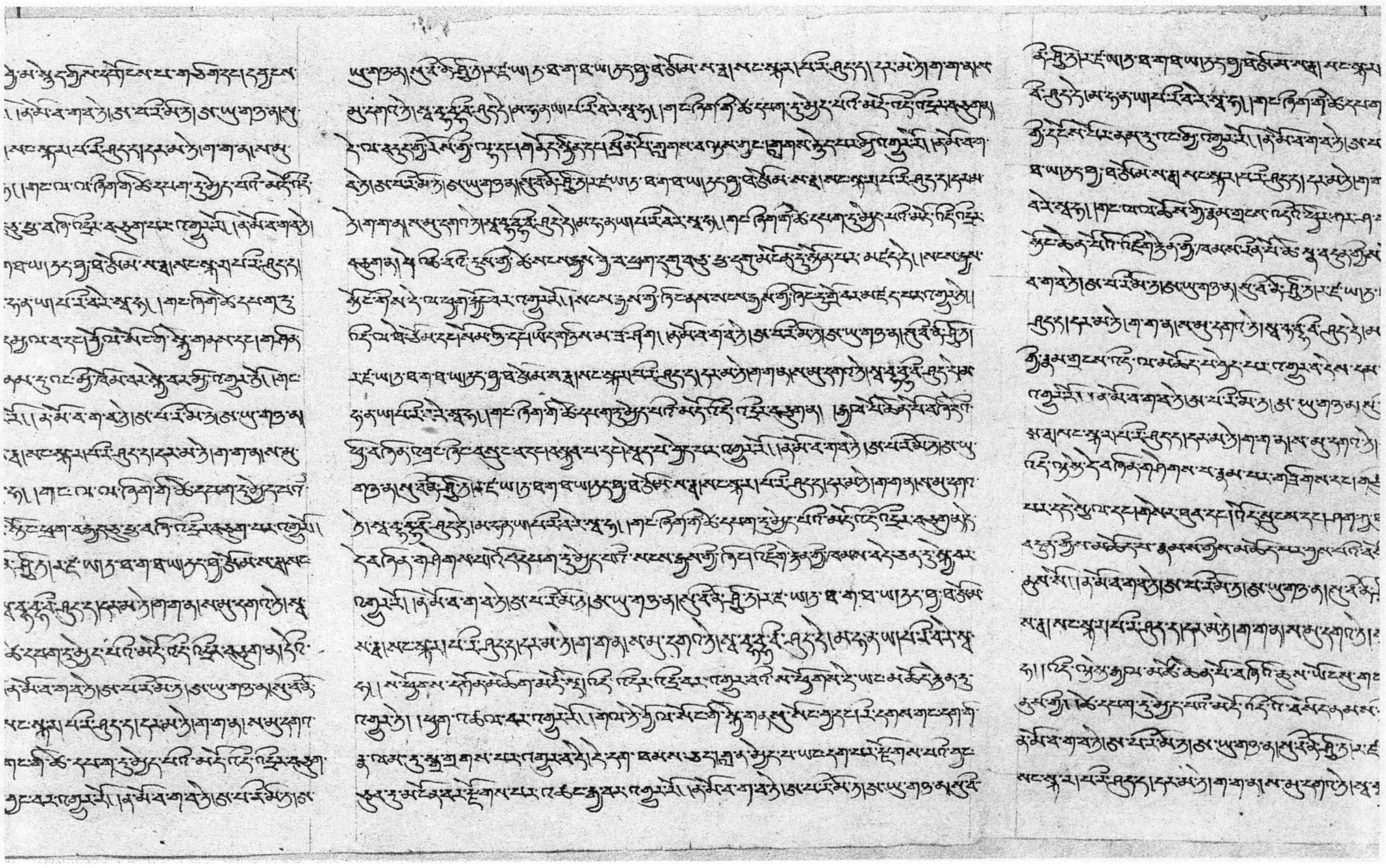

BD14237 號 5　藏文（無量壽宗要經甲本）　　（30–28）

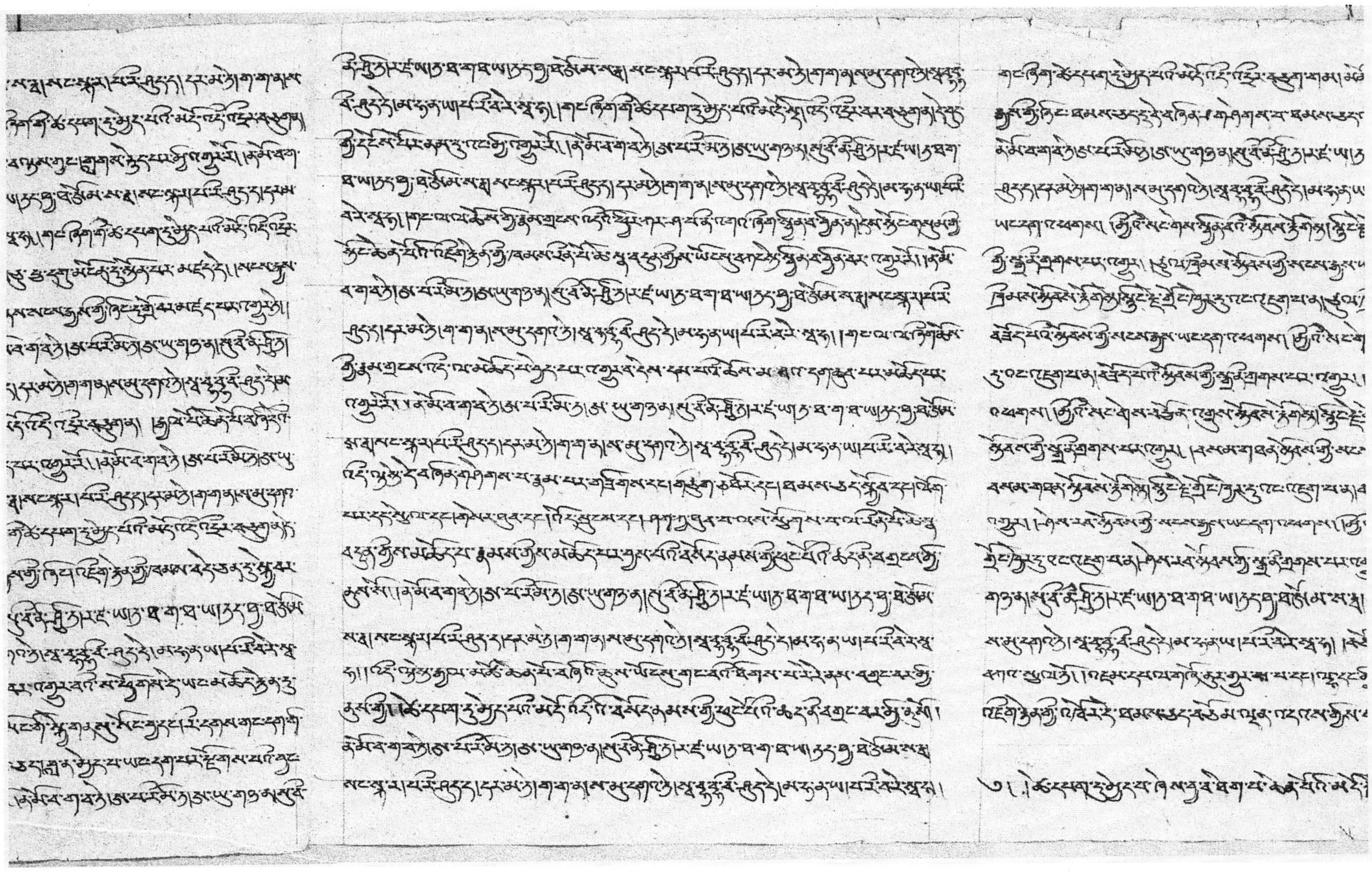

BD14237 號 5　藏文（無量壽宗要經甲本）　（30–29）

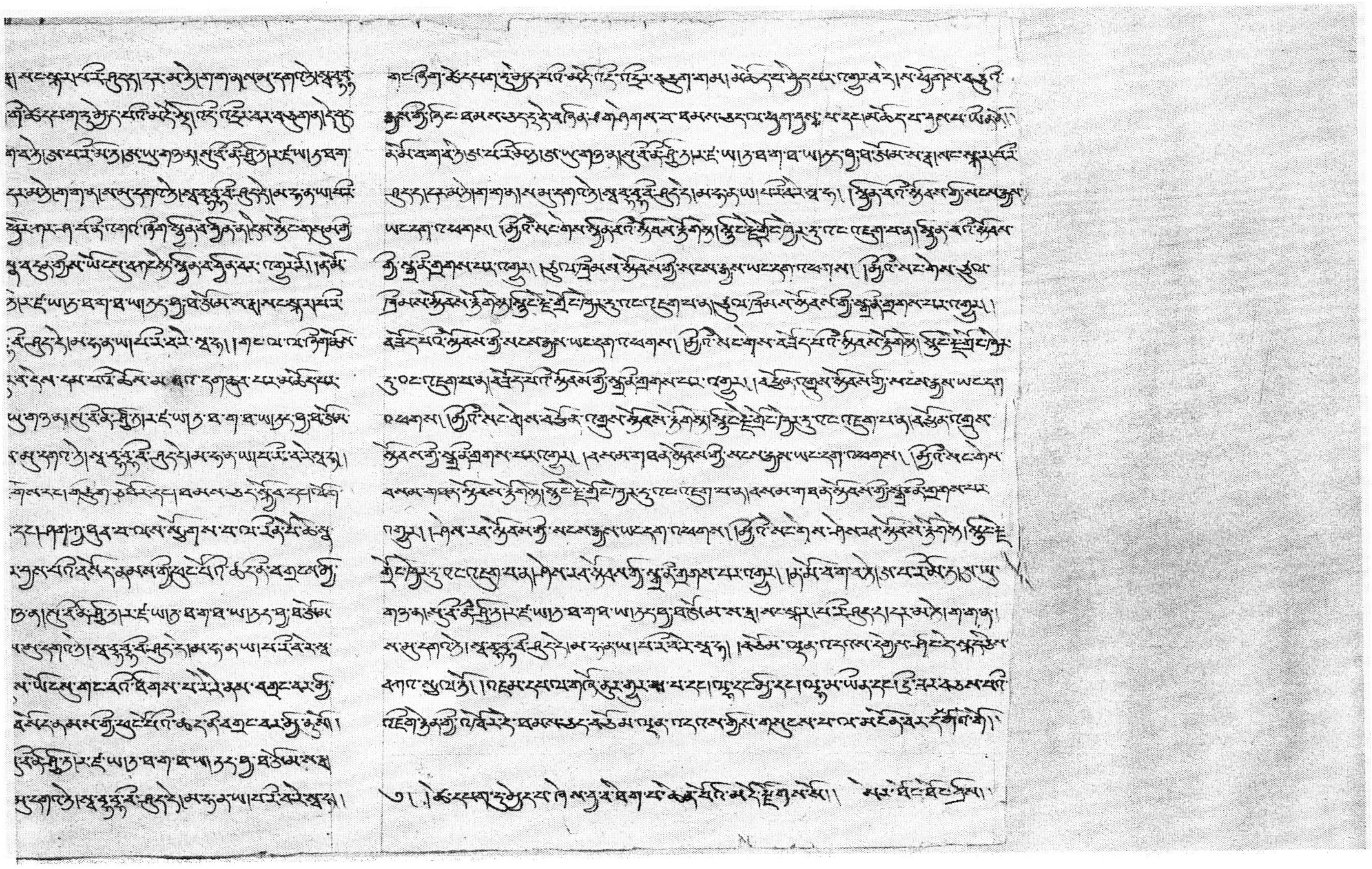

BD14237 號 5　藏文（無量壽宗要經甲本）　（30–30）

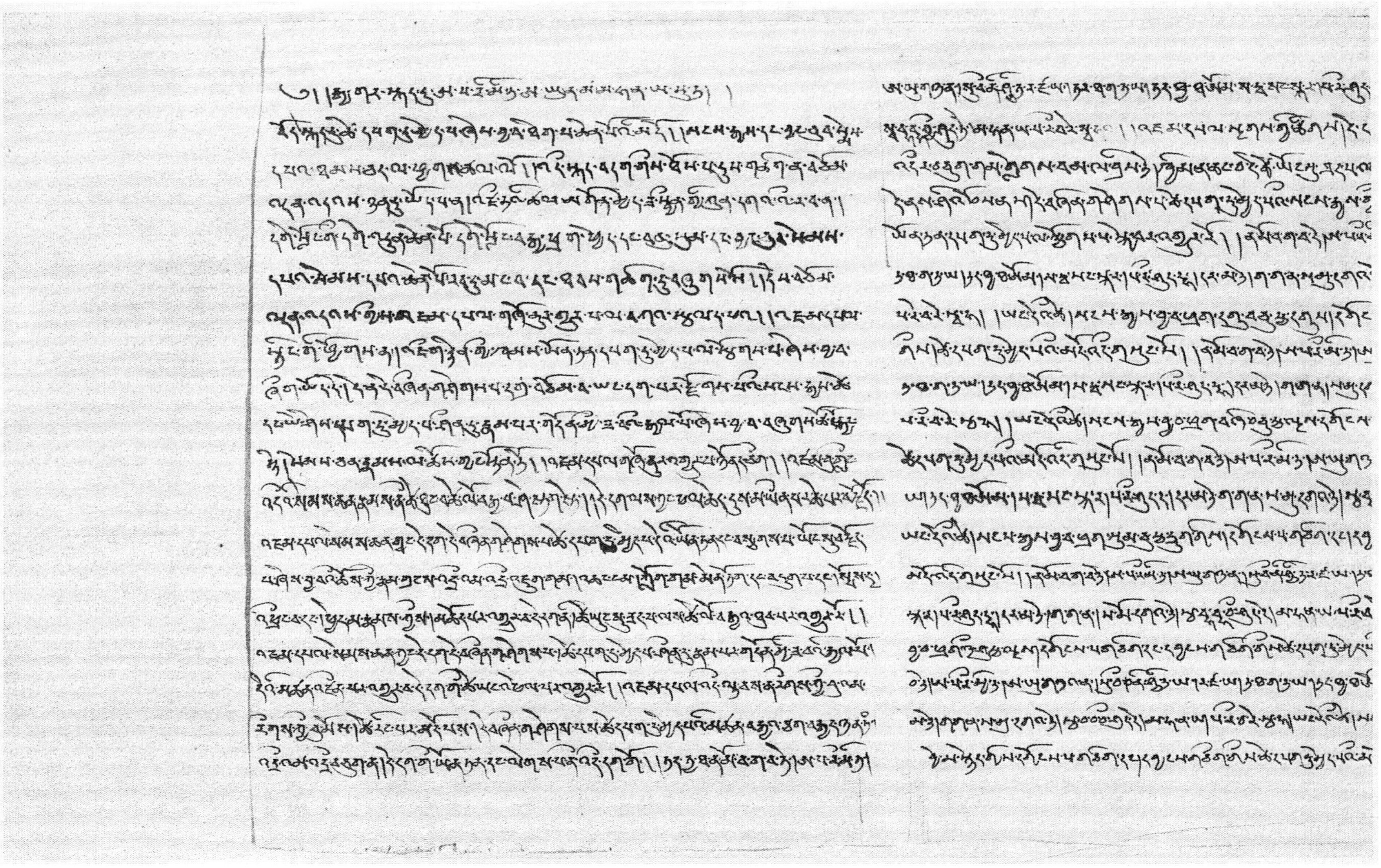

BD14238 號 1　藏文（無量壽宗要經甲本）　（18–1）

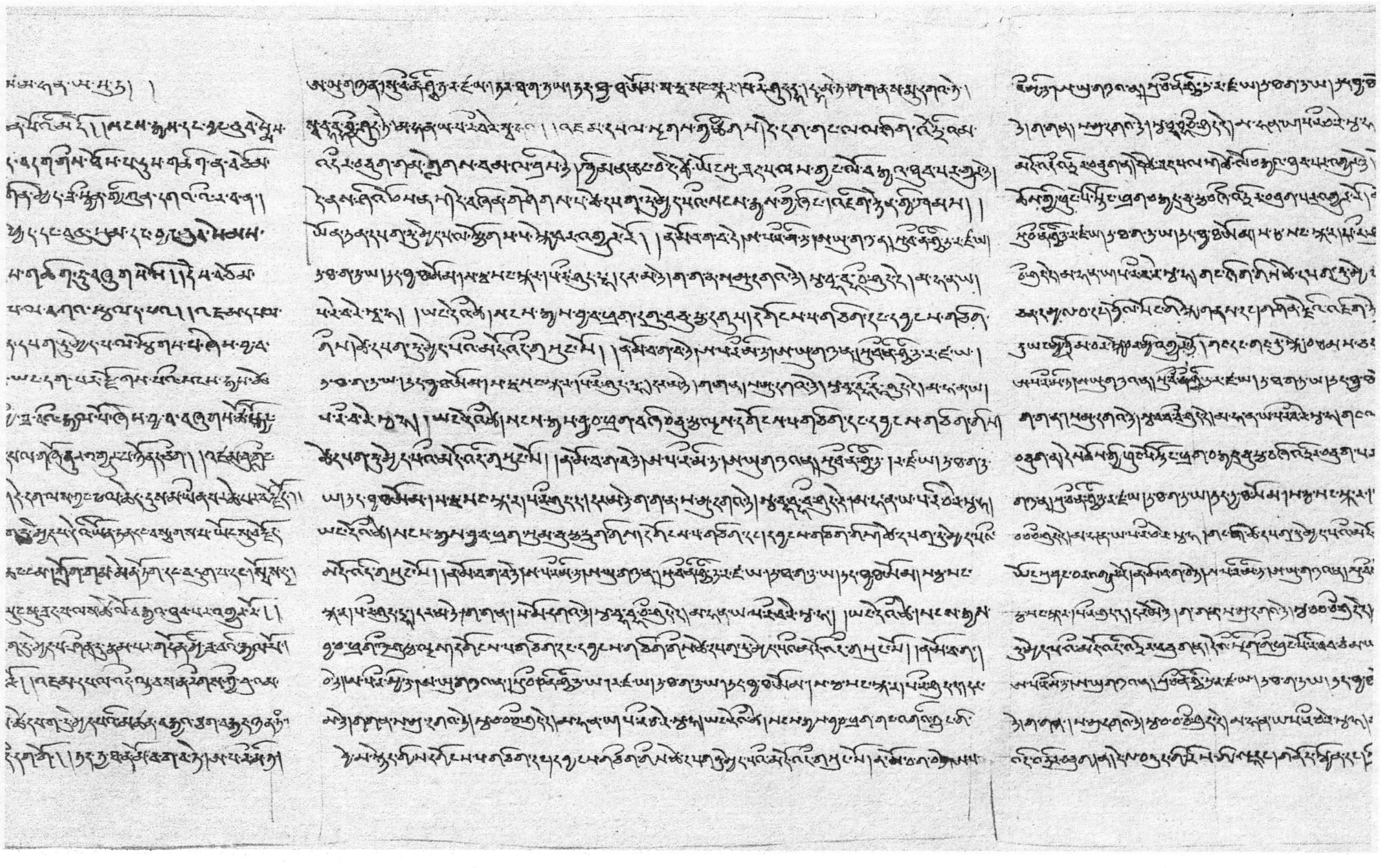

BD14238 號 1　藏文（無量壽宗要經甲本）　（18–2）

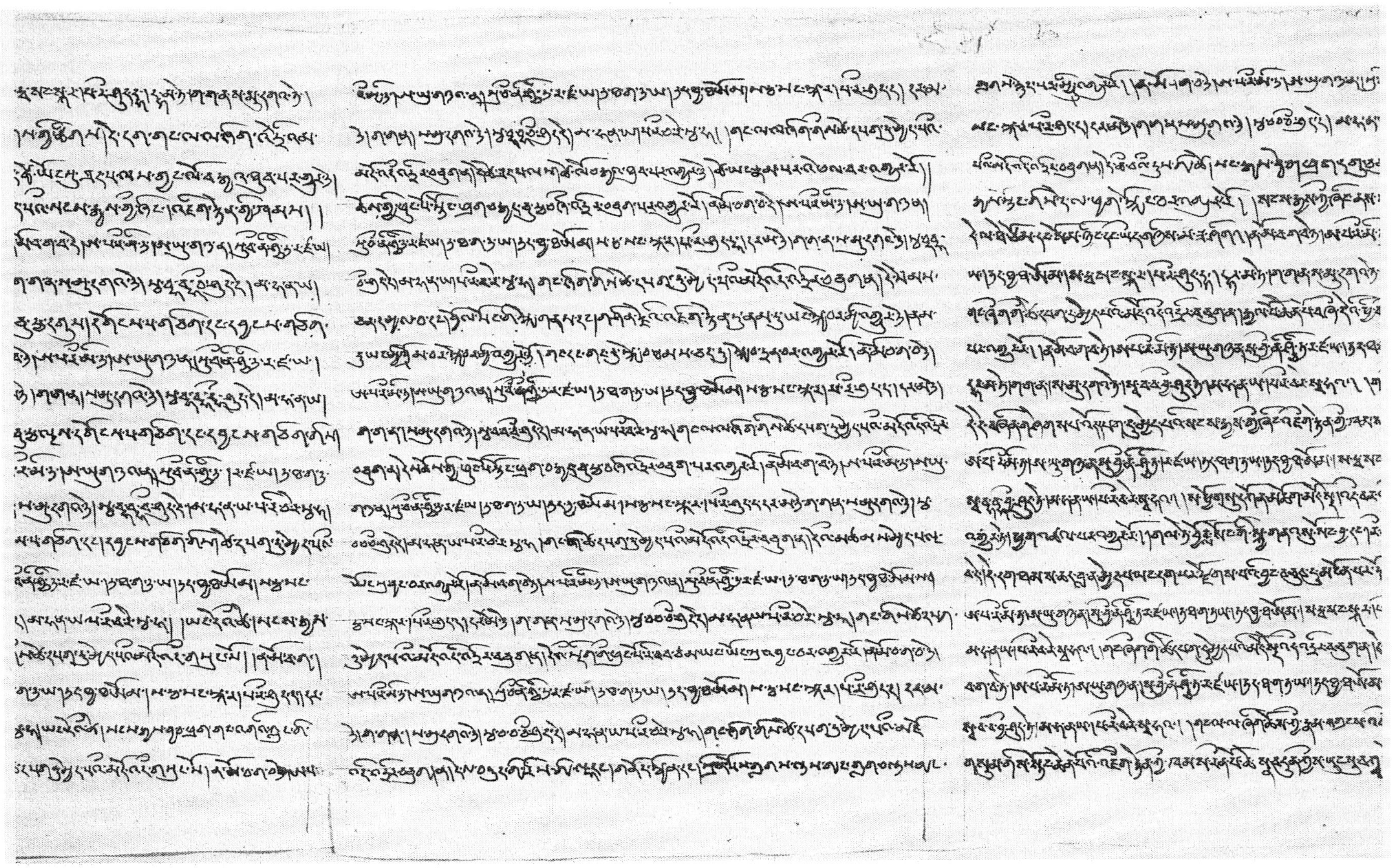

BD14238 號 1　藏文（無量壽宗要經甲本）　　（18–3）

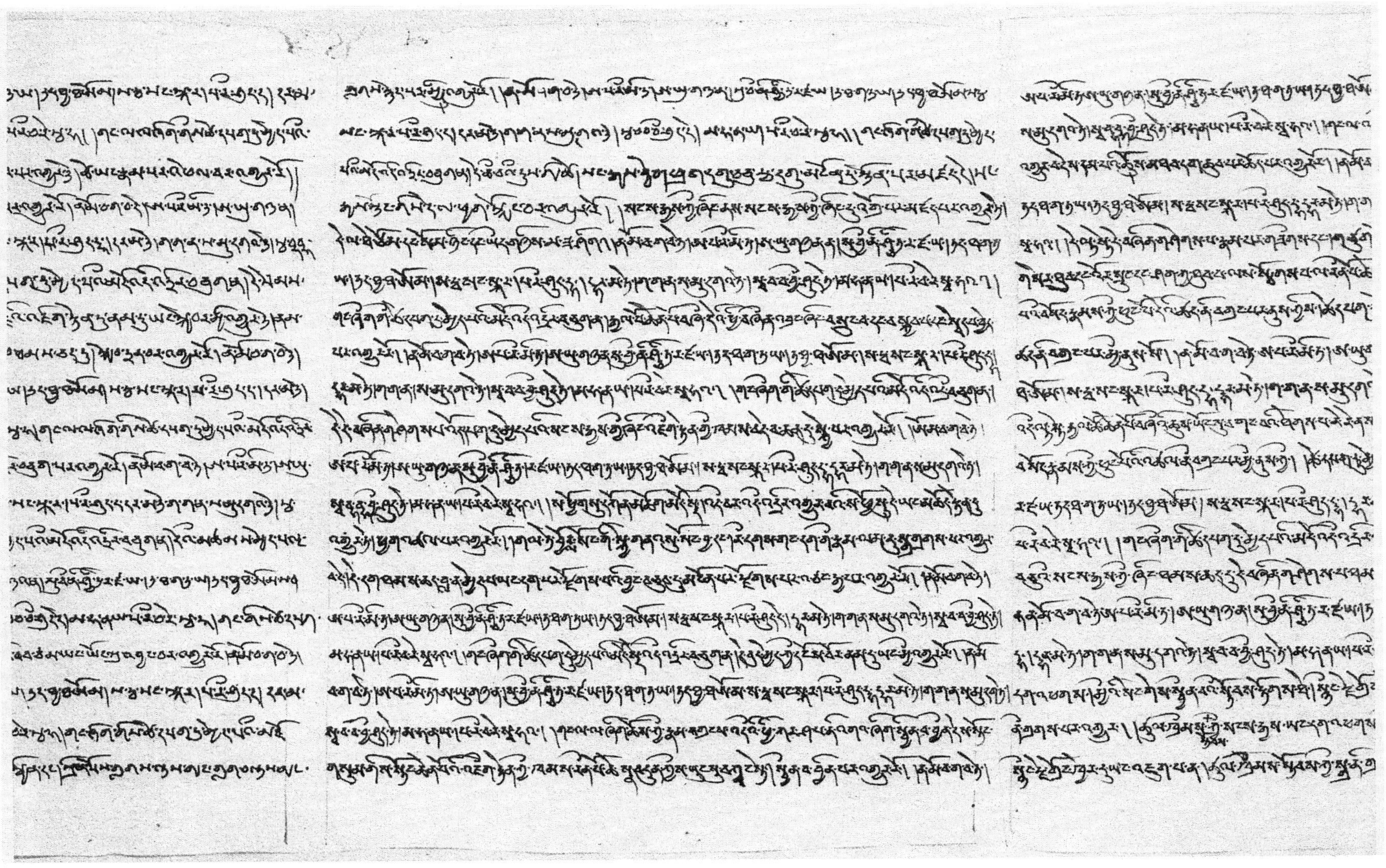

BD14238 號 1　藏文（無量壽宗要經甲本）　　（18–4）

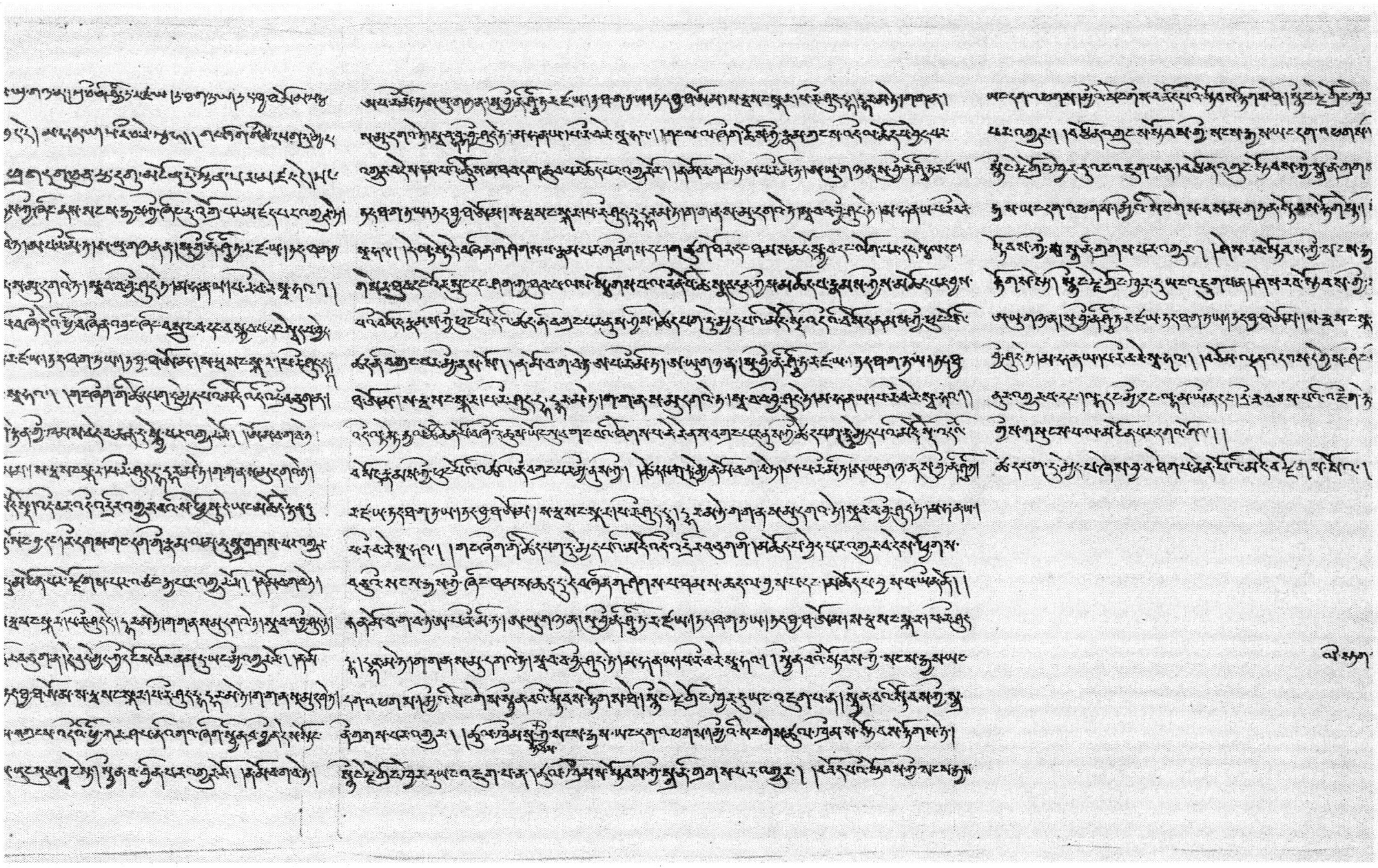

BD14238 號 1　藏文（無量壽宗要經甲本）　　（18–5）

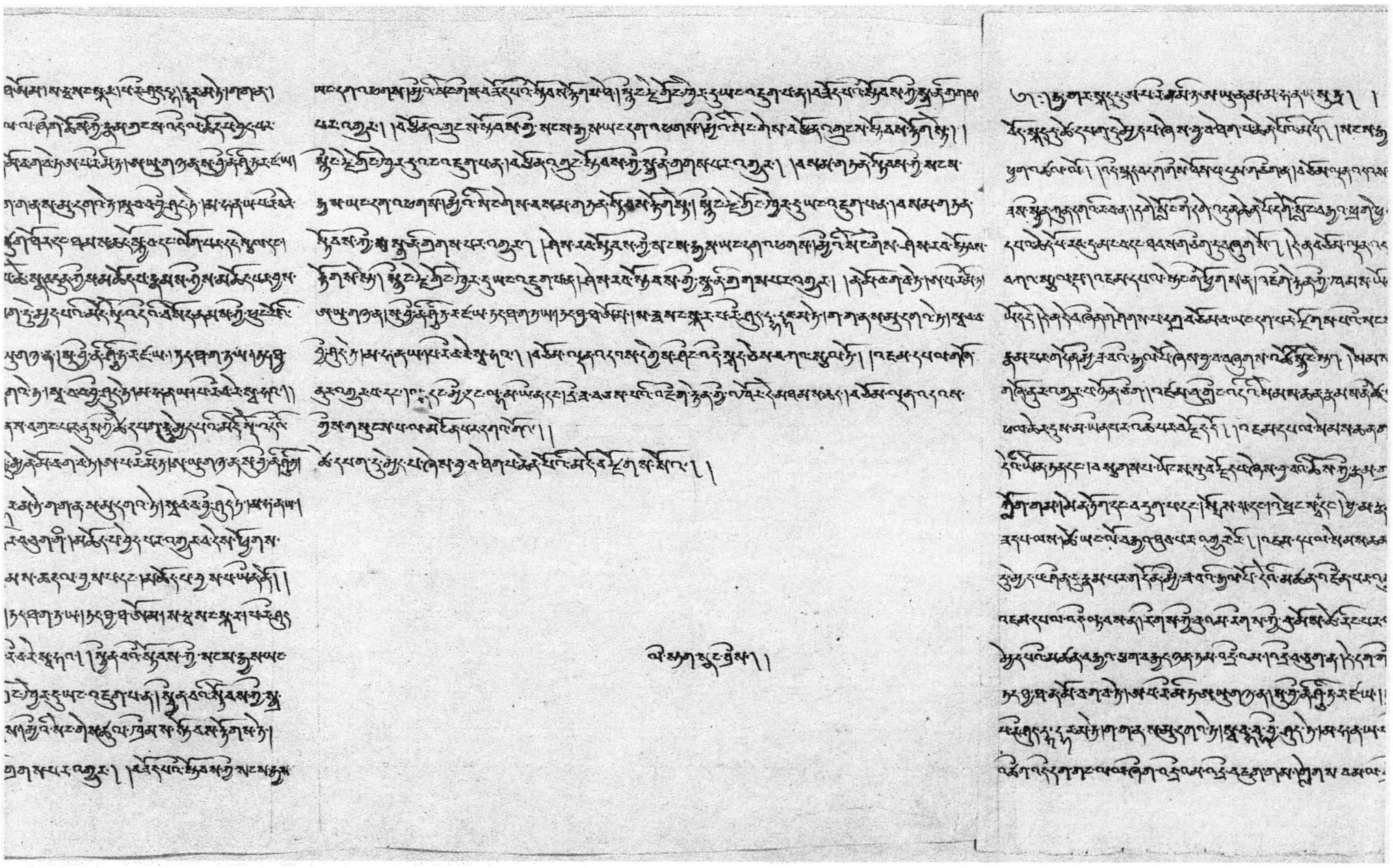

BD14238 號 1　藏文（無量壽宗要經甲本）　　（18–6）

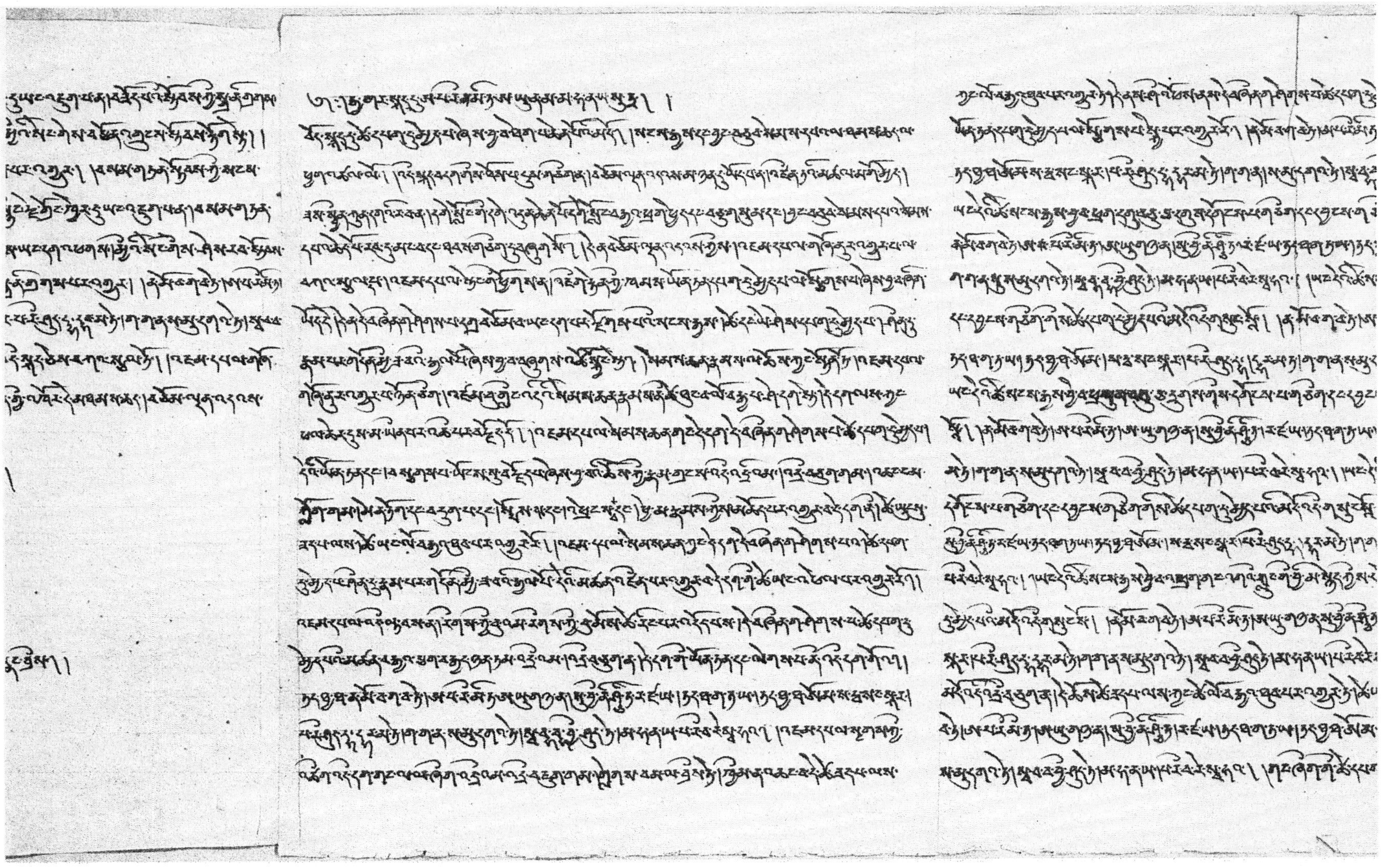

BD14238 號 2　藏文（無量壽宗要經甲本）　（18–7）

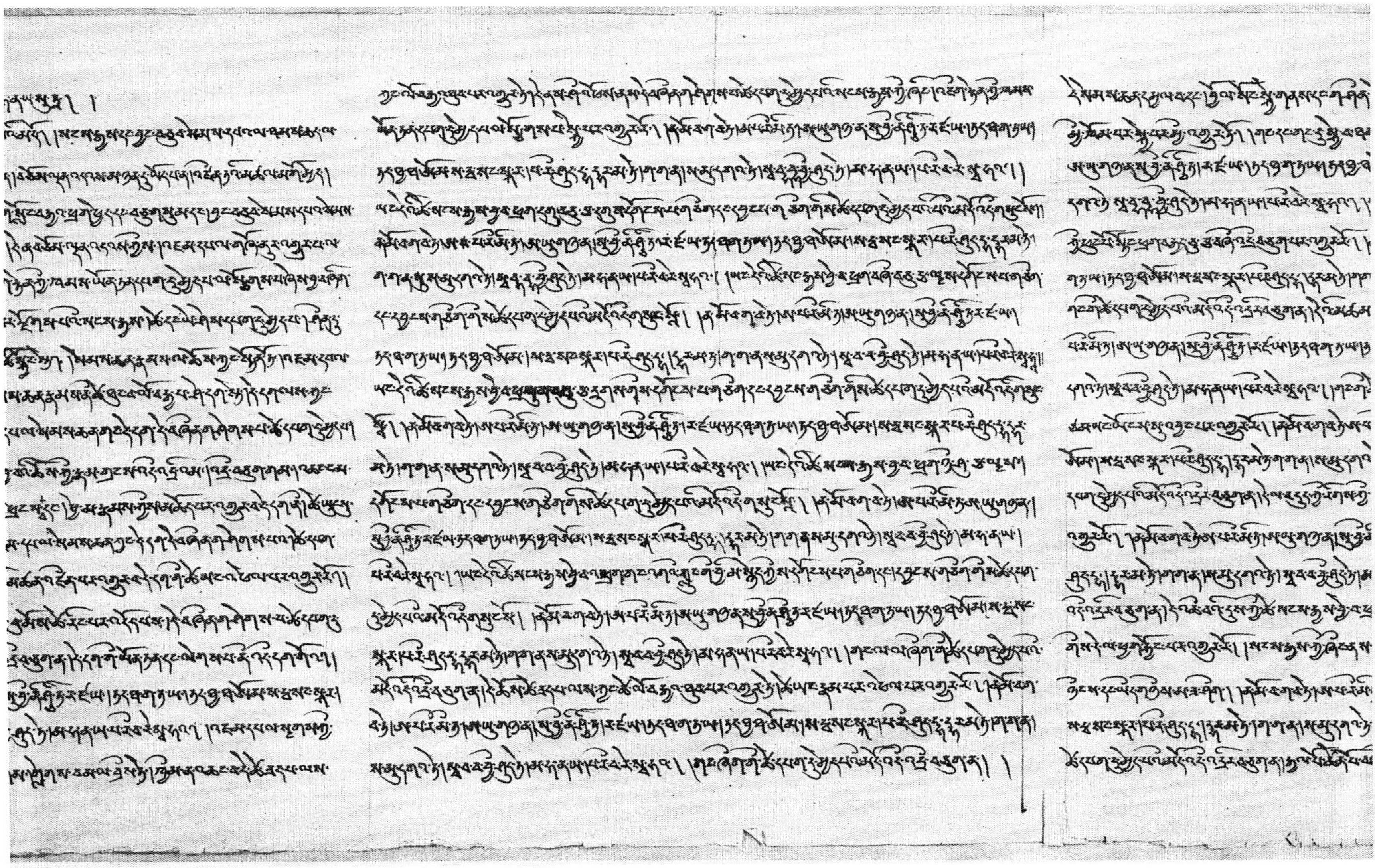

BD14238 號 2　藏文（無量壽宗要經甲本）　（18–8）

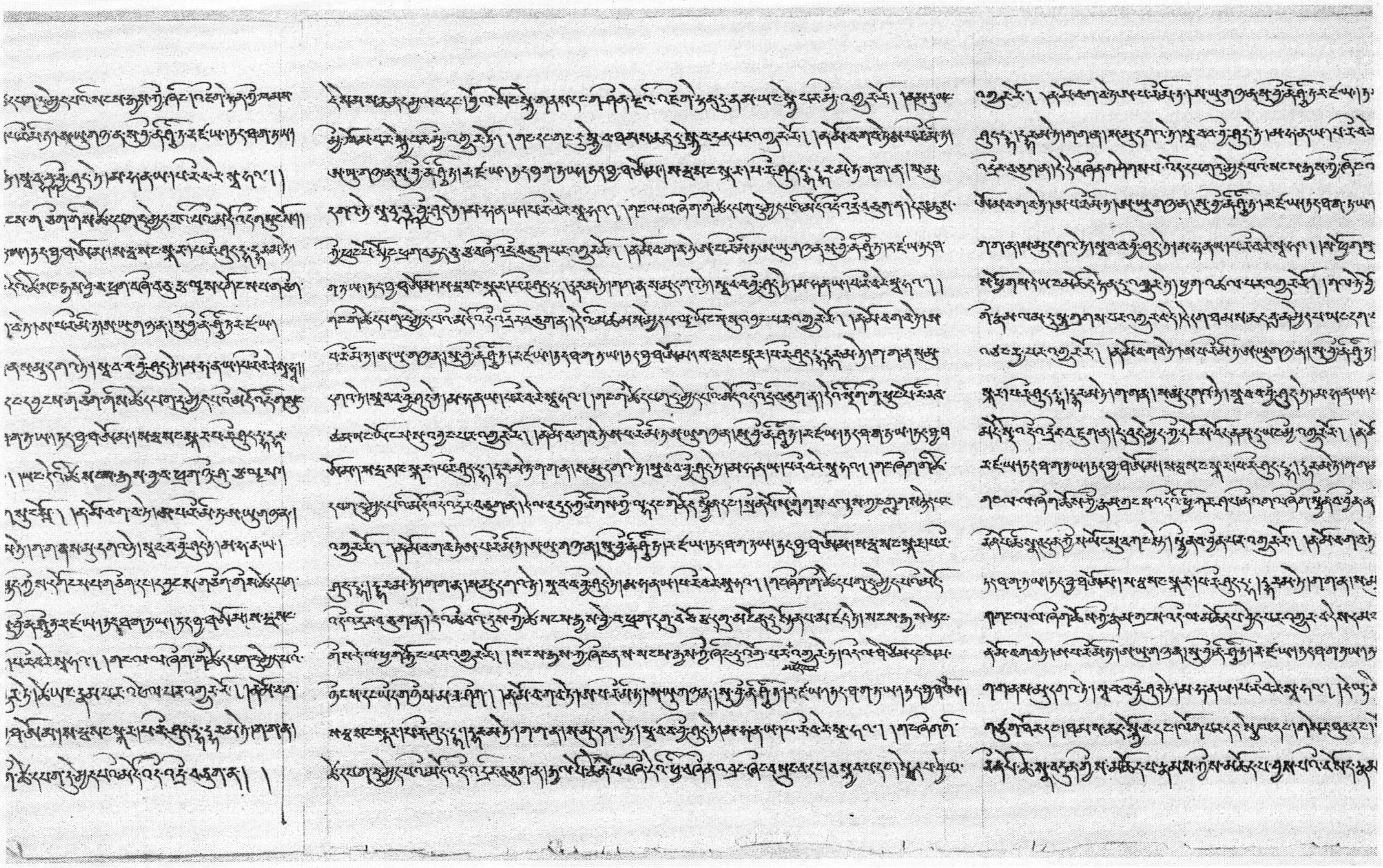

BD14238 號 2　藏文（無量壽宗要經甲本）　（18–9）

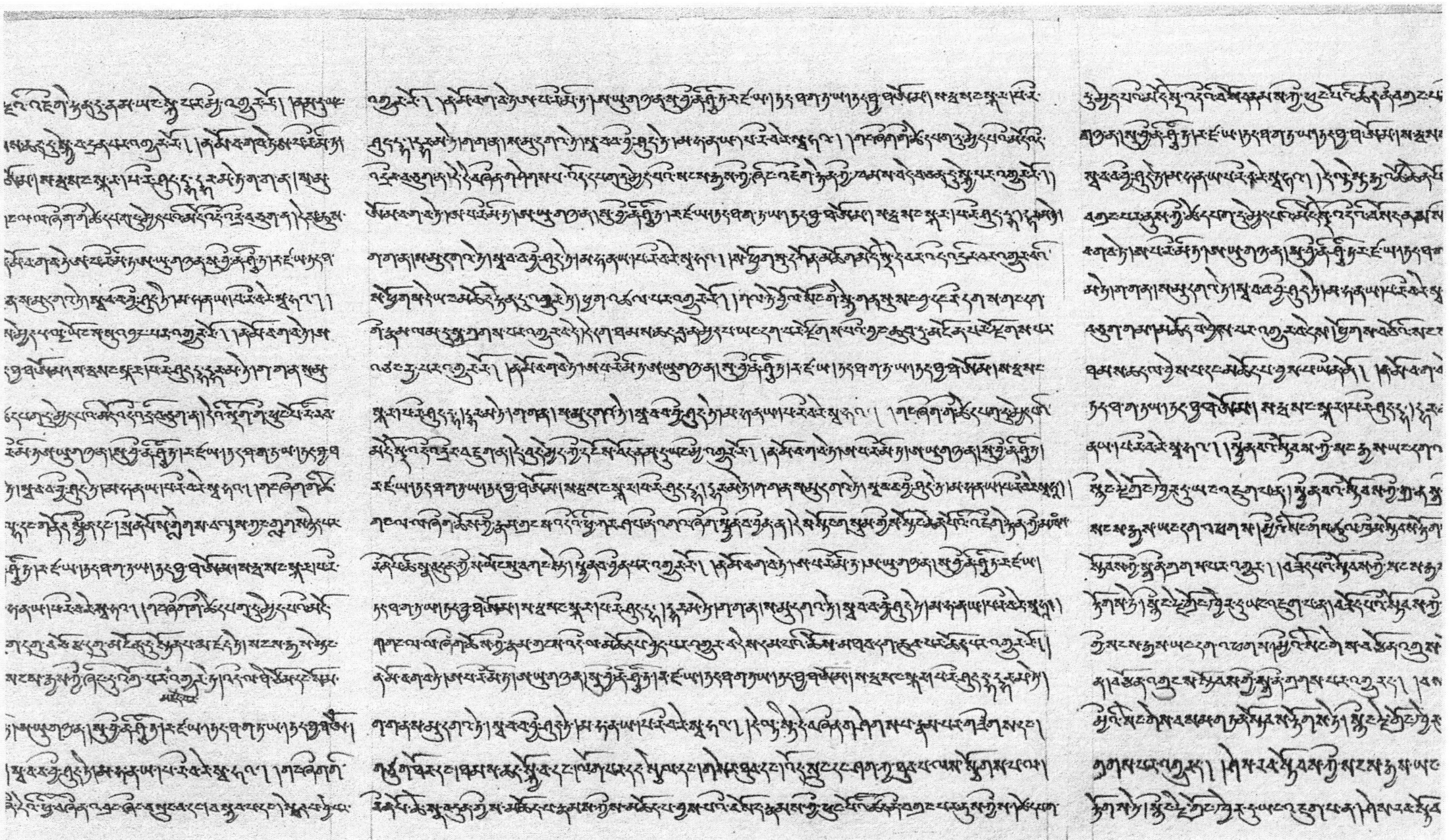

BD14238 號 2　藏文（無量壽宗要經甲本）　（18–10）

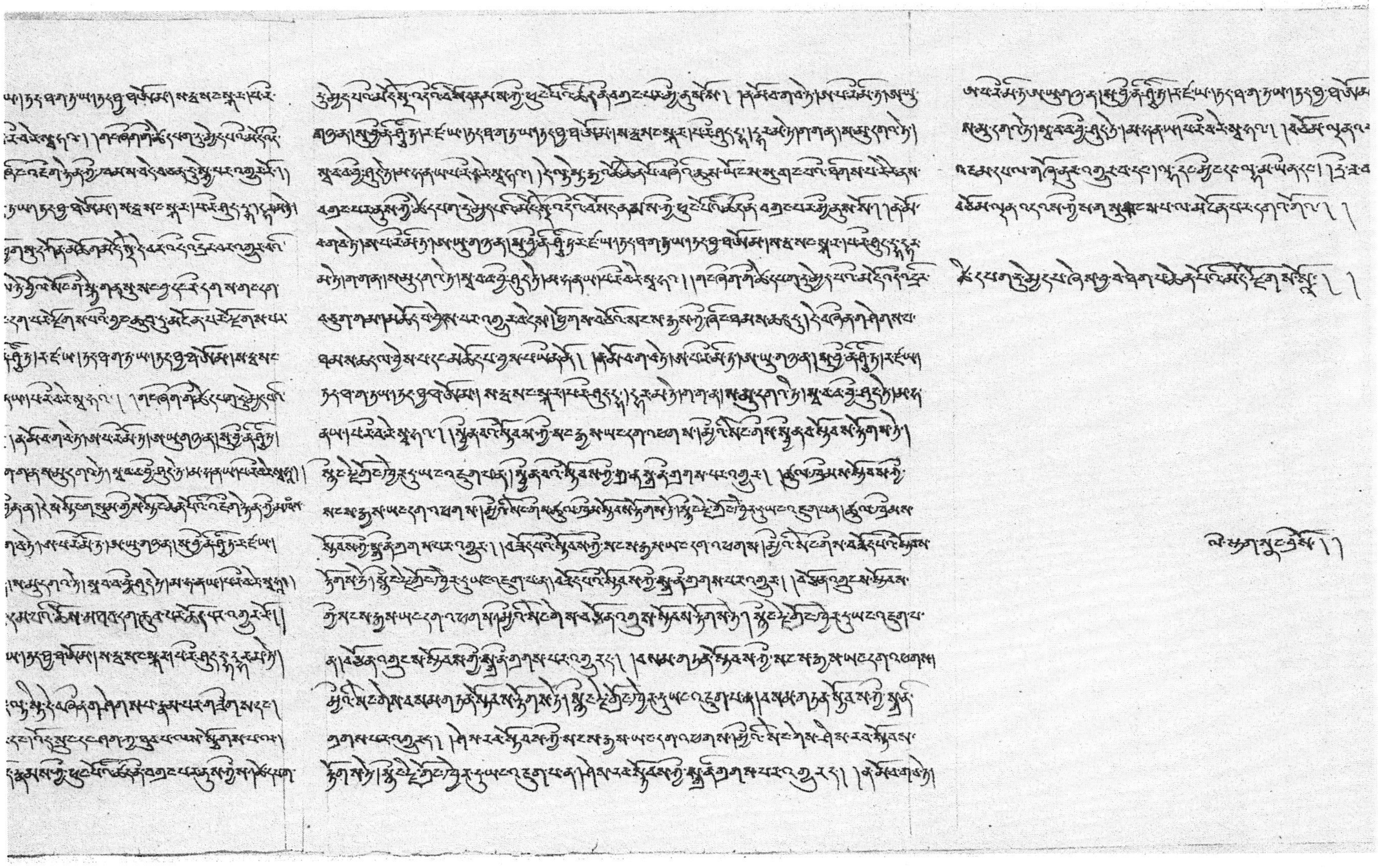

BD14238 號 2　藏文（無量壽宗要經甲本）　（18–11）

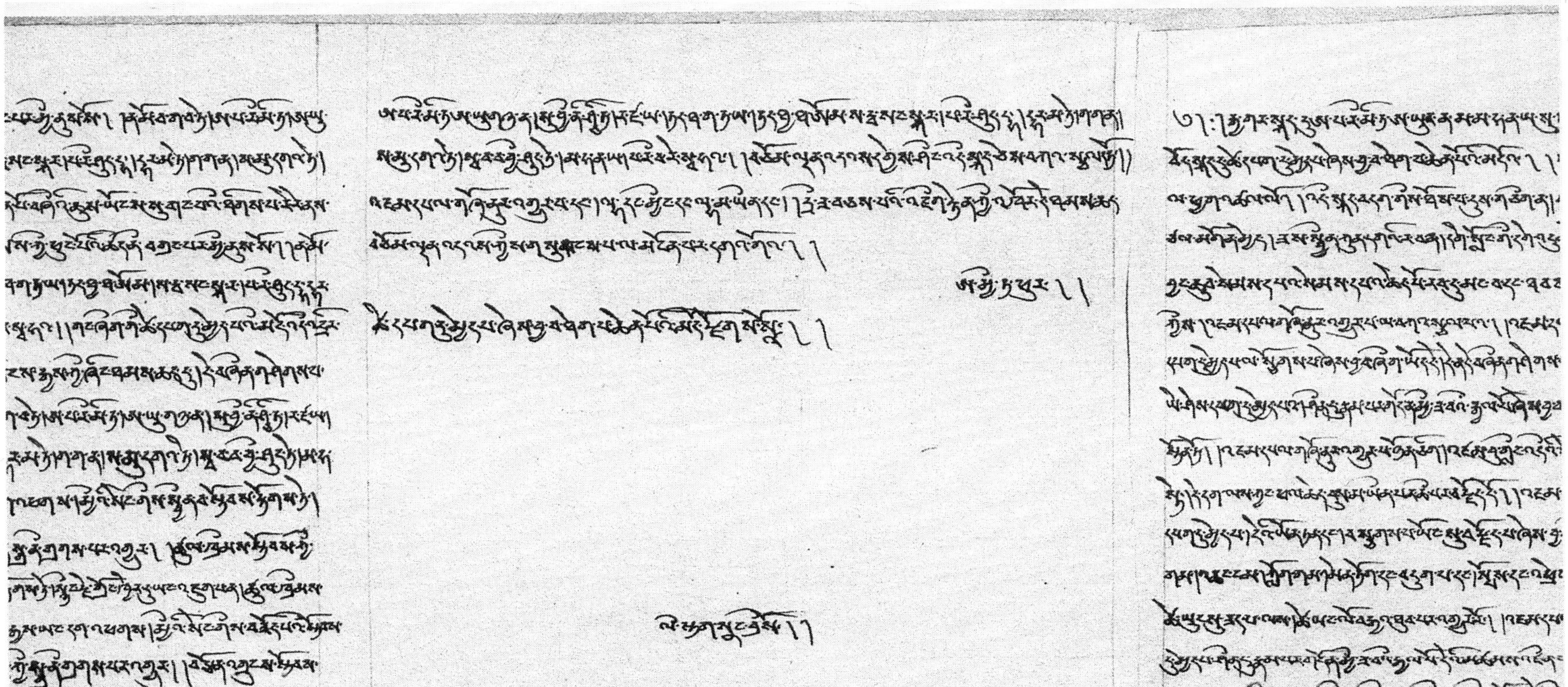

BD14238 號 2　藏文（無量壽宗要經甲本）　（18–12）

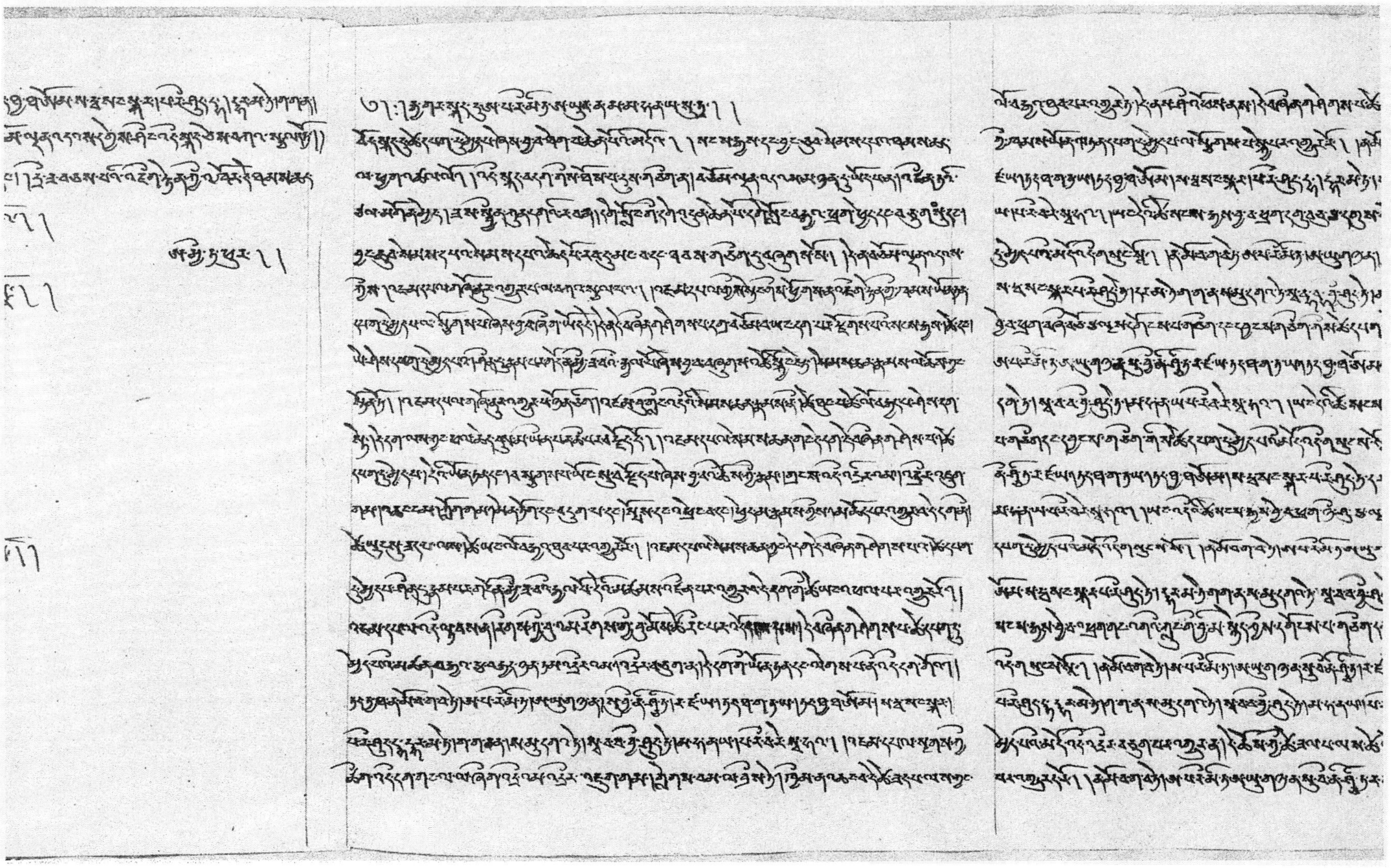

BD14238 號 3　藏文（無量壽宗要經甲本）　　　　　　　　　　（18–13）

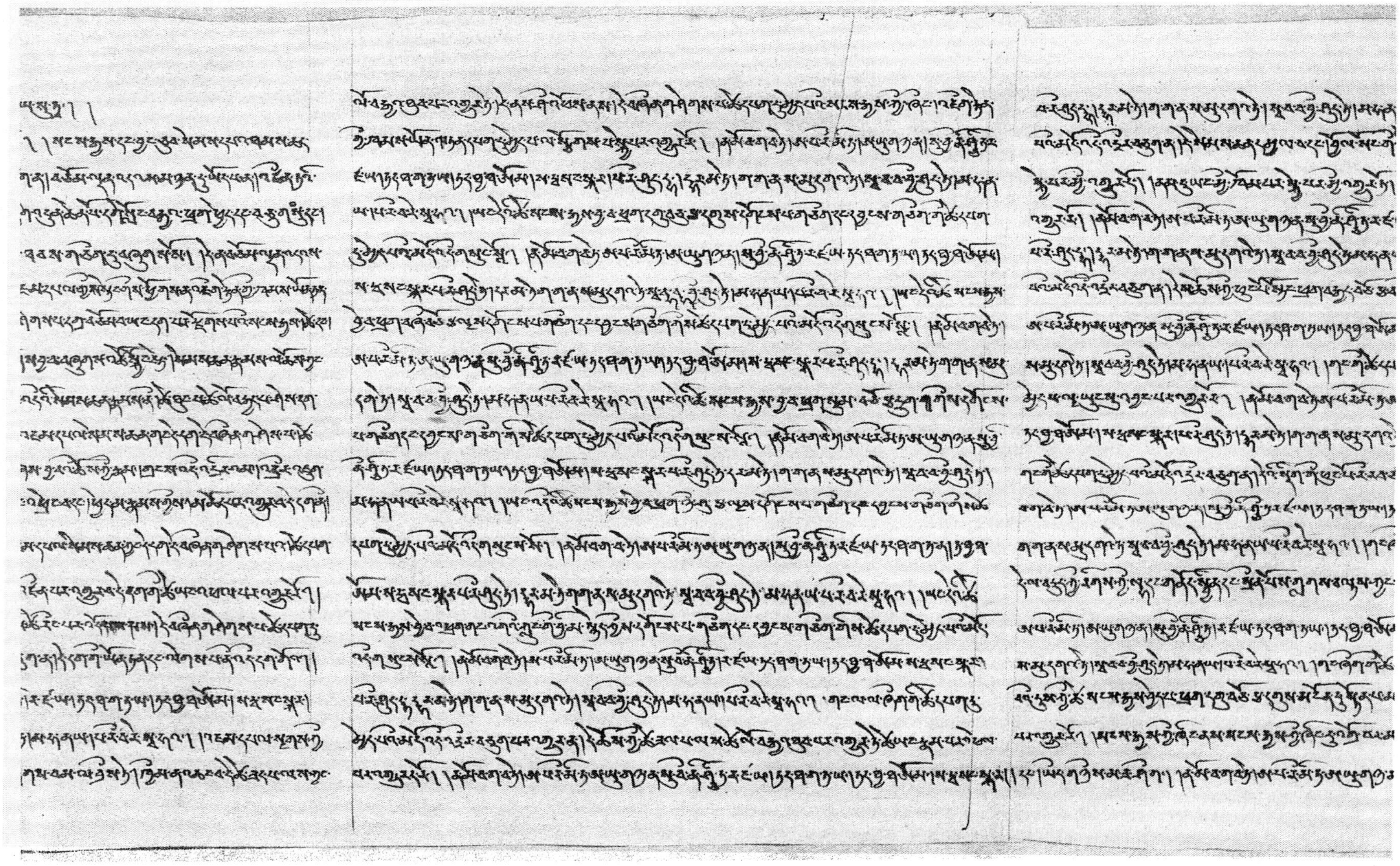

BD14238 號 3　藏文（無量壽宗要經甲本）　　　　　　　　　　（18–14）

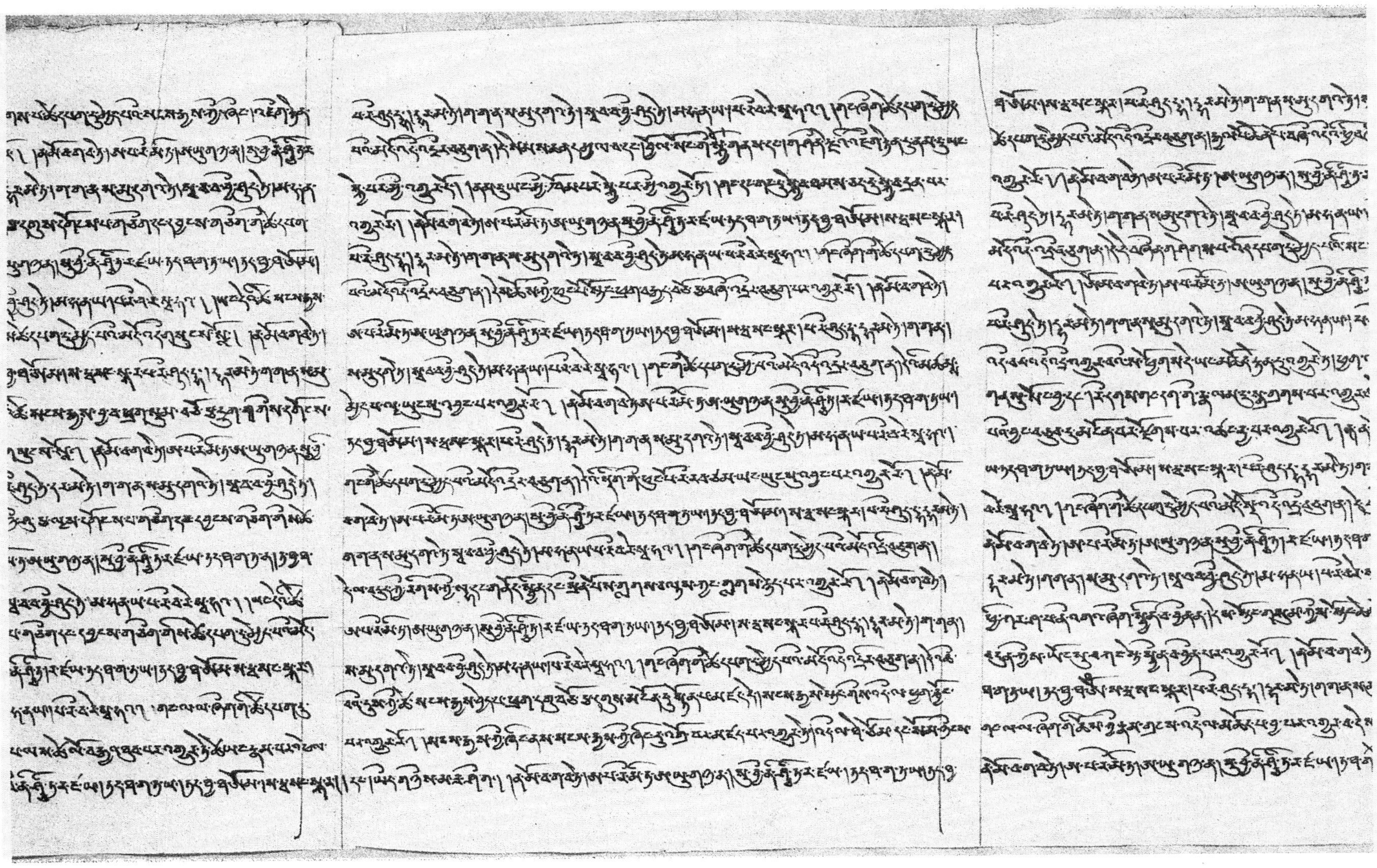

BD14238 號 3　藏文（無量壽宗要經甲本）　　（18–15）

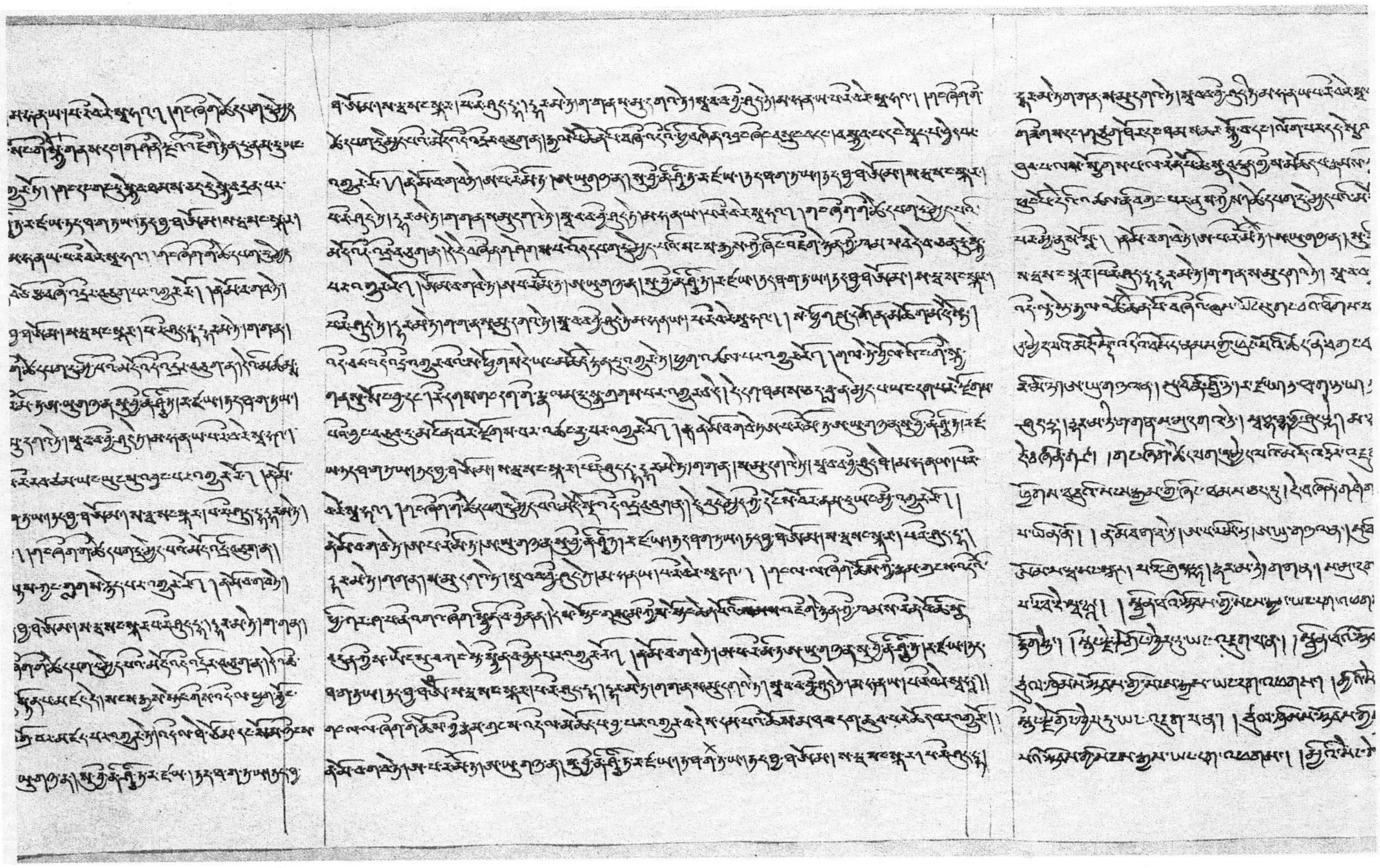

BD14238 號 3　藏文（無量壽宗要經甲本）　　（18–16）

BD14238號3 藏文（無量壽宗要經甲本）

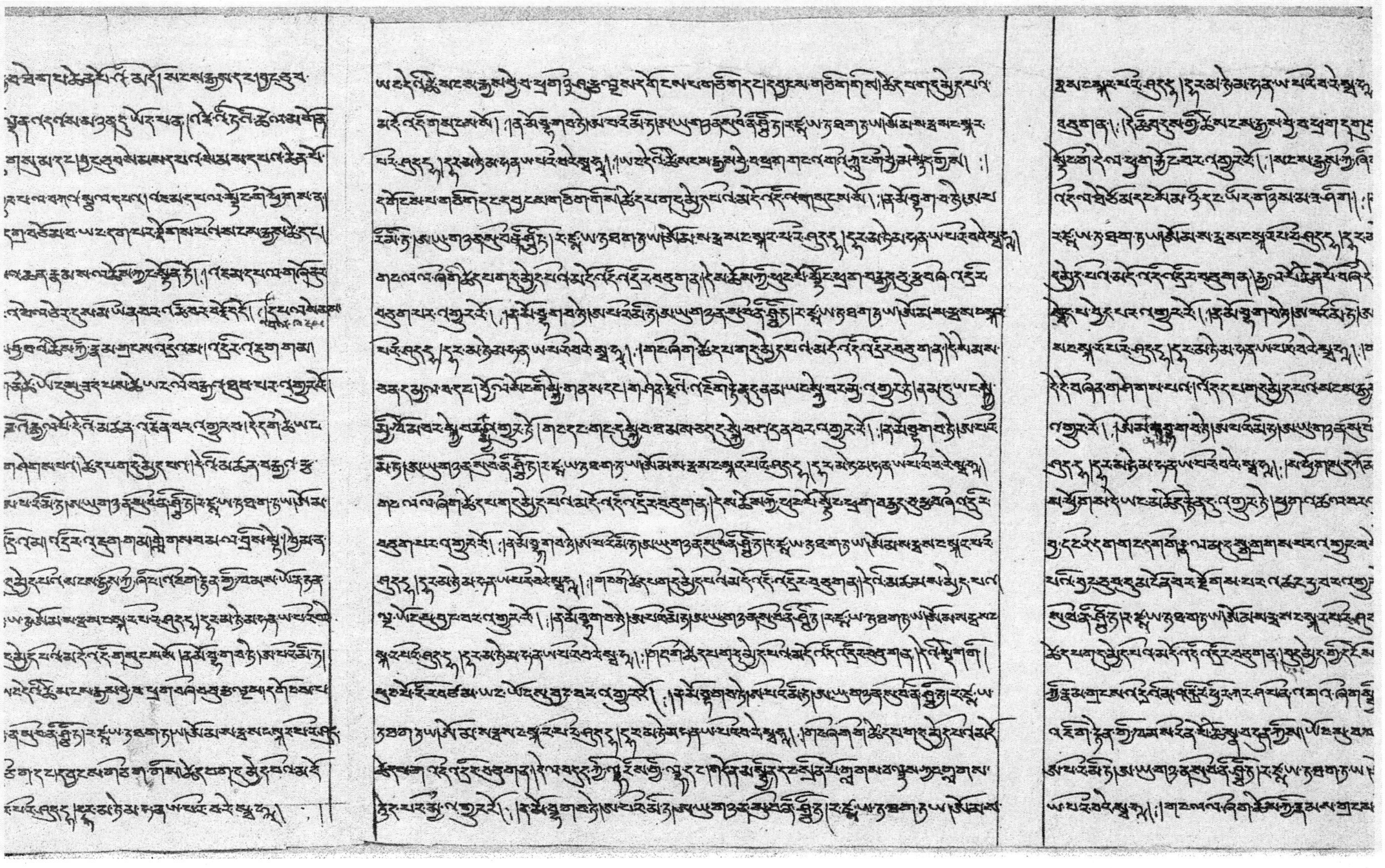

BD14239 號　藏文（無量壽宗要經乙本）　（6–3）

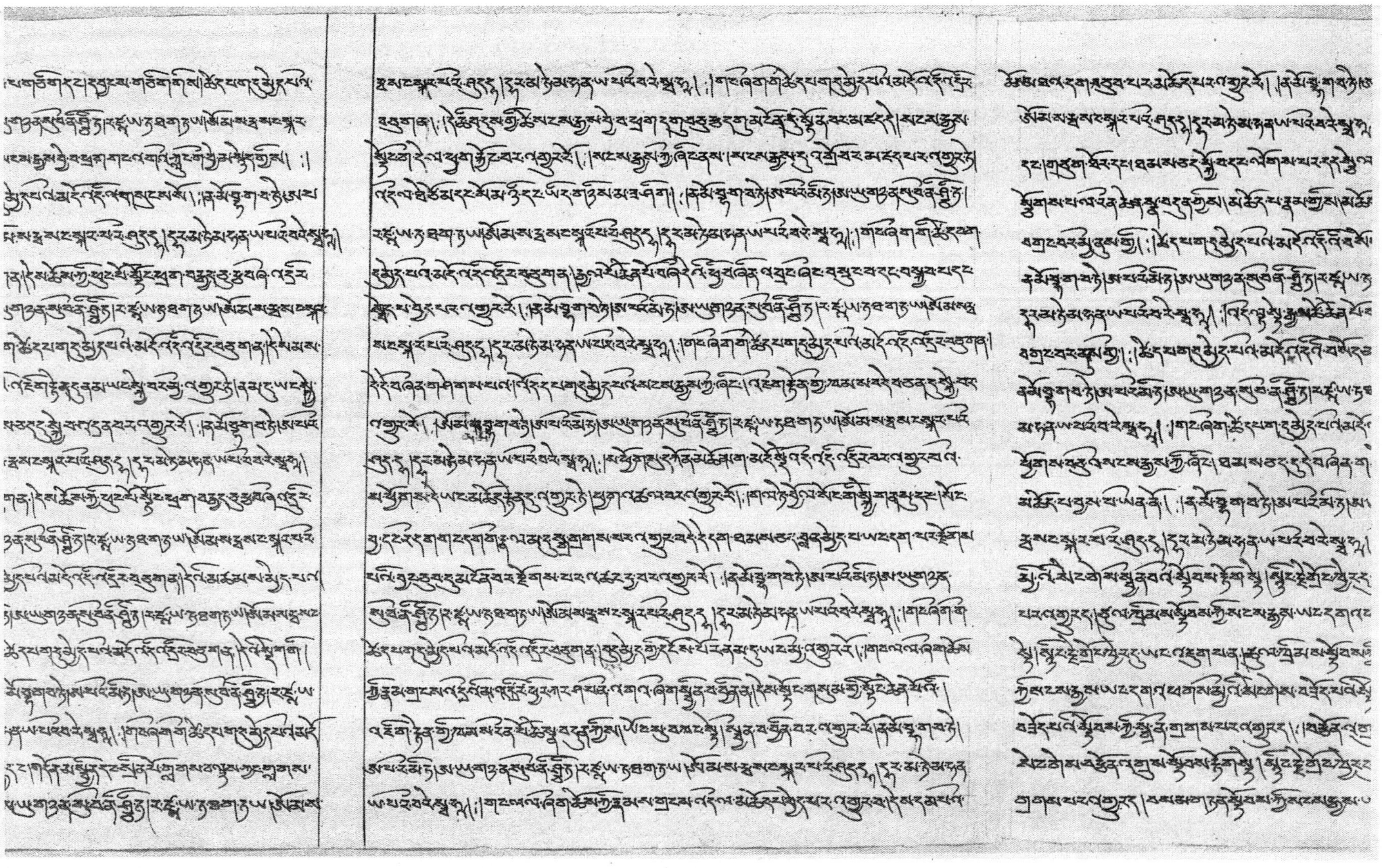

BD14239 號　藏文（無量壽宗要經乙本）　（6–4）

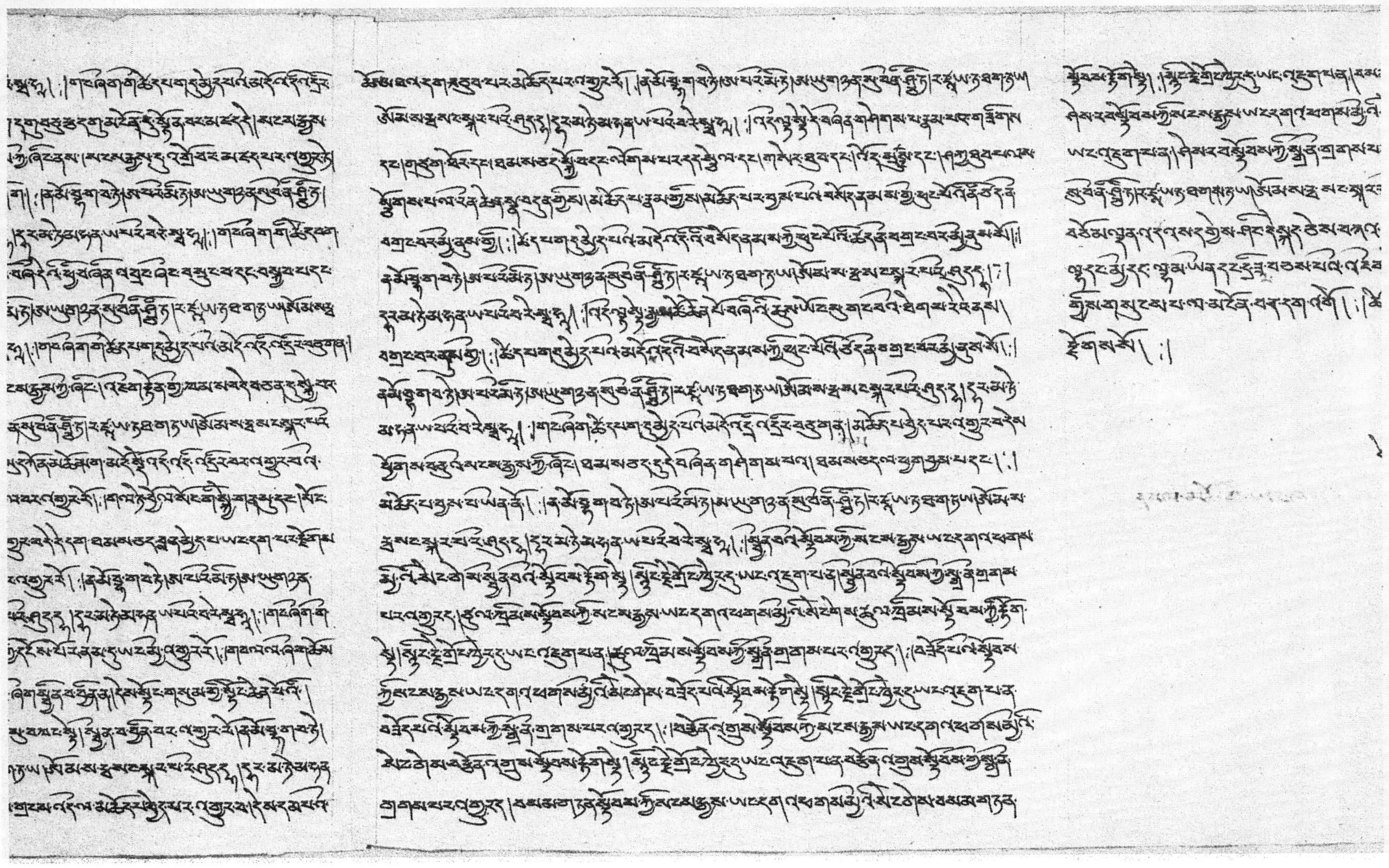

BD14239 號　藏文（無量壽宗要經乙本）　（6–5）

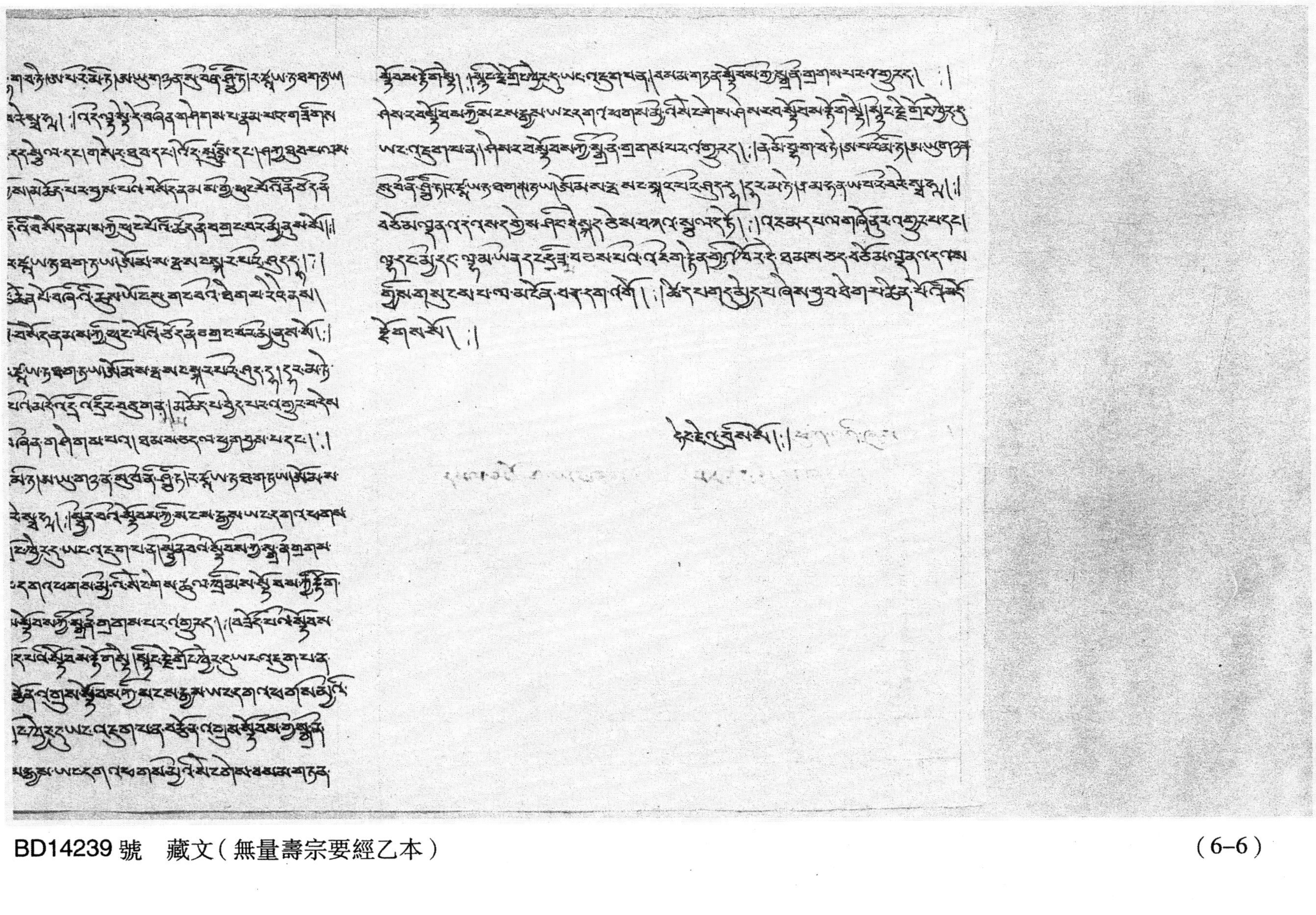

BD14239 號　藏文（無量壽宗要經乙本）　（6–6）

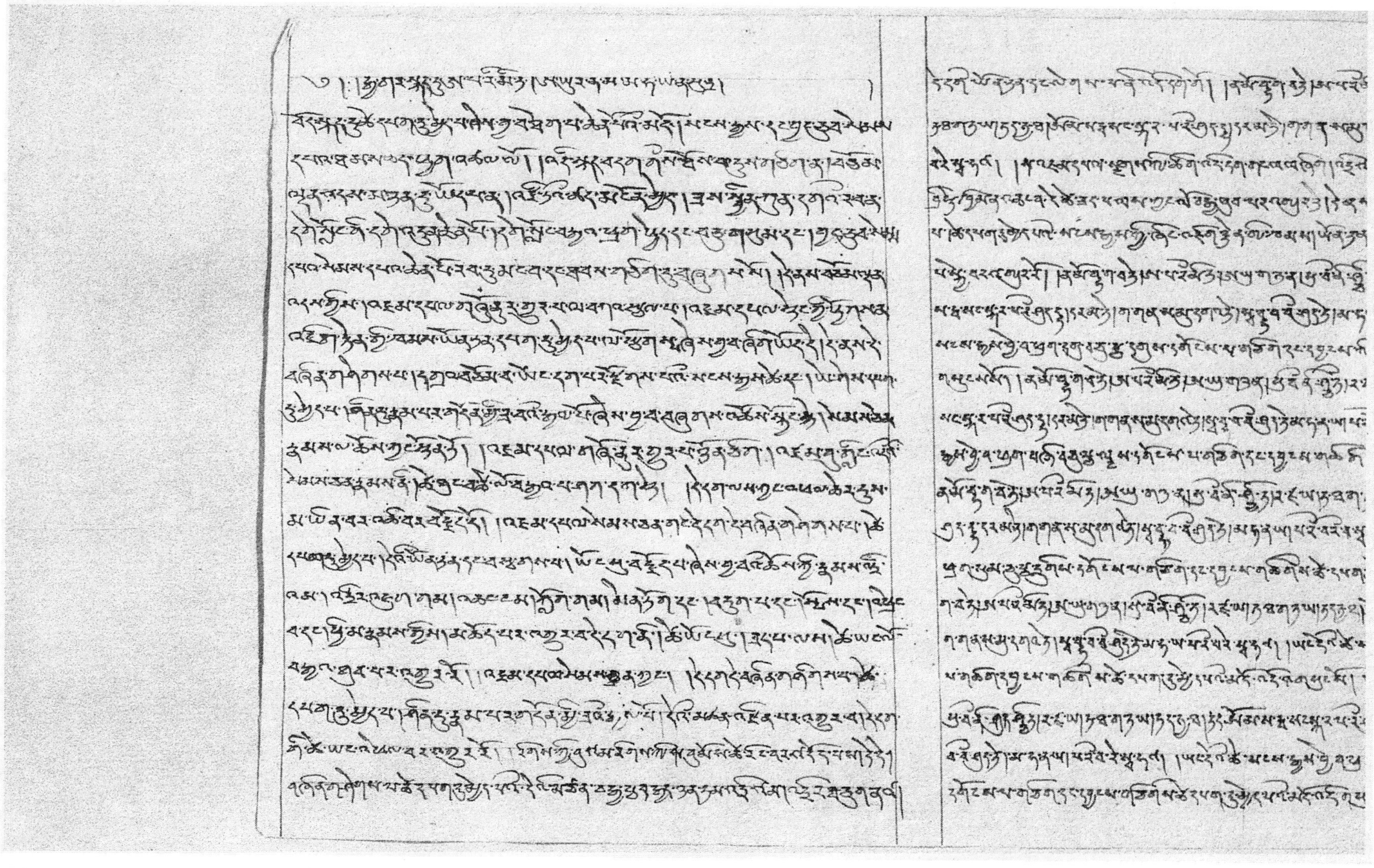

BD14240 號　藏文（無量壽宗要經甲本）　（6–1）

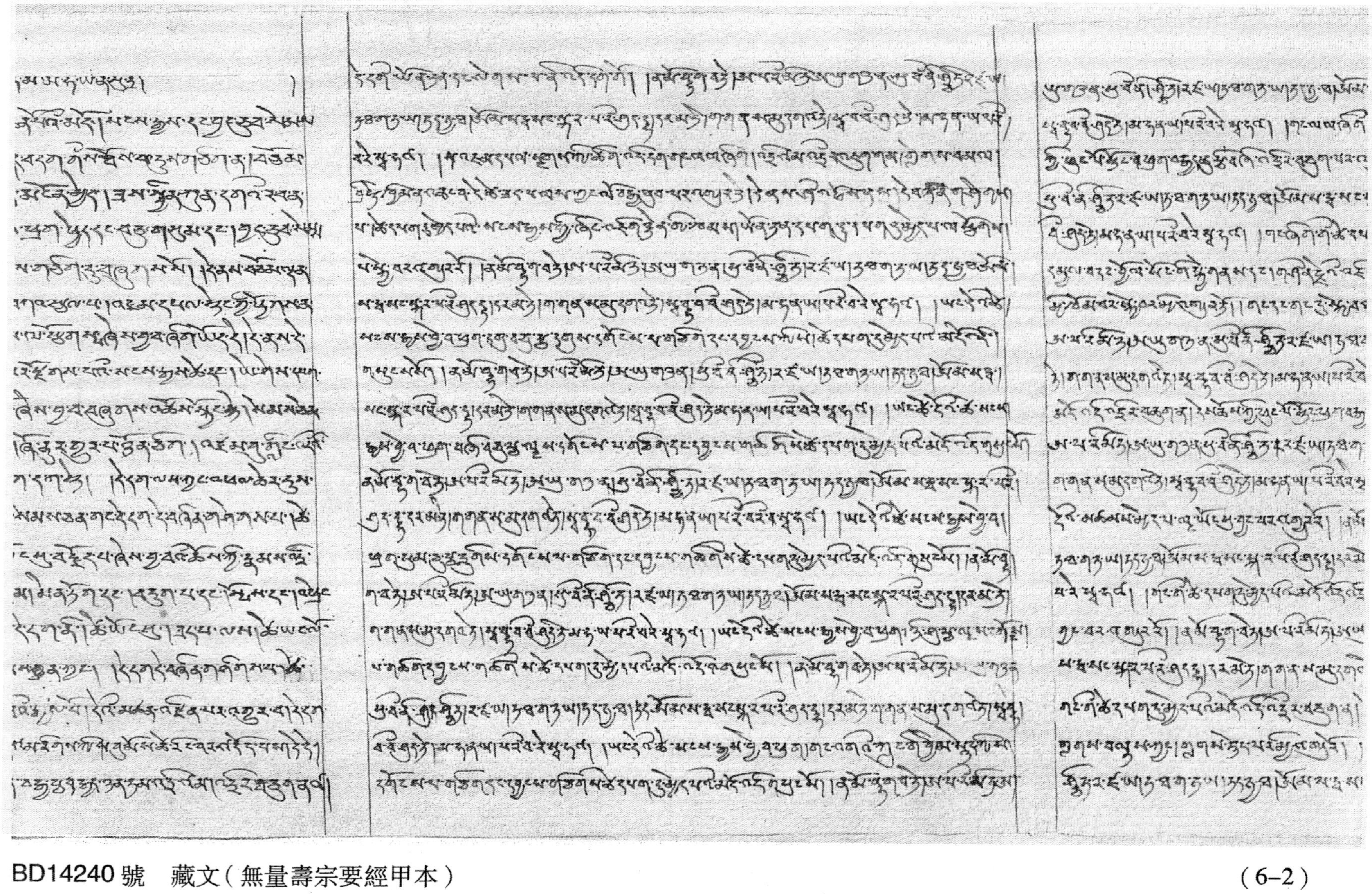

BD14240 號　藏文（無量壽宗要經甲本）　（6–2）

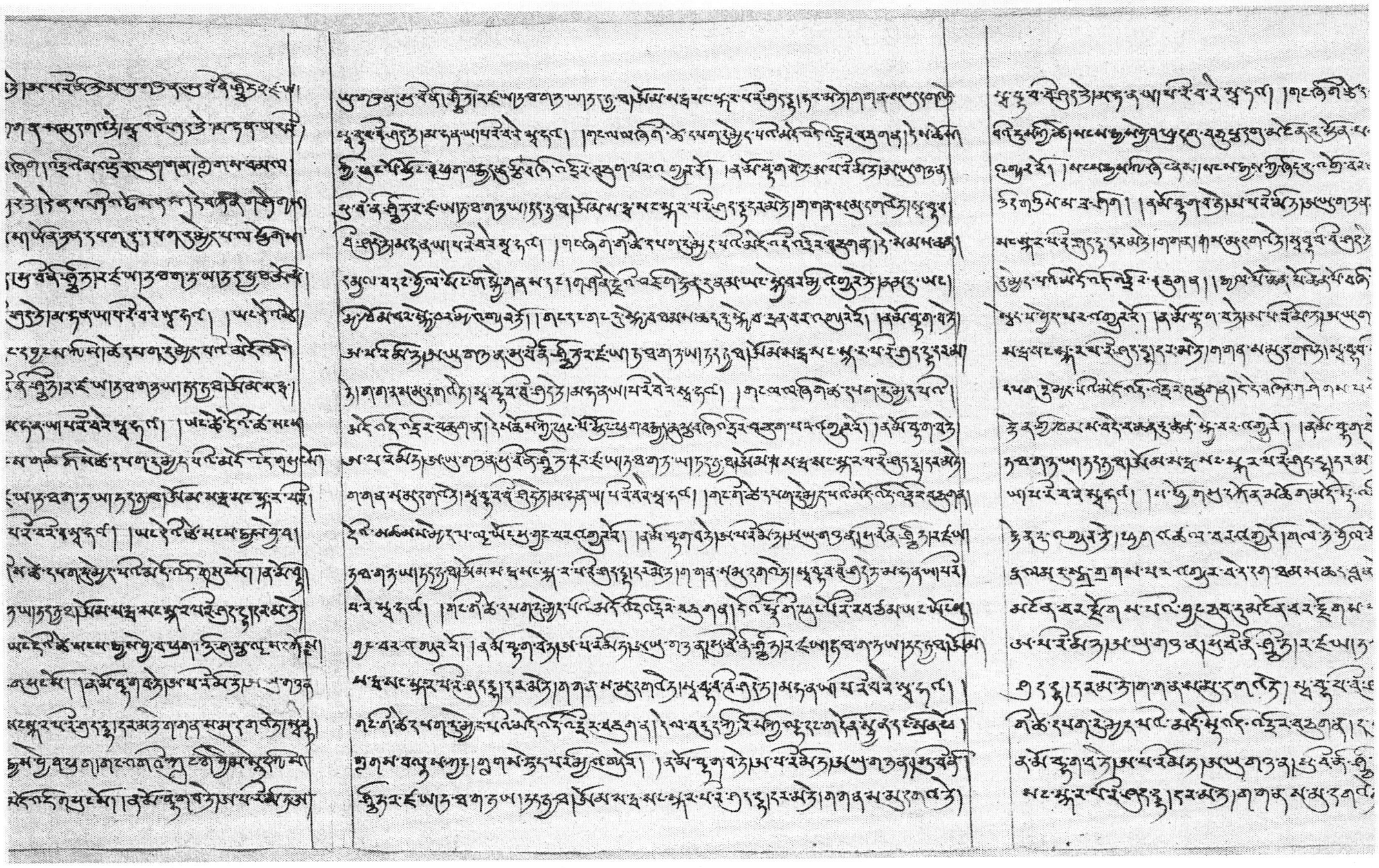

BD14240 號　藏文（無量壽宗要經甲本）　　（6–3）

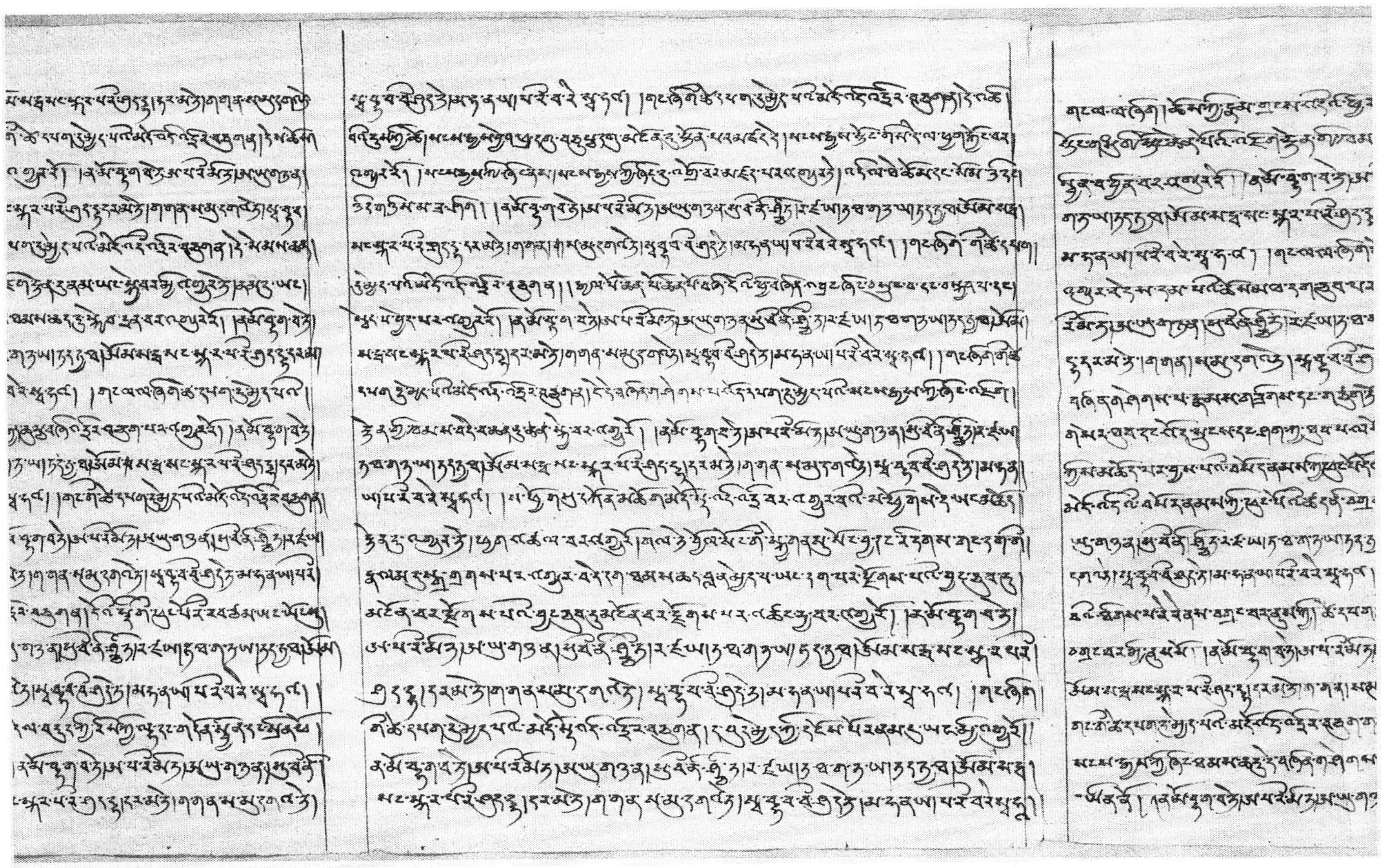

BD14240 號　藏文（無量壽宗要經甲本）　　（6–4）

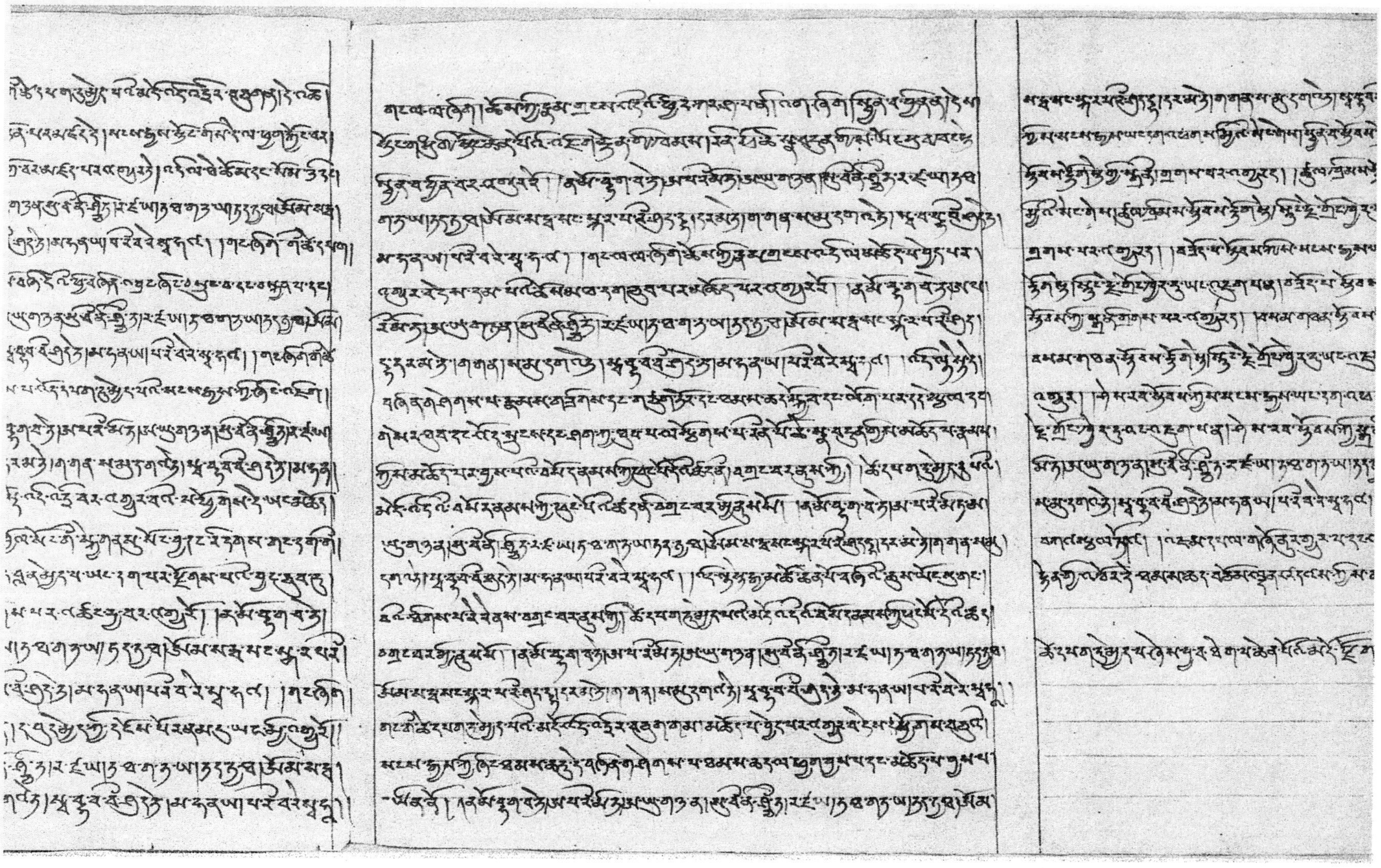

BD14240 號　藏文（無量壽宗要經甲本）　　（6–5）

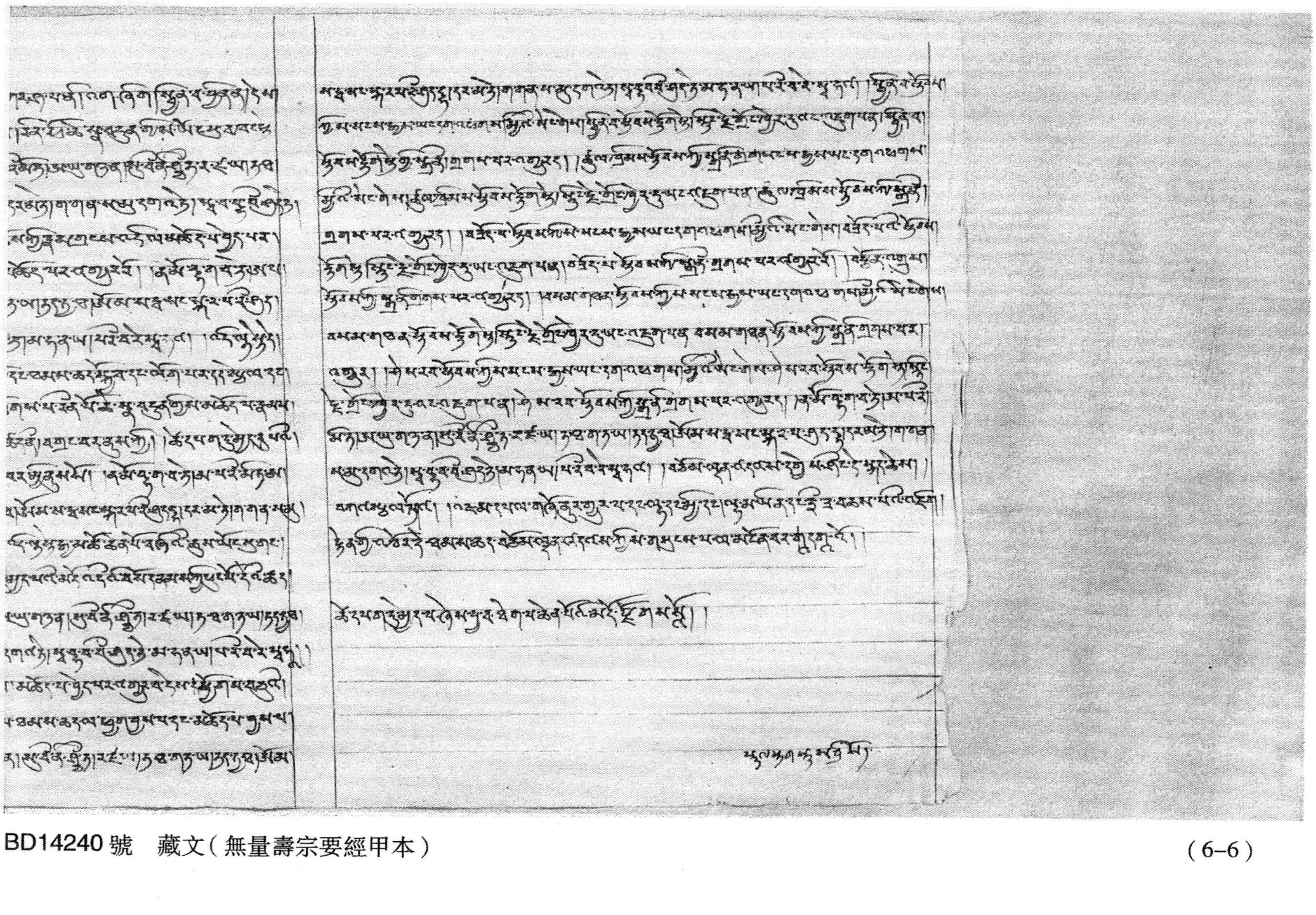

BD14240 號　藏文（無量壽宗要經甲本）　　（6–6）

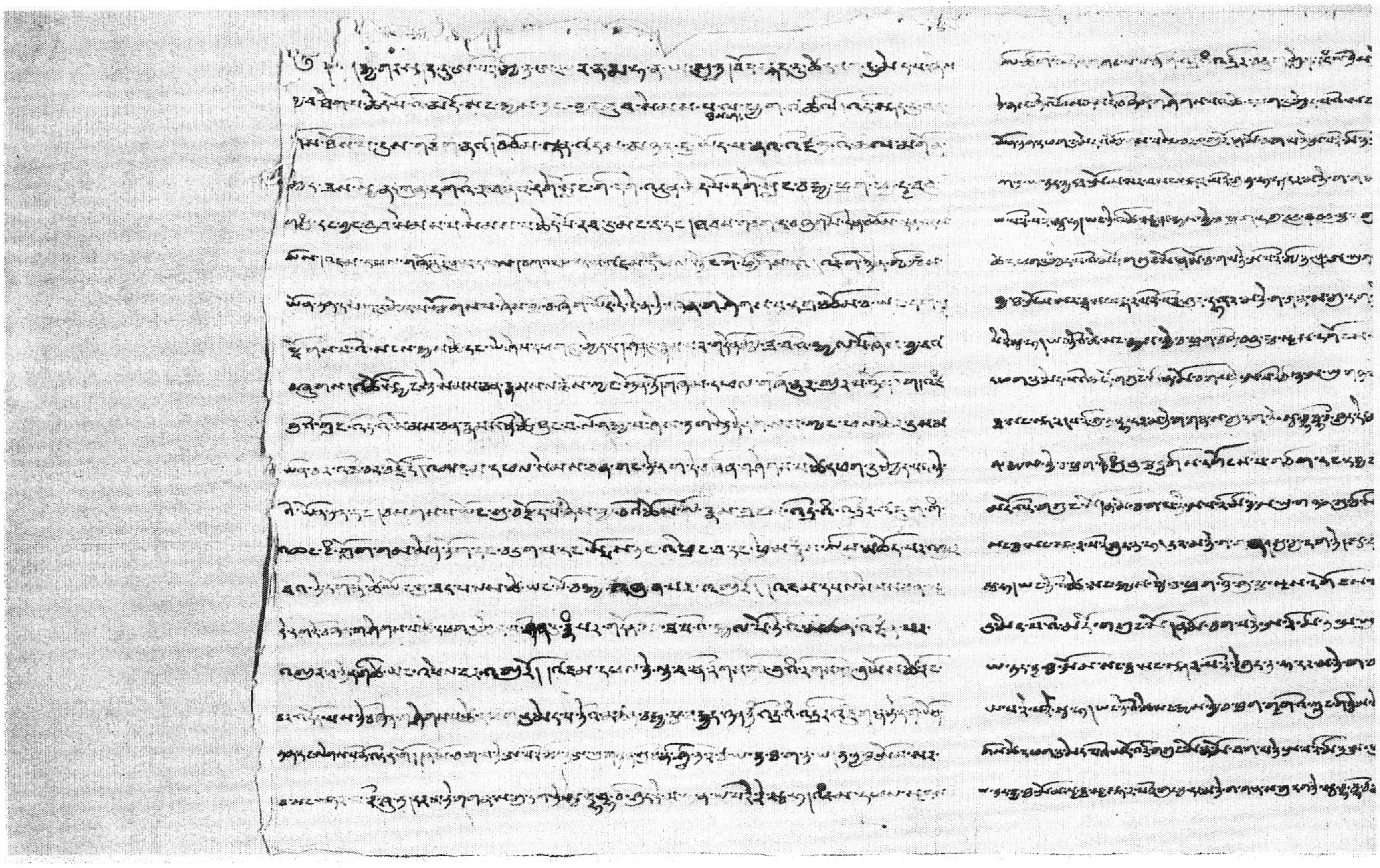

BD14241 號　藏文（無量壽宗要經甲本）　（6–1）

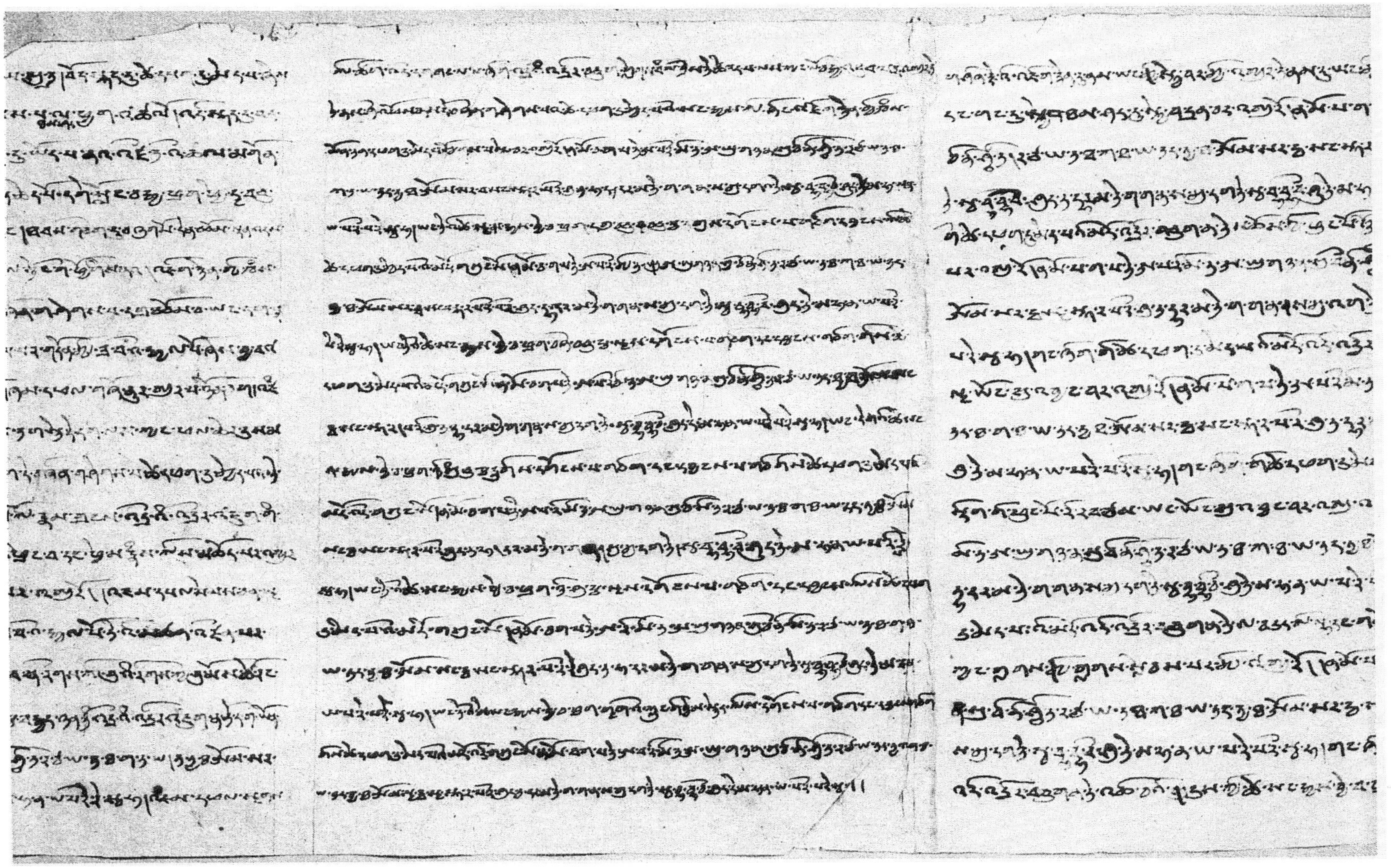

BD14241 號　藏文（無量壽宗要經甲本）　（6–2）

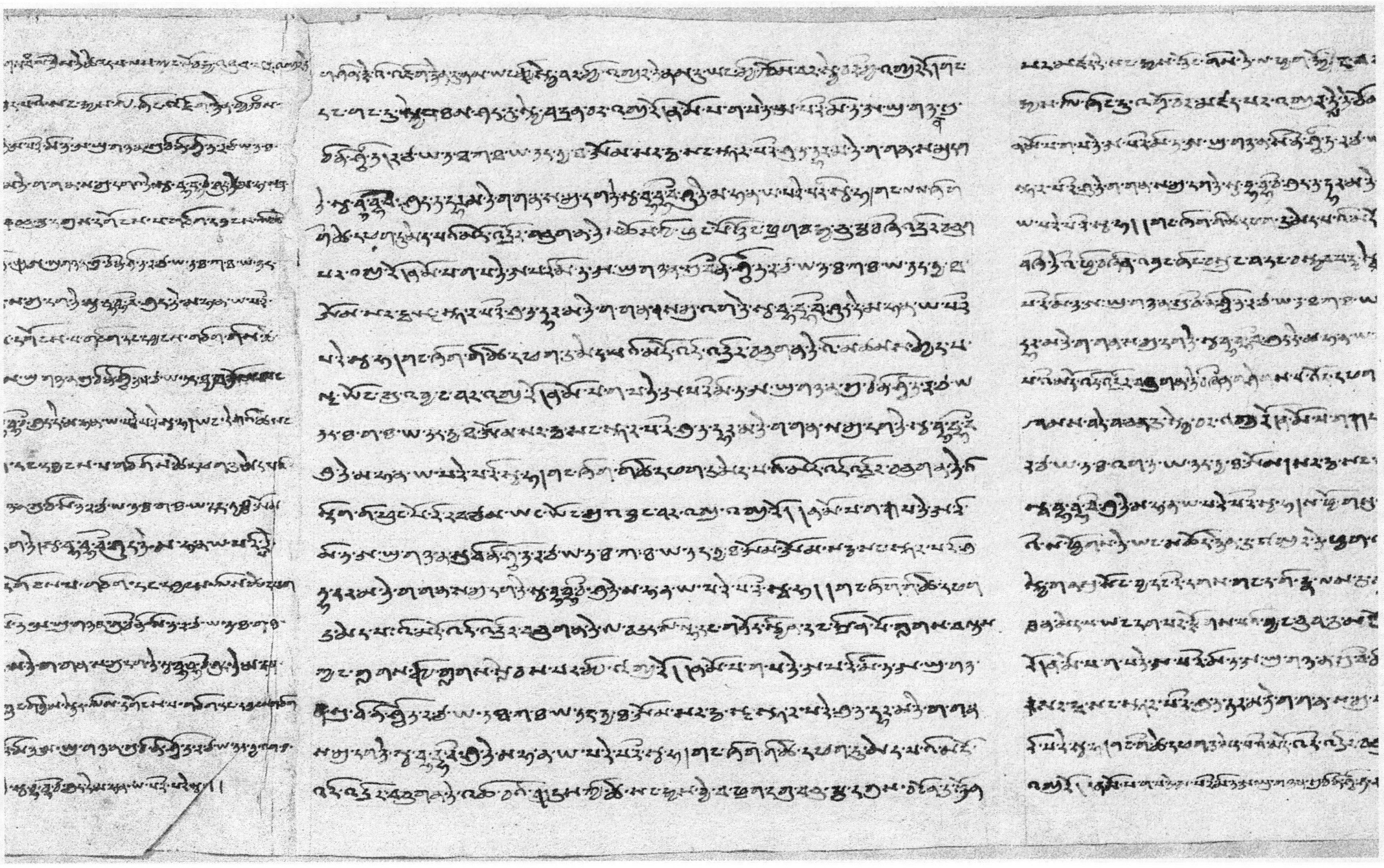

BD14241 號　藏文（無量壽宗要經甲本）　（6–3）

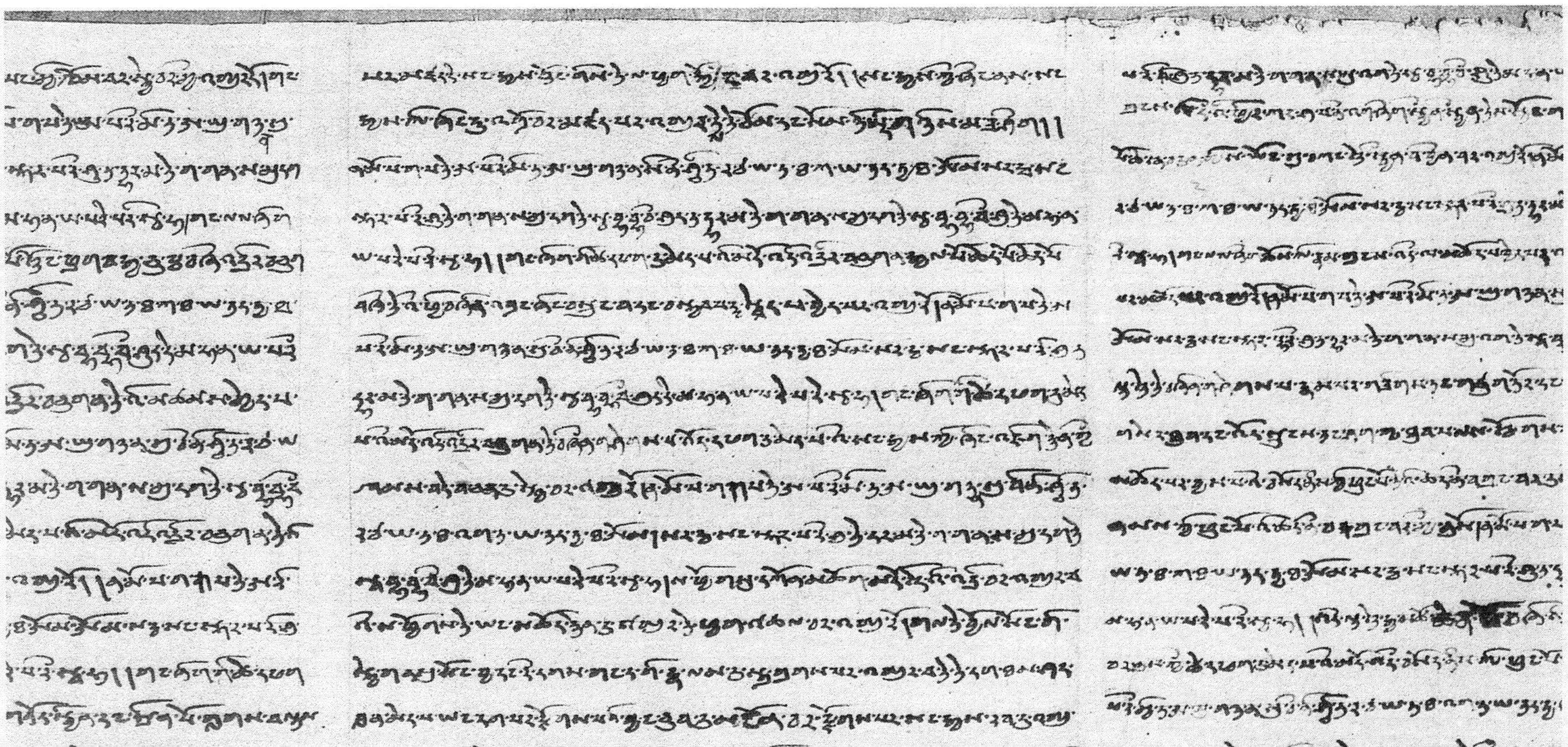

BD14241 號　藏文（無量壽宗要經甲本）　（6–4）

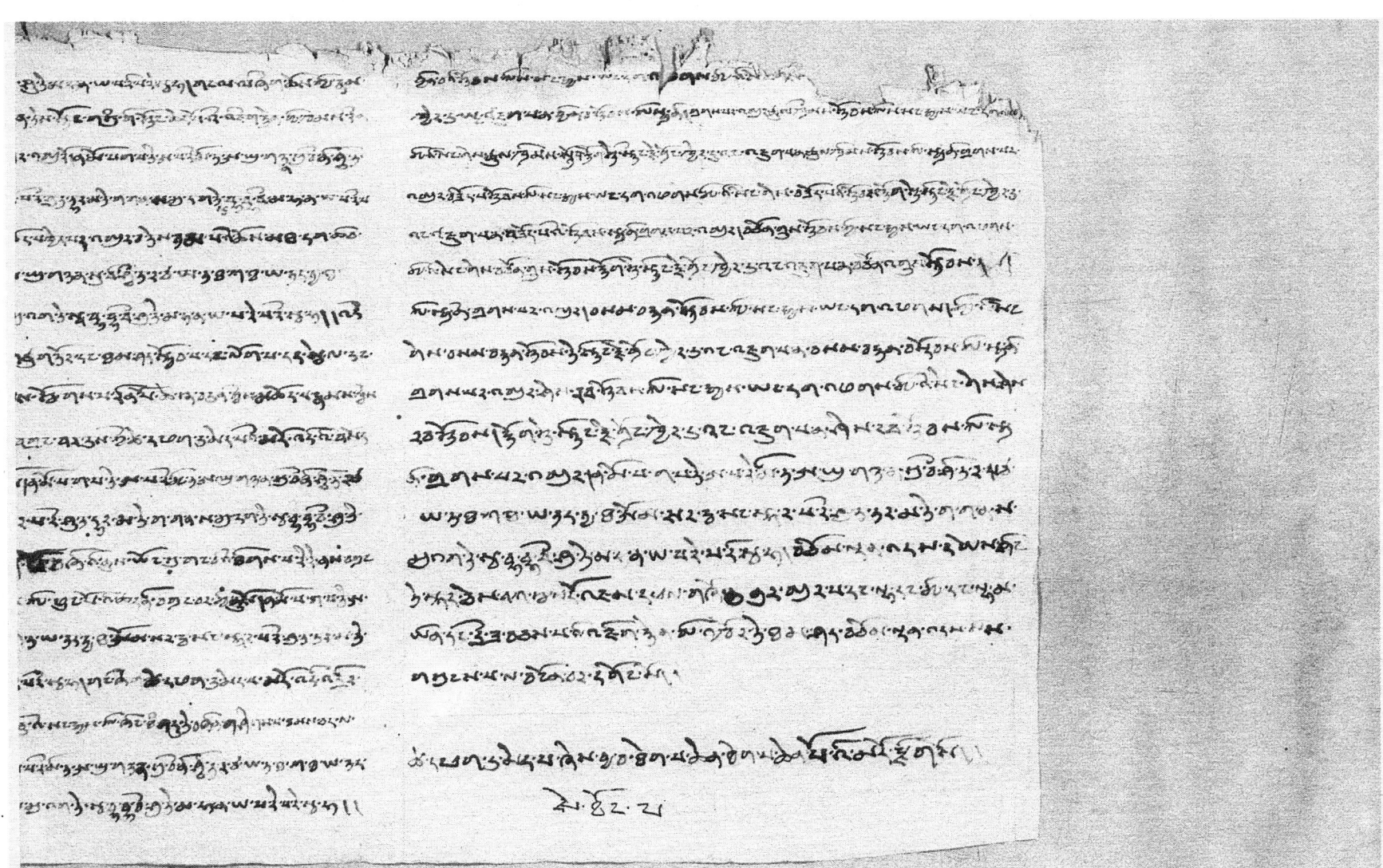

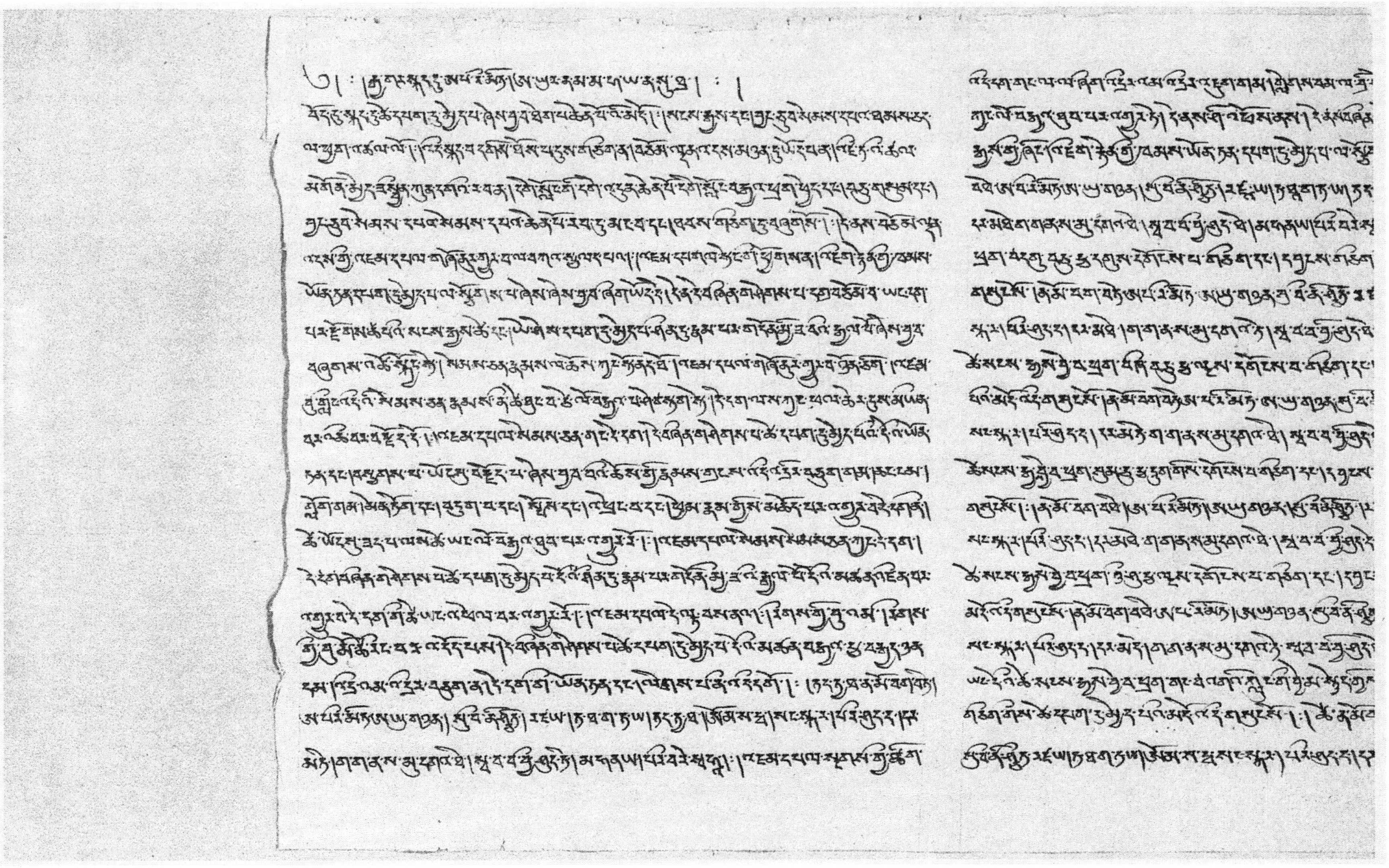

BD14242 號 1　藏文（無量壽宗要經甲本）　（12–1）

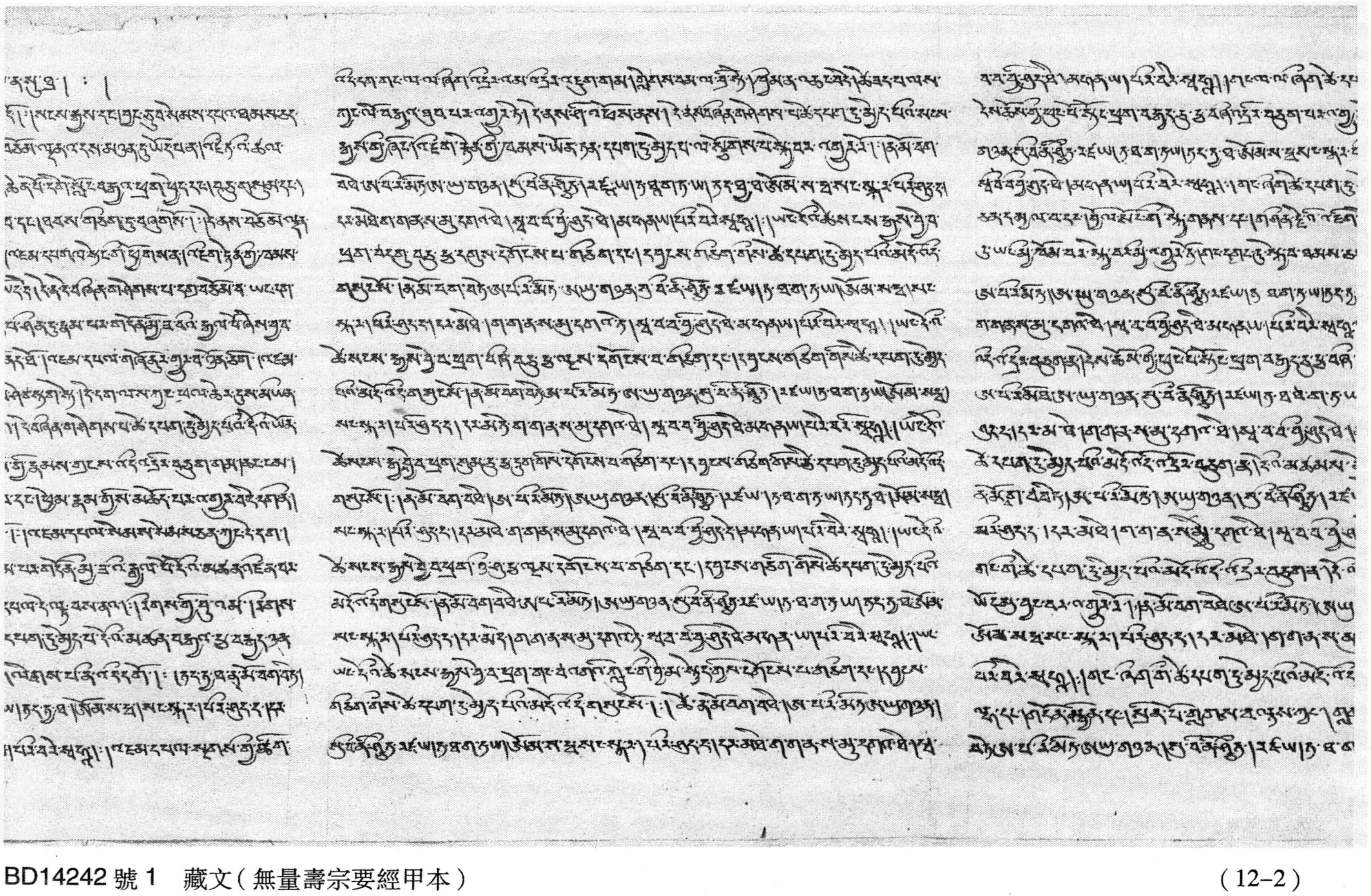

BD14242 號 1　藏文（無量壽宗要經甲本）　（12–2）

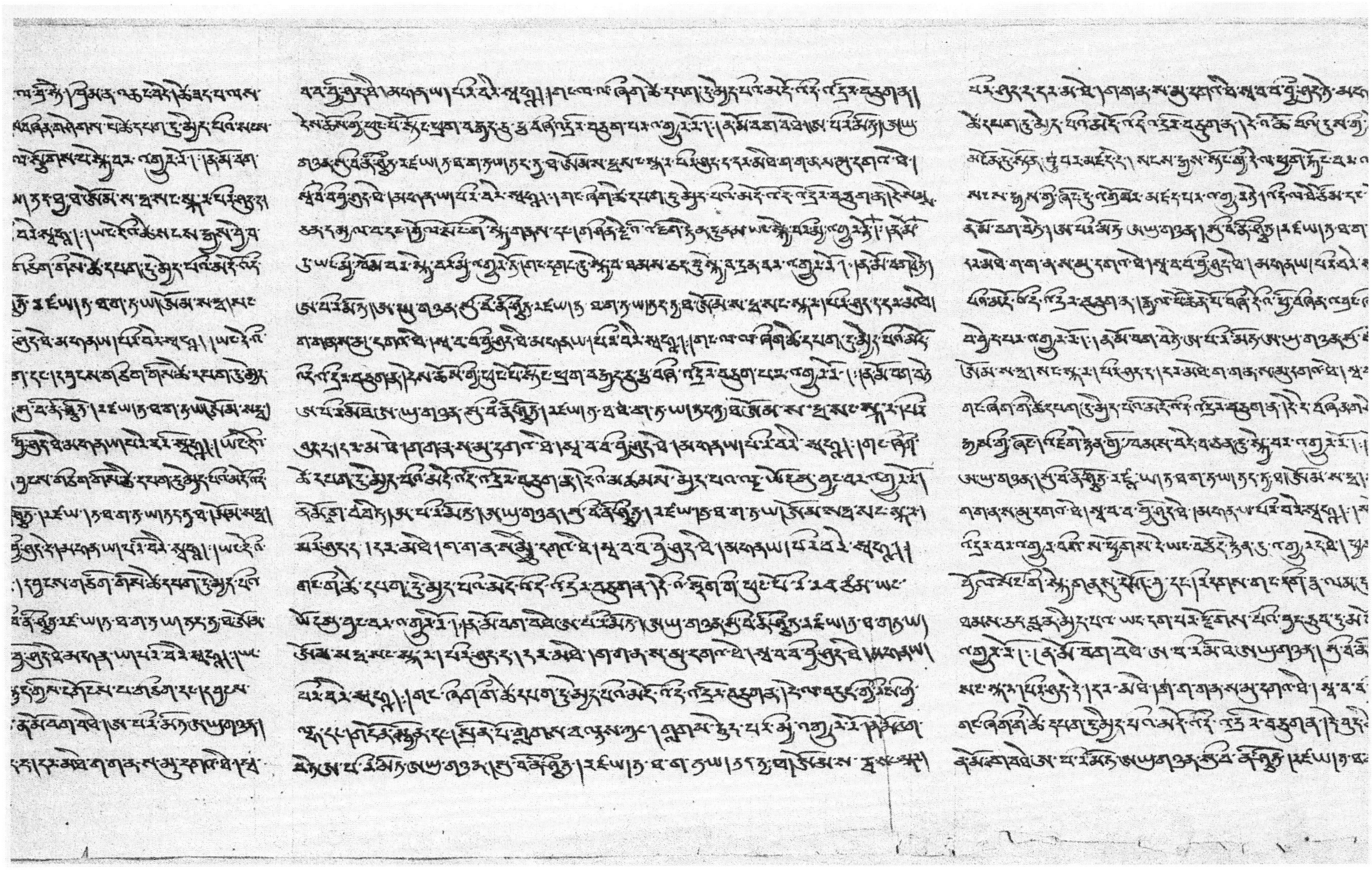

BD14242 號 1　藏文（無量壽宗要經甲本）　（12–3）

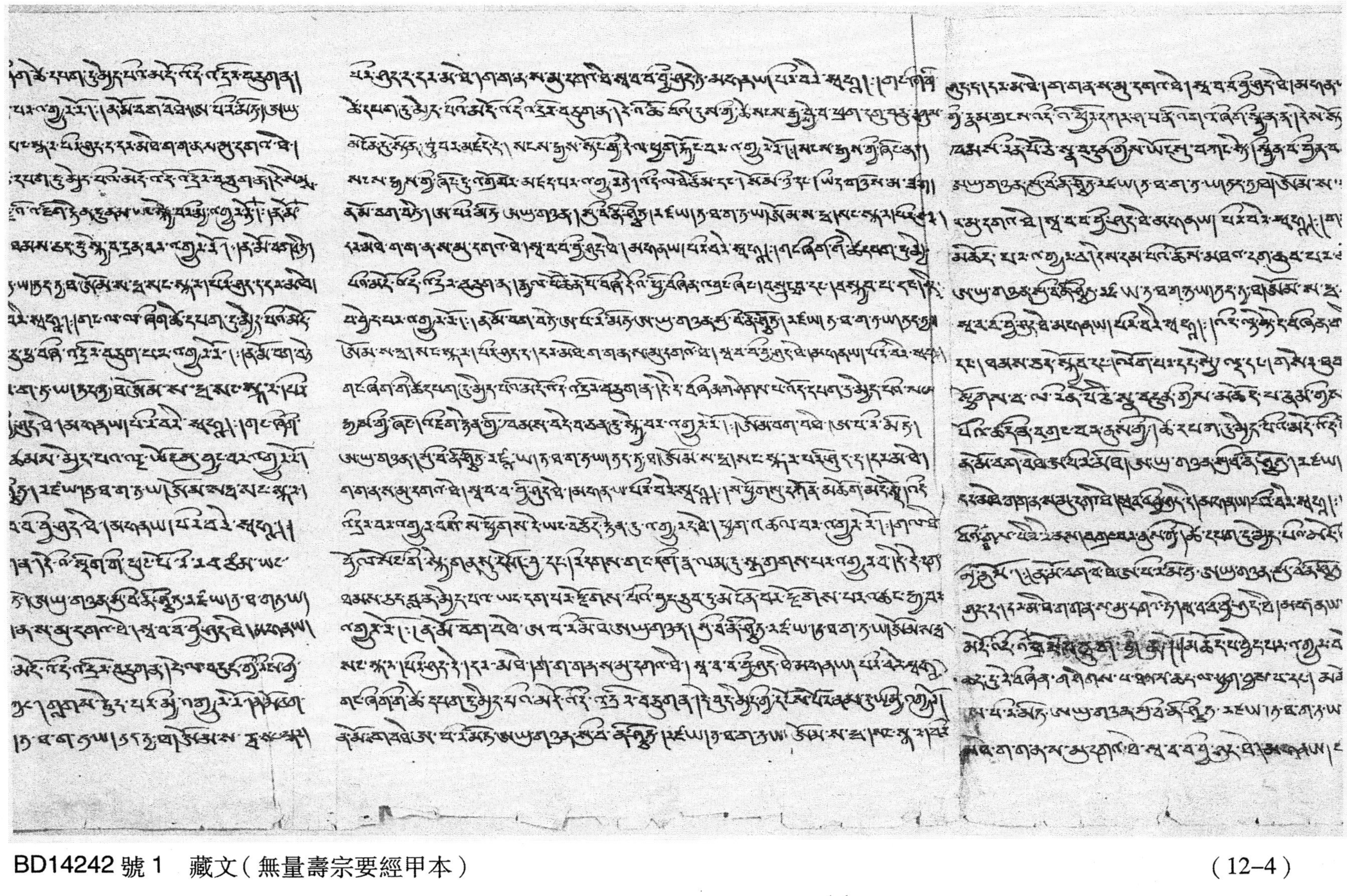

BD14242 號 1　藏文（無量壽宗要經甲本）　（12–4）

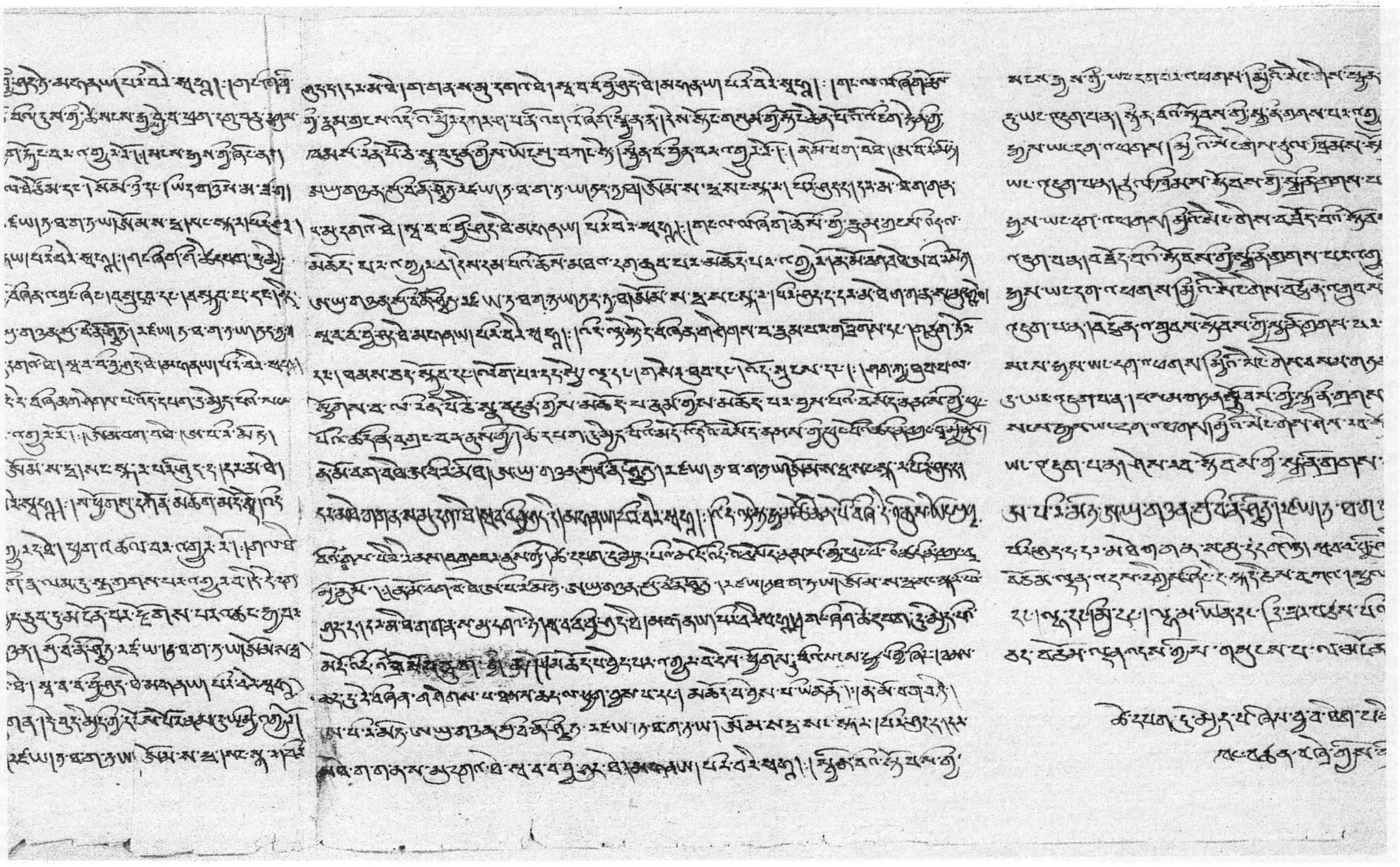

BD14242 號 1　藏文（無量壽宗要經甲本）　（12–5）

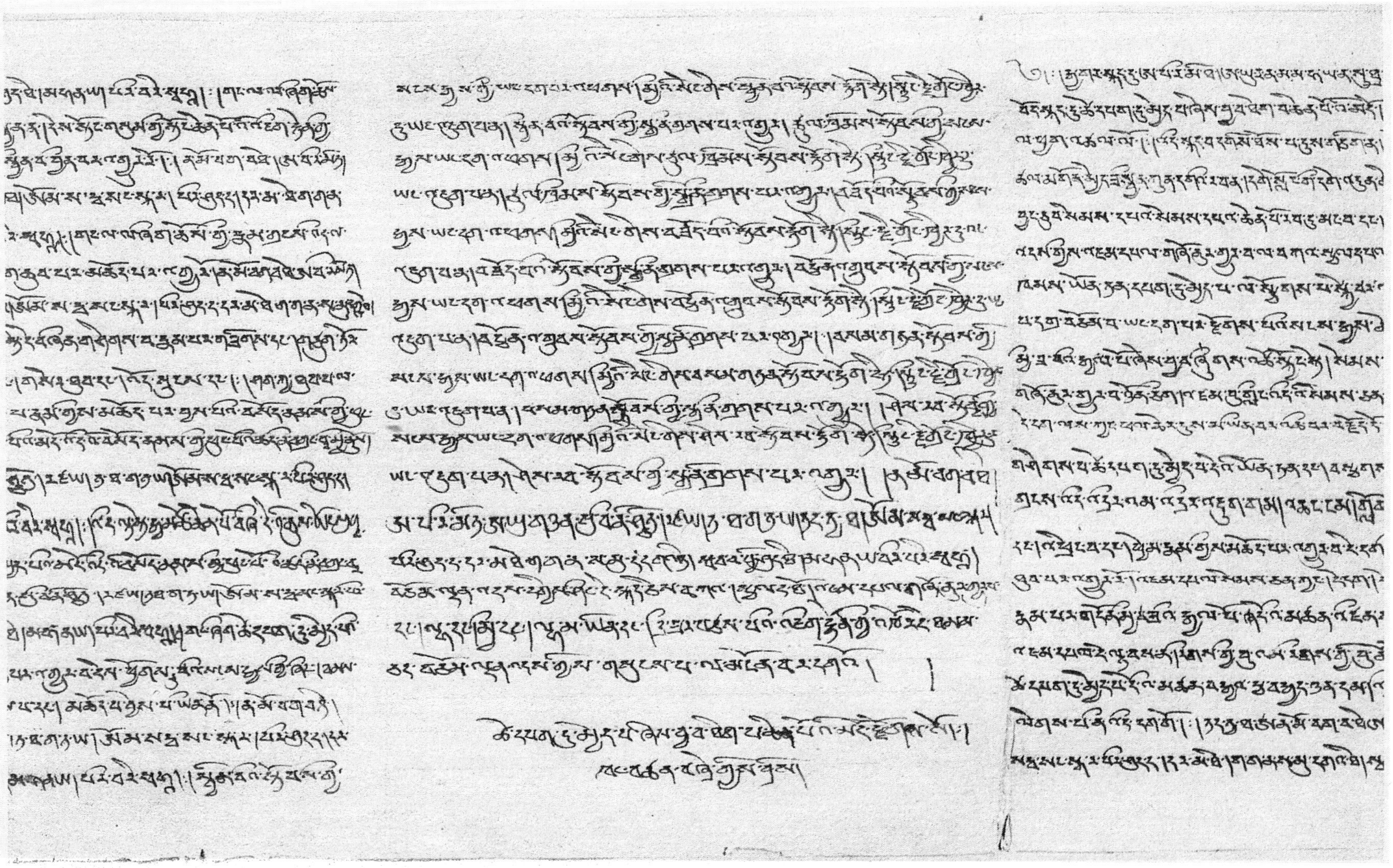

BD14242 號 1　藏文（無量壽宗要經甲本）　（12–6）

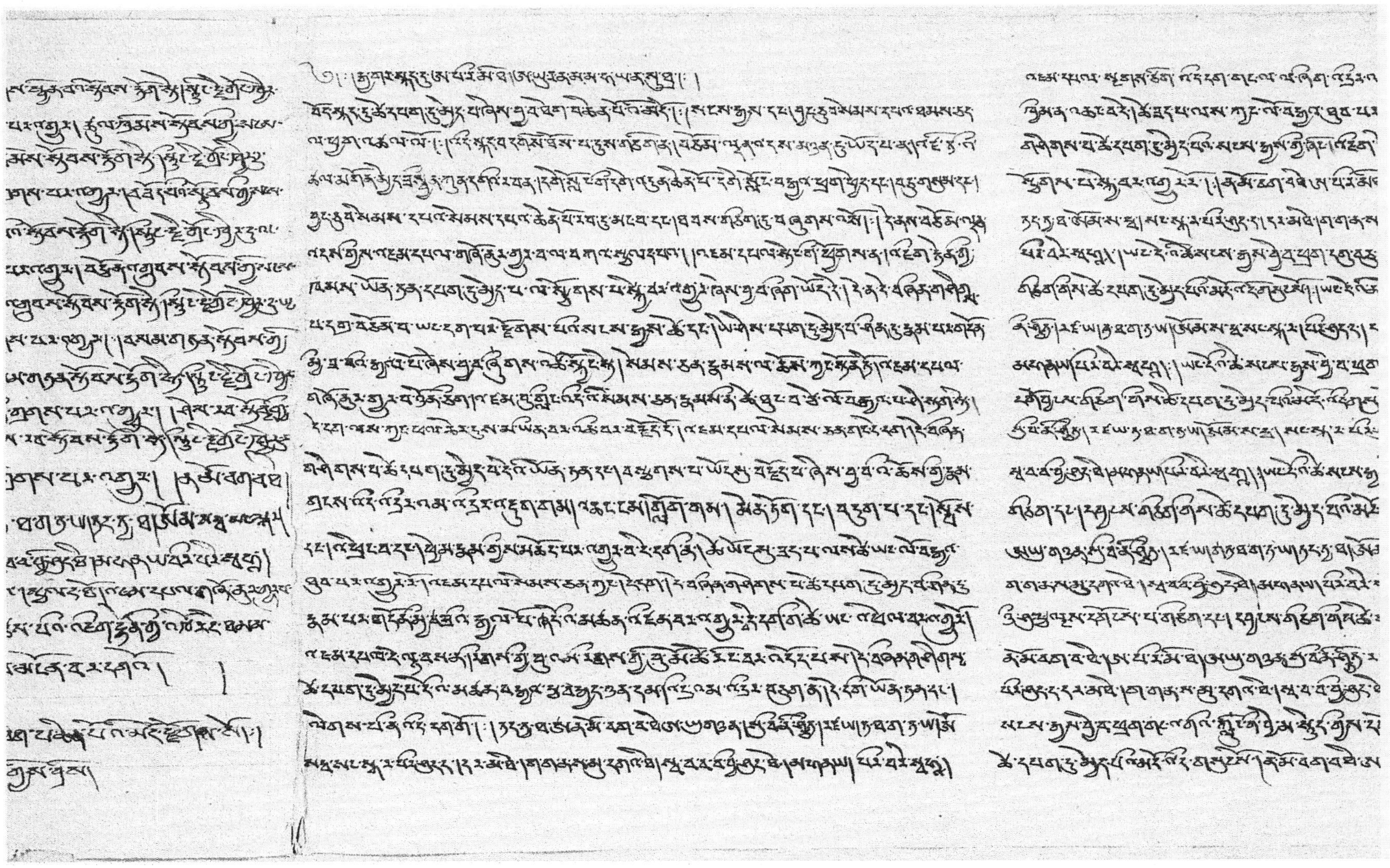

BD14242 號 2　藏文（無量壽宗要經甲本）　（12–7）

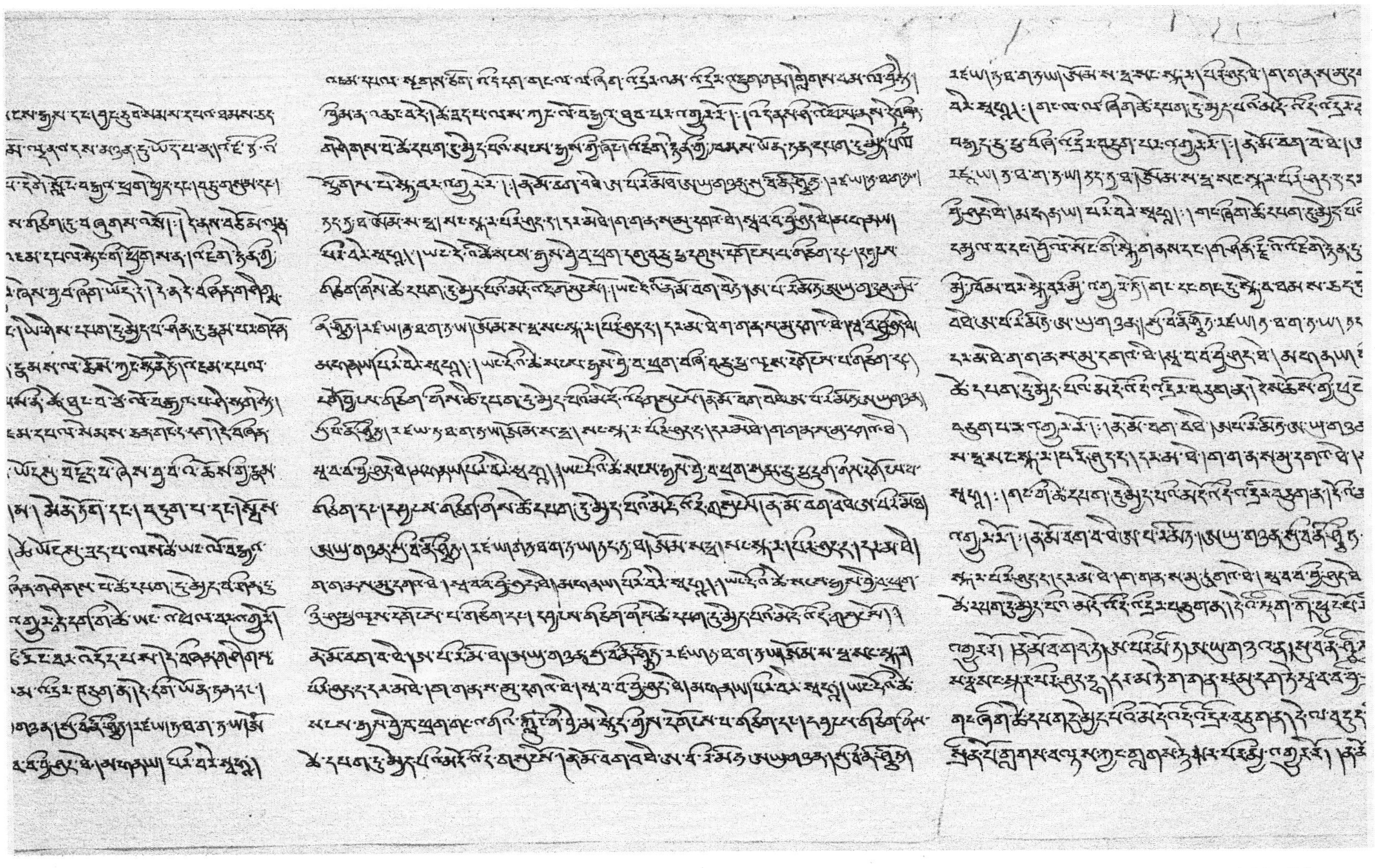

BD14242 號 2　藏文（無量壽宗要經甲本）　（12–8）

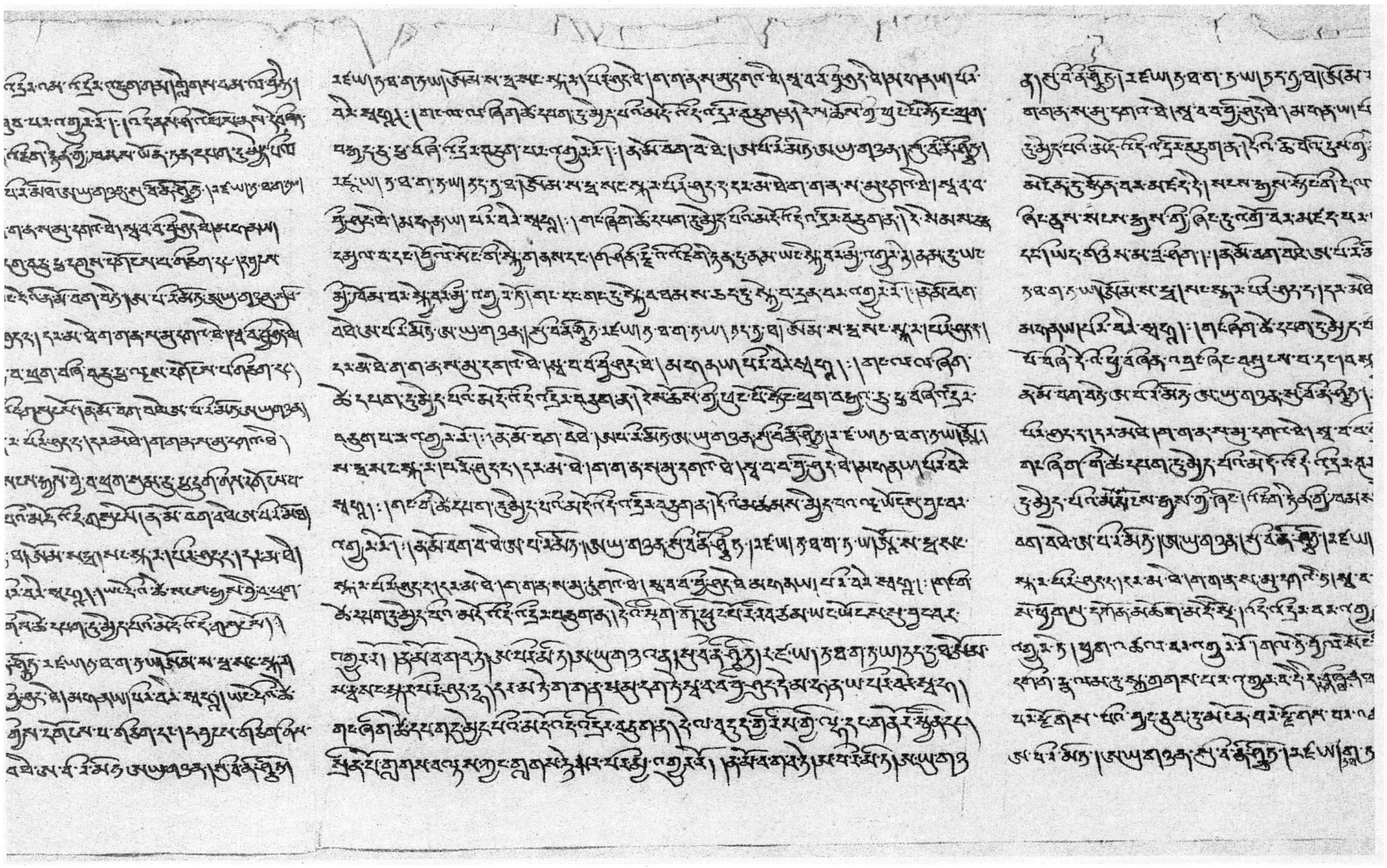

BD14242 號 2　藏文（無量壽宗要經甲本）　　（12–9）

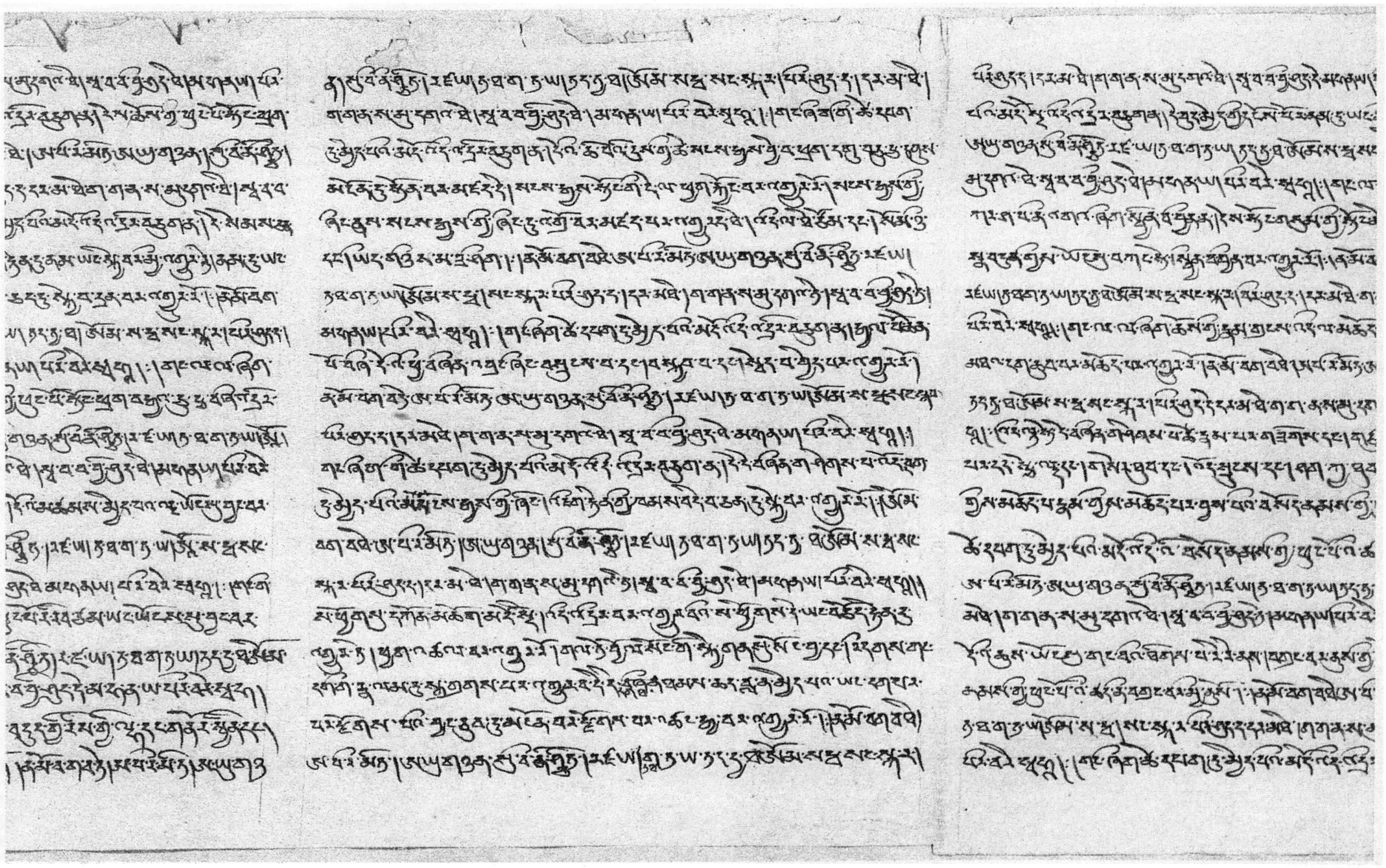

BD14242 號 2　藏文（無量壽宗要經甲本）　　（12–10）

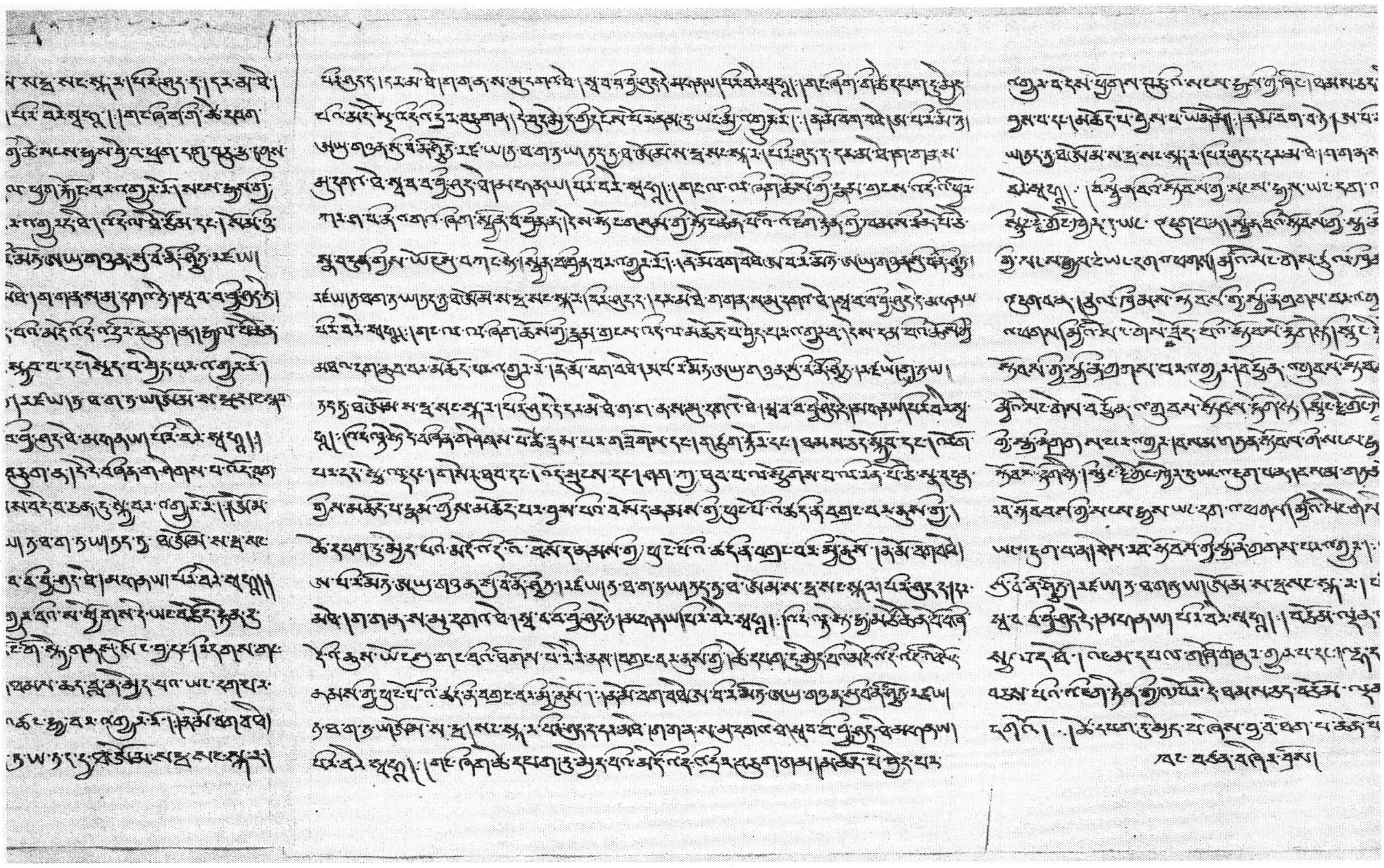

BD14242 號 2　藏文（無量壽宗要經甲本）　　（12–11）

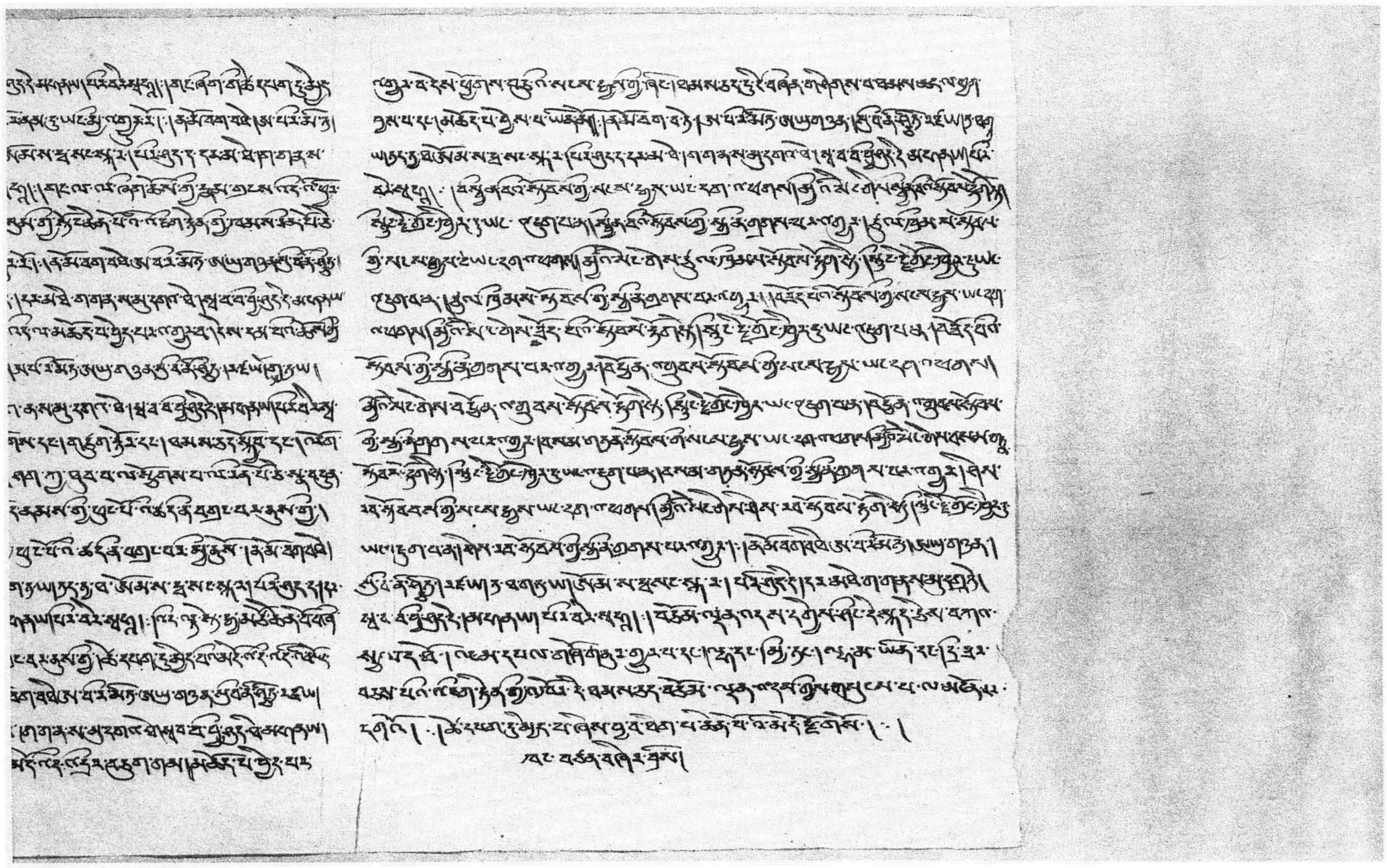

BD14242 號 2　藏文（無量壽宗要經甲本）　　（12–12）

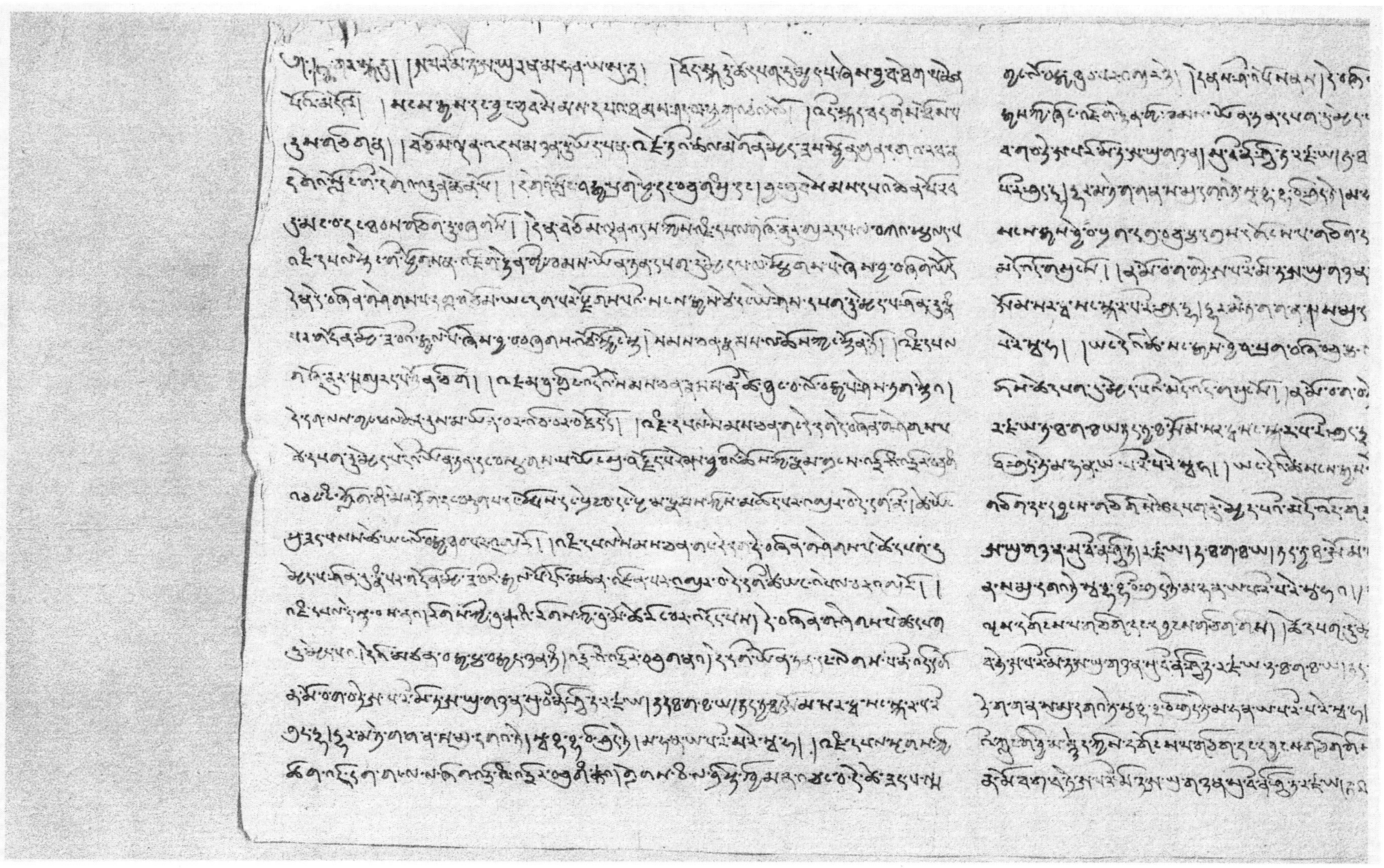

BD14243 號　藏文（無量壽宗要經甲本）　　（6–1）

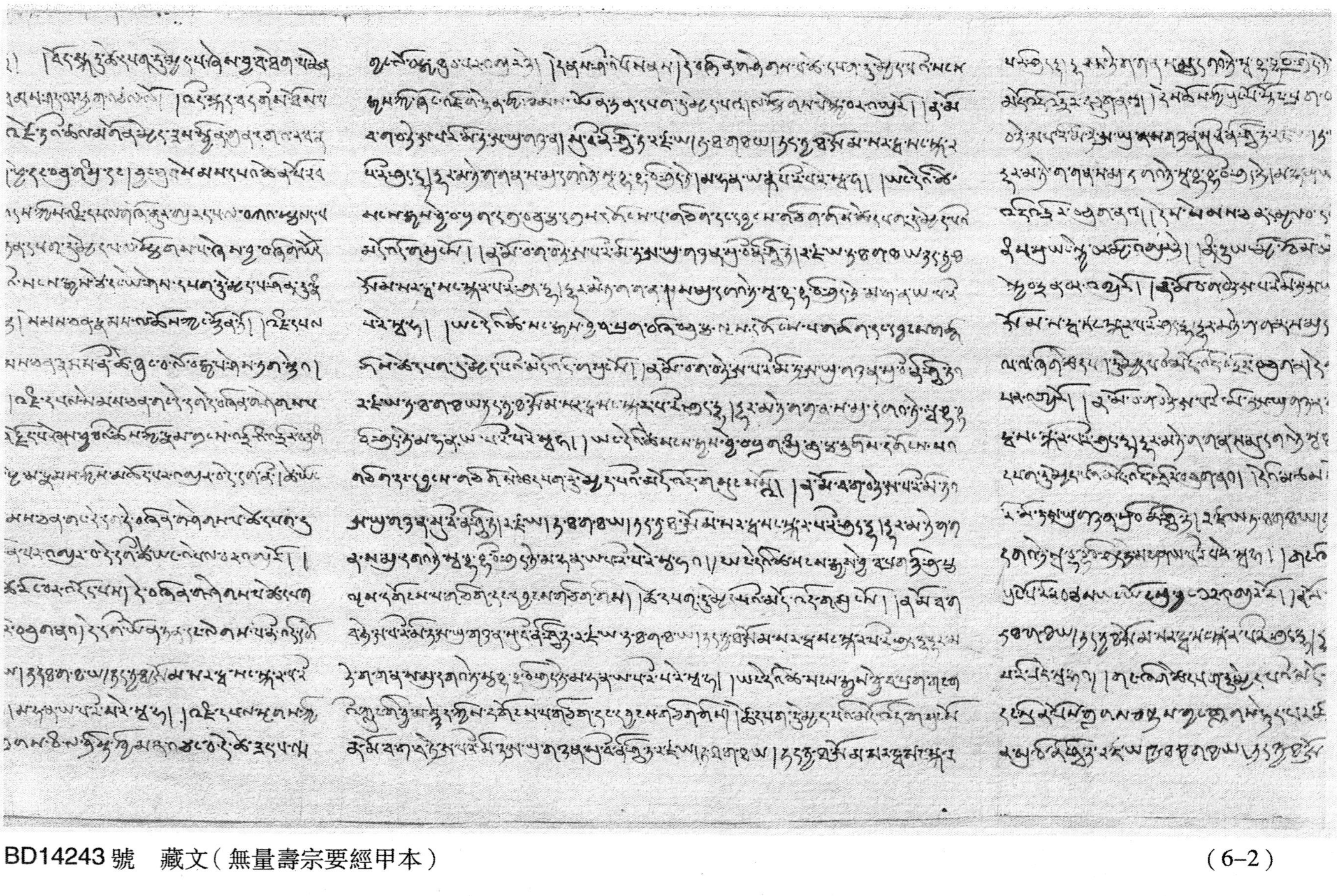

BD14243 號　藏文（無量壽宗要經甲本）　　（6–2）

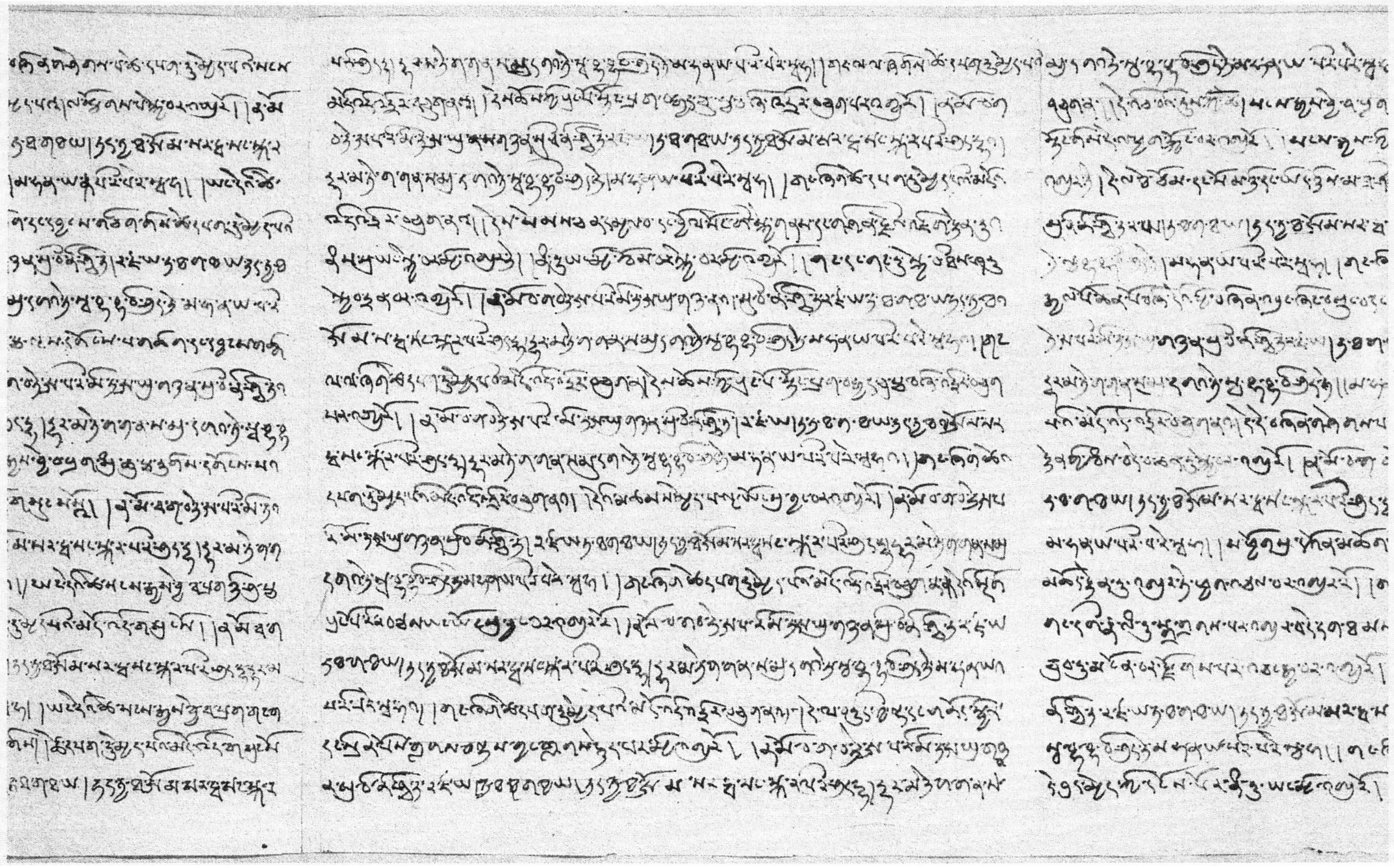

BD14243 號　藏文（無量壽宗要經甲本）　（6–3）

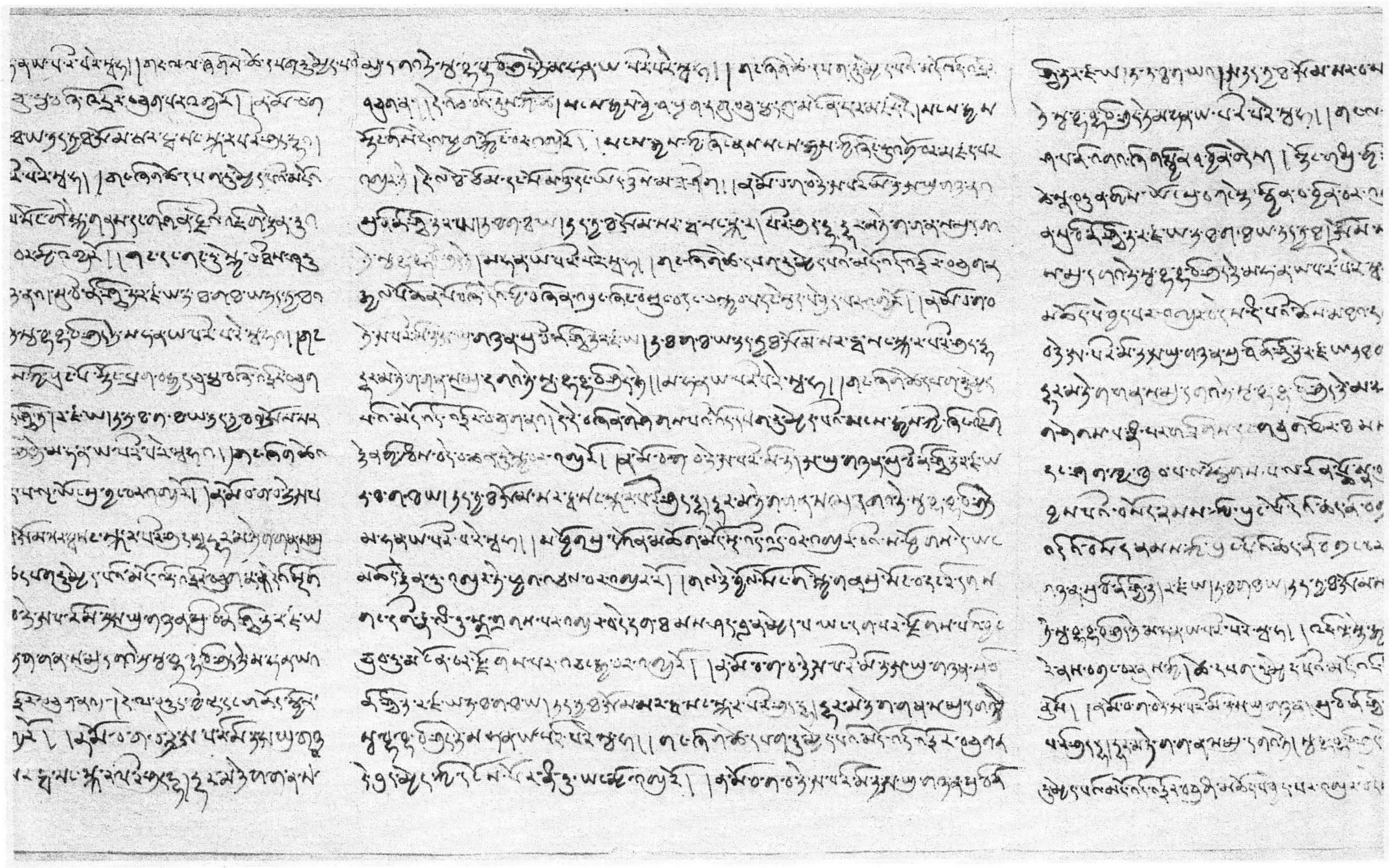

BD14243 號　藏文（無量壽宗要經甲本）　（6–4）

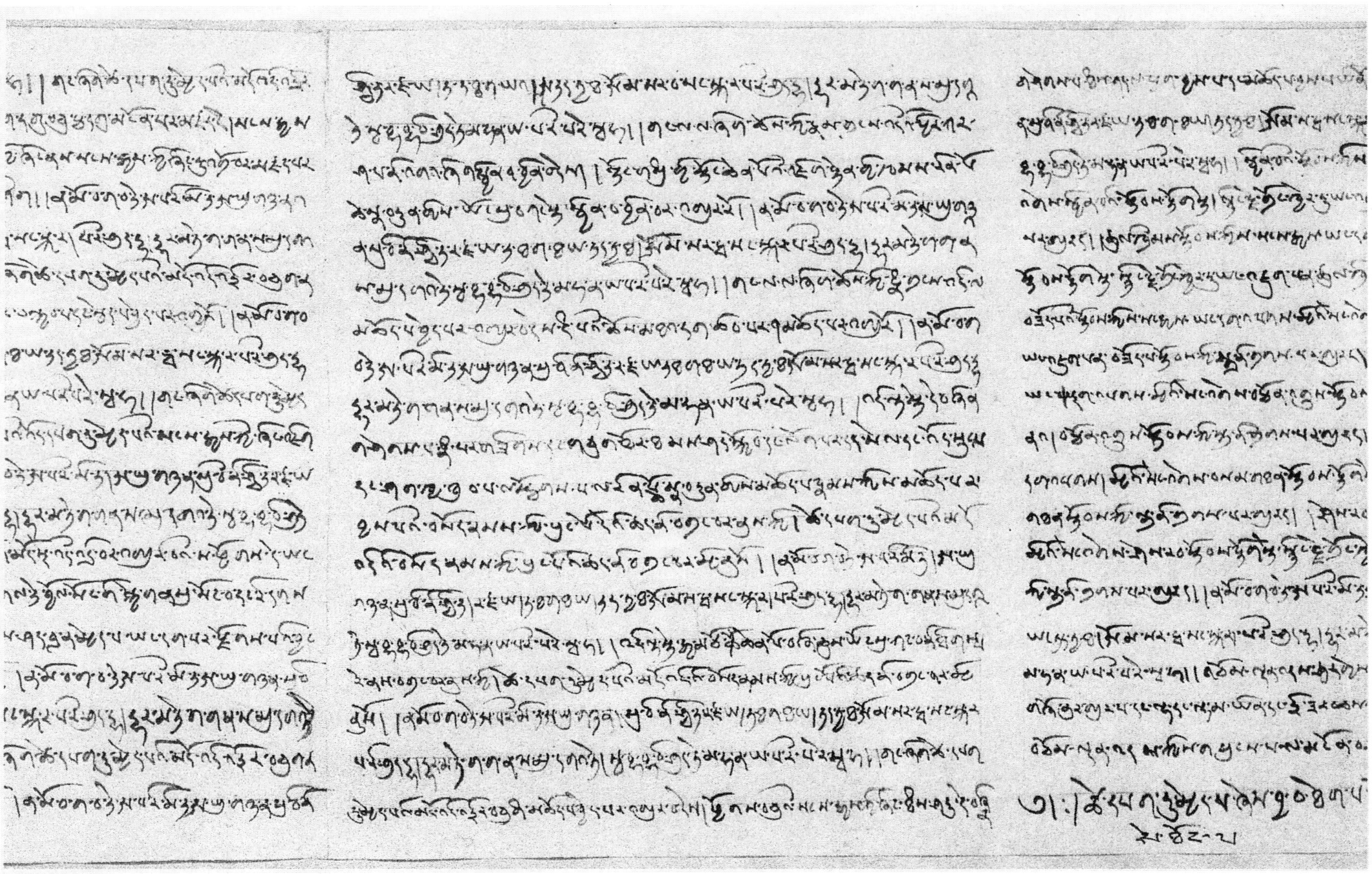

BD14243 號　藏文（無量壽宗要經甲本）　　（6–5）

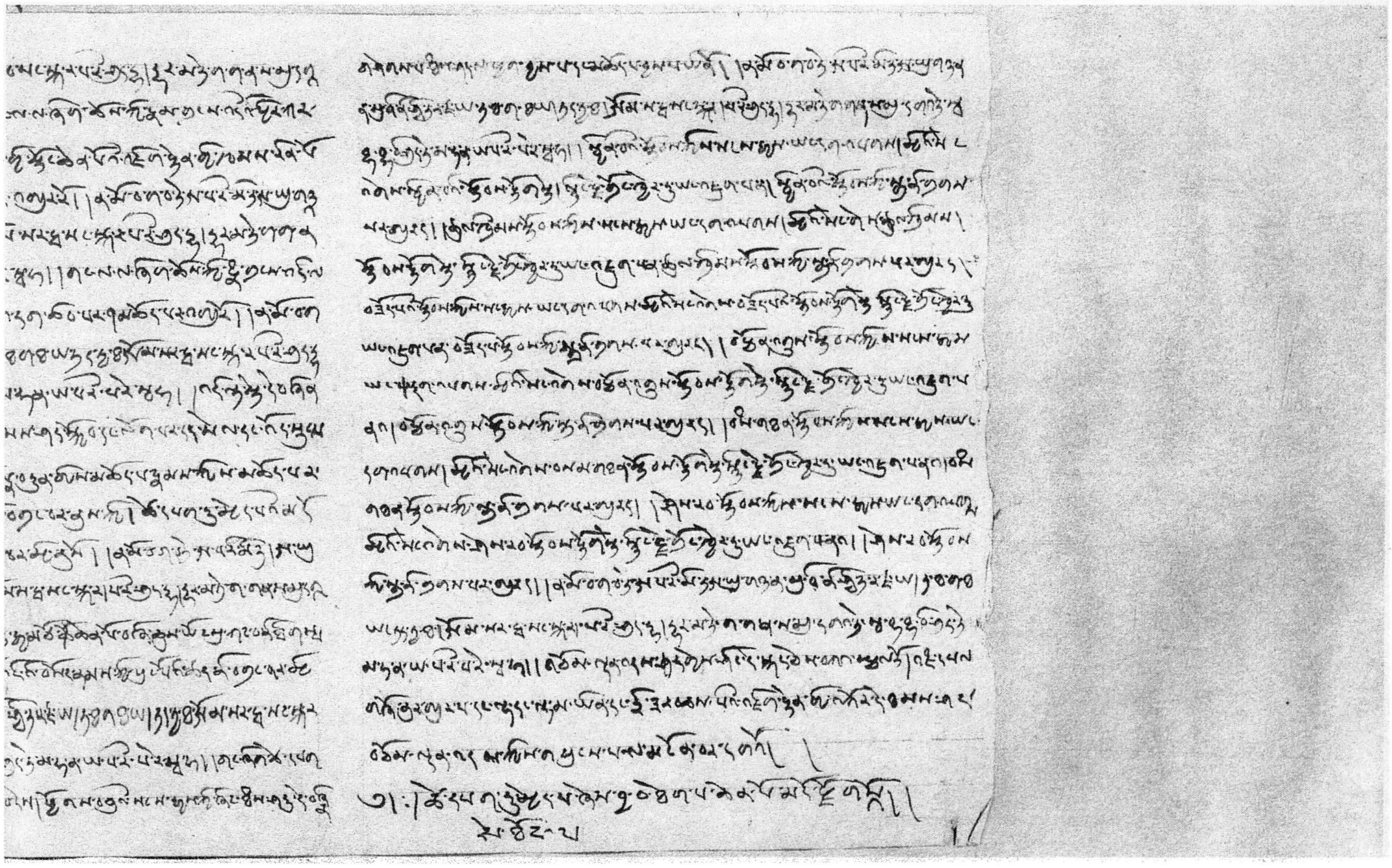

BD14243 號　藏文（無量壽宗要經甲本）　　（6–6）

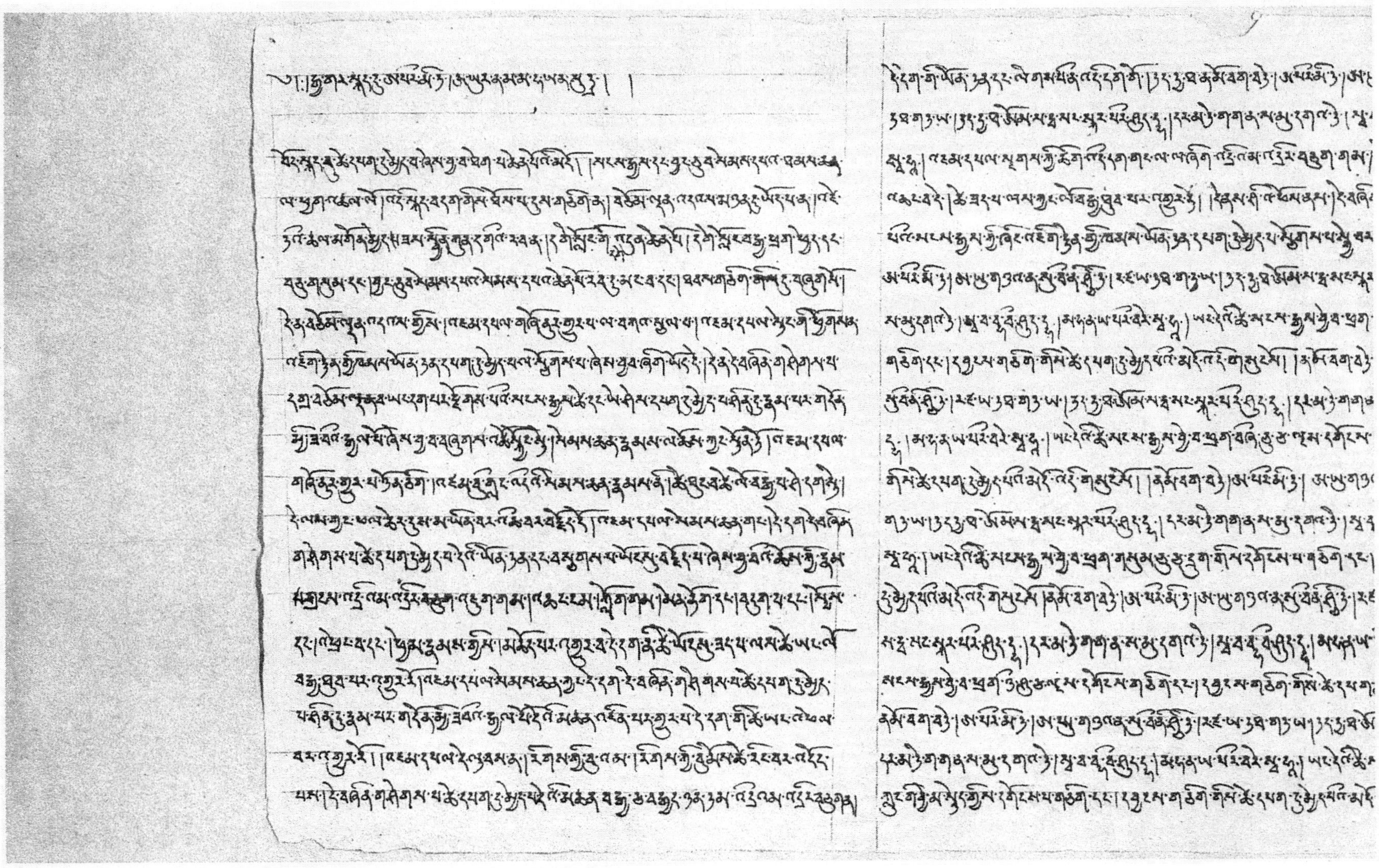

BD14244 號 1　藏文（無量壽宗要經甲本）　（12–1）

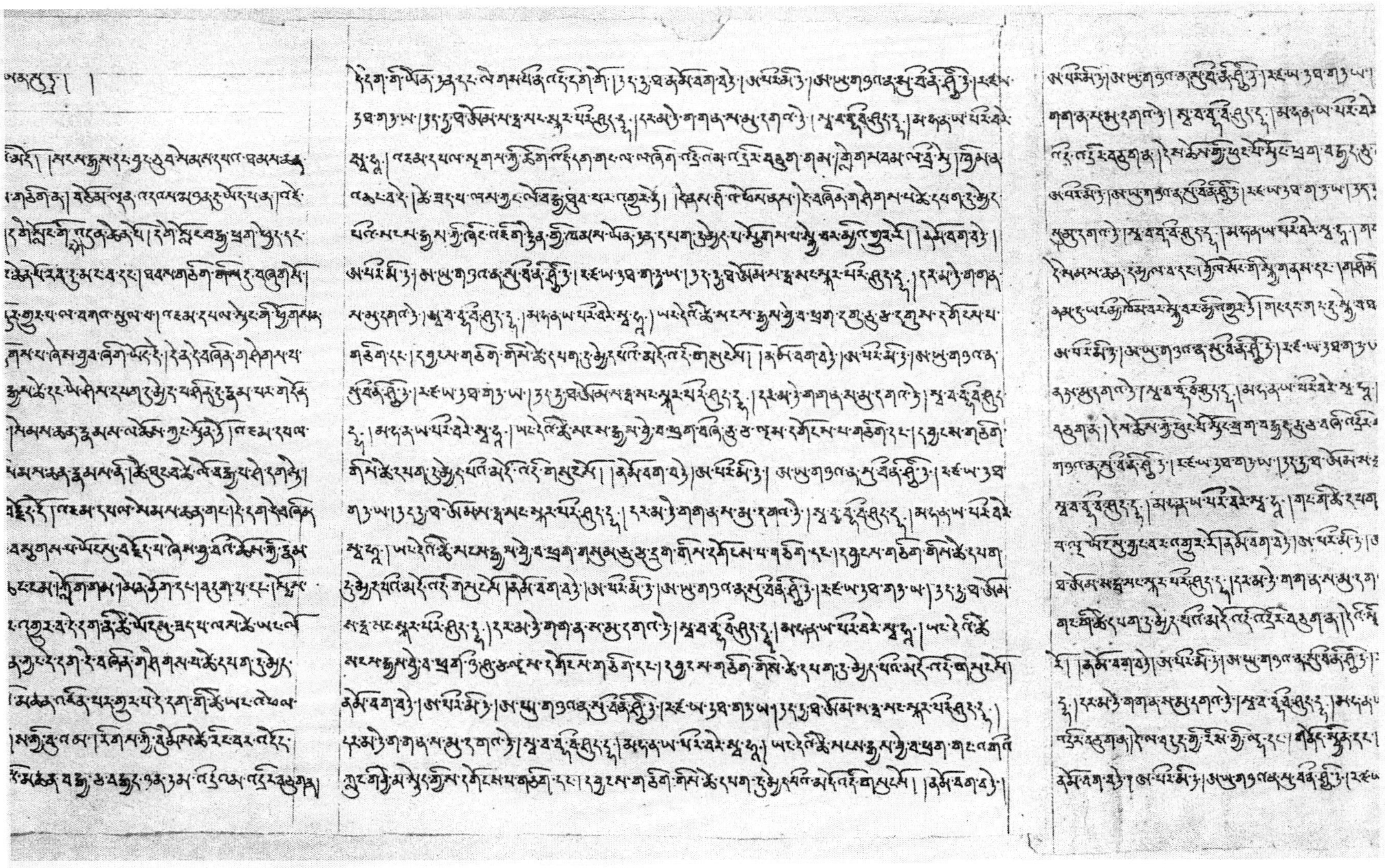

BD14244 號 1　藏文（無量壽宗要經甲本）　（12–2）

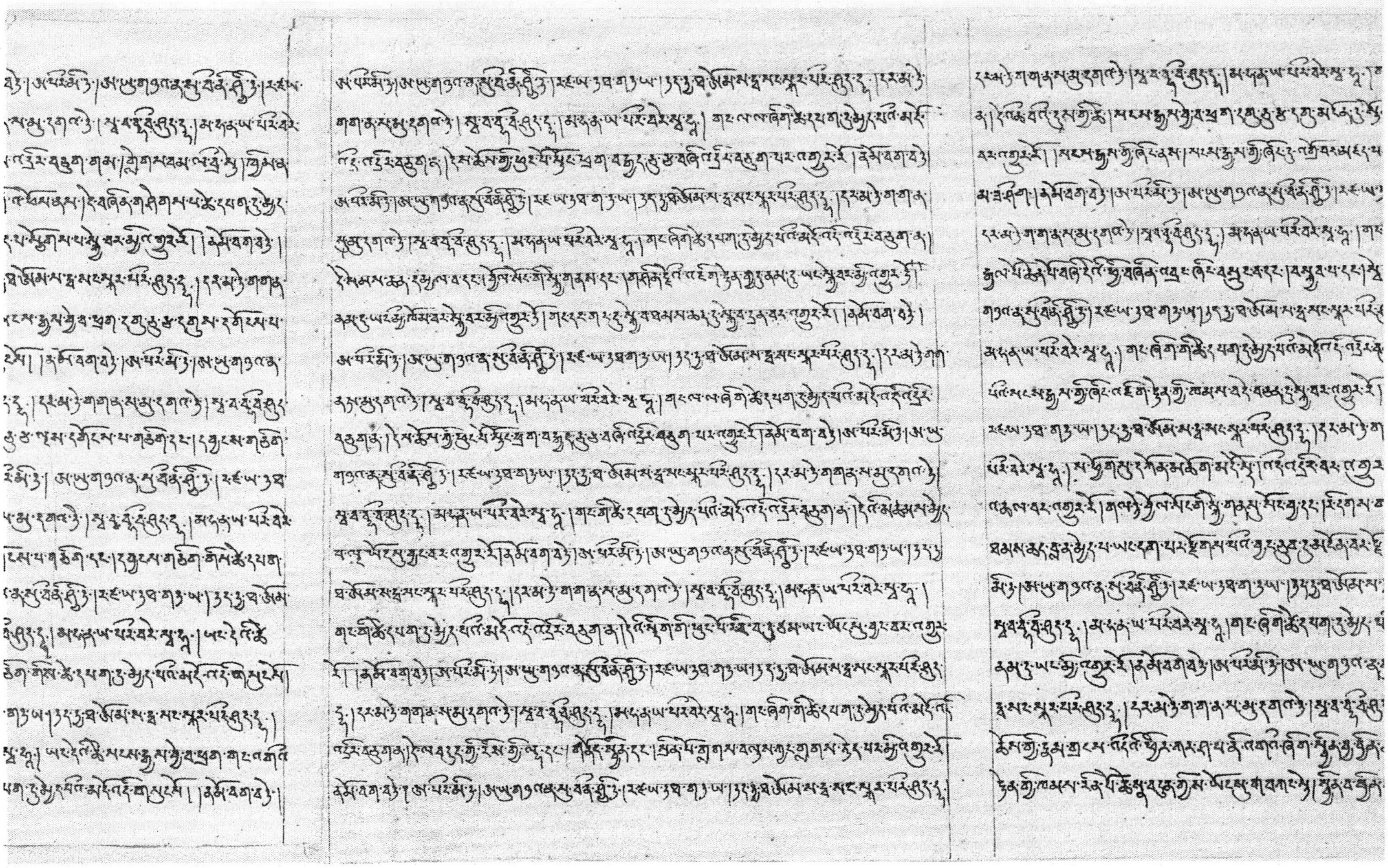

BD14244 號 1　藏文（無量壽宗要經甲本）　（12–3）

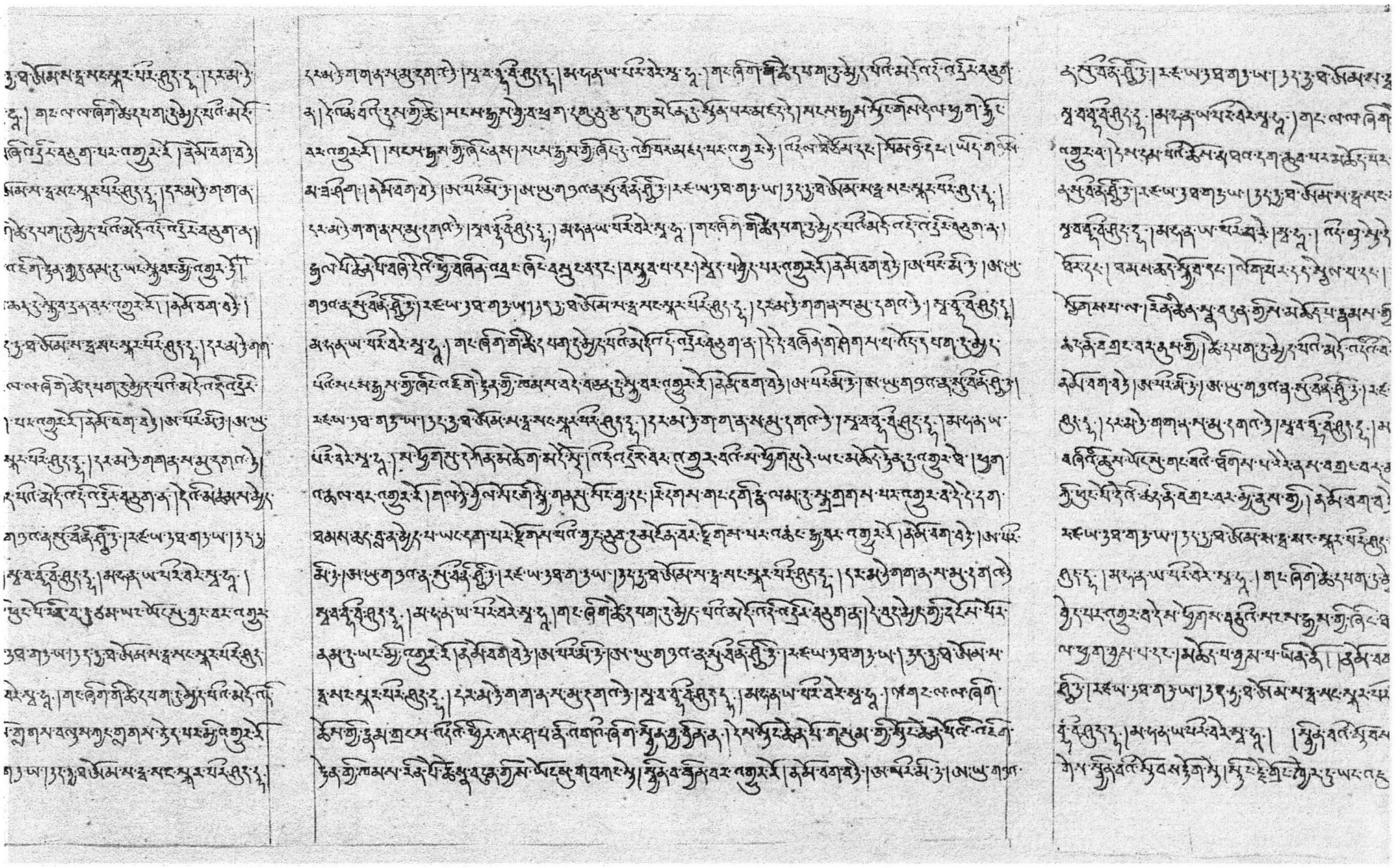

BD14244 號 1　藏文（無量壽宗要經甲本）　（12–4）

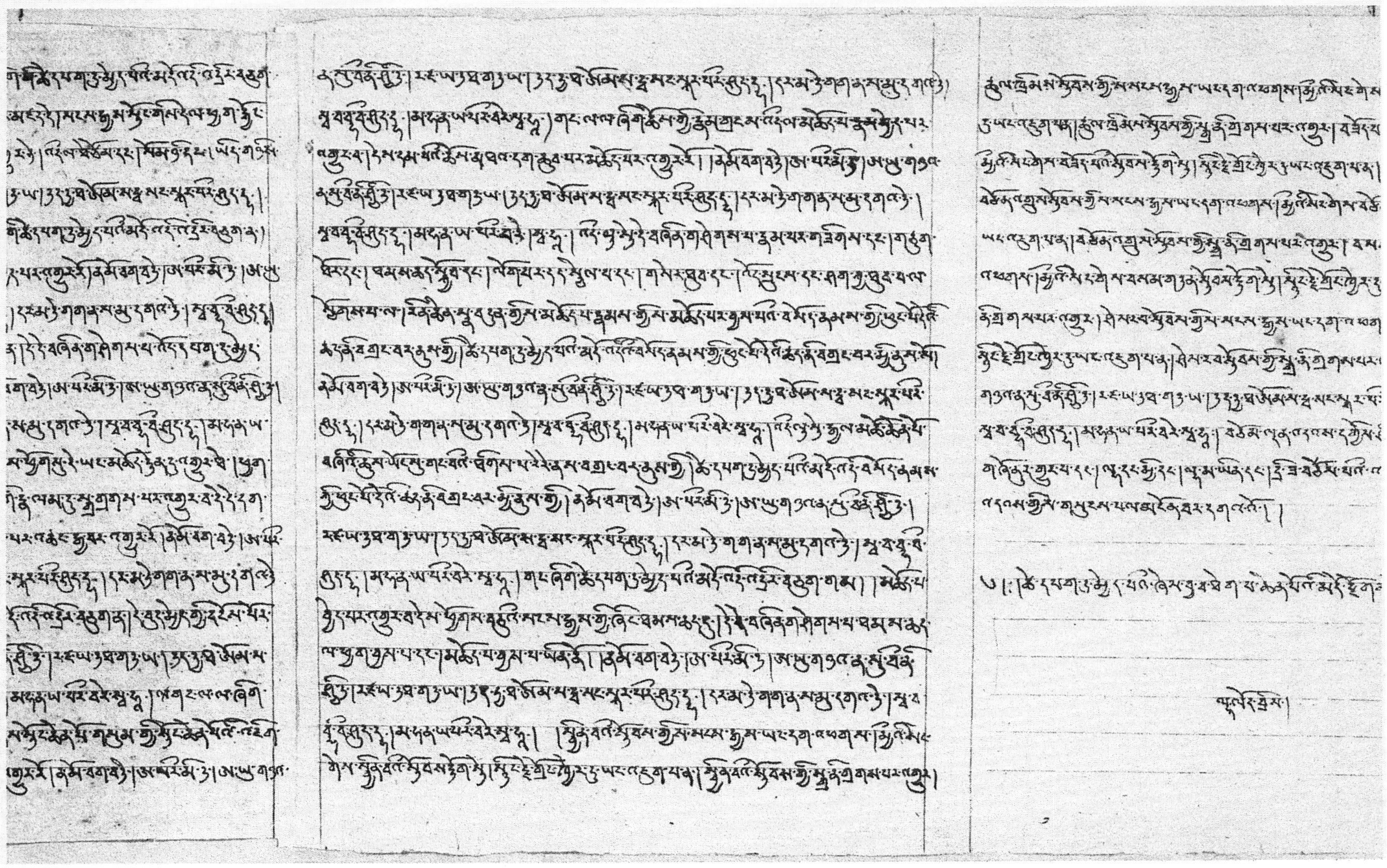

BD14244 號 1　藏文（無量壽宗要經甲本）　（12–5）

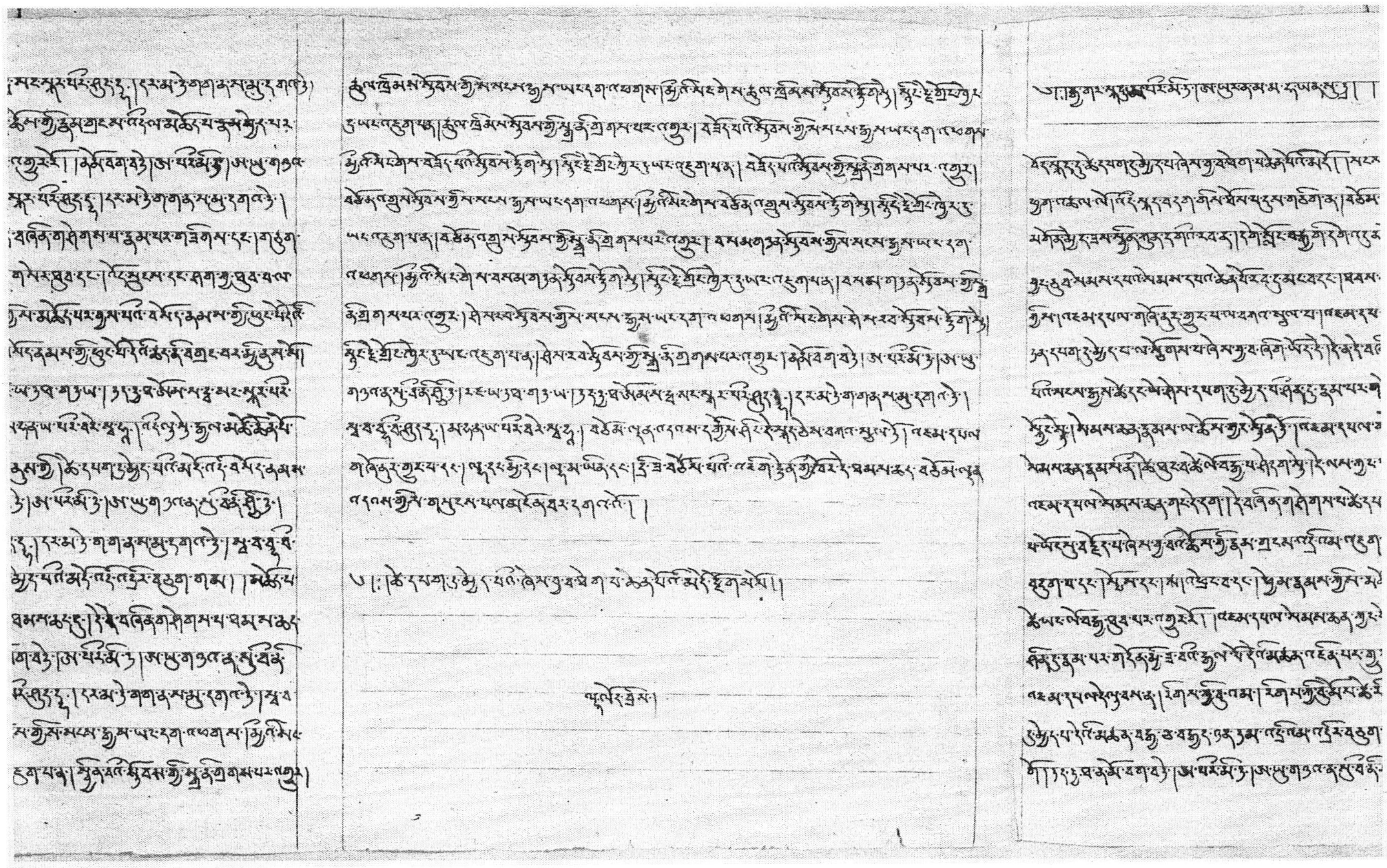

BD14244 號 1　藏文（無量壽宗要經甲本）　（12–6）

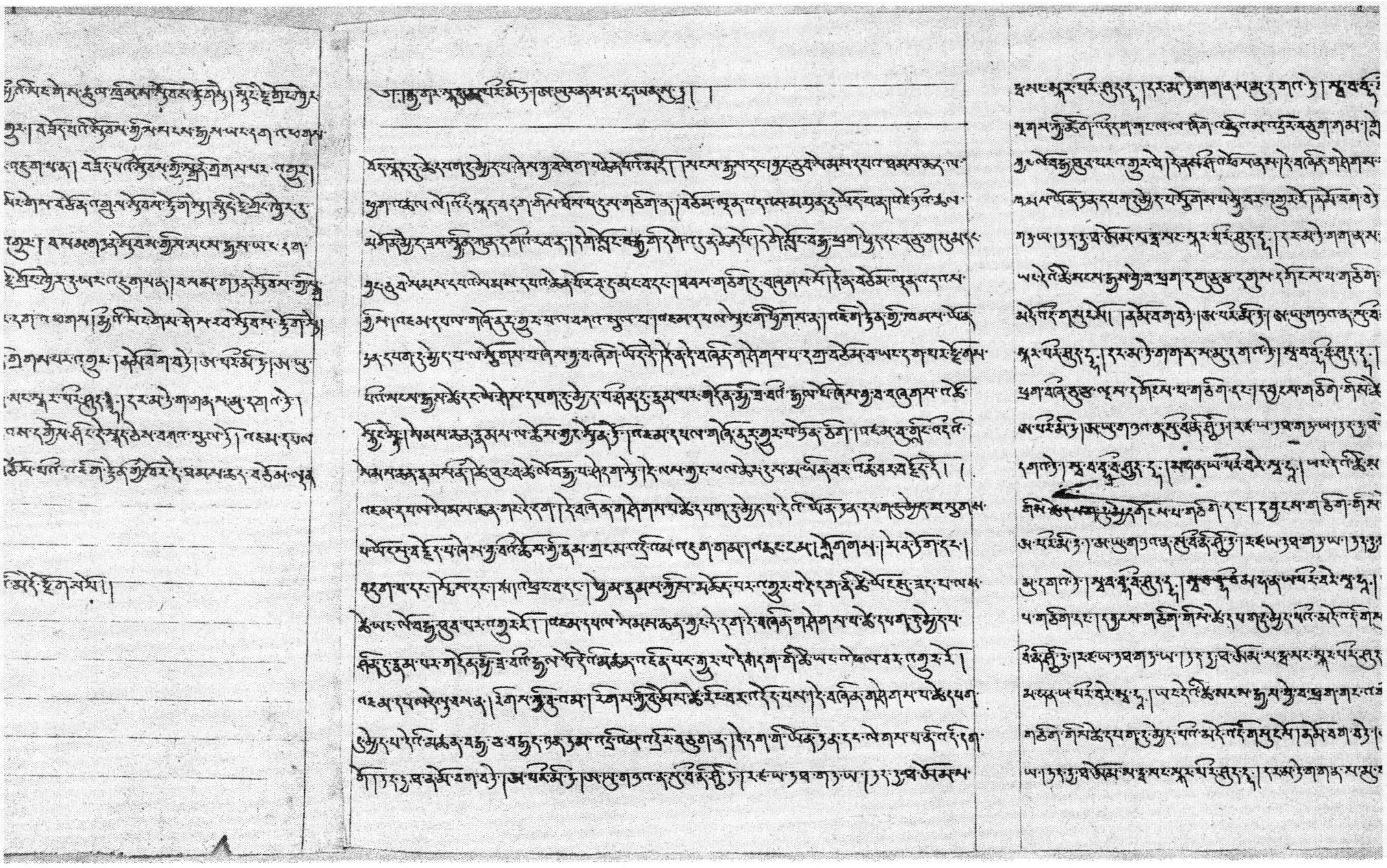

BD14244 號 2　藏文（無量壽宗要經甲本）　　（12–7）

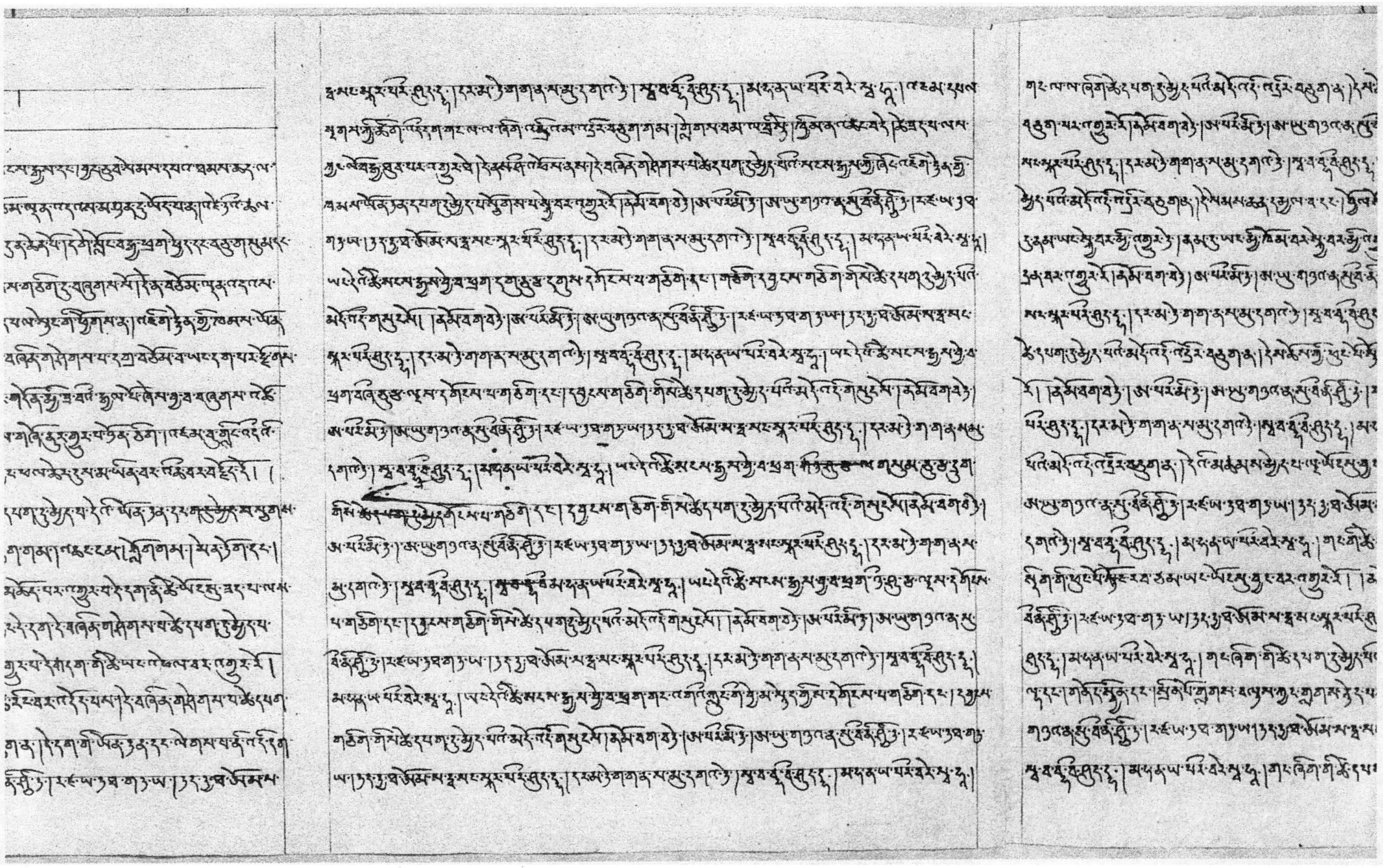

BD14244 號 2　藏文（無量壽宗要經甲本）　　（12–8）

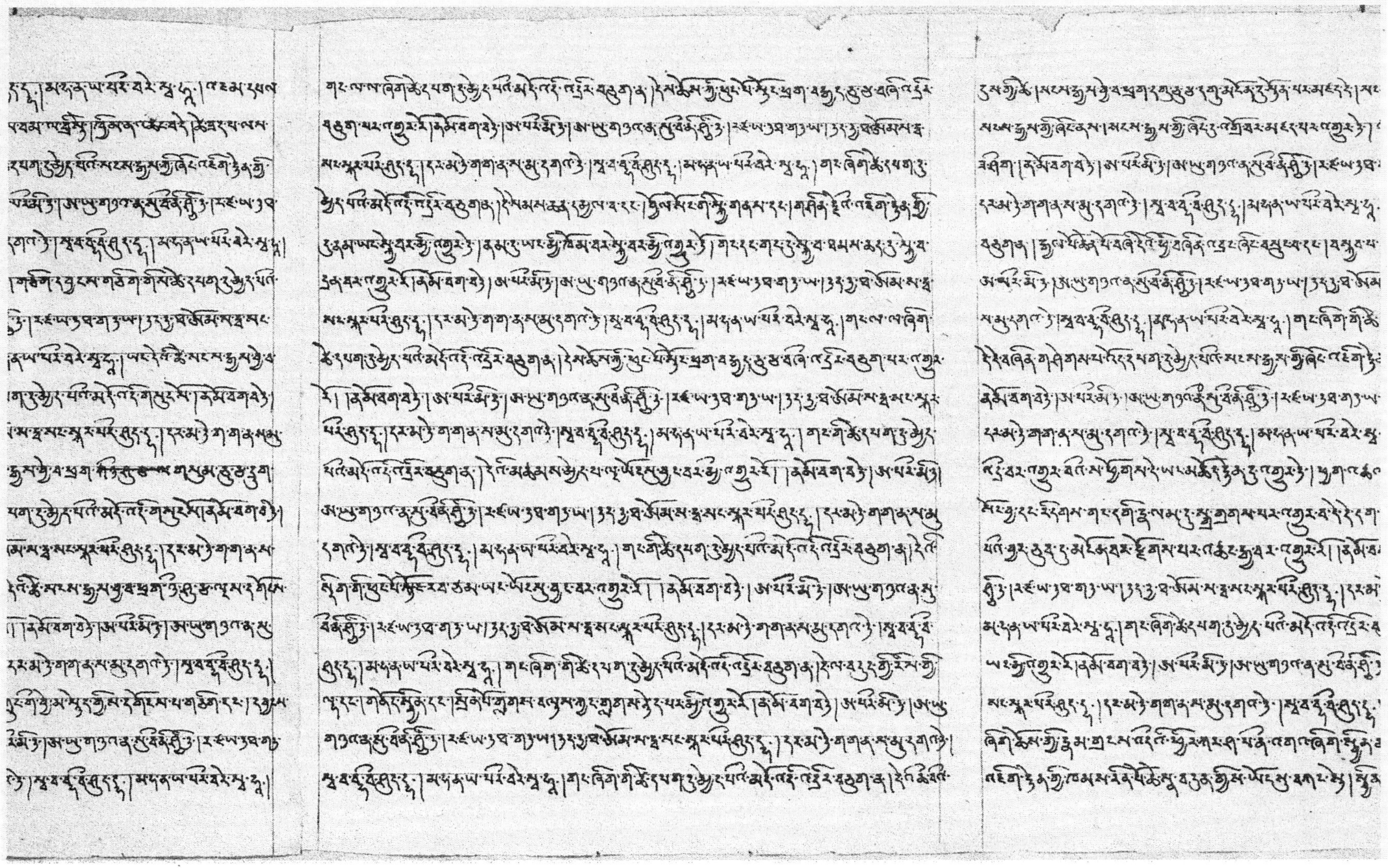

BD14244 號 2　藏文（無量壽宗要經甲本）　　（12–9）

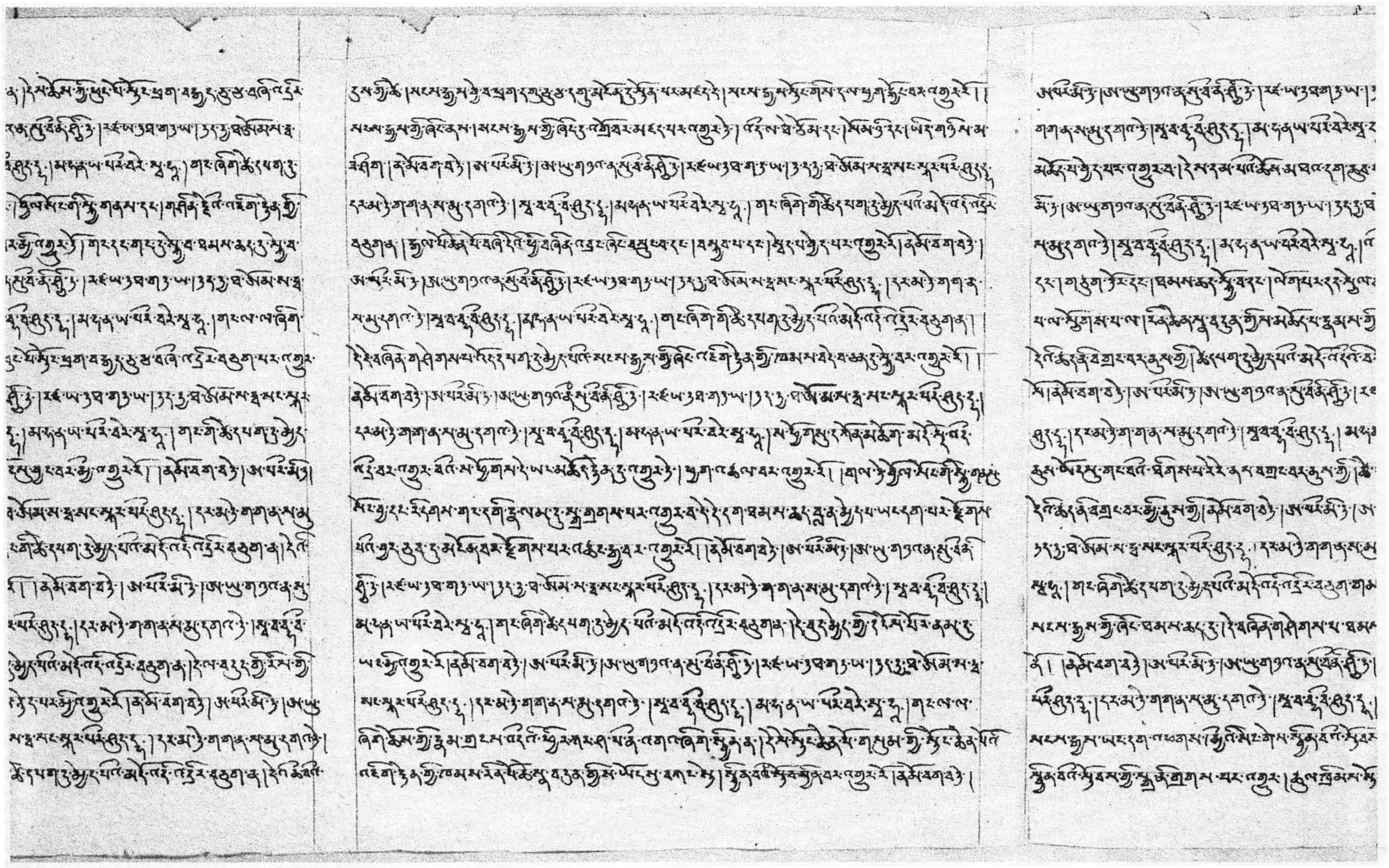

BD14244 號 2　藏文（無量壽宗要經甲本）　　（12–10）

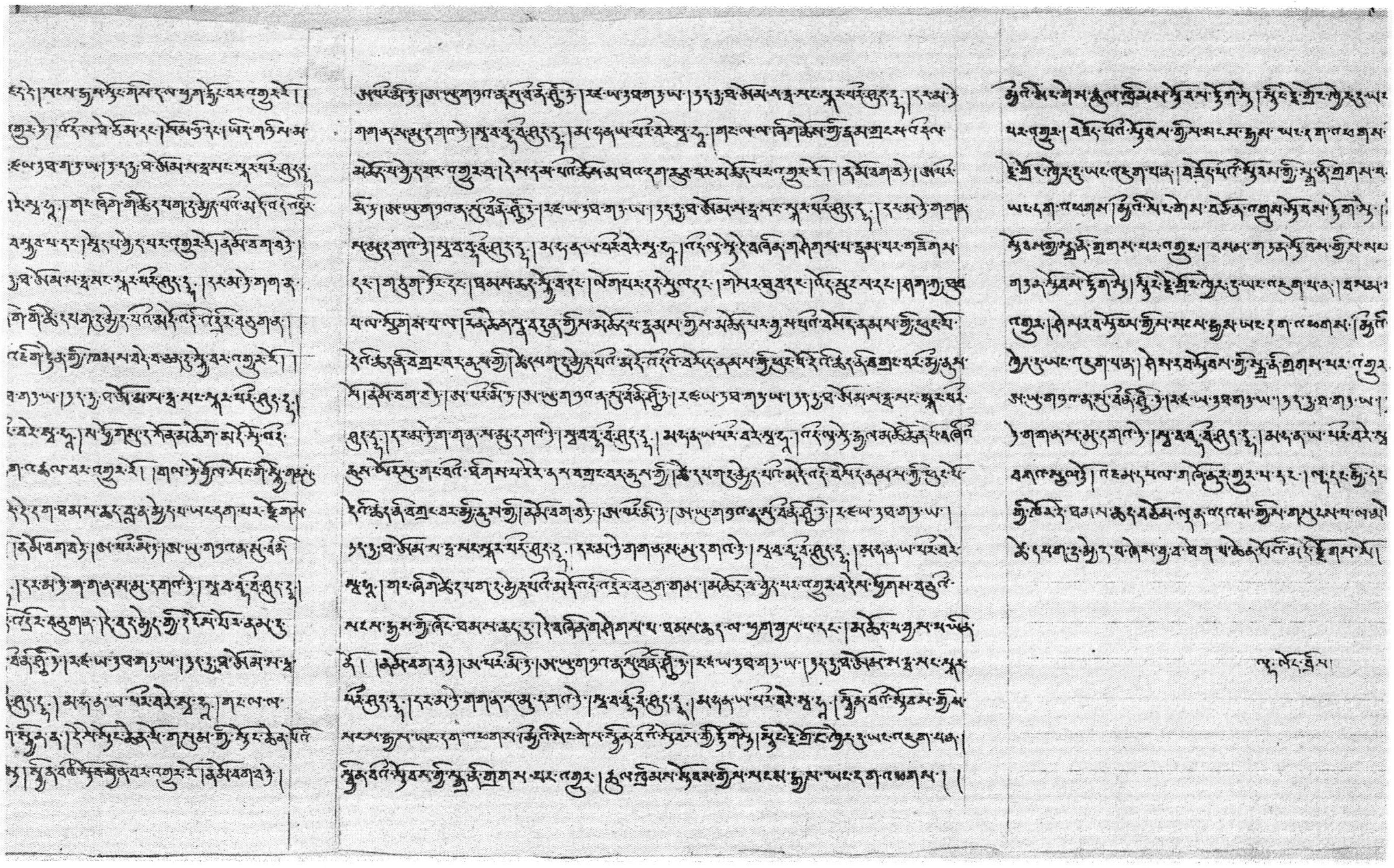

BD14244 號 2　藏文（無量壽宗要經甲本）　　（12–11）

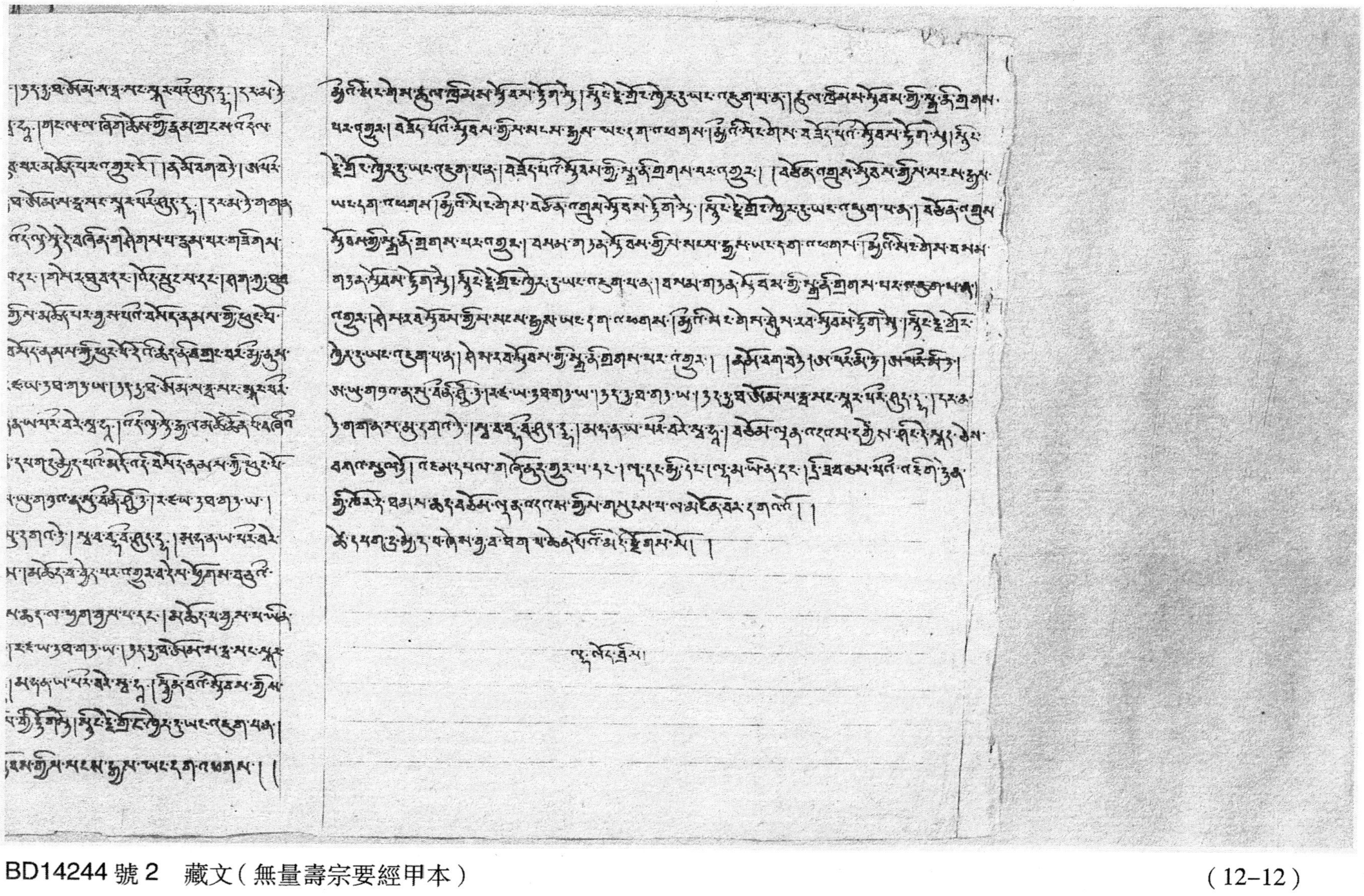

BD14244 號 2　藏文（無量壽宗要經甲本）　　（12–12）

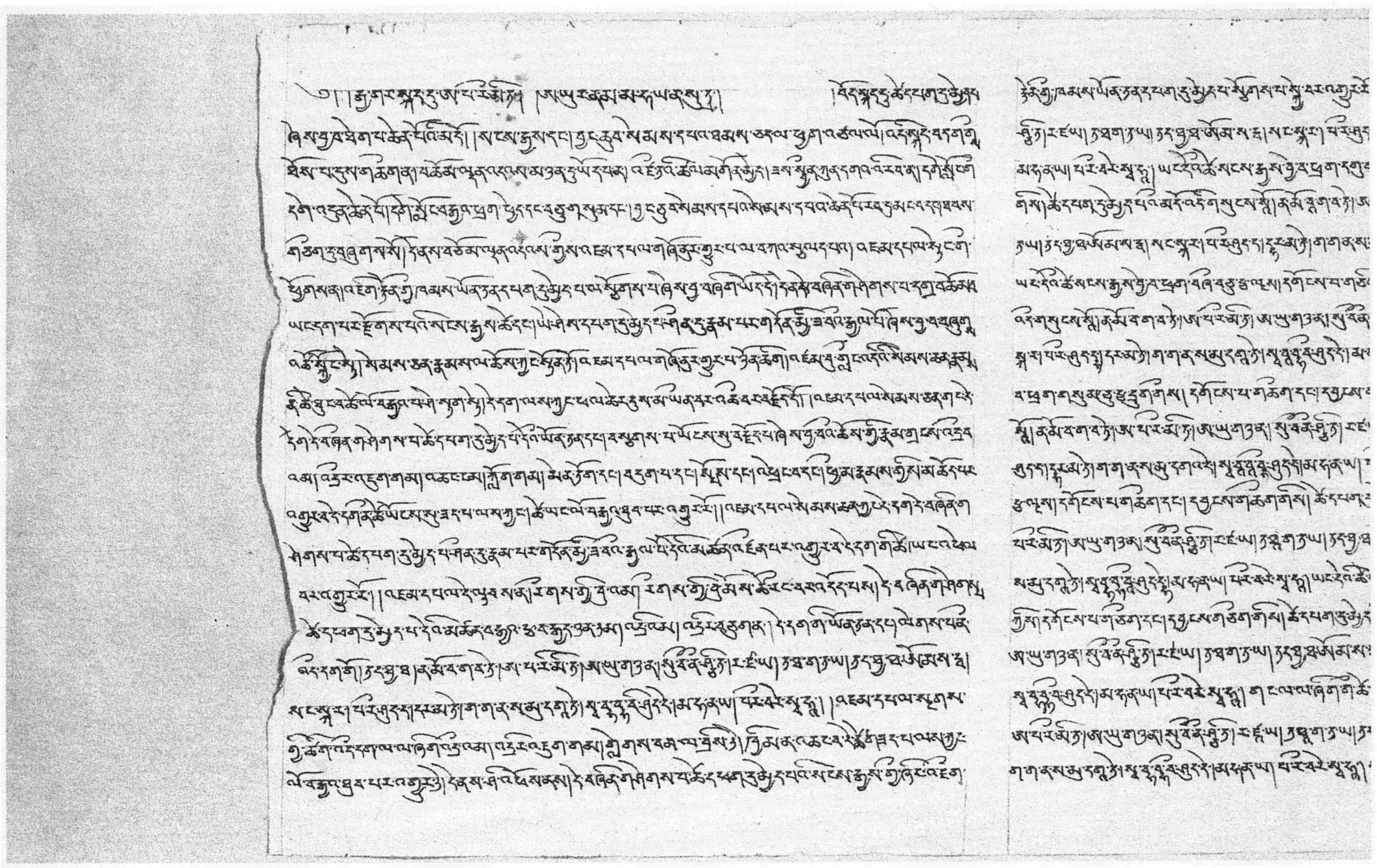

BD14245 號 1　藏文（無量壽宗要經甲本）　　（30–1）

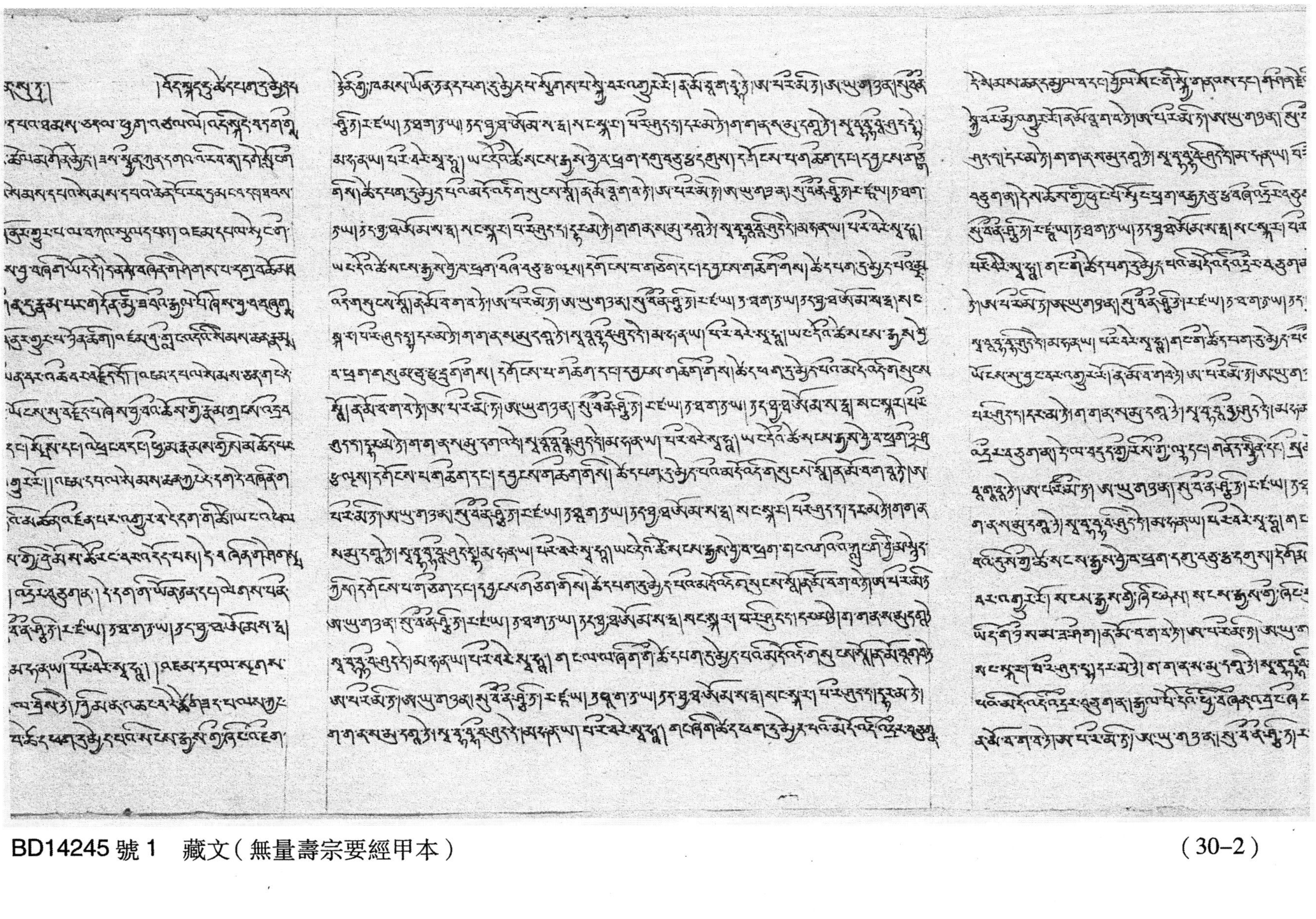

BD14245 號 1　藏文（無量壽宗要經甲本）　　（30–2）

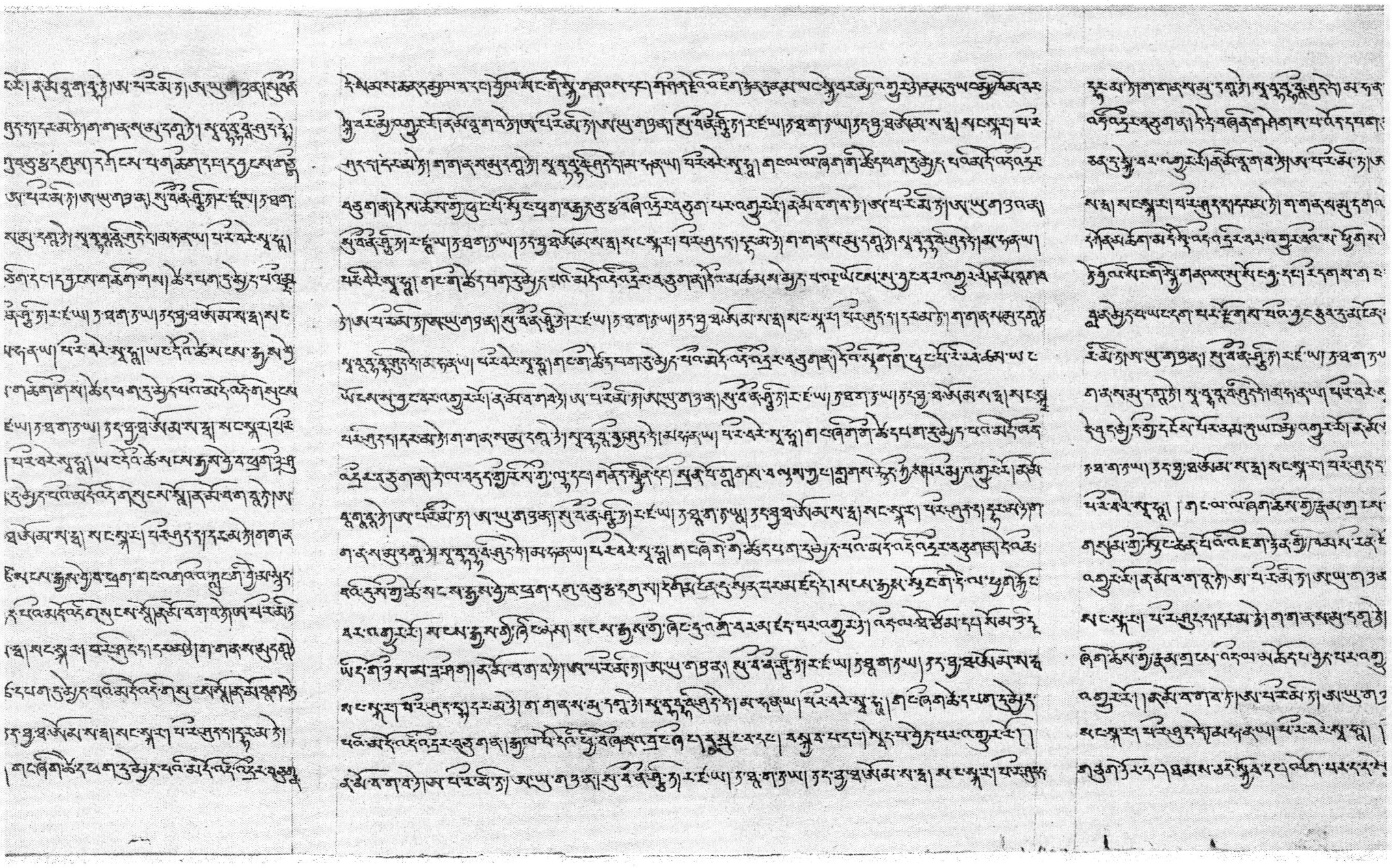

BD14245 號 1　藏文（無量壽宗要經甲本）　　（30–3）

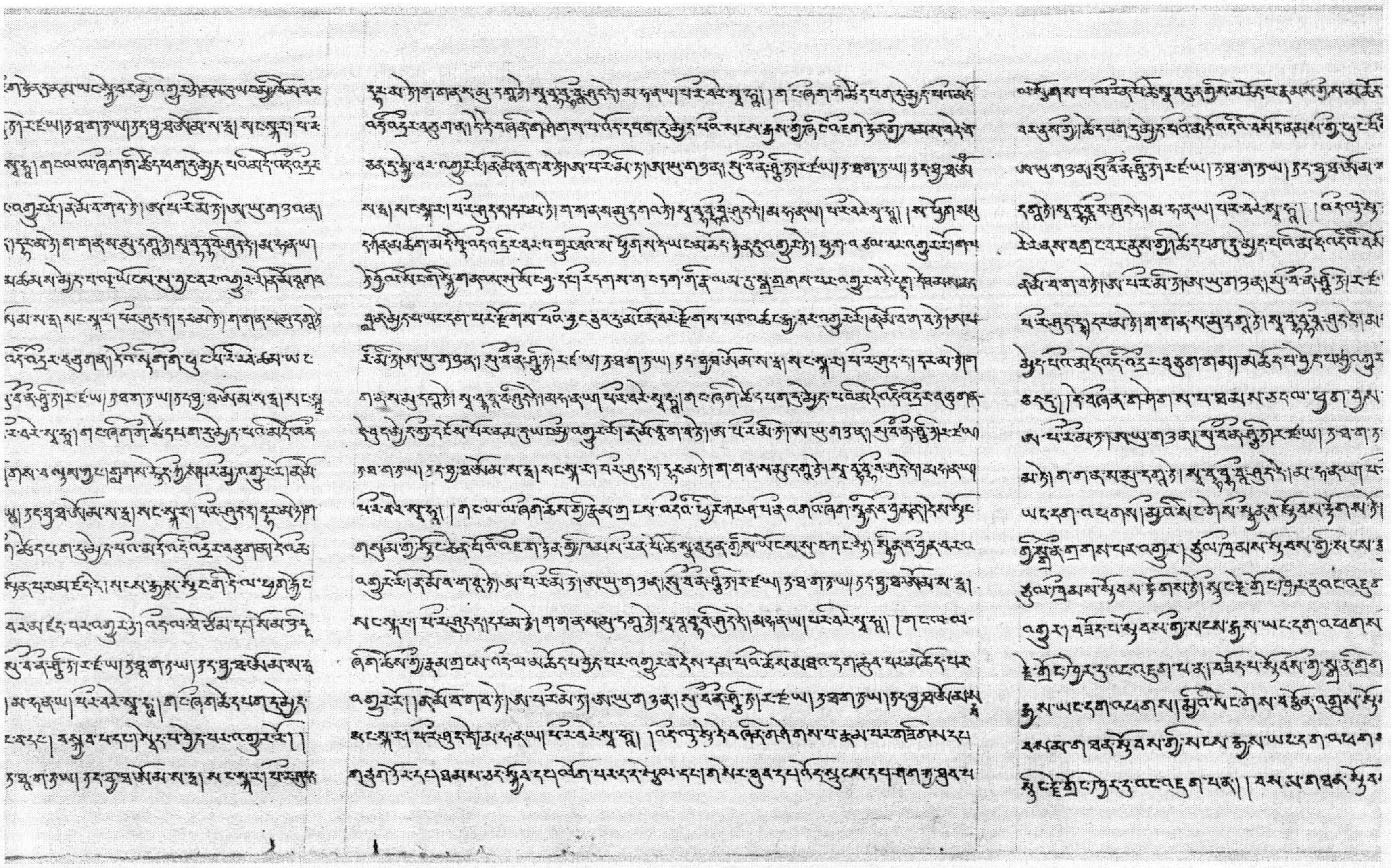

BD14245 號 1　藏文（無量壽宗要經甲本）　　（30–4）

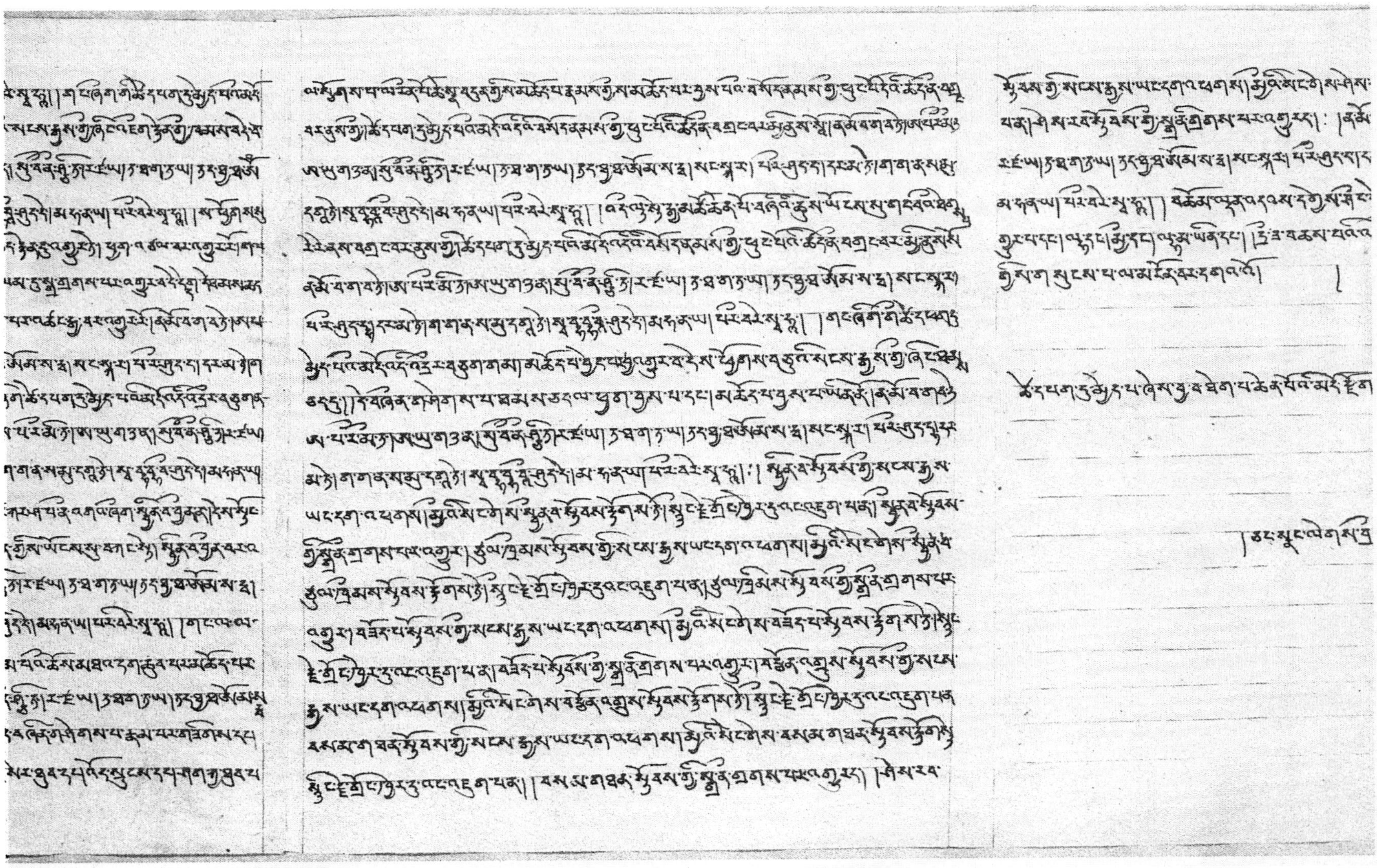

BD14245 號 1　藏文（無量壽宗要經甲本）　（30–5）

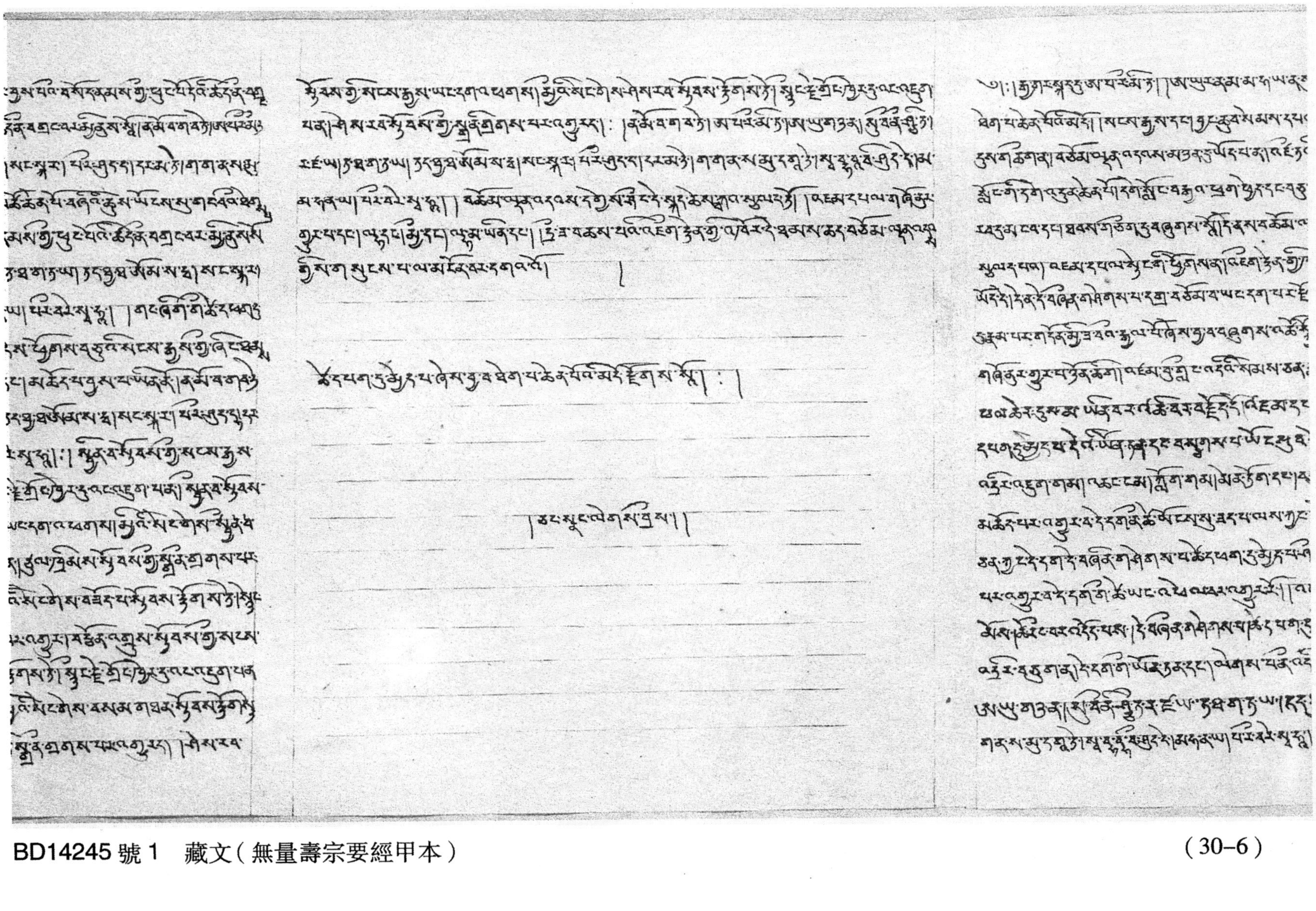

BD14245 號 1　藏文（無量壽宗要經甲本）　（30–6）

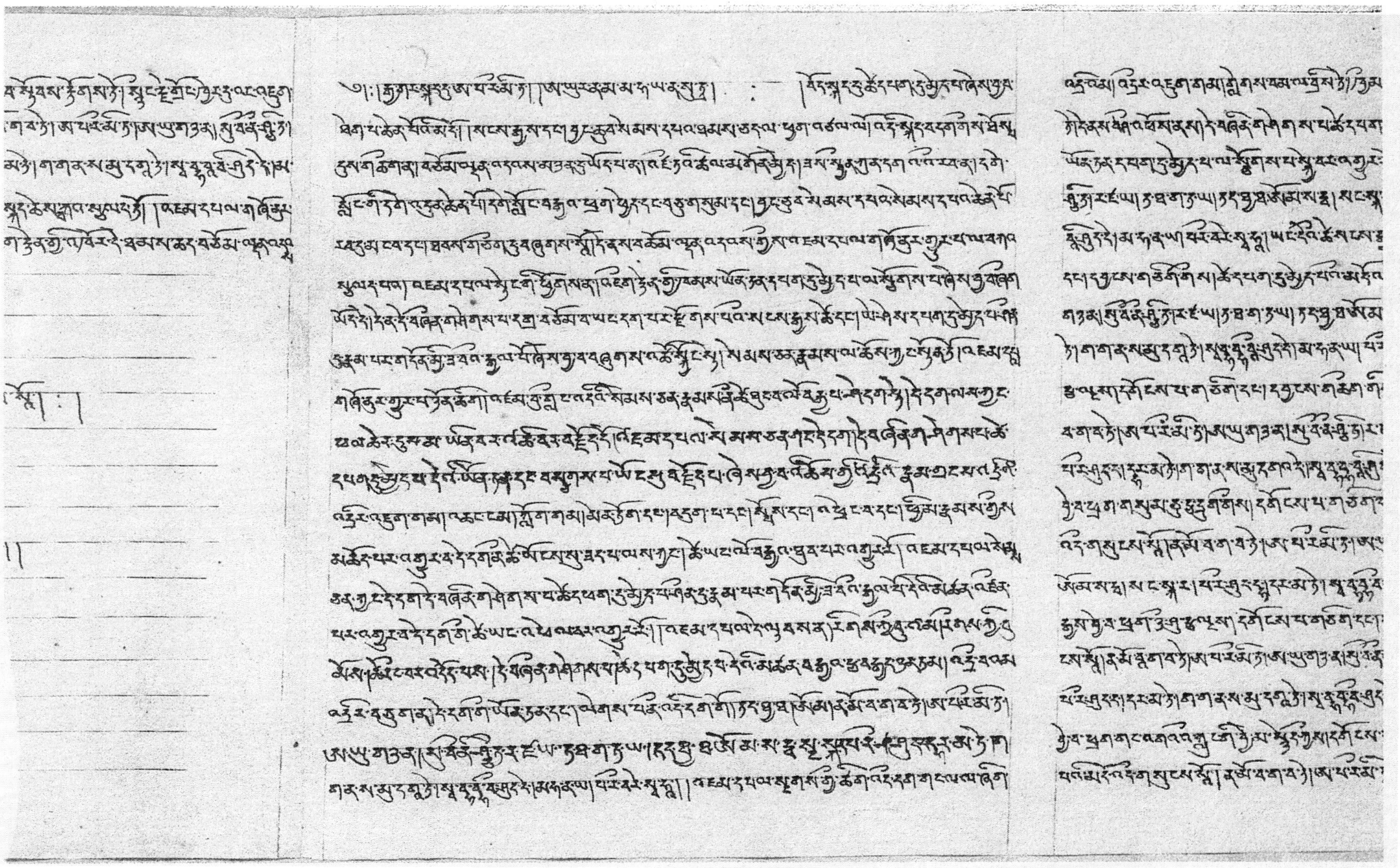

BD14245 號 2　藏文（無量壽宗要經甲本）　　（30–7）

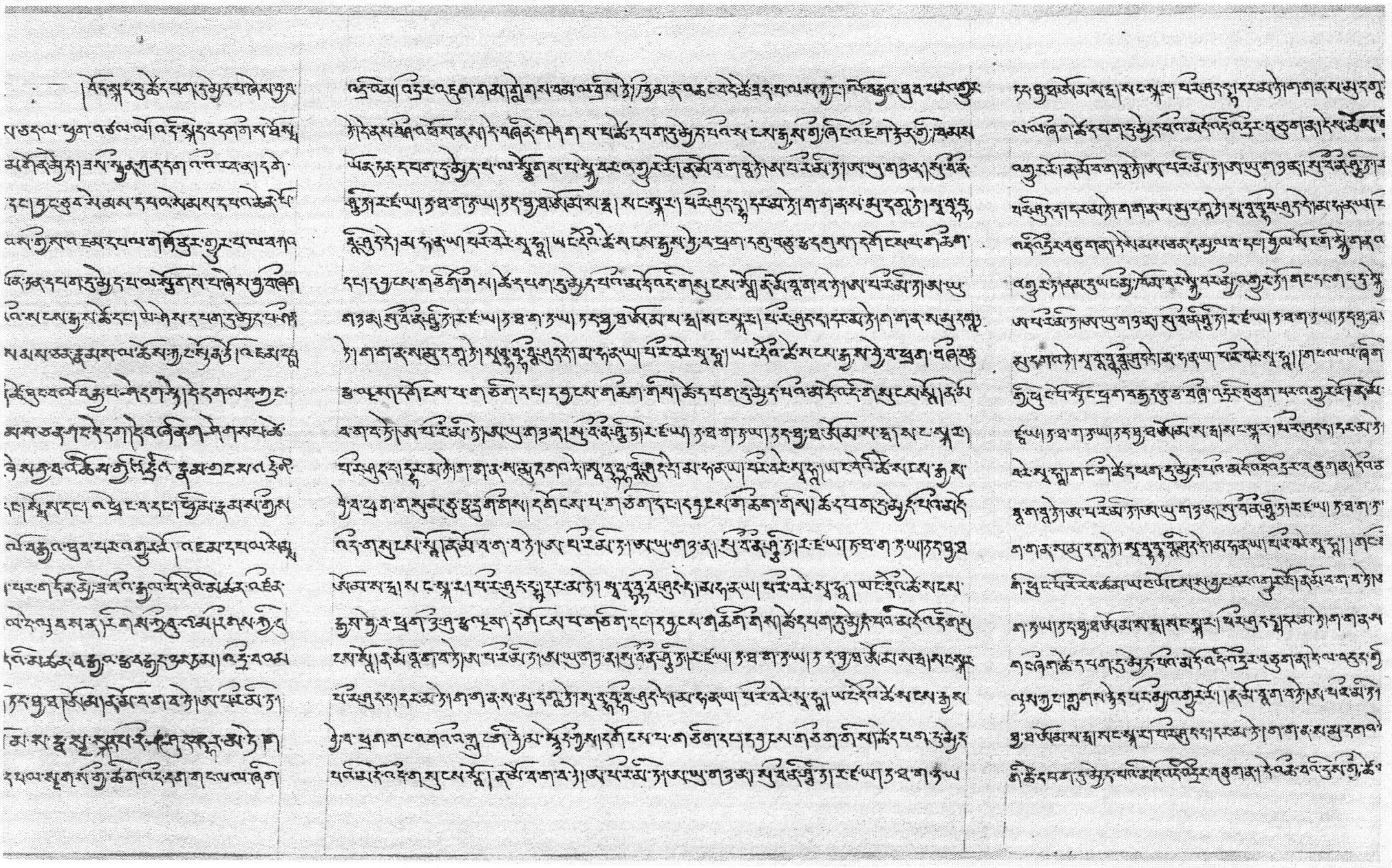

BD14245 號 2　藏文（無量壽宗要經甲本）　　（30–8）

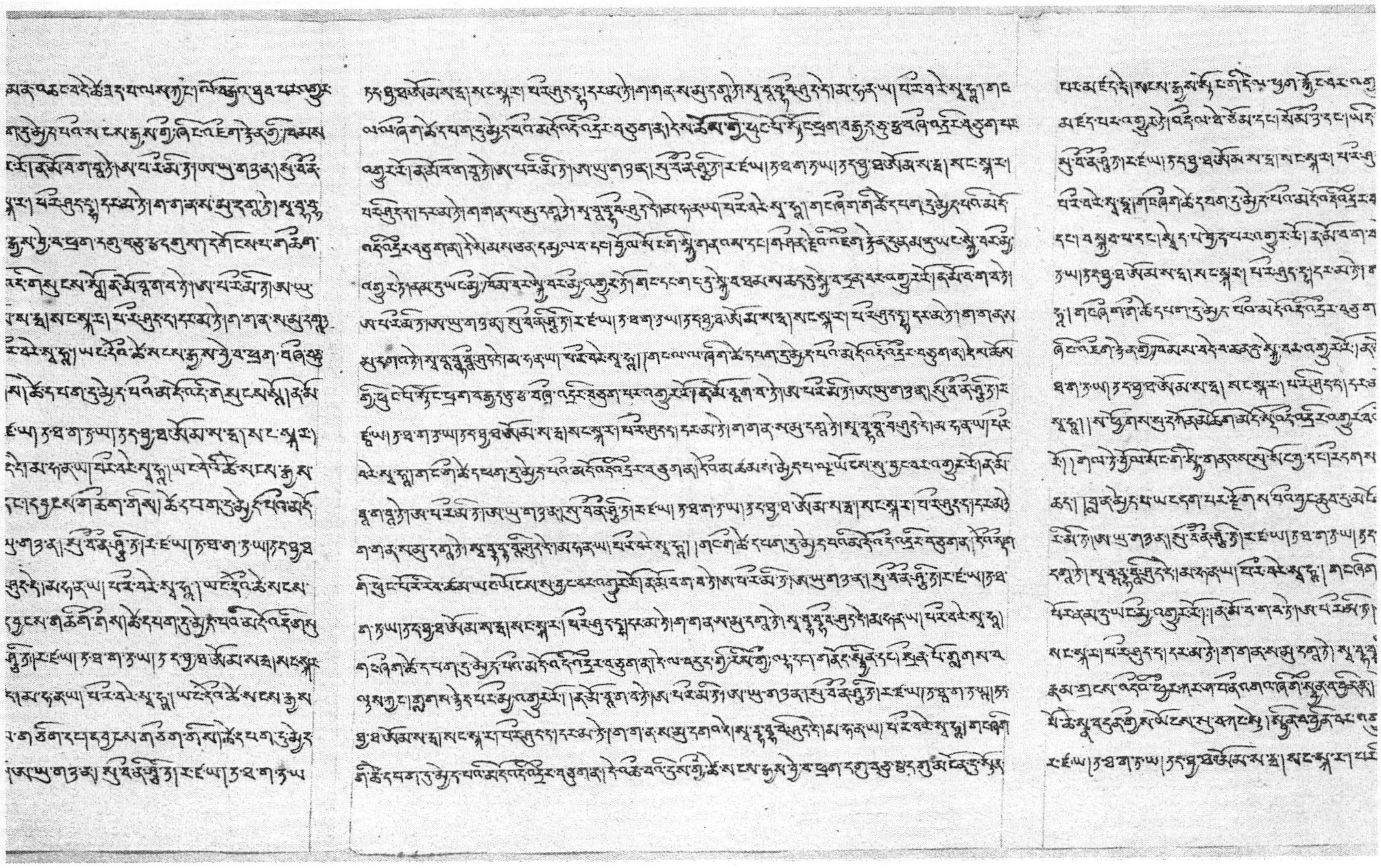

BD14245 號 2　藏文（無量壽宗要經甲本）　　（30–9）

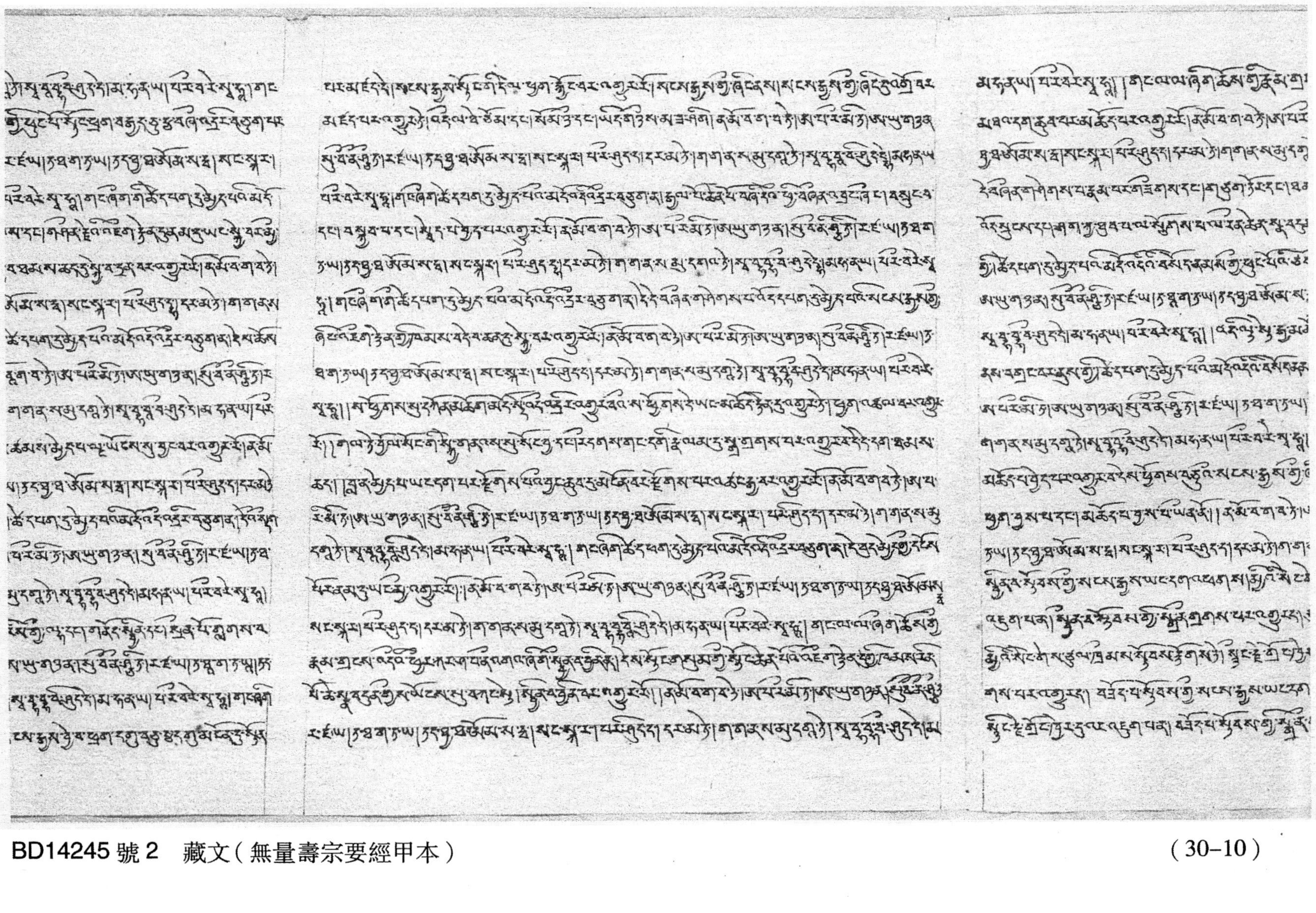

BD14245 號 2　藏文（無量壽宗要經甲本）　　（30–10）

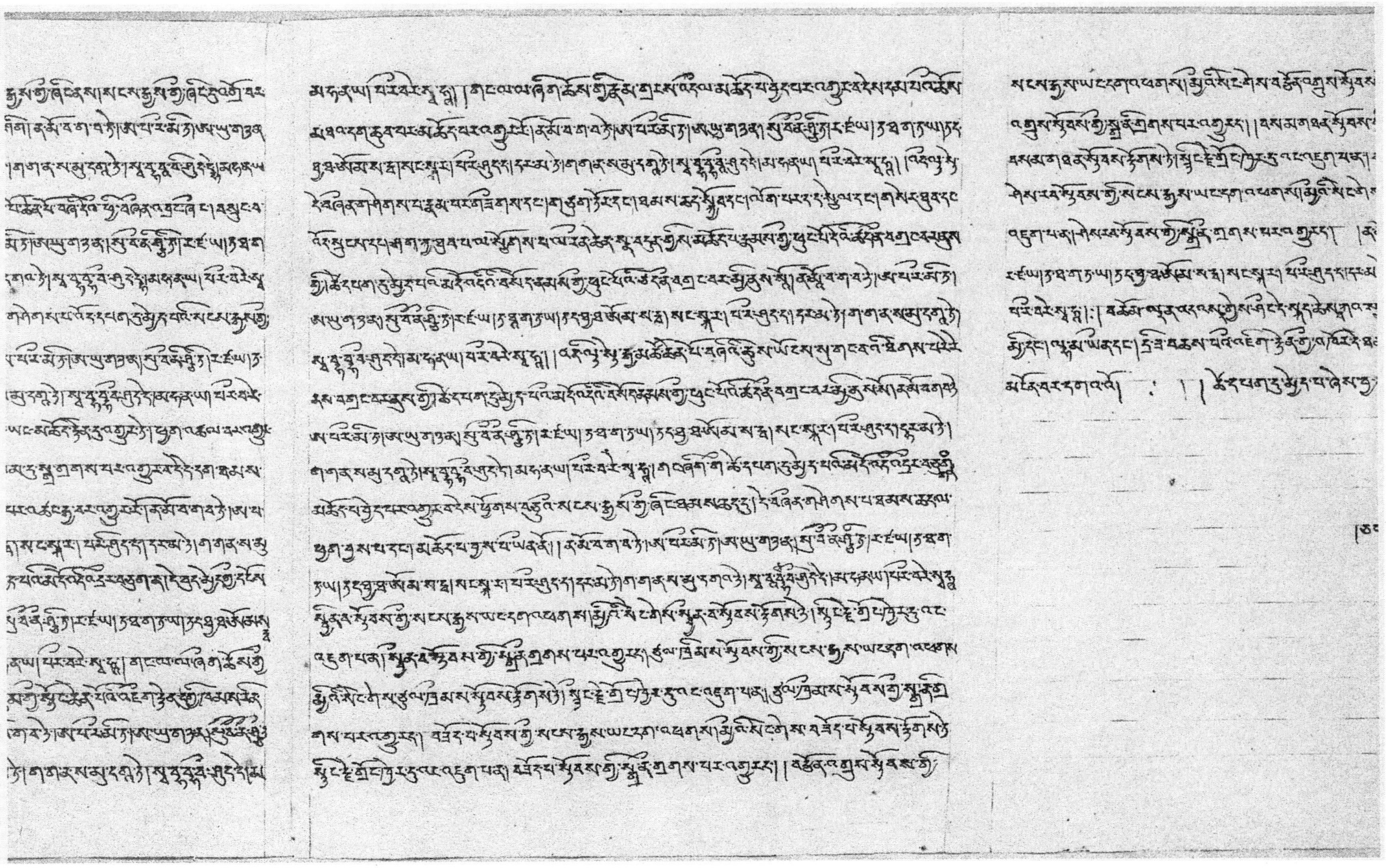

BD14245 號 2　藏文（無量壽宗要經甲本）　　（30–11）

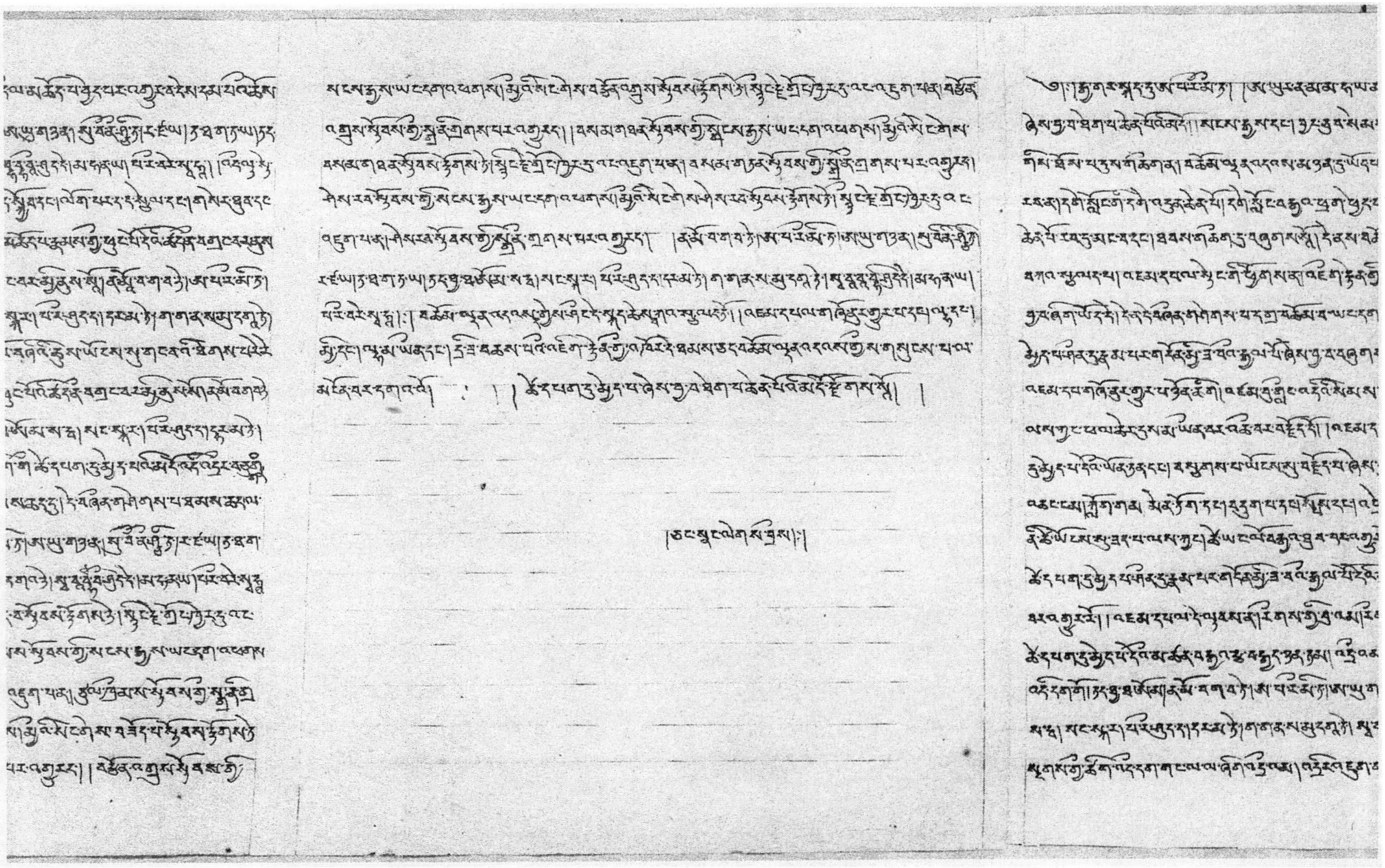

BD14245 號 2　藏文（無量壽宗要經甲本）　　（30–12）

BD14245 號 3　藏文（無量壽宗要經甲本）

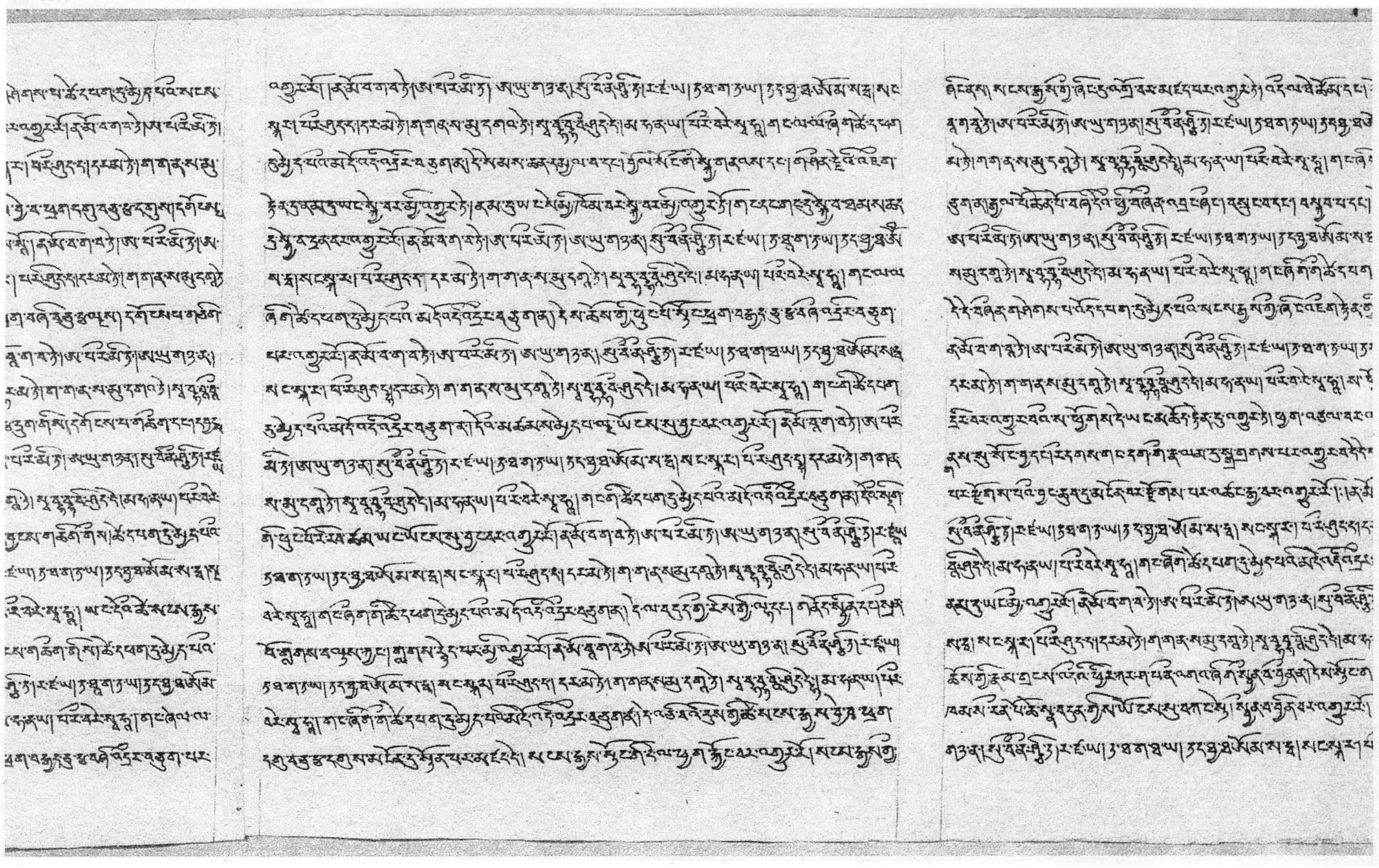

BD14245 號 3　藏文（無量壽宗要經甲本）　（30–15）

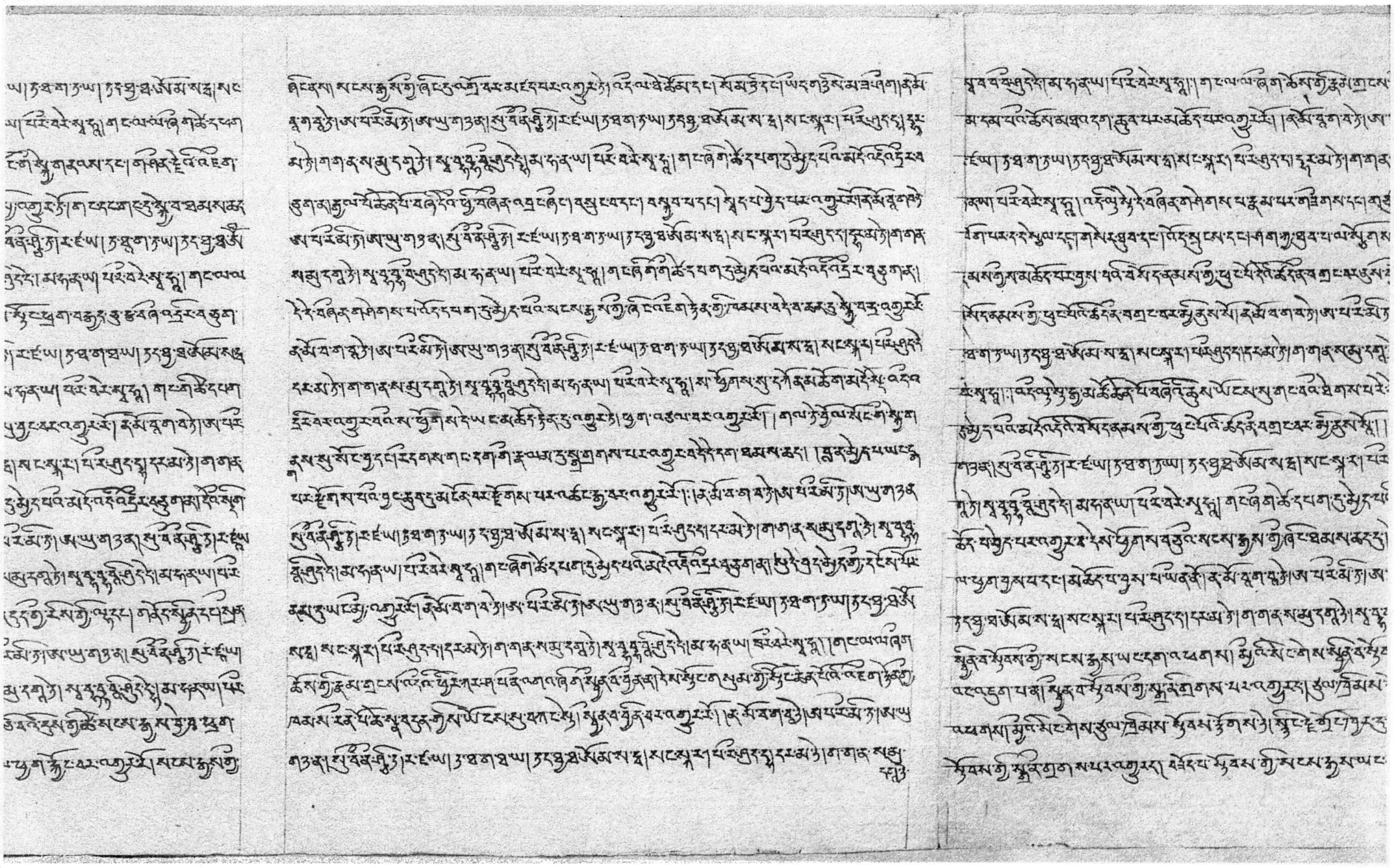

BD14245 號 3　藏文（無量壽宗要經甲本）　（30–16）

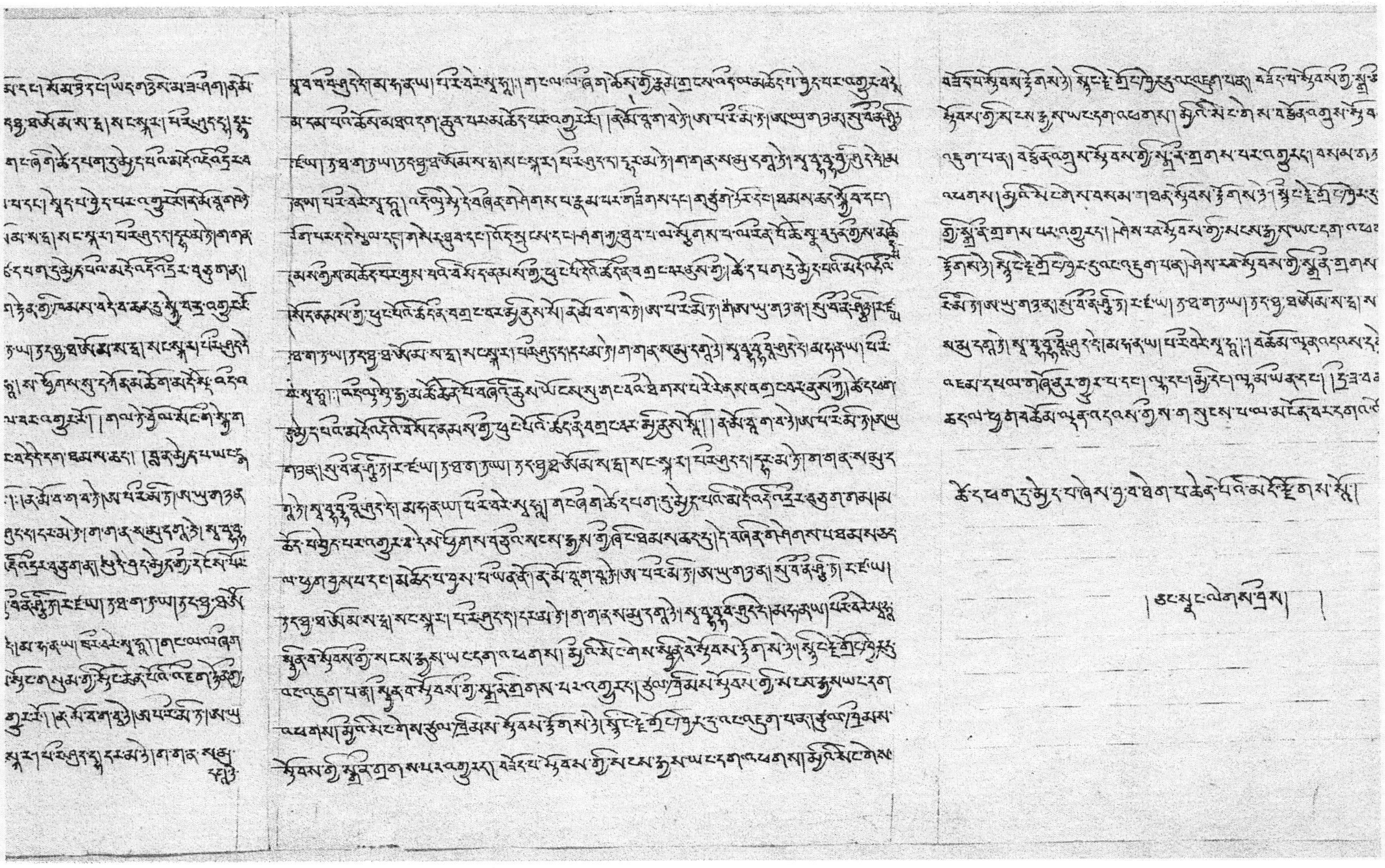
ཚེ་དཔག་ཏུ་མེད་པ་ཞེས་བྱ་བ་ཐེག་པ་ཆེན་པོའི་མདོ་རྫོགས་སོ།།
ཅང་ལྷུ་ངེ་ལེགས་བྲིས།

BD14245 號 3 藏文(無量壽宗要經甲本) (30–17)

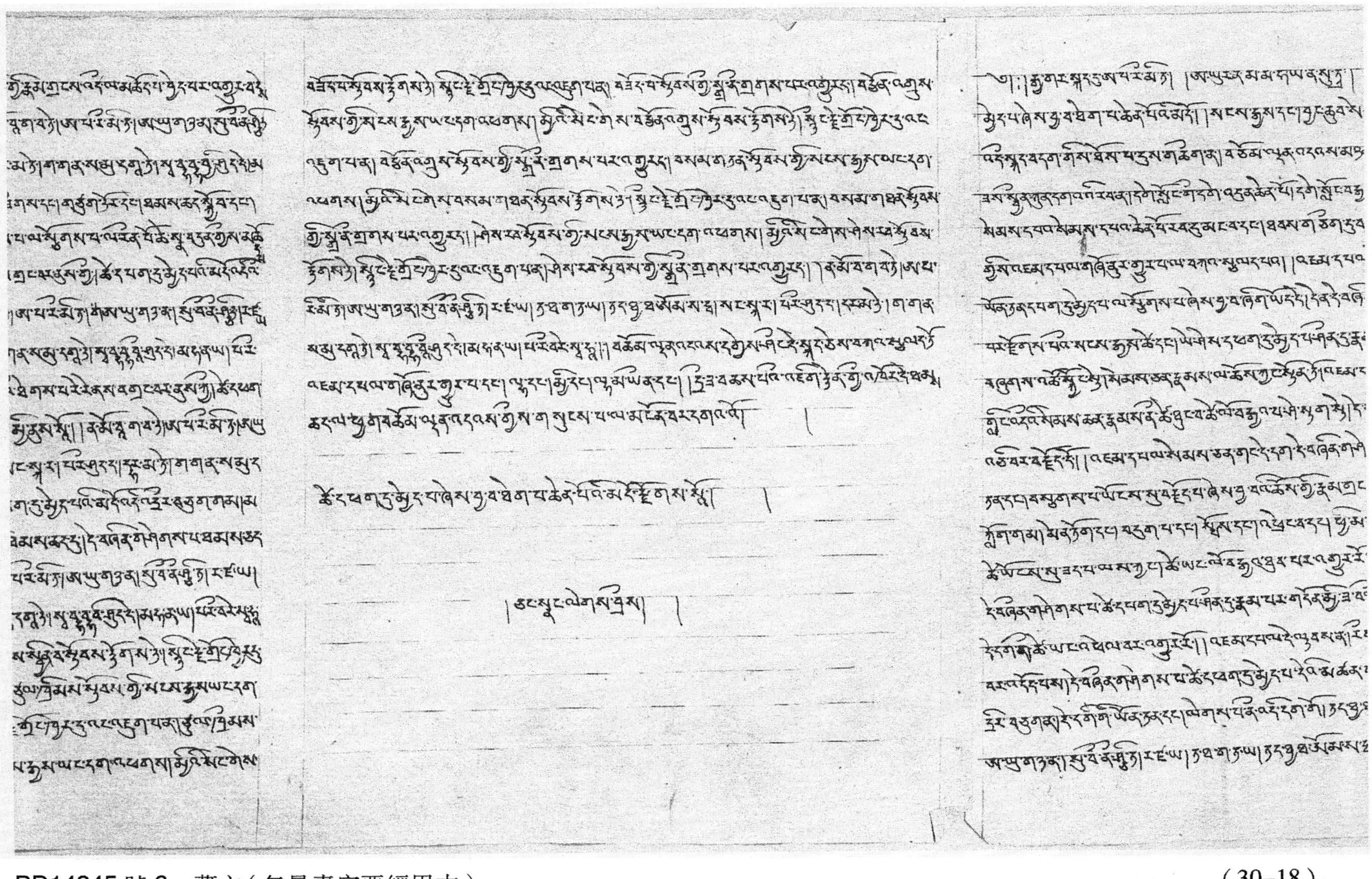
ཚེ་དཔག་ཏུ་མེད་པ་ཞེས་བྱ་བ་ཐེག་པ་ཆེན་པོའི་མདོ་རྫོགས་སོ།།
ཅང་ལྷུ་ངེ་ལེགས་བྲིས།

BD14245 號 3 藏文(無量壽宗要經甲本) (30–18)

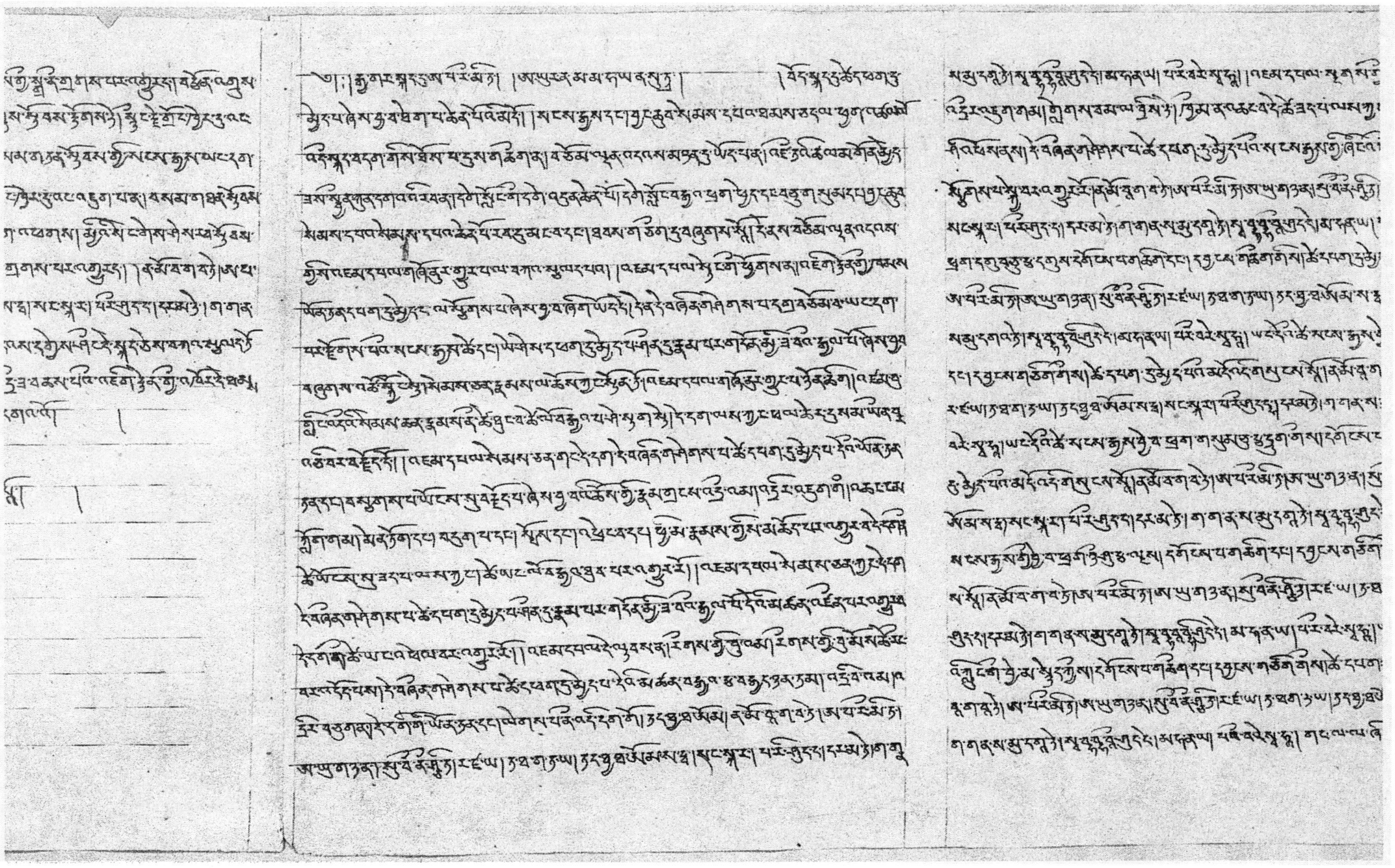

BD14245 號 4　藏文（無量壽宗要經甲本）　　（30–19）

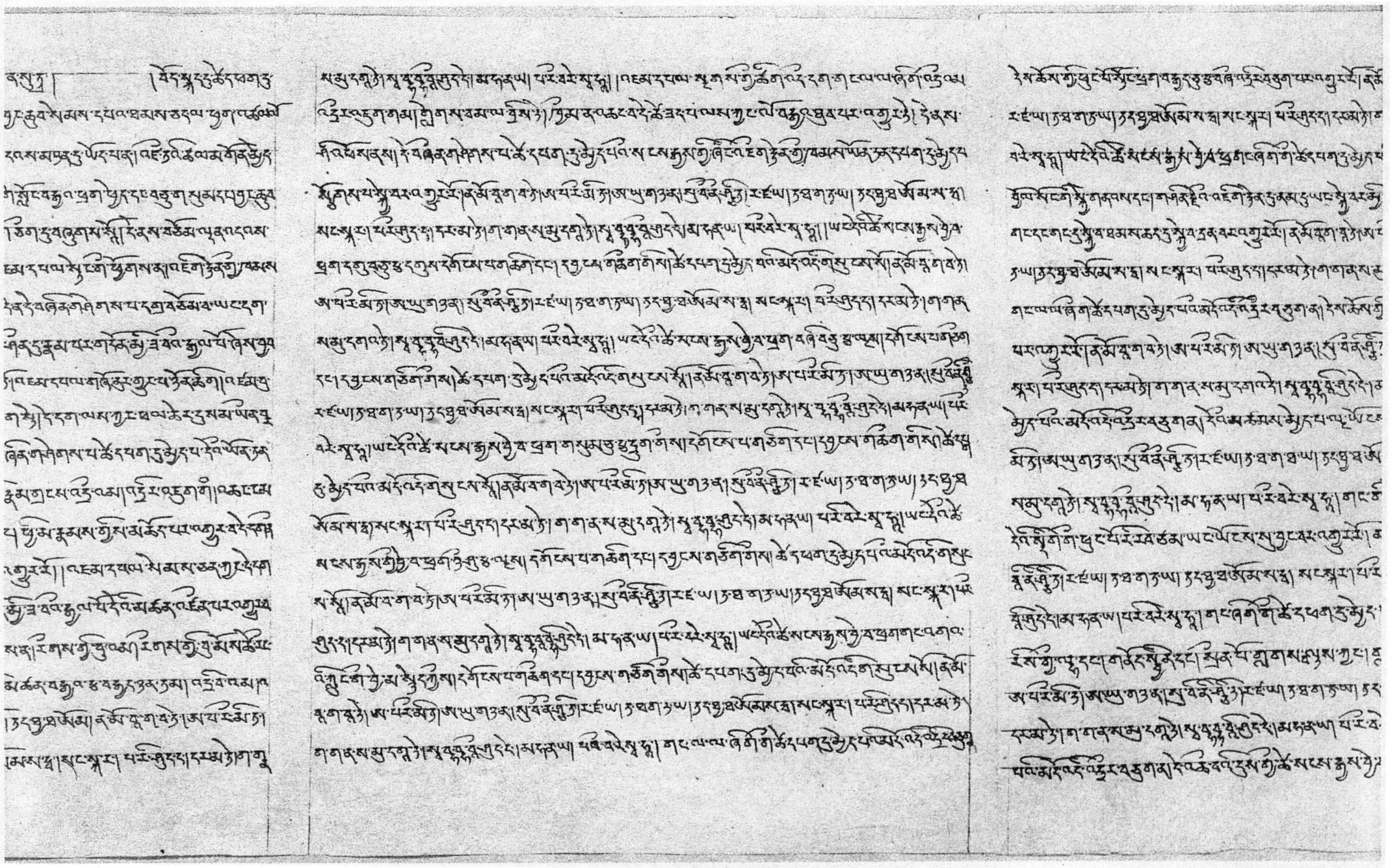

BD14245 號 4　藏文（無量壽宗要經甲本）　　（30–20）

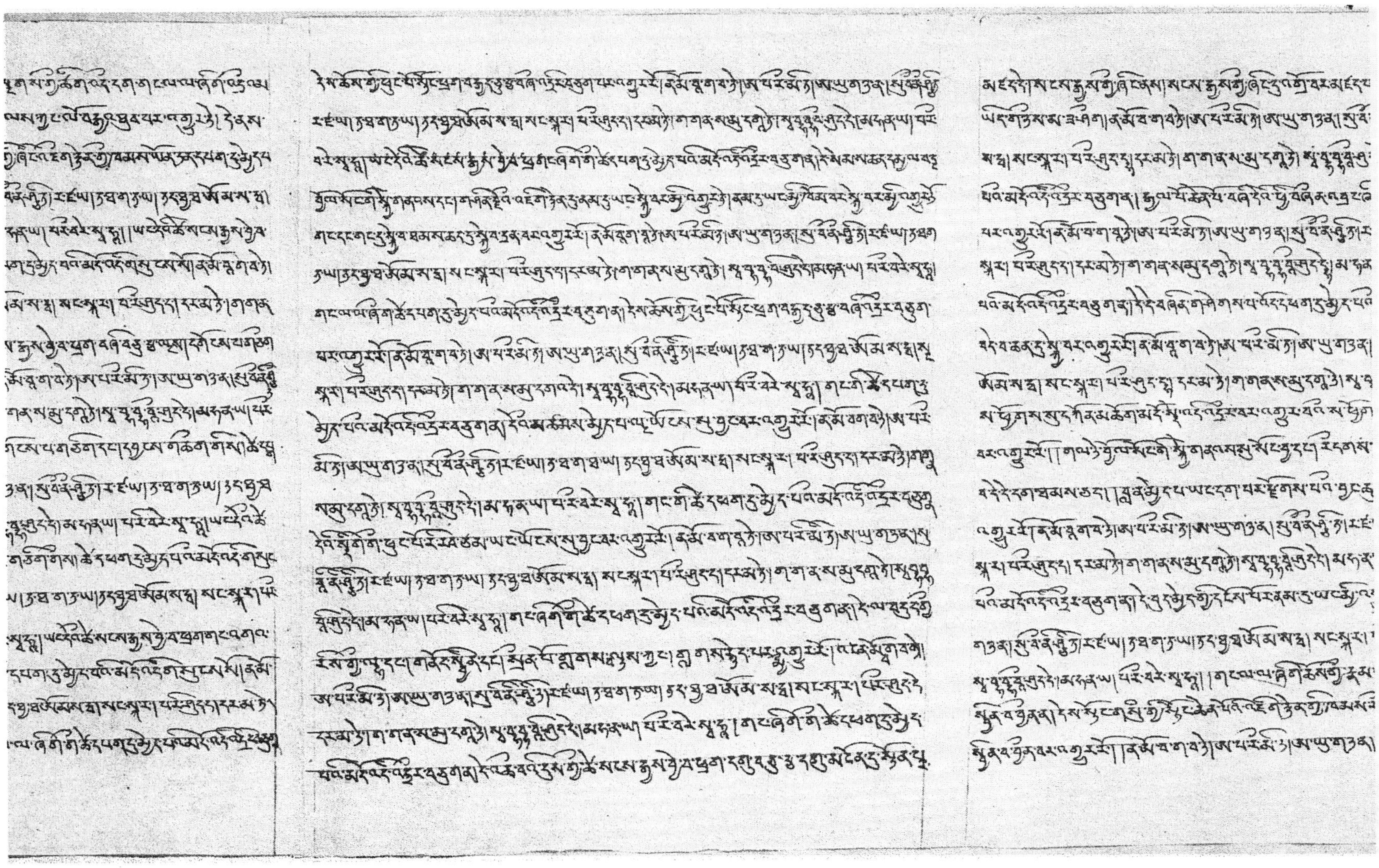

BD14245 號 4　藏文（無量壽宗要經甲本）　　（30–21）

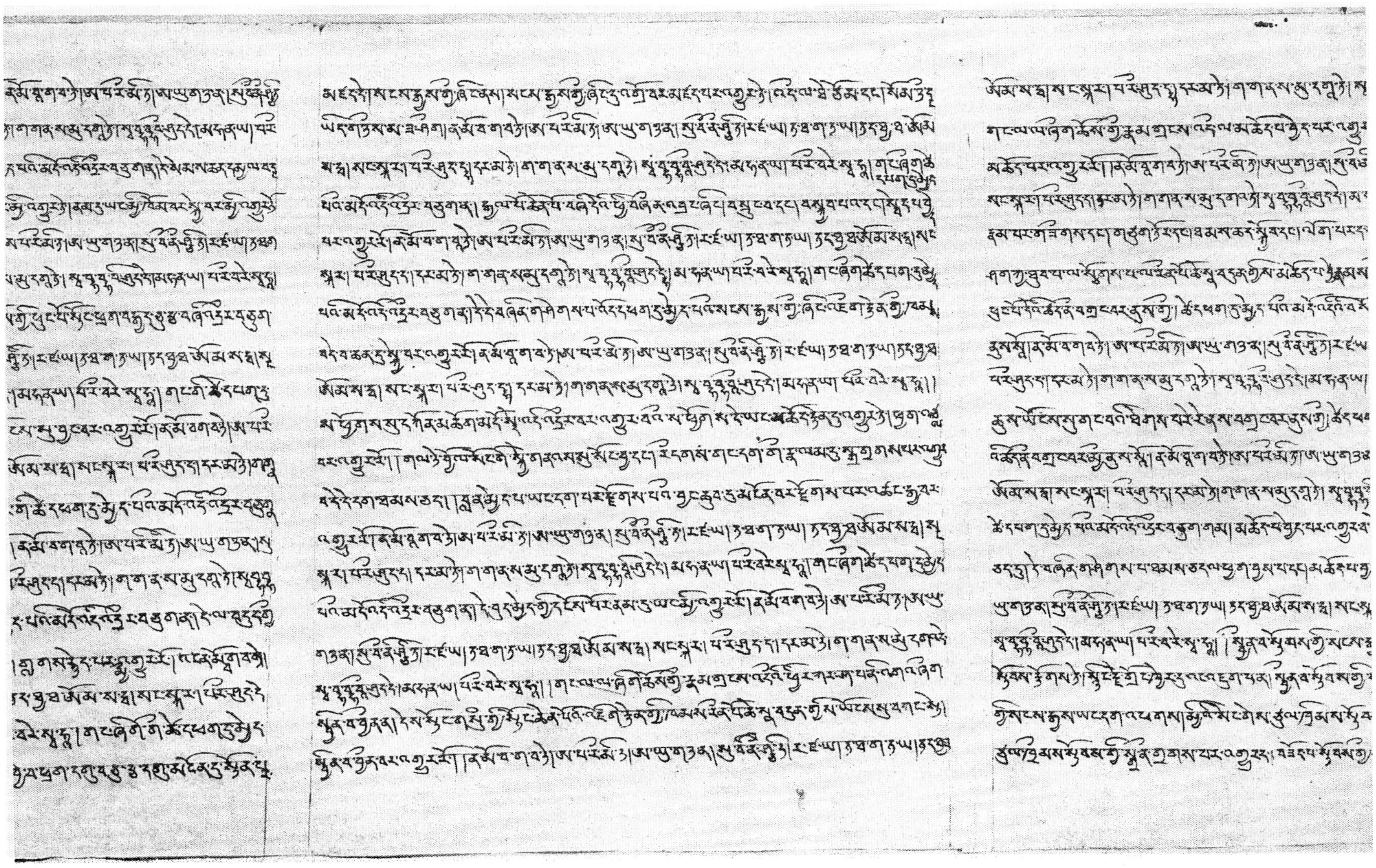

BD14245 號 4　藏文（無量壽宗要經甲本）　　（30–22）

(Tibetan manuscript, not transcribed)

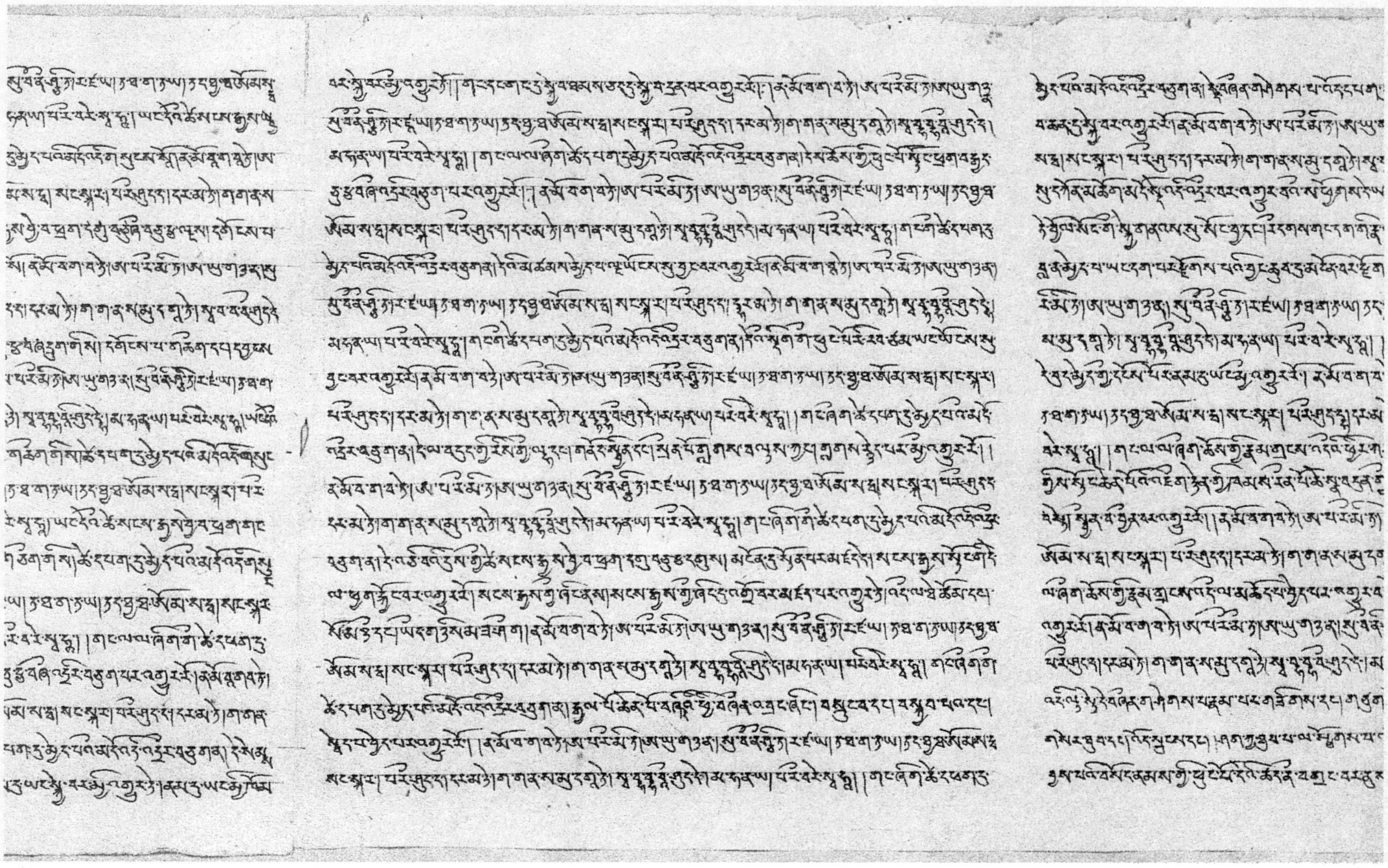

BD14245 號 5　藏文（無量壽宗要經甲本）　（30–27）

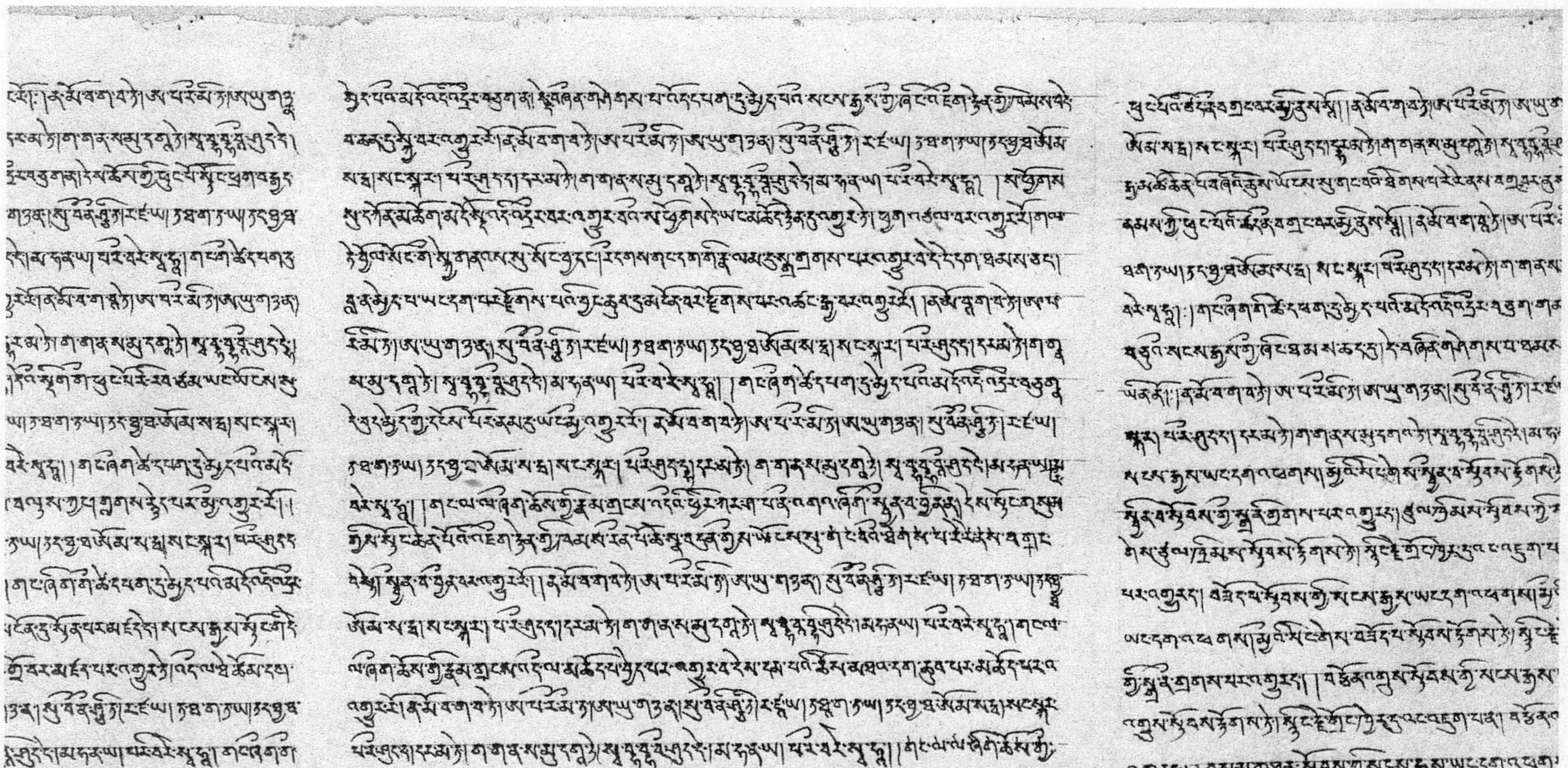

BD14245 號 5　藏文（無量壽宗要經甲本）　（30–28）

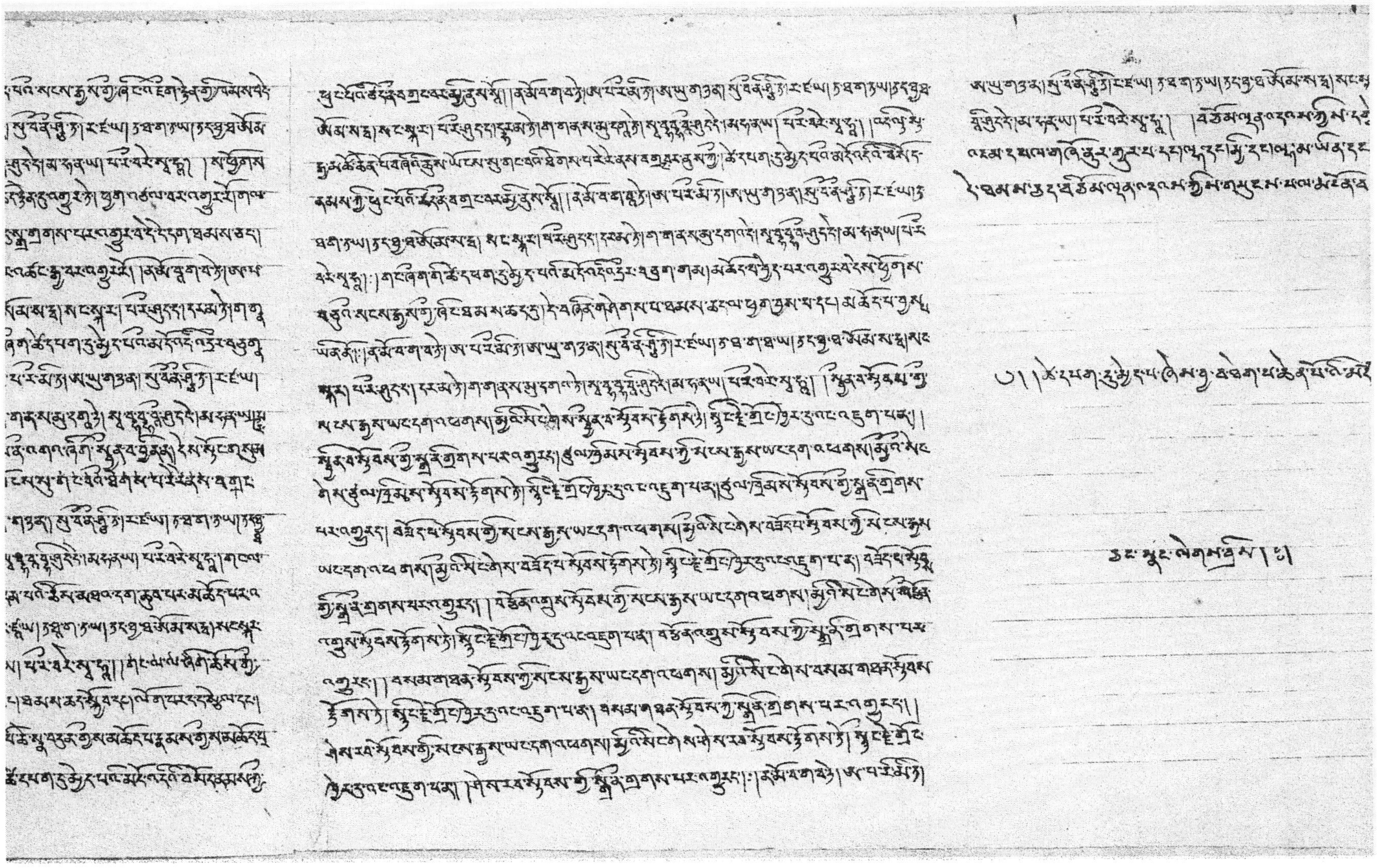

BD14245 號 5　藏文（無量壽宗要經甲本）　（30–29）

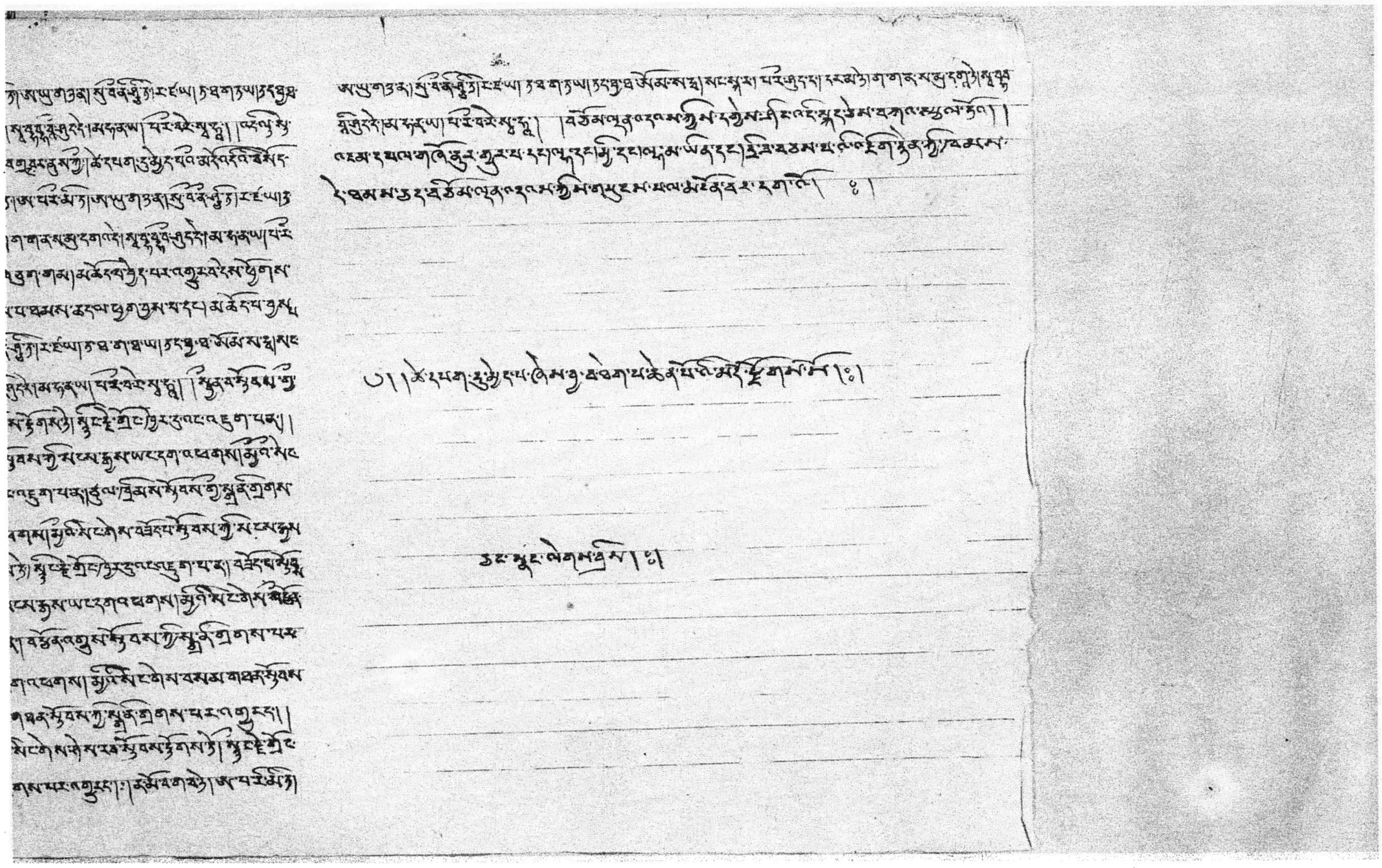

BD14245 號 5　藏文（無量壽宗要經甲本）　（30–30）

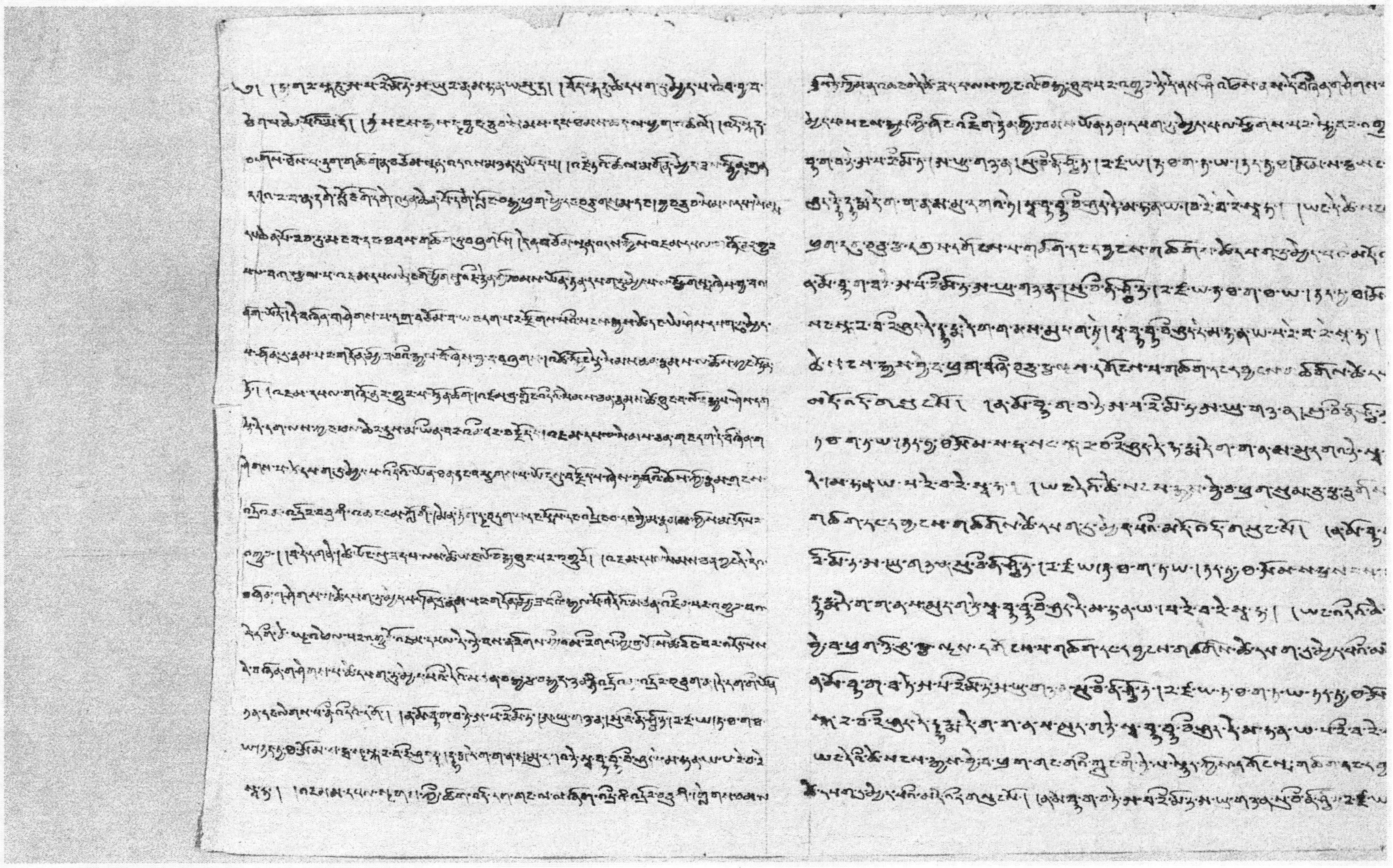

BD14246 號　藏文（無量壽宗要經甲本）　　（6–1）

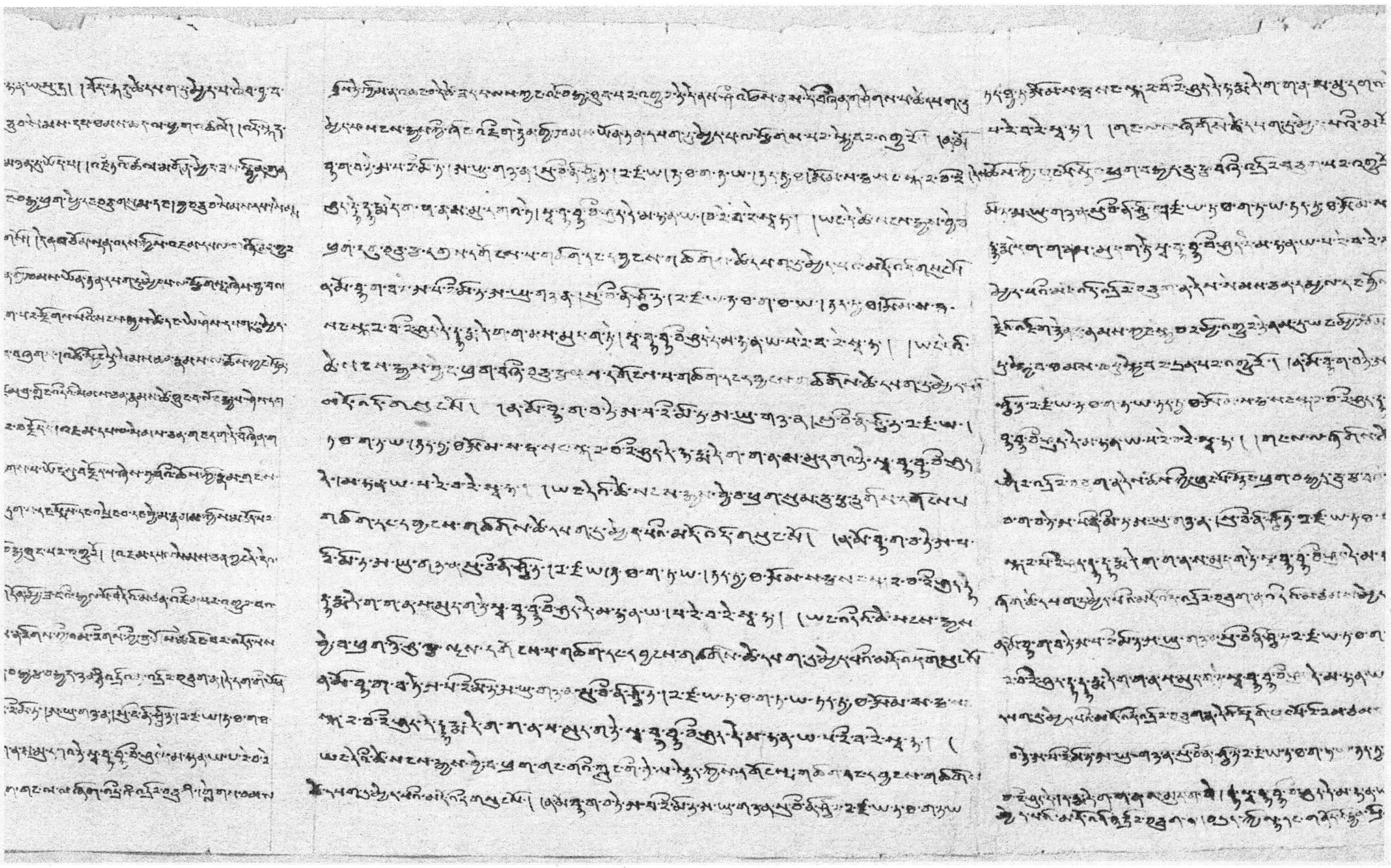

BD14246 號　藏文（無量壽宗要經甲本）　　（6–2）

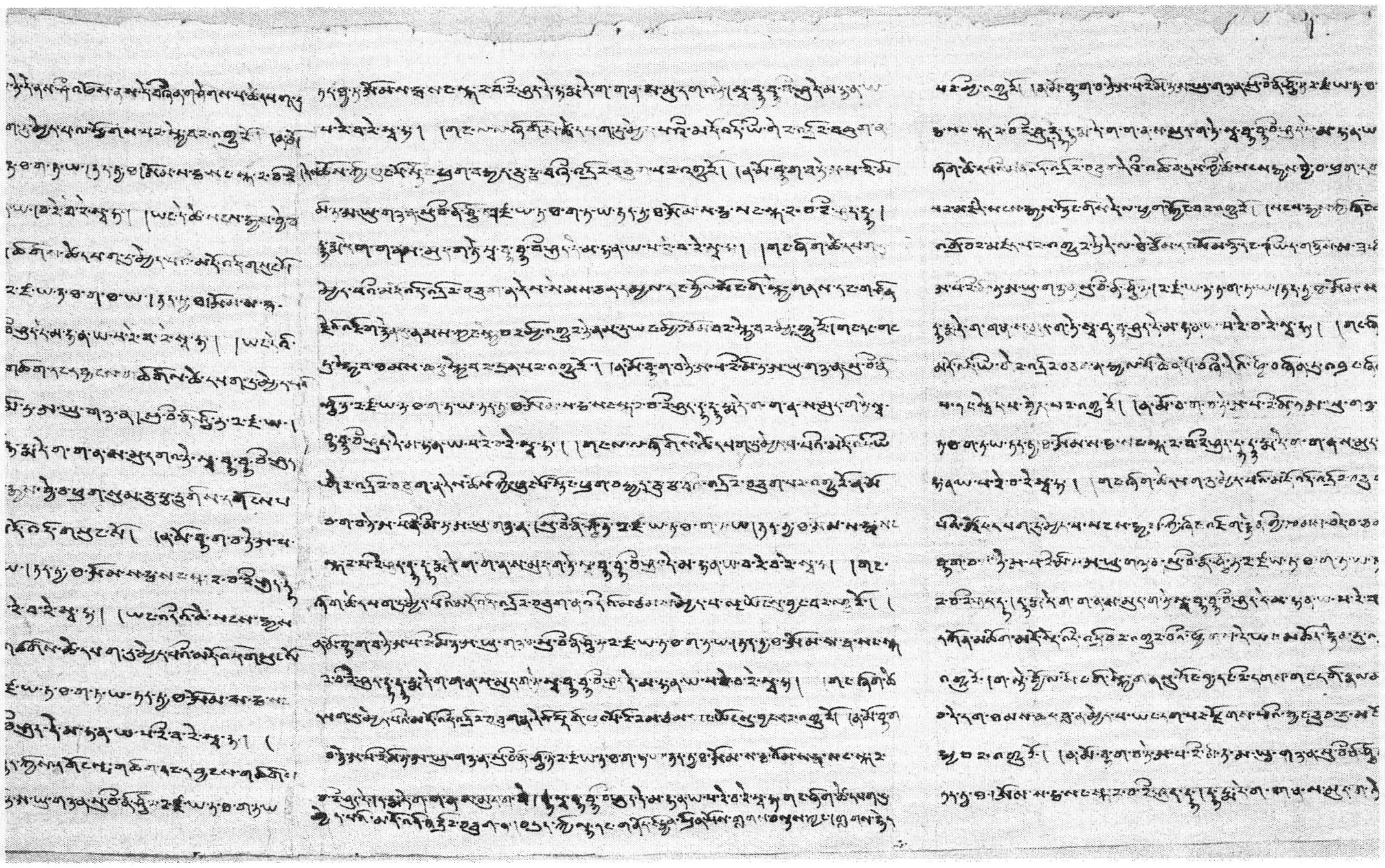

BD14246 號　藏文（無量壽宗要經甲本）　　（6–3）

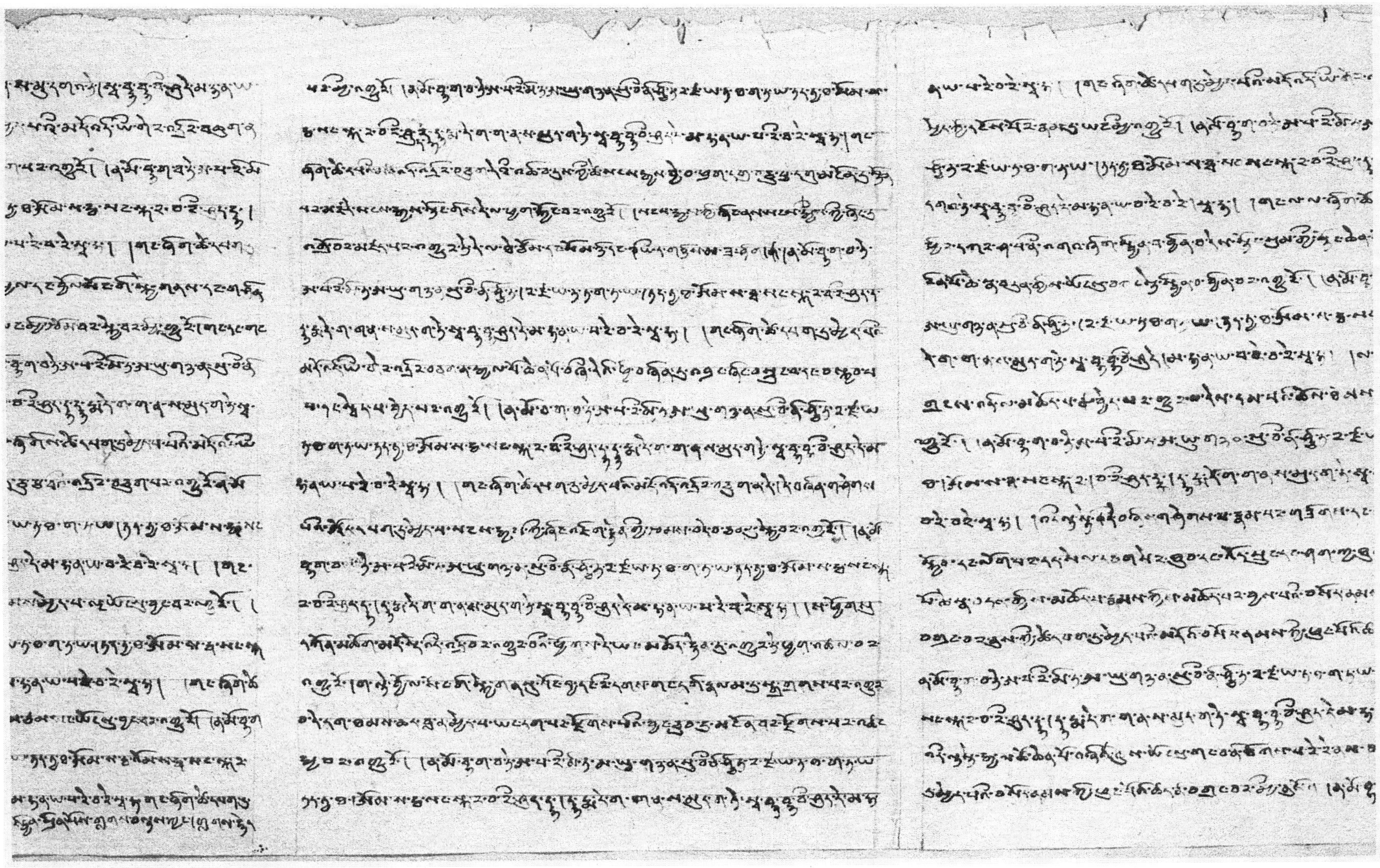

BD14246 號　藏文（無量壽宗要經甲本）　　（6–4）

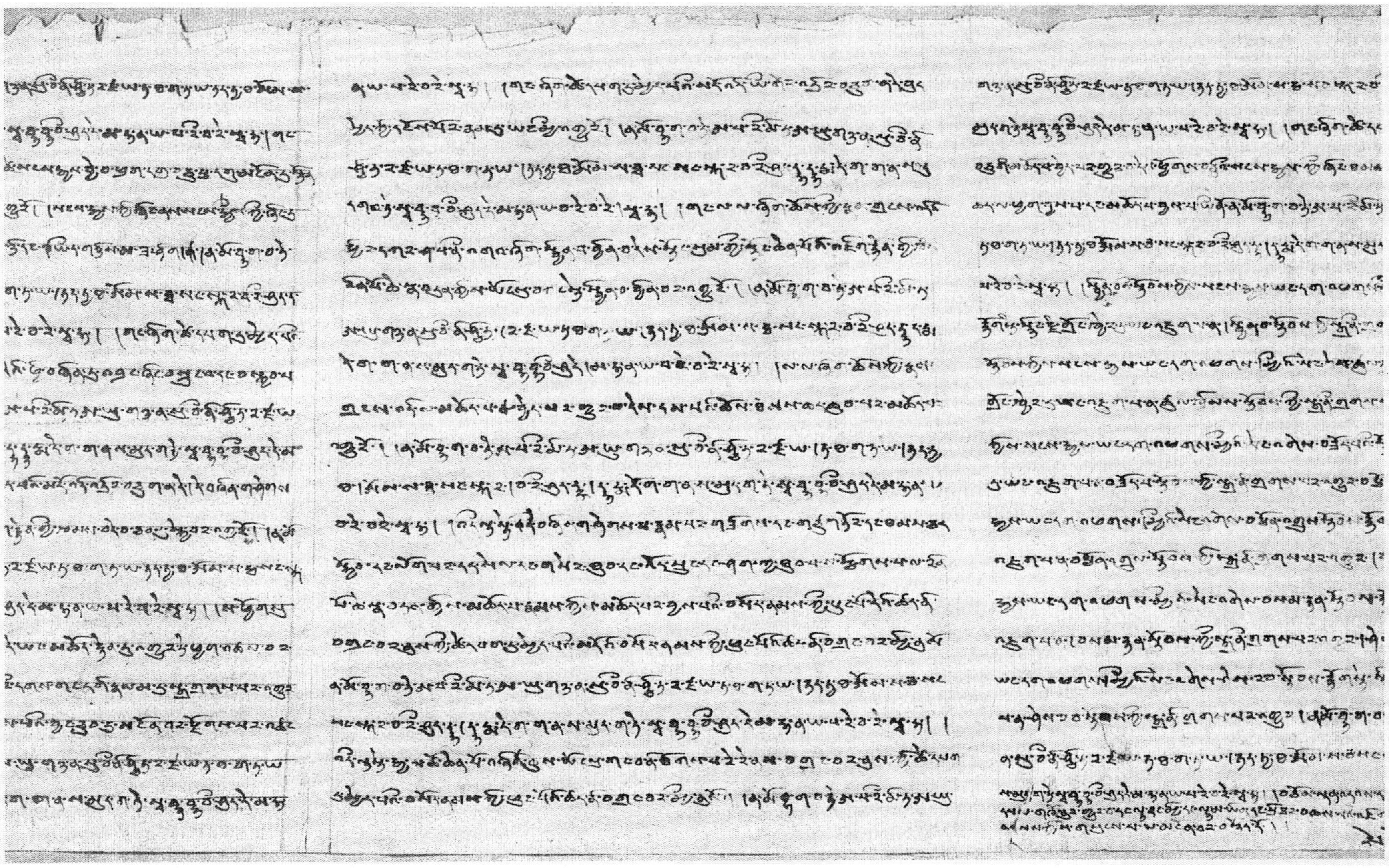

BD14246 號　藏文（無量壽宗要經甲本）　（6–5）

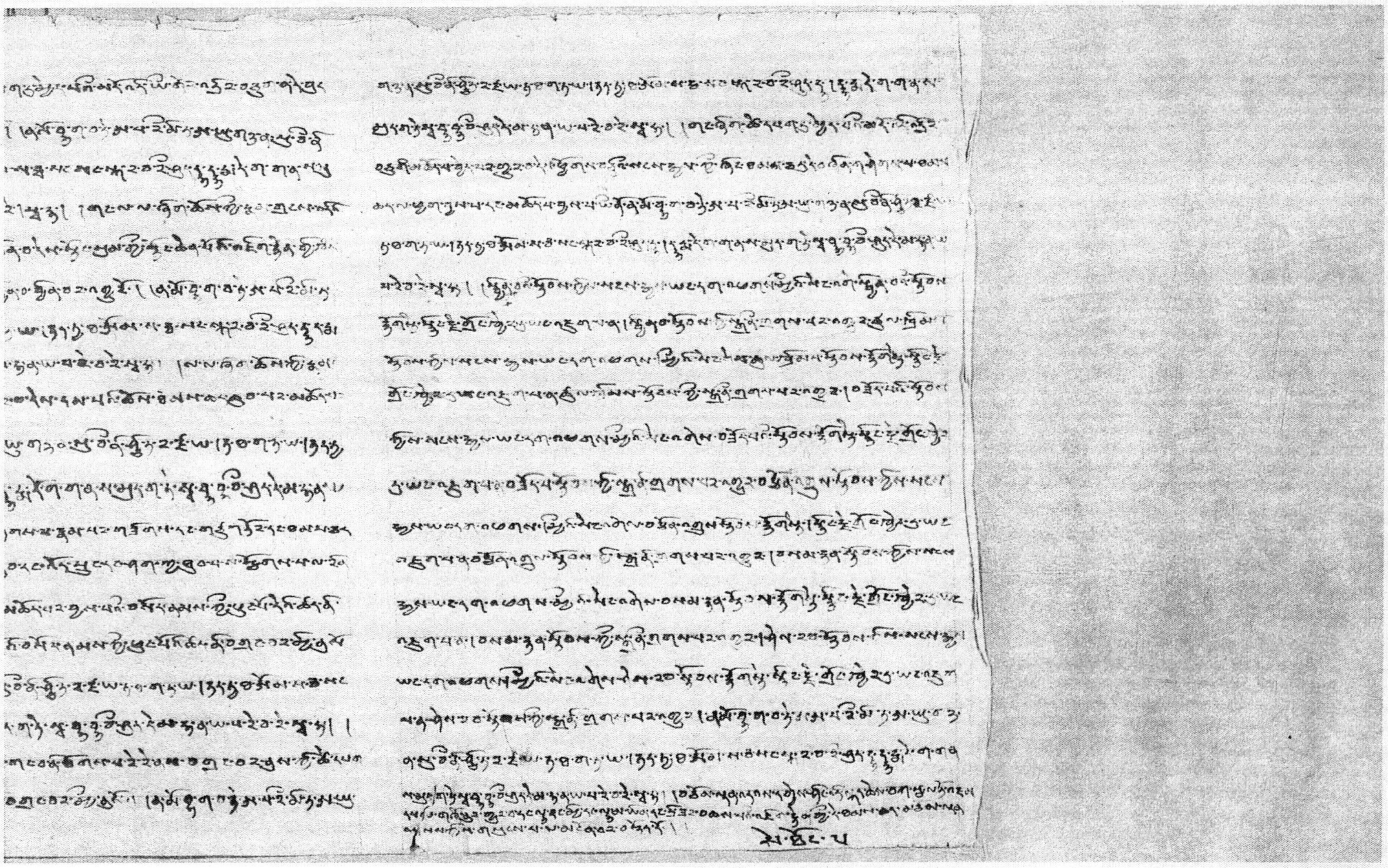

BD14246 號　藏文（無量壽宗要經甲本）　（6–6）

BD14246 號背　雜寫　　　　（1–1）

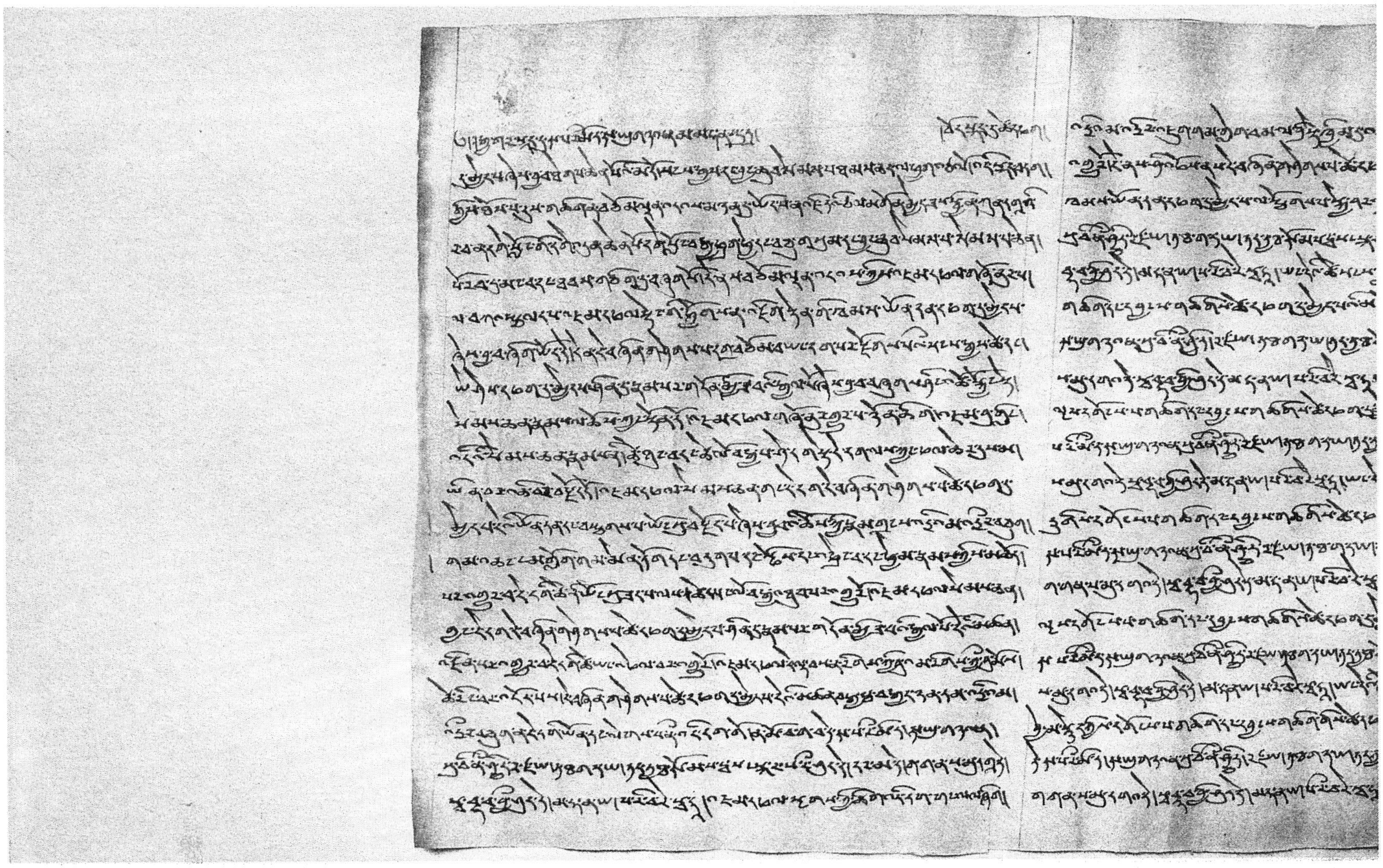

BD14247 號　藏文（無量壽宗要經甲本）　　　　（6–1）

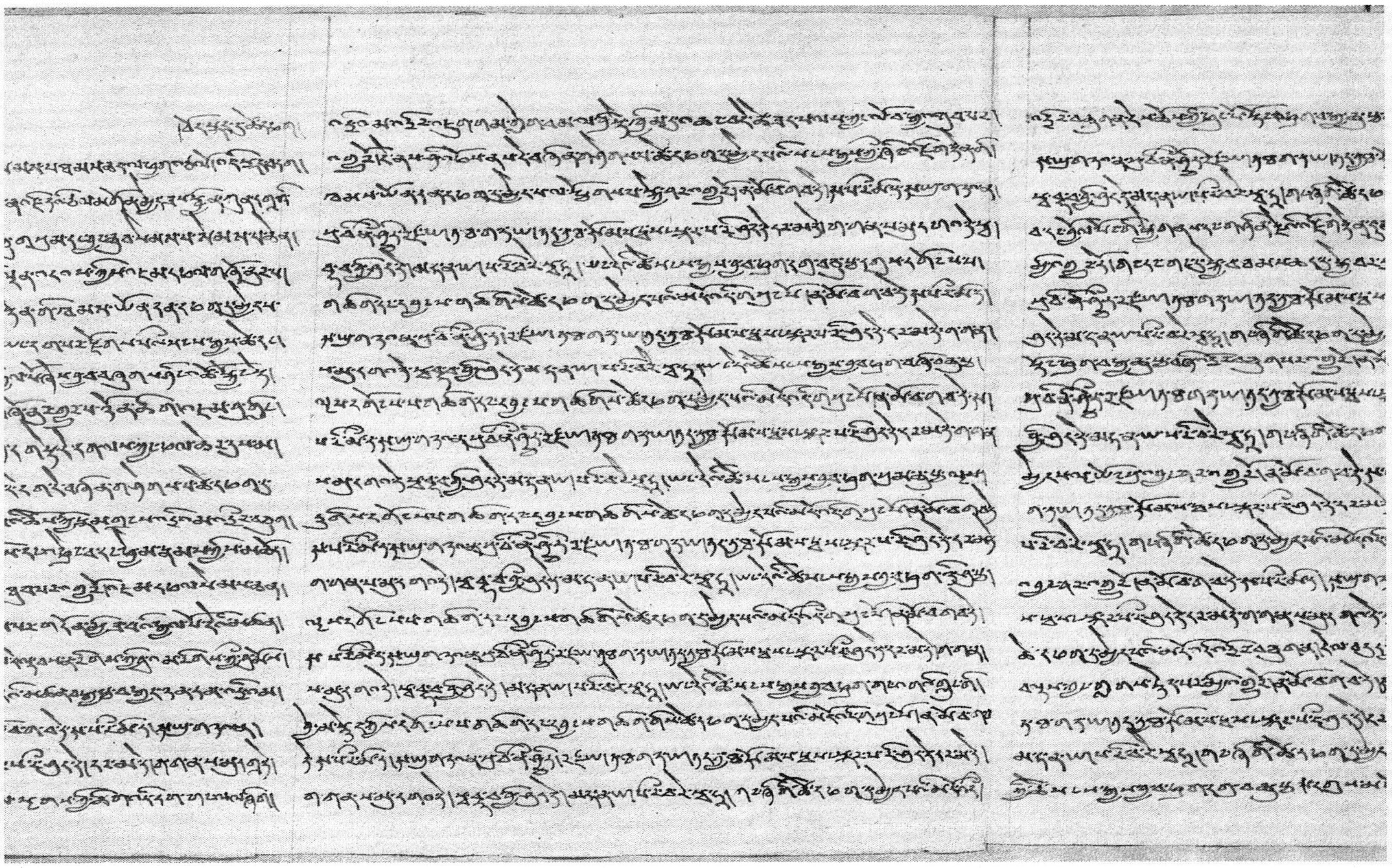

BD14247 號　藏文（無量壽宗要經甲本）　　（6–2）

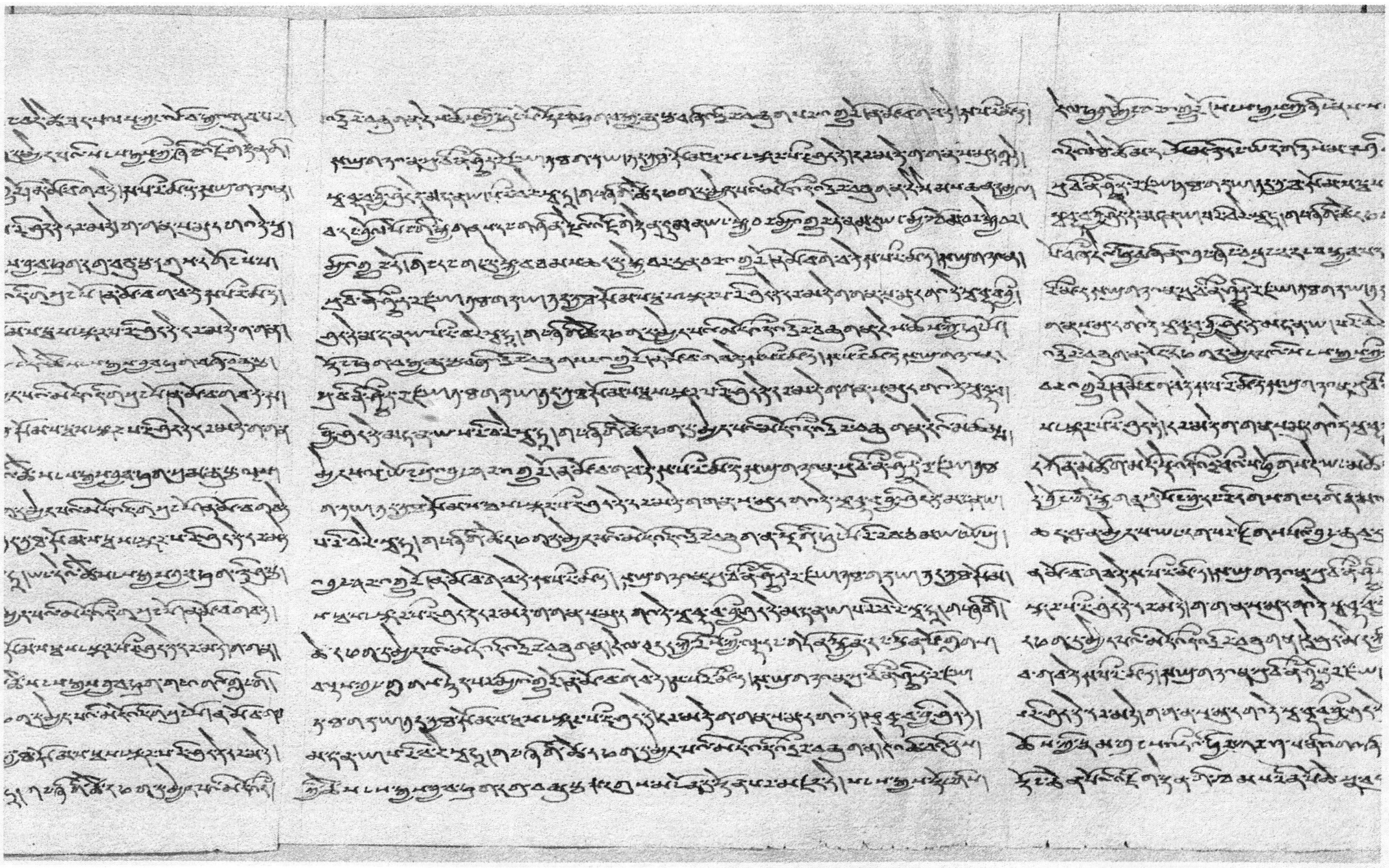

BD14247 號　藏文（無量壽宗要經甲本）　　（6–3）

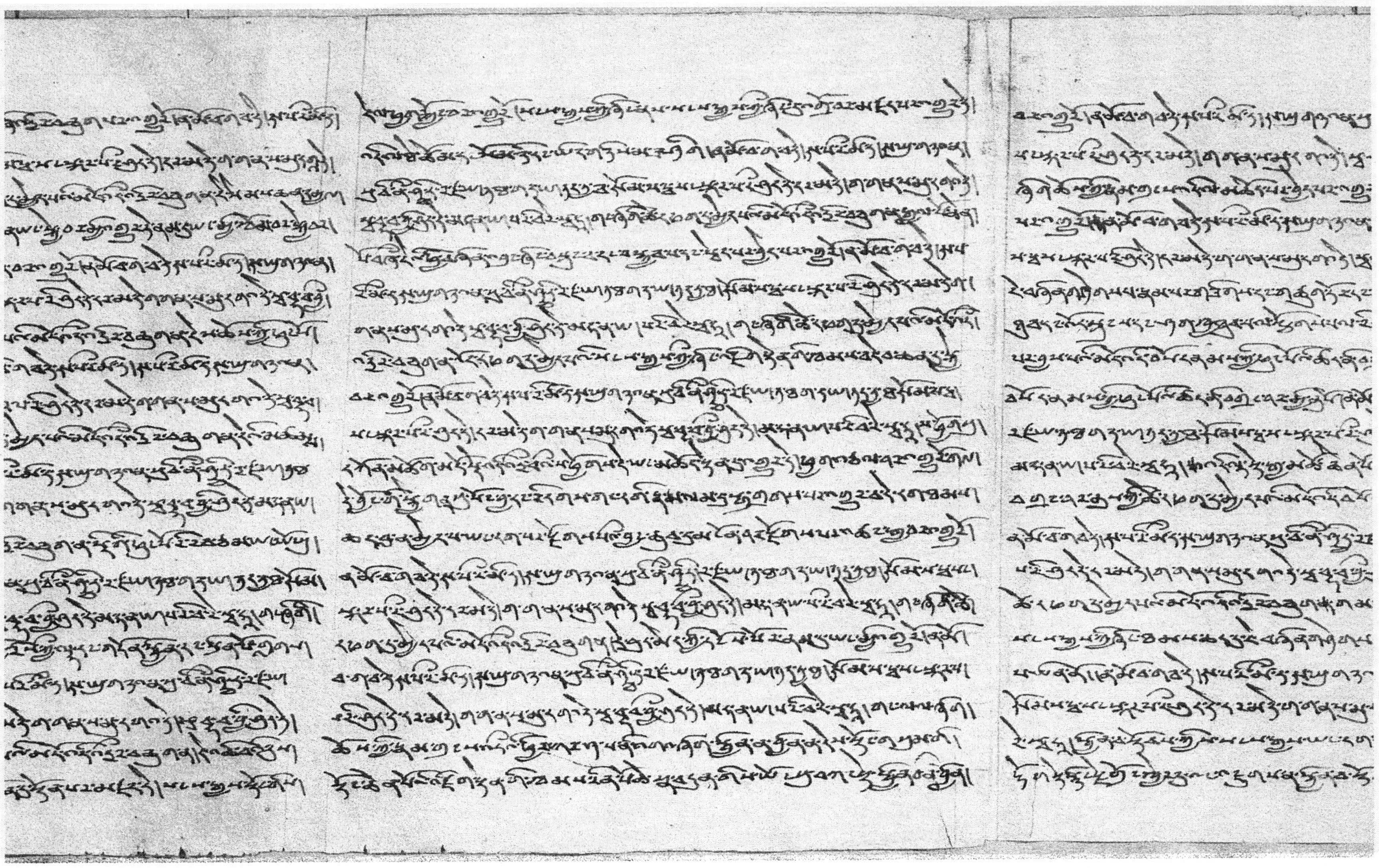

BD14247 號　藏文（無量壽宗要經甲本）　（6–4）

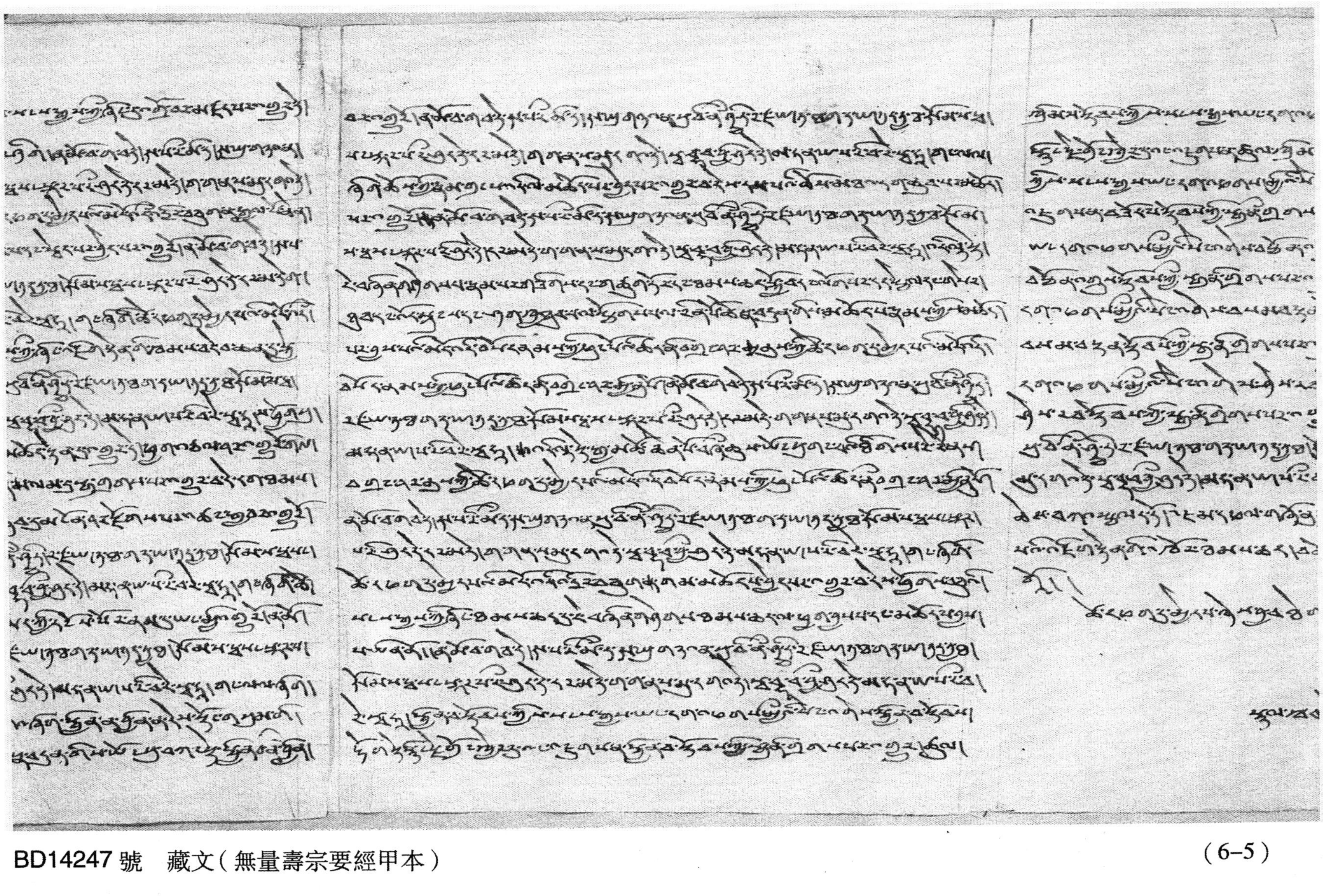

BD14247 號　藏文（無量壽宗要經甲本）　（6–5）

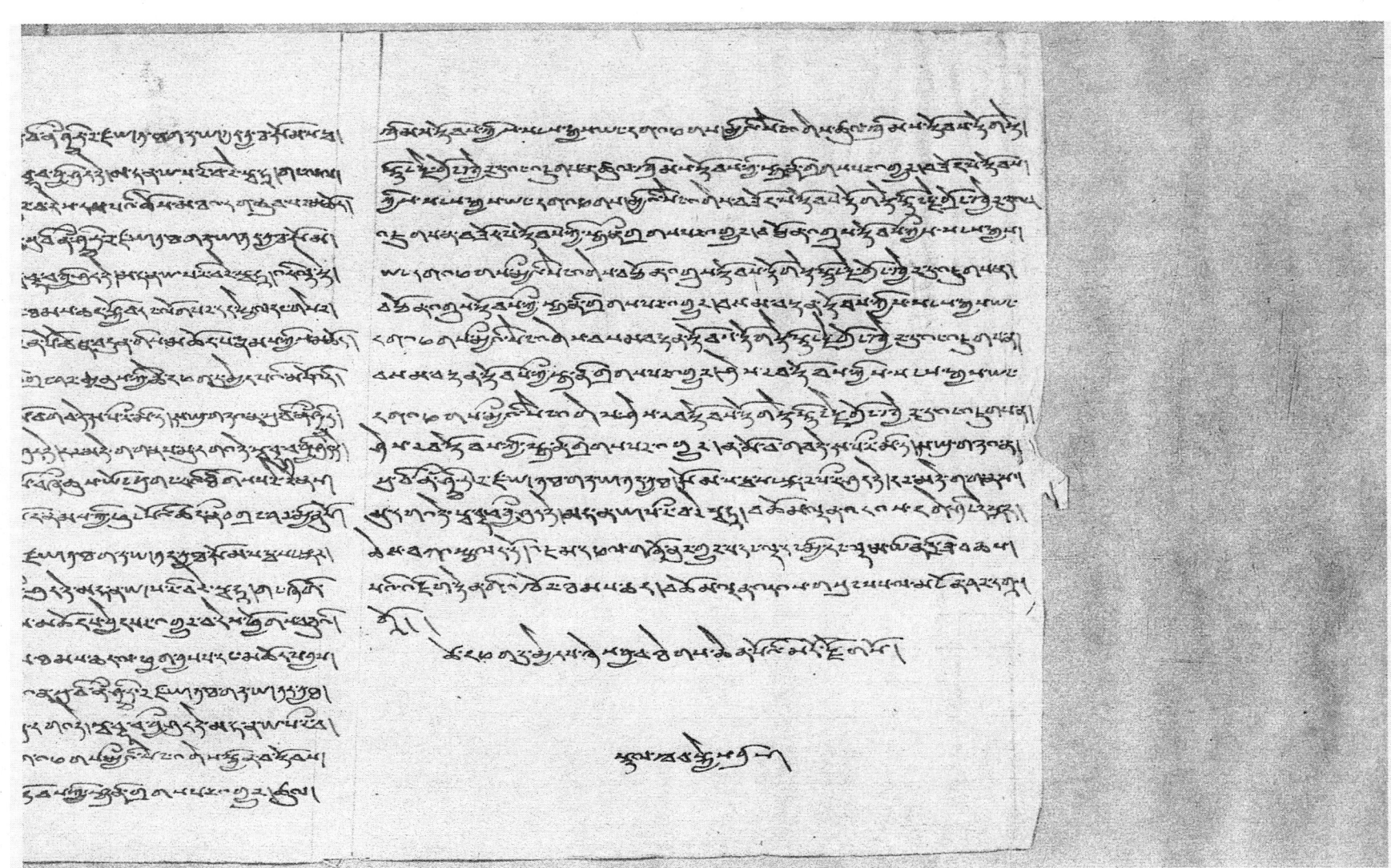

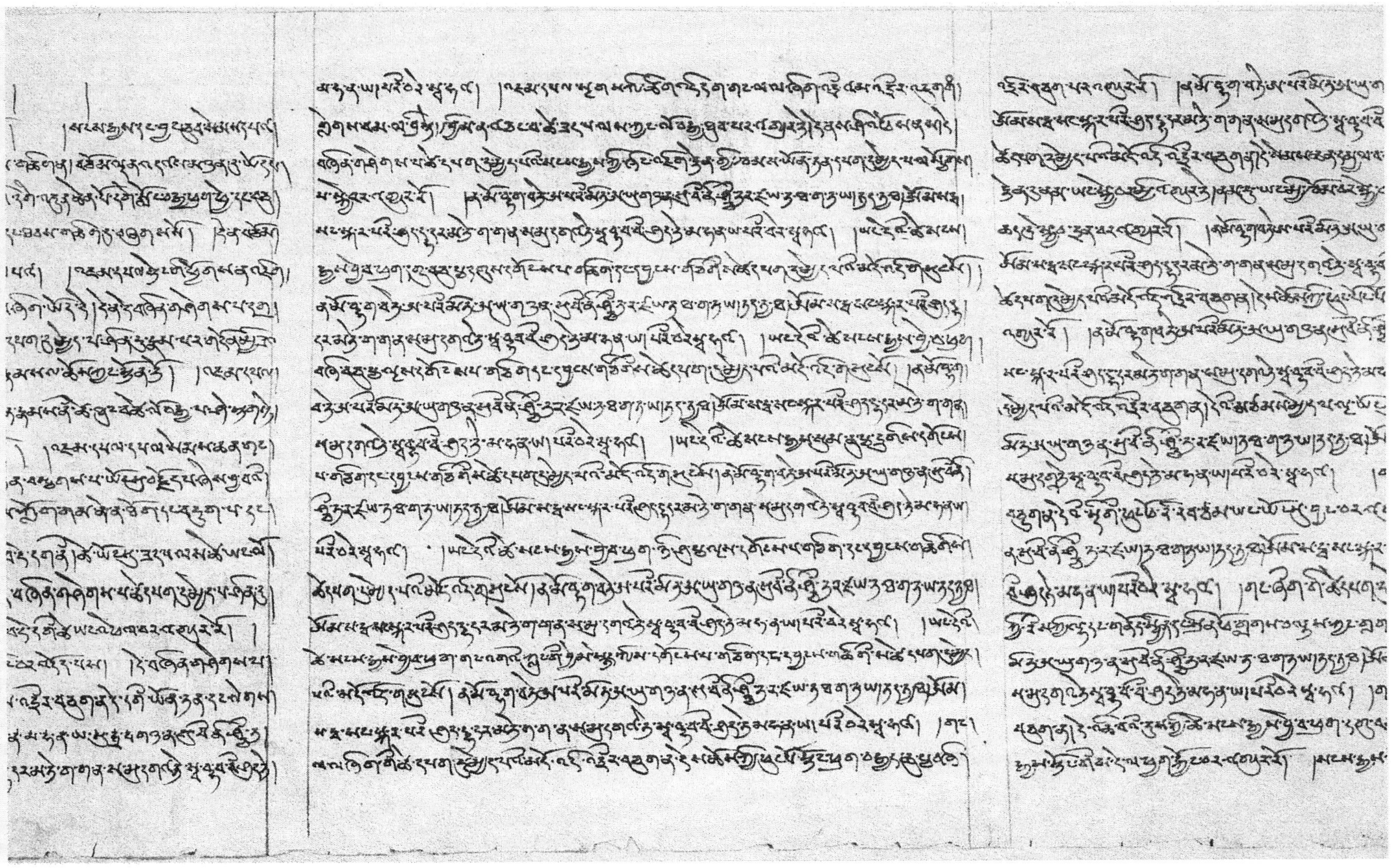

BD14248 號 1　藏文（無量壽宗要經甲本）　（16–2）

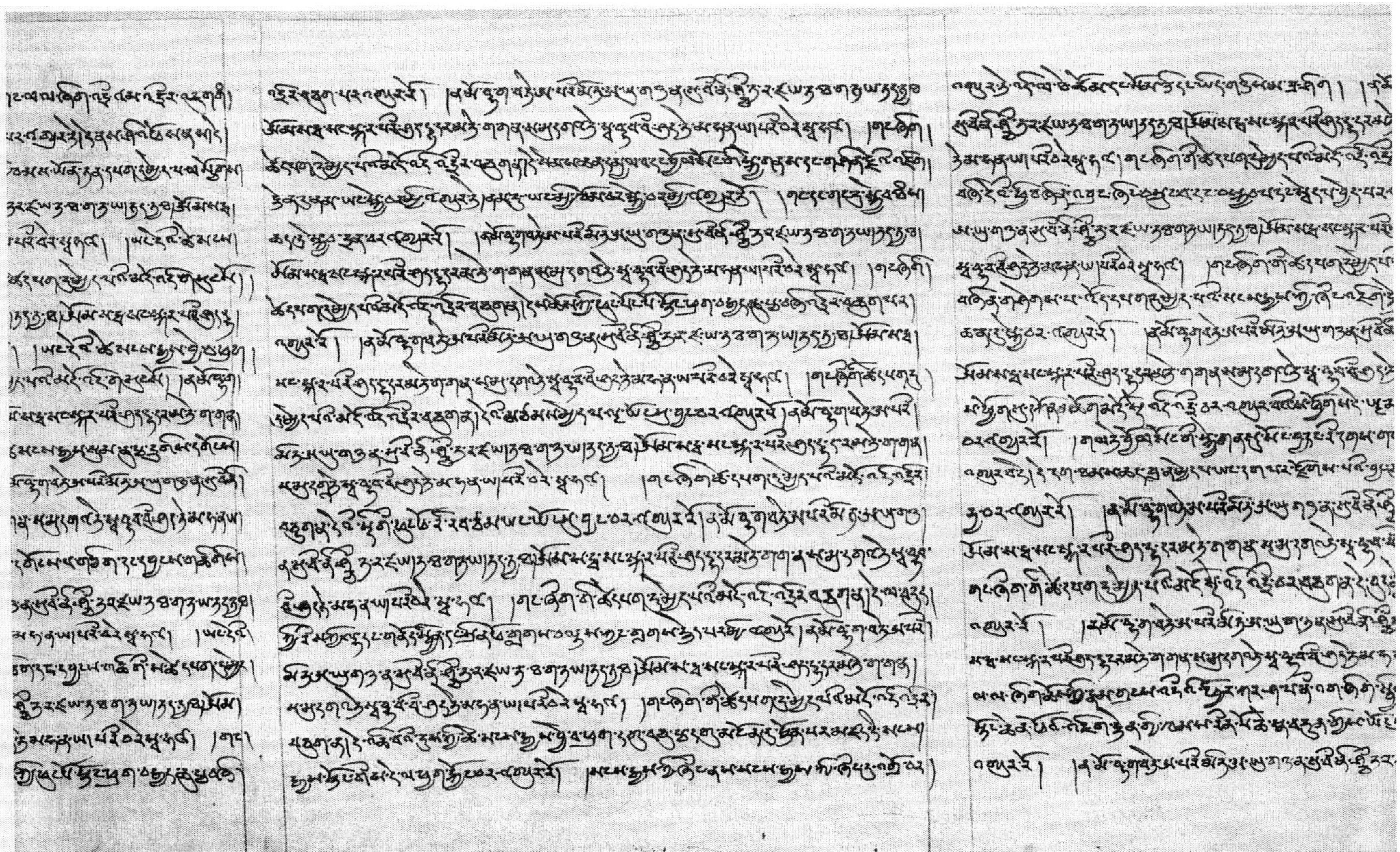

BD14248 號 1　藏文（無量壽宗要經甲本）　（16–3）

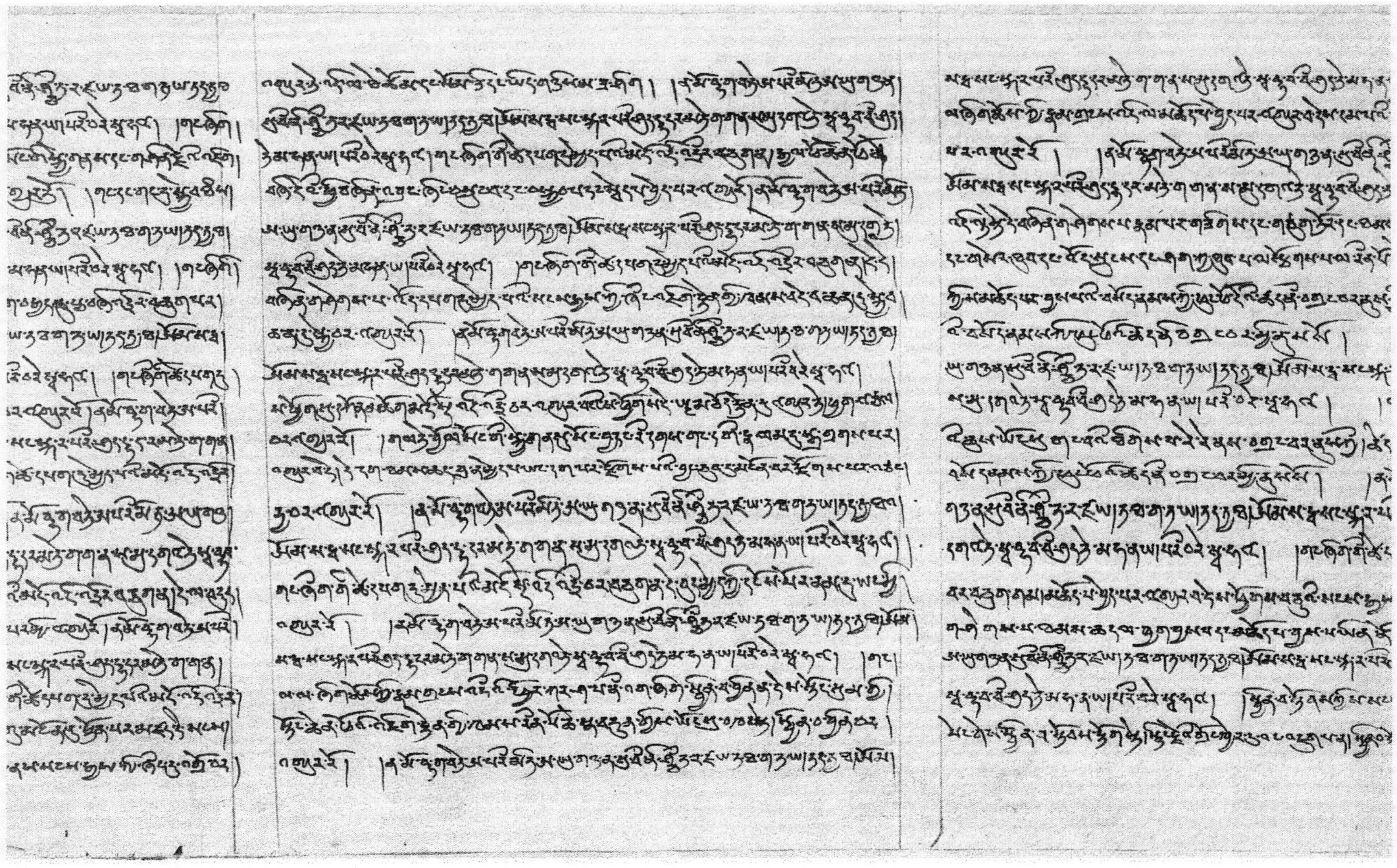

BD14248 號 1　藏文（無量壽宗要經甲本）　（16–4）

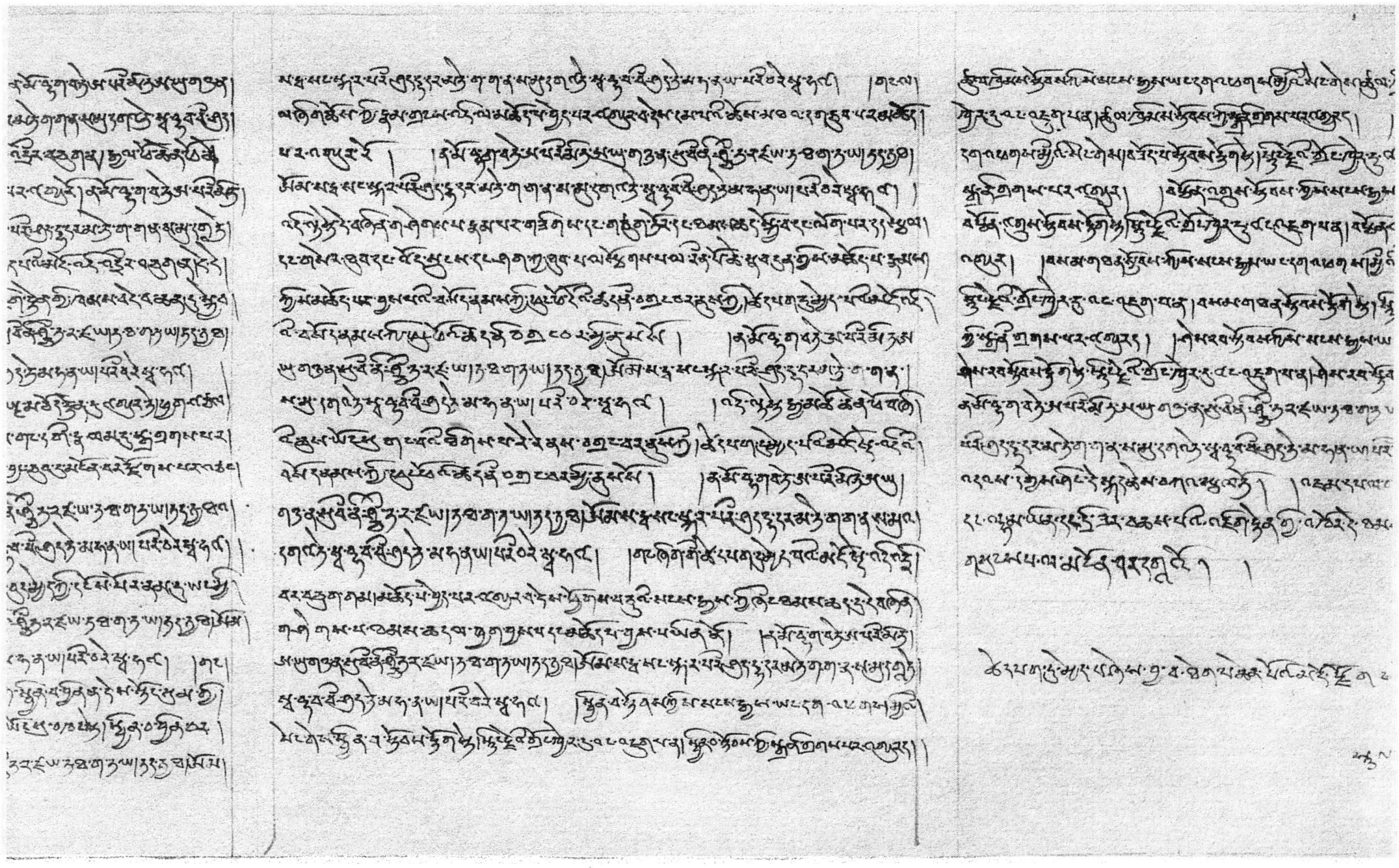

BD14248 號 1　藏文（無量壽宗要經甲本）　（16–5）

BD14248號1 藏文（無量壽宗要經甲本）

BD14248號2 藏文（無量壽宗要經甲本）

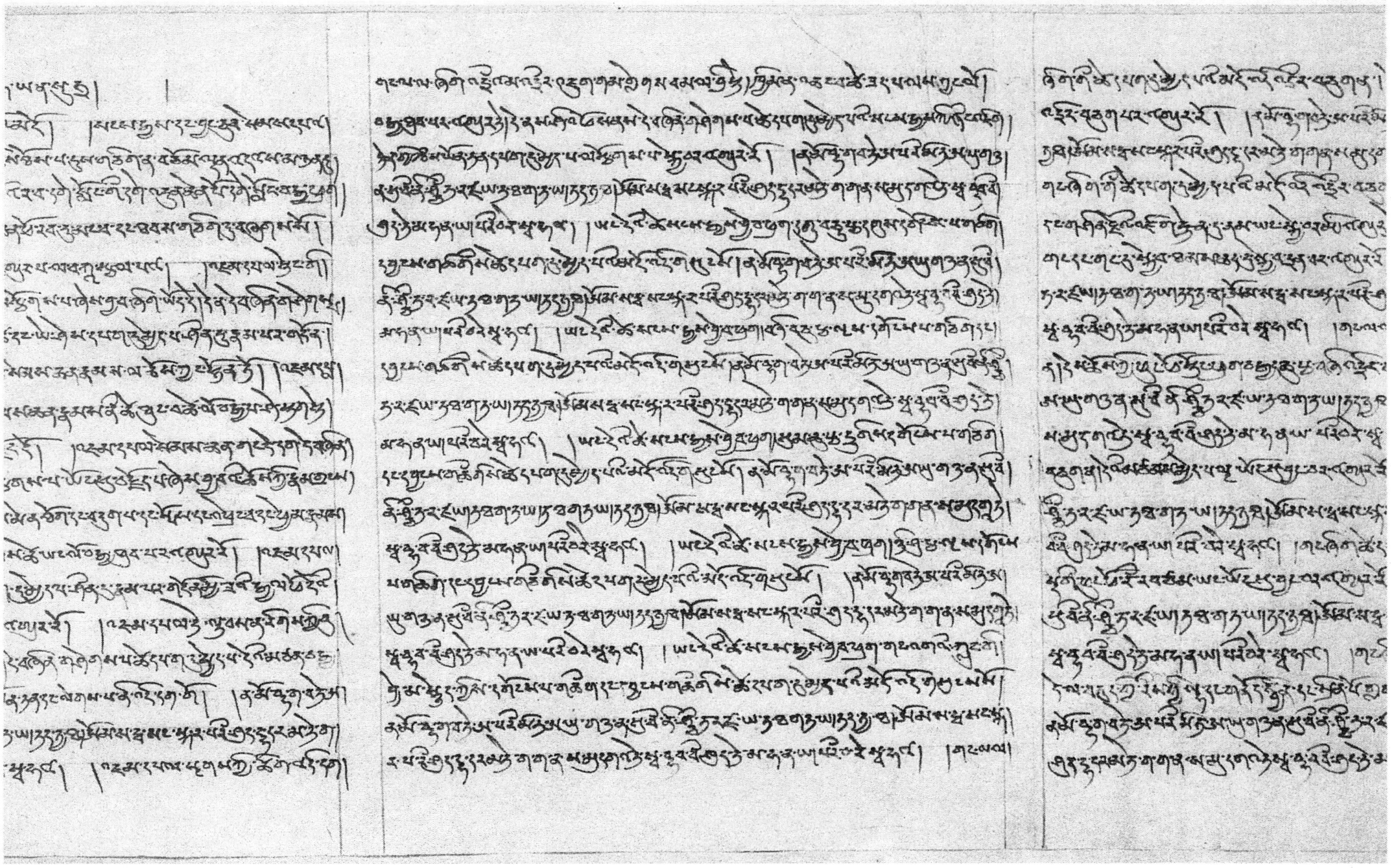

BD14248 號 2　藏文（無量壽宗要經甲本）　（16–8）

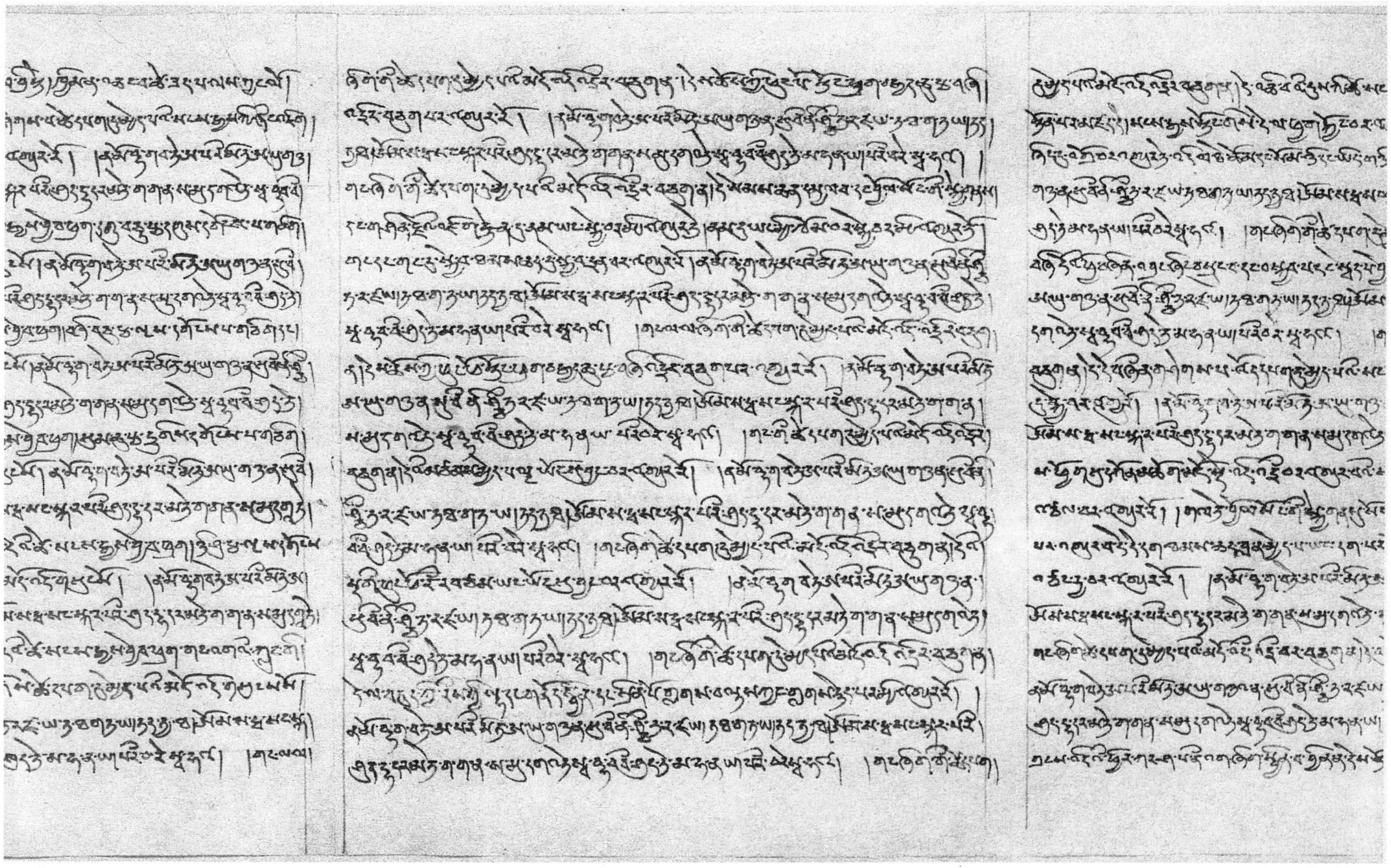

BD14248 號 2　藏文（無量壽宗要經甲本）　（16–9）

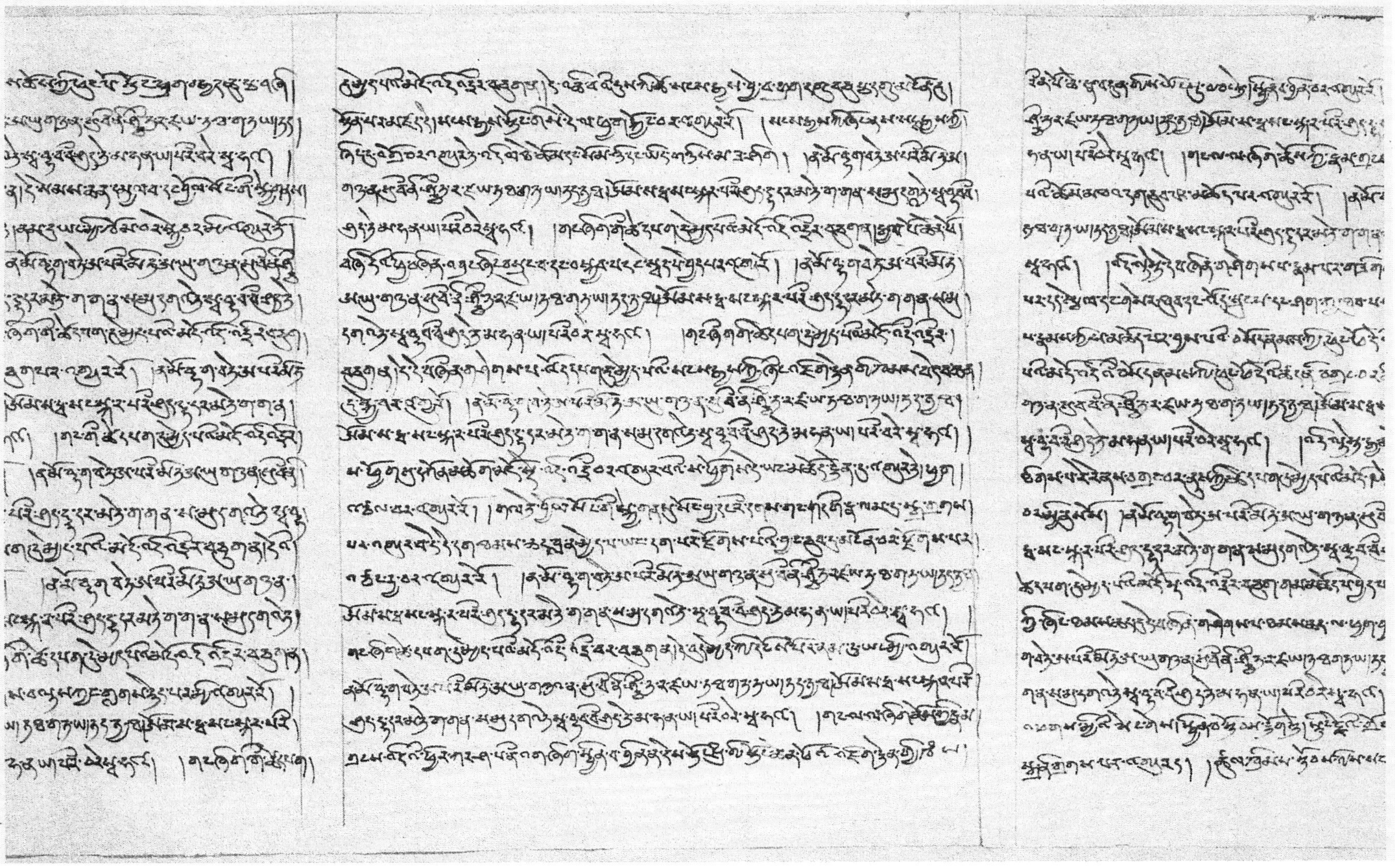

BD14248 號 2　藏文（無量壽宗要經甲本）　（16–10）

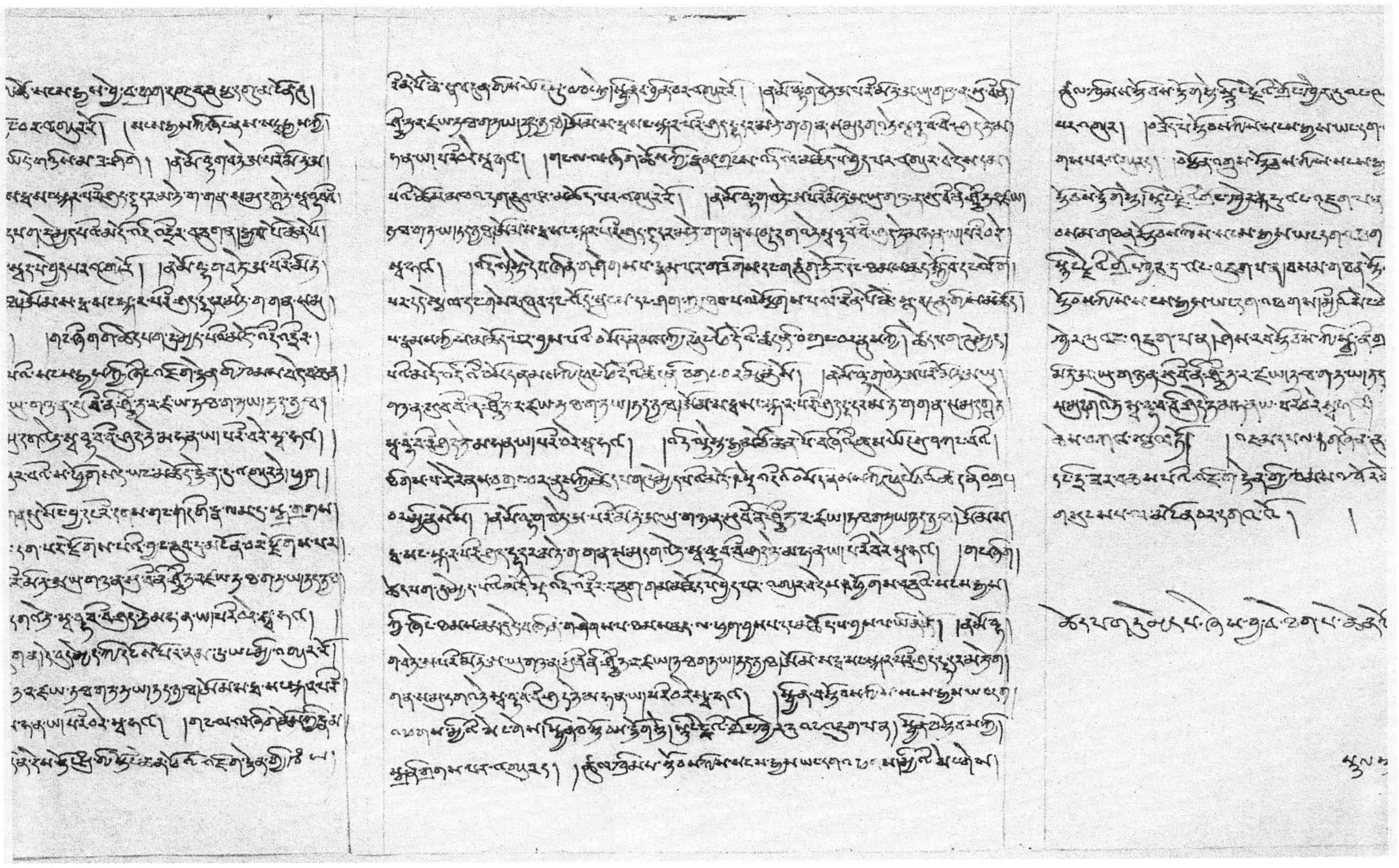

BD14248 號 2　藏文（無量壽宗要經甲本）　（16–11）

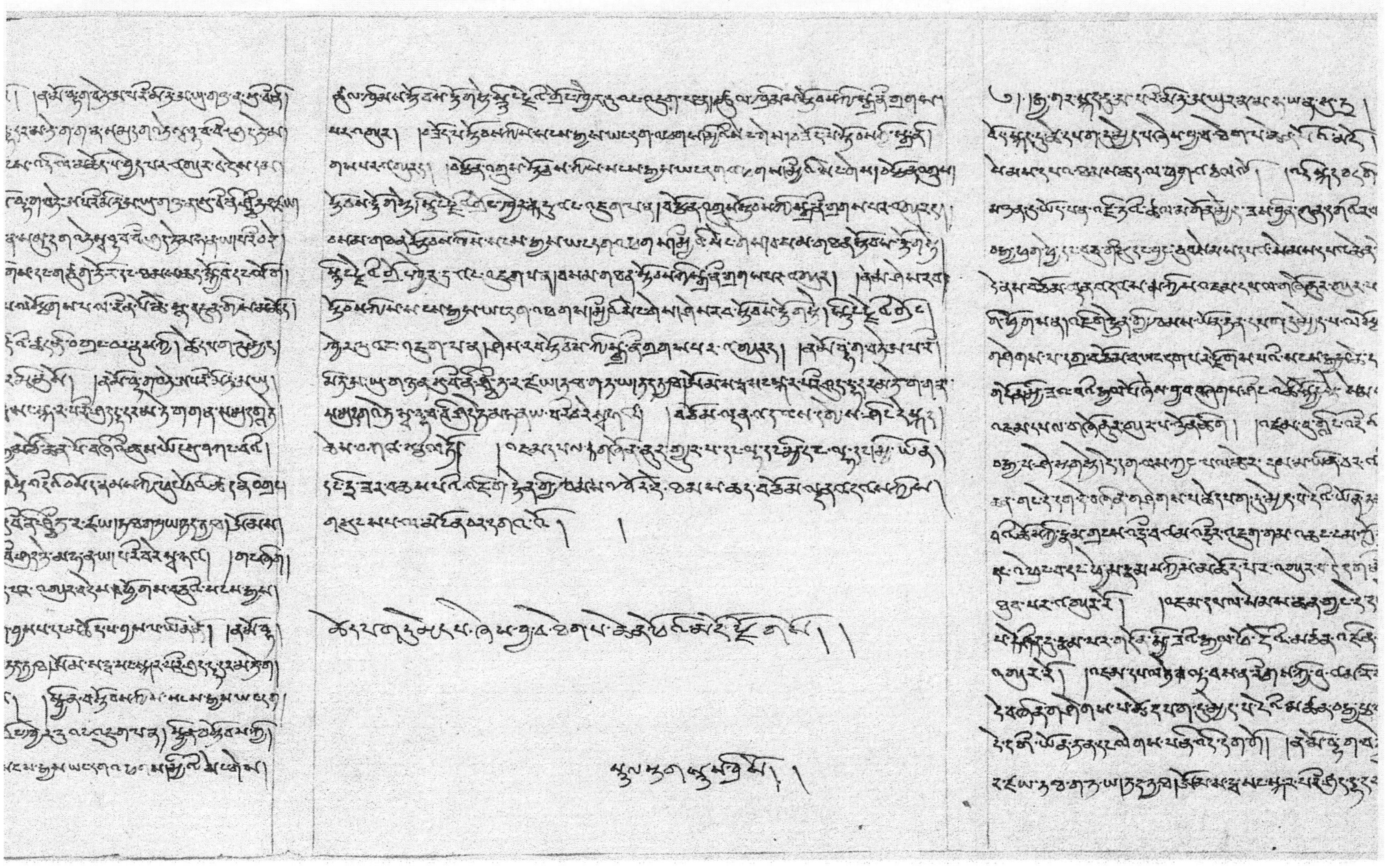

BD14248 號 2　藏文（無量壽宗要經甲本）　（16–12）

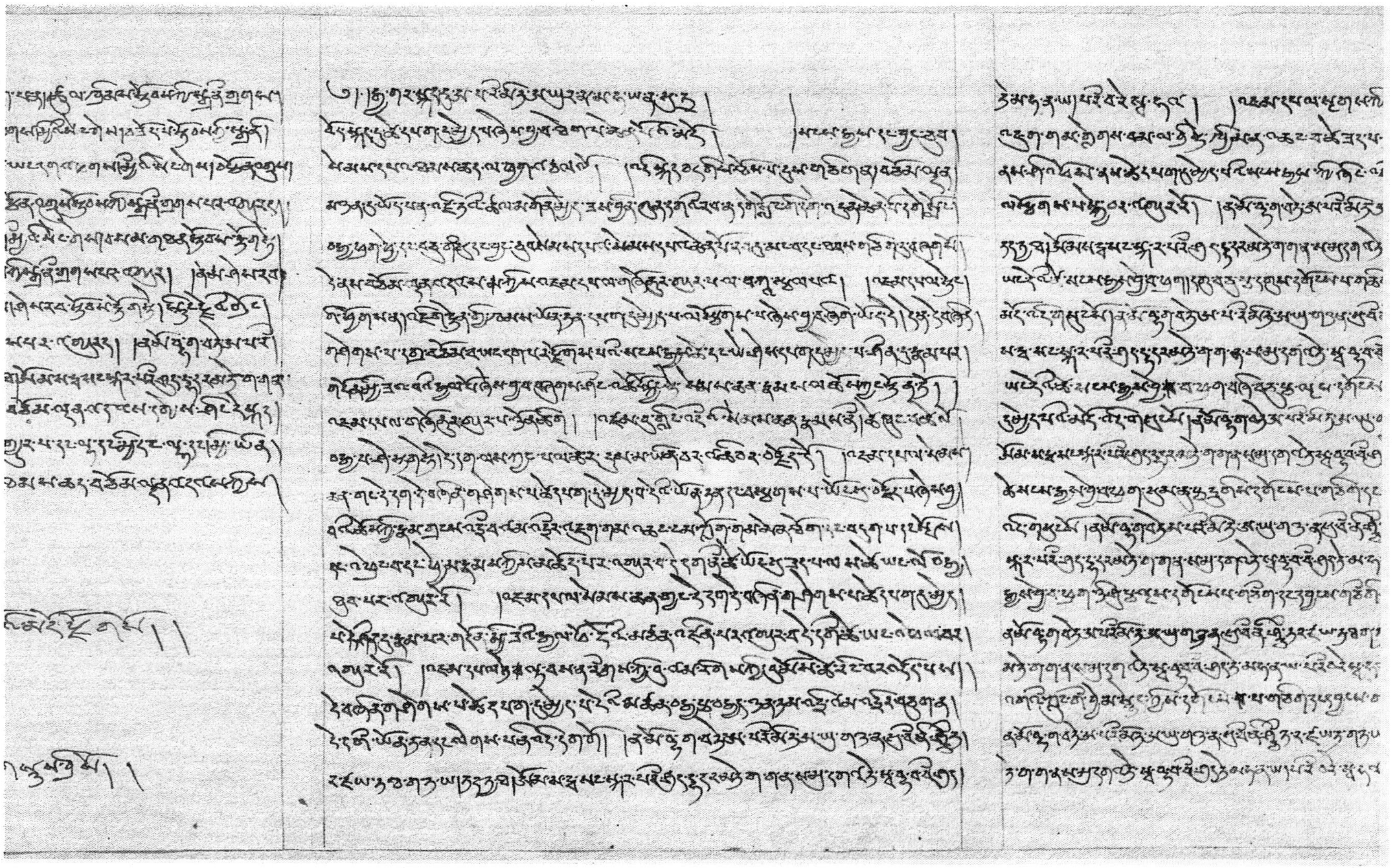

BD14248 號 3　藏文（無量壽宗要經甲本）　（16–13）

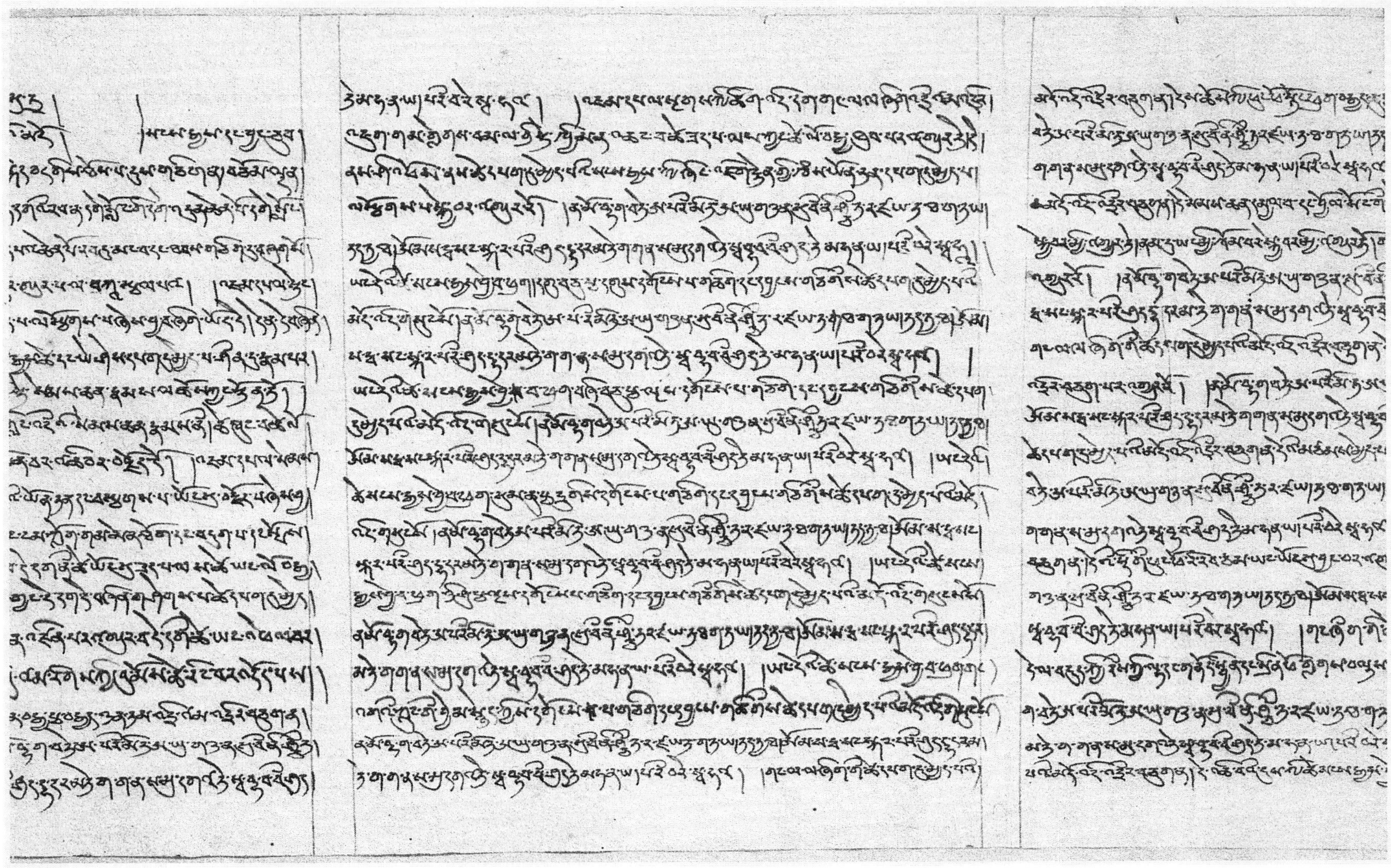

BD14248 號 3　藏文（無量壽宗要經甲本）　　（16–14）

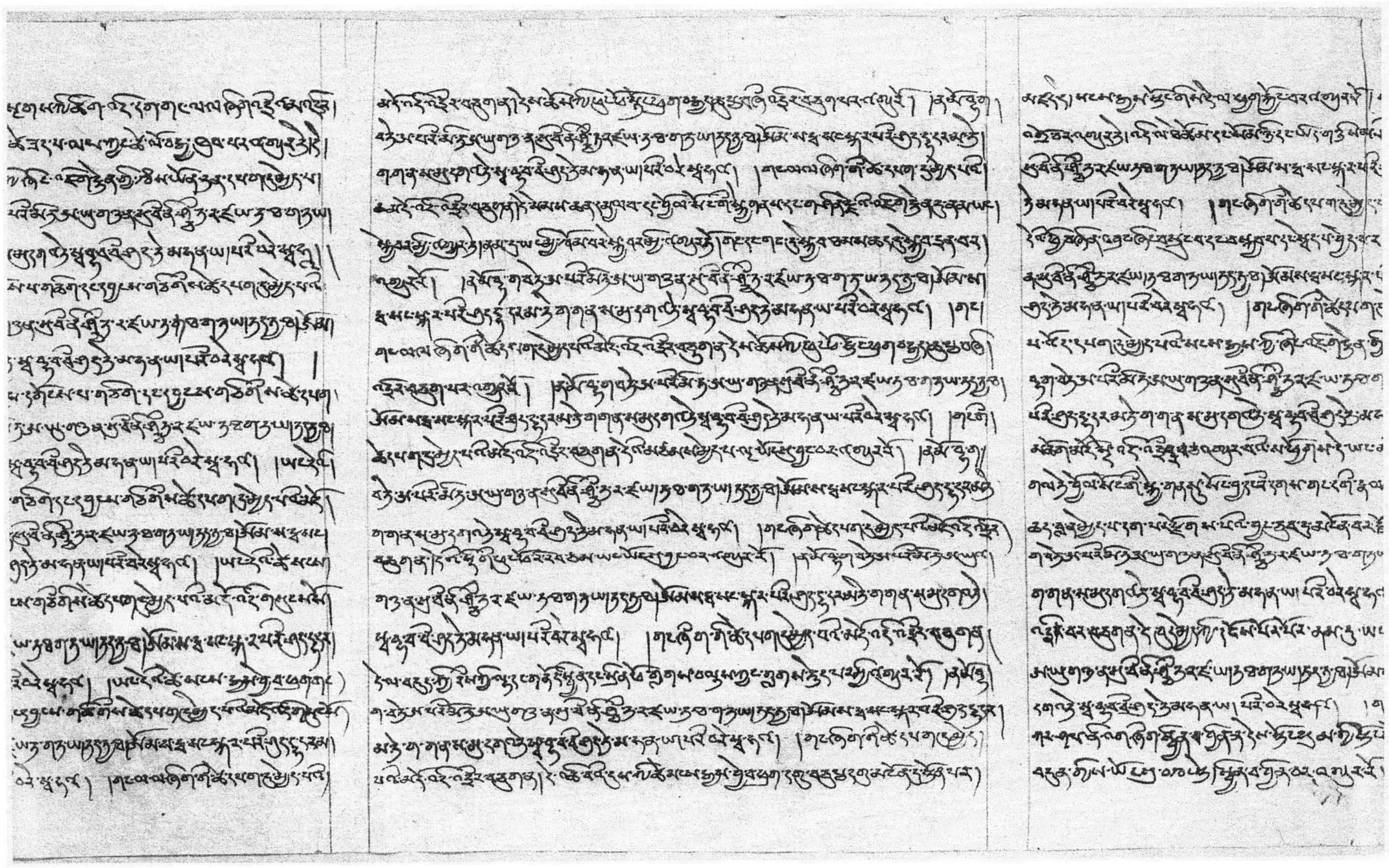

BD14248 號 3　藏文（無量壽宗要經甲本）　　（16–15）

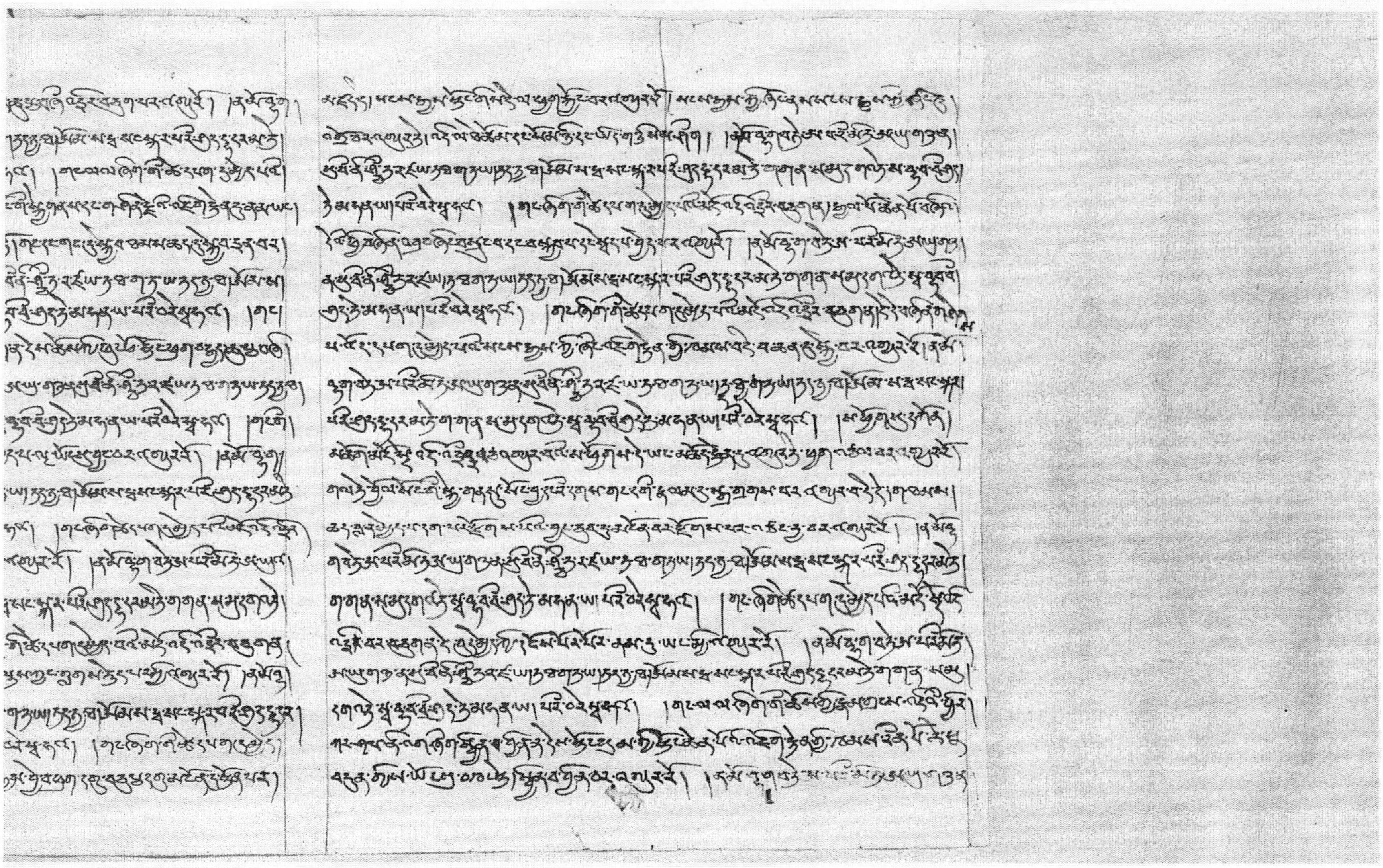

BD14248號 3　藏文（無量壽宗要經甲本）　　（16–16）

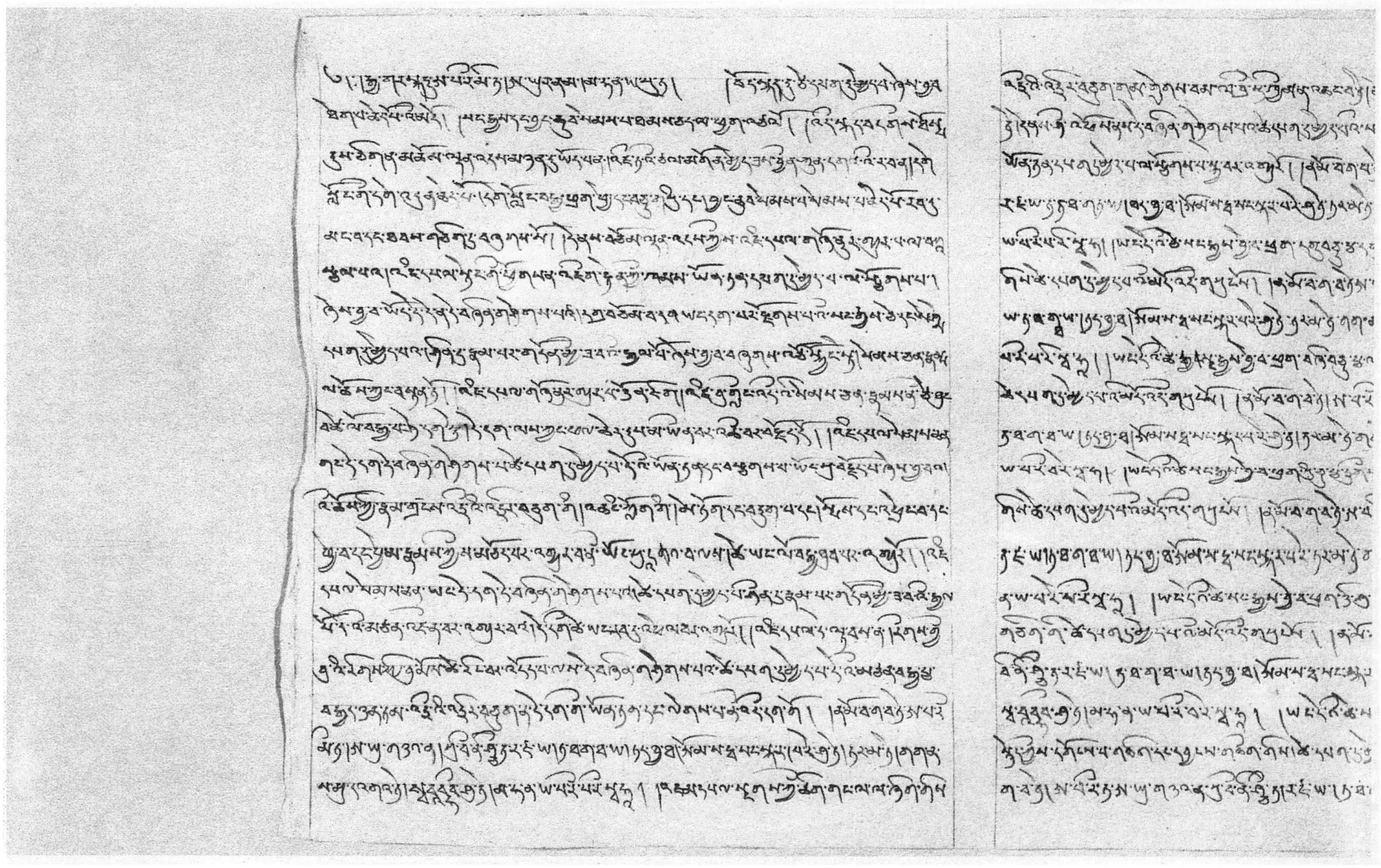

BD14249號　藏文（無量壽宗要經甲本）　　（6–1）

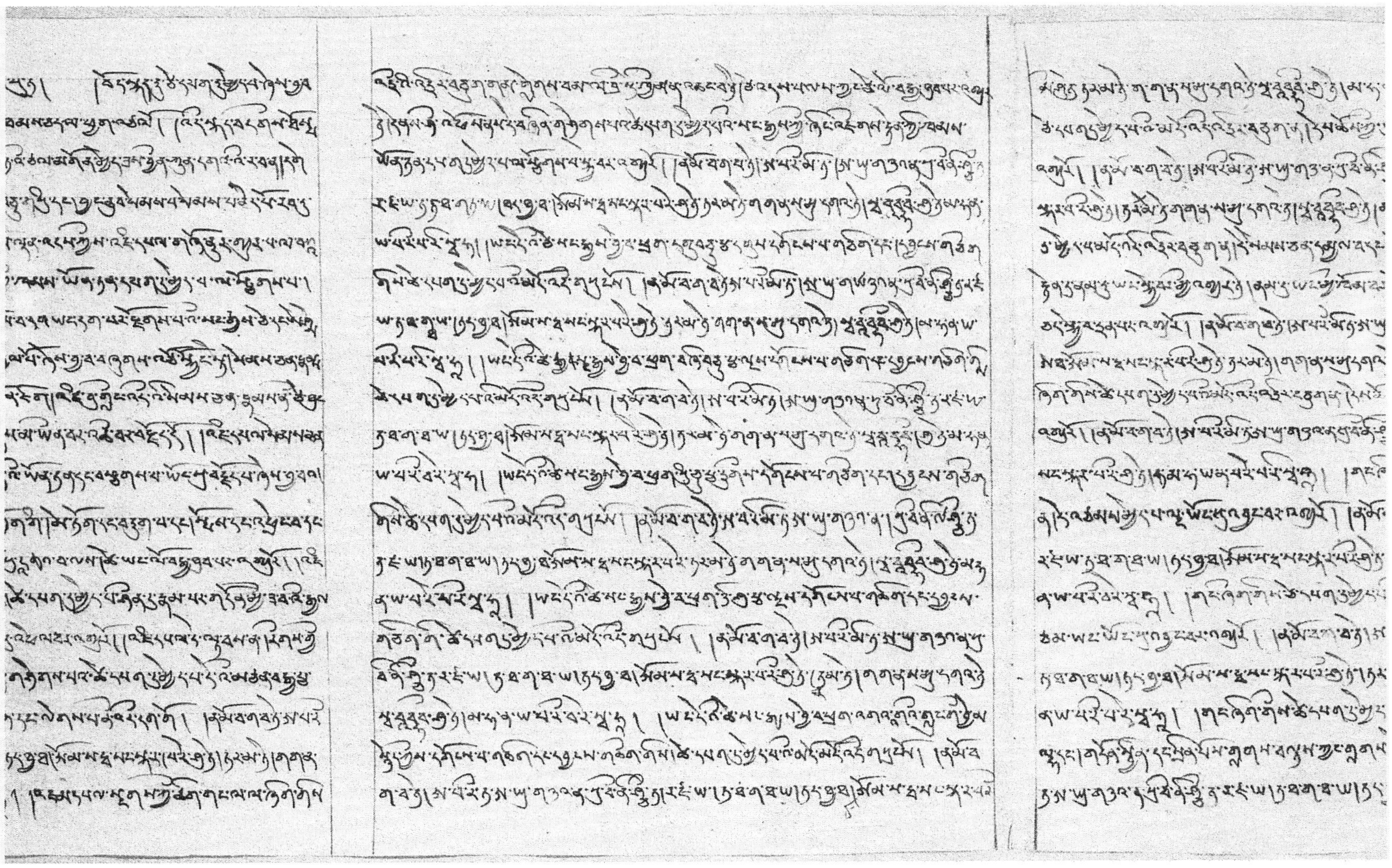

BD14249 號　藏文（無量壽宗要經甲本）　（6–2）

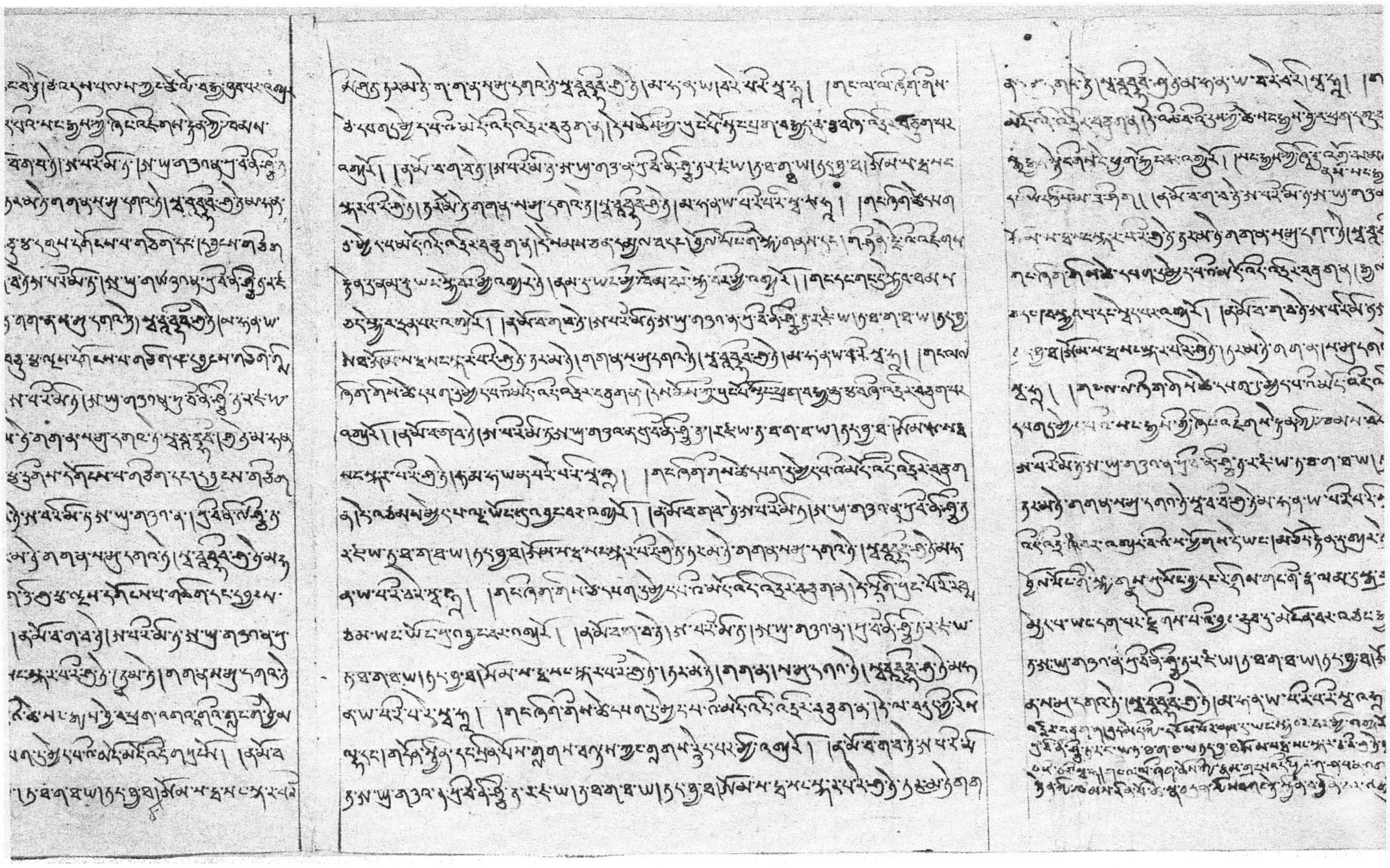

BD14249 號　藏文（無量壽宗要經甲本）　（6–3）

BD14249號 藏文（無量壽宗要經甲本） (6–4)

BD14249號 藏文（無量壽宗要經甲本） (6–5)

BD14249號 藏文（無量壽宗要經甲本）

BD14250號 藏文（無量壽宗要經甲本）

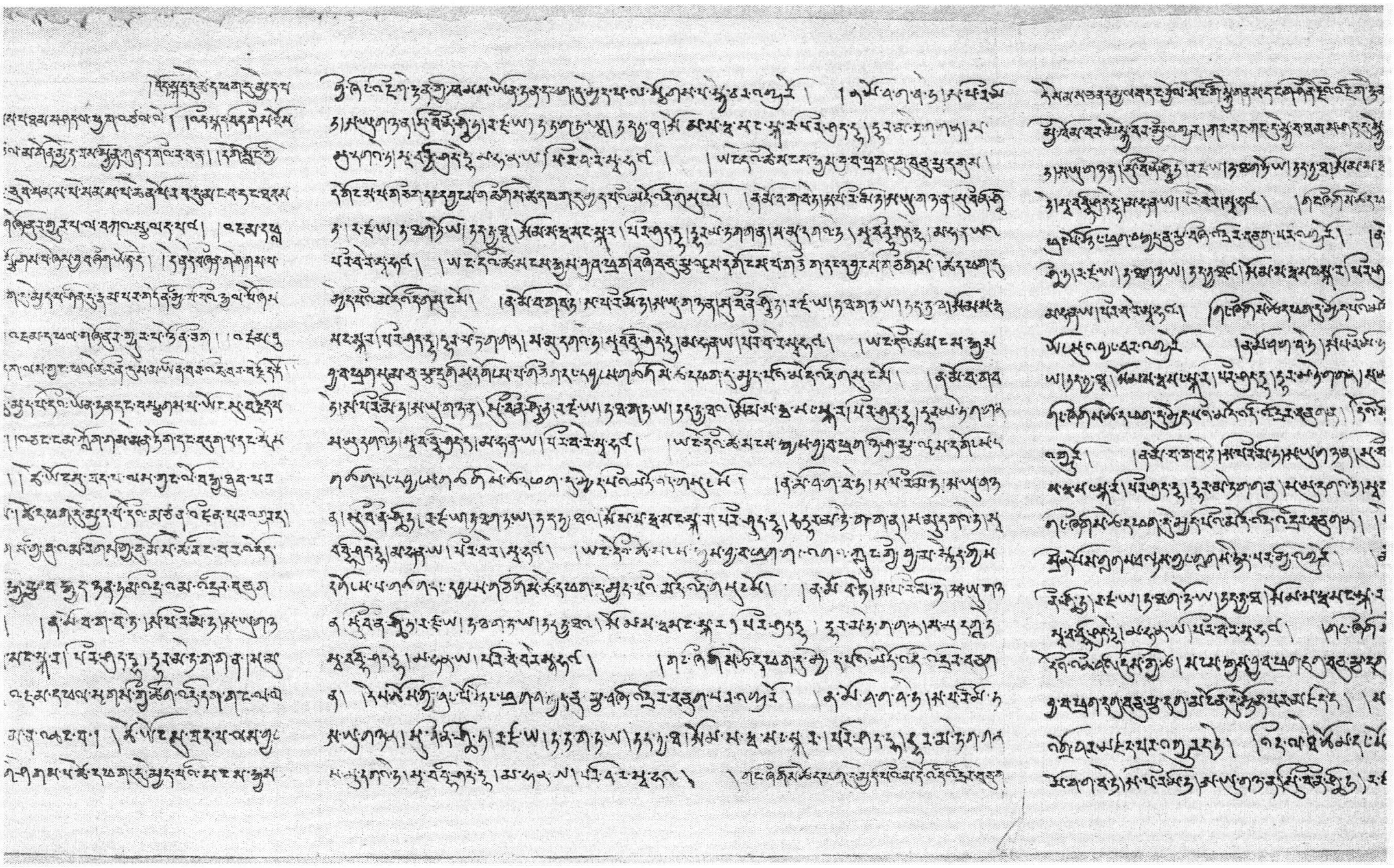

BD14250 號　藏文（無量壽宗要經甲本）　　（6–2）

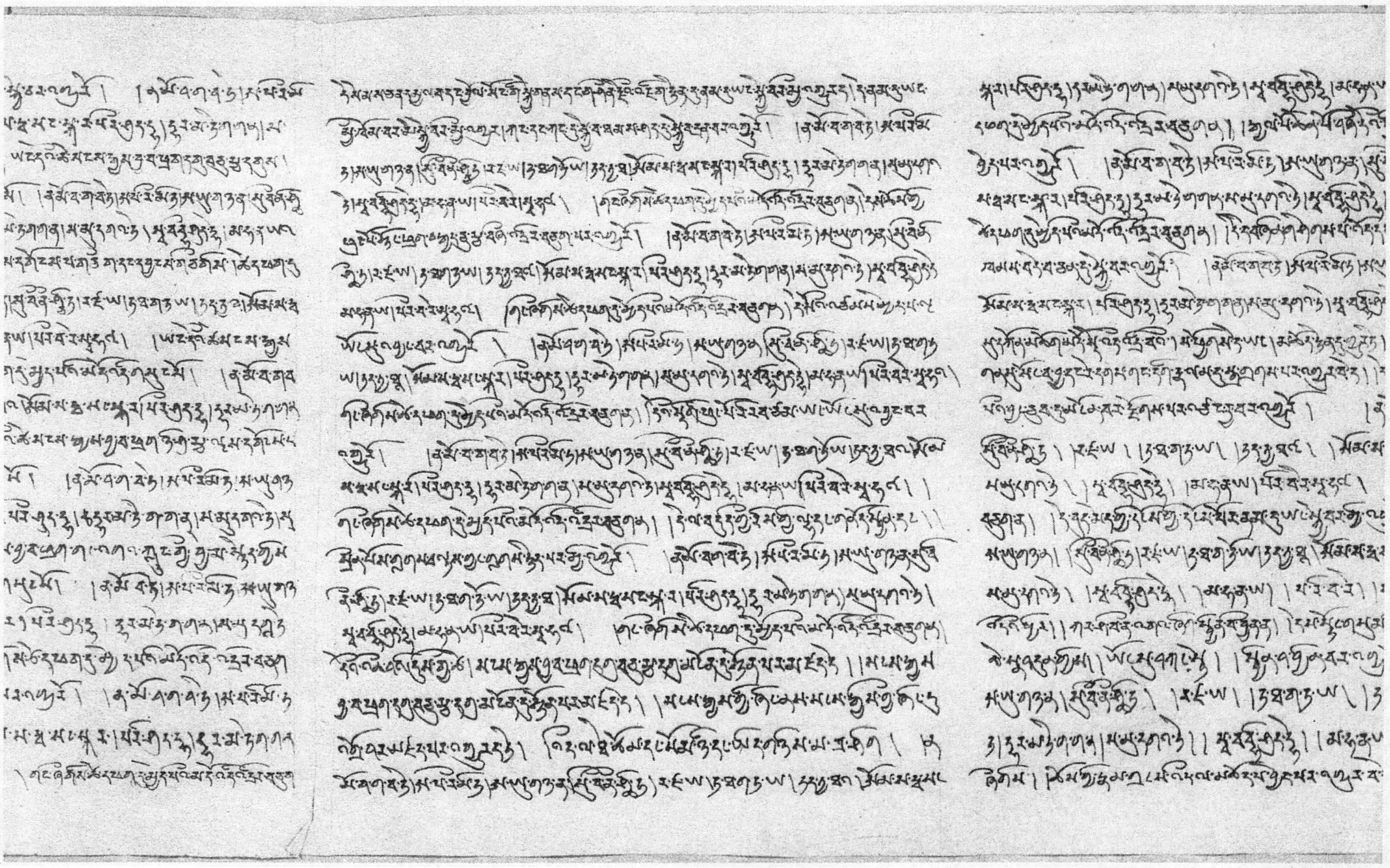

BD14250 號　藏文（無量壽宗要經甲本）　　（6–3）

BD14250號 藏文（無量壽宗要經甲本） (6-4)

BD14250號 藏文（無量壽宗要經甲本） (6-5)

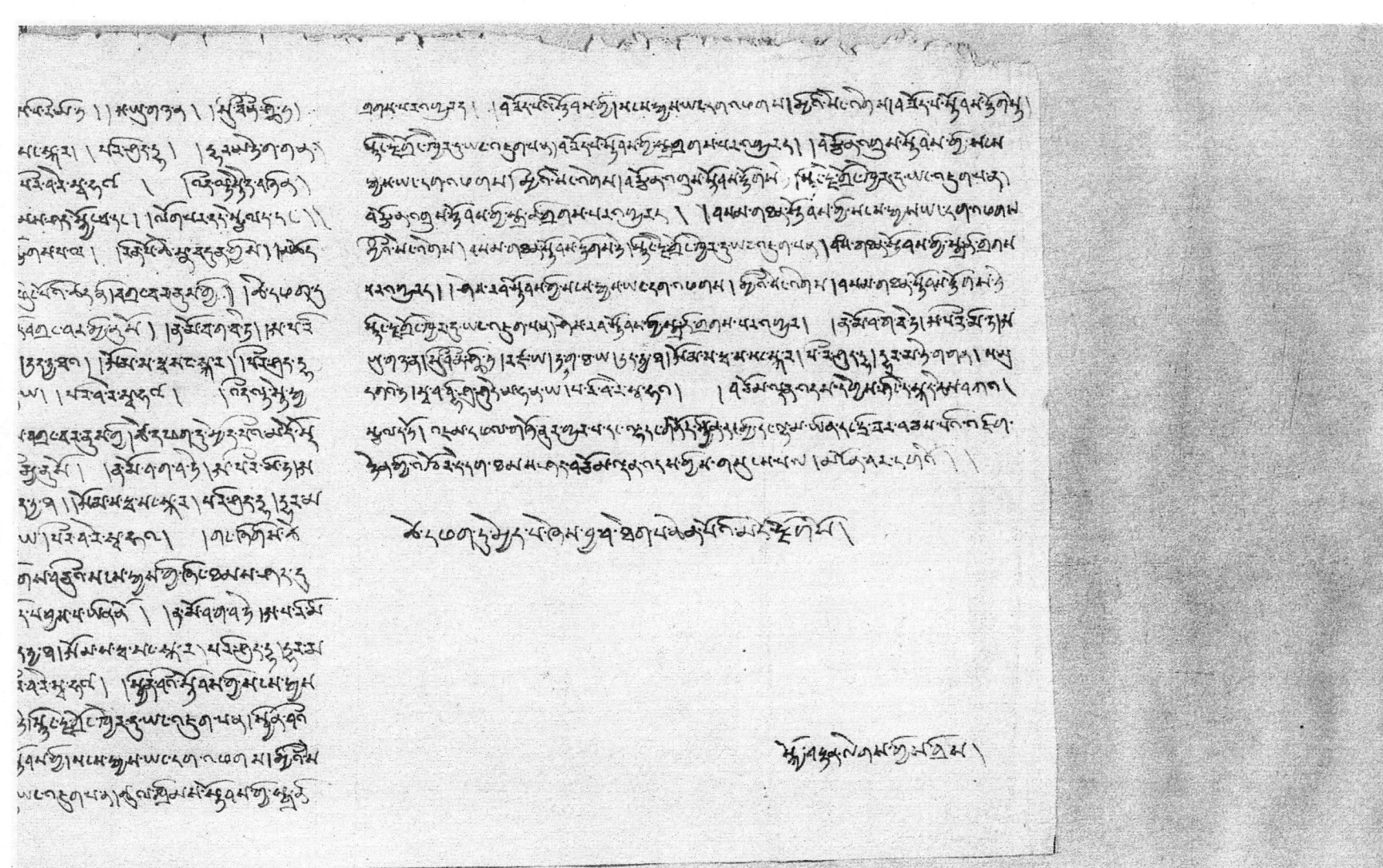

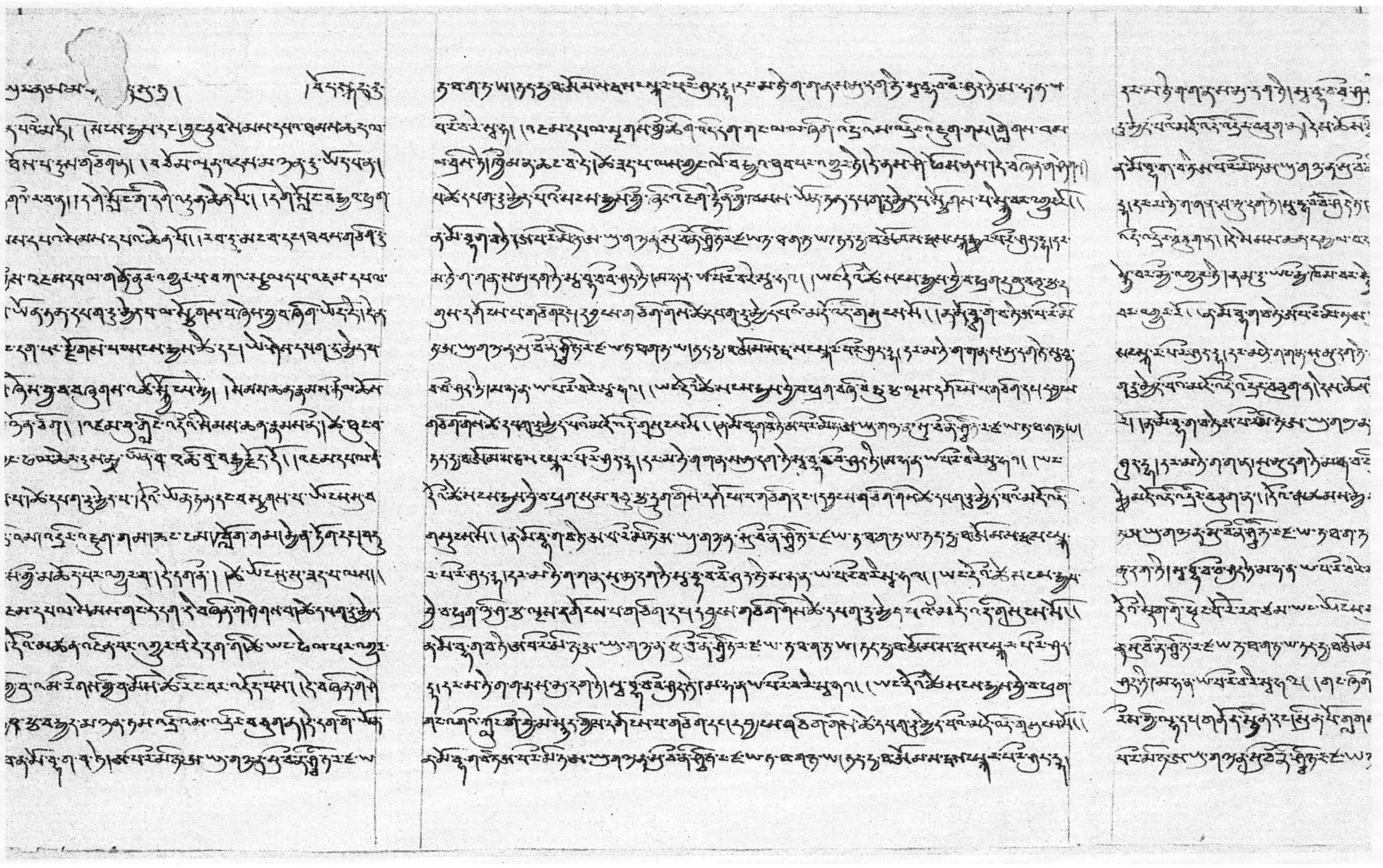

BD14251 號 1　藏文（無量壽宗要經甲本）　（18–2）

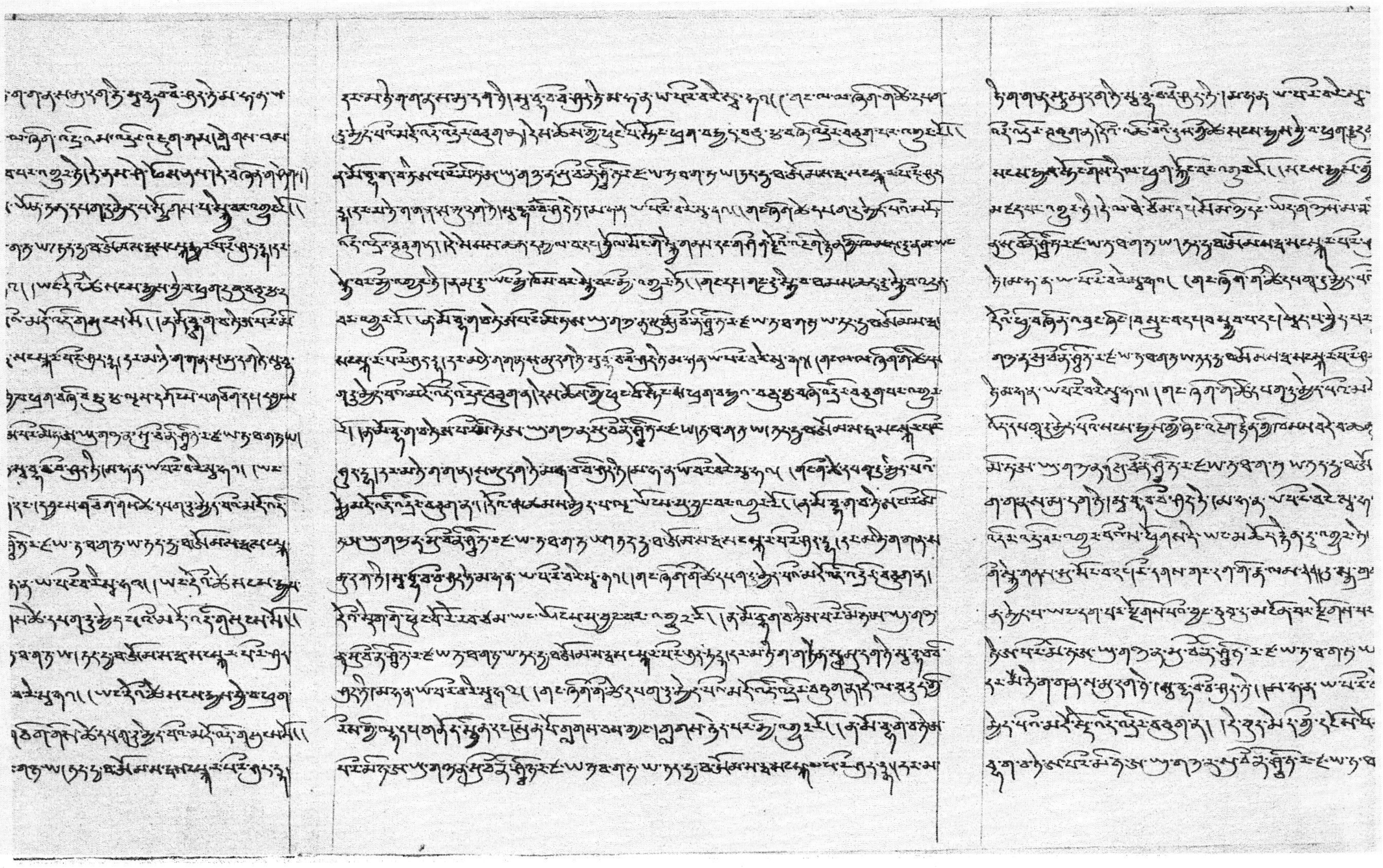

BD14251 號 1　藏文（無量壽宗要經甲本）　（18–3）

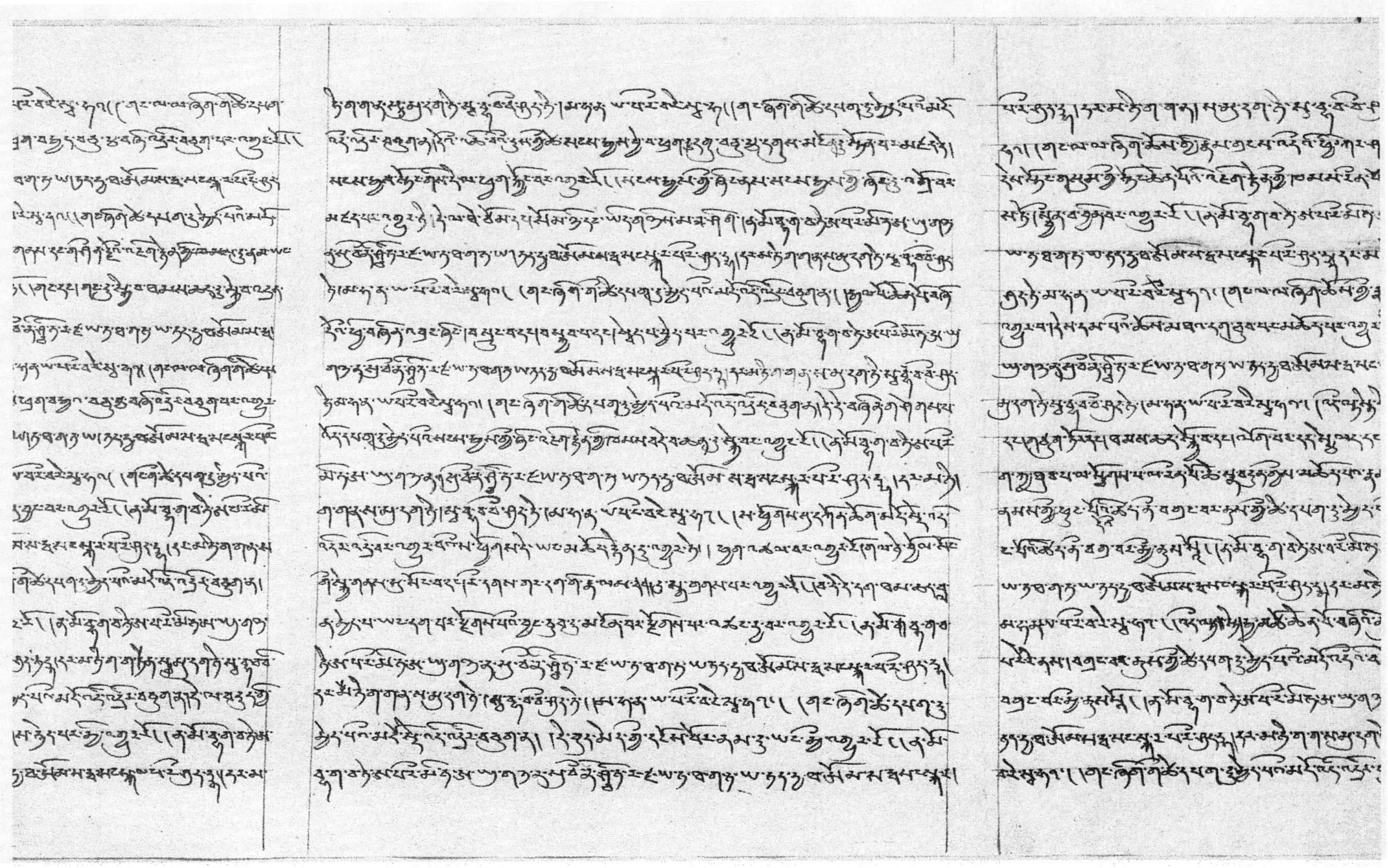

BD14251 號 1　藏文（無量壽宗要經甲本）　（18–4）

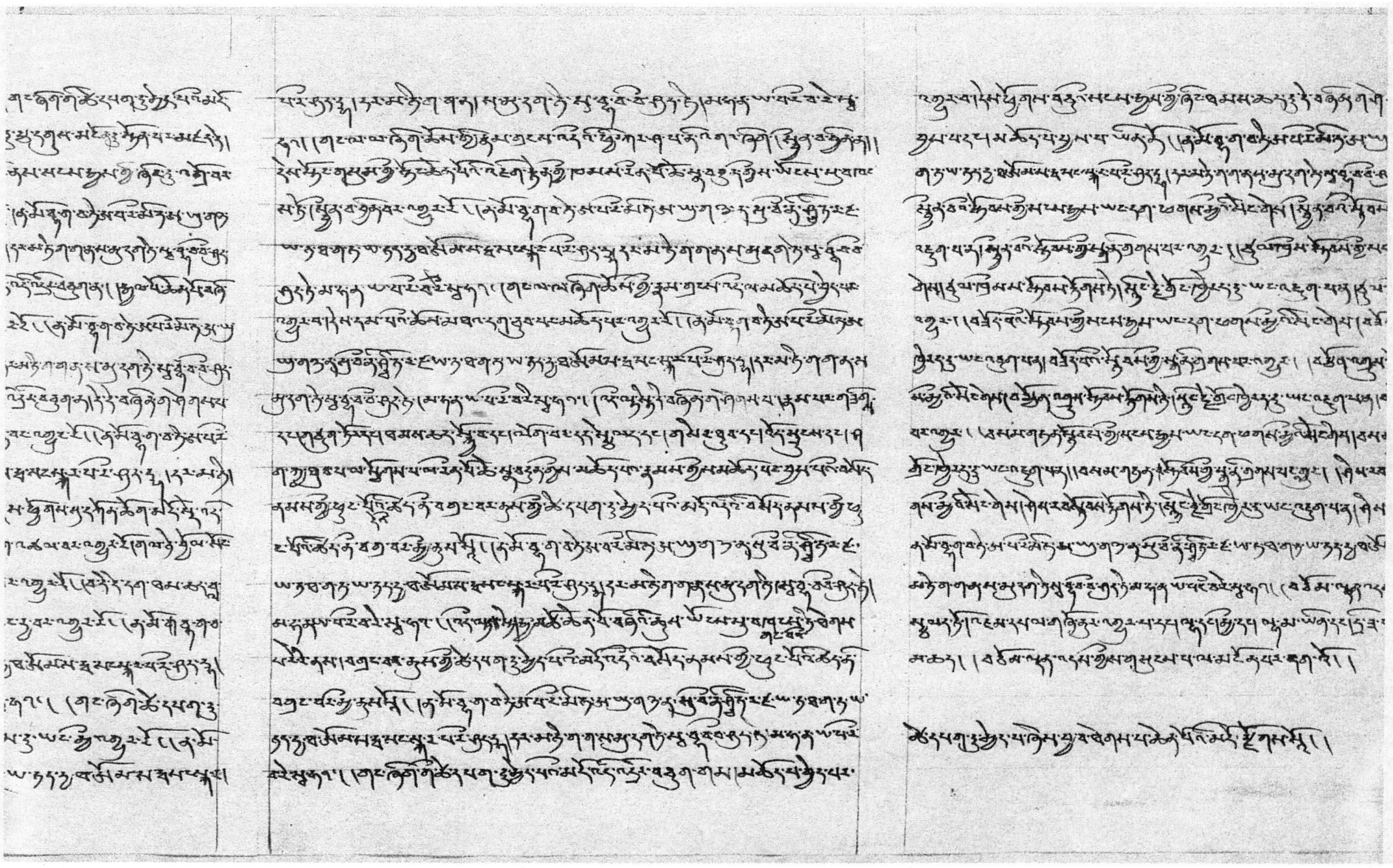

BD14251 號 1　藏文（無量壽宗要經甲本）　（18–5）

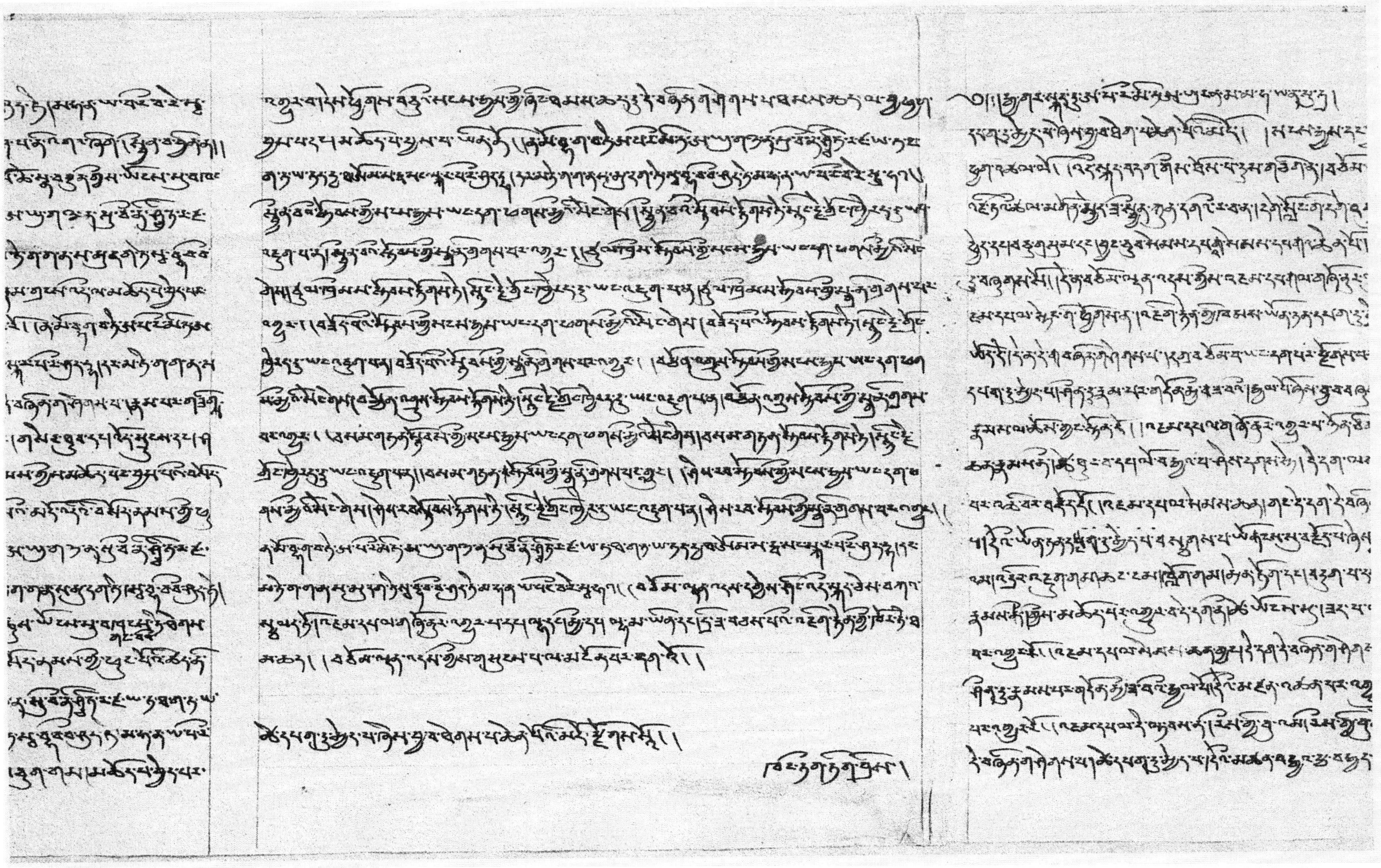

BD14251 號 1　藏文（無量壽宗要經甲本）　（18–6）

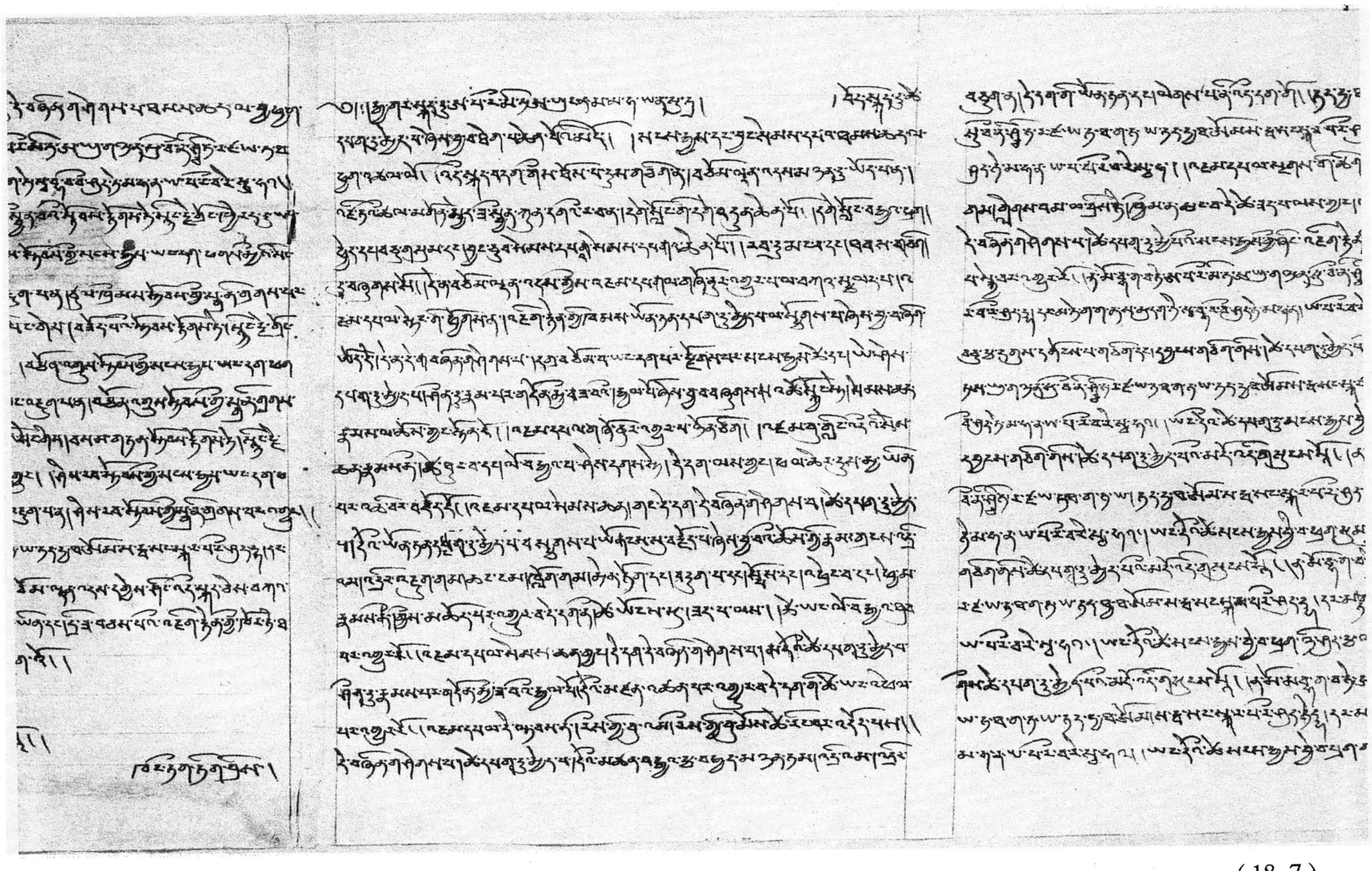

BD14251 號 2　藏文（無量壽宗要經甲本）　（18–7）

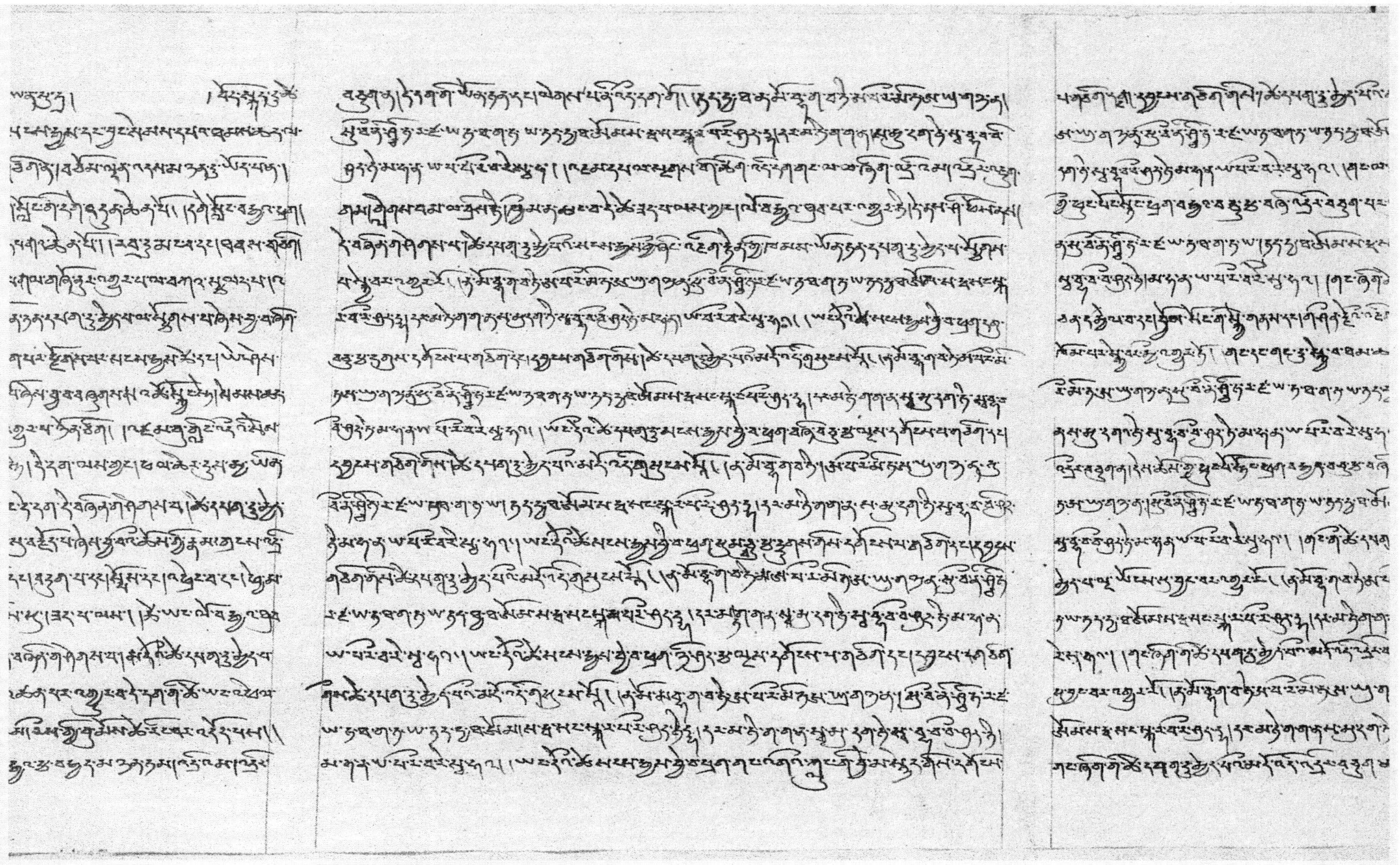

BD14251 號 2　藏文(無量壽宗要經甲本)　　(18–8)

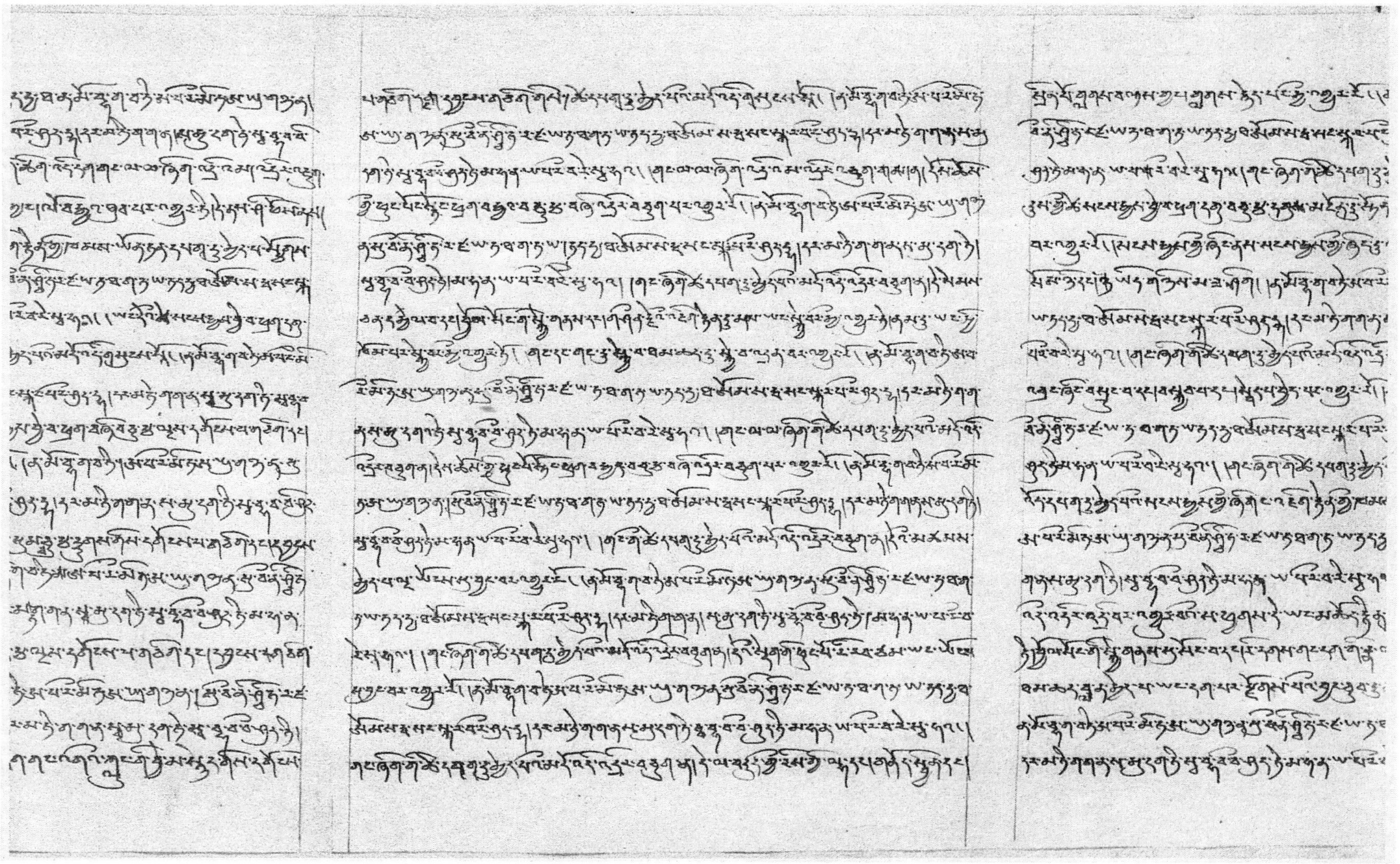

BD14251 號 2　藏文(無量壽宗要經甲本)　　(18–9)

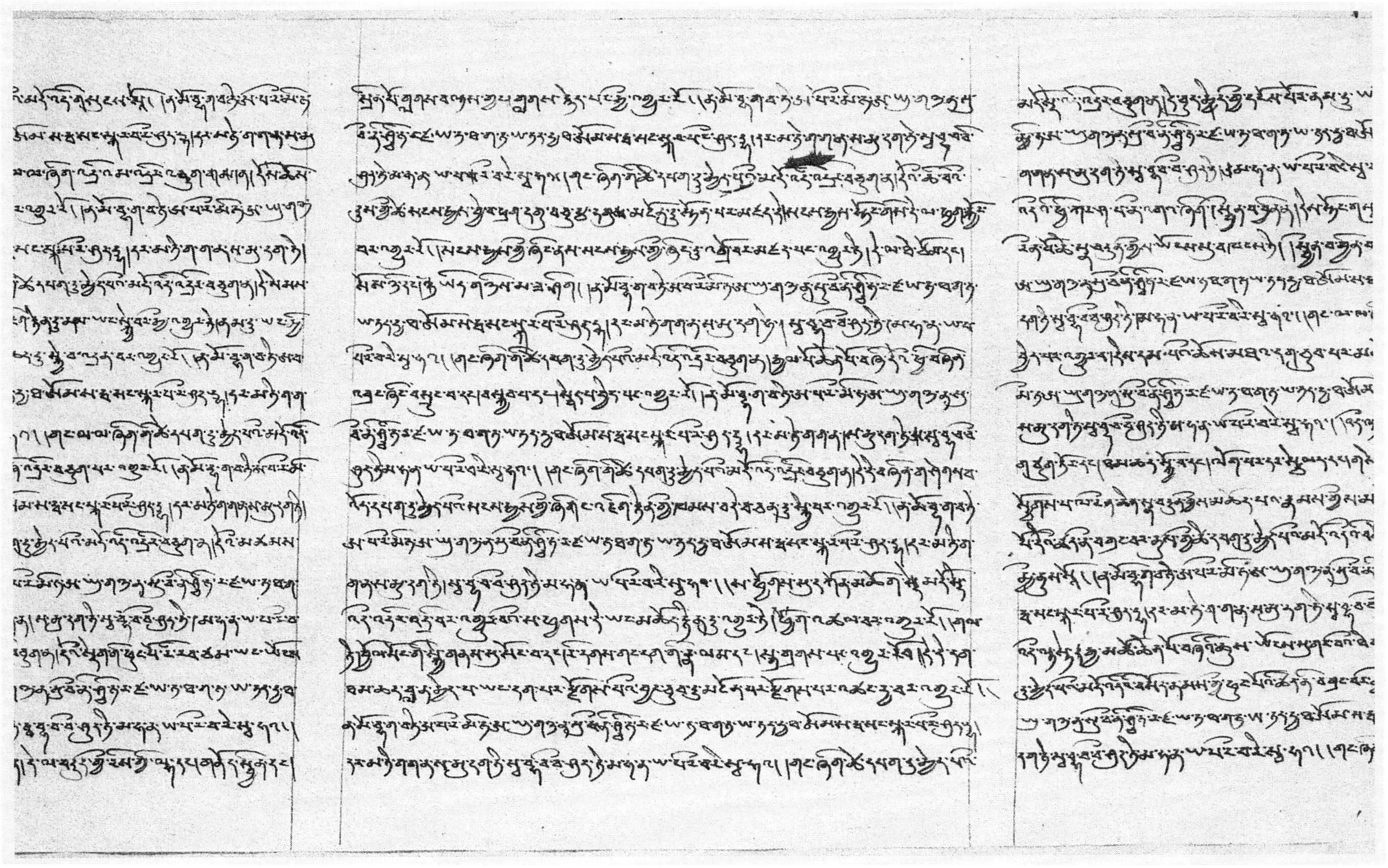

BD14251 號 2　藏文（無量壽宗要經甲本）　（18–10）

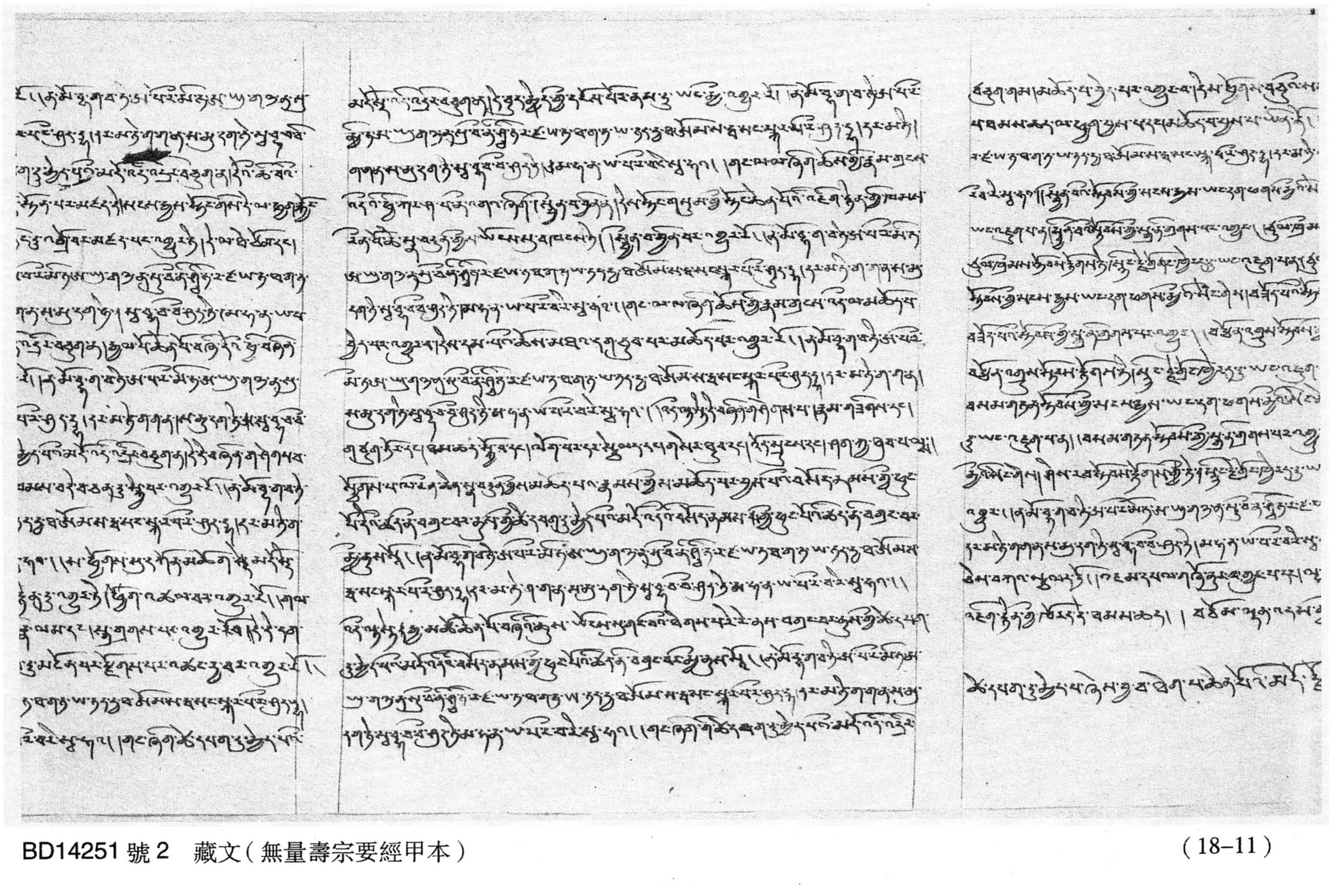

BD14251 號 2　藏文（無量壽宗要經甲本）　（18–11）

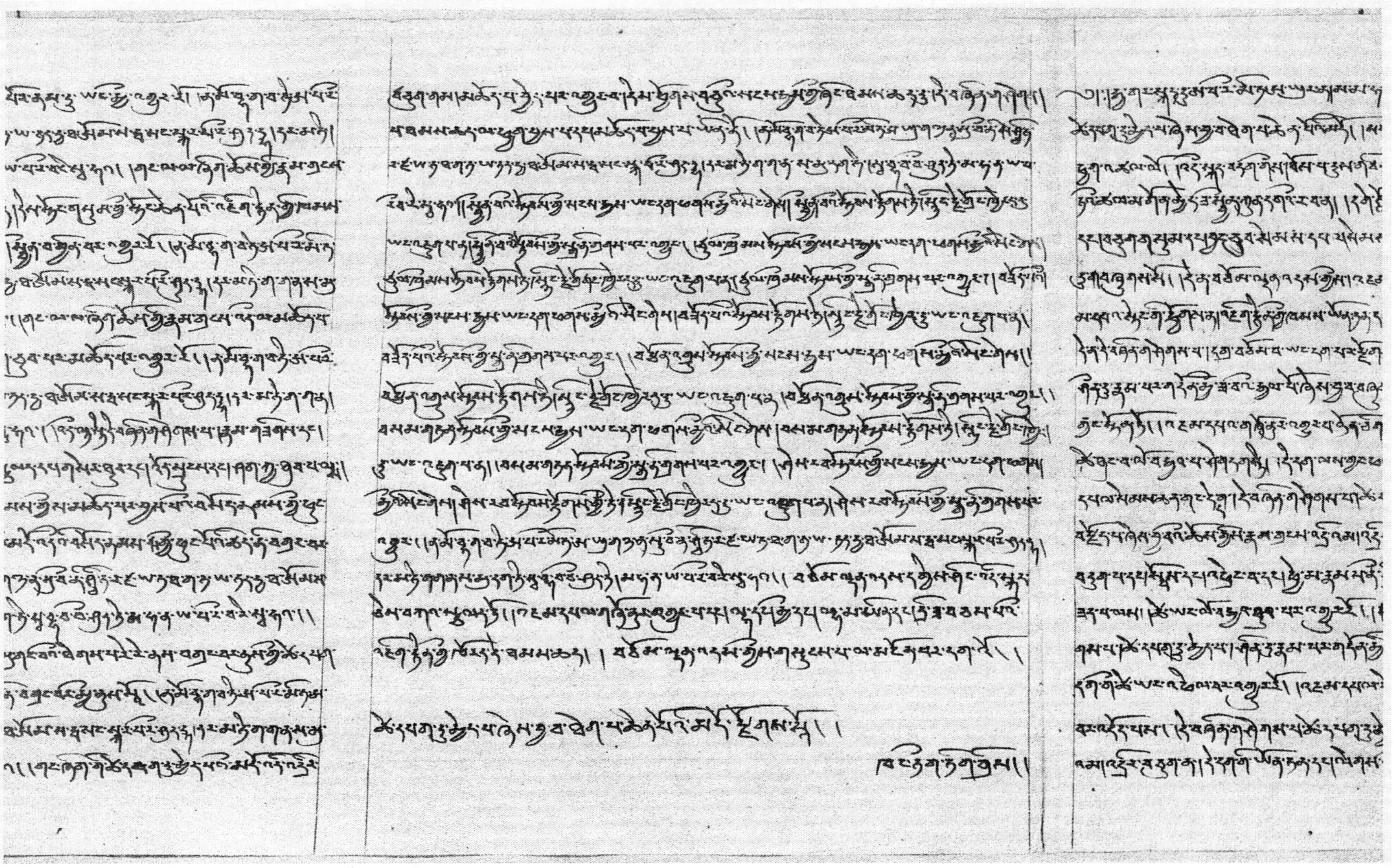

BD14251 號 2　藏文（無量壽宗要經甲本）　（18–12）

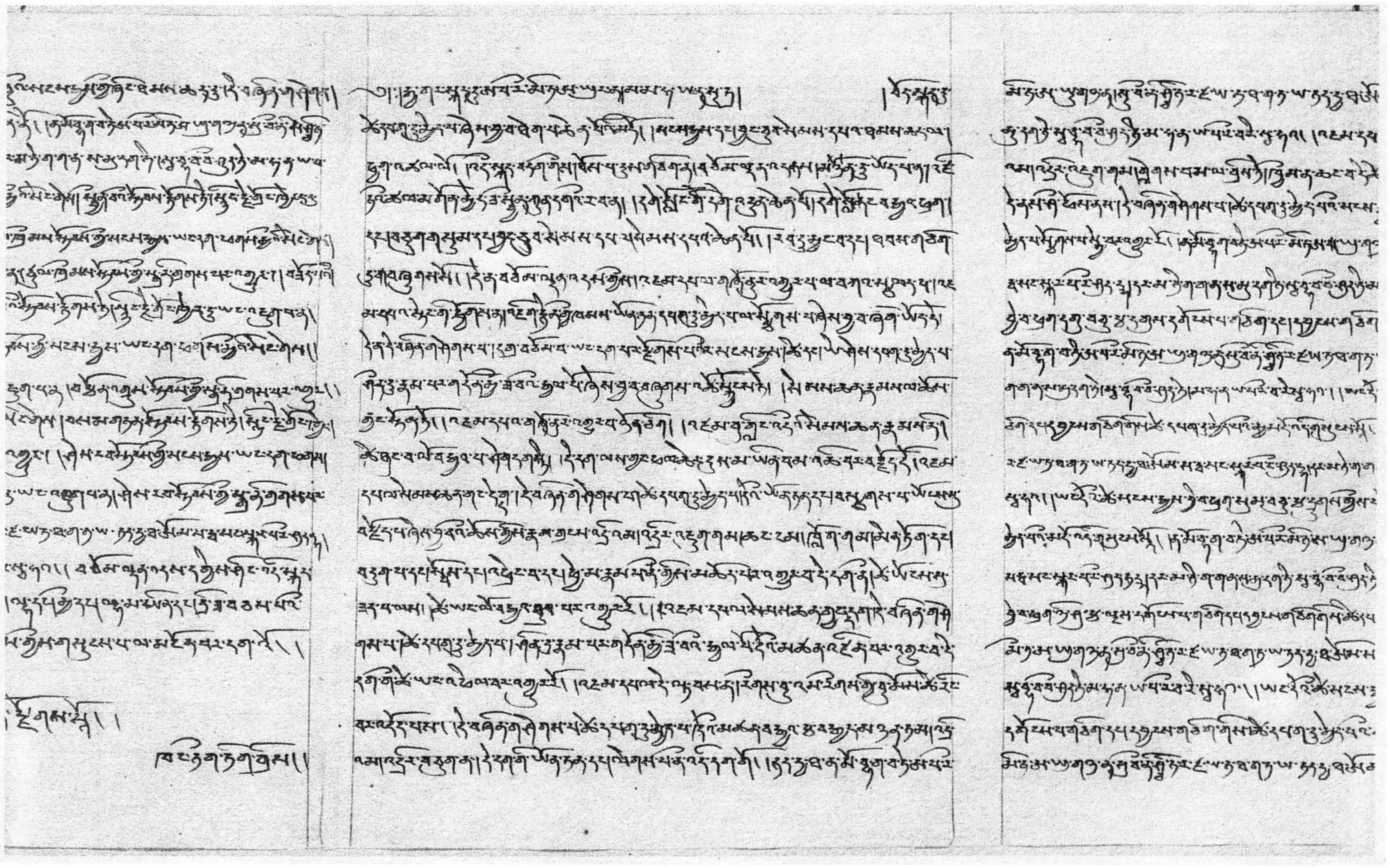

BD14251 號 3　藏文（無量壽宗要經甲本）　（18–13）

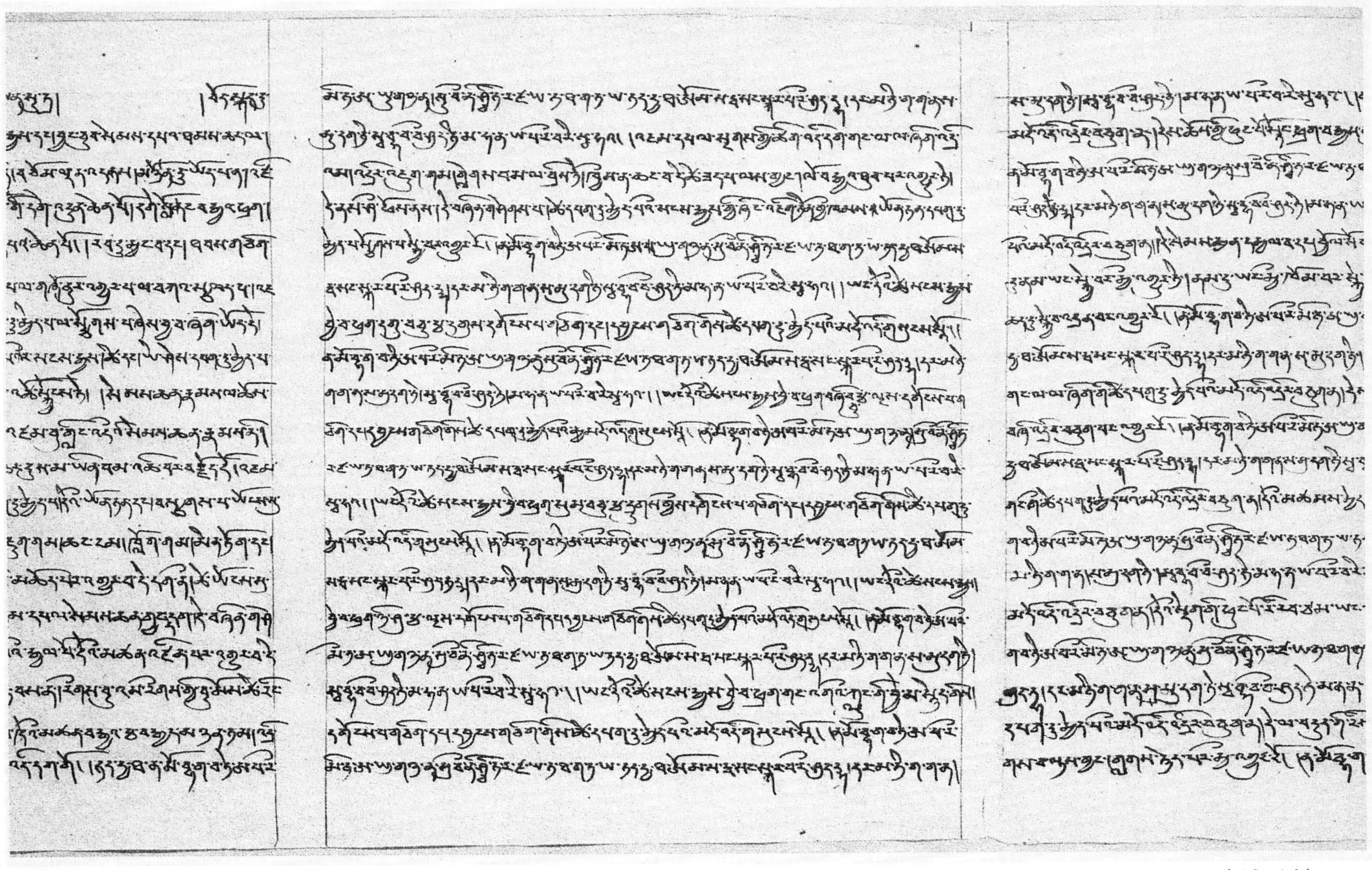

BD14251 號 3　藏文（無量壽宗要經甲本）　　（18–14）

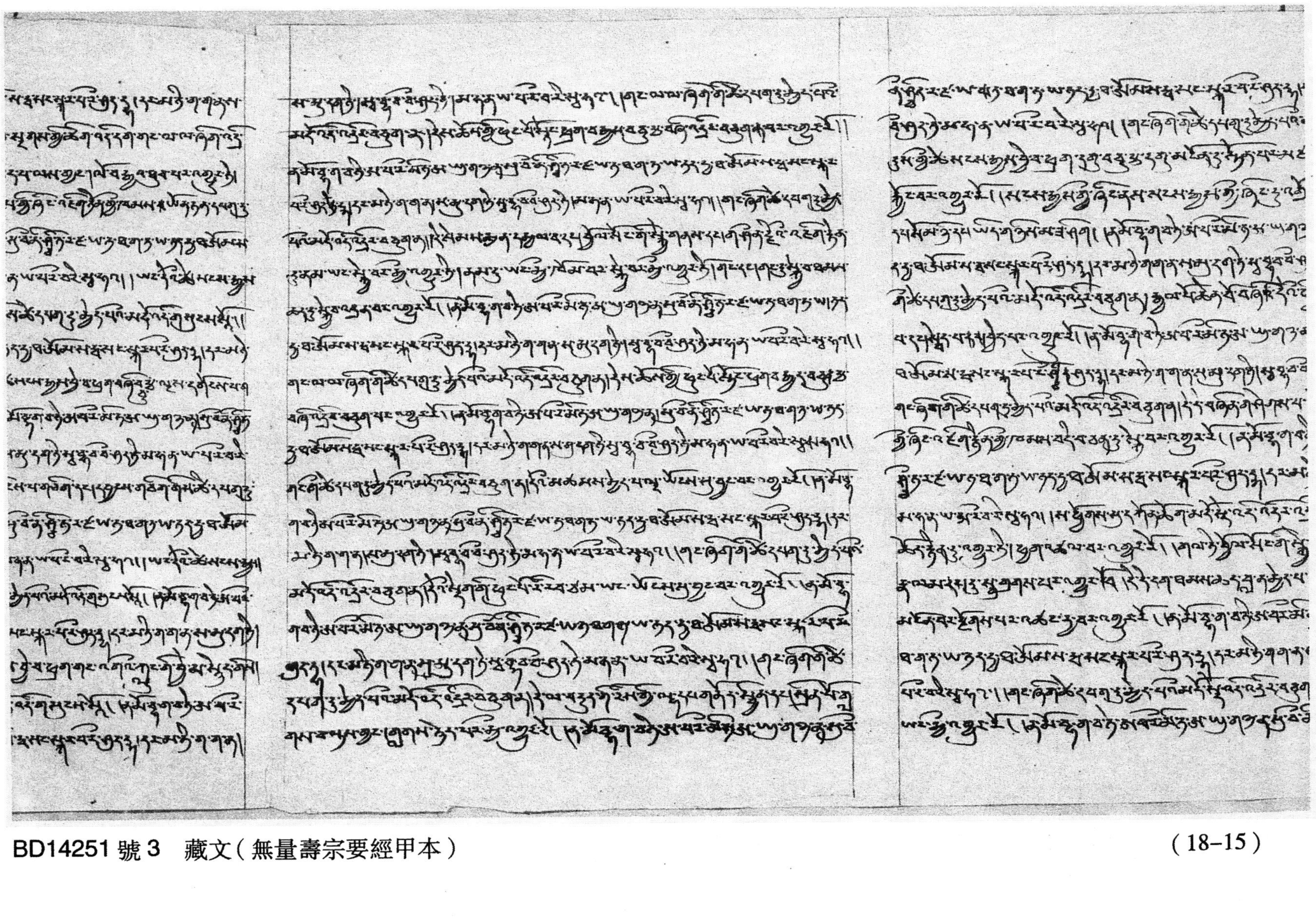

BD14251 號 3　藏文（無量壽宗要經甲本）　　（18–15）

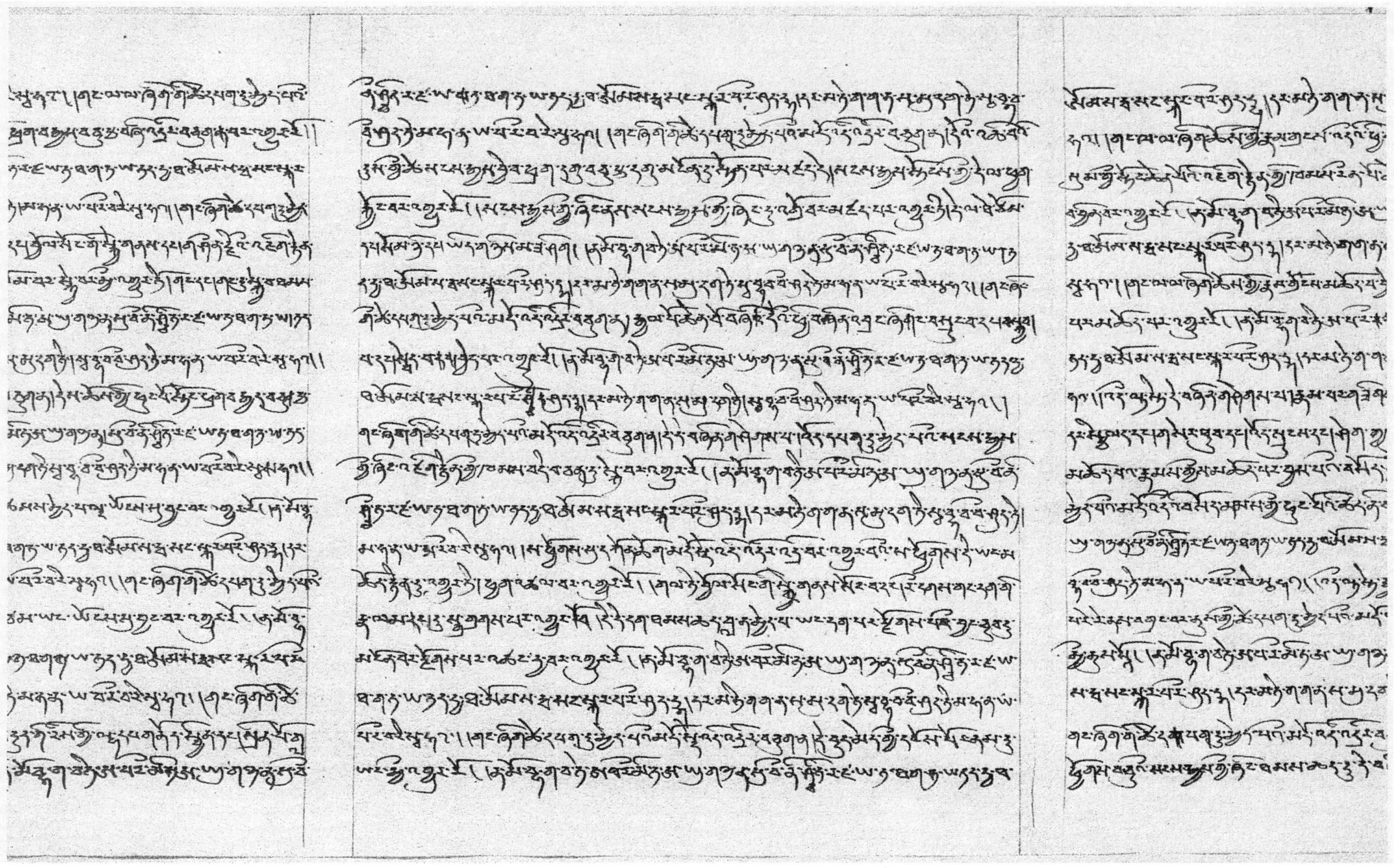

BD14251 號 3　藏文（無量壽宗要經甲本）　（18–16）

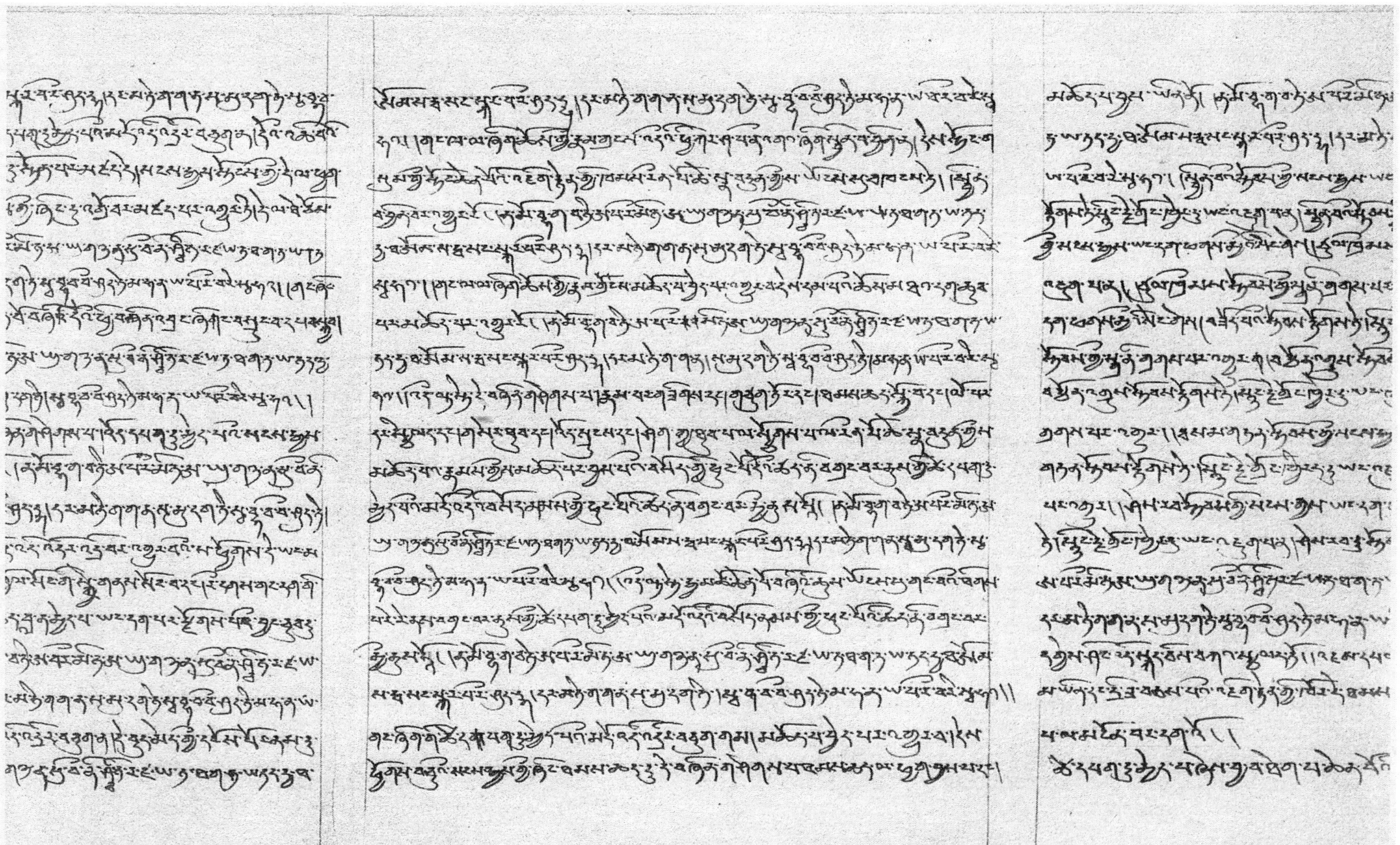

BD14251 號 3　藏文（無量壽宗要經甲本）　（18–17）

BD14251號3 藏文（無量壽宗要經甲本）

BD14252號 藏文（無量壽宗要經甲本）

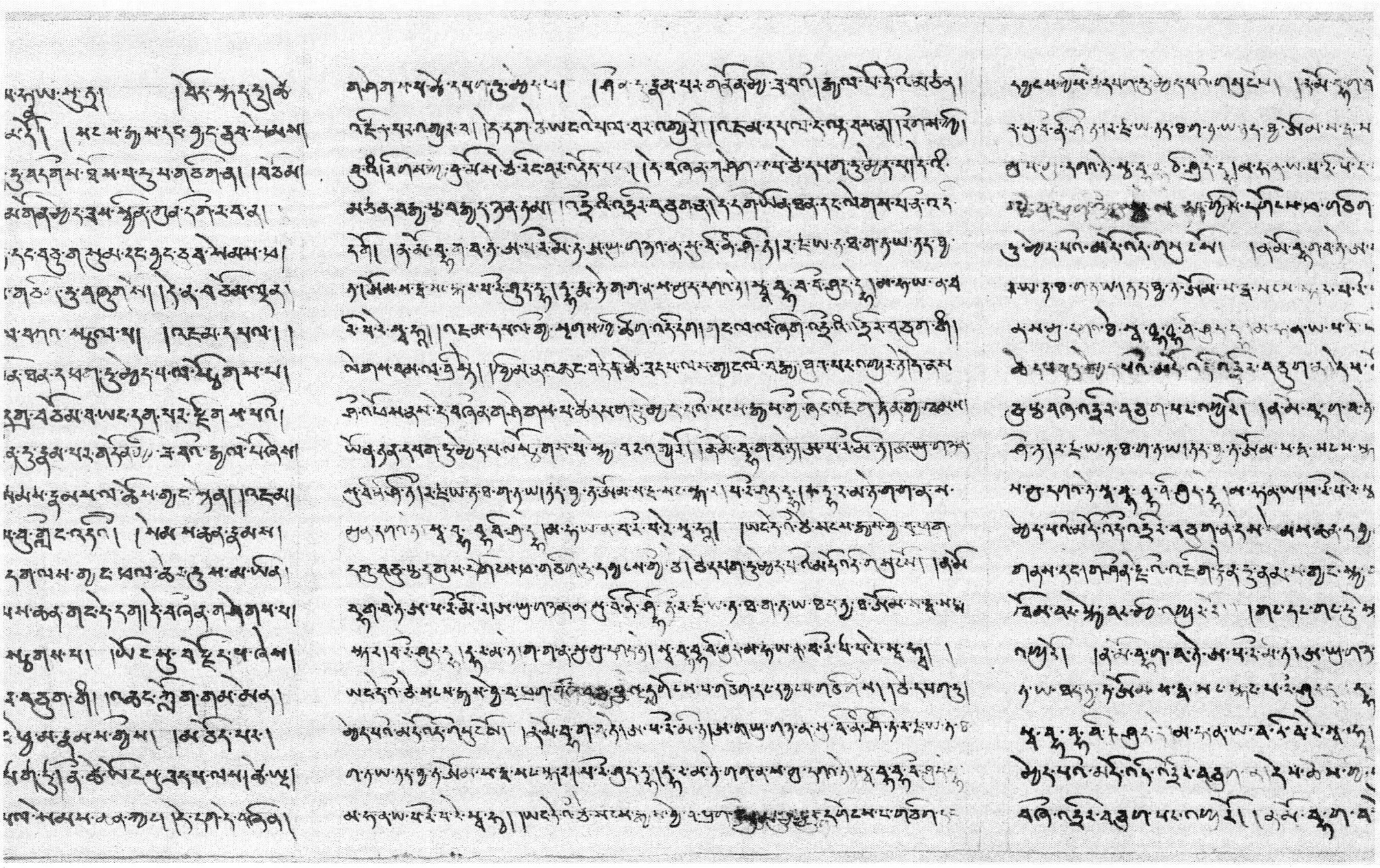

BD14252 號　藏文（無量壽宗要經甲本）　　（6–2）

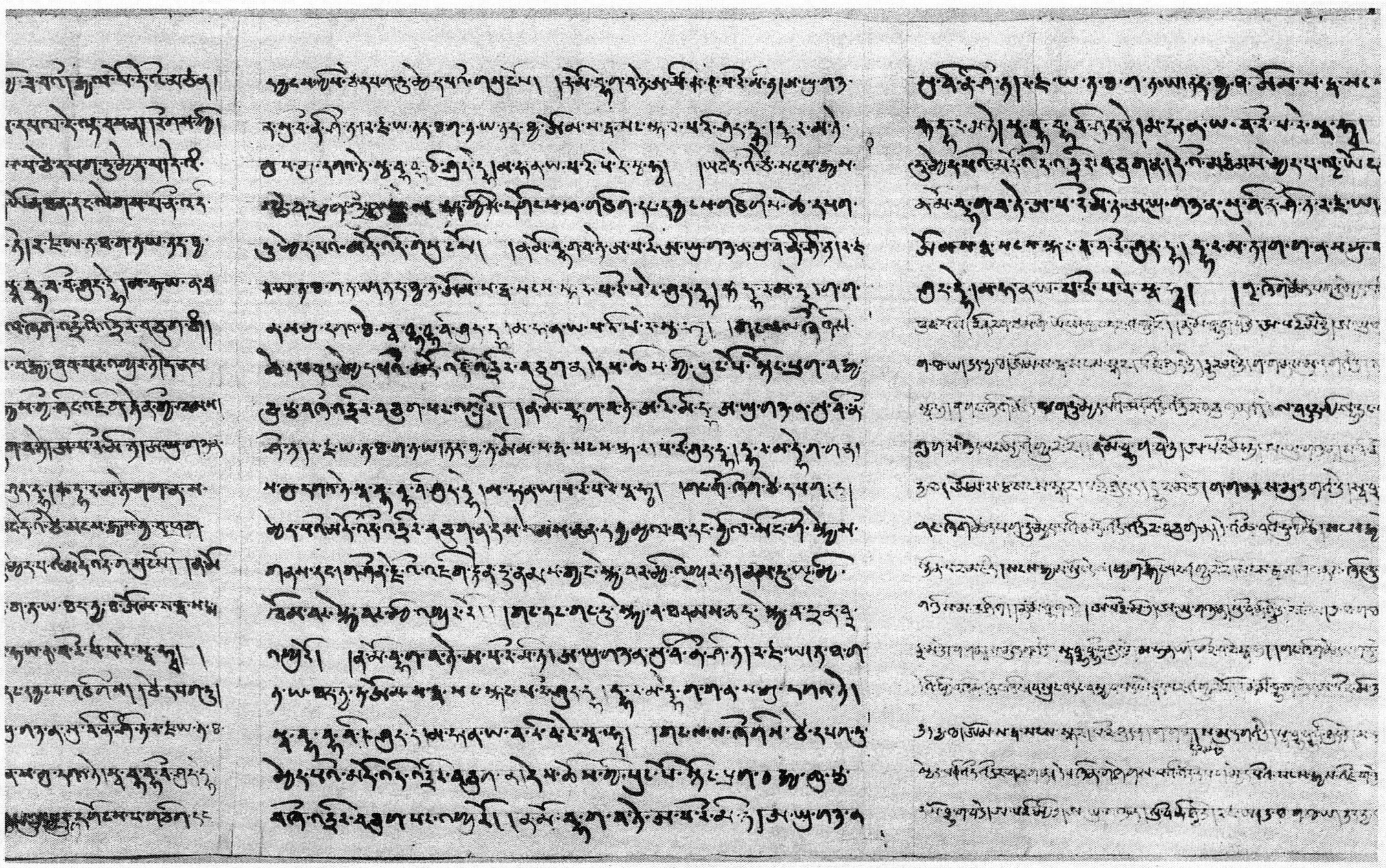

BD14252 號　藏文（無量壽宗要經甲本）　　（6–3）

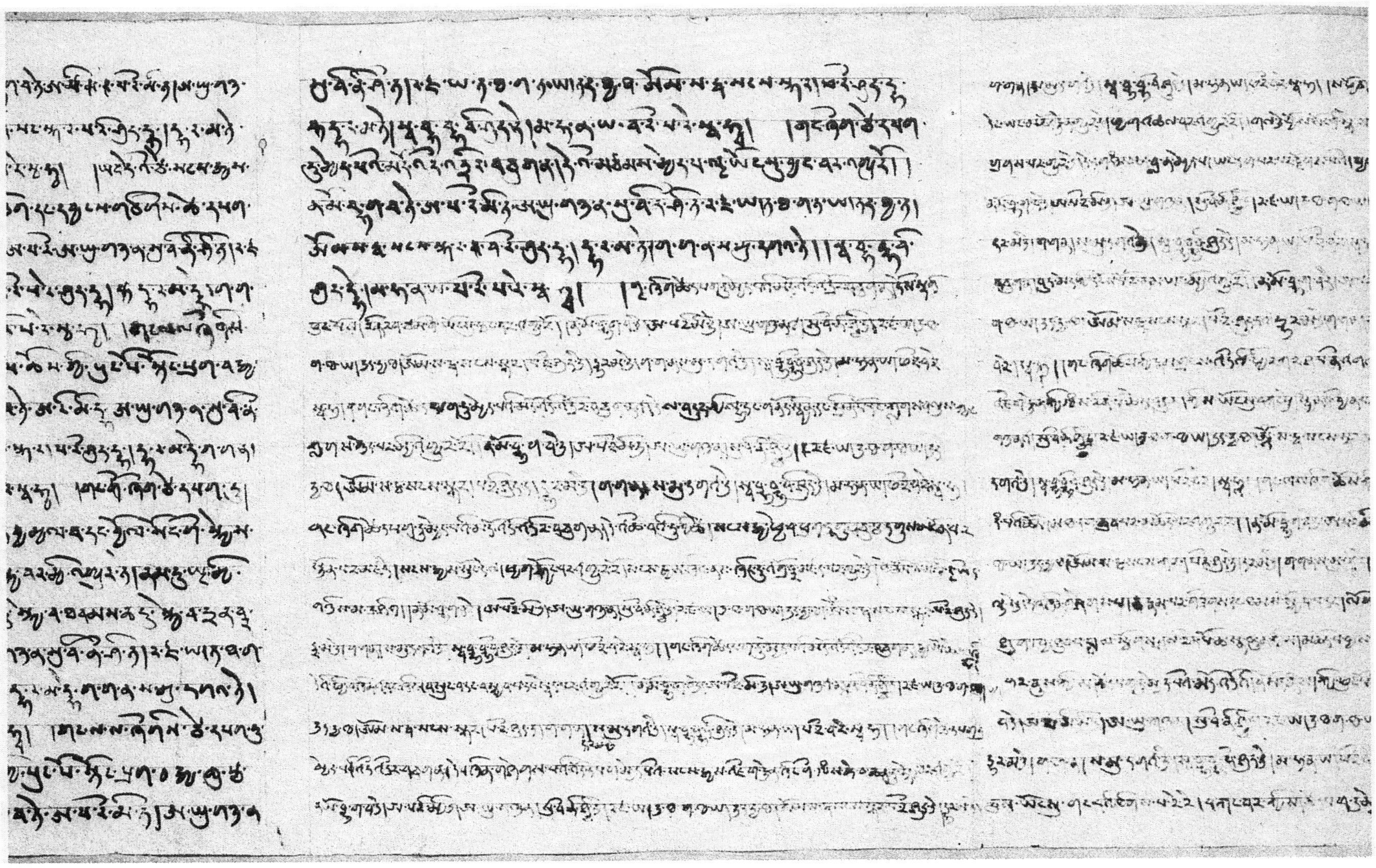

BD14252 號　藏文（無量壽宗要經甲本）　　（6–4）

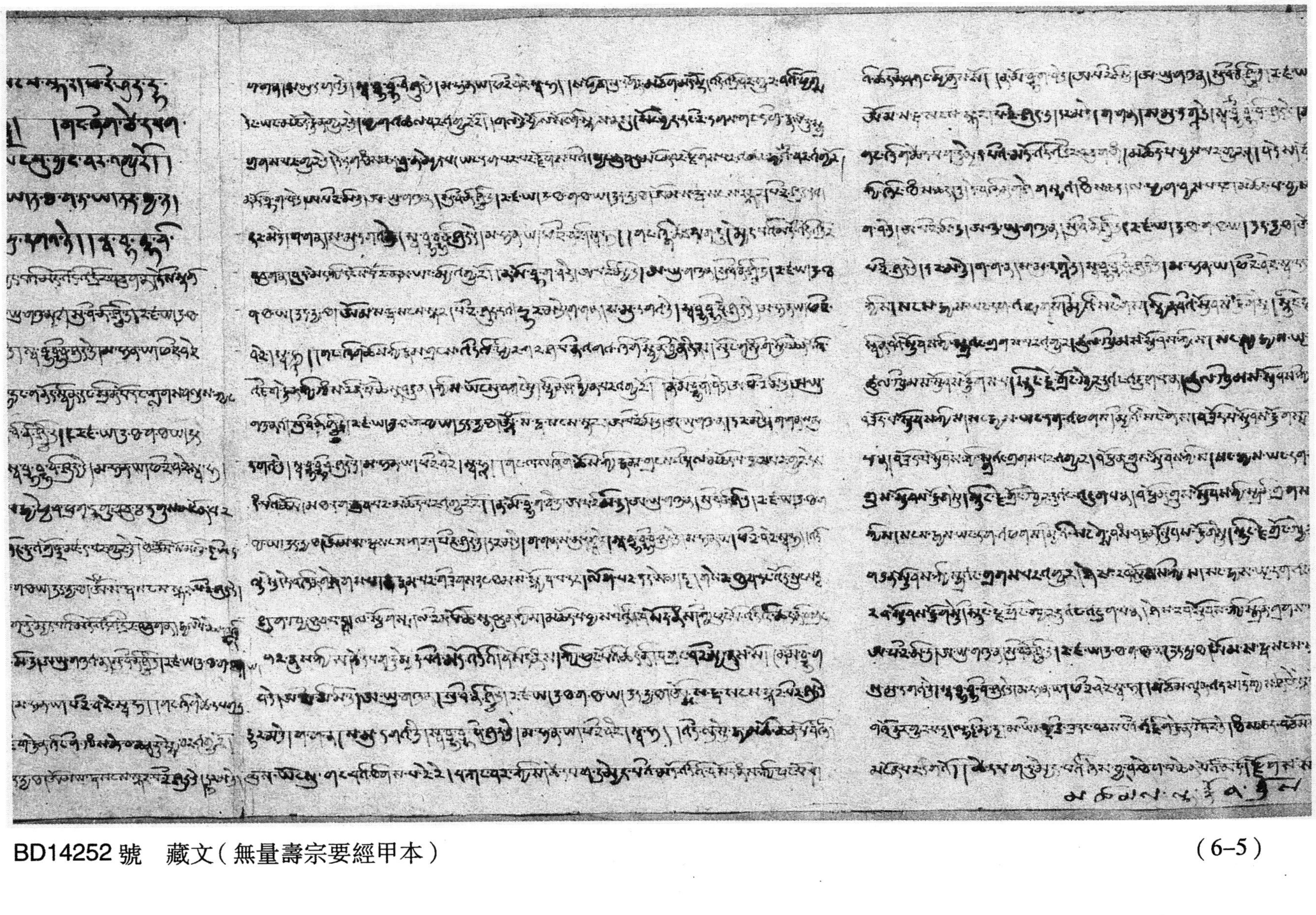

BD14252 號　藏文（無量壽宗要經甲本）　　（6–5）

BD14252號 藏文（無量壽宗要經甲本）

BD14253號 藏文（無量壽宗要經甲本）

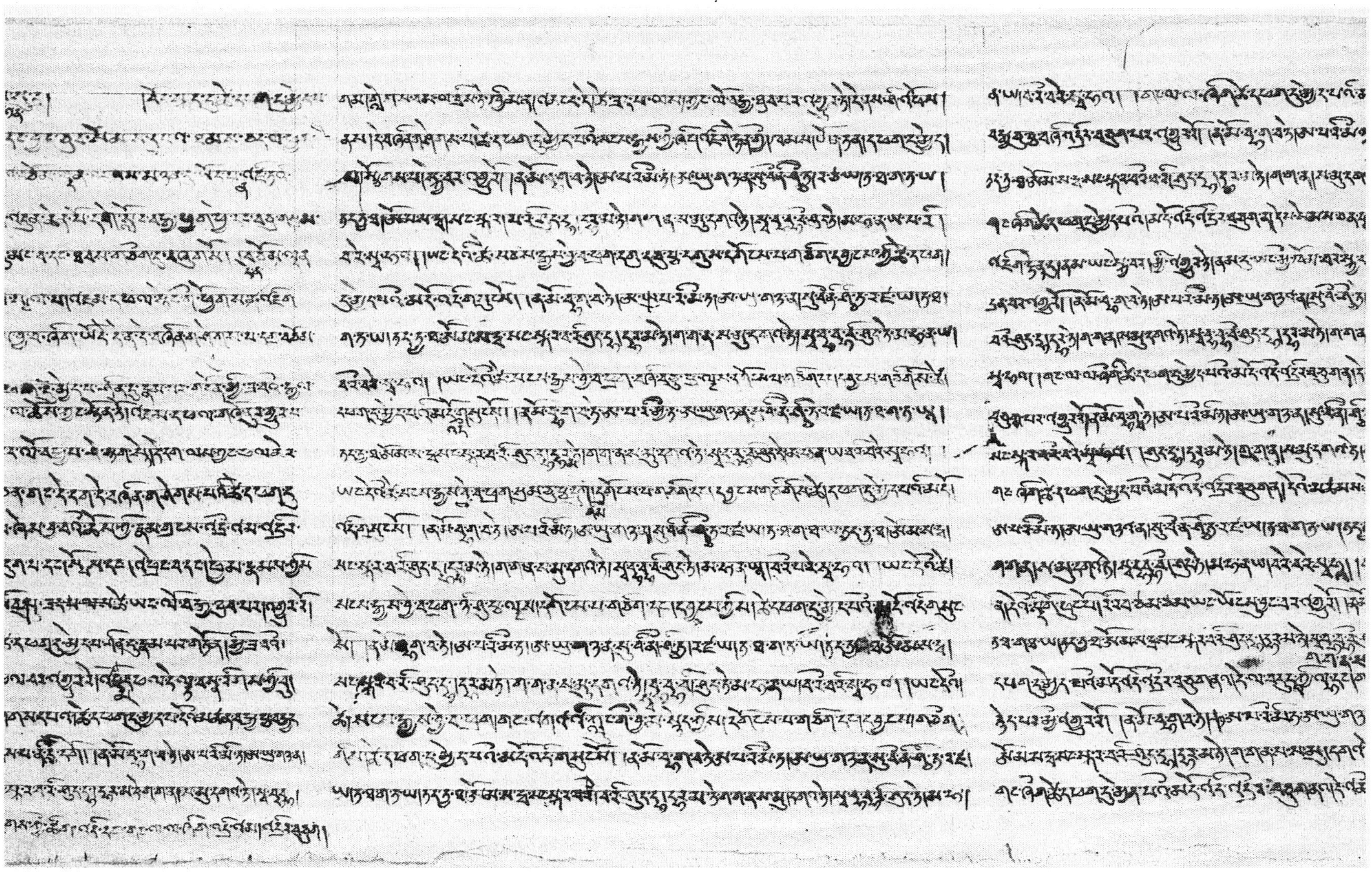

BD14253 號　藏文（無量壽宗要經甲本）　（6–2）

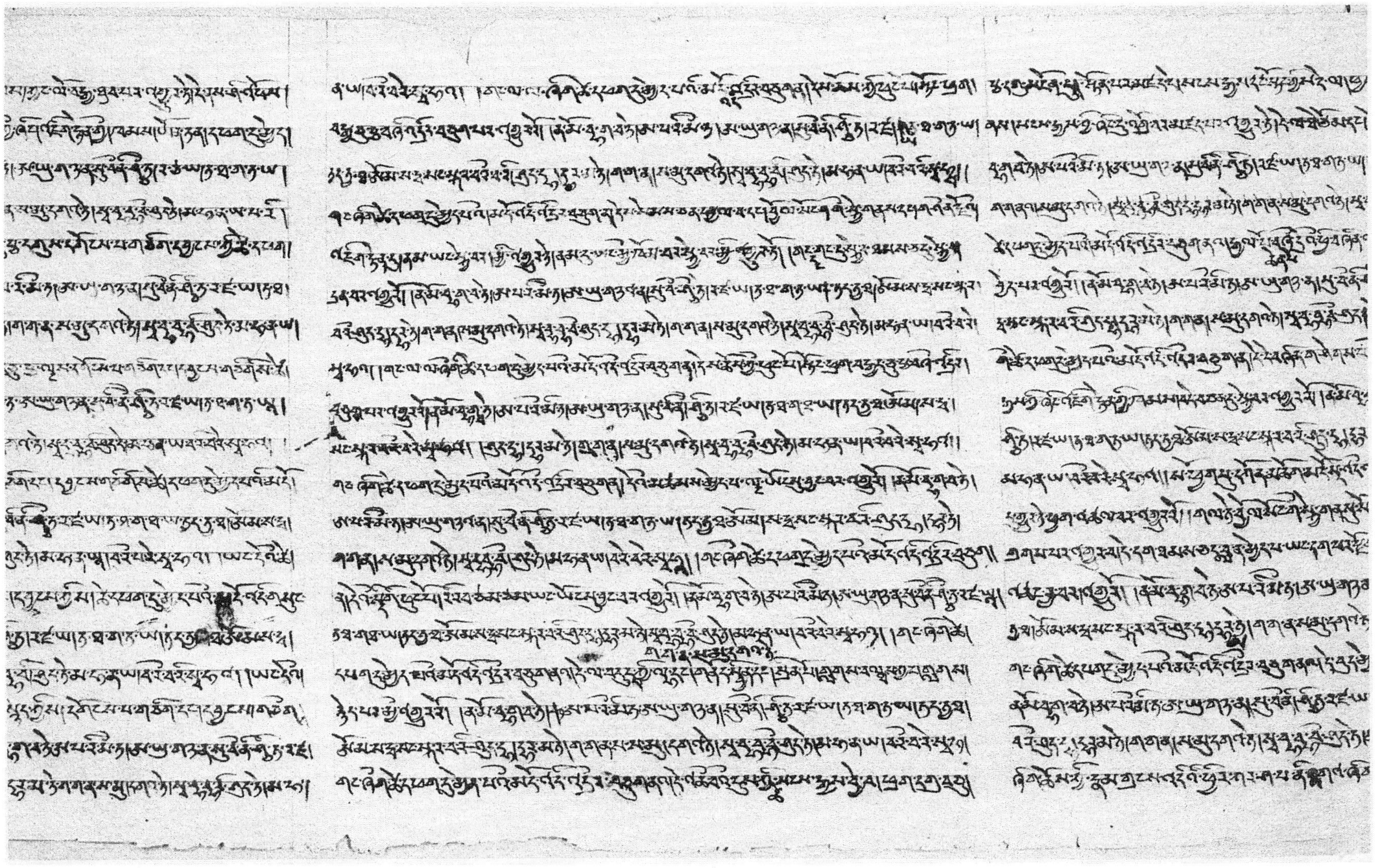

BD14253 號　藏文（無量壽宗要經甲本）　（6–3）

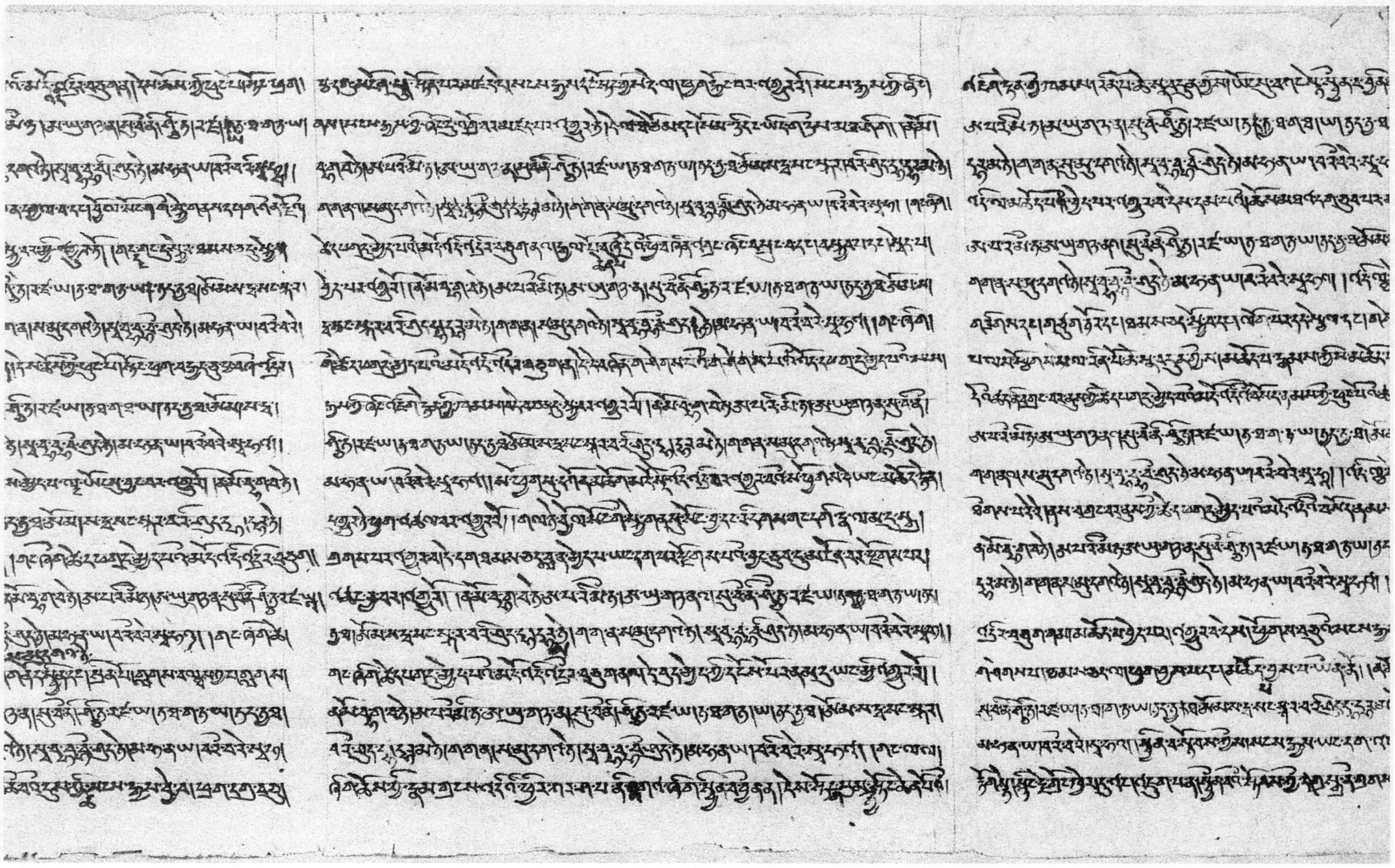

BD14253 號　藏文（無量壽宗要經甲本）　　（6–4）

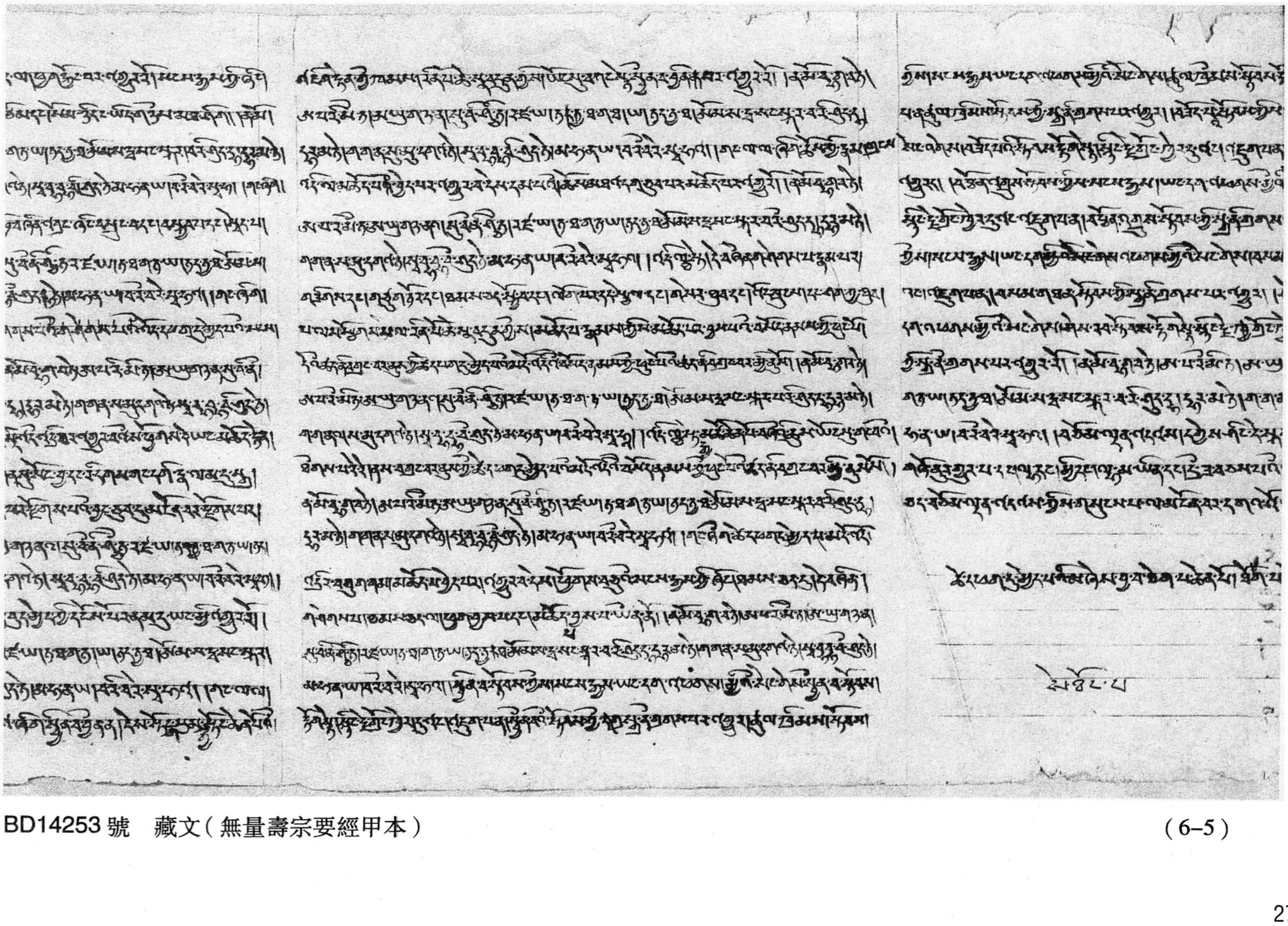

BD14253 號　藏文（無量壽宗要經甲本）　　（6–5）

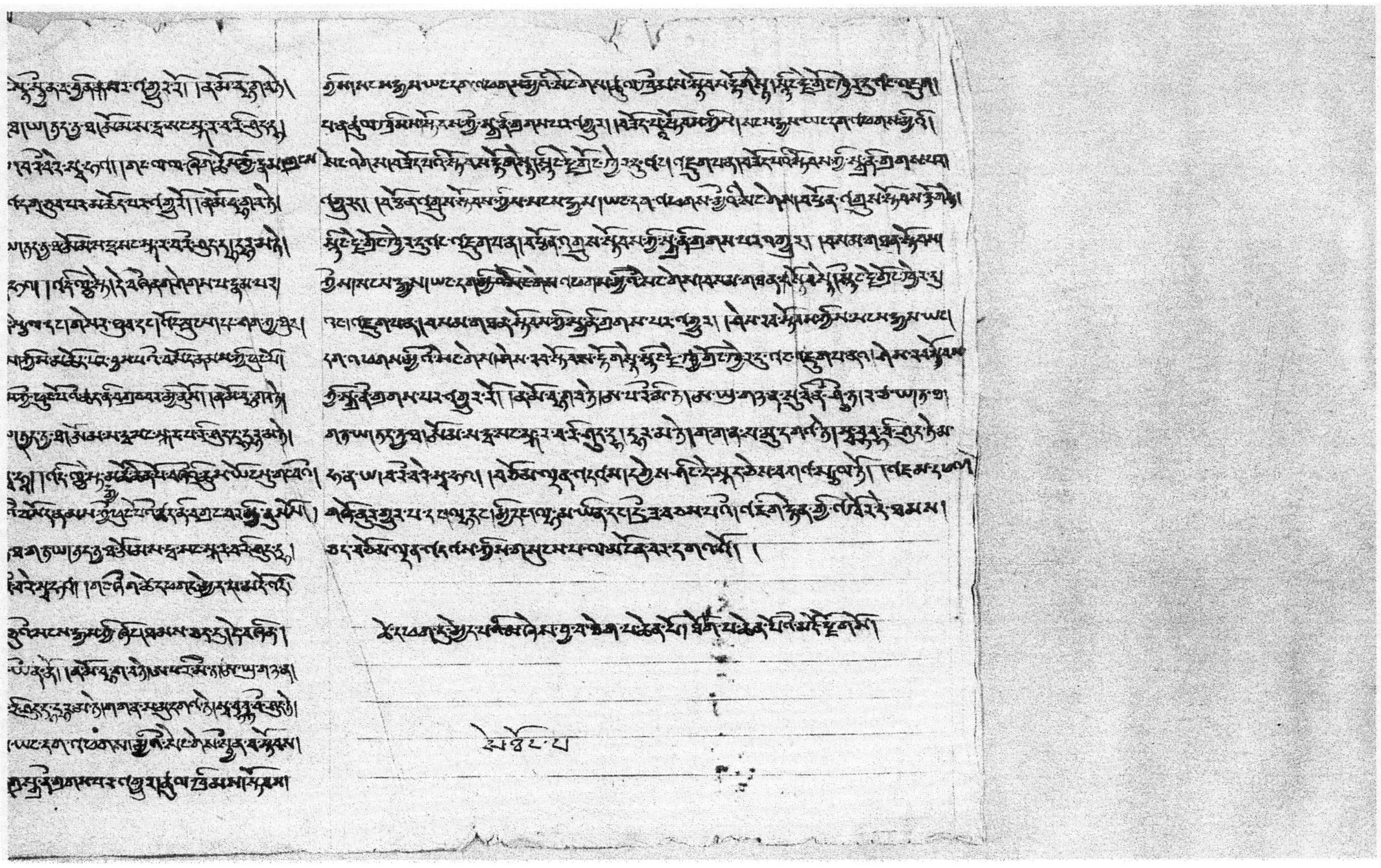

BD14253 號　藏文（無量壽宗要經甲本）　（6–6）

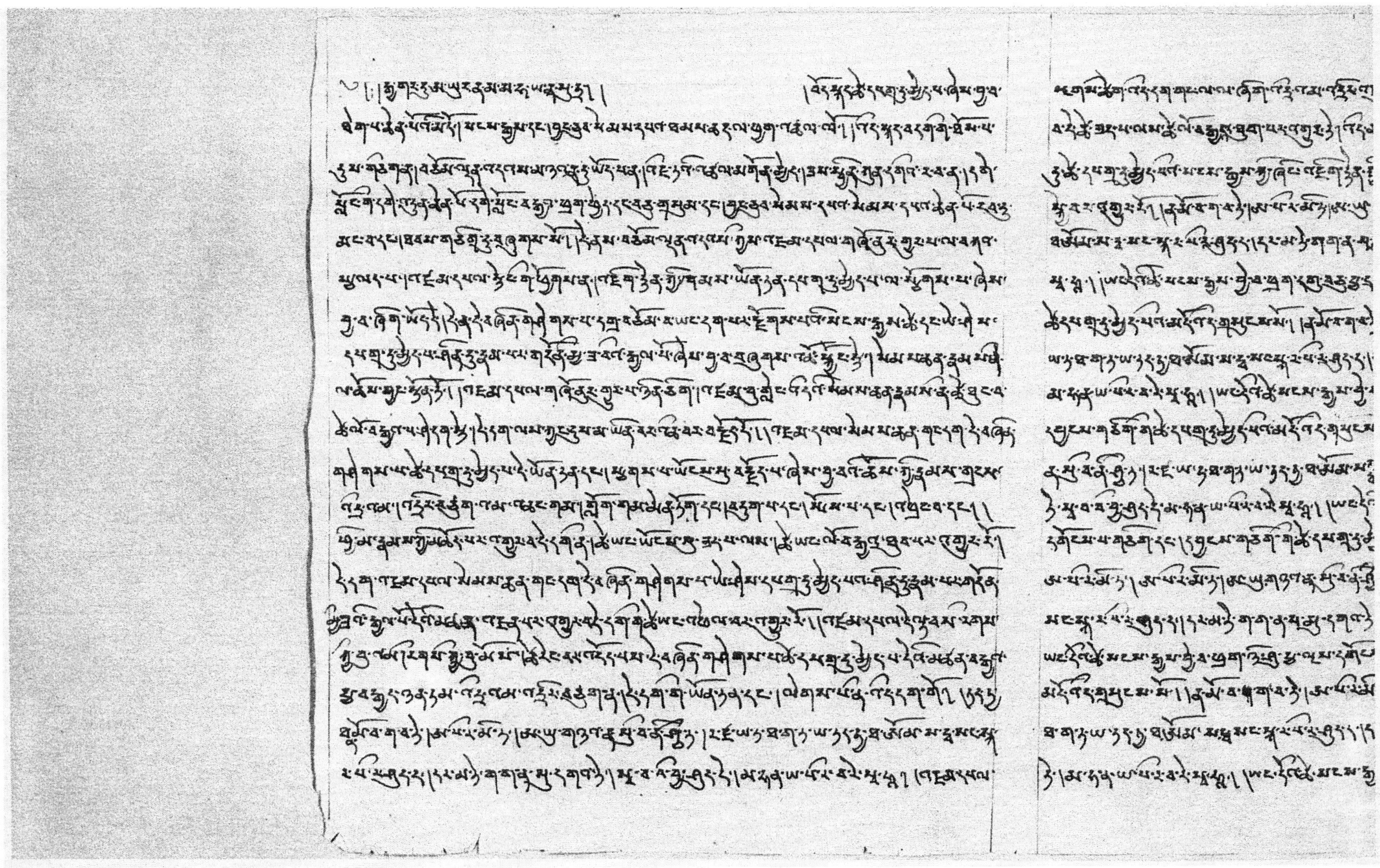

BD14254 號 1　藏文（無量壽宗要經甲本）　（12–1）

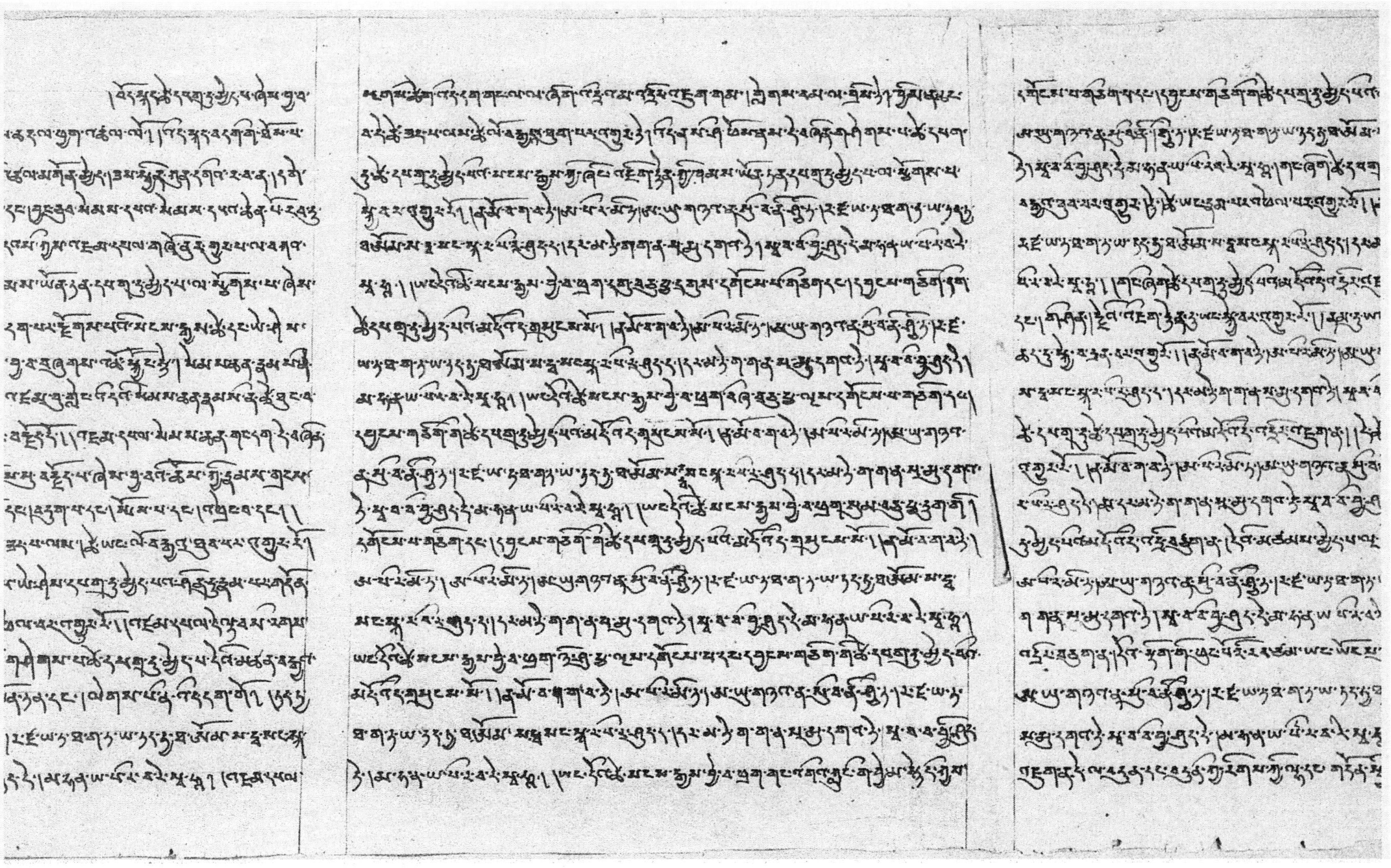

BD14254 號 1　藏文（無量壽宗要經甲本）　（12–2）

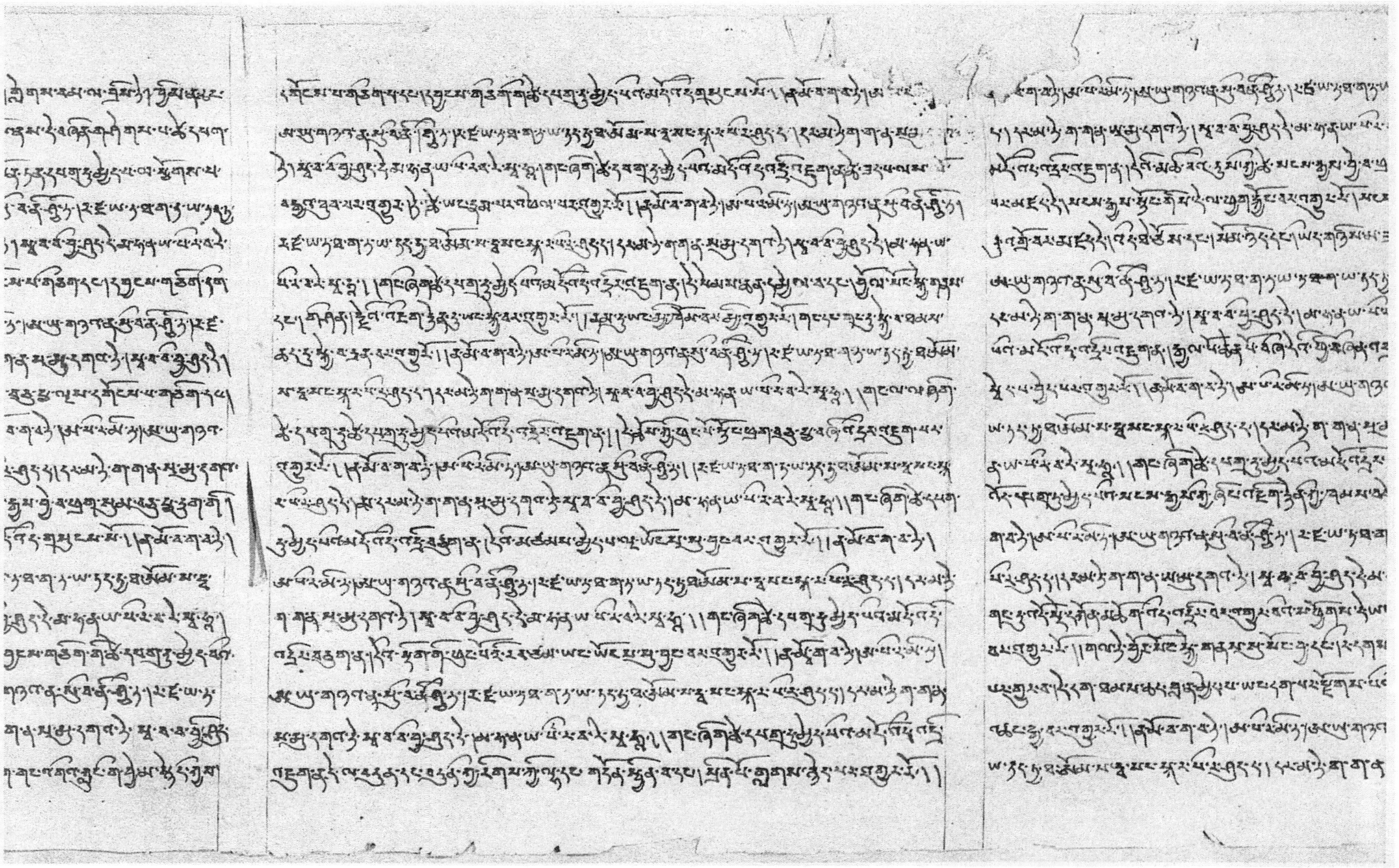

BD14254 號 1　藏文（無量壽宗要經甲本）　（12–3）

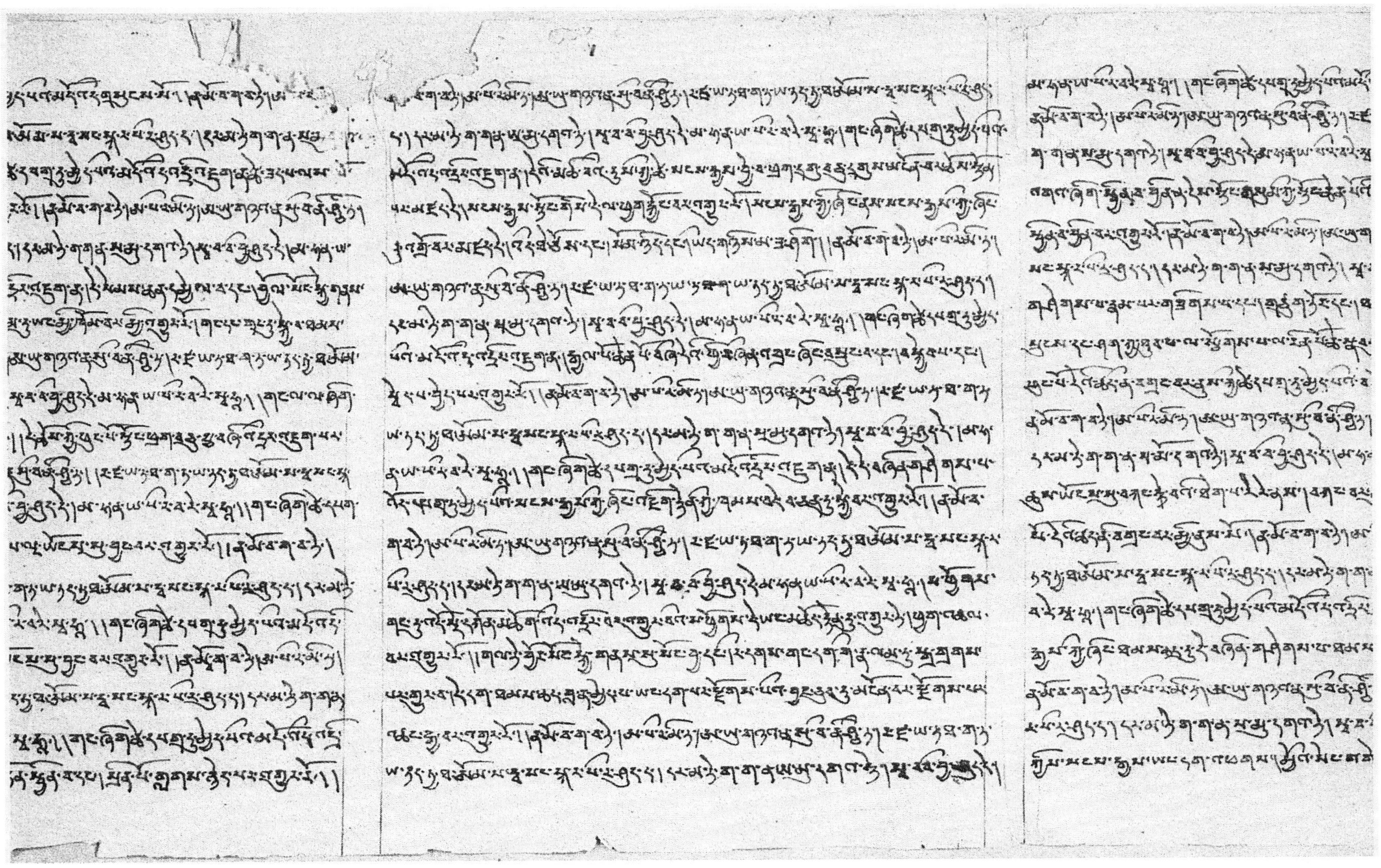

BD14254 號 1 藏文（無量壽宗要經甲本） （12–4）

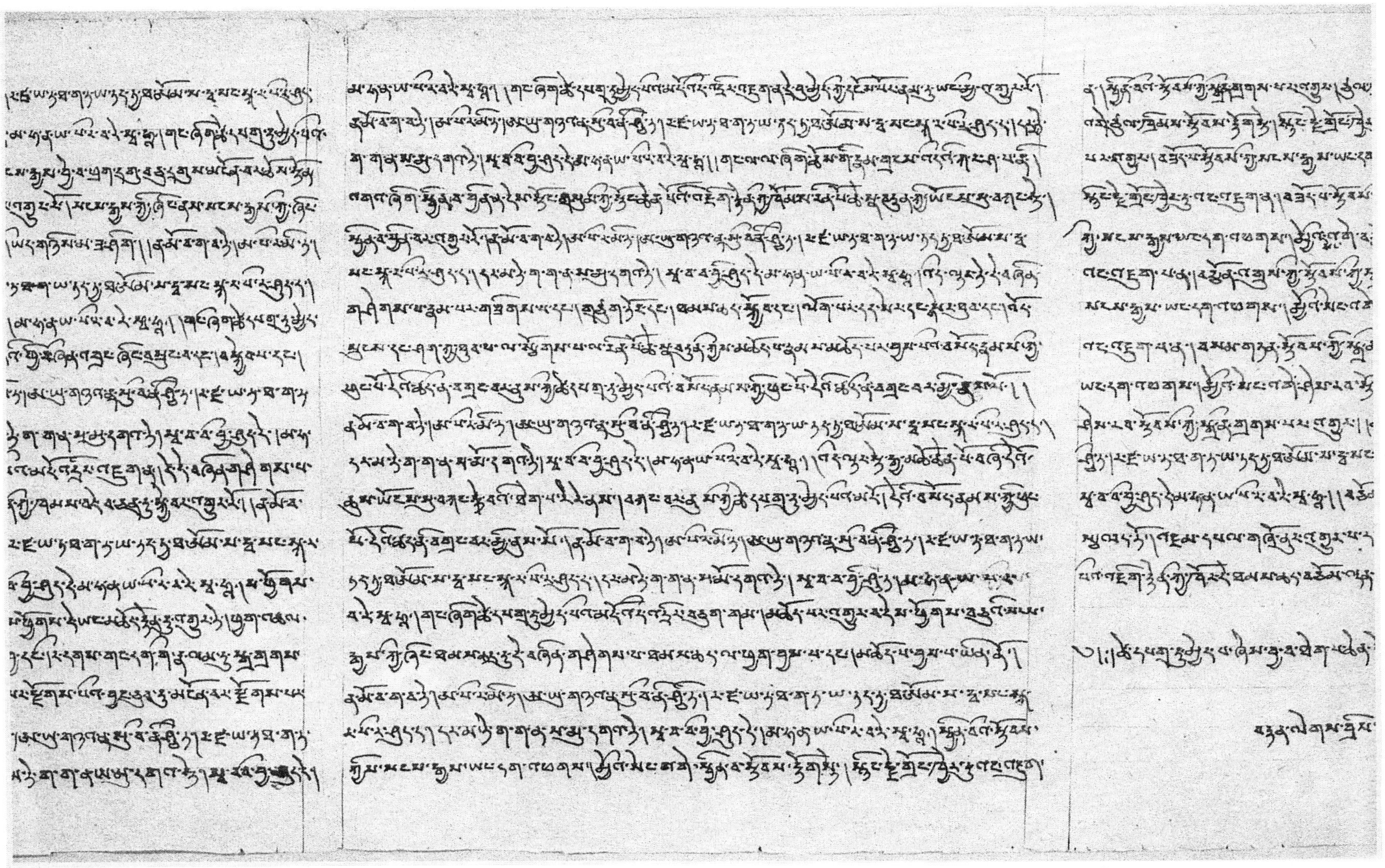

BD14254 號 1 藏文（無量壽宗要經甲本） （12–5）

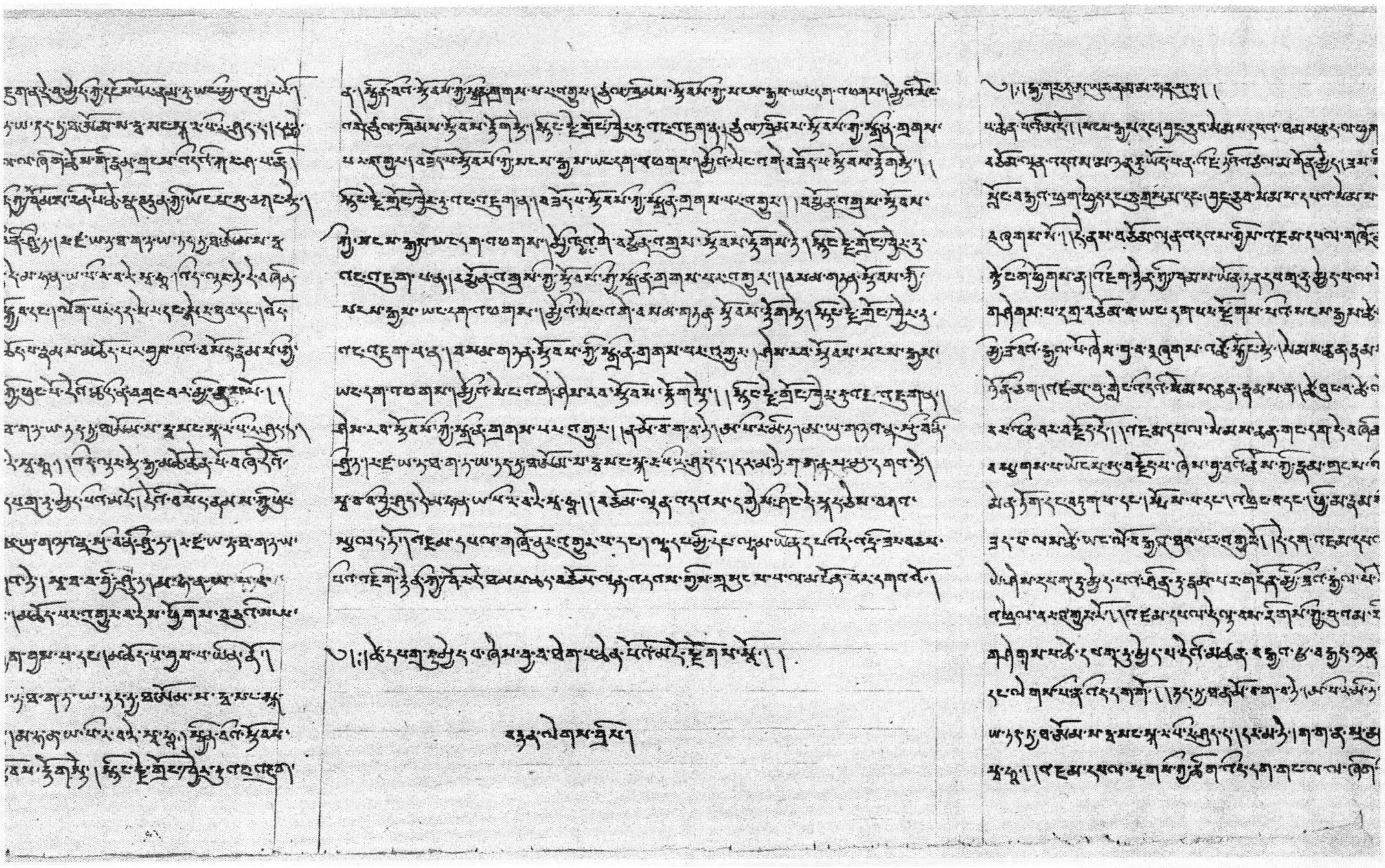

BD14254 號 1　藏文（無量壽宗要經甲本）　（12–6）

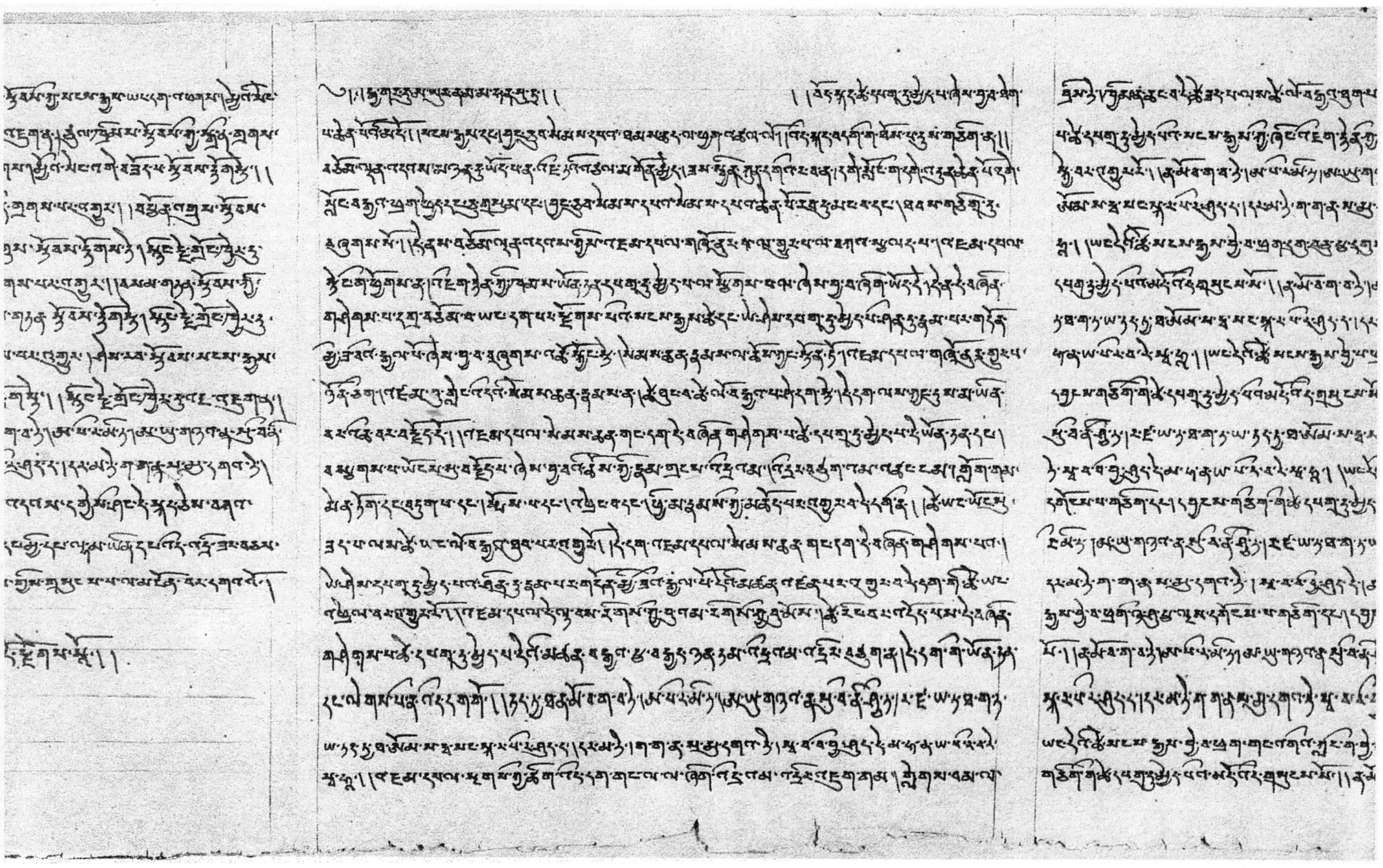

BD14254 號 2　藏文（無量壽宗要經甲本）　（12–7）

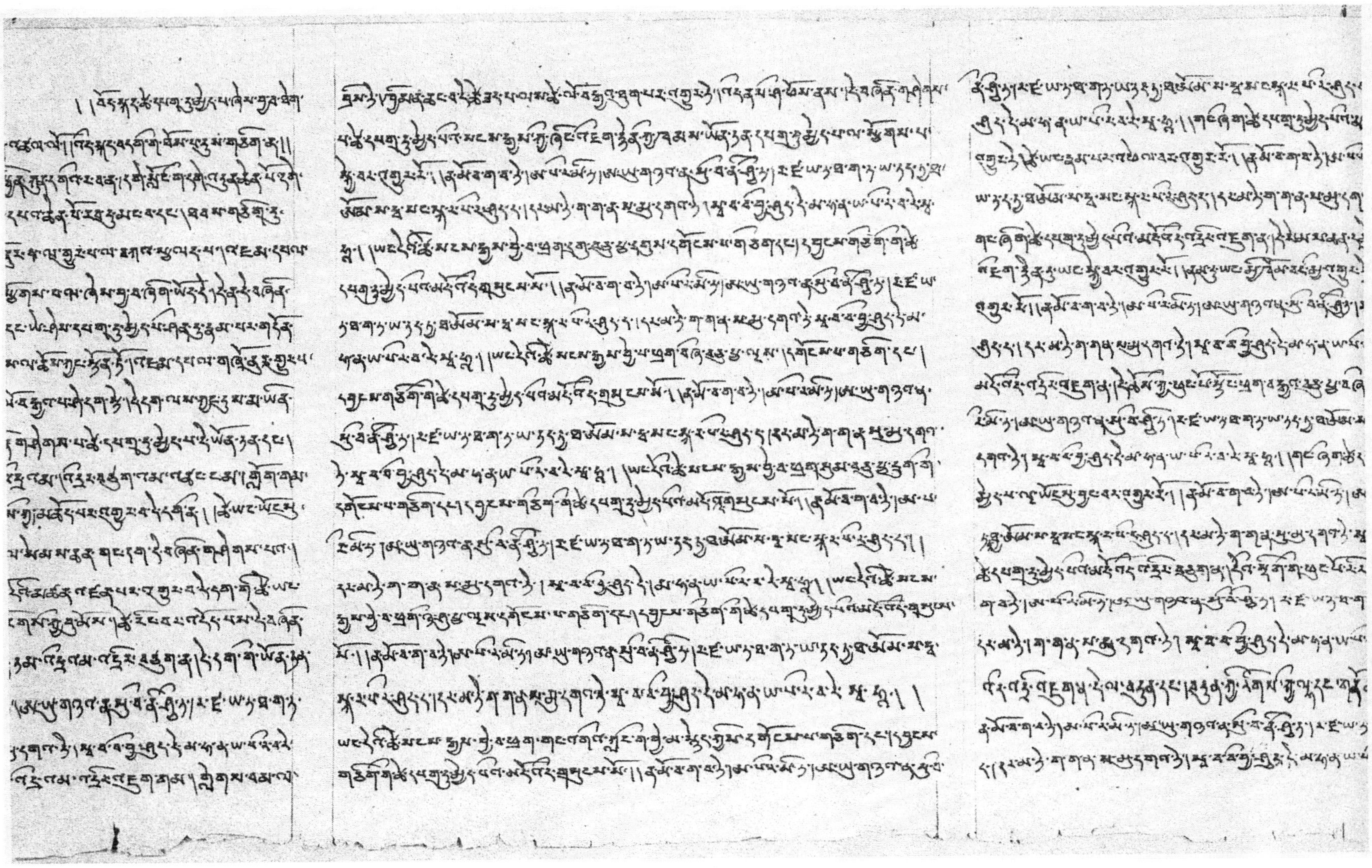

BD14254 號 2　藏文（無量壽宗要經甲本）　（12–8）

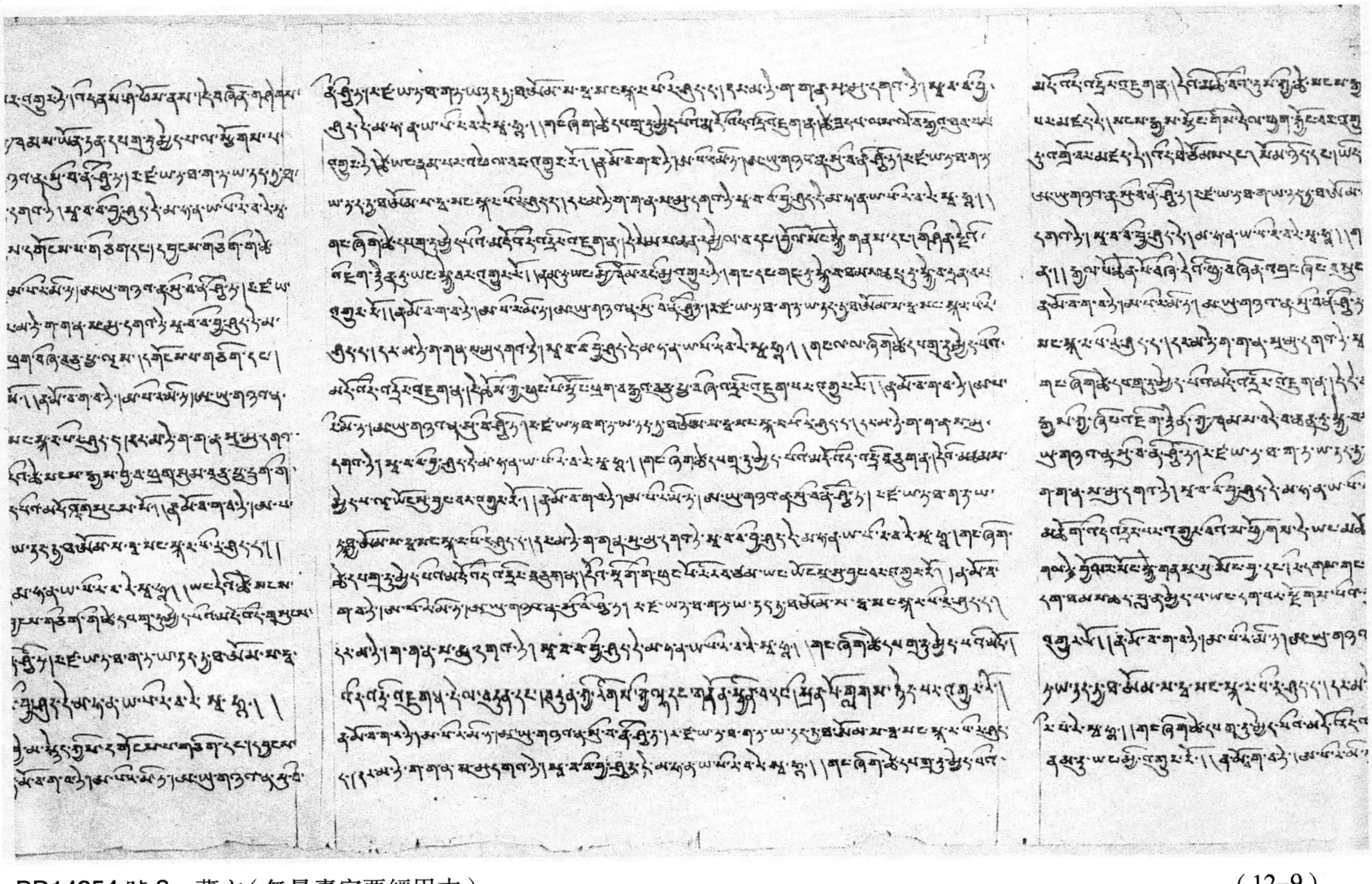

BD14254 號 2　藏文（無量壽宗要經甲本）　（12–9）

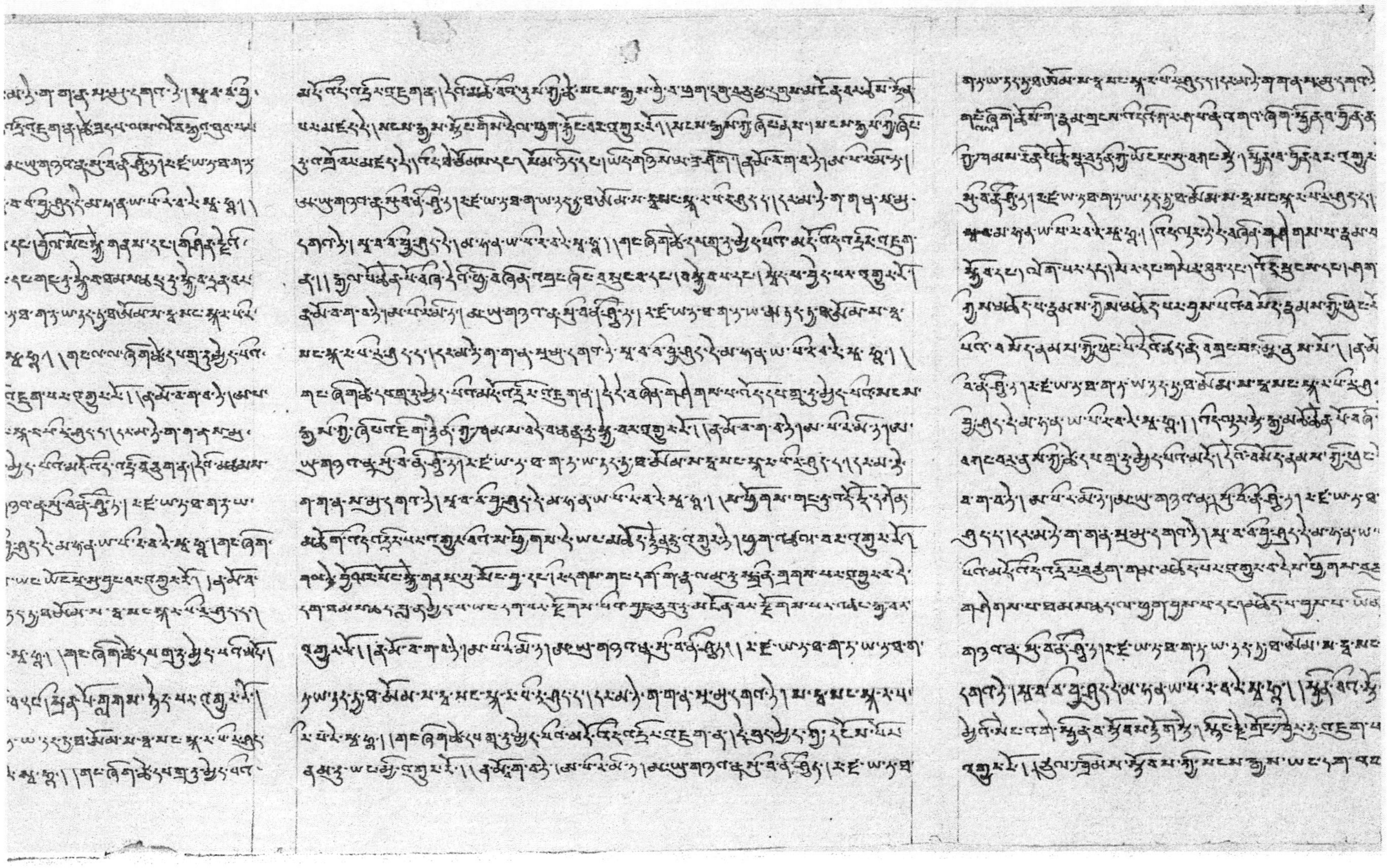

BD14254 號 2　藏文（無量壽宗要經甲本）　　（12–10）

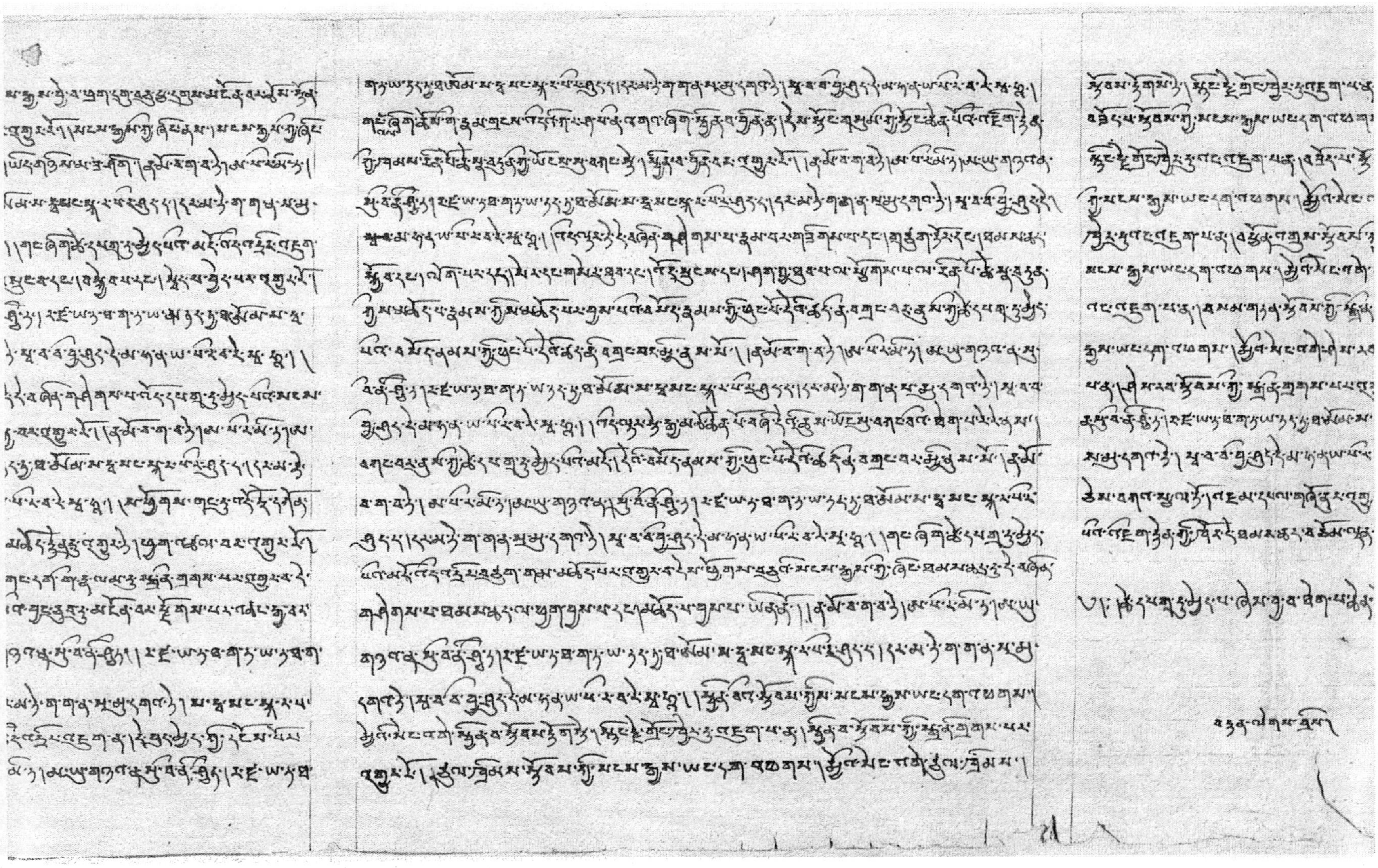

BD14254 號 2　藏文（無量壽宗要經甲本）　　（12–11）

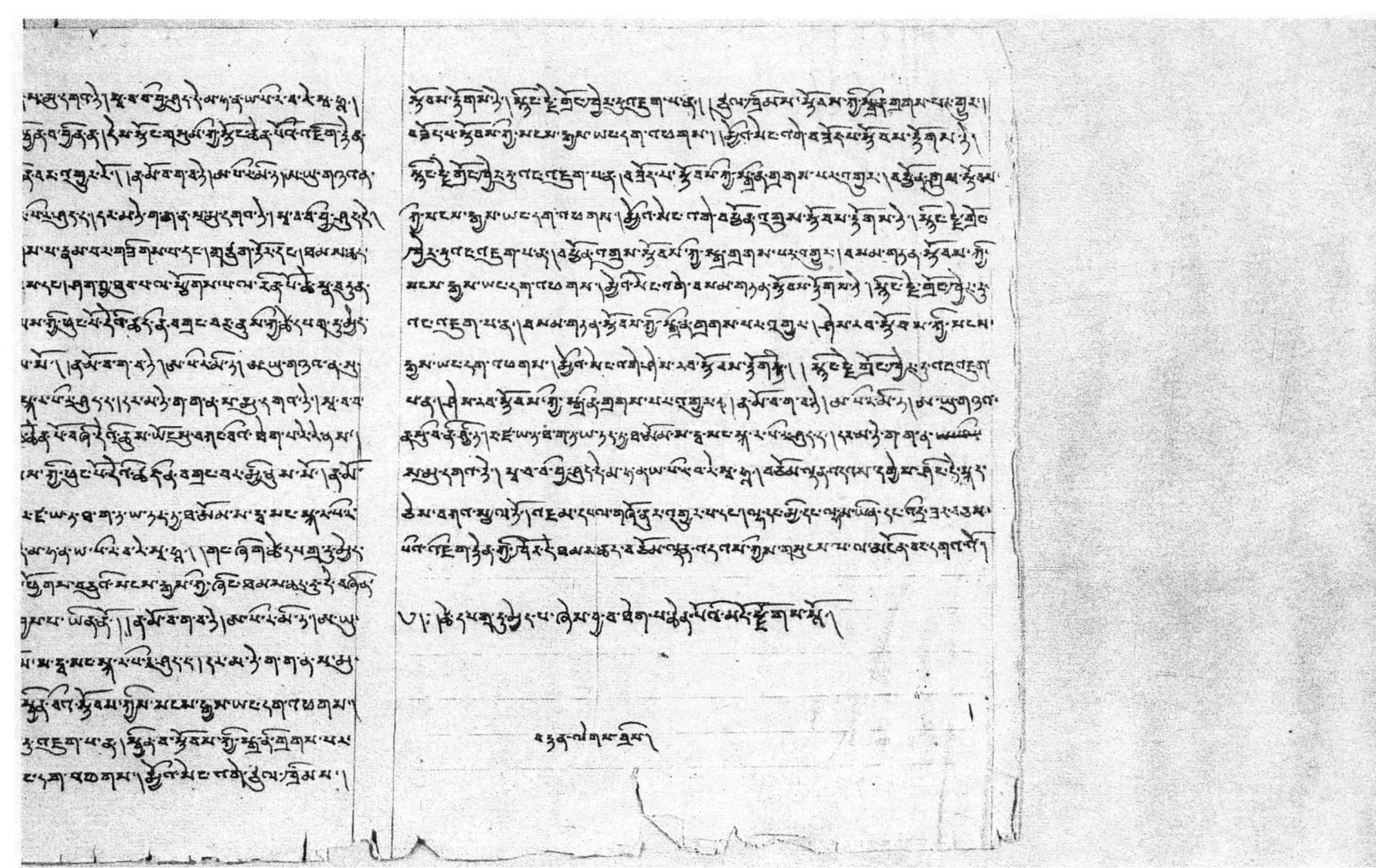

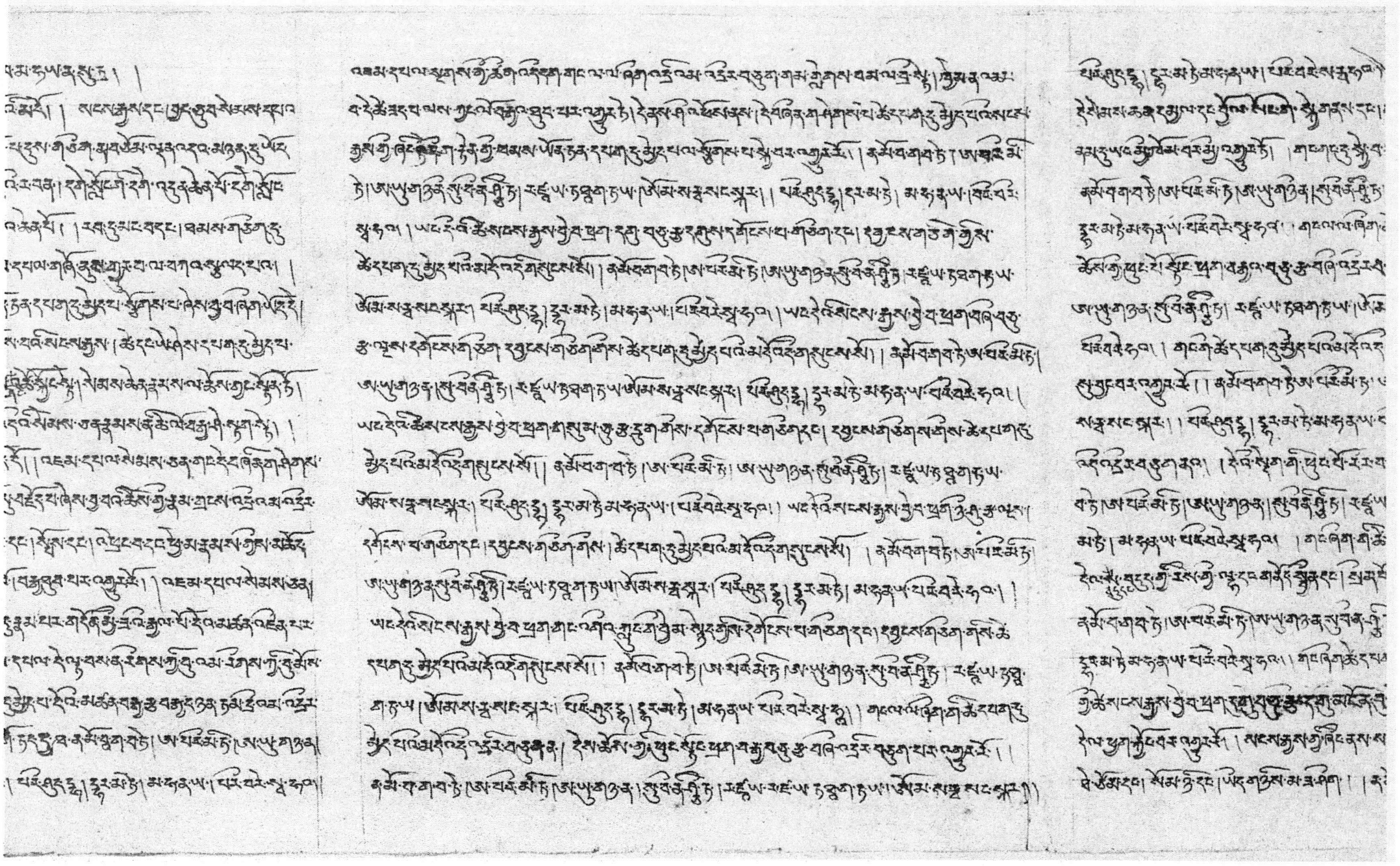

BD14255 號　藏文（無量壽宗要經乙本）　（6–2）

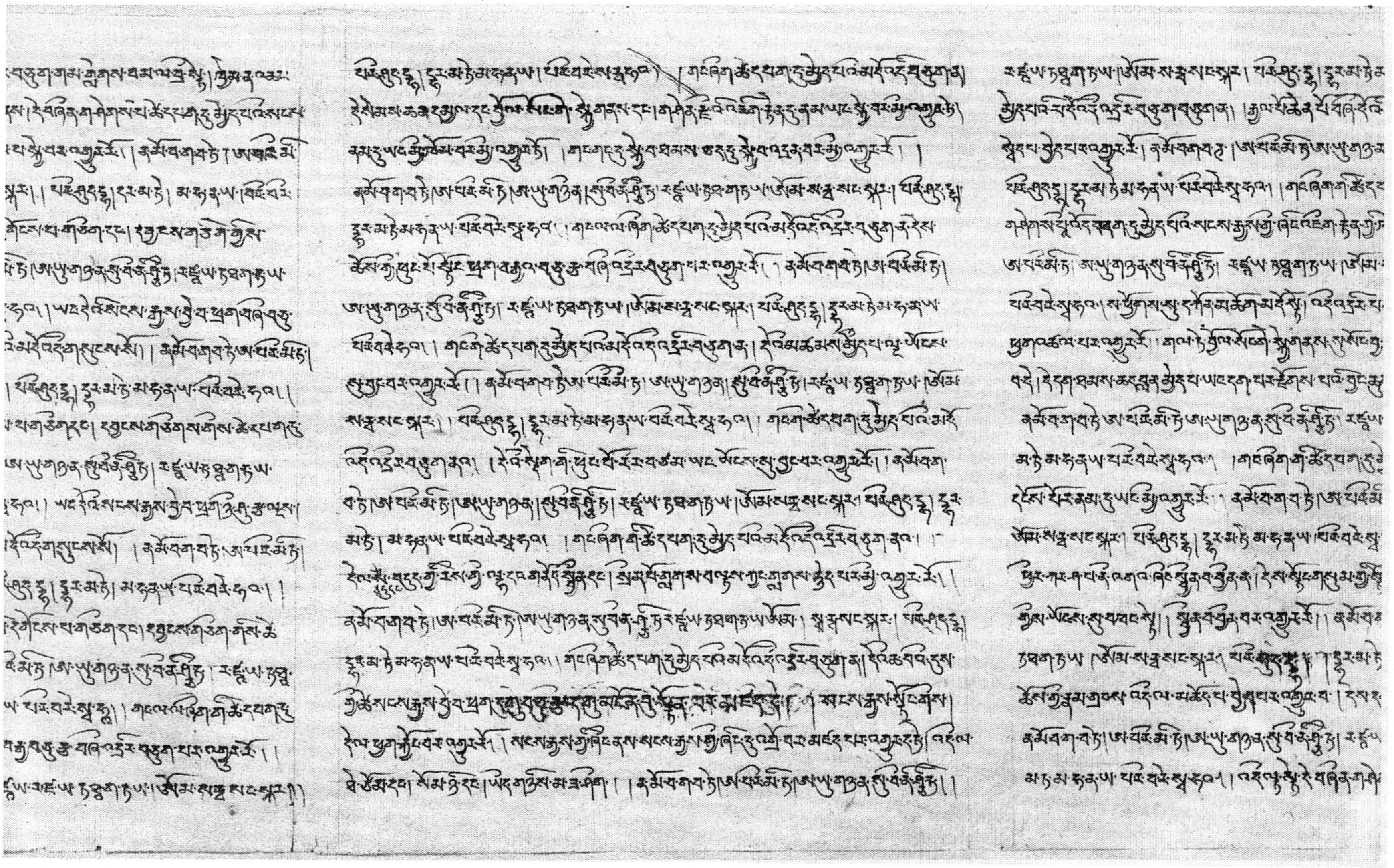

BD14255 號　藏文（無量壽宗要經乙本）　（6–3）

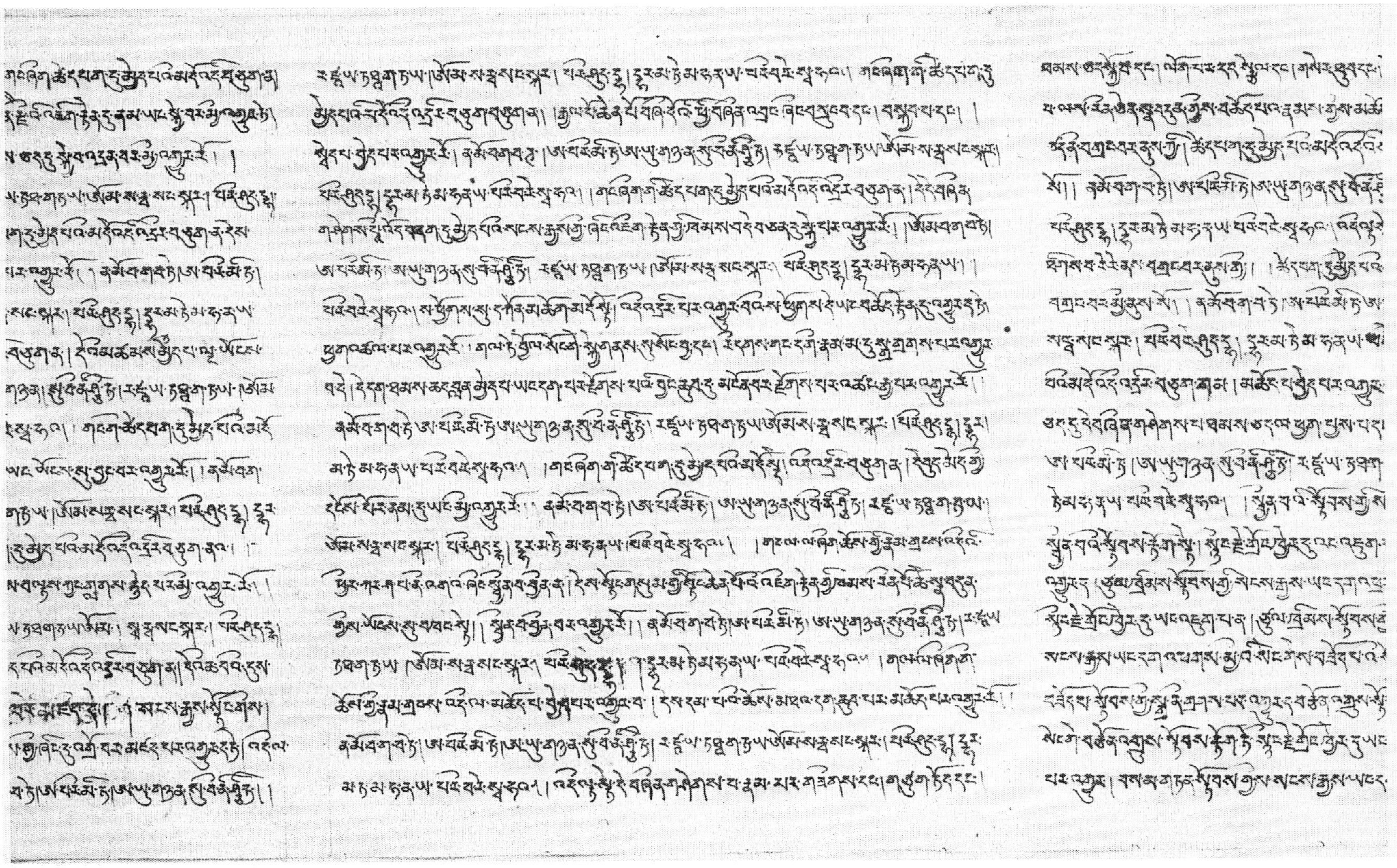

BD14255 號　藏文（無量壽宗要經乙本）　（6–4）

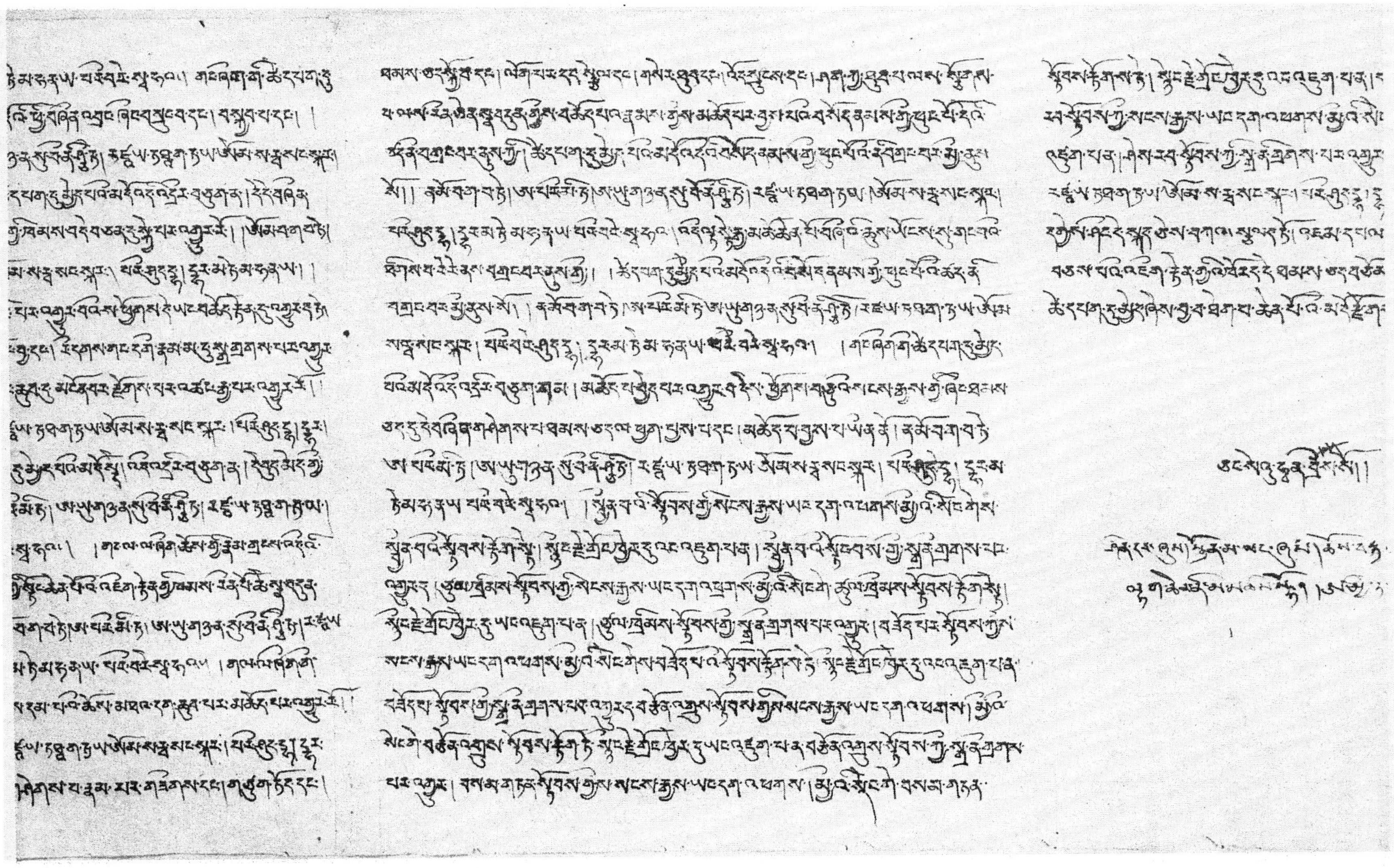

BD14255 號　藏文（無量壽宗要經乙本）　（6–5）

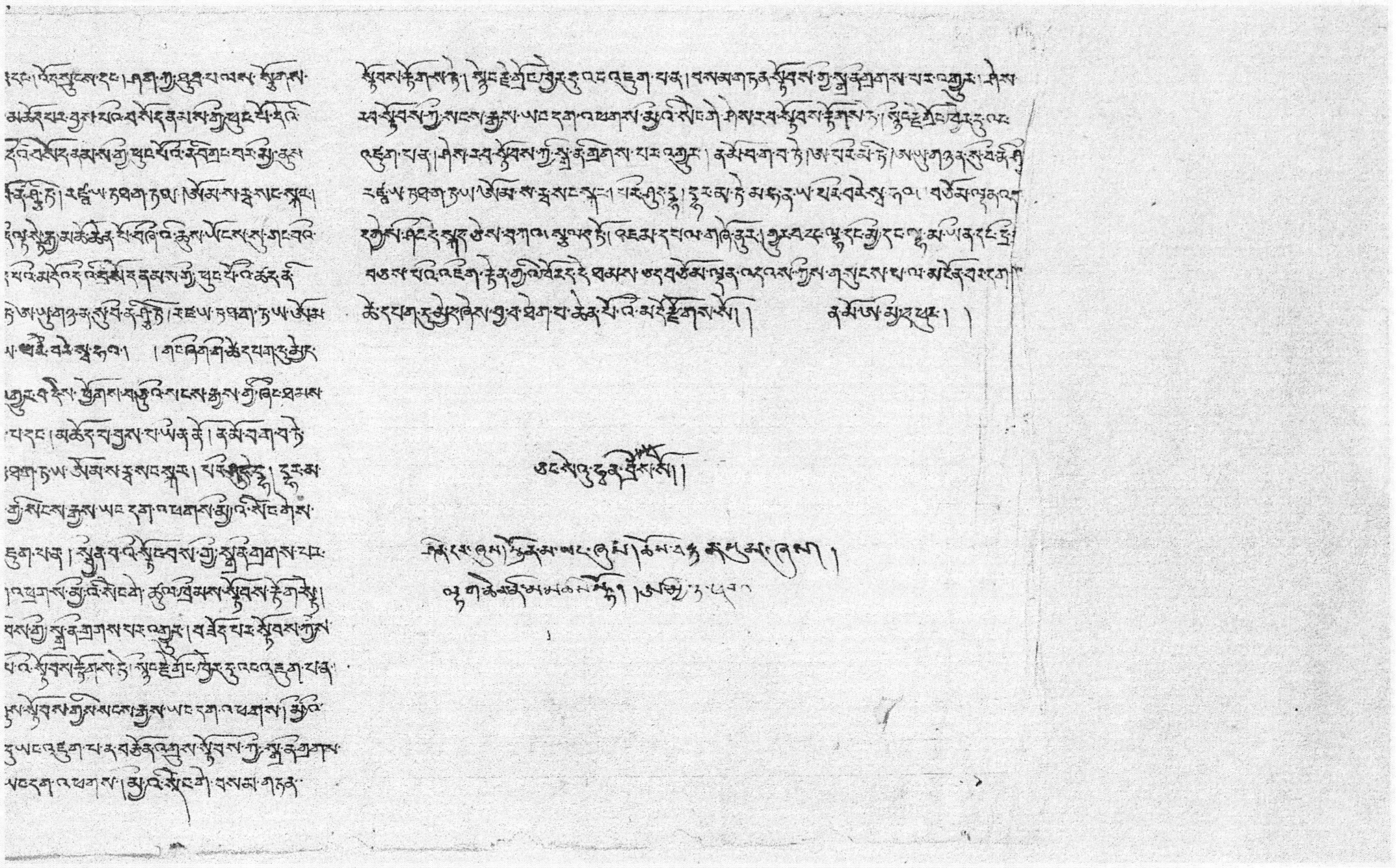

BD14255 號　藏文（無量壽宗要經乙本）　　（6–6）

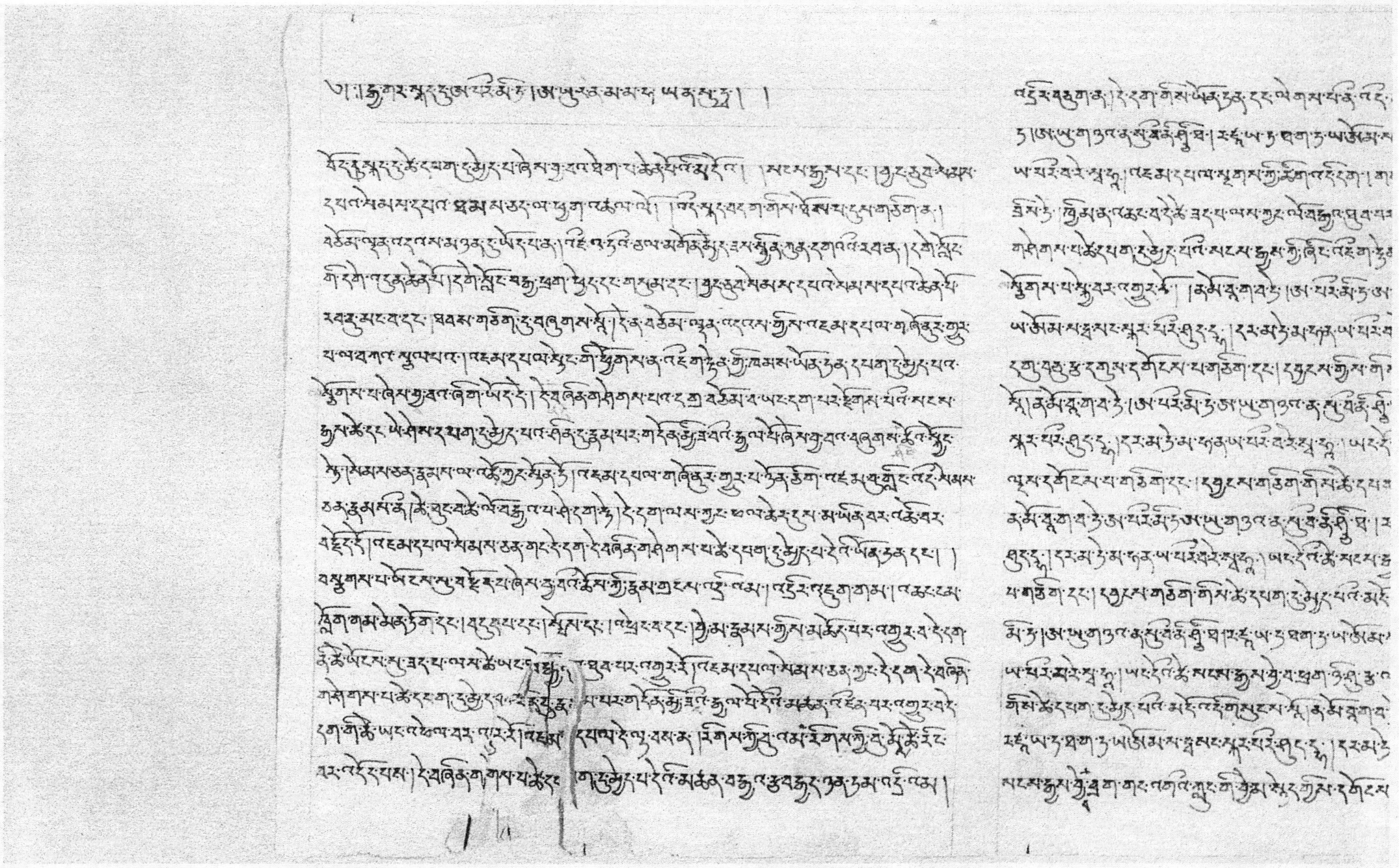

BD14256 號　藏文（無量壽宗要經乙本）　　（6–1）

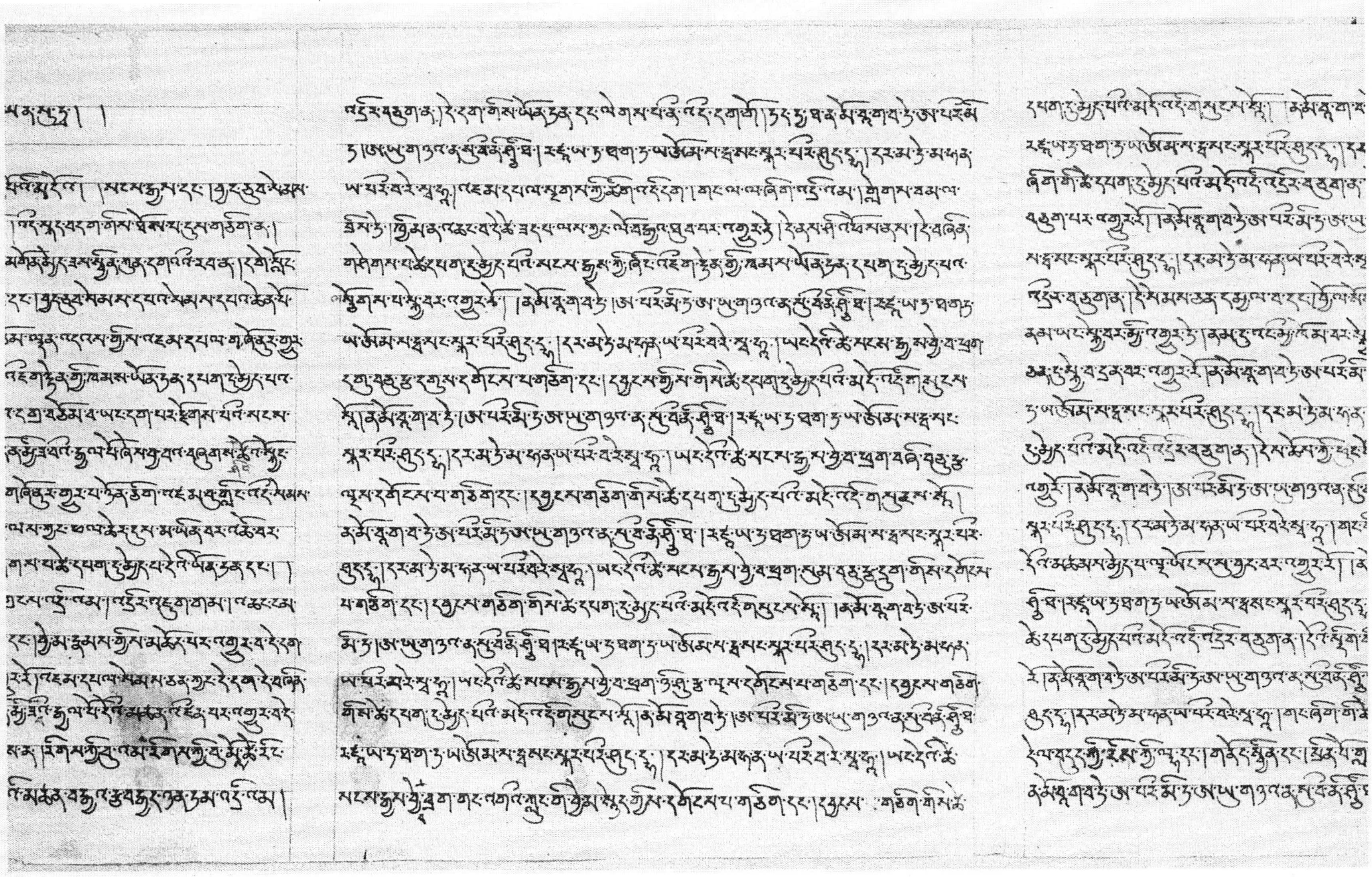

BD14256號　藏文（無量壽宗要經乙本）　　（6–2）

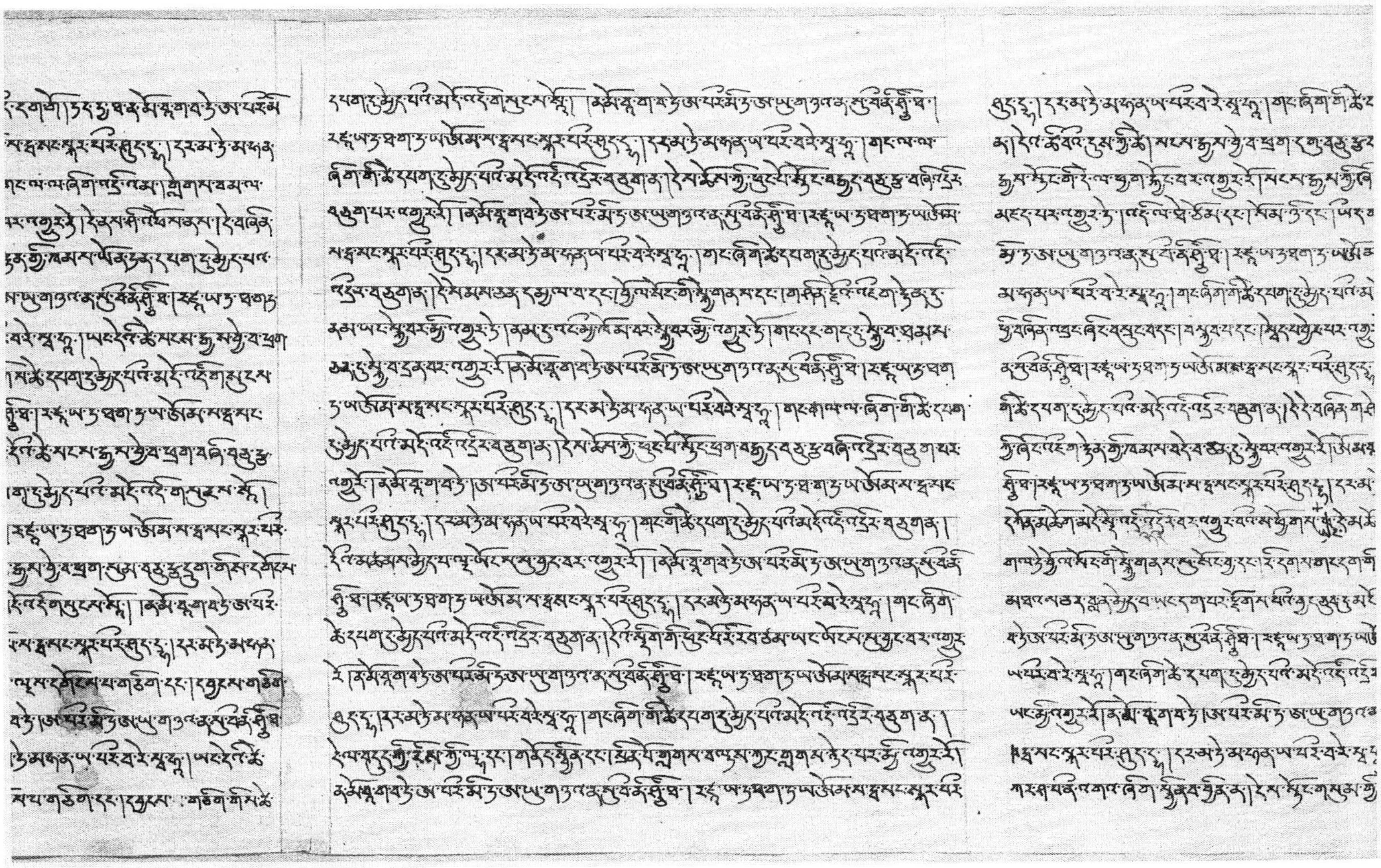

BD14256號　藏文（無量壽宗要經乙本）　　（6–3）

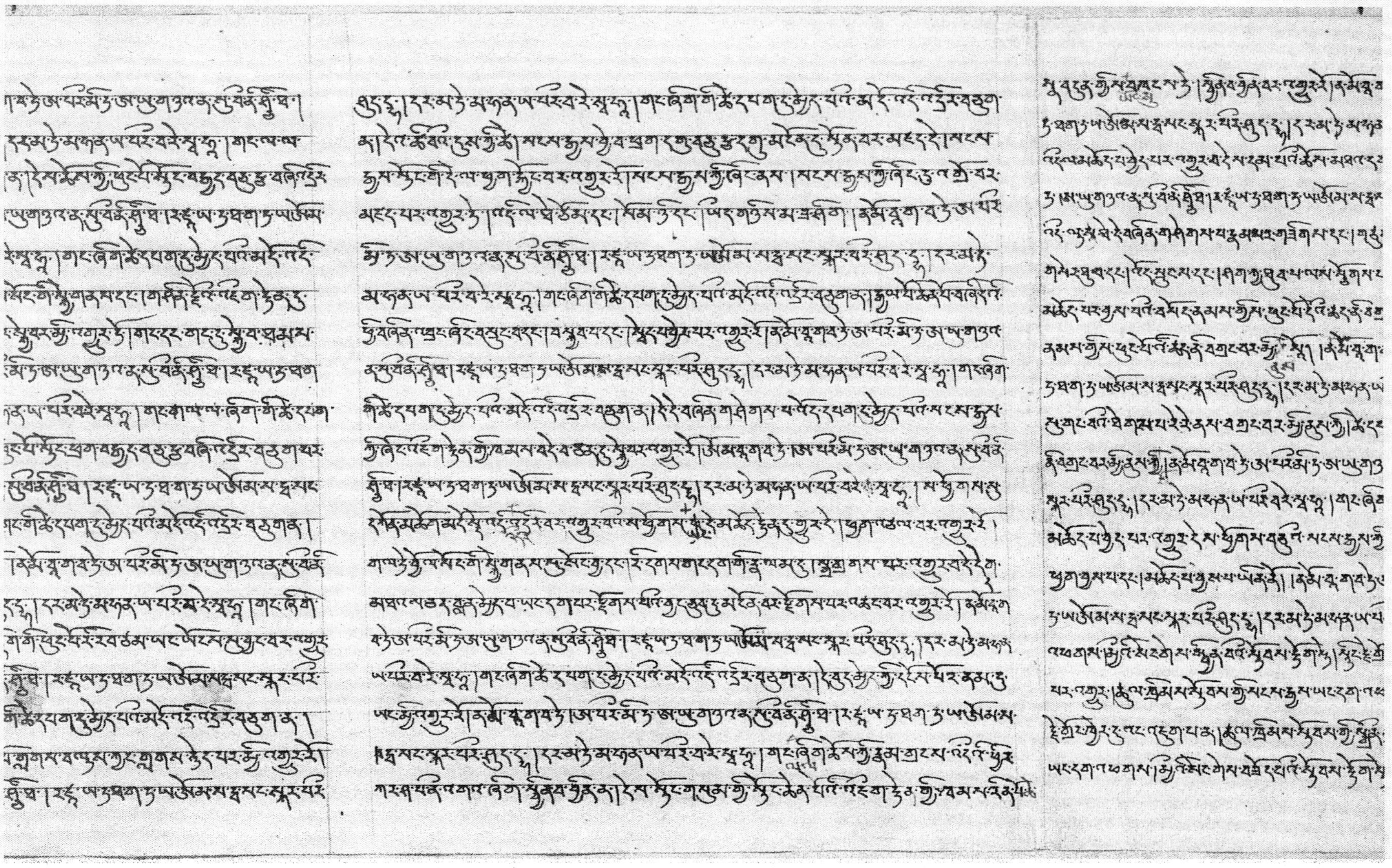

BD14256 號　藏文（無量壽宗要經乙本）　（6–4）

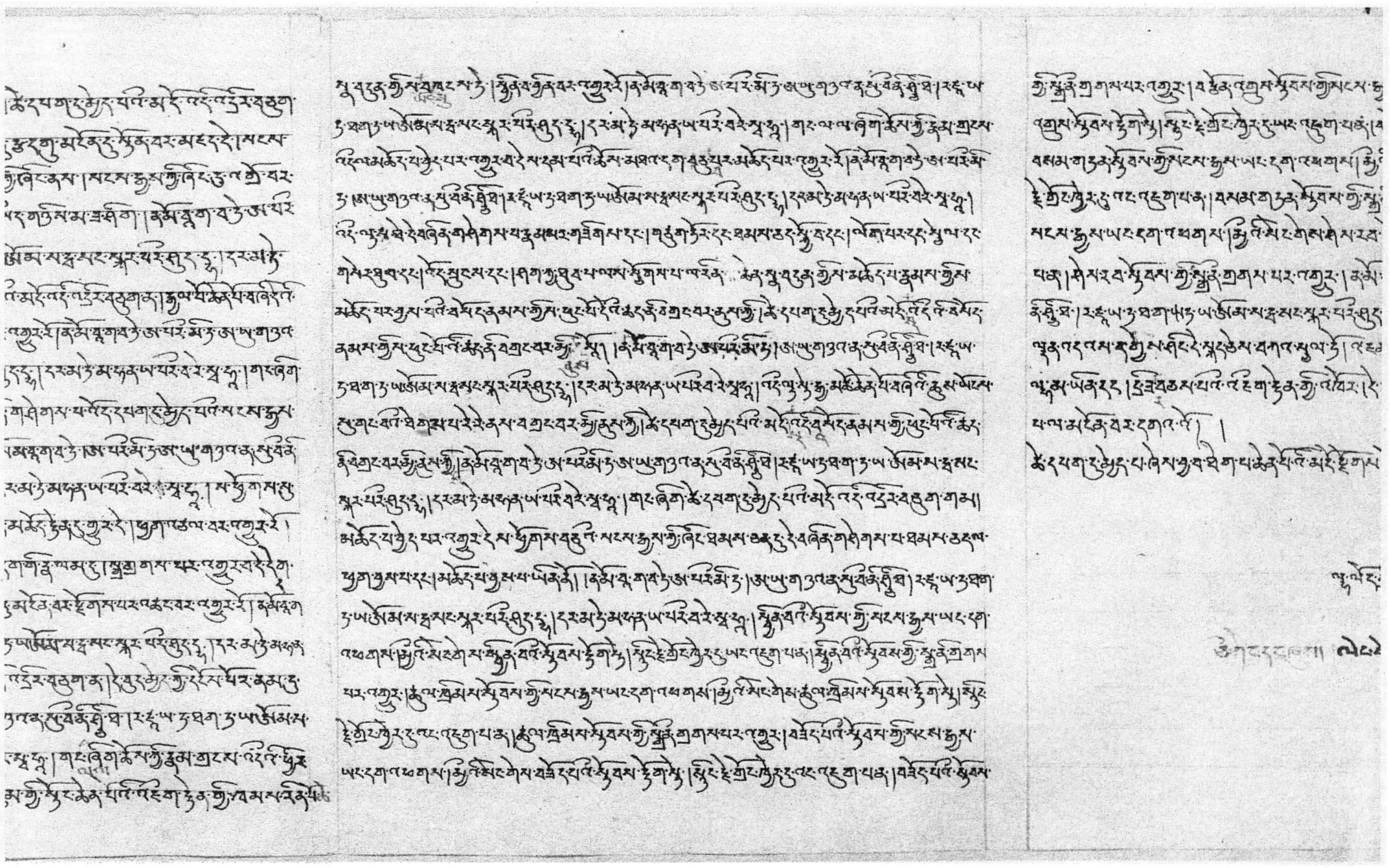

BD14256 號　藏文（無量壽宗要經乙本）　（6–5）

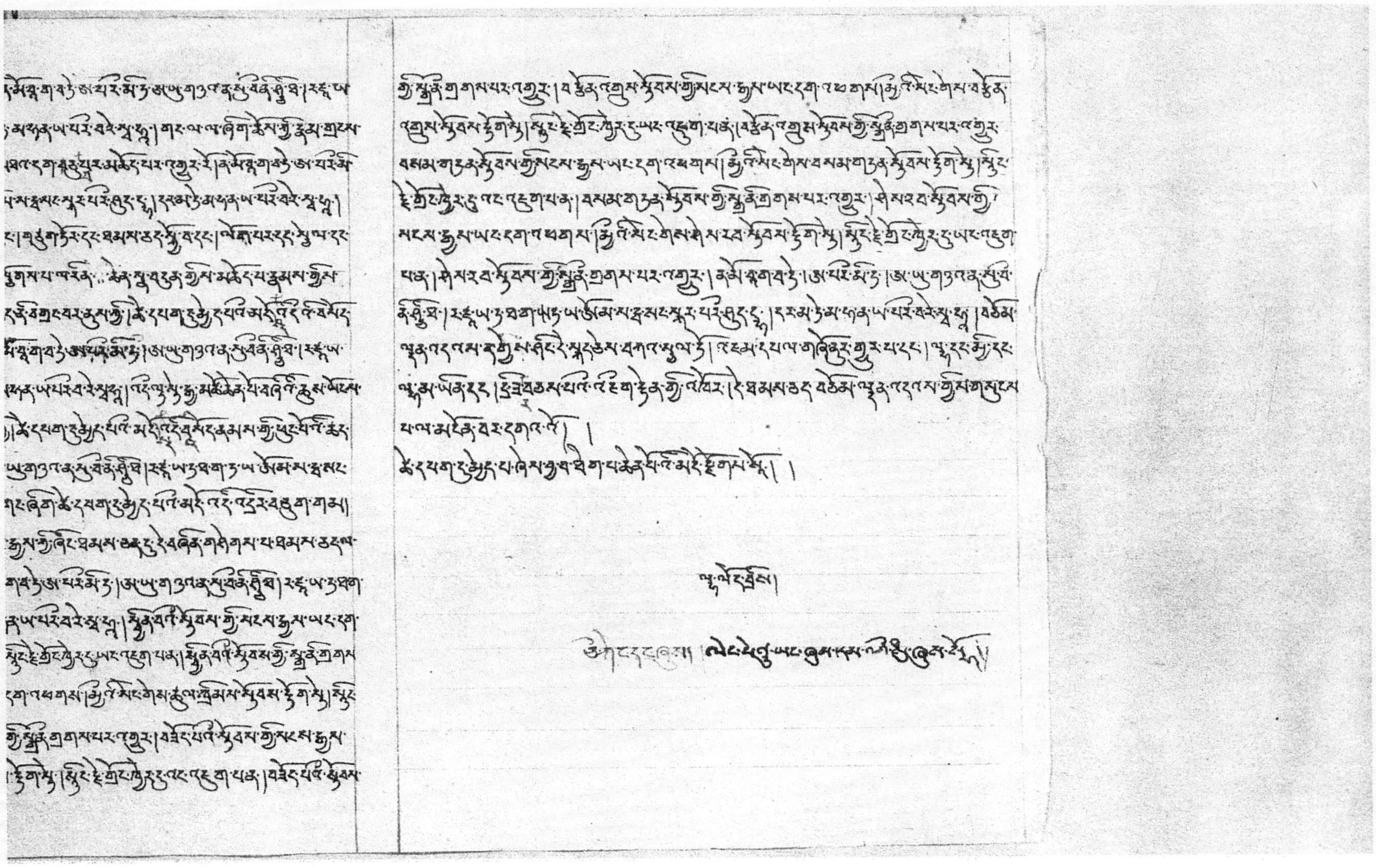

BD14256號 藏文（無量壽宗要經乙本） （6–6）

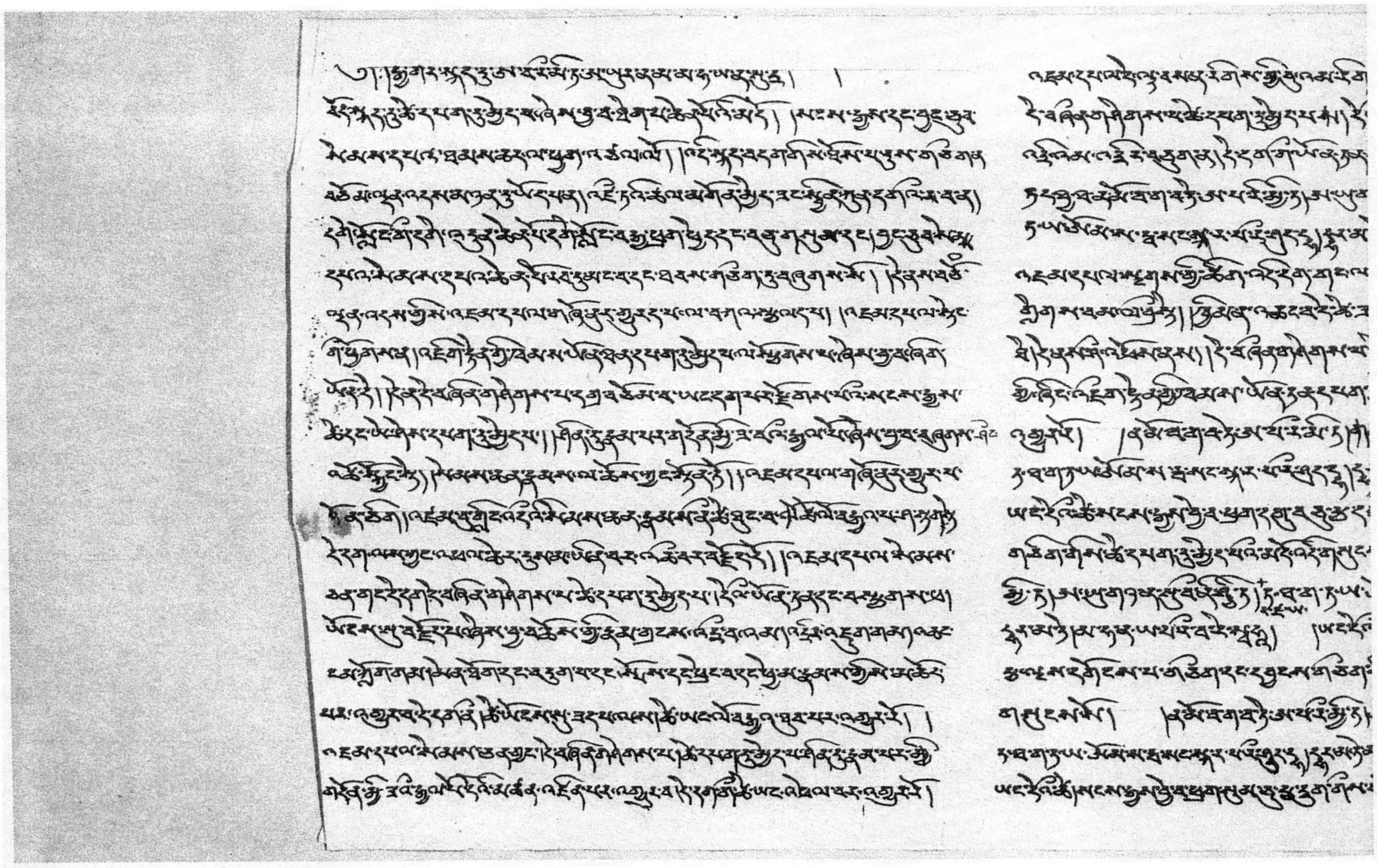

BD14257號 藏文（無量壽宗要經乙本） （8–1）

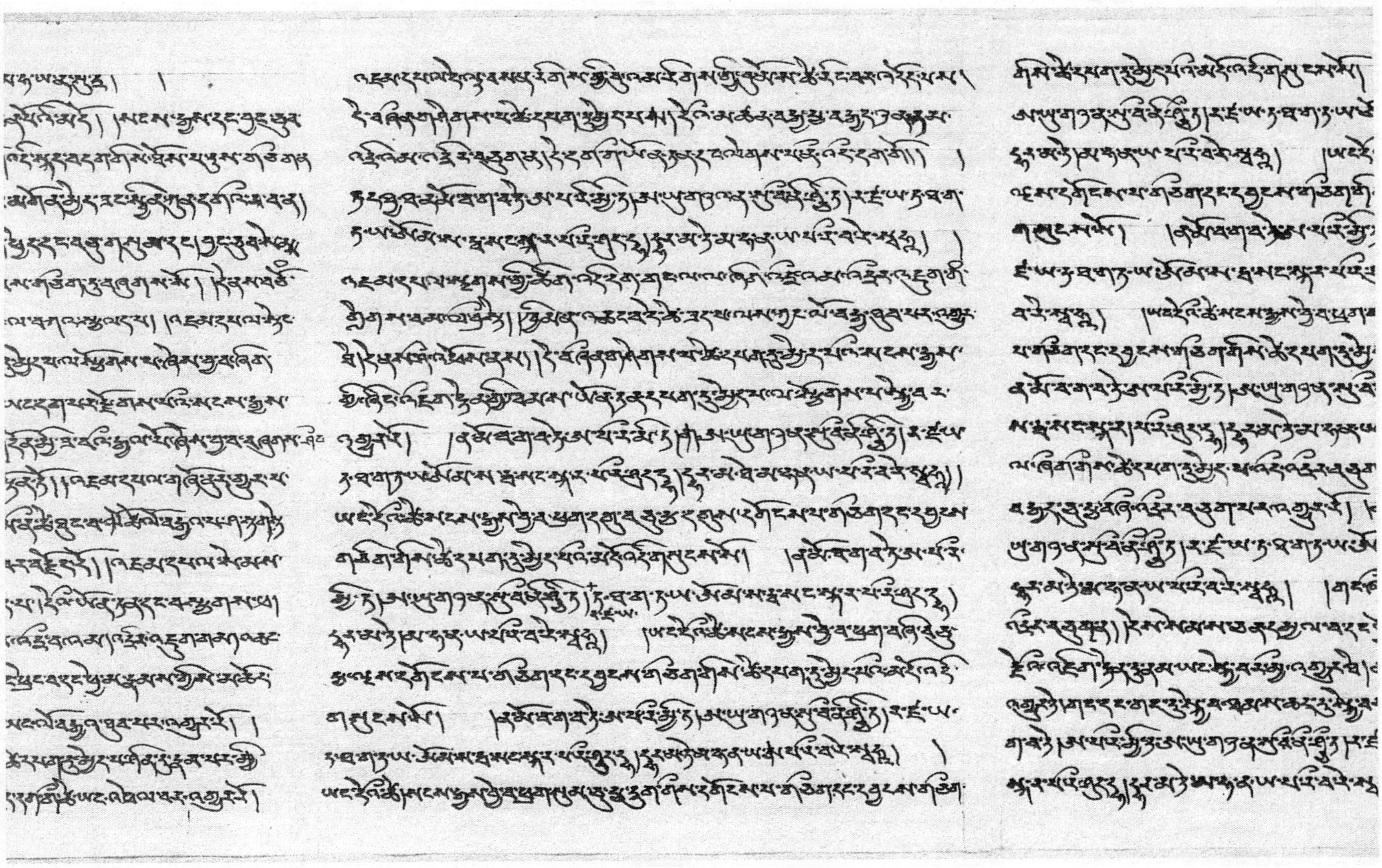

BD14257 號　藏文（無量壽宗要經乙本）　　（8–2）

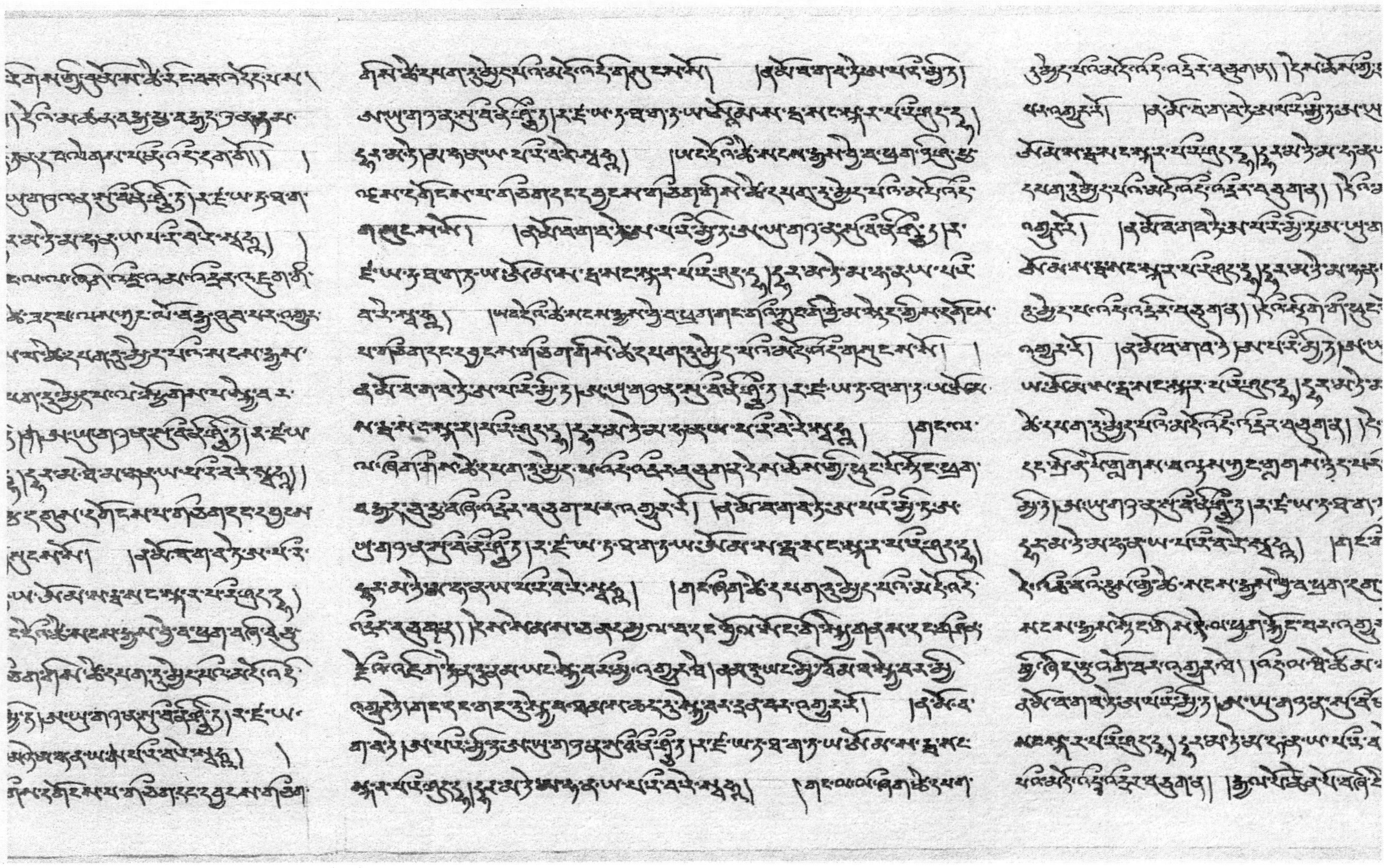

BD14257 號　藏文（無量壽宗要經乙本）　　（8–3）

BD14257號 藏文（無量壽宗要經乙本） (8-4)

BD14257號 藏文（無量壽宗要經乙本） (8-5)

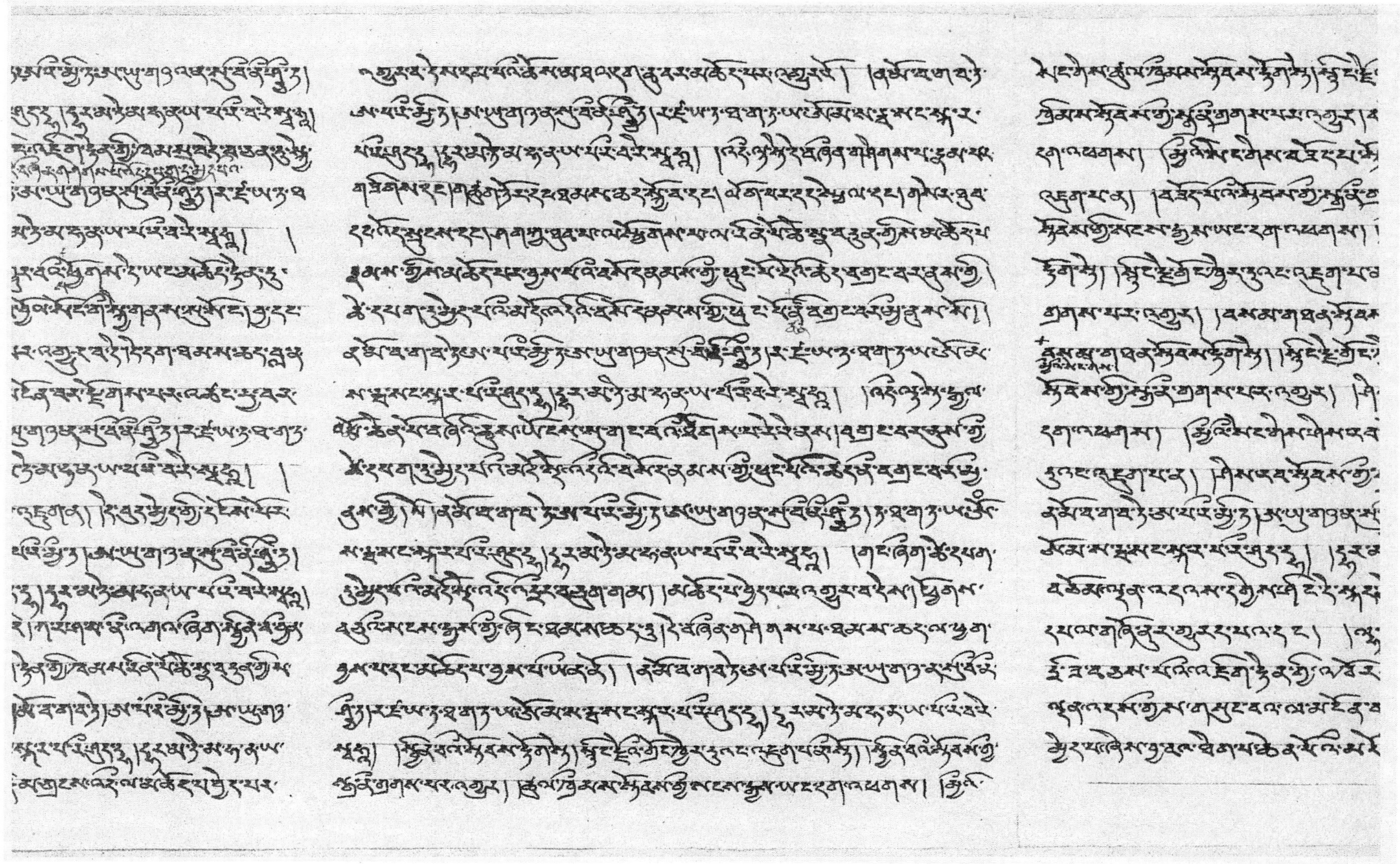

BD14257 號　藏文（無量壽宗要經乙本）　　（8–6）

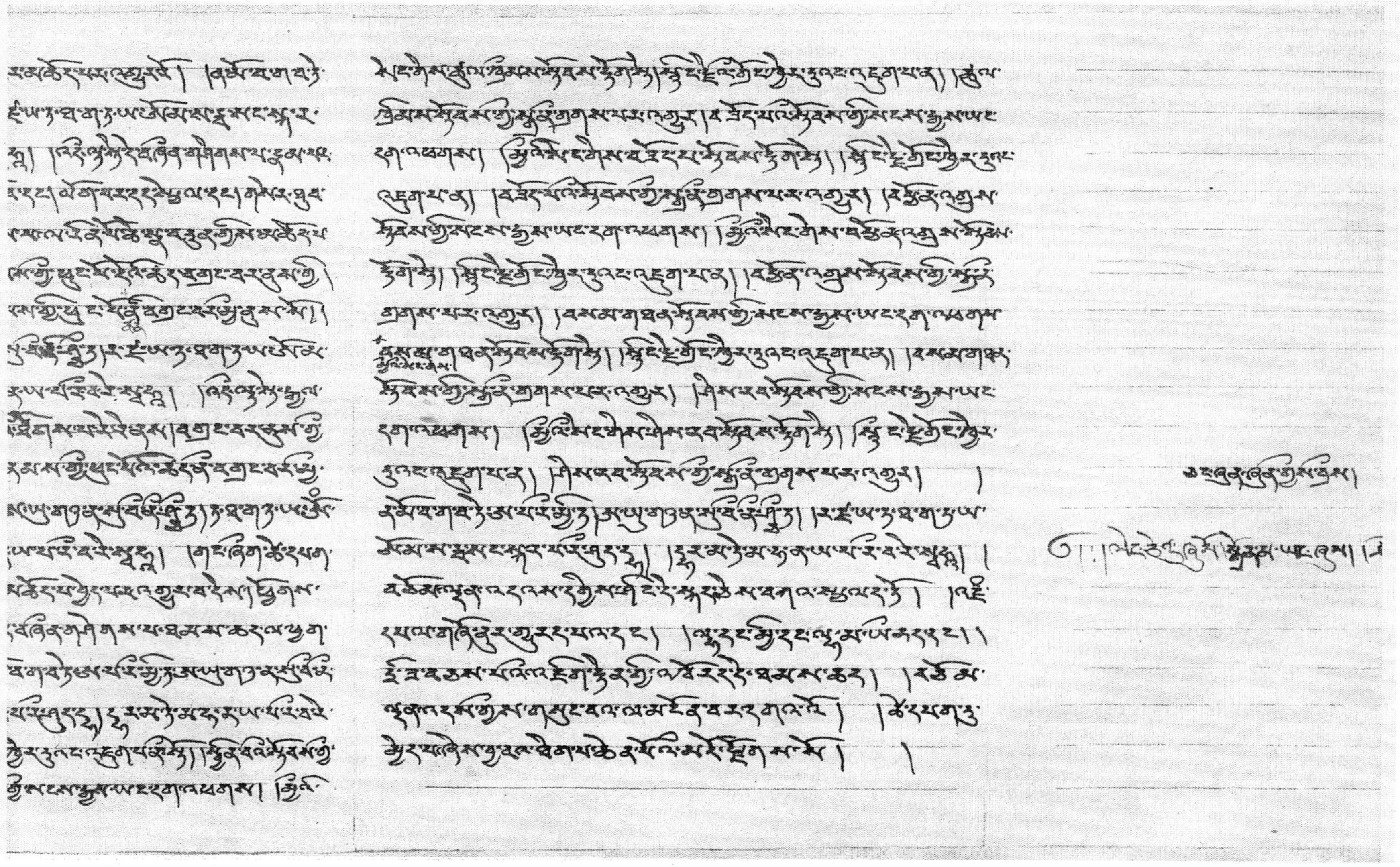

BD14257 號　藏文（無量壽宗要經乙本）　　（8–7）

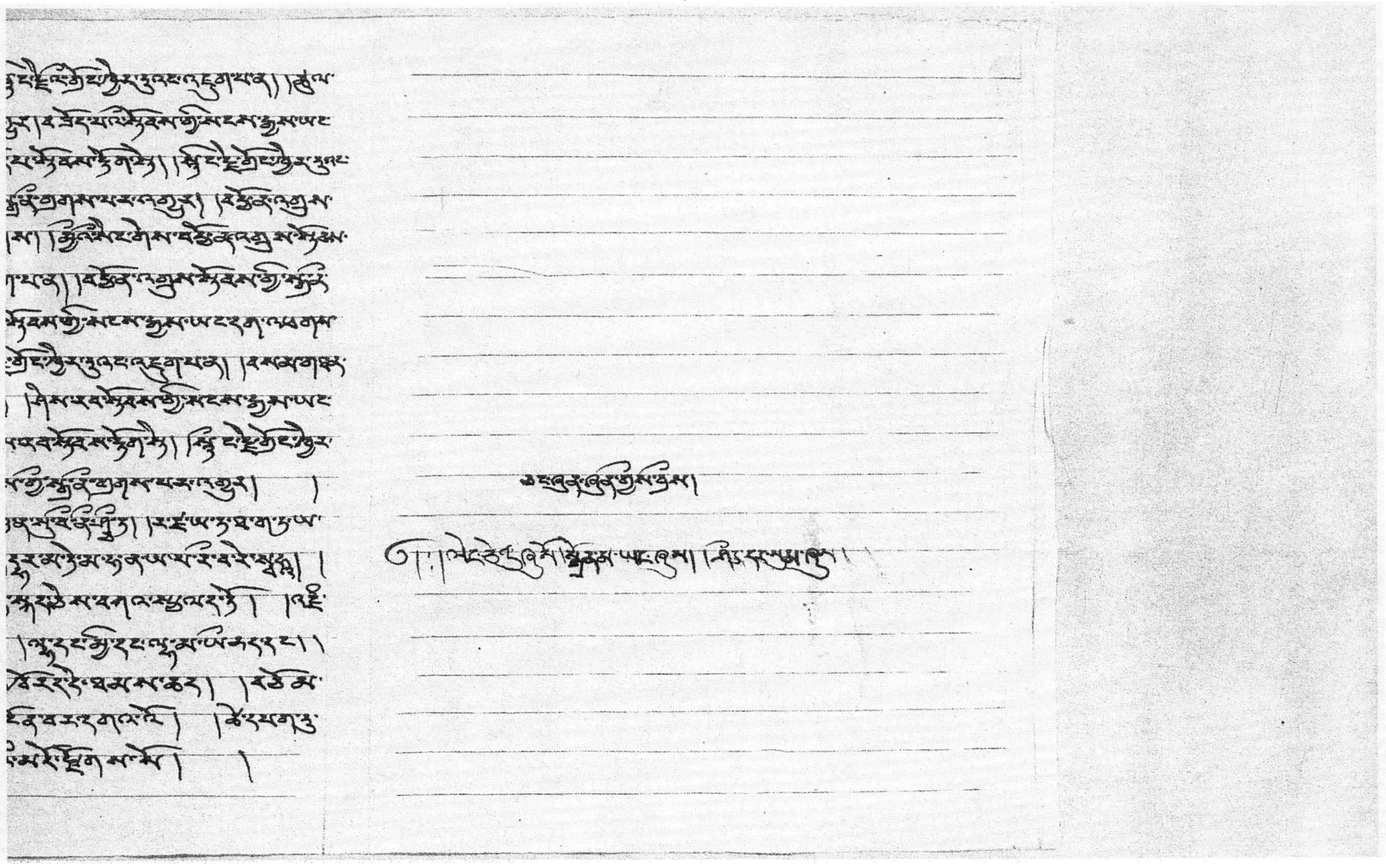

BD14257号 藏文（無量壽宗要經乙本） (8-8)

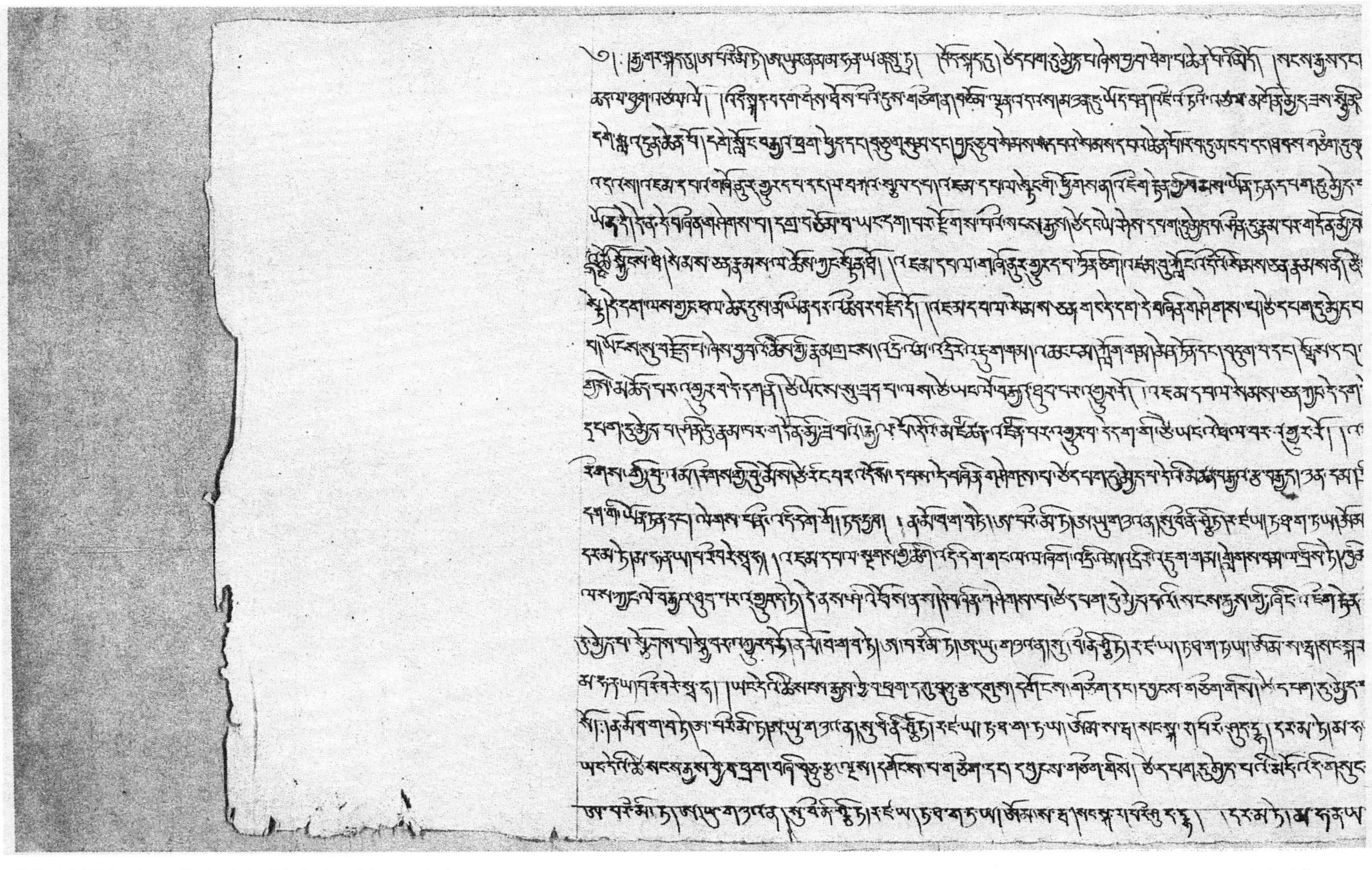

BD14258号 藏文（無量壽宗要經乙本） (6-1)

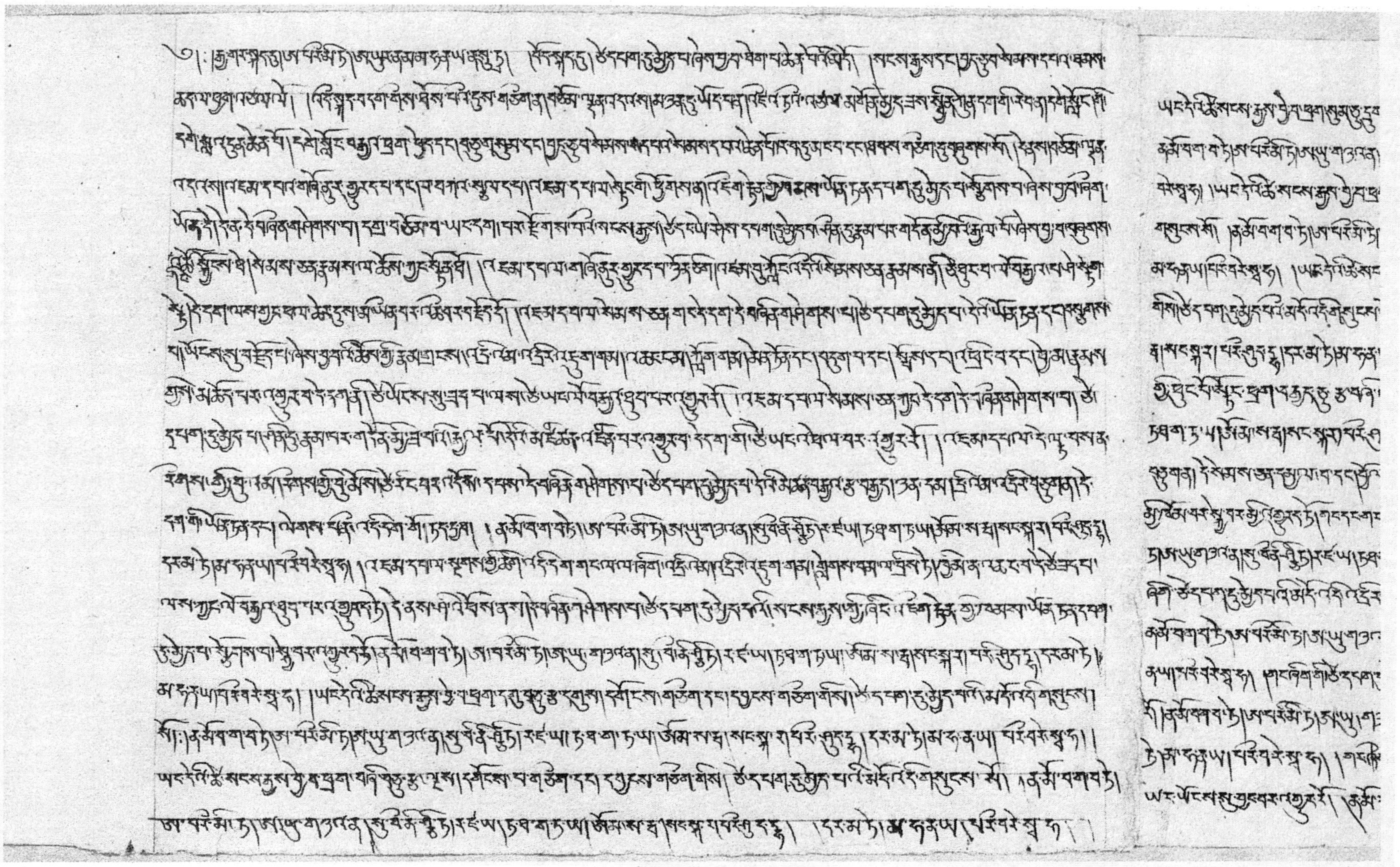

BD14258號　藏文（無量壽宗要經乙本）　（6–2）

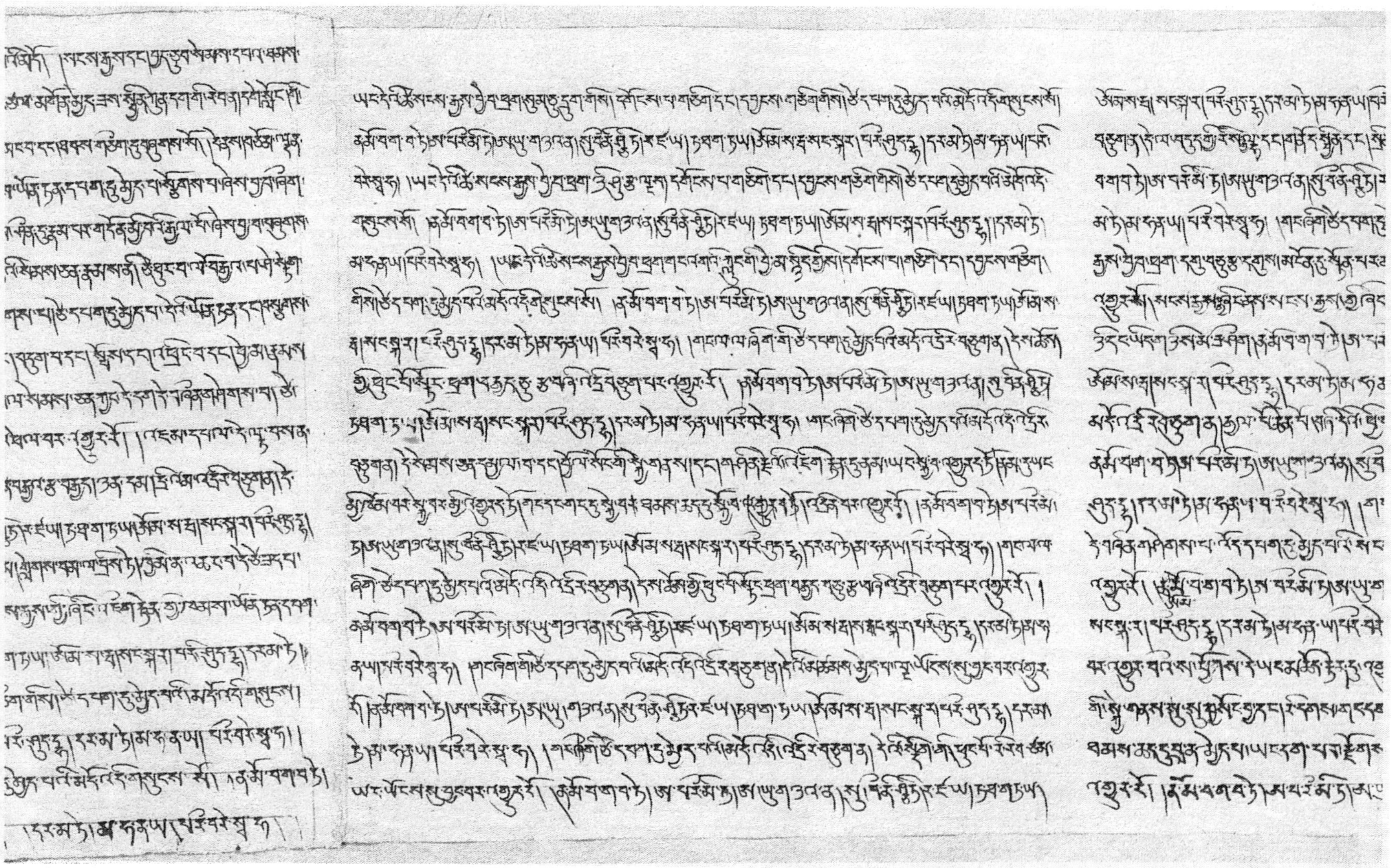

BD14258號　藏文（無量壽宗要經乙本）　（6–3）

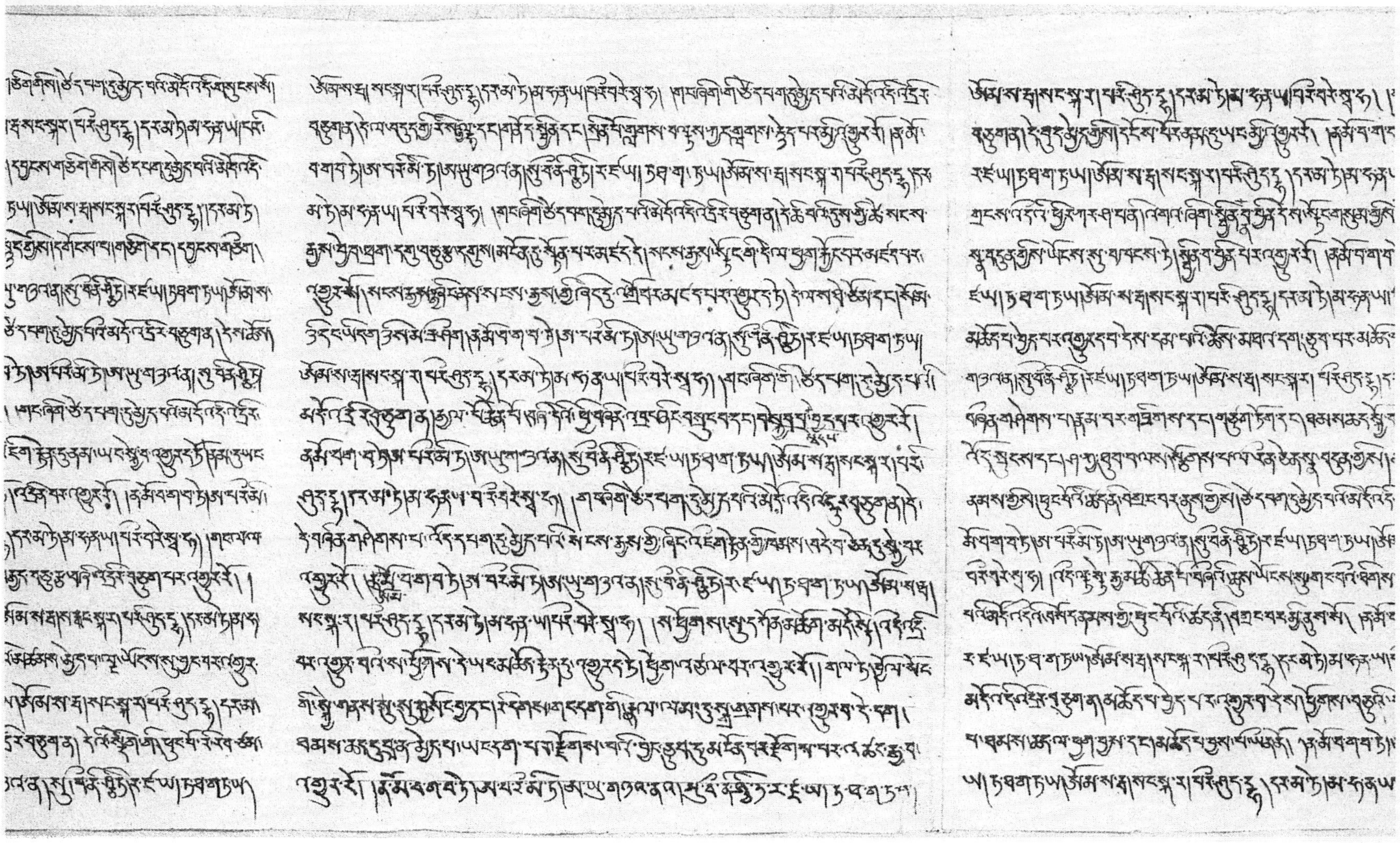

BD14258 號　藏文（無量壽宗要經乙本）　（6–4）

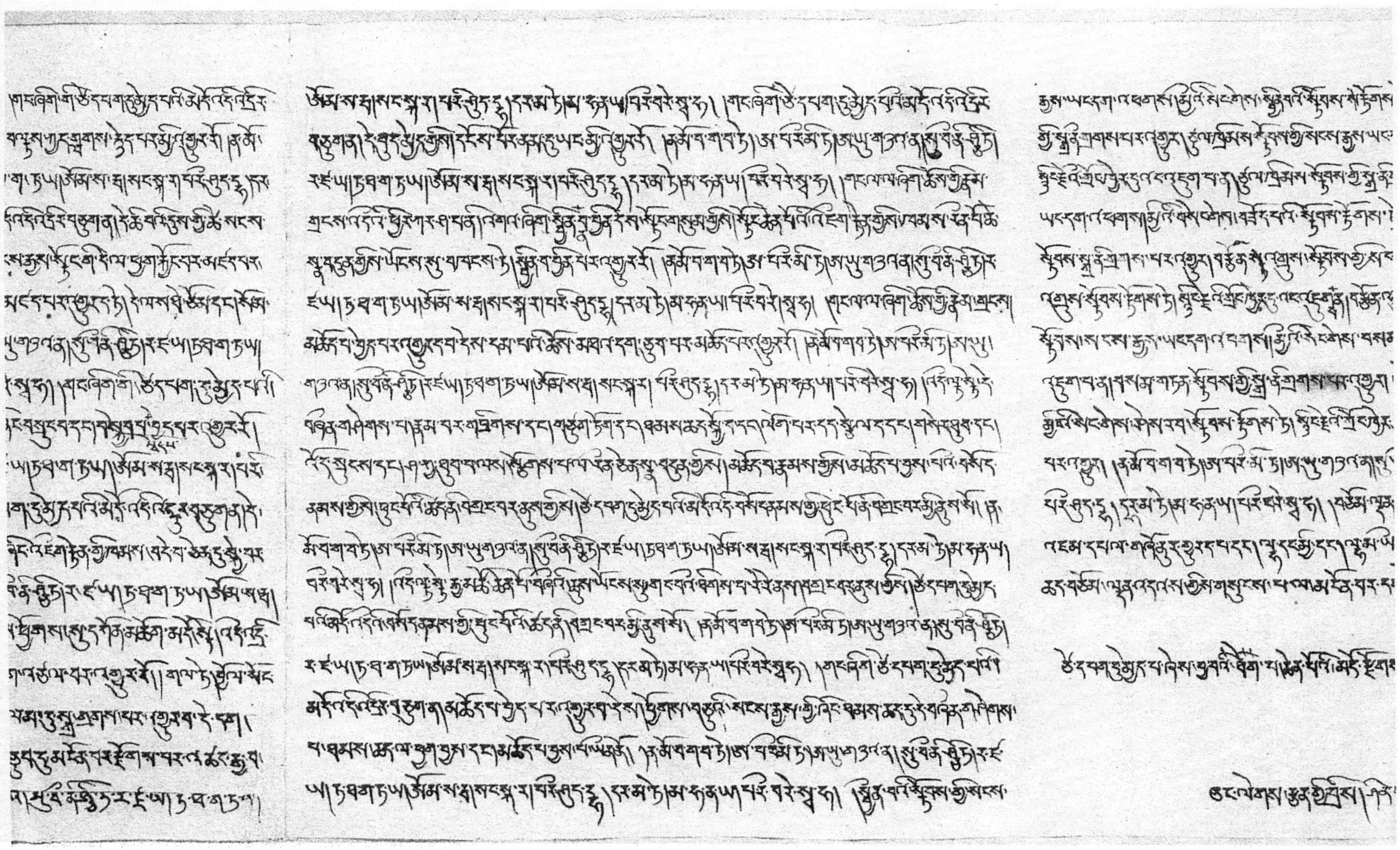

BD14258 號　藏文（無量壽宗要經乙本）　（6–5）

BD14259號1 藏文（無量壽宗要經甲本） (12-1)

BD14259號1 藏文（無量壽宗要經甲本） (12-2)

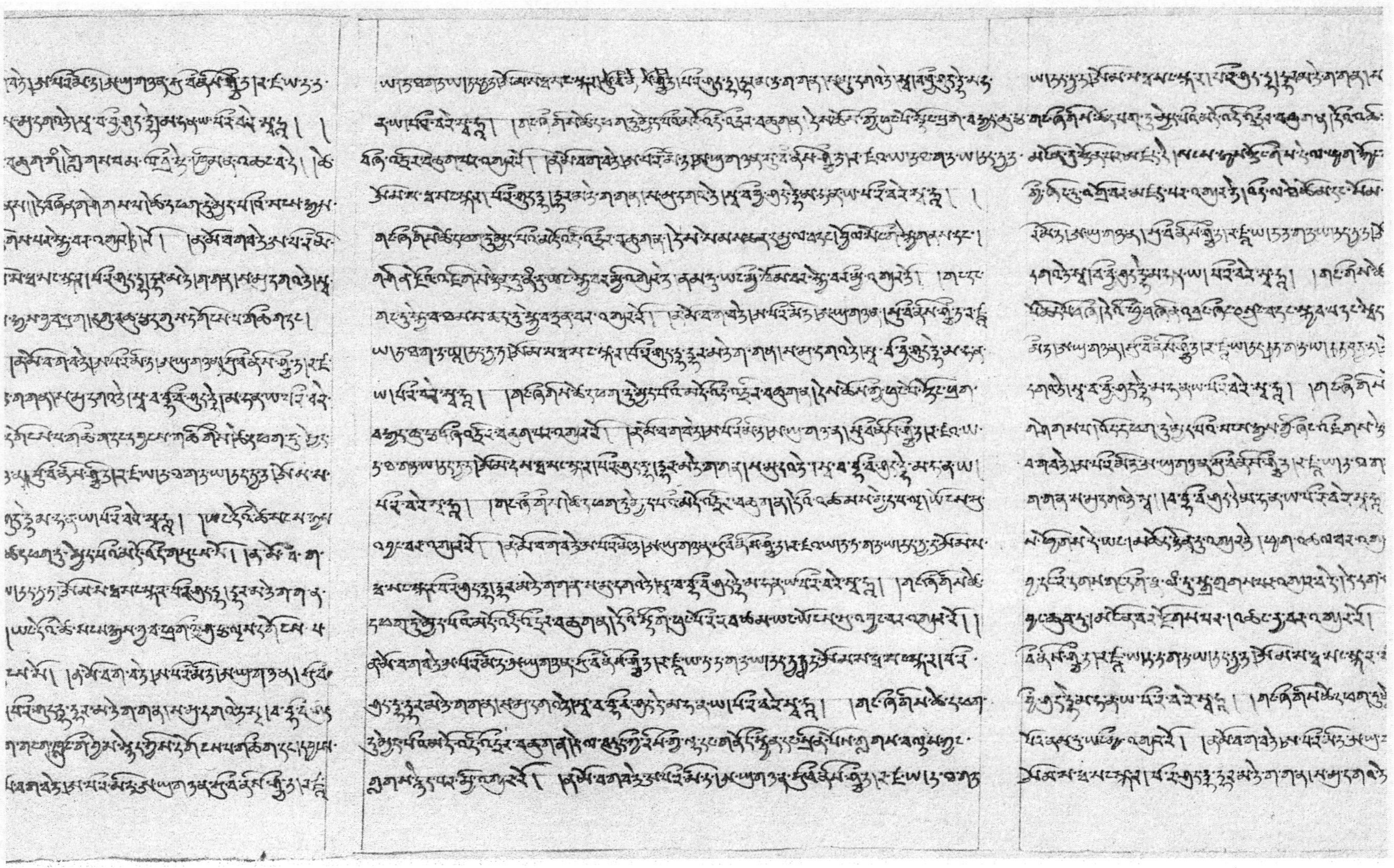

BD14259 號 1　藏文（無量壽宗要經甲本）　　（12–3）

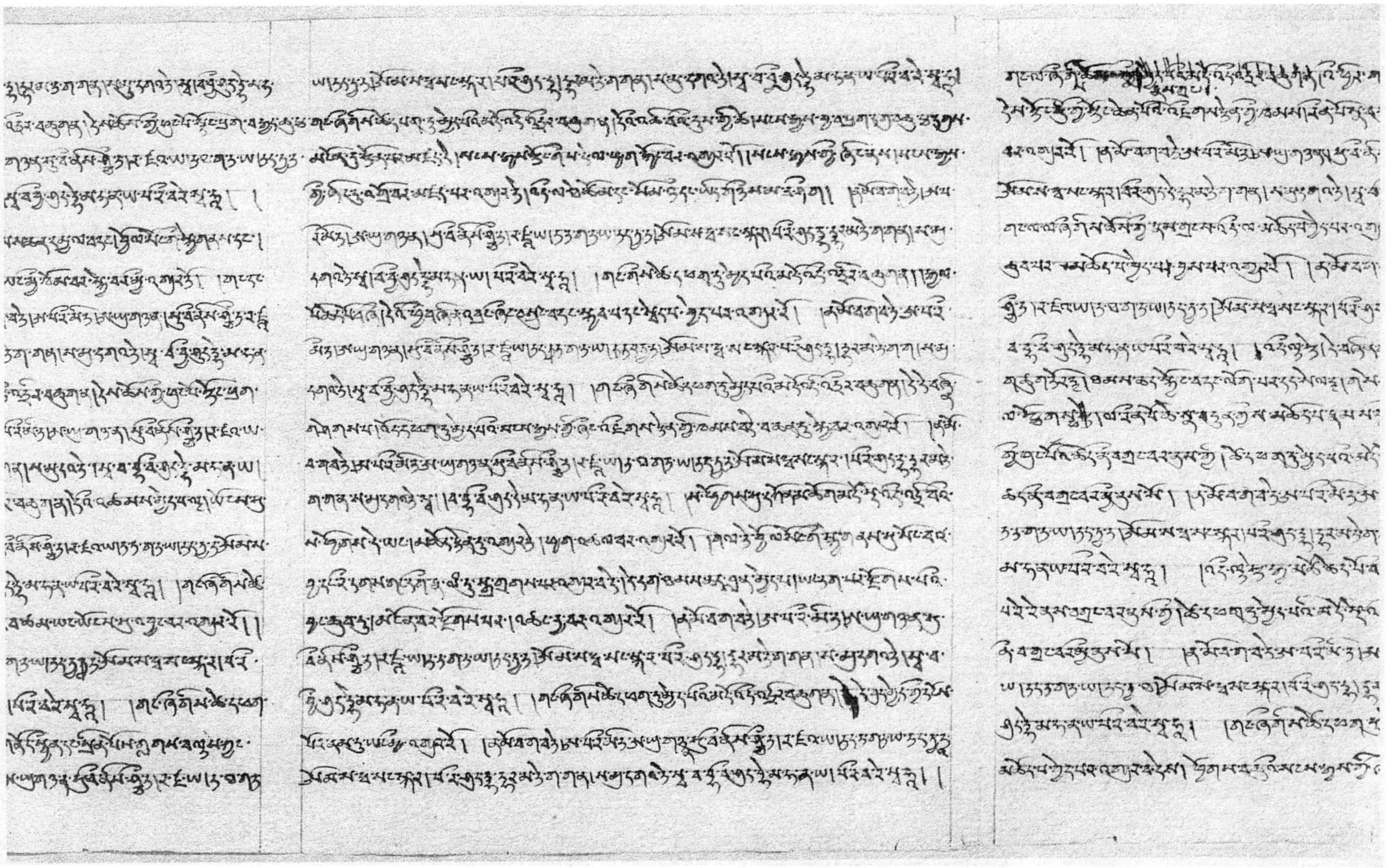

BD14259 號 1　藏文（無量壽宗要經甲本）　　（12–4）

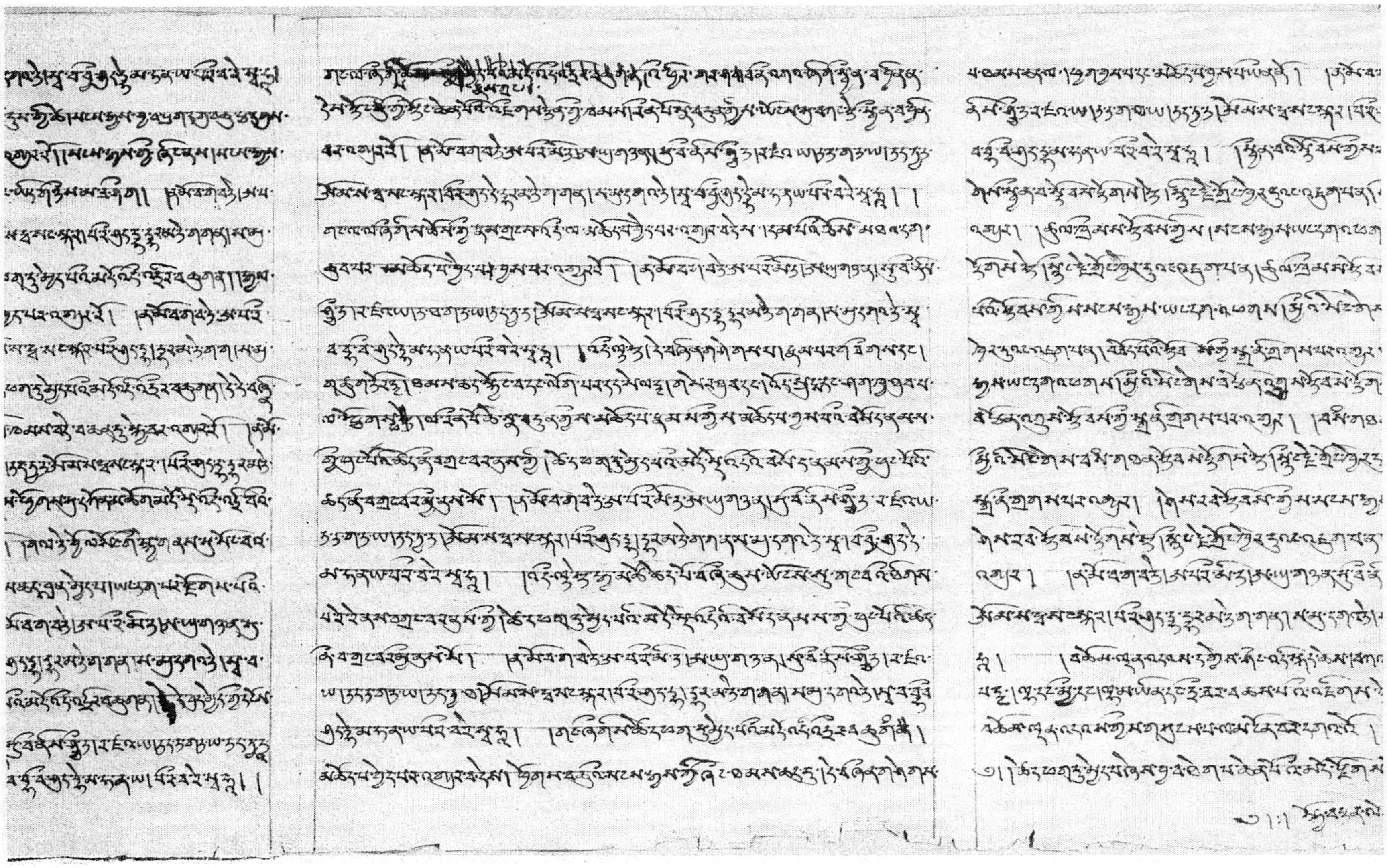

BD14259 號 1　藏文（無量壽宗要經甲本）　（12–5）

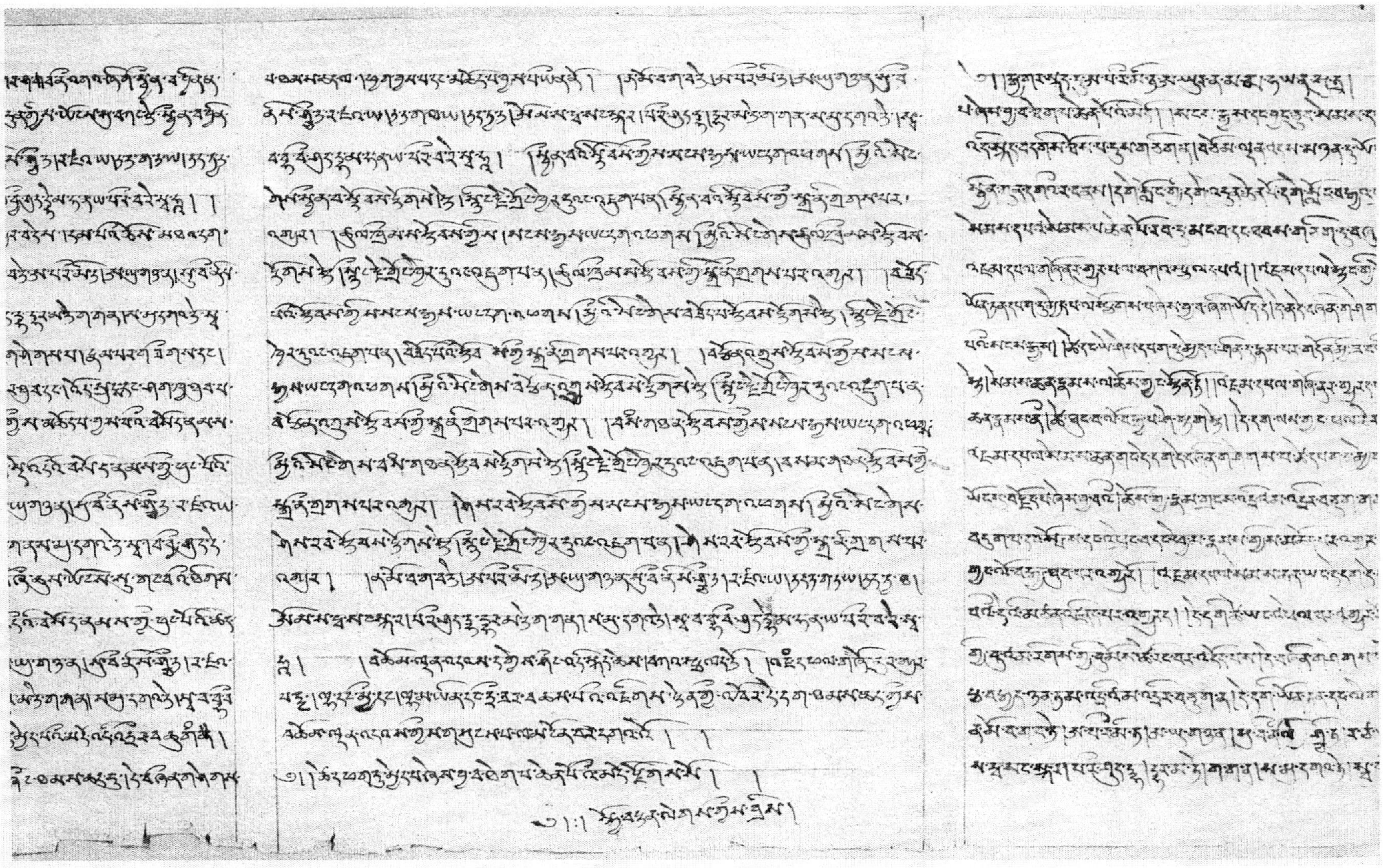

BD14259 號 1　藏文（無量壽宗要經甲本）　（12–6）

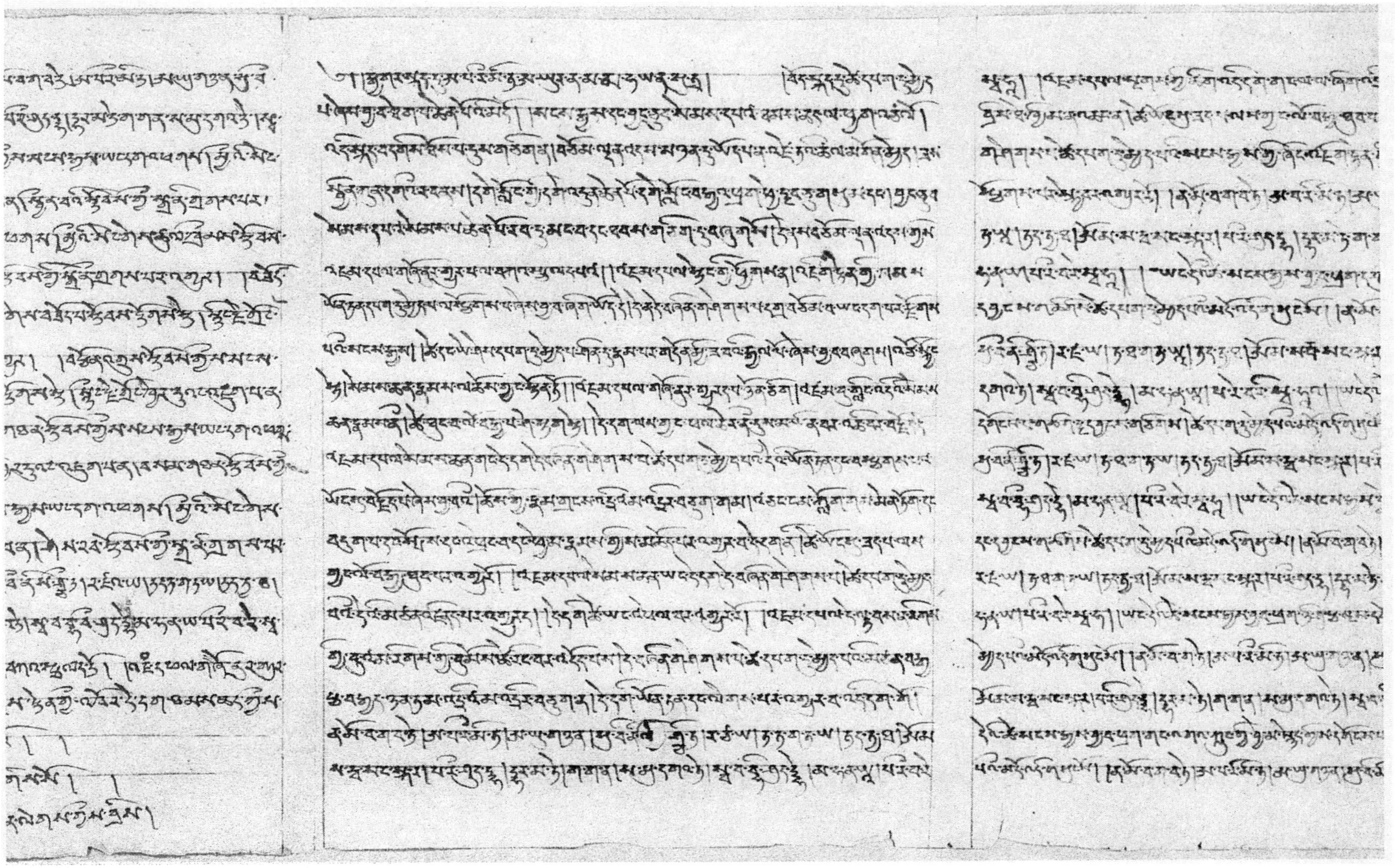

BD14259 號 2　藏文(無量壽宗要經甲本)　(12–7)

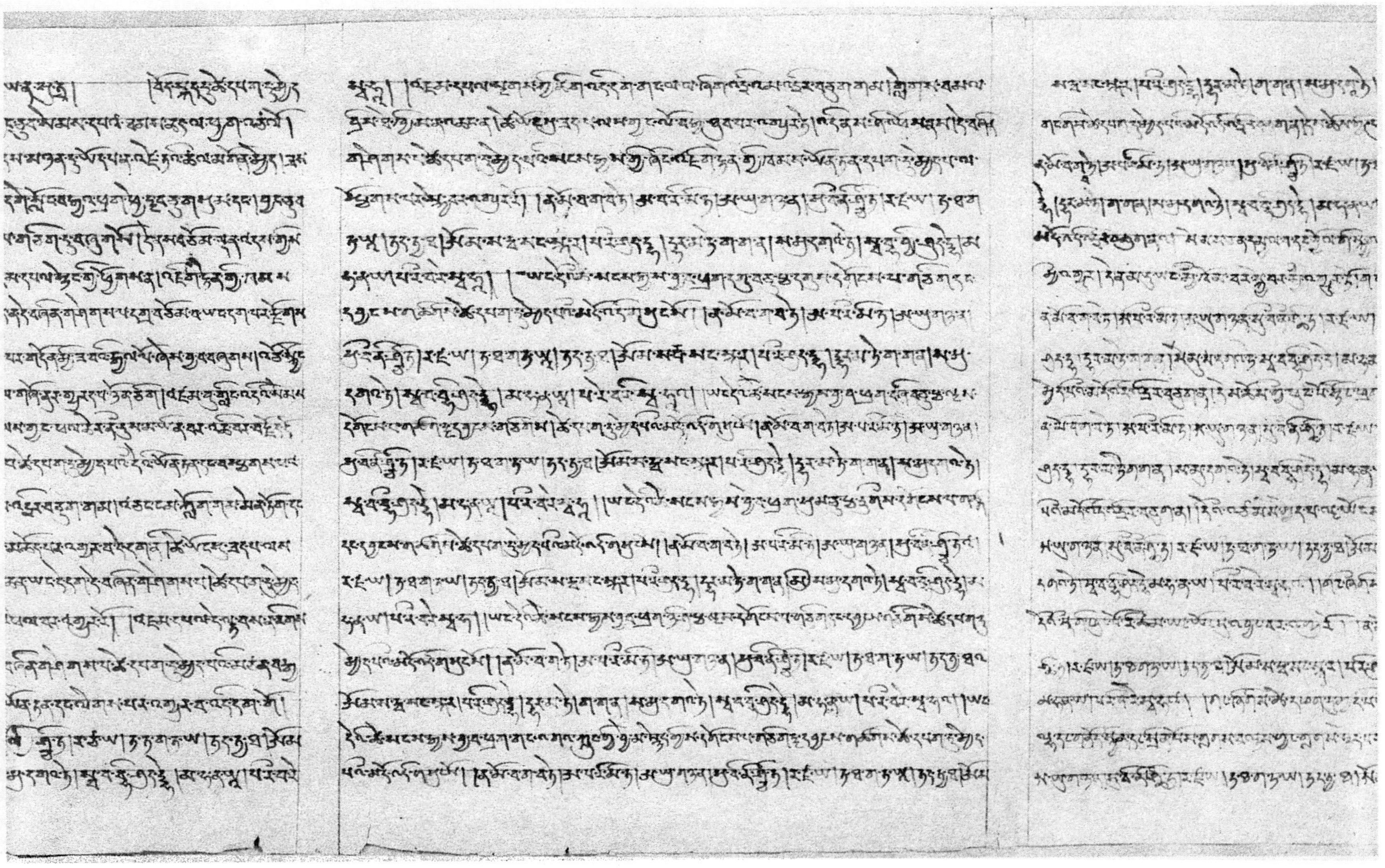

BD14259 號 2　藏文(無量壽宗要經甲本)　(12–8)

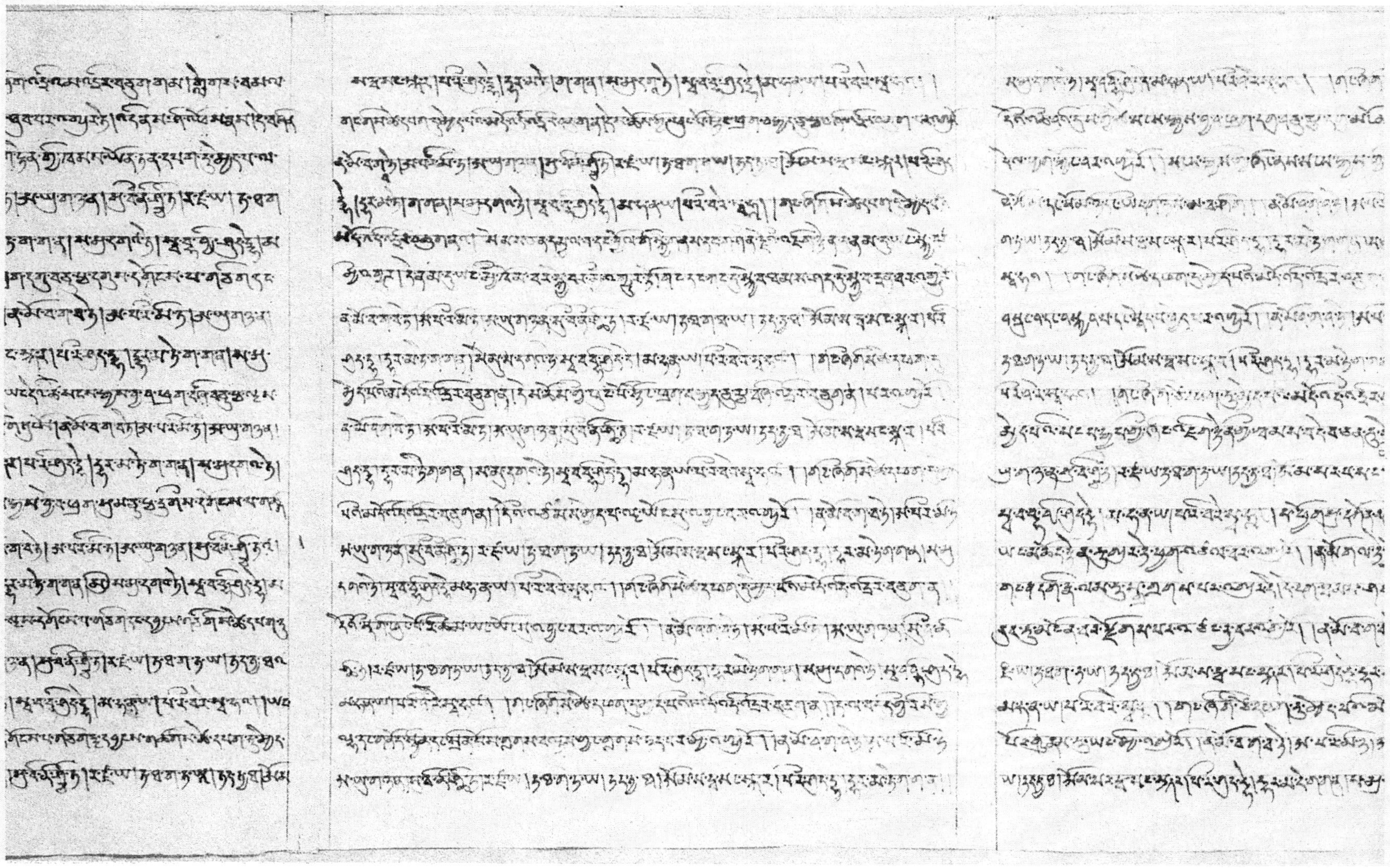

BD14259 號 2　藏文（無量壽宗要經甲本）　（12–9）

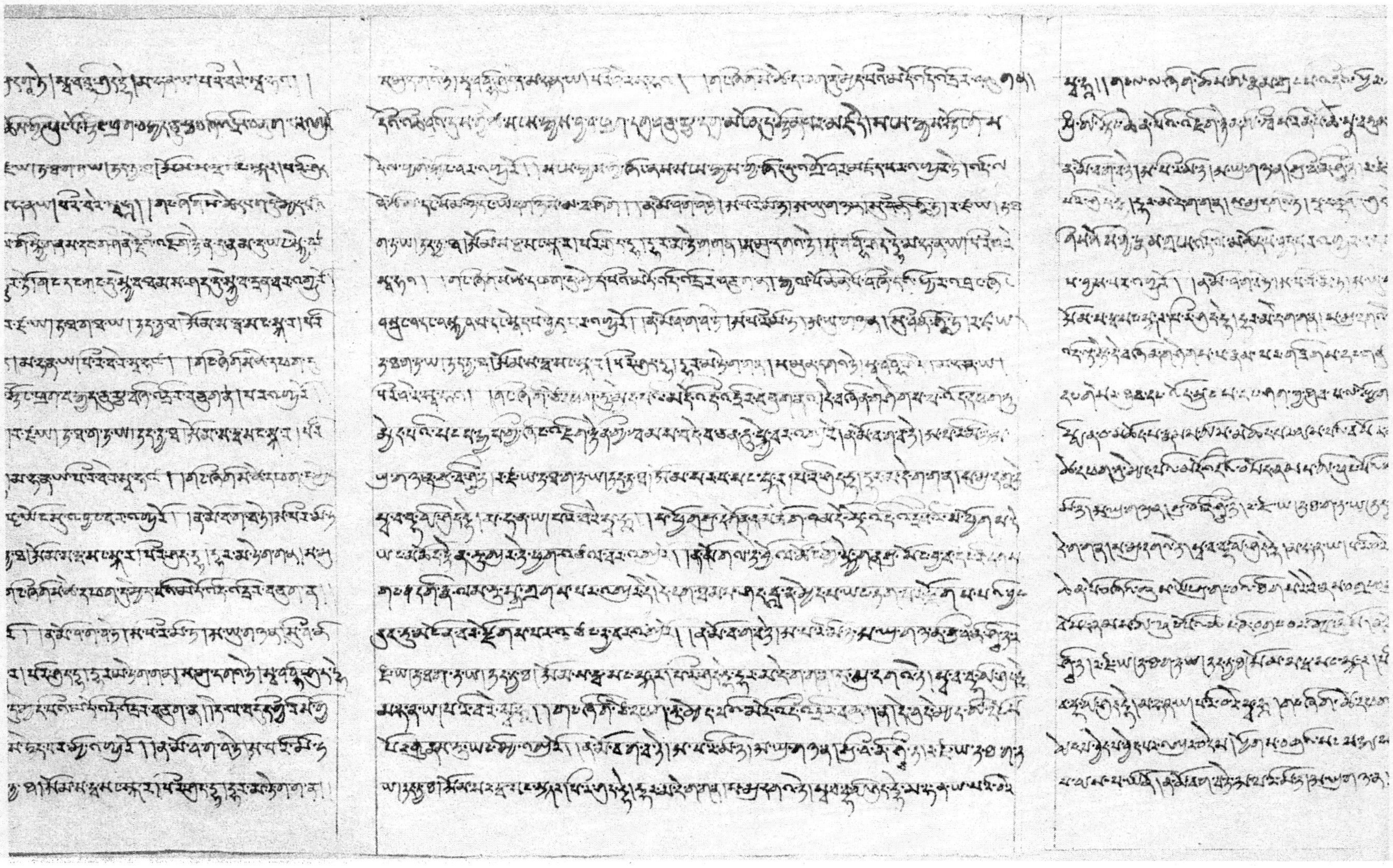

BD14259 號 2　藏文（無量壽宗要經甲本）　（12–10）

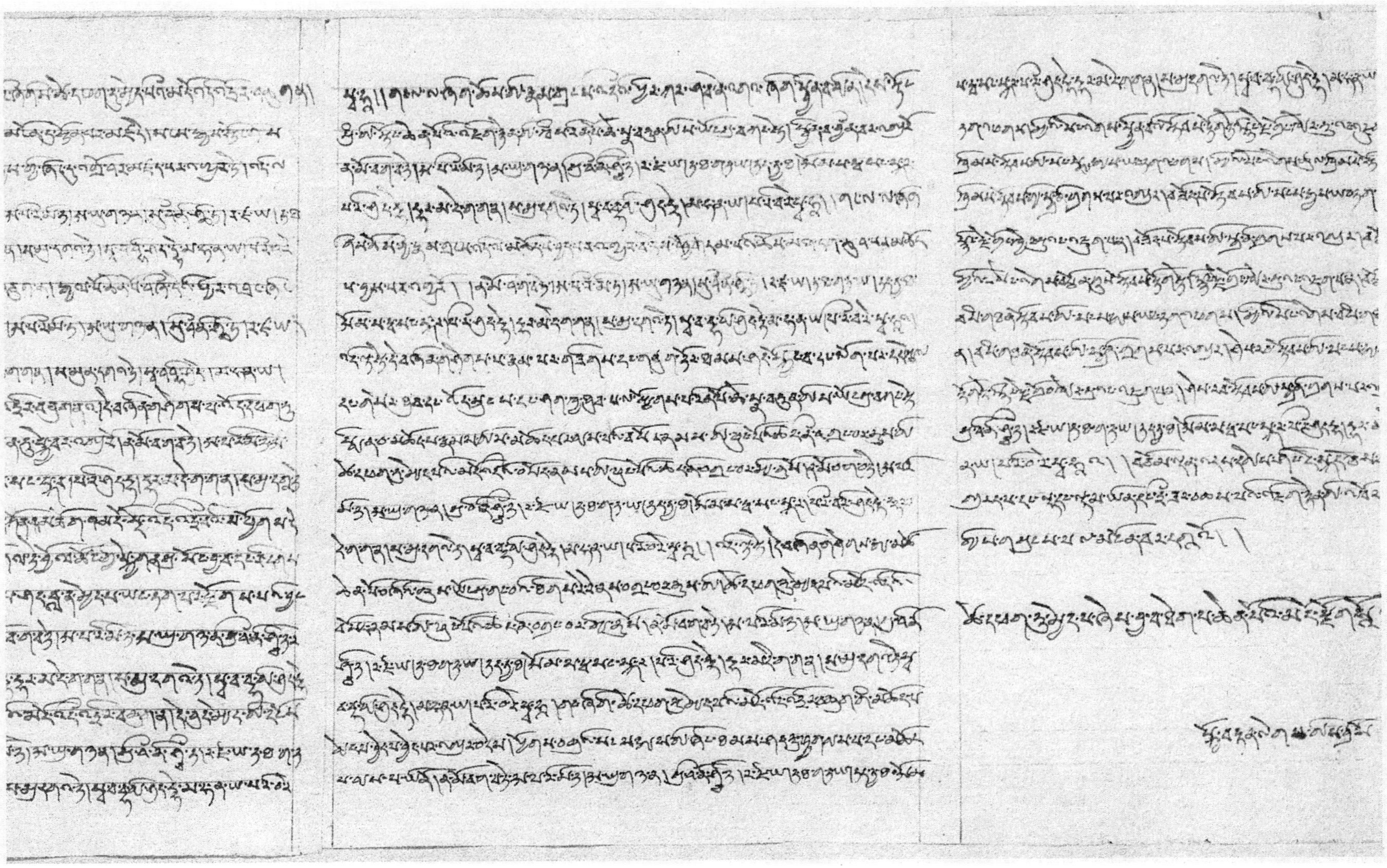

BD14259 號 2　藏文（無量壽宗要經甲本）　　（12–11）

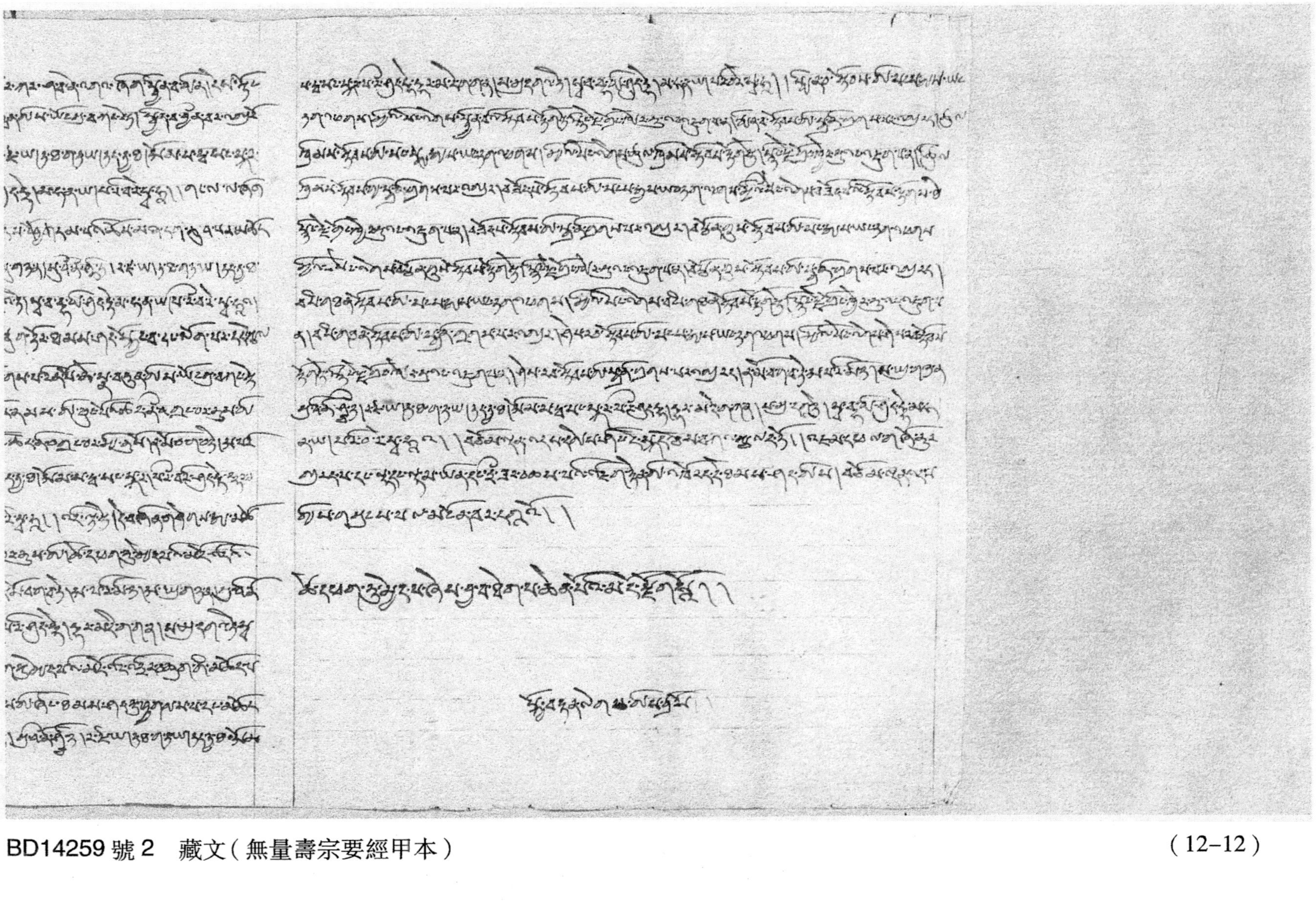

BD14259 號 2　藏文（無量壽宗要經甲本）　　（12–12）

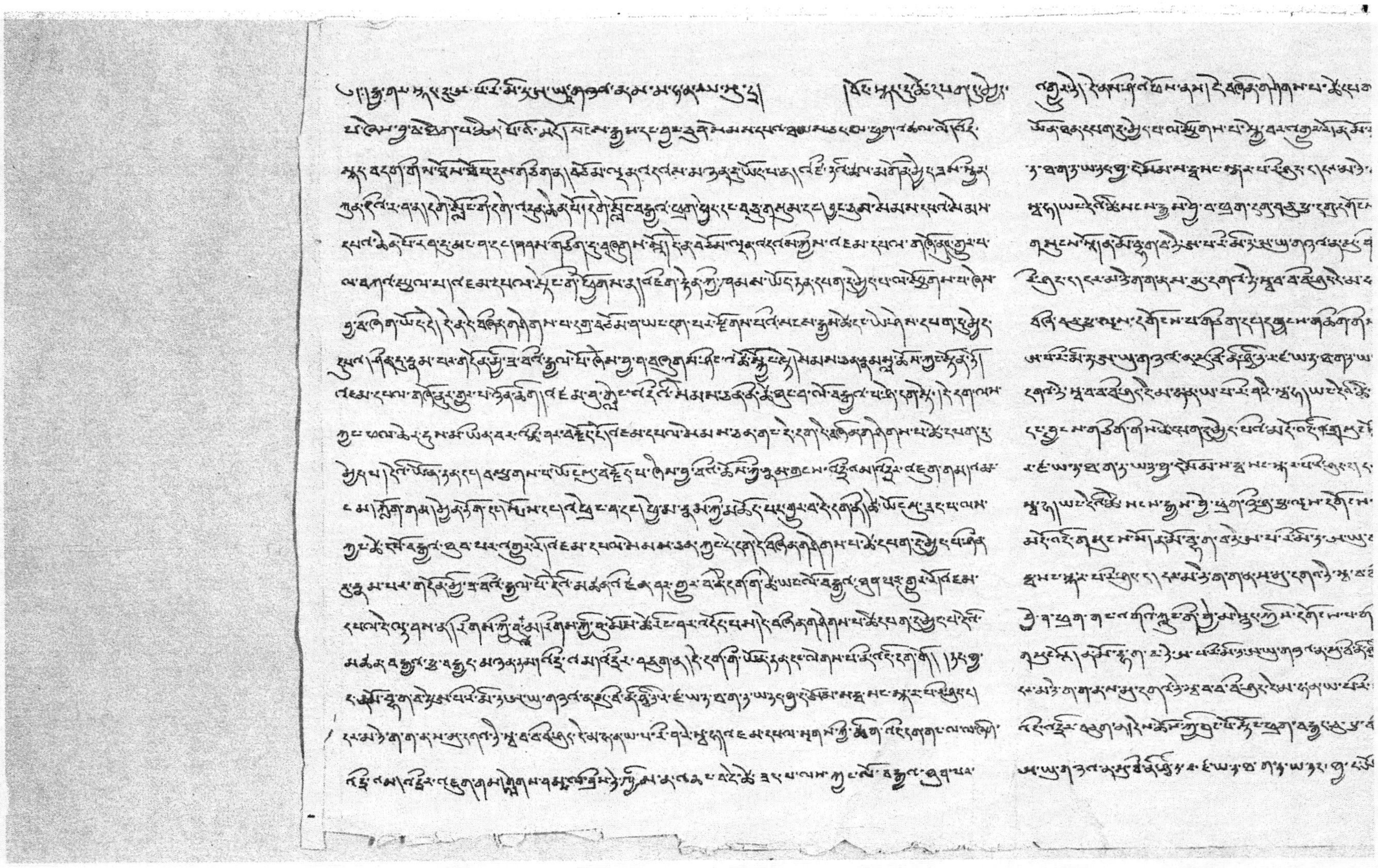

BD14260 號 1　藏文（無量壽宗要經甲本）　（30–1）

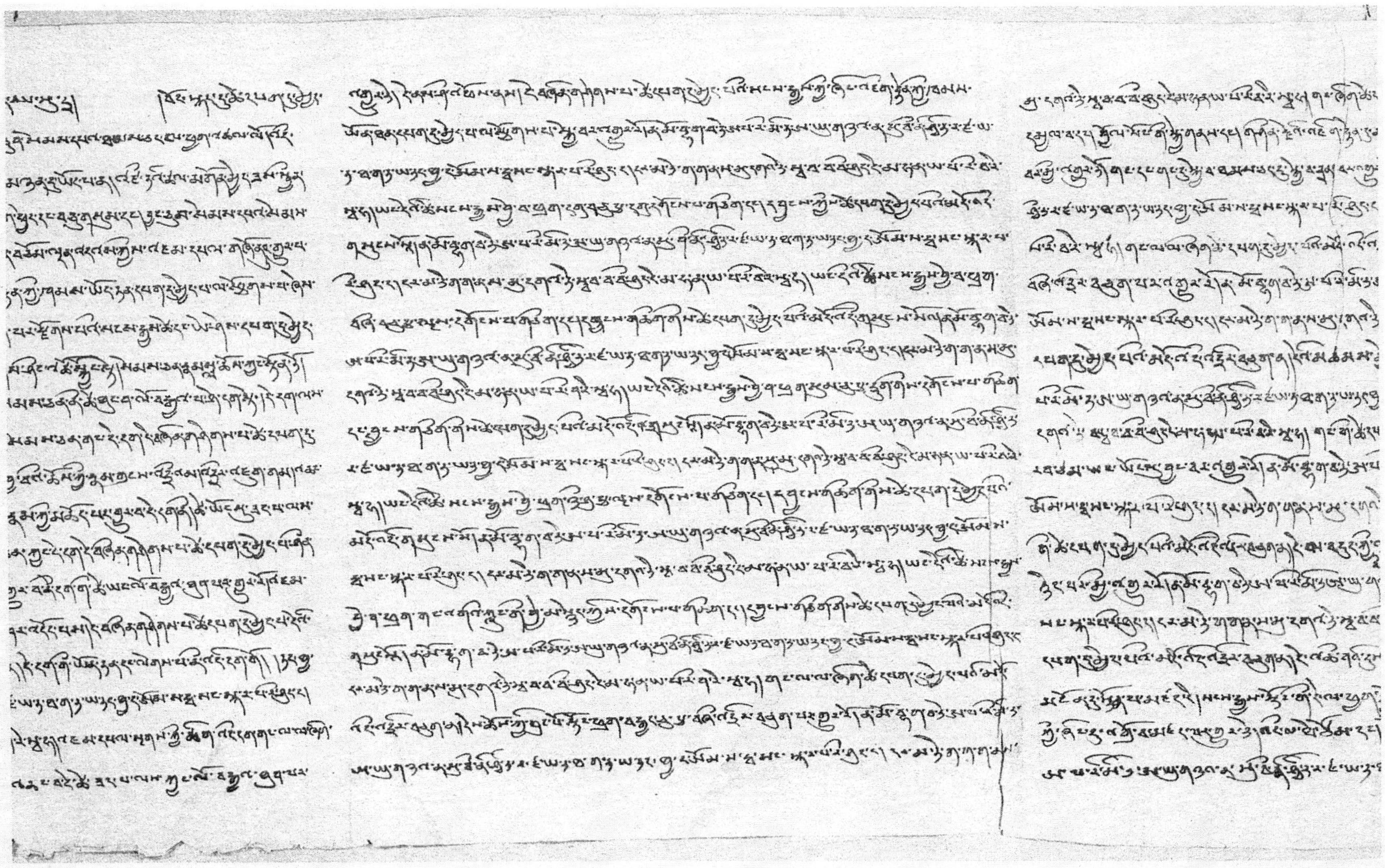

BD14260 號 1　藏文（無量壽宗要經甲本）　（30–2）

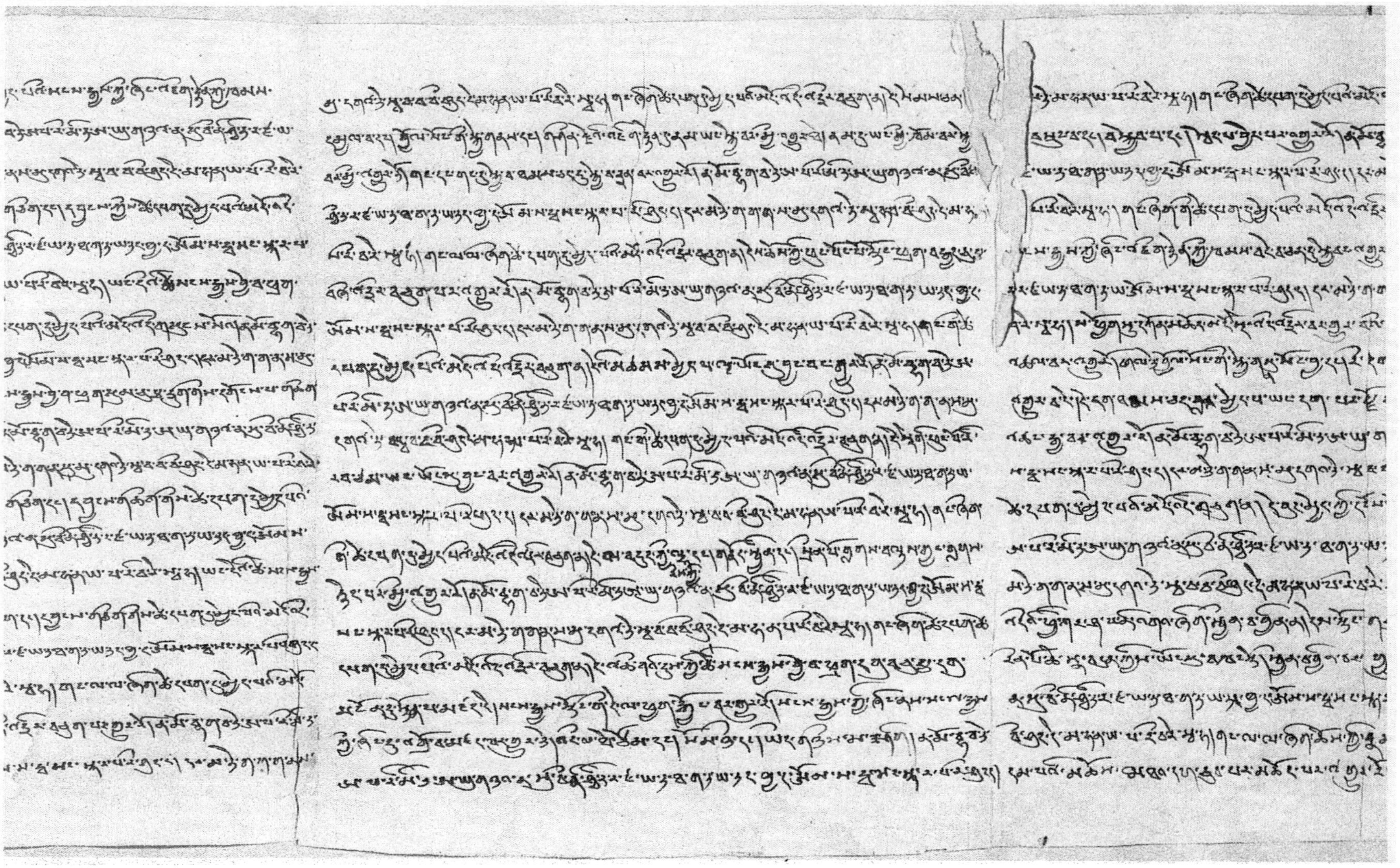

BD14260 號 1　藏文（無量壽宗要經甲本）　（30–3）

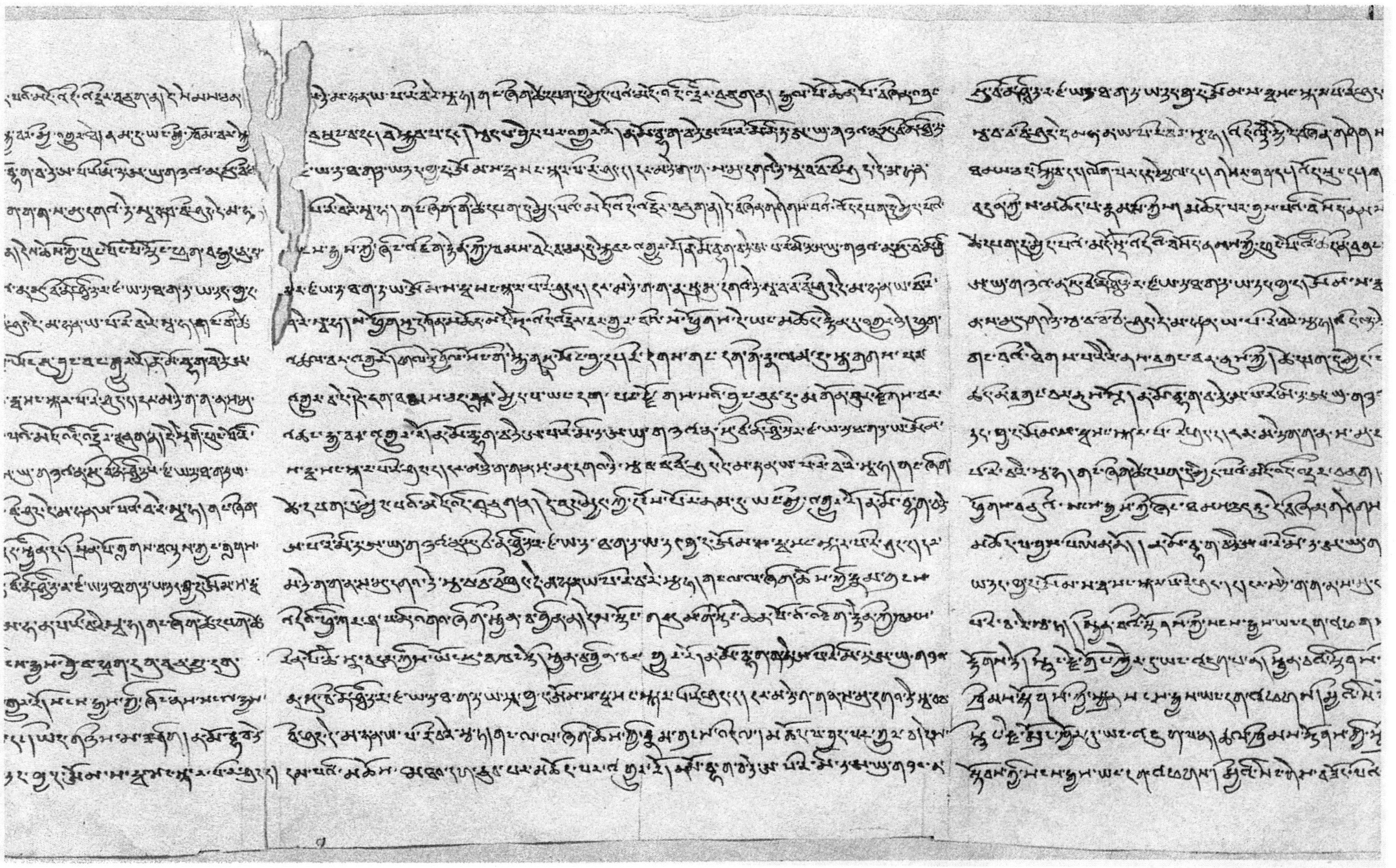

BD14260 號 1　藏文（無量壽宗要經甲本）　（30–4）

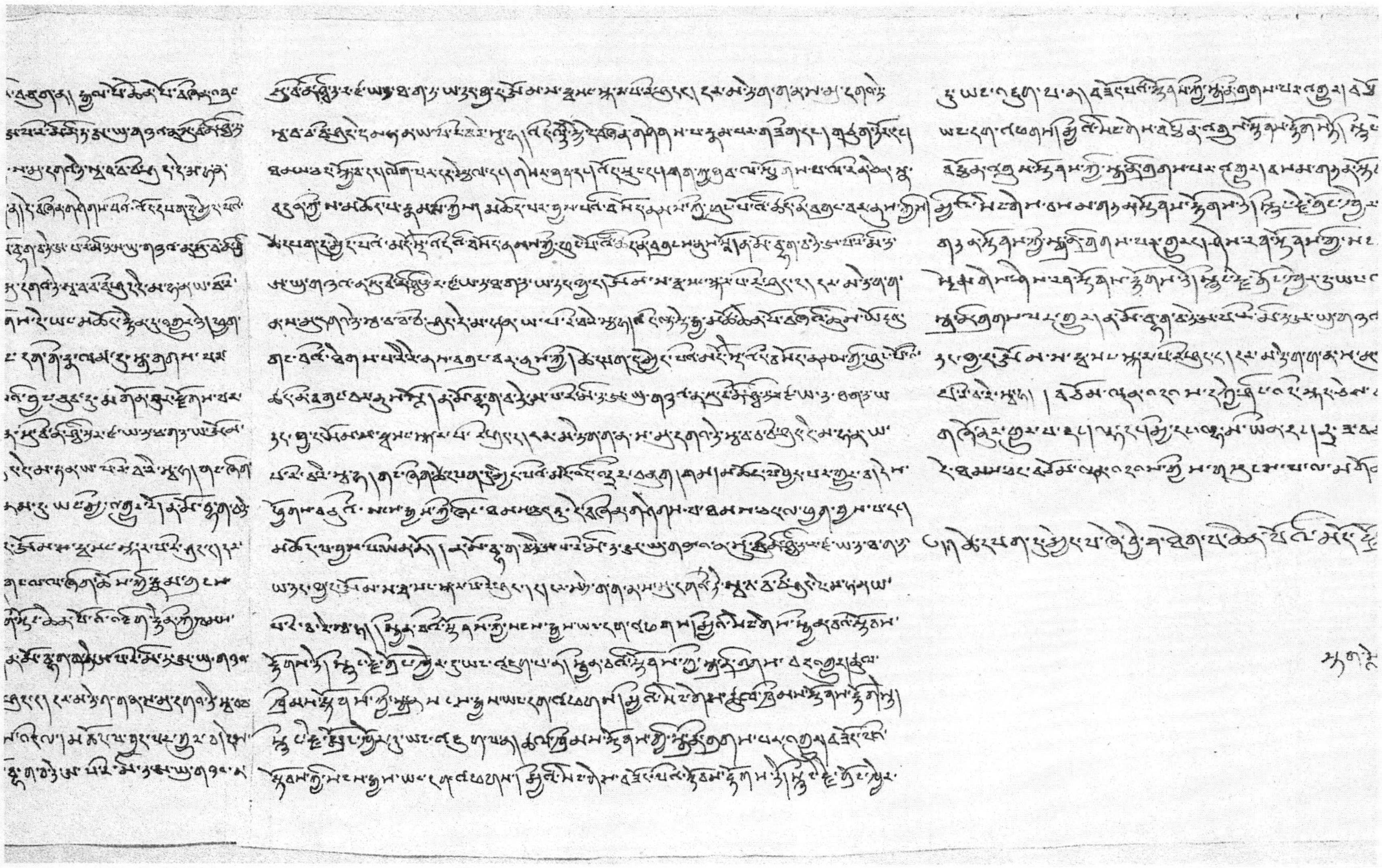

BD14260 號 1　藏文（無量壽宗要經甲本）　　（30–5）

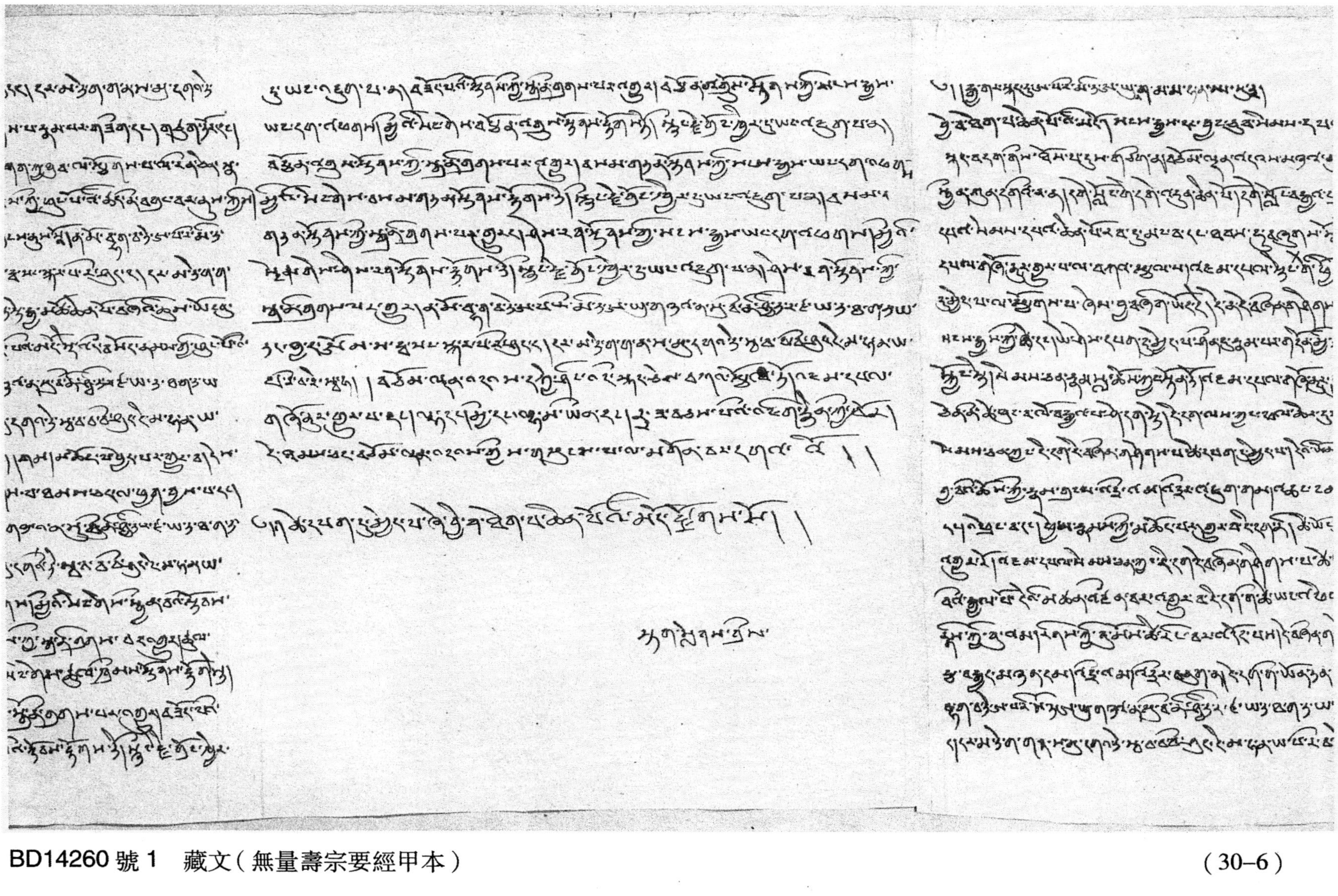

BD14260 號 1　藏文（無量壽宗要經甲本）　　（30–6）

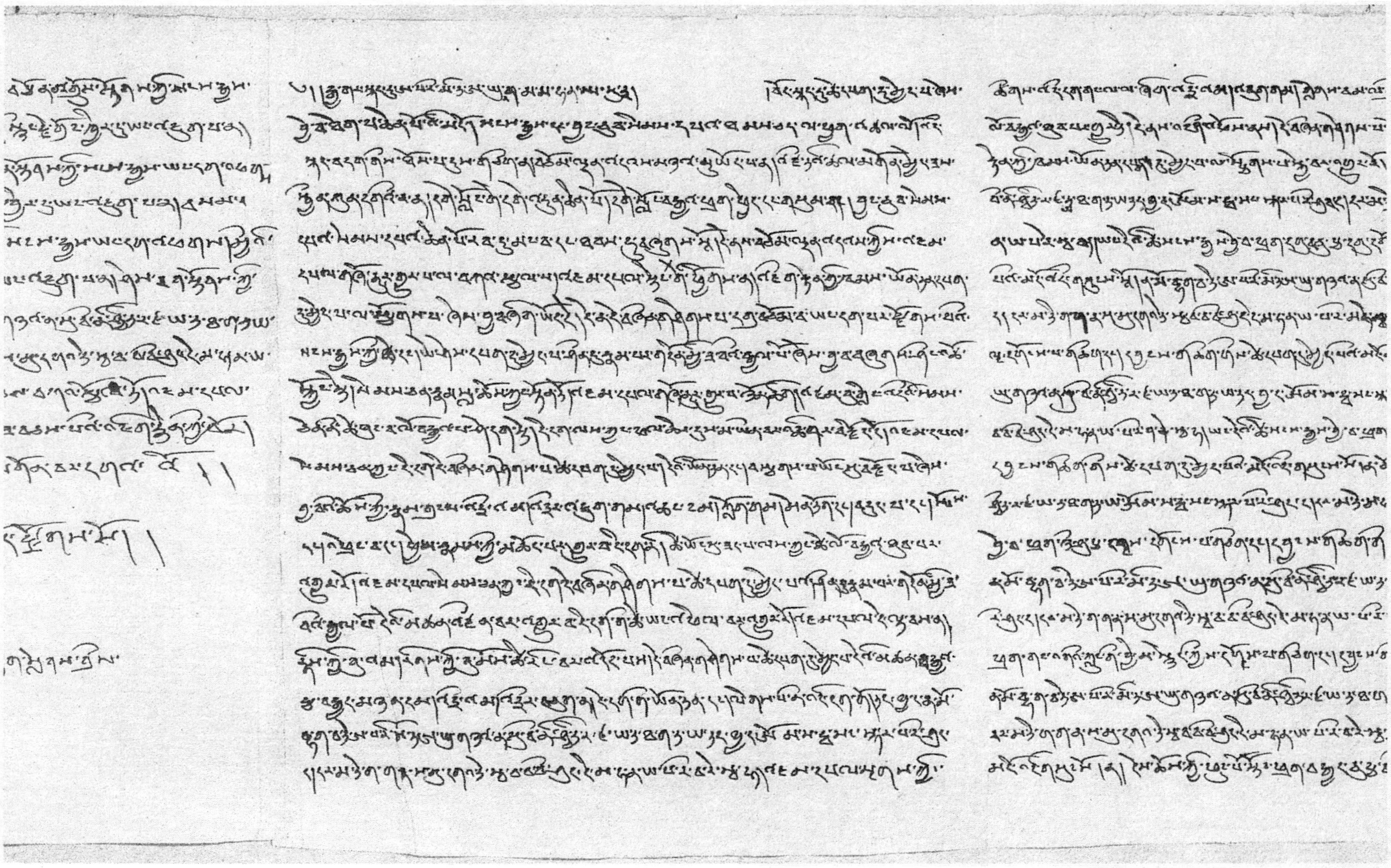

BD14260 號 2　藏文（無量壽宗要經甲本）　　（30–7）

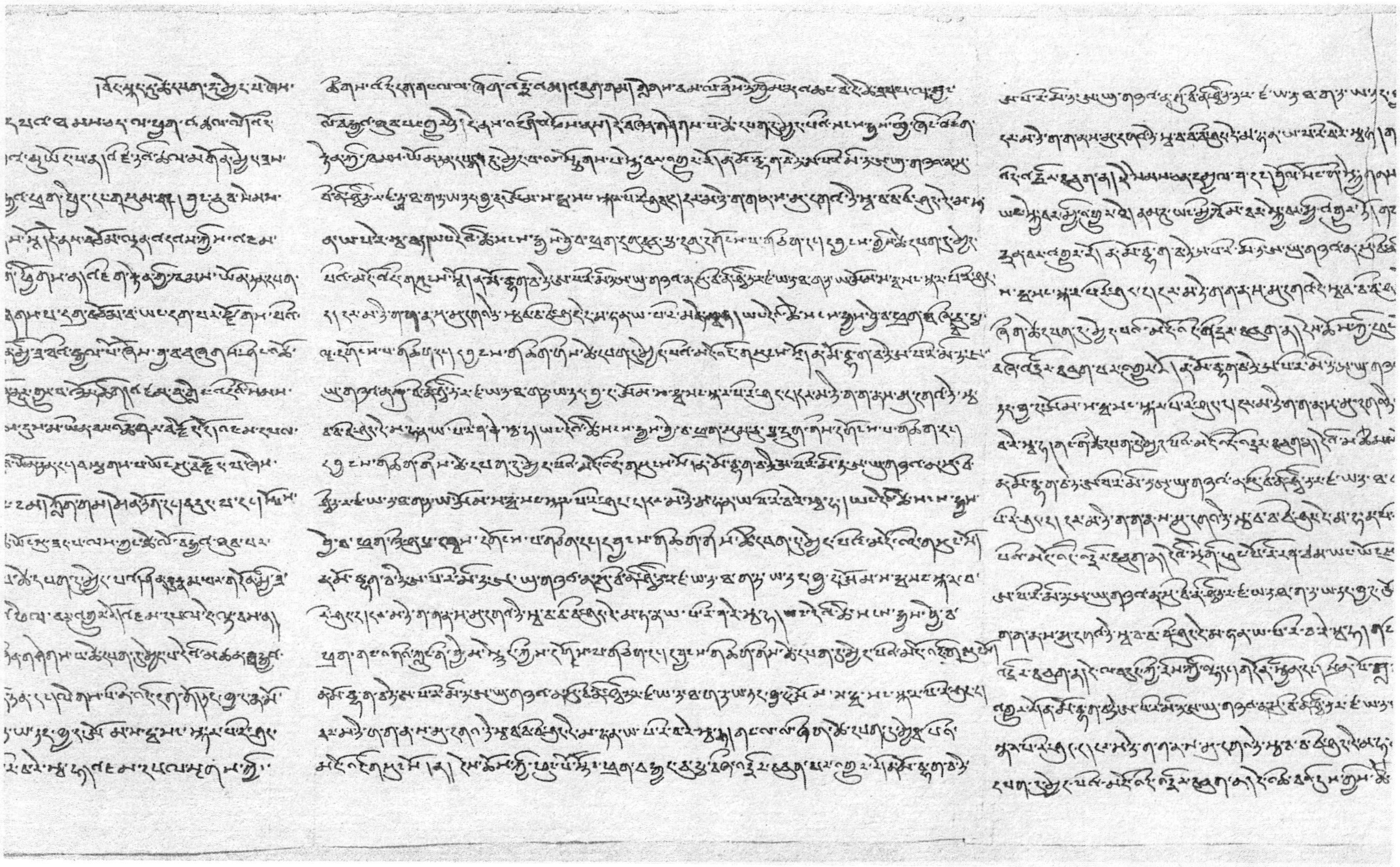

BD14260 號 2　藏文（無量壽宗要經甲本）　　（30–8）

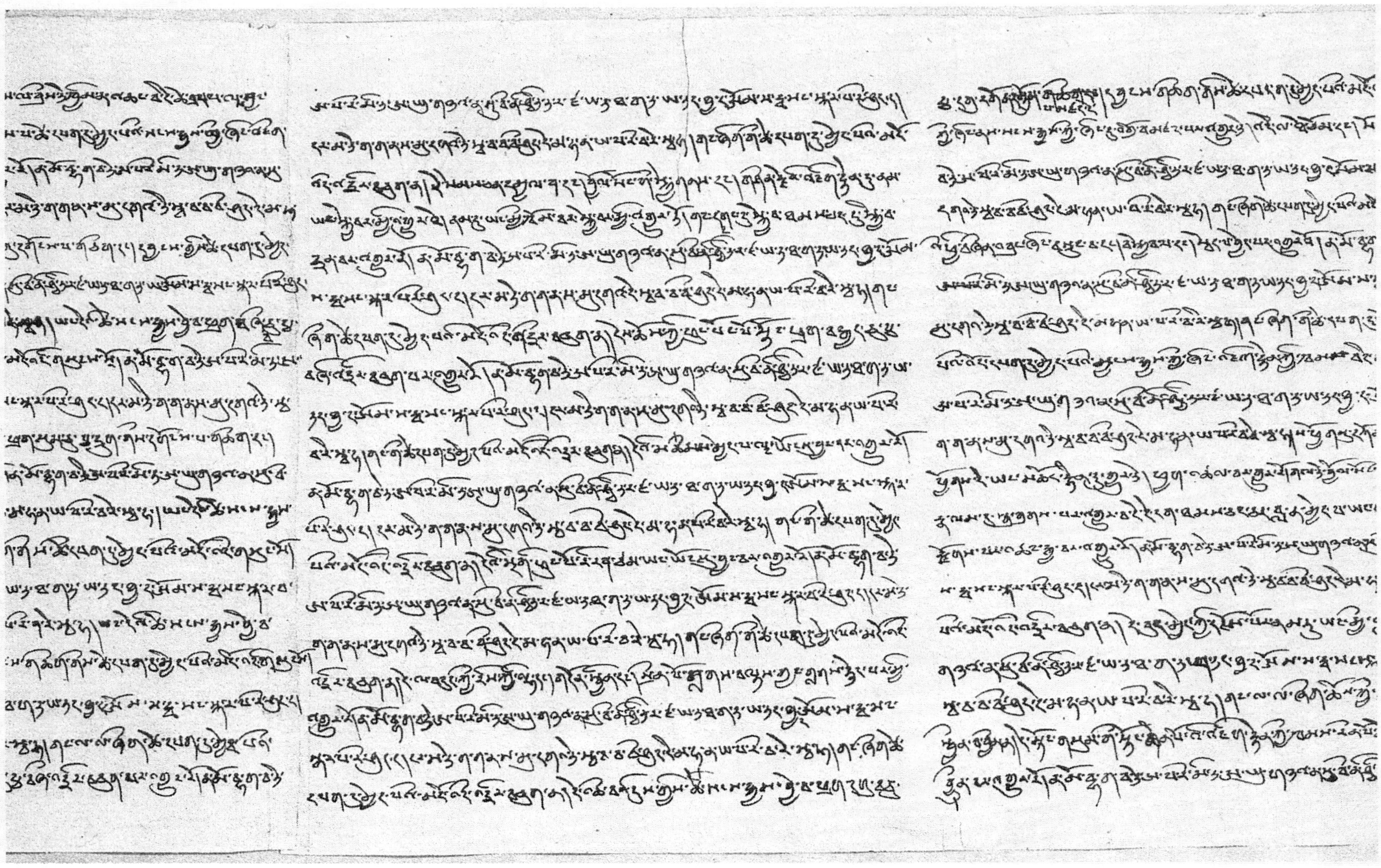

BD14260 號 2　藏文（無量壽宗要經甲本）　（30–9）

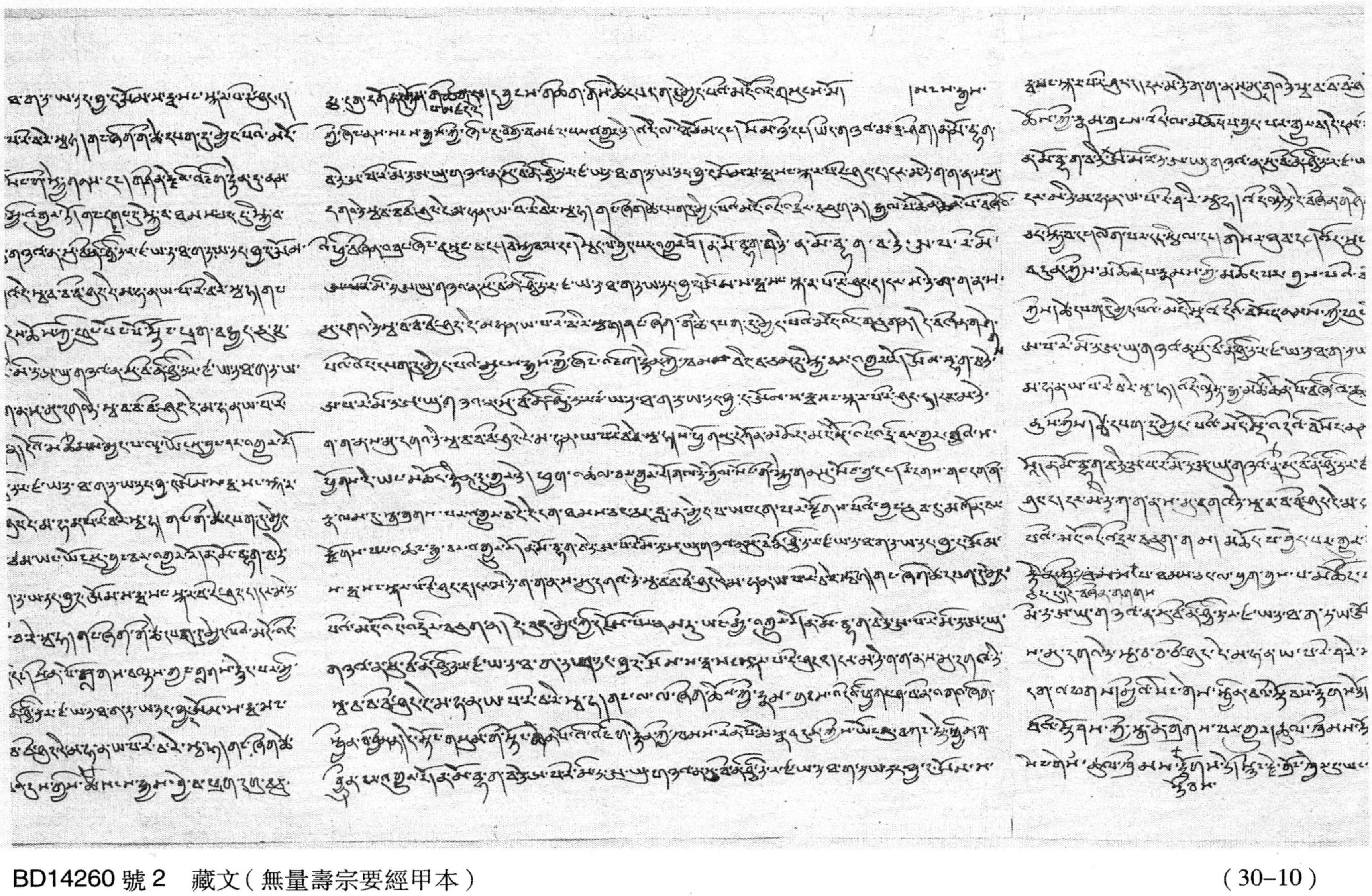

BD14260 號 2　藏文（無量壽宗要經甲本）　（30–10）

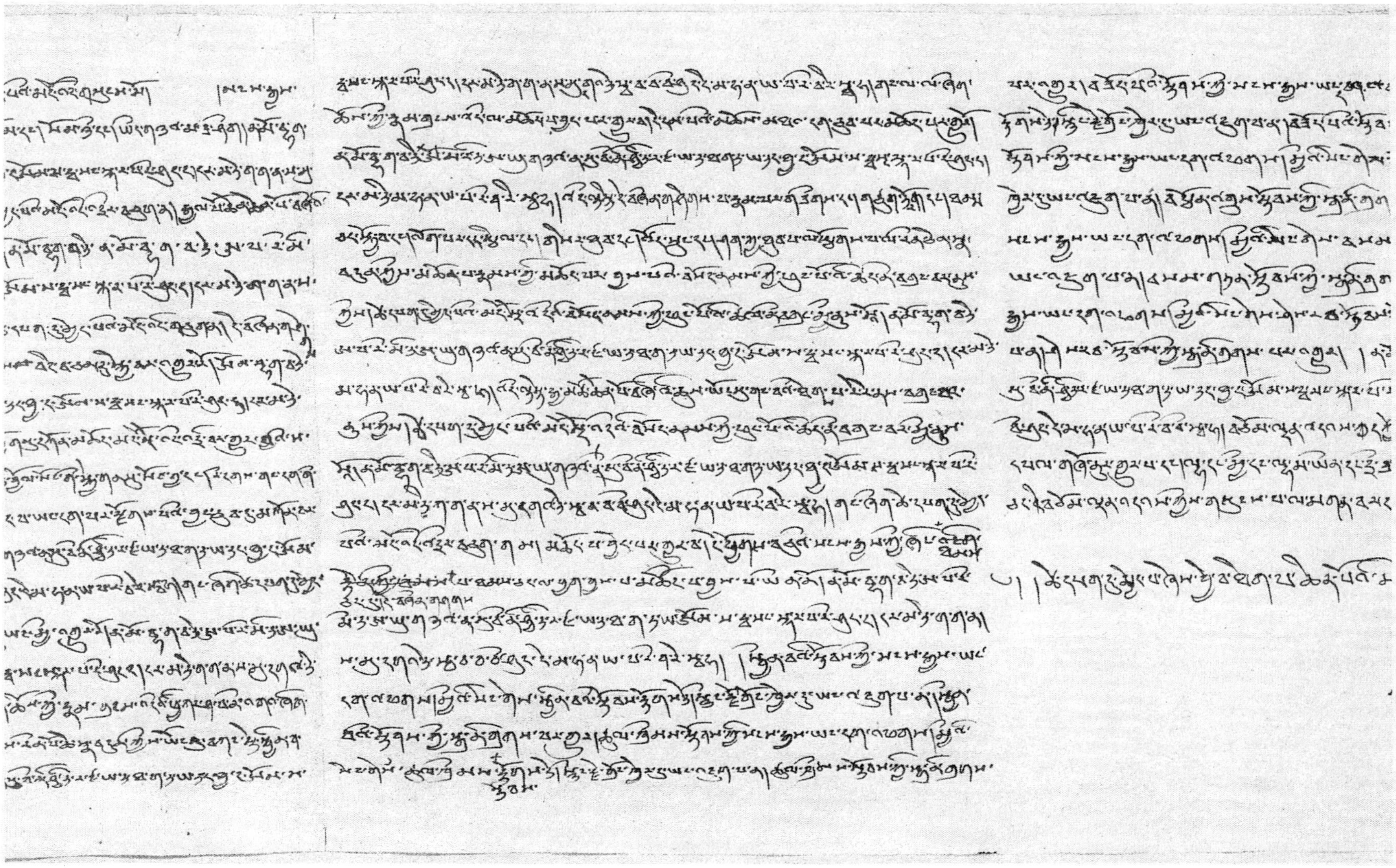

BD14260 號 2　藏文（無量壽宗要經甲本）　（30–11）

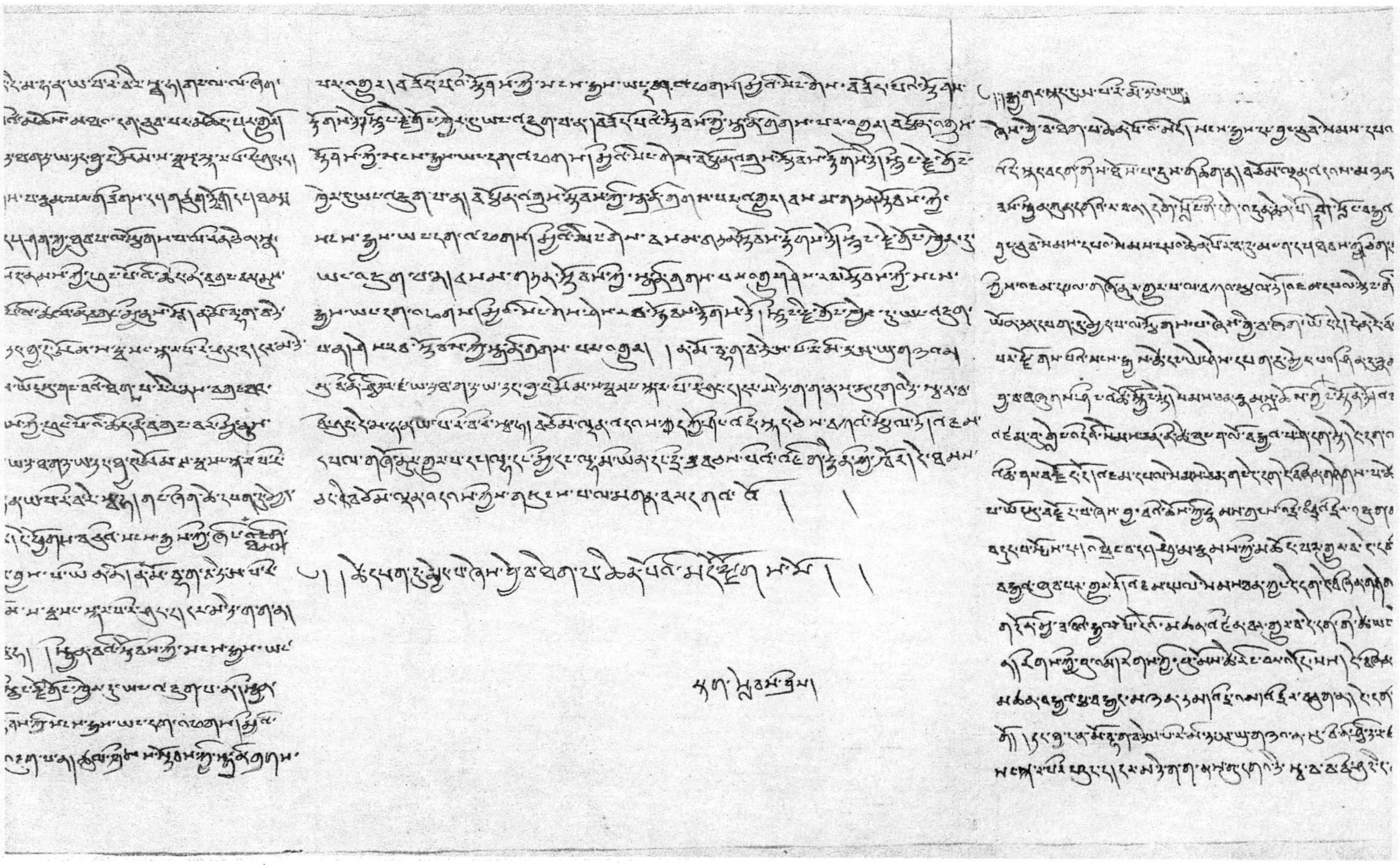

BD14260 號 2　藏文（無量壽宗要經甲本）　（30–12）

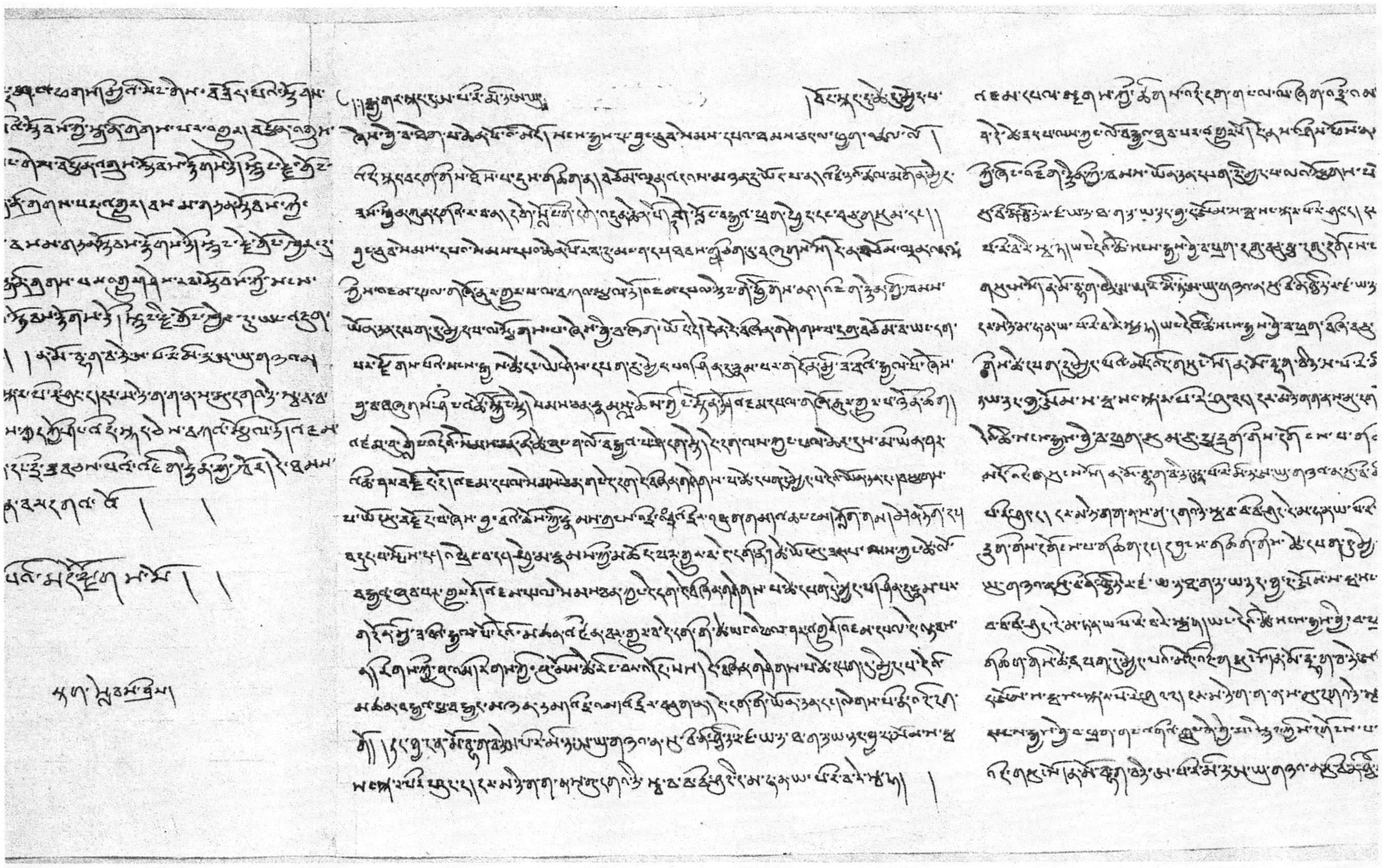

BD14260 號 3　藏文（無量壽宗要經甲本）　（30–13）

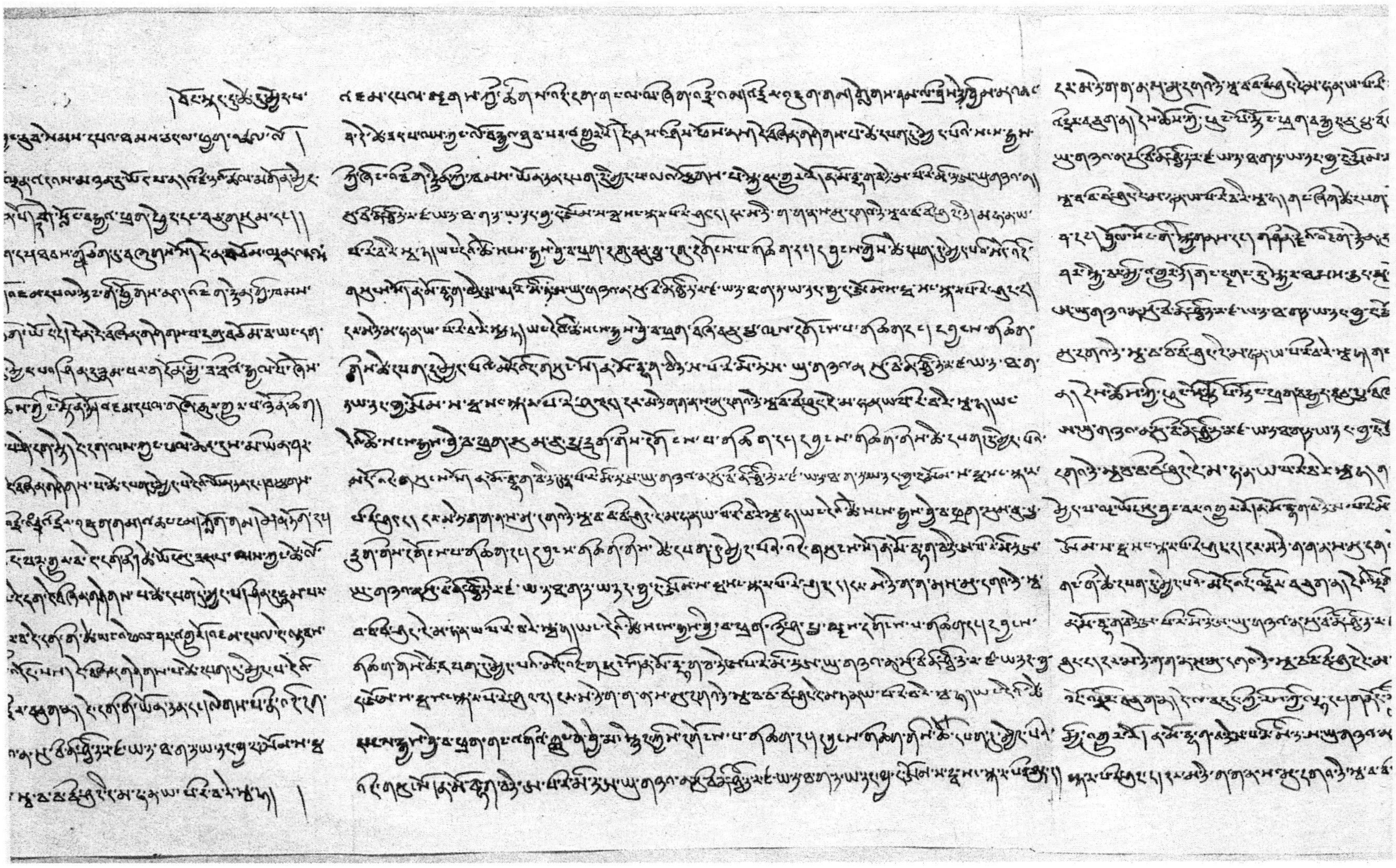

BD14260 號 3　藏文（無量壽宗要經甲本）　（30–14）

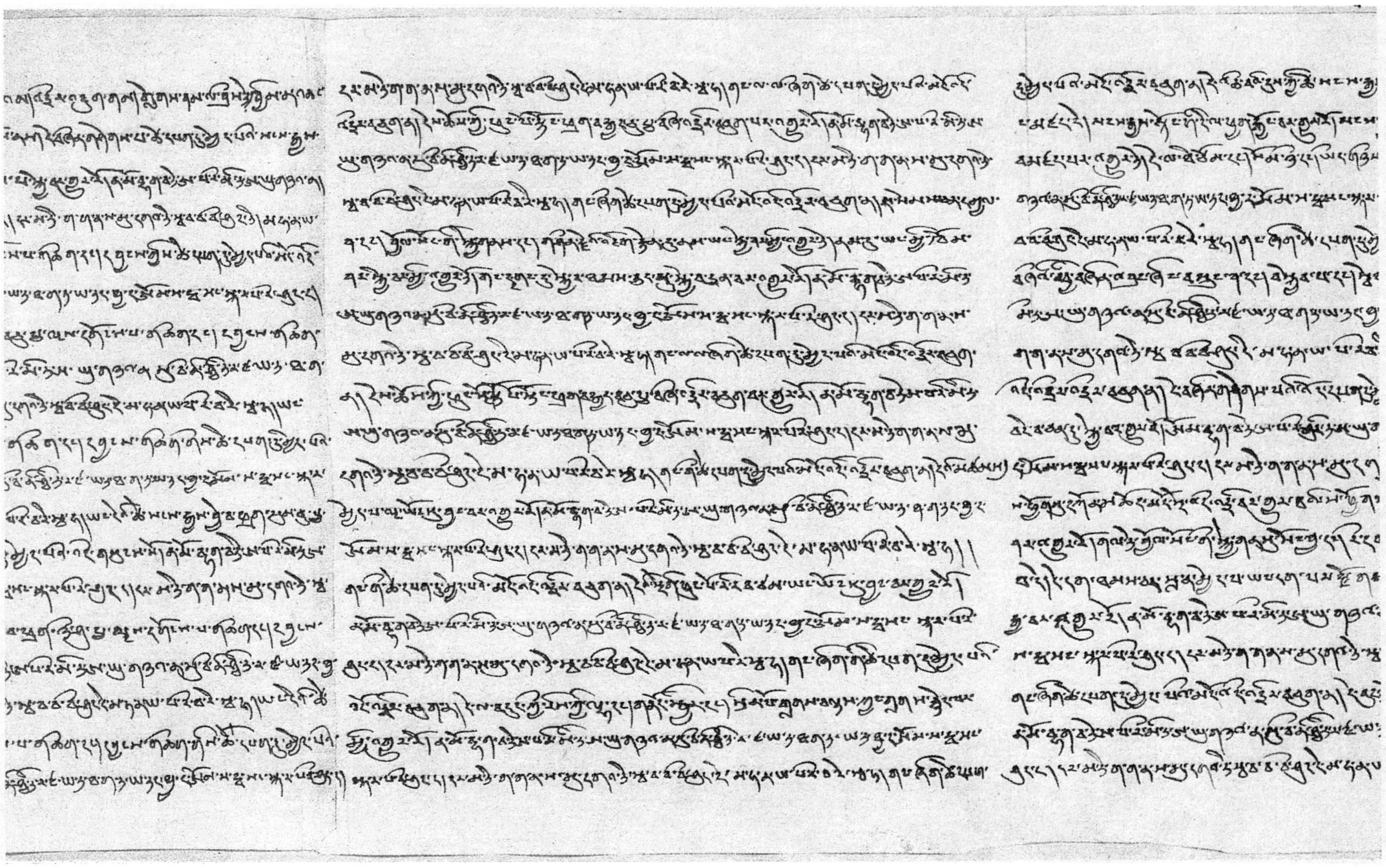

BD14260 號 3　藏文（無量壽宗要經甲本）　（30–15）

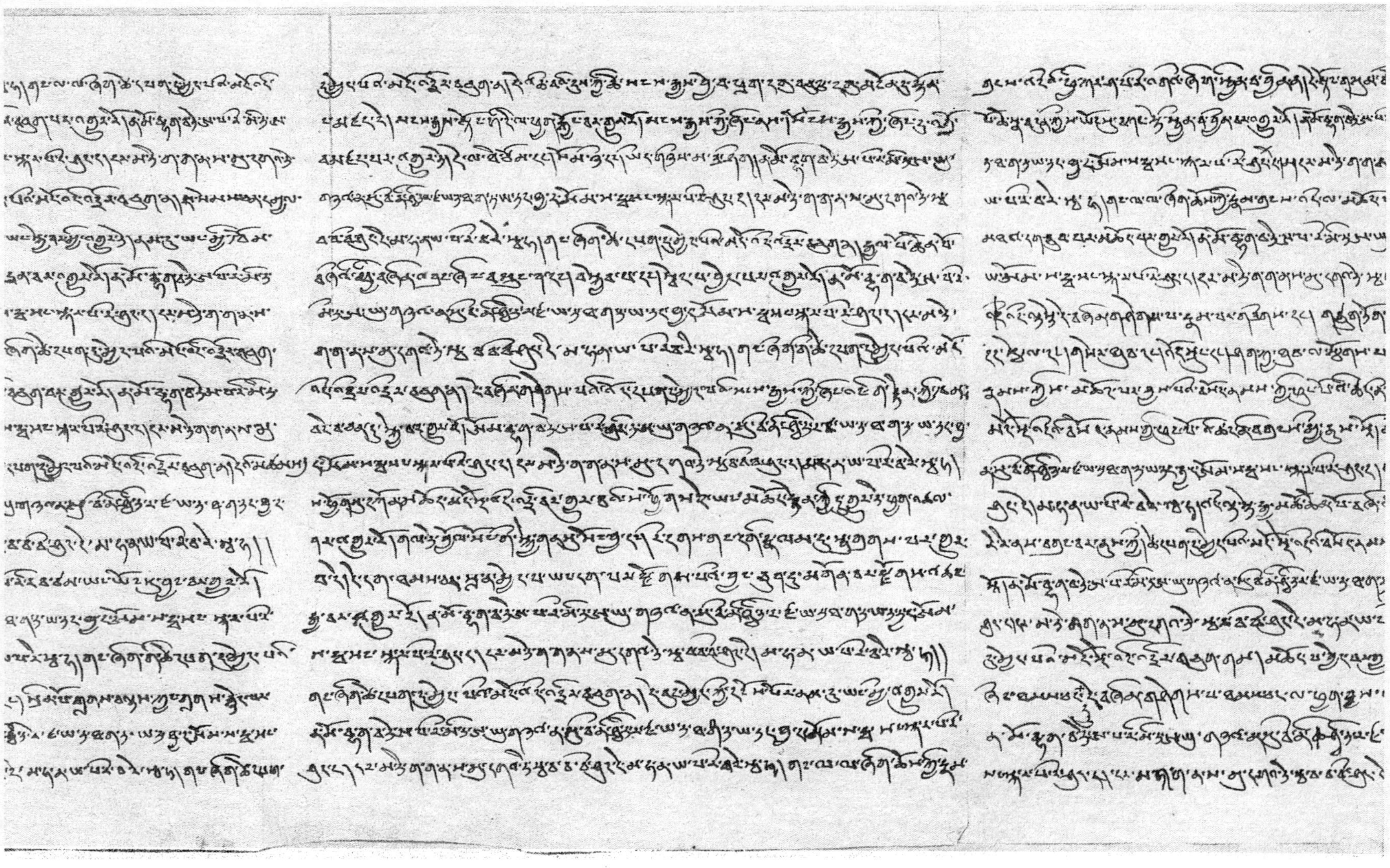

BD14260 號 3　藏文（無量壽宗要經甲本）　（30–16）

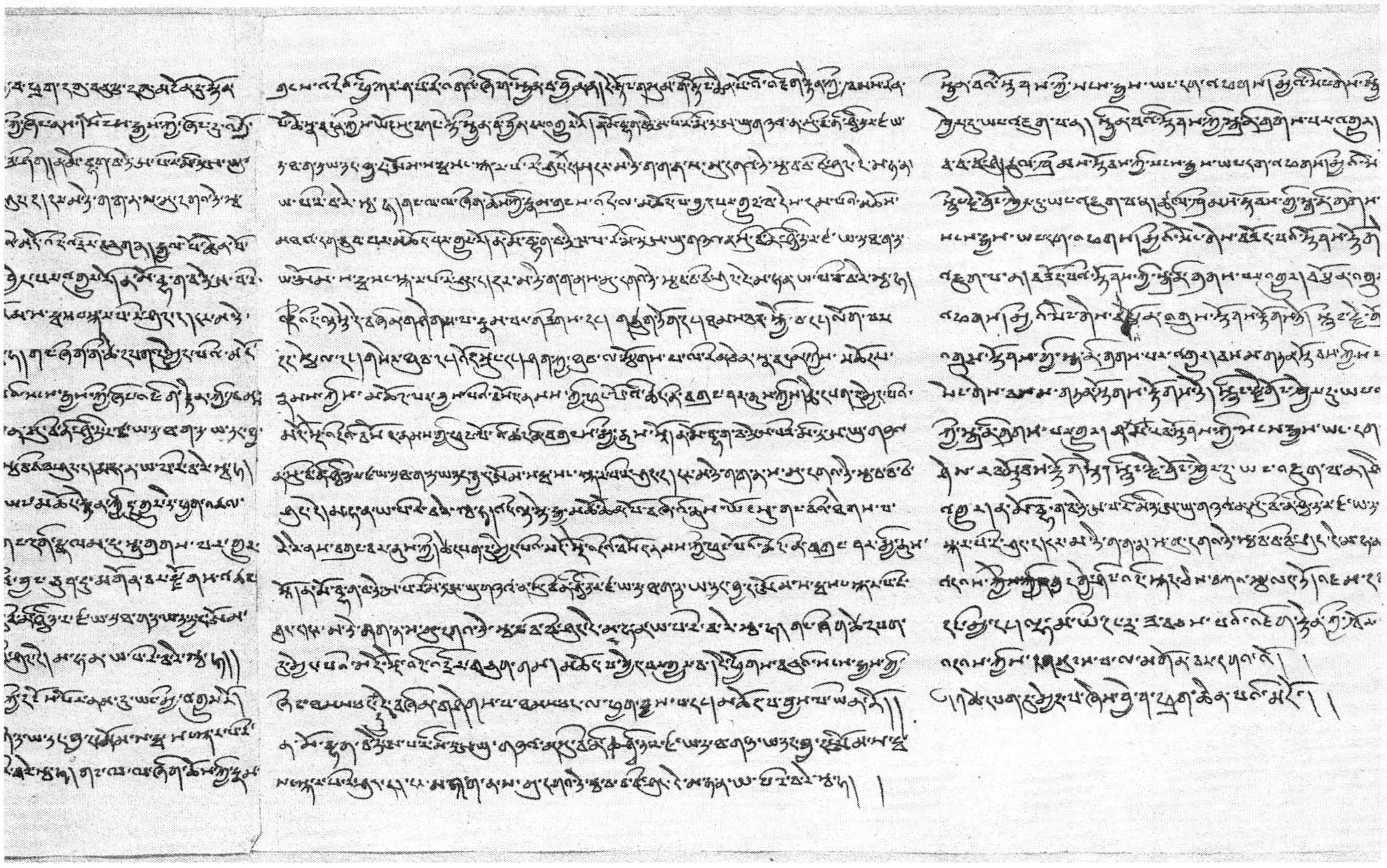

BD14260 號 3　藏文（無量壽宗要經甲本）　（30–17）

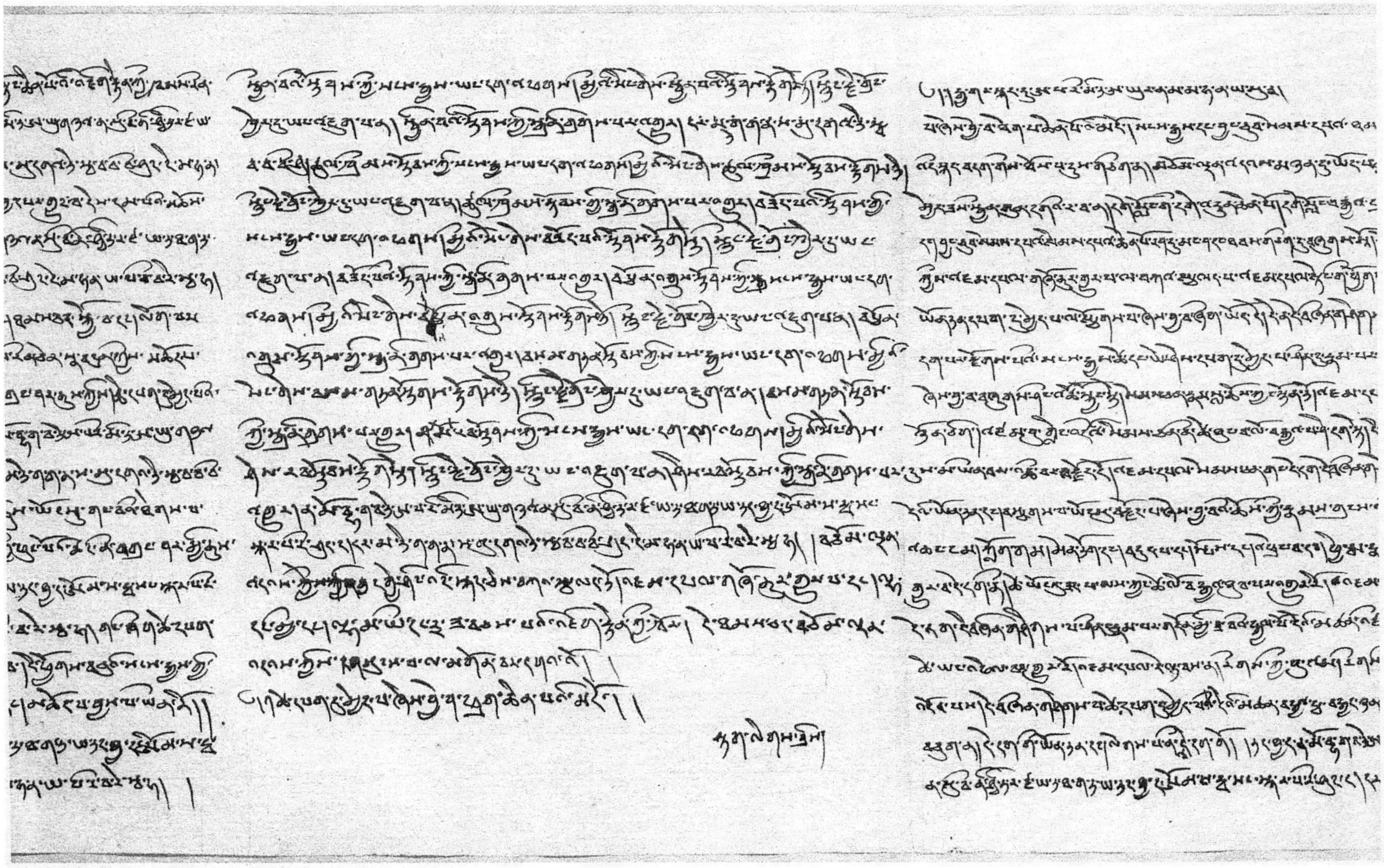

BD14260 號 3　藏文（無量壽宗要經甲本）　（30–18）

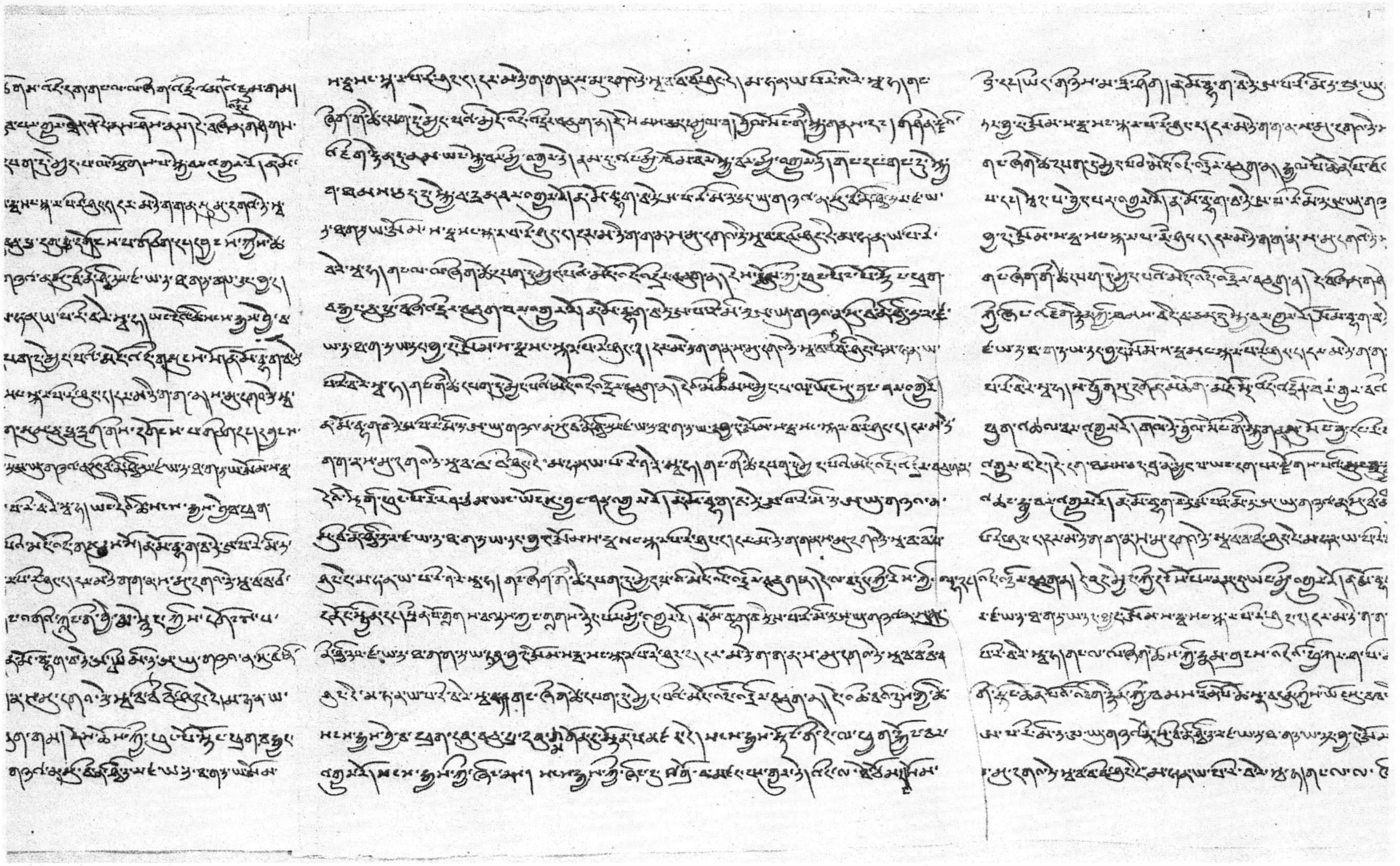

BD14260 號 4　藏文（無量壽宗要經甲本）　（30–21）

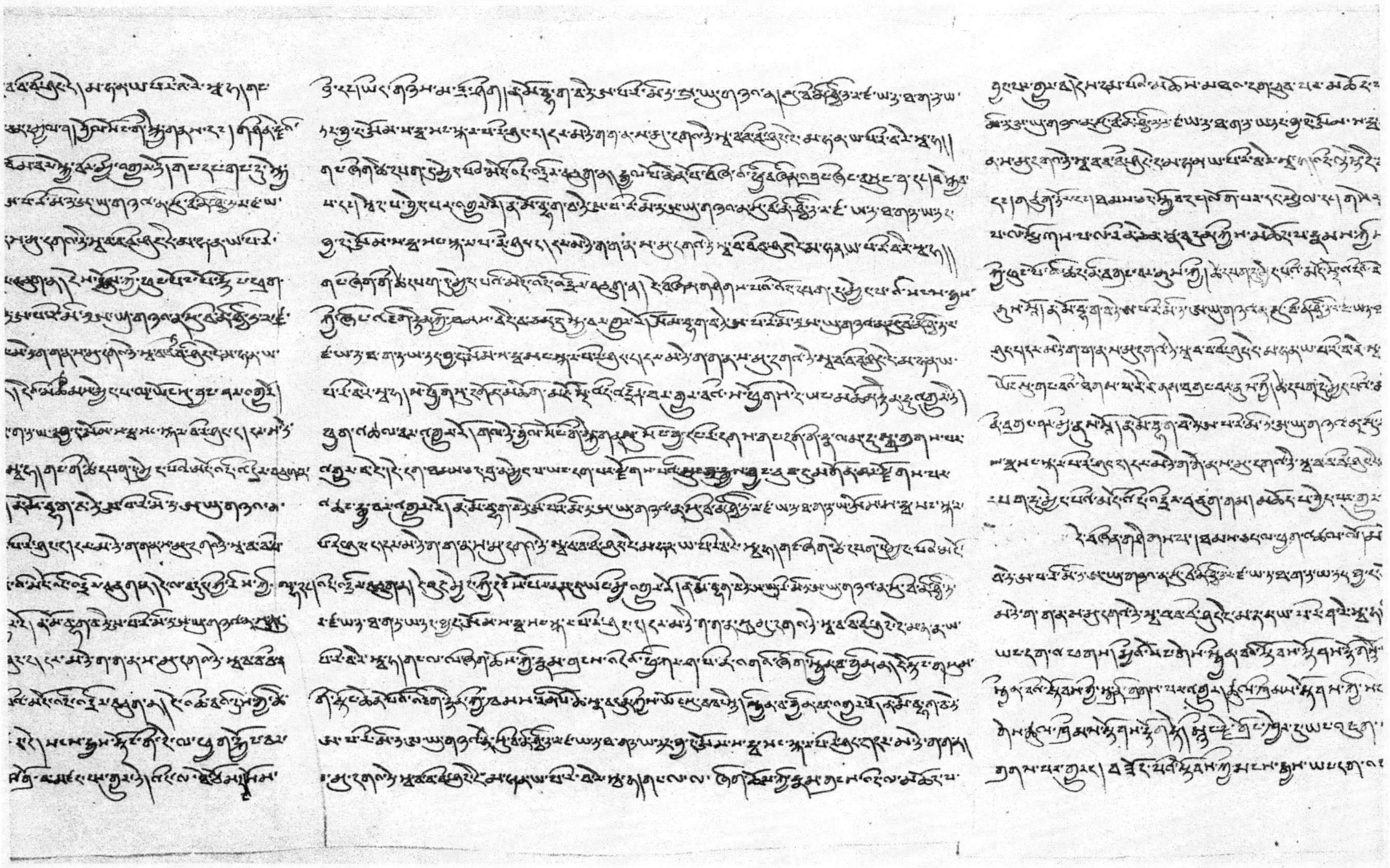

BD14260 號 4　藏文（無量壽宗要經甲本）　（30–22）

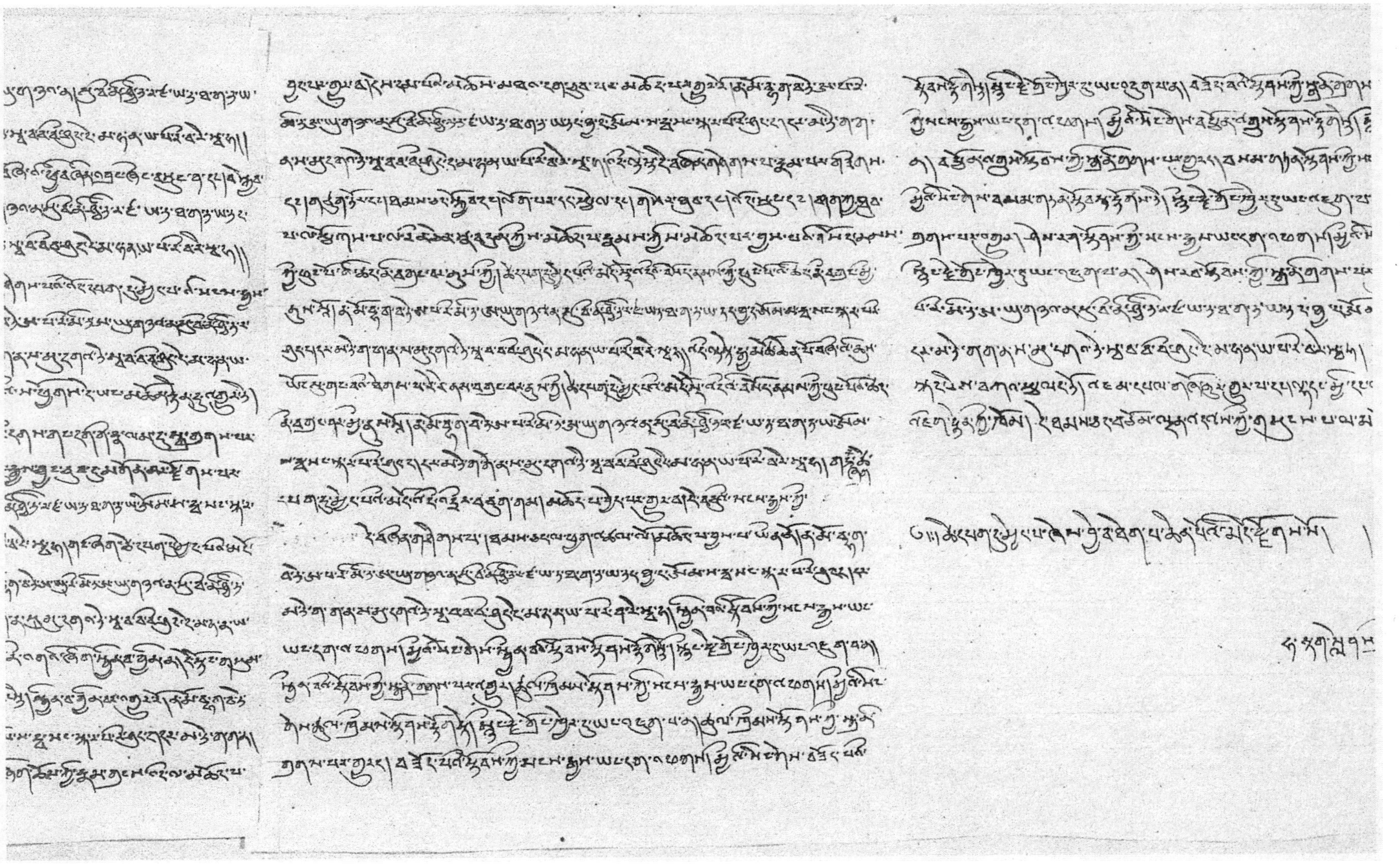

BD14260 號 4　藏文（無量壽宗要經甲本）　　　　（30–23）

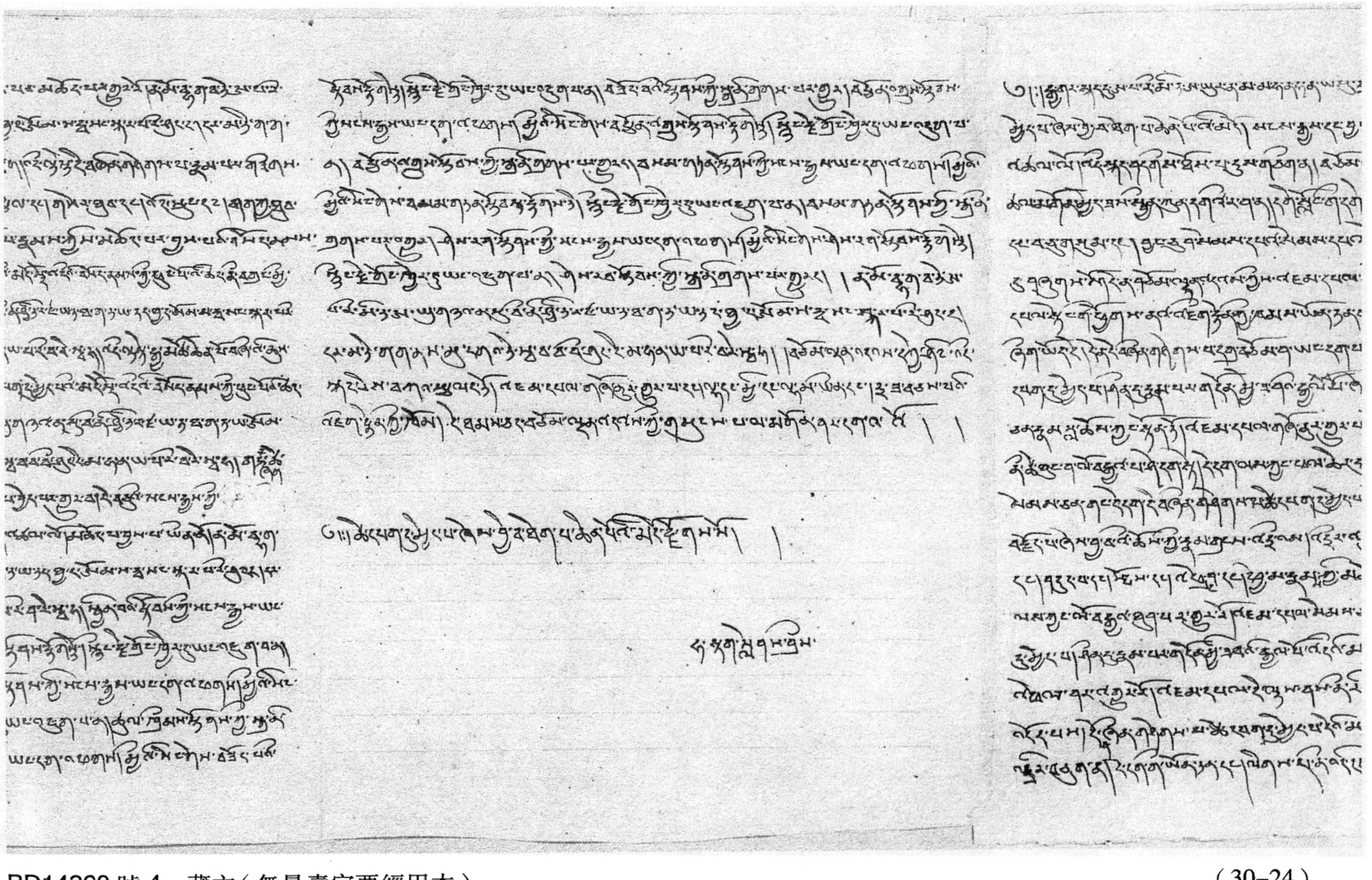

BD14260 號 4　藏文（無量壽宗要經甲本）　　　　（30–24）

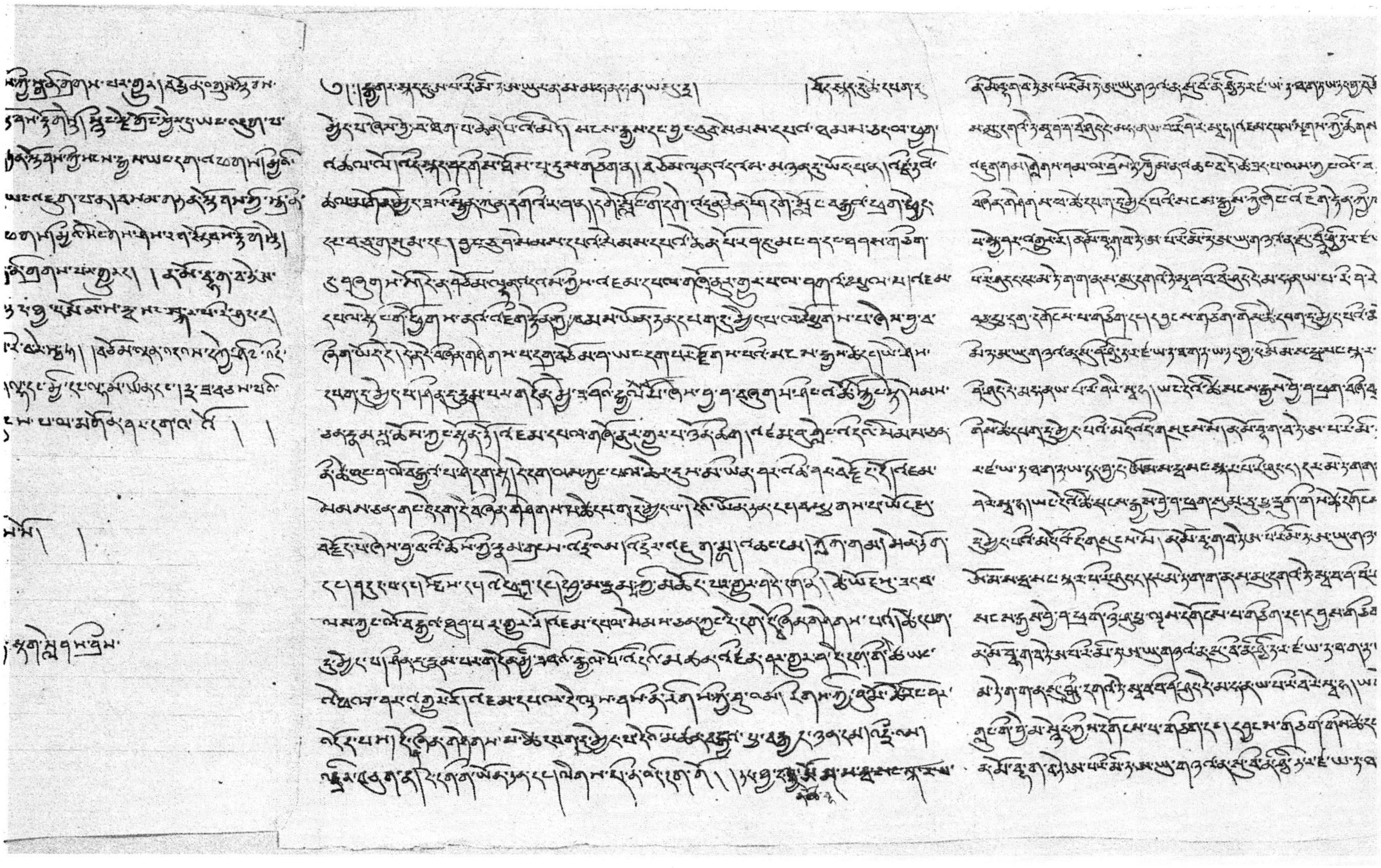

BD14260 號 5　藏文（無量壽宗要經甲本）　　（30–25）

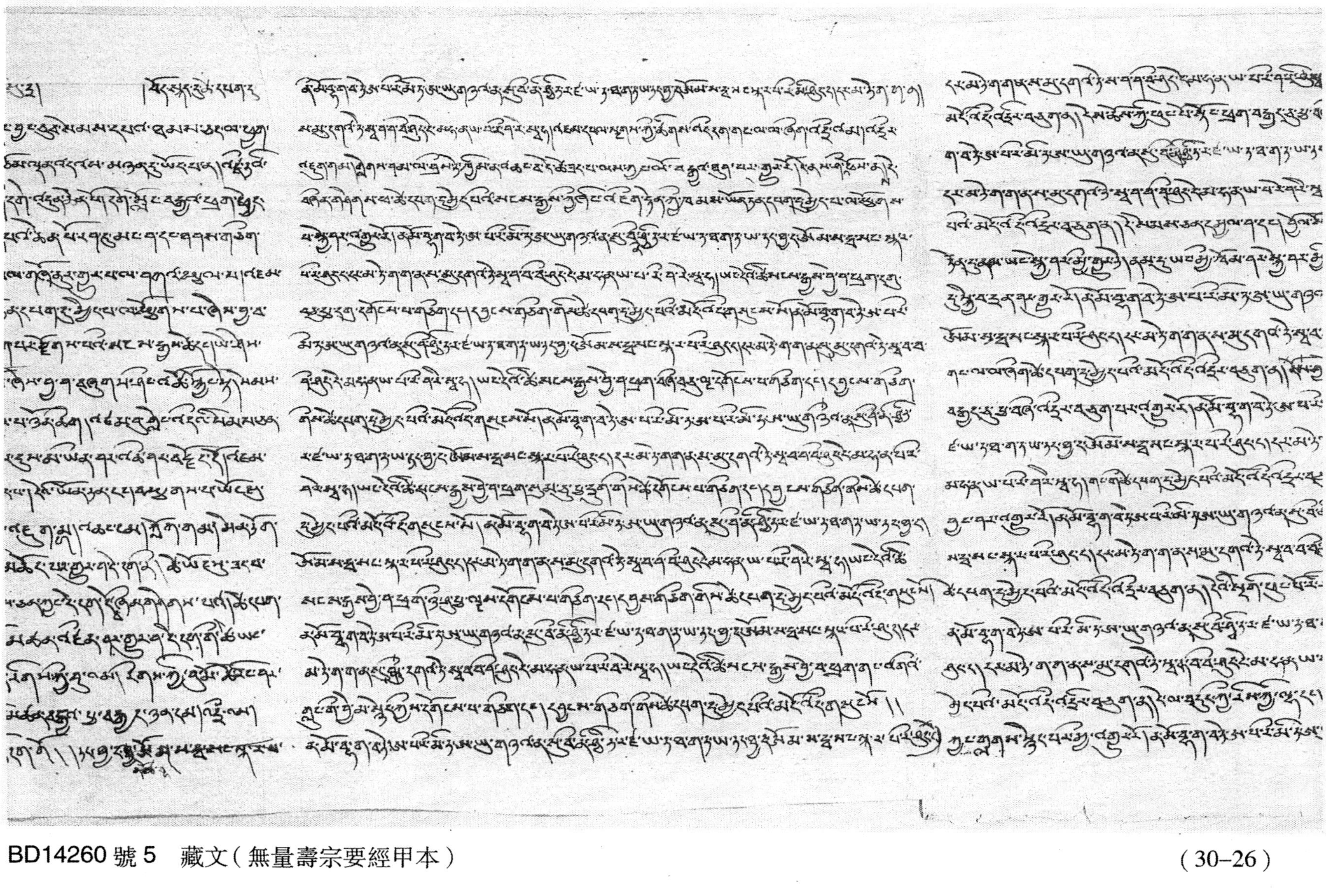

BD14260 號 5　藏文（無量壽宗要經甲本）　　（30–26）

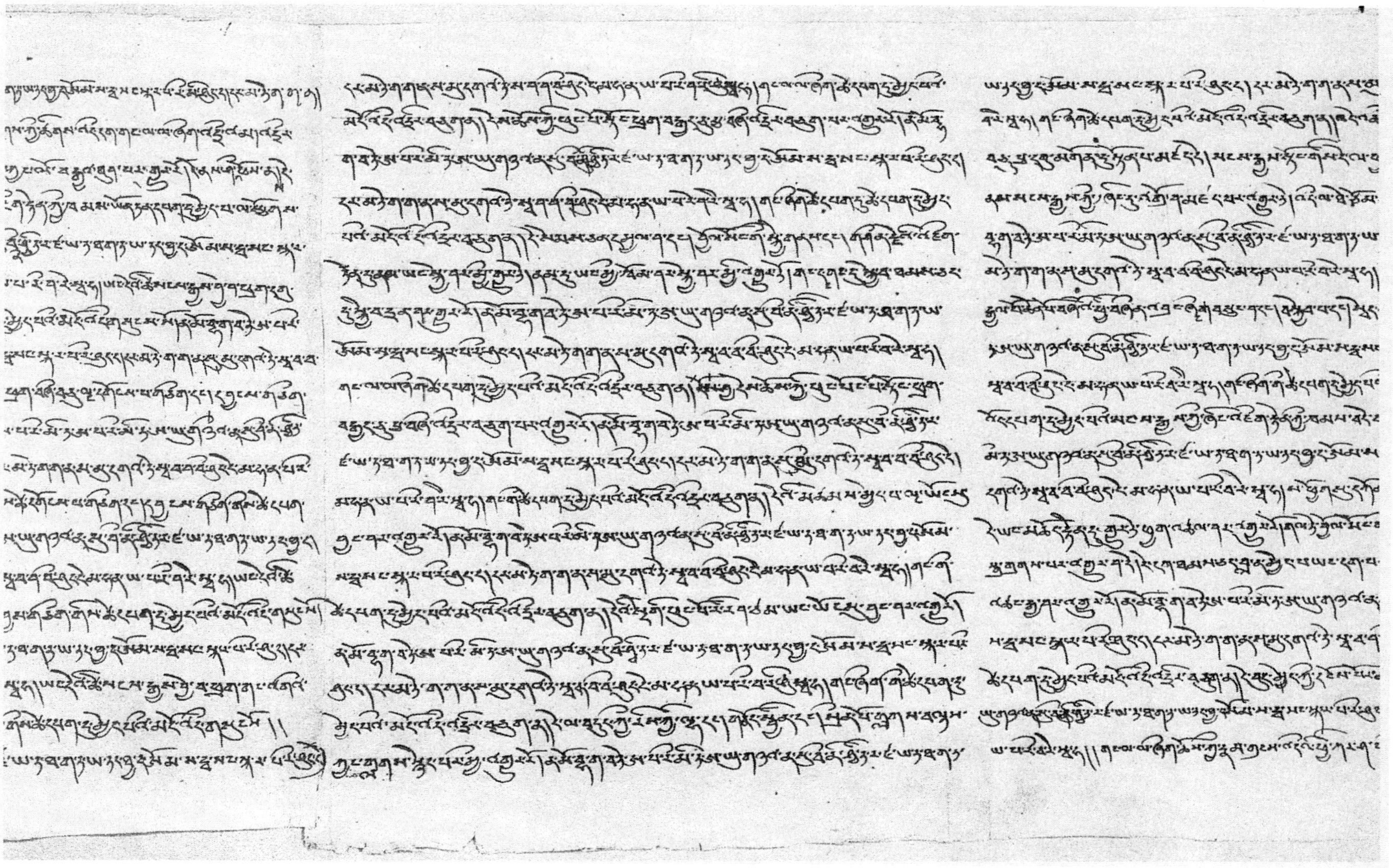

BD14260 號 5　藏文（無量壽宗要經甲本）　（30–27）

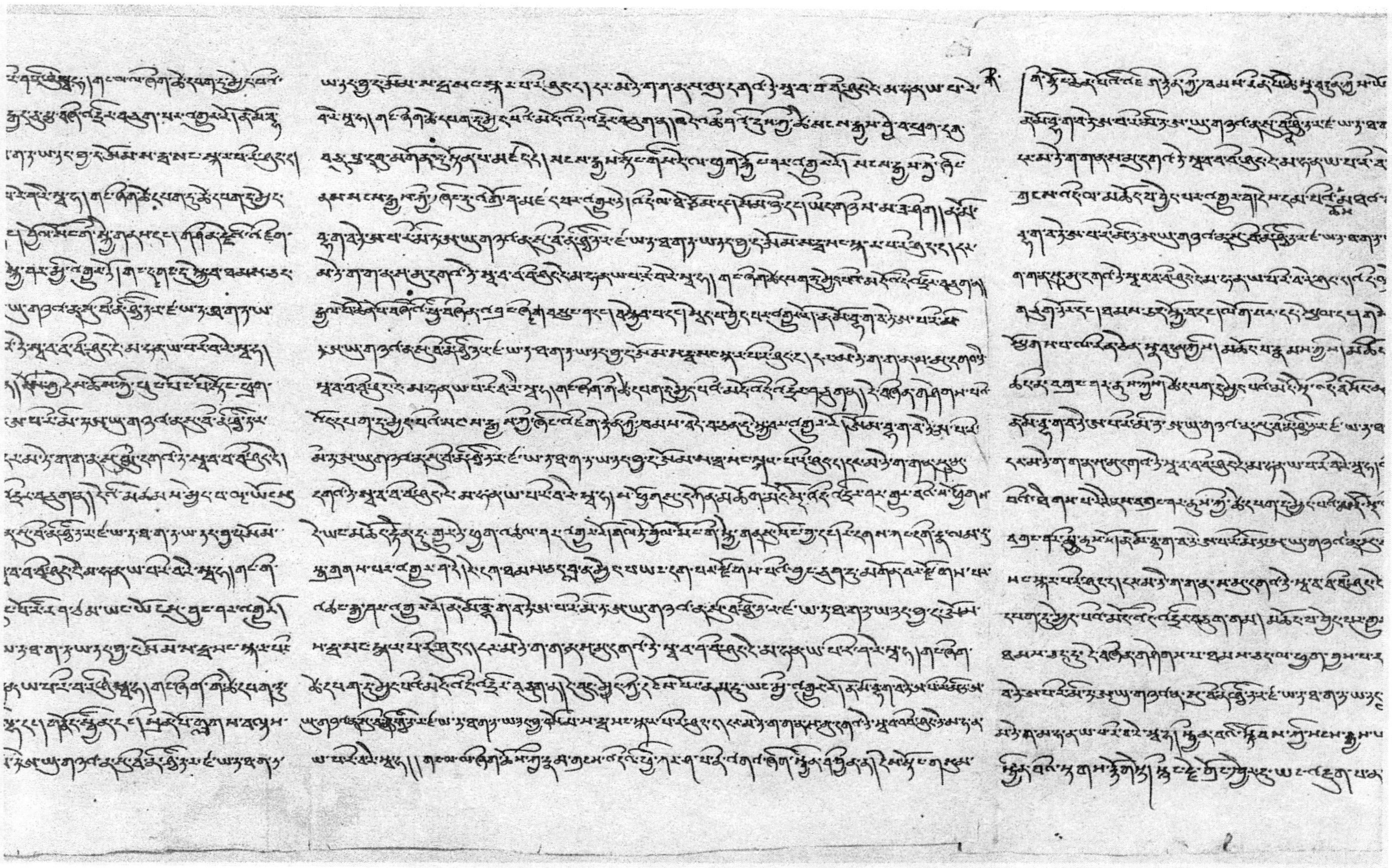

BD14260 號 5　藏文（無量壽宗要經甲本）　（30–28）

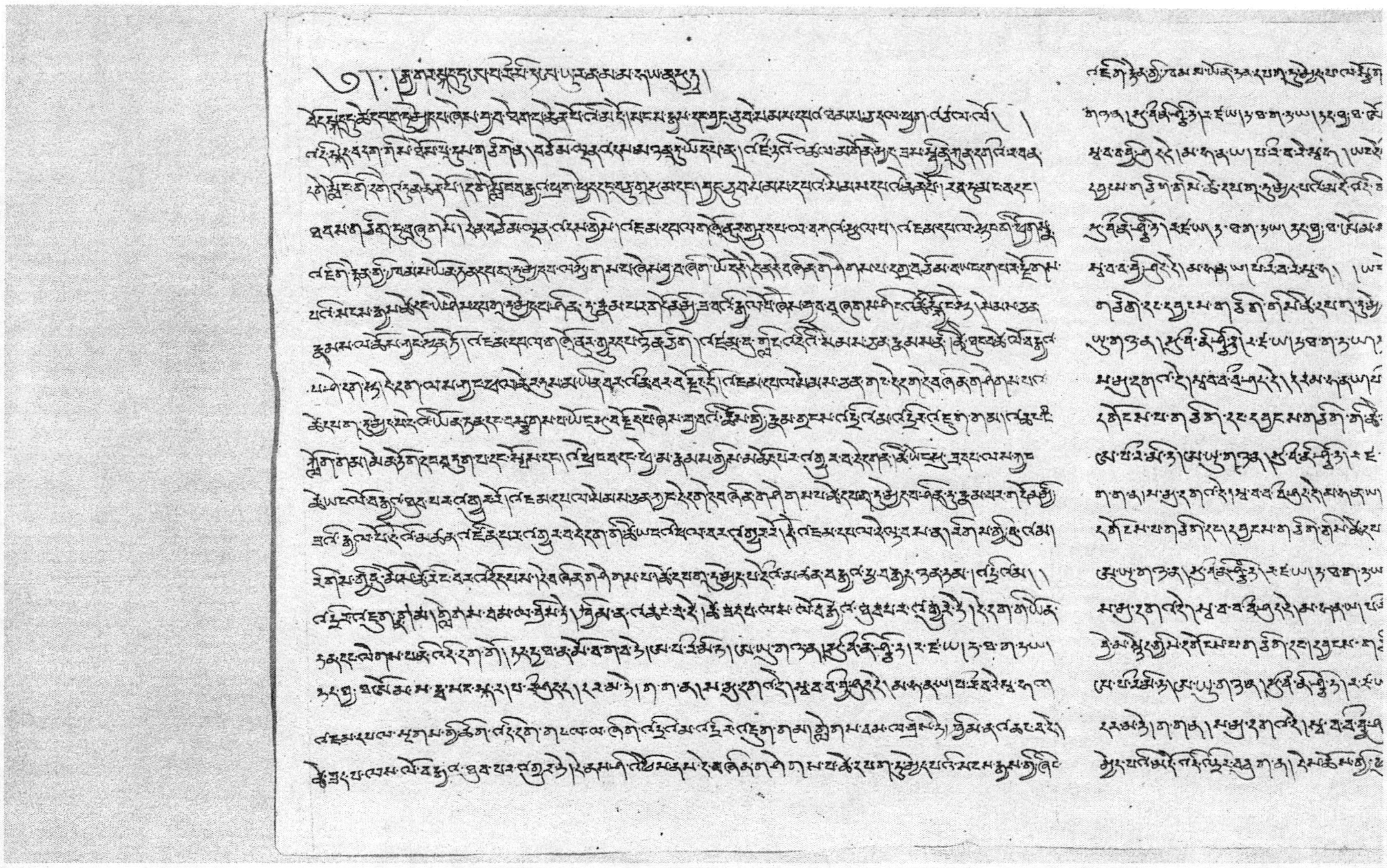

BD14261 號　藏文（無量壽宗要經甲本）　（6–1）

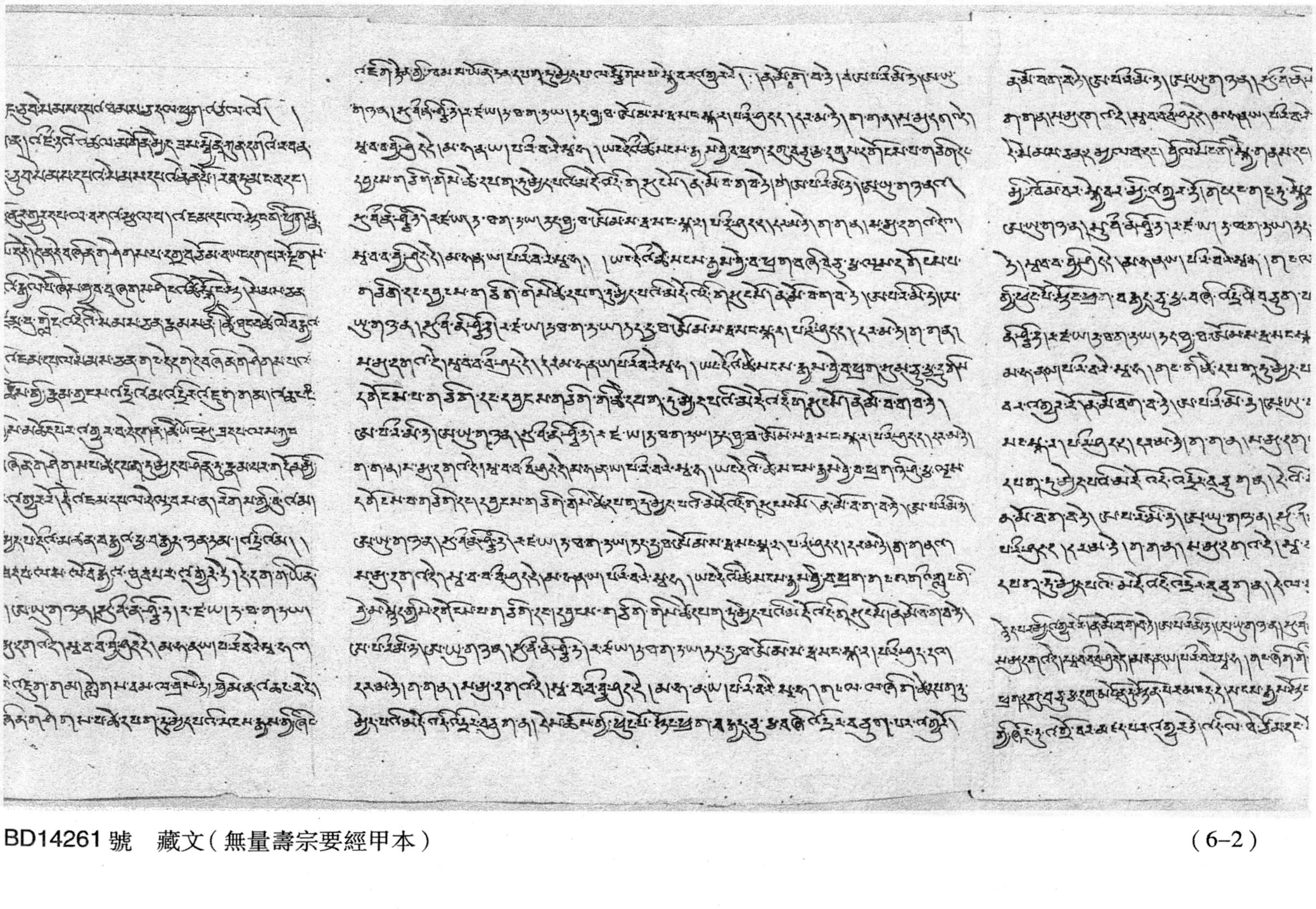

BD14261 號　藏文（無量壽宗要經甲本）　（6–2）

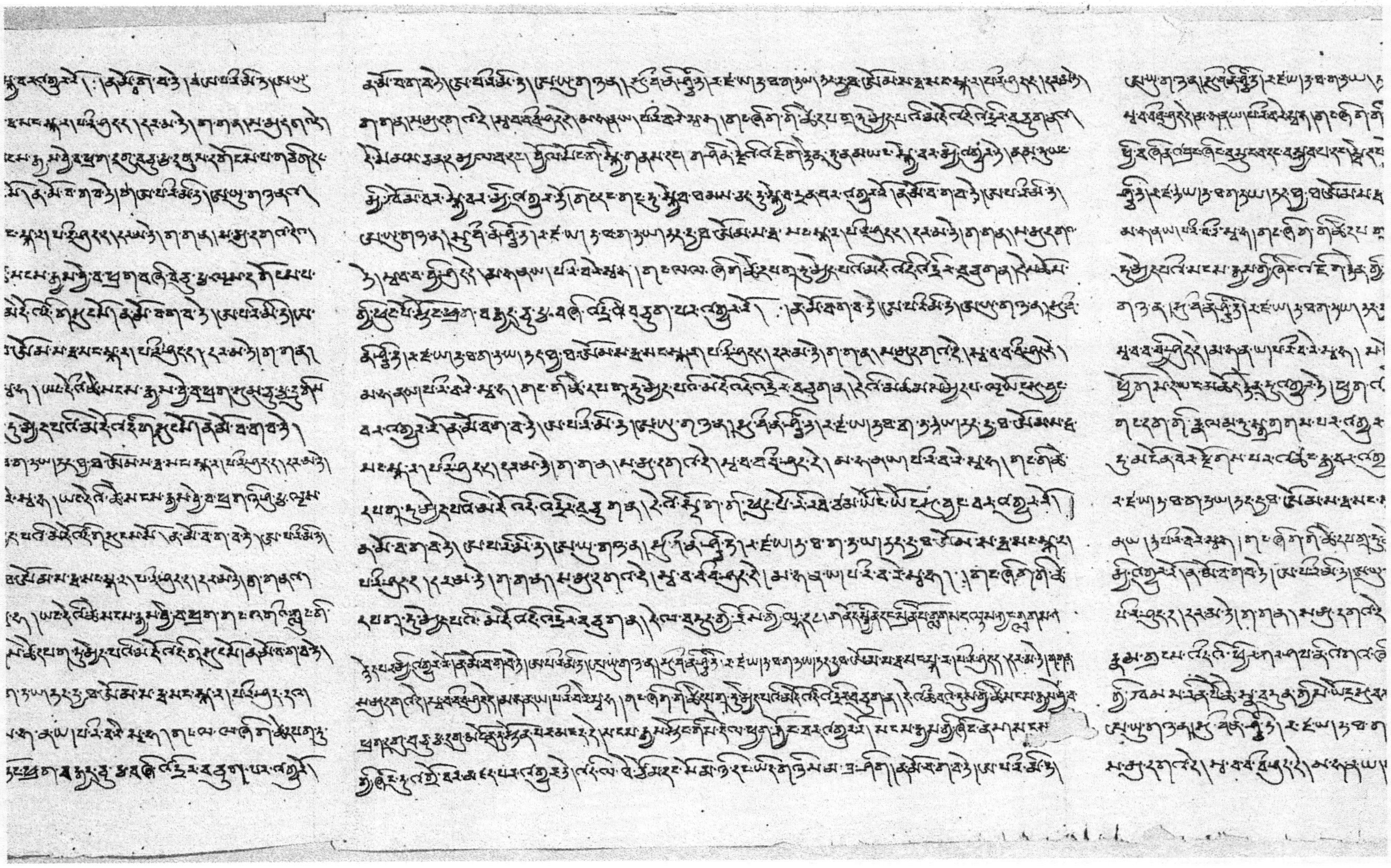

BD14261 號　藏文（無量壽宗要經甲本）　　（6–3）

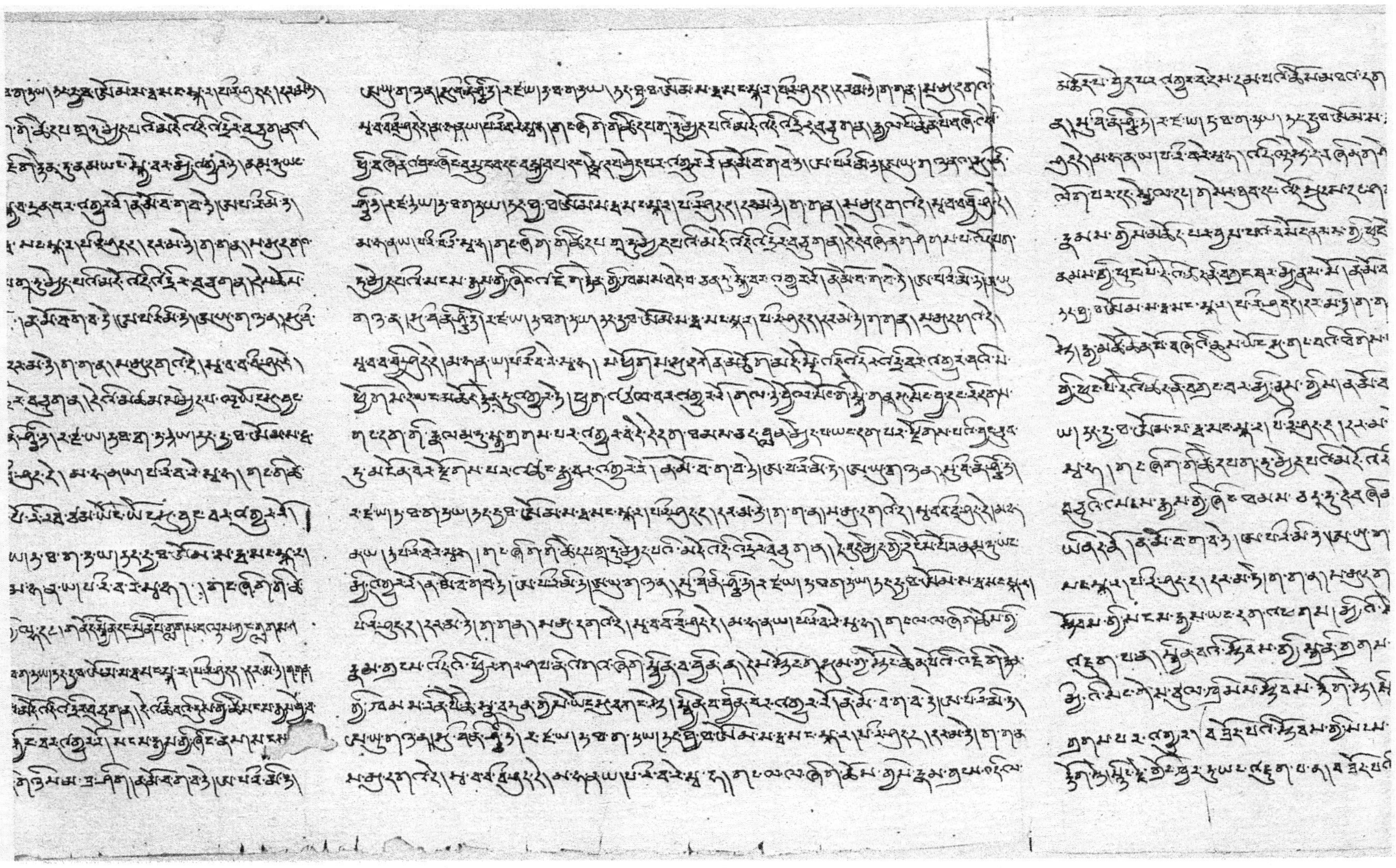

BD14261 號　藏文（無量壽宗要經甲本）　　（6–4）

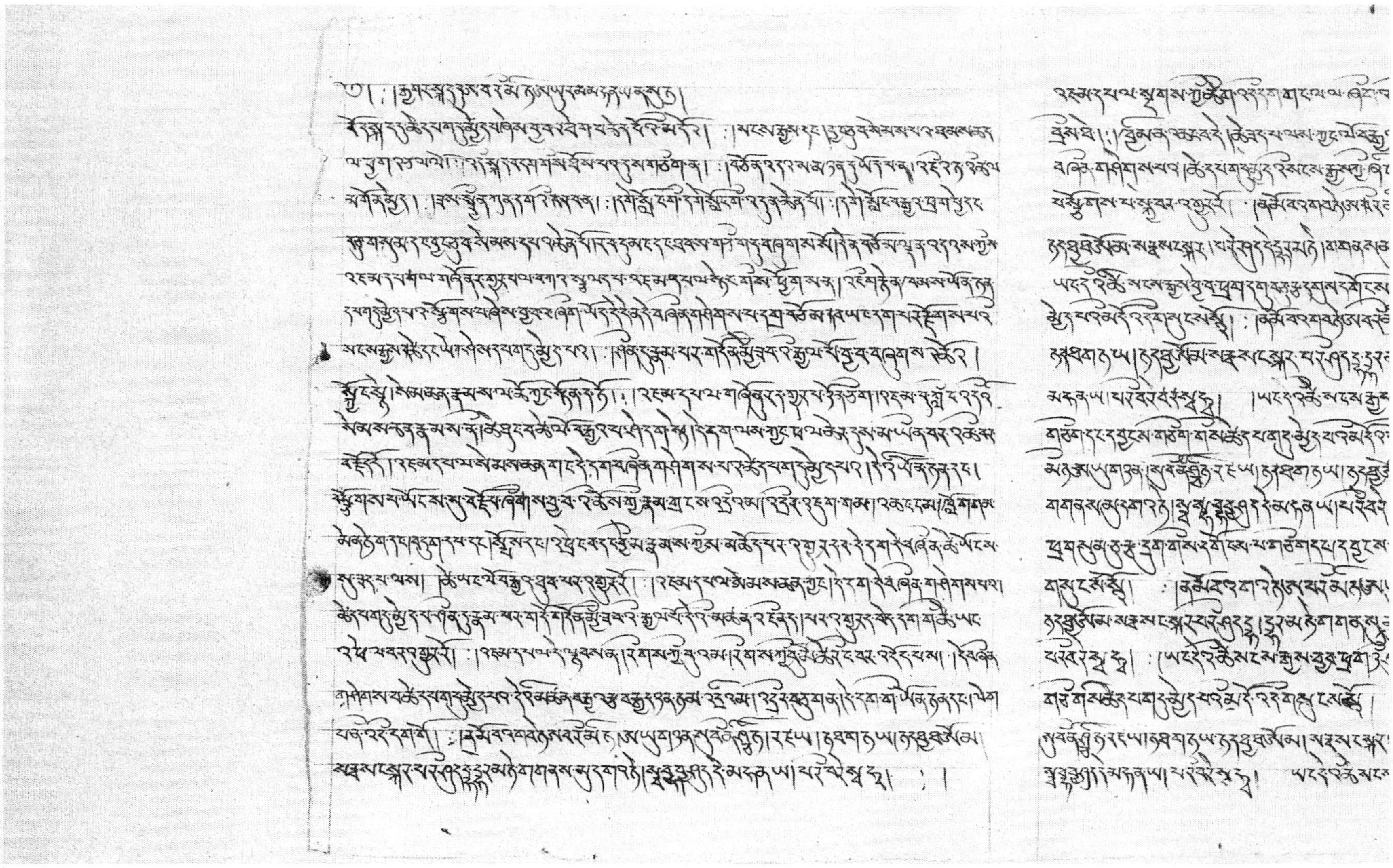

BD14262 號　藏文（無量壽宗要經甲本）　　（6–1）

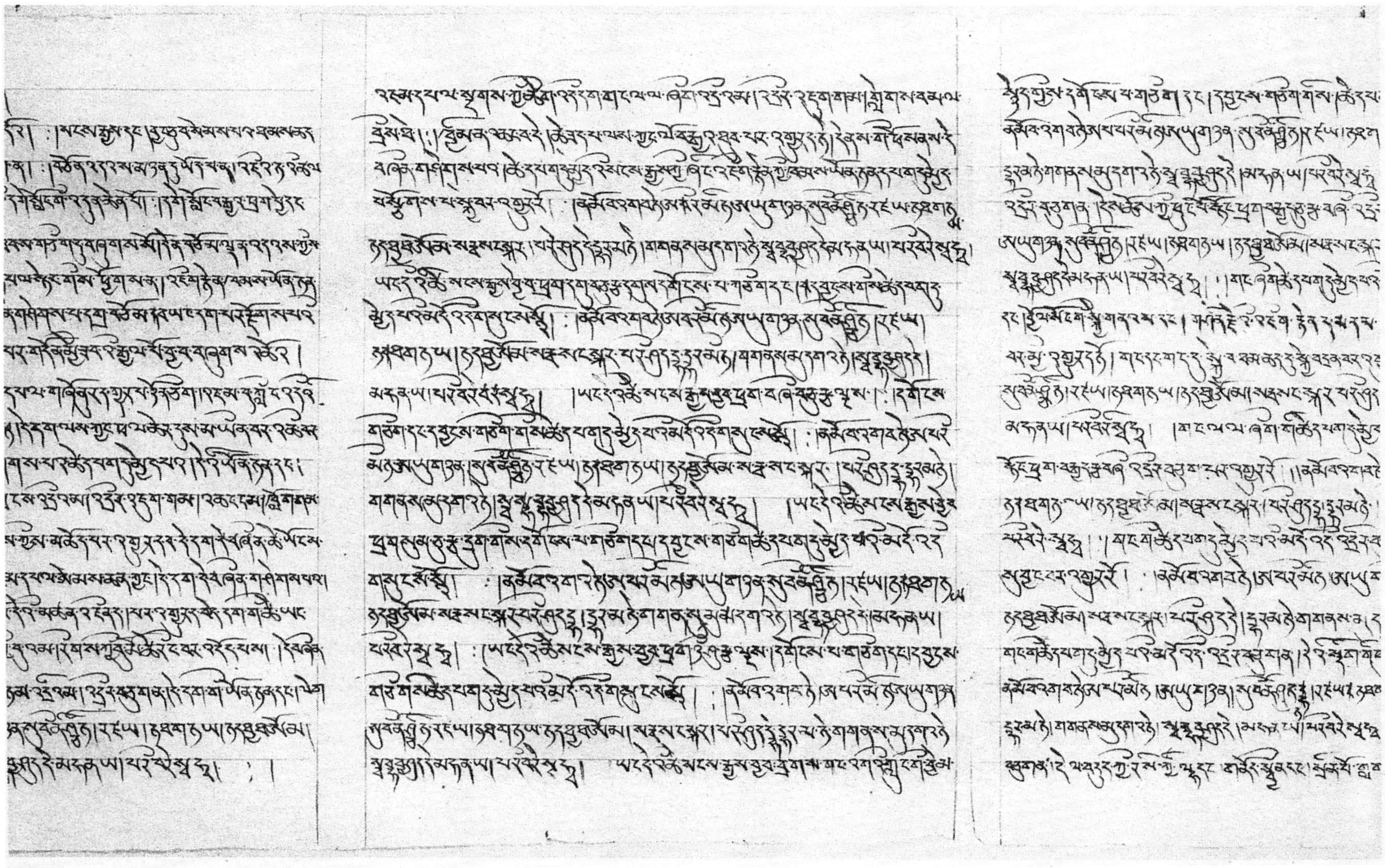

BD14262 號　藏文（無量壽宗要經甲本）　　（6–2）

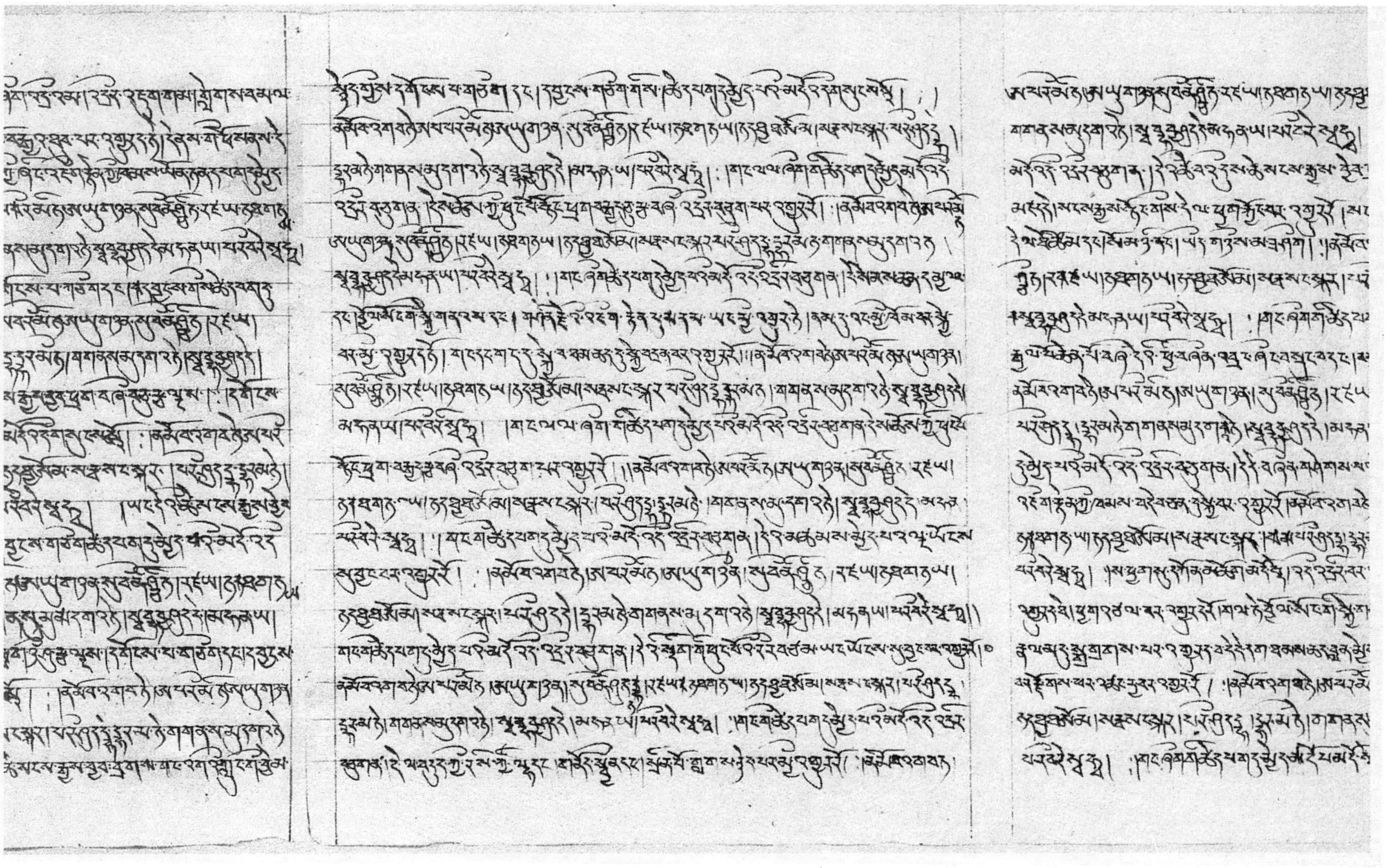

BD14262 號　藏文（無量壽宗要經甲本）　（6–3）

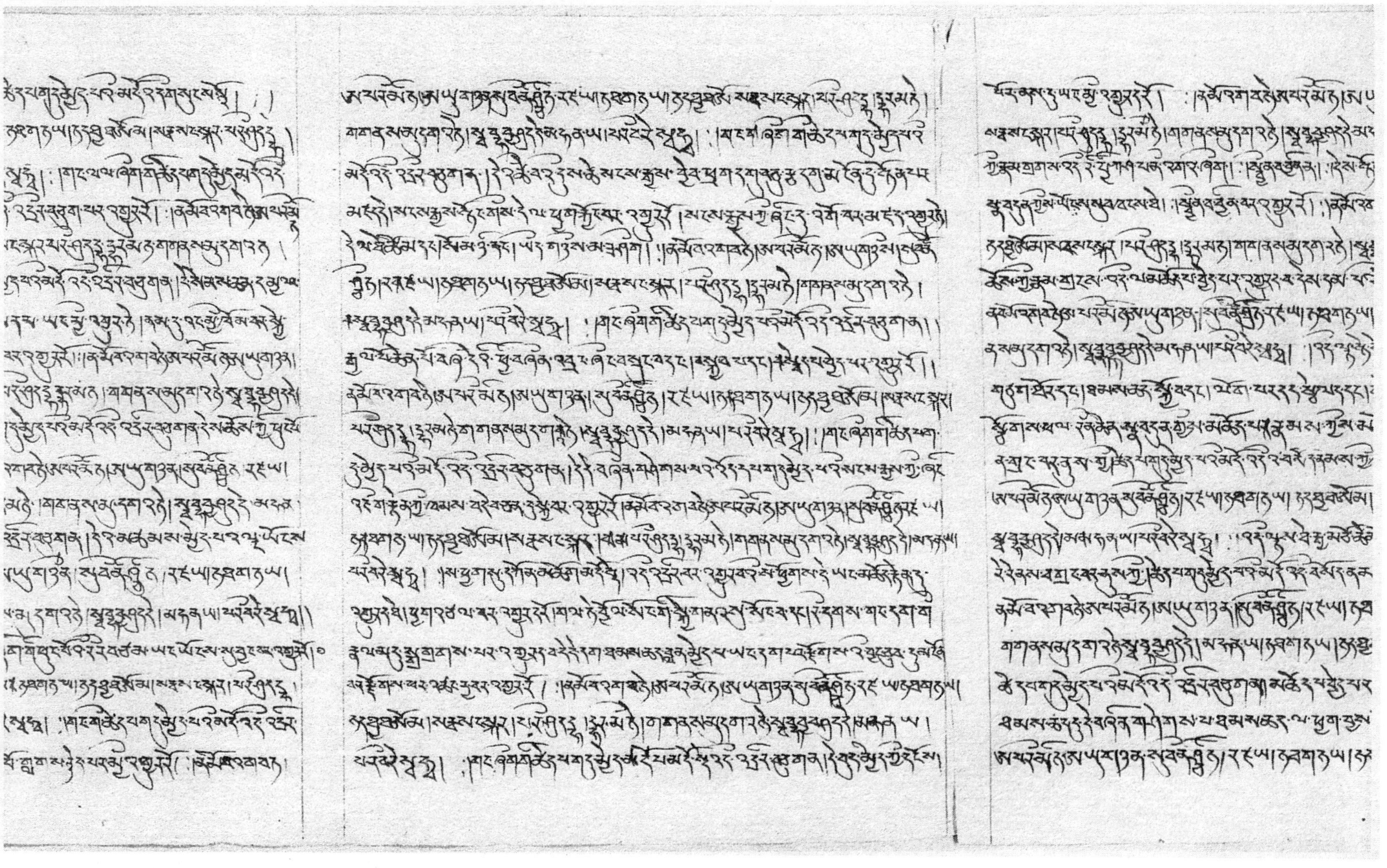

BD14262 號　藏文（無量壽宗要經甲本）　（6–4）

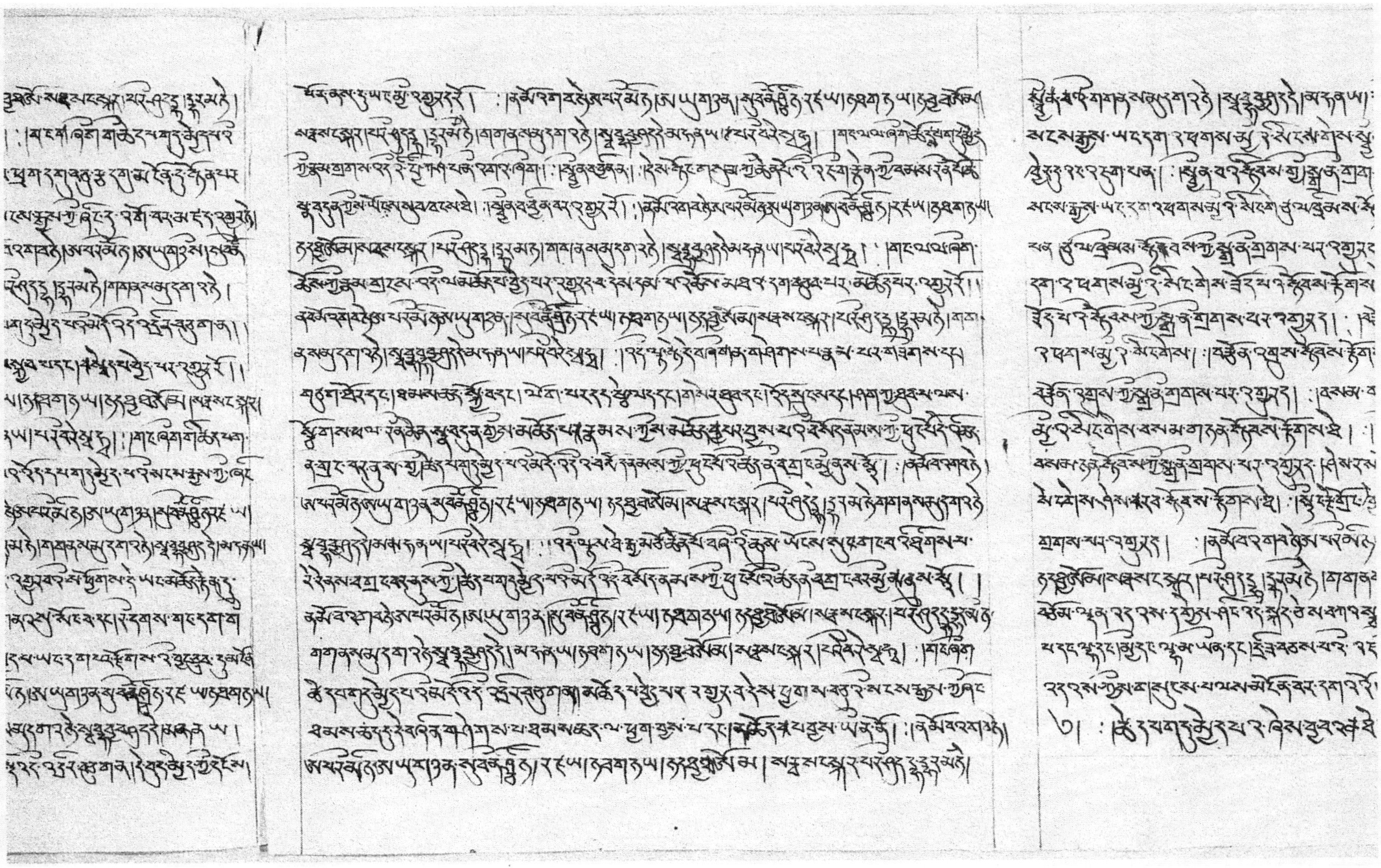

BD14262號　藏文（無量壽宗要經甲本）　（6–5）

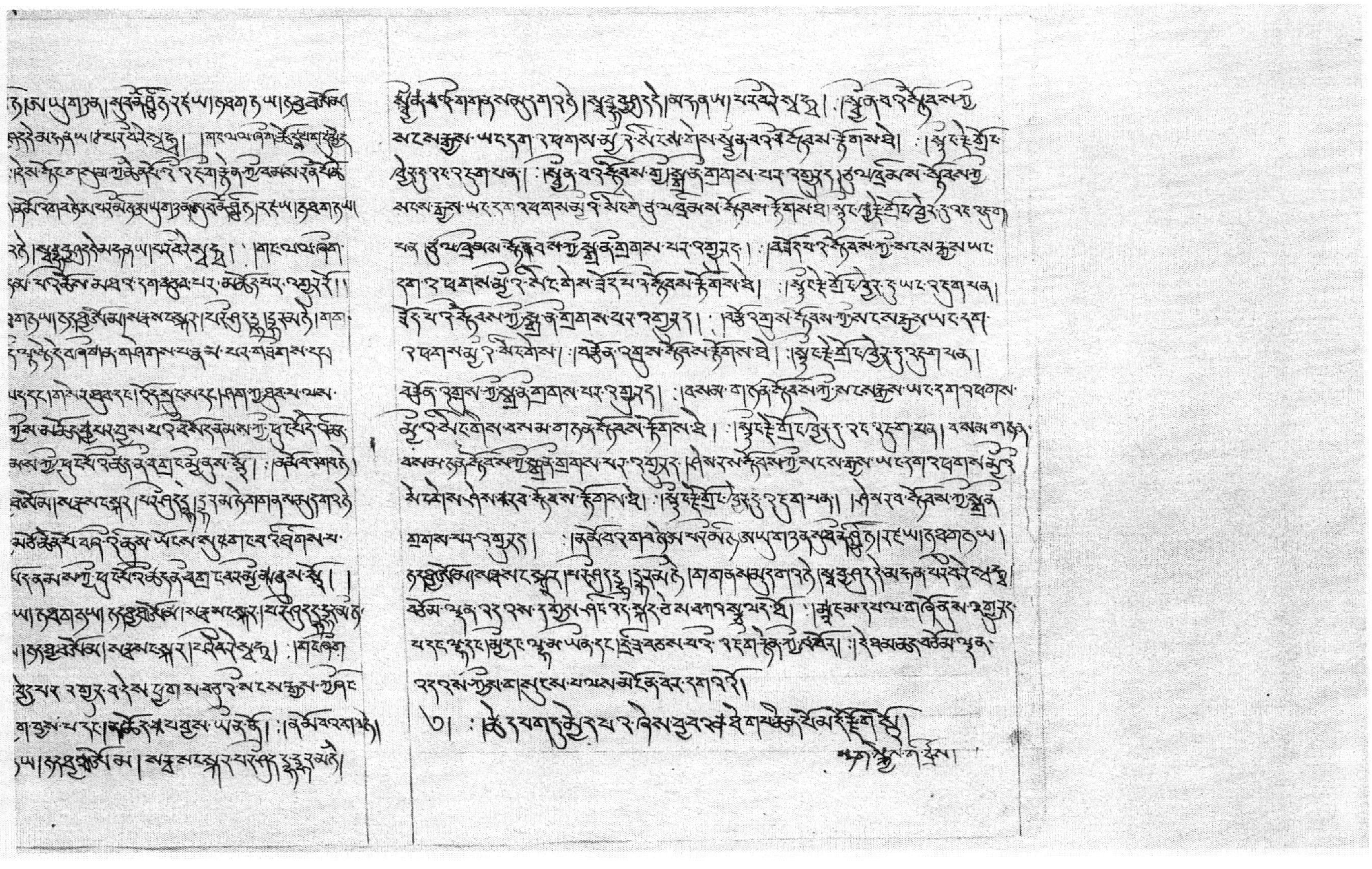

BD14262號　藏文（無量壽宗要經甲本）　（6–6）

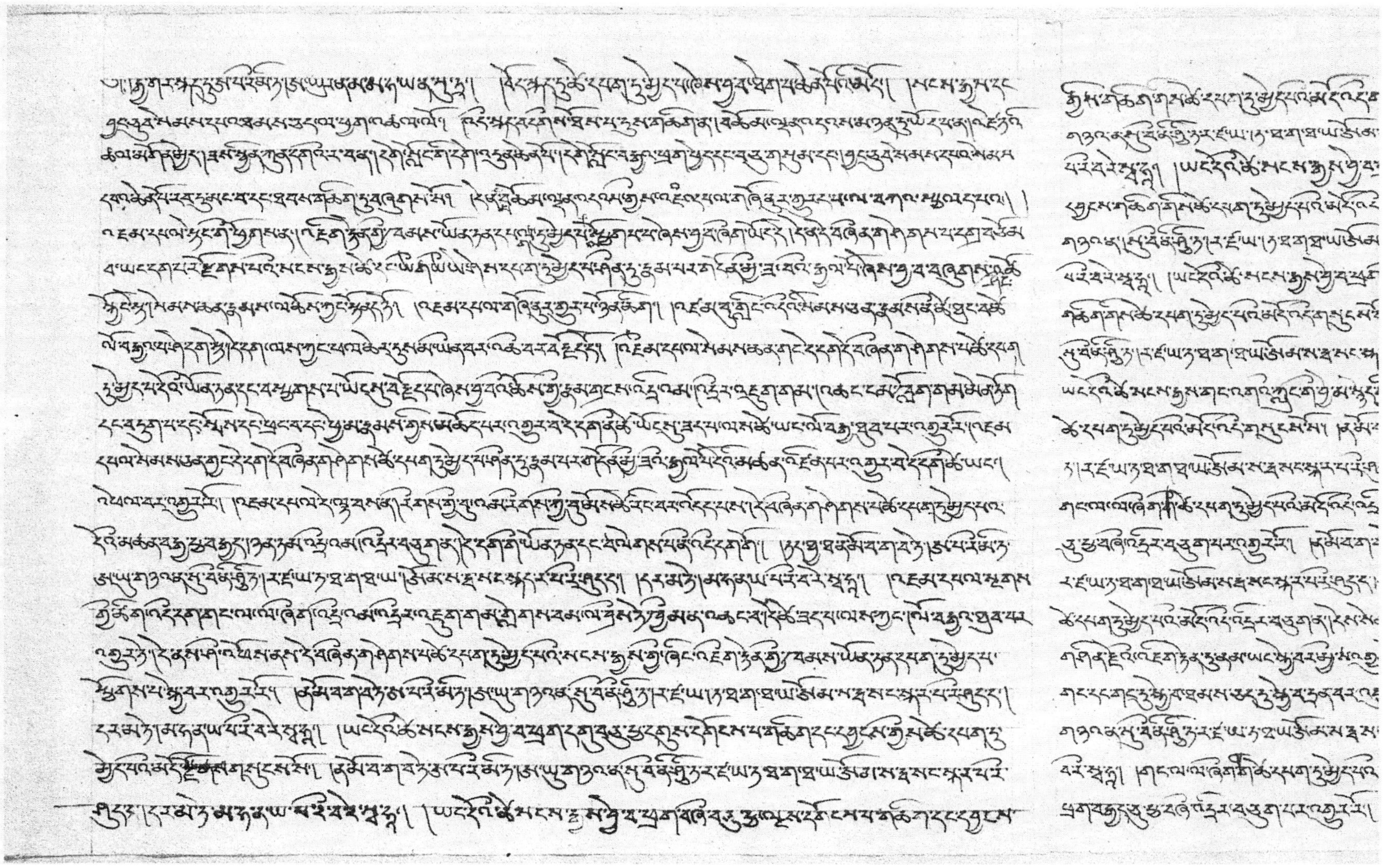

BD14263 號　藏文（無量壽宗要經甲本）　　（6–2）

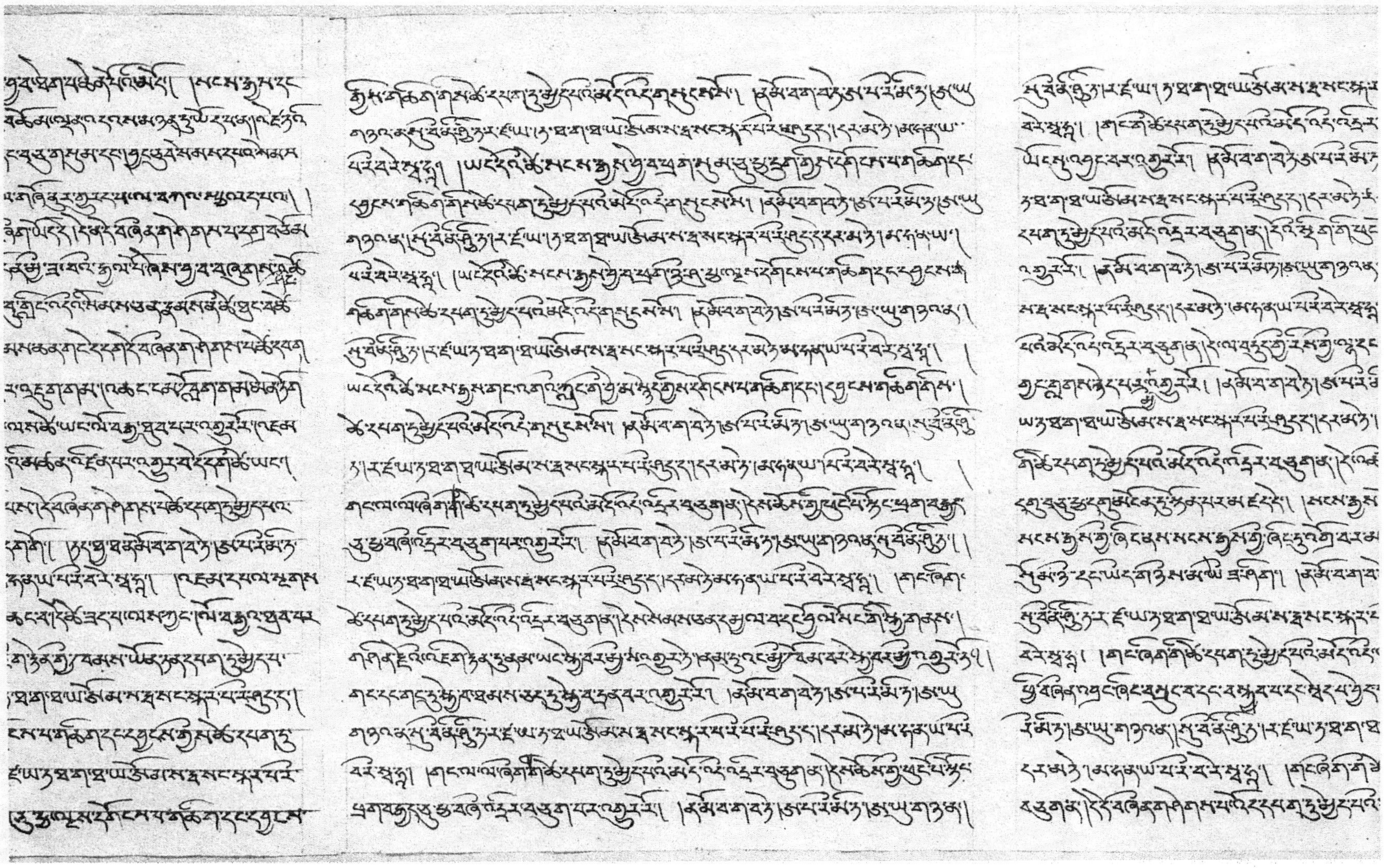

BD14263 號　藏文（無量壽宗要經甲本）　　（6–3）

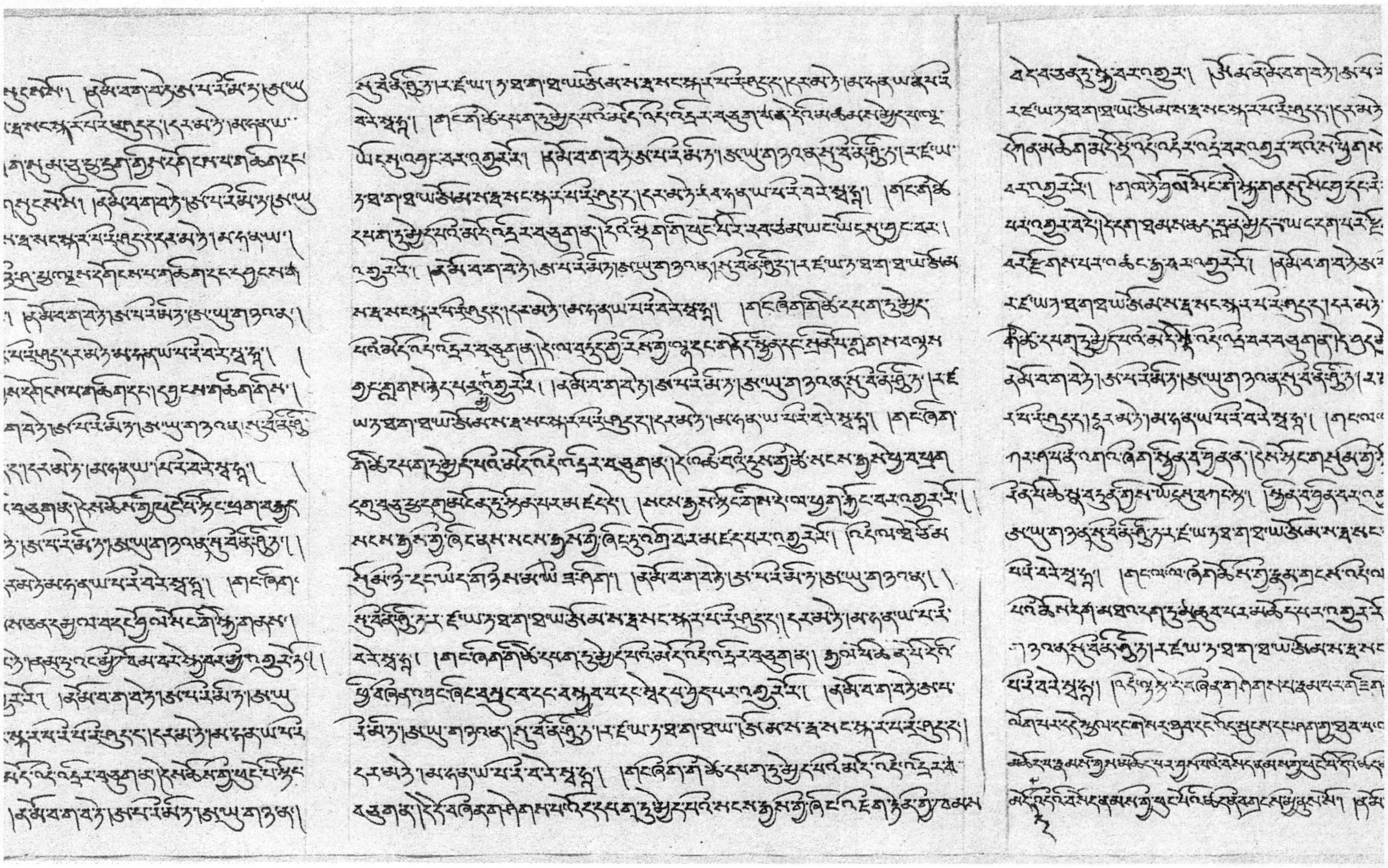

BD14263 號　藏文（無量壽宗要經甲本）　（6–4）

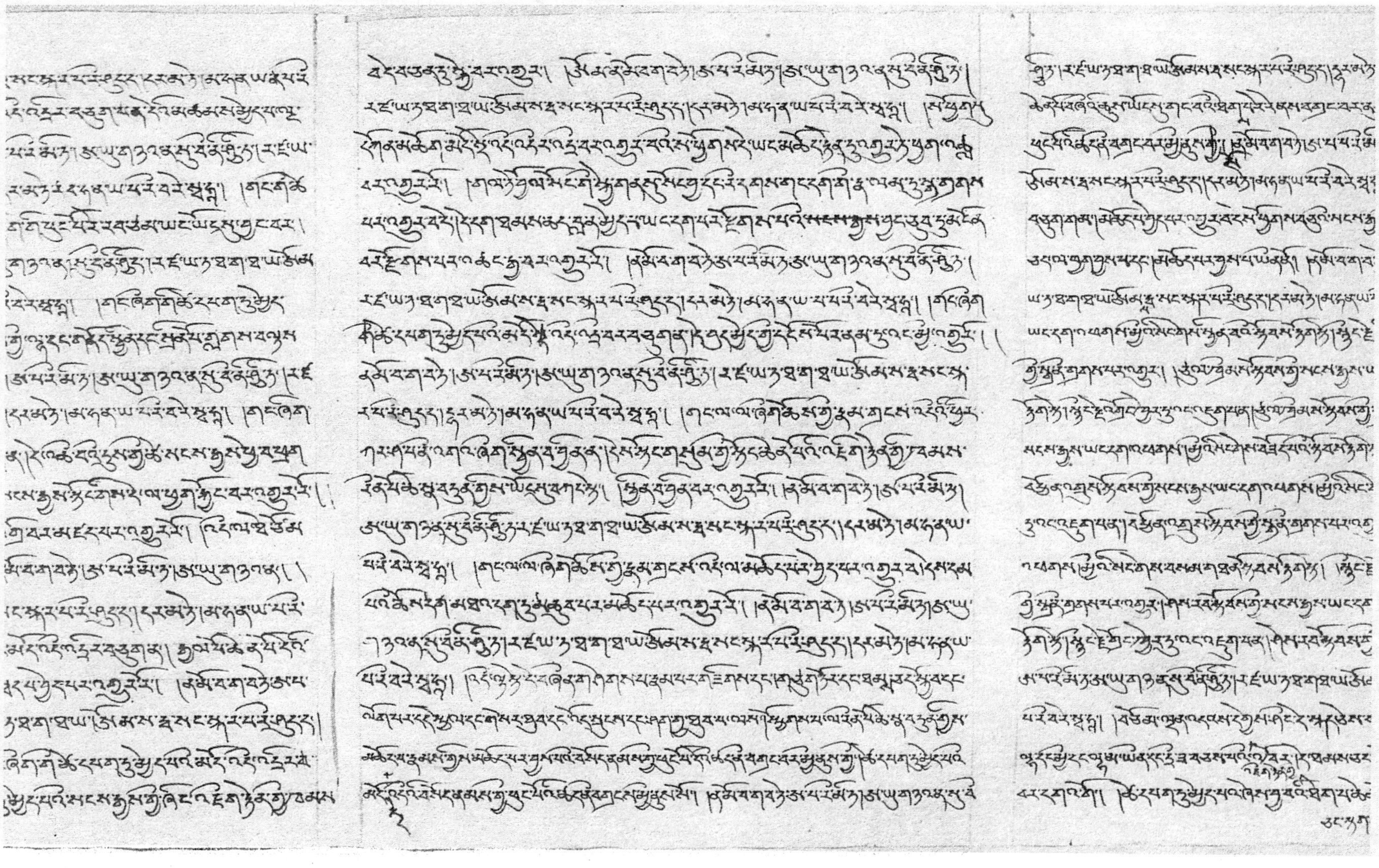

BD14263 號　藏文（無量壽宗要經甲本）　（6–5）

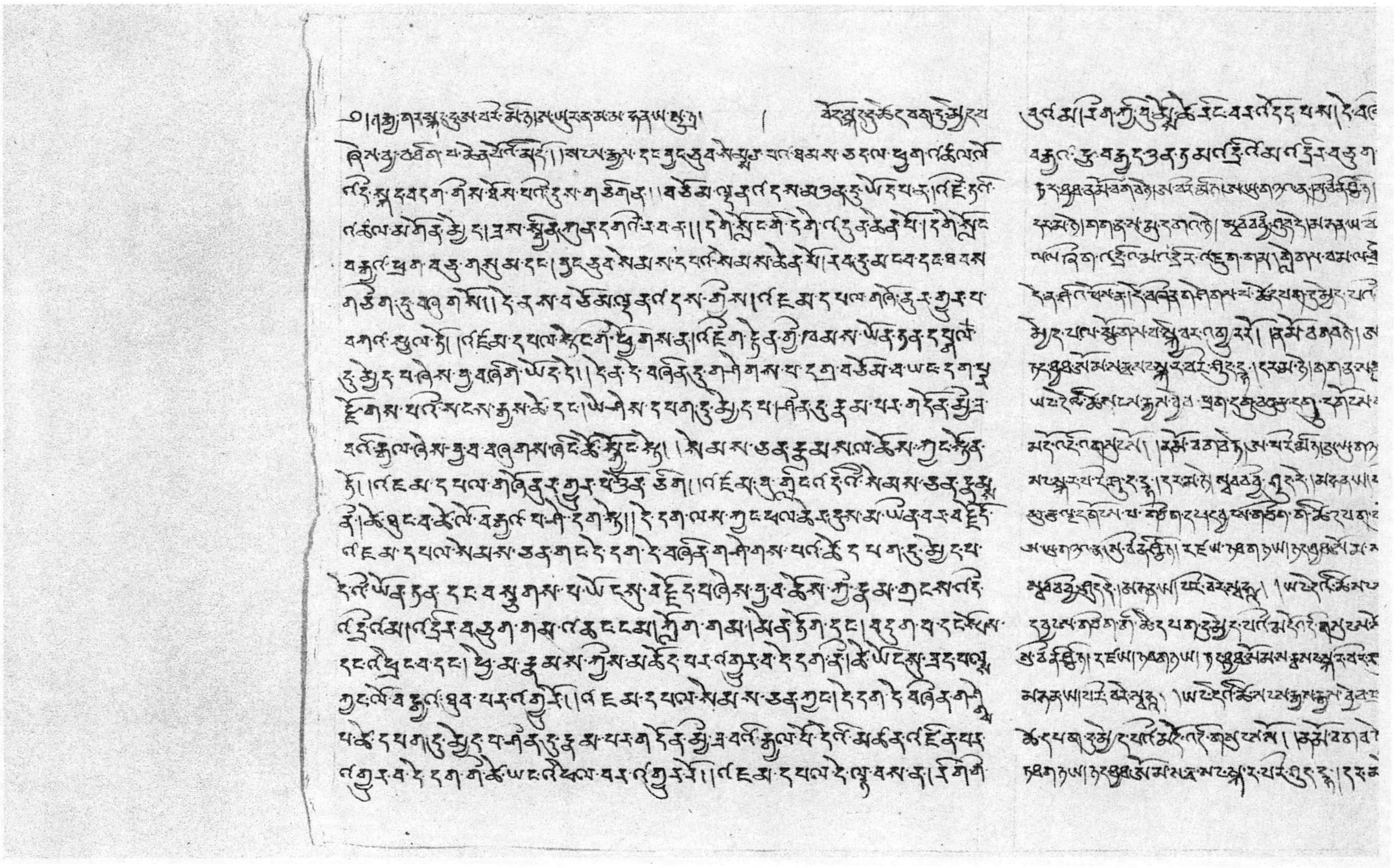

BD14264 號　藏文（無量壽宗要經乙本）　　（6–1）

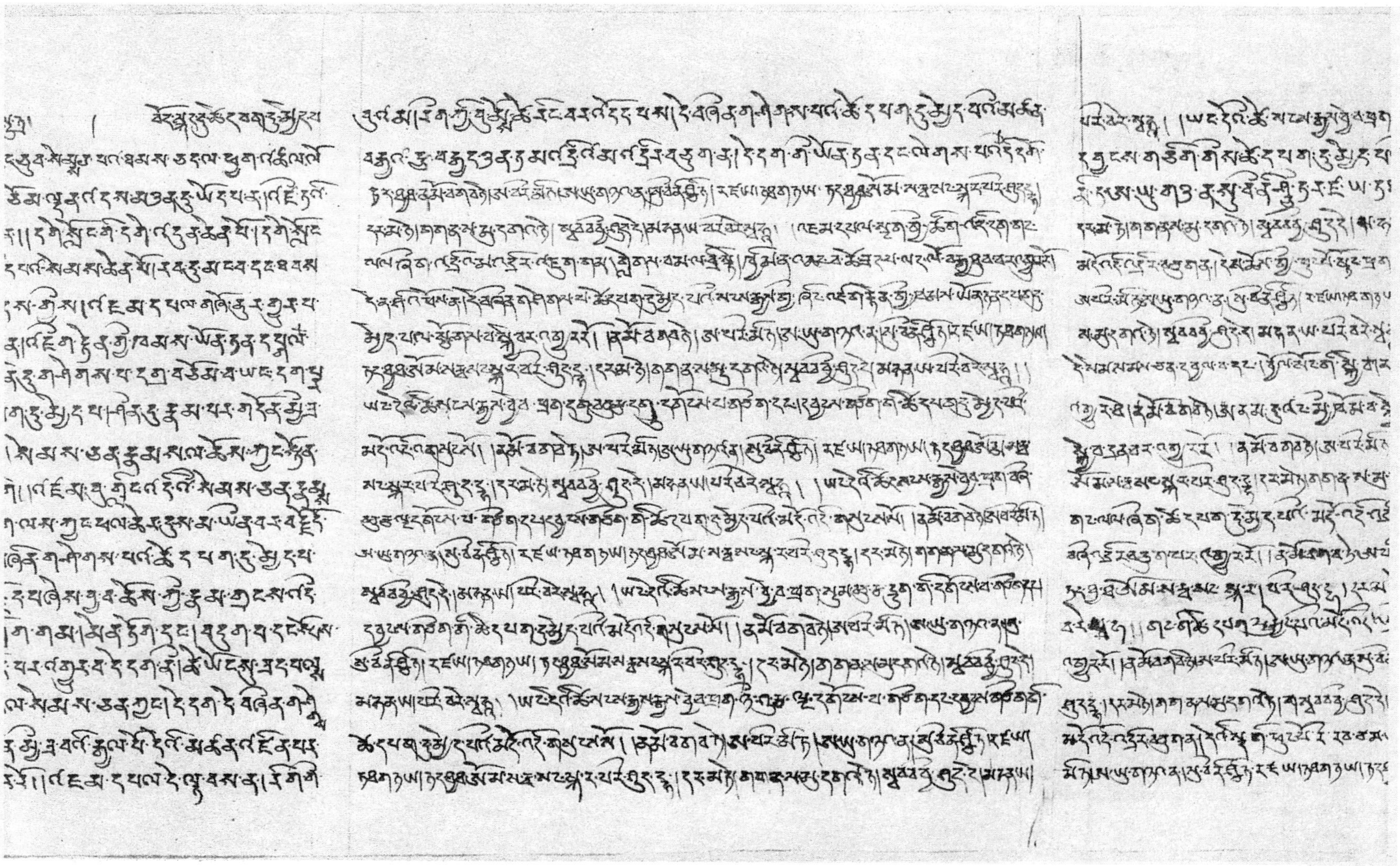

BD14264 號　藏文（無量壽宗要經乙本）　　（6–2）

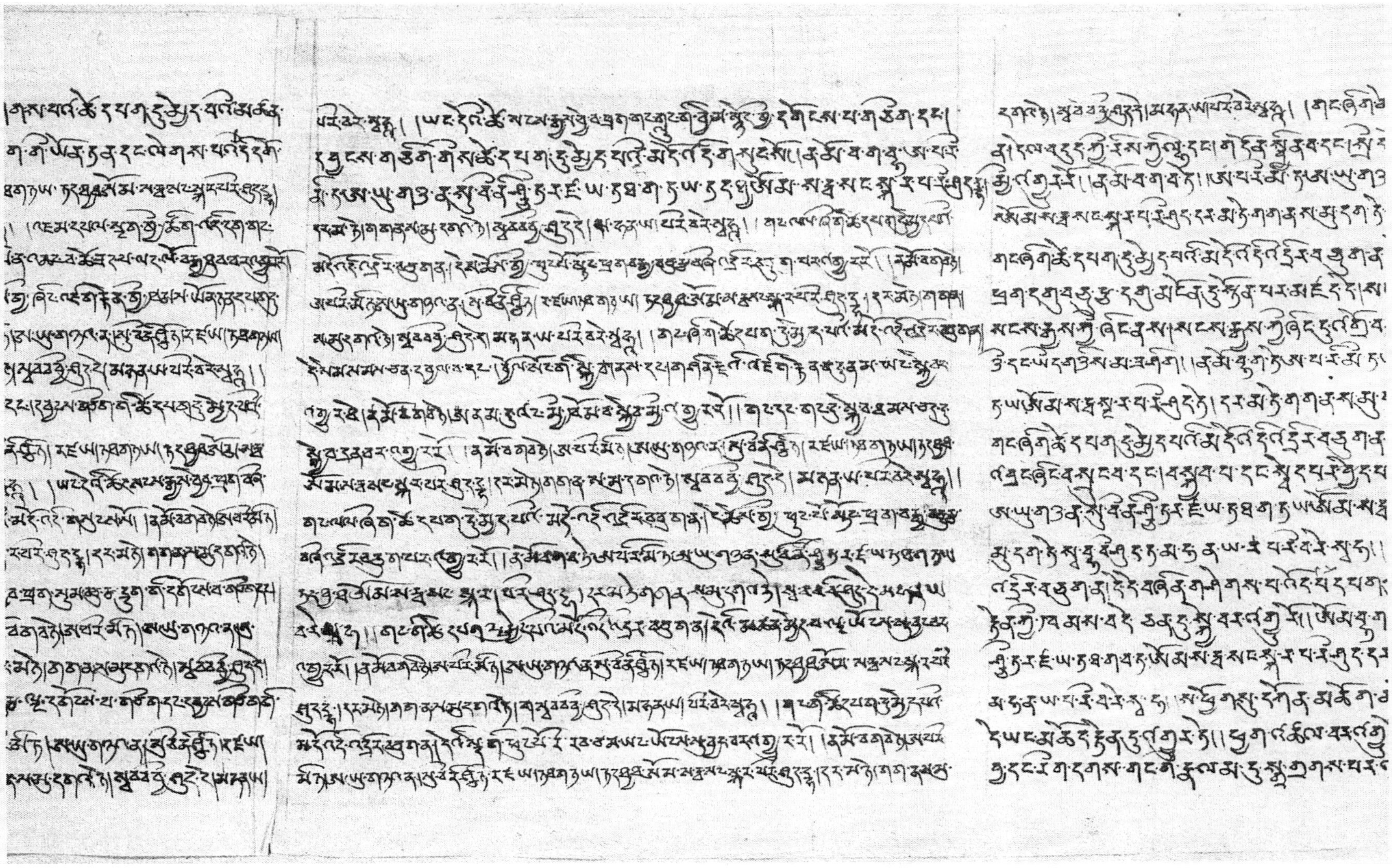

BD14264 號　藏文（無量壽宗要經乙本）　　（6–3）

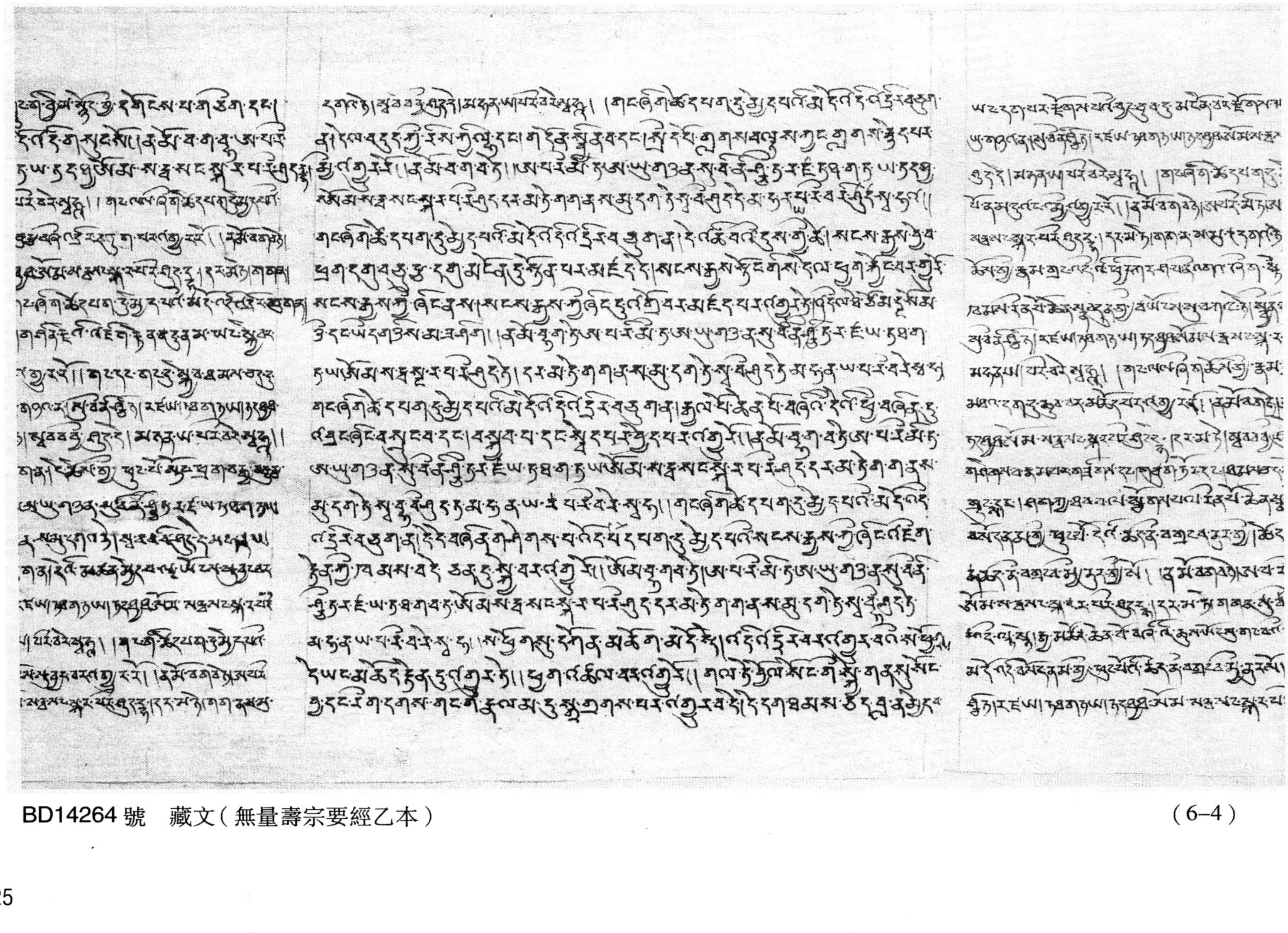

BD14264 號　藏文（無量壽宗要經乙本）　　（6–4）

BD14264號　藏文（無量壽宗要經乙本）

BD14264號　藏文（無量壽宗要經乙本）

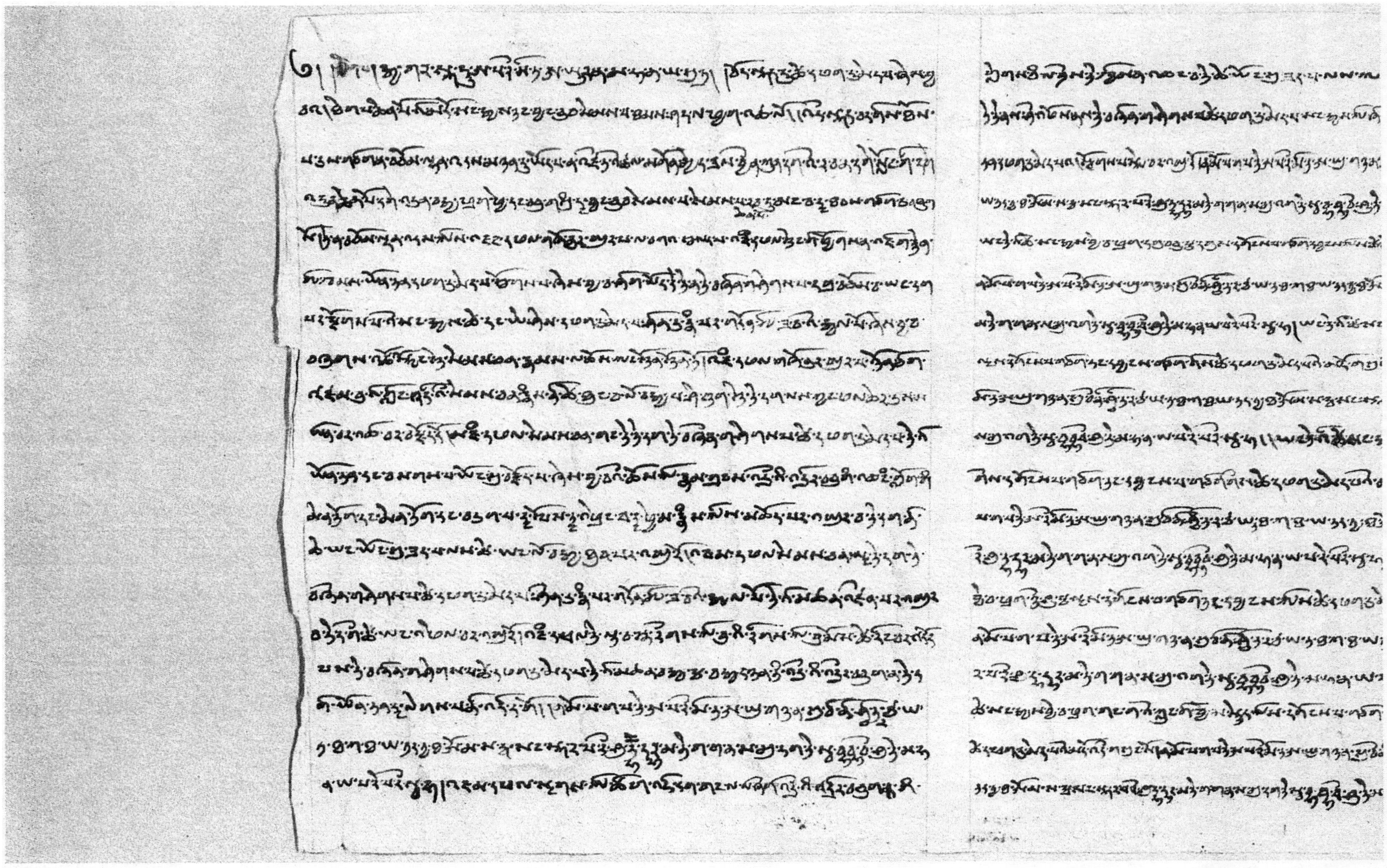

BD14265 號　藏文（無量壽宗要經甲本）　　（6–1）

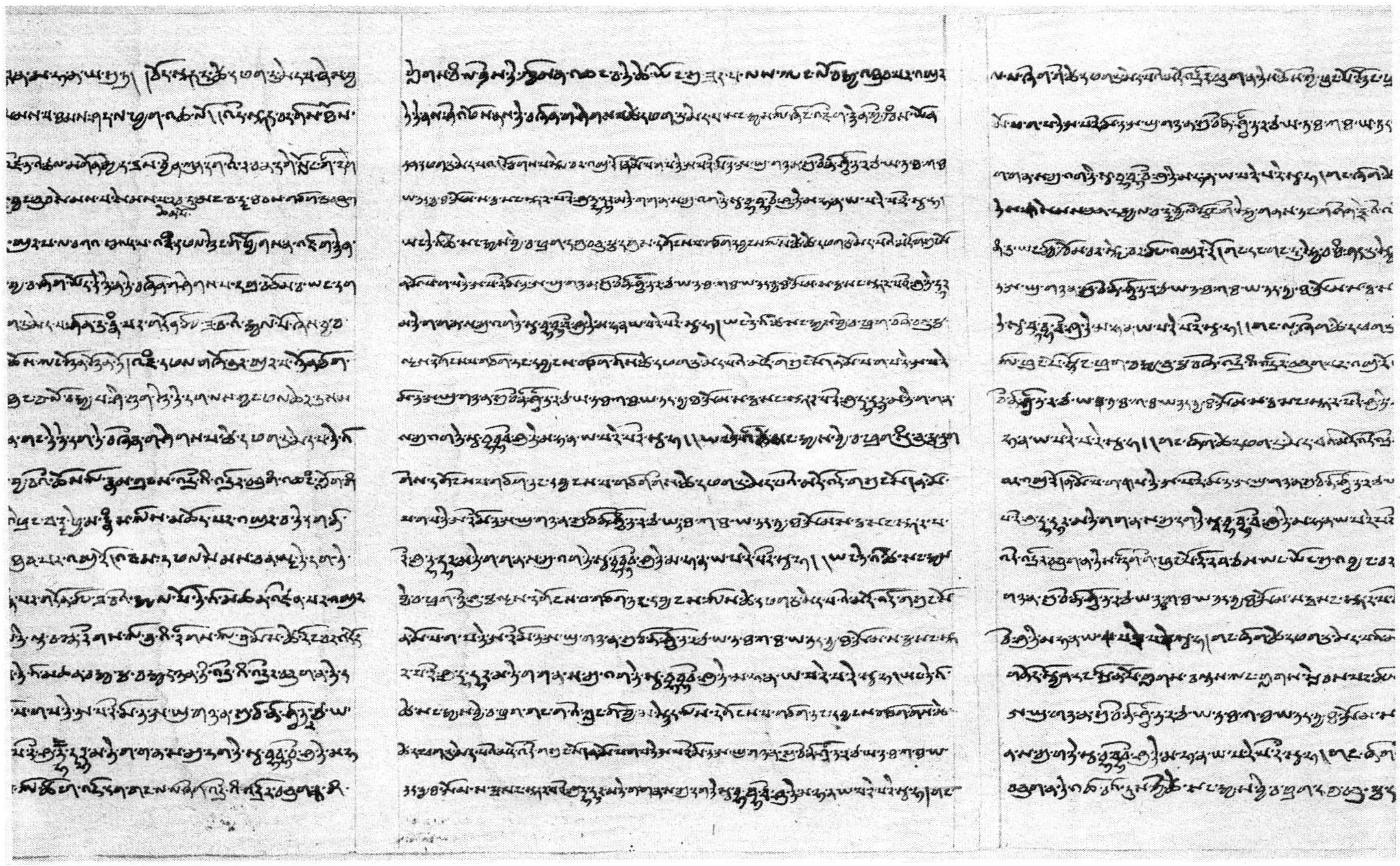

BD14265 號　藏文（無量壽宗要經甲本）　　（6–2）

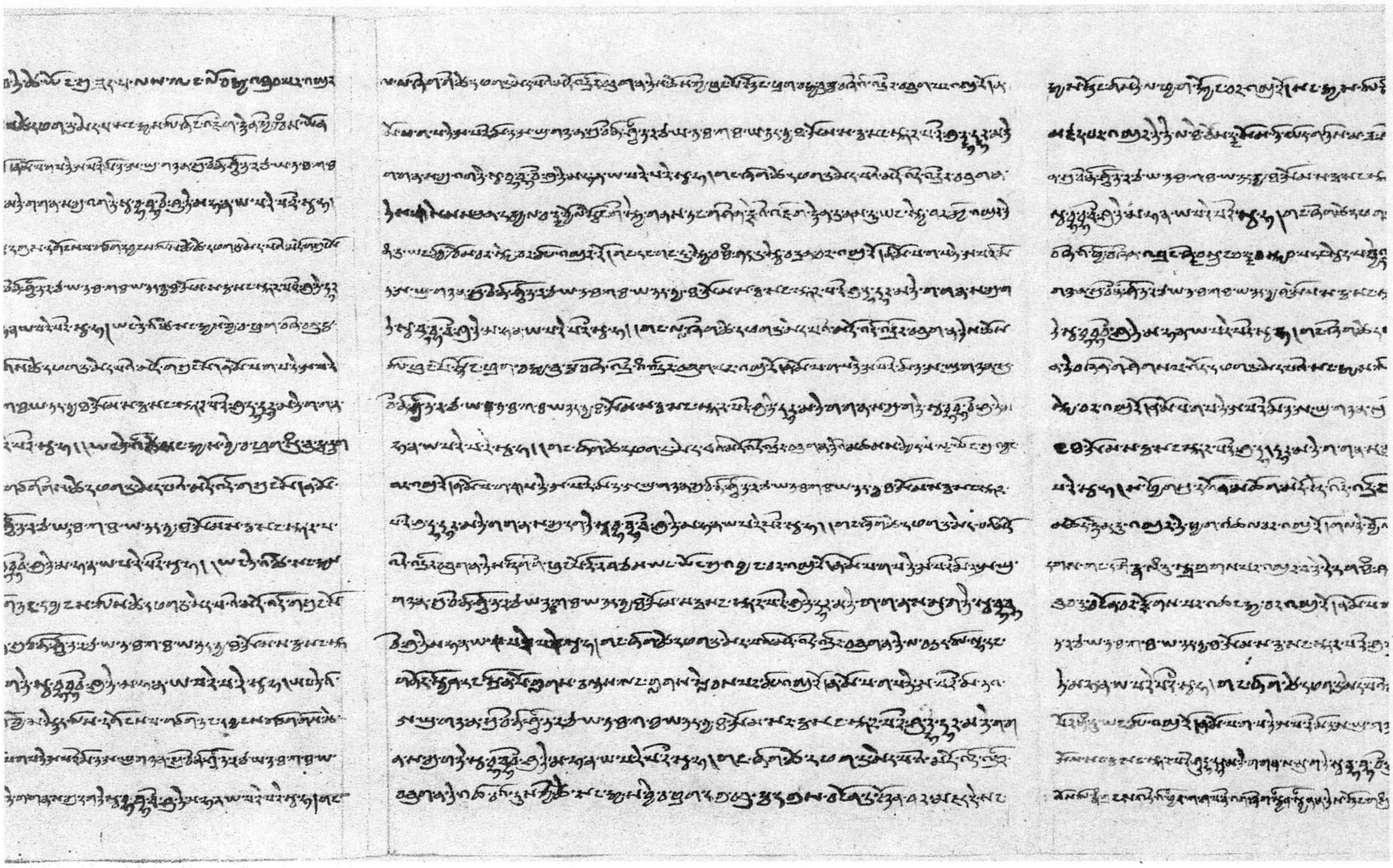

BD14265號　藏文（無量壽宗要經甲本）　（6–3）

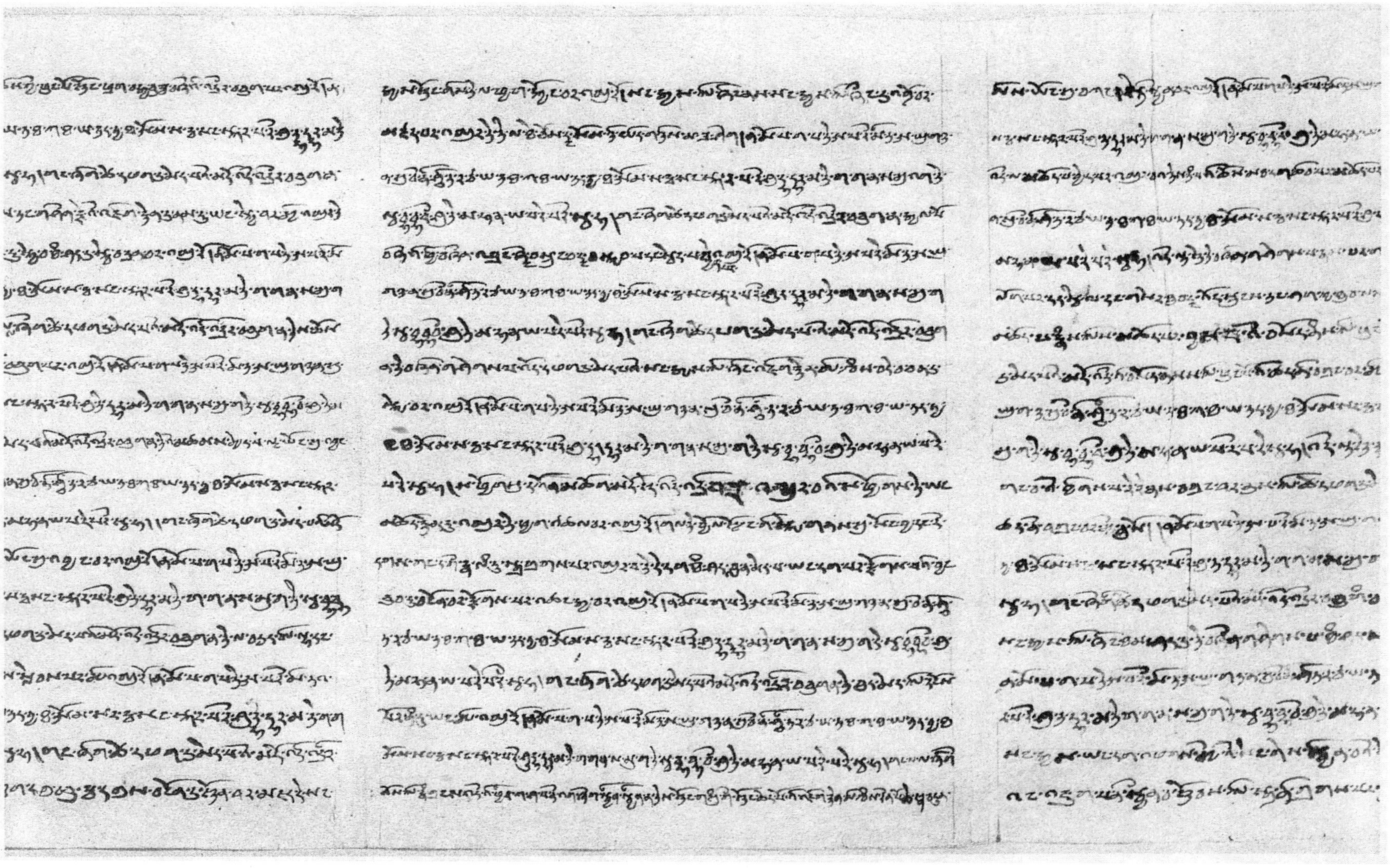

BD14265號　藏文（無量壽宗要經甲本）　（6–4）

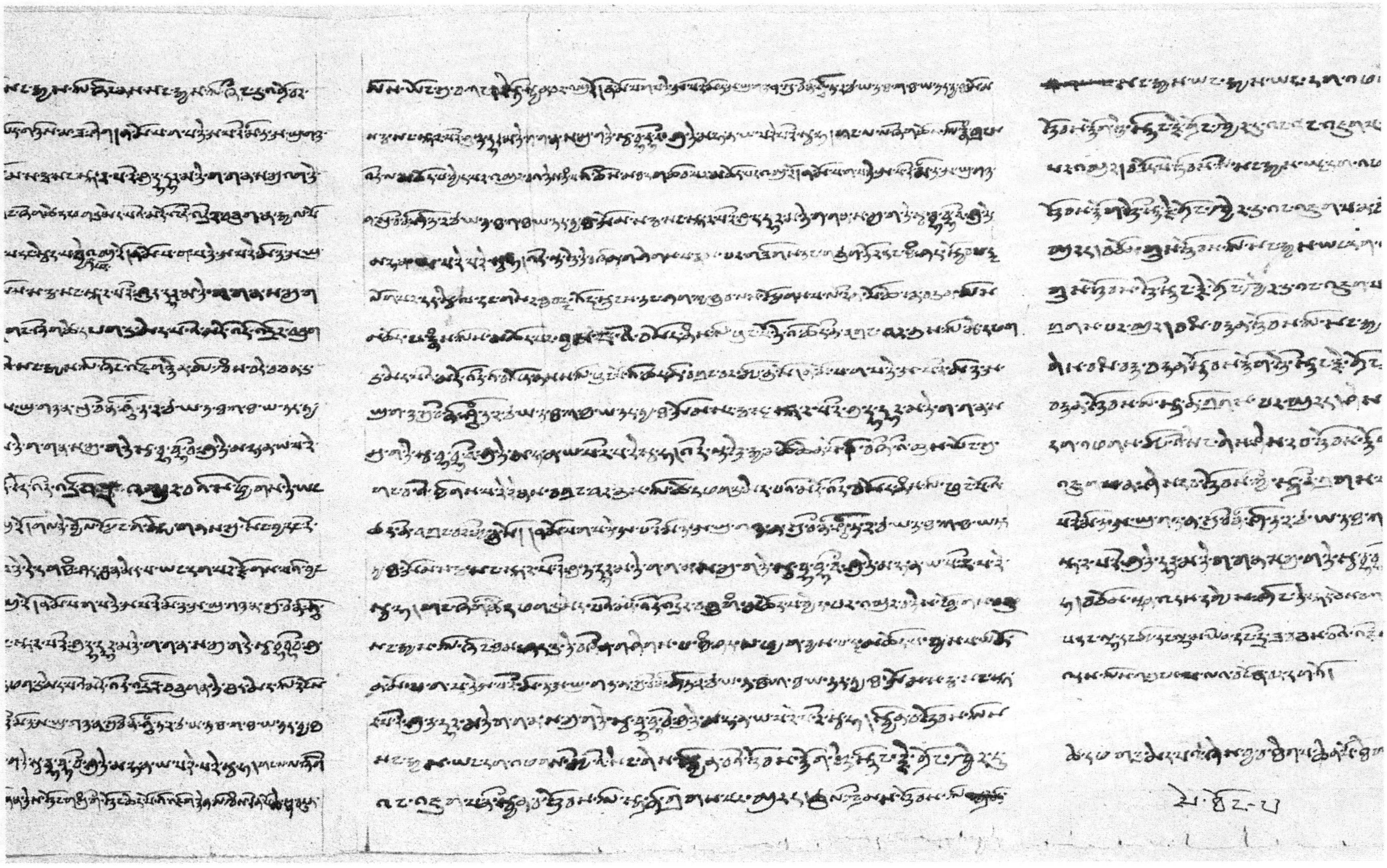

BD14265 號　藏文（無量壽宗要經甲本）　　（6–5）

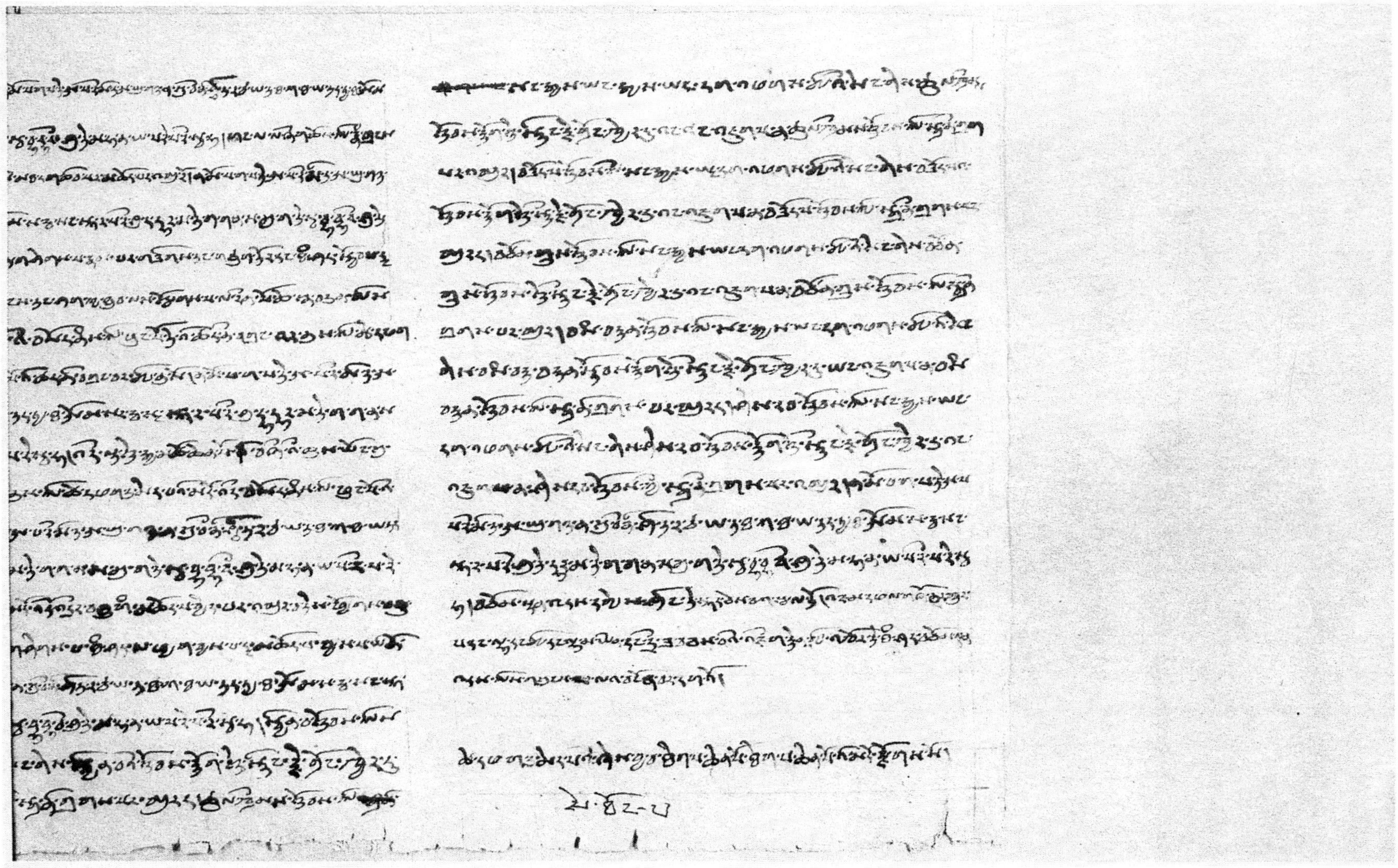

BD14265 號　藏文（無量壽宗要經甲本）　　（6–6）

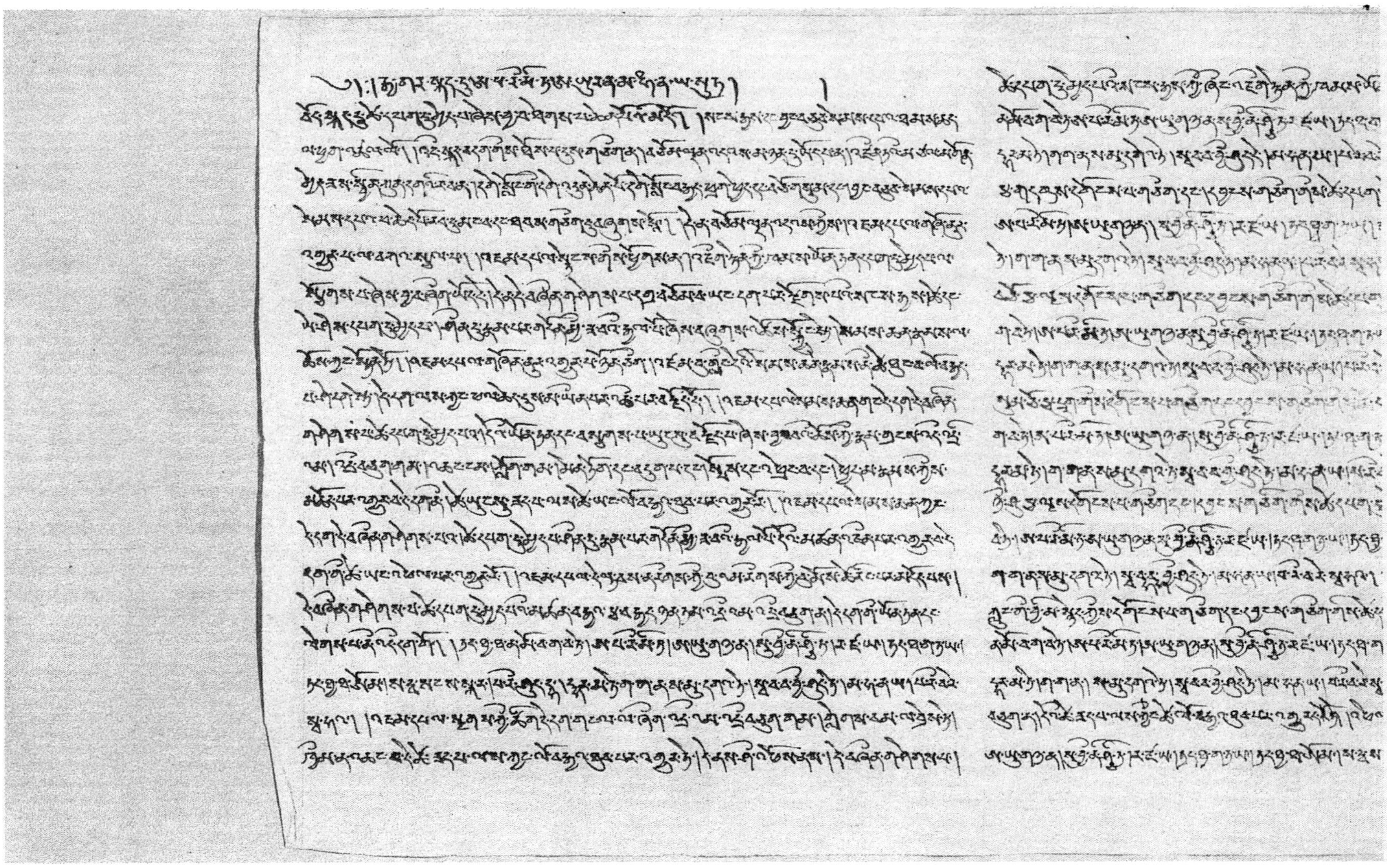

BD14266 號　藏文（無量壽宗要經甲本）　　　（6–1）

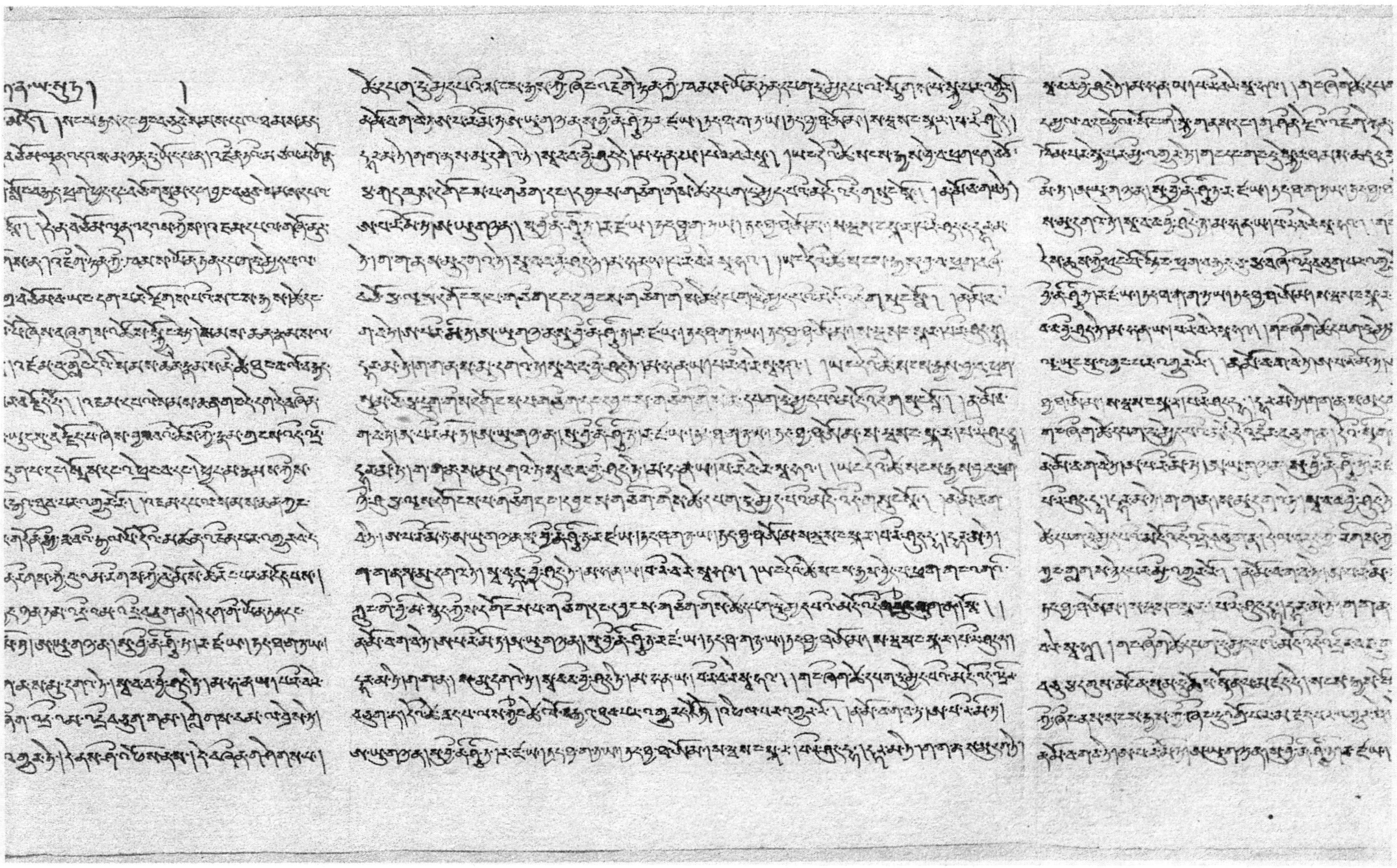

BD14266 號　藏文（無量壽宗要經甲本）　　　（6–2）

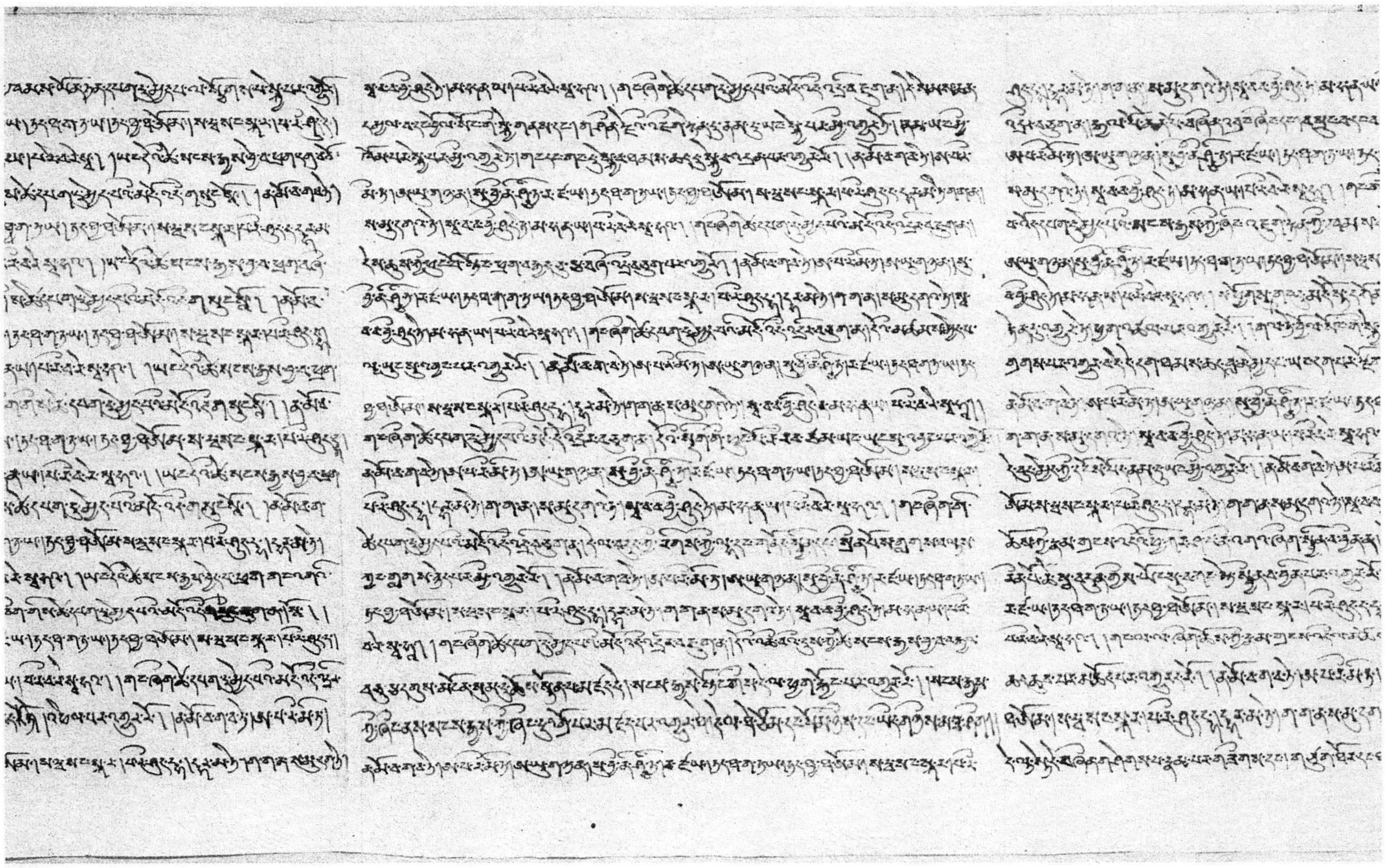

BD14266 號　藏文（無量壽宗要經甲本）　　（6–3）

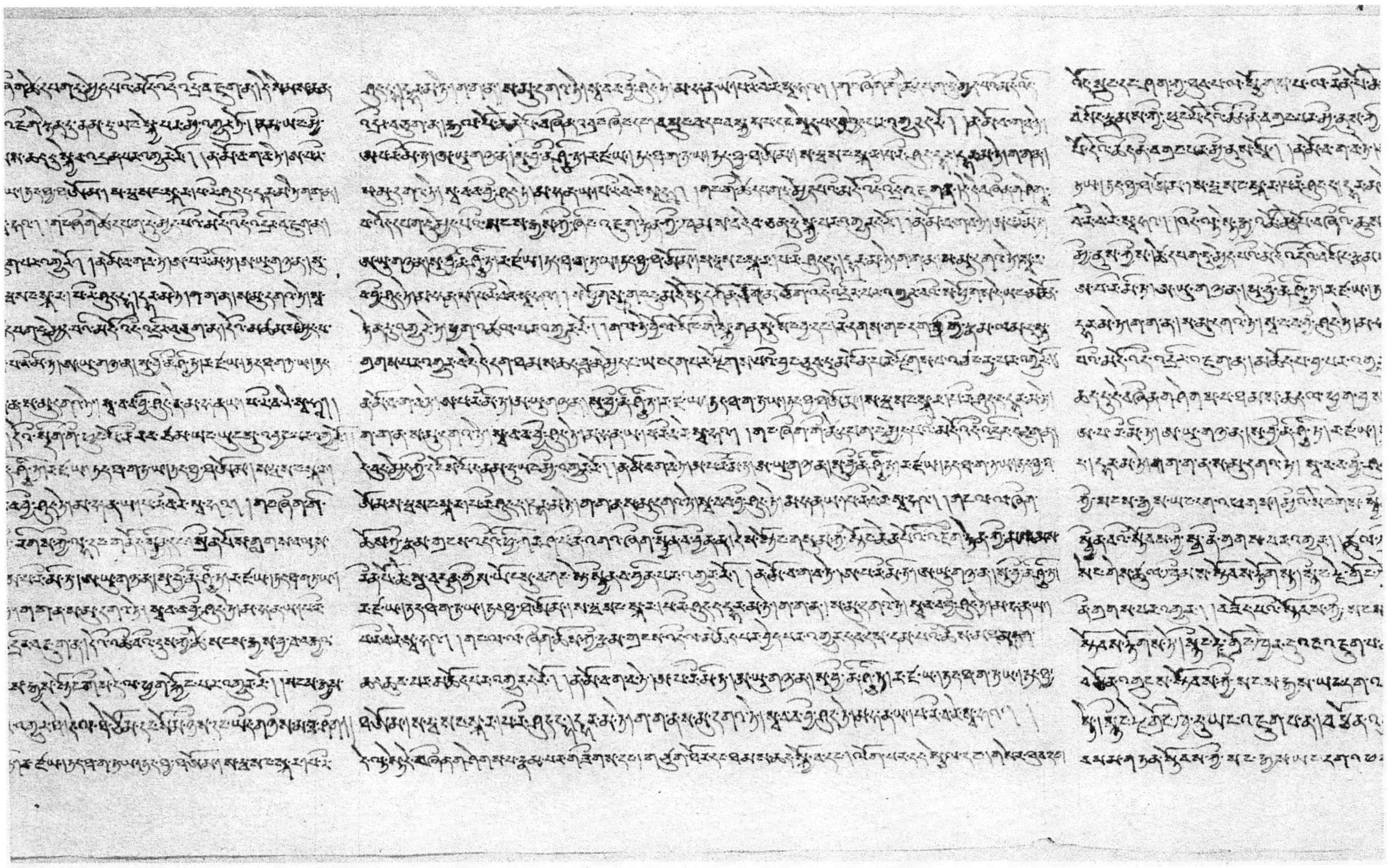

BD14266 號　藏文（無量壽宗要經甲本）　　（6–4）

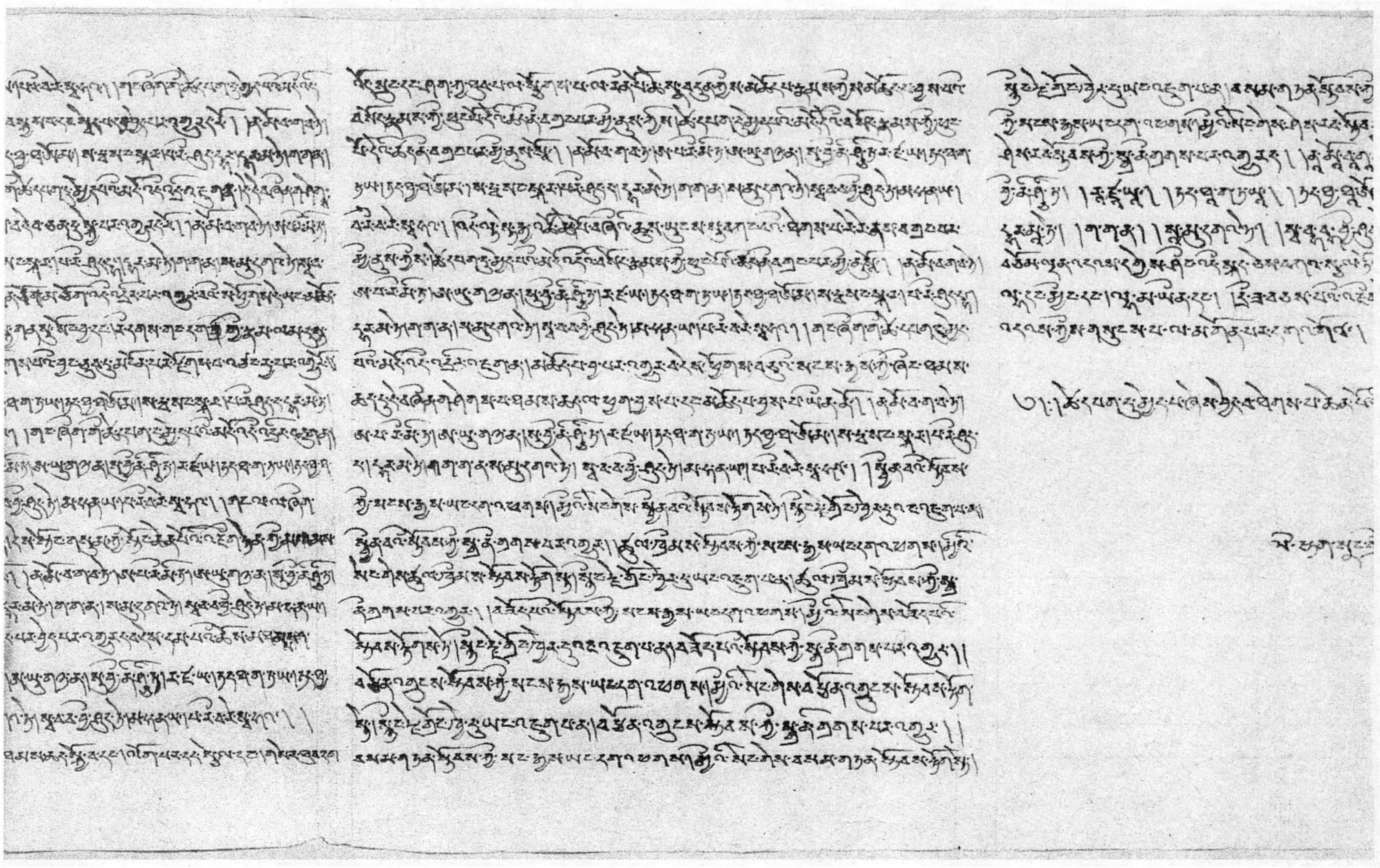

BD14266號　藏文（無量壽宗要經甲本）　（6–5）

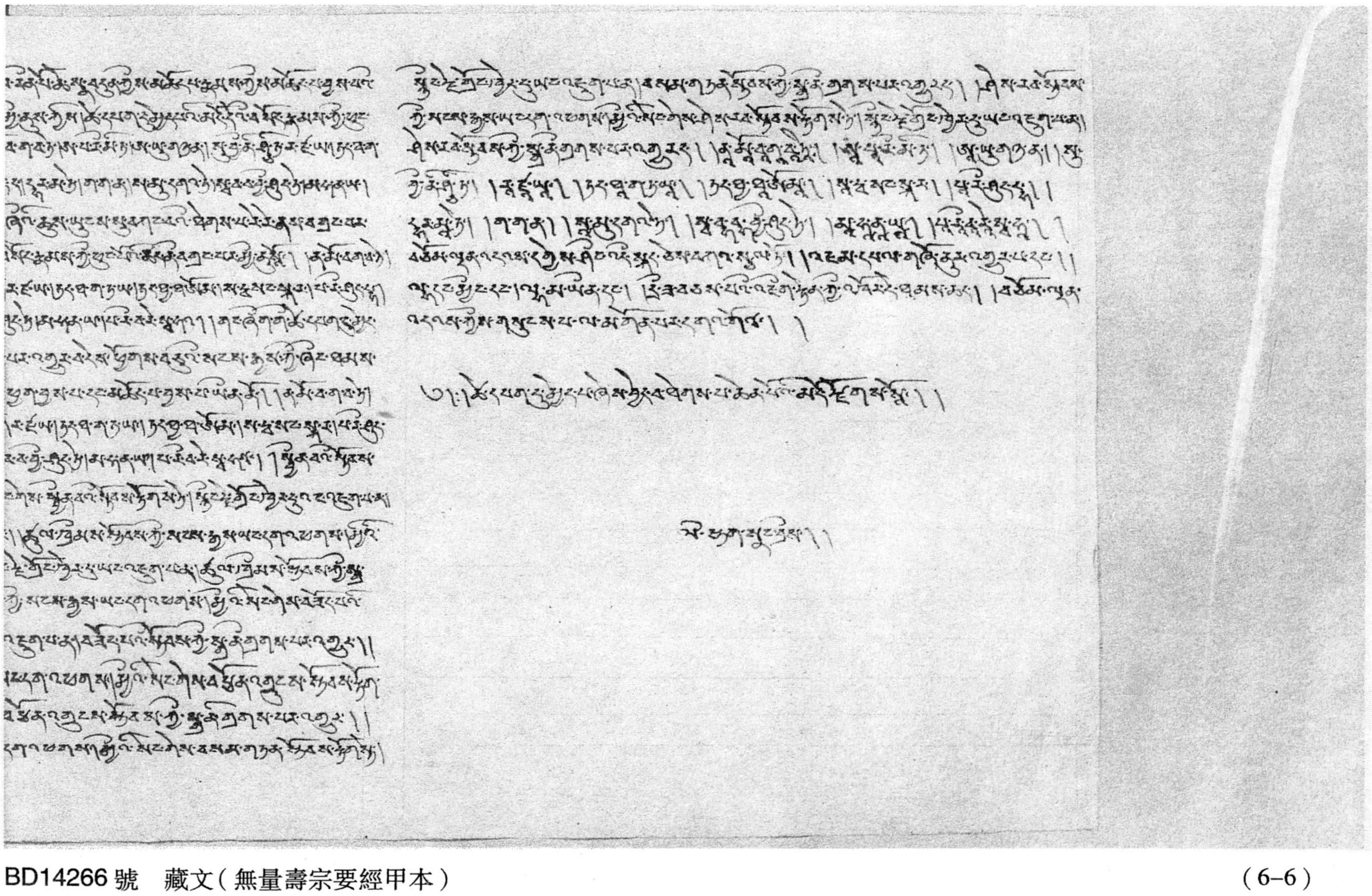

BD14266號　藏文（無量壽宗要經甲本）　（6–6）

BD14266號背　紙箋

BD14267號　藏文（無量壽宗要經甲本）

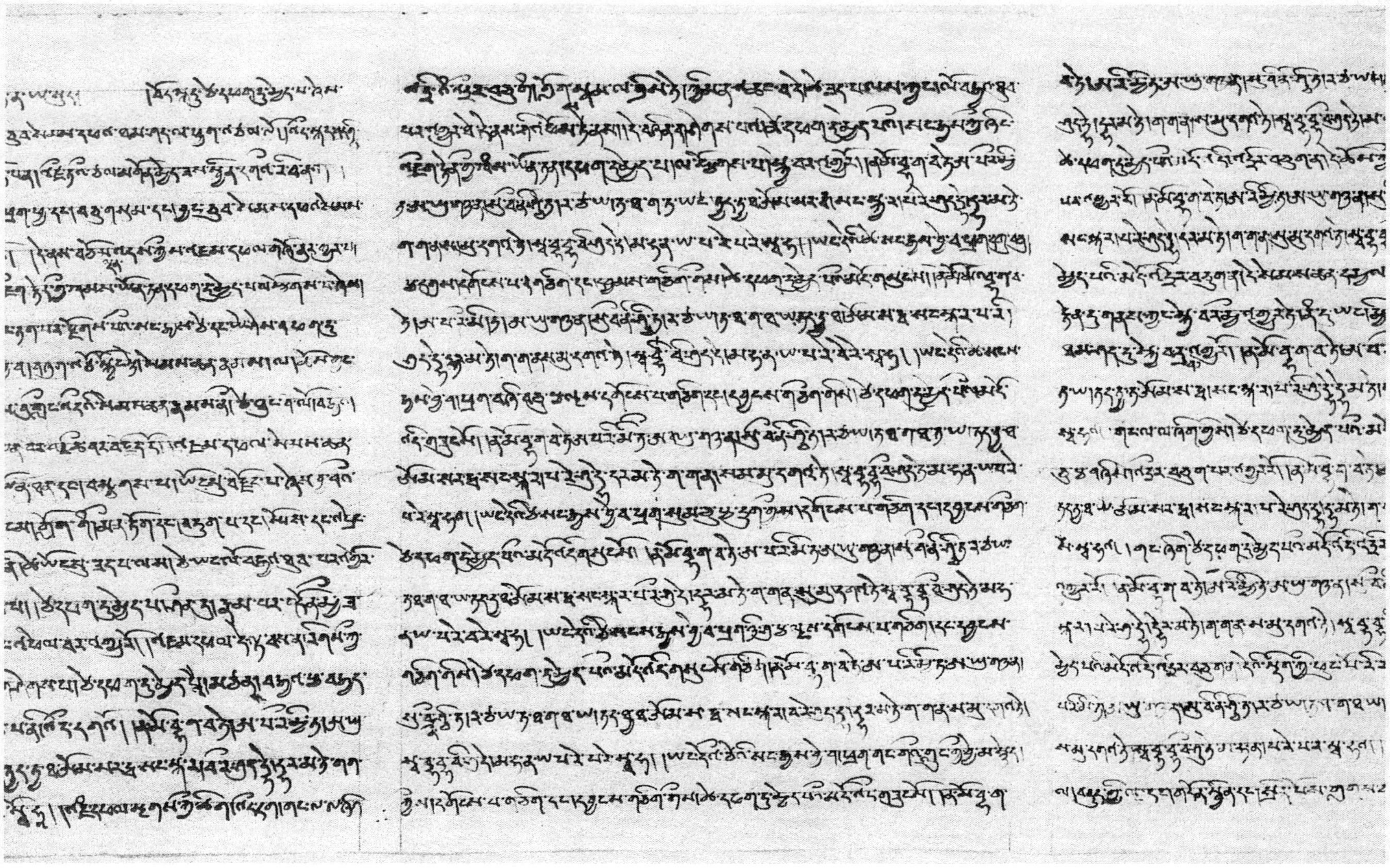

BD14267 號　藏文（無量壽宗要經甲本）　（6–2）

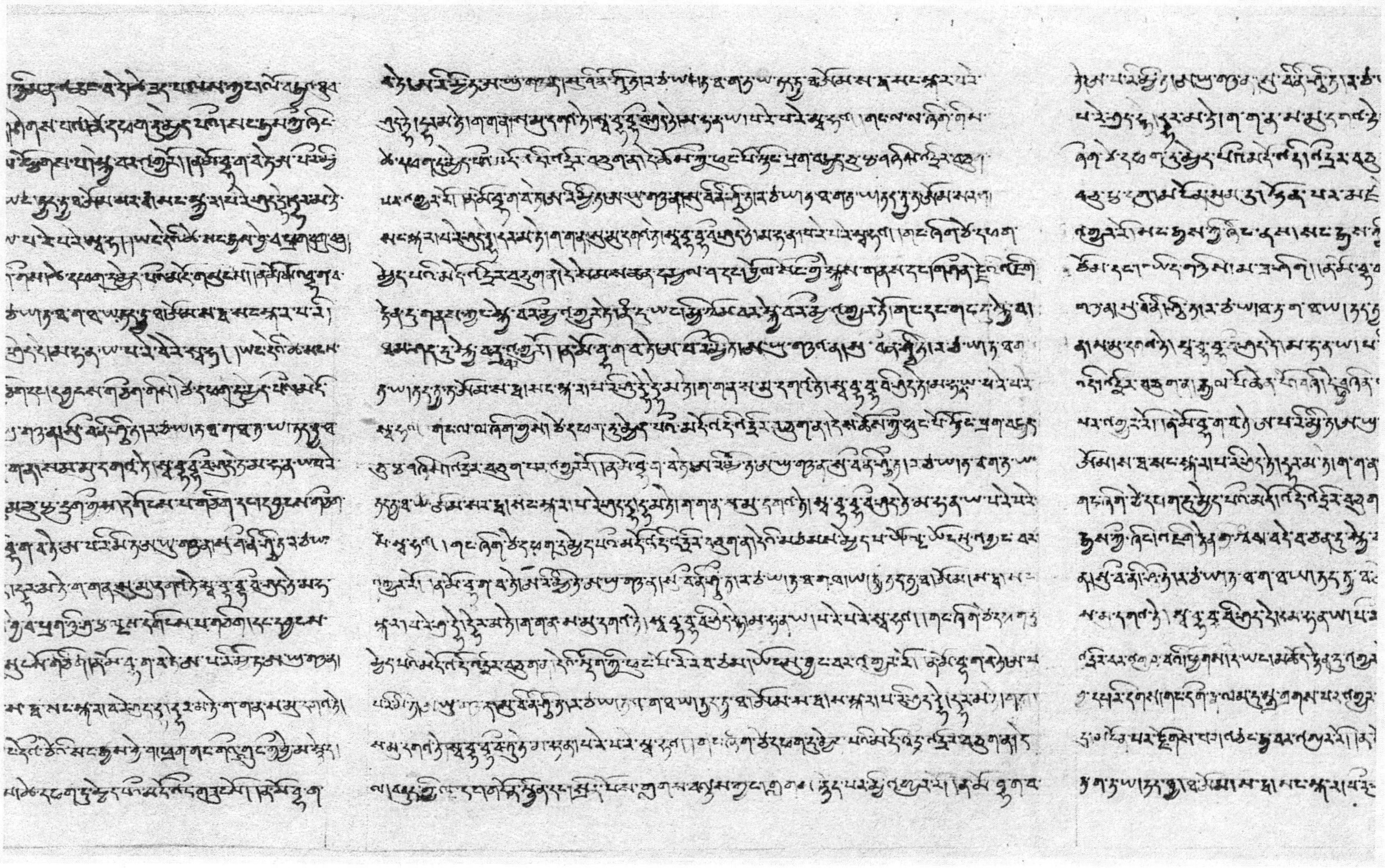

BD14267 號　藏文（無量壽宗要經甲本）　（6–3）

BD14267號　藏文（無量壽宗要經甲本）　　　　　　　　　　　　　　　　　　　　　　　　　　　　　　（6–4）

BD14267號　藏文（無量壽宗要經甲本）　　　　　　　　　　　　　　　　　　　　　　　　　　　　　　（6–5）

BD14267號 藏文（無量壽宗要經甲本）

BD14268號 藏文（無量壽宗要經乙本）

BD14268號　藏文（無量壽宗要經乙本）

BD14268號　藏文（無量壽宗要經乙本）

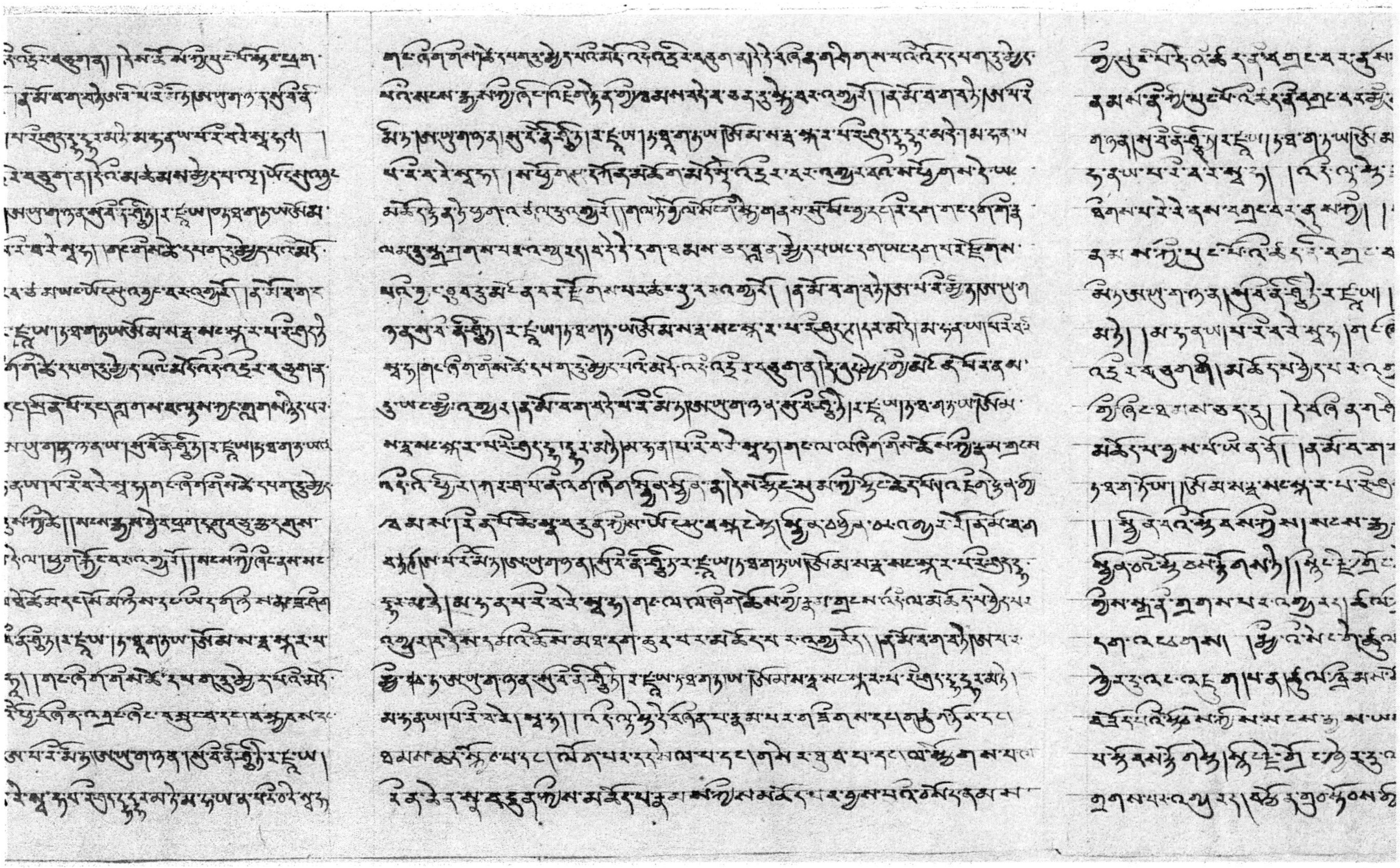

BD14268 號　藏文（無量壽宗要經乙本）　　（6–4）

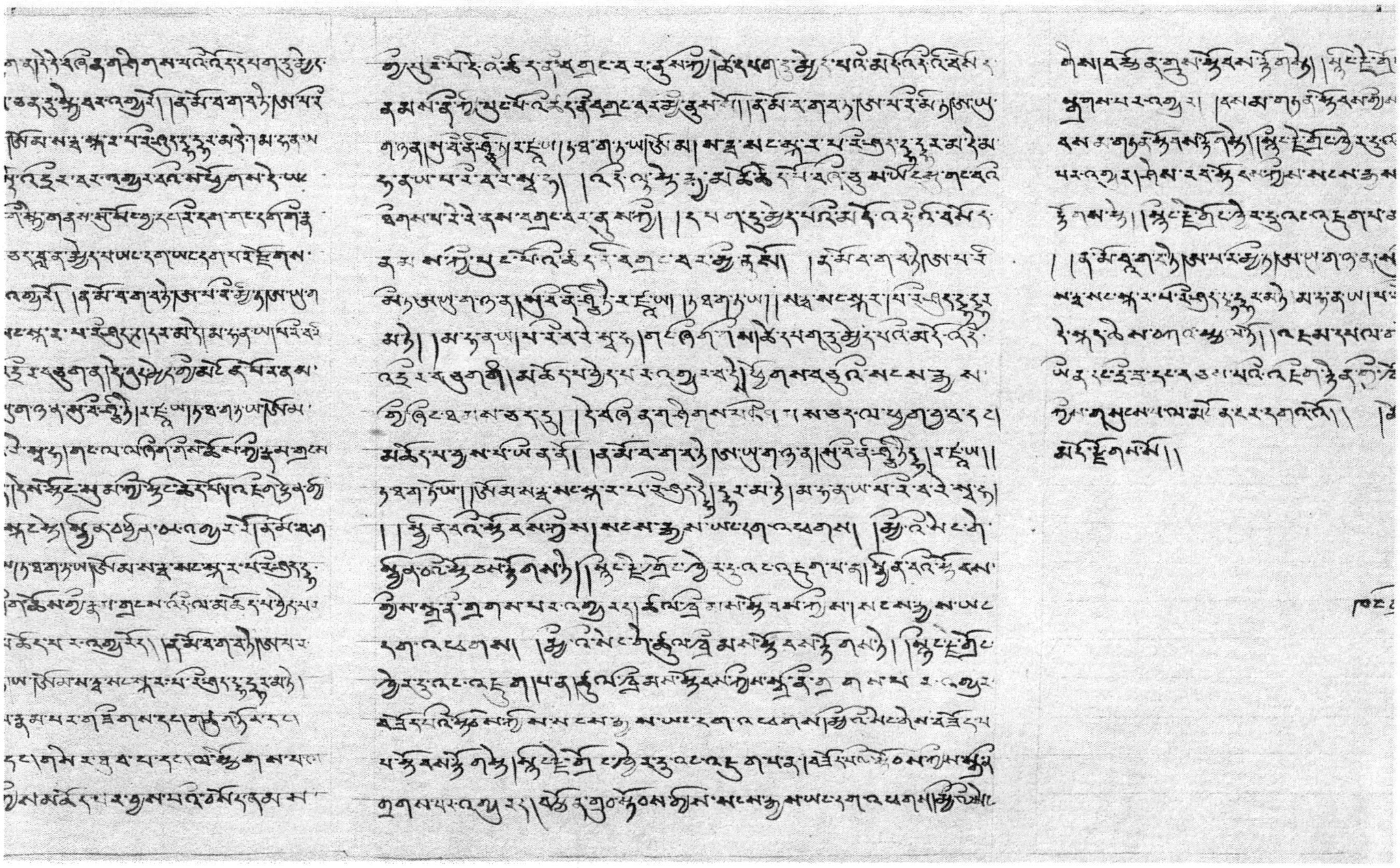

BD14268 號　藏文（無量壽宗要經乙本）　　（6–5）

BD14268號　藏文（無量壽宗要經乙本）

BD14269號　藏文（無量壽宗要經甲本）

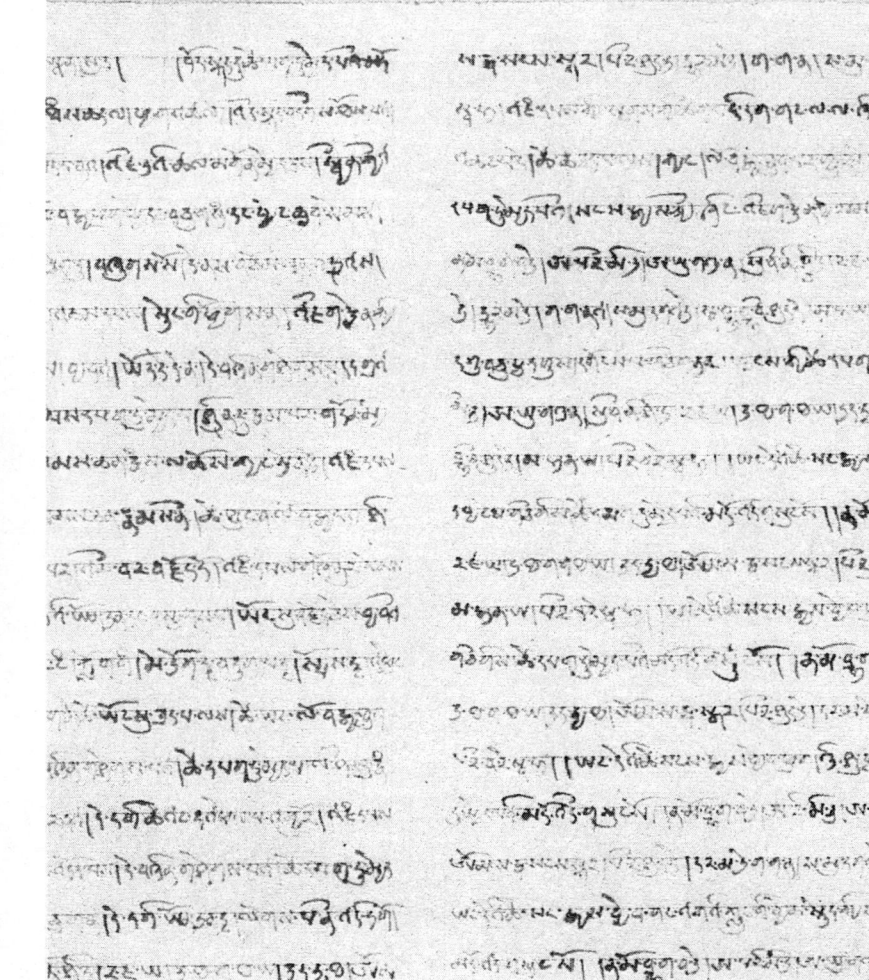

BD14269號　藏文（無量壽宗要經甲本）

BD14269號　藏文（無量壽宗要經甲本）

BD14270號1　藏文（無量壽宗要經甲本）

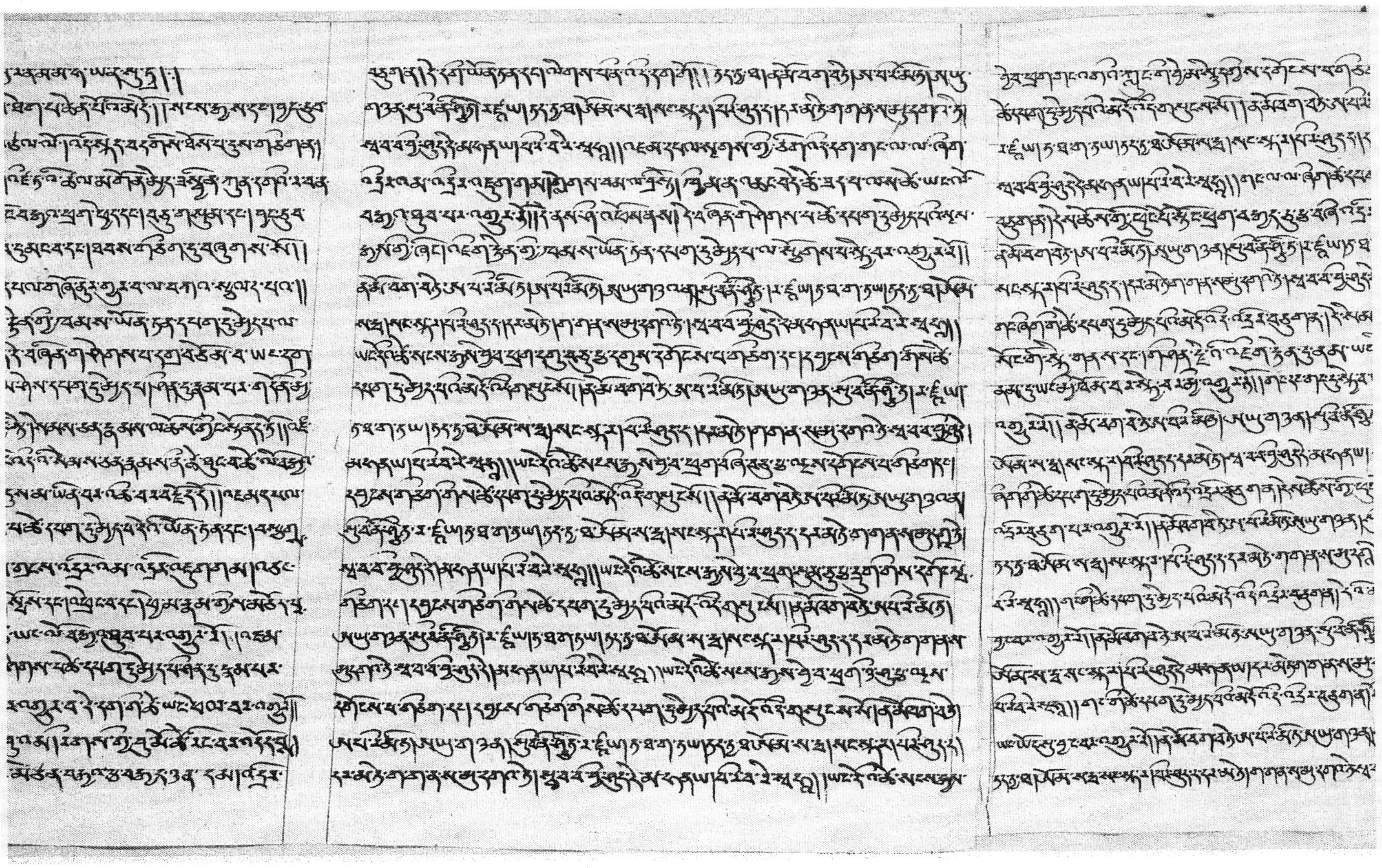

BD14270 號 1　藏文（無量壽宗要經甲本）　（30–2）

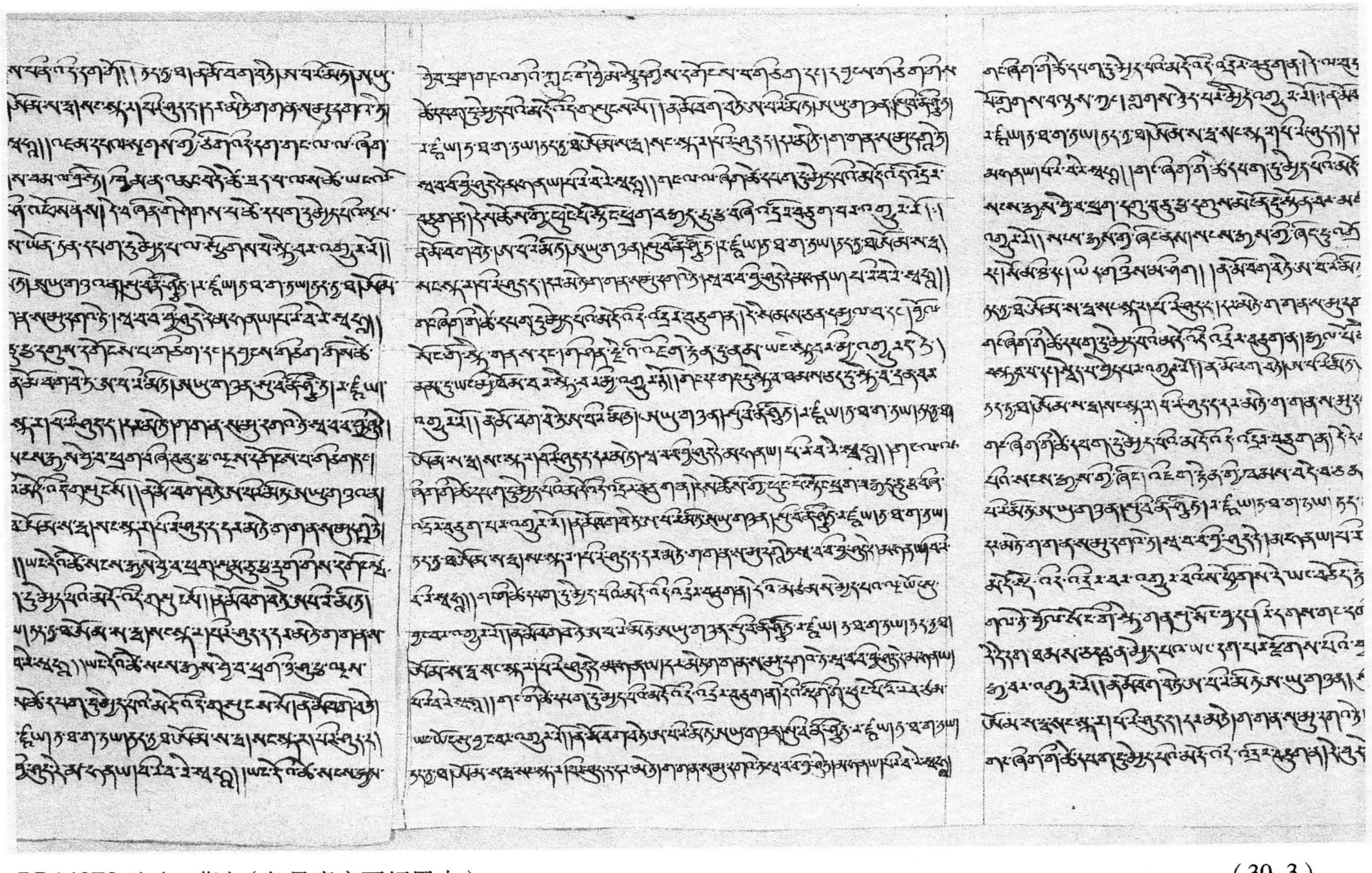

BD14270 號 1　藏文（無量壽宗要經甲本）　（30–3）

BD14270 號 1 藏文（無量壽宗要經甲本）

BD14270 号 1　藏文（無量壽宗要經甲本）

BD14270 号 2　藏文（無量壽宗要經甲本）

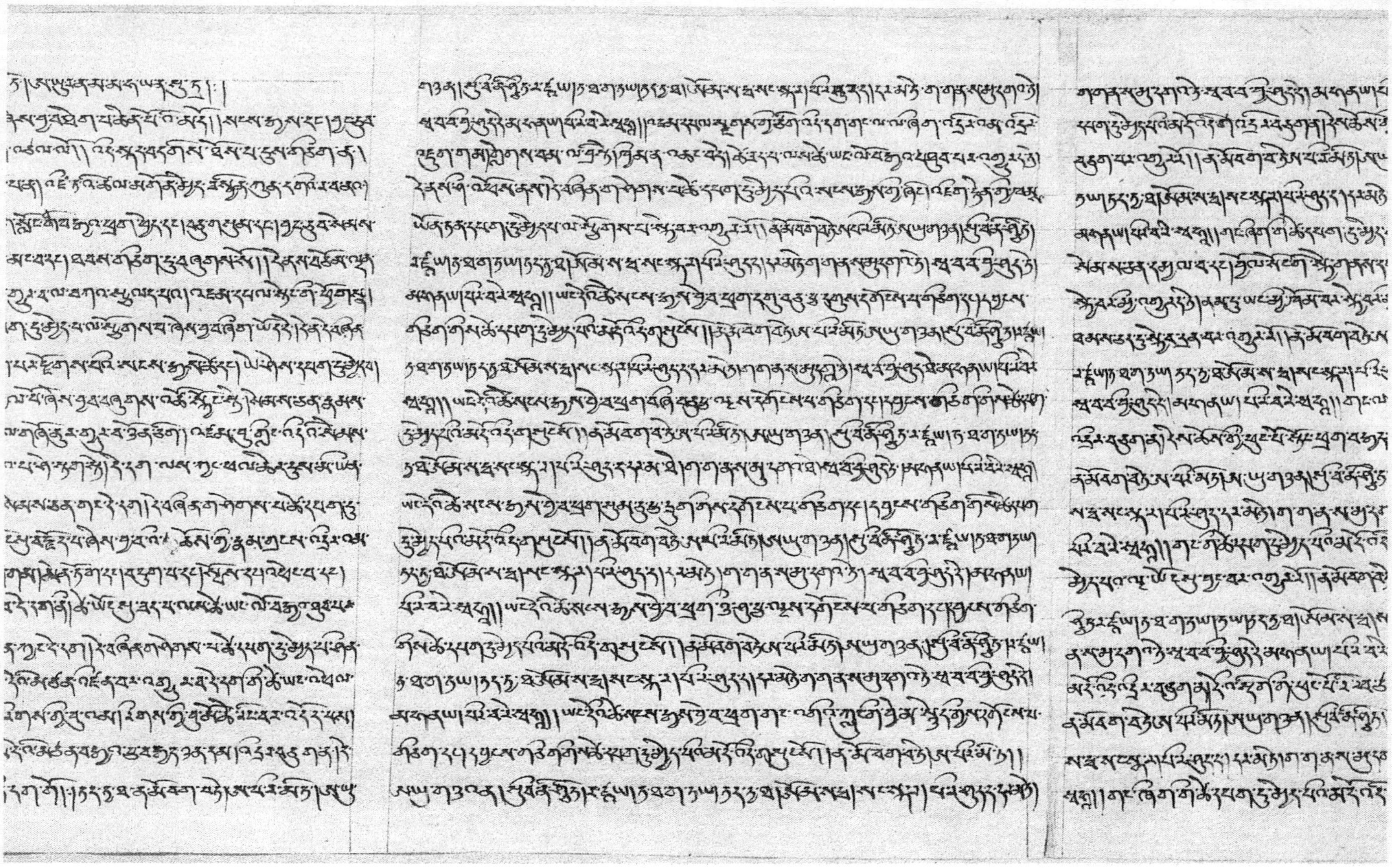

BD14270 號 2　藏文（無量壽宗要經甲本）　（30–8）

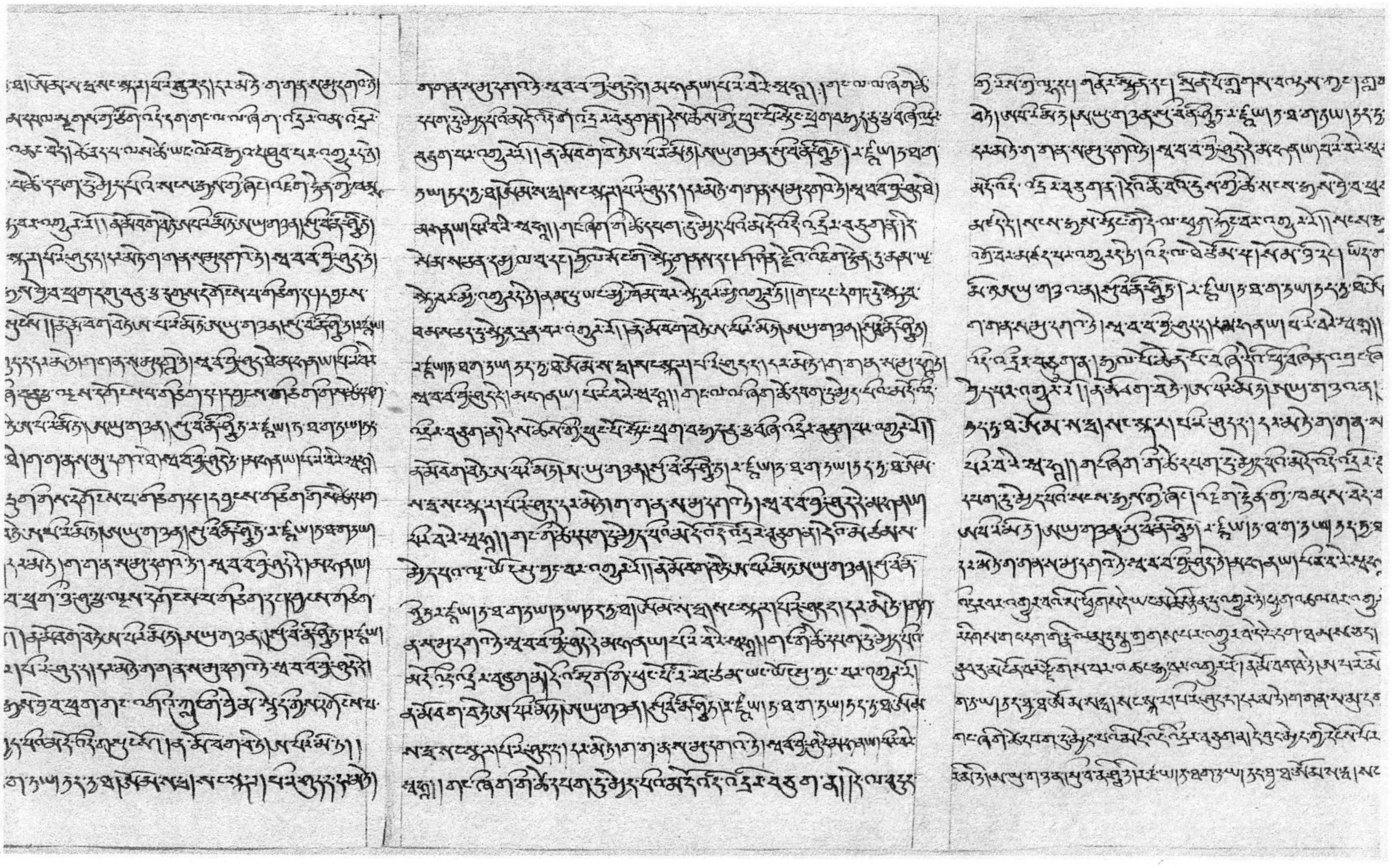

BD14270 號 2　藏文（無量壽宗要經甲本）　（30–9）

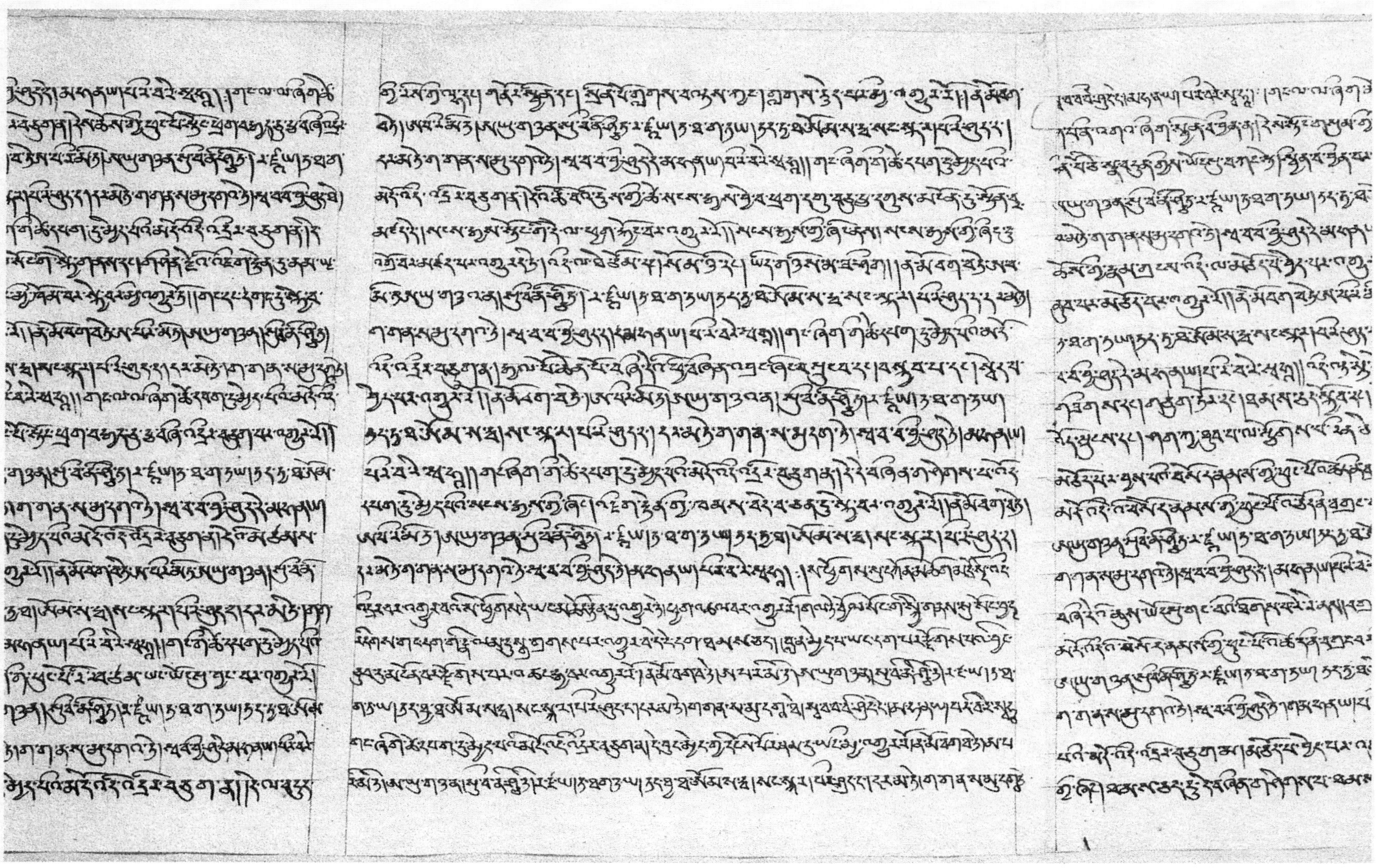

BD14270 號 2　藏文（無量壽宗要經甲本）　　（30–10）

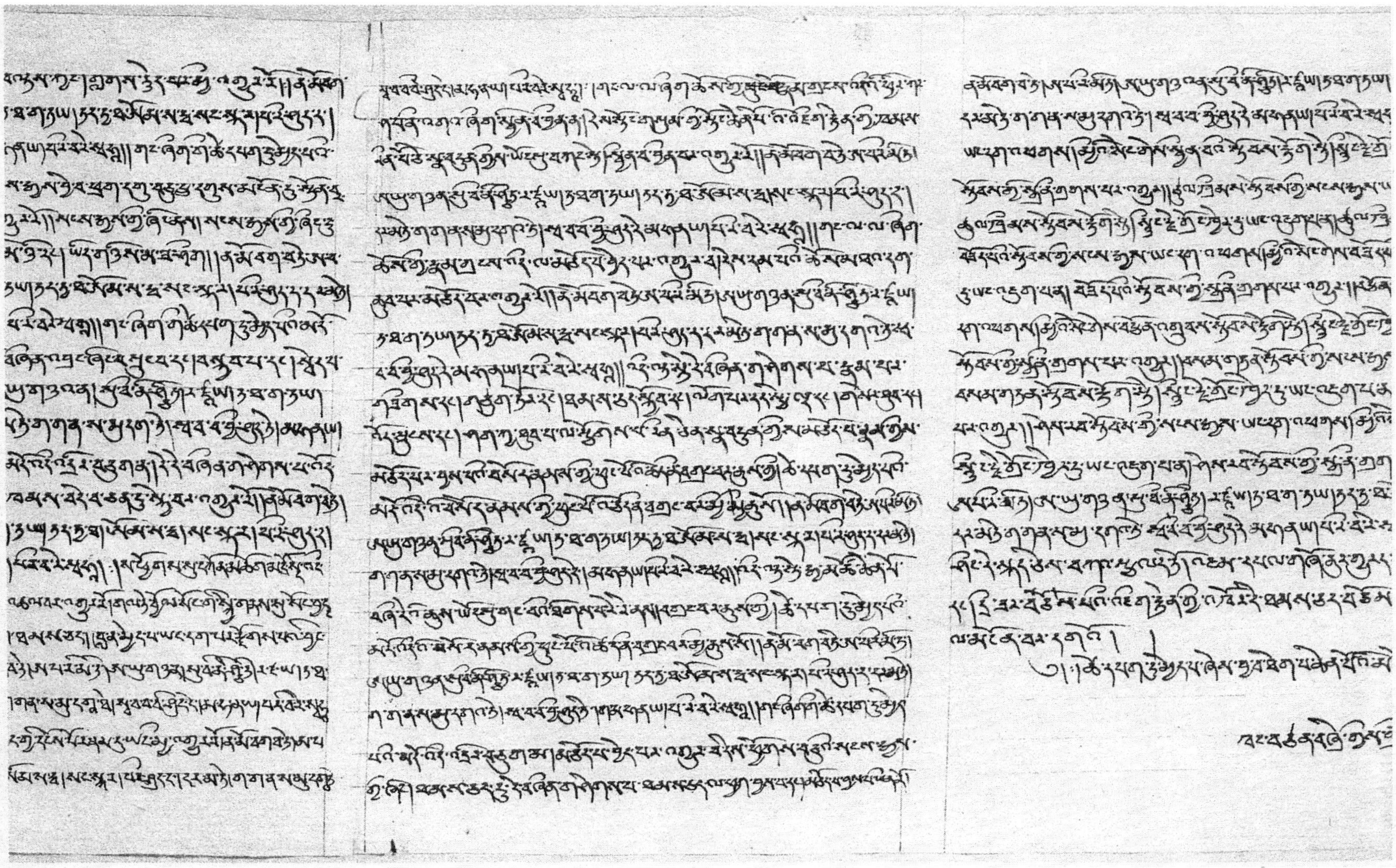

BD14270 號 2　藏文（無量壽宗要經甲本）　　（30–11）

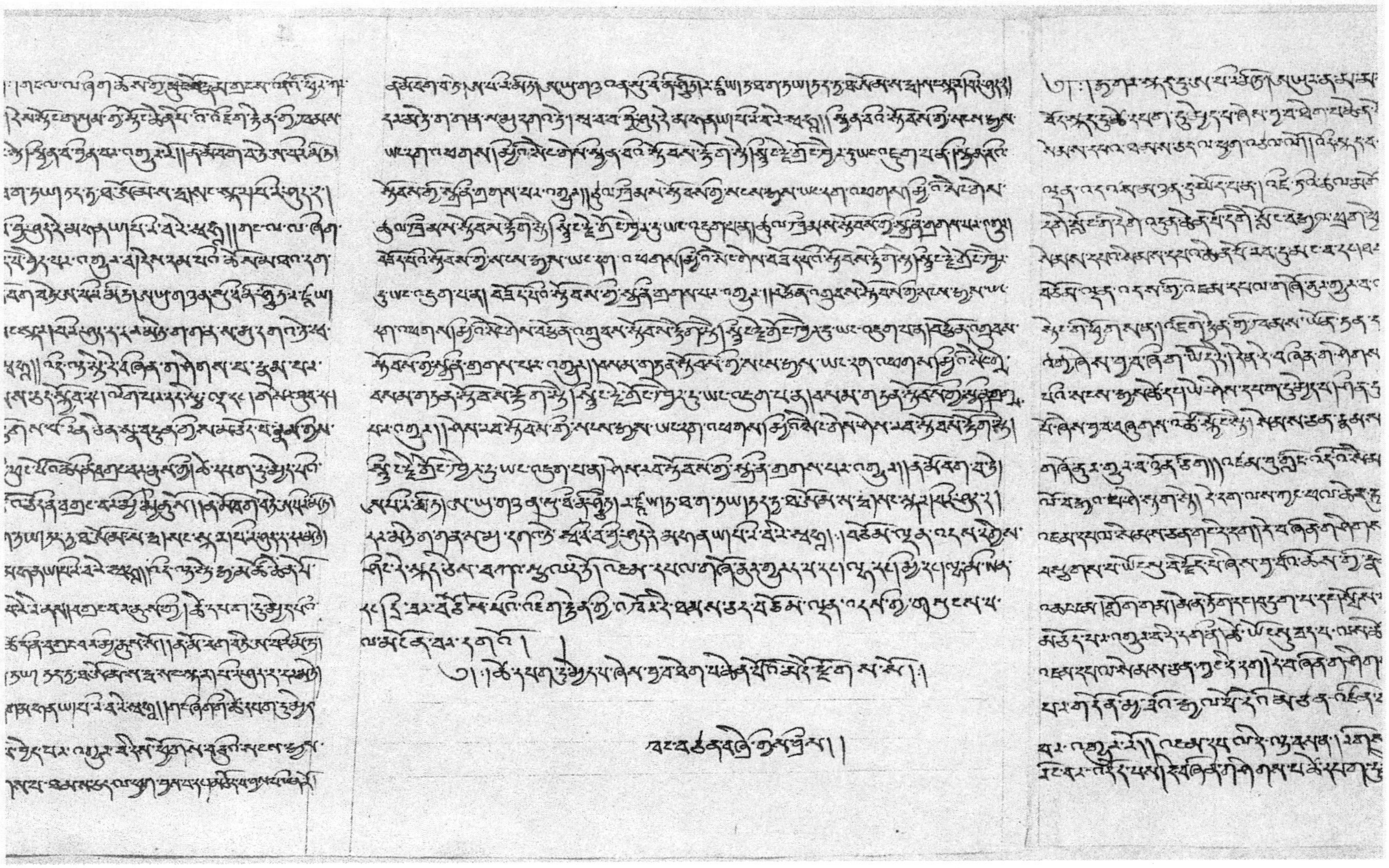

BD14270號 2　藏文（無量壽宗要經甲本）　（30–12）

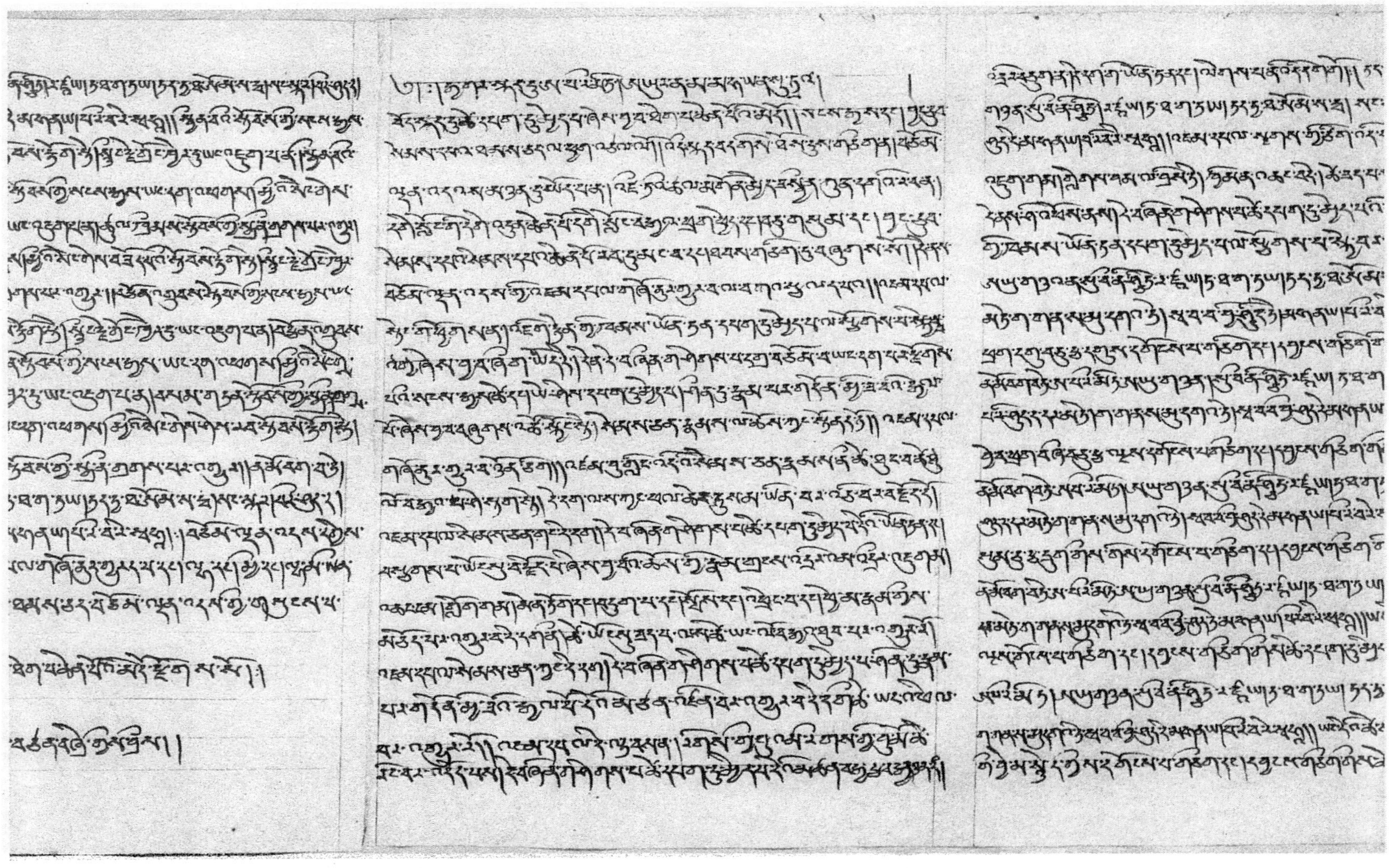

BD14270號 3　藏文（無量壽宗要經甲本）　（30–13）

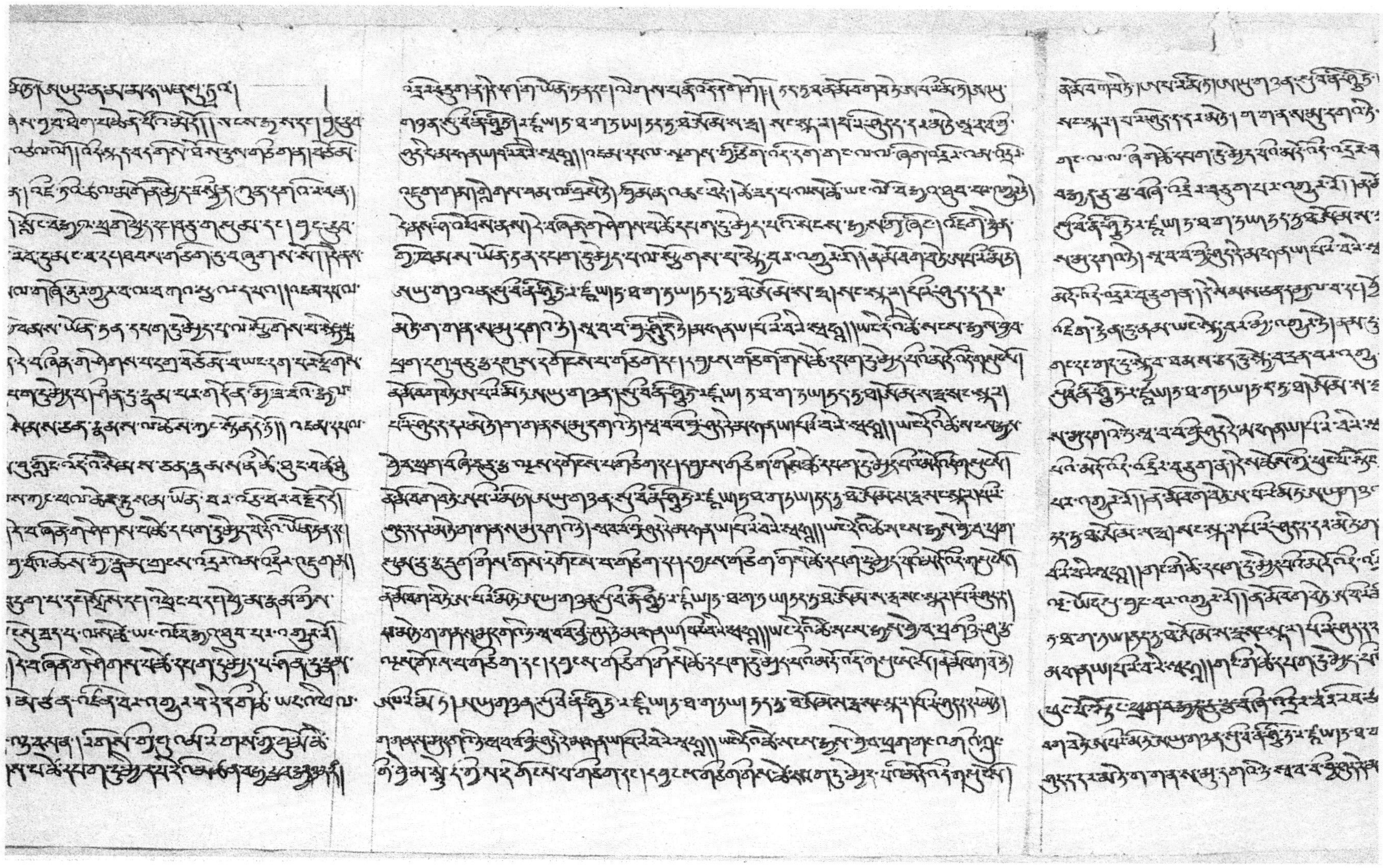

BD14270 號 3　藏文（無量壽宗要經甲本）　　（30–14）

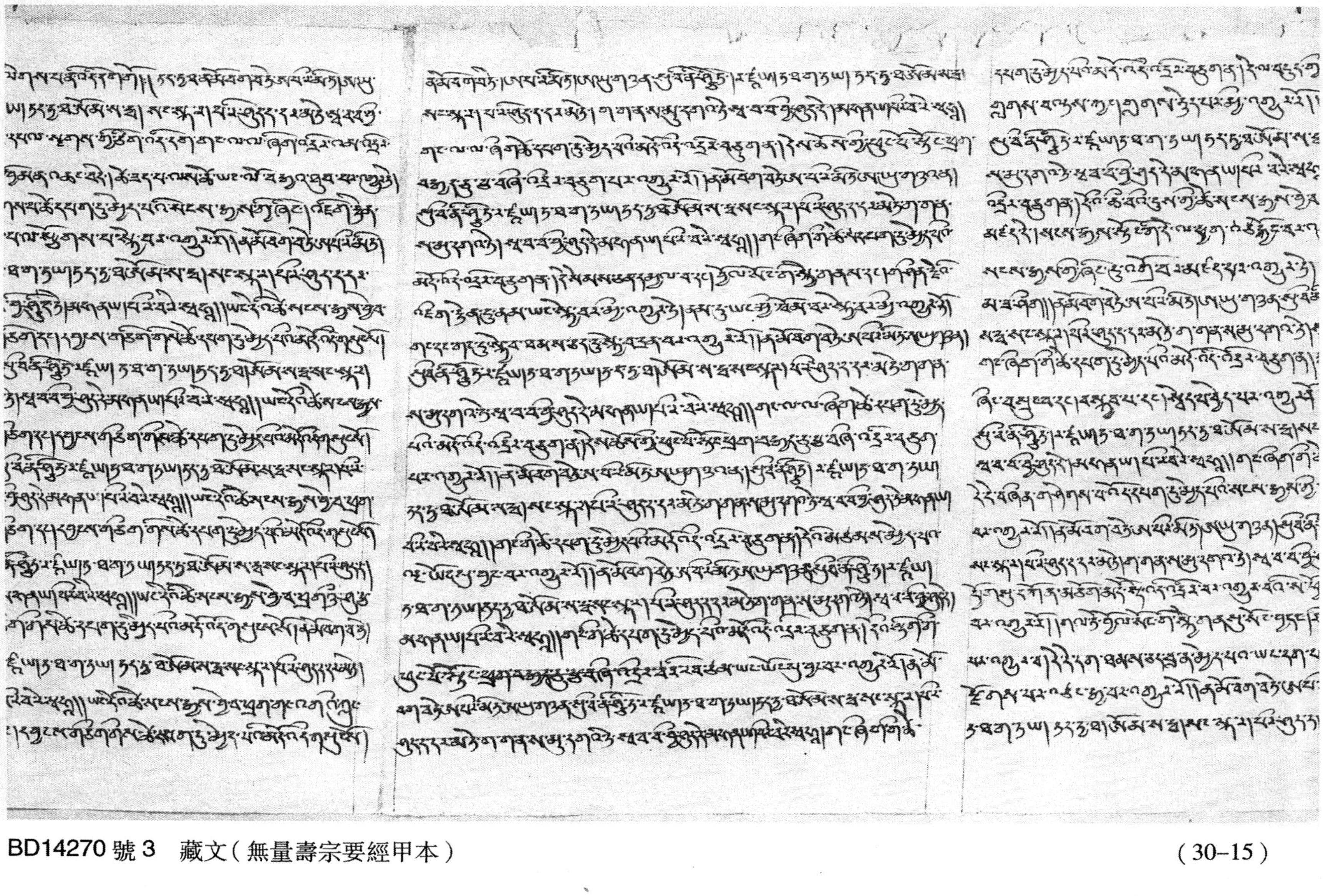

BD14270 號 3　藏文（無量壽宗要經甲本）　　（30–15）

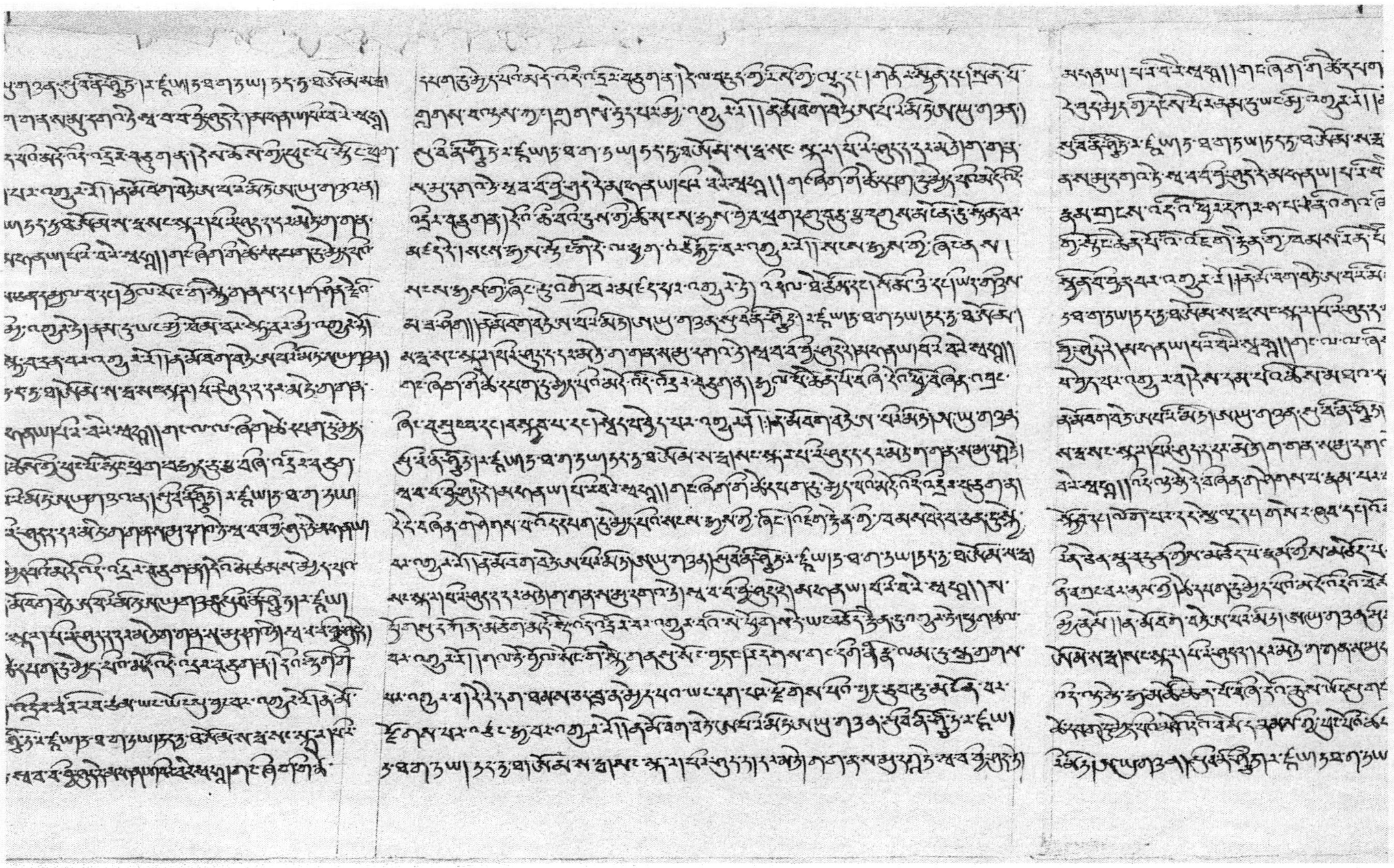

BD14270 號 3　藏文（無量壽宗要經甲本）　　（30–16）

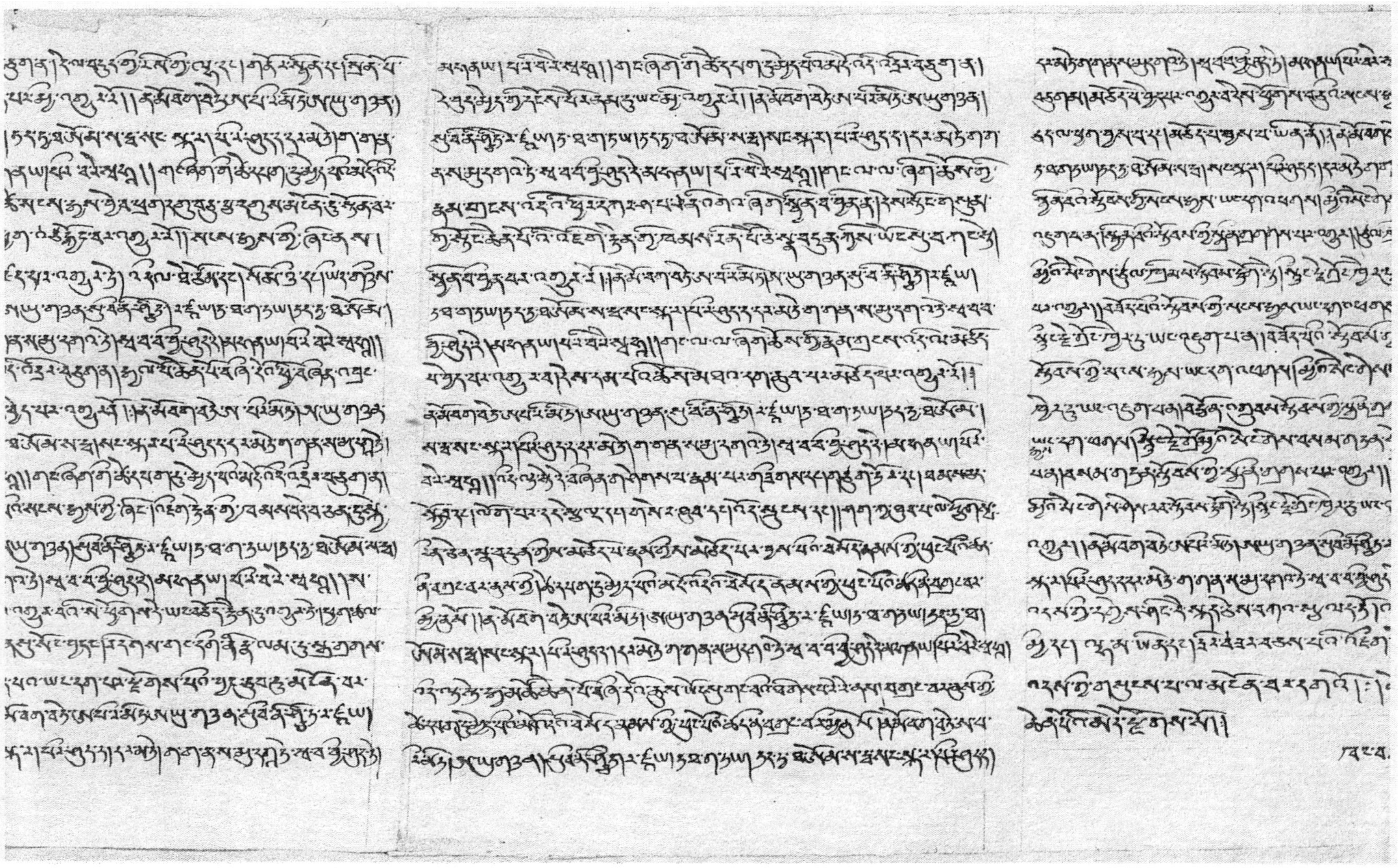

BD14270 號 3　藏文（無量壽宗要經甲本）　　（30–17）

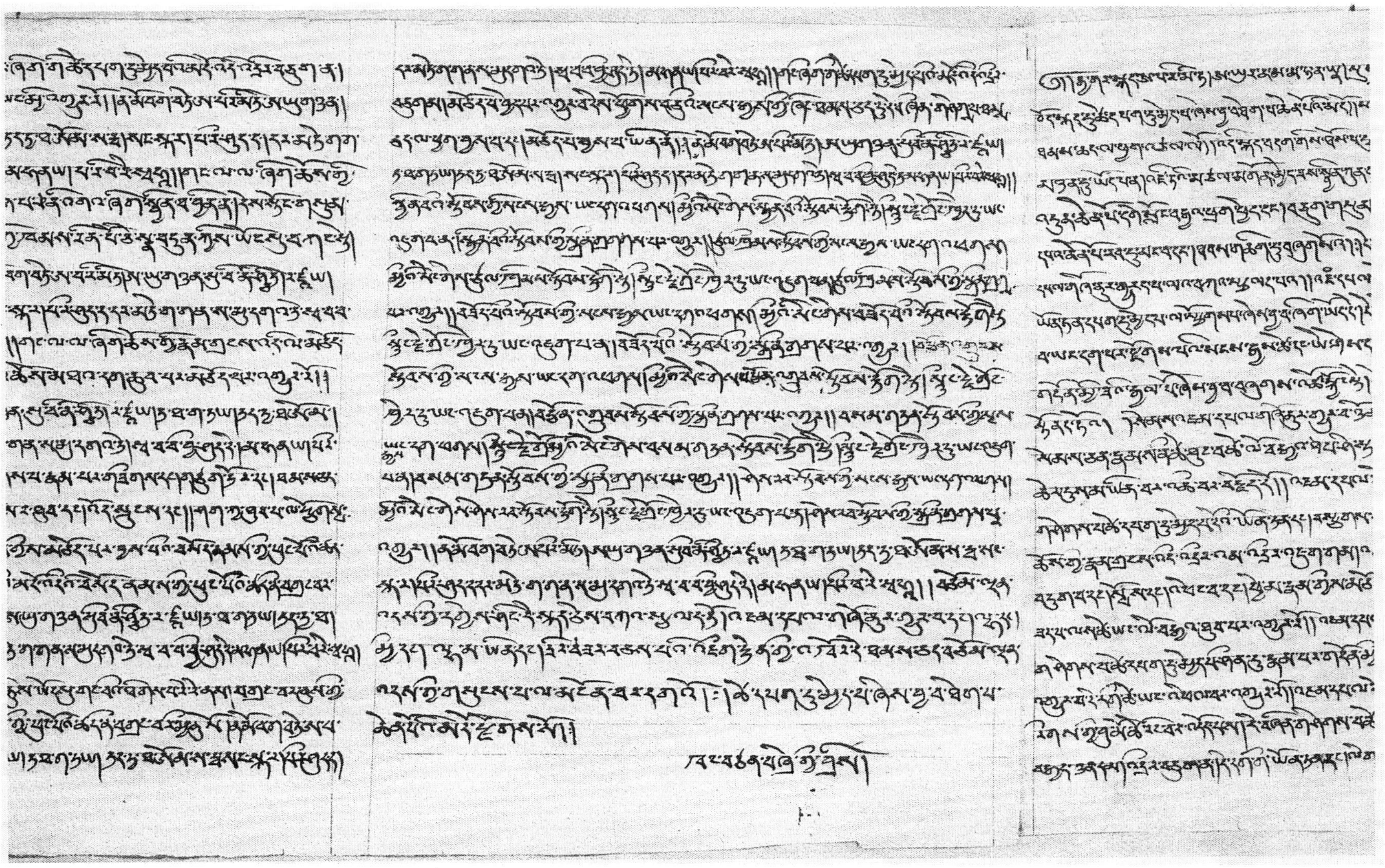

BD14270 號 3　藏文（無量壽宗要經甲本）　　（30–18）

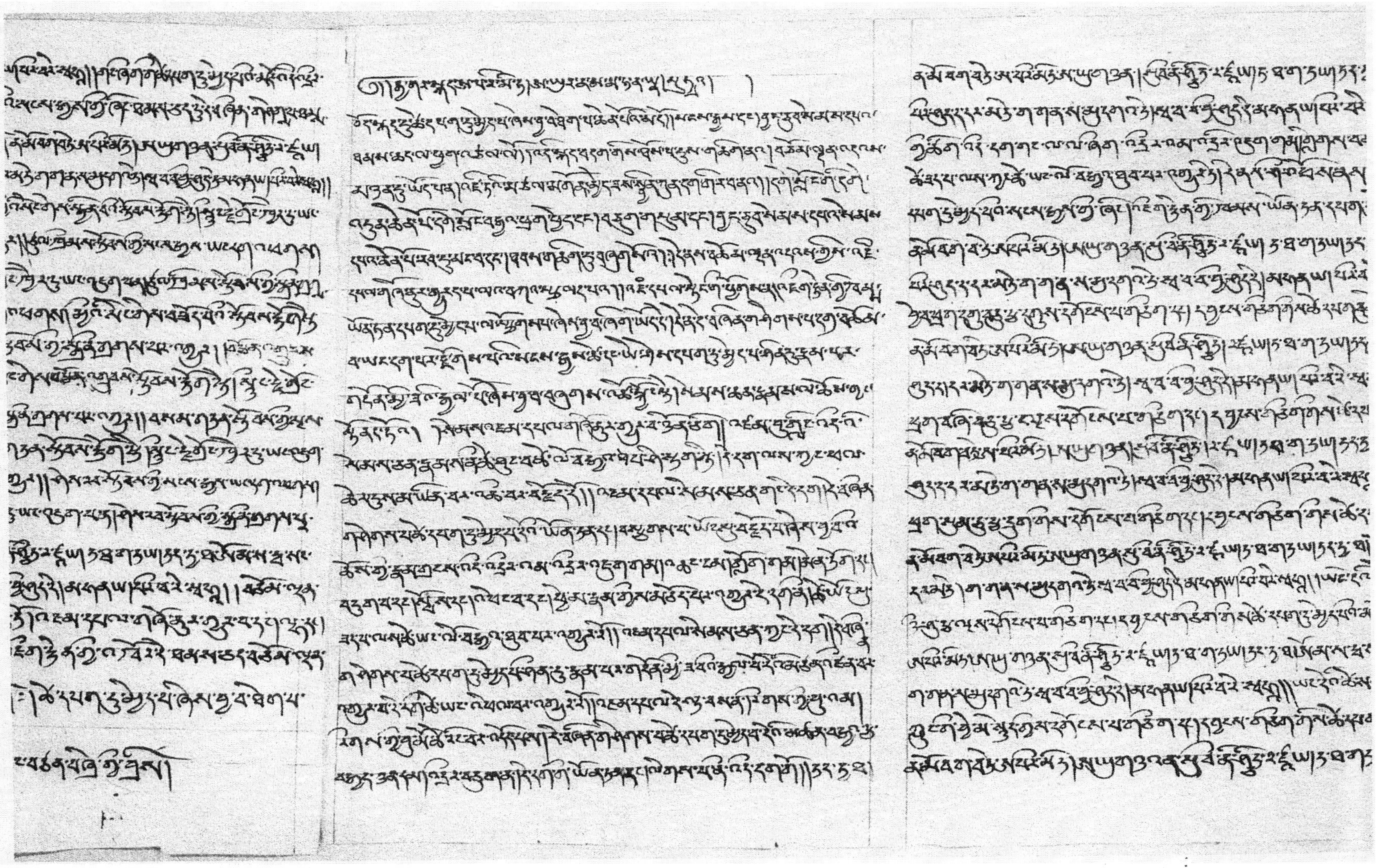

BD14270 號 4　藏文（無量壽宗要經甲本）　　（30–19）

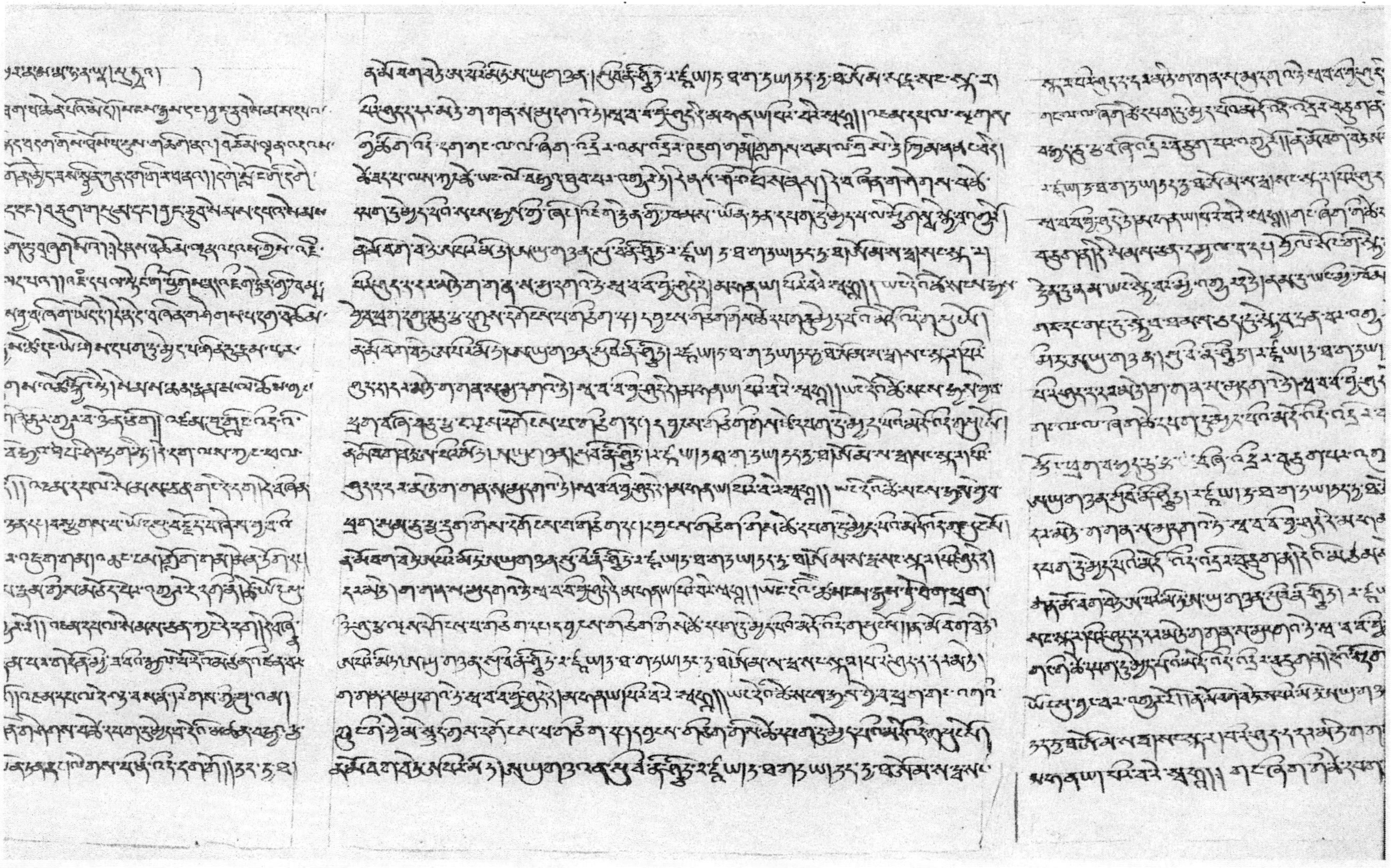

BD14270 號 4　藏文（無量壽宗要經甲本）　　（30–20）

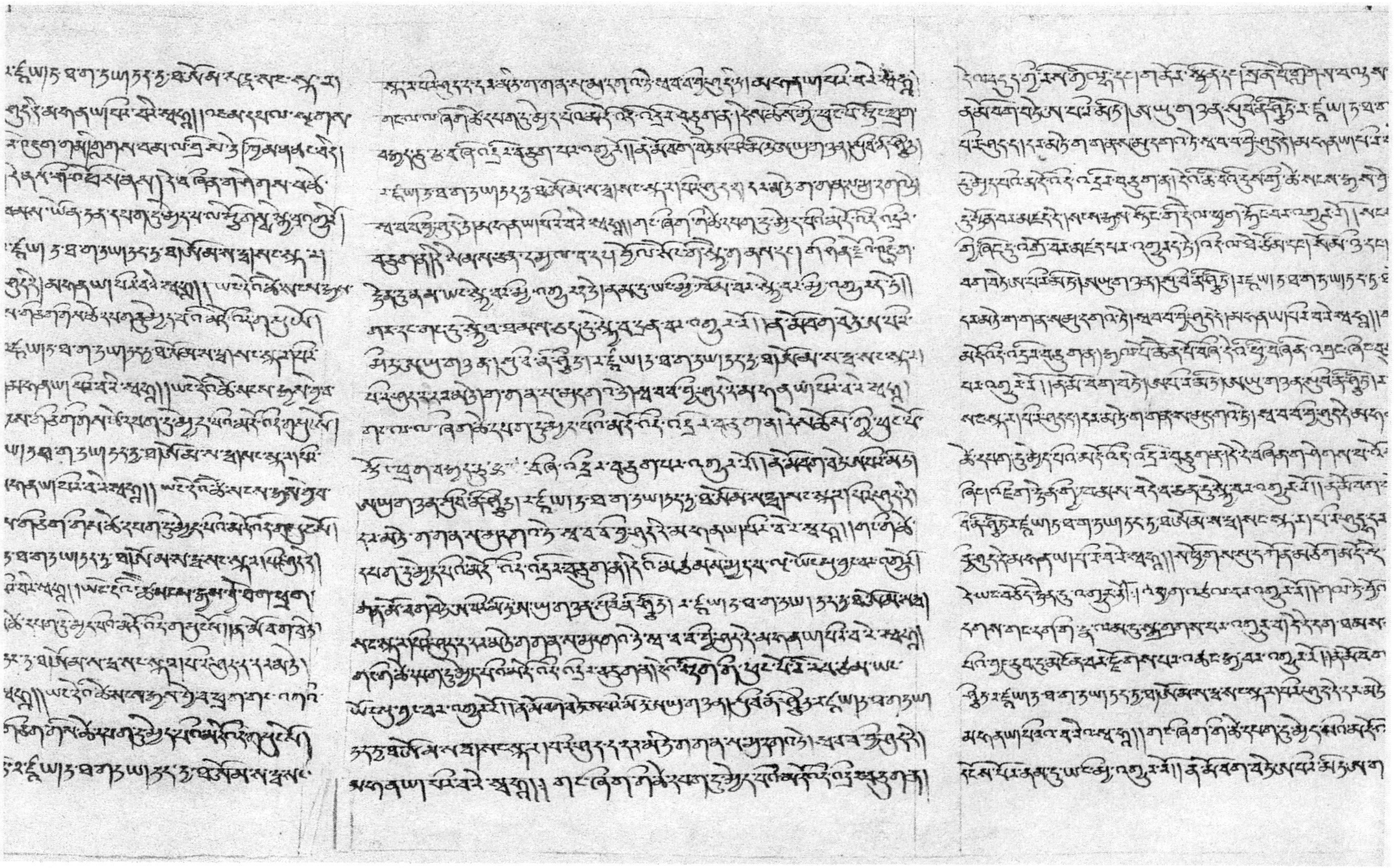

BD14270 號 4　藏文（無量壽宗要經甲本）　　（30–21）

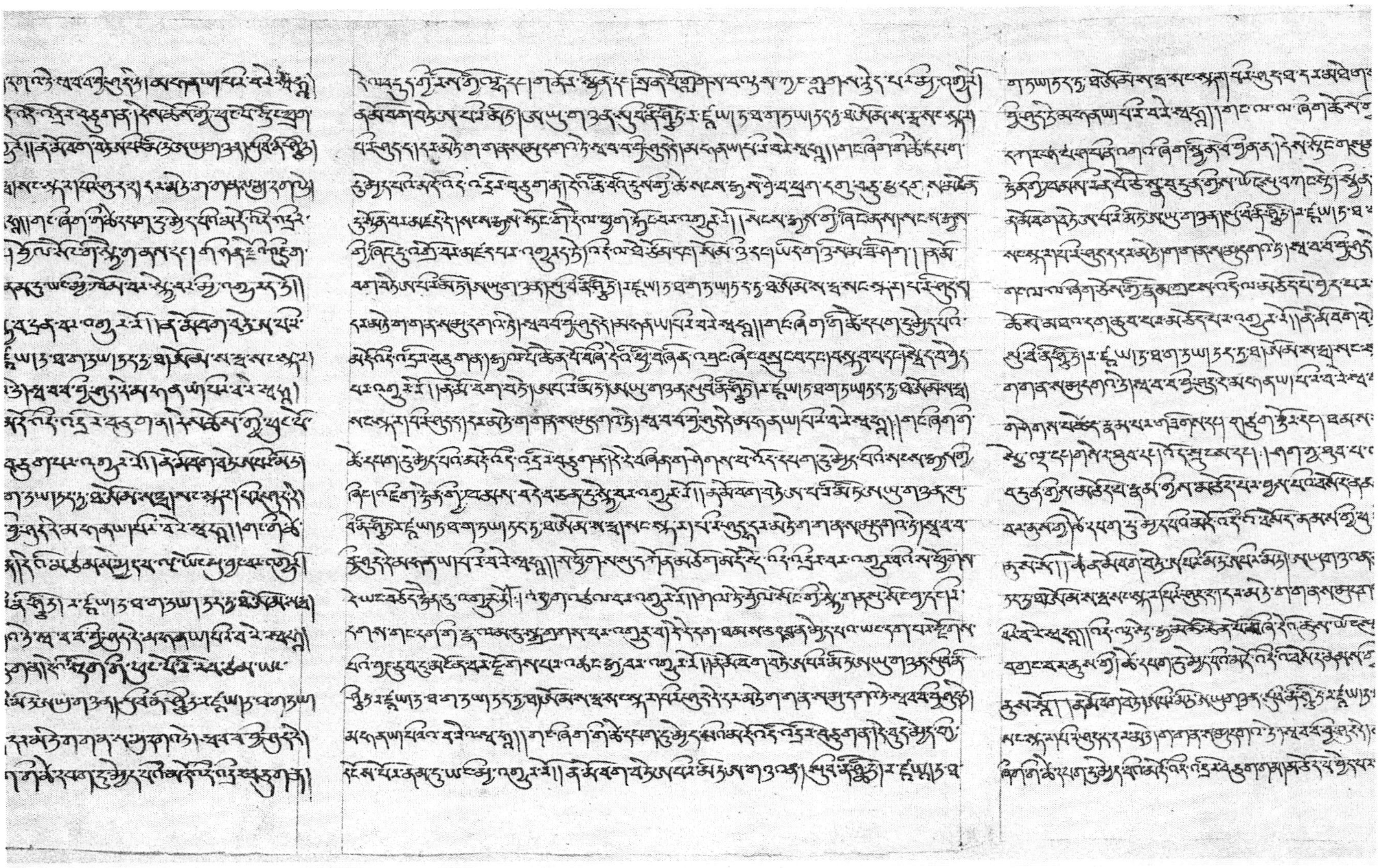

BD14270 號 4　藏文（無量壽宗要經甲本）　（30–22）

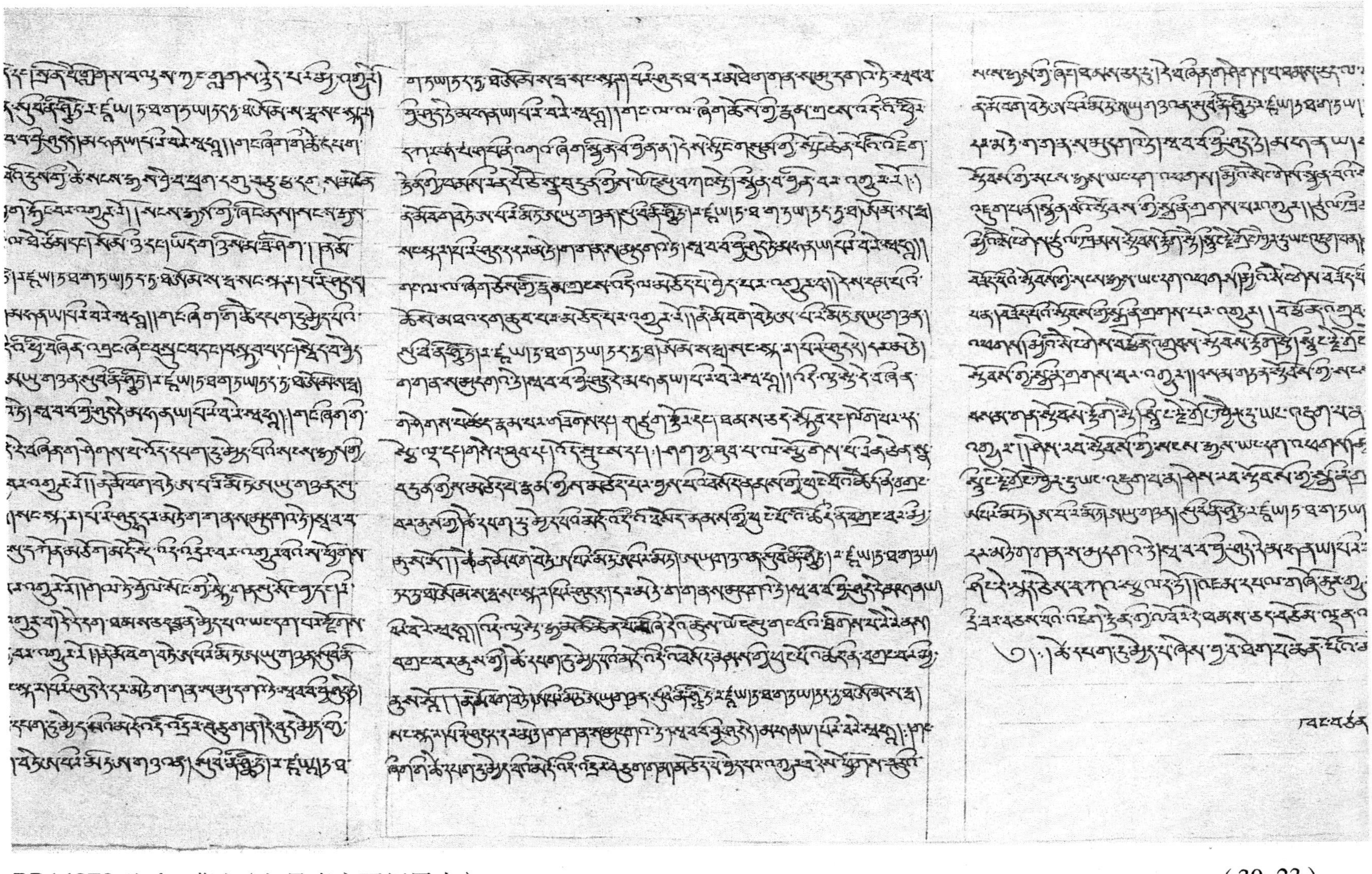

BD14270 號 4　藏文（無量壽宗要經甲本）　（30–23）

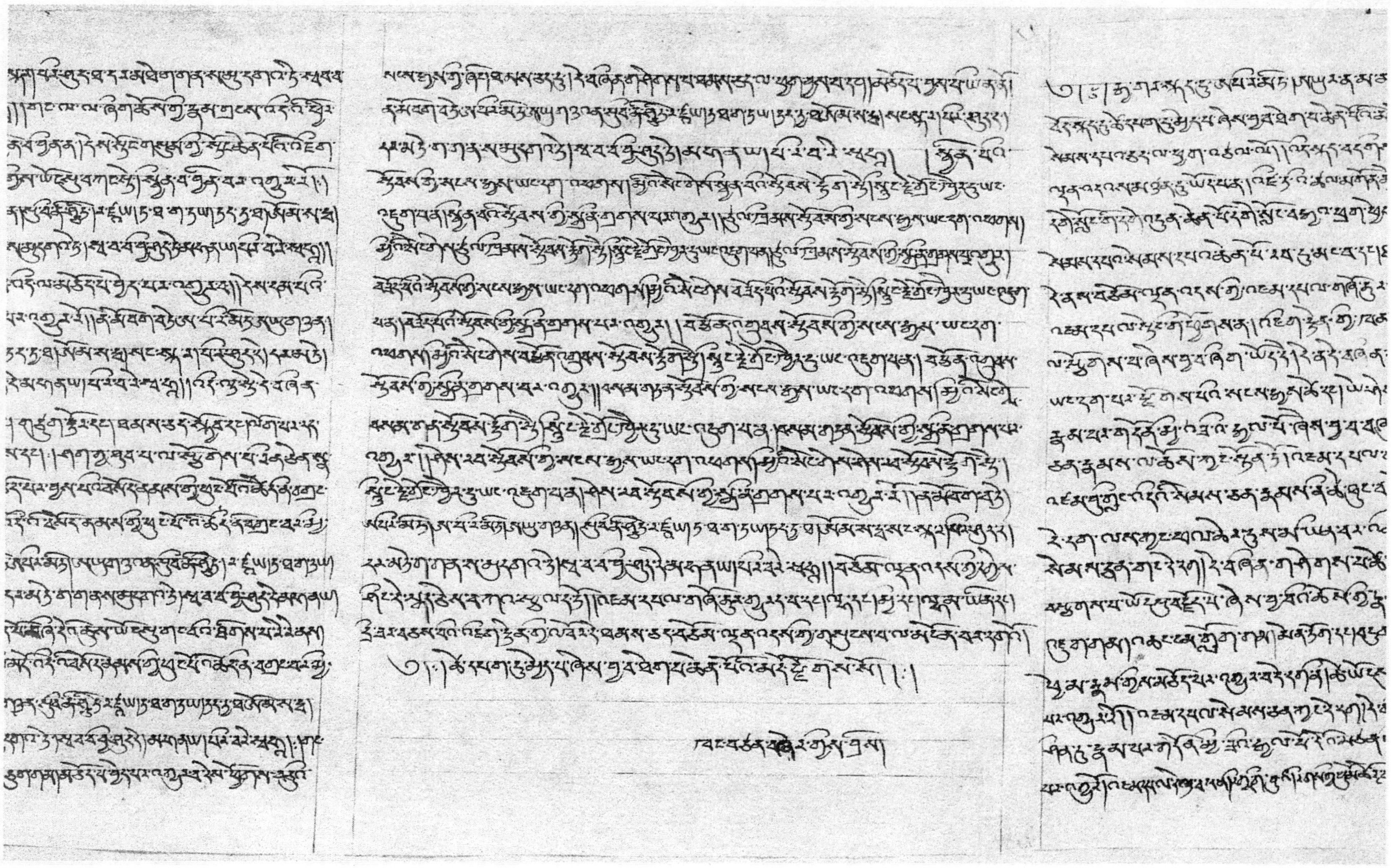

BD14270 號 4　藏文（無量壽宗要經甲本）　　（30–24）

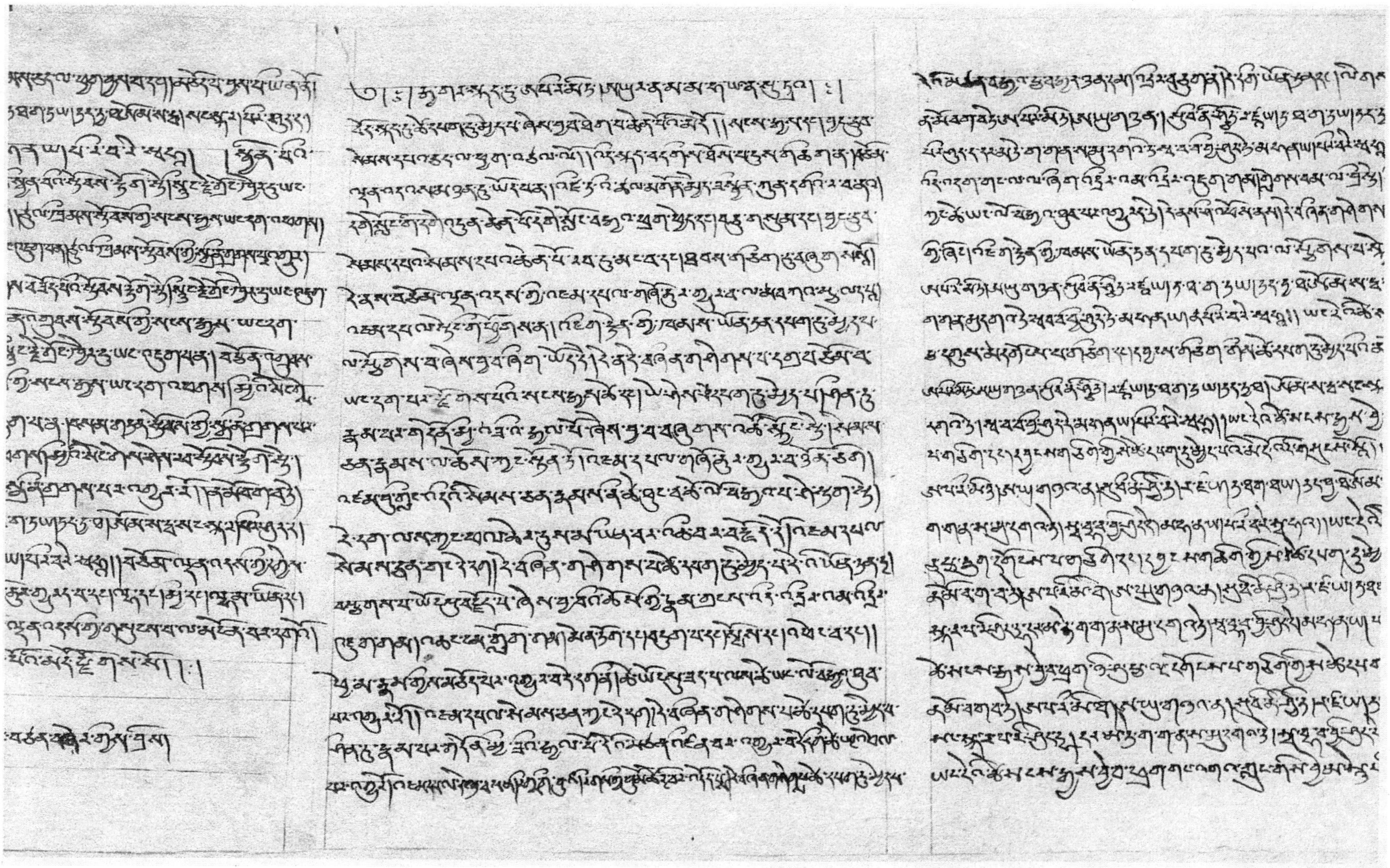

BD14270 號 5　藏文（無量壽宗要經甲本）　　（30–25）

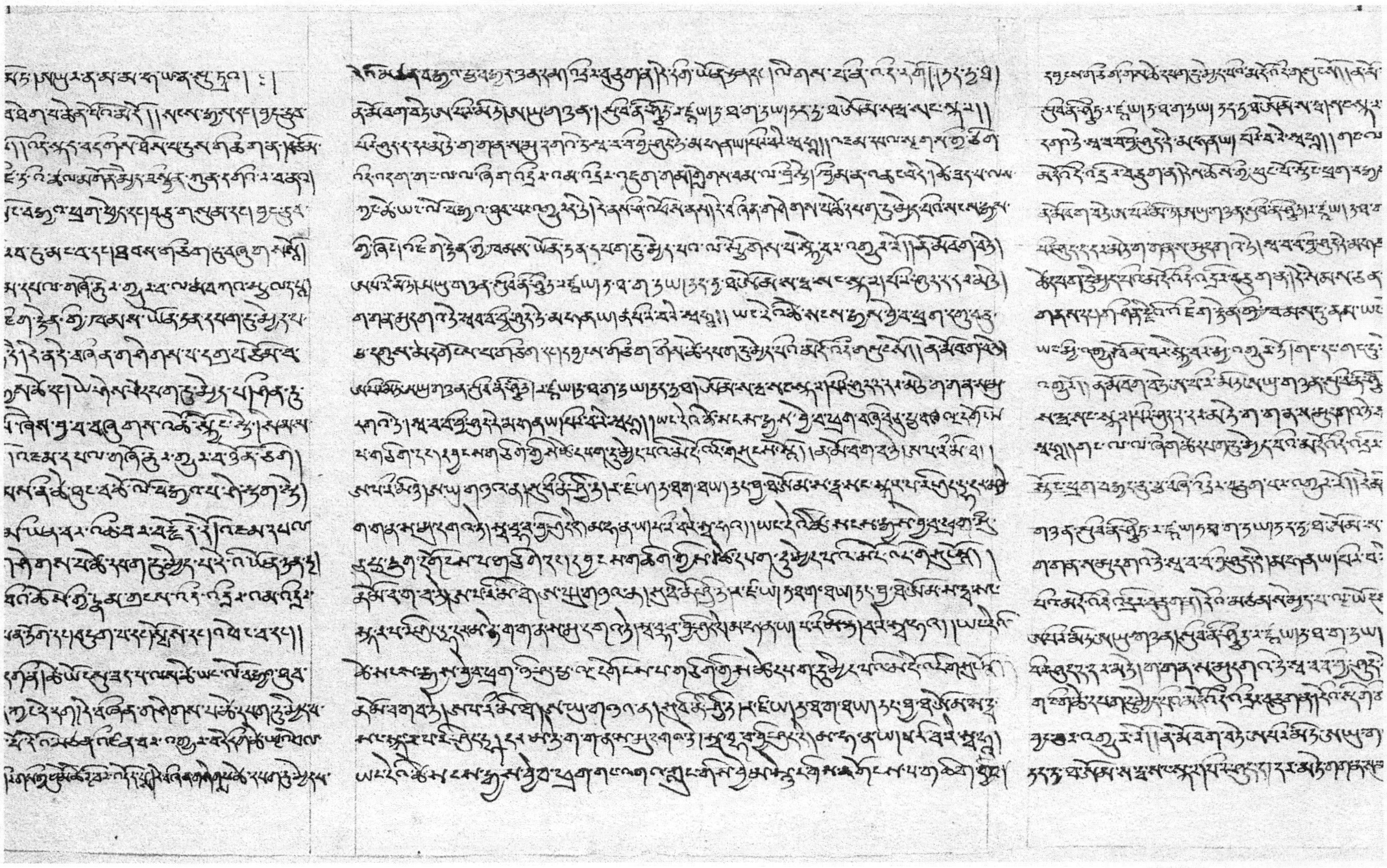

BD14270 號 5　藏文（無量壽宗要經甲本）　　（30–26）

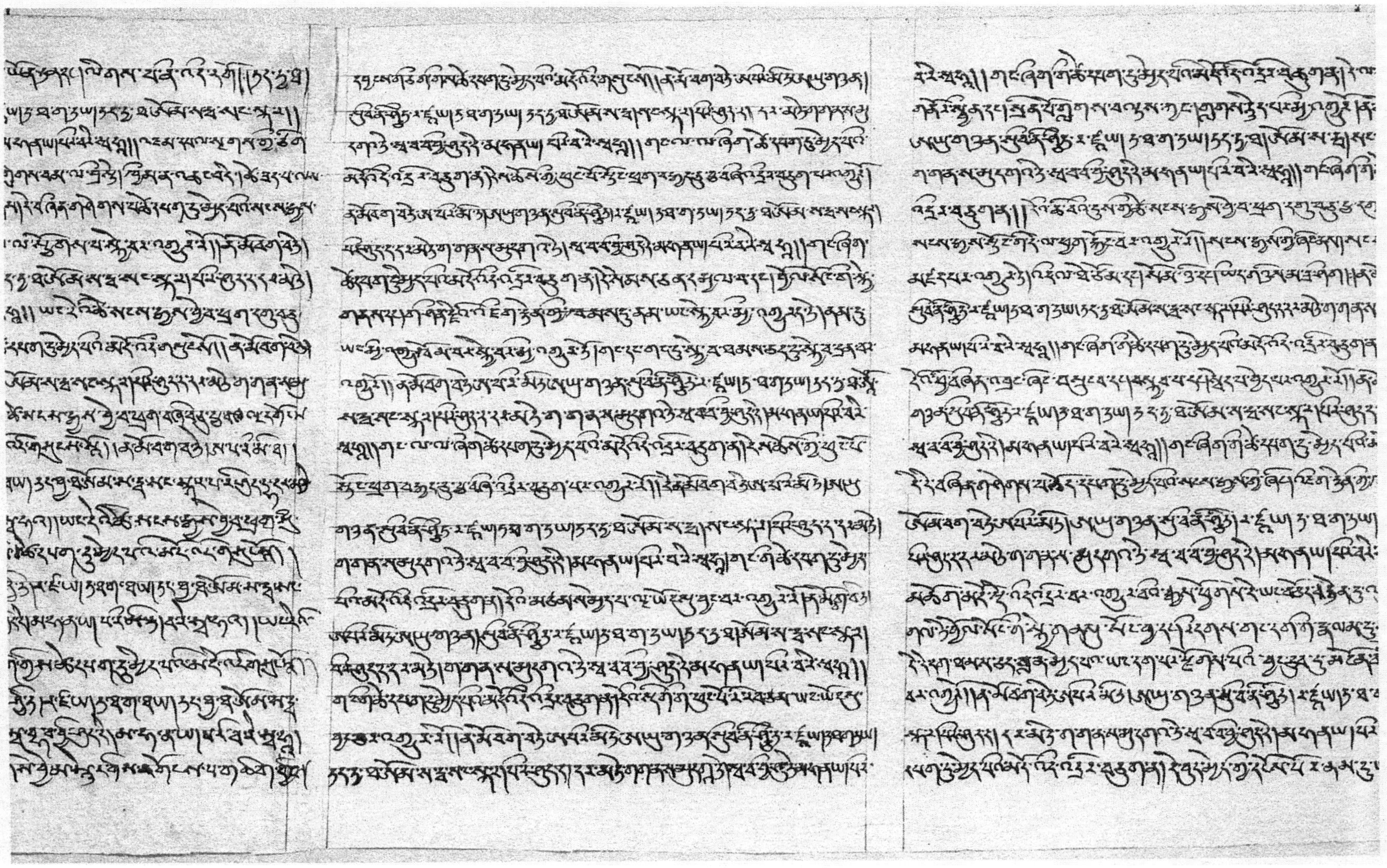

BD14270 號 5　藏文（無量壽宗要經甲本）　　（30–27）

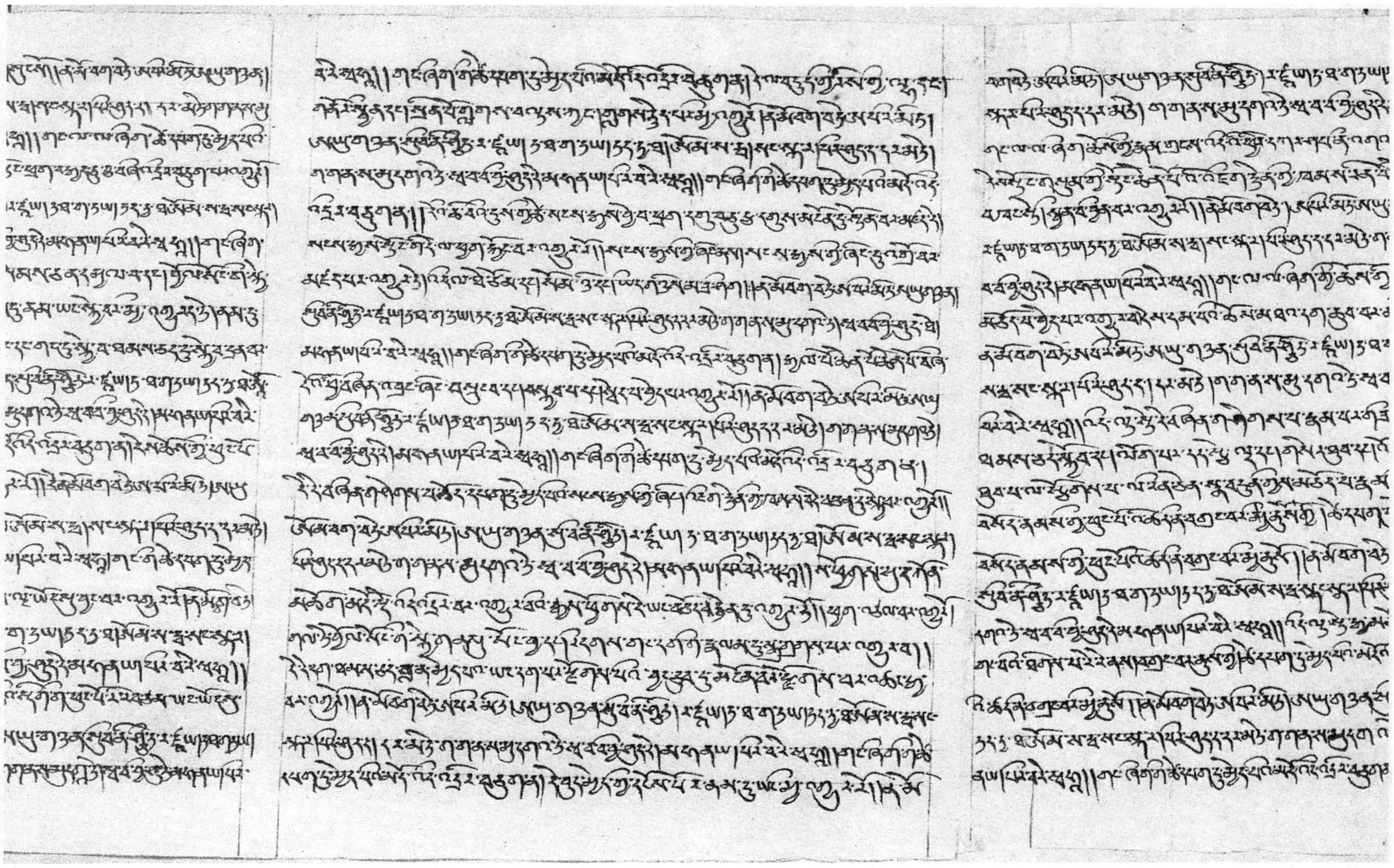

BD14270 號 5　藏文（無量壽宗要經甲本）　（30–28）

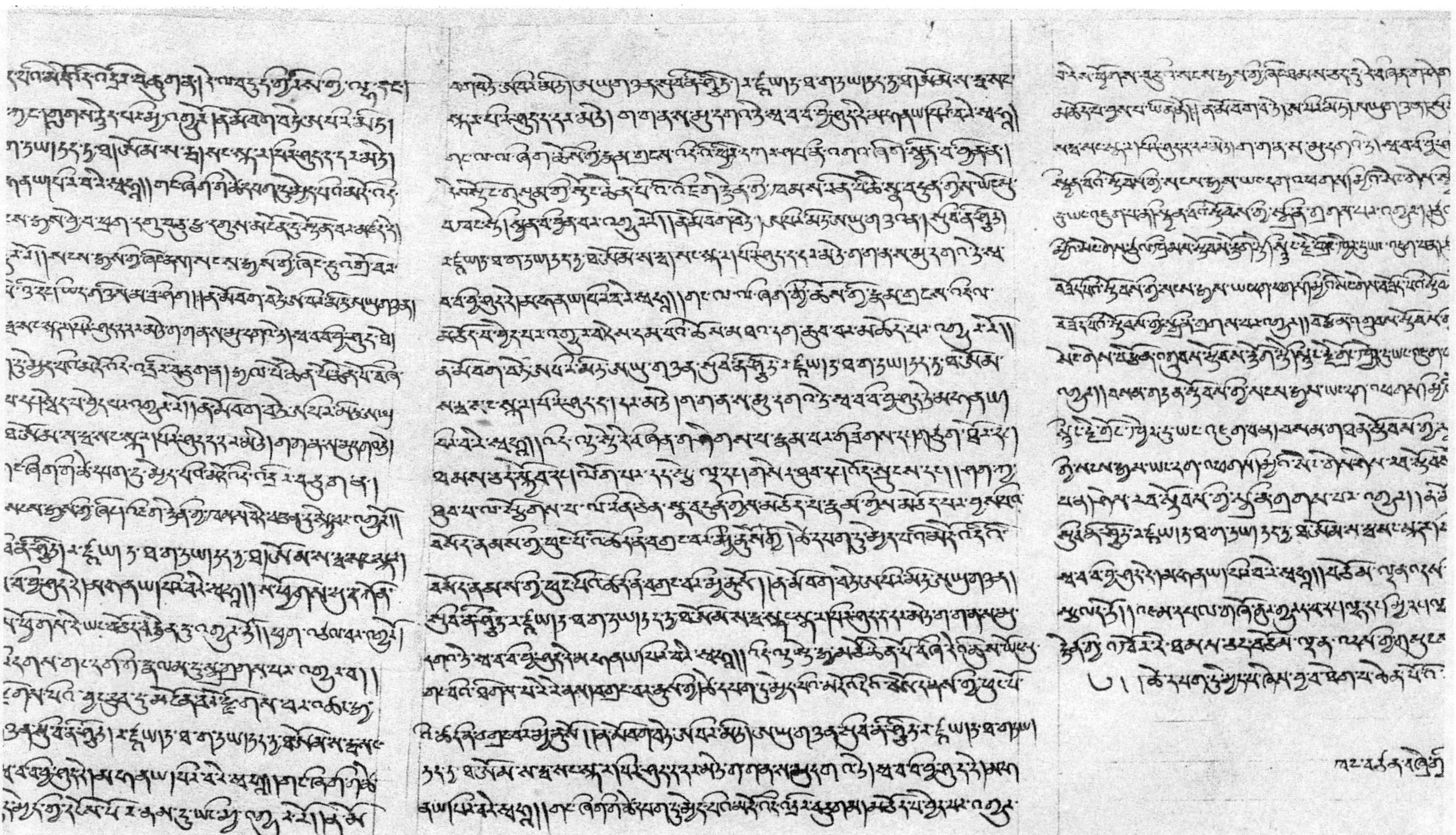

BD14270 號 5　藏文（無量壽宗要經甲本）　（30–29）

BD14270號 5　藏文（無量壽宗要經甲本）

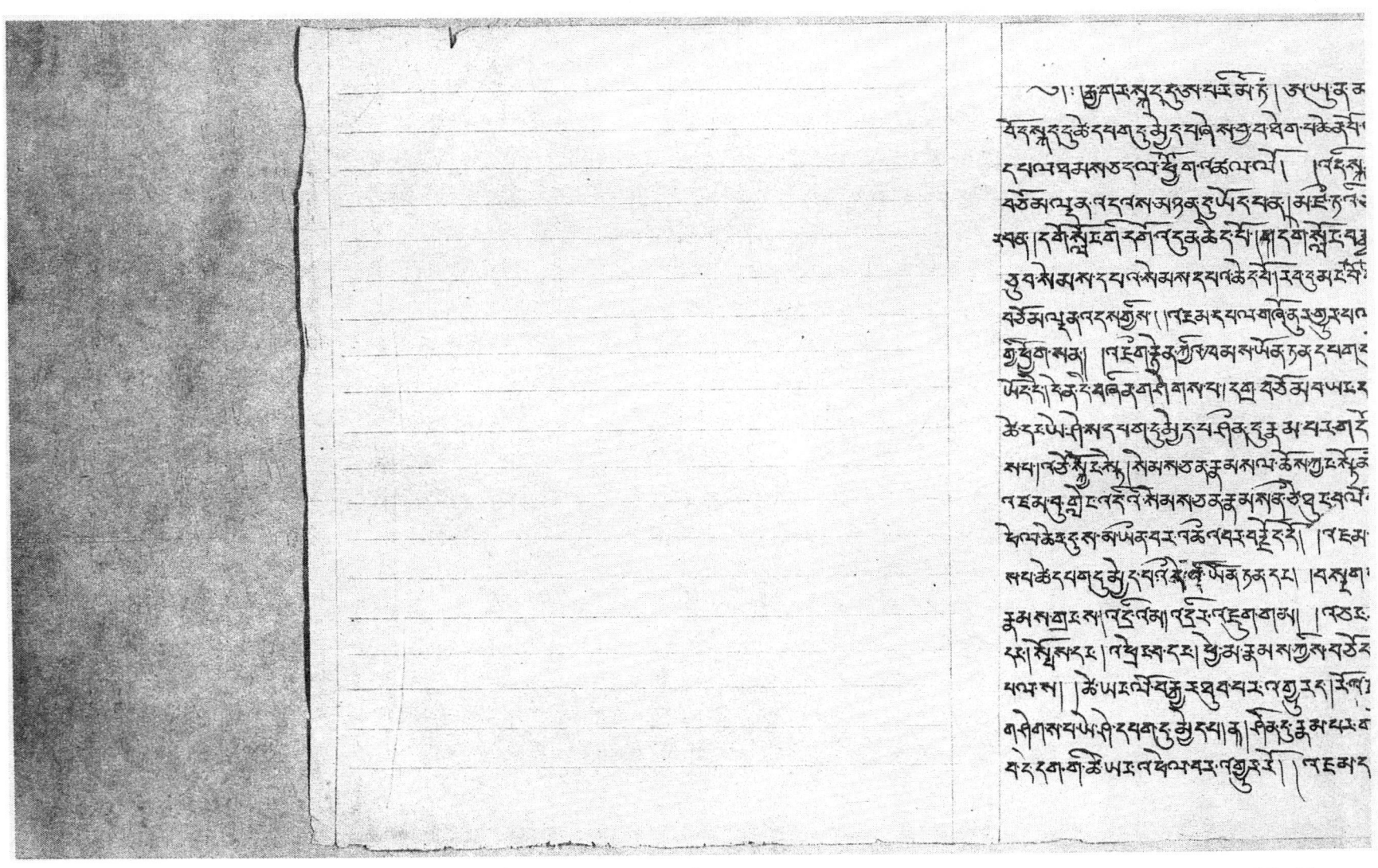

BD14271號　藏文（無量壽宗要經甲本）

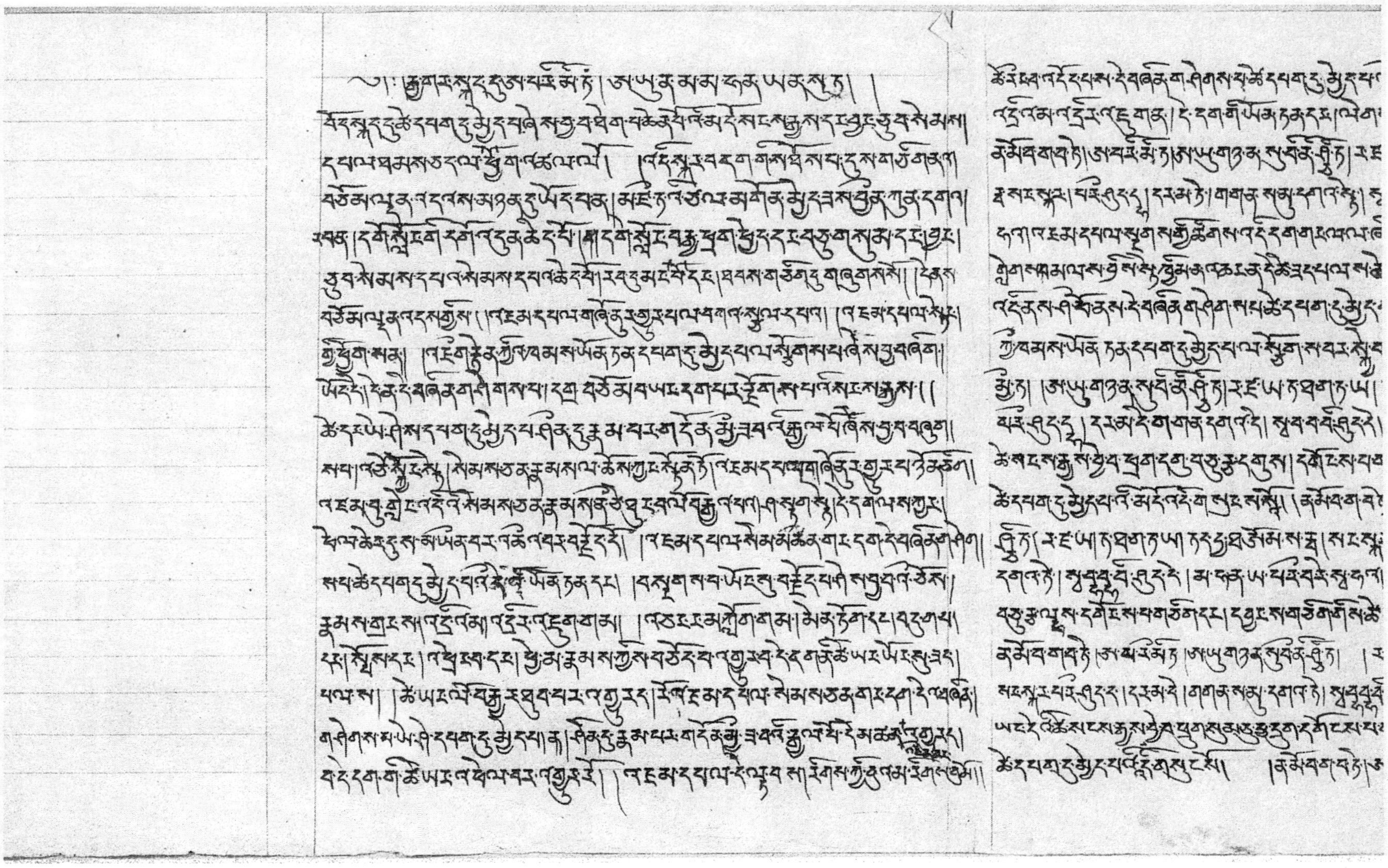

BD14271 號　藏文（無量壽宗要經甲本）　　（8–2）

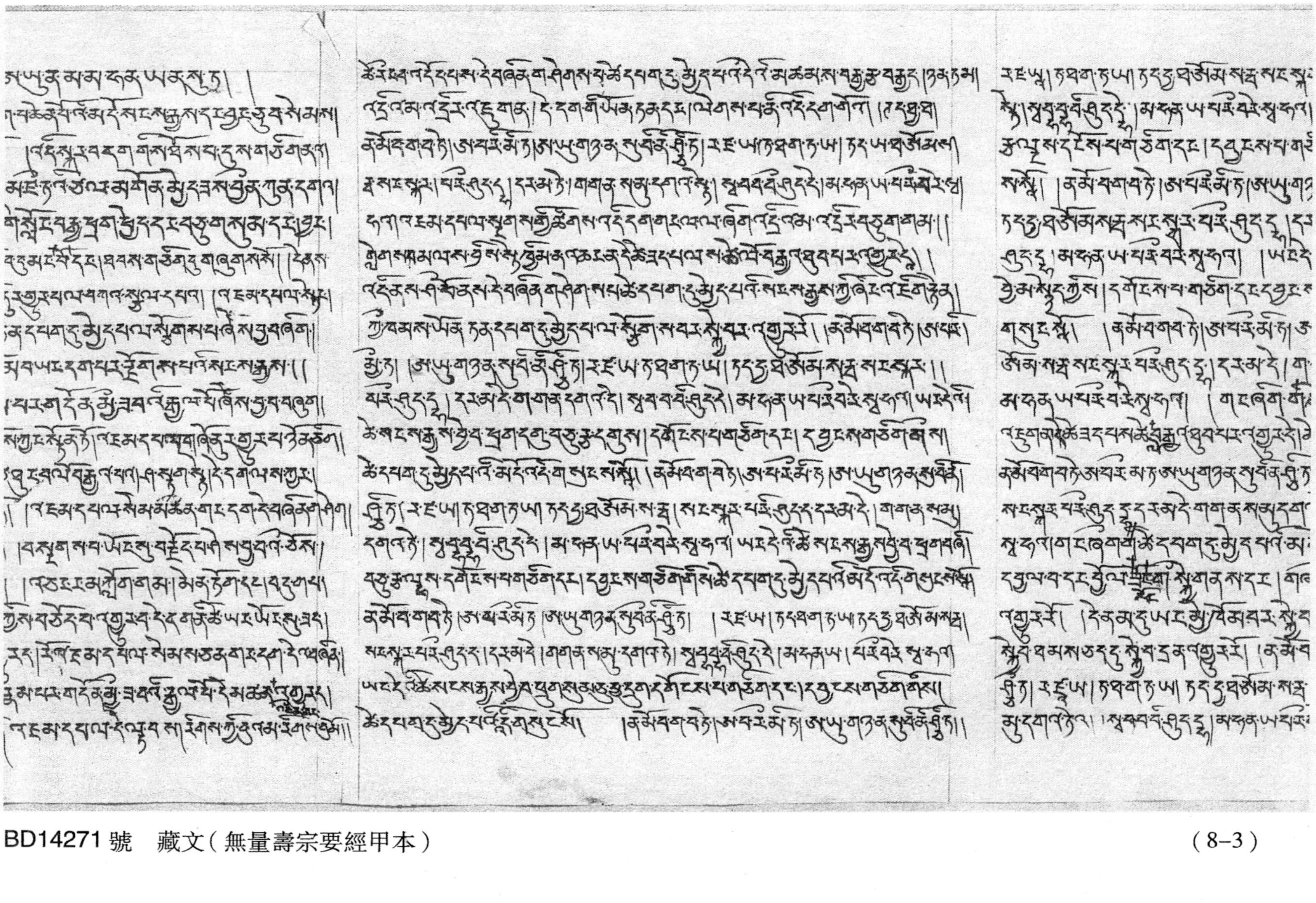

BD14271 號　藏文（無量壽宗要經甲本）　　（8–3）

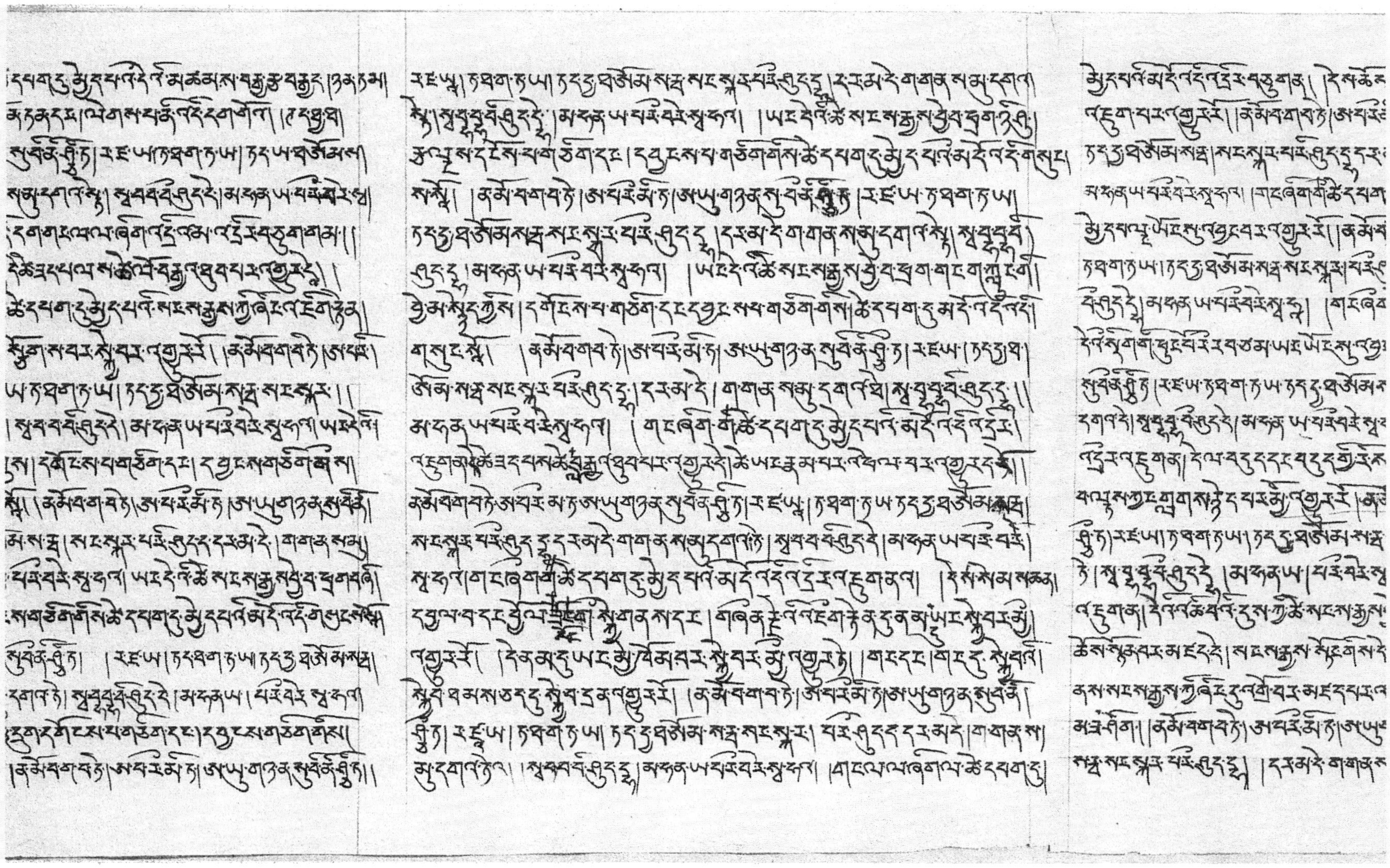

BD14271 號　藏文（無量壽宗要經甲本）　　（8–4）

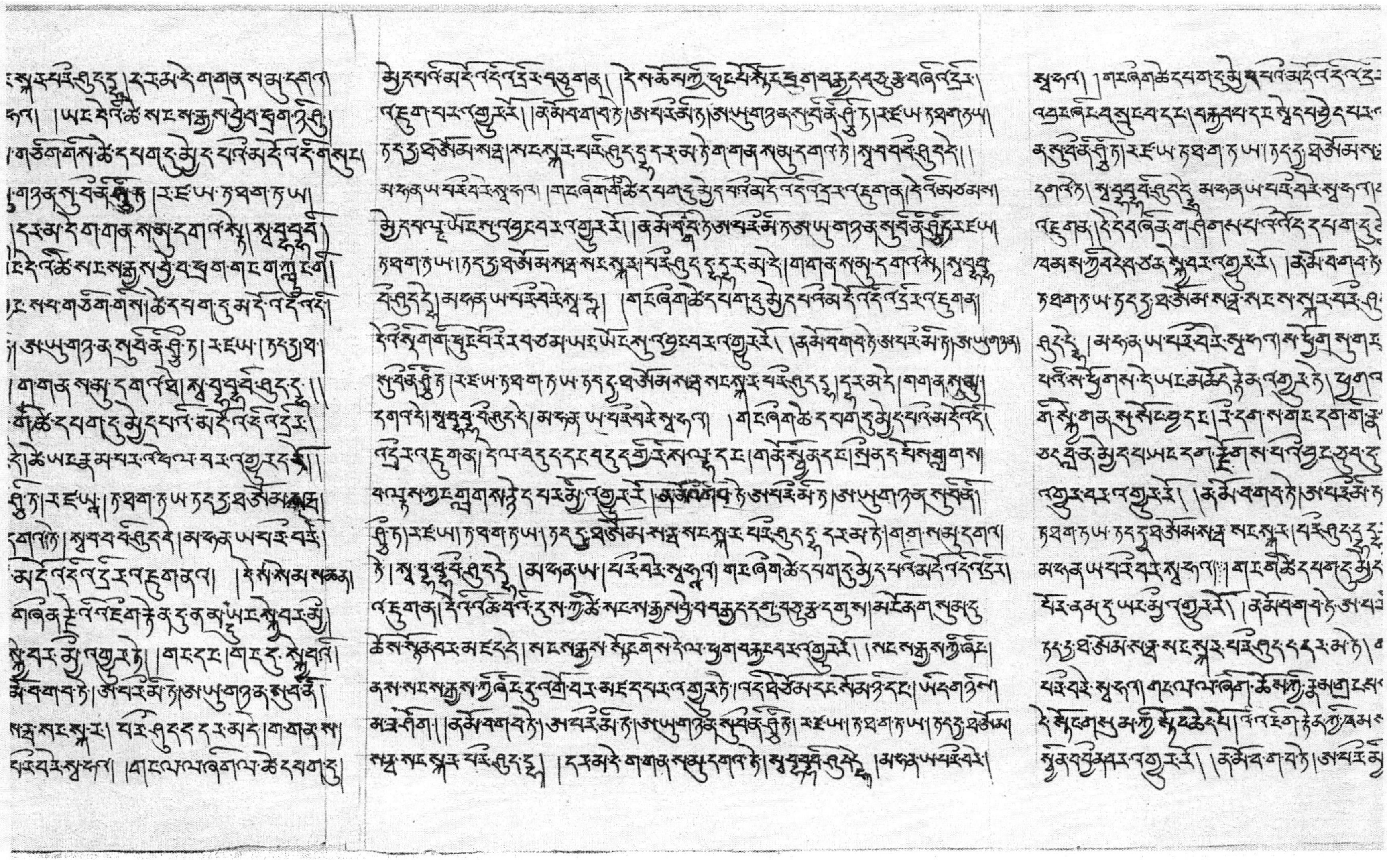

BD14271 號　藏文（無量壽宗要經甲本）　　（8–5）

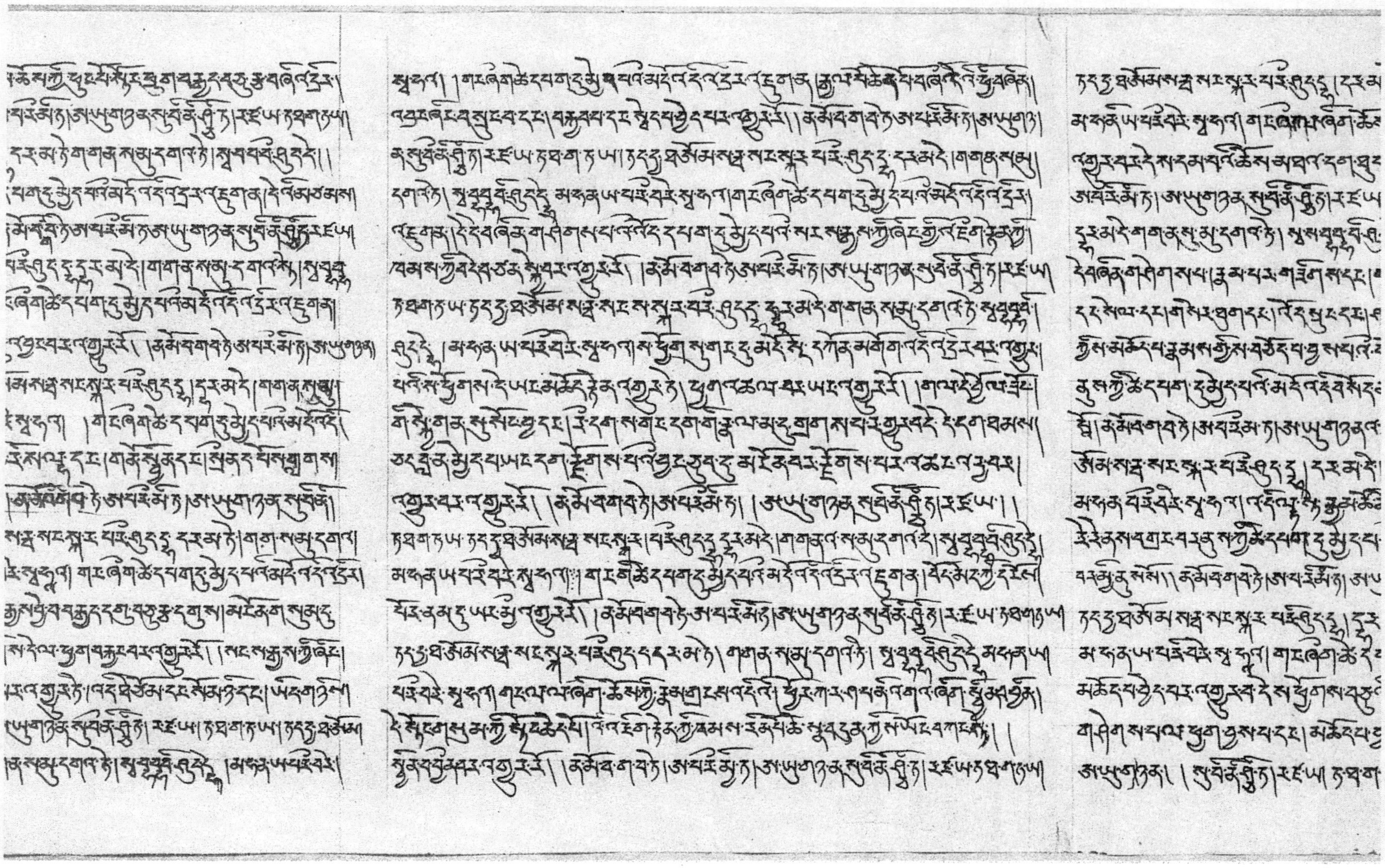

BD14271 號　藏文（無量壽宗要經甲本）　　（8–6）

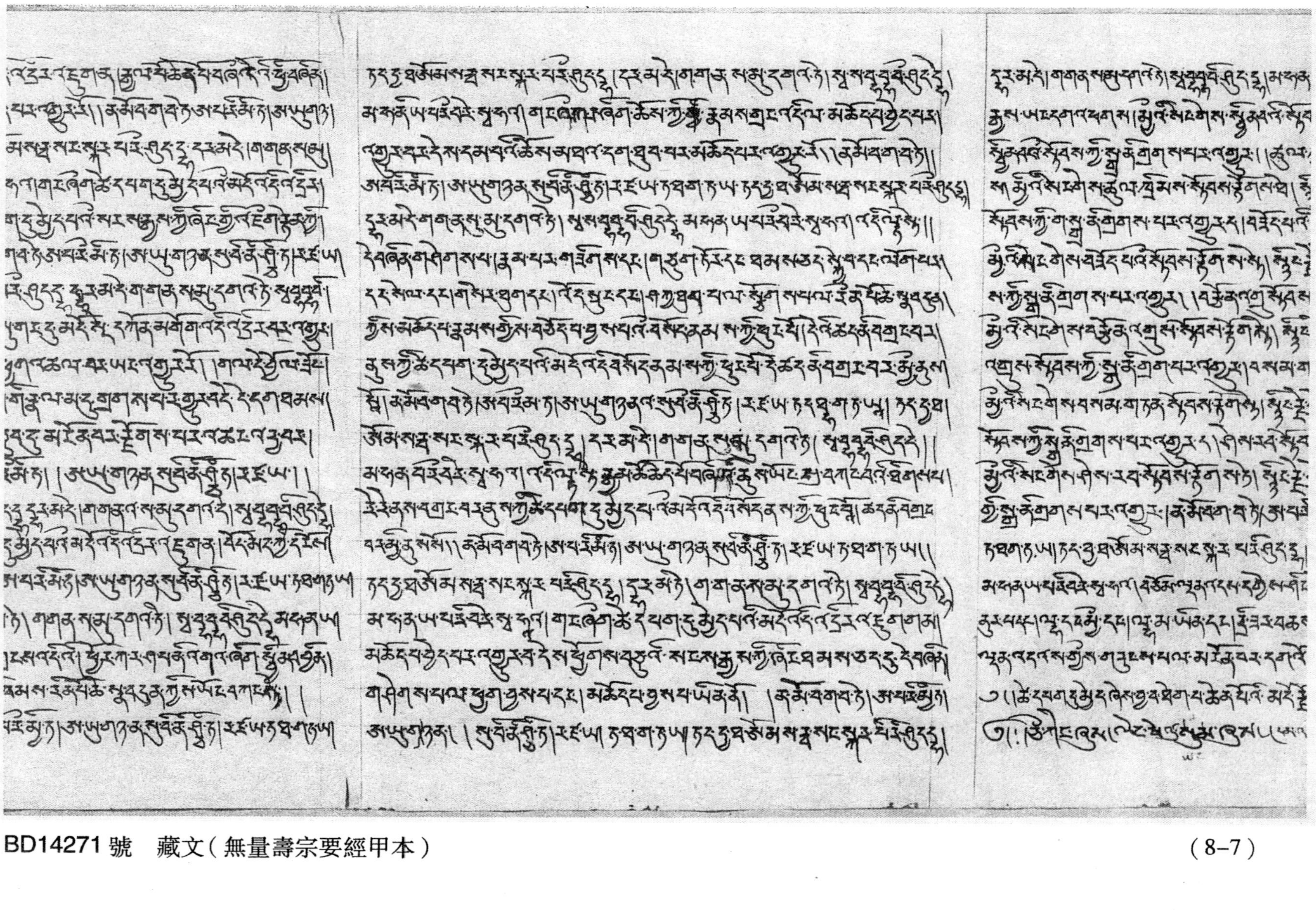

BD14271 號　藏文（無量壽宗要經甲本）　　（8–7）

BD14271號 藏文（無量壽宗要經甲本） (8-8)

BD14272號1 藏文（無量壽宗要經甲本） (12-1)

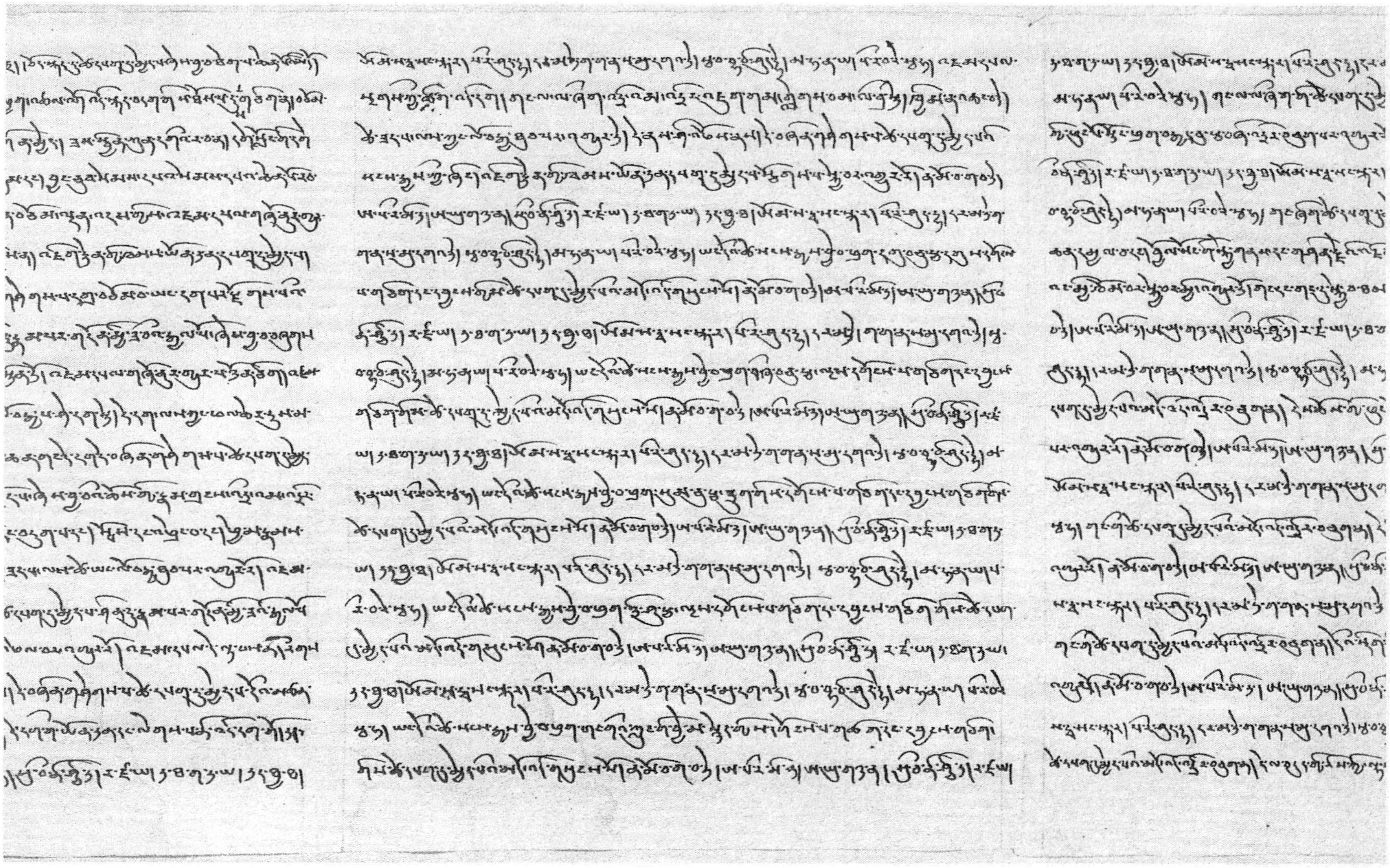

BD14272 號 1　藏文（無量壽宗要經甲本）　（12–2）

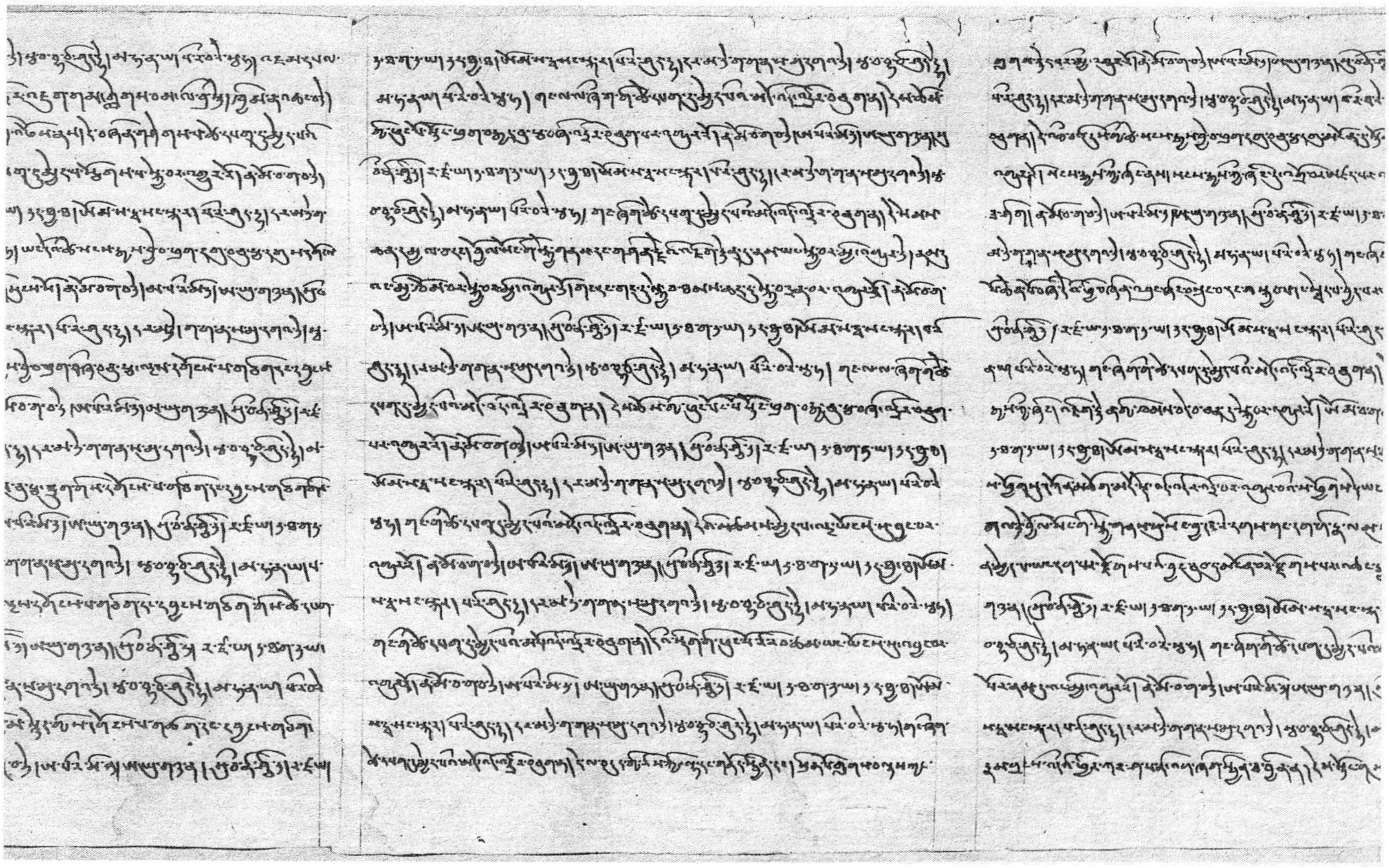

BD14272 號 1　藏文（無量壽宗要經甲本）　（12–3）

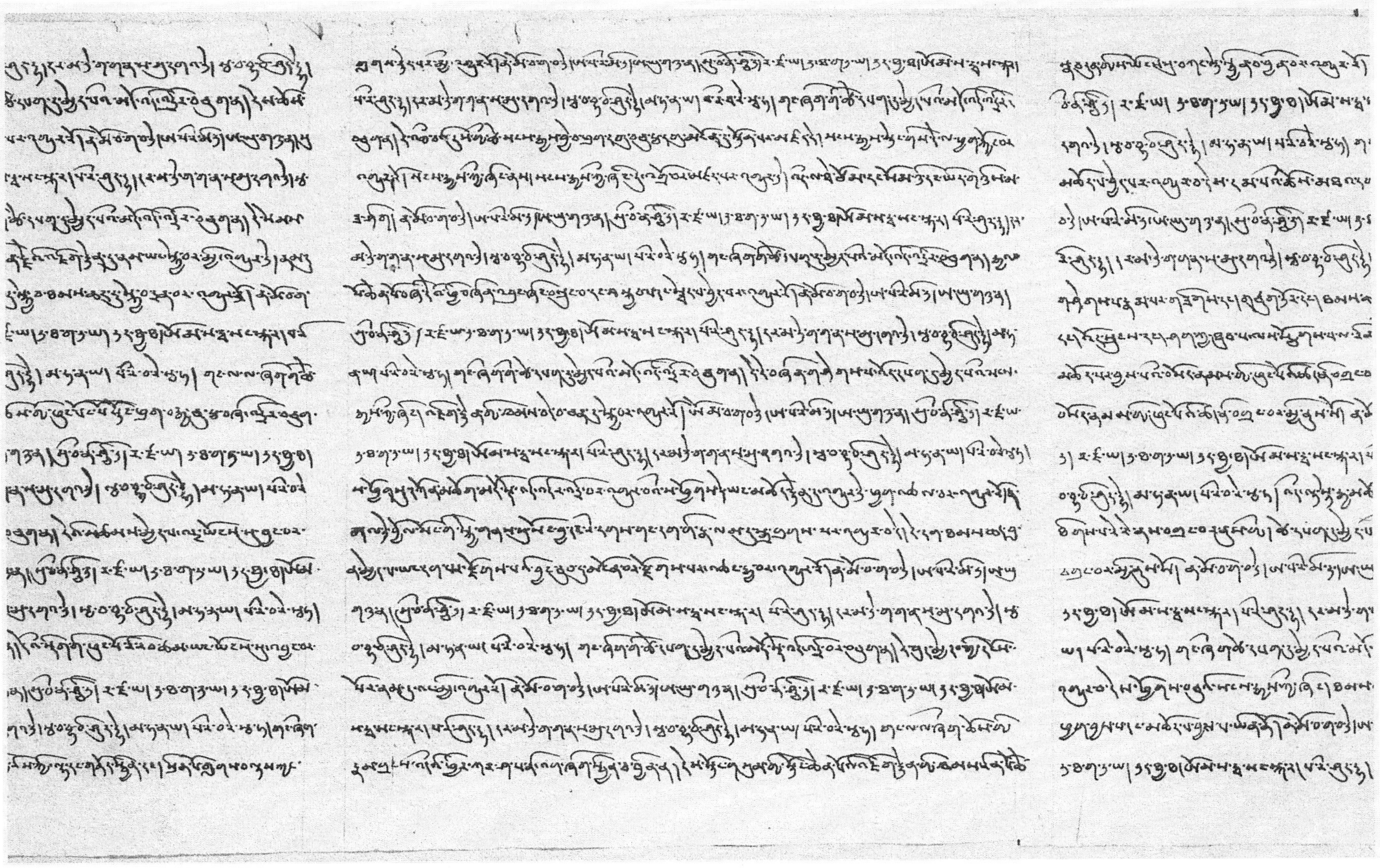

BD14272 號 1　藏文（無量壽宗要經甲本）　（12–4）

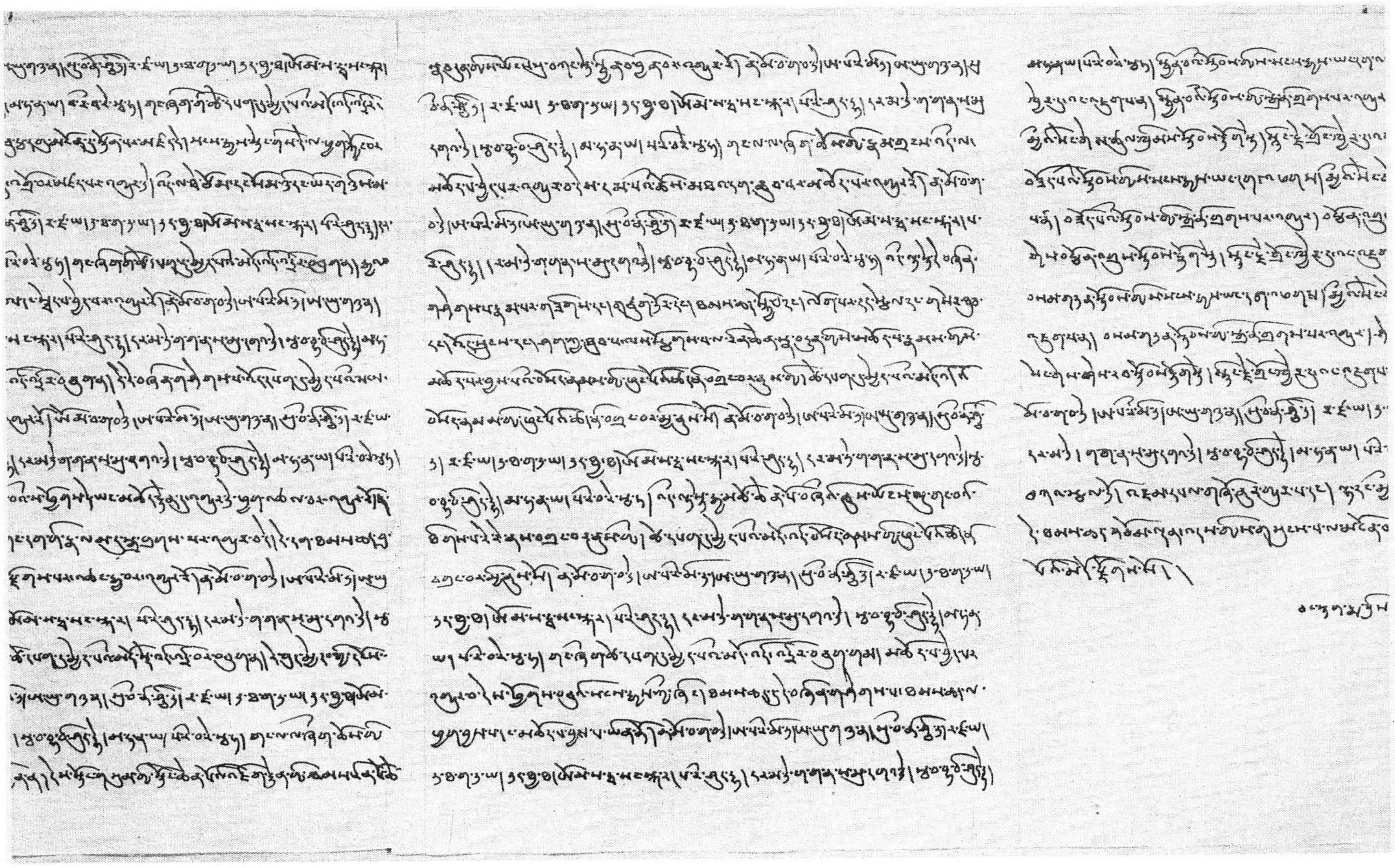

BD14272 號 1　藏文（無量壽宗要經甲本）　（12–5）

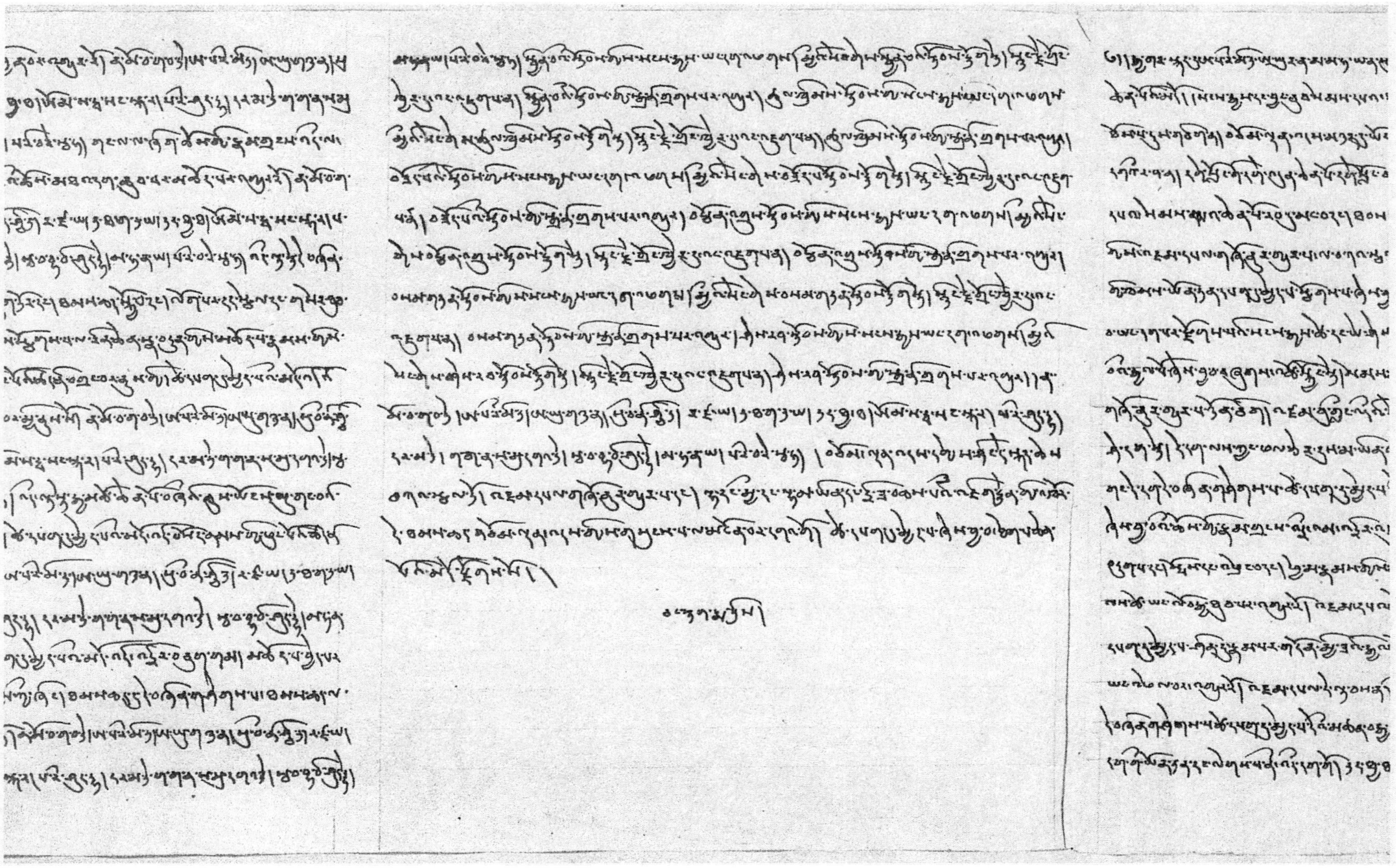

BD14272 號 1　藏文（無量壽宗要經甲本）　（12–6）

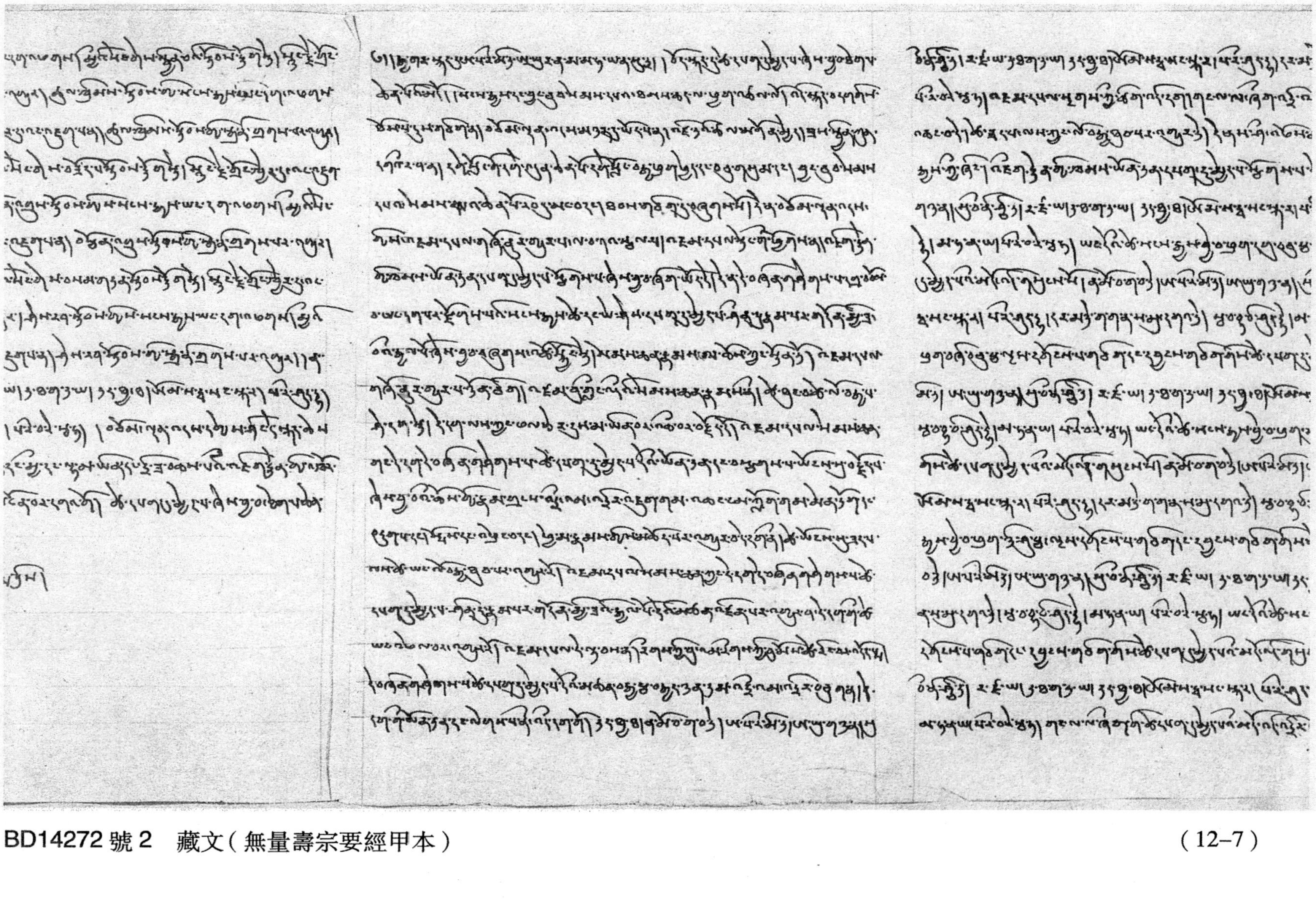

BD14272 號 2　藏文（無量壽宗要經甲本）　（12–7）

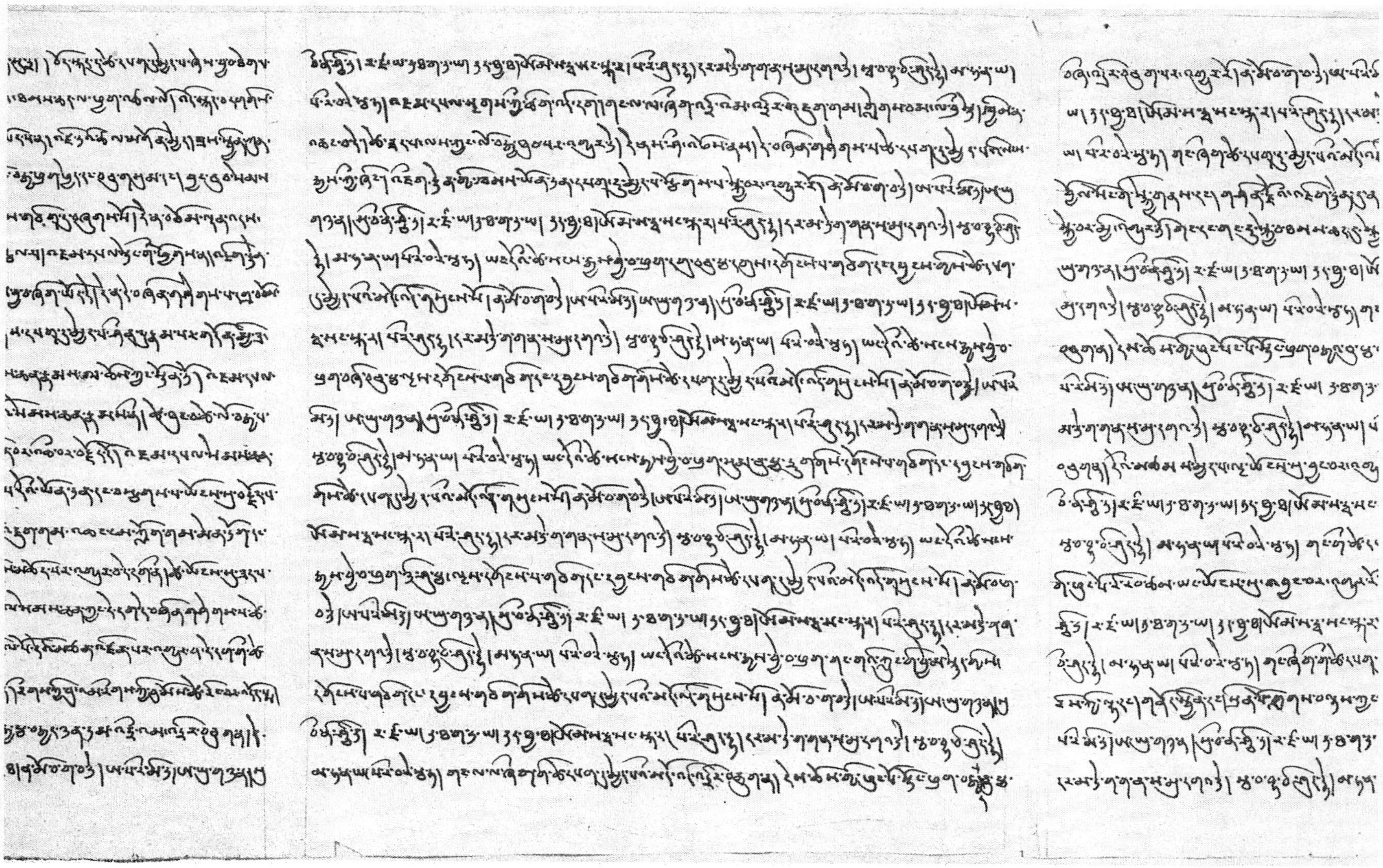

BD14272 號 2　藏文（無量壽宗要經甲本）　（12–8）

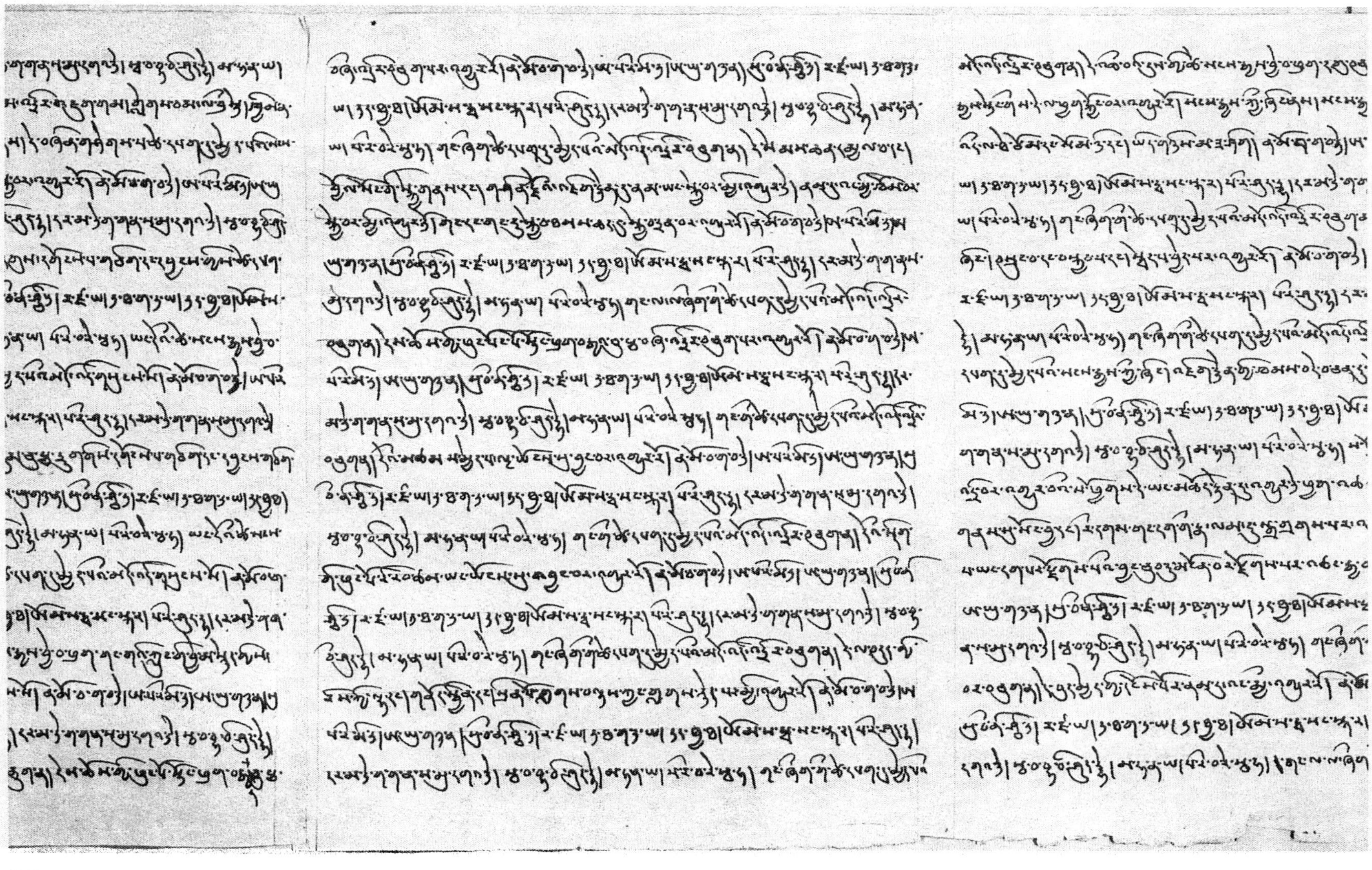

BD14272 號 2　藏文（無量壽宗要經甲本）　（12–9）

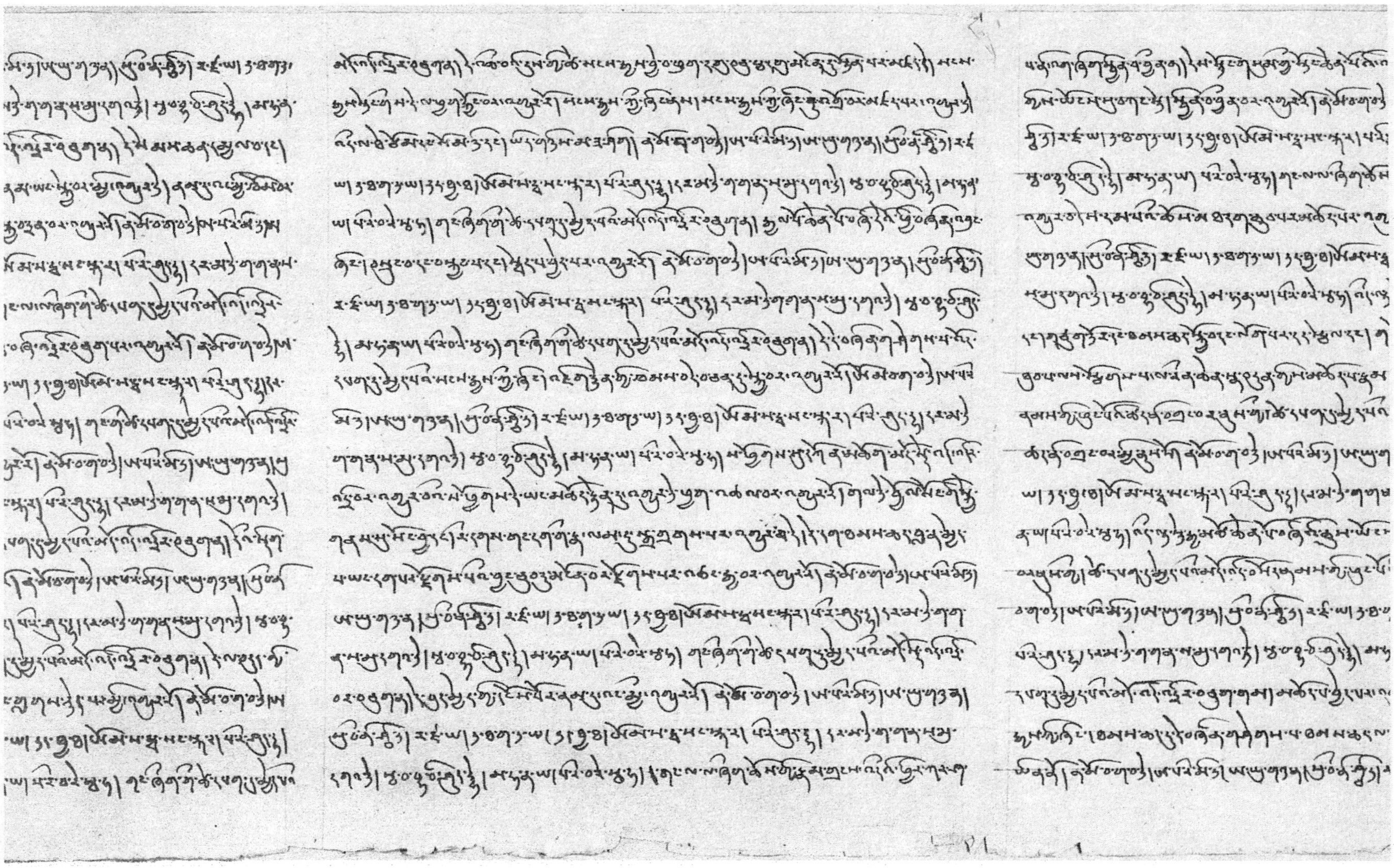

BD14272 號 2　藏文（無量壽宗要經甲本）　（12–10）

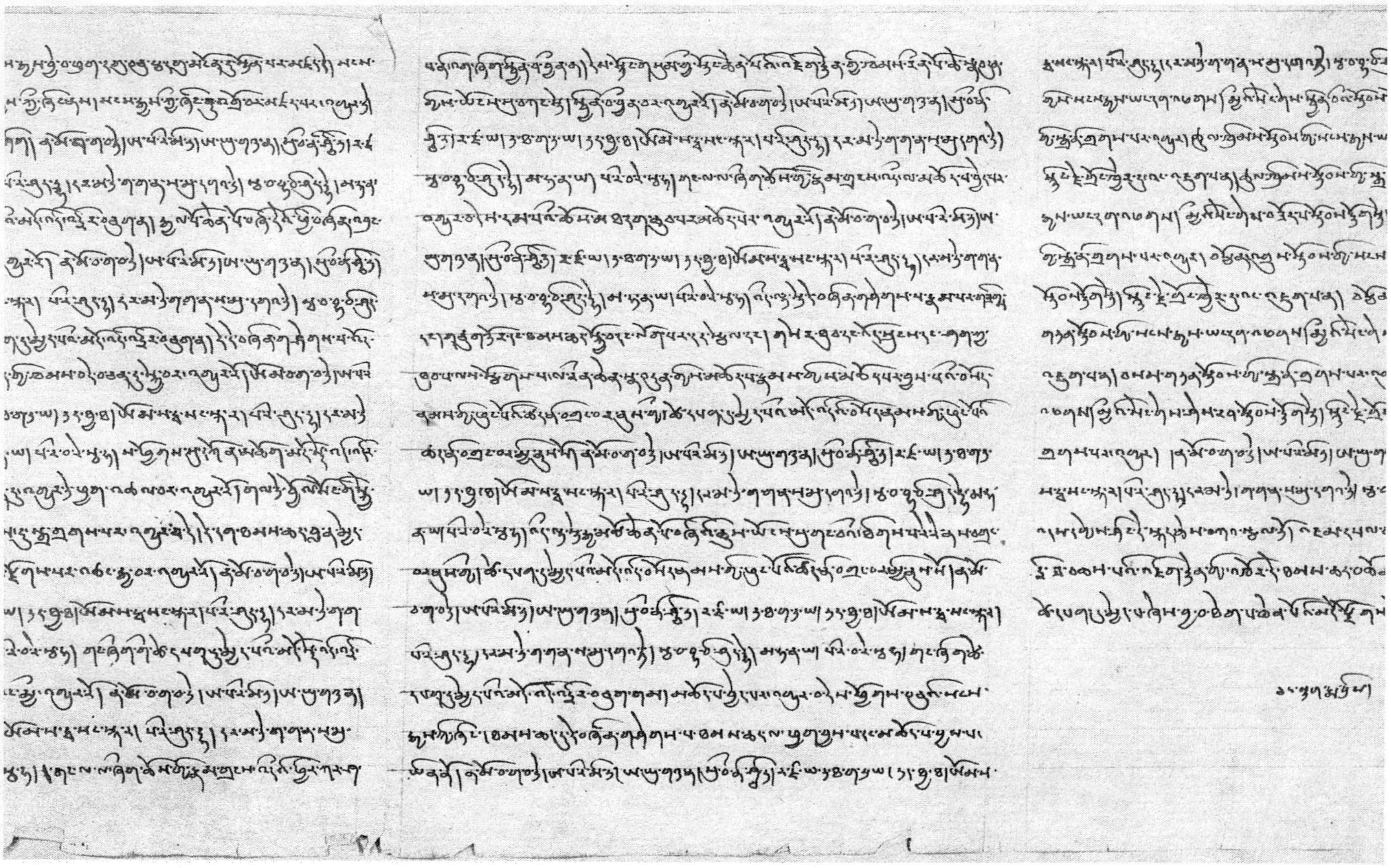

BD14272 號 2　藏文（無量壽宗要經甲本）　（12–11）

BD14272號 2　藏文（無量壽宗要經甲本）

BD14273號　藏文（無量壽宗要經乙本）

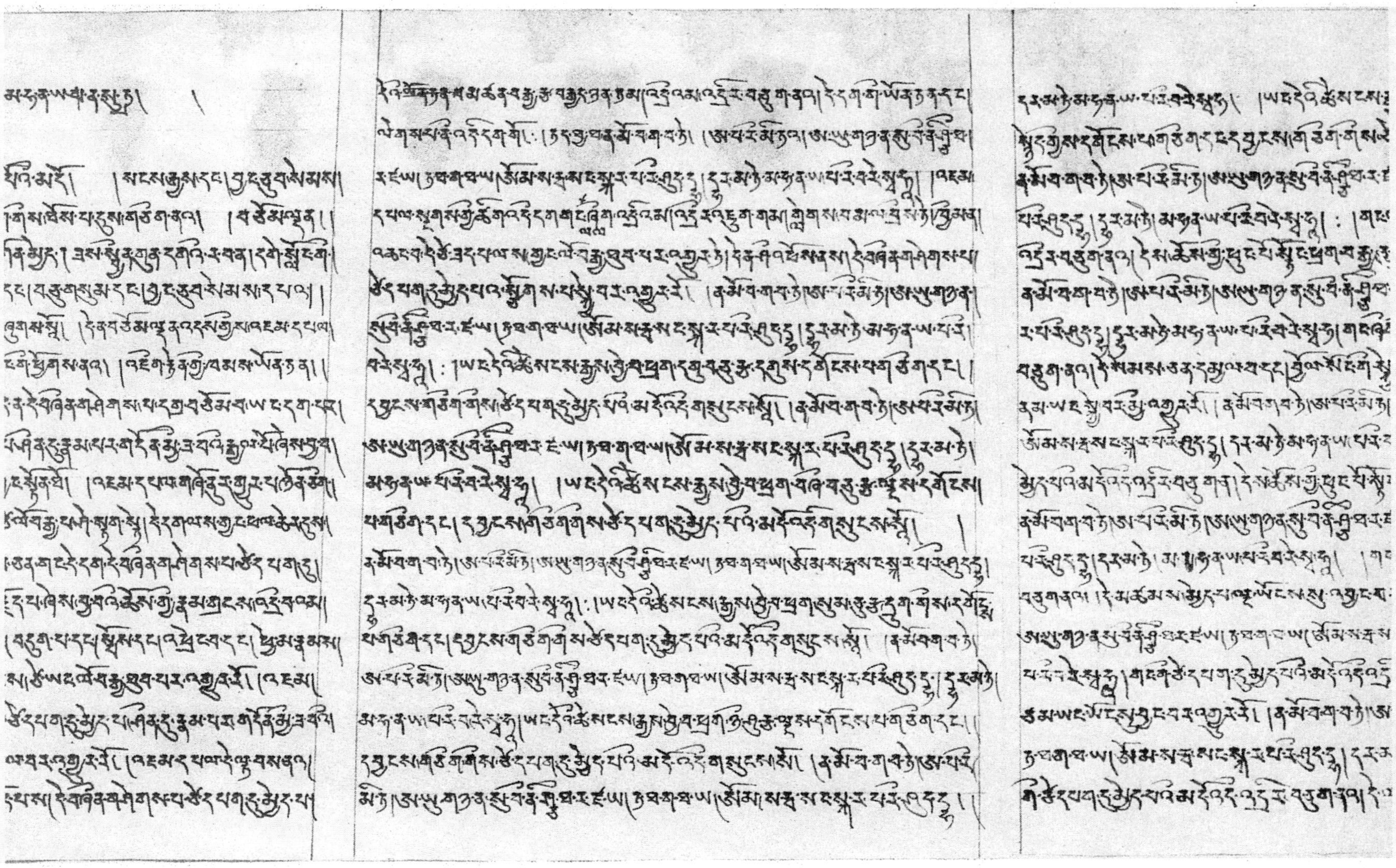

BD14273號　藏文(無量壽宗要經乙本)　　(8–2)

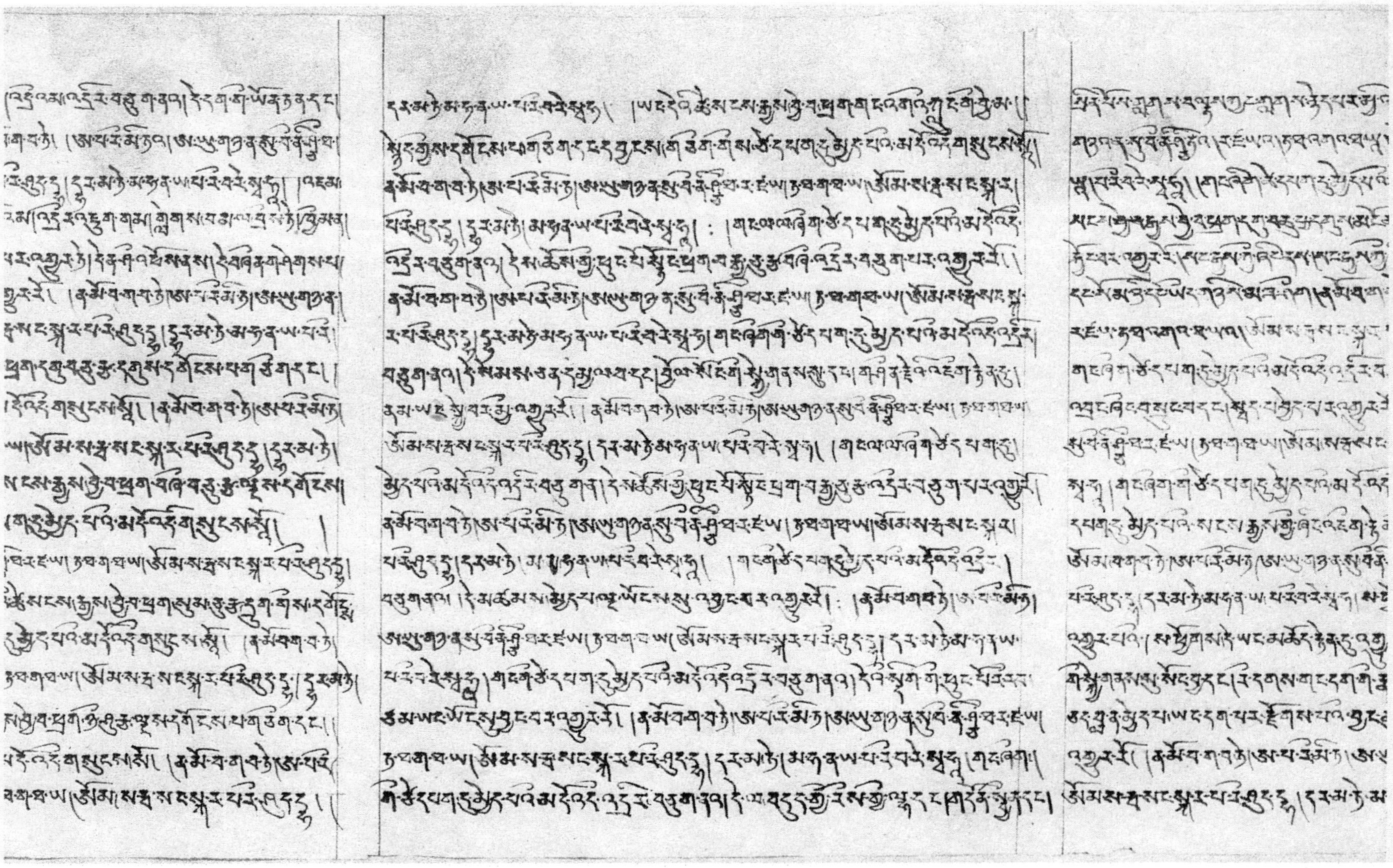

BD14273號　藏文(無量壽宗要經乙本)　　(8–3)

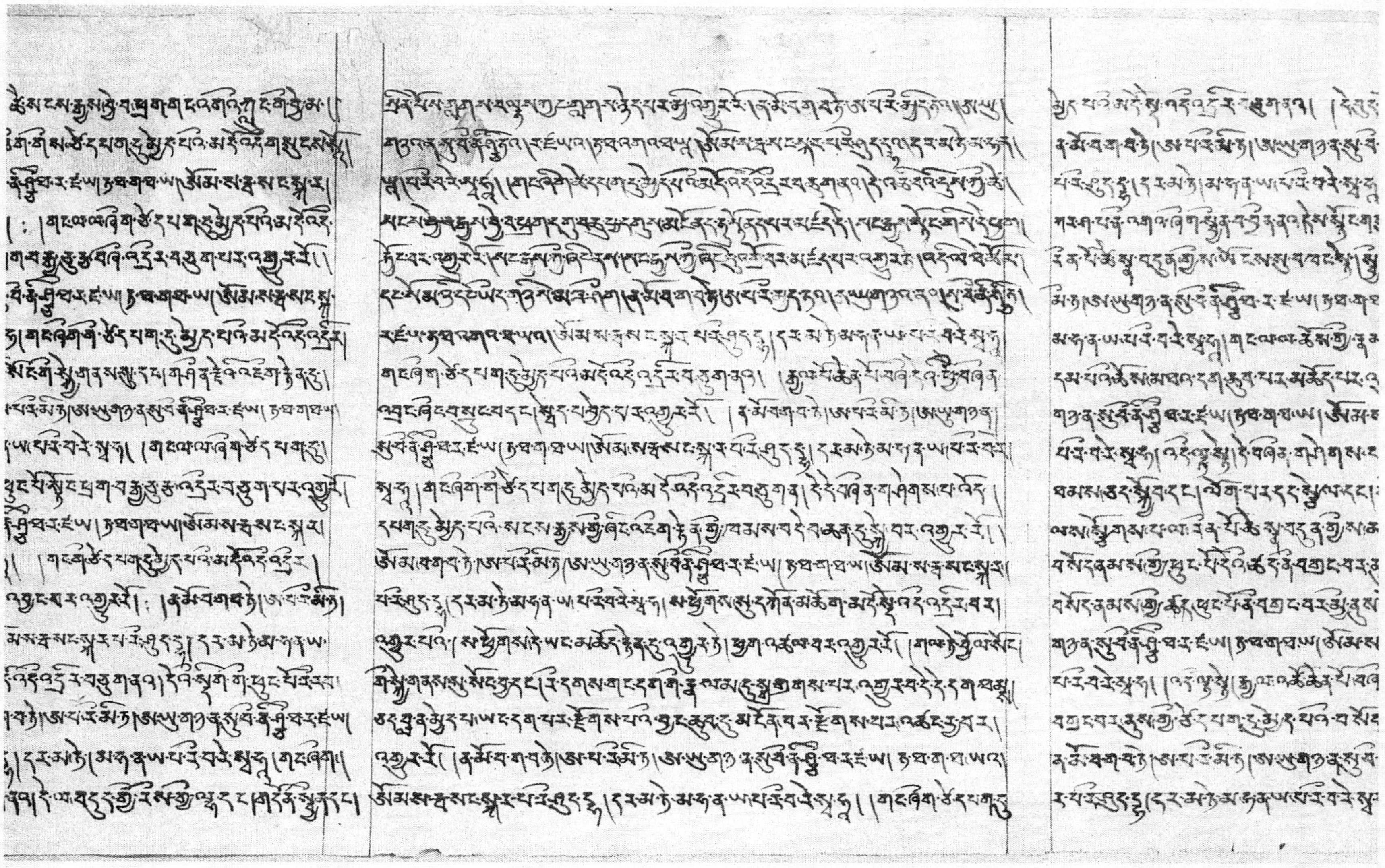

BD14273號　藏文（無量壽宗要經乙本）　（8–4）

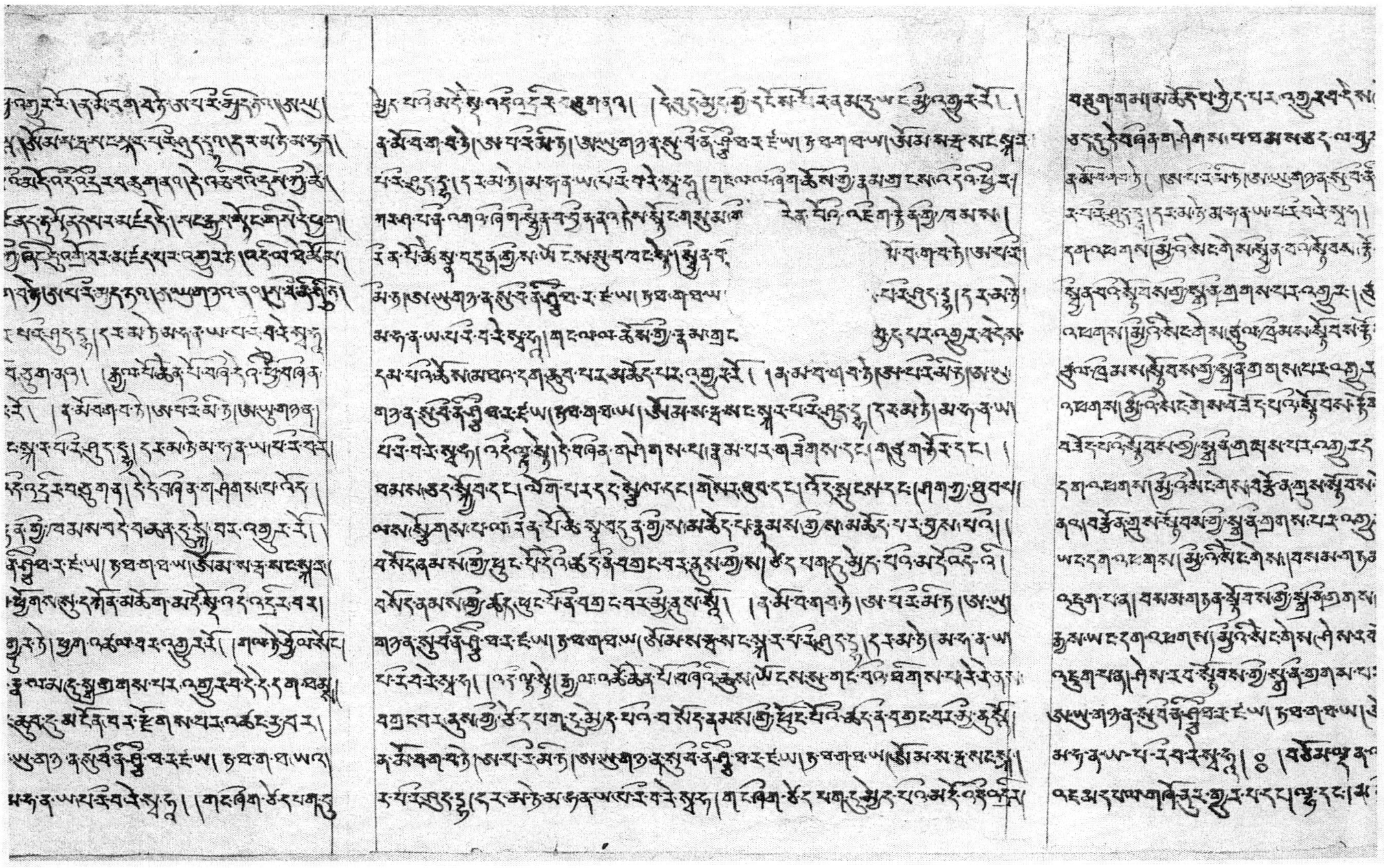

BD14273號　藏文（無量壽宗要經乙本）　（8–5）

BD14273號 藏文（無量壽宗要經乙本） (8-6)

BD14273號 藏文（無量壽宗要經乙本） (8-7)

BD14273號 藏文（無量壽宗要經乙本） (8-8)

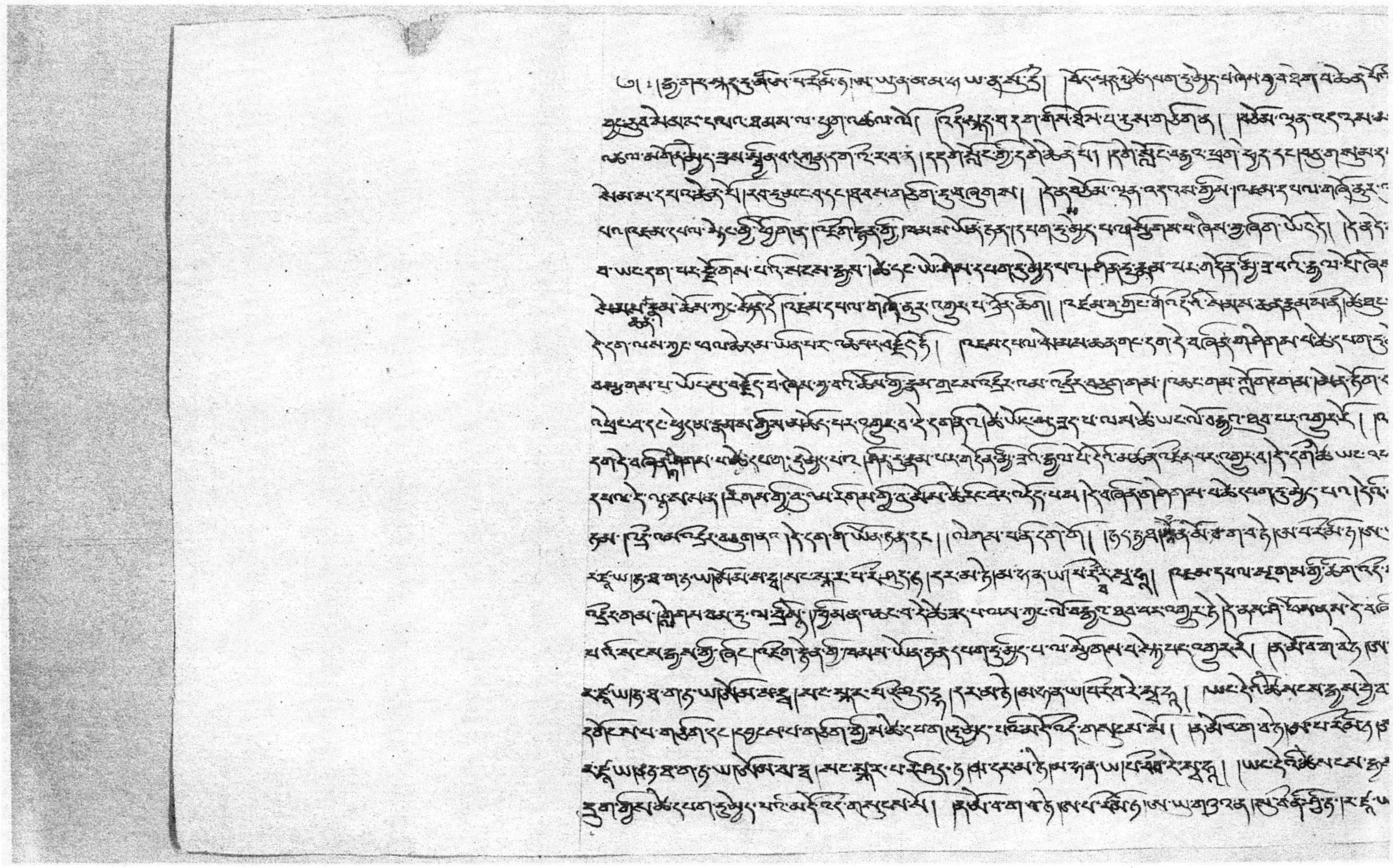

BD14274號 藏文（無量壽宗要經乙本） (6-1)

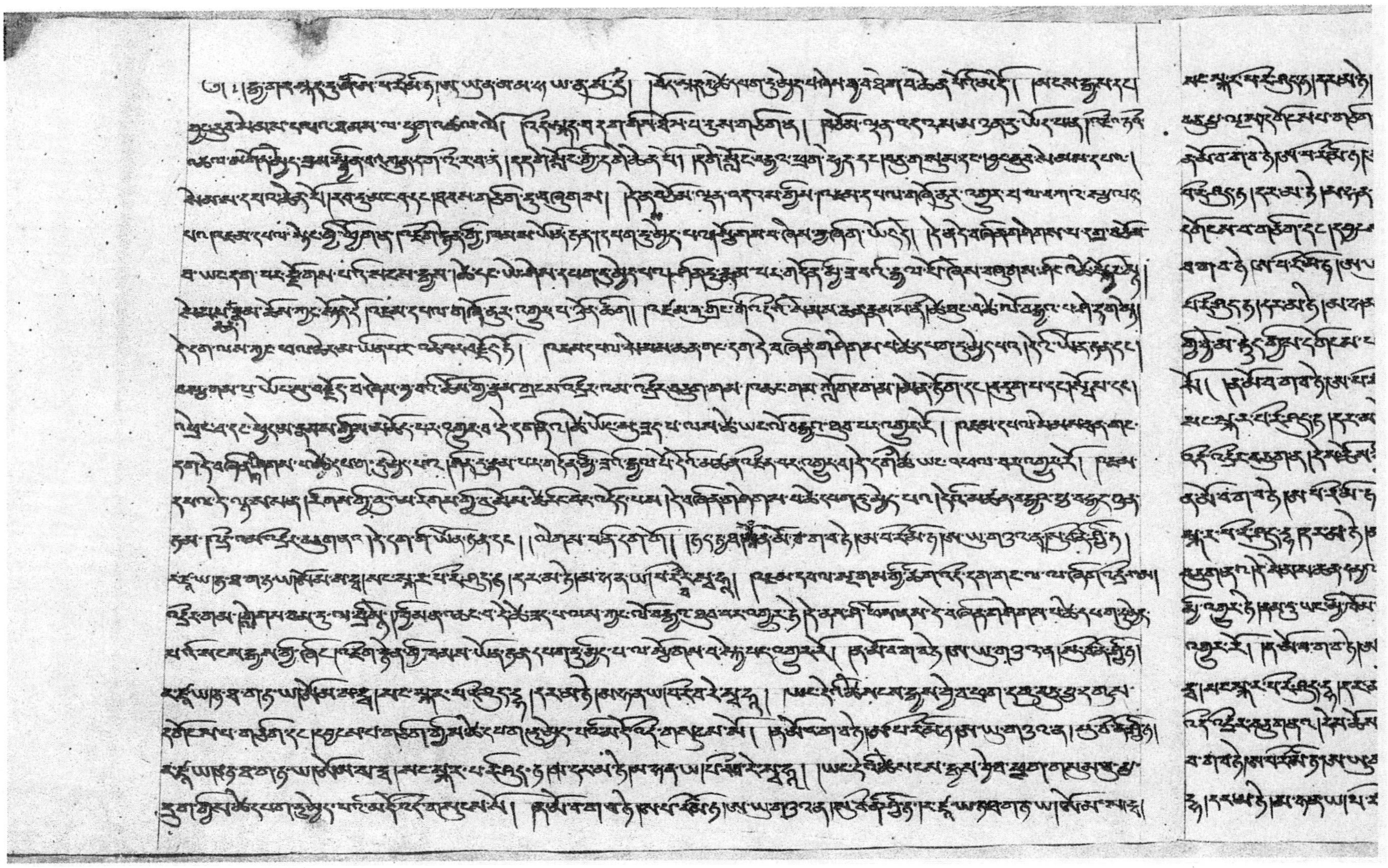

BD14274 號　藏文（無量壽宗要經乙本）　　（6–2）

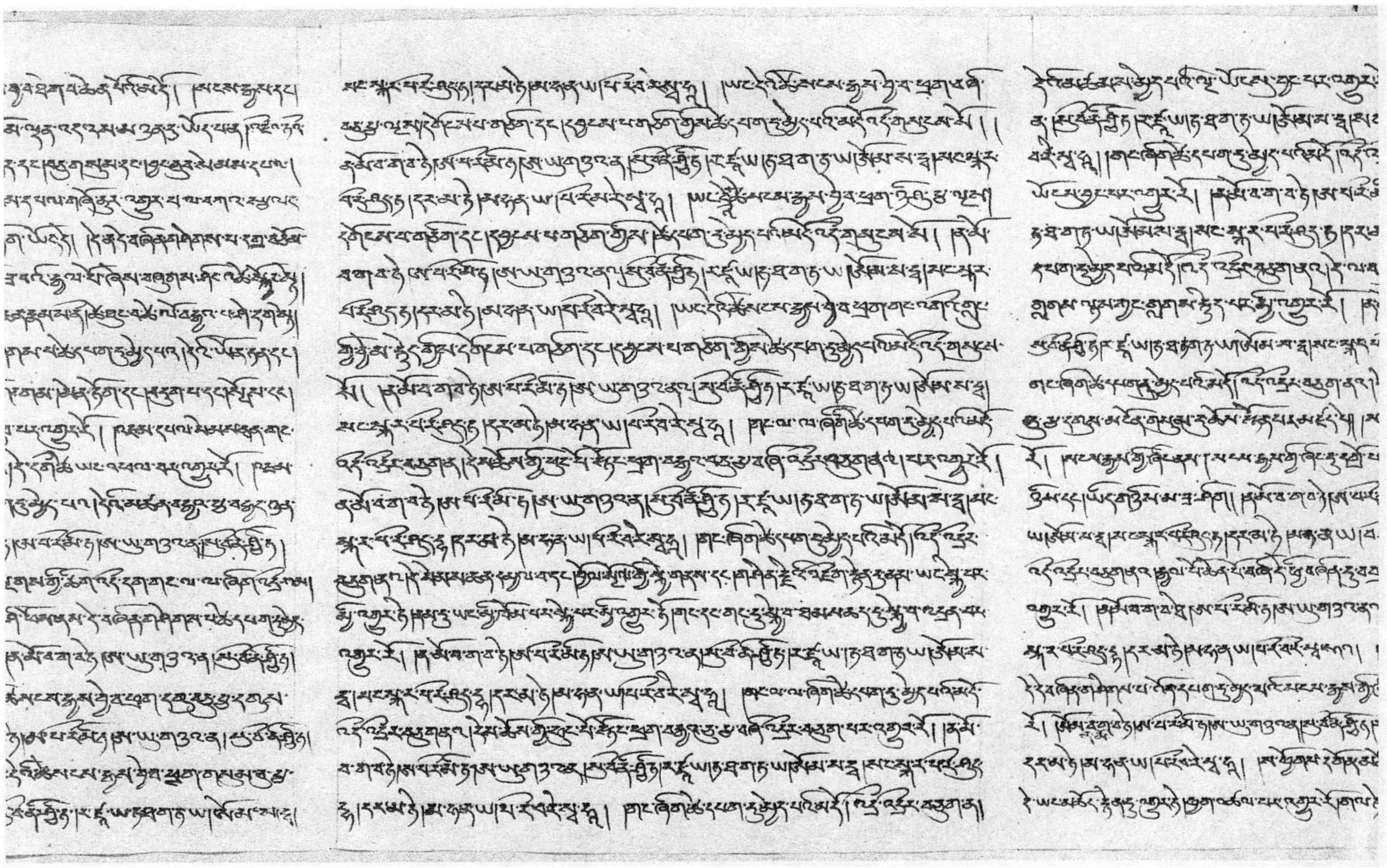

BD14274 號　藏文（無量壽宗要經乙本）　　（6–3）

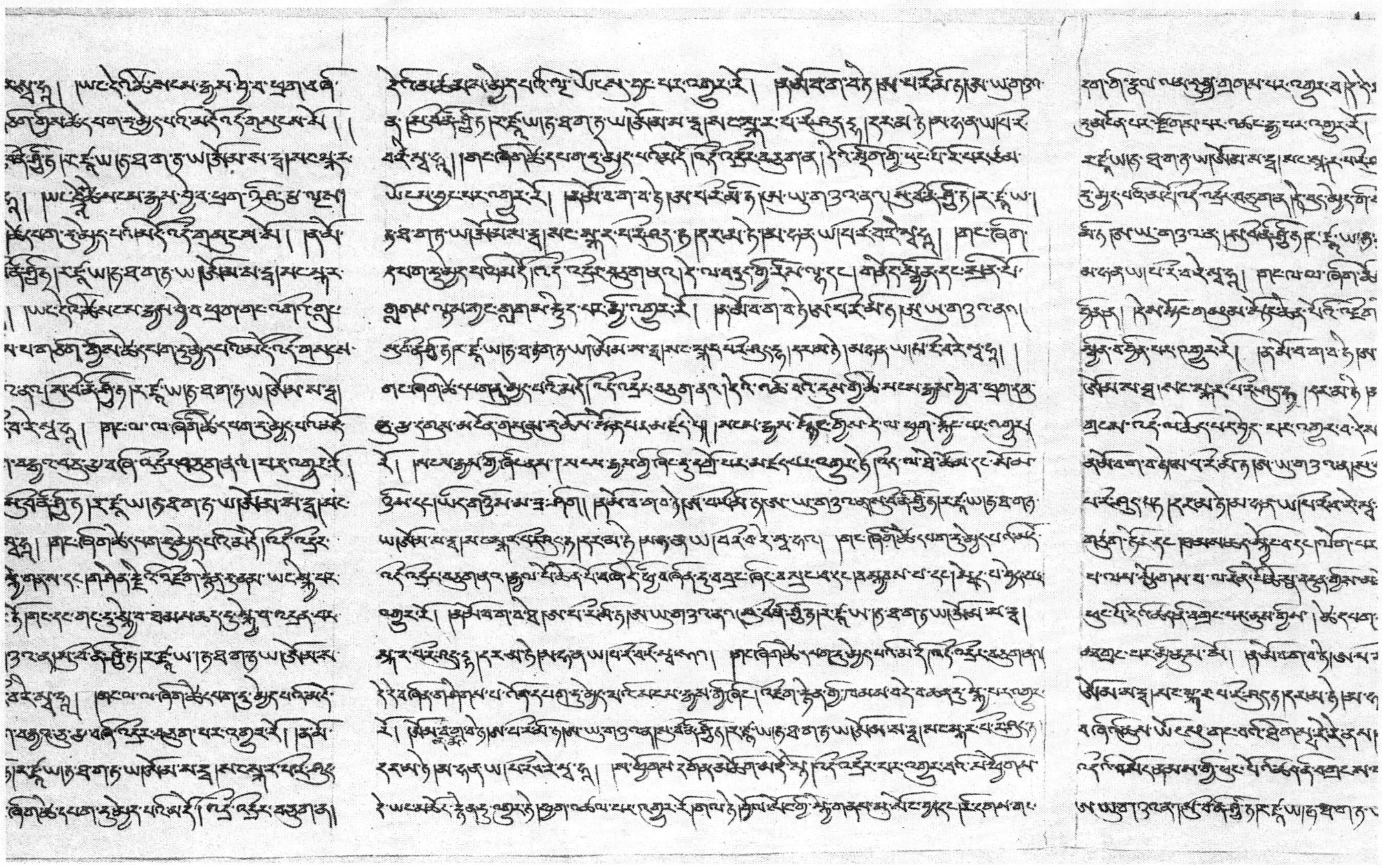

BD14274 號　藏文（無量壽宗要經乙本）　（6–4）

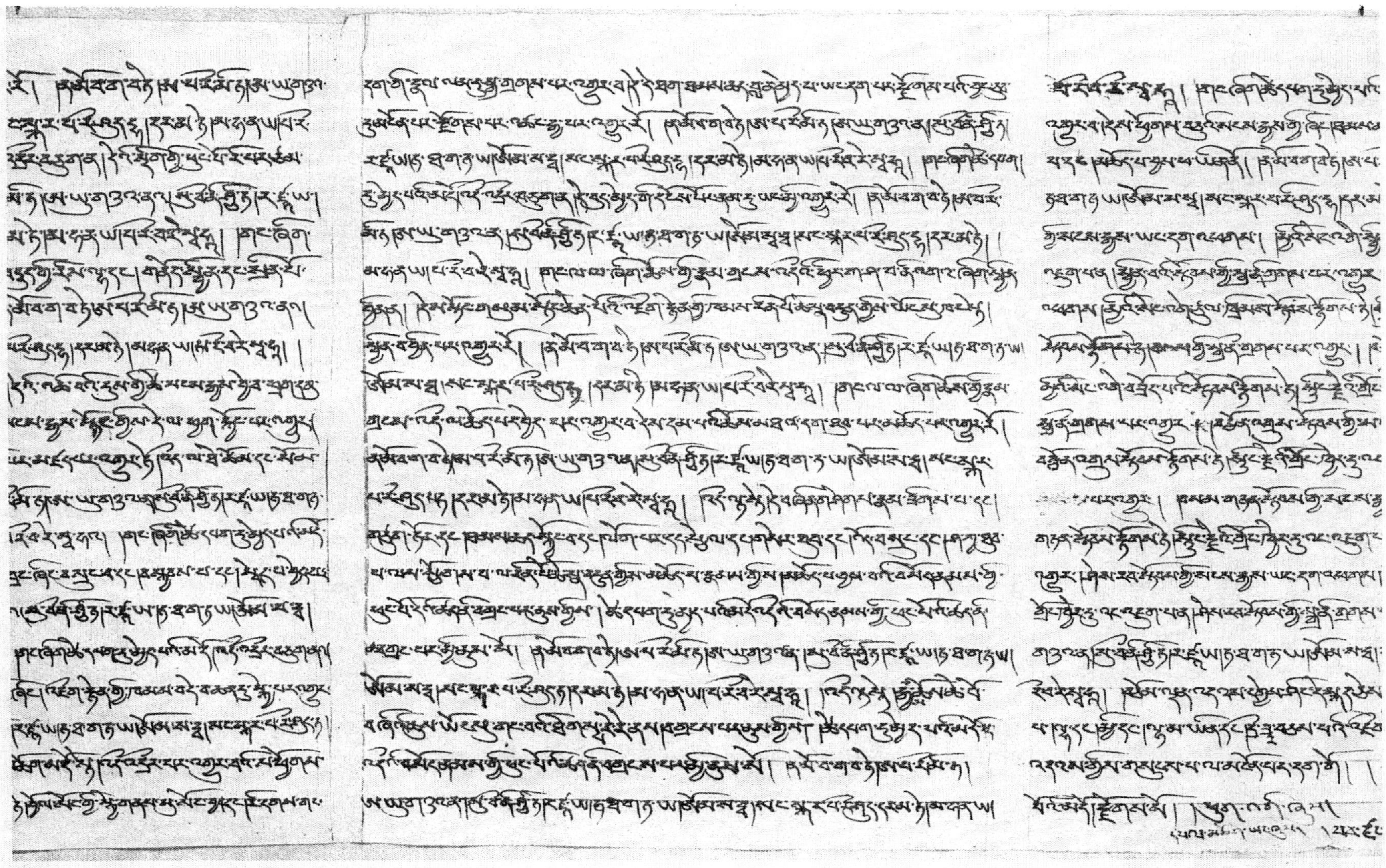

BD14274 號　藏文（無量壽宗要經乙本）　（6–5）

BD14274號　藏文（無量壽宗要經乙本）

BD14275號　藏文（無量壽宗要經甲本）

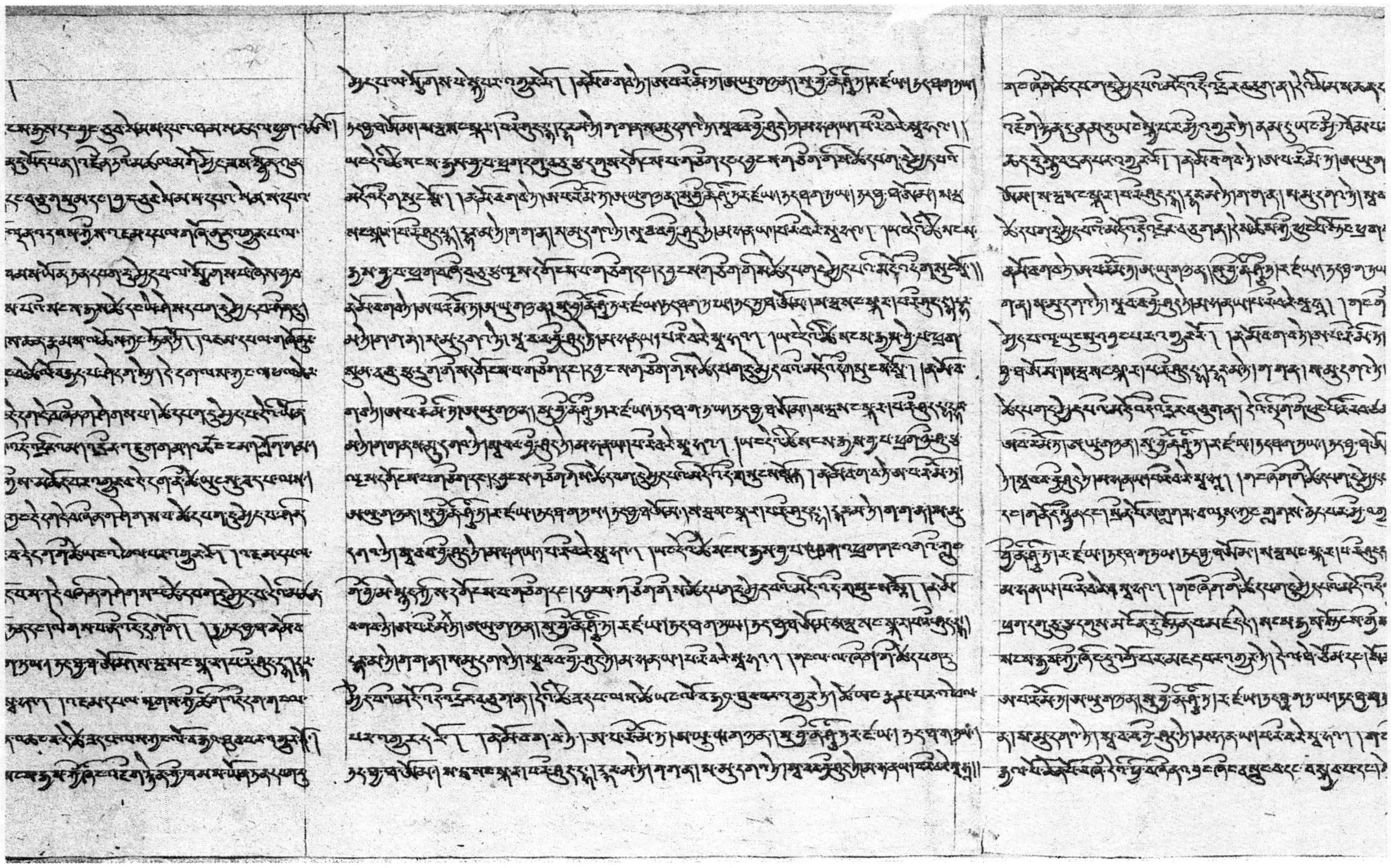

BD14275 號　藏文（無量壽宗要經甲本）　　（6–2）

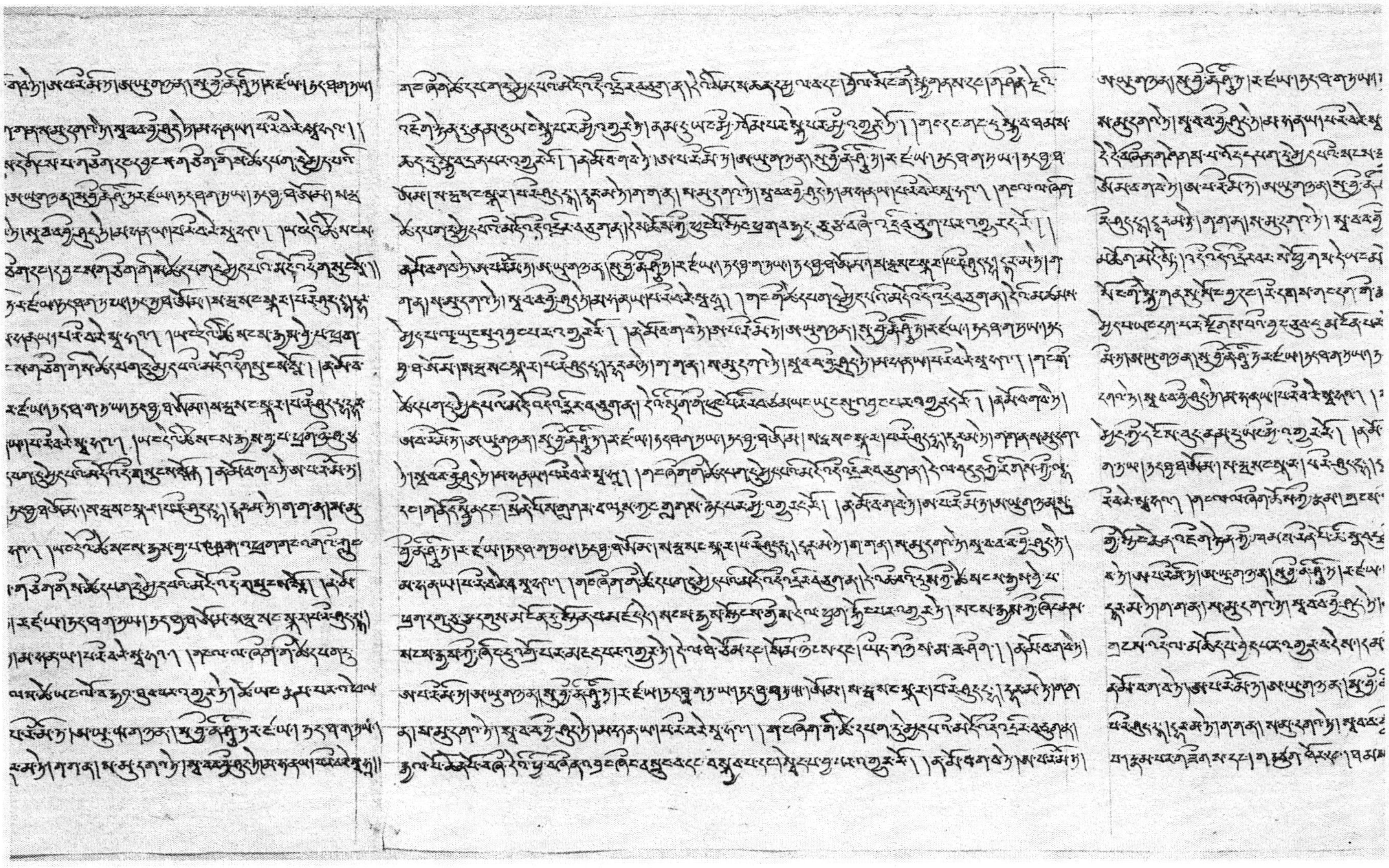

BD14275 號　藏文（無量壽宗要經甲本）　　（6–3）

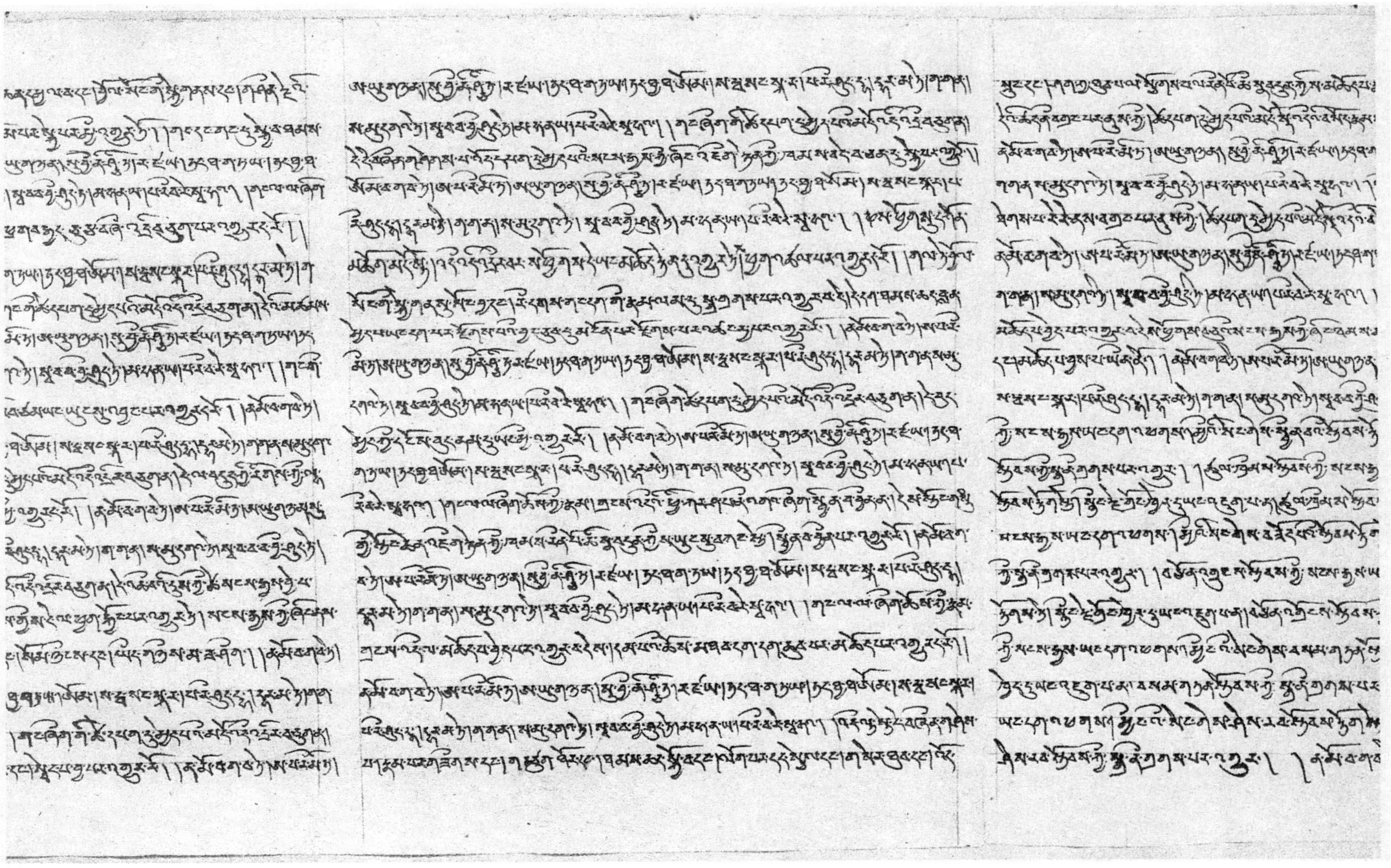

BD14275 號　藏文（無量壽宗要經甲本）　（6–4）

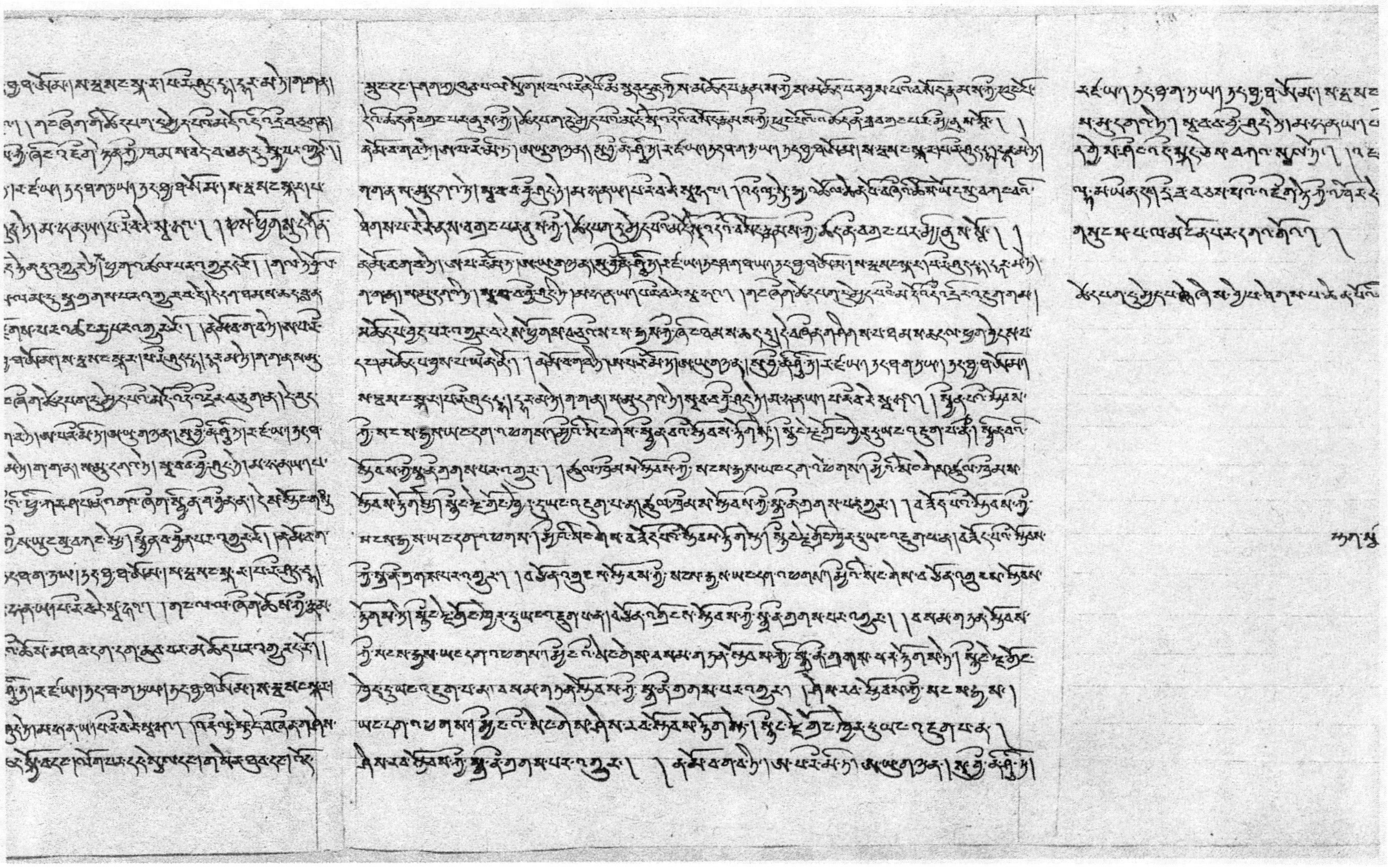

BD14275 號　藏文（無量壽宗要經甲本）　（6–5）

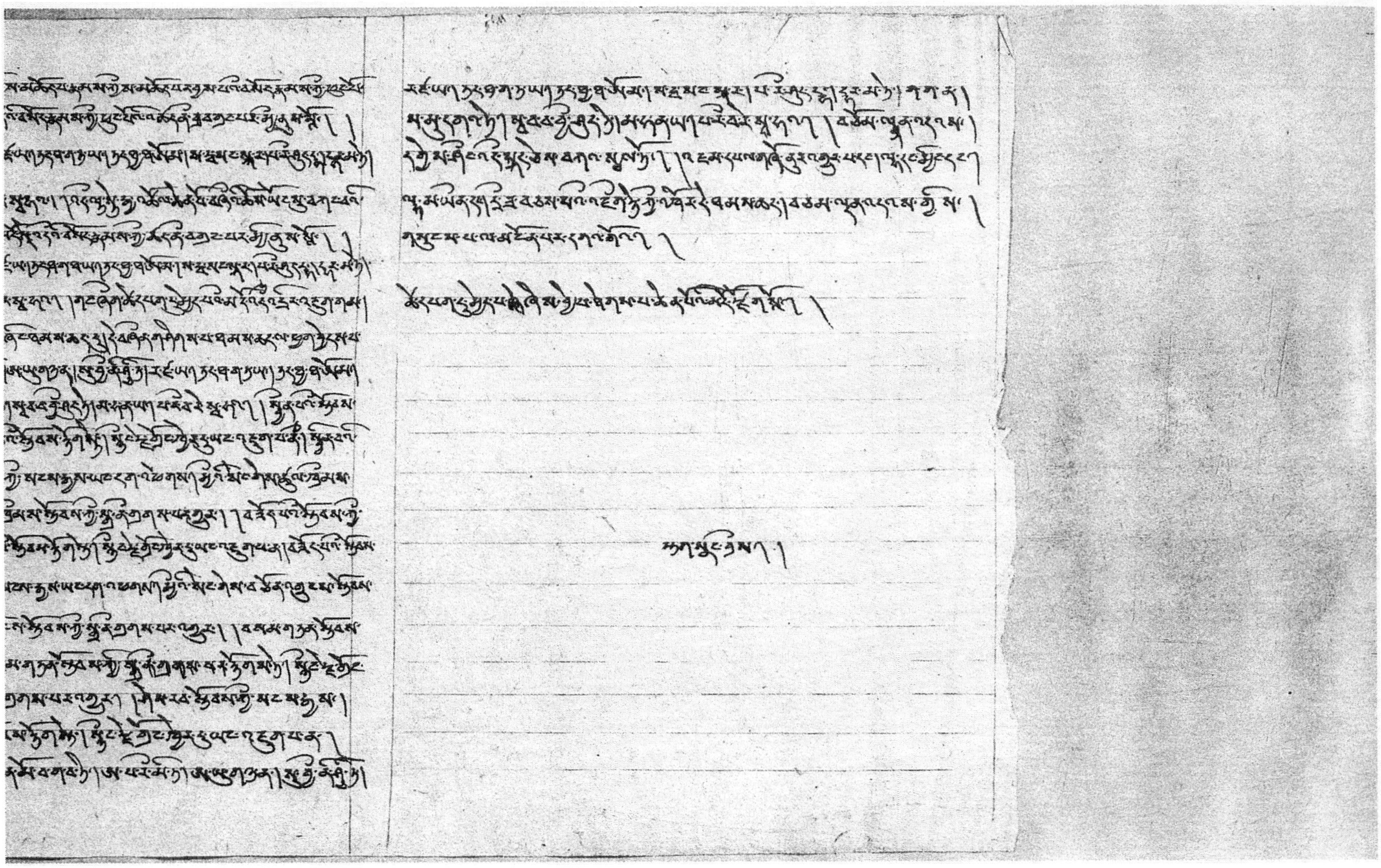

BD14275 號　藏文（無量壽宗要經甲本）　　　　（6–6）

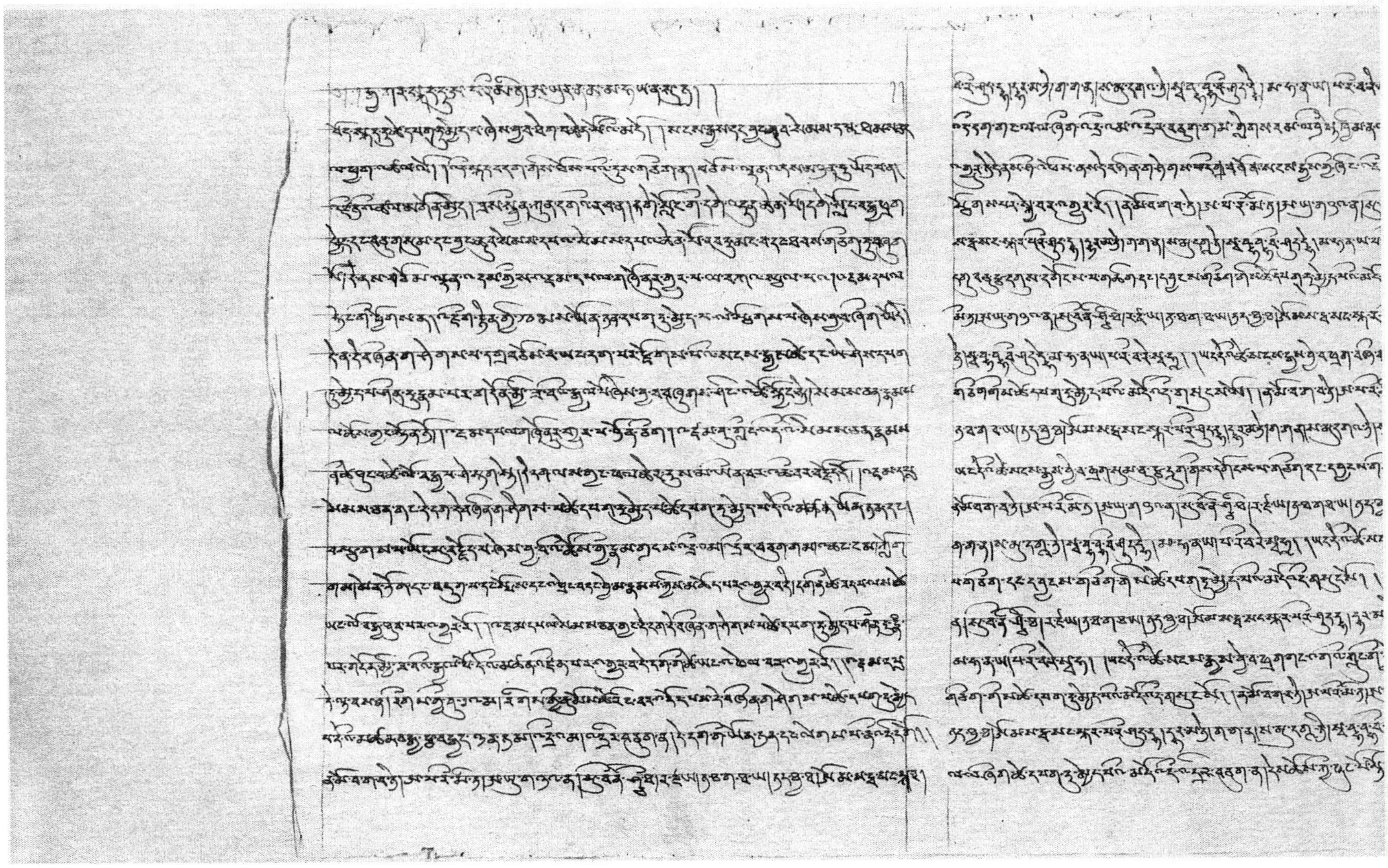

BD14276 號 1　藏文（無量壽宗要經甲本）　　　　（18–1）

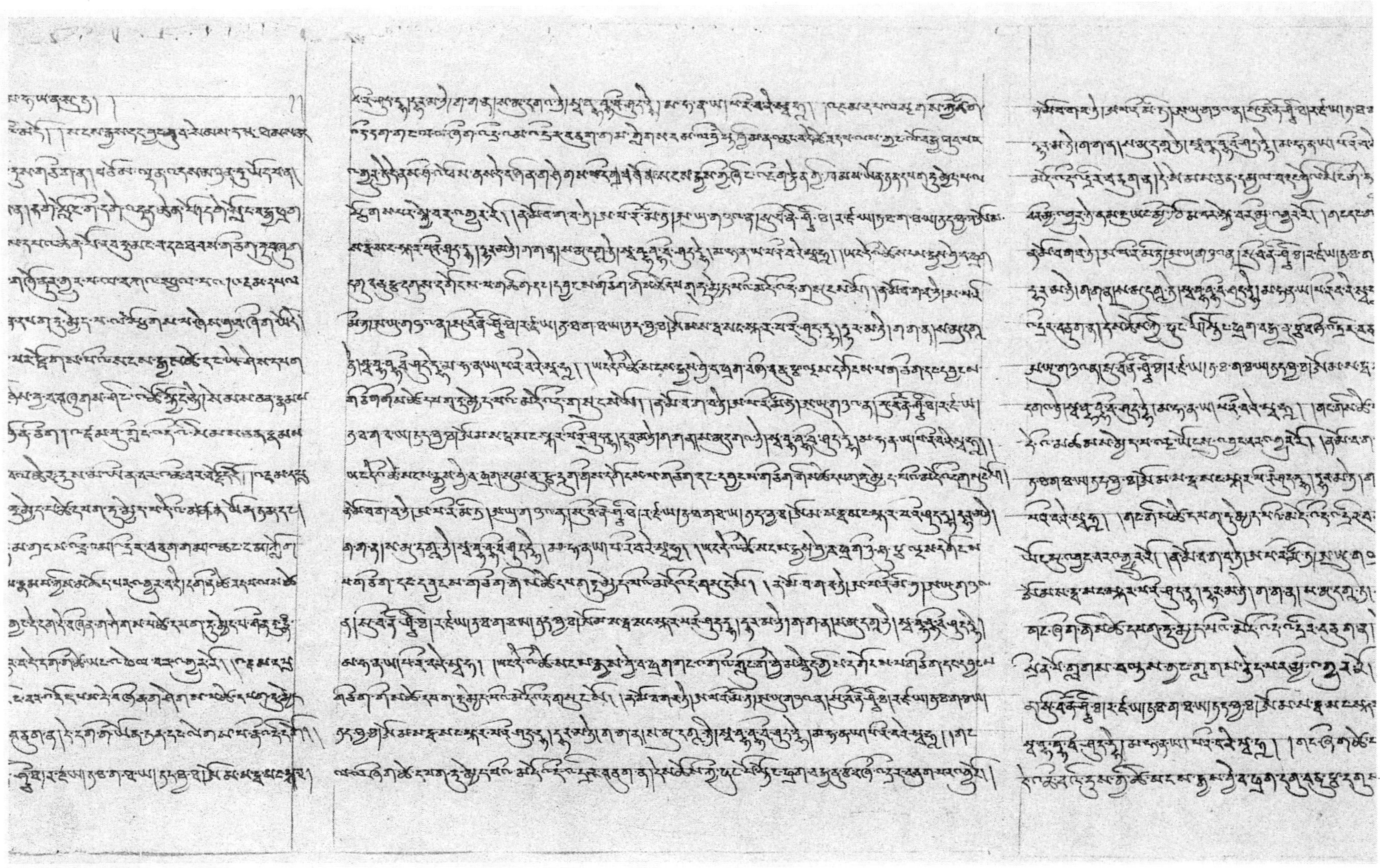

BD14276 號 1　藏文（無量壽宗要經甲本）　（18–2）

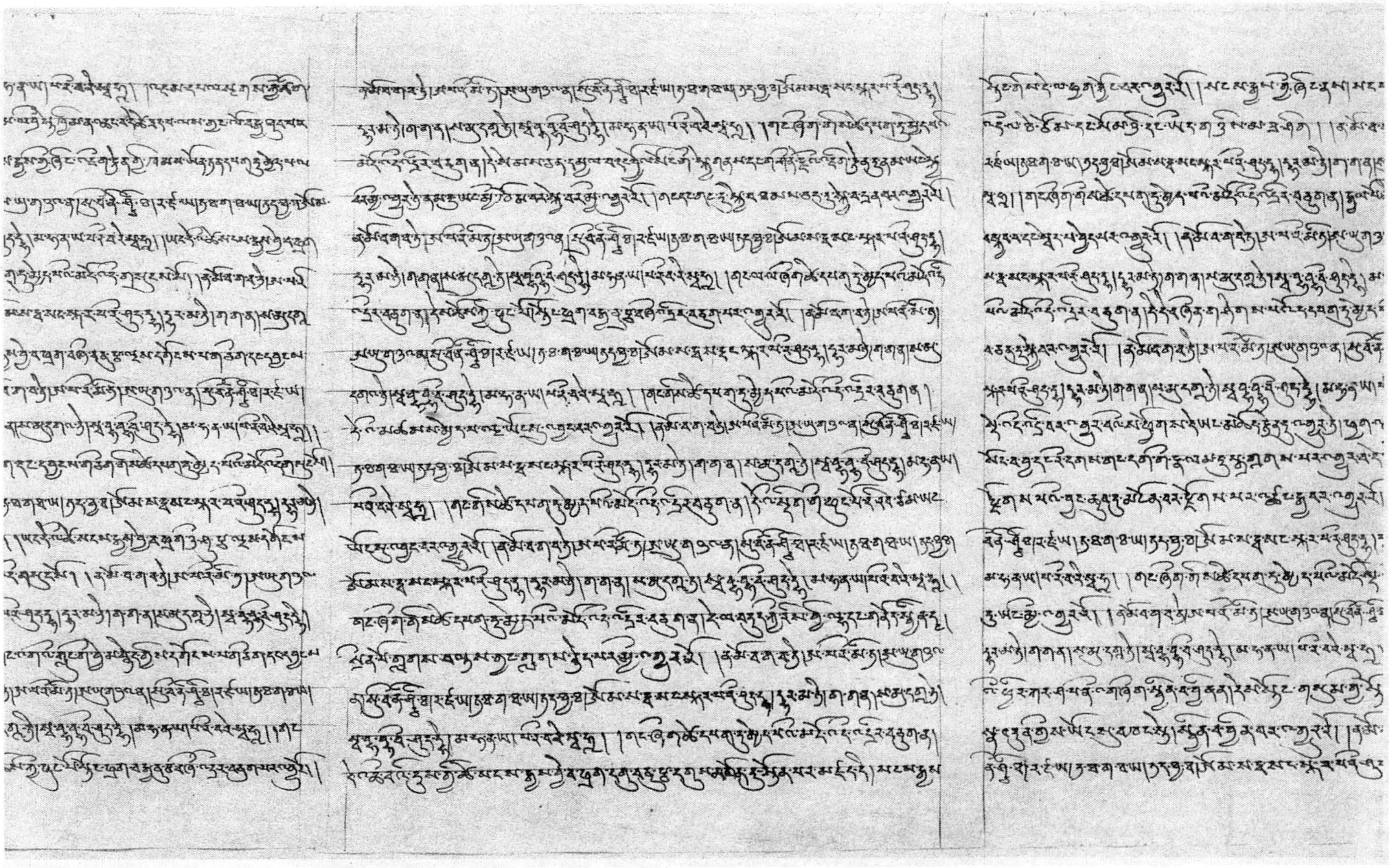

BD14276 號 1　藏文（無量壽宗要經甲本）　（18–3）

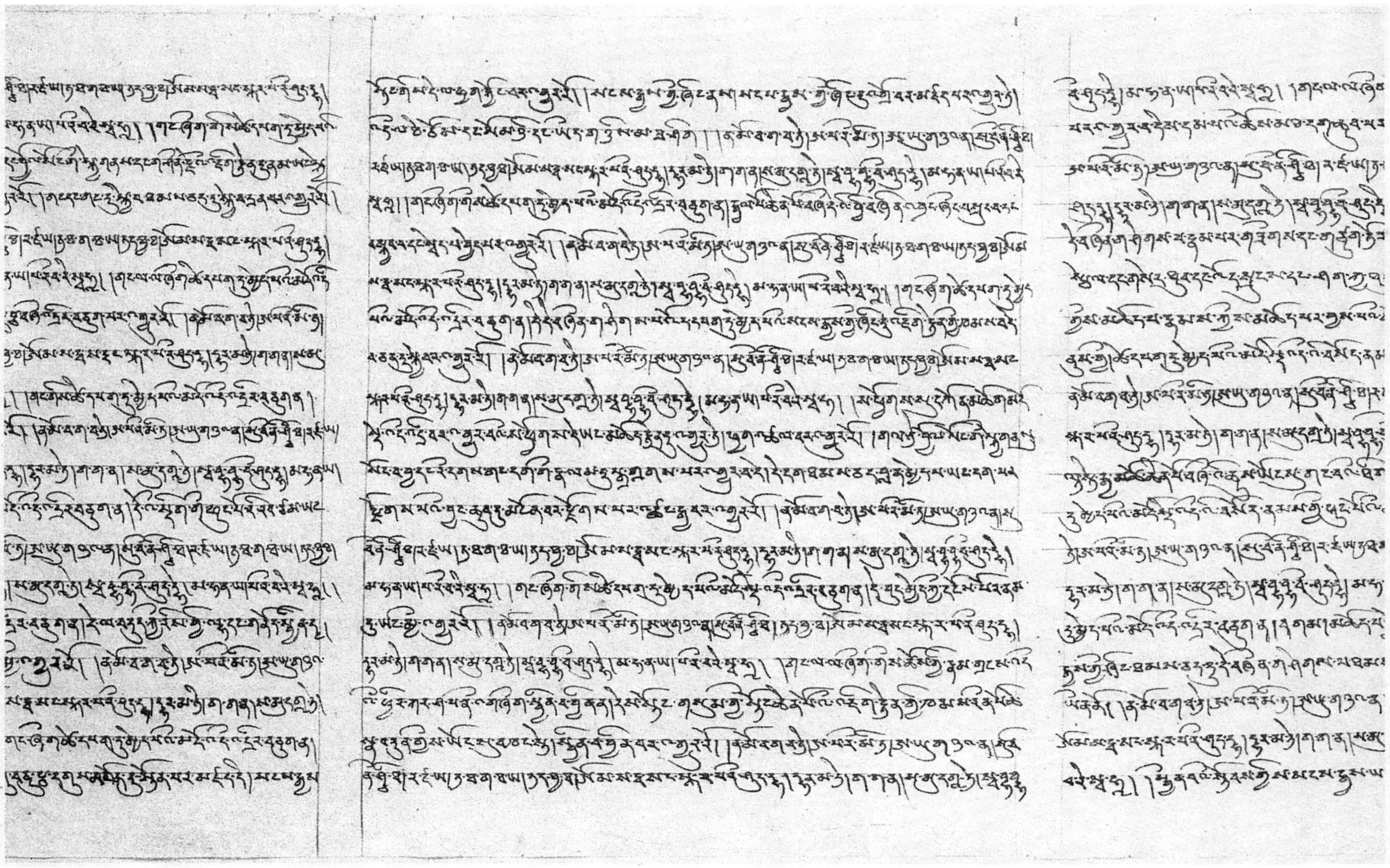

BD14276 號 1　藏文（無量壽宗要經甲本）　（18–4）

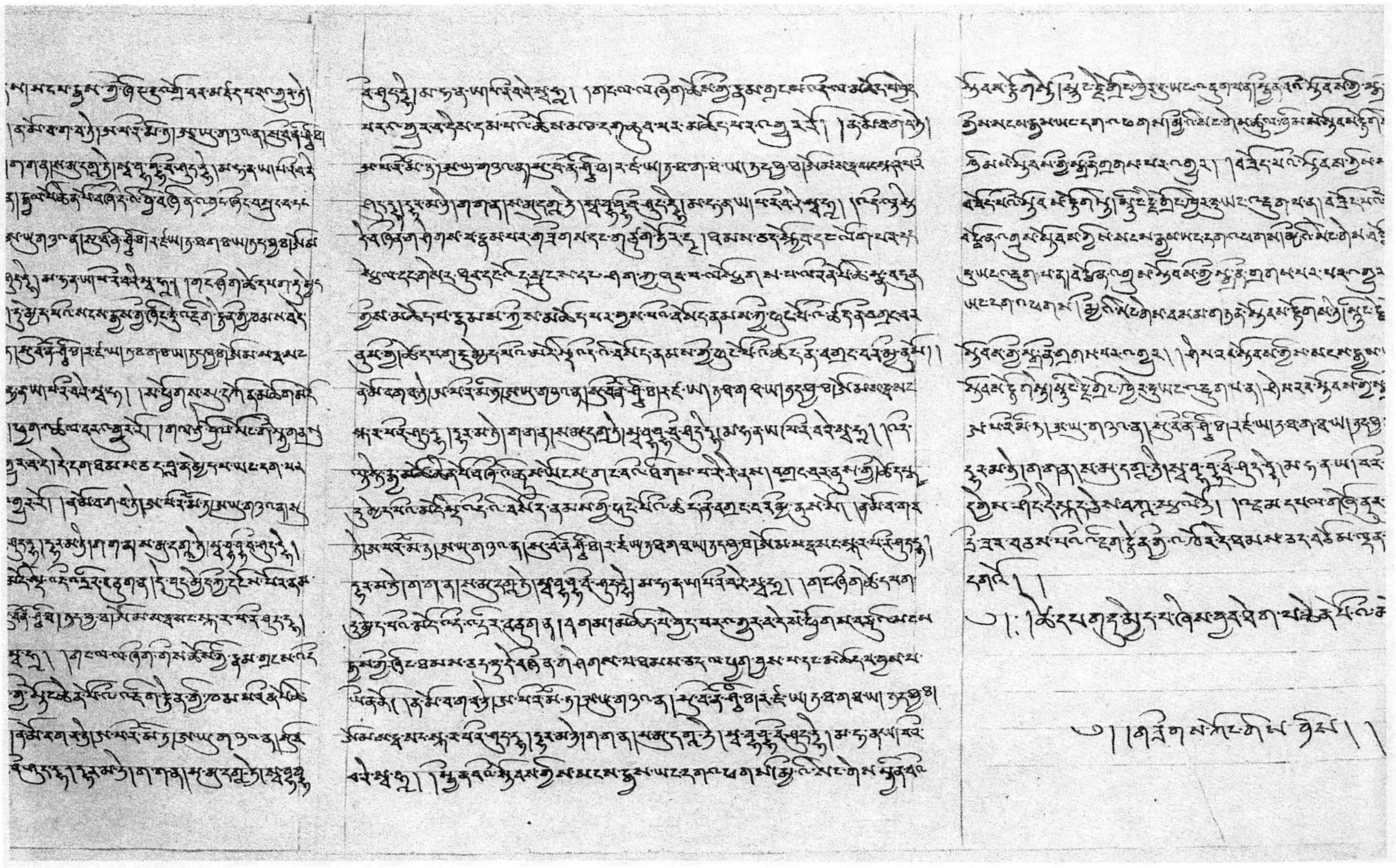

BD14276 號 1　藏文（無量壽宗要經甲本）　（18–5）

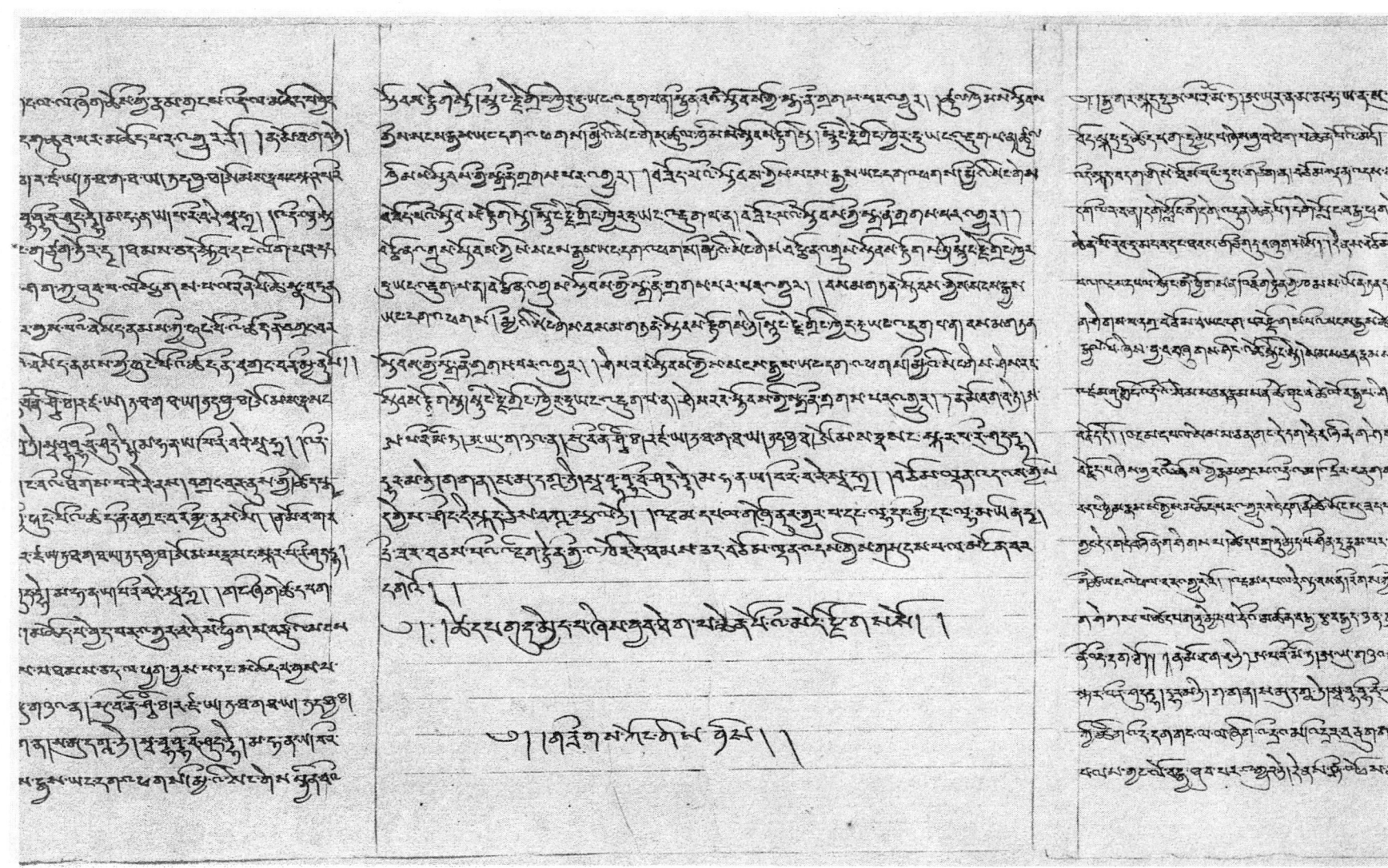

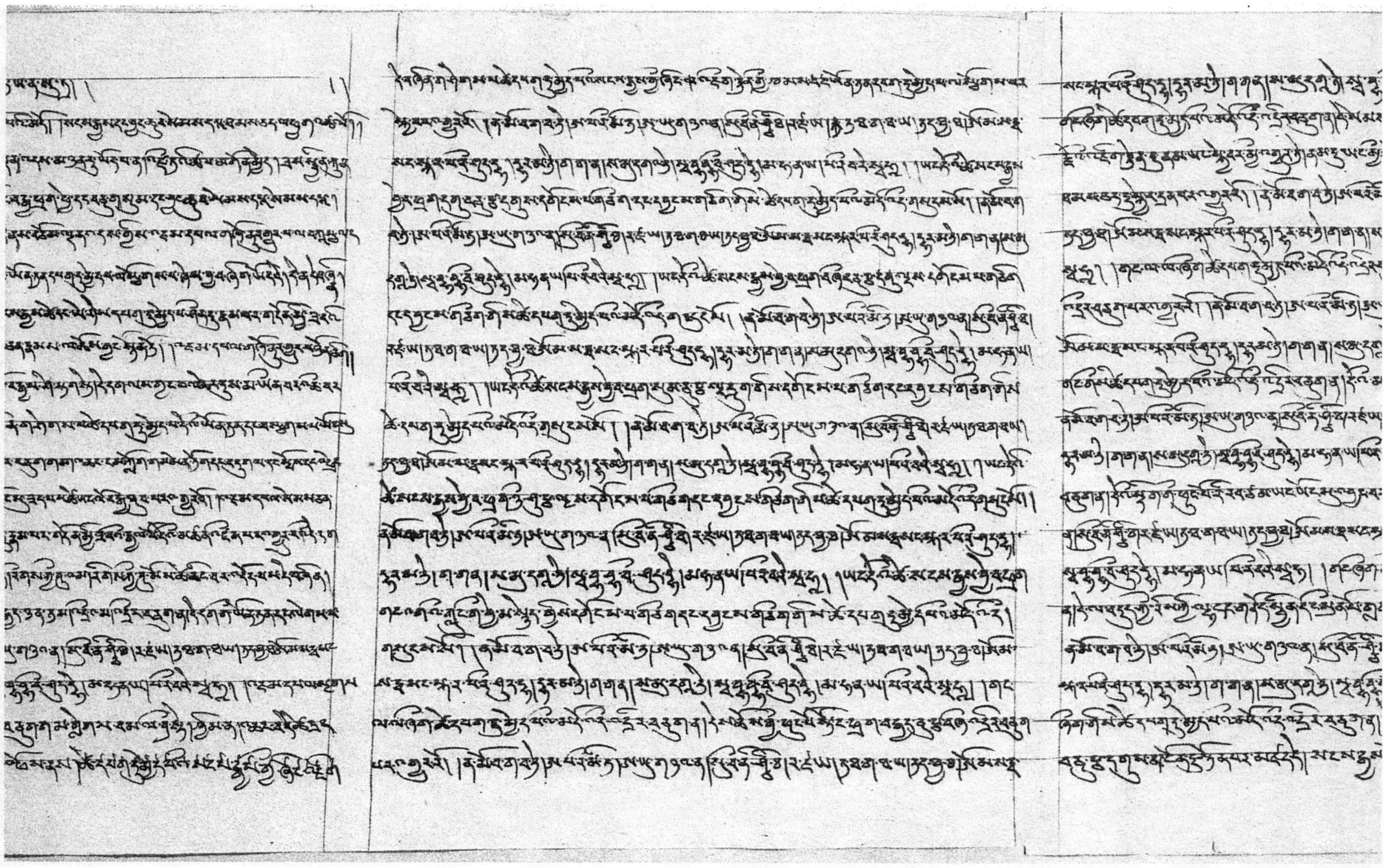

BD14276 號 2　藏文（無量壽宗要經甲本）　　（18–8）

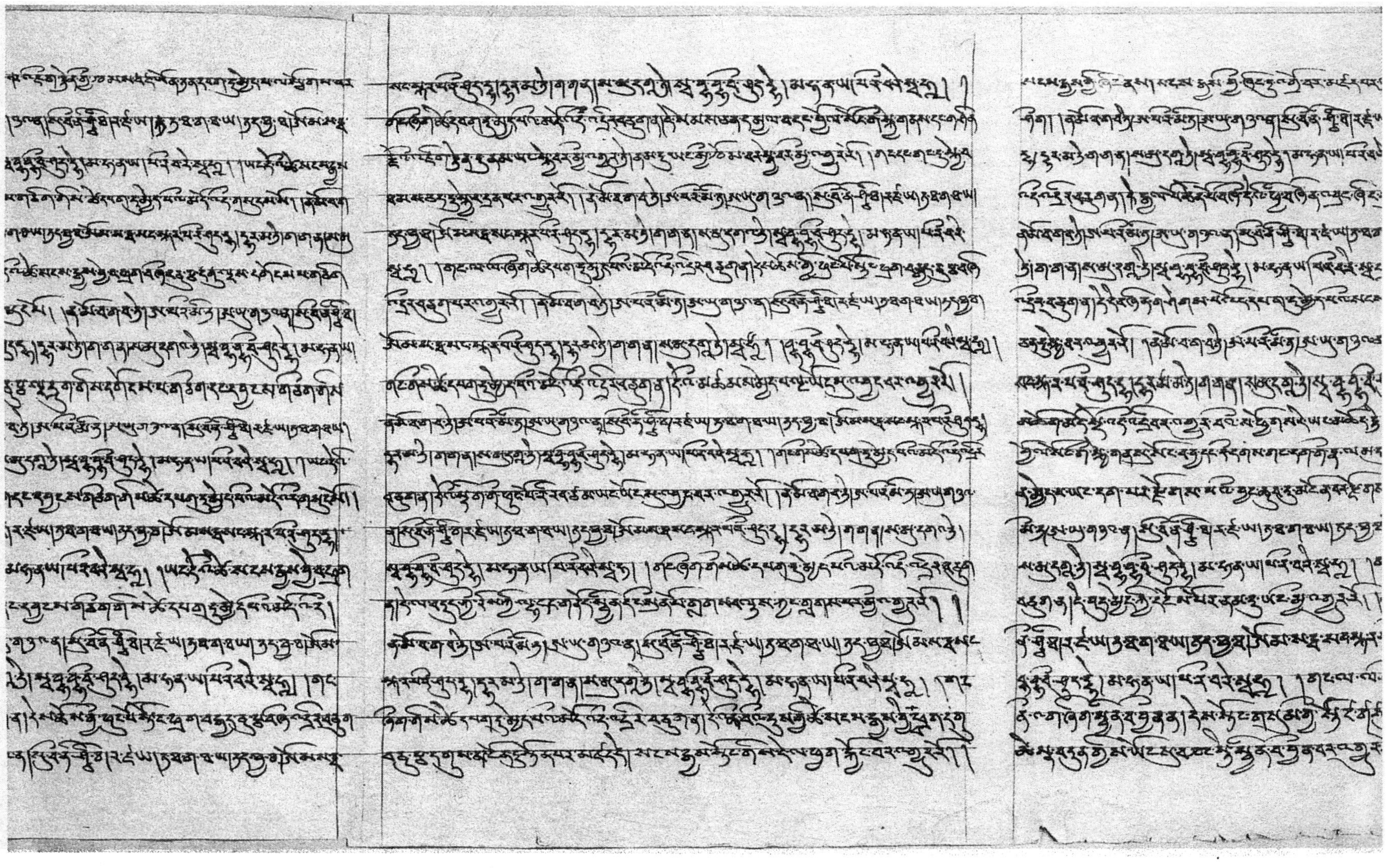

BD14276 號 2　藏文（無量壽宗要經甲本）　　（18–9）

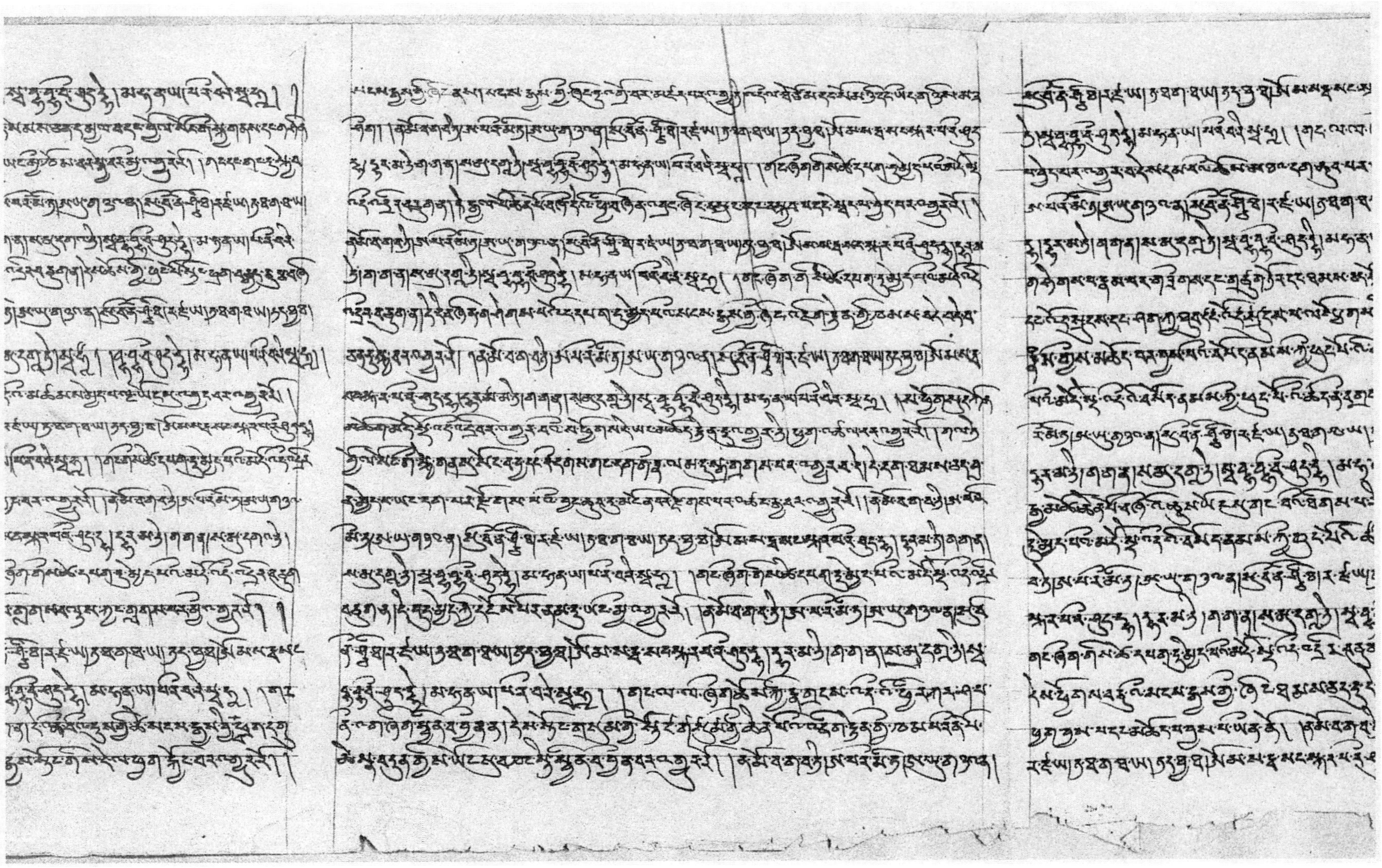

BD14276號 2　藏文（無量壽宗要經甲本）　　（18–10）

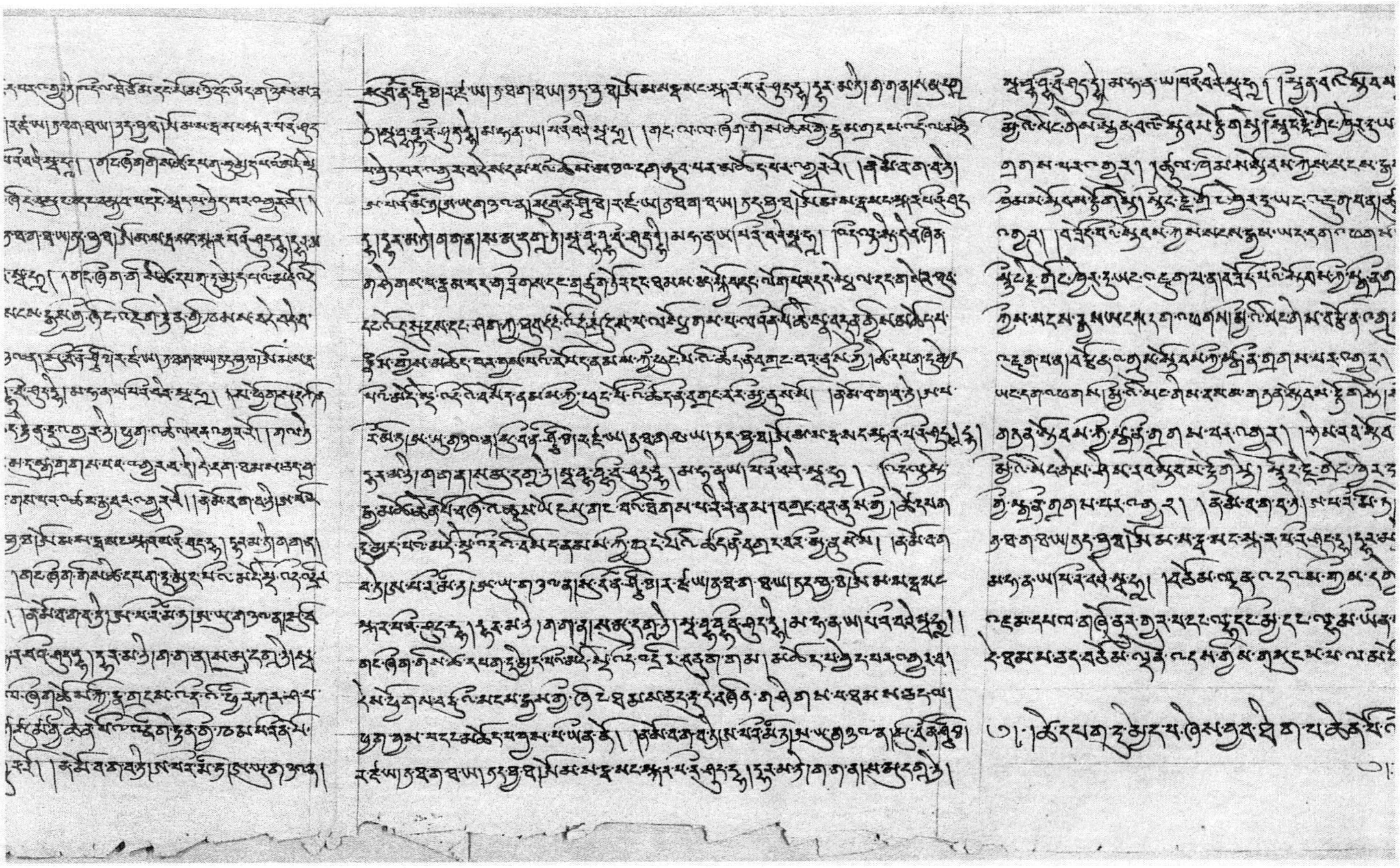

BD14276號 2　藏文（無量壽宗要經甲本）　　（18–11）

BD14276 號 2　藏文（無量壽宗要經甲本）

BD14276 號 3　藏文（無量壽宗要經甲本）

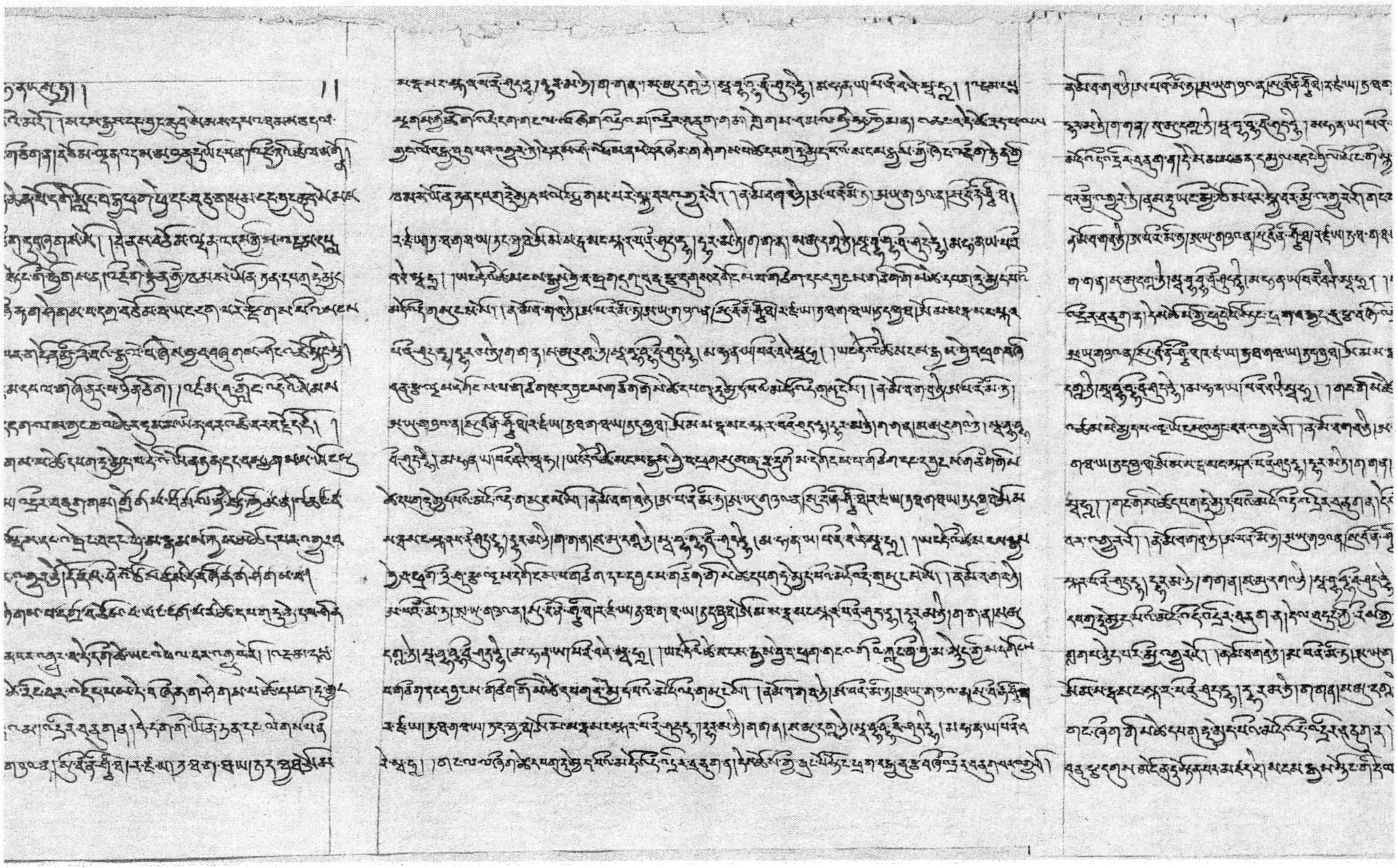

BD14276 號 3　藏文（無量壽宗要經甲本）　　（18–14）

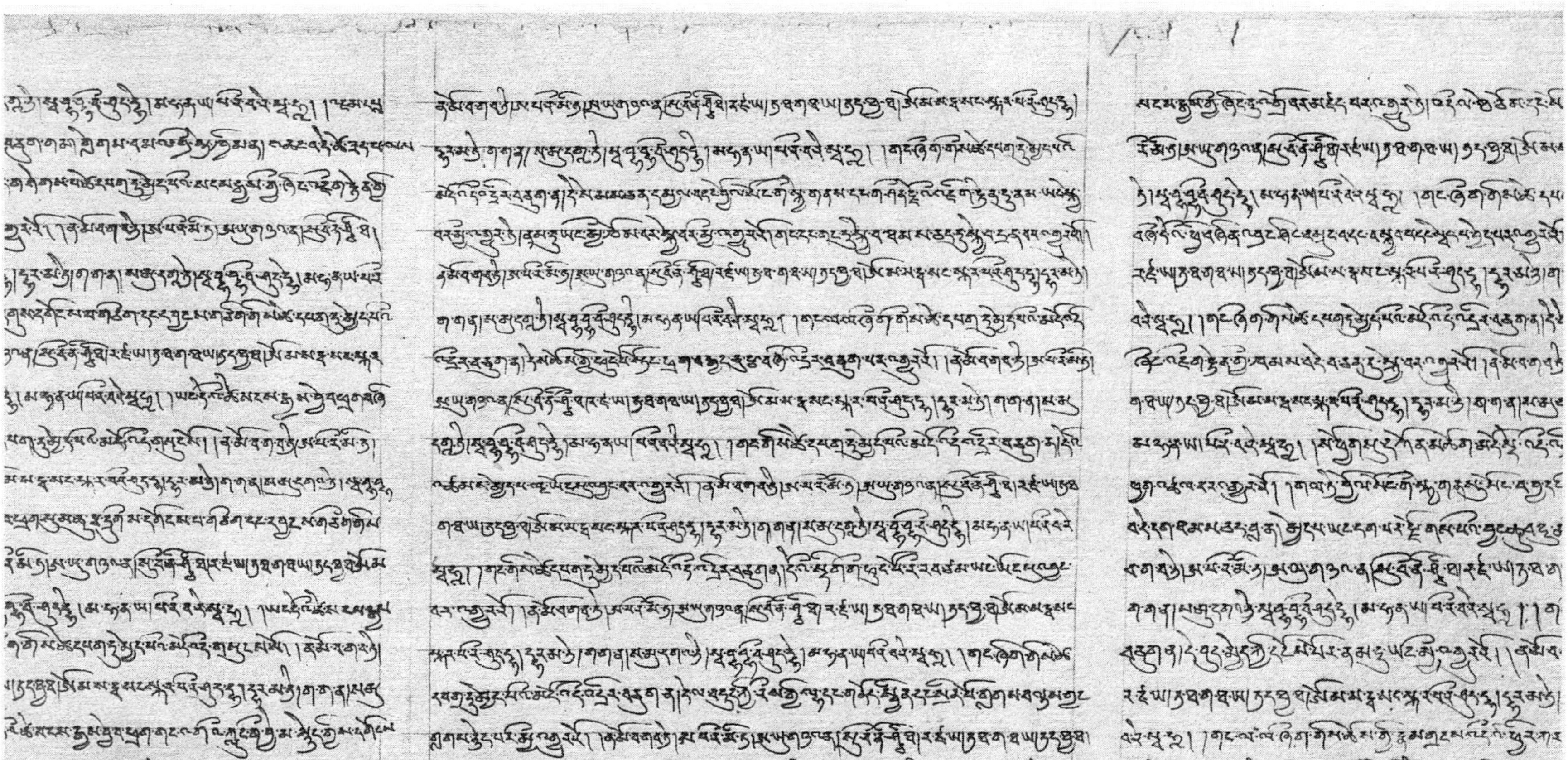

BD14276 號 3　藏文（無量壽宗要經甲本）　　（18–15）

BD14276 號 3　藏文（無量壽宗要經甲本）

BD14276 號 3　藏文（無量壽宗要經甲本）

BD14276 號 3　藏文（無量壽宗要經甲本）

BD14277 號　藏文（無量壽宗要經乙本）

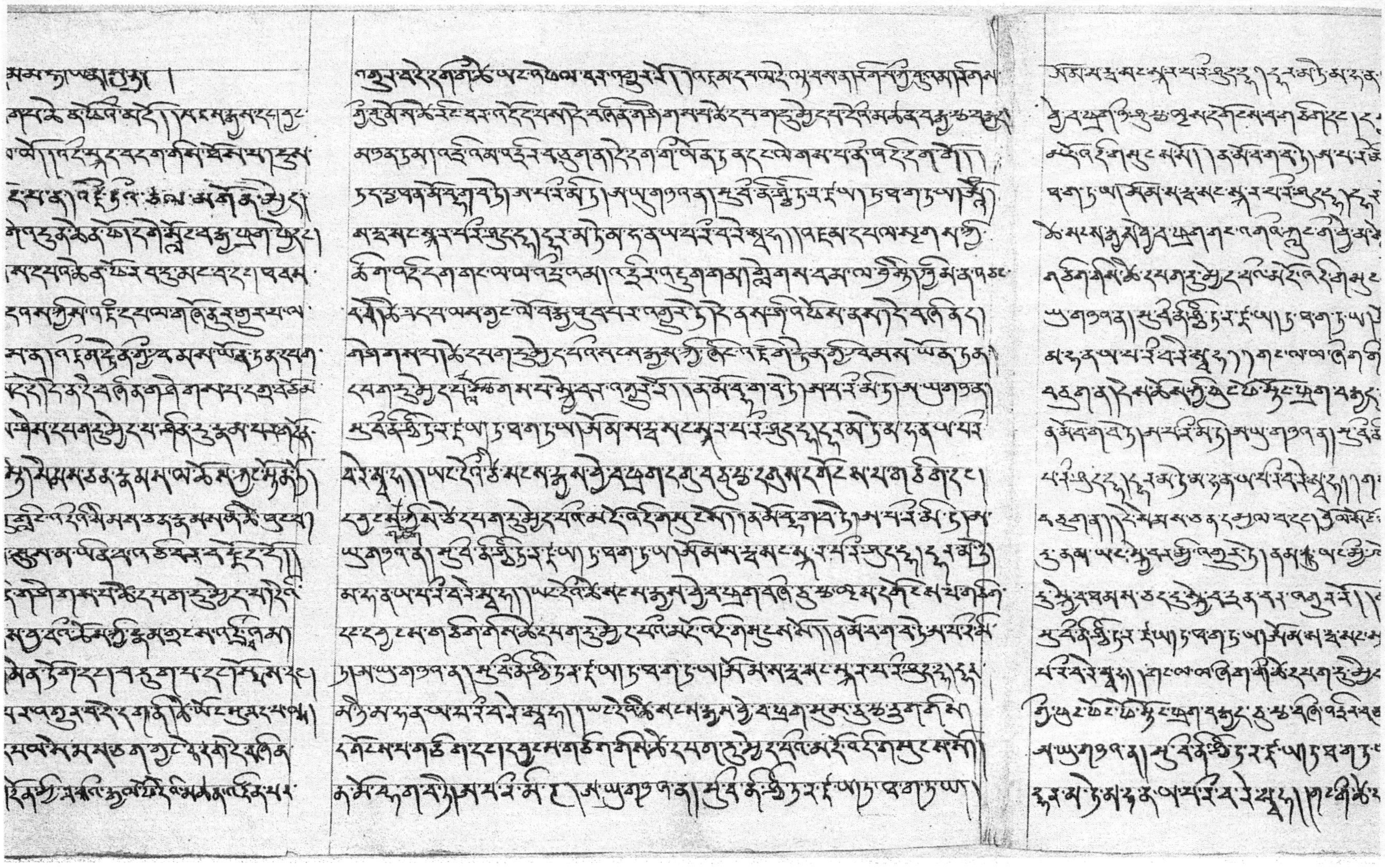

BD14277 號　藏文（無量壽宗要經乙本）　　（7–2）

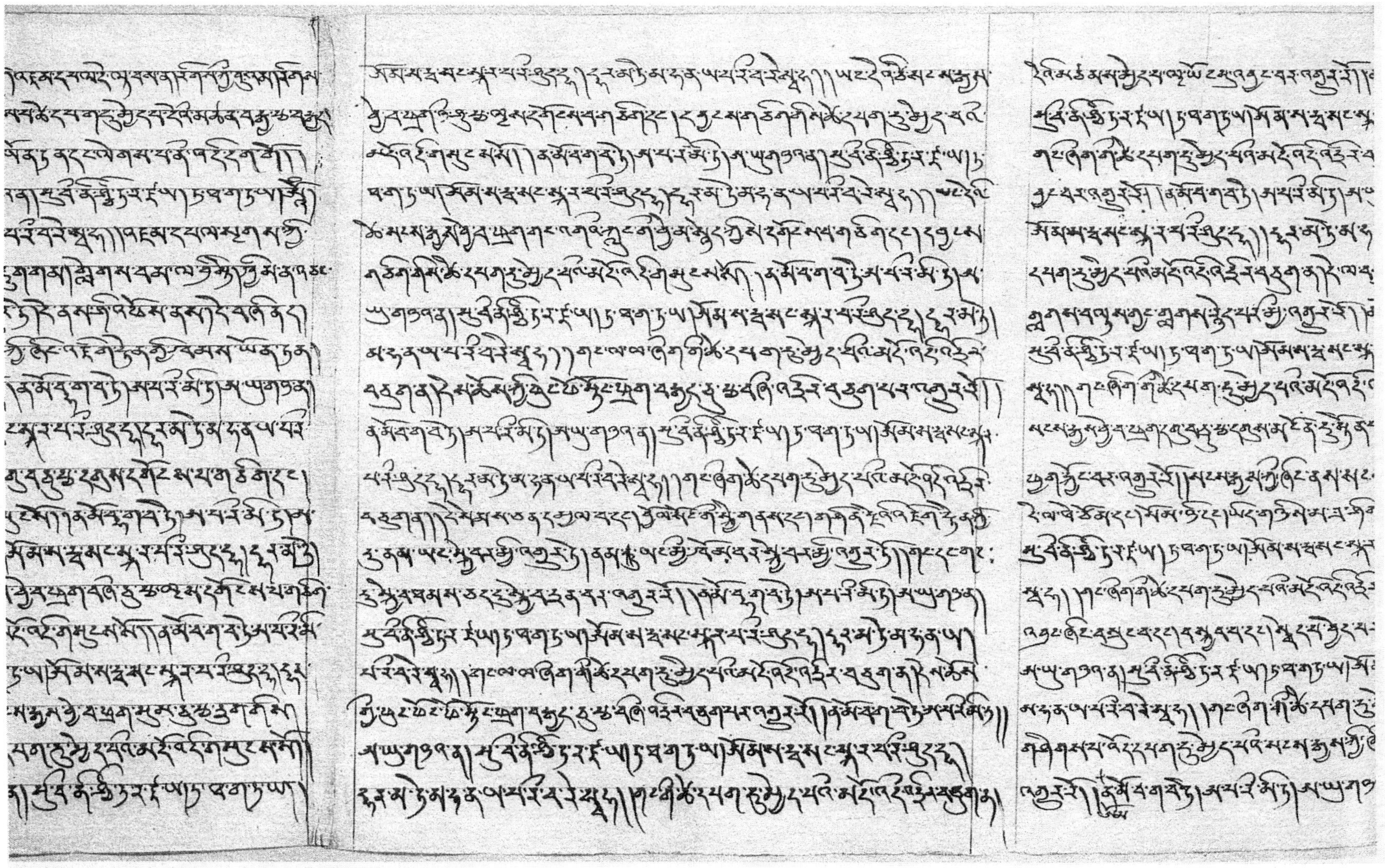

BD14277 號　藏文（無量壽宗要經乙本）　　（7–3）

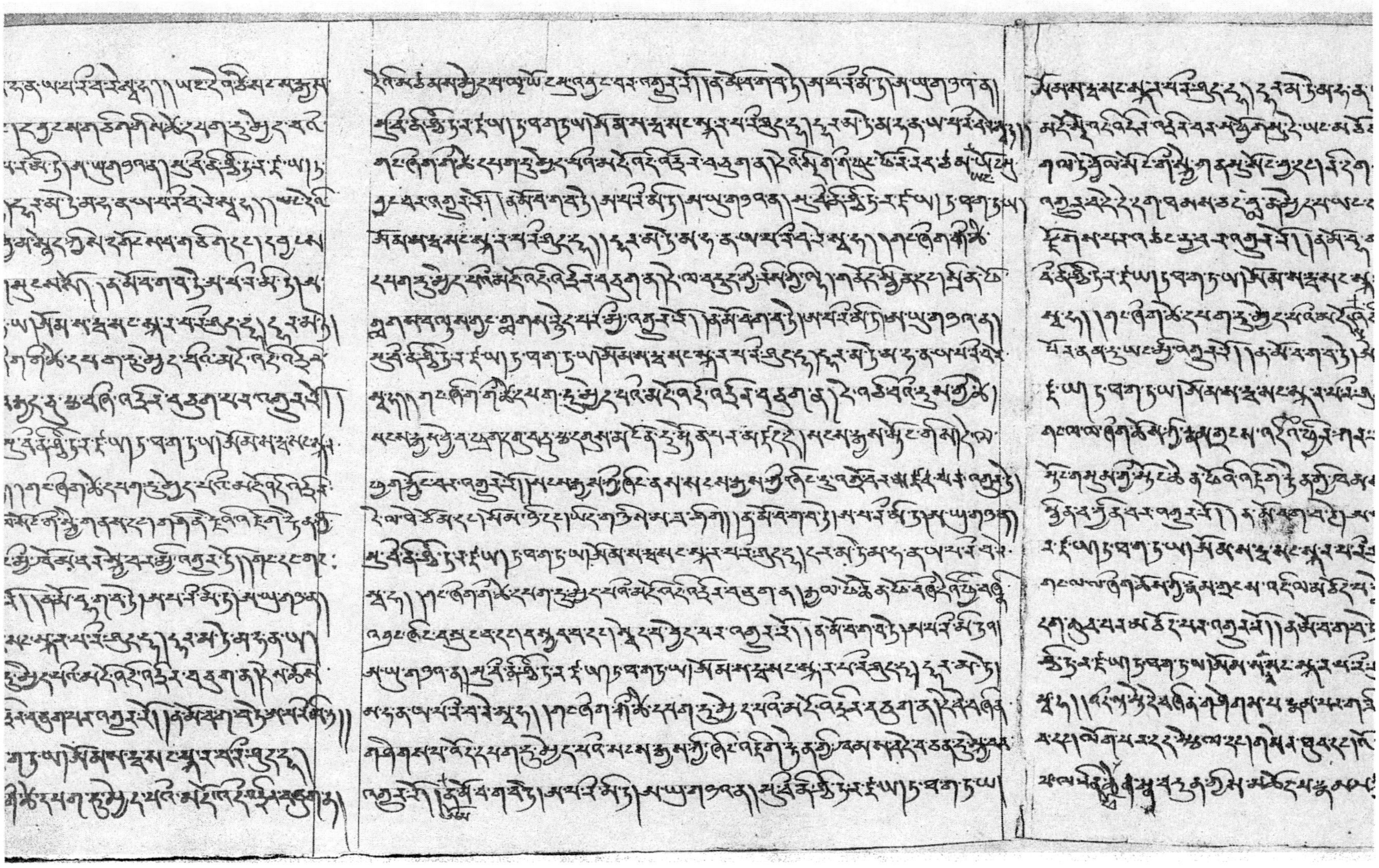

BD14277 號　藏文（無量壽宗要經乙本）　　（7–4）

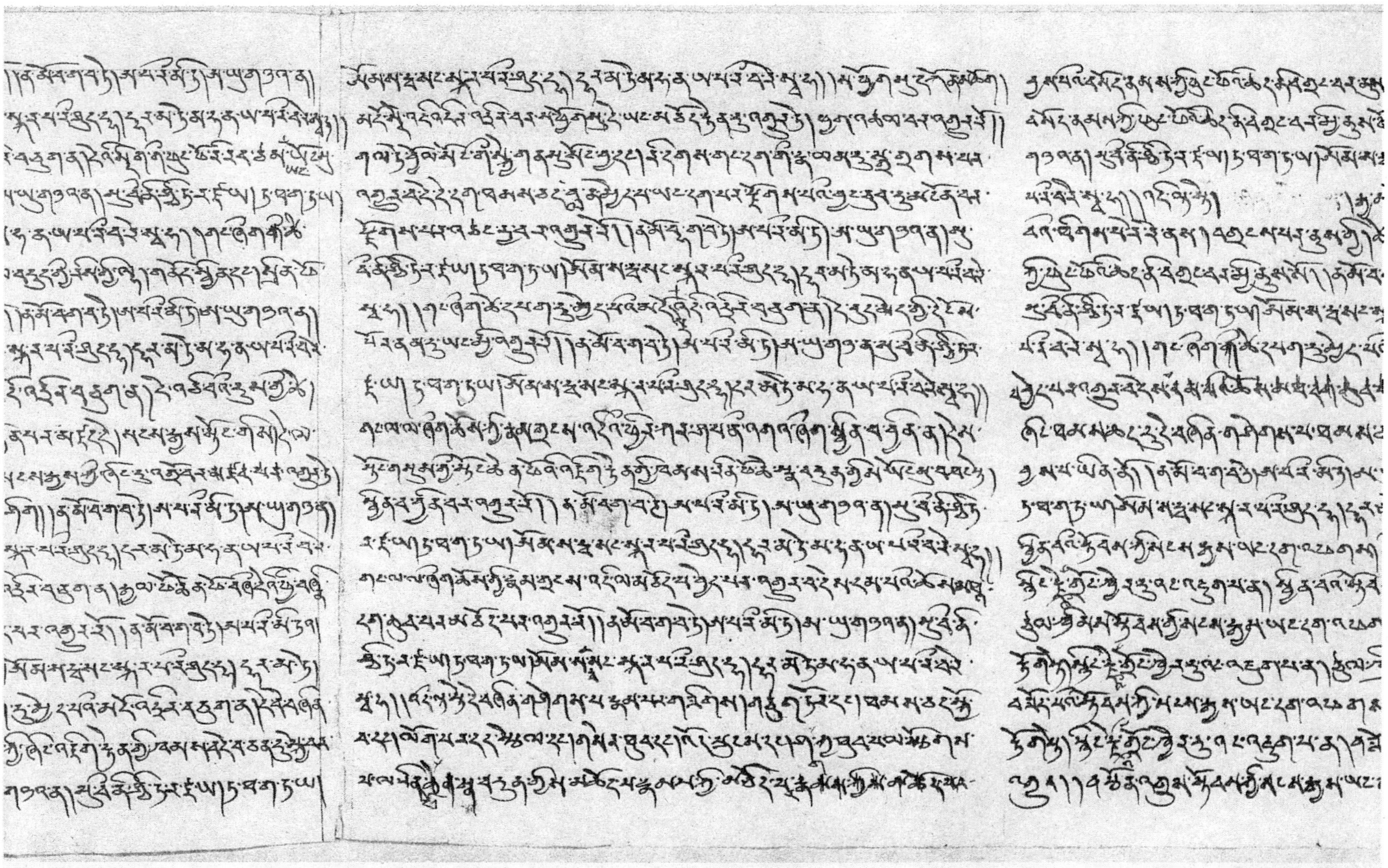

BD14277 號　藏文（無量壽宗要經乙本）　　（7–5）

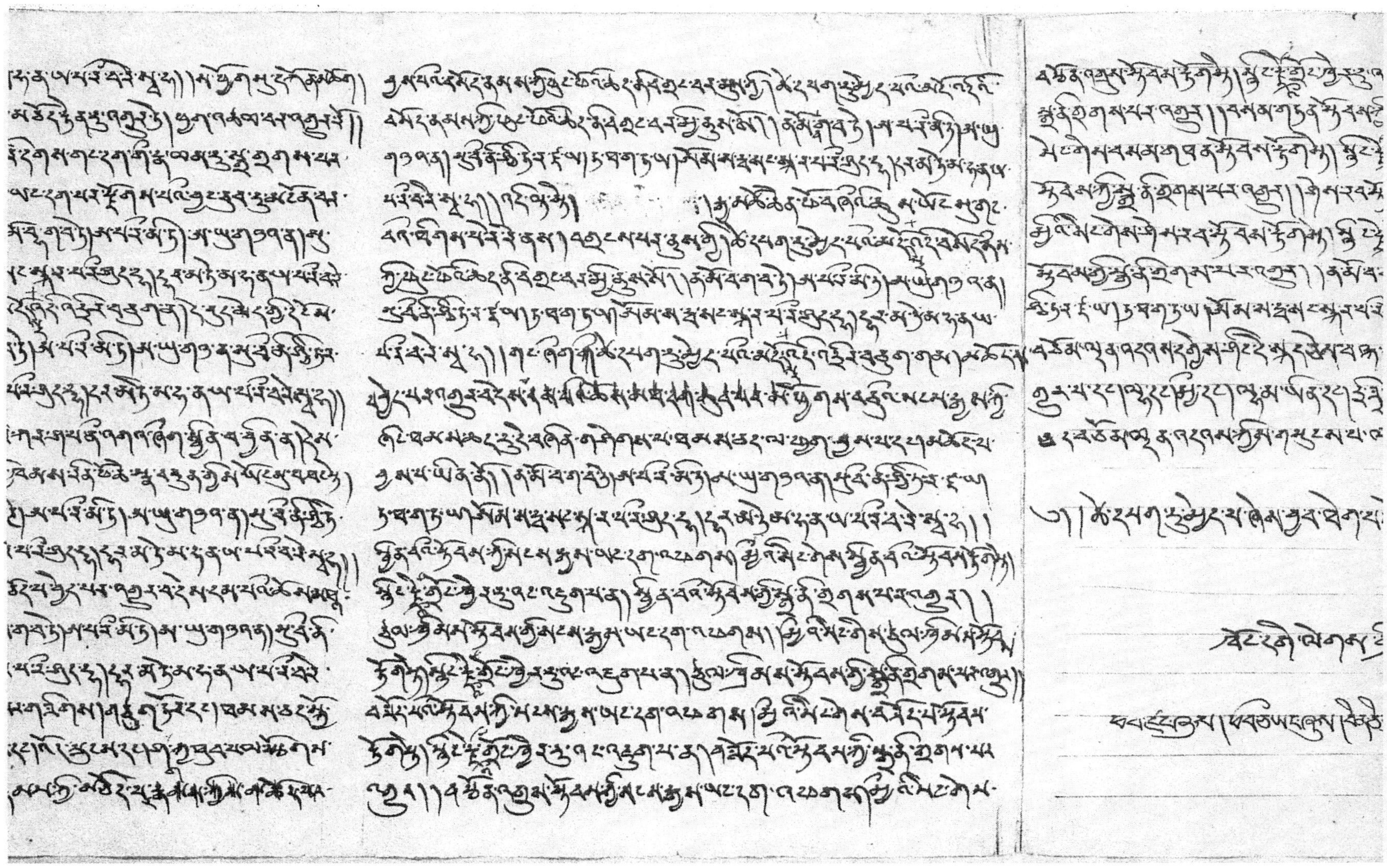

BD14277 號　藏文（無量壽宗要經乙本）　　（7–6）

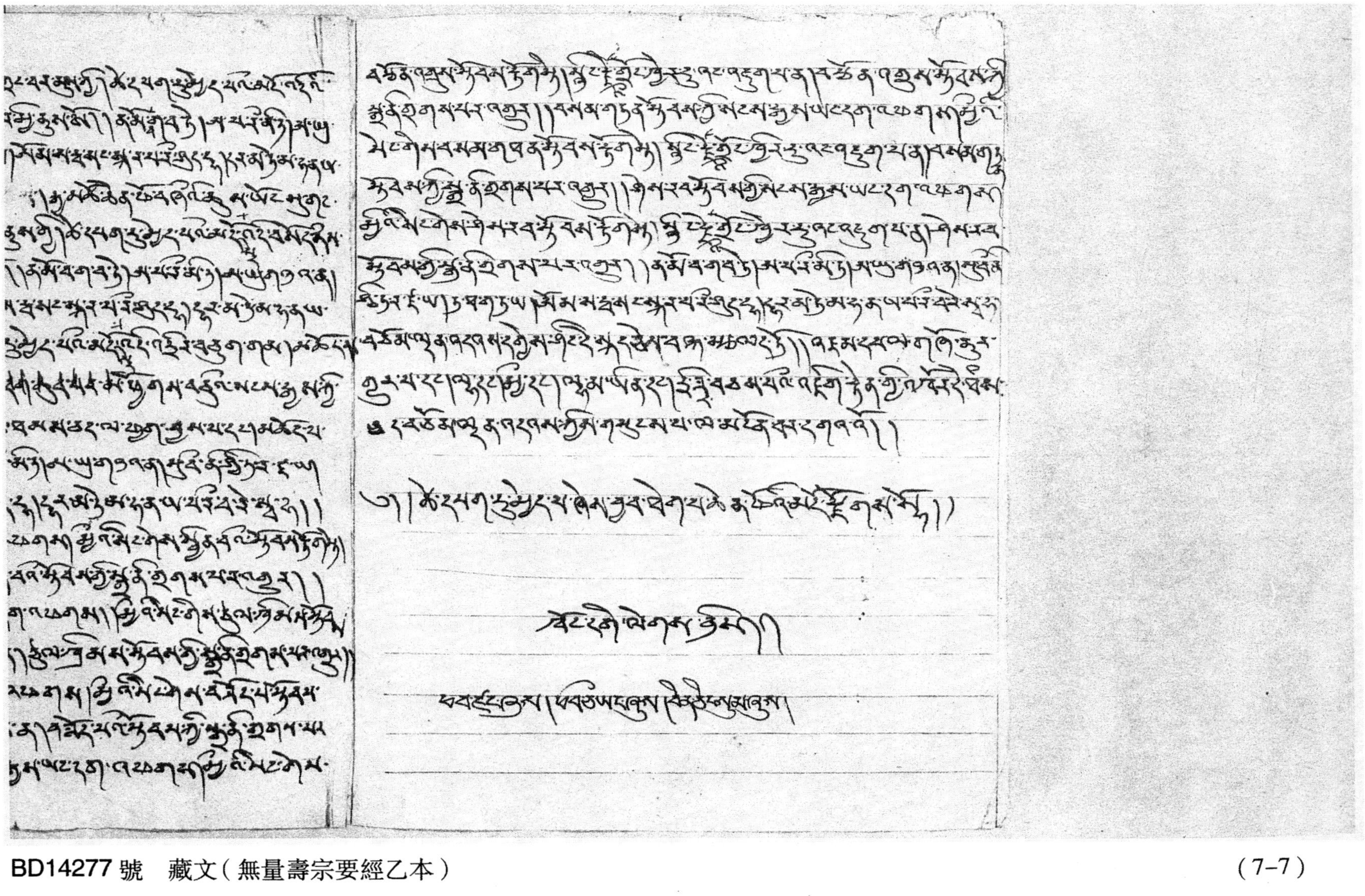

BD14277 號　藏文（無量壽宗要經乙本）　　（7–7）

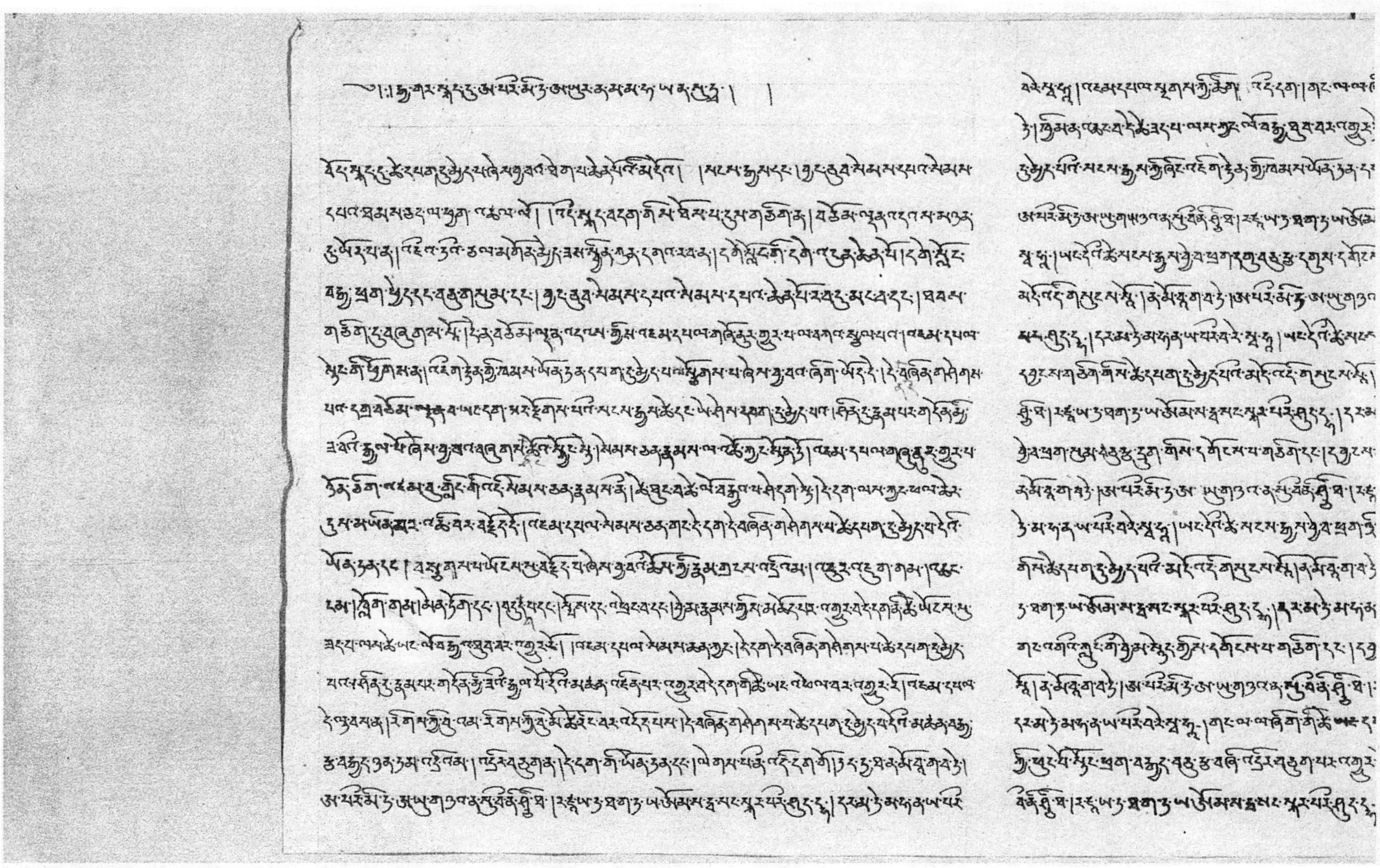

BD14278 號　藏文（無量壽宗要經乙本）　　（6–1）

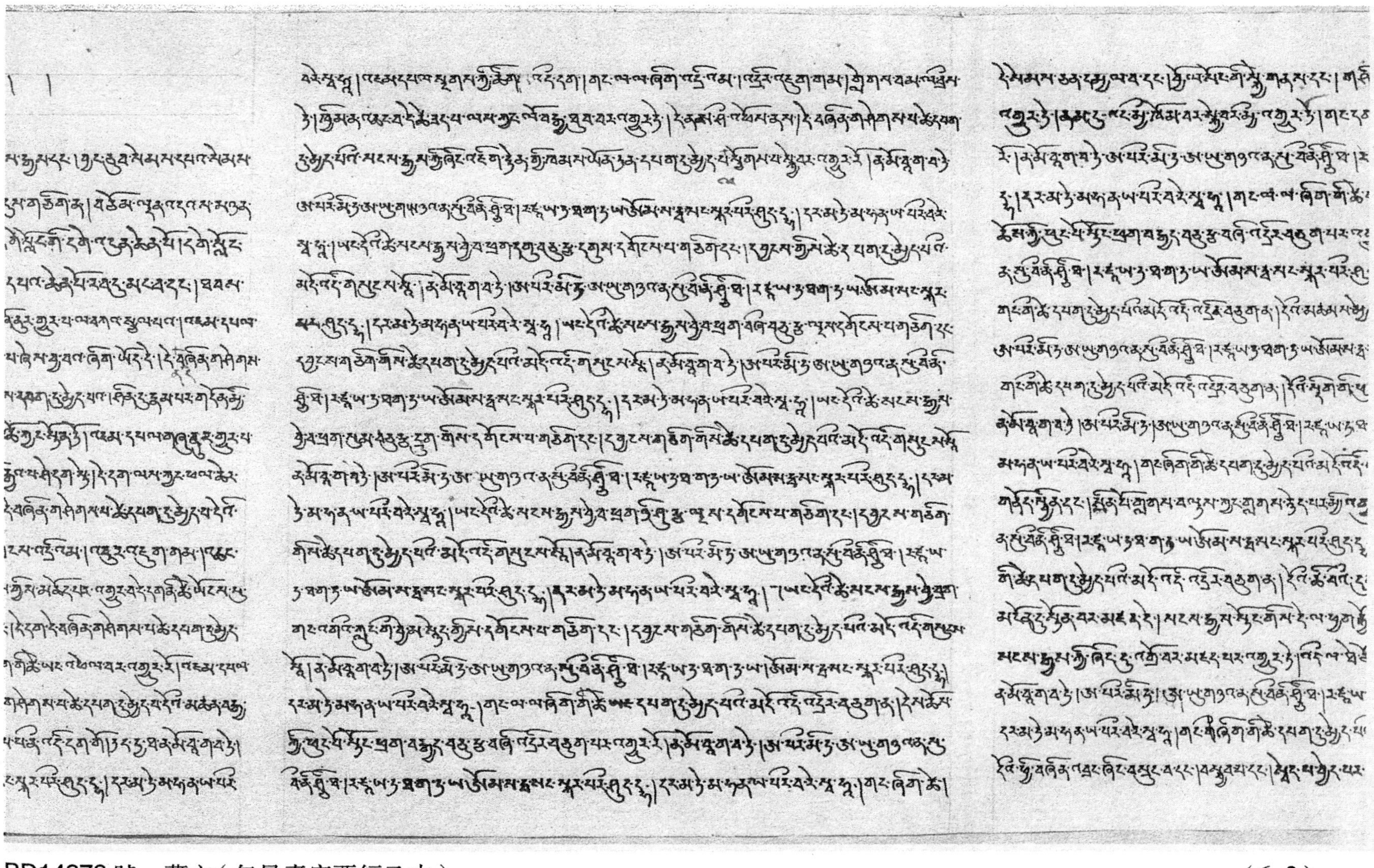

BD14278 號　藏文（無量壽宗要經乙本）　　（6–2）

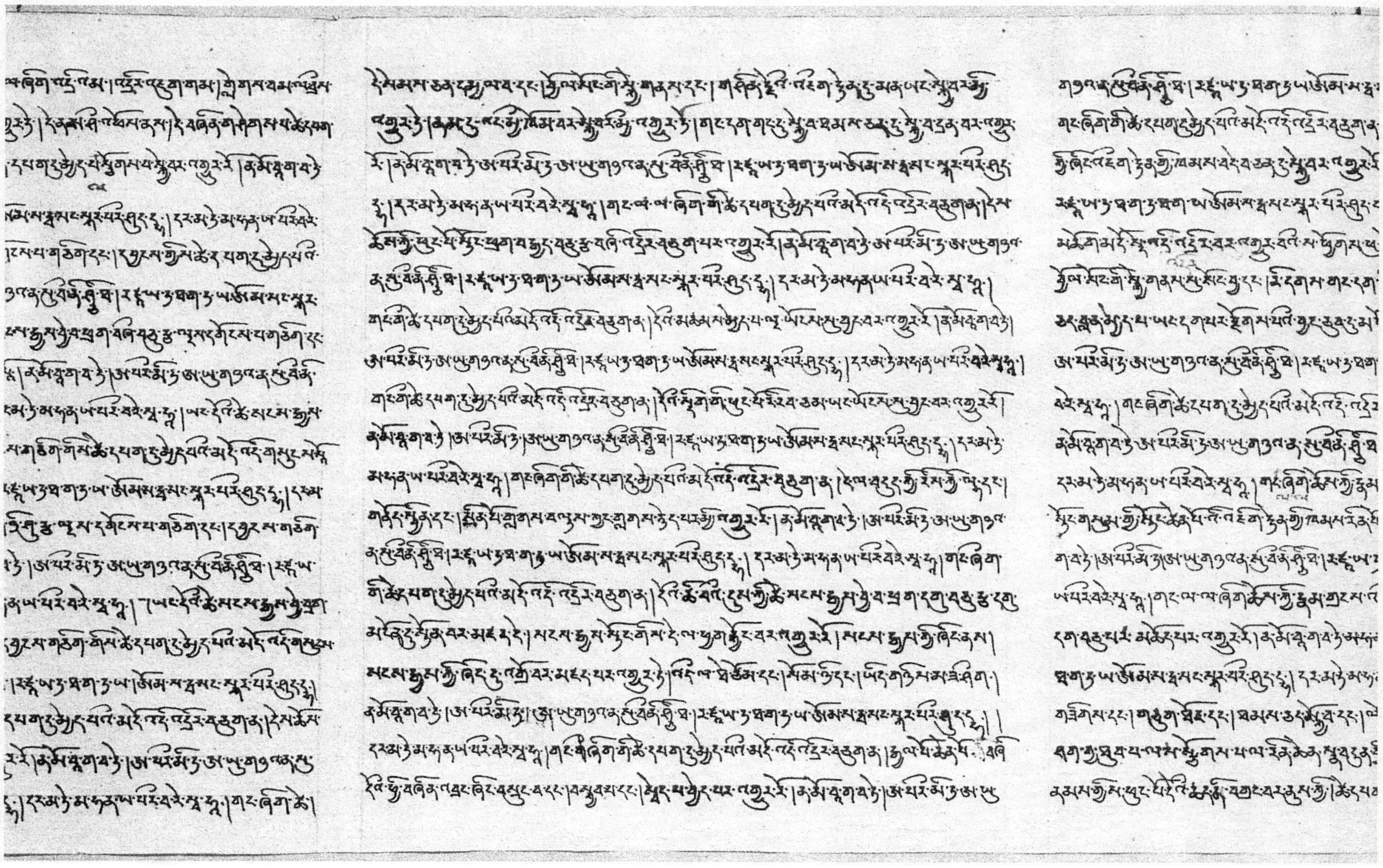

BD14278 號　藏文（無量壽宗要經乙本）　　（6–3）

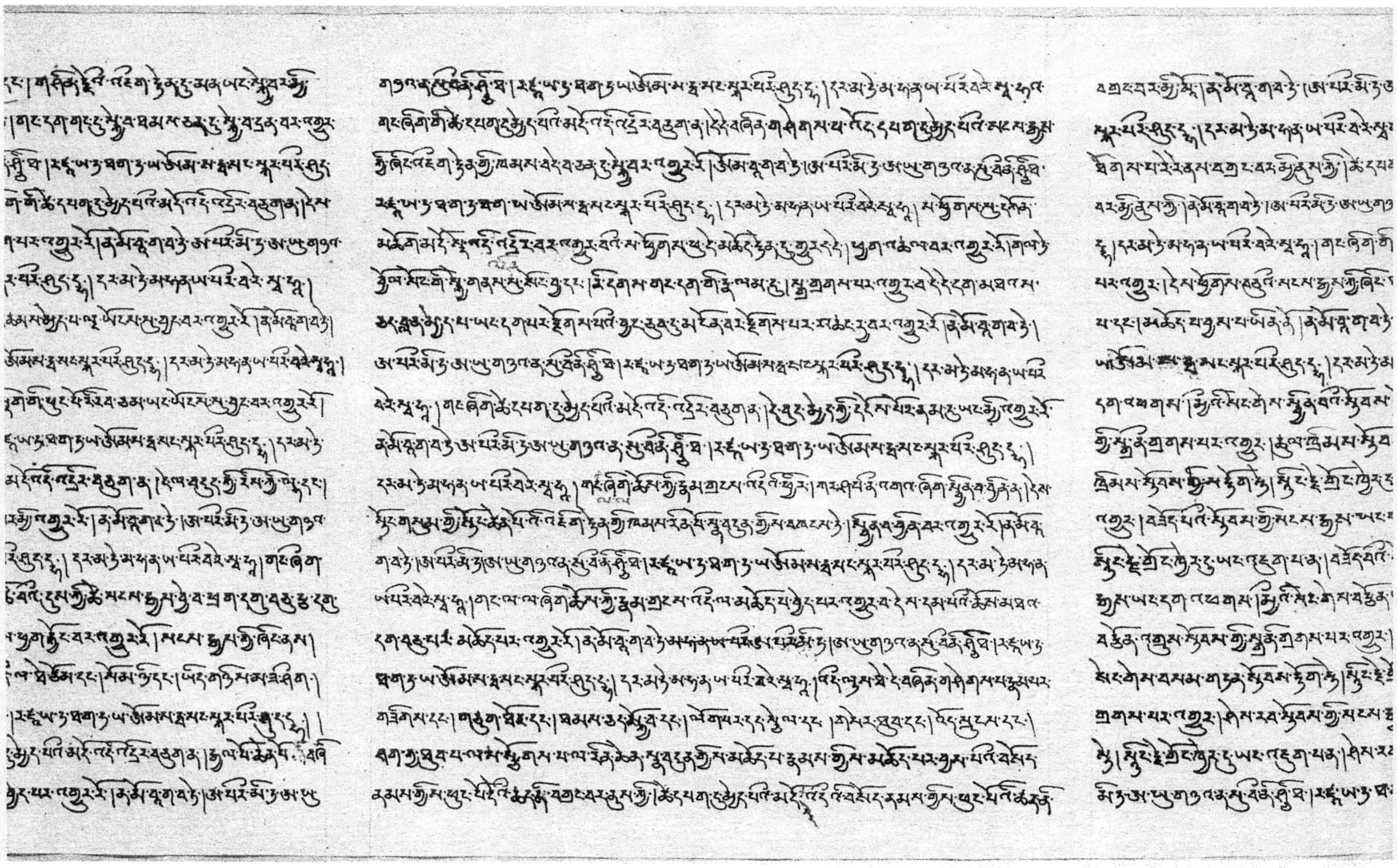

BD14278 號　藏文（無量壽宗要經乙本）　　（6–4）

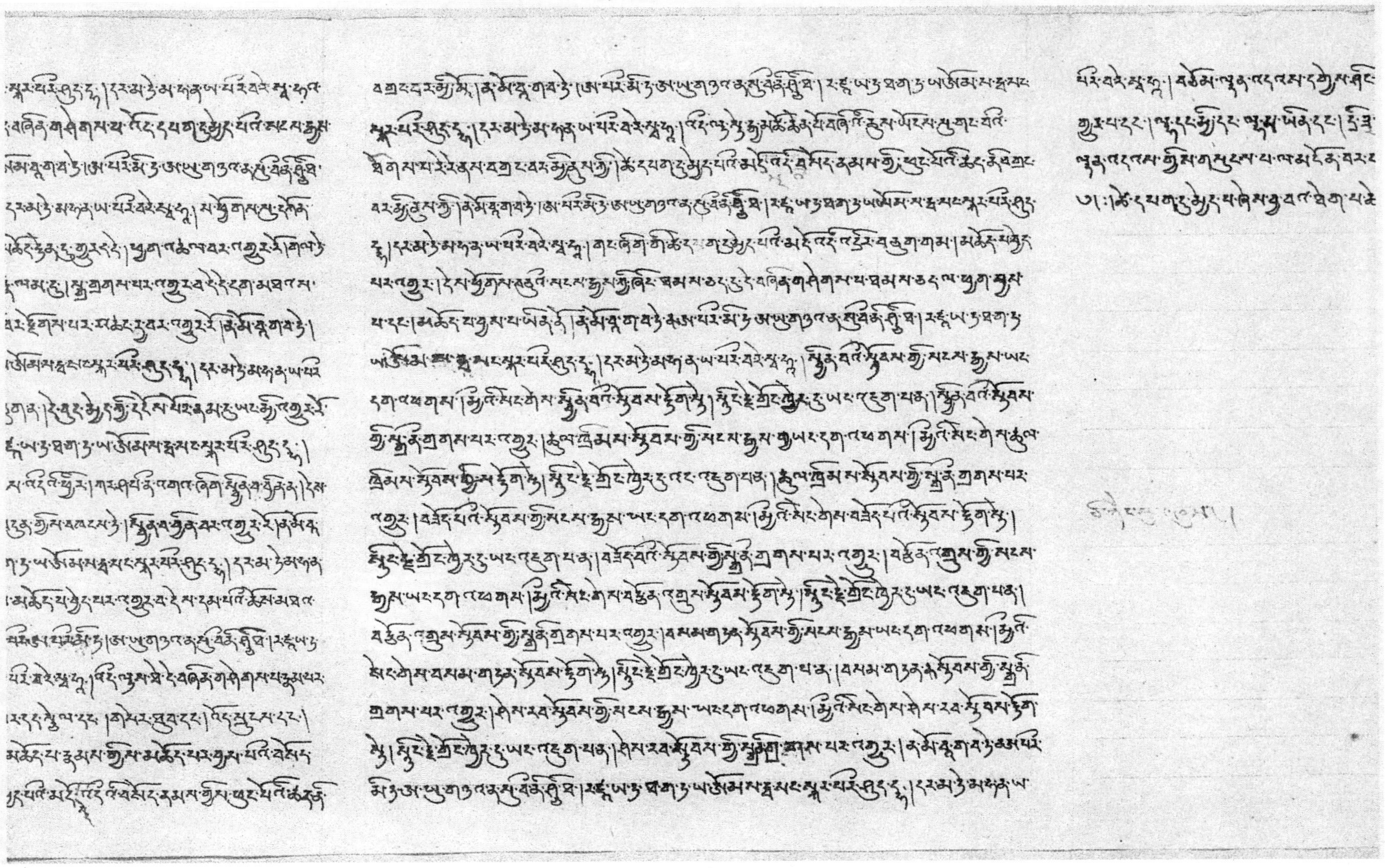

BD14278 號　藏文（無量壽宗要經乙本）　（6–5）

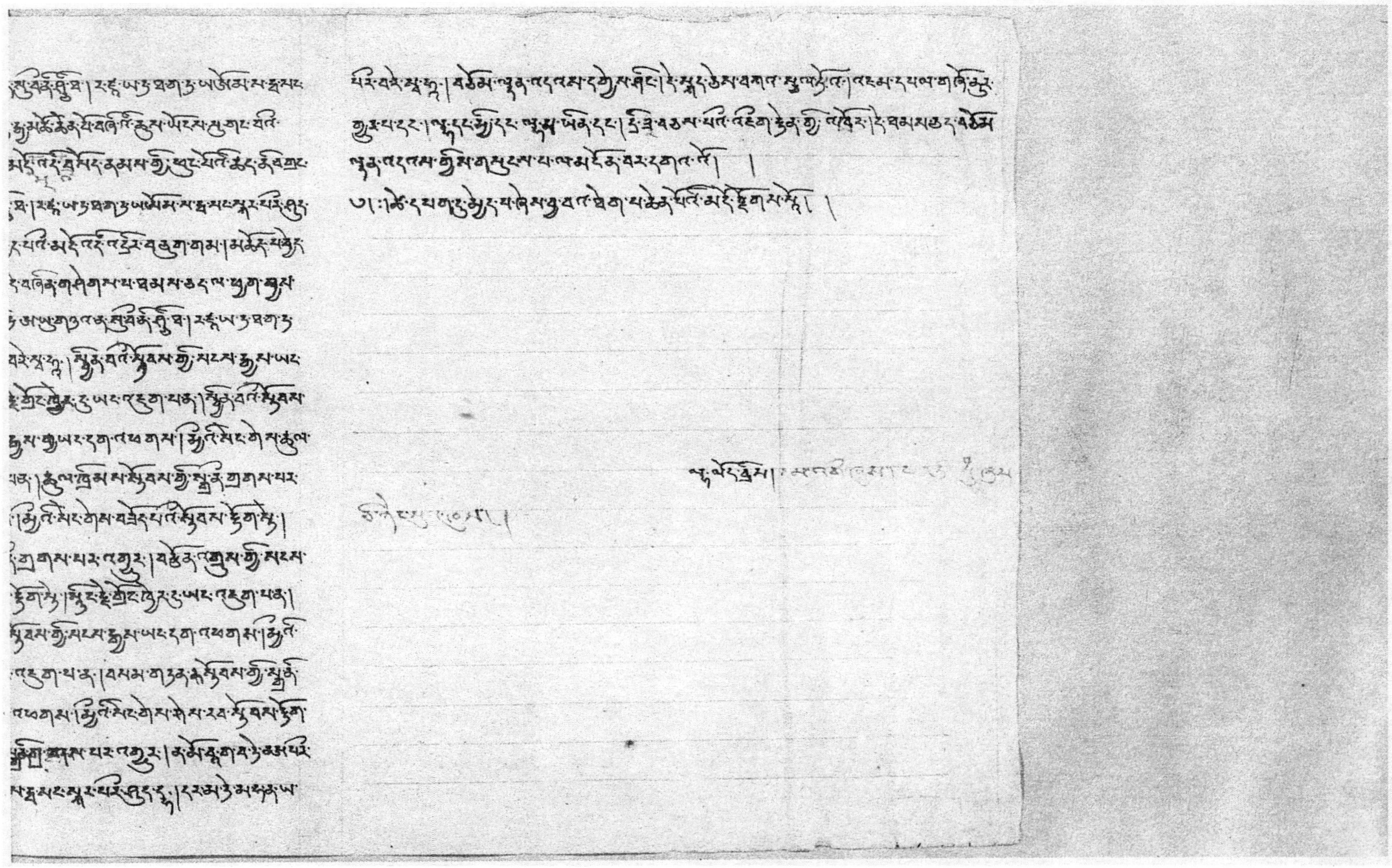

BD14278 號　藏文（無量壽宗要經乙本）　（6–6）

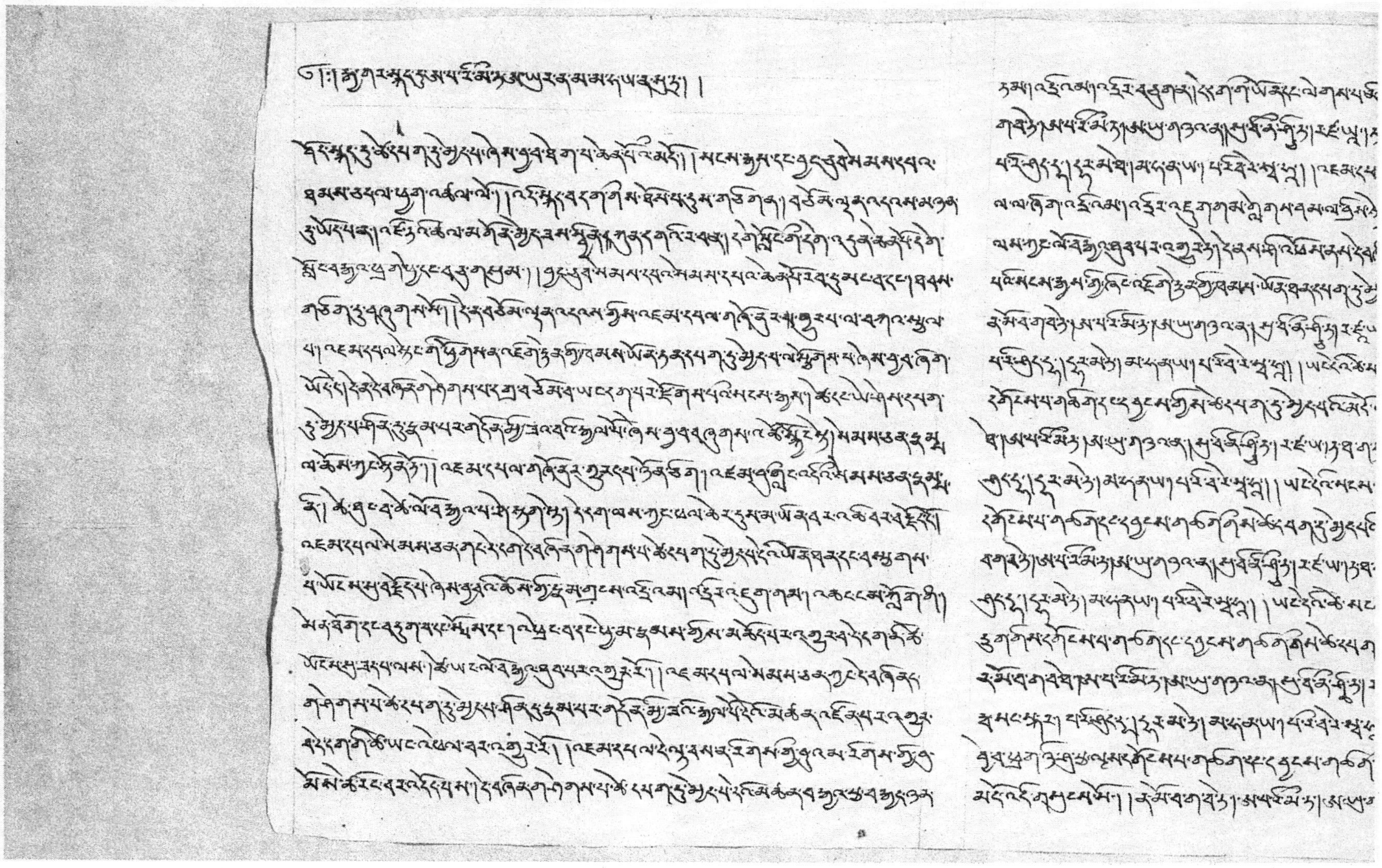

BD14279 號　藏文（無量壽宗要經乙本）　　（8–1）

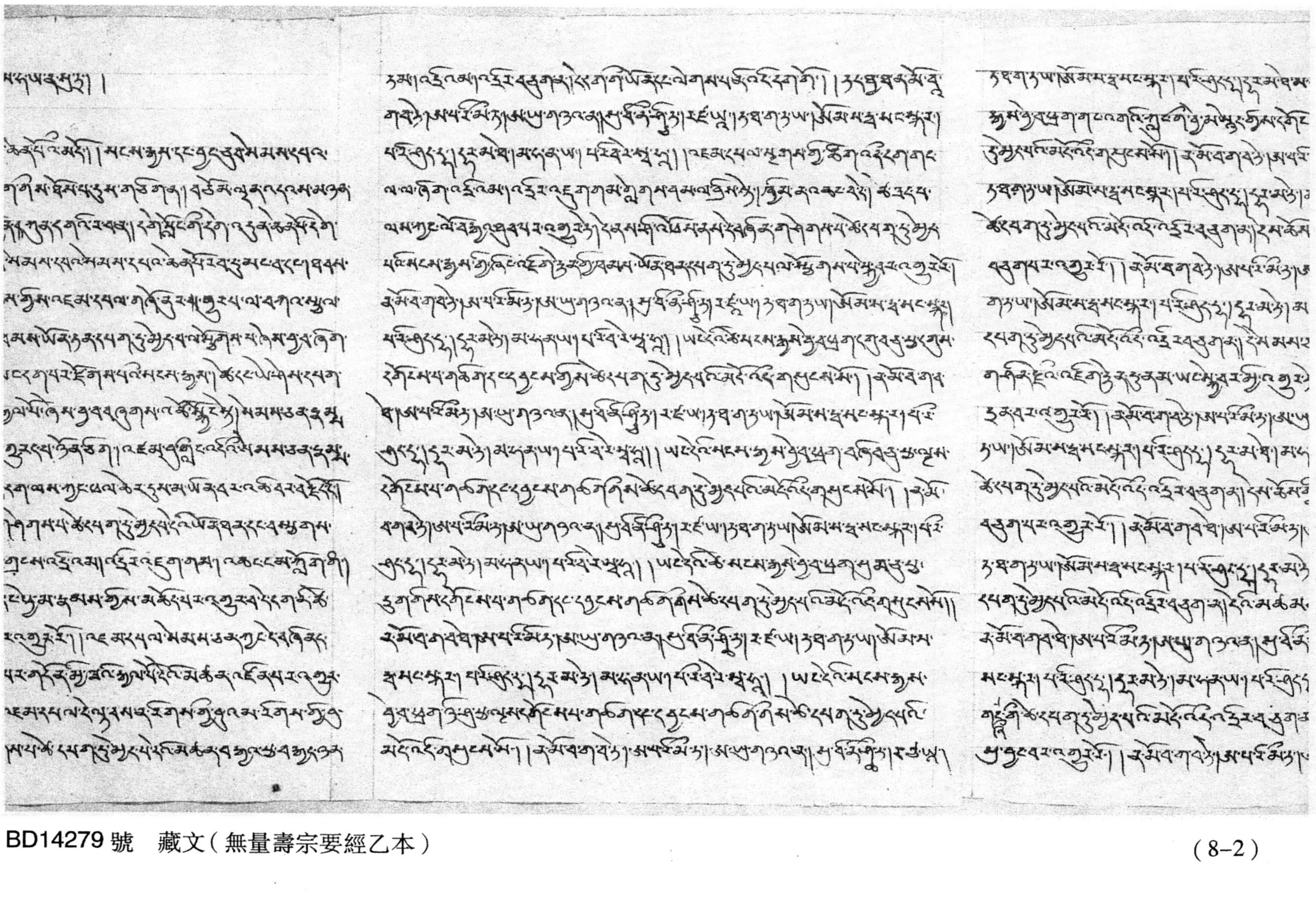

BD14279 號　藏文（無量壽宗要經乙本）　　（8–2）

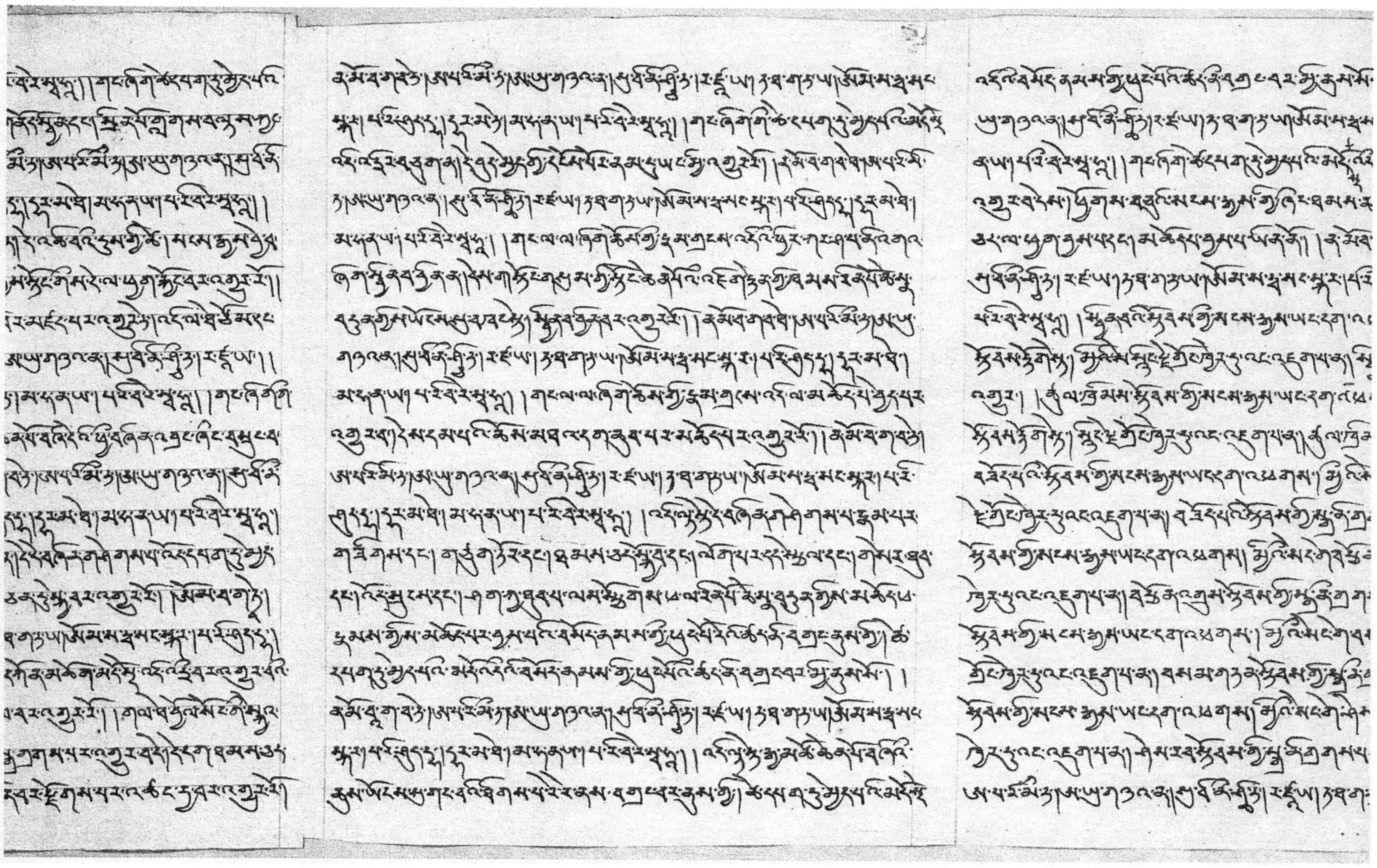

BD14279 號　藏文（無量壽宗要經乙本）　（8–5）

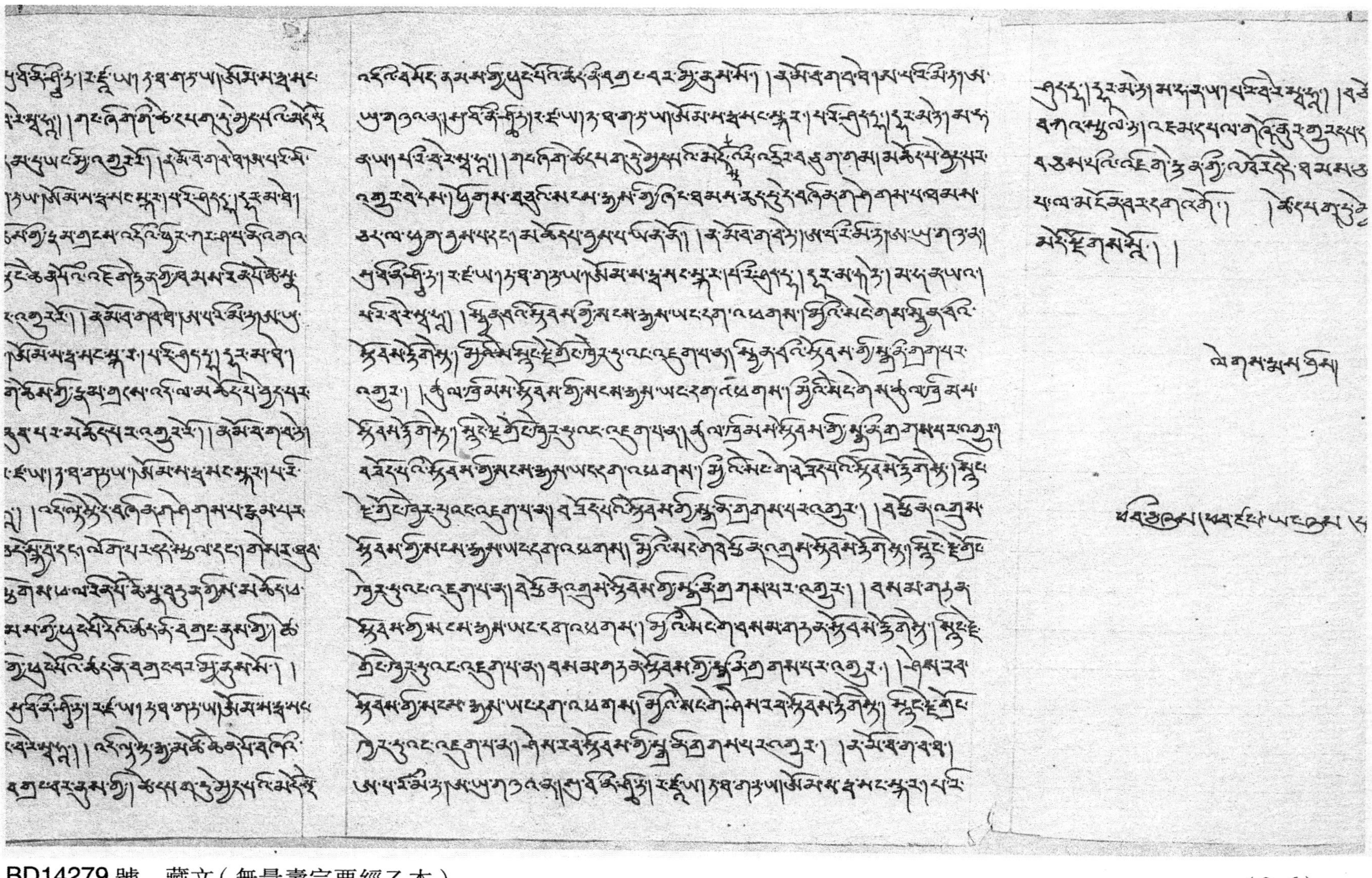

BD14279 號　藏文（無量壽宗要經乙本）　（8–6）

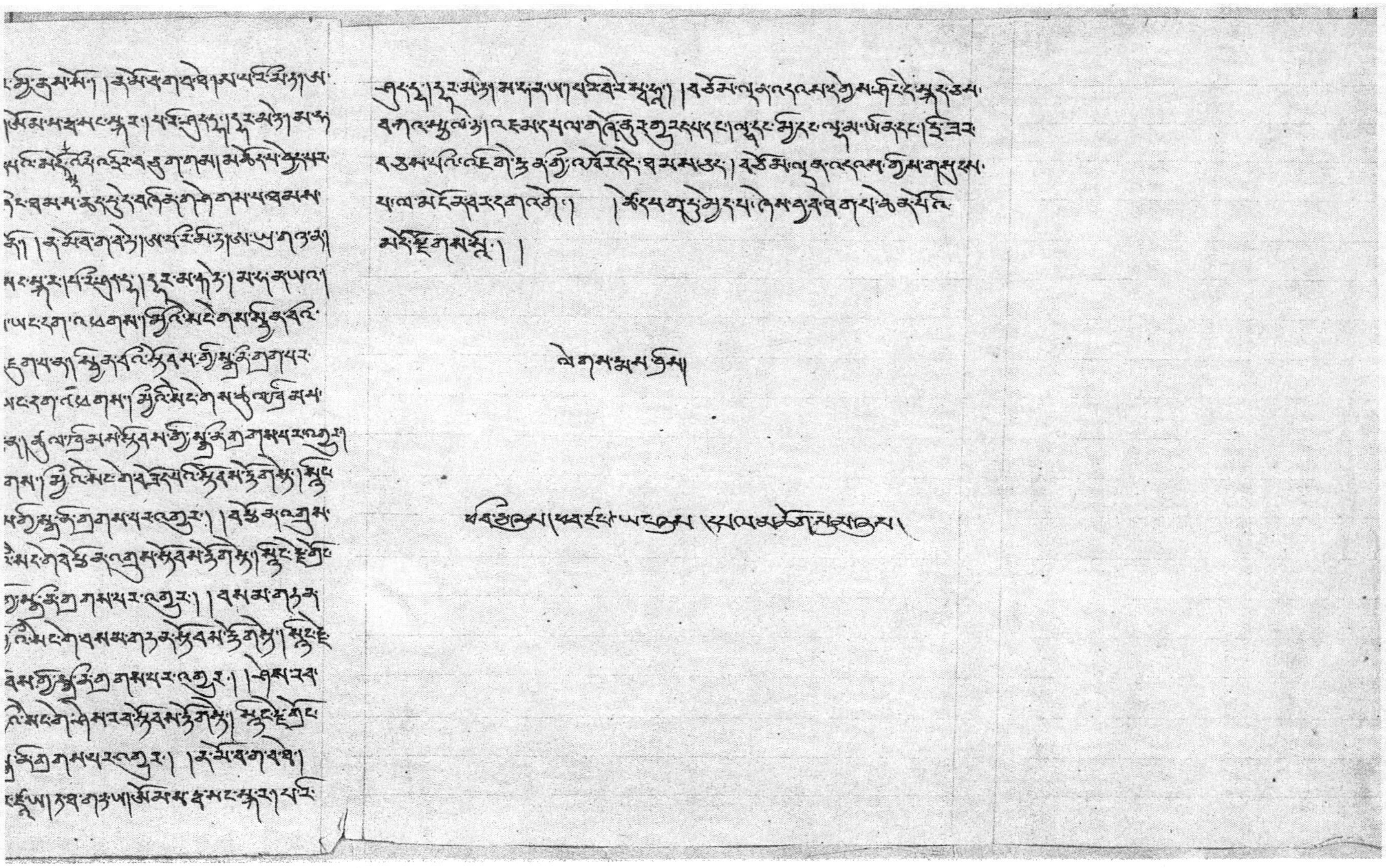

BD14279號　藏文（無量壽宗要經乙本）　（8–7）

BD14279號　藏文（無量壽宗要經乙本）　（8–8）

BD14280號 藏文（無量壽宗要經甲本） (6-1)

BD14280號 藏文（無量壽宗要經甲本） (6-2)

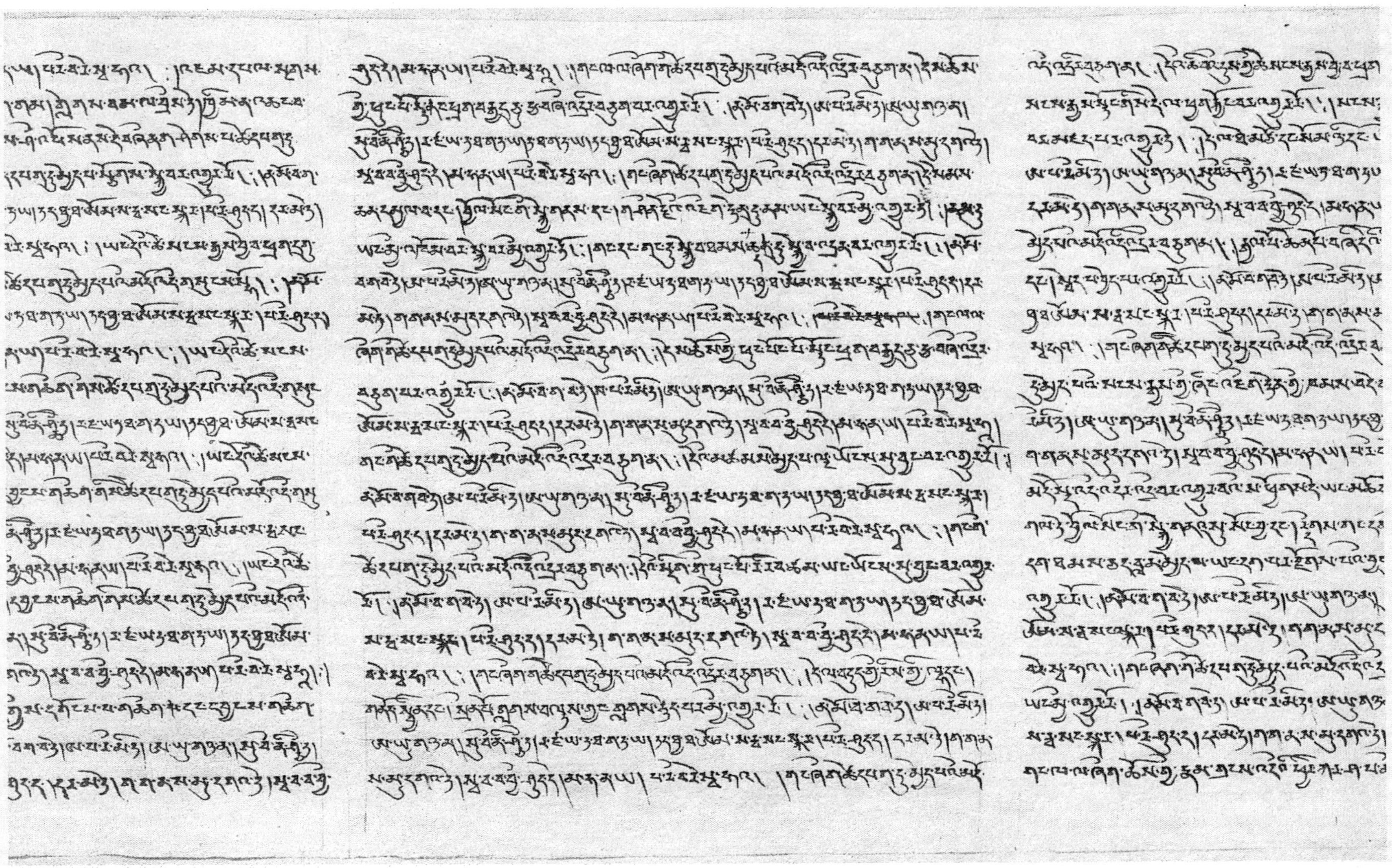

BD14280 號　藏文(無量壽宗要經甲本)　　(6–3)

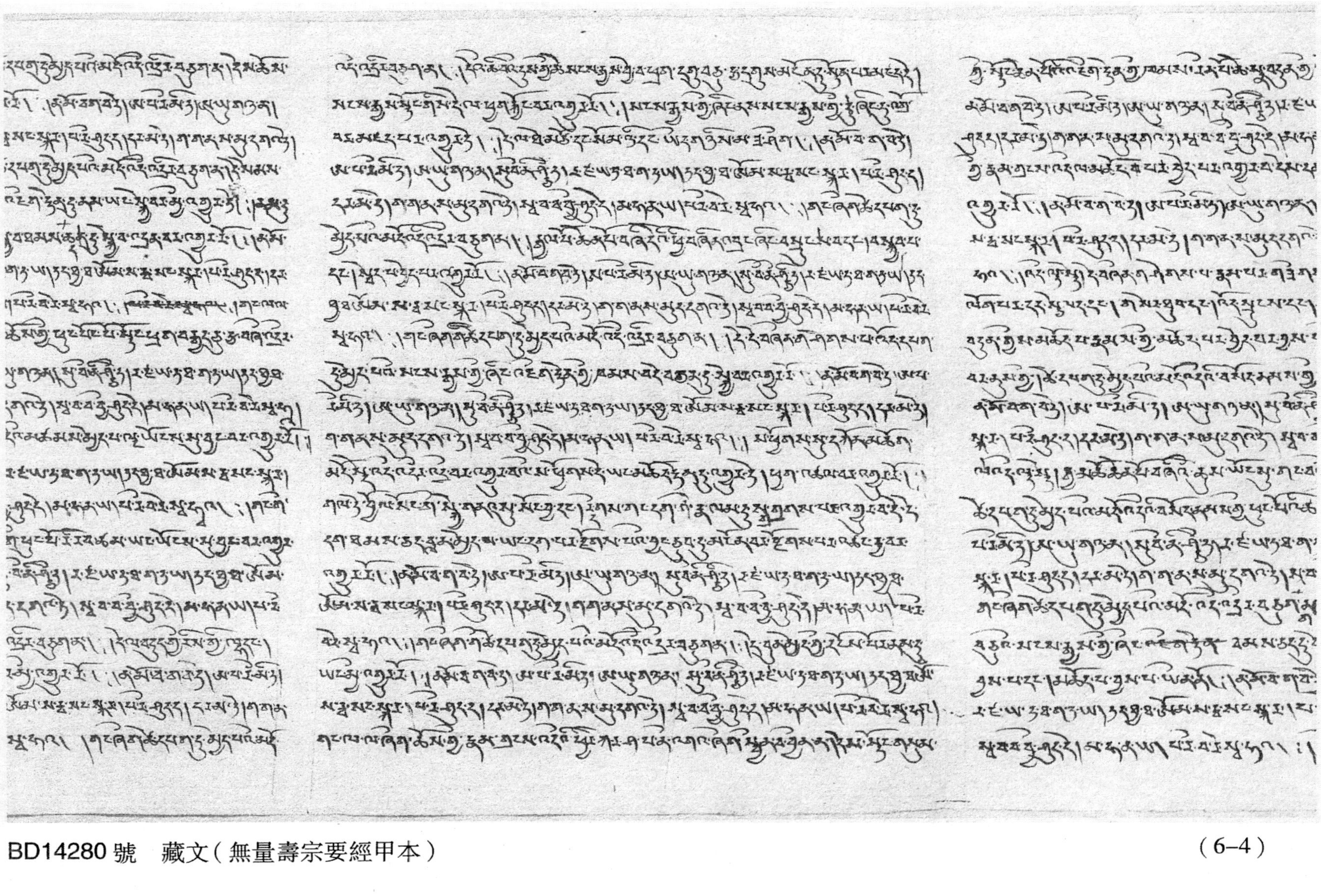

BD14280 號　藏文(無量壽宗要經甲本)　　(6–4)

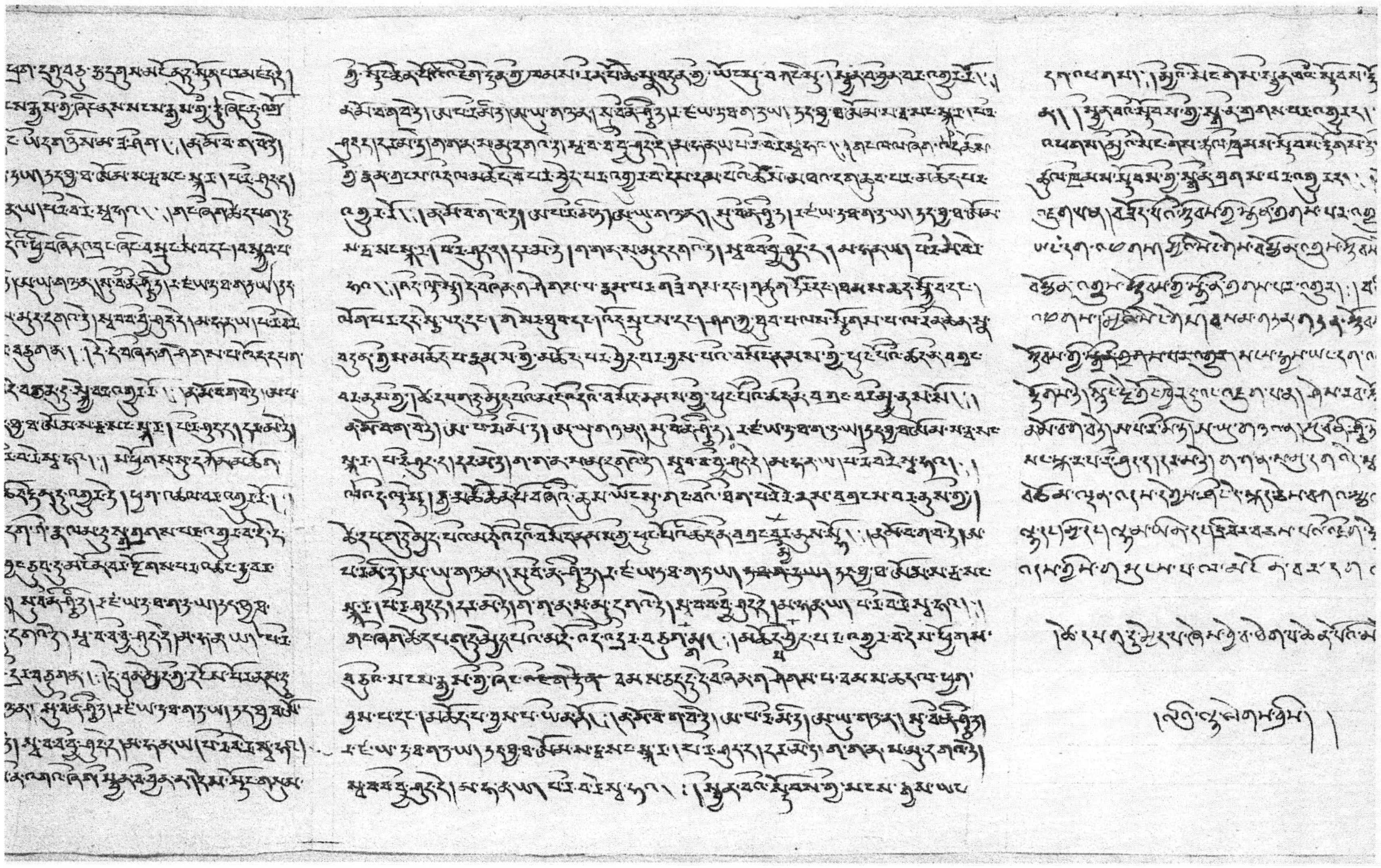

BD14280 號　藏文（無量壽宗要經甲本）　（6–5）

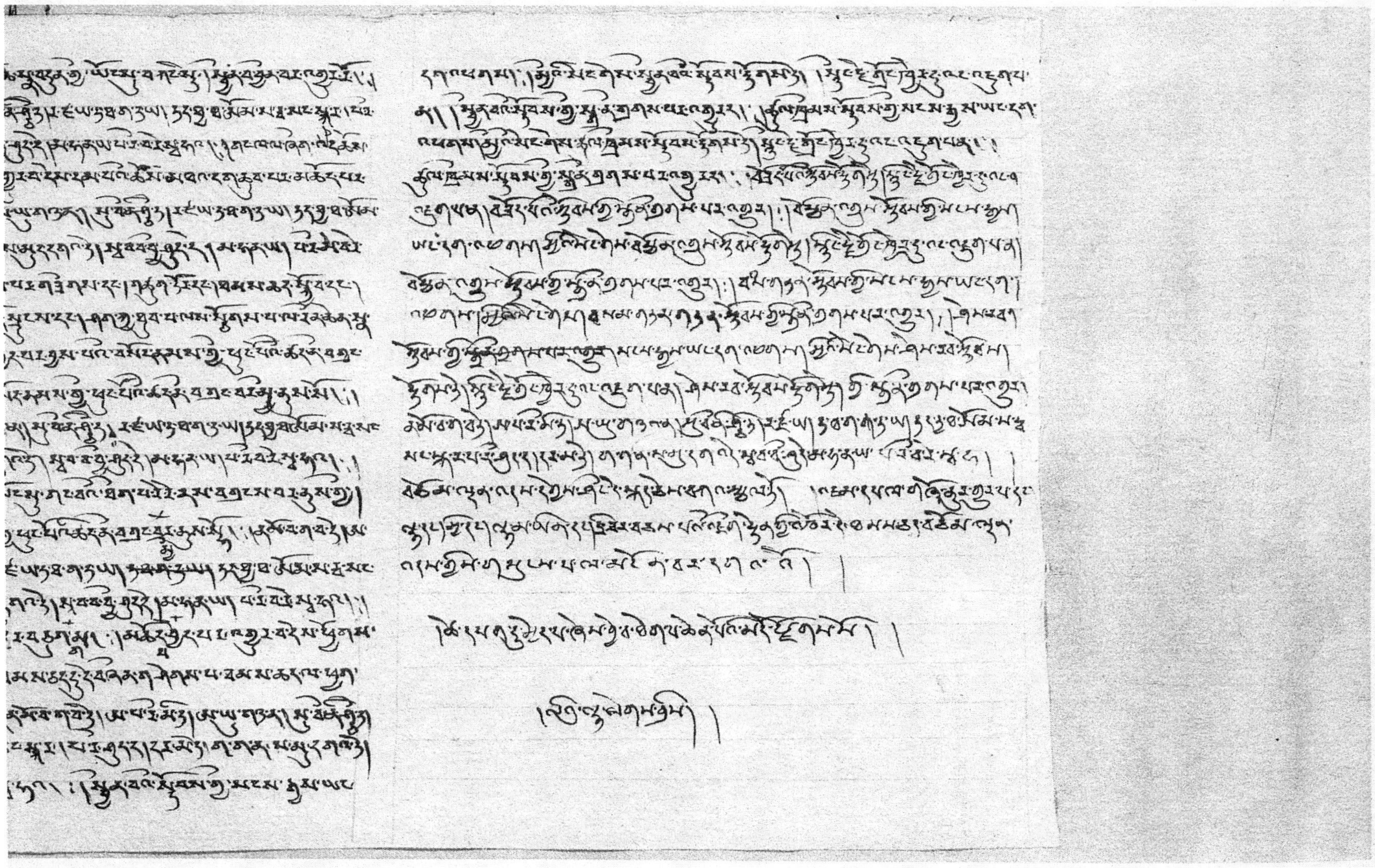

BD14280 號　藏文（無量壽宗要經甲本）　（6–6）

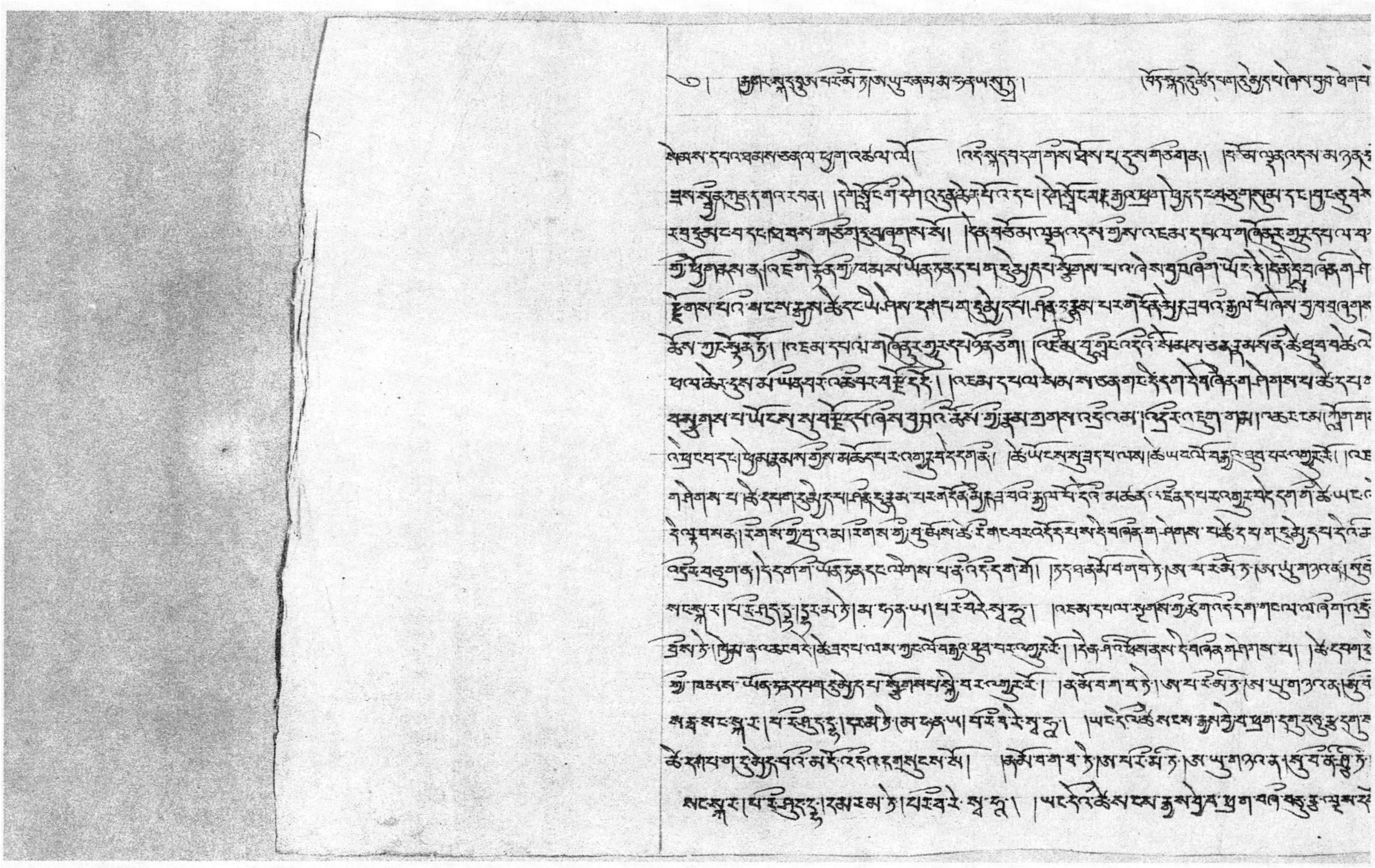

BD14281 號　藏文（無量壽宗要經乙本）　（6–1）

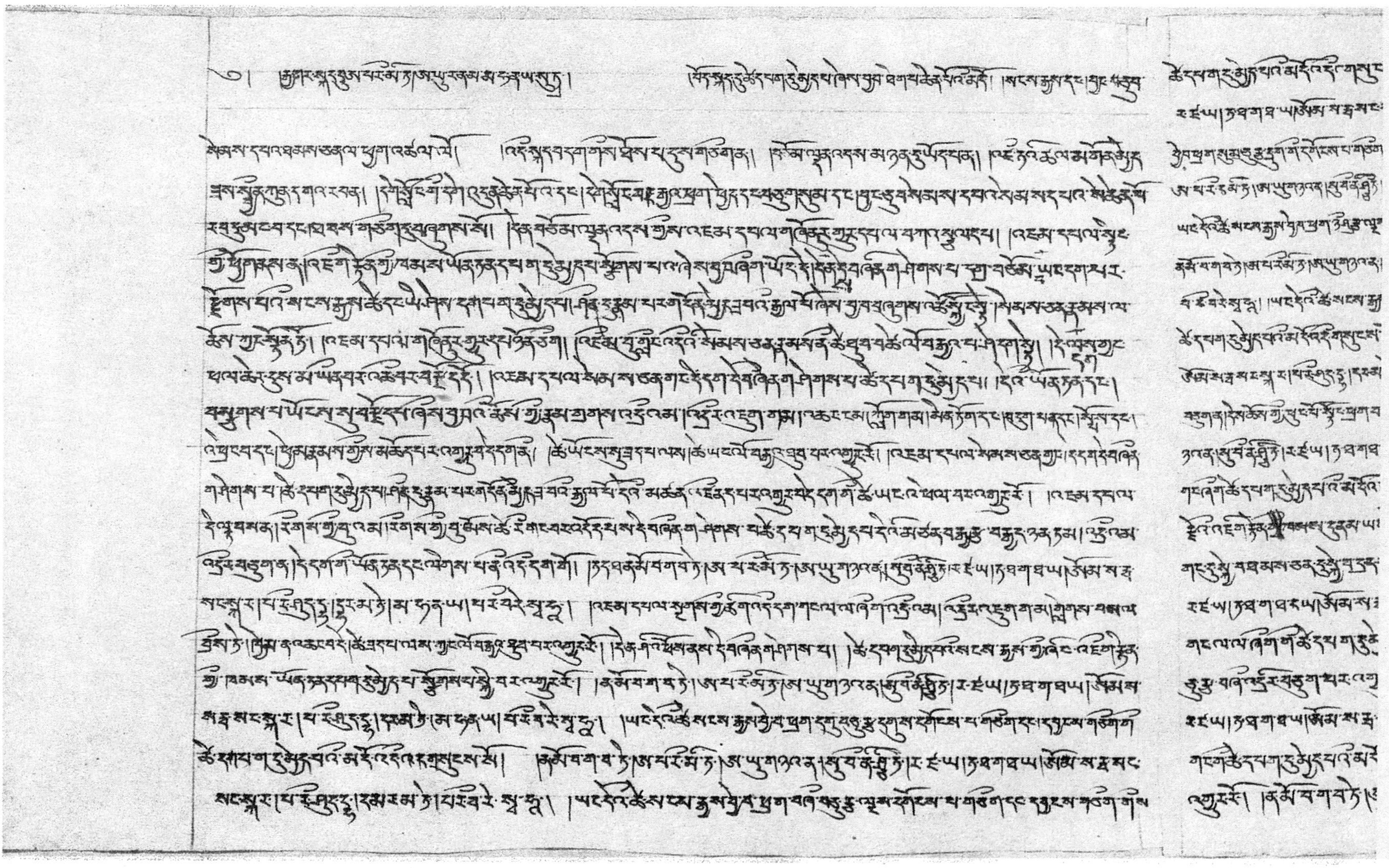

BD14281 號　藏文（無量壽宗要經乙本）　（6–2）

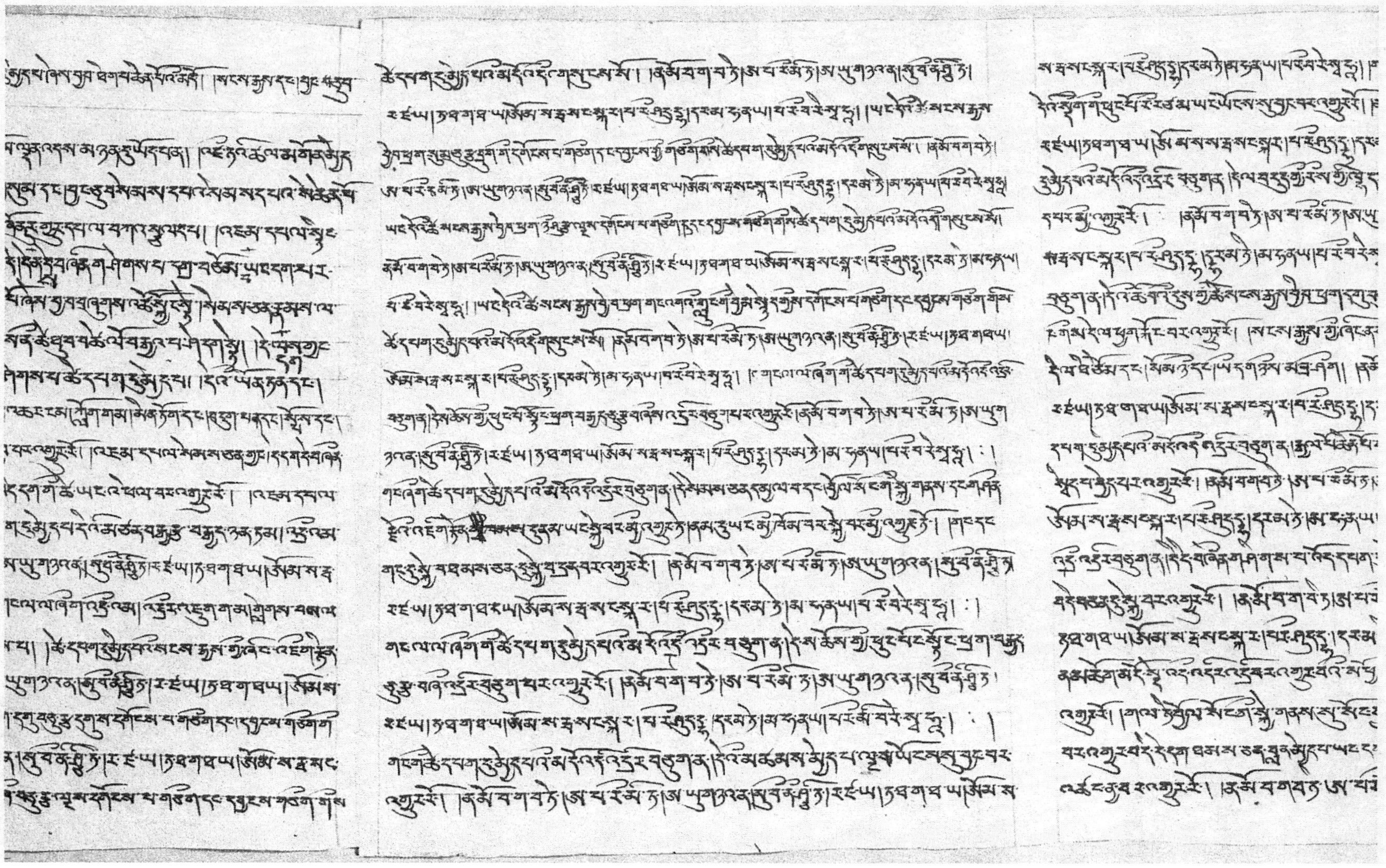

BD14281 號　藏文(無量壽宗要經乙本)　　(6–3)

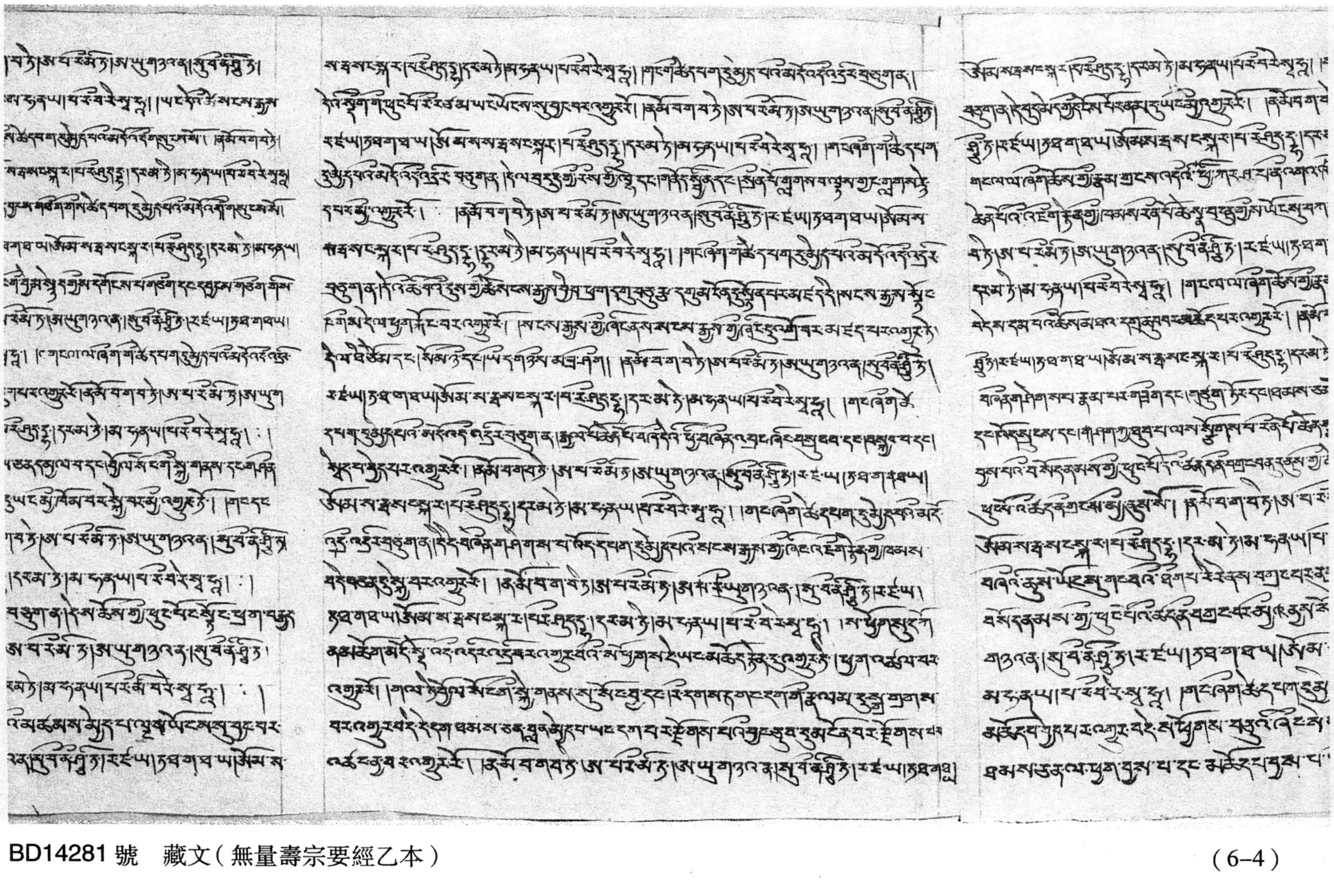

BD14281 號　藏文(無量壽宗要經乙本)　　(6–4)

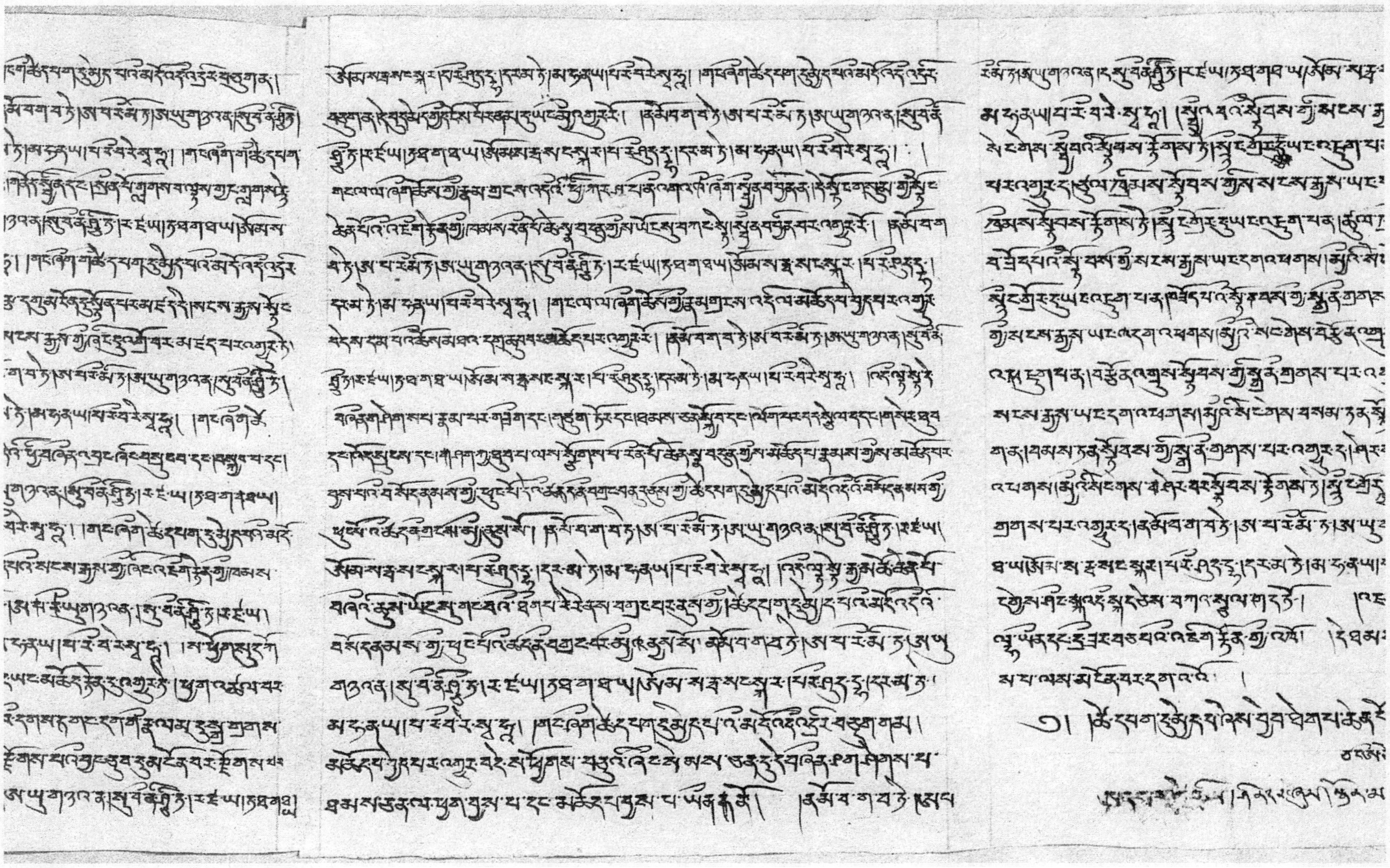

BD14281 號　藏文（無量壽宗要經乙本）　（6–5）

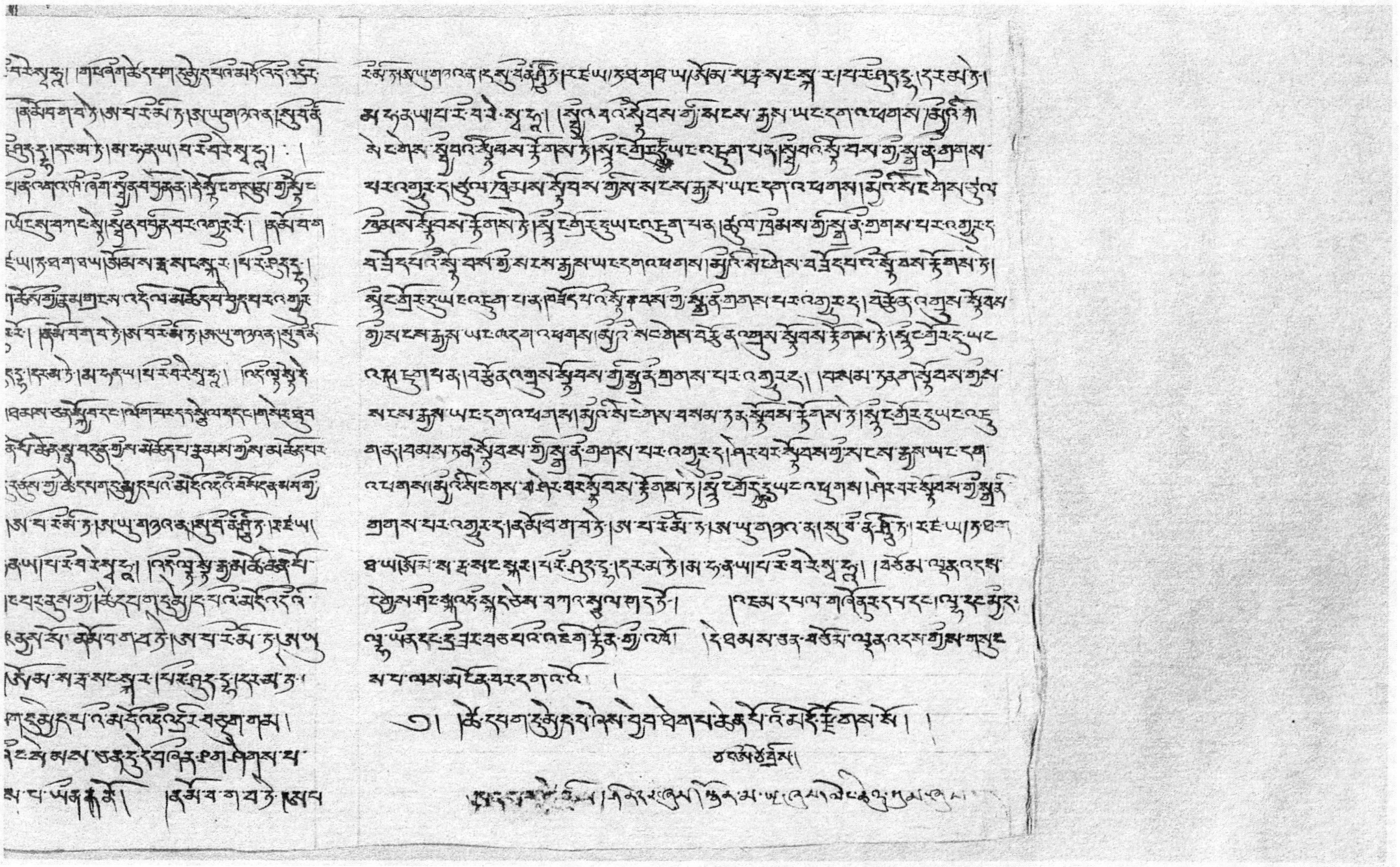

BD14281 號　藏文（無量壽宗要經乙本）　（6–6）

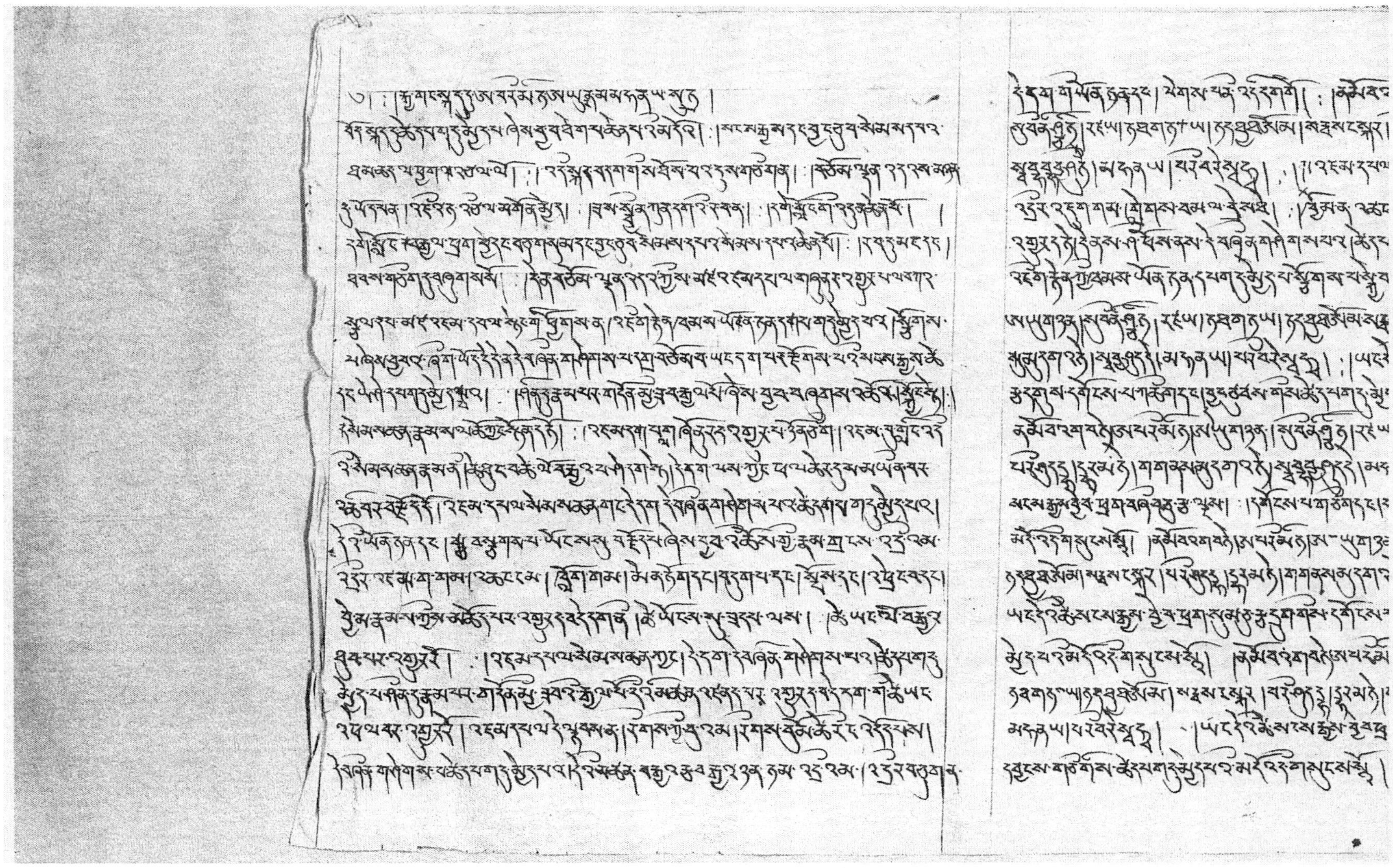

BD14282 號　藏文（無量壽宗要經甲本）　　（6–1）

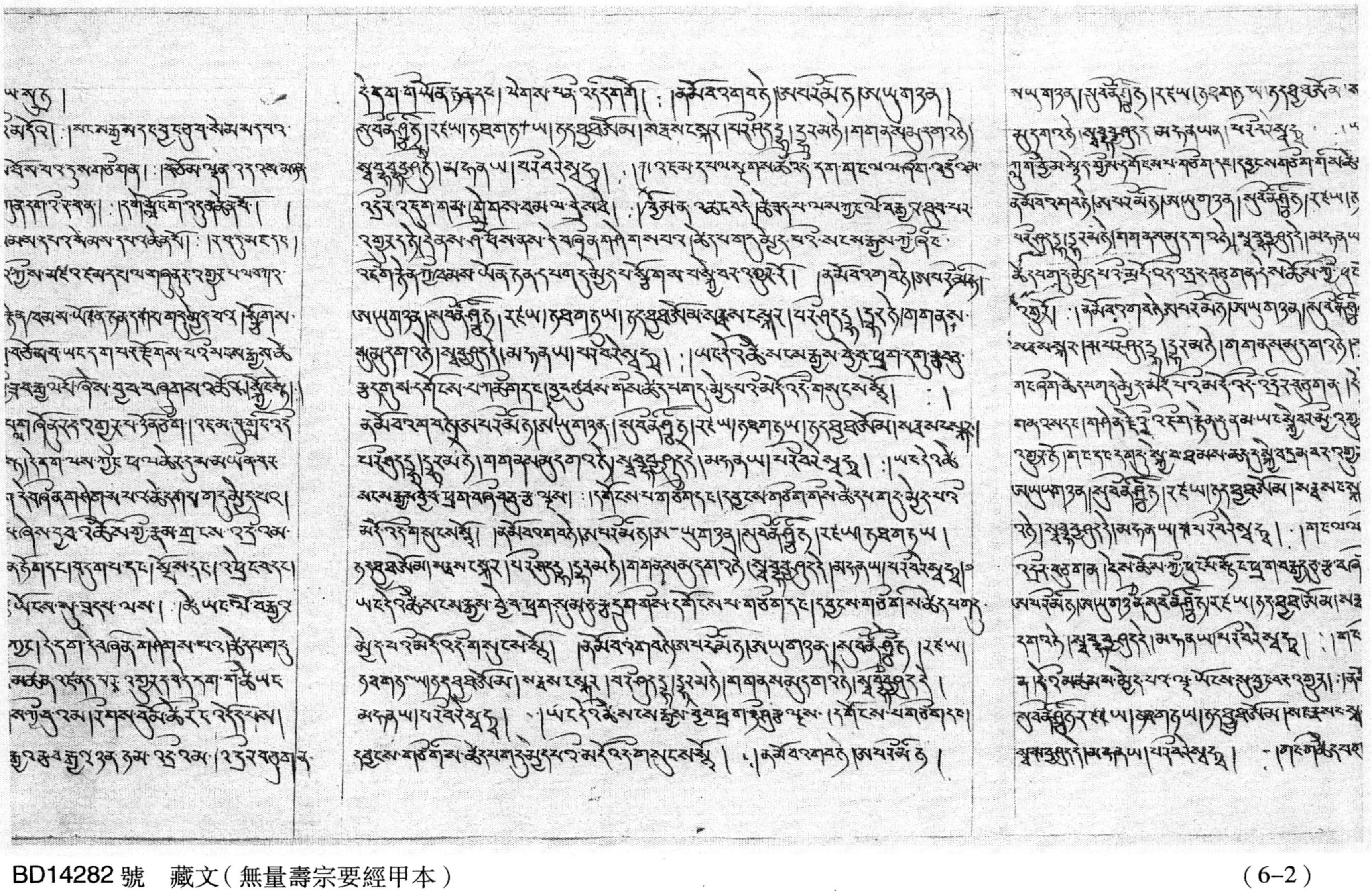

BD14282 號　藏文（無量壽宗要經甲本）　　（6–2）

BD14282號　藏文（無量壽宗要經甲本）　　　　　　　　　　　　　　　　　　　　　　　　　　　　　　　　（6-3）

BD14282號　藏文（無量壽宗要經甲本）　　　　　　　　　　　　　　　　　　　　　　　　　　　　　　　　（6-4）

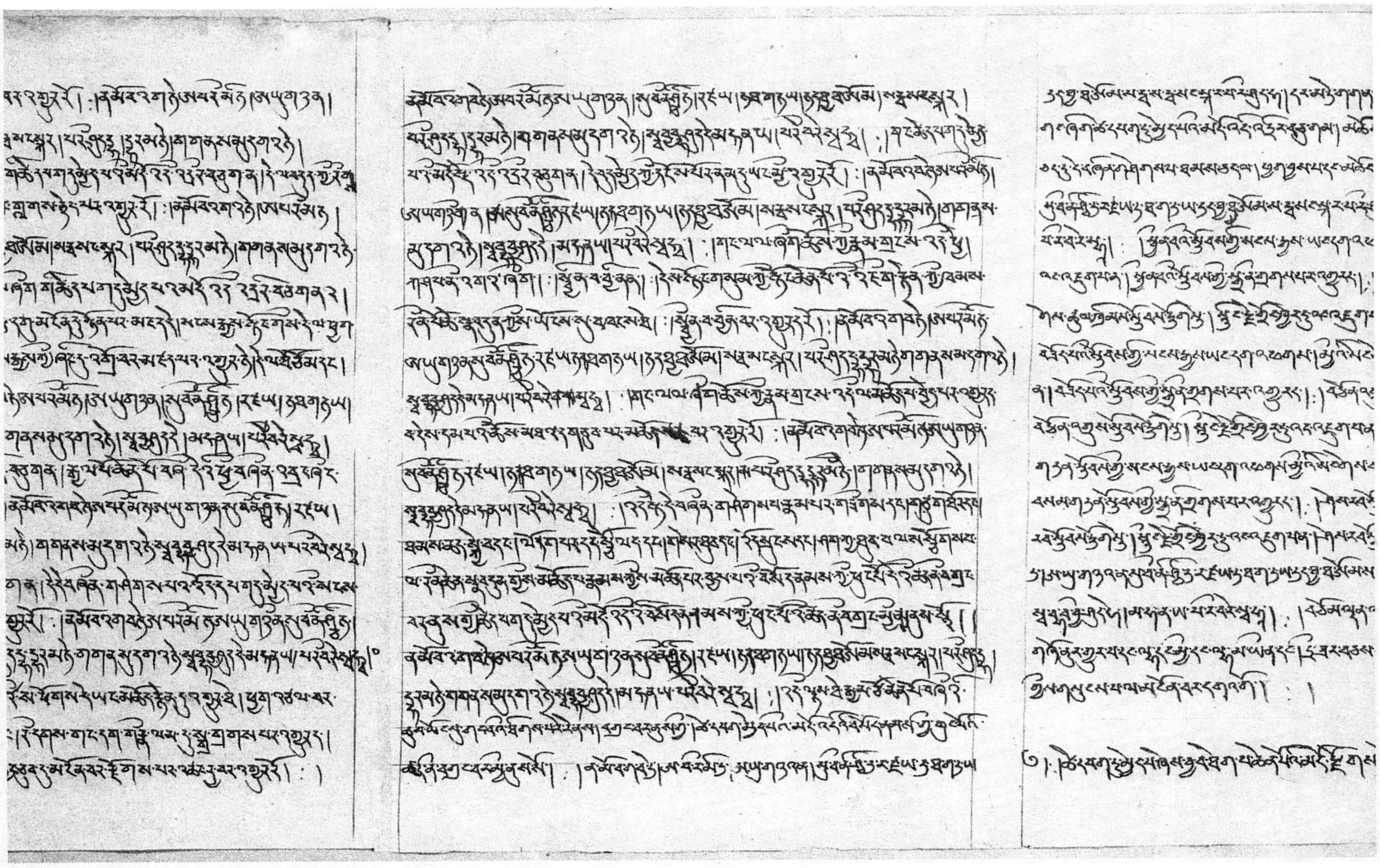

BD14282 號　藏文（無量壽宗要經甲本）　（6–5）

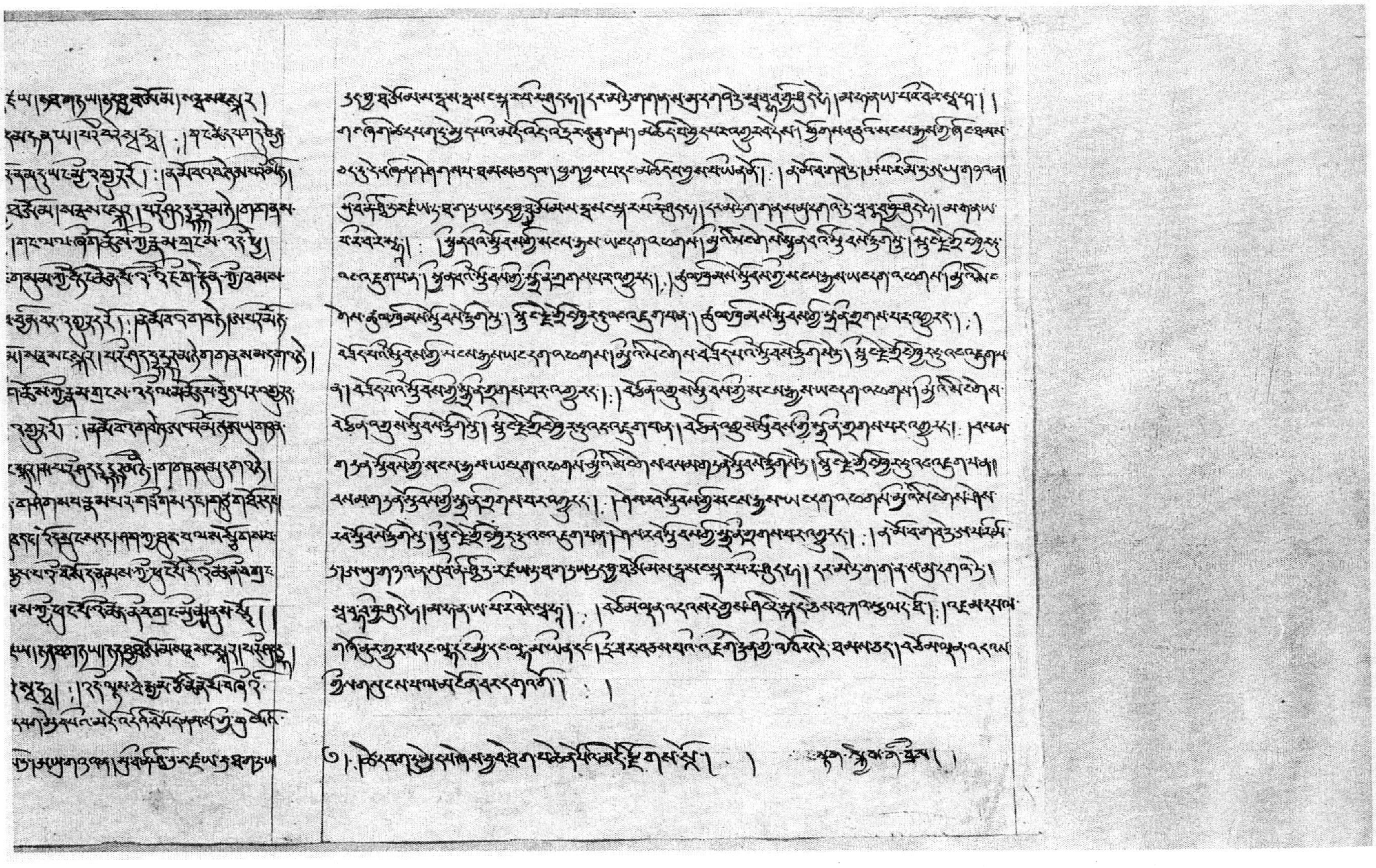

BD14282 號　藏文（無量壽宗要經甲本）　（6–6）

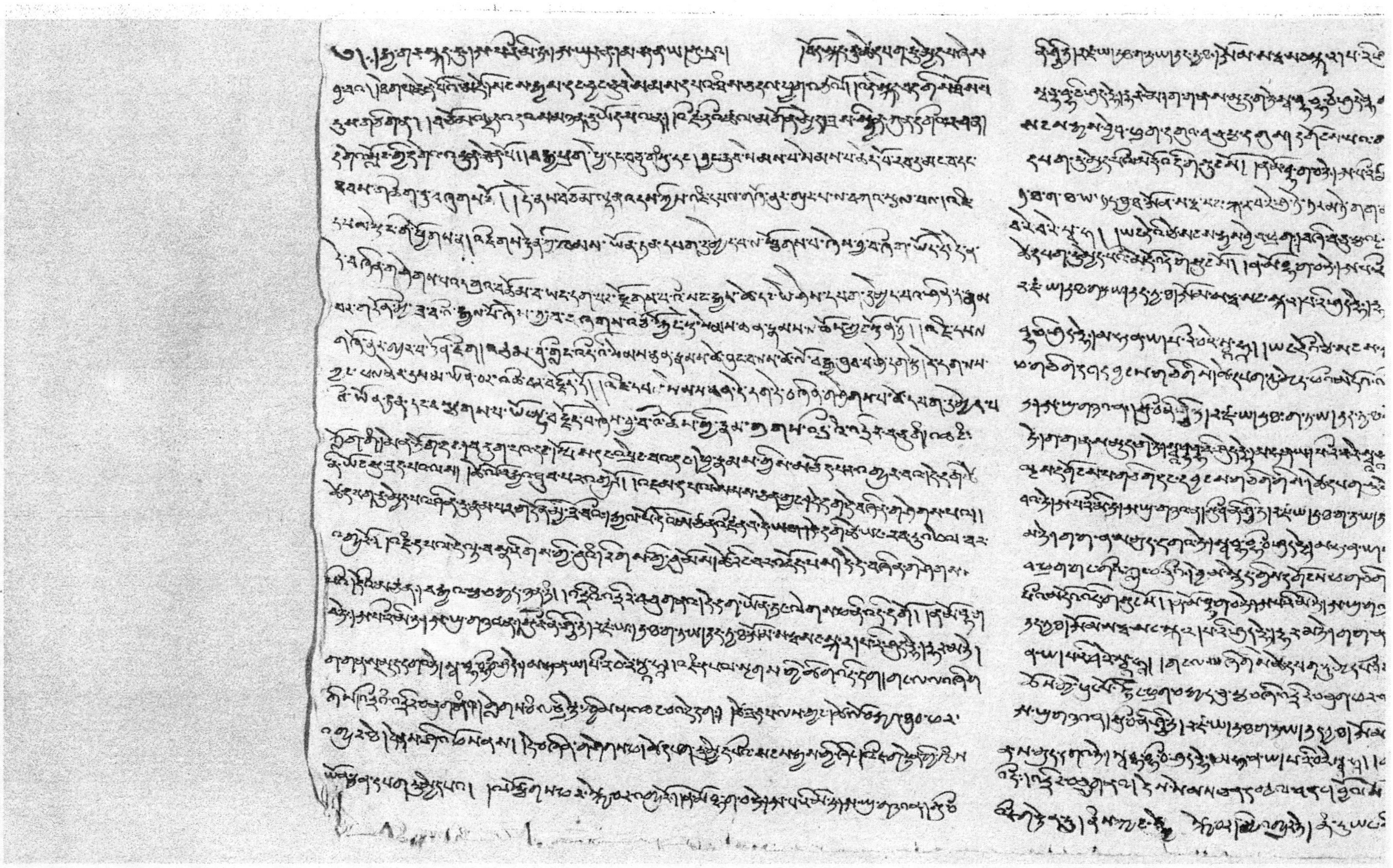

BD14283 號　藏文（無量壽宗要經甲本）　　（6–1）

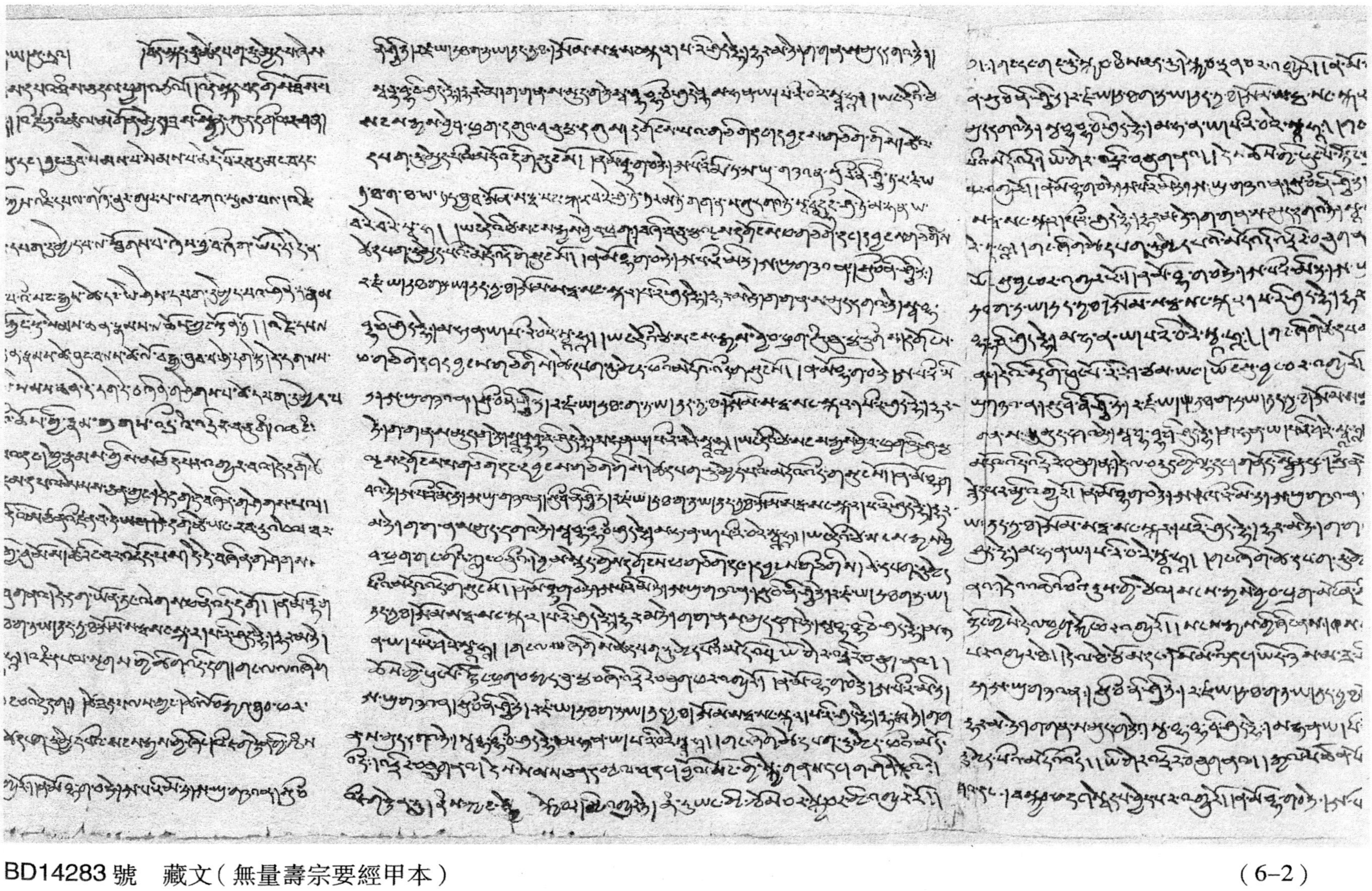

BD14283 號　藏文（無量壽宗要經甲本）　　（6–2）

BD14283號　藏文（無量壽宗要經甲本）　　　　　　　　　　　　　　　　　　　　　　　　　　　　　　　　　　　　　（6-3）

BD14283號　藏文（無量壽宗要經甲本）　　　　　　　　　　　　　　　　　　　　　　　　　　　　　　　　　　　　　（6-4）

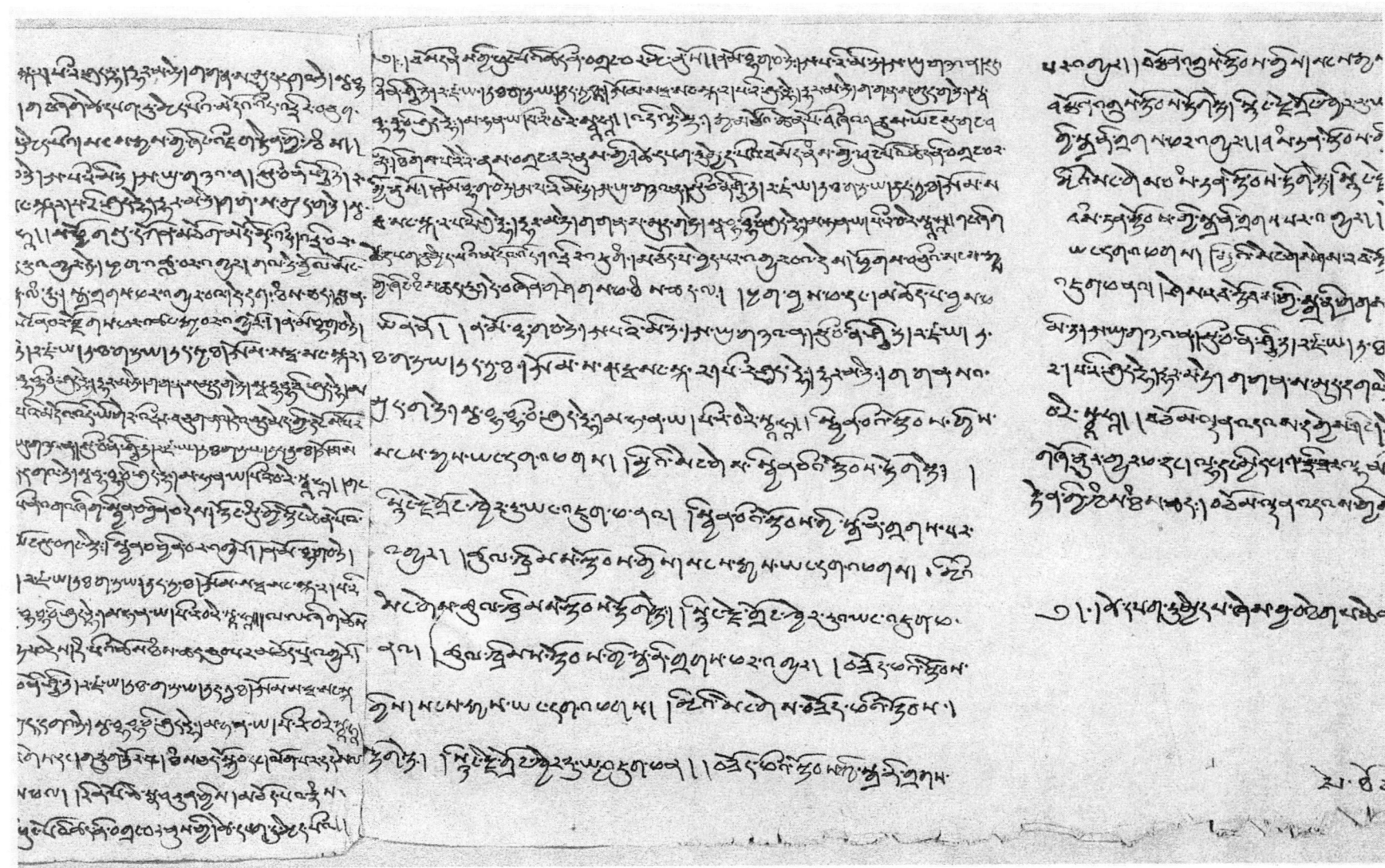

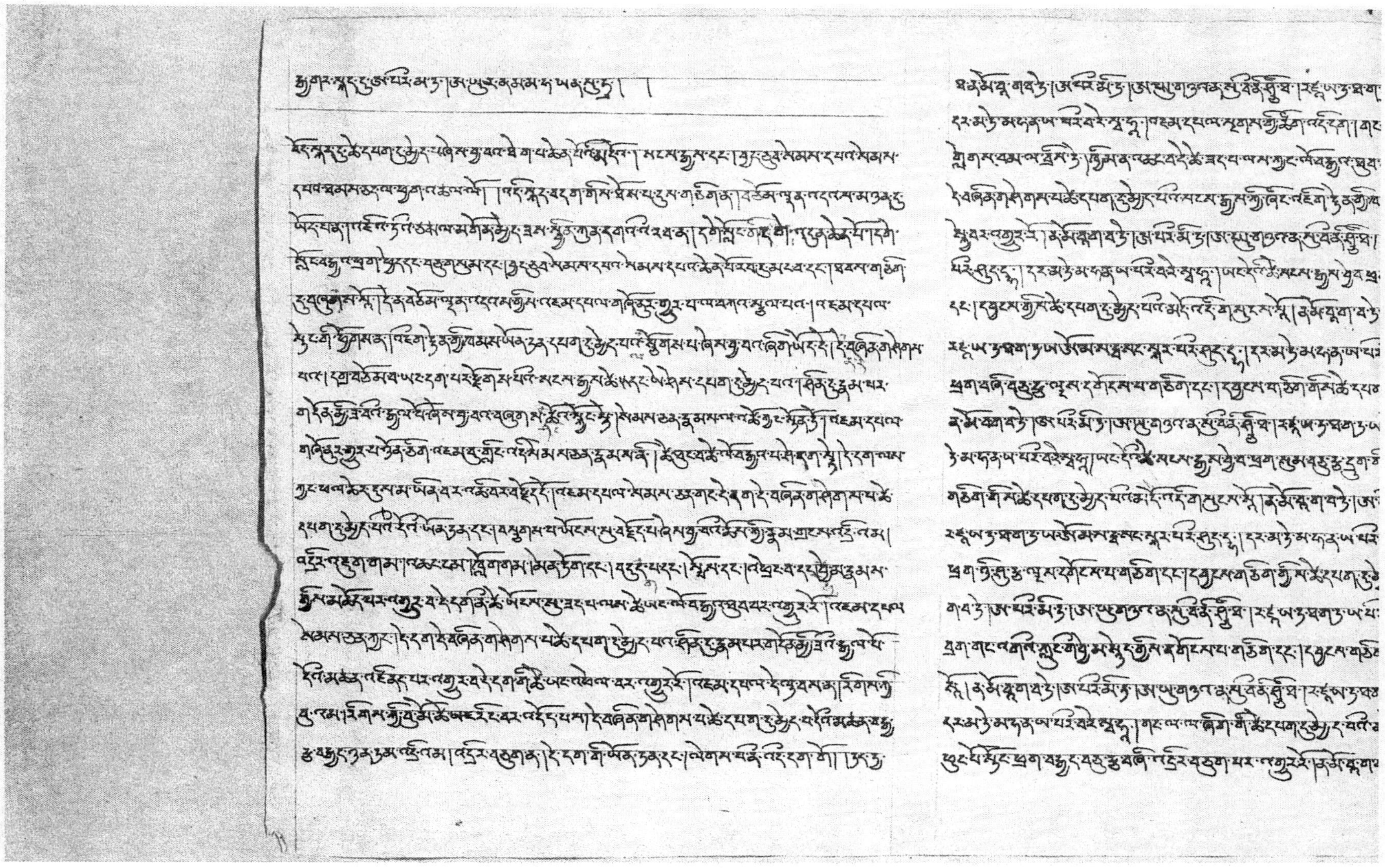

BD14284 號　藏文（無量壽宗要經乙本）　（6–1）

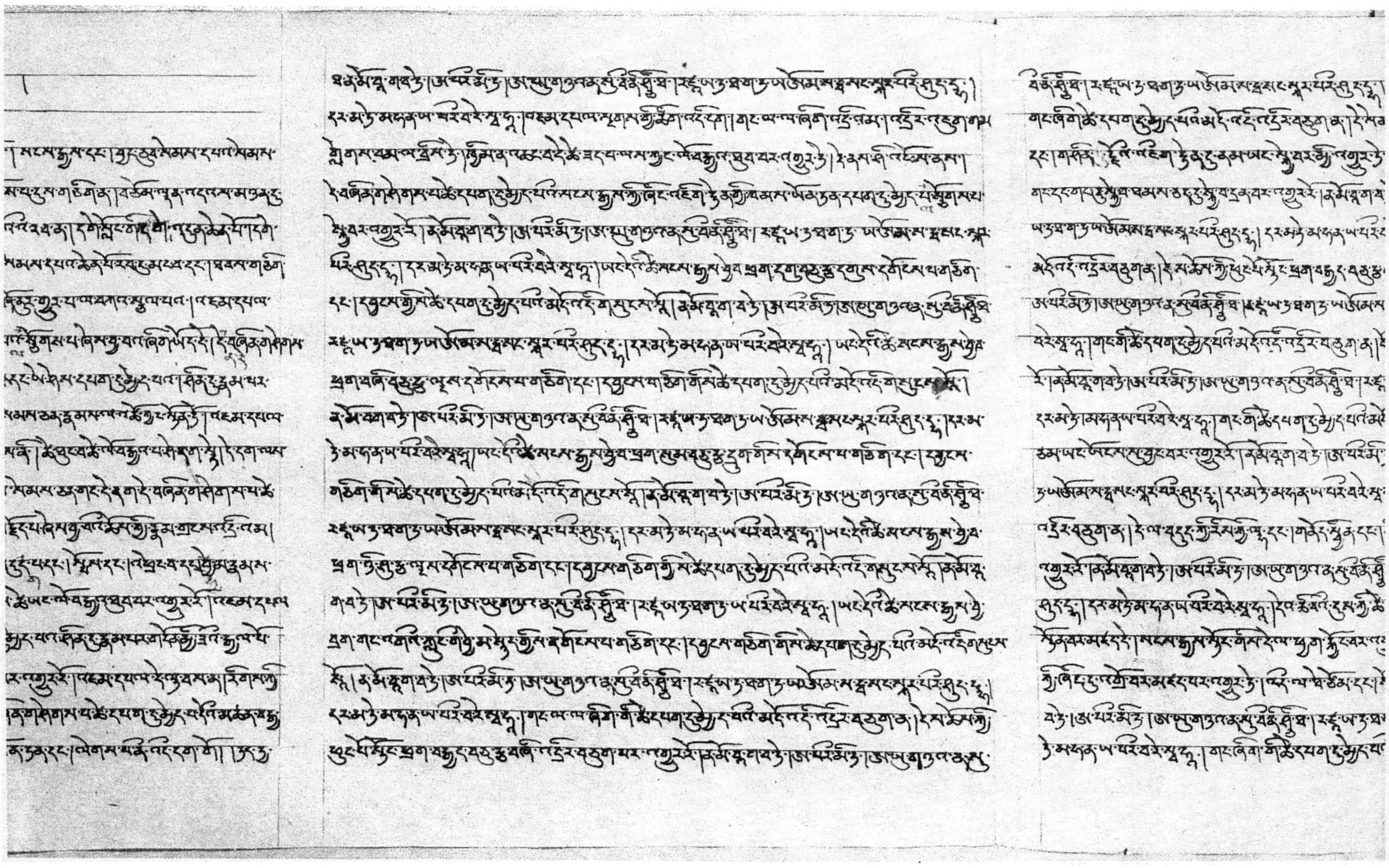

BD14284 號　藏文（無量壽宗要經乙本）　（6–2）

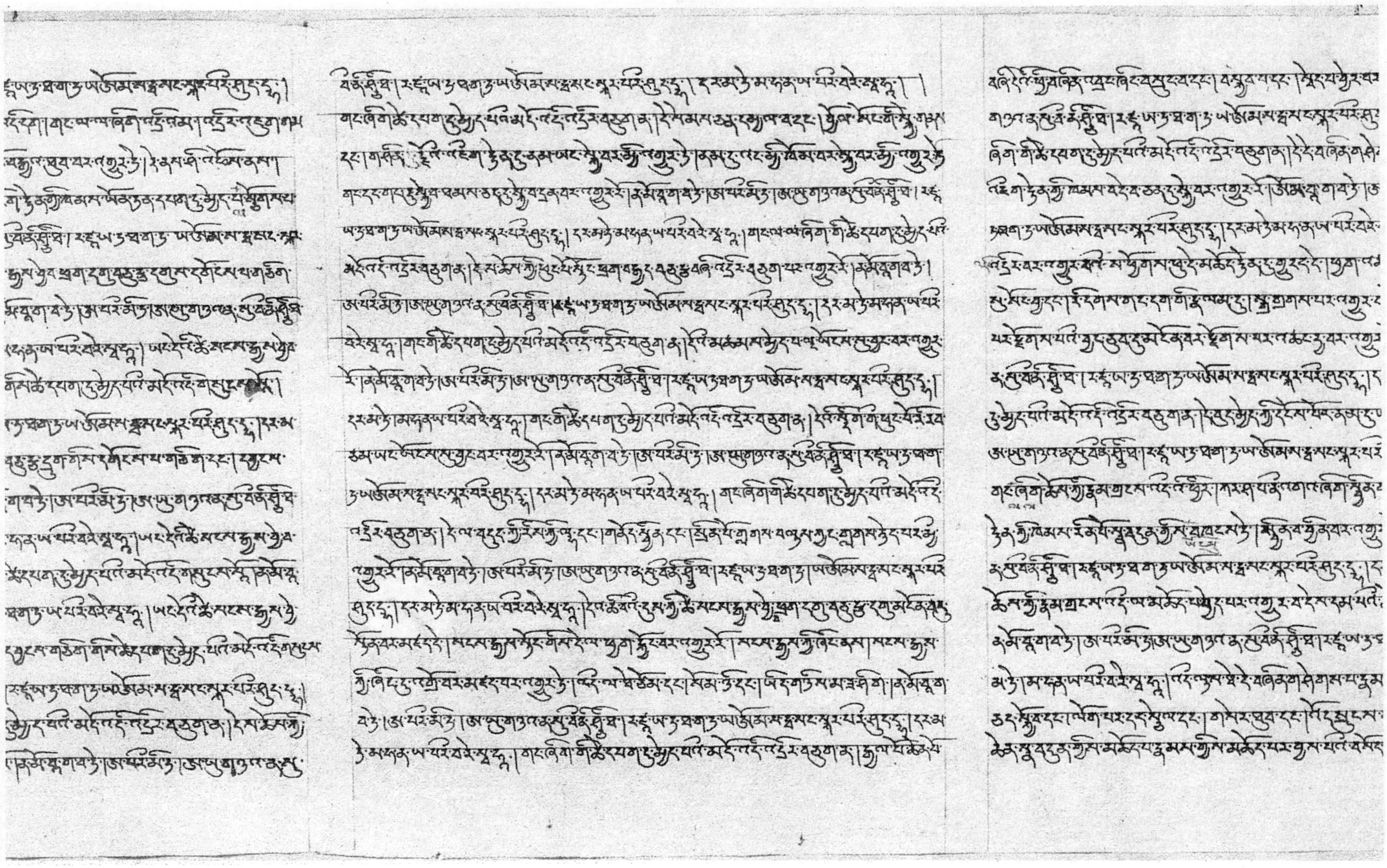

BD14284 號　藏文（無量壽宗要經乙本）　（6–3）

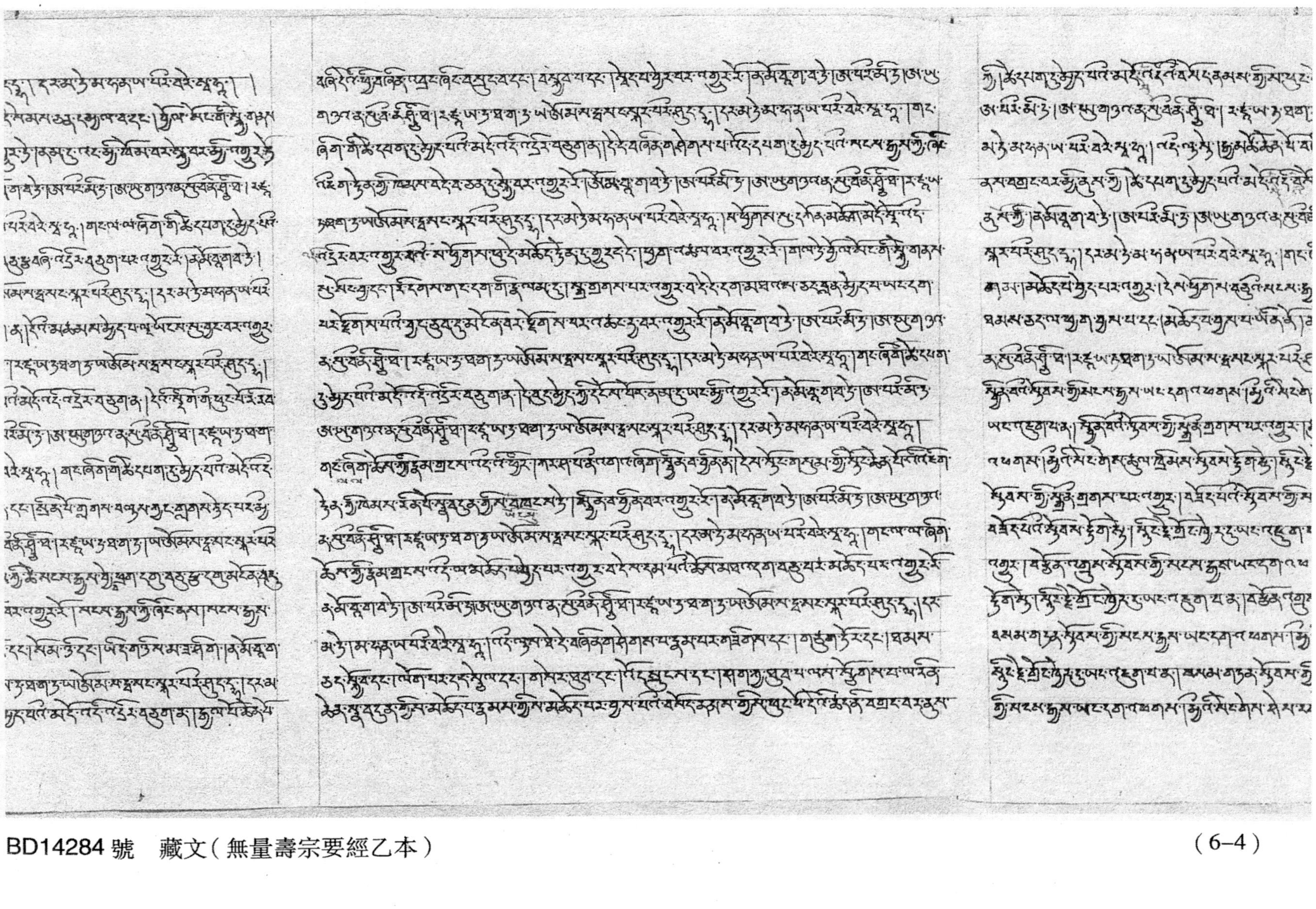

BD14284 號　藏文（無量壽宗要經乙本）　（6–4）

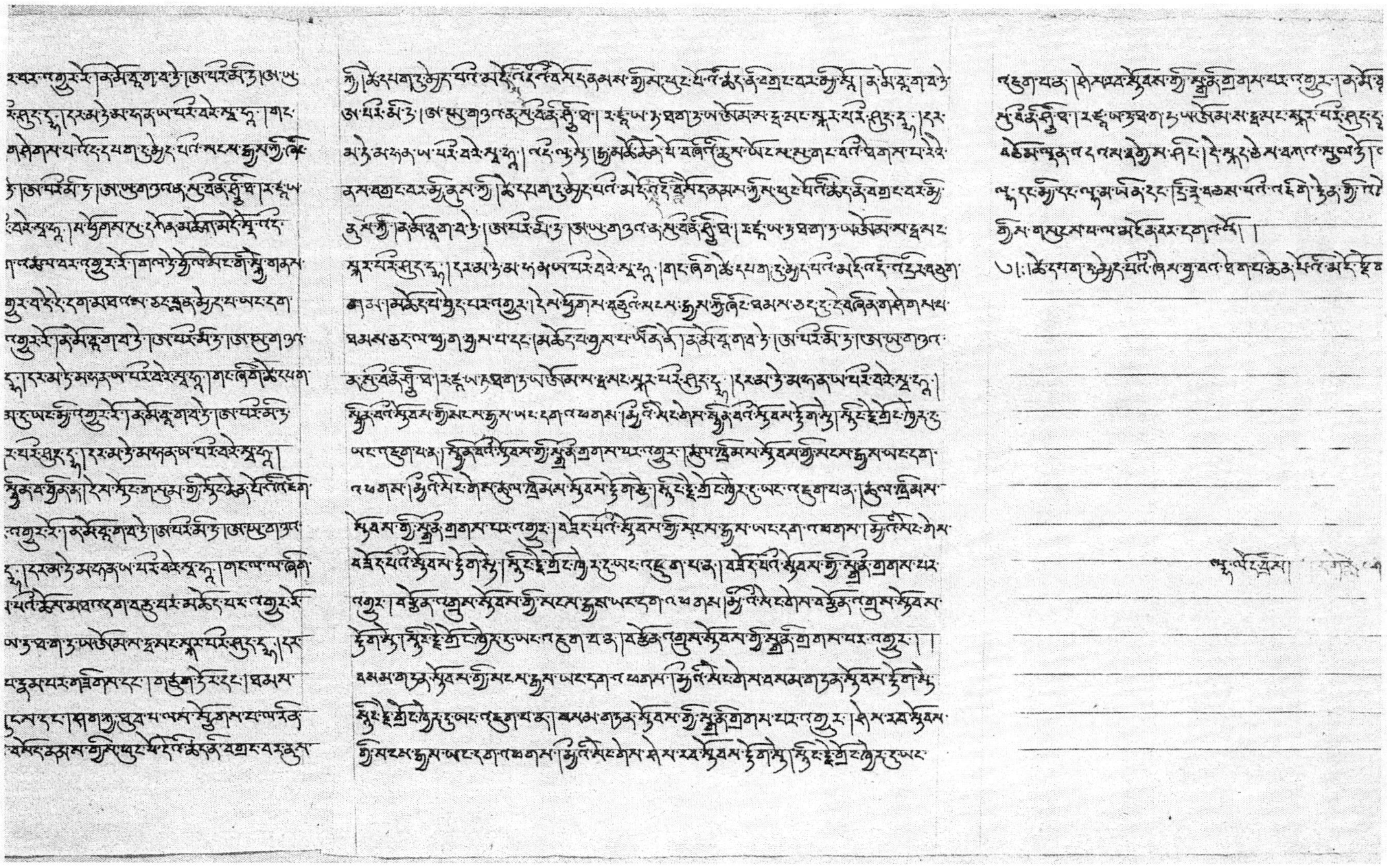

BD14284 號　藏文（無量壽宗要經乙本）　（6–5）

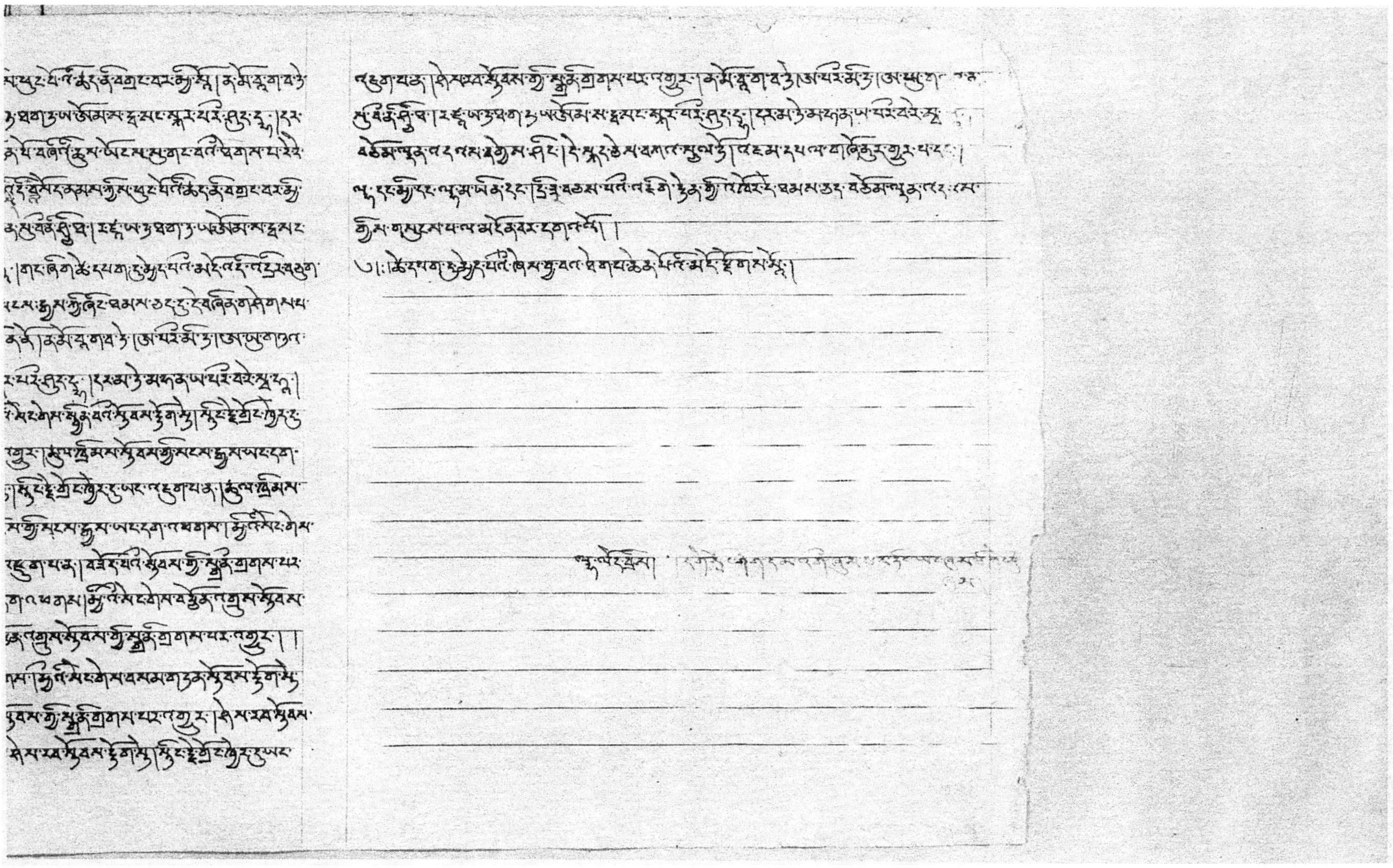

BD14284 號　藏文（無量壽宗要經乙本）　（6–6）

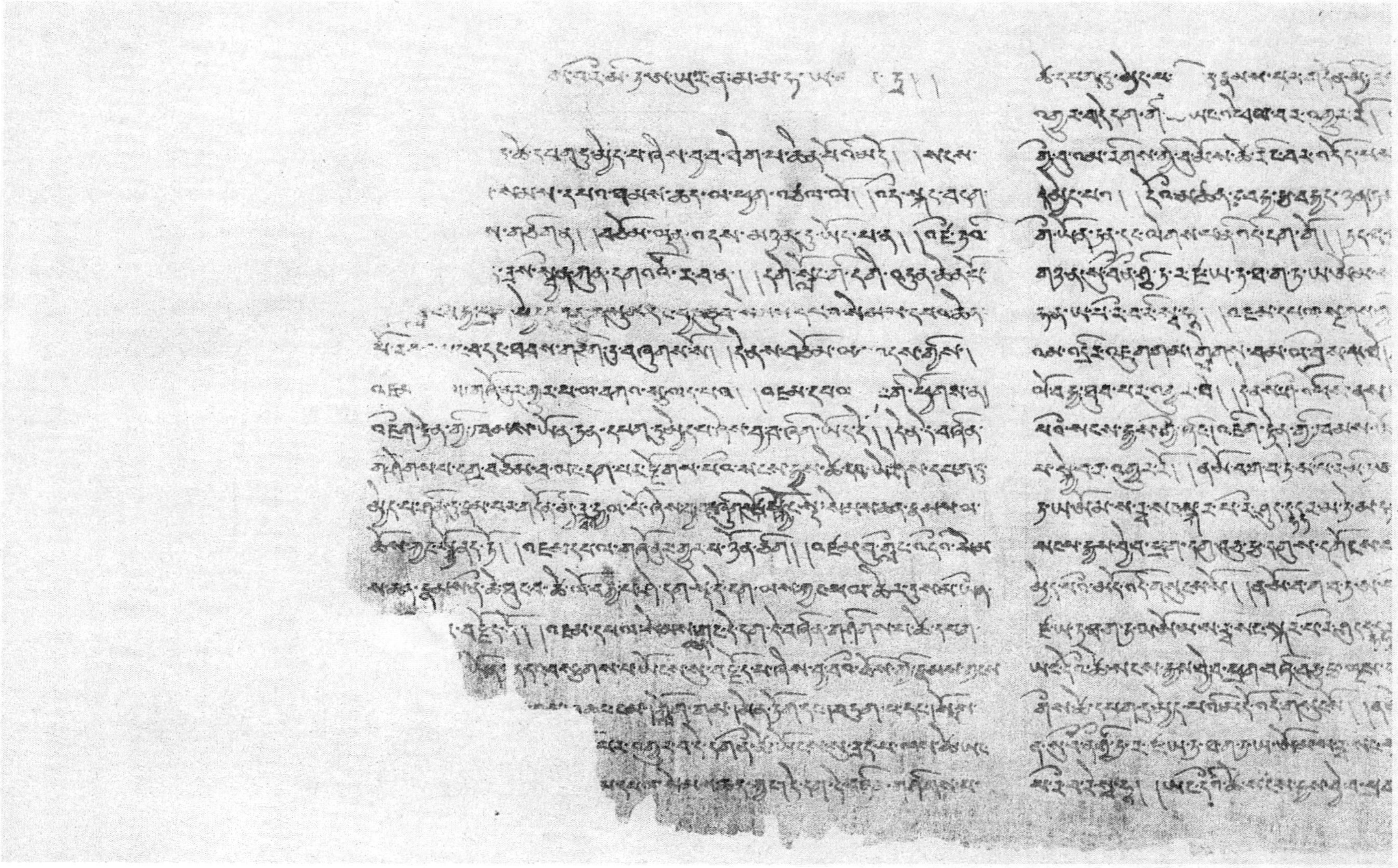

BD14285 號　藏文（無量壽宗要經乙本）　（6–1）

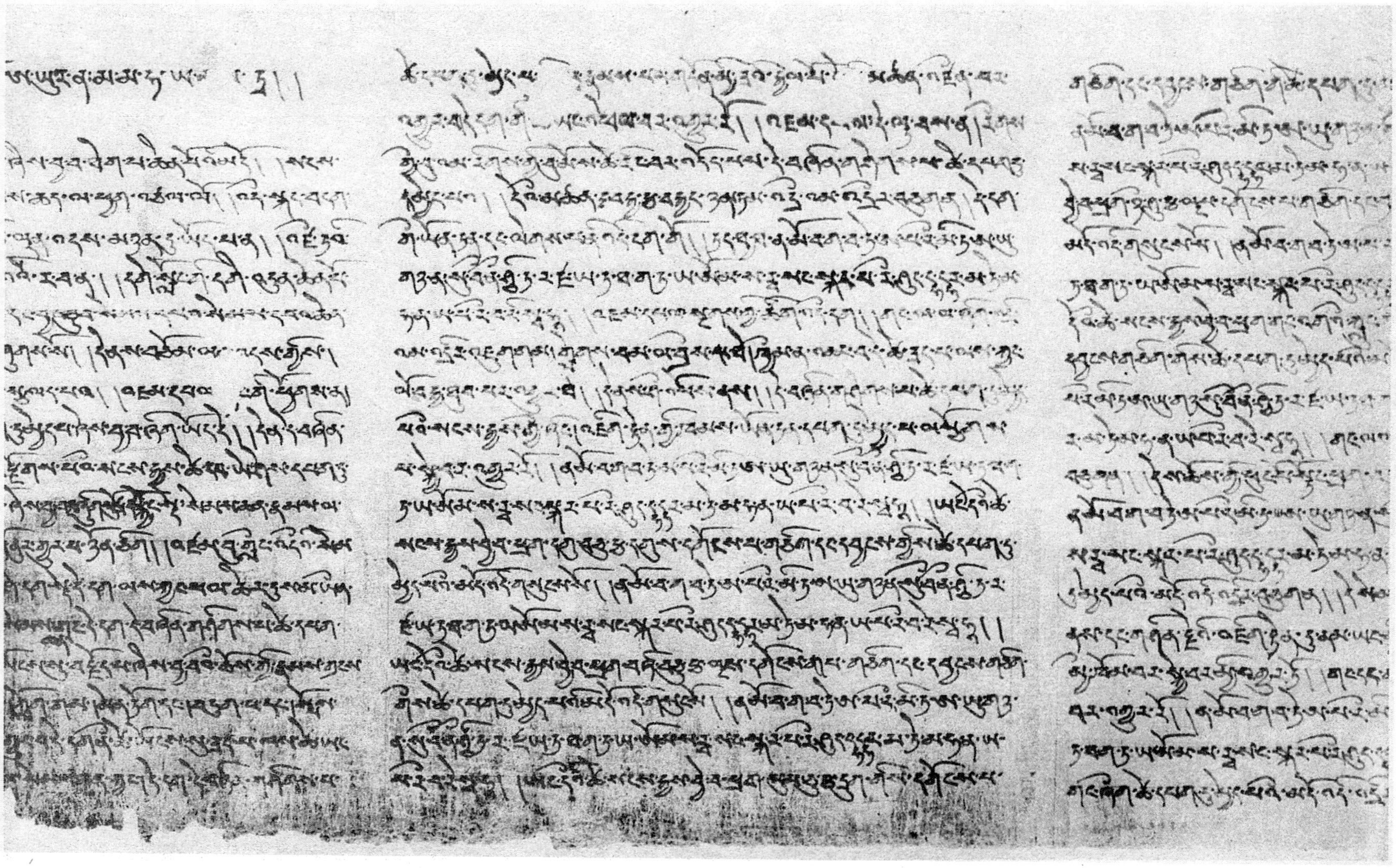

BD14285 號　藏文（無量壽宗要經乙本）　（6–2）

BD14285號　藏文（無量壽宗要經乙本）

BD14285號　藏文（無量壽宗要經乙本）

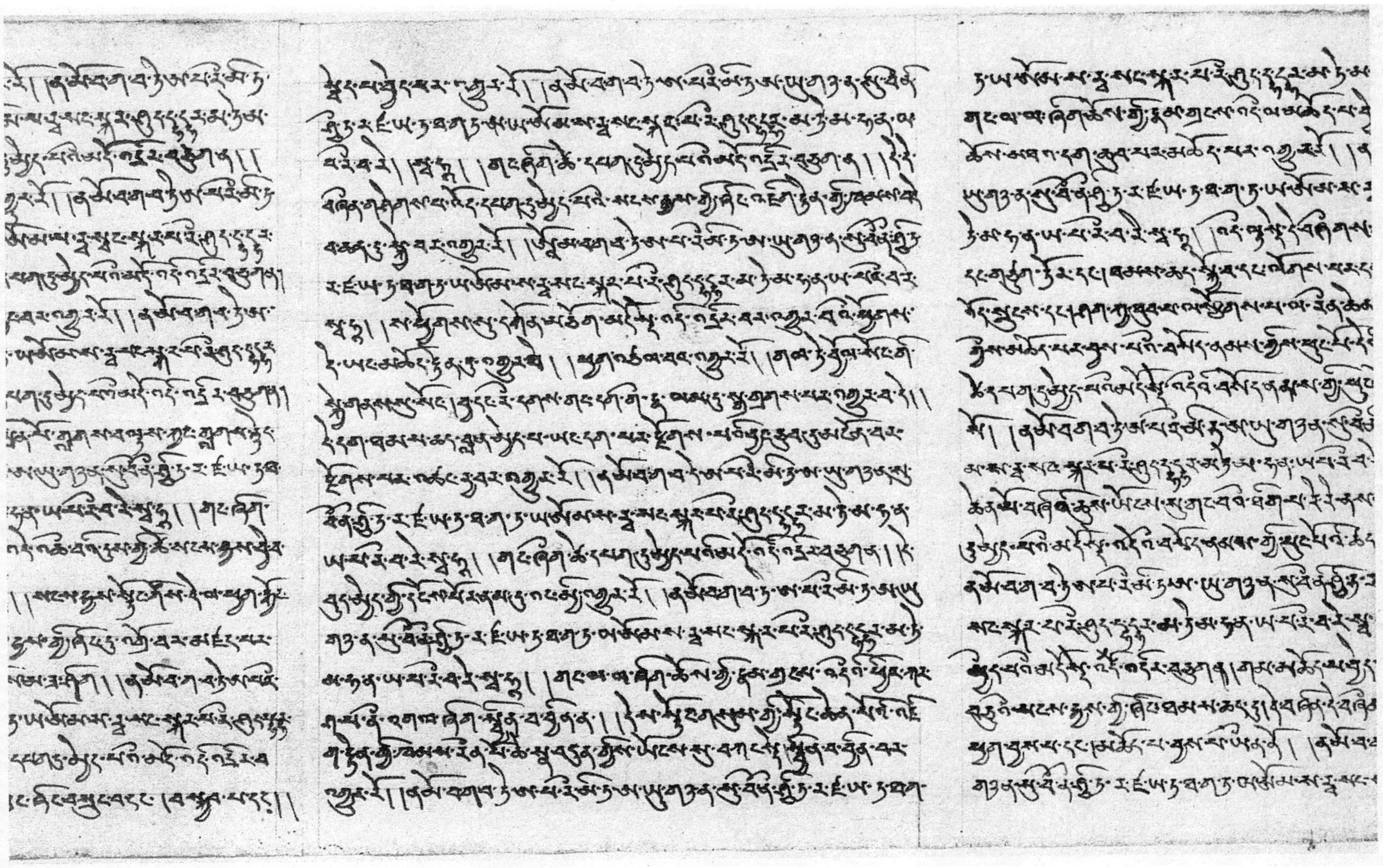

BD14285 號　藏文（無量壽宗要經乙本）　（6–5）

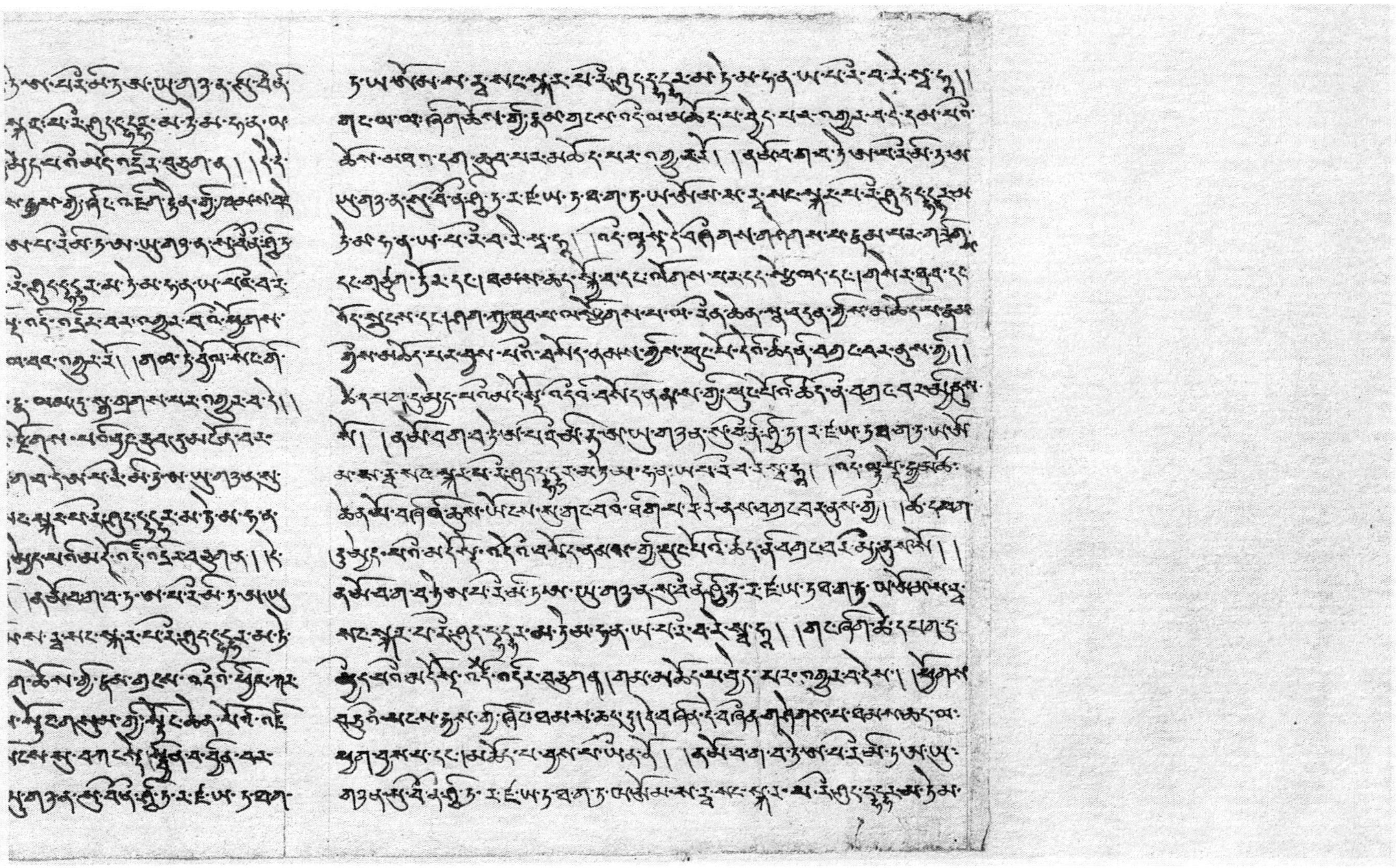

BD14285 號　藏文（無量壽宗要經乙本）　（6–6）

新 0459	BD14259 號 1	新 0467	BD14267 號	新 0475	BD14275 號
新 0459	BD14259 號 2	新 0468	BD14268 號	新 0476	BD14276 號 1
新 0460	BD14260 號 1	新 0469	BD14269 號	新 0476	BD14276 號 2
新 0460	BD14260 號 2	新 0470	BD14270 號 1	新 0476	BD14276 號 3
新 0460	BD14260 號 3	新 0470	BD14270 號 2	新 0477	BD14277 號
新 0460	BD14260 號 4	新 0470	BD14270 號 3	新 0478	BD14278 號
新 0460	BD14260 號 5	新 0470	BD14270 號 4	新 0479	BD14279 號
新 0461	BD14261 號	新 0470	BD14270 號 5	新 0480	BD14280 號
新 0462	BD14262 號	新 0471	BD14271 號	新 0481	BD14281 號
新 0463	BD14263 號	新 0472	BD14272 號 1	新 0482	BD14282 號
新 0464	BD14264 號	新 0472	BD14272 號 2	新 0483	BD14283 號
新 0465	BD14265 號	新 0473	BD14273 號	新 0484	BD14284 號
新 0466	BD14266 號	新 0474	BD14274 號	新 0485	BD14285 號

新舊編號對照表

新字頭號與北敦號對照表

新字頭號	北敦號	新字頭號	北敦號	新字頭號	北敦號
新0412	BD14212號	新0425	BD14225號6	新0439	BD14239號
新0413	BD14213號	新0426	BD14226號	新0440	BD14240號
新0414	BD14214號	新0427	BD14227號	新0441	BD14241號
新0415	BD14215號	新0428	BD14228號1	新0442	BD14242號1
新0416	BD14216號	新0428	BD14228號2	新0442	BD14242號2
新0417	BD14217號	新0428	BD14228號3	新0443	BD14243號
新0418	BD14218號	新0429	BD14229號1	新0444	BD14244號1
新0419	BD14219號	新0429	BD14229號2	新0444	BD14244號2
新0420	BD14220號	新0429	BD14229號3	新0445	BD14245號1
新0421	BD14221號1	新0430	BD14230號	新0445	BD14245號2
新0421	BD14221號2	新0431	BD14231號1	新0445	BD14245號3
新0421	BD14221號3	新0431	BD14231號2	新0445	BD14245號4
新0421	BD14221號4	新0432	BD14232號	新0445	BD14245號5
新0421	BD14221號5	新0433	BD14233號1	新0446	BD14246號
新0422	BD14222號	新0433	BD14233號2	新0447	BD14247號
新0423	BD14223號1	新0434	BD14234號	新0448	BD14248號1
新0423	BD14223號2	新0435	BD14235號1	新0448	BD14248號2
新0423	BD14223號3	新0435	BD14235號2	新0448	BD14248號3
新0423	BD14223號4	新0435	BD14235號3	新0449	BD14249號
新0423	BD14223號5	新0435	BD14235號4	新0450	BD14250號
新0424	BD14224號1	新0435	BD14235號5	新0451	BD14251號1
新0424	BD14224號2	新0435	BD14235號6	新0451	BD14251號2
新0424	BD14224號3	新0436	BD14236號	新0451	BD14251號3
新0424	BD14224號4	新0437	BD14237號1	新0452	BD14252號
新0424	BD14224號5	新0437	BD14237號2	新0453	BD14253號
新0424	BD14224號6	新0437	BD14237號3	新0454	BD14254號1
新0425	BD14225號1	新0437	BD14237號4	新0454	BD14254號2
新0425	BD14225號2	新0437	BD14237號5	新0455	BD14255號
新0425	BD14225號3	新0438	BD14238號1	新0456	BD14256號
新0425	BD14225號4	新0438	BD14238號2	新0457	BD14257號
新0425	BD14225號5	新0438	BD14238號3	新0458	BD14258號

9.2 有硃筆三校。
10 卷末背上方紙簽上寫"佛西一一四",下方小紙簽寫"西一一四","番號542,類別8"。

1.1 BD14285號
1.3 藏文（無量壽宗要經乙本）
1.4 新0485
2.1 （132+126+123.5）×31厘米；3紙；6欄,欄19行,共113行；行約45字母。
2.2 01：44.0,2欄； 02：44.0,2欄； 03：44.0,2欄。
2.3 卷軸裝。首尾均殘。紙首殘紙分別為35.5釐米、38釐米,紙寬31釐米、30.5釐米不等。首欄第一行中有小殘洞,第七、八行中有小殘洞；第二欄一、二行中有2個殘洞,八、九行中有殘洞。尾紙全。卷首、末邊有粘接痕。首紙下邊有油污迹。有界欄。

3.1 首上殘8行→BD14230號首上7行~首下7行。
3.2 尾下殘5行→BD14230號首上7行~末紙首欄第13行。
4.1 Rgya‑gar‑skad‑du'Apar=mita'ayur nama mahayana sutra。（梵語：無量壽宗要經）（首）。Bod‿skad‿du tshe dpag‿du‿myed‿pa zhes‿bya‿ba theg‿pa‿chen‿povi mdo。（藏語：無量壽宗要經）（首）。
4.2 Tshe dpag‿du‿myed‿pa zhes‿bya‿ba theg‿pa‿chen‿povi mdo。（無量壽宗要經）（尾）。
7.1 首紙背寫抄寫者：Glegs‑la‑bam‑br=s‑the‑glags. glags‑bam‑la‑br=s‑the.（魯拉旦抄、魯旦拉抄寫……）。紙首背寫漢字。"扶（狗?）年在……"等字。
8 8~9世紀。吐蕃統治時期寫本。
9.1 正書。有朱筆校改。
10 卷首背下方小紙簽寫"佛西一一五",右邊寫"類別8,番號543"。

2.1 135×31厘米；3紙；6欄，欄21行，共122行；行約45字母。

2.2 01：45.0，2欄；　02：45.0，2欄；　03：45.0，2欄。

2.3 卷軸裝。首尾均全。卷末有粘接痕。有界欄。

4.1 Rgya‐gar‐skad‐du'Apar＝mita'ayur nama mahayana sutra。（梵語：無量壽宗要經）（首）。Bod_ skad_ du tshe dpag_ du_ myed_ pa zhes_ bya_ ba theg_ pa_ chen_ povi mdo。（藏語：無量壽宗要經）（首）。

4.2 Tshe dpag_ du_ myed_ pa zhes_ bya_ ba theg_ pa_ chen_ povi mdo。（無量壽宗要經）（尾）。

7.1 抄寫者：Levo‐lha‐legs.（魯拉磊）。

8 8～9世紀。吐蕃統治時期寫本。

9.1 正書。

10 卷首背上方紙簽寫"佛西一一〇"，下方小紙簽寫"西一一〇"，"類別8，番號538"。

1.1 BD14281號

1.3 藏文（無量壽宗要經乙本）

1.4 新0481

2.1 135×31厘米；3紙；5欄，欄20行，共119行；行約45字母。

2.2 01：45.0，1欄；　02：45.0，2欄；　03：45.0，2欄。

2.3 卷軸裝。首尾均全。卷首、末邊有粘接痕。有護首12.5厘米，首紙每行約66字母。有界欄。

4.1 Rgya‐gar‐skad‐du'Apar＝mita'ayur nama mahayana sutra。（梵語：無量壽宗要經）（首）。Bod_ skad_ du tshe dpag_ du_ myed_ pa zhes_ bya_ ba theg_ pa_ chen_ povi mdo。（藏語：無量壽宗要經）（首）。

4.2 Tshe dpag_ du_ myed_ pa zhes_ bya_ ba theg_ pa_ chen_ povi mdo。（無量壽宗要經）（尾）。

7.1 抄寫者：Cang‐'ai‐tse.（姜俄才）。初校：shin‐dar.（恒達）；再校：Sgron‐ma.（卓瑪）；三校：Leng‐chevu.（朗確）。

8 8～9世紀。吐蕃統治時期寫本。

9.1 正書。有三次校改。

10 卷首背上方紙簽寫"佛西一一一"，下方小紙簽寫"西一一一"，"類別8，番號539"。

1.1 BD14282號

1.3 藏文（無量壽宗要經甲本）

1.4 新0482

2.1 135×31厘米；3紙；6欄，欄19行，共113行；行約45字母。

2.2 01：45.0，2欄；　02：45.0，2欄；　03：45.0，2欄。

2.3 卷軸裝。首尾均全。卷末有粘接痕。有界欄。

4.1 Rgya‐gar‐skad‐du'Apar＝mita'ayur nama mahayana sutra。（梵語：無量壽宗要經）（首）。Bod_ skad_ du tshe dpag_ du_ myed_ pa zhes_ bya_ ba theg_ pa_ chen_ povi mdo。（藏語：無量壽宗要經）（首）。

4.2 Tshe dpag_ du_ myed_ pa zhes_ bya_ ba theg_ pa_ chen_ povi mdo。（無量壽宗要經）（尾）。

7.1 抄寫者：Lha‐lod.（拉魯）。

8 8～9世紀。吐蕃統治時期寫本。

9.1 正書。

10 卷首背上方小紙簽上寫"佛西一一二"，下方小紙簽左邊寫"西一一二"，右邊寫"8、540"。

1.1 BD14283號

1.3 藏文（無量壽宗要經甲本）

1.4 新0483

2.1 129×31厘米；3紙；6欄，欄18到27行，共124行；行約30～60字母。

2.2 01：43.0，2欄；　02：43.0，2欄；　03：43.0，2欄。

2.3 卷軸裝。首尾均全。有界欄。

4.1 Rgya‐gar‐skad‐du'Apar＝mita'ayur nama mahayana sutra。（梵語：無量壽宗要經）（首）。Bod_ skad_ du tshe dpag_ du_ myed_ pa zhes_ bya_ ba theg_ pa_ chen_ povi mdo。（藏語：無量壽宗要經）（首）。

4.2 Tshe dpag_ du_ myed_ pa zhes_ bya_ ba theg_ pa_ chen_ povi mdo。（無量壽宗要經）（尾）。

7.1 抄寫者：Stag‐skyes.（達杰）。

8 8～9世紀。吐蕃統治時期寫本。

9.1 正書。

10 卷末背上方小紙簽上寫"佛西一一三"，下方小紙簽左邊寫"西一一三"，右邊寫"8、541"。

1.1 BD14284號

1.3 藏文（無量壽宗要經乙本）

1.4 新0484

2.1 135×31厘米；3紙；6欄，欄19行，共101行；行約45字母。

2.2 01：45.0，2欄；　02：45.0，2欄；　03：45.0，2欄。

2.3 卷軸裝。首尾均全。卷首、末邊有粘接痕。有界欄。

4.1 Rgya‐gar‐skad‐du'Apar＝mita'ayur nama mahayana sutra。（梵語：無量壽宗要經）（首）。Bod_ skad_ du tshe dpag_ du_ myed_ pa zhes_ bya_ ba theg_ pa_ chen_ povi mdo。（藏語：無量壽宗要經）（首）。

4.2 Tshe dpag_ du_ myed_ pa zhes_ bya_ ba theg_ pa_ chen_ povi mdo。（無量壽宗要經）（尾）。

7.1 抄寫者：Lha‐lod.（拉魯）。初校：dge‐slong‐shig‐dam.（沙彌恒達木）；二校：phab‐ting.（卜黨）；三校：ci‐keng.（吉岡）。

8 8～9世紀。吐蕃統治時期寫本。

9.1 正書。

4.1　Rgya－gar－skad－du'Apar＝mita'ayur nama mahayana sutra。（梵語：無量壽宗要經）（首）Bod_ skad_ du tshe dpag_ du_ myed_ pa zhes_ bya_ ba theg_ pa_ chen_ povi mdo。（藏語：無量壽宗要經）（首）。

4.2　Tshe dpag_ du_ myed_ pa zhes_ bya_ ba theg_ pa_ chen_ povi mdo。（無量壽宗要經）（尾）。

7.1　抄寫者：Gz＝gs－kong.（司空）。

8　　8～9世紀。吐蕃統治時期寫本。

9.1　正書。

1.1　BD14276號3

1.3　藏文（無量壽宗要經甲本）

1.4　新0476

2.4　本遺書由3個文獻組成，本文獻為第3個，110行。餘參見BD14276號1之第2項。

4.1　Rgya－gar－skad－du'Apar＝mita'ayur nama mahayana sutra。（梵語：無量壽宗要經）（首）Bod_ skad_ du tshe dpag_ du_ myed_ pa zhes_ bya_ ba theg_ pa_ chen_ povi mdo。（藏語：無量壽宗要經）（首）。

4.2　Tshe dpag_ du_ myed_ pa zhes_ bya_ ba theg_ pa_ chen_ povi mdo。（無量壽宗要經）（尾）。

7.1　抄寫者：Gz＝gs－kong.（司空）。

8　　8～9世紀。吐蕃統治時期寫本。

9.1　正書。

1.1　BD14277號

1.3　藏文（無量壽宗要經乙本）

1.4　新0477

2.1　158×31厘米；3.5紙；7欄，欄19行，共108行；行約35～45字母。

2.2　01：45.0，2欄；　02：45.0，2欄；　03：45.0，2欄；　04：15.0，1欄。

2.3　卷軸裝。首尾均全。卷首有粘接痕，有剪痕。有界欄。

4.1　Rgya－gar－skad－du'Apar＝mita'ayur nama mahayana sutra。（梵語：無量壽宗要經）（首）Bod_ skad_ du tshe dpag_ du_ myed_ pa zhes_ bya_ ba theg_ pa_ chen_ povi mdo。（藏語：無量壽宗要經）（首）。

4.2　Tshe dpag_ du_ myed_ pa zhes_ bya_ ba theg_ pa_ chen_ povi mdo。（無量壽宗要經）（尾）。

7.1　抄寫者：Khong－dge－Legs.（康格拉）。初校：phab－dzang－zhus.（貝桑）。再校：phab－c＝－yang－zhus.（白吉）。三校：be－ceng－sum－zhus.（北江）。

8　　8～9世紀。吐蕃統治時期寫本。

9.1　正書。有三校。

10　卷末背上方小紙簽上寫"佛西六五"，下方小紙簽左邊寫"六五"，右邊寫"8，494"。

1.1　BD14278號

1.3　藏文（無量壽宗要經乙本）

1.4　新0478

2.1　135×31厘米；3紙；6欄，欄19行，共100行；行約45字母。

2.2　01：45.0，2欄；　02：45.0，2欄；　03：45.0，2欄。

2.3　卷軸裝。首尾均全。卷末邊有粘接痕。有界欄。

4.1　Rgya－gar－skad－du'Apar＝mita'ayur nama mahayana sutra。（梵語：無量壽宗要經）（首）Bod_ skad_ du tshe dpag_ du_ myed_ pa zhes_ bya_ ba theg_ pa_ chen_ povi mdo。（藏語：無量壽宗要經）（首）。

4.2　Tshe dpag_ du_ myed_ pa zhes_ bya_ ba theg_ pa_ chen_ povi mdo。（無量壽宗要經）（尾）。

7.1　抄寫者：Lho－lod.（羅路）。初校：dan－vgi－zhus.（旦哥）；再校：pho－ting.（卜黨）；三校：Cing－keng.（蔣康）。

8　　8～9世紀。吐蕃統治時期寫本。

9.1　正書。

9.2　有硃筆三校。

10　卷末背上方小紙簽上寫"佛西六六"，下方紙簽寫"六六"，"類別8，番號494"。

1.1　BD14279號

1.3　藏文（無量壽宗要經乙本）

1.4　新0479

2.1　180×31厘米；4紙；7欄，欄19行，共120行；行約45字母。

2.2　01：45.0，2欄；　02：45.0，2欄；　03：45.0，2欄；　04：45.0，1欄。

2.3　卷軸裝。首尾均全。末欄未抄寫。卷首、末邊有粘接痕。有界欄。

4.1　Rgya－gar－skad－du'Apar＝mita'ayur nama mahayana sutra。（梵語：無量壽宗要經）（首）Bod_ skad_ du tshe dpag_ du_ myed_ pa zhes_ bya_ ba theg_ pa_ chen_ povi mdo。（藏語：無量壽宗要經）（首）。

4.2　Tshe dpag_ du_ myed_ pa zhes_ bya_ ba theg_ pa_ chen_ povi mdo。（無量壽宗要經）（尾）。

7.1　抄寫者：Legs－rmas.（魯梅）。初校：phab－c＝.（潘吉）；再校：phab－dzang.（潘桑）；三校：dpal－mchog.（貝确）。

8　　8～9世紀。吐蕃統治時期寫本。

9.1　正書。有三次校改。

10　卷末背上方小紙簽缺，下方紙簽寫"六七"，"類別8，番號495"。

1.1　BD14280號

1.3　藏文（無量壽宗要經甲本）

1.4　新0480

8　8~9世紀。吐蕃統治時期寫本。
9.1　正書。

1.1　BD14273號
1.3　藏文（無量壽宗要經乙本）
1.4　新0473
2.1　180×31厘米；4紙；8欄，欄19行，共117行；行約45字母。
2.2　01：45.0，2欄；　02：45.0，2欄；　03：45.0，2欄；　04：45.0，2欄。
2.3　卷軸裝。首尾均全。一、二紙上端間有污點水跡，二、三紙中上有殘破，三紙左中有殘洞。末欄無字。卷首、末有粘接痕。有界欄。
4.1　Rgya‐gar‐skad‐du'Apar=mita'ayur nama mahayana sutra。（梵語：無量壽宗要經）（首）。Bod_ skad_ du tshe dpag_ du_ myed_ pa zhes_ bya_ ba theg_ pa_ chen_ povi mdo。（藏語：無量壽宗要經）（首）。
4.2　Tshe dpag_ du_ myed_ pa zhes_ bya_ ba theg_ pa_ chen_ povi mdo。（無量壽宗要經）（尾）。
7.1　抄寫者：Mgar‐klu‐mthong。（噶魯通）。
8　8~9世紀。吐蕃統治時期寫本。
9.1　正書。
10　卷末背上方小紙簽上寫"佛西六一"。下方小紙簽左邊寫"六一"，右邊寫"8、489"。

1.1　BD14274號
1.3　藏文（無量壽宗要經乙本）
1.4　新0474
2.1　135×31厘米；3紙；5欄，欄20行，共101行；行約45字母。
2.2　01：45.0，1欄；　02：45.0，2欄；　03：45.0，2欄。
2.3　卷軸裝。首尾均全。有護首13厘米，首紙一欄，首欄每行約66字母。卷首、末有粘接痕。有界欄。
4.1　Rgya‐gar‐skad‐du'Apar=mita'ayur nama mahayana sutra。（梵語：無量壽宗要經）（首）。Bod_ skad_ du tshe dpag_ du_ myed_ pa zhes_ bya_ ba theg_ pa_ chen_ povi mdo。（藏語：無量壽宗要經）（首）。
4.2　Tshe dpag_ du_ myed_ pa zhes_ bya_ ba theg_ pa_ chen_ povi mdo。（無量壽宗要經）（尾）。
7.1　抄寫者：J=n‐lha‐bzher。（景拉夏）。初校：phag‐vgi‐zhus（潘哥）；二校：dpal‐mchog‐yang‐zhus。（貝確）；三校：pab‐dzang‐Sum‐zhus。（貝桑）。
8　8~9世紀。吐蕃統治時期寫本。
9.1　正書。
10　卷末背下方小紙簽寫"六二"，"類別8，番號490"。

1.1　BD14275號
1.3　藏文（無量壽宗要經甲本）
1.4　新0475
2.1　135×31厘米；4紙；6欄，欄20行，共107行；行約45字母。
2.2　01：45.0，2欄；　02：45.0，2欄；　03：45.0，2欄。
2.3　卷軸裝。首尾均全。卷首、末邊有粘接痕。有界欄。
4.1　Rgya‐gar‐skad‐du'Apar=mita'ayur nama mahayana sutra。（梵語：無量壽宗要經）（首）。Bod_ skad_ du tshe dpag_ du_ myed_ pa zhes_ bya_ ba theg_ pa_ chen_ povi mdo。（藏語：無量壽宗要經）（首）。
4.2　Tshe dpag_ du_ myed_ pa zhes_ bya_ ba theg_ pa_ chen_ povi mdo。（無量壽宗要經）（尾）。
7.1　抄寫者：Stag‐snang。（達曩）。
8　8~9世紀。吐蕃統治時期寫本。
9.1　正書。
10　下方小紙簽左邊寫"佛西六三"，右邊寫"8、491"。

1.1　BD14276號1
1.3　藏文（無量壽宗要經甲本）
1.4　新0476
2.1　405×31厘米；9紙；18欄，欄19行，共331行；行約45字母。
2.2　01：45.0，2欄；　02：45.0，2欄；　03：45.0，2欄；　04：45.0，2欄；　05：45.0，2欄；　06：45.0，2欄；　07：45.0，2欄；　08：45.0，2欄；　09：45.0，2欄。
2.3　卷軸裝。首尾均全。卷首、末邊有粘接痕。有界欄。
2.4　本遺書包括3個文獻：（一）《無量壽宗要經》（甲本），108行，今編為BD14276號1。（二）《無量壽宗要經》（甲本），113行，今編為BD14276號2。（三）《無量壽宗要經》（甲本），110行，今編為BD14276號3。
4.1　Rgya‐gar‐skad‐du'Apar=mita'ayur nama mahayana sutra。（梵語：無量壽宗要經）（首）。Bod_ skad_ du tshe dpag_ du_ myed_ pa zhes_ bya_ ba theg_ pa_ chen_ povi mdo。（藏語：無量壽宗要經）（首）。
4.2　Tshe dpag_ du_ myed_ pa zhes_ bya_ ba theg_ pa_ chen_ povi mdo。（無量壽宗要經）（尾）。
7.1　抄寫者：Gz=gs‐kong。（司空）。
8　8~9世紀。吐蕃統治時期寫本。
9.1　正書。
10　卷首背上方小紙簽已脫落"佛西六四"，下方小紙簽左邊寫"六四"，右邊寫"8、492"。

1.1　BD14276號2
1.3　藏文（無量壽宗要經甲本）
1.4　新0476
2.4　本遺書由3個文獻組成，本文獻為第2個，113行。餘見BD14276號1之第2項。

povi mdo。（無量壽宗要經）（尾）。

7.1 抄寫者：Khang‑btsan‑bzher.（康讚希）。

8 8~9世紀。吐蕃統治時期寫本。

9.1 正書。

1.1 BD14270號4

1.3 藏文（無量壽宗要經甲本）

1.4 新0470

2.4 本遺書由5個文獻組成，本文獻為第4個，124行。餘參見BD14270號1之第2項。

4.1 Rgya‑gar‑skad‑du'Apar=mita'ayur nama mahayana sutra。（梵語：無量壽宗要經）（首）。Bod_ skad_ du tshe dpag_ du_ myed_ pa zhes_ bya_ ba theg_ pa_ chen_ povi mdo。（藏語：無量壽宗要經）（首）。

4.2 Tshe dpag_ du_ myed_ pa zhes_ bya_ ba theg_ pa_ chen_ povi mdo。（無量壽宗要經）（尾）。

7.1 抄寫者：Khang‑btsan‑bzher.（康讚希）。

8 8~9世紀。吐蕃統治時期寫本。

9.1 正書。

1.1 BD14270號5

1.3 藏文（無量壽宗要經甲本）

1.4 新0470

2.4 本遺書由5個文獻組成，本文獻為第5個，124行。餘參見BD14270號1之第2項。

4.1 Rgya‑gar‑skad‑du'Apar=mita'ayur nama mahayana sutra。（梵語：無量壽宗要經）（首）。Bod_ skad_ du tshe dpag_ du_ myed_ pa zhes_ bya_ ba theg_ pa_ chen_ povi mdo。（藏語：無量壽宗要經）（首）。

4.2 Tshe dpag_ du_ myed_ pa zhes_ bya_ ba theg_ pa_ chen_ povi mdo。（無量壽宗要經）（尾）。

7.1 抄寫者：Khang‑btsan‑bzher.（康讚希）。

8 8~9世紀。吐蕃統治時期寫本。

9.1 正書。

1.1 BD14271號

1.3 藏文（無量壽宗要經甲本）

1.4 新0471

2.1 180×31厘米；4紙；7欄，欄19行，共114行；行約45字母。

2.2 01：45.0，1欄； 02：45.0，2欄； 03：45.0，2欄； 04：45.0，2欄。

2.3 卷軸裝。首尾均全。有護首23.5厘米。卷首、末邊有粘接痕、剪痕。有界欄。

4.1 Rgya‑gar‑skad‑du'Apar=mita'ayur nama mahayana sutra。（梵語：無量壽宗要經）（首）。Bod_ skad_ du tshe dpag_ du_ myed_ pa zhes_ bya_ ba theg_ pa_ chen_ povi mdo。（藏語：

無量壽宗要經）（首）。

4.2 Tshe dpag_ du_ myed_ pa zhes_ bya_ ba theg_ pa_ chen_ povi mdo。（無量壽宗要經）（尾）。

7.1 抄寫者：Dwan‑hing‑dar.（旦恒達）。初校：C=‑king‑zhus.（吉岡）；二校：Leng‑sevu‑yang‑zhus；三校：ngam‑vg=‑Sum‑zhus（安哥）。

8 8~9世紀。吐蕃統治時期寫本。

9.1 正書。

9.2 三次校改。

10 卷首背上方小紙簽上寫"佛西五九"，下方紙簽左邊寫"五九"，"類別8，番號487"。

1.1 BD14272號1

1.3 藏文（無量壽宗要經甲本）

1.4 新0472

2.1 270×31厘米；6紙；12欄，欄19行，共221行；行約45字母。

2.2 01：45.0，2欄； 02：45.0，2欄； 03：45.0，2欄； 04：45.0，2欄； 05：45.0，2欄； 06：45.0，2欄。

2.3 卷軸裝。首尾均全。卷首、末邊有粘接痕。有界欄。

2.4 本遺書包括2個文獻：（一）《無量壽宗要經》（甲本），110行，今編為BD14272號1。（二）《無量壽宗要經》（甲本），111行，今編為BD14272號2。

4.1 Rgya‑gar‑skad‑du'Apar=mita'ayur nama mahayana sutra。（梵語：無量壽宗要經）（首）。Bod_ skad_ du tshe dpag_ du_ myed_ pa zhes_ bya_ ba theg_ pa_ chen_ povi mdo。（藏語：無量壽宗要經）（首）。

4.2 Tshe dpag_ du_ myed_ pa zhes_ bya_ ba theg_ pa_ chen_ povi mdo。（無量壽宗要經）（尾）。

7.1 抄寫者：Bang‑stag‑rma.（邦達瑪）。

8 8~9世紀。吐蕃統治時期寫本。

9.1 正書。

10 卷末背上方小紙簽上寫"佛西六〇"。下方小紙簽左邊寫"六〇"，右邊寫"8、488"。

1.1 BD14272號2

1.3 藏文（無量壽宗要經甲本）

1.4 新0472

2.4 本遺書由2個文獻組成，本文獻為第2個，111行。餘參見BD14272號1之第2項。

4.1 Rgya‑gar‑skad‑du'Apar=mita'ayur nama mahayana sutra。（梵語：無量壽宗要經）（首）。Bod_ skad_ du tshe dpag_ du_ myed_ pa zhes_ bya_ ba theg_ pa_ chen_ povi mdo。（藏語：無量壽宗要經）（首）。

4.2 Tshe dpag_ du_ myed_ pa zhes_ bya_ ba theg_ pa_ chen_ povi mdo。（無量壽宗要經）（尾）。

7.1 抄寫者：Bang‑stag‑rma.（邦達瑪）。

10　卷首背上方小紙簽上寫"佛西五五",下方小紙簽左邊寫"五五",右邊寫"8、483"。

1.1　BD14268號
1.3　藏文（無量壽宗要經乙本）
1.4　新0468
2.1　135×31厘米；3紙；6欄,欄20行,共112行；行約45字母。
2.2　01：45.0,2欄；　02：45.0,2欄；　03：45.0,2欄。
2.3　卷軸裝。首尾均全。卷首邊有粘接痕。有界欄。
4.1　Rgya – gar – skad – du'Apar = mita'ayur nama mahayana sutra。（梵語：無量壽宗要經）（首）。Bod_ skad_ du tshe dpag_ du_ myed_ pa zhes_ bya_ ba theg_ pa_ chen_ povi mdo。（藏語：無量壽宗要經）（首）。
4.2　Tshe dpag_ du_ myed_ pa zhes_ bya_ ba theg_ pa_ chen_ povi mdo。（無量壽宗要經）（尾）。
7.1　抄寫者：Khang – tig – tig.（康弟弟）。
8　8~9世紀。吐蕃統治時期寫本。
9.1　正書。
10　卷末背上方小紙簽上寫"佛西五六",下方小紙簽左邊寫"五六",右邊寫"8、484"。

1.1　BD14269號
1.3　藏文（無量壽宗要經甲本）
1.4　新0469
2.1　135×31厘米；3紙；6欄,欄19行,共113行；行約45字母。
2.2　01：45.0,2欄；　02：45.0,2欄；　03：45.0,2欄。
2.3　卷軸裝。首尾均全。卷首、末邊有粘接痕。有界欄。
4.1　Rgya – gar – skad – du'Apar = mita'ayur nama mahayana sutra。（梵語：無量壽宗要經）（首）。Bod_ skad_ du tshe dpag_ du_ myed_ pa zhes_ bya_ ba theg_ pa_ chen_ povi mdo。（藏語：無量壽宗要經）（首）。
4.2　Tshe dpag_ du_ myed_ pa zhes_ bya_ ba theg_ pa_ chen_ povi mdo。（無量壽宗要經）（尾）。
7.1　抄寫者：Mtshams – lha – rton.（倉拉墩）。
8　8~9世紀。吐蕃統治時期寫本。
9.1　正書。
10　卷背下方小紙簽左邊寫"佛西",右邊寫"8、485"。

1.1　BD14270號1
1.3　藏文（無量壽宗要經甲本）
1.4　新0470
2.1　675×31厘米；15紙；30欄,欄21行,共642行；行約45字母。
2.2　01：45.0,2欄；　02：45.0,2欄；　03：45.0,2欄；
　　04：45.0,2欄；　05：45.0,2欄；　06：45.0,2欄；
　　07：45.0,2欄；　08：45.0,2欄；　09：45.0,2欄；
　　10：45.0,2欄；　11：45.0,2欄；　12：45.0,2欄；
　　13：45.0,2欄；　14：45.0,2欄；　15：45.0,2欄。
2.3　卷軸裝。首尾均全。卷首邊有粘接痕。有界欄。
2.4　本遺書包括5個文獻：（一）《無量壽宗要經》（甲本），125行,今編為BD14270號1。（二）《無量壽宗要經》（甲本），124行,今編為BD14270號2。（三）《無量壽宗要經》（甲本），126行,今編為BD14270號3。（四）《無量壽宗要經》（甲本），124行,今編為BD14270號4。（五）《無量壽宗要經》（甲本），124行,今編為BD14270號5。
4.1　Rgya – gar – skad – du'Apar = mita'ayur nama mahayana sutra。（梵語：無量壽宗要經）（首）。Bod_ skad_ du tshe dpag_ du_ myed_ pa zhes_ bya_ ba theg_ pa_ chen_ povi mdo。（藏語：無量壽宗要經）（首）。
4.2　Tshe dpag_ du_ myed_ pa zhes_ bya_ ba theg_ pa_ chen_ povi mdo。（無量壽宗要經）（尾）。
7.1　抄寫者：Khang – btsan – bzher.（康讚希）。
8　8~9世紀。吐蕃統治時期寫本。
9.1　正書。
10　卷末背上方小紙簽上寫"佛西五八"。下方小紙簽左邊寫"五八",右邊寫"8、486"。

1.1　BD14270號2
1.3　藏文（無量壽宗要經甲本）
1.4　新0470
2.4　本遺書由5個文獻組成,本文獻為第2個,124行。餘參見BD14270號1之第2項。
4.1　Rgya – gar – skad – du'Apar = mita'ayur nama mahayana sutra。（梵語：無量壽宗要經）（首）。Bod_ skad_ du tshe dpag_ du_ myed_ pa zhes_ bya_ ba theg_ pa_ chen_ povi mdo。（藏語：無量壽宗要經）（首）。
4.2　Tshe dpag_ du_ myed_ pa zhes_ bya_ ba theg_ pa_ chen_ povi mdo。（無量壽宗要經）（尾）。
7.1　抄寫者：Khang – btsan – bzher.（康讚希）。
8　8~9世紀。吐蕃統治時期寫本。
9.1　正書。

1.1　BD14270號3
1.3　藏文（無量壽宗要經甲本）
1.4　新0470
2.4　本遺書由5個文獻組成,本文獻為第3個,126行。餘參見BD14270號1之第2項。
4.1　Rgya – gar – skad – du'Apar = mita'ayur nama mahayana sutra。（梵語：無量壽宗要經）（首）。Bod_ skad_ du tshe dpag_ du_ myed_ pa zhes_ bya_ ba theg_ pa_ chen_ povi mdo。（藏語：無量壽宗要經）（首）。
4.2　Tshe dpag_ du_ myed_ pa zhes_ bya_ ba theg_ pa_ chen_

1.4　新 0463

2.1　135×31 厘米；3 紙；5 欄，欄 20 行，共 101 行；行約 45 字母。

2.2　01：45.0，1 欄；　02：45.0，2 欄；　03：45.0，2 欄。

2.3　卷軸裝。首尾均全。卷首邊有粘接痕。有護首 30 釐米，首欄每行 62 字母。有界欄。

4.1　Rgya – gar – skad – du 'Apar = mita' ayur nama mahayana sutra。（梵語：無量壽宗要經）（首）。Bod_ skad_ du tshe dpag_ du_ myed_ pa zhes_ bya_ ba theg_ pa_ chen_ povi mdo。（藏語：無量壽宗要經）（首）。

4.2　Tshe dpag_ du_ myed_ pa zhes_ bya_ ba theg_ pa_ chen_ povi mdo。（無量壽宗要經）（尾）。

7.1　抄寫者：Cang – stag – bris.（姜達）。初校：Cang – chos – btan（姜确旦）；ci – keng（吉康）再校；三校：Sh = n – dar.（恒達）。卷背有勘記"宗"。

8　8～9 世紀。吐蕃統治時期寫本。

9.1　正書。

10　卷末背上方紙簽。下方紙簽左邊寫"五一"，"類別 8，番號 479"。

1.1　BD14264 號

1.3　藏文（無量壽宗要經乙本）

1.4　新 0464

2.1　135×31 厘米；3 紙；6 欄，欄 19 行，共 114 行；行約 45 字母。

2.2　01：45.0，2 欄；　02：45.0，2 欄；　03：45.0，2 欄。

2.3　卷軸裝。首尾均全。卷首、末邊有粘接痕。有界欄。

4.1　Rgya – gar – skad – du 'Apar = mita' ayur nama mahayana sutra。（梵語：無量壽宗要經）（首）。Bod_ skad_ du tshe dpag_ du_ myed_ pa zhes_ bya_ ba theg_ pa_ chen_ povi mdo。（藏語：無量壽宗要經）（首）。

4.2　Tshe dpag_ du_ myed_ pa zhes_ bya_ ba theg_ pa_ chen_ povi mdo。（無量壽宗要經）（尾）。

7.1　抄寫者：Cang – stag – skyes.（姜達杰）。

8　8～9 世紀。吐蕃統治時期寫本。

9.1　正書。

10　卷首背上方小紙簽上寫"佛西五二"，下方小紙簽左邊寫"五二"，右邊寫"8、480"。

1.1　BD14265 號

1.3　藏文（無量壽宗要經甲本）

1.4　新 0465

2.1　135×31 厘米；3 紙；6 欄，欄 19 行，共 113 行；行約 45 字母。

2.2　01：45.0，2 欄；　02：45.0，2 欄；　03：45.0，2 欄。

2.3　卷軸裝。首尾均全。卷首、末邊有粘接痕。有界欄。

4.1　Rgya – gar – skad – du 'Apar = mita' ayur nama mahayana sutra。（梵語：無量壽宗要經）（首）。Bod_ skad_ du tshe dpag_ du_ myed_ pa zhes_ bya_ ba theg_ pa_ chen_ povi mdo。（藏語：無量壽宗要經）（首）。

4.2　Tshe dpag_ du_ myed_ pa zhes_ bya_ ba theg_ pa_ chen_ povi mdo。（無量壽宗要經）（尾）。

7.1　抄寫者：Se – thong – pa.（思通巴）。

8　8～9 世紀。吐蕃統治時期寫本。

9.1　正書。

10　卷末背上方小紙簽上寫"佛西五三"，下方小紙簽左邊寫"五三"，右邊寫"8、481"。

1.1　BD14266 號

1.3　藏文（無量壽宗要經甲本）

1.4　新 0466

2.1　13.5×31 厘米；3 紙；6 欄，欄 20 行，共 110 行；行約 45 字母。

2.2　01：45.0，2 欄；　02：45.0，2 欄；　03：45.0，2 欄。

2.3　卷軸裝。首尾均全。卷首、末邊有粘接痕。有界欄。

4.1　Rgya – gar – skad – du 'Apar = mita' ayur nama mahayana sutra。（梵語：無量壽宗要經）（首）。Bod_ skad_ du tshe dpag_ du_ myed_ pa zhes_ bya_ ba theg_ pa_ chen_ povi mdo。（藏語：無量壽宗要經）（首）。

4.2　Tshe dpag_ du_ myed_ pa zhes_ bya_ ba theg_ pa_ chen_ povi mdo。（無量壽宗要經）（尾）。

7.1　抄寫者：L = – stag – snang.（李達囊）。

8　8～9 世紀。吐蕃統治時期寫本。

9.1　正書。

10　卷背下方小紙簽左邊寫"五四"，右邊寫"8、482"。

1.1　BD14267 號

1.3　藏文（無量壽宗要經甲本）

1.4　新 0467

2.1　135×31 厘米；3 紙；6 欄，欄 19 行，共 114 行；行約 45 字母。

2.2　01：45.0，2 欄；　02：45.0，2 欄；　03：45.0，2 欄。

2.3　卷軸裝。首尾均全。卷首、末邊有粘接痕。紙上有污點。有界欄。

4.1　Rgya – gar – skad – du 'Apar = mita' ayur nama mahayana sutra。（梵語：無量壽宗要經）（首）。Bod_ skad_ du tshe dpag_ du_ myed_ pa zhes_ bya_ ba theg_ pa_ chen_ povi mdo。（藏語：無量壽宗要經）（首）。

4.2　Tshe dpag_ du_ myed_ pa zhes_ bya_ ba theg_ pa_ chen_ povi mdo。（無量壽宗要經）（尾）。

7.1　抄寫者：Snyo – snya – gzigs.（虐尼思）。

8　8～9 世紀。吐蕃統治時期寫本。

9.1　正書。

9.2　有加行。

无量壽宗要經）（首）。

4.2 Tshe dpag_ du_ myed_ pa zhes_ bya_ ba theg_ pa_ chen_ povi mdo。（無量壽宗要經）（尾）。

7.1 抄寫者：Stag‐slebs.（達拉）。

8 8~9世紀。吐蕃統治時期寫本。

9.1 正書。

1.1 BD14260號3
1.3 藏文（無量壽宗要經甲本）
1.4 新0460
2.4 本遺書由5個文獻組成，本文獻為第3個，113行。餘參見BD14260號1之第2項。
4.1 Rgya‐gar‐skad‐du'Apar=mita'ayur nama mahayana sutra。（梵語：無量壽宗要經）（首）Bod_ skad_ du tshe dpag_ du_ myed_ pa zhes_ bya_ ba theg_ pa_ chen_ povi mdo。（藏語：無量壽宗要經）（首）。
4.2 Tshe dpag_ du_ myed_ pa zhes_ bya_ ba theg_ pa_ chen_ povi mdo。（無量壽宗要經）（尾）。
7.1 抄寫者：Stag‐slebs.（達拉）。
8 8~9世紀。吐蕃統治時期寫本。
9.1 正書。

1.1 BD14260號4
1.3 藏文（無量壽宗要經甲本）
1.4 新0460
2.4 本遺書由5個文獻組成，本文獻為第4個，107行。餘參見BD14260號1之第2項。
4.1 Rgya‐gar‐skad‐du'Apar=mita'ayur nama mahayana sutra。（梵語：無量壽宗要經）（首）Bod_ skad_ du tshe dpag_ du_ myed_ pa zhes_ bya_ ba theg_ pa_ chen_ povi mdo。（藏語：無量壽宗要經）（首）。
4.2 Tshe dpag_ du_ myed_ pa zhes_ bya_ ba theg_ pa_ chen_ povi mdo。（無量壽宗要經）（尾）。
7.1 抄寫者：Stag‐slebs.（達拉）。
8 8~9世紀。吐蕃統治時期寫本。
9.1 正書。

1.1 BD14260號5
1.3 藏文（無量壽宗要經甲本）
1.4 新0460
2.4 本遺書由5個文獻組成，本文獻為第5個，110行。餘參見BD14260號1之第2項。
4.1 Rgya‐gar‐skad‐du'Apar=mita'ayur nama mahayana sutra。（梵語：無量壽宗要經）（首）Bod_ skad_ du tshe dpag_ du_ myed_ pa zhes_ bya_ ba theg_ pa_ chen_ povi mdo。（藏語：無量壽宗要經）（首）。
4.2 Tshe dpag_ du_ myed_ pa zhes_ bya_ ba theg_ pa_ chen_ povi mdo。（無量壽宗要經）（尾）。

7.1 抄寫者：Ha‐stag‐slebs.（達拉）。（第一、二字之間上方有一"×"符號。）
8 8~9世紀。吐蕃統治時期寫本。
9.1 正書。

1.1 BD14261號
1.3 藏文（無量壽宗要經甲本）
1.4 新0461
2.1 135×31厘米；3紙；6欄，欄19行，共107行；行約45字母。
2.2 01：45.0，2欄； 02：45.0，2欄； 03：45.0，2欄。
2.3 卷軸裝。首尾均全。卷首、末邊有粘接痕。第3欄倒數2行末字殘。有界欄。
4.1 Rgya‐gar‐skad‐du'Apar=mita'ayur nama mahayana sutra。（梵語：無量壽宗要經）（首）Bod_ skad_ du tshe dpag_ du_ myed_ pa zhes_ bya_ ba theg_ pa_ chen_ povi mdo。（藏語：無量壽宗要經）（首）。
4.2 Tshe dpag_ du_ myed_ pa zhes_ bya_ ba theg_ pa_ chen_ povi mdo。（無量壽宗要經）（尾）。
7.1 抄寫者：Cang‐'ai‐tshe.（姜俄才）。
8 8~9世紀。吐蕃統治時期寫本。
9.1 正書。
10 卷首背上方小紙簽寫"佛西四九"，下方小紙簽左邊寫"四九"，右邊寫"8、477"。
13

1.1 BD14262號
1.3 藏文（無量壽宗要經甲本）
1.4 新0462
2.1 135×31厘米；3紙；6欄，欄19行，共114行；行約45字母。
2.2 01：45.0，2欄； 02：45.0，2欄； 03：45.0，2欄。
2.3 卷軸裝。首尾均全。卷首、末邊有粘接痕。有界欄。
4.1 Rgya‐gar‐skad‐du'Apar=mita'ayur nama mahayana sutra。（梵語：無量壽宗要經）（首）Bod_ skad_ du tshe dpag_ du_ myed_ pa zhes_ bya_ ba theg_ pa_ chen_ povi mdo。（藏語：無量壽宗要經）（首）。
4.2 Tshe dpag_ du_ myed_ pa zhes_ bya_ ba theg_ pa_ chen_ povi mdo。（無量壽宗要經）（尾）。
7.1 抄寫者：Stag‐skyes‐gi‐bris.（達杰）。
8 8~9世紀。吐蕃統治時期寫本。
9.1 正書。
10 卷背下方小紙簽左邊寫"五〇"，右邊寫"8，478"。

1.1 BD14263號
1.3 藏文（無量壽宗要經甲本）

2.2　01：46.0，1欄；　　02：46.0，2欄；　　03：46.0，2欄。
2.3　卷軸裝。首尾均全。有護首，首紙一欄。卷首末邊有粘接痕。卷背面劃有豎道界欄。有界欄。
4.1　Rgya－gar－skad－du'Apar＝mita'ayur nama mahayana sutra。（梵語：無量壽宗要經）（首）。Bod＿skad＿du tshe dpag＿du＿myed＿pa zhes＿bya＿ba theg＿pa chen＿povi mdo。（藏語：無量壽宗要經）（首）。
4.2　Tshe dpag＿du＿myed＿pa zhes＿bya＿ba theg＿pa chen＿povi mdo。（無量壽宗要經）（尾）。
7.1　抄寫者：Cang－legs－rtsan－gyi－bris.（姜拉讚）。初校：Shin－dar－zhus（恒達）；再校：Sgron－ma－yang－zhus.（卓瑪）；三校：Leng－chevu－sum－zhus（朗覺）。
8　　8～9世紀。吐蕃統治時期寫本。
9.1　正書。
10　卷末背面用鉛筆豎寫漢字"四尺四寸五分"。卷末背下方小紙簽左邊寫"佛西四六"，右邊寫"8，474"。

1.1　BD14259號1
1.3　藏文（無量壽宗要經甲本）
1.4　新0459
2.1　270×31厘米；6紙；12欄，欄19行，共225行；行約45字母。
2.2　01：45.0，2欄；　　02：45.0，2欄；　　03：45.0，2欄；
　　　04：45.0，2欄；　　05：45.0，2欄；　　06：45.0，2欄。
2.3　卷軸裝。首尾均全。卷首、尾邊有粘接痕。有界欄。
2.4　本遺書包括2個文獻：（一）《無量壽宗要經》（甲本），115行，今編為BD14259號1。（二）《無量壽宗要經》（甲本），110行，今編為BD14259號2。
4.1　Rgya－gar－skad－du'Apar＝mita'ayur nama mahayana sutra。（梵語：無量壽宗要經）（首）。Bod＿skad＿du tshe dpag＿du＿myed＿pa zhes＿bya＿ba theg＿pa chen＿povi mdo。（藏語：無量壽宗要經）（首）。
4.2　Tshe dpag＿du＿myed＿pa zhes＿bya＿ba theg＿pa chen＿povi mdo。（無量壽宗要經）（尾）。
7.1　抄寫者：Skyo－brtan－legs.（覺旦拉）。
8　　8～9世紀。吐蕃統治時期寫本。
9.1　正書。
10　卷末背下方小紙簽左邊寫"佛西四七"，右邊寫"8，475"。

1.1　BD14259號2
1.3　藏文（無量壽宗要經甲本）
1.4　新0459
2.4　本遺書由2個文獻組成，本文獻為第2個，110行。餘參見BD14259號1之第2項。
4.1　Rgya－gar－skad－du'Apar＝mita'ayur nama mahayana sutra。（梵語：無量壽宗要經）（首）。Bod＿skad＿du tshe dpag＿du＿myed＿pa zhes＿bya＿ba theg＿pa chen＿povi mdo。（藏語：無量壽宗要經）（首）。
4.2　Tshe dpag＿du＿myed＿pa zhes＿bya＿ba theg＿pa chen＿povi mdo。（無量壽宗要經）（尾）。
7.1　抄寫者：Skyo－brtan－legs.（覺旦拉）。
8　　8～9世紀。吐蕃統治時期寫本。
9.1　正書。

1.1　BD14260號1
1.3　藏文（無量壽宗要經甲本）
1.4　新0460
2.1　675×31厘米；15紙；30欄，欄19行，共547行；行45字母。
2.2　01：45.0，2欄；　02：45.0，2欄；　03：45.0，2欄；
　　　04：45.0，2欄；　05：45.0，2欄；　06：45.0，2欄；
　　　07：45.0，2欄；　08：45.0，2欄；　09：45.0，2欄；
　　　10：45.0，2欄；　11：45.0，2欄；　12：45.0，2欄；
　　　13：45.0，2欄；　14：45.0，2欄；　15：45.0，2欄。
2.3　卷軸裝。首尾均全。卷首、末邊有粘接痕。第3欄、第4欄中上有殘破、裂縫。有界欄。
2.4　本遺書包括5個文獻：（一）《無量壽宗要經》（甲本），108行，今編為BD14260號1。（二）《無量壽宗要經》（甲本），109行，今編為BD14260號2。（三）《無量壽宗要經》（甲本），113行，今編為BD14260號3。（四）《無量壽宗要經》（甲本），107行，今編為BD14260號4。（五）《無量壽宗要經》（甲本），110行，今編為BD14260號5。
4.1　Rgya－gar－skad－du'Apar＝mita'ayur nama mahayana sutra。（梵語：無量壽宗要經）（首）。Bod＿skad＿du tshe dpag＿du＿myed＿pa zhes＿bya＿ba theg＿pa chen＿povi mdo。（藏語：無量壽宗要經）（首）。
4.2　Tshe dpag＿du＿myed＿pa zhes＿bya＿ba theg＿pa chen＿povi mdo。（無量壽宗要經）（尾）。
7.1　抄寫者：Stag－slebs.（達拉）。
8　　8～9世紀。吐蕃統治時期寫本。
9.1　正書。
10　卷末背鈐有深紫色長方形印章，"圖書館臺帳登錄番號787"。卷末背上方小紙簽上寫"佛西四八"，下方小紙簽左邊"四八"，右邊寫"8，476"。

1.1　BD14260號2
1.3　藏文（無量壽宗要經甲本）
1.4　新0460
2.4　本遺書由5個文獻組成，本文獻為第2個，109行。餘參見BD14260號1之第2項。
4.1　Rgya－gar－skad－du'Apar＝mita'ayur nama mahayana sutra。（梵語：無量壽宗要經）（首）。Bod＿skad＿du tshe dpag＿du＿myed＿pa zhes＿bya＿ba theg＿pa chen＿povi mdo。（藏語：

紙第1欄第1行、第16行。
7.1 抄寫者：Brtan‐legs.（旦拉）。
8 8～9世紀。吐蕃統治時期寫本。
9.1 正書。
10 紙末背紙簽寫"四二"，"類別8，番號470"。

1.1 BD14254號2
1.3 藏文（無量壽宗要經甲本）
1.4 新0454
2.4 本遺書由2個文獻組成，本文獻為第2個，110行。餘參見BD14254號1之第2項。
4.1 Tshe dpag_ du_ myed_ pa zhes_ bya_ ba theg_ pa_ chen_ povi mdo。（無量壽宗要經）（首）。
4.2 Tshe dpag_ du_ myed_ pa zhes_ bya_ ba theg_ pa_ chen_ povi mdo。（無量壽宗要經）（尾）。
7.1 抄寫者：Brtan‐legs.（旦拉）。
8 8～9世紀。吐蕃統治時期寫本。
9.1 正書。

1.1 BD14255號
1.3 藏文（無量壽宗要經乙本）
1.4 新0455
2.1 135×31厘米；3紙；6欄，欄19行，共105行；行約45字母。
2.2 01：45.0，2欄； 02：45.0，2欄； 03：45.0，2欄。
2.3 卷軸裝。首尾均全。紙末邊有粘接痕。有界欄。
4.1 Rgya‐gar‐skad‐du'Apar=mita'ayur nama mahayana sutra。（梵語：無量壽宗要經）（首）。Bod_ skad_ du tshe dpag_ du_ myed_ pa zhes_ bya_ ba theg_ pa_ chen_ povi mdo。（藏語：無量壽宗要經）（首）。
4.2 Tshe dpag_ du_ myed_ pa zhes_ bya_ ba theg_ pa_ chen_ povi mdo。（無量壽宗要經）（尾）。
7.1 抄寫者：Jang‐Sevu‐hwan（姜歲安）。shin‐dar‐zhus（恒達）初校；Sgron‐ma‐yang‐zhus（卓瑪）再校；chos‐brtan‐sum‐zhu（确旦）三校。
7.3 卷尾有雜寫：na‐mo‐'a‐my=‐da‐phur.（南無阿彌陀佛）。Lhag‐chen‐ni‐ma‐mchis‐sho（于大無）。'A‐myi‐ta‐phur（阿彌陀佛）。
8 8～9世紀。吐蕃統治時期寫本。
9.1 正書。
10 紙末背上方小紙簽寫"佛西四三"。下方紙簽右邊寫"8"，"471"。朱筆三校。

1.1 BD14256號
1.3 藏文（無量壽宗要經乙本）
1.4 新0456
2.1 135×31厘米；3紙；6欄，欄19行，共107行；行約45字母。
2.2 01：45.0，2欄； 02：45.0，2欄； 03：45.0，2欄。
2.3 卷軸裝。首尾均全。首欄下中有殘破，前五欄中有多處污點。卷首、末尾邊有粘接痕。有界欄。
4.1 Rgya‐gar‐skad‐du'Apar=mita'ayur nama mahayana sutra。（梵語：無量壽宗要經）（首）。Bod_ skad_ du tshe dpag_ du_ myed_ pa zhes_ bya_ ba theg_ pa_ chen_ povi mdo。（藏語：無量壽宗要經）（首）。
4.2 Tshe dpag_ du_ myed_ pa zhes_ bya_ ba theg_ pa_ chen_ povi mdo。（無量壽宗要經）（尾）。
7.1 抄寫者：Lha‐lod.（拉魯）。C=‐keng‐dang‐zhus.（積廣達）初校；leng‐sevu‐yang‐zhus.（涼蘇）再校；dam‐vg=‐sum‐zhus‐sho.（丹哥）三校。
8 8～9世紀。吐蕃統治時期寫本。
9.1 正書。
9.2 硃筆三校。
10 卷末背上方小紙簽左邊寫"四四"。右邊寫"8，472"。

1.1 BD14257號
1.3 藏文（無量壽宗要經乙本）
1.4 新0457
2.1 180×31厘米；4紙；8欄，欄19行，共134行；行約45字母。
2.2 01：45.0，2欄； 02：45.0，2欄； 03：45.0，2欄； 04：45.0，2欄。
2.3 卷軸裝。首尾均全。紙末邊有粘接痕。有界欄。
4.1 Rgya‐gar‐skad‐du'Apar=mita'ayur nama mahayana sutra。（梵語：無量壽宗要經）（首）。Bod_ skad_ du tshe dpag_ du_ myed_ pa zhes_ bya_ ba theg_ pa_ chen_ povi mdo。（藏語：無量壽宗要經）（首）。
4.2 Tshe dpag_ du_ myed_ pa zhes_ bya_ ba theg_ pa_ chen_ povi mdo。（無量壽宗要經）（尾）。
7.1 抄寫者：Jeng‐zhun‐zhun.（姜新新）。初校：Leng‐cevu‐zhuso.（朗覺）；再校：Sgron‐ma‐yang‐zhus.（卓瑪）；三校：Sh=n‐dar‐sum‐zhus.（恒達）。
7.3 卷首背雜寫"Lha"（神）。
8 8～9世紀。吐蕃統治時期寫本。
9.1 正書。
9.2 三次校改。
10 卷末背上方小紙簽上寫"佛西四五"，下方小紙簽左邊寫"四五"，右邊寫"8、473"。

1.1 BD14258號
1.3 藏文（無量壽宗要經乙本）
1.4 新0458
2.1 138×27.5厘米；3紙；5欄，欄18行，共107行；行約45字母。

113行，今編為BD14251號1。（二）《無量壽宗要經》（甲本），113行，今編為BD14251號2。（三）《無量壽宗要經》（甲本），116行，今編為BD14251號3。

4.1 Tshe dpag_ du_ myed_ pa zhes_ bya_ ba theg_ pa_ chen_ povi mdo。（無量壽宗要經）（首）。

4.2 Tshe dpag_ du_ myed_ pa zhes_ bya_ ba theg_ pa_ chen_ povi mdo。（無量壽宗要經）（尾）。

7.1 抄寫者：Khang‒tig‒tig.（康弟弟）。

8　8～9世紀。吐蕃統治時期寫本。

9.1 正書。

1.1 BD14251號2
1.3 藏文（無量壽宗要經甲本）
1.4 新0451
2.4 本遺書由3個文獻組成，本文獻為第2個，113行。餘參見BD14251號1之第2項。
4.1 Tshe dpag_ du_ myed_ pa zhes_ bya_ ba theg_ pa_ chen_ povi mdo。（無量壽宗要經）（首）。
4.2 Tshe dpag_ du_ myed_ pa zhes_ bya_ ba theg_ pa_ chen_ povi mdo。（無量壽宗要經）（尾）。
7.1 抄寫者：Khang‒tig‒tig.（康弟弟）。
8　8～9世紀。吐蕃統治時期寫本。
9.1 正書。

1.1 BD14251號3
1.3 藏文（無量壽宗要經甲本）
1.4 新0451
2.4 本遺書由3個文獻組成，本文獻為第3個，116行。餘參見BD14251號1之第2項。
4.1 Tshe dpag_ du_ myed_ pa zhes_ bya_ ba theg_ pa_ chen_ povi mdo。（無量壽宗要經）（首）。
4.2 Tshe dpag_ du_ myed_ pa zhes_ bya_ ba theg_ pa_ chen_ povi mdo。（無量壽宗要經）（尾）。
7.1 抄寫者：Khang‒tig‒tig.（康弟弟）。
8　8～9世紀。吐蕃統治時期寫本。
9.1 正書。

1.1 BD14252號
1.3 藏文（無量壽宗要經甲本）
1.4 新0452
2.1 135×31厘米；3紙；6欄，欄19行，共115行；每行約45字母。
2.2 01：45.0, 2欄；　02：45.0, 2欄；　03：45.0, 2欄。
2.3 卷軸裝。首尾均全。卷首、尾邊有粘接痕。有界欄。
4.1 Rgya‒gar‒skad‒du' Apar=mita' ayur nama mahayana sutra。（梵語：無量壽宗要經）（首）。Bod_ skad_ du tshe dpag_ du_ myed_ pa zhes_ bya_ ba theg_ pa_ chen_ povi mdo。（藏語：無量壽宗要經）（首）。

4.2 Tshe dpag_ du_ myed_ pa zhes_ bya_ ba theg_ pa_ chen_ povi mdo。（無量壽宗要經）（尾）。
7.1 抄寫者：Mtshams‒lha‒rdon.（倉拉東）。
8　8～9世紀。吐蕃統治時期寫本。
9.1 正書。
10　卷首背上方紙簽寫"佛西四〇"。下方紙簽寫"四〇"，"類別8，番號468"。

1.1 BD14253號
1.3 藏文（無量壽宗要經甲本）
1.4 新0453
2.1 135×31厘米；3紙；6欄，欄19行，共111行；每行約45字母。
2.2 01：45.0, 2欄；　02：45.0, 2欄；　03：45.0, 2欄。
2.3 卷軸裝。首尾均全。卷首、尾邊有粘接痕。有界欄。
4.1 Rgya‒gar‒skad‒du' Apar=mita' ayur nama mahayana sutra。（梵語：無量壽宗要經）（首）。Bod_ skad_ du tshe dpag_ du_ myed_ pa zhes_ bya_ ba theg_ pa_ chen_ povi mdo。（藏語：無量壽宗要經）（首）。
4.2 Tshe dpag_ du_ myed_ pa zhes_ bya_ ba theg_ pa_ chen_ povi mdo。（無量壽宗要經）（尾）。
7.1 抄寫者：Se‒thong‒pa.（思通巴）。
8　8～9世紀。吐蕃統治時期寫本。
9.1 正書。
10　卷末背上方紙簽寫"佛西四一"。下方紙簽寫"四一"，"類別8，番號469"。

1.1 BD14254號1
1.3 藏文（無量壽宗要經甲本）
1.4 新0454
2.1 270×31厘米；6紙；12欄，欄19行，共221行；行45字母。
2.2 01：45.0, 2欄；　02：45.0, 2欄；　03：45.0, 2欄；
　　04：45.0, 2欄；　05：45.0, 2欄；　06：45.0, 2欄。
2.3 卷軸裝。首尾均全。卷首、尾邊有粘接痕，第2紙中上邊有殘損，紙末下邊有縫。有界欄。
2.4 本遺書包括2個文獻：（一）《無量壽宗要經》（甲本），111行，今編為BD14254號1。（二）《無量壽宗要經》（甲本），110行，今編為BD14254號2。
4.1 Rgya‒gar‒skad‒du' Apar=mita' ayur nama mahayana sutra。（梵語：無量壽宗要經）（首）。Bod_ skad_ du tshe dpag_ du_ myed_ pa zhes_ bya_ ba theg_ pa_ chen_ povi mdo。（藏語：無量壽宗要經）（首）。
4.2 Tshe dpag_ du_ myed_ pa zhes_ bya_ ba theg_ pa_ chen_ povi mdo。（無量壽宗要經）（尾）。
5　第2紙第一、二欄中殘缺8個字母，相當於BD14230號第2

2.3 卷軸裝。首尾均全。紙尾邊有粘接痕，紙尾中下部有兩個小破洞。有界欄。

2.4 本遺書包括3個文獻：（一）《無量壽宗要經》（甲本），116行，今編為BD14248號1。（二）《無量壽宗要經》（甲本），115行，今編為BD14248號2。（三）《無量壽宗要經》（甲本），80行，今編為BD14248號3。

3.4 說明：

本文獻首全，尾部經文不全，參見BD14250號第4欄，19行至末行，缺36行。

4.1 Rgya–gar–skad–du'Apar=mita'ayur nama mahayana sutra。（梵語：無量壽宗要經）（首）。Bod_ skad_ du tshe dpag_ du_ myed_ pa zhes_ bya_ ba theg_ pa_ chen_ povi mdo。（藏語：無量壽宗要經）（首）。

4.2 Tshe dpag_ du_ myed_ pa zhes_ bya_ ba theg_ pa_ chen_ povi mdo。（無量壽宗要經）（尾）。

7.1 抄寫者：Snyal–stag–snyas.（聶達尼）。

8 8~9世紀。吐蕃統治時期寫本。

9.1 正書。

10 卷末背上方紙簽寫"佛西三六"。下方紙簽寫"三六"，"類別8，番號464。

1.1 BD14248號2

1.3 藏文（無量壽宗要經甲本）

1.4 新0448

2.4 本遺書由3個文獻組成，本文獻為第2個，115行。餘參見BD14248號1之第2項。

4.1 Tshe dpag_ du_ myed_ pa zhes_ bya_ ba theg_ pa_ chen_ povi mdo。（無量壽宗要經）（首）。

4.2 Tshe dpag_ du_ myed_ pa zhes_ bya_ ba theg_ pa_ chen_ povi mdo。（無量壽宗要經）（尾）。

7.1 抄寫者：Snyal–stag–snyas.（聶達尼）。

8 8~9世紀。吐蕃統治時期寫本。

9.1 正書。

1.1 BD14248號3

1.3 藏文（無量壽宗要經甲本）

1.4 新0448

2.4 本遺書由3個文獻組成，本文獻為第3個，80行。餘參見BD14248號1之第2項。

4.1 Tshe dpag_ du_ myed_ pa zhes_ bya_ ba theg_ pa_ chen_ povi mdo。（無量壽宗要經）（首）。

8 8~9世紀。吐蕃統治時期寫本。

9.1 正書。

1.1 BD14249號

1.3 藏文（無量壽宗要經甲本）

1.4 新0449

2.1 135×31厘米；3紙；6欄，欄19行，共114行；行45字母。

2.2 01：45.0，2欄； 02：45.0，2欄； 03：45.0，2欄。

2.3 卷軸裝。首尾均全。紙首、末邊有粘接痕。第2紙第2欄中有刮改處，加行21行。有界欄。

4.1 Rgya–gar–skad–du'Apar=mita'ayur nama mahayana sutra。（梵語：無量壽宗要經）（首）。Bod_ skad_ du tshe dpag_ du_ myed_ pa zhes_ bya_ ba theg_ pa_ chen_ povi mdo。（藏語：無量壽宗要經）（首）。

4.2 Tshe dpag_ du_ myed_ pa zhes_ bya_ ba theg_ pa_ chen_ povi mdo。（無量壽宗要經）（尾）。

7.1 抄寫者：Se–thong–pa.（思通巴）。

8 8~9世紀。吐蕃統治時期寫本。

9.1 正書，有草書意。

10 紙首背上方紙簽寫"佛西三七"。下方紙簽寫"三七"，"類別8，番號465。

1.1 BD14250號

1.3 藏文（無量壽宗要經甲本）

1.4 新0450

2.1 135×31厘米；3紙；6欄，欄20行，共113行；行45字母。

2.2 01：45.0，2欄； 02：45.0，2欄； 03：45.0，2欄。

2.3 卷軸裝。首尾均全。紙首、末邊有粘接痕。有界欄。

4.1 Rgya–gar–skad–du'Apar=mita'ayur nama mahayana sutra。（梵語：無量壽宗要經）（首）。Bod_ skad_ du tshe dpag_ du_ myed_ pa zhes_ bya_ ba theg_ pa_ chen_ povi mdo。（藏語：無量壽宗要經）（首）。

4.2 Tshe dpag_ du_ myed_ pa zhes_ bya_ ba theg_ pa_ chen_ povi mdo。（無量壽宗要經）（尾）。

7.1 抄寫者：Skyo–brtan–legs.（覚旦拉）。

8 8~9世紀。吐蕃統治時期寫本。

9.1 正書。

10 紙首背上方紙簽寫"佛西三八"。下方紙簽寫"三八"，"類別8，番號466。

1.1 BD14251號1

1.3 藏文（無量壽宗要經甲本）

1.4 新0451

2.1 405×31厘米；9紙；18欄，欄19行，共342行；行45字母。

2.2 01：45.0，2欄； 02：45.0，2欄； 03：45.0，2欄； 04：45.0，2欄； 05：45.0，2欄； 06：45.0，2欄； 07：45.0，2欄； 08：45.0，2欄； 09：45.0，2欄。

2.3 卷軸裝。首尾均全。紙首尾邊有粘接痕，首欄中有一破洞。有界欄。

2.4 本遺書包括3個文獻：（一）《無量壽宗要經》（甲本），

4.1　Tshe dpag_ du_ myed_ pa zhes_ bya_ ba theg_ pa_ chen_ povi mdo。（無量壽宗要經）（首）。

4.2　Tshe dpag_ du_ myed_ pa zhes_ bya_ ba theg_ pa_ chen_ povi mdo。（無量壽宗要經）（尾）。

7.1　抄寫者：Cang–snang–legs.（姜那拉）。

8　　8~9世紀。吐蕃統治時期寫本。

9.1　正書。

1.1　BD14245號3

1.3　藏文（無量壽宗要經甲本）

1.4　新0445

2.4　本遺書由5個文獻組成，本文獻為第3個，107行。餘參見BD14245號1之第2項。

4.1　Tshe dpag_ du_ myed_ pa zhes_ bya_ ba theg_ pa_ chen_ povi mdo。（無量壽宗要經）（首）。

4.2　Tshe dpag_ du_ myed_ pa zhes_ bya_ ba theg_ pa_ chen_ povi mdo。（無量壽宗要經）（尾）。

7.1　抄寫者：Cang–snang–legs.（姜那拉）。

8　　8~9世紀。吐蕃統治時期寫本。

9.1　正書。

1.1　BD14245號4

1.3　藏文（無量壽宗要經甲本）

1.4　新0445

2.4　本遺書由5個文獻組成，本文獻為第4個，107行。餘參見BD14245號1之第2項。

4.1　Tshe dpag_ du_ myed_ pa zhes_ bya_ ba theg_ pa_ chen_ povi mdo。（無量壽宗要經）（首）。

4.2　Tshe dpag_ du_ myed_ pa zhes_ bya_ ba theg_ pa_ chen_ povi mdo。（無量壽宗要經）（尾）。

7.1　抄寫者：Cang–snang–legs.（姜那拉）。

8　　8~9世紀。吐蕃統治時期寫本。

9.1　正書。

1.1　BD14245號5

1.3　藏文（無量壽宗要經甲本）

1.4　新0445

2.4　本遺書由5個文獻組成，本文獻為第5個，106行。餘參見BD14245號1之第2項。

4.1　Tshe dpag_ du_ myed_ pa zhes_ bya_ ba theg_ pa_ chen_ povi mdo。（無量壽宗要經）（首）。

4.2　Tshe dpag_ du_ myed_ pa zhes_ bya_ ba theg_ pa_ chen_ povi mdo。（無量壽宗要經）（尾）。

7.1　抄寫者：Cang–snang–legs.（姜那拉）。

8　　8~9世紀。吐蕃統治時期寫本。

9.1　正書。

1.1　BD14246號

1.3　藏文（無量壽宗要經甲本）

1.4　新0446

2.1　135×31厘米；3紙；6欄，欄19行，共117行；行45字母。

2.2　01：45.0，2欄；　02：45.0，2欄；　03：45.0，2欄。

2.3　卷軸裝。首尾均全。紙首、末邊有粘接痕。首紙首欄長17厘米，二欄長22厘米，其餘均長20厘米，末欄22行。紙尾下邊有撕裂縫。有界欄。

4.1　Rgya–gar–skad–du'Apar=mita'ayur nama mahayana sutra。（梵語：無量壽宗要經）（首）。Bod_ skad_ du tshe dpag_ du_ myed_ pa zhes_ bya_ ba theg_ pa_ chen_ povi mdo。（藏語：無量壽宗要經）（首）。

7.1　抄寫者：Se–thong–pa.（思通巴）。

7.3　卷背有藏文雜寫。

8　　8~9世紀。吐蕃統治時期寫本。

9.1　正書。

10　卷末背上方紙簽寫"佛西三四"。下方紙簽寫"三四"，"類別8，番號462"。

1.1　BD14247號

1.3　藏文（無量壽宗要經甲本）

1.4　新0447

2.1　135×31厘米；3紙；6欄，欄20行，共116行；行45字母。

2.2　01：45.0，2欄；　02：45.0，2欄；　03：45.0，2欄。

2.3　卷軸裝。首尾均全。紙首、末邊有粘接痕。有界欄。

4.1　Rgya–gar–skad–du'Apar=mita'ayur nama mahayana sutra。（梵語：無量壽宗要經）（首）。Bod_ skad_ du tshe dpag_ du_ myed_ pa zhes_ bya_ ba theg_ pa_ chen_ povi mdo。（藏語：無量壽宗要經）（首）。

4.2　Tshe dpag_ du_ myed_ pa zhes_ bya_ ba theg_ pa_ chen_ povi mdo。（無量壽宗要經）（尾）。

7.1　抄寫者：Snyal–kha–ba–skyes.（聶卡巴杰）。

8　　8~9世紀。吐蕃統治時期寫本。

9.1　正書。

10　卷末背上方紙簽寫"佛西三五"。下方紙簽寫"三五"，"類別8，番號463"。

1.1　BD14248號1

1.3　藏文（無量壽宗要經甲本）

1.4　新0448

2.1　405×31厘米；8紙；16欄，欄20行，共311行；行45字母。

2.2　01：45.0，2欄；　02：45.0，2欄；　03：45.0，2欄；
　　　04：45.0，2欄；　05：45.0，2欄；　06：45.0，2欄；
　　　07：45.0，2欄；　08：45.0，2欄。

povi mdo。（無量壽宗要經）（尾）。
7.1 抄寫者：Khang‐btsan‐bzher.（康讚希）。
8 8～9世紀。吐蕃統治時期寫本。
9.1 正書。

1.1 BD14243號
1.3 藏文（無量壽宗要經甲本）
1.4 新0443
2.1 135×31厘米；3紙；6欄，欄19行，共115行；行45字母。
2.2 01：45.0，2欄；　02：45.0，2欄；　03：45.0，2欄。
2.3 卷軸裝。首尾均全。紙首、末邊有粘接痕。有界欄。
4.1 Rgya‐gar‐skad‐du' Apar=mita' ayur nama mahayana sutra。（梵語：無量壽宗要經）（首）Bod_ skad_ du tshe dpag_ du_ myed_ pa zhes_ bya_ ba theg_ pa_ chen_ povi mdo。（藏語：無量壽宗要經）（首）。
4.2 Tshe dpag_ du_ myed_ pa' zhes_ bya_ ba theg_ pa_ chen_ povi mdo。（無量壽宗要經）（尾）。
7.1 抄寫者：Se‐thong‐pa.（思通巴）。
8 8～9世紀。吐蕃統治時期寫本。
9.1 正書。
10 卷首背上方紙簽寫"佛西三一"。下方紙簽寫"三一"，"類別8，番號459"。

1.1 BD14244號1
1.3 藏文（無量壽宗要經甲本）
1.4 新0444
2.1 270×31厘米；6紙；12欄，欄19行，共226行；行45字母。
2.2 01：45.0，2欄；　02：45.0，2欄；　03：45.0，2欄；
　　04：45.0，2欄；　05：45.0，2欄；　06：45.0，2欄。
2.3 卷軸裝。首尾均全。紙末邊有粘接痕。有界欄。
2.4 本遺書包括2個文獻：（一）《無量壽宗要經》（甲本），108行，今編為BD14244號1。（二）《無量壽宗要經》（甲本），108行，今編為BD14244號2。
4.1 Rgya‐gar‐skad‐du' Apar=mita' ayur nama mahayana sutra。（梵語：無量壽宗要經）（首）Bod_ skad_ du tshe dpag_ du_ myed_ pa zhes_ bya_ ba theg_ pa_ chen_ povi mdo。（藏語：無量壽宗要經）（首）。
4.2 Tshe dpag_ du_ myed_ pa zhes_ bya_ ba theg_ pa_ chen_ povi mdo。（無量壽宗要經）（尾）。
7.1 抄寫者：Lha‐lod.（拉魯）。
8 8～9世紀。吐蕃統治時期寫本。
9.1 正書。
10 卷首背上方紙簽寫"佛西三二"。下方紙簽寫"三二"，"類別8，番號460"。

1.1 BD14244號2
1.3 藏文（無量壽宗要經甲本）
1.4 新0444
2.4 本遺書由2個文獻組成，本文獻為第2個，108行。餘參見BD14244號1之第2項。
4.1 Tshe dpag_ du_ myed_ pa zhes_ bya_ ba theg_ pa_ chen_ povi mdo。（無量壽宗要經）（首）。
4.2 Tshe dpag_ du_ myed_ pa zhes_ bya_ ba theg_ pa_ chen_ povi mdo。（無量壽宗要經）（尾）。
7.1 抄寫者：Lha‐lod.（拉魯）。
8 8～9世紀。吐蕃統治時期寫本。
9.1 正書。

1.1 BD14245號1
1.3 藏文（無量壽宗要經甲本）
1.4 新0445
2.1 675×31厘米；15紙；30欄，欄19行，共514行；行45字母。
2.2 01：45.0，2欄；　02：45.0，2欄；　03：45.0，2欄；
　　04：45.0，2欄；　05：45.0，2欄；　06：45.0，2欄；
　　07：45.0，2欄；　08：45.0，2欄；　09：45.0，2欄；
　　10：45.0，2欄；　11：45.0，2欄；　12：45.0，2欄；
　　13：45.0，2欄；　14：45.0，2欄；　15：45.0，2欄。
2.3 卷軸裝。首尾均全。紙首、尾邊有粘接痕。有界欄。
2.4 本遺書包括5個文獻：（一）《無量壽宗要經》（甲本），103行，今編為BD14245號1。（二）《無量壽宗要經》（甲本），105行，今編為BD14245號2。（三）《無量壽宗要經》（甲本），107行，今編為BD14245號3。（四）《無量壽宗要經》（甲本），107行，今編為BD14245號4。（五）《無量壽宗要經》（甲本），106行，今編為BD14245號5。
4.1 Rgya‐gar‐skad‐du' Apar=mita' ayur nama mahayana sutra。（梵語：無量壽宗要經）（首）Bod_ skad_ du tshe dpag_ du_ myed_ pa zhes_ bya_ ba theg_ pa_ chen_ povi mdo。（藏語：無量壽宗要經）（首）。
4.2 Tshe dpag_ du_ myed_ pa zhes_ bya_ ba theg_ pa_ chen_ povi mdo。（無量壽宗要經）（尾）。
7.1 抄寫者：Cang‐snang‐legs.（姜那拉）。
8 8～9世紀。吐蕃統治時期寫本。
9.1 正書。
10 卷首背上方紙簽寫"佛西三三"。下方紙簽寫"三三"，"類別8，番號461"。

1.1 BD14245號2
1.3 藏文（無量壽宗要經甲本）
1.4 新0445
2.4 本遺書由5個文獻組成，本文獻為第2個，105行。餘參見BD14245號1之第2項。

1.3 藏文（無量壽宗要經乙本）
1.4 新0439
2.1 135×31厘米；3紙；5欄，欄20行，共90行；行45字母。
2.2 01：45.0，1欄；　02：45.0，2欄；　03：45.0，2欄。
2.3 卷軸裝。首尾均全。有護首13厘米。首張紙1欄，欄長30厘米，紙首、尾邊有粘接痕。有界欄。
4.1 Rgya–gar–skad–du'Apar=mita'ayur nama mahayana sutra。（梵語：無量壽宗要經）（首）。Bod_ skad_ du tshe dpag_ du_ myed_ pa zhes_ bya_ ba theg_ pa_ chen_ povi mdo。（藏語：無量壽宗要經）（首）。
4.2 Tshe dpag_ du_ myed_ pa zhes_ bya_ ba theg_ pa_ chen_ povi mdo。（無量壽宗要經）（尾）。
7.1 抄寫者：Heng–Jevu.（黃覺）。Phug–vgi（朴格）一校；dpal–mchog（貝確）（二校）；pa–dzang（巴桑）三校。
8　8~9世紀。吐蕃統治時期寫本。
9.1　正書。
9.2　硃筆三校。
10　卷末背上方紙簽寫"佛西二七"。下方紙簽寫"二七"，"類別8，番號455"。

1.1　BD14240號
1.3　藏文（無量壽宗要經甲本）
1.4　新0440
2.1　135×31厘米；3紙；6欄，欄20行，共116行；行45字母。
2.2　01：45.0，2欄；　02：45.0，2欄；　03：45.0，2欄。
2.3　卷軸裝。首尾均全。紙首、尾邊有粘接痕。有界欄。
4.1　Rgya–gar–skad–du'Apar=mita'ayur nama mahayana sutra。（梵語：無量壽宗要經）（首）。Bod_ skad_ du tshe dpag_ du_ myed_ pa zhes_ bya_ ba theg_ pa_ chen_ povi mdo。（藏語：無量壽宗要經）（首）。
4.2　Tshe dpag_ du_ myed_ pa zhes_ bya_ ba theg_ pa_ chen_ povi mdo。（無量壽宗要經）（尾）。
7.1　抄寫者：Snyal–stag–snyas.（聶達寧）。
8　8~9世紀。吐蕃統治時期寫本。
9.1　正書。
10　卷背上方紙簽寫"佛西二八"。下方寫"二八"，"類別8，番號456"。

1.1　BD14241號
1.3　藏文（無量壽宗要經甲本）
1.4　新0441
2.1　（7+128）×31厘米；3紙；6欄，欄19行，共113行；行45字母。
2.2　01：45.0，2欄；　02：45.0，2欄；　03：45.0，2欄。
2.3　卷軸裝。首尾均全。紙首上邊稍有破損，紙尾右上角稍殘。有界欄。
3.4　說明：
末欄首行稍缺，參見BD14230號第3紙一欄第13行。
4.1　Rgya–gar–skad–du'Apar=mita'ayur nama mahayana sutra。（梵語：無量壽宗要經）（首）。Bod_ skad_ du tshe dpag_ du_ myed_ pa zhes_ bya_ ba theg_ pa_ chen_ povi mdo。（藏語：無量壽宗要經）（首）。
4.2　Tshe dpag_ du_ myed_ pa zhes_ bya_ ba theg_ pa_ chen_ povi mdo。（無量壽宗要經）（尾）。
7.1　抄寫者：Se–thong–pa.（思通巴）。
8　8~9世紀。吐蕃統治時期寫本。
9.1　正草之間。
10　卷末背上方紙簽寫"佛西二九"。下方寫"二九"，"類別8，番號457"。

1.1　BD14242號1
1.3　藏文（無量壽宗要經甲本）
1.4　新0442
2.1　270×31厘米；6紙；12欄，欄20行，共239行；行45字母。
2.2　01：45.0，2欄；　02：45.0，2欄；　03：45.0，2欄；
　　　04：45.0，2欄；　05：45.0，2欄；　06：45.0，2欄。
2.3　卷軸裝。首尾均全。紙首、尾邊有粘接痕。第三、四紙上邊稍有破損。有界欄。
2.4　本遺書包括2個文獻：（一）《無量壽宗要經》（甲本），119行，今編為BD14242號1。（二）《無量壽宗要經》（甲本），120行，今編為BD14242號2。
4.1　Rgya–gar–skad–du'Apar=mita'ayur nama mahayana sutra。（梵語：無量壽宗要經）（首）。Bod_ skad_ du tshe dpag_ du_ myed_ pa zhes_ bya_ ba theg_ pa_ chen_ povi mdo。（藏語：無量壽宗要經）（首）。
4.2　Tshe dpag_ du_ myed_ pa zhes_ bya_ ba theg_ pa_ chen_ povi mdo。（無量壽宗要經）（尾）。
7.1　抄寫者：Khang–btsan–bzher.（康讚希）。
8　8~9世紀。吐蕃統治時期寫本。
9.1　正書。
10　紙首背上方紙簽寫"佛西三〇"。下方紙簽寫"三〇"，"類別8，番號458"。

1.1　BD14242號2
1.3　藏文（無量壽宗要經甲本）
1.4　新0442
2.4　本遺書由2個文獻組成，本文獻為第2個，120行。餘參見BD14242號1之第2項。
4.1　Tshe dpag_ du_ myed_ pa zhes_ bya_ ba theg_ pa_ chen_ povi mdo。（無量壽宗要經）（首）。
4.2　Tshe dpag_ du_ myed_ pa zhes_ bya_ ba theg_ pa_ chen_

8　8~9世紀。吐蕃統治時期寫本。
9.1　正書。

1.1　BD14237號3
1.3　藏文（無量壽宗要經甲本）
1.4　新0437
2.4　本遺書由5個文獻組成，本文獻為第3個，117行。餘參見BD14237號1之第2項。
4.1　Tshe dpag_ du_ myed_ pa zhes_ bya_ ba theg_ pa_ chen_ povi mdo。（無量壽宗要經）（首）。
4.2　Tshe dpag_ du_ myed_ pa zhes_ bya_ ba theg_ pa_ chen_ povi mdo。（無量壽宗要經）（尾）。
7.1　抄寫者：Ser – thong – thong.（思通通）。
8　8~9世紀。吐蕃統治時期寫本。
9.1　正書。

1.1　BD14237號4
1.3　藏文（無量壽宗要經甲本）
1.4　新0437
2.4　本遺書由5個文獻組成，本文獻為第4個，119行。餘參見BD14237號1之第2項。
4.1　Tshe dpag_ du_ myed_ pa zhes_ bya_ ba theg_ pa_ chen_ povi mdo。（無量壽宗要經）（首）。
4.2　Tshe dpag_ du_ myed_ pa zhes_ bya_ ba theg_ pa_ chen_ povi mdo。（無量壽宗要經）（尾）。
7.1　抄寫者：Ser – thong – thong.（思通通）。
8　8~9世紀。吐蕃統治時期寫本。
9.1　正書。

1.1　BD14237號5
1.3　藏文（無量壽宗要經甲本）
1.4　新0437
2.4　本遺書由5個文獻組成，本文獻為第5個，118行。餘參見BD14237號1之第2項。
4.1　Tshe dpag_ du_ myed_ pa zhes_ bya_ ba theg_ pa_ chen_ povi mdo。（無量壽宗要經）（首）。
4.2　Tshe dpag_ du_ myed_ pa zhes_ bya_ ba theg_ pa_ chen_ povi mdo。（無量壽宗要經）（尾）。
7.1　抄寫者：Ser – thong – thong.（思通通）。
8　8~9世紀。吐蕃統治時期寫本。
9.1　正書。

1.1　BD14238號1
1.3　藏文（無量壽宗要經甲本）
1.4　新0438
2.1　405×31厘米；9紙；18欄，欄19行，共316行；行45字母。

2.2　01：45.0，2欄；　02：45.0，2欄；　03：45.0，2欄；
　　　04：45.0，2欄；　05：45.0，2欄；　06：45.0，2欄；
　　　07：45.0，2欄；　08：45.0，2欄；　09：45.0，2欄。
2.3　卷軸裝。首尾均全。紙首、尾邊有粘接痕。有界欄。
2.4　本遺書包括3個文獻：（一）《無量壽宗要經》（甲本），107行，今編為BD14238號1。（二）《無量壽宗要經》（甲本），102行，今編為BD14238號2。（三）《無量壽宗要經》（甲本），107行，今編為BD14238號3。
4.1　Rgya – gar – skad – du'Apar = mita'ayur nama mahayana sutra.（梵語：無量壽宗要經）（首）。Bod_ skad_ du tshe dpag_ du_ myed_ pa zhes_ bya_ ba theg_ pa_ chen_ povi mdo。（藏語：無量壽宗要經）（首）。
4.2　Tshe dpag_ du_ myed_ pa zhes_ bya_ ba theg_ pa_ chen_ povi mdo。（無量壽宗要經）（尾）。
7.1　抄寫者：Li – stag – snang.（李達囊）。
8　8~9世紀。吐蕃統治時期寫本。
9.1　正書。
10　卷末背上方小紙簽寫"佛西二六"。下方紙簽寫"二六"，"類別8，番號454"。

1.1　BD14238號2
1.3　藏文（無量壽宗要經甲本）
1.4　新0438
2.4　本遺書由3個文獻組成，本文獻為第2個，102行。餘參見BD14238號1之第2項。
4.1　Tshe dpag_ du_ myed_ pa zhes_ bya_ ba theg_ pa_ chen_ povi mdo。（無量壽宗要經）（首）。
4.2　Tshe dpag_ du_ myed_ pa zhes_ bya_ ba theg_ pa_ chen_ povi mdo。（無量壽宗要經）（尾）。
7.1　抄寫者：Li – stag – snang.（李達囊）。
8　8~9世紀。吐蕃統治時期寫本。
9.1　正書。

1.1　BD14238號3
1.3　藏文（無量壽宗要經甲本）
1.4　新0438
2.4　本遺書由3個文獻組成，本文獻為第3個，107行。餘參見BD14238號1之第2項。
4.1　Tshe dpag_ du_ myed_ pa zhes_ bya_ ba theg_ pa_ chen_ povi mdo。（無量壽宗要經）（首）。
4.2　Tshe dpag_ du_ myed_ pa zhes_ bya_ ba theg_ pa_ chen_ povi mdo。（無量壽宗要經）（尾）。
7.1　抄寫者：Li – stag – snang.（李達囊）。
8　8~9世紀。吐蕃統治時期寫本。
9.1　正書。

1.1　BD14239號

BD14235 號 1 之第 2 項。

4.1　Tshe dpag_ du_ myed_ pa zhes_ bya_ ba theg_ pa_ chen_ povi mdo。（無量壽宗要經）（首）。

4.2　Tshe dpag_ du_ myed_ pa zhes_ bya_ ba theg_ pa_ chen_ povi mdo。（無量壽宗要經）（尾）。

7.1　抄寫者：Bzang – kong.（桑空）。

8　　8~9 世紀。吐蕃統治時期寫本。

9.1　正書。

1.1　BD14235 號 5
1.3　藏文（無量壽宗要經甲本）
1.4　新 0435
2.4　本遺書由 6 個文獻組成，本文獻為第 5 個，111 行。餘參見 BD14235 號 1 之第 2 項。

4.1　Tshe dpag_ du_ myed_ pa zhes_ bya_ ba theg_ pa_ chen_ povi mdo。（無量壽宗要經）（首）。

4.2　Tshe dpag_ du_ myed_ pa zhes_ bya_ ba theg_ pa_ chen_ povi mdo。（無量壽宗要經）（尾）。

7.1　抄寫者：Bzang – kong.（桑空）。

8　　8~9 世紀。吐蕃統治時期寫本。

9.1　正書。

1.1　BD14235 號 6
1.3　藏文（無量壽宗要經甲本）
1.4　新 0435
2.4　本遺書由 6 個文獻組成，本文獻為第 6 個，115 行。餘參見 BD14235 號 1 之第 2 項。

4.1　Tshe dpag_ du_ myed_ pa zhes_ bya_ ba theg_ pa_ chen_ povi mdo。（無量壽宗要經）（首）。

4.2　Tshe dpag_ du_ myed_ pa zhes_ bya_ ba theg_ pa_ chen_ povi mdo。（無量壽宗要經）（尾）。

7.1　抄寫者：Bzang – kong.（桑空）。

8　　8~9 世紀。吐蕃統治時期寫本。

9.1　正書。

1.1　BD14236 號
1.3　藏文（無量壽宗要經甲本）
1.4　新 0436
2.1　135×31 厘米；3 紙；6 欄，欄 19 行，共 107 行；行 45 字母。
2.2　01：45.0，2 欄；　02：45.0，2 欄；　03：45.0，2 欄。
2.3　卷軸裝。首尾均全。紙尾邊有粘接痕。有界欄。

4.1　Rgya – gar – skad – du'Apar = mita'ayur nama mahayana sutra。（梵語：無量壽宗要經）（首）。Bod_ skad_ du tshe dpag_ du_ myed_ pa zhes_ bya_ ba theg_ pa_ chen_ povi mdo。（藏語：無量壽宗要經）（首）。

4.2　Tshe dpag_ du_ myed_ pa zhes_ bya_ ba theg_ pa_ chen_ povi mdo。（無量壽宗要經）（尾）。

7.1　抄寫者：Khang – vgo – vgo.（康哥哥）。

8　　8~9 世紀。吐蕃統治時期寫本。

9.1　正書。

10　　紙尾背上方紙簽寫"佛西二四"，下方紙簽寫"二四"，"類別 8，番號 452"。

1.1　BD14237 號 1
1.3　藏文（無量壽宗要經甲本）
1.4　新 0437
2.1　675×31 厘米；15 紙；30 欄，欄 20 行，共 501 行；行 45 字母。
2.2　01：45.0，2 欄；　02：45.0，2 欄；　03：45.0，2 欄；
　　　04：45.0，2 欄；　05：45.0，2 欄；　06：45.0，2 欄；
　　　07：45.0，2 欄；　08：45.0，2 欄；　09：45.0，2 欄；
　　　10：45.0，2 欄；　11：45.0，2 欄；　12：45.0，2 欄；
　　　13：45.0，2 欄；　14：45.0，2 欄；　15：45.0，2 欄。
2.3　卷軸裝。首尾均全。卷尾邊有粘接痕，第 2 紙下邊有脫膠裂縫。有界欄。
2.4　本遺書包括 5 個文獻：（一）《無量壽宗要經》（甲本），118 行，今編為 BD14237 號 1。（二）《無量壽宗要經》（甲本），119 行，今編為 BD14237 號 2。（三）《無量壽宗要經》（甲本），117 行，今編為 BD14237 號 3。（四）《無量壽宗要經》（甲本），119 行，今編為 BD14237 號 4。（五）《無量壽宗要經》（甲本），118 行，今編為 BD14237 號 5。

4.1　Rgya – gar – skad – du'Apar = mita'ayur nama mahayana sutra。（梵語：無量壽宗要經）（首）。Bod_ skad_ du tshe dpag_ du_ myed_ pa zhes_ bya_ ba theg_ pa_ chen_ povi mdo。（藏語：無量壽宗要經）（首）。

4.2　Tshe dpag_ du_ myed_ pa zhes_ bya_ ba theg_ pa_ chen_ povi mdo。（無量壽宗要經）（尾）。

7.1　抄寫者：Ser – thong – thong.（思通通）。

8　　8~9 世紀。吐蕃統治時期寫本。

9.1　正書。

10　　卷末背上方小紙簽寫"佛西二五"。下方紙簽寫"二五"，"類別 8，番號 453"。

1.1　BD14237 號 2
1.3　藏文（無量壽宗要經甲本）
1.4　新 0437
2.4　本遺書由 5 個文獻組成，本文獻為第 2 個，119 行。餘參見 BD14237 號 1 之第 2 項。

4.1　Tshe dpag_ du_ myed_ pa zhes_ bya_ ba theg_ pa_ chen_ povi mdo。（無量壽宗要經）（首）。

4.2　Tshe dpag_ du_ myed_ pa zhes_ bya_ ba theg_ pa_ chen_ povi mdo。（無量壽宗要經）（尾）。

7.1　抄寫者：Ser – thong – thong.（思通通）。

8，番號449"。

1.1　BD14233號2
1.3　藏文（無量壽宗要經甲本）
1.4　新0433
2.4　本遺書由2個文獻組成，本文獻為第2個，113行。餘參見BD14233號1之第2項。
4.1　Tshe dpag_ du_ myed_ pa zhes_ bya_ ba theg_ pa_ chen_ povi mdo。（無量壽宗要經）（首）。
4.2　Tshe dpag_ du_ myed_ pa zhes_ bya_ ba theg_ pa_ chen_ povi mdo。（無量壽宗要經）（尾）。
7.1　抄寫者：Gz＝gs－kong.（司空）。
8　8～9世紀。吐蕃統治時期寫本。
9.1　正書。

1.1　BD14234號
1.3　藏文（無量壽宗要經甲本）
1.4　新0434
2.1　135×31厘米；3紙；6欄，欄20行，共121行；行45字母。
2.2　01：45.0，2欄；　02：45.0，2欄；　03：45.0，2欄。
2.3　卷軸裝。首尾均全。紙首、末邊有粘接痕。有界欄。
4.1　Rgya－gar－skad－du'Apar＝mita'ayur nama mahayana sutra。（梵語：無量壽宗要經）（首）。Bod_ skad_ du tshe dpag_ du_ myed_ pa zhes_ bya_ ba theg_ pa_ chen_ povi mdo。（藏語：無量壽宗要經）（首）。
4.2　Tshe dpag_ du_ myed_ pa zhes_ bya_ ba theg_ pa_ chen_ povi mdo。（無量壽宗要經）（尾）。
8　8～9世紀。吐蕃統治時期寫本。
9.1　正書。
10　紙背上方紙簽寫"佛西二二"。下方紙簽寫"二二"，"類別8，番號450"。

1.1　BD14235號1
1.3　藏文（無量壽宗要經甲本）
1.4　新0435
2.1　810×31厘米；18紙；36欄，欄21行，共685行；行45字母。
2.2　01：45.0，2欄；　02：45.0，2欄；　03：45.0，2欄；
　　04：45.0，2欄；　05：45.0，2欄；　06：45.0，2欄；
　　07：45.0，2欄；　08：45.0，2欄；　09：45.0，2欄；
　　10：45.0，2欄；　11：45.0，2欄；　12：45.0，2欄；
　　13：45.0，2欄；　14：45.0，2欄；　15：45.0，2欄；
　　16：45.0，2欄；　17：45.0，2欄；　18：45.0，2欄。
2.3　卷軸裝。首尾均全。紙首、尾邊有粘接痕。有界欄。
2.4　本遺書包括6個文獻：（一）《無量壽宗要經》（甲本），116行，今編為BD14235號1。（二）《無量壽宗要經》（甲本），114行，今編為BD14235號2。（三）《無量壽宗要經》（甲本），116行，今編為BD14235號3。（四）《無量壽宗要經》（甲本），113行，今編為BD14235號4。（五）《無量壽宗要經》（甲本），111行，今編為BD14235號5。（六）《無量壽宗要經》（甲本），115行，今編為BD14235號6。
4.1　Rgya－gar－skad－du'Apar＝mita'ayur nama mahayana sutra。（梵語：無量壽宗要經）（首）。Bod_ skad_ du tshe dpag_ du_ myed_ pa zhes_ bya_ ba theg_ pa_ chen_ povi mdo。（藏語：無量壽宗要經）（首）。
4.2　Tshe dpag_ du_ myed_ pa zhes_ bya_ ba theg_ pa_ chen_ povi mdo。（無量壽宗要經）（尾）。
7.1　抄寫者：Bzang－kong.（桑空）。
8　8～9世紀。吐蕃統治時期寫本。
9.1　正書。
10　紙末背上方紙簽寫"佛西二三"，下方紙簽寫"二三"，"類別8，番號451"。

1.1　BD14235號2
1.3　藏文（無量壽宗要經甲本）
1.4　新0435
2.4　本遺書由6個文獻組成，本文獻為第2個，114行。餘參見BD14235號1之第2項。
4.1　Tshe dpag_ du_ myed_ pa zhes_ bya_ ba theg_ pa_ chen_ povi mdo。（無量壽宗要經）（首）。
4.2　Tshe dpag_ du_ myed_ pa zhes_ bya_ ba theg_ pa_ chen_ povi mdo。（無量壽宗要經）（尾）。
7.1　抄寫者：Bzang－kong.（桑空）。
8　8～9世紀。吐蕃統治時期寫本。
9.1　正書。

1.1　BD14235號3
1.3　藏文（無量壽宗要經甲本）
1.4　新0435
2.4　本遺書由6個文獻組成，本文獻為第3個，116行。餘參見BD14235號1之第2項。
4.1　Tshe dpag_ du_ myed_ pa zhes_ bya_ ba theg_ pa_ chen_ povi mdo。（無量壽宗要經）（首）。
4.2　Tshe dpag_ du_ myed_ pa zhes_ bya_ ba theg_ pa_ chen_ povi mdo。（無量壽宗要經）（尾）。
7.1　抄寫者：Bzang－kong.（桑空）。
8　8～9世紀。吐蕃統治時期寫本。
9.1　正書。

1.1　BD14235號4
1.3　藏文（無量壽宗要經甲本）
1.4　新0435
2.4　本遺書由6個文獻組成，本文獻為第4個，113行。餘參見

04：22.5，1欄。
2.3 卷軸裝。首尾均全。首尾各半張紙；中間兩整張紙。有界欄。
4.1 Rgya‐gar‐skad‐du'Apar=mita'ayur nama mahayana sutra。（梵語：無量壽宗要經）（首）。Bod_ skad_ du tshe dpag_ du_ myed_ pa zhes_ bya_ ba theg_ pa_ chen_ povi mdo。（藏語：無量壽宗要經）（首）。
4.2 Tshe dpag_ du_ myed_ pa zhes_ bya_ ba theg_ pa_ chen_ povi mdo。（無量壽宗要經）（尾）。
7.1 抄寫者：Lha‐lod.（拉魯）。校改者：C=‐keng‐zhus初校；Leng‐sevu‐yang‐zhus再校；dam‐vg=‐yang‐sum‐zhus.三校
8 8~9世紀。吐蕃統治時期寫本。
9.1 正書。
9.2 朱筆三校。
10 紙首背上方紙簽寫"佛西一八"。下方紙簽寫"西"，"類別8，番號446"。

1.1 BD14231號1
1.3 藏文（無量壽宗要經甲本）
1.4 新0431
2.1 240×27.8厘米；6紙；12欄，欄19行，共223行；行45字母。
2.2 01：41.0，2欄； 02：41.0，2欄； 03：41.0，2欄； 04：45.0，2欄； 05：41.0，2欄； 06：27.8，2欄。
2.3 卷軸裝。首尾均全。紙尾邊有粘接痕。有界欄。
2.4 本遺書包括2個文獻：（一）《無量壽宗要經》（甲本），110行，今編為BD14231號1。（二）《無量壽宗要經》（甲本），113行，今編為BD14231號2。
4.1 Rgya‐gar‐skad‐du'Apar=mita'ayur nama mahayana sutra。（梵語：無量壽宗要經）（首）。Bod_ skad_ du tshe dpag_ du_ myed_ pa zhes_ bya_ ba theg_ pa_ chen_ povi mdo。（藏語：無量壽宗要經）（首）。
4.2 Tshe dpag_ du_ myed_ pa zhes_ bya_ ba theg_ pa_ chen_ povi mdo。（無量壽宗要經）（尾）。
7.1 抄寫者：Cang‐legs‐rtsan.（康拉讚）。
8 8~9世紀。吐蕃統治時期寫本。
9.1 正書。
10 紙尾背上方紙簽寫"佛西一九"。下方紙簽寫"一九"，"類別8，番號447"。

1.1 BD14231號2
1.3 藏文（無量壽宗要經甲本）
1.4 新0431
2.4 本遺書由2個文獻組成，本文獻為第2個，113行。餘參見BD14231號1之第2項。
4.1 Tshe dpag_ du_ myed_ pa zhes_ bya_ ba theg_ pa_ chen_ povi mdo。（無量壽宗要經）（首）。
4.2 Tshe dpag_ du_ myed_ pa zhes_ bya_ ba theg_ pa_ chen_ povi mdo。（無量壽宗要經）（尾）。
7.1 抄寫者：Cang‐legs‐rtsan.（康拉讚）。
8 8~9世紀。吐蕃統治時期寫本。
9.1 正書。

1.1 BD14232號
1.3 藏文（無量壽宗要經甲本）
1.4 新0432
2.1 135×31厘米；3紙；6欄，欄20行，共111行；行45字母。
2.2 01：45.0，2欄； 02：45.0，2欄； 03：45.0，2欄。
2.3 卷軸裝。首尾均全。紙首、尾邊有粘接痕。有界欄。
4.1 Rgya‐gar‐skad‐du'Apar=mita'ayur nama mahayana sutra。（梵語：無量壽宗要經）（首）。Bod_ skad_ du tshe dpag_ du_ myed_ pa zhes_ bya_ ba theg_ pa_ chen_ povi mdo。（藏語：無量壽宗要經）（首）。
4.2 Tshe dpag_ du_ myed_ pa zhes_ bya_ ba theg_ pa_ chen_ povi mdo。（無量壽宗要經）（尾）。
7.1 抄寫者：Jevu‐hyen‐tses.（覺漢子）。
8 8~9世紀。吐蕃統治時期寫本。
9.1 正書。
10 紙尾背上方帖小紙簽寫"佛西二○"，下邊小紙簽寫"佛西"，"類別8，番號448"。

1.1 BD14233號1
1.3 藏文（無量壽宗要經甲本）
1.4 新0433
2.1 270×31厘米；6紙；12欄，欄19行，共228行；行45字母。
2.2 01：45.0，2欄； 02：45.0，2欄； 03：45.0，2欄； 04：45.0，2欄； 05：45.0，2欄； 06：45.0，2欄。
2.3 卷軸裝。首尾均全。紙首邊有粘接痕。有界欄。
2.4 本遺書包括2個文獻：（一）《無量壽宗要經》（甲本），115行，今編為BD14233號1。（二）《無量壽宗要經》（甲本），113行，今編為BD14233號2。
4.1 Rgya‐gar‐skad‐du'Apar=mita'ayur nama mahayana sutra。（梵語：無量壽宗要經）（首）。Bod_ skad_ du tshe dpag_ du_ myed_ pa zhes_ bya_ ba theg_ pa_ chen_ povi mdo。（藏語：無量壽宗要經）（首）。
4.2 Tshe dpag_ du_ myed_ pa zhes_ bya_ ba theg_ pa_ chen_ povi mdo。（無量壽宗要經）（尾）。
7.1 抄寫者：Gz=gs‐kong.（司空）。
8 8~9世紀。吐蕃統治時期寫本。
9.1 正書。
10 紙首背上方紙簽寫"佛西"。下方紙簽寫"二一"，"類別

_ myed_ pa zhes_ bya_ ba theg_ pa_ chen_ povi mdo。（藏語：無量壽宗要經）（首）。

4.2　Tshe dpag_ du_ myed_ pa zhes_ bya_ ba theg_ pa_ chen_ povi mdo。（無量壽宗要經）（尾）。

7.1　抄寫者：Cang‐yevu.（康月）。

8　　8~9世紀。吐蕃統治時期寫本。

9.1　正書。

10　　紙首背上方小紙簽寫"佛西一六"。下方紙簽寫"一六"，"類別8，番號444"。

1.1　BD14228號2
1.3　藏文（無量壽宗要經甲本）
1.4　新0428
2.4　本遺書由3個文獻組成，本文獻為第2個，112行。餘參見BD14228號1之第2項。
4.1　Tshe dpag_ du_ myed_ pa zhes_ bya_ ba theg_ pa_ chen_ povi mdo。（無量壽宗要經）（首）。
4.2　Tshe dpag_ du_ myed_ pa zhes_ bya_ ba theg_ pa_ chen_ povi mdo。（無量壽宗要經）（尾）。
7.1　抄寫者：Cang‐yevu.（康月）。
8　　8~9世紀。吐蕃統治時期寫本。
9.1　正書。

1.1　BD14228號3
1.3　藏文（無量壽宗要經甲本）
1.4　新0428
2.4　本遺書由3個文獻組成，本文獻為第3個，112行。餘參見BD14228號1之第2項。
4.1　Tshe dpag_ du_ myed_ pa zhes_ bya_ ba theg_ pa_ chen_ povi mdo。（無量壽宗要經）（首）。
4.2　Tshe dpag_ du_ myed_ pa zhes_ bya_ ba theg_ pa_ chen_ povi mdo。（無量壽宗要經）（尾）。
7.1　抄寫者：Cang‐yevu.（康月）。
8　　8~9世紀。吐蕃統治時期寫本。
9.1　正書。

1.1　BD14229號1
1.3　藏文（無量壽宗要經甲本）
1.4　新0429
2.1　405×31厘米；9紙；18欄，欄19行，共333行；行45字母。
2.2　01：45.0，2欄；　02：45.0，2欄；　03：45.0，2欄；
　　04：45.0，2欄；　05：45.0，2欄；　06：45.0，2欄；
　　07：45.0，2欄；　08：45.0，2欄；　09：45.0，2欄。
2.3　卷軸裝。首尾均全。紙末邊有粘接痕。有界欄。
2.4　本遺書包括3個文獻：（一）《無量壽宗要經》（甲本），114行，今編為BD14229號1。（二）《無量壽宗要經》（甲本），110行，今編為BD14229號2。（三）《無量壽宗要經》（甲本），109行，今編為BD14229號3。
4.1　Rgya‐gar‐skad‐du'Apar=mita'ayur nama mahayana sutra.（梵語：無量壽宗要經）（首）。Bod_ skad_ du tshe dpag_ du_ myed_ pa zhes_ bya_ ba theg_ pa_ chen_ povi mdo。（藏語：無量壽宗要經）（首）。
4.2　Tshe dpag_ du_ myed_ pa zhes_ bya_ ba theg_ pa_ chen_ povi mdo。（無量壽宗要經）（尾）。
7.1　抄寫者：Livu‐lha‐legs.（魯拉磊悉）。
8　　8~9世紀。吐蕃統治時期寫本。
9.1　正書。
10　　紙首背上方小紙簽寫"佛西一七"。下方紙簽寫"一七"，"類別8，番號445"。

1.1　BD14229號2
1.3　藏文（無量壽宗要經甲本）
1.4　新0429
2.4　本遺書由3個文獻組成，本文獻為第2個，110行。餘參見BD14229號1之第2項。
4.1　Tshe dpag_ du_ myed_ pa zhes_ bya_ ba theg_ pa_ chen_ povi mdo。（無量壽宗要經）（首）。
4.2　Tshe dpag_ du_ myed_ pa zhes_ bya_ ba theg_ pa_ chen_ povi mdo。（無量壽宗要經）（尾）。
7.1　抄寫者：Livu‐lha‐legs.（魯拉磊悉）。
8　　8~9世紀。吐蕃統治時期寫本。
9.1　正書。

1.1　BD14229號3
1.3　藏文（無量壽宗要經甲本）
1.4　新0429
2.4　本遺書由3個文獻組成，本文獻為第3個，109行。餘參見BD14229號1之第2項。
4.1　Tshe dpag_ du_ myed_ pa zhes_ bya_ ba theg_ pa_ chen_ povi mdo。（無量壽宗要經）（首）。
4.2　Tshe dpag_ du_ myed_ pa zhes_ bya_ ba theg_ pa_ chen_ povi mdo。（無量壽宗要經）（尾）。
7.1　抄寫者：Livu‐lha‐legs.（魯拉磊悉）。
8　　8~9世紀。吐蕃統治時期寫本。
9.1　正書。

1.1　BD14230號
1.3　藏文（無量壽宗要經乙本）
1.4　新0430
2.1　135×31厘米；4紙；6欄，欄19行，共105行；行45字母。
2.2　01：22.5，1欄；　02：45.0，2欄；　03：45.0，2欄；

2.4 本遺書由6個文獻組成，本文獻為第4個，121行。餘參見BD14225號1之第2項。

4.1 Tshe dpag_ du_ myed_ pa zhes_ bya_ ba theg_ pa_ chen_ povi mdo。（無量壽宗要經）（首）。

4.2 Tshe dpag_ du_ myed_ pa zhes_ bya_ ba theg_ pa_ chen_ povi mdo。（無量壽宗要經）（尾）。

7.1 抄寫者：Snyal－stag－snyas.（聶達寧）。

8 8～9世紀。吐蕃統治時期寫本。

9.1 正書。

1.1 BD14225號5
1.3 藏文（無量壽宗要經甲本）
1.4 新0425

2.4 本遺書由6個文獻組成，本文獻為第5個，116行。餘參見BD14225號1之第2項。

4.1 Tshe dpag_ du_ myed_ pa zhes_ bya_ ba theg_ pa_ chen_ povi mdo。（無量壽宗要經）（首）。

4.2 Tshe dpag_ du_ myed_ pa zhes_ bya_ ba theg_ pa_ chen_ povi mdo。（無量壽宗要經）（尾）。

7.1 抄寫者：Snyal－stag－snyas.（聶達寧）。

8 8～9世紀。吐蕃統治時期寫本。

9.1 正書。

1.1 BD14225號6
1.3 藏文（無量壽宗要經甲本）
1.4 新0425

2.4 本遺書由6個文獻組成，本文獻為第6個，116行。餘參見BD14225號1之第2項。

4.1 Tshe dpag_ du_ myed_ pa zhes_ bya_ ba theg_ pa_ chen_ povi mdo。（無量壽宗要經）（首）。

4.2 Tshe dpag_ du_ myed_ pa zhes_ bya_ ba theg_ pa_ chen_ povi mdo。（無量壽宗要經）（尾）。

7.1 抄寫者：Snyal－stag－snyas.（聶達寧）。

8 8～9世紀。吐蕃統治時期寫本。

9.1 正書。

1.1 BD14226號
1.3 藏文（無量壽宗要經乙本）
1.4 新0426

2.1 135×31厘米；3紙；6欄，欄19行，共102行；行45字母。

2.2 01：45.0，2欄； 02：45.0，2欄； 03：45.0，2欄。

2.3 卷軸裝。首尾均全。紙首、尾邊有接痕，第2紙上邊稍有破損。有界欄。

3.4 說明：

本遺書首殘尾全。首七行殘，文字相當於BD14256號第一紙首題至第七行第十二字vj＝g。

4.1 Rgya－gar－skad－du'Apar＝mita'ayur nama mahayana sutra。（梵語：無量壽宗要經）（首）。Bod_ skad_ du tshe dpag_ du_ myed_ pa zhes_ bya_ ba theg_ pa_ chen_ povi mdo。（藏語：無量壽宗要經）（首）。

4.2 Tshe dpag_ du_ myed_ pa zhes_ bya_ ba theg_ pa_ chen_ povi mdo。（無量壽宗要經）（尾）。

7.1 抄寫者：Se－thong－pa.（思通巴）。

8 8～9世紀。吐蕃統治時期寫本。

9.1 正書。

10 紙首背上方小紙簽寫"佛西一四"。下方小紙簽寫"一四"、"類別8，番號442"。

1.1 BD14227號
1.3 藏文（無量壽宗要經乙本）
1.4 新0427

2.1 180×31厘米；4紙；8欄，欄19行，共146行；行32字母。

2.2 01：45.0，2欄； 02：45.0，2欄； 03：45.0，2欄； 04：45.0，2欄。

2.3 卷軸裝。首尾均全。紙首、尾邊有接痕。有界欄。

4.1 Rgya－gar－skad－du'Apar＝mita'ayur nama mahayana sutra。（梵語：無量壽宗要經）（首）。Bod_ skad_ du tshe dpag_ du_ myed_ pa zhes_ bya_ ba theg_ pa_ chen_ povi mdo。（藏語：無量壽宗要經）（首）。

4.2 Tshe dpag_ du_ myed_ pa zhes_ bya_ ba theg_ pa_ chen_ povi mdo。（無量壽宗要經）（尾）。

7.1 抄寫者：khng－rmang－legs.

8 8～9世紀。吐蕃統治時期寫本。

9.1 正書。

10 紙尾背上方小紙簽寫"佛西一五"。下方小紙簽寫"一五"、"類別8，番號443"。

1.1 BD14228號1
1.3 藏文（無量壽宗要經甲本）
1.4 新0428

2.1 405×31厘米；9紙；18欄，欄19行，共337行；行45字母。

2.2 01：45.0，2欄； 02：45.0，2欄； 03：45.0，2欄； 04：45.0，2欄； 05：45.0，2欄； 06：45.0，2欄； 07：45.0，2欄； 08：45.0，2欄； 09：45.0，2欄。

2.3 卷軸裝。首尾均全。紙首、末邊有粘接痕。有界欄。

2.4 本遺書包括3個文獻：（一）《無量壽宗要經》（甲本），113行，今編為BD14228號1。（二）《無量壽宗要經》（甲本），112行，今編為BD14228號2。（三）《無量壽宗要經》（甲本），112行，今編為BD14228號3。

4.1 Rgya－gar－skad－du'Apar＝mita'ayur nama mahayana sutra。（梵語：無量壽宗要經）（首）。Bod_ skad_ du tshe dpag_ du_

povi mdo。（無量壽宗要經）（首）。
4.2　Tshe dpag_ du_ myed_ pa zhes_ bya_ ba theg_ pa_ chen_ povi mdo。（無量壽宗要經）（尾）。
7.1　抄寫者：J＝n－lha－bzher.（景拉夏）。
8　8～9世紀。吐蕃統治時期寫本。
9.1　正書。

1.1　BD14224 號 5
1.3　藏文（無量壽宗要經甲本）
1.4　新 0424
2.4　本遺書由 6 個文獻組成，本文獻為第 5 個，115 行。餘參見 BD14224 號 1 之第 2 項。
4.1　Tshe dpag_ du_ myed_ pa zhes_ bya_ ba theg_ pa_ chen_ povi mdo。（無量壽宗要經）（首）。
4.2　Tshe dpag_ du_ myed_ pa zhes_ bya_ ba theg_ pa_ chen_ povi mdo。（無量壽宗要經）（尾）。
7.1　抄寫者：J＝n－lha－bzher.（景拉夏）。
8　8～9世紀。吐蕃統治時期寫本。
9.1　正書。

1.1　BD14224 號 6
1.3　藏文（無量壽宗要經甲本）
1.4　新 0424
2.4　本遺書由 6 個文獻組成，本文獻為第 6 個，116 行。餘參見 BD14224 號 1 之第 2 項。
4.1　Tshe dpag_ du_ myed_ pa zhes_ bya_ ba theg_ pa_ chen_ povi mdo。（無量壽宗要經）（首）。
4.2　Tshe dpag_ du_ myed_ pa zhes_ bya_ ba theg_ pa_ chen_ povi mdo。（無量壽宗要經）（尾）。
7.1　抄寫者：J＝n－lha－bzher.（景拉夏）。
8　8～9世紀。吐蕃統治時期寫本。
9.1　正書。

1.1　BD14225 號 1
1.3　藏文（無量壽宗要經甲本）
1.4　新 0425
2.1　810×31 厘米；18 紙；36 欄，欄 20 行，共 705 行；行 45 字母。
2.2　01：45.0, 2 欄；　02：45.0, 2 欄；　03：45.0, 2 欄；
　　　04：45.0, 2 欄；　05：45.0, 2 欄；　06：45.0, 2 欄；
　　　07：45.0, 2 欄；　08：45.0, 2 欄；　09：45.0, 2 欄；
　　　10：45.0, 2 欄；　11：45.0, 2 欄；　12：45.0, 2 欄；
　　　13：45.0, 2 欄；　14：45.0, 2 欄；　15：45.0, 2 欄；
　　　16：45.0, 2 欄；　17：45.0, 2 欄；　18：45.0, 2 欄。
2.3　卷軸裝。首尾均全。紙首尾邊有接痕，7 欄中有刮改，第 17 紙上邊有殘損，並有小破洞。有界欄。
2.4　本遺書包括 6 個文獻：（一）《無量壽宗要經》（甲本），119 行，今編為 BD14225 號 1。（二）《無量壽宗要經》（甲本），118 行，今編為 BD14225 號 2。（三）《無量壽宗要經》（甲本），115 行，今編為 BD14225 號 3。（四）《無量壽宗要經》（甲本），121 行，今編為 BD14225 號 4。（五）《無量壽宗要經》（甲本），116 行，今編為 BD14225 號 5。（六）《無量壽宗要經》（甲本），116 行，今編為 BD14225 號 6。
4.1　Rgya－gar－skad－du'Apar＝mita'ayur nama mahayana sutra.（梵語：無量壽宗要經）（首）。Bod_ skad_ du tshe dpag_ du _ myed_ pa zhes_ bya_ ba theg_ pa_ chen_ povi mdo。（藏語：無量壽宗要經）（首）。
4.2　Tshe dpag_ du_ myed_ pa zhes_ bya_ ba theg_ pa_ chen_ povi mdo。（無量壽宗要經）（尾）。
7.1　抄寫者：Snyal－stag－snyas.（聶達寧）。
8　8～9世紀。吐蕃統治時期寫本。
9.1　正書。
10　紙尾背上小紙簽寫"佛西十三"。下方紙簽寫"十三"，"類別8，番號441"。

1.1　BD14225 號 2
1.3　藏文（無量壽宗要經甲本）
1.4　新 0425
2.4　本遺書由 6 個文獻組成，本文獻為第 2 個，118 行。餘參見 BD14225 號 1 之第 2 項。
4.1　Tshe dpag_ du_ myed_ pa zhes_ bya_ ba theg_ pa_ chen_ povi mdo。（無量壽宗要經）（首）。
4.2　Tshe dpag_ du_ myed_ pa zhes_ bya_ ba theg_ pa_ chen_ povi mdo。（無量壽宗要經）（尾）。
7.1　抄寫者：Snyal－stag－snyas.（聶達寧）。
8　8～9世紀。吐蕃統治時期寫本。
9.1　正書。

1.1　BD14225 號 3
1.3　藏文（無量壽宗要經甲本）
1.4　新 0425
2.4　本遺書由 6 個文獻組成，本文獻為第 3 個，115 行。餘參見 BD14225 號 1 之第 2 項。
4.1　Tshe dpag_ du_ myed_ pa zhes_ bya_ ba theg_ pa_ chen_ povi mdo。（無量壽宗要經）（首）。
4.2　Tshe dpag_ du_ myed_ pa zhes_ bya_ ba theg_ pa_ chen_ povi mdo。（無量壽宗要經）（尾）。
7.1　抄寫者：Snyal－stag－snyas.（聶達寧）。
8　8～9世紀。吐蕃統治時期寫本。
9.1　正書。

1.1　BD14225 號 4
1.3　藏文（無量壽宗要經甲本）
1.4　新 0425

7.1　抄寫者：J＝n－lha－bzher.（景拉夏）。
8　　8～9世紀。吐蕃統治時期寫本。
9.1　正書。

1.1　BD14223 號 4
1.3　藏文（無量壽宗要經甲本）
1.4　新 0423
2.4　本遺書由 5 個文獻組成，本文獻為第 4 個，118 行。餘參見 BD14223 號 1 之第 2 項。
4.1　Tshe dpag＿du＿myed＿pa zhes＿bya＿ba theg＿pa chen＿povi mdo。（無量壽宗要經）（首）。
4.2　Tshe dpag＿du＿myed＿pa zhes＿bya＿ba theg＿pa chen＿povi mdo。（無量壽宗要經）（尾）。
7.1　抄寫者：J＝n－lha－bzher.（景拉夏）。
8　　8～9世紀。吐蕃統治時期寫本。
9.1　正書。

1.1　BD14223 號 5
1.3　藏文（無量壽宗要經甲本）
1.4　新 0423
2.4　本遺書由 5 個文獻組成，本文獻為第 5 個，121 行。餘參見 BD14223 號 1 之第 2 項。
4.1　Tshe dpag＿du＿myed＿pa zhes＿bya＿ba theg＿pa chen＿povi mdo。（無量壽宗要經）（首）。
4.2　Tshe dpag＿du＿myed＿pa zhes＿bya＿ba theg＿pa chen＿povi mdo。（無量壽宗要經）（尾）。
7.1　抄寫者：J＝n－lha－bzher.（景拉夏）。
8　　8～9世紀。吐蕃統治時期寫本。
9.1　正書。

1.1　BD14224 號 1
1.3　藏文（無量壽宗要經甲本）
1.4　新 0424
2.1　815×31 厘米；18 紙；36 欄，欄 20 行，共 706 行；行 45 字母。
2.2　01：45.0，2 欄；　02：45.0，2 欄；　03：45.0，2 欄；
　　 04：45.0，2 欄；　05：45.0，2 欄；　06：45.0，2 欄；
　　 07：45.0，2 欄；　08：45.0，2 欄；　09：45.0，2 欄；
　　 10：45.0，2 欄；　11：45.0，2 欄；　12：45.0，2 欄；
　　 13：45.0，2 欄；　14：45.0，2 欄；　15：45.0，2 欄；
　　 16：45.0，2 欄；　17：45.0，2 欄；　18：45.0，2 欄。
2.3　卷軸裝。首尾均全。首 3 紙寬 33 釐米，其余寬 31 釐米。紙首、尾邊有粘接痕，兩紙接縫處有開脫。有界欄。
2.4　本遺書包括 6 個文獻：（一）《無量壽宗要經》（甲本），116 行，今編為 BD14224 號 1。（二）《無量壽宗要經》（甲本），120 行，今編為 BD14224 號 2。（三）《無量壽宗要經》（甲本），119 行，今編為 BD14224 號 3。（四）《無量壽宗要經》（甲本），119 行，今編為 BD14224 號 4。（五）《無量壽宗要經》（甲本），115 行，今編為 BD14224 號 5。（六）《無量壽宗要經》（甲本），116 行，今編為 BD14224 號 6。
4.1　Rgya－gar－skad－du'Apar＝mita'ayur nama mahayana sutra。（梵語：無量壽宗要經）（首）。Bod＿skad＿du tshe dpag＿du＿myed＿pa zhes＿bya＿ba theg＿pa chen＿povi mdo。（藏語：無量壽宗要經）（首）。
4.2　Tshe dpag＿du＿myed＿pa zhes＿bya＿ba theg＿pa chen＿povi mdo。（無量壽宗要經）（尾）。
7.1　抄寫者：J＝n－lha－bzher.（景拉夏）。
8　　8～9世紀。吐蕃統治時期寫本。
9.1　正書。
10　 紙背上小紙簽寫"佛西一二"。下方紙簽寫"一二"，"類別 8，番號 440"。

1.1　BD14224 號 2
1.3　藏文（無量壽宗要經甲本）
1.4　新 0424
2.4　本遺書由 6 個文獻組成，本文獻為第 2 個，120 行。餘參見 BD14224 號 1 之第 2 項。
4.1　Tshe dpag＿du＿myed＿pa zhes＿bya＿ba theg＿pa chen＿povi mdo。（無量壽宗要經）（首）。
4.2　Tshe dpag＿du＿myed＿pa zhes＿bya＿ba theg＿pa chen＿povi mdo。（無量壽宗要經）（尾）。
7.1　抄寫者：J＝n－lha－bzher.（景拉夏）。
8　　8～9世紀。吐蕃統治時期寫本。
9.1　正書。

1.1　BD14224 號 3
1.3　藏文（無量壽宗要經甲本）
1.4　新 0424
2.4　本遺書由 6 個文獻組成，本文獻為第 3 個，119 行。餘參見 BD14224 號 1 之第 2 項。
4.1　Tshe dpag＿du＿myed＿pa zhes＿bya＿ba theg＿pa chen＿povi mdo。（無量壽宗要經）（首）。
4.2　Tshe dpag＿du＿myed＿pa zhes＿bya＿ba theg＿pa chen＿povi mdo。（無量壽宗要經）（尾）。
7.1　抄寫者：J＝n－lha－bzher.（景拉夏）。
8　　8～9世紀。吐蕃統治時期寫本。
9.1　正書。

1.1　BD14224 號 4
1.3　藏文（無量壽宗要經甲本）
1.4　新 0424
2.4　本遺書由 6 個文獻組成，本文獻為第 4 個，119 行。餘參見 BD14224 號 1 之第 2 項。
4.1　Tshe dpag＿du＿myed＿pa zhes＿bya＿ba theg＿pa chen＿

1.4 新0421

2.4 本遺書由5個文獻組成，本文獻為第4個，112行。餘參見BD14221號1之第2項。

4.1 Tshe dpag_ du_ myed_ pa zhes_ bya_ ba theg_ pa_ chen_ povi mdo。（無量壽宗要經）（首）。

4.2 Tshe dpag_ du_ myed_ pa zhes_ bya_ ba theg_ pa_ chen_ povi mdo。（無量壽宗要經）（尾）。

7.1 抄寫者：snyal－lha－gzigs.（聶拉思）。

8 8~9世紀。吐蕃統治時期寫本。

9.1 正書。

1.1 BD14221號5

1.3 藏文（無量壽宗要經甲本）

1.4 新0421

2.4 本遺書由5個文獻組成，本文獻為第5個，111行。餘參見BD14221號1之第2項。

4.1 Tshe dpag_ du_ myed_ pa zhes_ bya_ ba theg_ pa_ chen_ povi mdo。（無量壽宗要經）（首）。

4.2 Tshe dpag_ du_ myed_ pa zhes_ bya_ ba theg_ pa_ chen_ povi mdo。（無量壽宗要經）（尾）。

7.1 抄寫者：snyal－lha－gzigs.（聶拉思）。

8 8~9世紀。吐蕃統治時期寫本。

9.1 正書。

1.1 BD14222號

1.3 藏文（無量壽宗要經甲本）

1.4 新0422

2.1 135×31厘米；3紙；6欄，欄19行，共115行；行45字母。

2.2 01：45.0，2欄； 02：45.0，2欄； 03：45.0，2欄。

2.3 卷軸裝。首尾均全。首欄中有幾字刮改過。有界欄。

4.1 Rgya－gar－skad－du'Apar=mita'ayur nama mahayana sutra。（梵語：無量壽宗要經）（首）。Bod_ skad_ du tshe dpag_ du_ myed_ pa zhes_ bya_ ba theg_ pa_ chen_ povi mdo。（藏語：無量壽宗要經）（首）。

4.2 Tshe dpag_ du_ myed_ pa zhes_ bya_ ba theg_ pa_ chen_ povi mdo。（無量壽宗要經）（尾）。

8 8~9世紀。吐蕃統治時期寫本。

9.1 正書。

10 紙尾背上方小紙簽寫"佛西一○"。下方小紙簽寫"一○"，"類別8，番號438"。

1.1 BD14223號1

1.3 藏文（無量壽宗要經甲本）

1.4 新0423

2.1 675×31厘米；15紙；30欄，欄19行，共537行；行45字母。

2.2 01：45.0，2欄； 02：45.0，2欄； 03：45.0，2欄；
    04：45.0，2欄； 05：45.0，2欄； 06：45.0，2欄；
    07：45.0，2欄； 08：45.0，2欄； 09：45.0，2欄；
    10：45.0，2欄； 11：45.0，2欄； 12：45.0，2欄；
    13：45.0，2欄； 14：45.0，2欄； 15：45.0，2欄。

2.3 卷軸裝。首尾均全。首紙下邊有裂縫，3紙末欄有刮改處。有界欄。

2.4 本遺書包括5個文獻：（一）《無量壽宗要經》（甲本），118行，今編為BD14223號1。（二）《無量壽宗要經》（甲本），119行，今編為BD14223號2。（三）《無量壽宗要經》（甲本），120行，今編為BD14223號3。（四）《無量壽宗要經》（甲本），118行，今編為BD14223號4。（五）《無量壽宗要經》（甲本），121行，今編為BD14223號5。

4.1 Rgya－gar－skad－du'Apar=mita'ayur nama mahayana sutra。（梵語：無量壽宗要經）（首）。Bod_ skad_ du tshe dpag_ du_ myed_ pa zhes_ bya_ ba theg_ pa_ chen_ povi mdo。（藏語：無量壽宗要經）（首）。

4.2 Tshe dpag_ du_ myed_ pa zhes_ bya_ ba theg_ pa_ chen_ povi mdo。（無量壽宗要經）（尾）。

7.1 抄寫者：J=n－lha－bzher.（景拉夏）。

8 8~9世紀。吐蕃統治時期寫本。

9.1 正書。

10 紙尾背上方小紙簽寫"佛西一一"。下方小紙簽寫"一一"，"類別8，番號439"。

1.1 BD14223號2

1.3 藏文（無量壽宗要經甲本）

1.4 新0423

2.4 本遺書由5個文獻組成，本文獻為第2個，119行。餘參見BD14223號1之第2項。

4.1 Tshe dpag_ du_ myed_ pa zhes_ bya_ ba theg_ pa_ chen_ povi mdo。（無量壽宗要經）（首）。

4.2 Tshe dpag_ du_ myed_ pa zhes_ bya_ ba theg_ pa_ chen_ povi mdo。（無量壽宗要經）（尾）。

7.1 抄寫者：J=n－lha－bzher.（景拉夏）。

8 8~9世紀。吐蕃統治時期寫本。

9.1 正書。

1.1 BD14223號3

1.3 藏文（無量壽宗要經甲本）

1.4 新0423

2.4 本遺書由5個文獻組成，本文獻為第3個，120行。餘參見BD14223號1之第2項。

4.1 Tshe dpag_ du_ myed_ pa zhes_ bya_ ba theg_ pa_ chen_ povi mdo。（無量壽宗要經）（首）。

4.2 Tshe dpag_ du_ myed_ pa zhes_ bya_ ba theg_ pa_ chen_ povi mdo。（無量壽宗要經）（尾）。

母。

2.2　01：45.0，2欄；　　02：45.0，2欄；　　03：45.0，2欄。

2.3　卷軸裝。首尾均全。欄19、20、24行不等。第五欄有加行，紙首、尾邊有粘接痕。有界欄。

4.1　Rgya‐gar‐skad‐du' Apar＝mita' ayur nama mahayana sutra。（梵語：無量壽宗要經）（首）。Bod_ skad_ du tshe dpag_ du_ myed_ pa zhes_ bya_ ba theg_ pa_ chen_ povi mdo。（藏語：無量壽宗要經）（首）。

4.2　Tshe dpag_ du_ myed_ pa zhes_ bya_ ba theg_ pa_ chen_ povi mdo。（無量壽宗要經）（尾）。

7.1　抄寫者：Se‐thong‐pa.（思通巴）。

8　8~9世紀。吐蕃統治時期寫本。

9.1　正書。

10　紙尾背上方小紙簽寫"佛西七"。下方小紙簽寫"七"，"類別8，番號435"。

1.1　BD14220號

1.3　藏文（無量壽宗要經乙本）

1.4　新0420

2.1　135×31厘米；3紙；6欄，欄19行，共109行；行45字母。

2.2　01：45.0，2欄；　　02：45.0，2欄；　　03：45.0，2欄。

2.3　卷軸裝。首尾均全。第2紙下邊中部稍有破損，尾紙下邊有殘損。紙首、尾邊上有粘接痕。有界欄。

4.1　Rgya‐gar‐skad‐du' Apar＝mita' ayur nama mahayana sutra。（梵語：無量壽宗要經）（首）。Bod_ skad_ du tshe dpag_ du_ myed_ pa zhes_ bya_ ba theg_ pa_ chen_ povi mdo。（藏語：無量壽宗要經）（首）。

4.2　Tshe dpag_ du_ myed_ pa zhes_ bya_ ba theg_ pa_ chen_ povi mdo。（無量壽宗要經）（尾）。

7.1　抄寫者：Cang‐'ai‐tse.（姜俄才）。

8　8~9世紀。吐蕃統治時期寫本。

9.1　正書。有時略有草書意。

10　紙尾背上方小紙簽寫"佛西"。下方小紙簽寫"八"，"類別8，番號436"。

1.1　BD14221號1

1.3　藏文（無量壽宗要經甲本）

1.4　新0421

2.1　675×31厘米；15紙；30欄，欄19行，共560行；行45字母。

2.2　01：45.0，2欄；　　02：45.0，2欄；　　03：45.0，2欄；
　　04：45.0，2欄；　　05：45.0，2欄；　　06：45.0，2欄；
　　07：45.0，2欄；　　08：45.0，2欄；　　09：45.0，2欄；
　　10：45.0，2欄；　　11：45.0，2欄；　　12：45.0，2欄；
　　13：45.0，2欄；　　14：45.0，2欄；　　15：45.0，2欄。

2.3　卷軸裝。首尾均全。第一紙中有一小破洞，紙首、尾邊有粘接痕。有界欄。

2.4　本遺書包括5個文獻：（一）《無量壽宗要經》（甲本），113行，今編為BD14221號1。（二）《無量壽宗要經》（甲本），112行，今編為BD14221號2。（三）《無量壽宗要經》（甲本），112行，今編為BD14221號3。（四）《無量壽宗要經》（甲本），112行，今編為BD14221號4。（一）《無量壽宗要經》（甲本），111行，今編為BD14221號5。

4.1　Rgya‐gar‐skad‐du' Apar＝mita' ayur nama mahayana sutra。（梵語：無量壽宗要經）（首）。Bod_ skad_ du tshe dpag_ du_ myed_ pa zhes_ bya_ ba theg_ pa_ chen_ povi mdo。（藏語：無量壽宗要經）（首）。

4.2　Tshe dpag_ du_ myed_ pa zhes_ bya_ ba theg_ pa_ chen_ povi mdo。（無量壽宗要經）（尾）。

7.1　抄寫者：Snyal‐lha‐gzigs.（聶拉思）。

8　8~9世紀。吐蕃統治時期寫本。

9.1　正書。

10　紙尾背上方小紙簽寫"佛西九"。下方小紙簽寫"八"，"類別8，番號437"。

1.1　BD14221號2

1.3　藏文（無量壽宗要經甲本）

1.4　新0421

2.4　本遺書由5個文獻組成，本文獻為第2個，112行。餘參見BD14221號1之第2項。

4.1　Tshe dpag_ du_ myed_ pa zhes_ bya_ ba theg_ pa_ chen_ povi mdo。（無量壽宗要經）（首）。

4.2　Tshe dpag_ du_ myed_ pa zhes_ bya_ ba theg_ pa_ chen_ povi mdo。（無量壽宗要經）（尾）。

7.1　抄寫者：snyal‐lha‐gzigs.（聶拉思）。

8　8~9世紀。吐蕃統治時期寫本。

9.1　正書。

1.1　BD14221號3

1.3　藏文（無量壽宗要經甲本）

1.4　新0421

2.4　本遺書由5個文獻組成，本文獻為第3個，112行。餘參見BD14221號1之第2項。

4.1　Tshe dpag_ du_ myed_ pa zhes_ bya_ ba theg_ pa_ chen_ povi mdo。（無量壽宗要經）（首）。

4.2　Tshe dpag_ du_ myed_ pa zhes_ bya_ ba theg_ pa_ chen_ povi mdo。（無量壽宗要經）（尾）。

7.1　抄寫者：snyal‐lha‐gzigs.（聶拉思）。

8　8~9世紀。吐蕃統治時期寫本。

9.1　正書。

1.1　BD14221號4

1.3　藏文（無量壽宗要經甲本）

4.2　Tshe dpag_ du_ myed_ pa zhes_ bya_ ba theg_ pa_ chen_ povi mdo。（無量壽宗要經）（尾）。
7.1　抄寫者：stag – spes.（達貝）。
7.3　其後有雜寫"swo – hq"二字。
8　　8～9世紀。吐蕃統治時期寫本。
9.1　正書。
10　　卷尾背上方貼小紙簽寫"佛西三"，下方小紙簽寫"佛西二"，"類別8、番號430"。

1.1　BD14215號
1.3　藏文（無量壽宗要經甲本）
1.4　新0415
2.1　135×31厘米；3紙；6欄，欄19行，共111行；行45字母。
2.2　01：45.0，2欄；　02：45.0，2欄；　03：45.0，2欄。
2.3　卷軸裝。首尾均全。紙首、尾邊有粘接痕。有界欄。
4.1　Rgya – gar – skad – du' Apar = mita' ayur nama mahayana sutra。（梵語：無量壽宗要經）（首）。Bod_ skad_ du tshe dpag_ du_ myed_ pa zhes_ bya_ ba theg_ pa_ chen_ povi mdo。（藏語：無量壽宗要經）（首）。
4.2　Tshe dpag_ du_ myed_ pa zhes_ bya_ ba theg_ pa_ chen_ povi mdo。（無量壽宗要經）（尾）。
7.1　抄寫者：Se – thong – pa.（思通巴）。
8　　8～9世紀。吐蕃統治時期寫本。
9.1　正書，略有草書意。
10　　卷尾背上方貼小紙簽寫"佛西三"，下邊小紙簽寫"佛西二"、"類別8、番號431"。

1.1　BD14216號
1.3　藏文（無量壽宗要經甲本）
1.4　新0416
2.1　135×31厘米；3紙；6欄，欄19行，共111行；行45字母。
2.2　01：45.0，2欄；　02：45.0，2欄；　03：45.0，2欄。
2.3　卷軸裝。首尾均全。紙首、紙尾邊有粘接痕。有界欄。
4.1　Rgya – gar – skad – du' Apar = mita' ayur nama mahayana sutra。（梵語：無量壽宗要經）（首）。Bod_ skad_ du tshe dpag_ du_ myed_ pa zhes_ bya_ ba theg_ pa_ chen_ povi mdo。（藏語：無量壽宗要經）（首）。
4.2　Tshe dpag_ du_ myed_ pa zhes_ bya_ ba theg_ pa_ chen_ povi mdo。（無量壽宗要經）（尾）。
7.1　抄寫者：Snyal – kha – ba – skyes.（聶卡巴杰）。
8　　8～9世紀。吐蕃統治時期寫本。
9.1　正書，略有草書意。
10　　紙首背下方小紙簽寫"類別8，番號432"。

1.1　BD14217號
1.3　藏文（無量壽宗要經甲本）
1.4　新0417
2.1　135×31厘米；3紙；6欄，欄19行，共112行；行45字母。
2.2　01：45.0，2欄；　02：45.0，2欄；　03：45.0，2欄。
2.3　卷軸裝。首尾均全。卷首第1欄中有1小破洞。卷首、卷尾邊有粘接痕。有界欄。
4.1　Rgya – gar – skad – du' Apar = mita' ayur nama mahayana sutra。（梵語：無量壽宗要經）（首）。Bod_ skad_ du tshe dpag_ du_ myed_ pa zhes_ bya_ ba theg_ pa_ chen_ povi mdo。（藏語：無量壽宗要經）（首）。
4.2　Tshe dpag_ du_ myed_ pa zhes_ bya_ ba theg_ pa_ chen_ povi mdo。（無量壽宗要經）（尾）。
7.1　抄寫者：Sa – ga – klu – gzigs.（薩噶魯思）。初校：dpal – mchog – zhus.（貝確）；再校：phug – vg = – yang – zhus.（朴格）；三校：C = – chan – sum – zhus.（吉前）。
8　　8～9世紀。吐蕃統治時期寫本。
9.1　正書。
10　　卷尾背上方小紙簽寫"佛西五"，下方紙簽寫"佛西"，"類別8，番號433"。

1.1　BD14218號
1.3　藏文（無量壽宗要經乙本）
1.4　新0418
2.1　135×31厘米；3紙；6欄，欄19行，共100行；行45字母。
2.2　01：45.0，2欄；　02：45.0，2欄；　03：45.0，2欄。
2.3　卷軸裝。首尾均全。卷首、尾邊有粘接痕，卷面稍有污點不乾淨。第2欄有刮改多處，紙尾下邊稍有殘損。有界欄。
4.1　Rgya – gar – skad – du' Apar = mita' ayur nama mahayana sutra。（梵語：無量壽宗要經）（首）。Bod_ skad_ du tshe dpag_ du_ myed_ pa zhes_ bya_ ba theg_ pa_ chen_ povi mdo。（藏語：無量壽宗要經）（首）。
4.2　Tshe dpag_ du_ myed_ pa zhes_ bya_ ba theg_ pa_ chen_ povi mdo。（無量壽宗要經）（尾）。
7.1　抄寫者：Cang – 'a = _ tse.（姜俄才）。初校：sh = n – dar – zhus（恒達）；再校：Sgron – ma – yang – zhus（卓瑪）；三校：Leng – cevu – Sam – zhus，（朗確）。
8　　8～9世紀。吐蕃統治時期寫本。
9.1　正書（從字體看為二人所抄寫）。
10　　紙尾背上方小紙簽寫"佛西六"。下方小紙簽寫"類別8，番號434"。

1.1　BD14219號
1.3　藏文（無量壽宗要經乙本）
1.4　新0419
2.1　135×31厘米；3紙；6欄，欄19行，共112行；行45字母

條 記 目 錄

BD14212—14285

1.1　BD14212 號
1.3　大般涅槃經（北本　宮本）卷二六
1.4　新 0412
2.1　977.2×24.7 厘米；21 紙；523 行；行 17 字。
2.2　01：23.5，護首；　02：46.9，26；　03：49.7，28；
　　 04：50.1，28；　 05：50.0，28；　06：49.8，28；
　　 07：50.1，28；　 08：50.0，28；　09：50.2，28；
　　 10：50.3，28；　 11：50.2，28；　12：50.1，28；
　　 13：49.3，28；　 14：49.4，28；　15：49.5，28；
　　 16：49.4，28；　 17：49.4，28；　18：49.4，28；
　　 19：49.4，28；　 20：49.3，21；
　　 21：11.2，拖尾。
2.3　卷軸裝。首尾均全。有護首，有竹質天竿，有淺黃色縹帶殘根。卷下部有破裂殘損。尾有原軸，兩端塗紫紅色漆。有烏絲欄。
3.1　首全→大正 0374，12/0516A07。
3.2　尾全→大正 0374，12/0522A27。
4.1　大般涅槃經高貴德王菩薩品之六，卷廿六（首）。
4.2　大般涅槃經卷第廿六（尾）。
5　　與《大正藏》本對照，分卷不同，分卷與宮本及宋元明藏經相同。此卷經文相當於《大正藏》本卷第二十五後部與卷第二十六全部。
7.4　護首有經名："大般涅槃經卷第廿六，三"。上有經名號。"三"為本卷所屬袠次。
8　　9～10 世紀。歸義軍時期寫本。
9.1　楷書。
9.2　有刮改。
10　 卷端背面鈐有 1 藍色印章，上有"圖書臺帳登錄番號"等字，空白處標有"1067"。卷端背上方有硃書"官 8.38"。

1.1　BD14213 號
1.3　藏文（無量壽宗要經甲本）
1.4　新 0413

2.1　135×31 厘米；共 3 紙；2 欄，欄 20 行，共 118 行；行約 45 字母。
2.2　01：45.0，2 欄；　02：45.0，2 欄；　03：45.0，2 欄。
2.3　卷軸裝。首尾均全。卷首卷尾邊有粘接痕。首紙 21 行，末紙末欄 16 行。第 2 紙接縫處脫開。有界欄。
4.1　Rgya‑gar‑skad‑du'Apar=mita'ayur nama mahayana sutra。（梵語：無量壽要經）（首）。Bod_ skad_ du tshe dpag_ du_ myed_ pa zhes_ bya_ ba theg_ pa_ chen_ povi mdo。（藏語：無量壽宗要經）（首）。
4.2　Tshe dpag_ du_ myed_ pa zhes_ bya_ ba theg_ pa_ chen_ povi mdo。（無量壽宗要經）（尾）。
7.1　抄寫者：phan‑phan‑bris.（潘潘）。
8　　8～9 世紀。吐蕃統治時期寫本。
9.1　正書，略有草書意。
9.2　有行間加行。
10　 卷尾背上方帖有小白紙簽（1×1.4cm），上寫"佛西一"（毛筆字），下方亦帖小紙簽（27cm×1.8cm），簽上有鉛印紅字"類別"、"番號"，並有紅線框格，格內寫"佛西一"，"類別 8，番號 429"，為鋼筆字。卷尾背有一紫藍色圖章寫"圖書臺帳登錄番號，787"。

以下諸號紙簽規格相同者，僅著錄其內容。

1.1　BD14214 號
1.3　藏文（無量壽宗要經甲本）
1.4　新 0414
2.1　135×31 厘米；3 紙；6 欄，欄 20 行，共 118 行；行 45 字母。
2.2　01：45.0，2 欄；　02：45.0，2 欄；　03：45.0，2 欄。
2.3　卷軸裝。首尾均全。卷首、卷尾邊有粘接痕，有界欄。
4.1　Rgya‑gar‑skad‑du'Apar=mita'ayur nama mahayana sutra。（梵語：無量壽要經）（首）。Bod_ skad_ du_ myed_ pa zhes_ bya_ ba theg_ pa_ chen_ povi mdo。（藏語：無量壽宗要經）（首）。

著 錄 凡 例

本目錄採用條目式著錄法。諸條目意義如下：

1.1　著錄編號。用漢語拼音首字"BD"表示，意為"北京圖書館藏敦煌遺書"，簡稱"北敦號"。文獻寫在背面者，標註為"背"。一件遺書上抄有多個文獻者，用數字1、2、3等標示小號。一號中包括幾件遺書，且遺書形態各自獨立者，用字母A、B、C等區別。

1.2　著錄分類號。本條記目錄暫不分類，該項空缺。

1.3　著錄文獻的名稱、卷本、卷次。

1.4　著錄千字文編號。

1.5　著錄縮微膠卷號。

2.1　著錄遺書的總體數據。包括長度、寬度、紙數、正面抄寫總行數與每行字數、背面抄寫總行數與每行字數。如該遺書首尾有殘破，則對殘破部分單獨度量，用加號加在總長度上。凡屬這種情況，長度用括弧標註。

2.2　著錄每紙數據。包括每紙長度及抄寫行數或界欄數。

2.3　著錄遺書的外觀。包括：(1) 裝幀形式。(2) 首尾存況。(3) 護首、軸、軸頭、天竿、縹帶，經名是書寫還是貼簽，有無經名號，扉頁、扉畫。(4) 卷面殘破情況及其位置。(5) 尾部情況。(6) 有無附加物（蟲繭、油污、線繩及其他）。(7) 有無裱補及其年代。(8) 界欄。(9) 修整。(10) 其他需要交待的問題。

2.4　著錄一件遺書抄寫多個文獻的情況。

3.1　著錄文獻首部文字與對照本核對的結果。

3.2　著錄文獻尾部文字與對照本核對的結果。

3.3　著錄錄文。

3.4　著錄對文獻的說明。

4.1　著錄文獻首題。

4.2　著錄文獻尾題。

5　著錄本文獻與對照本的不同之處。

6.1　著錄本遺書首部可與另一遺書綴接的編號。

6.2　著錄本遺書尾部可與另一遺書綴接的編號。

7.1　著錄題記、題名、勘記等。

7.2　著錄印章。

7.3　著錄雜寫。

7.4　著錄護首及扉頁的內容。

8　著錄年代。

9.1　著錄字體。如有武周新字、合體字、避諱字等，予以說明。

9.2　著錄卷面二次加工的情況。包括句讀、點標、科分、間隔號、行間加行、行間加字、硃筆、墨塗、倒乙、刪除、兌廢等。

10　著錄敦煌遺書發現後，近現代人所加內容，裝裱、題記、印章等。

11　備註。著錄揭裱互見、圖版本出處及其他需要說明的問題。

上述諸條，有則著錄，無則空缺。

為避文繁，上述著錄中出現的各種參考、對照文獻，暫且不列版本說明。全目結束時，將統一編制本條記目錄出現的各種參考書目。

本條記目錄為農曆年份標註其公曆紀年時，未進行歲頭年末之換算，請讀者使用時注意自行換算。